Über dieses Buch

Der Vorgang hat in der Weltgeschichte nicht seinesgleichen: Am 13. Juni 1971, einem Sonntag, begann die *New York Times* mit dem teilweisen Abdruck eines Geheimberichtes, der zeigte, wie die Vereinigten Staaten über mehr als zwei Jahrzehnte hin immer tiefer in den indochinesischen, in den Vietnam-Krieg verwickelt wurden. Der umfangreiche Bericht bewies aber gleichzeitig, daß vier US-Präsidenten die Öffentlichkeit über die wahren Hintergründe und das Ausmaß des fernöstlichen Engagements getäuscht hatten.
Der Antrag der amerikanischen Regierung, die Veröffentlichung dieses Berichtes zu verbieten, wurde am 30. Juni 1971 vom höchsten amerikanischen Gericht abgewiesen.
Eineinhalb Jahre lang hatten sechsunddreißig Offiziere, Wissenschaftler und Beamte des Pentagon im Auftrag von Verteidigungsminister McNamara eine Unzahl von Memoranden, Telegrammen, Lageberichten und Befehlen gesichtet, gesammelt und kommentiert. Zuletzt konnten sie ein 7000 Seiten starkes, 47bändiges Werk vorlegen, das in den tiefsten Tresoren des Pentagon verwahrt wurde.
Als die *New York Times* von Daniel Ellsberg einen Teil dieser »Pentagon-Papiere« erhielt und veröffentlichte, schrieb das amerikanische Nachrichtenmagazin *Newsweek:* »Die von Robert McNamara in Auftrag gegebene geheime Vietnam-Studie ist der Traum eines Historikers und der Alptraum eines Staatsmannes.«

Die vorliegende Ausgabe enthält alle Kommentare und Dokumente in der Form, in der die *New York Times* sie veröffentlicht hat.

Die Kommentare wurden verfaßt von Neil Sheehan (Leiter der Redaktionsgruppe), Hedrick Smith, E. W. Kenworthy und Fox Butterfield.
Herausgeber dieser »Pentagon-Papiere«, die von einem Redaktionsstab der *New York Times* zusammengestellt wurden: Gerold Gold, Allen M. Siegal und Samuel Abt.

Ins Deutsche übertragen von
Marfa Berger, Klaus Budzinski, Dr. Eva und Dr. Arne Eggebrecht,
Dr. Karlheinz Mahr, Paul Rahl, Ernst G. Techow,
Dr. Gerhard Vorkamp, Norbert Wölfl
Zusammenstellung der Pressestimmen: Karin Pfaehler-Thimm

Die Pentagon-Papiere

Die geheime Geschichte des Vietnamkrieges

Herausgegeben von Neil Sheehan

Droemer Knaur

Vollständige Taschenbuchausgabe
Droemersche Verlagsanstalt Th. Knaur Nachf. München/Zürich

Veröffentlichung in Übereinstimmung mit Bantam Books, Inc.
Titel der amerikanischen Originalausgabe THE PENTAGON PAPERS
Gesamtherstellung Ebner, Ulm
Printed in Germany
ISBN 3 426 00271 X

1.–66. Tausend September 1971
67.–88. Tausend Oktober 1971

Inhalt

Die amerikanischen Bombenangriffe auf den Ho-Chi-Minh-Pfad (1) begannen im Oktober 1964.
Der feindliche Angriff auf Bienhoa (2) im Dezember intensivierte die amerikanischen Planungen.
Der Luftkrieg gegen Nord-Vietnam war eine Antwort auf Guerillaanschläge gegen Pleiku und Quinhon (3) im Februar 1965.

Die Veröffentlichung der Pentagon-Papiere im Urteil der Weltmeinung

Die von Robert McNamara in Auftrag gegebene geheime Vietnam-Studie ist der Traum eines Historikers und der Alptraum eines Staatsmannes.

Newsweek,
New York, 28. 6.

Es gehört zur ureigensten Aufgabe der Presse in dieser Demokratie, die Informationen zu liefern, die dem Volk der Vereinigten Staaten helfen, das Vorgehen seiner eigenen Regierung zu verstehen.

New York Times,
New York

Ein Beamter oder ein Journalist der Sowjetunion, der vertrauliche Dokumente der Regierung an die Öffentlichkeit brächte, würde sich eine sehr strenge Strafe zuziehen.

Neue Zürcher Zeitung,
Zürich, 14. 6.

Die *New York Times* riskiert damit, daß sie die Konsequenzen tragen muß. In jedem Falle wird sie mit den Ehren des Krieges daraus hervorgehen.

Le Monde,
Paris

Was die *New York Times* angeht – hat sich eigentlich irgend jemand darüber gewundert, daß sie nicht den ganzen Report als komplette Ausgabe im Sonntagsmagazin abgedruckt haben? Das hätte den Rechtsstreit verhindert, und es hätte dem Leser die Sache leichter gemacht . . . Ist es denkbar, daß die Auflage in dieser und den folgenden Entscheidungen eine Rolle gespielt hat?

Sidney E. Zion
(der die Vermittlerrolle Daniel Ellsbergs publizierte) in der Zeitschrift
Women's Wear Daily

Die Indiskretion der amerikanischen Presse beeinträchtigt aufs empfindlichste das Funktionieren der regierungsinternen Meinungs-

und Willensbildung wie den Vertrauenskredit der amerikanischen Diplomatie.

Neue Zürcher Zeitung,
Zürich, 1. 7.

Wir veröffentlichen die Dokumente und zugehörige laufende Berichte nicht, um irgendeine Meinung zu beweisen . . ., sondern um der amerikanischen Öffentlichkeit eine – zugegebenermaßen unvollständige – Historie der Entscheidungen auf höchster Regierungsebene zu präsentieren.

New York Times,
New York

Daß die Notwendigkeit von Widerstandshandlungen auch in parlamentarisch regierten Ländern gegeben sein kann, ist eine Möglichkeit, die man bisher zu wenig beachtet hat. Was Daniel Ellsberg getan hat, ist im Sinne des Gesetzes gewiß kein Landesverrat, obwohl es von manchen Amerikanern so angesehen wird.

Abendzeitung,
München, 30. 6.

Dann aber, wenn politische Ziele, Sensationslust oder auch nur die Kassa den Blick für das Gemeinwohl trüben, schaufeln solche Meinungsmacher sich selbst und der Freiheit, die sie fordern, das Grab.

Die Presse,
Wien, 22. 6.

Wenn man den Feind raten lassen will, dann darf auch die Öffentlichkeit nicht die ganze Wahrheit über die Kriegführung erfahren . . . Es ist aber eine andere Sache, wenn man auf Grund einer Lüge in den Krieg zieht.

Times,
London, 18. 6.

Es kann mit Sicherheit angenommen werden, daß die Debatten im britischen Unterhaus (über den Vietnamkrieg) anders verlaufen wären, wenn die Abgeordneten damals das gewußt hätten, was sie heute wissen . . . Die volle Wahrheit wird weniger Schaden anrichten als ein Teil der Wahrheit.

Times,
London, 21. 6.

Die Regierung handelt im Auftrag der Bürger ..., und deshalb hat der Bürger das Recht, praktisch alles zu wissen, was die Regierung tut.

Berlinske Tidende,
Kopenhagen

Die bürgerlichen amerikanischen Zeitungen wollten nicht die schuldigen Männer bestrafen. Ihre Absicht war es, die Nixon-Regierung zu veranlassen, ihre gegenwärtige Indochinapolitik zu ändern.

Trybuna Ludu,
Warschau, 2. 7.

Das Weiße Haus hat sich in der Lüge über die Ursprünge des Vietnamkrieges verfangen.

L'Humanité
Paris

Die Regierung hat sehr wenig Berechtigung, sich zu beklagen.

The Wall Street Journal,
New York

Die sozialistische Literaturzeitung Literaturnaja Gaseta vermutet, daß hinter der Veröffentlichung der Vietnam-Dokumente handfeste Interessen rivalisierender Industrien in den Vereinigten Staaten stehen. Die Wochenzeitung berichtet, die Zeitungen, die Auszüge aus der Vietnam-Studie des Pentagon veröffentlichten, hätten engste Beziehungen zu Konsumgüterindustrien und zur Rüstungsproduktion für strategische Waffen, die beide von einer Fortsetzung des Vietnamkrieges nicht profitieren.

AP,
Moskau, 16. 7.

Daß das »Monopolkapital« am Vietnamkrieg schuld sei, ist eine Sage, allein durch die Reaktion der Börse, wenn immer es Friedenshoffnungen gab, leicht zu widerlegen.

Golo Mann in
Süddeutsche Zeitung,
München

Wir erwarten eigentlich, daß die Nixon-Regierung daraus die Konsequenz zieht, sich für eine Beendigung des Krieges zu entscheiden.

Asahi Shimbun,
Tokio

Die amerikanischen Geheimdokumente sind nach Ansicht von Schwedens Ministerpräsident Olaf Palme »vom demokratischen Gesichtspunkt so etwas wie eine Katastrophe«. In einer Rede in Stockholm forderte Palme die USA auf, »sich unverzüglich, vollständig und bedingungslos aus Vietnam zurückzuziehen«.

UPI,
Stockholm, 18. 6.

Einunddreißig Jahre sind in dieser Woche vergangen, seit die Sowjets die baltischen Staaten geschluckt haben. Herr Palme würde niemals davon träumen, den Sowjets zu empfehlen, sich unverzüglich, vollständig und bedingungslos von den baltischen oder anderen osteuropäischen Staaten zurückzuziehen. Nur zu Demokratien spricht man in der Art, wie es Herr Palme getan hat.

Göteborgs Handels- och
Sjöfarts-Tidning,
Göteborg

Die thailändische Regierung hat dem amerikanischen Botschafter in Bangkok eine diplomatische Note übergeben, in der gegen die Veröffentlichung der geheimen Vietnam-Studie protestiert wird ... Der thailändische Außenminister Khoman hatte vor Studenten erklärt, die Veröffentlichung gefährde auch die Sicherheit Thailands und verletze »bewährte Praktiken« der internationalen Diplomatie.

UPI,
Bangkok, 14. 7.

... eine der größten Sensationen in der zweiten Hälfte dieses Jahrhunderts ... Die liberale amerikanische Presse hat durch ihre Haltung dafür gesühnt, daß sie seinerzeit das militärische Engagement in Vietnam gestützt hat.

Radio Belgrad,
3. 7.

In Amerika wird die Bewältigung der jüngsten Vergangenheit allmählich zur Vollbeschäftigung ...
Der Hochmut, der in den Redaktions- und Studierstuben residiert, verliert jedes Maß und entbehrt aller Fähigkeit für Selbstkritik, weil er den Korrektiven des demokratischen Prozesses entnommen ist, dem sich die von ihm Angegriffenen unterwerfen müssen ...
Es ist weit gekommen mit dem Mißbrauch der Pressefreiheit und mit der Dekadenz des journalistischen Berufsethos, wenn Amerikas einflußreichste und geachtetste Tageszeitung in der Verfolgung ihrer poli-

tischen Ziele vor dem offenen Geheimnisverrat nicht mehr zurückschreckt ...
Die Verzerrung des Begriffs der Pressefreiheit treibt seltsame Blüten. In ihrem Namen darf der Propagandamaschine Moskaus und Hanois Material geliefert werden, das ihre Mühlen schrecklich fein mahlen werden.

Die Welt,
Hamburg, 19. 6.

Wie können Sie die Tatsache erklären, daß die Presse ein Duell gegen die Regierung gewinnen kann ... wie im Fall der *New York Times*?
Natürlich ist das formal ein Fall zwischen Zeitung und Regierung. Aber tatsächlich ist es ein Kampf von mächtigen Interessengruppen des amerikanischen Großkapitals.

Leserfrage und Antwort
in der polnischen Zeitung
Slowo Powszechne

Juristisch wird Ellsberg der Prozeß gemacht – historisch, politisch und moralisch wird den ... Präsidenten und ihren Ratgebern der Prozeß gemacht.

Kommentar in der
polnischen Zeitung
Zycie Warszawy, 3. 7.

Nicht wider Willen und schicksalhaft, sondern zielstrebig und provokativ, von Kommunismus-Angst besessen, haben drei Präsidenten der USA ihr Land in den Vietnamkrieg geführt – das wies Amerikas Presse vier Wochen lang durch Auszüge aus der Vietnam-Studie des Pentagon nach.

Der Spiegel,
Hamburg, 12. 7.

Die Pentagon-Studie ist auch nicht mehr aus dem kommenden Kampf um die Präsidentschaft fortzudenken.

Süddeutsche Zeitung,
München, 2. 7.

Die Visionen von einem gleichgeschalteten, autoritären Amerika, von der sozialistischen Linken seit fünfzig Jahren verbreitet, werden beklemmend aktuell.

Frankfurter Rundschau,
Frankfurt am Main, 18. 6.

In Los Angeles sicherte ein Bezirksgericht zwei Personen, die von einem Schwurgericht als Sachverständige darüber gehört werden sollten, ob die Enthüllungen gegen die Bestimmungen der nationalen Sicherheit verstoßen, Schutz vor Strafverfolgungen zu. Die Kronzeugen sind Anthony Russo, ein früherer Angestellter der RAND-Corporation, sowie der frühere Angehörige des amerikanischen Verteidigungsministeriums, Daniel Ellsberg, der der *New York Times* Geheimdokumente zugespielt haben soll.

Frankfurter Allgemeine Zeitung,
Frankfurt am Main, 25. 6.

Viel wichtiger für Beobachter von außen ist die Frage, wer die amerikanische Intervention in Indochina so sachlich demaskiert hat und aus welchem Grund.

Dziennik Ludowy
polnische Tageszeitung

... jetzt, da die Dokumente veröffentlicht sind, sollte das Land den Mann vergessen, der sie bekanntgemacht hat, und damit fortfahren, aus den Pentagon-Papieren zu lernen.

Time,
New York, 28. 6.

Aber ein Jahr später (1965) wurde Ellsberg, der exemplarische Vertreter des Regierungsestablishments, nach Saigon versetzt – und diese Erfahrung brachte ihn, wie viele andere gescheite junge Männer, nicht nur gegen den Krieg auf, sondern gegen das Establishment an sich. Er kam nach Saigon, so erinnert sich ein Freund, »als ein brüllender Falke und ging zwei Jahre später fort als eine streitbare Taube« ... Einige Freunde vermuteten einen »Märtyrer-Komplex« ..., andere sahen seine Wandlung nur als einen »Ego-Trip« an oder einen Versuch, »sich selbst zu bestätigen«.

Newsweek,
New York, 28. 6.

Es ist jetzt das neueste Paradoxon in der Karriere von Robert McNamara, daß er sich als ein Hauptopfer der von ihm initiierten Vietnam-Studie erweist ... Der Mann des starken Selbstvertrauens hatte mehr von Hamlet, als irgendeiner wußte – zerrissen zwischen technokratischen und humanistischen Impulsen und besorgt, er könne hier wie dort zu weit gehen.

Time,
New York, 5. 7.

Ellsberg ... sagte auf einer Pressekonferenz: »Die Verheimlichung dieser Information für 20 Jahre hat zum Tode von 50 000 Amerikanern und Hunderttausenden von Vietnamesen geführt.«

AP,
Boston

Das Gefühl der momentanen Unwirklichkeit hat der frühere Senator Gene McCarthy verdeutlicht, indem er bemerkte, die Affäre der Pentagon-Papiere werde zweifellos in der Verhaftung eines Xerox-Vervielfältigers enden.

Observer,
London, 27. Juni

Einführung

Während der meisten Zeit in den vergangenen zwanzig Jahren waren die Vereinigten Staaten direkt oder indirekt in die kriegerischen Auseinandersetzungen in Indochina verwickelt. Fünfundvierzigtausend Amerikaner sind während der Kampfhandlungen gefallen, 95 000 Mann der verschiedensten Nationalität als Angehörige der ehemaligen französischen Kolonialarmee, und niemand weiß, wie viele Indochinesen dabei umkamen – die Schätzungen reichen von einer bis zu zwei Millionen. Nur ein ganz kleiner Kreis von Eingeweihten hatte Kenntnis von den tatsächlichen Zusammenhängen, die dazu führten, daß vier aufeinanderfolgende Regierungen – die von Truman, Eisenhower, Kennedy und Johnson – ihren Teil dazu beitrugen, daß der fortgesetzt schwelende Krieg in Indochina immer wieder von neuem aufflammte – ein Konflikt, der auch unter der Nixon-Regierung weiterging.

Mitte 1967 erließ Robert S. McNamara, damals Verteidigungsminister, eine Anordnung, die sich heute als die vielleicht folgenschwerste Amtshandlung seiner siebenjährigen Tätigkeit im Pentagon erweist. Er veranlaßte eine Dokumentation – inzwischen unter der Bezeichnung *Pentagon-Papiere* bekannt geworden –, einen umfangreichen, streng geheimen Bericht über die Rolle der Vereinigten Staaten in Indochina. Die Zusammenstellung nahm eineinhalb Jahre in Anspruch. Das Ergebnis war eine etwa 3000 Seiten starke Schilderung der Ereignisse, ergänzt durch mehr als 4000 Seiten beigefügter Dokumente, alles zusammen in einem Gesamtumfang von schätzungsweise zweieinhalb Millionen Worten. Die 47 Bände berichten vom amerikanischen Engagement in Indochina, beginnend mit dem Zweiten Weltkrieg, und reichen herauf bis zu jenem Mai 1968, in dem in Paris die Friedensgespräche begannen, nachdem Präsident Johnson weiteren militärischen Verpflichtungen ein Ende gesetzt und seine Absicht bekundet hatte, die Streitkräfte zurückzuziehen.

The New York Times gelangte in den Besitz des größten Teils der Dokumente und begann in ihrer Sonntagsausgabe vom 13. Juni 1971 mit dem Abdruck einer Artikelserie, die auf diesen Unterlagen basiert. Nachdem die drei ersten Artikel in täglicher Folge erschienen waren, erwirkte das Justizministerium beim *Federal District Court* für den südlichen Distrikt von New York eine zeitlich begrenzte einstweilige Verfügung, die jede weitere Veröffentlichung verbot. Die Regierung machte geltend, daß im Fall einer Fortsetzung der Veröffentlichungen »nationale Verteidigungsinteressen der Vereinigten Staaten und die Sicherheit der Nation auf das höchste gefährdet seien«, und verlangte ein permanentes Verbot. Als *The Times* und *The Washington Post*, die inzwischen zusammen mit anderen Zeitungen ebenfalls mit dem Abdruck des Berichts begonnen hatten, dagegen argumentierten, daß die Pentagon-Papiere allgemeine Interessen berührten und keinesfalls die Sicherheit der Nation gefährdeten, wurde die Auseinandersetzung 15 Tage lang durch alle Gerichtsinstanzen gezogen.

Am 30. Juni 1971 ermächtigte das Oberste Gericht der Vereinigten Staaten die Zeitungen, die Veröffentlichung ihrer Artikel fortzusetzen. Bei einem Stimmenverhältnis von 6 zu 3 wiesen die Richter darauf hin, daß das Recht einer freien Presse im Ersten Zusatz der Verfassung eindeutig verankert sei. Sie entschieden, daß keinerlei Einwände und Bedenken der Regierung die Publikation der Nachrichtenmedien blockieren dürfe.

Obwohl die Pentagon-Papiere den Hergang der Ereignisse keineswegs erschöpfend behandeln, stellen sie doch eine wichtige Grundlage für die Beurteilung aller Entscheidungen dar, die von der Regierung während dreier Jahrzehnte über Indochina getroffen worden sind. Die Papiere besagen, welcher Art diese Entschlüsse waren, wie und aus welchem Grund sie gefaßt wurden und wer sie veranlaßte. Der Bericht wird mit den Aufzeichnungen der unmittelbar Beteiligten belegt, mit ihren Memoranden, Telegrammen und schriftlichen Anordnungen, und diese Dokumente werden von den 36 Verfassern der Dokumentation analysiert und kommentiert.

Diese Autoren fungierten als anonyme Chronisten der Regierung. In der Mehrzahl waren es langjährige Beamte, erfahrene Mitarbeiter des Außen- und des Verteidigungsministeriums oder Offiziere; auch Intellektuelle gehörten dazu, die von staatlich subventionierten Forschungsinstituten kamen. Bei ihrer Verpflichtung für das Vorhaben sicherte man ihnen absolute Anonymität zu, damit es ihnen möglich war, in ihren Beiträgen auch einen eigenen Standpunkt zu vertreten. Die zugestandene Anonymität sollte ihnen garantieren, daß sie auch dann ungefährdet weiterarbeiten konnten, wenn ihre kritischen Ausführungen unter Umständen später bei einer vorgesetzten Stelle mißfällig aufgenommen würden.

Der anonyme Charakter der Dokumentation war auch dadurch gewahrt, daß man jeweils einen bestimmten Zeitabschnitt und das gleiche Thema von einem aus mehreren Mitarbeitern zusammengesetzten Team behandeln ließ. Damit wurde erreicht, daß ein jeder Abschnitt des Berichts in sich geschlossen blieb und keine früheren Gedankengänge wieder aufgegriffen wurden, wie es vielleicht bei einem einzelnen Verfasser oder wie es bei einer Redaktionsgemeinschaft der Fall gewesen wäre, deren Mitglieder die Entwicklung der Ereignisse von der gleichen Warte aus beurteilt hätten.

Der Bericht gibt jedenfalls darüber Aufschluß, daß sich die vier Regierungen zunehmend für ein nichtkommunistisches Vietnam engagierten und daß sie entschlossen waren, den Norden zu bekämpfen, um den Süden zu schützen, und dies in einem wesentlich größeren Ausmaß, als ihre jeweiligen Verlautbarungen es hatten erkennen lassen. Die Verfasser der Dokumentation kamen zu dieser eindeutigen Schlußfolgerung, nachdem sie im Verlauf ihrer Arbeit Feststellungen wie diese gemacht hatten:

- daß die Entscheidung der Truman-Regierung, Frankreich in seinem Kolonialkrieg gegen die kommunistisch ausgerichtete Freiheitsbewegung der Vietminh zu unterstützen, die Vereinigten Staaten zwangsläufig in die Geschehnisse um Vietnam verwickeln und den zukünftigen Kurs der amerikanischen Politik dort bestimmen mußte;
- daß die Entscheidung der Eisenhower-Regierung, ein gerade flügge gewordenes Süd-Vietnam davor zu bewahren, von den Kommunisten vereinnahmt zu werden, und daß der Versuch, das neue kommunistische Regime in Nord-Vietnam zu unterminieren, »ihr eine direkte Rolle beim endgültigen Zusammenbruch der Genfer Vereinbarung« für Indochina im Jahre 1954 gaben.
- daß die Kennedy-Regierung, obwohl letztlich durch den Tod ihres Führers von einer weiteren Eskalation verschont, ursprünglich ein »Spiel des begrenzten Risikos« vertreten und diese Politik dann zu einer »ausgesprochenen Verpflichtung« gemacht hatte, die Präsident Johnson nur die Wahl überließ, den Krieg auszuweiten oder sich zurückzuziehen;
- daß die Johnson-Regierung, auch wenn der Präsident zögernd und unentschlossen die letzte Entscheidung immer wieder hinausschob, den heimlichen Krieg gegen Nord-Vietnam zunehmend intensivierte, und daß sie bereits im Frühjahr 1964 alle Vorbereitungen dafür traf, zu offenen Kampfhandlungen überzugehen – dies ein ganzes Jahr vor dem Zeitpunkt, an dem man öffentlich zugab, wie sehr man sich bereits engagiert hatte und wie sehr man über den Ernst der Lage besorgt sei;
- daß sich der zunehmende Druck der Militärs im Verlauf des Jahres 1964 immer mehr verstärkte und 1965 die Ausweitung der Bombenangriffe auf Nord-Vietnam bewirkte, obwohl der Nachrichtendienst der Regierung die Auffassung vertrat, daß dies Hanoi keinesfalls dazu veranlassen würde, die Unterstützung der im Süden operierenden Vietkong-Rebellen einzustellen, und daß das Bombardement sich binnen weniger Monate als militärisch wirkungslos erweisen werde;
- daß diese vier einander ablösenden Regierungen sich in Indochina politisch, militärisch und psychologisch weitgehend engagiert hatten, oft stärker, als es ihnen damals bewußt war, indem sie 1950 den Franzosen große Mengen von Kriegsmaterial lieferten, seit 1954 Sabotageakte und Terrorangriffe gegen Nord-Vietnam unternahmen und Machen-

schaften unterstützten, die zum Sturz des südvietnamesischen Präsidenten Ngo Dinh Diem im Jahre 1963 führten. Sie machten Pläne, gingen Verpflichtungen ein und drohten mit weiteren Aktionen, wie das im August 1964 die Affäre im Golf von Tonking deutlich machte; die Öffentlichkeit wurde systematisch auf die Notwendigkeit eines unter Umständen jahrelang dauernden Krieges vorbereitet, obwohl man schon 1965, als die Bereitstellung von Truppen und Luftstreitkräften für den Einsatz bereits ein offenes Geheimnis war, damit rechnete, daß weder eine Konsolidierung der Verhältnisse in Süd-Vietnam noch frühzeitige Verhandlungen mit Nord-Vietnam das gewünschte Resultat haben würden.

In diesen Enthüllungen und Analysen über Vorgeschichte und Verlauf des Krieges liegt die eigentliche Bedeutung der Pentagon-Papiere.

Doch die Dokumente und Berichte haben eine Funktion, die über den Krieg in Indochina und die niederschmetternde Wirkung auf die Vereinigten Staaten und alle Länder Südostasiens hinausgeht. Sie ermöglichen nämlich, erstmals seit Ende des Zweiten Weltkrieges, einen tieferen Einblick in das Zusammenspiel des Exekutiv-Apparats, wie es sich auch unter dem amerikanischen Präsidentschaftssystem herausgebildet hat. Man muß schon bis zum Jahr 1946 zurückgehen, um auf einen vergleichbaren Vorgang zu stoßen. Damals öffnete das State Department letztmals seine Archive, um einer breiten Öffentlichkeit wichtige politische Dokumente zugänglich zu machen. Die Pentagon-Papiere enthalten zudem solche Unterlagen wie z. B. die Berichte über geheime Kriegführung, die normalerweise vom State Department auch nach 25 Jahren nicht freigegeben worden wären.

Geheime militärische Operationen, das geht aus der auf den Pentagon-Papieren basierenden Artikelserie der *New York Times* hervor, beeinflussen die politische Entwicklung natürlich in besonderem Maße. Sie verletzen nicht nur bestehende Verträge, sondern stehen auch im Widerspruch zu den herkömmlichen diplomatischen Gepflogenheiten. Daher sind derartige Dokumente, gleichgültig welchen Datums, nach einer Formulierung der Ministerialbürokratie »von jeder Herabstufung ausgeschlossen«, um die Verantwortlichen vor unliebsamen Überraschungen zu bewahren.

Es gibt in der neueren Geschichte nur wenige Fälle, in denen eine so gewichtige Dokumentensammlung wie die Pentagon-Papiere ans Licht der Öffentlichkeit getreten ist. Die letzten Beispiele hierfür sind die Öffnung der geheimen zaristischen Staatsarchive nach der Russischen Revolution von 1917, die Veröffentlichung von Dokumenten des kaiserlichen Deutschland durch die Weimarer Republik und schließlich die Erbeutung der nationalsozialistischen Archive durch die Alliierten auf dem Höhepunkt des Zweiten Weltkrieges.

Man hat über das interne Zusammenspiel der Exekutive nach dem Zweiten Weltkrieg schon viele Vermutungen angestellt, bekam aber niemals einen lückenlosen Einblick in die tatsächlichen Zusammenhänge. Gewöhnlich war darüber mehr aus den Memoiren der Politiker zu erfahren, die jedoch verständlicherweise immer eine sehr subjektive Version lieferten.

Wer die Pentagon-Papiere in allen Einzelheiten studiert, betritt, wie durch einen Spiegel, eine völlig andere Welt, deren Richtlinien und Maßstäbe sich von den Vorstellungen der breiten Öffentlichkeit ebenso unterscheiden wie von den Auffassungen des Kongresses und der Justizbehörden.

In den militärischen Geheimaktionen gegen Nord-Vietnam wird weder in den handschriftlichen Aufzeichnungen der Spitzenpolitiker noch in einer von ungenannten Verfassern stammenden Studie eine Verletzung des Genfer Abkommens von 1954 oder etwa ein Widerspruch zu den öffentlichen politischen Erklärungen der verschiedenen Regierungen gesehen. Geheime Operationen werden einfach geleugnet, soweit bestehende Verträge und öffentliche Stellungnahmen davon berührt sind. Ebensowenig gelten geheime Abmachungen mit anderen Nationen als Einmischung in die Kompetenzen des dafür zuständigen Senats, da sie offiziell gar nicht existieren.

Der dicht abgeschirmte Bereich der Regierung und die Öffentlichkeit sind wie zwei einander überschneidende Kreise. Von außen ist indessen nur ein kleiner Sektor des Regierungszirkels einzusehen. Über heftige interne Debatten wird so gut wie nichts bekannt, ein perfektes Abwehrsystem sorgt dafür, daß Meinungsverschiedenheiten Außenstehender verborgen bleiben. Wie die Pentagon-Papiere jedoch zeigen, waren solche Unstimmigkeiten und sich widersprechende Informationen der Nachrichtendienste für den Kongreß und die Öffentlichkeit möglicherweise ein Anlaß, den offiziellen Verlautbarungen der verschiedenen Regierungen gegenüber mißtrauisch zu sein.

Im engsten Regierungskreis werden die verschiedenen gesellschaftlichen Faktoren – wie der Kongreß, die Nachrichtenmedien, das Volk und sogar die Meinung des Auslands – als Manipulationsobjekte betrachtet. In ausführlichen Memoranden werden ständig Verfahrensfragen und Methoden dargelegt, in denen es darum geht, wie man am ehesten dieses »Publikum« in die gewünschte Richtung lenken könnte, sei es durch gezielte Zweckmeldungen, sei es durch den Appell an patriotische Gefühle. Der Pentagon-Bericht enthält eine Fülle von Beispielen für die von den Führungsgremien angewandten Mittel, um die Massen in ihrem Sinne zu beeinflussen.

Aus den Papieren geht auch hervor, wie sehr es den Verantwortlichen immer darauf ankam, gewisse Vorgänge mit dem Schleier des Geheimnisses zu umgeben, um das reibungslose Funktionieren des Regierungsapparates zu gewährleisten und sich alle Möglichkeiten der Öffentlichkeit gegenüber zu erhalten. Selbst innerhalb dieses abgeschlossenen Zirkels sind nur wenige Männer der Regierungsspitze über alle Entwicklungen unterrichtet. So schickte Minister McNamara im Mai 1965, als die Bombenangriffe fünf Tage lang eingestellt wurden, an sämtliche militärische Kommandostellen ein »streng geheimes« Rundschreiben, das fälschlich behauptete, die Bombardierungspause erfolge, um der Luftwaffe die Möglichkeit zu geben, »sich über die Verkehrsverbindungen (in Nord-Vietnam) einen genauen Überblick zu verschaffen«.

Der wirkliche Grund war jedoch, dem Bericht zufolge, die Absicht, Hanoi eine geheime Nachricht zukommen zu lassen, in der die nordvietnamesische Regierung ultimativ aufgefordert wurde, die Infiltration des Südens unverzüglich einzustellen. Die Studie stellt weiterhin fest, daß im Falle einer ablehnenden Haltung Hanois die vermeintlich friedliche Geste des Bombenstopps eine politisch motivierte Rechtfertigung für die Eskalation des Luftkriegs gegen Nord-Vietnam abgeben sollte. Präsident Johnson brauchte, wie er General Maxwell D. Taylor, dem damaligen amerikanischen Botschafter in Saigon, in einem persönlichen Telegramm erklärte, eine Pause, um »die Weltöffentlichkeit günstig zu stimmen«.

Der Präsident sagte: »Sie sollen wissen, daß ich die Absicht habe, der Reaktion der Kommunisten entsprechend, entweder den Weg für eine Wiederherstellung des Friedens oder aber für eine verstärkte militärische Aktion freizugeben. Wir haben in den vergangenen zwei Monaten unsere Entschlossenheit und unsere Bereitschaft genügend klargemacht und müssen nun etwas Bewegungsfreiheit bekommen.«

Die genaue Wiedergabe solcher bislang unbekannter Einzelheiten in den Pentagon-Papieren wirft für die gesamte amerikanische Öffentlichkeit eine Fülle von Fragen hinsichtlich der Funktionsweise des Regierungsapparates auf.

Die Hauptakteure in diesem Bericht, die Spitzenpolitiker, erscheinen als vertrauenswürdige Leute, die den ihren Fähigkeiten und Kenntnissen angemessenen Platz einnehmen; als Männer, die es gewohnt sind, Probleme zu lösen und sich Geltung zu verschaffen. McGeorge Bundy, ehemals Dekan der Harvard-Universität und nunmehr Berater des Präsidenten in Fragen der nationalen Sicherheit, befürwortete in einem Memorandum an Präsident Johnson vom 7. Februar 1965 den uneingeschränkten Bombenkrieg gegen Nord-Vietnam und fuhr in selbstsicherem Ton fort: »Gemessen an den Kosten, die eine Niederlage in Vietnam mit sich bringen würde, erscheint dieser Plan äußerst billig. Und selbst für den Fall, daß dadurch keine Wende einträte, was denkbar ist, dürften die positiven Folgen dieses Vorgehens den dafür notwendigen Aufwand übertreffen.« Im selben Memorandum versichert Bundy dem Präsidenten, daß es sich bei General Taylor und den anderen führenden Mitgliedern der amerikanischen Mission in Saigon um »äußerst fähige Männer handelt und daß die amerikanische Vietnampolitik im wesentlichen richtig sei und gut vertreten werde«.

Bundy erklärte dem Präsidenten weiter: »Weder die Kritik noch die Lösungsvorschläge, die von Einzelgängern innerhalb der Regierung oder seitens der Presse beharrlich vorgebracht werden, halten einer näheren Prüfung stand; das meiste ist völlig unzutreffend. Niemand ist ohne Fehler, und nicht jede taktische Maßnahme der vergangenen Monate hat sich als richtig erwiesen, aber Sie hatten recht, wenn Sie die Amerikaner in Vietnam als Ihre Erste Mannschaft bezeichneten.«

Generäle wie William C. Westmoreland, der militärische Oberbefehlshaber in Vietnam, und Earle G. Wheeler, der Sprecher der Vereinigten Stabschefs, werden in dem Bericht als »sieggewohnte Männer« bezeichnet.

Die schriftlichen Äußerungen dieser Leute sind, ähnlich wie der Stil einiger Autoren der Pentagon-Papiere, trocken, knapp und präzise. Da ist von »Möglichkeit A, B und C« die Rede und von »Szenarios« für Kriegspläne; Redewendungen wie »Ausweitung der Operationen« oder »offene militärische Bedrohung« deuten an, daß man sich im Kriegszustand befindet. Der Konflikt in Indochina wird als eine Aufgabe betrachtet, die von gut funktionierenden Gehirnen mit Hilfe aller personellen, materiellen und finanziellen Mittel, über die eine Großmacht verfügt, zu lösen sein muß.

Die Begrenzung der Operationen erfolgt offensichtlich aus politischen Erwägungen und entspringt der Besorgnis, eventuell mit einer anderen Großmacht, der Sowjetunion oder China, zusammenzustoßen. Die Memoranden, Telegramme und Protokolle über die Beratungen der Regierung lassen emotionale Regungen und moralische Erwägungen völlig vermissen. Nur ein einziges Mal in der ganzen Dokumentation melden zwei der Hauptbeteiligten, nämlich Minister McNamara und der verstorbene John T. McNaughton, als Staatssekretär im Verteidigungsministerium Leiter der militär-politischen Abteilung für Internationale Angelegenheiten im Pentagon, gefühlsmäßige und moralische Bedenken an. Anlaß dafür war, wie in Kapitel 9 nachzulesen ist, ein persönliches Schreiben, das McNaughton im Mai 1967 an McNamara richtete, der nicht nur sein Vorgesetzter, sondern auch mit ihm befreundet war. Beide unterbreiteten noch im selben Monat, ohne Erfolg, Präsident Johnson ein Memorandum, in dem sie sich dafür einsetzten, als friedliche Geste die Bombenangriffe nördlich des zwanzigsten Breitengrads einzustellen. Die erwähnten Schriftstücke stellen die einzigen Proteste gegen die große Zahl von Menschenleben, die der Krieg forderte, dar.

Eine der wesentlichsten Schwächen der Pentagon-Papiere ist in dem Umstand zu sehen, daß die Berichte und Analysen allein auf der Basis der Dokumente erstellt wurden. Aus Gründen der Geheimhaltung war es den Verfassern nicht gestattet, mit den für die damaligen Entscheidungen Verantwortlichen, von denen einige zu diesem Zeitpunkt bereits aus der Regierung ausgeschieden waren, Kontakte aufzunehmen. Daraus erklärt es sich auch, daß in dem Bericht nichts über die nicht schriftlich fixierten Motive und Überlegungen zu finden ist. Die Autoren waren nicht in der Lage, die Lücken der Dokumentation auszufüllen, und konnten nicht immer sicher sein, daß ihnen der präzise Wortlaut der Dokumente vorlag.

Andererseits verleiht diese Einschränkung den »Pentagon-Papieren« einen besonderen Wert. Denn es ist für Journalisten und Historiker eine alltägliche Erscheinung, daß das Gedächtnis der Leute, besonders wenn sie an unheilvollen Entwicklungen beteiligt waren, mit der Zeit nachläßt.

So empfahl z. B. General Taylor im Herbst 1961, von einer unfreulich verlaufenen Inspektionsreise aus Süd-Vietnam zurückgekehrt, bei der es darum ging, bestimmten Vorgängen und Tatsachen auf den Grund zu kommen, in einem an Präsident Kennedy persönlich gerichteten Telegramm die Entsendung einer 8000 Mann starken amerikanischen Kampftruppe, die als Hilfsexpedition für eine Überschwemmungskatastrophe getarnt sein sollte. Die Formation müßte, wie General Taylor sagte, überwiegend aus »Versorgungseinheiten« bestehen und sollte, »nachdem sie sich mit den Verhältnissen in Süd-Vietnam vertraut gemacht hat, aufgefüllt werden und an Ort und Stelle verbleiben«. Zu den Aufgaben dieser Spezialeinheit sollte es gehören, als »Reserve« zur Unterstützung der südvietnamesischen Regierungstruppen zu fungieren bzw. als »Vorhut für weitere amerikanische Streitkräfte ... falls deren Entsendung sich als notwendig erweisen sollte«.

»Als allgemeine Reserve«, fügte General Taylor hinzu, »sollte diese Sondertruppe mit Zustimmung der USA gegen starke Guerillaverbände eingesetzt werden, die aus den Wäldern gekommen sind, um größere Ziele anzugreifen.«

»Im Augenblick plädiere ich für die Entsendung von Einheiten mit doppelter Aufgabe: sie sollen zunächst in den Überschwemmungsgebieten Hilfe leisten, um später in anderen Gegenden Süd-Vietnams, wo ihre schwere Ausrüstung zum Tragen kommt, gegen den Vietkong eingesetzt werden. Allerdings wird die Möglichkeit, den humanitären Zweck der Mission zu betonen, immer geringer, je länger wir damit warten, unsere Streitkräfte zu entsenden und unser erklärtes Ziel mit den für die Überschwemmungsgebiete notwendigen Hilfsmaßnahmen zu koordinieren. Ich glaube aber nicht«, warnte General Taylor, »daß wir unser Hilfsprogramm in Süd-Vietnam ohne den Einsatz der Sonderkampftruppe mit Erfolg werden durchführen können ...«

Nahezu zehn Jahre später wurde General Taylor in einem Fernsehinterview, das im Frühjahr 1971 aufgenommen und am 27. Juni 1971, einem Sonntag, gesendet wurde, über seine damaligen Vorschläge befragt, deren Inhalt im wesentlichen bekannt geworden war.

»Ich habe damals nicht für den Einsatz von Kampftruppen plädiert«, antwortete er, »sondern mich dafür eingesetzt, Pionier- und Versorgungseinheiten zu entsenden, die für den Nachschub und zur Unterstützung bei der schweren Überschwemmungskatastrophe von 1961 zur Verfügung stehen sollten. Von einer Kampftruppe war nicht die Rede.«

»Aber Sie bezeichneten die Einheit doch«, bohrte der Interviewer hartnäckig weiter, »zugleich als militärisches Sonderkommando, das bei einer weiteren Expansion des Konflikts die Basis hätte werden können.«

»Das ist schon richtig«, erwiderte der General, »aber ich habe lediglich für die Entsendung von drei Infanterie-Bataillonen plädiert. Verzeihung, es waren drei Pionier-Bataillone.«

Der Inhalt der Pentagon-Papiere wird nicht so schnell vergessen werden. Die Dokumente halten die Worte derer fest, die die Armeen und Kampfflugzeuge in Bewegung setzten. Aus diesen Aufzeichnungen ist zu entnehmen, welche folgenschweren Fehler und Versäumnisse den Verantwortlichen anzulasten sind; für eine erschöpfende historische Erfassung der Vorgänge müssen die Dokumente noch gesichtet und ausgewertet werden. Doch die einmal geschriebenen Worte sind unabänderbar, schwarz auf weiß sind sie in der Geschichte unserer Nation von jedermann nachzulesen. Darin liegt die Bedeutung der Pentagon-Papiere.

Die *Times* erwog mehrere Möglichkeiten, den Pentagon-Bericht zu bringen.

Die eine wäre gewesen, bei den Darstellungen und Analysen überhaupt nicht auf den Standpunkt des jeweiligen Autors einzugehen. Dies hätte jedoch bedeutet, daß der *Times*-Reporter gezwungen gewesen wäre, die Dokumente zu interpretieren und die Rolle des Historikers zu spielen. Ein solches Vorgehen wurde verworfen.

Eine zweite Möglichkeit wäre gewesen, über die vorliegenden Berichte und Dokumente hinauszugehen und die Hauptverantwortlichen zu interviewen, um so zu versuchen, verschiedene Interpretationen zu den bereits veröffentlichten Darstellungen der Vorgänge zu erhalten. Aber im Endeffekt wäre dies ebenfalls darauf hinausgelaufen, daß die *Times* ihre eigene Version der Geschichte des Krieges publiziert hätte, und so kam man auch hiervon ab.

Die dritte Möglichkeit, zu der man sich am Ende entschloß, war eine Artikelserie, die sich eng an die Analysen und Dokumente der Pentagon-Papiere anlehnt. Informationsmaterial aus anderen, allgemein zugänglichen Quellen wurde nur verwendet, wenn es angebracht schien, dem Zeitungsleser eine Vorstellung von den Zusammenhängen zu geben, in denen der Inhalt der Papiere steht. Erwies es sich als unumgänglich, gewisse Vorgänge zu deuten, so beschränkte sich die *Times* möglichst auf die Interpretationen der Pentagon-Autoren selbst. Wo die dokumentarischen Unterlagen unvollständig waren, wurde das von der *Times* vermerkt.

Es war beabsichtigt, so objektiv wie möglich über den Geschichtsabschnitt zu berichten, den die kritischen Darstellungen und Dokumente behandeln, aber allein schon Auswahl und Zusammenstellung der einzelnen Fakten lassen natürlich bestimmte Standpunkte und Absichten erkennen. Die nachstehenden Artikel geben unbestreitbar die Meinungen der *Times*-Reporter wieder, von denen sie verfaßt wurden. Dennoch erfolgt die Veröffentlichung in der Hoffnung, eine unparteiische Betrachtung der Pentagon-Studie zu ermöglichen, und mit dem Wunsch, diese so schnell wie möglich der Öffentlichkeit zugänglich zu machen, so daß sowohl der Durchschnittsbürger als auch der Historiker imstande ist, sich ein eigenes Urteil zu bilden.

New York City — *Neil Sheehan*
2. Juli 1971

Vorwort

Am 17. Juni 1967 gab der damalige Verteidigungsminister Robert S. McNamara eine umfangreiche Studie in Auftrag, in der die Ursachen für die tiefe Verstrickung der Vereinigten Staaten in den Vietnam-Konflikt herausgearbeitet werden sollten. Dies fiel in eine Zeit großer persönlicher Enttäuschungen McNamaras über die Entwicklung des Indochina-Krieges, die auch im Pentagon mit wachsendem Unbehagen verfolgt wurde.
Auf McNamaras ausdrückliche Anweisung hin sollte der Bericht »enzyklopädisch und objektiv« sein. Das Endresultat war von so schonungsloser Offenheit, daß nur fünfzehn Kopien davon angefertigt wurden, und ein Versuch McNamaras, am Ende von Johnsons Regierungszeit die strenge Geheimhaltung der Studie aufzuheben, stieß – nachgewiesenermaßen – auf die Ablehnung des Präsidenten.
Es dauerte eineinhalb Jahre, ehe die Arbeit an einem Werk beendet war, das den höchst ungewöhnlichen Fall der Selbstanalyse einer Regierung darstellt. Die Studie wurde von einem sechsunddreißigköpfigen Autorenteam aus den Reihen der Regierung erstellt, wobei es sich hauptsächlich um Zivilbeamte und Angehörige des Militärs handelte, die an der Entwicklung der Politik, die sie nun auswerten sollten, selbst beteiligt gewesen waren. Einige von ihnen nahmen während dieser Aufgabe gleichzeitig aktiv an Debatten teil, die zu einer Änderung dieser Politik führten.
Während McNamara sein Amt an Clark M. Clifford abtrat und der Krieg 1968 mit der Tet-Offensive einen militärischen Höhepunkt erreichte, während Präsident Johnson die Bombardierung Nord-Vietnams einstellen ließ und seinen Rücktritt ankündigte und während in Paris die Friedensgespräche begannen, saßen die Mitglieder der Studiengruppe über streng geheimen Regierungsakten.
Sie analysierten die amerikanische Südostasienpolitik von den Kriegserklärungen Präsident Franklin D. Roosevelts im Zweiten Weltkrieg bis zum Beginn der Friedensgespräche im Sommer 1968. Die Ergebnisse dieser Untersuchung wurden in 42 Bänden – jeder im Umfang eines Buches – niedergelegt, denen in Zusätzen Telegramme, Memoranden, Rekrutierungspläne, Gegenvorschläge und andere Dokumente beigegeben waren – insgesamt 47 Bände.
Der Bericht mit dem offiziellen Titel »History of US Decision-Making Process of Vietnam Policy« (Geschichte der für die Vietnampolitik der Vereinigten Staaten bestimmenden Entscheidungsprozesse) umfaßt mehr als 7000 Seiten – davon entfallen 1,5 Millionen Worte auf

geschichtliche Darstellung und eine Million Worte auf Dokumente – was ausreichen würde, um damit ein kleines Bücherregal zu füllen.
Dennoch handelt es sich weder um eine vollständige noch um eine geglättete Geschichtsdarstellung, wie alle Eingeweihten wissen. Der Bericht enthält viele Ungereimtheiten und entbehrt des durchgehenden Zusammenhangs. Er stellt vielmehr eine ausführliche interne Kritik auf dokumentarischer Basis dar. Die Forscher haben auf den Abdruck von Interviews verzichtet, eine Maßnahme, die in folgenden Worten des Projektleiters Leslie H. Gelb ihre Erklärung findet: »Unsere Führungsspitze hat allen Hauptbeteiligten untersagt, persönliche Stellungnahmen abzugeben.«
Die Studie entwirft ein Bild des Krieges aus der Sicht der mittleren militärischen Ebene und der Beamtenschaft, unter Berücksichtigung des Materials in den persönlichen Akten von Minister McNamara und solchem, das sich bei anderen sehr hohen Beamten des Verteidigungsministeriums fand, in deren Hände ebenfalls Schriftstücke des Weißen Hauses, des Auswärtigen Amtes, des CIA und der Vereinigten Stabschefs gelangt waren.
Der Bericht weist einige wesentliche Lücken auf. Den Forschern war der Zugang zu den vollständigen Akten und Memoranden über die politischen Diskussionen und Entscheidungen der Präsidenten ebenso verwehrt wie zu dem gesamten Aktenmaterial des Auswärtigen Amtes und des CIA, obwohl alle Stellen Dokumente zur Verfügung stellten.
Außerdem fehlen in der Kopie der Pentagon-Studie, die *The New York Times* verwendete, die vier Bände zur Geheimdiplomatie in der Regierungszeit Johnsons.
Doch trotz aller Einschränkungen erschließen die Pentagon-Papiere eine ungeheure Menge neuer Informationen über das wachsende Engagement der Amerikaner in Süd-Vietnam und darüber, wie sich die Vereinigten Staaten in diesen Konflikt verstrickten. Sie gewähren einen tiefen Einblick in die Mechanismen des Regierungsapparats und in die Gedankengänge der Männer, die ihn bedienten.
Der Bericht und die dazugehörigen Dokumente lassen erkennen, daß, nachdem das politische Hauptziel einmal festgelegt war, die internen Debatten über die Vietnamfrage zwischen 1950 und Mitte 1967 fast ausschließlich der Erreichung dieses Zieles galten, die politische Grundkonzeption selbst hingegen unangetastet blieb.
Die Studie macht deutlich, daß alle amerikanischen Regierungen seit der Amtszeit Trumans es für notwendig hielten, der Ausdehnung des kommunistischen Machtbereichs auf ganz Vietnam entgegenzutreten. Fast zwei Jahrzehnte hindurch kehrt das politische Prinzip der Domino-Theorie in endlosen Variationen immer wieder: Wenn Süd-

Vietnam in die Hände der Kommunisten fiele, müßten zwangsläufig andere Länder folgen.
Die Pentagon-Studie offenbart, daß – besonders während der sechziger Jahre – die Regierungen der Vereinigten Staaten davon überzeugt waren, die militärische Macht Amerikas – oder gar nur die Androhung ihres Einsatzes – werde genügen, um den Krieg unter Kontrolle zu halten.
Einige hohe Beamte der Johnson-Regierung befürchteten jedoch ein Eingreifens Rotchinas und plädierten für militärische Zurückhaltung, um weder Peking noch die Sowjetunion unnötig zu provozieren.
In den Diskussionen führender Politiker über die Effektivität des militärischen Einsatzes der Vereinigten Staaten in der Mitte des Jahres 1967 ging es – dem Bericht zufolge – nicht nur um die Begrenzung der militärischen Aktionen zu Lande und in der Luft, sondern auch um die Auswirkungen des Krieges auf die amerikanische Gesellschaft.
»In immer weiteren Kreisen verstärkt sich das Gefühl, das ›Establishment‹ habe den Verstand verloren«, schrieb John T. McNaughton, Staatssekretär im Verteidigungsministerium, in einer Note an Minister McNamara Anfang Mai 1967. McNaughton, drei Jahre zuvor einer der Hauptstrategen für den Luftkrieg gegen Nord-Vietnam, fuhr fort:
»Es besteht der Eindruck, wir würden versuchen, fernen, uns fremden Völkern die amerikanische Lebensweise aufzuzwingen (mit derselben Ignoranz wie unserer eigenen jungen Generation gegenüber), und daß die ganze Sache grotesk in die Länge gezogen werde. Mit diesem Gefühl in Zusammenhang steht die fortschreitende Polarisierung in den Vereinigten Staaten, die zu der gefährlichsten Spaltung unserer Nation seit über einem Jahrhundert geführt hat.«
Im Juni desselben Jahres beschloß McNamara – tief enttäuscht vom Verlauf des Krieges –, die Pentagon-Studie über die Vietnampolitik ausarbeiten zu lassen, von deren Notwendigkeit ihn McNaughton und andere hohe Beamte überzeugt hatten.
Die mündlichen und offenkundig auch die schriftlichen Instruktionen McNamaras für die Bearbeiter liefen auf eine Zusammenstellung der für das amerikanische Engagement wesentlichen Pentagon-Dokumente hinaus.
Die Pentagon-Papiere streben eine möglichst breite Interpretation der Geschehnisse an. Sie untersuchen nicht nur Politik und Motive der amerikanischen Regierungsbehörden, sondern ebenso die Arbeit des Geheimdienstes, Mechanismen und Konsequenzen einer opportunistischen Bürokratie, die Schwierigkeiten der Übertragung amerikanischer Taktiken auf Süd-Vietnam, die Pressepolitik der Regierung sowie zahlreiche Kleinigkeiten, die zur Entwicklung des Ganzen beitrugen.
So zeigen die Autoren zum Beispiel, daß Angehörige der amerikani-

schen Intelligenz mit ihren wiederholten Warnungen an führende Politiker recht behielten und sich die angestrebten Ziele entweder als unerreichbar erwiesen oder aber folgenschwere Reaktionen des Gegners hervorriefen.

Es sind einige Pannen hinsichtlich der Zuverlässigkeit geheimer Informationen aufgeführt, insgesamt jedoch wird dem CIA und anderen Geheimdienstorganisationen ein günstiges Zeugnis ausgestellt.

Der Bericht enthält zahlreiche Beispiele für Zugeständnisse an den Apparat, mit denen die Präsidenten auf die einander widersprechenden Vorschläge ihrer Ratgeber reagierten.

Bereits Mitte der fünfziger Jahre warnten die Vereinigten Stabschefs vor der Annahme, Süd-Vietnam könne innerhalb der vom Genfer Abkommen 1954 gesteckten Grenzen erfolgreich verteidigt werden, und waren erst auf den Druck von Außenminister John Foster Dulles hin zur Entsendung amerikanischer Militärberater bereit.

Es wird deutlich, daß in den sechziger Jahren die beiden Präsidenten, Kennedy und Johnson, Teilmaßnahmen ergriffen, ohne dabei zu berücksichtigen, daß einige Vorschläge der Militärs nur als Ganzes und nicht stückweise Wirkung erzielen konnten.

Die Untersuchung der ständigen Schwierigkeiten Washingtons mit den Saigoner Regierungen ergab, daß die Vereinigten Staaten so eng an das jeweilige Regime gekettet waren und Instabilität so sehr fürchteten, daß es nicht möglich war, die politischen und wirtschaftlichen Reformen im Lande durchzuführen, die die Amerikaner für nötig hielten, um die Unterstützung des Volkes zu gewinnen.

Obwohl der Pentagon-Report über weite Strecken um die Klärung der Geschehnisse bemüht ist, unternimmt er nicht den Versuch, die Schuld für den Krieg einer bestimmten Behörde zuzuschieben oder einzelnen Beamten die Fehler anzulasten.

Da die Verfasser damals offensichtlich im Zentrum der politischen und bürokratischen Entscheidungen standen, richtete sich ihre Kritik gleichmäßig gegen links und rechts.

An einer Stelle wird Senator Eugene J. McCarthy, der als Kriegsgegner bei der Nominierung des demokratischen Präsidentschaftskandidaten 1968 auftrat, als »unverschämter Feigling« und »Emporkömmling« bezeichnet, während im selben Abschnitt die Forderungen des Befehlshabers der Streitkräfte im Pazifik, US-Admiral Grant Sharp, nach totaler Bombardierung Nord-Vietnams »Knallerbsen« genannt werden.

Im allgemeinen ist der Ton ruhig und sachlich; das Material wird auf kühle, geradezu akademische Art zergliedert. Der Bericht nimmt zu Grundproblemen nur in völlig eindeutigen Fällen Stellung. Einige der im Zusammenhang mit dem Krieg am häufigsten auftauchenden Fragen bleiben ohne schlüssige Antwort. So die folgenden:

• Auf welche Weise erfolgte die Rückkehr Ngo Dinh Diems 1954 aus dem Exil nach Süd-Vietnam und wie gelangte er an die Macht?
• Wer ist der Hauptverantwortliche für die Verhinderung von Wahlen in ganz Vietnam im Jahre 1956, wie sie das Genfer Abkommen von 1954 vorsah – Diem oder die Amerikaner?
• Hätte Präsident Kennedy anstelle von Johnson die Vereinigten Staaten ebenfalls in einen ausgedehnten Landkrieg in Süd-Vietnam und einen Luftkrieg gegen Nord-Vietnam geführt?
• Wurde Verteidigungsminister McNamara Mitte 1967 entlassen, weil er mit Johnsons Strategie nicht einverstanden war, oder schied er aus dem Amt auf Grund seiner ernüchternden Erfahrungen im Umgang mit dem Regierungsapparat?
• Ließ Präsident Johnson die Bombardierungen jenseits des zwanzigsten Breitengrades am 31. März 1968 einstellen, um damit eine Einschränkung der amerikanischen Kriegsziele anzukündigen, oder war es nur ein Versuch, von der kriegsmüden amerikanischen Öffentlichkeit mehr Zeit und Geduld für seine Politik zu erlangen?

Das Forschungsprojekt wurde im Büro für Internationale Sicherheitsfragen – für Eingeweihte kurz ISA – des Pentagon konzipiert, der militär-politischen Abteilung also, deren Leiter an dritter Stelle unter den Beamten des Verteidigungsministeriums rangiert. Als die Studie in Auftrag gegeben wurde, waren das Staatssekretär McNaughton und zum Zeitpunkt ihrer Vollendung Staatssekretär Paul C. Warnke.

Am 15. Januar 1959 teilte der Leiter des ISA-Büros für politische Planung, Gelb, als Vorsitzender der Sonderkommission für die Vietnamkriegsstudie Verteidigungsminister Clark Clifford mit, daß die Aufgabe abgeschlossen sei. Mr. Warnke hat – wie berichtet wurde – diesen Brief mit dem Vermerk »abgezeichnet« an Clifford weitergeleitet. Ehemalige Beamte schließen daraus, Warnke habe nur die Fertigstellung der Arbeit zur Kenntnis genommen, ohne deren Inhalt zu billigen, als er sie an den Minister weitergab.

Obwohl die Beendigung des Projekts in die Zeit nach Mr. McNamaras Ausscheiden fiel, blieb der Bericht nach den Worten eines Beamten »für jedermann immer nur die McNamara-Studie«.

Drei der vermutlich insgesamt fünfzehn Kopien wurden von Gelb dem Präsidenten der Weltbank, McNamara, persönlich übergeben. Im Gegensatz zu manch anderem früheren Politiker soll sich dieser über die Ergebnisse der Studie zufrieden geäußert haben.

Wie verlautet, gingen weitere Kopien an Präsident Johnson, das Auswärtige Amt und den Stab Präsident Nixons oder kamen zu den Akten des Pentagon.

Die Autoren, von denen die meisten eine Zeitlang oder mehrere Monate gearbeitet hatten, waren mittlere Beamte der ISA, der Abteilung für

Systemanalyse des militärischen Stabes im Pentagon bzw. aus den Stäben des Auswärtigen Amtes und des Weißen Hauses. Wahrscheinlich hatten etwa zwei Drittel der Gruppe schon vorher zu irgendeiner Zeit der Regierung in Sachen Vietnam zur Verfügung gestanden.

»Die Sonderkommission bestand durchweg aus fähigen und interessierten Köpfen, die allerdings nicht in allen Fällen die Kunst des Recherchierens beherrschten«, schrieb Gelb in seinem Brief an Clifford. »Wir glaubten, eine wichtige Aufgabe übernommen zu haben, die es möglichst gut zu erfüllen galt. Natürlich bestanden bei jedem von uns Vorurteile und feindselige Gefühle gegen den und jenen, das wurde in jeder Phase deutlich, aber wir haben versucht, diese Emotionen zu kontrollieren.«

Das Resultat ergab nach seinen Worten nicht so sehr eine Geschichtsdokumentation, sondern eher eine Analyse, die ausschließlich auf sich gelegentlich widersprechenden Dokumenten beruht, »deren Sinn sich nicht unmittelbar aus ihnen selbst erschließen läßt«. Aus diesem Grund, erklärte der Leiter des Projekts, seien die Dokumente von seinem Team »mit einem wahren Bienenfleiß in jeder Kleinigkeit überprüft worden«. Niederschrift und auch die Edition wurden gleichermaßen als Leistung der ganzen Gruppe bezeichnet, obwohl einzelne akademisch qualifizierte Mitarbeiter, wie Historiker und Politologen, für verschiedene Aufgaben hinzugezogen worden waren.

Die Untersuchungen basieren hauptsächlich auf dem Studium der Akten von McNamara und McNaughton. William P. Bundy, ehemaliger Staatssekretär des Auswärtigen Amtes für fernöstliche Fragen, stellte einige Akten aus dem Auswärtigen Amt zur Verfügung.

Das größte Handicap für weite Teile der Pentagon-Studie dürfte darin liegen, daß den Autoren der Zugang zu den Archiven des Weißen Hauses versperrt blieb.

Die Studienkommission besaß Papiere über Entscheidungen der Präsidenten, die normalerweise nur höchsten Pentagonbeamten zugänglich sind, sowie Botschaften des Weißen Hauses an Befehlshaber oder Gesandte in Saigon. All diese Schriftstücke vermitteln ein – allerdings unvollständiges – Bild von den Stimmungen und Motiven der verschiedenen Präsidenten.

Ein ebenso großer Nachteil bestand darin, daß keine Berichte über Diskussionen innerhalb des Nationalen Sicherheitsrates und die vertraulichen Besprechungen der Präsidenten mit ihren allernächsten Ratgebern, bei denen oftmals Entscheidungen gefällt wurden, zur Verfügung standen.

Dabei handelt es sich – wie die Autoren selbst bemerken – bei letzterem um ein häufig angewandtes Verfahren, denn die Empfehlungen zu einer wichtigen Entscheidung und die mündlichen Anmerkungen des Präsidenten zu früheren Vorschlägen liegen zwar schriftlich vor, dazwischen jedoch finden nicht selten Beratungen innerhalb des engsten Regierungskreises statt.

Obwohl die Pentagon-Studie fast ausschließlich auf Regierungsinterna, vor allem auf Papieren des Verteidigungsministeriums, beruht, bleibt das Bild einer so bedeutenden Figur wie Außenminister Dean Rusk merkwürdig blaß. Rusk war dafür bekannt, daß er sich nur ungern schriftlich festlegte. Besonders während der Amtszeit Präsident Johnsons sparte er seine Ratschläge für Gespräche mit dem Präsidenten unter vier Augen.

Hinsichtlich der letzten Monate der Amtszeit Johnsons machte sich der Mangel an Aufzeichnungen über solche Besprechungen besonders empfindlich bemerkbar, denn Johnson führte – wie aus der Studie hervorgeht – eine streng hierarchisch gegliederte Regierung. Nur seine engsten Mitarbeiter waren in die politischen Überlegungen des Präsidenten eingeweiht, und einige der wichtigsten Beamten im zweiten Rang – wie die Staatssekretäre des Auswärtigen Amtes und des Verteidigungsministeriums – waren in der Lage, die Gedankengänge des Präsidenten mit einiger Verzögerung nachzuvollziehen.

Der Pentagon-Bericht stellt fest, daß die höchsten Regierungsbeamten mit ihren wirklichen Absichten nicht nur gegenüber der Presse und dem Kongreß zeitweise hinter dem Berg hielten, sondern selbst Regierungsmitgliedern die wahren Motive für ihre schriftlich fixierten Empfehlungen oder Handlungen verheimlichten.

In einem Kommentar der Pentagon-Studie heißt es dazu: »Daraus ist die Lehre zu ziehen, daß von den Grundsätzen, die in diesen Schriftstücken entwickelt werden (Papieren, die für einen ziemlich großen Kreis des Verwaltungsapparates bestimmt waren, im Gegensatz zu den geheimgehaltenen Memoranden, die nur Spitzenpolitikern zugänglich gemacht wurden), keine zuverlässigen Schlüsse darüber abgeleitet werden können, warum eine Empfehlung so und nicht anders ausfiel.« Die Worte in Klammern stehen im Kommentar.

Außerdem fehlt eine ausführliche Erörterung darüber, wer die militärische bzw. politische Verantwortung für die Verluste unter der Zivilbevölkerung trägt; desgleichen eine Darstellung der Bestimmungen der Genfer und der Haager Konvention über eingeschränkte Kriegführung.

Die Unterschiede in der Methode der einzelnen Autoren sind auffallend: Manche gehen mit analytischer Schärfe vor, andere belassen es bei zusammenfassenden Berichten über die wichtigsten verfügbaren Dokumente des von ihnen bearbeiteten Zeitraums und sind sparsam mit Kommentaren oder Interpretationen.

Als Geschichtswerk ist diese Studie zwangsläufig lückenhaft. Entweder

fehlte den Autoren die Zeit, oder sie verzichteten einfach darauf, eine zusammenhängende und einheitliche Analyse aller vier Regierungen, die zwischen 1950 und 1968 in das Vietnam-Problem verwickelt waren, durchzuführen.
So unterteilt der Pentagon-Bericht die Regierungszeit Kennedys in folgende fünf Abschnitte: die folgenschweren Entscheidungen des Jahres 1961, das Befriedungsprogramm, den Aufbau eines amerikanischen Beraterstabes in Vietnam, die Entwicklung der Pläne für einen schrittweisen Abzug der amerikanischen Streitkräfte und schließlich den Staatsstreich, der zum Sturz von Präsident Diem führte.
Bei der Darstellung der Johnson-Ära werden vier gleichzeitig ablaufende Ereignisse getrennt behandelt: Der Landkrieg in Süd-Vietnam, der Luftkrieg gegen den Norden, die politischen Beziehungen zu den aufeinanderfolgenden Regierungen Süd-Vietnams und die Bemühungen der Geheimdiplomatie um Verhandlungen. Hie und da überschneiden sich die Berichte, aber an keiner Stelle wird der Versuch unternommen, die einzelnen Fäden aufzunehmen und miteinander zu verbinden.
Die Schwächen wurden von den Autoren selbst erkannt. »Geschichtsschreibung, die sich mit noch nicht abgeschlossenen Entwicklungen befaßt, birgt, vor allem, wenn es sich dabei um Vietnam handelt, zahlreiche Gefahren«, stellte Gelb in seinem Brief an Clifford fest.
Obwohl zwangsläufig unvollständig und in einzelnen Punkten widerspruchsvoll, besteht doch das unbestreitbare Verdienst dieser Studie darin, der amerikanischen Öffentlichkeit eine ungeheure Menge wichtiger neuer Informationen zugänglich gemacht zu haben – die bisher umfangreichste und detaillierteste Materialsammlung über das Vietnamproblem.

Hedrick Smith

Die wichtigsten Ereignisse 1945–1968

Kapitel 1 **1945–1960**

Süd-Vietnam, so behauptet die geheime Pentagon-Studie, ist im wesentlichen eine Schöpfung der Vereinigten Staaten, die in den Jahren der Truman- und insbesondere der Eisenhower-Regierung entstanden ist. Hier, in chronologischer Reihenfolge, entscheidende Ereignisse dieser Periode: Handlungen, Beschlüsse, taktische Konzepte.

1945-46
Ho Chi Minh schreibt eine Reihe von Bittgesuchen um US-Unterstützung an Präsident Truman und den Außenminister. Kein Hinweis, so der Bericht, auf irgendeine Antwort.

1950
Die Studie des Nationalen Sicherheitsrates drängt die USA, »die Entwicklung der Bedrohung durch kommunistische Aggression« in Asien »sorgfältig zu prüfen« und »direkt betroffene« Regierungen zu unterstützen; empfiehlt dringend, Französisch-Indochina »besondere Aufmerksamkeit« zu widmen.
Die USA erkennen Bao Dai's Regime an, nicht Ho's; Franzosen bitten um militärische Hilfe. Außenminister Dean Acheson sagt, Alternative sei »Ausbreitung des Kommunismus in ganz Südostasien und möglicherweise sogar nach Westen«. Militärhilfebeschluß bedeutet, so der Bericht, daß die USA »von nun an« direkt »in die fortschreitende Tragödie Vietnams« verwickelt sind.

1953
Der Nationale Sicherheitsrat meint, der Verlust Indochinas an den Kommunismus »wäre bedrohlich für die Sicherheit der USA«, und »jede Verhandlungslösung« würde den Verlust Indochinas und »ganz Südostasiens« bedeuten.

1954
Der Nationale Sicherheitsrat drängt Präsident Eisenhower, warnend darauf hinzuweisen, daß die »französische Einwilligung« in eine Verhandlungslösung das Ende der amerikanischen Hilfe für Frankreich bedeuten würde. Schlägt USA vor, Krieg bis zum »militärischen Sieg« fortzusetzen.
Franzosen bitten USA um Luftangriff mit getarnten Flugzeugen. Beschluß des Präsidenten, nicht zu intervenieren, noch zögernd. Außenminister John Foster Dulles beschließt, den Franzosen einen »deutlichen Hinweis« zu geben, daß amerikanische Intervention unter gewissen Bedingungen möglich ist. Eisenhower läßt Entwurf für Kongreßresolution anfertigen. Verteidigungsministerium bereitet Arbeitspapier über erforderliche US-Truppen vor.

Memorandum des Führungsstabes kommt zu dem Schluß, Indochina sei »ohne entscheidende militärische Ziele«.

Juni: Col. Edward G. Lansdale vom CIA trifft als Chef einer Agentengruppe für »paramilitärische Operationen« und »politisch-psychologische Kriegführung« gegen den Norden in Saigon ein.

August: Geheimdienst bezeichnet Chancen für starkes Regime im Süden als gering. Nationaler Sicherheitsrat hält Genfer Abkommen für eine »Katastrophe«, die für den »Kommunismus einen großen Schritt vorwärts« bedeute; so die Studie. Memorandum der Stabschefs besagt, eine »starke, stabile Zivilverwaltung« sei die »absolut notwendige« Voraussetzung für US-Hilfe bei militärischer Ausbildung. Dulles dagegen hält militärisches Ausbildungsprogramm für »eines der wirksamsten Mittel« zur Stabilisierung eines Regimes. Mit der Zustimmung des Präsidenten zu den Empfehlungen des Sicherheitsrates, Süd-Vietnam wirtschaftlich und militärisch zu unterstützen, »waren die Weichen der amerikanischen Vietnampolitik nach Genf gestellt«, heißt es im Bericht.

Oktober: Lansdale-Gruppe bei »verzögerter Sabotage« an Eisenbahn in Hanoi; verunreinigt Ölvorrat für Stadtbusse zwecks »allmählicher Ruinierung« der Motoren, verteilt fingierte Vietminh-Flugblätter; Rekrutierung, Ausbildung und Ausrüstung von zwei vietnamesischen Agentengruppen.

Dezember: Gen. J. Lawton Collins, US-Sonderbeauftragter, drängt auf Ablösung von Regierungschef Ngo Dinh Diem oder »Überprüfung unserer Pläne« in bezug auf die Militärhilfe. Dulles erwidert, es gäbe »keine andere Wahl, als unsere Hilfe für Vietnam fortzusetzen und Diem zu stützen«.

1955

April: Nach Zusammenkunft mit General Collins telegrafiert Dulles an die Botschaft in Saigon, nach einer Diem-Alternative zu suchen.

Mai: Diem unterdrückt mit Lansdales Hilfe eine aufrührerische Sekte in Saigon. Dulles annulliert Telegramm. Entwurf einer Verlautbarung des Nationalen Sicherheitsrates – der in seinen »Hauptpunkten« Diem übersandt wurde – empfiehlt diesem, er möge auf freien und geheimen Wahlen unter strenger Kontrolle bestehen. Kommunisten in Deutschland hätten diese Bedingungen abgelehnt; »es ist zu hoffen, daß die Vietminh diesem Beispiel folgt«, heißt es im Bericht.

Dezember: Dulles telegrafiert der Botschaft, die USA sollten nichts tun, »um den gegenwärtigen Verfall des Genfer Abkommens zu beschleunigen«, aber auch nicht die »leiseste Anstrengung machen, es mit Leben zu erfüllen«.

1956

Die USA schicken zusätzlich 350 Mann Militärpersonal nach Saigon. Laut Studie ein »Beispiel für die amerikanische Mißachtung« des Genfer Abkommens.

1960
Geheimdienst sagt voraus, daß »Mißstimmung und Unzufriedenheit mit der Regierung wahrscheinlich weiter zunehmen« und dieser »Gegentrend«, unkontrolliert, »in absehbarer Zeit so gut wie sicher zum Sturz der Regierung Diem führen wird«.

Kapitel 3 **1961–1963**

Die Pentagon-Studie läßt die Frage offen, inwieweit der Vietnamkrieg anders verlaufen wäre, wenn John F. Kennedy weitergelebt hätte – sie faßt aber die Kennedy-Jahre als die Zeit einer beträchtlichen Verstärkung des Engagements der Vereinigten Staaten zusammen.
Hier in chronologischer Abfolge wichtige Daten dieser zweieinhalb Jahre.

1961
Geheimdienstbericht spricht von »unmittelbar bevorstehender äußerst kritischer Phase« für Süd-Vietnam und das Saigoner Regime. Präsident Ngo Dinh Diems »Vertrauen auf faktische Ein-Mann-Regierung« und die »Duldung von Korruption« veranlasse viele in Truppe und Regierung, »›Diems Führungsqualitäten für diese Phase in Frage zu stellen‹«.
Präsident gibt Befehl, 400 Mann starke Sondereinheit und 100 weitere Militärberater nach Süd-Vietnam zu schicken, heißt es in der Studie. Ferner ordnet er Untergrundkrieg mit ›Sabotage und leichten Störaktionen‹ im Norden an, auszuführen durch südvietnamesische Agenten, die von Amerikanern ausgebildet werden.
Task force unter Roswell W. Gilpatric schlägt Gespräch mit Präsident Diem über »Möglichkeit eines Schutzbündnisses« vor, obwohl dadurch Genfer Vereinbarungen verletzt werden. Präsident willigt ein.
Vizepräsident Lyndon B. Johnson in Bericht über Reise nach Saigon: Vereinigte Staaten müßten sich entscheiden, »ob sie diesen Ländern helfen« oder »das Handtuch werfen« und »unsere Verteidigungslinie bis nach San Franzisko zurückverlegen« wollten.
Präsident Diem bittet in Brief an Präsident Kennedy um »beträchtliche« Verstärkung amerikanischer Streitkräfte und Vergrößerung südvietnamesischer Armee um 100 000 Mann. Benutzt laut Studie »aufgeblähte Infiltrations-Ziffern«, um kommunistische Drohung schärfer wirken zu lassen.
Das Weiße Haus bewilligt Gelder für Erhöhung südvietnamesischer Truppenkontingente um 30 000 Mann.
Stellvertretender Staatssekretär U. Alexis Johnson drängt Präsident Kennedy, »Sieg über Vietkong« als »eigentliches und letztes« Ziel ins Auge zu fassen.
Vereinigte Stabschefs schätzen, daß 40 000 amerikanische Soldaten nötig sein werden, um »mit der Vietkong-Bedrohung fertig zu werden«.
Aktennotiz William P. Bundys drängt McNamara zu »zeitiger und hart zuschlagender« US-Intervention. Schätzt Chance, »Dinge in den Griff zu kriegen«, auf 70 Prozent. Schätzt Chance, daß »es uns so ergeht wie den

Franzosen 1954: der Weiße kann diese Art Krieg nicht gewinnen«, auf 30 Prozent.
Geheimdienstbewertung sieht »geringe Anzeichen«, daß Vietkong sich auf Hilfe von außen stützt, so der Pentagon-Bericht. Botschafter Frederick E. Nolting jr. berichtet, Saigon erwäge, Nationalchina um »eine Division Kampfverbände« zu bitten, und wünscht von USA »Kampf-Ausbilder-Einheiten«.
General Taylor trifft mit Präsident Diem zusammen. Empfiehlt Mekong-Delta-Überschwemmung »zur Entlastung von task force, hauptsächlich militärisch zusammengesetzte Formationen« und »Kampftruppen« zur Absicherung. Empfiehlt 6000 bis 8000 Mann und weist warnend darauf hin, daß sie »mit Verlusten rechnen müssen«, aber auch verlegt oder für »andere Aufgaben« eingesetzt werden können.
Hält Gefahr eines »großen asiatischen Krieges« für gering. Norden sei »durch konventionelle Bombenangriffe äußerst verwundbar«.
Verteidigungsminister McNamara sagt, er und Vereinigte Stabschefs seien »geneigt«, General Taylors Vorschlag »zu empfehlen«, obwohl dadurch »der Kampf verlängert werden könnte«. Schätzt, daß maximal erforderliche US-Bodentruppen sechs Divisionen nicht übersteigen.
Außenminister Rusk telegrafiert, Washington lege Wert auf politische Reformen, da abträglich für US-Prestige, auf »falsches Pferd« zu setzen.
General Taylor erklärt in Botschaft an Präsident Kennedy: »US task force ist wesentlich.«
In gemeinsamem Memorandum unterstützen McNamara und Rusk General Taylors Empfehlungen. Verlust Süd-Vietnams »würde jede weitere Diskussion über die Bedeutung Südostasiens für die freie Welt gegenstandslos machen«. Empfehlen für den Anfang »US-Einheiten von bescheidenem Ausmaß« zur »direkten Unterstützung ... so schnell wie möglich«; bestehen auf Regierungsumbildung als Voraussetzung.
Tagung Nationaler Sicherheitsrat. Laut Notizen fragt Präsident nach Bedeutung von Süd-Vietnam und Laos. General Lyman L. Lemnitzer, Vorsitzender der Vereinigten Stabschefs: »Wir würden Asien bis hinunter nach Singapur verlieren.«
Präsident stimmt Hauptvorschlägen zu. Präsident Diem angeblich über US-Antwort bestürzt. Forderungen nach Reformen gemildert, auf amerikanischer Beteiligung an Beschlußfassung wird nicht mehr bestanden.

1962

Militärischer Lagebericht für Präsidenten gibt an, daß bis Ende November 948 Angehörige der US-Streitkräfte in Süd-Vietnam standen. Bis zum 9. Januar waren es 2646. Dazu Hubschrauber-Kampfverbände, Minenräumboote vor der Küste, US-Luftwaffe im Überwachungs- und Aufklärungseinsatz.
McNamara ordnet Planung für US-Rückzug an, sei es auf Grund eines, wie er es nennt »gewaltigen Erfolges« oder wegen der Schwierigkeit, das öffentliche Verständnis für amerikanische Operationen »endlos« aufrechtzuerhalten.

1963
Michael V. Forrestal, Adjutant im Weißen Haus, berichtet Kennedy, daß ein langer, kostspieliger Konflikt zu erwarten sei. Zulauf zu Vietkong so stark, daß Guerillas ohne Infiltration weitermachen könnten.
USA haben bis Oktober 16 732 Mann in Vietnam. Planung für Rückzug wird fortgesetzt, so die Studie, auf der Basis »kühnster Voraussagen« für einen Erfolg.

Kapitel 4 **Mai—November 1963**

Die »Mittäterschaft« der Regierung Kennedy beim Sturz des Präsidenten Ngo Dinh Diem geht aus den Dokumenten der Pentagon-Studie hervor, die zeigen, daß die Vereinigten Staaten durch diese Vorgänge »unbeabsichtigt noch tiefer« in den Vietnam-Konflikt verwickelt wurden.
Hier folgen, chronologisch geordnet, die wichtigsten Ereignisse dieser Periode.

Mai-Juni 1963
Proteste der Buddhisten gegen die Regierung gipfeln nach dem gewaltsamen Vorgehen von Regierungstruppen gegen Demonstranten in Hué in Gewalttätigkeiten. Die Krise spitzt sich zu, da die weitverbreitete Abneigung gegen das Diem-Regime und gegen Diems Bruder Ngo Dinh Nhu in dieser Konfrontation zum Ausdruck kommt.

August 1963
Das Saigon-Regime bricht das den USA gegebene Versprechen, Ausgleich mit den Buddhisten zu suchen, und veranstaltet mitternächtliche Überfälle auf buddhistische Kirchen. Es kommt zu vielen Verhaftungen und Mißhandlungen.
Es wird erstmals an einen Agenten des CIA herangetreten, um die Unterstützung der USA bei einem Staatsstreich zu erhalten.
George W. Ball, amtierender US-Außenminister, erklärt Henry Cabot Lodge, dem neuen US-Botschafter, daß Diem das Ehepaar Nhu »entfernen« muß, andernfalls »können wir Diem nicht länger unterstützen«.
Er erklärt ferner, »geeigneten militärischen Befehlshabern« kann »direkte Unterstützung im Falle eines vorübergehenden Zusammenbruchs des zentralen Regierungsapparates« zugesichert werden. Er ermächtigt den Botschafter, mit der Einstellung von Hilfeleistung zu drohen, falls die verhafteten Buddhisten nicht freigelassen werden.
Lodge antwortet: Die Aussichten, daß »Diem unseren Forderungen nachkommt, sind praktisch Null«. Er erklärt ferner: »Stellen wir solche Forderungen, so geben wir Nhu die Möglichkeit, einen Putsch zu vereiteln.« Er schlägt vor: »Gehen wir mit unseren Forderungen geradewegs zu den Generälen.«
CIA-Agenten stellen Kontakt zu zwei Verschwörern her.
Lieut. Col. Lucien Conein, ein Spitzenagent des CIA, trifft sich mit

Generalleutnant Duong Van Minh, dem Anführer der Verschwörung. Minh verlangt, daß die USA als Zeichen des Einverständnisses mit dem geplanten Staatsstreich die Wirtschaftshilfe für das Diem-Regime suspendieren. Es steht fest, daß der CIA den Verschwörern ausführliche Informationen über regierungstreue Streitkräfte zur Verfügung stellte.
Auf Anfrage von Präsident Kennedy erklärt Lodge: »Das US-Prestige« steht auf dem Spiel, »es gibt kein Zurück mehr ...«
In einer Beratung des Nationalen Sicherheitsrates »wird die grundsätzliche politische Linie noch einmal unterstrichen«. Die USA »werden einen Staatsstreich unterstützen, der gute Aussicht auf Erfolg hat«. General Paul D. Harkins, US-Befehlshaber in Saigon, erklärt dem Außenministerium, daß »er darauf vorbereitet ist, mit den Verschwörern zusammenzuarbeiten«. Lodge wird ermächtigt, »die Einstellung der Hilfeleistung bekanntzugeben«, sobald er es für richtig hält.
Eine private Mitteilung Kennedys an Lodge verspricht, »alles Mögliche zu tun, das Ihnen hilft, die Operation erfolgreich zu Ende zu führen«, aber er ersucht um laufende Berichte, damit ihm die Möglichkeit bleibt, erforderlichenfalls ein »Gegensignal« zu geben. Er erklärt: »Wenn wir etwas tun, müssen wir es tun, um zu gewinnen. Aber wir werden besser unseren Entschluß revidieren, als daß wir einen Fehlschlag hinnehmen müssen.«
Der Botschafter meldet das »Abblasen« des Staatsstreichs.
Der Nationale Sicherheitsrat tritt wieder zusammen. M. Kattenburg, Leiter der Interministeriellen Arbeitsgruppe Vietnam, drängt auf Disengagement. Außenminister Dean Rusk erklärt: Die USA werden sich nicht zurückziehen, »bis der Krieg gewonnen ist«, und »die USA werden keinen Staatsstreich betreiben«.

Oktober 1963
Verteidigungsminister Robert S. McNamara und General Maxwell D. Taylor, Vorsitzender des Vereinigten Generalstabs, schlagen nach einer Zusammenkunft mit Diem vor, daß die USA »mit dem Diem-Regime zusammenarbeiten, es aber nicht unterstützen«. Sie drängen darauf, wirtschaftlichen Druck auszuüben.
Conein und andere CIA-Agenten nehmen den Kontakt mit Minh und weiteren Verschwörern wieder auf. Lodge bemüht sich um die Zusicherung, daß die USA keinen Putsch »vereiteln«.
Der Präsident ist mit den McNamara-Taylor-Vorschlägen, etliche der wirtschaftlichen Hilfeleistungen einzustellen, einverstanden. Die Studie drückt aus, daß es zweifelhaft bleibt, ob diese Maßnahmen als »grünes Licht für einen Staatsstreich« gemeint waren.
Die Einstellung von Hilfeleistungen beginnt.
Anweisungen des Weißen Hauses an den Botschafter fordern nachdrücklich, »die Vorgänge zu überwachen und sich bereitzuhalten«, einen Staatsstreich aber »nicht aktiv zu fördern«. Die Studie betont, daß man sehr darauf bedacht ist, eine Verwicklung der USA in den Staatsstreich »glaubwürdig leugnen zu können«.
Wieder wird der Putsch abgesagt. Der Anführer gibt als Grund Harkins' Haltung an. Harkins weist den Vorwurf, »die Vereitlung des Putsches zu

versuchen«, zurück, aber »ich lehne es ab, über Staatsstreiche zu diskutieren, da sie ja nicht in meinen Aufgabenbereich gehören«.
Zweifel, ob es zweckmäßig ist, den Putsch zu unterstützen, leben in Washington wieder auf. Das Weiße Haus möchte in der Lage sein, die Aussichten eines Umsturzplanes zu beurteilen und abzuwinken, falls wenig Aussicht auf Erfolg besteht.
Lodge widersetzt sich allen Anstalten, »kaltes Wasser auf das Komplott zu gießen«.
Lodge und Diem haben eine »ergebnislose, enttäuschende« Beratung. Der Botschafter berichtet, Diem »sah mich mit ausdruckslosem Blick an und wechselte das Thema, als ich ihn um eine Geste bat, die die öffentliche Meinung in den USA günstig beeindrucken würde«.
Das Weiße Haus weist Lodge an, die Verschwörer zu »entmutigen«, falls schneller Erfolg unwahrscheinlich ist. Lodge erwidert, die USA seien gar nicht in der Lage, »den Putsch aufzuhalten und die Verschwörer zu entmutigen«.

November 1963
Der Staatsstreich findet plangemäß statt. Diem telefoniert mit Lodge und fordert Auskunft »über die Haltung der USA«. Lodge erwidert, er sei nicht »ausreichend informiert«, und teilt ihm mit: »Wenn ich irgend etwas für Ihre persönliche Sicherheit tun kann, bitte rufen Sie mich an.«
Die Pentagon-Studie stellt fest, daß Diem das Angebot der Generäle schließlich annimmt, ihn sicher aus dem Land zu geleiten. Er und sein Bruder werden von Angehörigen der Panzertruppe erschossen.

Kapitel 5 **Februar—August 1964**

Februar 1964
Beginn der Operation nach Plan 34A; Programm geheimer militärischer Operationen gegen Nord-Vietnam.

März 1964
Mr. McNamara drängt nach seiner Rückkehr aus Vietnam auf Pläne für »weitere und entscheidende Zwangsmaßnahmen gegen Nord-Vietnam«, da die neue Regierung General Nguyen Khanh's für unfähig gehalten wird, die südvietnamesischen Aussichten zu verbessern.
Präsident Johnson stimmt zu; er telegrafiert Henry Cabot Lodge, dem Botschafter der Vereinigten Staaten in Saigon, daß »die von uns geplanten Aktionen gegen den Norden sich derzeit auf einer unsicheren Basis befinden«.

April 1964
Der Plan für die Eskalation wird in Saigon von Mr. Lodge, William P. Bundy, Dean Rusk, General Earle G. Wheeler überprüft. Die Pläne umfassen Einzelheiten der zunehmenden militärischen Verwicklung der

Vereinigten Staaten, entsprechend der Überzeugung der Regierung, daß Hanoi den Vietkong kontrolliert. Laut Rusk sollte das Ausmaß der Einmischung Hanois bewiesen werden, um »die öffentliche Meinung im eigenen Lande, bei unseren Alliierten sowie den Neutralen zufriedenzustellen«.
Eine Liste von 94 möglichen Zielen für Bombardierungen im Norden wird von den Vereinigten Stabschefs aufgestellt.

Mai 1964
Mr. Lodge berichtet, daß General Khanh die Vereinigten Staaten ersucht, den Norden anzugreifen. Saigon will Nord-Vietnam den Krieg erklären. Mr. McNamara schließt die Möglichkeit von Bombardierungen nicht aus, betont aber, »daß solche Aktionen einen Erfolg gegen den Vietkong im Süden nicht ersetzen, sondern höchstens ergänzen können«. Mr. Lodge telegrafiert Mr. Rusk, die Vereinigten Staaten könnten »keine viel bessere Leistung« von der Saigoner Regierung erwarten, »es sei denn, ähnliche Aktionen wie die von den Vereinigten Staaten bereits geplanten werden eingeleitet«.
William Bundy schickt dem Präsidenten einen 30-Tage-Plan über eine allmähliche Eskalierung des militärischen Drucks gegen den Norden, der in schwersten Bombenangriffen gipfeln würde. Der Bericht schlägt vor, eine Kongreß-Resolution einzuholen, die »zu allen Aktionen ermächtigt, die zum Wohle Vietnams erforderlich sind«.

Juni 1964
Auf einer Strategie-Sitzung in Honolulu drängt Botschafter Lodge auf »einzelne Bombenangriffe gegen militärische Ziele im Norden«, um die angeschlagene Moral der Südvietnamesen wieder aufzurichten. Im Gegensatz zu Mr. Rusk, Mr. McNamara und John McCone vom CIA bezweifelt er die Notwendigkeit einer Resolution des Kongresses.
In Südostasien wurde mit vorbereitenden militärischen Aufmärschen begonnen.
J. Blair Seaborn, kanadischer Diplomat, hat in Hanoi mit Pham Van Dong, dem Ministerpräsidenten von Nord-Vietnam, eine geheime Zusammenkunft und warnt vor »den schlimmen Verwüstungen«, zu denen eine Eskalation von seiten Nord-Vietnams führen würde.
Der Präsident weigert sich, in nächster Zeit im Kongreß eine Resolution einzubringen und die Kriegsanstrengungen zu steigern.
Mr. Johnson befragt den CIA über die »Domino-Theorie«. Das Amt erwidert, daß wahrscheinlich nur Kambodscha »dem Kommunismus rasch unterliegen würde«, wenn Laos und Süd-Vietnam fallen, allerdings wäre auch dadurch das US-Prestige angeschlagen.

Juli 1964
General Khanh kündigt einen »Marsch nach Norden« als Propagandakampagne an.
Südvietnamesische Flotteneinheiten überfallen im Golf von Tonking zwei nordvietnamesische Inseln: Teil der »wachsenden Operationsstärke« des 34 A-Programms, wie es in der Pentagon-Studie heißt.

August 1964
Der Zerstörer »Maddox«, der sich auf Aufklärungspatrouille im Golf von Tonking befindet, wird von nordvietnamesischen Patrouillenbooten, die nach südvietnamesischen Angreifern Ausschau hielten, angegriffen. Nachdem »C. Turner Joy« zu ihm gestoßen ist, griffen die feindlichen Torpedoboote erneut an, berichtet die Studie.
Weniger als 12 Stunden, nachdem die Nachricht vom zweiten Angriff Washington erreichte, starteten Bomber von einem Flugzeugträger aus nach Nord-Vietnam, um Vergeltung zu üben.
Die von der Regierung entworfene Tonking-Resolution wird eingebracht. Regierungsbeamte sagen vor dem Kongreß aus; Mr. McNamara behauptet, von südvietnamesischen Angriffen auf die Inseln nichts zu wissen. Die Resolution geht durch.
Das, was die Studie »eine bedeutende Schwelle des Krieges« nennt – US-Vergeltungsschläge aus der Luft gegen Nord-Vietnam –, stieß »praktisch auf keine öffentliche Kritik« in den USA.

Kapitel 6 **August 1964 – Februar 1965**

Wie aus der geheimen Pentagon-Chronik hervorgeht, wurde die Zeit zwischen der Tonking-Resolution vom August 1964 und dem Beginn massiver Luftangriffe auf Nord-Vietnam im Jahre 1965 von der Regierung Johnson dazu benutzt, die Pläne für den Luftkrieg auszuarbeiten und in allen Einzelheiten zur Diskussion zu stellen. Hier die wichtigsten Ereignisse dieses Zeitraums:

August 1964
Botschafter Maxwell D. Taylor stimmt in einer Depesche der in Regierungskreisen vertretenen Meinung zu, daß »in den kommenden Monaten mehr geschehen muß, um den moralischen Zusammenbruch« in Saigon zu verhindern. Sein Vorschlag lautet: »Sorgfältig abgestimmte und geplante Bombardierung« des Nordens.
Die Vereinigten Stabschefs der US-Streitkräfte sind übereinstimmend der Überzeugung, daß der Luftkrieg unumgänglich sei, wenn »die USA verhindern wollen, daß ihre Position in Südostasien gänzlich zusammenbricht«. Sie schlagen jene Maßnahmen vor, die in der Pentagon-Studie als »Strategie der Provokation« bezeichnet werden.

September 1964
John T. McNaughton, Staatssekretär für Internationale Sicherheitsfragen im Verteidigungsministerium, entwirft Provokationsvorschläge, die »uns gute Gründe liefern, wenn wir die Eskalation wollen«. Das Programm sieht Luftangriffe der Südvietnamesen auf Infiltrationswege in Laos, Überfälle auf die Küstengebiete des Nordens und die Wiederaufnahme der Patrouillenfahrten amerikanischer Zerstörer im Golf von Tonking vor. Im Weißen Haus findet eine Strategie-Sitzung statt. Die Verfasser der

Studie stellen nach Analyse der Dokumente fest, daß auf dieser Sitzung »allgemeine Übereinstimmung« über die Notwendigkeit erzielt wurde, den Luftkrieg mit Beginn des Jahres 1965 zu eröffnen. Sagen, daß aber »taktische Überlegungen« eine Verzögerung bewirken.
Vom Präsidenten heißt es, er »präsentiert sich als ein von der Vernunft geleiteter, gemäßigter Kandidat«. Die »Unterstützung der Öffentlichkeit und des Kongresses« wird als notwendig bezeichnet. Es wird die Befürchtung geäußert, daß es zu »vorzeitigen Verhandlungen« kommen könnte; Ausführungen über die Schwäche Saigons.
»Um die Moral zu heben ... und den Kommunisten zu zeigen, daß wir es wirklich ernst meinen ...«, heißt es in William P. Bundys Memorandum, ordnet der Präsident Interimsmaßnahmen an, die ein geringes Risiko in sich bergen. Zur gleichen Zeit wird beschlossen, Angriffe auf die Küstengebiete Nord-Vietnams und Patrouillenfahrten amerikanischer Zerstörer durchzuführen.

Oktober 1964

Beginn der Luftangriffe auf Infiltrationswege in Laos. Verzögerung, weil der Ausgang der laotischen Waffenstillstandsverhandlungen abgewartet werden soll. Die USA befürchten Zustandekommen einer neuen Genfer Indochina-Konferenz. Verfasser der Pentagon-Studie stellen fest, daß eine solche Konferenz »zu diesem Zeitpunkt nicht im Interesse der USA liegt«.

November 1964

Der Vietkong greift den Luftwaffenstützpunkt Bienhoa an. Die Vereinigten Stabschefs der US-Streitkräfte verlangen »sofortigen und schweren Gegenschlag«, einschließlich der Bombardierung Nord-Vietnams. Botschafter Taylor tritt für die Bombardierung »ausgewählter« Ziele ein.
Der Präsident lehnt ab und beauftragt eine Arbeitskommission unter Bundy mit der Ausarbeitung weiterer Vorschläge für die künftige Vietnam-Politik.
In den drei Vorschlägen der Arbeitsgruppe wird die Bombardierung des Nordens befürwortet. Die Verfasser der Studie finden, daß die Überlegungen der Kommission »bemerkenswert wenig Neigung zeigen, die grundsätzliche Frage einer Einmischung der USA noch einmal zu diskutieren«.
Vorschlag A: Luftangriffe als Vergeltungsschläge, Intensivierung der heimlichen Aktionen.
Vorschlag B: Bombenangriffe auf Ziele im Norden »ziemlich schnell hintereinander und ohne Unterbrechung, bis die Forderungen der USA erfüllt sind«. Die USA sollen ihre Verhandlungsposition so abstecken, daß – wie die Studie ausführt – »die Annahme durch die Kommunisten unwahrscheinlich ist«, wenn die USA zu Verhandlungen gedrängt werden, »bevor sich die Kommunisten ihrerseits bereitgefunden haben«.
Vorschlag C: Graduell abgestufte Intensität von Luftangriffen, möglicher Einsatz von Bodentruppen.
Der Sonderausschuß des Nationalen Sicherheitsrates tritt zusammen. George W. Ball, Unterstaatssekretär im Außenministerium, äußert »Zwei-

fel« an der Wirksamkeit eines Bombenkrieges und bringt, wie in Bundys Memorandum festgestellt wird, Argumente gegen die Domino-Theorie vor. Ball schlägt in einem Dokument zur Vietnam-Politik eine diplomatische Strategie vor, die eine internationale Vietnam-Konferenz zum Ziel haben soll.

Dezember 1964
Der Präsident billigt die Vorschläge – Plan A für 30 Tage, Plan C anschließend. Wie der Präsident betont, sollen damit »die Südvietnamesen zum Zusammenhalt gezwungen werden«, ein Aspekt, den er als »absolut vorrangig« ansieht.
Operation *Barrel Roll (Rolle)* – Angriffe der US-Luftwaffe auf Infiltrationswege in Laos. Der Nationale Sicherheitsrat stimmt zu, »keine öffentlichen Erklärungen abzugeben, solange kein Flugzeug verlorengeht«. Tritt dieser Fall ein, so soll erklärt werden, daß »es sich lediglich um Begleitschutz für Aufklärungsmaschinen« gehandelt habe.
Nguyen Cao Ky, Marschall der Luftwaffe, und Ex-Premier Nguyen Khanh unternehmen einen Putschversuch. Botschafter Taylor klärt sie darüber auf, daß die Vereinigten Staaten »die Putsche leid sind«, daran wird die Drohung geknüpft, daß »die Durchführung aller militärischen Pläne, die von Ihnen, wie ich weiß, gewünscht werden, davon abhängt, daß eine stabile Regierung vorhanden ist«.

Januar 1965
Über Laos Verlust von zwei Flugzeugen. Presse berichtet über Operation *Barrel Roll*. Vernichtende Niederlage der südvietnamesischen Streitkräfte bei Binhia. Pentagon-Studie sieht totalen Zusammenbruch Saigons und Übernahme durch Vietkong als »reale Möglichkeit«.
Bundy erklärt im Memorandum, daß »die schwankende Moral« in Saigon auf die »weit verbreitete Ansicht zurückzuführen ist, daß die USA zu keinen verstärkten Aktionen« bereit sind und auf »Perfektionismus in Saigon beharren«. Drängt zu »durchgreifenderen Maßnahmen trotz großer Schwierigkeiten«.
Robert S. McNamara und McNaughton setzen sich für den Beginn des Luftkrieges ein; stimmen darin überein, »daß es nicht mehr darum geht, ›einem Freund zu helfen‹, sondern China herauszuhalten«, heißt es in der Studie.

Februar 1965
Vietkongs greifen den Stützpunkt der US-Militärberater in Pleiku an. Wie in der Studie erklärt wird, war »damit für den Präsidenten der Anlaß gegeben, die lang erwogene Entscheidung zu treffen und eine unmißverständliche Antwort zu erteilen«.
49 US-Bomber greifen Donghoi an. Ein zweiter Angriff erfolgt, nachdem Guerillas ein US-Lager überfallen haben.
Befehl zum Start der Operation *Rollender Donner* – ununterbrochener Bombenkrieg.

Bereits einen Monat nach Beginn der Operation *Rollender Donner* faßte die Johnson-Regierung die ersten Beschlüsse, die dazu führten, daß die USA nach wenigen Monaten die Hauptlast des Krieges in Süd-Vietnam zu tragen hatten.
In chronologischer Folge sind hier die wichtigsten Ereignisse dieser Monate aufgezählt:

März 1965
Erster Luftangriff auf ein Munitionslager und einen Marinestützpunkt. Verlegung von zwei Bataillonen Marineinfanterie nach Vietnam.

April 1965
Präsident Johnson genehmigt die Entsendung weiterer 18 000–20 000 US-Soldaten als »Ersatztruppe« und ändert den Auftrag der US-Streitkräfte in Süd-Vietnam so ab, daß die Marineinfanteristen nunmehr »aktiver eingesetzt werden können«. In einem Memorandum fordert er »alle Vorsichtsmaßnahmen«, damit dieser Beschluß »nicht vorzeitig« veröffentlicht werde. Gleichzeitig will er jeden Anschein »plötzlicher Änderungen in den politischen Richtlinien vermeiden«.
John T. McNaughton, Staatssekretär für Internationale Sicherheitsfragen im Verteidigungsministerium, schlägt die Verlegung der 173. Luftlandebrigade nach Süd-Vietnam vor.
Botschafter Maxwell D. Taylor weist diesen Vorschlag als »überhastet und abwegig« ab.
Auf einer Konferenz zur Beratung strategischer Fragen in Honolulu wird Truppenverstärkung auf 82 000 Mann beschlossen.
Unterstaatssekretär George W. Ball schlägt vor, daß die USA »ihre Verluste abschreiben und sich zurückziehen sollten«.

Mai 1965
Beginn der Sommeroffensive des Vietkong. Marineinfanterie hat allein in den Monaten April/Mai 200 Mann Verluste an Gefallenen und Verwundeten.

Juni 1965
General William C. Westmoreland, Oberbefehlshaber der US-Truppen in Vietnam, fordert zur »Verstärkung unserer Anstrengungen so bald als durchführbar« eine Erhöhung der US-Truppen auf 44 Bataillone.
Das Verteidigungsministerium gibt bekannt, daß US-Truppen »für Kampfeinsätze zur Verfügung stehen«.
Erste umfassende Bodenoperation der US-Truppen nordwestlich von Saigon.
General Westmoreland fordert in einem Schreiben an die Vereinigten Stabschefs »freie Hand« für den Einsatz der Truppen.
Botschafter Taylor »bestätigt den ›Ernst der Lage‹« und die »geringe

Unterstützung«, die die südvietnamesische Regierung in der Bevölkerung findet.
General Westmoreland erhält Befugnis, die US-Truppen nach eigener Einschätzung einzusetzen, wenn eine »Verstärkung« für die südvietnamesischen Truppen erforderlich ist.
Ball als Gegner der Truppenverstärkungen. Sein Argument lautet, daß »sie den Erfolg in keiner Weise garantieren können«, aber das Risiko vergrößern, daß der Krieg »kostspielig wird und lange dauert«. Fordert »Verteidigung der Stützpunkte und Reserve-Aufgaben« für US-Truppen in Süd-Vietnam bis zum endgültigen Abzug.
William P. Bundy warnt Präsident Johnson vor eindeutiger Stellungnahme für Ball oder Westmoreland, fordert vorwiegend Abwehraufgaben für US-Truppen in Süd-Vietnam.

Juli 1965
Präsident genehmigt zunächst Entsendung von 34 Bataillonen mit etwa 100 000 Mann, kurz darauf Erhöhung auf 44 Bataillone mit insgesamt 193 887 Mann.
Die Pentagon-Studie stellt fest, daß diese Entscheidung »als Schwelle angesehen wurde – das Tor zu einem Landkrieg in Asien«.
Ende des Jahres 1965 betrug die Zahl der US-Streitkräfte in Süd-Vietnam 184 314 Mann.

Kapitel 8 **Juli 1965–September 1966**

Wie die Pentagon-Studie beweist, wurden die militärischen Anstrengungen der USA in Vietnam – sowohl am Boden wie auch in der Luft – während des ganzen Jahres 1965 und bis weit in das Jahr 1966 hinein ständig intensiviert, obgleich es sich zeigte, daß diese Eskalation »ein akzeptables Ergebnis« um keinen Schritt näher brachte.
Hier in chronologischer Folge die wichtigsten Ereignisse dieser Periode:

Juli 1965
Staatssekretär John T. McNaughton definiert einen »Sieg« der USA so: »Dem Vietkong beweisen, daß er nicht siegen kann.«
Verteidigungsminister Robert McNamara läßt sich von einer Sonderkommission unter Leitung von General Earle G. Wheeler, Vorsitzender der Vereinigten Stabschefs, bestätigen, »es liegt kein Grund vor, warum wir nicht siegen könnten, wenn wir das wollten«; daraufhin bewilligt er die von General William Westmoreland, US-Kommandeur in Vietnam, zusätzlich angeforderten 100 000 Mann.
In einer Aktennotiz teilt McNamara dem Präsidenten mit, General Westmorelands Dreiphasenstrategie habe nach seiner Ansicht »gute Erfolgsaussichten«, macht auf steigende Verluste aufmerksam und meint, »die US-Verluste an Gefallenen dürften bis Jahresende in der Nähe von 500 pro Monat liegen.«

Nach der Pentagon-Studie hat die US-Strategie »keine Schritte zur Eskalation in Betracht gezogen«.

November 1965
General Westmoreland fordert weitere 154 000 Soldaten an; nach Angabe der Studie hätte die Gesamtstärke der in Vietnam stationierten US-Truppen damit 375 000 Mann erreicht. Der General erläutert Admiral U.S. Grant Sharp, dem Befehlshaber der US-Flotte im Pazifik, beim Vietkong und bei den Nordvietnamesen rechne man mit einem Mobilmachungstempo, das »doppelt so hoch wie bei den US-Truppen« ist.
McNamara empfiehlt dem Präsidenten in einem Memorandum die Verstärkung der US-Truppen auf insgesamt fast 400 000 Mann bis Ende 1966 und fügt hinzu, diese Maßnahme »garantiert den Erfolg nicht«.

Dezember 1965
General Westmoreland fordert bis Ende 1966 Verstärkung der US-Streitkräfte auf insgesamt 443 000 Mann. Der Luftkrieg wird mit 1500 Einsätzen pro Woche fortgeführt.

Januar 1966
Der General erhöht seine Anforderung auf 459 000 Mann. McNamara gibt in einem Memorandum zu, daß der Luftkrieg »die Infiltration nicht erfolgreich unterbunden« habe. In einer zweiten Aktennotiz warnt er: »Wir befinden uns in einer Eskalation des militärischen Gleichgewichts.« Zu den Möglichkeiten, mit denen sich die USA nach seiner Meinung abfinden sollten, zählen sogar eine Koalition, eine neutralistische oder auch eine »antiamerikanische« Regierung. Dringt trotzdem auf Truppenverstärkung und Bombardierung.

März 1966
Nach monatelangem Druck von seiten der Vereinigten Stabschefs empfiehlt Minister McNamara die Bombardierung von Erdöl- und Schmierstofflagern in Nord-Vietnam. Admiral Sharp hatte vorausgesagt, dies werde »den Feind an den Konferenztisch zwingen oder den Aufstand zum Erliegen bringen«.

April 1966
Politische Gespräche im Weißen Haus über die Chancen in Vietnam. Staatssekretär George W. Ball dringt auf »Verringerung unserer Verluste« und gibt zu, daß »uns keine wirklich attraktiven Möglichkeiten offenstehen«.

Mai 1966
Der Präsident befiehlt Luftangriffe gegen Öl-, Treibstoff- und Schmierstofflager. Nach Meinung von CIA läßt sich damit die »Infiltration von Menschen und Material« nicht aufhalten.

Juni 1966
Beginn der Luftangriffe auf Öllager in Haiphong und Hanoi.

Juli 1966
Bis zum Monatsende sind nach Schätzung der Defense Intelligence Agency rund 70 Prozent der ursprünglichen Lagerkapazität in Nord-Vietnam zerstört.

August 1966
Alle größeren Lager zerstört; die Studie bezeichnet den Strom von Menschen und Material in den Süden als »unvermindert« und bescheinigt Nord-Vietnam »Anpassungsfähigkeit und Improvisationstalent« bei der Umstellung auf kleine, weit verstreut liegende Lagerstätten, die kaum zu bombardieren sind.
Die Vereinigten Stabschefs leiten Westmorelands neue Anforderung von Bodentruppen an McNamara weiter: insgesamt 542588 Mann für das Jahr 1967.

September 1966
Die Sonderkommission teilt Verteidigungsminister McNamara in einem Bericht mit, die *Operation Rolling Thunder (Donnergrollen)* habe »keinen meßbaren direkten Einfluß« auf die Kampfkraft Hanois in Süd-Vietnam gezeitigt; Schlußfolgerung: »Es gibt keine sichere Grundlage für die Feststellung, welche eben noch vertretbaren Anstrengungen zur Erreichung« der Ziele des US-Luftkrieges »führen würden.«
Die Kommission empfiehlt den Bau einer elektronischen Barriere quer durch die entmilitarisierte Zone Vietnams.

Kapitel 9 **Oktober 1966–Mai 1967**

Wie aus der Pentagon-Studie hervorgeht, begannen ab Ende 1966 die Zweifel an der Wirksamkeit der amerikanischen Vietnam-Politik die Regierung Johnson zu spalten. Verteidigungsminister McNamara wurde dabei zum Wortführer einer Gruppe von »Desillusionierten Tauben«.
Hier die Höhepunkte der monatelangen Debatten:

Oktober 1966
McNamara teilt dem Präsidenten nach seiner Rückkehr aus Süd-Vietnam in einem Memorandum mit, daß »die Befriedung eher noch einen Rückschlag erlitten hat«. Und der Luftkrieg habe »weder die Infiltration fühlbar beeinflußt noch Hanois Moral gebrochen«.
Er empfiehlt Begrenzung oder Verstärkung der Streitkräfte und die Erwägung eines Bombardierungsstopps oder der Verlagerung von Zielen aus dem Raum Hanoi/Haiphong zu den Infiltrationsrouten, um »unsere Friedensgesten in den Augen des Gegners glaubwürdiger zu machen«.
Die Vereinigten Stabschefs widersetzen sich in einem Memorandum an den Präsidenten jeder Reduzierung der Bombardierungen. Sie empfehlen einen »harten Schlag« auch mit Angriffen auf Schleusen, Dämme und Bahnhöfe. Sie behaupten, die militärische Lage habe sich »im Verlauf des

vergangenen Jahres erheblich verbessert«, sie nennen die Bombenangriffe »eine Trumpfkarte«.

November 1966

McNamara nennt dem Führungsstab die neuen Truppenbewilligungen: 469 000 Mann bis Ende Juni 1968, das ist weniger als angefordert. Die Studie bemerkt: »Von diesem Zeitpunkt an wurde das Urteil des Militärs ... in Frage gestellt.«
McNamara teilt dem Präsidenten mit, »nichts weise darauf hin«, daß zusätzliche Truppenverstärkungen »diese Situation wesentlich ändern würden«. Die Bombenangriffe »erbringen nur ein sehr geringes Resultat«, ohne »spürbare Auswirkung« auf den Krieg im Süden.

Januar 1967

CIA-Untersuchungen schätzen die Opfer des Luftkriegs in Nord-Vietnam von 1965 bis 1966 auf 36 000 – »etwa achtzig Prozent Zivilisten«. Danach hätte die Zivilbevölkerung insgesamt 29 000 Tote zu verzeichnen.

Februar 1967

Der Präsident genehmigt die »Frühjahrs-Luftoffensive«, darunter auch Angriffe auf Kraftwerke, die Verminung von Flüssen, die Lockerung der Einschränkungen für Angriffe im Raum Hanoi und Haiphong.

März 1967

General Westmoreland fordert weitere 200 000 Soldaten an, um die US-Streitmacht auf eine Gesamtstärke von 671 616 Mann zu bringen.

April 1967

Die Vereinigten Stabschefs geben Westmorelands Truppenanforderung weiter, verlangen die Mobilisierung von Reserveeinheiten, empfehlen »eine Ausweitung des Krieges« nach Laos und Kambodscha, möglicherweise auch nach Nord-Vietnam.
Der Präsident fragt Westmoreland, ob der Feind nicht auch seine Truppenstärke erhöhen könnte, und fügt hinzu: »Wo soll das alles enden?«

Mai 1967

Staatssekretär William Bundy vom Außenministerium lehnt Bodenkrieg gegen Nord-Vietnam ab, da er China provozieren könnte; er warnt ebenso wie der CIA vor einer eventuellen Reaktion Moskaus auf die Verminung von Haiphong.
Walt W. Rostow fordert in einem Memorandum an den Präsidenten die Reduzierung des Luftkriegs.
McNamara und McNaughton empfehlen in einem Memorandum an den Präsidenten die Einschränkung auf die Gebiete südlich des 20. Breitengrades, eine Truppenverstärkung um nur 30 000 Mann und im wesentlichen »das Akzeptieren einer Kompromißlösung« sowie »heruntergeschraubte Ziele«. Die Studie stellt fest, diese Forderungen seien nach Lage der Dinge »eine radikale Position«.

Kapitel 10 **Januar–April 1968**

Januar–Februar 1968

Am Tet-Feiertag, dem 31. Januar, überfällt der Gegner die US-Botschaft, greift Dutzende wichtiger Orte und alle größeren Städte an. Die Vereinigten Stabschefs verlangen Bombenangriffe in der Nähe der Stadtzentren Hanoi und Haiphong; Präsident Johnson lehnt ab. General Wheeler, Vorsitzender der Vereinigten Stabschefs, fordert Westmoreland auf, den Truppenbedarf zu spezifizieren. Westmoreland wird wiederholt darauf hingewiesen, daß 1½ Divisionen zur Verfügung stehen, und verlangt Verstärkung in dieser Höhe.

Der Führungsstab will, so die Studie, Johnson zu einer Mobilisierung zwingen und drängt auf Einberufung von Reservisten vor Entsendung weiterer Verstärkungen. Aber McNamara bewilligt ohne eine Einberufung zusätzlich 10 500 Mann für Vietnam.

Ende Februar macht Wheeler einen Besuch in Saigon, stellt fest, daß der Feind die Initiative ergriffen hat, und erklärt, Westmoreland brauche weitere 206 756 Mann.

Der designierte Verteidigungsminister Clifford beruft auf höchster Ebene ein Gremium zur Überprüfung der gesamten Politik ein. Der erste Entwurf des Memorandums stellt fest, Saigon stünden unzureichende Kräfte zur Verfügung, der Gegner könne bei jeder Eskalation mitziehen. Eine statische Strategie des »Bevölkerungsschutzes« wird gefordert, um »Zeit zu gewinnen«, bis die Vietnamesen ihre Verteidigung selbst in die Hand nehmen können. Lehnt eine Ausweitung der Bombardierungen als »zwecklos oder noch schlimmer« ab.

März 1968

Eine CIA-Studie unterstützt in der Arbeitsgruppe die Vertreter einer Entspannung und stellt fest, daß der Feind trotz aller US-Truppenverstärkungen in den nächsten zehn Monaten den Zermürbungskrieg überstehen kann.

Die Clifford-Gruppe diskutiert das Memorandum und erzielt Einigkeit darüber, daß die Initiative nicht vollkommen aufgegeben werden soll. Erbitterte Auseinandersetzungen zwischen dem Militär und den Befürwortern einer Entspannung. Wheeler fordert Ausweitung der Bombardierungen. Staatssekretär Warnke vom Verteidigungsministerium ist dagegen.

Im Weißen Haus wird die revidierte Fassung von Warnke und Staatssekretär Golding vorgelegt: Für Vietnam werden zusätzlich 22 000 Mann gefordert; Entscheidung über weitere Stationierungen soll aufgeschoben werden; Einberufung der Reserve wird verlangt; keine neuen Friedensinitiativen; Planungsgruppe konnte sich auf Erweiterung der Bombardierungen nicht einigen.

Westmoreland begrüßt die 22 000 Mann, wiederholt jedoch seine Forderung nach 206 756 Soldaten.

Am 5. März holt Clifford die Meinung Wheelers über den Rusk-Entwurf ein, nach dem die Bombardierung des größten Teils von Nord-Vietnam

eingestellt werden soll; Clifford befürwortet angeblich diesen Plan; Luftwaffenminister Brown dringt auf Intensivierung der Bombenangriffe und legt dafür drei Alternativen vor.
Am 10. März wird Westmorelands Forderung nach 206 000 Mann in der *New York Times* veröffentlicht und entfacht eine scharfe Debatte.
Senator Eugene J. McCarthy, ein Friedenskandidat, überflügelt Präsident Johnson bei den Vorwahlen der Demokraten in New Hampshire.
Am 13. März entscheidet der Präsident über weitere 30 000 Mann für Vietnam und die Einberufung von 98 451 Reservisten.
Auch Robert F. Kennedy bewirbt sich um die Präsidentschaft.
Am 22. März wird Westmoreland zurückberufen und zum Stabschef der Armee ernannt – nach Meinung der Studie ein Zeichen dafür, daß der Präsident keine größere Eskalation wünscht. Der später ernannte Nachfolger Abrams besucht heimlich das Weiße Haus.
Die »Weisen Männer« – ein Gremium amtierender und früherer hoher Beamter – treten auf Ersuchen des Präsidenten vom 25. bis 26. März zusammen und raten zur Entspannung.
31. März: »Ich werde die Nominierung meiner Partei weder anstreben noch annehmen.« Der Präsident beschränkt die Bombardierungen auf das Gebiet südlich des 20. Breitengrades.

April 1968
Am 3. April erklärt sich Nord-Vietnam zu Verhandlungen bereit.

Kapitel 1

Die Regierungszeit Trumans und Eisenhowers: 1945–1960

von Fox Butterfield

Die geheime Pentagon-Studie über den Vietnamkrieg enthüllt, daß der Nationale Sicherheitsrat der Eisenhower-Regierung schon wenige Tage nach dem Genfer Abkommen von 1954 zu dem Schluß kam, die Vereinbarungen seien eine »Katastrophe«, und Maßnahmen zur Verhinderung einer weiteren kommunistischen Expansion in Vietnam billigte.
Diese Entscheidungen des Nationalen Sicherheitsrates bedeuteten – so der Pentagon-Bericht –, daß die Vereinigten Staaten »beim endgültigen Scheitern des Genfer Abkommens eine ausschlaggebende Rolle spielten«.
Dieses Urteil widerspricht der von mehreren amerikanischen Regierungen wiederholten Behauptung, Nord-Vietnam allein sei schuld an der Aushöhlung des Genfer Abkommens.
Laut Pentagon-Studie ordnete der Nationale Sicherheitsrat auf einer Sitzung am 3. August 1954, unmittelbar nach der Genfer Konferenz, ein dringendes Programm wirtschaftlicher und militärischer Hilfe für die neue südvietnamesische Regierung unter Ngo Dinh Diem an – wobei französische Berater durch amerikanische ersetzt werden sollten. Der Sicherheitsrat setzte sich zwei Ziele: »ein wohlwollendes, nichtkommunistisches Vietnam zu erhalten« und »einen kommunistischen Sieg bei gesamtvietnamesischen Wahlen zu verhindern«.
Gemäß dem Genfer Abkommen sollte Vietnam vorübergehend in zwei Zonen geteilt werden, mit Aussicht auf Wiedervereinigung im Jahre 1956. Die Entsendung ausländischer Truppen, die Errichtung von Stützpunkten und die Benutzung vietnamesischen Territoriums zu militärischen Zwecken waren verboten. Die USA, die sich den Unterzeichnerstaaten des Abkommens nicht anschlossen, gaben eine Erklärung ab, in der sie die Bestimmungen zur Kenntnis nahmen und versprachen, ihre Durchführung nicht zu stören.
Ein der Pentagon-Studie beigefügter ausführlicher Bericht beschreibt im einzelnen, wie die Regierung Eisenhower, kaum daß die Genfer Konferenz beendet war, ein Agententeam entsandte, das einen Geheimkrieg gegen Nord-Vietnam führen sollte.
Das Team unter Leitung des legendären Nachrichtenagenten Col. Edward G. Lansdale gab kurz vor dem Rückzug aus Hanoi im Oktober 1954 einen anschaulichen Bericht seiner Operationen. (Siehe Dokument Nr. 15)

Darin heißt es, die Gruppe habe »die letzten Tage in Hanoi dazu benutzt, den Ölvorrat der Busgesellschaft zwecks allmählicher Ruinierung der Motoren zu verunreinigen, Maßnahmen zur späteren Sabotage der Eisenbahn zu ergreifen (wozu die Mitarbeit einer technischen Spezialgruppe des CIA in Japan notwendig war, die ihre Aufgabe glänzend löste) und sich ausführliche Notizen über mögliche Ziele künftiger paramilitärischer Unternehmungen zu machen«.

»Die US-Bindung an das Genfer Abkommen«, so der Bericht, »hinderte (die amerikanische Agentengruppe), Sabotage an Kraftwerk, Wasserwerken, Hafen und Brücke zu verüben.«

»Bei der Verunreinigung des Öls kam die Gruppe in eine unangenehme Situation. Die Männer mußten schnell arbeiten; nachts, in einem geschlossenen Lagerraum. Durch die Dämpfe des Verschmutzungsmittels hätten sie fast das Bewußtsein verloren. Halb betäubt und mit weichen Knien banden sie sich Taschentücher vors Gesicht und beendeten so ihre Aufgabe.«

Der Bericht wird einer als Saigoner Militärmission bezeichneten, hastig zusammengestellten Gruppe zugeschrieben. Die Autoren erklären nicht, wieso sie glaubten, daß Sabotage an Bussen und Eisenbahnlinien trotz der Genfer Verträge erlaubt war, während sie an Kraftwerk und Hafen als verboten galt.

Die Pentagon-Studie, von Verteidigungsminister Robert S. McNamara in Auftrag gegeben, um festzustellen, wie die Vereinigten Staaten in den Vietnamkrieg verwickelt wurden, widmet neun weitschweifige Abschnitte den vierziger und fünfziger Jahren.

In entscheidenden Augenblicken dieser Epoche, so die Pentagon-Studie, trafen die Regierungen Truman und Eisenhower folgenschwere Entschlüsse zur Vietnampolitik, über die die Öffentlichkeit wenig erfuhr oder die sie mißverstand. Und als John F. Kennedy 1961 Präsident wurde, fühlte die amerikanische Regierung sich zur Verteidigung Süd-Vietnams bereits fest verpflichtet.

Eine der frühesten Enthüllungen des Berichts besagt, daß Ho Chi Minh Ende 1945, Anfang 1946 acht Briefe an Präsident Truman und das Außenministerium schrieb, in denen er amerikanische Hilfe im Kampf um Vietnams Unabhängigkeit von Frankreich erbat. (Vgl. Dokument Nr. 1)

Der Bericht stellt fest, er könne keinen Vermerk darüber finden, daß die Vereinigten Staaten auf Ho Chi Minhs Briefe je geantwortet hätten. Noch habe Washington jemals zugegeben, daß es die Briefe empfangen habe.

Zu einer folgenschweren Entscheidung kam es im Winter 1949/50, als die Vereinigten Staaten das herbeiführten, was der Bericht als eine Wasserscheide der amerikanischen Vietnampolitik für die nächsten zwei

Jahrzehnte beschreibt: Nachdem das chinesische Festland den chinesischen Kommunisten in die Hände gefallen war, ließ die Truman-Regierung sich dazu hinreißen, Kaiser Bao Dai zu unterstützen und den Franzosen Militärhilfe gegen die kommunistisch geführte Vietminh zu gewähren.
Dieser Entschluß, getroffen aus der wachsenden Sorge der Vereinigten Staaten über die Expansion des Kommunismus in Osteuropa und Asien, revidierte die tief eingewurzelte Abneigung Washingtons, sich in die Probleme des französischen Kolonialismus in Indochina verwickeln zu lassen.
Mit dieser Maßnahme, so der Bericht, »war der Kurs der amerikanischen Politik darauf festgelegt, eine weitere kommunistische Expansion zu verhindern«. Und »von nun an waren die Vereinigten Staaten an der sich entwickelnden Tragödie Vietnams direkt beteiligt«.
Zu einer zweiten wichtigen Entscheidung kam es im Frühjahr 1954, als die Eisenhower-Regierung Frankreich zweimal deutlich zu verstehen gab, daß sie bereit sei, durch die Intervention amerikanischer Streitkräfte eine französische Niederlage in Indochina zu verhindern.
Die Vorschläge wurden zwar teilweise publiziert, doch laut Pentagon-Studie verstand die Öffentlichkeit damals nicht, wie ernsthaft die Eisenhower-Regierung eine Intervention diskutierte.
Ferner heißt es, daß Präsident Dwight D. Eisenhower in dieser Phase, im Mai und Juni 1954 während der Genfer Konferenz, einen Resolutionsentwurf anfertigen ließ, mit dem die Zustimmung des Kongresses zum Einsatz amerikanischer Streitkräfte in Indochina eingeholt werden sollte.
Der Nationale Sicherheitsrat widersetzte sich laut Studie einem französischen Verhandlungsfrieden und »der Präsident wurde gedrängt, Paris zu informieren, daß die französische Einwilligung in eine kommunistische Machtübernahme in Indochina sich auf seinen (Frankreichs) Status als einer der Großen Drei auswirken würde« und die »amerikanische Hilfe für Frankreich automatisch aufhören würde«.
Dann kam, im August 1954, jener Entschluß, der die amerikanische Vietnampolitik für den Rest des Jahrzehnts festlegte: Der Nationale Sicherheitsrat startete sein Programm wirtschaftlicher und militärischer Hilfe für Diem, damals Premierminister und später Präsident; allerdings wurden die Aktionen, die im Rahmen dieses Programms liefen, erst Monate später bekanntgemacht. (Siehe Dokument Nr. 4)
Der Pentagon-Bericht enthüllt, daß die meisten dieser grundlegenden Entscheidungen von 1950 an gegen den Rat der amerikanischen Nachrichtendienste getroffen wurden.
Auswerter von Nachrichten im CIA, dem Außenministerium und manchmal auch im Pentagon haben wiederholt warnend darauf hin-

gewiesen, daß die Franzosen, Kaiser Bao Dai und Premierminister Diem schwach und unbeliebt, die Kommunisten dagegen stark seien.
So warnte zum Beispiel Anfang August 1954, kurz bevor der Nationale Sicherheitsrat beschloß, daß die Vereinigten Staaten sich verpflichten sollten, Premierminister Diem zu stützen, ein Gutachten des Geheimdienstes:
»Obwohl es möglich ist, daß Franzosen und Vietnamesen, wenn auch mit kräftiger Unterstützung durch die USA und andere Mächte, imstande sind, ein starkes Regime in Süd-Vietnam zu errichten, glauben wir doch, daß die Chancen für diese Entwicklung gering sind, und außerdem, daß die Lage sich im nächsten Jahr eher noch verschlechtern wird.«
»Geht man von den im allgemeinen pessimistischen Einschätzungen der Zukunft Diems aus, so können diejenigen, die die amerikanische Politik gemacht haben, nur unter der Voraussetzung eines erheblichen Risikos so gehandelt haben«, heißt es in der Studie zu den Eisenhower-Verpflichtungen.
Auf eine wichtige Frage geht die Pentagon-Studie nicht ausführlich ein: Warum entschlossen die Politiker sich trotz der negativen Analysen ihrer fähigsten Nachrichtenbeamten zu diesem Schritt?
Als entscheidenden Grund dafür gibt der Bericht an, daß »Indochinas Bedeutung für die amerikanischen Sicherheitsinteressen in Fernost als erwiesen galt«, nachdem China 1949 kommunistisch geworden war und die antikommunistische Haltung Amerikas sich verstärkt hatte.
Der Hauptgrund für Amerikas Engagement – die später sogenannte Domino-Theorie – wurde im Februar 1950 zum erstenmal klar und deutlich ausgesprochen, als der Nationale Sicherheitsrat beschloß, die Militärhilfe auf die Franzosen in Indochina auszudehnen.
»Es ist wichtig für die amerikanischen Sicherheitsinteressen«, so der Sicherheitsrat, »daß alle notwendigen Maßnahmen zur Verhinderung einer weiteren kommunistischen Expansion in Südostasien ergriffen werden. Indochina hat eine Schlüsselstellung inne und steht unter unmittelbarer Bedrohung.«
»Wenn Indochina von einer kommunistischen Regierung kontrolliert wird, kann man damit rechnen, daß die Nachbarländer Thailand und Burma ebenfalls unter kommunistische Herrschaft fallen. Das Gleichgewicht in Südostasien wäre dann in großer Gefahr.«
Spätere Beschlüsse des Sicherheitsrates wiederholten diese Formulierung bis zum Ende der fünfziger Jahre mit ständig wachsendem Nachdruck.
Ein von Präsident Eisenhower im Januar 1954 gebilligtes Papier des Sicherheitsrates prophezeite, daß der »Verlust eines einzigen Landes« in Südostasien letzten Endes zum Verlust ganz Südostasiens, dann Indiens und Japans, führen und schließlich »die Sicherheit und Stabilität Europas gefährden« würde.

»Die Domino-Theorie und die ihr zugrunde liegenden Vermutungen wurden nie in Frage gestellt«, heißt es im Pentagon-Bericht über die Eisenhower-Zeit. Das Ergebnis war, daß die regierungsinterne Debatte sich mehr um Fragen der militärischen Machbarkeit als um Probleme von fundamentalem nationalen Interesse drehte.

US-Politik in »Unordnung«

Die Pentagon-Studie, die ihren Bericht über das amerikanische Engagement in Vietnam mit dem Zweiten Weltkrieg beginnt, stellt fest, daß die amerikanische Politik von 1940 bis 1950 einem »bedeutsamen Mißverständnis« ausgesetzt war.

Die amerikanische Vietnampolitik dieser Jahre war »weniger zielbewußt«, so die Studie, als die meisten Leute angenommen haben, und eher durch »Ambivalenz und Unentschlossenheit« gekennzeichnet.

Präsident Franklin D. Roosevelt, so berichtet der Autor, wurde sich nie darüber klar, ob er den französischen Wunsch, die indochinesischen Kolonien bei Kriegsende von den Japanern zurückzufordern, unterstützen sollte.

Und als er starb, war die amerikanische Indochinapolitik in »Unordnung« (Autor).

Der Bericht führt aus, daß die Truman-Regierung anfangs nicht eindeutig auf den Konflikt reagierte, der 1945/46 zwischen den Franzosen und der Vietminh ausbrach und sich schließlich zu einem regulären Krieg ausweitete. Die amerikanische Politik blieb »ambivalent«.

In einem Telegramm, das in den Aktenschränken des Außenamts noch geheimgehalten wird, beschrieb Außenminister George C. Marshall der Botschaft in Paris die komplizierte Lage, in der die Regierung sich befand:

»Wir haben Frankreichs souveräne Position voll anerkannt und wünschen nicht den Anschein zu erwecken, daß wir in irgendeiner Weise danach trachten, diese Position zu untergraben.«

»Gleichzeitig können wir nicht unsere Augen vor der Tatsache verschließen, daß dieses Problem zwei Seiten hat und daß unsere Berichte sowohl ein mangelndes französisches Verständnis für die andere Seite als auch die fortdauernde Existenz einer gefährlich altmodischen kolonialen Anschauung und Methode im Lande erkennen lassen.«

»Auf der anderen Seite behalten wir die Tatsache im Auge, daß Ho Chi Minh direkte kommunistische Kontakte hat, und es dürfte klar sein, daß wir nicht daran interessiert sind, ein koloniales Herrschaftssystem durch eine Ideologie und eine politische Organisation ersetzt zu sehen, die vom Kreml gelenkt werden.«

»Offen gestanden haben wir keine Lösung des Problems anzubieten.«

Aufgrund dieser Argumentation lehnte die Truman-Regierung das französische Ersuchen um amerikanische Flugzeuge und Schiffe zum Transport französischer Truppen nach Indochina ab; desgleichen die Bitte um amerikanische Waffen für den Kampf gegen die Vietminh.
Doch die Truman-Regierung wies die Hilfegesuche Ho Chi Minhs ebenso ab. Als Ho Chi Minhs Truppen im August und September 1945 Hanoi besetzt hielten, schickte er Präsident Truman durch das Amt für Strategische Dienste, den Vorläufer des CIA, ein Gesuch mit der Bitte, man möge Vietnam »den gleichen Status wie den Philippinen« zubilligen – eine Periode der Schutzherrschaft mit Aussicht auf Unabhängigkeit.
Von Oktober 1945 bis zum Februar des folgenden Jahres, so fährt der Bericht fort, schrieb Ho Chi Minh mindestens acht Briefe an Präsident Truman oder den Außenminister, in denen er in aller Form um eine Intervention der Vereinigten Staaten und der Vereinten Nationen gegen den französischen Kolonialismus ersuchte.
In keiner Akte steht, so der Analytiker, daß irgendeins dieser Schreiben beantwortet wurde.
»Das Nicht-Eingreifen der Vereinigten Staaten zuungunsten der Vietnamesen war gleichbedeutend mit einer Annäherung an die Franzosen«, erklärt der Pentagon-Bericht.
Als in den Jahren 1948/49 die Sorge über die Expansion der Sowjetunion in Osteuropa in den Vereinigten Staaten zunahm, stieg in Washington die Unruhe über Ho Chi Minhs kommunistische Verbindungen. Trotzdem kam im Herbst 1948 ein Gutachten aus dem Nachrichten- und Ermittlungsamt des Außenministeriums zu dem Schluß, es gebe keinen stichhaltigen Beweis dafür, daß Ho Chi Minh Anweisungen aus Moskau bekomme.
»Wenn es in Südostasien eine von Moskau gelenkte Verschwörung gibt, so ist Indochina bis jetzt ein anomaler Fall«, berichtet die Studie in ihrer Stellungnahme.
Mit wachsender Kommunistenfurcht begann Washington stärkeren Druck auf Paris auszuüben, um für die indochinesischen Staaten mehr Unabhängigkeit zu erreichen. Die amerikanische Regierung hoffte, auf diese Weise eine Unterstützung Bao Dais durch das vietnamesische Volk zu fördern – als eine nichtkommunistische Alternative zu Ho Chi Minh und seiner Vietminh.
Dennoch verweigerte die Regierung Truman noch im März 1949, als Frankreich im Einvernehmen mit Kaiser Bao Dai Vietnam die Unabhängigkeit innerhalb der Französischen Union zugestand, dem neuen Regime die Rückendeckung, in der Befürchtung, Bao Dai sei auch jetzt noch zu schwach und vom französischen Kolonialismus infiziert.

In einem Telegramm an die Pariser Botschaft umriß das Außenministerium seine Besorgnis:
»Wir können zu diesem Zeitpunkt die USA nicht ein für allemal verpflichten, eine einheimische Regierung zu unterstützen, die, gelingt es ihr nicht, bei den Vietnamesen Anklang zu finden, praktisch zu einer Marionettenregierung werden könnte; sie wäre dann dem Volk fremd und verdankte ihre Existenz nur der Anwesenheit französischer Streitkräfte.«
Doch als Mao Tse-tungs Armeen Generalissimus Tschiang Kai-schek Ende 1949 aus China vertrieben, kam Washingtons ambivalente Haltung zu einem dramatischen Ende.
Am 30. Dezember billigte Präsident Truman eine wichtige Asien-Studie des Nationalen Sicherheitsrats mit dem Aktenzeichen NSC 48/2. Mit ihr, so die Pentagon-Studie, war »der Kurs der amerikanischen Politik darauf festgelegt, eine weitere kommunistische Expansion in Asien zu blockieren«.
»Die Vereinigten Staaten sollten nun aus eigener Initiative sorgfältig prüfen«, so erklärte das Dokument, »welche direkten oder indirekten Bedrohungen durch eine kommunistische Aggression sich entwickeln, und darauf vorbereitet sein, im Rahmen unserer Mittel dazu beizutragen, solchen Bedrohungen entgegenzuwirken, indem wir dort, wo eindeutig nötig, politischen, wirtschaftlichen und militärischen Rat und Beistand leisten, um den Widerstand anderer Regierungen innerhalb und außerhalb des Bereichs, die unmittelbarer betroffen sind, zu stärken.«
Das Dokument des Sicherheitsrats schloß mit der Feststellung, daß »besondere Aufmerksamkeit dem Problem Französisch-Indochina gewidmet werden sollte«.
Nachdem die grundsätzlichen Entscheidungen gefällt waren, so der Pentagon-Bericht, nahm die Entwicklung rasch ihren Lauf.
Als Peking und Moskau im Januar 1950 Ho Chi Minhs Demokratische Republik Vietnam anerkannten, zog Washington am 7. Februar mit der Anerkennung Bao Dais nach.
Neun Tage später forderten die Franzosen militärische Hilfe für den Krieg in Indochina an. Außenminister Dean Acheson empfahl in einem Memorandum an Präsident Truman eine positive Antwort:
»Die USA stehen vor der Wahl, die legalen Regierungen Indochinas zu unterstützen oder eine Ausbreitung des Kommunismus über den restlichen Kontinent Südostasiens und möglicherweise weiter nach Westen mitanzusehen.«
Am 8. Mai verkündete Washington, es werde Frankreich in Indochina Wirtschafts- und Militärhilfe gewähren, beginnend mit einer ersten Bewilligung von zehn Millionen Dollar.

Der erste Schritt war gemacht. »Von nun an waren die USA direkt an der sich entwickelnden Tragödie Vietnams beteiligt«, heißt es im Bericht. 1954 belief sich das amerikanische Militärhilfeprogramm schließlich auf 1,1 Milliarden Dollar, das waren 78% der französischen Kriegslast.

Am Rande der Intervention

Als sich die militärische Lage Frankreichs in Indochina im Frühjahr 1954 rapide verschlechterte und das Datum der Genfer Konferenz näher rückte, deutete die Eisenhower-Regierung Frankreich gegenüber zweimal an, daß sie bereit sei, mit US-Streitkräften zu intervenieren.

Die Pentagon-Studie behauptet, diese beiden Hinweise seien zwar teilweise in der Öffentlichkeit bekanntgeworden, man habe dem amerikanischen Volk aber nie gesagt, wie ernsthaft in Regierungskreisen eine Intervention erwogen wurde.

»Aus dem Bericht geht klar hervor«, so der Kommentator, »daß die USA eine Intervention ernstlich in Betracht zogen und sie auch dem Vereinigten Königreich (Großbritannien) und anderen Alliierten nahelegten.«

Die erste dieser Aktionen fällt in die Zeit von März/April, kurz vor dem Fall der französischen Festung Dien Bien Phu. Sie wurde wenig später von amerikanischen Journalisten publik gemacht. Aber der Ablauf der zweiten, die sich im Mai und Anfang Juni während der Genfer Konferenz ereignete, wurde nie ganz aufgedeckt. Eisenhower erwähnt die zweite Interventions-Debatte 1963 in seinem Buch *Mandate for Change*, allerdings nur flüchtig. Er verschwieg, daß er Außenminister Dulles veranlaßte, eine Kongreß-Resolution vorzubereiten.

Die Regierung Eisenhower war der Meinung, eine Intervention könnte notwendig sein, so die Studie, weil Frankreich ohne amerikanische Hilfe sich auf der Genfer Konferenz wahrscheinlich einen »Ausverkauf« einhandeln würde, um einem unpopulären Krieg zu entkommen.

Schon im August 1953 kam der Nationale Sicherheitsrat zu dem Schluß, die amerikanische Politik müsse davon ausgehen, daß »unter den gegenwärtigen Bedingungen jedes Verhandlungsergebnis letzten Endes den Verlust nicht nur Indochinas, sondern ganz Südostasiens an den Kommunismus bedeuten würde. Der Verlust Indochinas wäre bedrohlich für die Sicherheit der USA.«

Ende April, in der Woche, in der die Genfer Konferenz begann, brachte die Regierung Eisenhower ihre Opposition zu einer Lösung durch Verhandlungen unmißverständlich zum Ausdruck, und zwar in einer Verlautbarung des Nationalen Sicherheitsrates mit dem Titel *In Genf einzunehmende Haltung der Vereinigten Staaten zu Indochina.*

Das war laut Studie der Zeitpunkt, zu dem der Sicherheitsrat Präsident

Eisenhower drängte, Paris zu informieren, daß die französische Einwilligung in eine kommunistische Machtübernahme in Indochina sich auf seinen (Frankreichs) Status als einer der »Großen Drei« auswirken würde und daß die »amerikanische Hilfe für Frankreich automatisch aufhören würde«.
Außerdem, so hieß es in der Verlautbarung des Sicherheitsrates, sollten die Vereinigten Staaten erwägen, den Krieg mit den indochinesischen Staaten selbst weiterzuführen, wenn Frankreich eine unbefriedigende Lösung aushandeln würde. Amerikas Ziel sollte nichts weniger als ein »militärischer Sieg« sein.
Das interne Regierungsprotokoll zeigt, so die Studie, daß Außenminister John Foster Dulles und Arthur W. Radford, Chef des Führungsstabes, sich für die Intervention stark machten, während andere militärische Führer, insbesondere Heeresgeneral Matthew B. Ridgway, vorsichtiger waren. Sie erinnerten an die bittere und langwierige Erfahrung in Korea und waren nicht auf eine Wiederholung erpicht.
Am 4. April entschied sich Präsident Eisenhower gegen eine Intervention, nachdem eine Besprechung zwischen Dulles, Admiral Radford und den Kongreßführern am Tage vorher gezeigt hatte, daß der Kongreß eine amerikanische Aktion ohne alliierte Hilfe nicht unterstützen würde.
Wie die Presse damals schrieb, glaubte der Präsident sich der Billigung durch den Kongreß versichern zu müssen, bevor er eine amerikanische Intervention zusagte, und die Kongreßführer bestanden auf einer alliierten Beteiligung, insbesondere Großbritanniens.
Zur selben Zeit, da der Präsident diesen Entschluß faßte, telegrafierte Botschafter Douglas Dillon aus Paris, Frankreich habe um »sofortige bewaffnete Intervention amerikanischer Trägerflugzeuge bei Dien Bien Phu« ersucht. (Siehe Dokument Nr. 5)
Dillon bemerkte, die Franzosen seien zu diesem Ersuchen gedrängt worden, denn Admiral Radford habe ihnen zugesagt, »er werde sein Bestes tun, um eine solche Hilfe von der amerikanischen Regierung zu erlangen«.
Außerdem traf der Präsident, im Gegensatz zu dem, was damals in der Zeitung stand, seinen Entschluß vom 4. April nur zögernd. Die Debatte um eine Intervention war nach wie vor sehr lebhaft, heißt es im Bericht.
Tatsächlich schloß einen Tag später, am 5. April, eine Verlautbarung des Nationalen Sicherheitsrates: »Alles in allem genommen spricht vieles dafür, daß die USA sich jetzt entscheiden müßten, ob sie mit Kampftruppen, falls erforderlich, eingreifen sollen oder nicht, um Indochina vor kommunistischer Herrschaft zu retten. Art und Bedingungen einer solchen Intervention müßten versuchsweise festgelegt werden.«
Am 7. Mai, als die Nachricht kam, daß Dien Bien Phu gefallen war, und

sich die Delegierten bereits in Genf versammelten, trafen Eisenhower und Dulles im Weißen Haus zusammen, um erneut über eine Intervention zu beraten.

Laut Memorandum von Robert Cutler, dem persönlichen Referenten (executive assistant) des Präsidenten, diskutierten sie darüber, daß »die USA (als eine letzte Rettungsaktion für Indochina) Frankreich vorschlagen sollten«, gewisse Bedingungen zu erfüllen. Dann würden die USA »den Kongreß um Genehmigung bitten, mit Streitkräften zu intervenieren«. Die in Klammern gesetzten Worte standen in dem Memorandum. (Siehe Dokument Nr. 8)

Cutler notierte, er habe dem Präsidenten erklärt, einige Mitglieder im Planungsstab des Sicherheitsrates »waren der Meinung, man habe es den Franzosen nie klar gemacht, daß die Vereinigten Staaten bereit seien, die Bewilligung durch den Kongreß einzuholen«, sofern die Vorbedingungen erfüllt würden.

Dulles erwiderte, er werde noch am selben Nachmittag mit dem französischen Botschafter Henri Bonnet darüber sprechen und »vielleicht einen deutlicheren Hinweis abgeben als bisher«.

Die Vorbedingungen schlossen eine Forderung an Frankreich ein, den indochinesischen Staaten – Laos, Kambodscha und Vietnam – »echte Unabhängigkeit« zu garantieren.

Sie legten außerdem fest, daß amerikanische Berater in Vietnam »die Hauptverantwortung für die Ausbildung einheimischer Truppen übernehmen« und die »Verantwortung für die militärische Planung mittragen« sollten. Amerikanische Offiziere in Vietnam seien schon längst über die begrenzte Rolle verärgert, die die Franzosen ihnen zu spielen erlaubten, heißt es in der Studie.

Eine Beteiligung der Briten, die sich äußerst ablehnend gezeigt hatten, in den Indochinakrieg einzutreten, wurde nicht mehr als Bedingung aufgeführt.

Die Franzosen griffen Dulles' Hinweis auf, und am 10. Mai erklärte Premierminister Joseph Laniel Botschafter Dillon, daß Frankreich auf die amerikanische Intervention angewiesen sei, um Indochina zu retten.

An jenem Abend traf der Präsident erneut mit Dulles zusammen, um über die französische Bitte zu sprechen; anwesend waren ferner Admiral Radford und Verteidigungsminister Charles E. Wilson.

Im Verlauf der Unterredung wies Präsident Eisenhower den Minister an, eine Resolution zur Vorlage in beiden Häusern des Kongresses vorzubereiten, mit der die amerikanischen Truppen für Indochina bewilligt werden sollten.

Aus einem der Pentagon-Chronik beigefügten Dokument – es enthält Auszüge aus dem Rechtsgutachten eines Pentagon-Beamten zum Resolutionsentwurf – geht eindeutig hervor, daß eine solche Resolution vorbereitet wurde und im Außen-, Verteidigungs- und Justizministerium zirkulierte.

Außen- und Verteidigungsministerium erarbeiteten dann, was der Bericht eine »Eventualplanung« für den Fall einer Intervention nennt. Das Außenministerium fertigte den Entwurf eines hypothetischen Zeitplans für diplomatische Schritte an, und das Verteidigungsministerium bereitete ein Memorandum über die benötigten US-Truppen vor.

In einem Memorandum an Verteidigungsminister Wilson vom 20. Mai empfahl der Führungsstab, die Vereinigten Staaten sollten ihr Engagement auf eine »von außerhalb Indochinas geführte Luft- und Flottenunterstützung« beschränken.

»Vom amerikanischen Standpunkt aus gesehen«, so das Memorandum, »gibt es in Indochina keine entscheidenden militärischen Ziele, und die Aufstellung von mehr als symbolischen bewaffneten US-Streitkräften in diesem Raum wäre eine bedenkliche Zersplitterung der begrenzten amerikanischen Möglichkeiten.«

In den Debatten um eine Intervention, heißt es in der Studie, trugen die Verfechter einer amerikanischen Aktion verschiedene neue Ideen vor. So schlug zum Beispiel Admiral Radford den Franzosen vor, daß die Vereinigten Staaten an der Aufstellung eines »Internationalen Freiwilligen Hilfskorps« für Indochina mitwirken sollten. Im April hatten die Franzosen einen amerikanischen Luftangriff angeregt, bei dem die Flugzeuge mit französischen Hoheitszeichen übermalt werden sollten. Und Ende Mai meinten die Franzosen, der Präsident könne vielleicht den Kongreß umstimmen, wenn er nur eine Division Marineinfanteristen – rund 15 000 Mann – nach Vietnam schicke.

Aber alle Argumente zugunsten einer Intervention fruchteten nichts. Das französische Kabinett glaubte, daß die kriegsmüde Nationalversammlung vor jeder weiteren militärischen Aktion zurückschrecken würde.

Ende Mai/Anfang Juni verschlechterte sich die militärische Lage im Delta des Roten Flusses bei Hanoi so sehr, daß Washington der Meinung war, eine Intervention sei nunmehr sinnlos. Am 15. Juni informierte Minister Dulles Botschafter Bonnet, die Zeit für eine Intervention sei vorüber.

Die Genfer »Katastrophe«

Als die Genfer Vereinbarungen am 21. Juni 1954 abgeschlossen wurden, so führt der Bericht aus, »waren mit Ausnahme der Vereinigten Staaten die hauptbeteiligten Mächte mit ihrem Werk zufrieden«.

Frankreich, Großbritannien, die Sowjetunion, das kommunistische China und bis zu einem gewissen Grade Nord-Vietnam glaubten, sie

hätten den Krieg beendet und den Konflikt auf die politische Ebene verlagert.
Und die meisten der beteiligten Regierungen, so die Studie, »hofften, daß Frankreich in Vietnam bleibe«. Sie erwarteten, daß Paris einen starken Einfluß auf das Diem-Regime behalten, Diems Truppen ausbilden und sicherstellen würde, daß die im Genfer Abkommen für 1956 anberaumten Wahlen durchgeführt werden.
Aber die Regierung Eisenhower nahm einen anderen Standpunkt ein, heißt es im Pentagon-Bericht.
In seinen Sitzungen vom 8. und 12. August kam der Nationale Sicherheitsrat zu dem Schluß, daß die Genfer Vereinbarung eine »Katastrophe« sei. Sie bedeute »für den Kommunismus einen großen Schritt vorwärts, was zum Verlust Südostasiens führen könne«.
Die Meinung des Sicherheitsrates stimmte mit seiner Entschließung vom April vor Beginn der Konferenz überein, daß die Vereinigten Staaten sich einem unbefriedigenden Abkommen nicht anschließen würden. Minister Dulles hatte dies bei mehreren Gelegenheiten öffentlich verkündet, und so nahmen schließlich die Vereinigten Staaten die Vereinbarungen lediglich zur Kenntnis.
Doch bevor der Sicherheitsrat im August eine endgültige Entscheidung fällte, welche Programme exakt in Indochina durchgeführt werden sollten, wurden verschiedene abweichende Stimmen innerhalb der Regierung laut.
Die Geheimdienst-Studie vom 3. August hob warnend hervor, daß auch mit amerikanischer Unterstützung die Franzosen oder Vietnamesen wahrscheinlich nicht imstande sein würden, eine starke Regierung zu etablieren. Und das National Intelligence Board prophezeite, daß die Situation sich vermutlich weiter verschlechtern werde.
Auch die Vereinigten Stabschefs hatten sich gegen Vorschläge gewandt, daß die Vereinigten Staaten die südvietnamesische Armee ausbilden und ausrüsten.
In einem Memorandum an den Verteidigungsminister vom 4. August nennen die Vereinigten Stabschefs ihre Bedingungen einer amerikanischen Militärhilfe für das Diem-Regime:
»Es ist unbedingt erforderlich, daß eine leidlich starke, stabile Zivilregierung die Macht ausübt. Es ist hoffnungslos zu erwarten, der amerikanische Auftrag für eine militärische Ausbildung könne Erfolg haben, wenn der betreffende Staat nicht imstande ist, jene Regierungsfunktionen wirksam auszuüben, die für eine erfolgreiche Aushebung und Aufrechterhaltung bewaffneter Truppen unerläßlich sind.«
Ferner verlangten die Stabschefs den vollständigen »Abzug französischer Streitkräfte, französischer Beamter und französischer Berater aus

Indochina, um für die Errichtung einer nationalen Streitmacht eine Begründung und eine gesunde Basis zu schaffen«.
Schließlich äußerten die Stabschefs ihre Sorge über die Beschränkungen, die dem amerikanischen Militär in Vietnam durch die Genfer Vereinbarungen auferlegt waren – nicht mehr als 342 Mann – die Stärke des amerikanischen Militärpersonals, das sich bei Unterzeichnung des Waffenstillstands in Vietnam aufhielt.
Trotz dieser Argumente, so heißt es in der Studie, war Außenminister Dulles der Ansicht, daß die Notwendigkeit, den Kommunismus in Vietnam aufzuhalten, ein Handeln dringend erforderlich mache.
In einem Brief an Verteidigungsminister Wilson führte er aus, das Diem-Regime sei zwar »alles andere als stark oder stabil«, ein militärisches Ausbildungsprogramm sei deshalb »eins der wirksamsten Mittel, der vietnamesischen Regierung die Möglichkeit zu geben, sich zu festigen«.
Schließlich, so der Bericht, setzte sich Minister Dulles' Ansicht durch.
Am 20. August billigte der Präsident ein Papier des Nationalen Sicherheitsrats, betitelt *Überprüfung der US-Politik in Fernost*. Es stellte ein dreifaches Programm auf:
1. Militärisch würden die Vereinigten Staaten »nur so weit wie nötig mit Frankreich zusammenarbeiten, um einheimische Truppen aufzustellen, die die innere Sicherheit gewährleisten können«.
2. Wirtschaftlich würden die Vereinigten Staaten dazu übergehen, die Vietnamesen direkt zu unterstützen, nicht wie vorher indirekt über die Franzosen. Die Franzosen seien von den wichtigsten Verfügungsvollmachten fernzuhalten.
3. Politisch sollten die Vereinigten Staaten mit Premierminister Diem zusammenarbeiten, ihn jedoch gleichzeitig dazu anhalten, seine Regierungsbasis zu erweitern und für demokratischere Verhältnisse zu sorgen.
Mit diesen Entschließungen, so der Bericht, »war die amerikanische Vietnam-Politik nach Genf vorgezeichnet«. Die Vereinigten Staaten hatten sich verpflichtet, die Last der Verteidigung Süd-Vietnams auf sich zu nehmen.
»Der vorliegende Bericht deutet auf keine Widerlegung der Warnungen von Geheimdienst und Stabschefs hin«, heißt es in der Studie. »Er zeigt jedoch an, daß die USA sich entschlossen, mit begrenzten Hilfsmitteln ein Spiel zu wagen, zumal die möglichen Gewinne ein begrenztes Risiko durchaus wert zu sein schienen.«
Obgleich diese wichtige Entscheidung für ein direktes amerikanisches Engagement in Vietnam erst im August fiel, geht aus dem Pentagon-Bericht hervor, daß die Regierung Eisenhower schon im Juni, als die Genfer Konferenz noch tagte, ein amerikanisches Team nach Indochina

geschickt hatte, das mit Geheimoperationen gegen die Vietminh beginnen sollte.

Chef der Gruppe war Colonel Lansdale, ein CIA-Agent, der sich den Ruf eines führenden amerikanischen Experten im Antiguerillakrieg erworben hatte. Lansdale hatte auf den Philippinen Präsident Ramon Magsaysay geholfen, die kommunistisch gelenkten Hukbalahap-Rebellen niederzuhalten.

So eindrucksvoll waren seine Taten im Vietnam der fünfziger Jahre, daß Colonel Lansdale weithin als das Vorbild zweier Romanfiguren bekannt wurde, die in asiatische Intrigen verwickelt sind – *Der stille Amerikaner* von Graham Greene und *Der häßliche Amerikaner* von William J. Lederer und Eugene Burdick.

Ein sorgfältig ausgearbeiteter Bericht von 21 000 Wörtern, verfaßt von Mitgliedern der Lansdale-Gruppe, der sogenannten Saigoner Militär-Mission, ist der Pentagon-Chronik beigefügt. (Siehe Dokument Nr. 15)

Aus diesem Bericht in Form eines Tagebuches von Juni 1954 bis August 1955 geht hervor, daß die Gruppe ursprünglich die Anweisung hatte, »paramilitärische Operationen gegen den Feind durchzuführen und politisch-psychologische Kriegführung zu betreiben«.

»Später, nach Genf«, so heißt es, »wurde der Auftrag dahin gehend geändert, das Gewicht nicht so sehr auf eine unkonventionelle Kriegführung zu legen, als vielmehr die Voraussetzungen zur Durchführung paramilitärischer Operationen in kommunistischem Gebiet zu schaffen.«

Eine von Colonel Lansdales ersten Sorgen war, die Mitglieder seiner Gruppe vor dem 11. August nach Vietnam zu bringen. Das war nämlich der durch das Genfer Abkommen gesetzte Stichtag, von dem an die Zahl des ausländischen Militärpersonals in Vietnam eingefroren werden sollte. Als der Stichtag näher rückte, heißt es in dem Bericht, sah es so aus, als »habe die Saigoner Militärmission nur zwei Leute zur Verfügung, wenn nicht bald etwas geschehe«.

Generalleutnant John W. O'Daniel, Chef der militärischen Beratergruppe (Military Assistance Advisory Group-MAAG), war damit einverstanden, unter dem Schutz der MAAG die Saigoner Militärmission um zehn und die Männer von der Abwehrfront ebenfalls um einige Mitglieder, die vor dem Stichtag eintrafen, zu verstärken. Auf einen Hilferuf hin wurden zehn Offiziere aus Korea, Japan und Okinawa ausgesucht und eilten nach Vietnam.

Aus dem Bericht geht hervor, daß die Mitglieder der Gruppe zwar als Angehörige der MAAG getarnt waren, andererseits aber über den CIA in Saigon mit Washington in Verbindung standen.

In einem Memorandum des amerikanischen Präsidenten vom 30. Januar 1954 über die Aktionen des Sonderkomitees für Indochina (Verfasser

Generalmajor Charles B. Nonesteel III.) wird Colonel Lansdale selbst als Mitglied des CIA identifiziert. (Siehe Dokument Nr. 3)
Das der Pentagon-Studie beigefügte Memorandum vermerkt, daß Colonel Lansdale als Vertreter des CIA bei der Sitzung des Komitees anwesend war. Desgleichen Allen W. Dulles, Direktor des CIA.
Als im Herbst 1954 alle Mitglieder der Gruppe in Vietnam versammelt waren, so führt der Bericht aus, verstärkte sie ihre Aktivität.
Unter Colonel Lansdale wurde »auf Wunsch der Mätressen einflußreicher Persönlichkeiten ein kleiner Englisch-Kurs eingerichtet.«
Dieser Kurs lieferte Lansdale wertvolle Kontakte und verschaffte ihm beispielsweise die Bekanntschaft der »Lieblingsmätresse« von Heeresstabschef General Nguyen Van Hinh.
Als der 9. Oktober, der Stichtag für den Abzug der Franzosen aus Hanoi, näher rückte, versuchte die Gruppe, in einigen der wichtigsten Betriebe von Hanoi Sabotage zu verüben.
»Es wurde bekannt, daß die größte Druckerei im Norden die Absicht hatte, in Hanoi zu bleiben und mit der Vietminh Geschäfte zu machen«, schildert der Bericht. »Die Saigoner Militärmission machte den Versuch, die modernen Pressen zu zerstören, aber Sicherheitsbeamte der Vietminh waren bereits in das Gebäude eingedrungen und vereitelten den Versuch.«
Dieselbe Gruppe war in Hanoi nächtelang damit beschäftigt, die Ölvorräte der Hanoier Busgesellschaft mit einer Chemikalie zu verschmutzen, damit die Busse nach dem Einmarsch der Vietminh allmählich fahruntüchtig werden sollten.
Gleichzeitig betrieb die Mission das, was in dem Bericht als »black psywar strikes« bezeichnet wird. Gemeint ist eine psychologische Kriegführung mit fingiertem, angeblich von der anderen Seite lanciertem Propagandamaterial. Die Gruppe druckte scheinbar »von der Vietminh unterschriebene Flugblätter, auf denen die Bevölkerung von Tonking informiert wurde, wie sie sich verhalten sollte, wenn die Vietminh Anfang Oktober den Raum Hanoi besetzten; unter anderem war vom Eigentum, von einer Währungsreform und einem dreitägigen Urlaub für Arbeiter nach der Machtübernahme die Rede.« Der Versuch, Teile der Bevölkerung zu erschrecken, gelang.
»Einen Tag nach Verteilung dieser Flugblätter«, heißt es in dem Bericht, »verdreifachte sich die Zahl der Flüchtlings-Anträge (derjenigen, die aus Nord-Vietnam fliehen wollten).«
»Die Vietminh dementierte die Flugblätter über den Rundfunk; doch die Flugblätter waren so authentisch abgefaßt, daß selbst viele Vietminh-Anhänger davon überzeugt waren, das Dementi sei bestimmt ein Bluff.«
Im Süden stellte die Gruppe vietnamesische Astrologen in Dienst –

viele Asiaten haben großes Vertrauen in die Kunst der Sterndeutung – und ließ Almanache ausarbeiten mit grauenerregenden Prognosen für die Vietminh und positiven Vorhersagen für die neue Regierung unter Premierminister Diem.
Um auch nach dem Abzug aus Hanoi den Untergrundkrieg gegen Nord-Vietnam fortsetzen zu können, stellte Major Lucien Conein, ein Offizier der Saigoner Militärmission, unter dem Codewort Binh eine Gruppe vietnamesischer Agenten zusammen.
»Als ein Team vietnamesischer ›Patrioten‹ sollte sie von den Amerikanern bezahlt und ausgebildet werden«, so der Bericht, »und später, wenn die Regierung zu solchen Maßnahmen in der Lage sei, von dieser übernommen werden. Dreizehn Binhs wurden heimlich über den Hafen Haiphong ausgeschleust ... und traten an Bord eines amerikanischen Kriegsschiffs ihre Reise in das Ausbildungslager an.«
Bevor Haiphong im Mai 1955 endgültig geräumt wurde, schmuggelte die Civil Air Transport, eine von General Claire Chennault geleitete Luftlinie mit Sitz in Taiwan, Waffen für die Binh-Gruppe von Saigon nach Haiphong.
Zum Ausgleich dafür schanzte die Lansdale-Gruppe der Fluglinie den lukrativen Vertrag zu, die Tausende von Flüchtlingen aus Nord-Vietnam auszufliegen.
Der Aktionsbericht der Gruppe beschreibt, wie »Haiphong, das von Menschen überflutet wurde, für die es kein Obdach gab, an unsere eigene Pionierzeit erinnerte. Wohnraum und Lebensmittel waren unerschwinglich teuer, die nervöse Spannung wuchs. Es war eine abenteuerliche Zeit für unser nördliches Team.«
Ein zweites Team von 21 Agenten gruppierte sich unter dem Codewort Hao-Gruppe in Saigon. Die Leute wurden, als Kulis verkleidet, von einem amerikanischen Kriegsschiff aufgenommen und zur Ausbildung an einen »geheimen Ort« gebracht, heißt es in dem Bericht.
Waffen für die Haos wurden von der amerikanischen Luftwaffe nach Saigon geschmuggelt. Die Saigoner Militärmission erhielt achteinhalb Tonnen Ausrüstung, darunter 14 Funkgeräte, 300 Karabiner, 50 Pistolen, 300 Pfund Sprengstoff und 100 000 Schuß Munition.
Der Bericht des Lansdale-Teams verschweigt, welche Art von Ermittlungs- oder Sabotagetätigkeit die Binh- und Hao-Gruppe in Nord-Vietnam durchführten. Wohl aber erwähnt er, daß ein Binh-Agent bei seiner Rückkehr nach Süd-Vietnam von Premierminister Diems Truppen irrtümlich festgenommen wurde.
»Während seines Verhörs wurde er mit Handschellen an einen Leprakranken gefesselt, beide wurden mit demselben Stock blutig geschlagen, man sagte ihm, er bekäme nun auch Lepra, und sperrte die beiden

zusammen in eine winzige Zelle. Die Saigoner Militärmission konnte ihn befreien.«
Für das Rechnungsjahr 1955 beliefen sich, laut Bericht, die Ausgaben für die Saigoner Militärmission auf 228 000 Dollar. Darin sind nicht enthalten der Sold für die amerikanischen Offiziere und die Kosten für Waffen aus amerikanischen Beständen.
Den größten Posten, 123 980 Dollar, machen die Ausgaben für die Untergrundaktionen aus, darunter die Gelder für Agenten, Schlupfwinkel, Reise und Transport.

Landsdale in der Bresche

Während Oberst Lansdale seine Geheimoperationen durchführte, wurden die im August 1954 vom Nationalen Sicherheitsrat gefällten Entscheidungen in die Praxis umgesetzt.
Im Dezember unterzeichnete General J. Lawton Collins, den Präsident Eisenhower als Sonderbeauftragten für Vietnam ausgewählt hatte, eine Vereinbarung mit den Franzosen, die vorsah, den Vereinigten Staaten die gesamte militärische Ausbildung zu übertragen.
Die Vereinbarung trat, wie es im Bericht heißt, im Februar 1955 in Kraft, und die Franzosen begannen unter amerikanischem Druck mit ihrem überraschenden Rückzug aus Süd-Vietnam.
Trotz des Beschlusses vom August 1954, sich hinter Premierminister Diem zu stellen, herrschte in der amerikanischen Regierung noch immer ein weitverbreitetes Unbehagen über Diems mangelnden Rückhalt und die unsichere politische Lage in Saigon.
General Collins, in den Rang eines Botschafters erhoben, war der Ansicht, Premierminister Diem sei seiner Aufgabe nicht gewachsen, und drängte darauf, ihn abzulösen.
Wenn die Vereinigten Staaten nicht bereit seien, Diem zu ersetzen, schrieb General Collins im Dezember 1954 nach Washington, »empfehle ich eine Überprüfung unserer Beistandspläne für Ostasien.« Dies ist es, was wir »am wenigsten wünschen, aber in aller Aufrichtigkeit und angesichts dessen, was ich bis heute hier beobachtet habe, dürfte dies die einzig gesunde Lösung sein.«
Trotzdem blieb Außenminister Dulles, wie er in seiner Antwort an Collins telegrafierte, seiner Überzeugung treu, daß »wir keine andere Wahl haben, als unsere Hilfe für Vietnam fortzusetzen und Diem weiterhin zu stützen.« Und dem Abteilungsleiter im Außenministerium Walter Robertson erklärte er wenige Tage später, die Vereinigten Staatn müßten, was Diem angehe, »den Sprung ins Wasser« wagen.
Im Frühjahr 1955 spitzte sich die Krise in Saigon zu. Die Hoa Hao und die Cao Dai, zwei bewaffnete Sekten, bildeten eine Einheitsfront mit der

Binh Xuyen, einer Gruppe von Gangstern, die die Saigoner Polizei kontrollierten und gegen Premierminister Diem operierten; es kam zu gelegentlichen Kämpfen in der Stadt. Die Franzosen äußerten gegenüber Washington, sie hielten Premierminister Diem für »hoffnungslos« und »verrückt«.
General Collins, nunmehr fest davon überzeugt, daß Diem verschwinden müsse, flog Ende April nach Washington, um seine Vorstellungen beim Außenminister persönlich durchzusetzen.
Nach einer Besprechung mit Collins am 27. April erklärte Dulles sich widerwillig damit einverstanden, Diem durch einen anderen Mann ersetzen zu lassen. Er kabelte der Botschaft in Saigon, eine Alternativlösung zu suchen.
Aber Oberst Lansdale setzte alles daran, seinem Freund Diem zu helfen. Bereits im Oktober hatte er einen Anschlag des Heeresstabschefs General Nguyen Van Hinh auf Diem vereitelt, indem er die beiden wichtigsten Helfer des Generals zu einer Inspektionsreise zu Geheimprojekten auf den Philippinen einlud.
Die Autoren des Lansdale-Berichts weisen nicht eigens darauf hin, daß ihre Instruktionen auch die Unterstützung Diems gegen die nichtkommunistische Opposition im Lande vorsahen. Aus Lansdales Aktionen geht aber eindeutig hervor, daß er dies als einen wichtigen Teil seines Auftrags ansah.
Im Herbst 1954 half er Diem, eine zuverlässige Leibwache aufzustellen, die er mitfinanzierte und ausbildete. Bei einem Besuch hatte er nämlich mit Entsetzen erleben müssen, wie die Leibgarde bei einem Attentatsversuch auf Diem davongelaufen war. »Nicht ein Mann blieb auf seinem Posten«, vermerkt der Bericht. »Präsident Diem saß allein oben und erledigte seine Arbeit.«
Mit Erlaubnis der Botschaft machte sich daraufhin die Saigoner Militärmission daran, General Trinh Minh The, einen Führer der Cao Dai, der Diem seine Dienste anbot, zu bestechen.
Außerdem ließ Colonel Lansdale von den Philippinen den fähigsten Militärberater von Präsident Magsaysay zusammen mit drei jüngeren Offizieren kommen, die eine vietnamesische Palastwache in Stärke eines Bataillons ausbildeten.
Als es im Frühjahr 1955 durch die Aktionen der Sekten zu einer Krise kam, suchte Lansdale Diem beinah täglich auf. »Als die Spannung zunahm, besuchten wir Präsident Diem auf seine Bitte hin fast jeden Abend und blieben jeweils vier Stunden bei ihm.«
Während der Aufstände durch die Kampfgruppen der Sekten half die Saigoner Militärmission Premierminister Diem, Maßnahmen gegen die Binh Xuyen in die Wege zu leiten, und Colonel Landsdale drängte die Botschaft wiederholt, den Premier zu unterstützen.

Gemeinsam mit dem verantwortlichen Chef des CIA-Büros stellte Lansdale eine Gruppe zusammen, die gegen die Binh Xuyen eingesetzt wurde. In dem Bericht der Saigoner Militärmission heißt es, daß »alle Maßnahmen getroffen wurden, die im Rahmen der durch die US-Politik gezogenen engen Grenzen möglich waren.«
Entgegen seiner Gewohnheit vermerkt der Bericht: »Sie werden hier nicht aufgeführt, es handelte sich aber um eine ganze Anzahl erfolgreicher Aktionen.«
Am 28. April, einem, wie sich herausstellte, schwarzen Tag, ließ Premierminister Diem, wie die Pentagon-Studie berichtet, Colonel Lansdale zu sich in den Palast kommen und eröffnete ihm seine Sorgen. Er habe soeben »von seiner Botschaft in Washington erfahren, daß die USA offensichtlich im Begriff wären, ihn fallenzulassen.«
Vermutlich bezog sich das auf die einen Tag vorher getroffene Entscheidung von Außenminister Dulles.
Diem erklärte ferner, die Binh-Xuyen-Einheiten hätten das Feuer auf seine Truppen eröffnet.
Lansdale versuchte, ihn zu beruhigen. »Wir sagten ihm, daß wir den Eindruck hätten, Vietnam brauche nach wie vor einen Führer«, so der Lansdale-Bericht, »noch sei Diem Präsident und werde darum auch von den USA unterstützt.«
An jenem Nachmittag befahl Diem einen Gegenangriff gegen die Binh Xuyen und errang innerhalb von neun Stunden einen entscheidenden Sieg.
»Washington reagierte auf Diems Erfolg mit einer, wenn auch oberflächlichen, Munterkeit«, heißt es in dem Bericht. Saigon wurde informiert, daß Minister Dulles' Weisung, Diem fallenzulassen, überholt sei. Daraufhin verbrannte die Botschaft das Telegramm vom 27. April. Von nun an hatte Diem volle amerikanische Rückendeckung, berichtet die Pentagon-Studie, und er bewegte sich mit größerem Selbstvertrauen. Für Oktober ließ er ein Referendum ausschreiben, bei dem das Volk zwischen ihm und Kaiser Bao Dai zu wählen hatte.
Nachdem er die Wahl mit, wie der Pentagon-Bericht formuliert, »zu geräuschvollen« 98,2 Prozent der Stimmen gewonnen hatte, ließ sich Premierminister Diem zum Präsidenten proklamieren.

Vereitelte Wahlen

Im Juli 1955 sollten die beiden Zonen Vietnams aufgrund der Bestimmungen des Genfer Vertrags Beratungen über die für das folgende Jahr anberaumten Wahlen aufnehmen.
Aber Diem sträubte sich, mit den Kommunisten zu sprechen. Und im Juli 1956 weigerte er sich, Wahlen zur Wiedervereinigung abhalten zu

lassen. Er machte geltend, daß die südvietnamesische Regierung die Genfer Vereinbarungen nicht unterzeichnet habe und folglich auch nicht an sie gebunden sei.
Amerikanische Wissenschaftler und Regierungsbeamte haben lange darüber gestritten, ob die Vereinigten Staaten für Diems Weigerung, Wahlen abhalten zu lassen, einzustehen hätten und die Amerikaner somit in gewisser Weise mitschuldig wären, daß die Kommunisten von der Politik wieder zum Krieg übergingen.
Die Pentagon-Studie behauptet, die »Vereinigten Staaten hätten nicht« – wie oft unterstellt wurde – »stillschweigend dafür gesorgt, daß Diem die Wahlen boykottierte.« Die Akten des Außenministeriums deuten darauf hin, daß Diems Weigerung, sich an die Genfer Vereinbarungen zu halten und entsprechende Beratungen aufzunehmen, ganz seiner eigenen Initiative entsprang.
Aber der Pentagon-Bericht zitiert auch Telegramme des Außenministeriums und Memoranden des Nationalen Sicherheitsrates, die erkennen lassen, daß die Regierung Eisenhower den Wunsch hatte, die Wahlen so lange wie möglich hinauszuschieben, und Diem von diesem Wunsch in Kenntnis setzte.
Schon am 7. Juli 1954, also noch während der Genfer Konferenz, schlug Dulles vor, die Vereinigten Staaten sollten versuchen, die Wahlen zu verzögern und Garantien zu verlangen, von denen man annehmen konnte, daß die Kommunisten sie verweigern würden.
In einem Geheimtelegramm an Staatssekretär Walter Bedell Smith, der den Platz des Ministers bei der Genfer Konferenz eingenommen hatte, schrieb Dulles:
»Da kein Zweifel besteht, daß Wahlen letztlich eine Vereinigung Vietnams unter Ho Chi Minh bedeuten können, ist es um so wichtiger, sie so spät wie möglich nach dem Waffenstillstand und unter Bedingungen abzuhalten, die frei sind von Einschüchterung, um demokratischen Kräften beste Chancen zu geben.«
Mit ähnlicher Argumentation legte der Nationale Sicherheitsrat im Mai 1955, kurz bevor die Konsultationen zu den Wahlen beginnen sollten, den Entwurf einer Erklärung vor: US-*Haltung zu gesamtvietnamesischen Wahlen.*
Laut Pentagon-Studie wurde darin die Ansicht vertreten, »Diem sollte auf freie und geheime Wahlen unter strenger Kontrolle bestehen, um nicht den Eindruck zu erwecken, er wolle – um sie nicht zu verlieren – die Wahlen verhindern. Die Kommunisten hatten diese Bedingungen in Korea und Deutschland abgelehnt; es ist zu hoffen, daß der Vietminh diesem Beispiel folgt.«
Doch am 9. Juni, so der Bericht, beschloß der Nationale Sicherheitsrat,

»den Entwurf der Erklärung auf Eis zu legen. Seine Hauptpunkte waren Diem bereits mitgeteilt worden.«

Außenminister Dulles' ambivalente Haltung gegenüber den Genfer Vereinbarungen spiegelte sich auch in einem Telegramm wider, das er am 11. Dezember 1955 an die amerikanische Botschaft in Saigon schickte und in dem er Washingtons Haltung zur Internationalen Kontrollkommission umriß.

»Wenn wir auch gewiß keine aktiven Schritte unternehmen sollten, um den gegenwärtigen Verfall der Genfer Vereinbarungen zu beschleunigen«, heißt es darin, »so sollten wir doch auch nicht die leiseste Anstrengung machen, sie mit Leben zu erfüllen.«

Im Mai 1956 wurden 350 Mann Militärpersonal zusätzlich unter dem Vorwand nach Saigon geschickt, man wolle den Vietnamesen helfen, das von den Franzosen zurückgelassene Kriegsmaterial in Besitz zu nehmen und zu verteilen. Der Pentagon-Bericht nennt das ein »Beispiel für die amerikanische Mißachtung« der Genfer Verträge.

Es war »ein durchsichtiger Trick, um die Zahl der Amerikaner in Vietnam zu vergrößern«, heißt es in der Studie.

Diese Männer, die für die zeitweise Ausrüstungswiederbeschaffung zuständig waren und offiziell Temporary Equipment Recovery Mission (TERM) bezeichnet wurden, blieben als ständige Abteilung der Military Assistance Advisory Group (MAAG) in Saigon und wurden für Spionage- und Verwaltungsaufgaben eingesetzt.

Washington setzte die TERM-Gruppe in Marsch, »als inoffiziell bekannt wurde, daß die indische Regierung ihre Vertreter bei der Internationalen Kontrollkommission anweisen würde, keinen Einspruch zu erheben.« So steht es in der Pentagon-Studie.

Die Internationale Kontrollkommission wurde aus Vertretern Polens, Kanadas und Indiens gebildet, wobei die Inder gewöhnlich als Vertreter eines neutralen Landes gelten.

Nach der durch die Sekten heraufbeschworenen Krise im Frühjahr 1955 und nachdem das Wahldatum im Jahre 1956 ereignislos vorübergegangen war, hoffte die amerikanische Diplomatie, daß Präsident Diem es geschafft hätte.

»Es schien eine Zeitlang so, als ob das Spiel gegen die endlosen Widrigkeiten Erfolg gehabt hätte«, erklärt der Pentagon-Bericht. »Der Vietminh verhielt sich ruhig; die Streitkräfte der Republik Vietnam waren entschieden besser bewaffnet und ausgebildet als zu Beginn der amerikanischen Bemühungen; und Präsident Diem zeigte ein beachtliches Geschick, Parteicliquen, die die Regierung bedrohten, auszumanövrieren und sich selbst an der Macht zu halten.«

Die amerikanische Hilfe, so der Bericht, konzentrierte sich fast vollständig auf die Sicherheit. Acht von zehn Dollars wurden für sie aus-

gegeben, und viel von dem, was eigentlich der Landwirtschaft, der Bildung oder dem Transportwesen zugedacht war, floß in Wirklichkeit Programmen zu, die dieser Sicherheit dienten.
So wurden zum Beispiel für ein 35 km langes Straßenstück, das zwischen Saigon und Bienhoa gebaut wurde, auf Drängen von MAAG-Kommandeur General Samuel T. Williams mehr Subventionen gezahlt, als in den Jahren 1954 bis 1961 für Arbeit, für Unterstützung von Gemeinden, für Sozialfürsorge, für Gesundheit und für Schulwesen zusammen.
Aber entgegen den amerikanischen Hoffnungen und trotz ihrer tatkräftigen Hilfe begannen die Unruhen auf dem Lande 1957 und besonders 1959 wiederaufzuflammen.
Morde durch Terroristen und Entführungen einheimischer Beamter nahmen auf beängstigende Weise zu; das gleiche gilt für die Angriffe feindlicher Einheiten.
Als die Rebellion immer mehr um sich griff, wurde die Stärke der Opposition und Präsident Diems Schwäche von dem kleinen amerikanischen Geheimdienst »korrekt und in sich schlüssig erkannt und beurteilt«. Die amerikanischen Analysen »waren bemerkenswert zuverlässig«, so die Studie.
So heißt es zum Beispiel in einem Bericht vom August 1960:
»Solange wirksamere Maßnahmen der Regierung, um die Bauern zu schützen und zu einer echten Zusammenarbeit zu bewegen, ausbleiben, ist damit zu rechnen, daß der Vietkong sein Einflußgebiet auf dem Lande, insbesondere in den südlichen Provinzen, vergrößert.«
»Mißstimmung und Unzufriedenheit mit der Regierung werden wahrscheinlich weiter zunehmen.«
»Diese oppositionellen Strömungen sind eindämmbar, bleiben sie jedoch unkontrolliert, führen sie mit der Zeit so gut wie sicher zum Sturz des Regimes Diem.«
Aber leider, so heißt es in der Studie, »scheinen die Geheimdienst-Analysen in Sachen Diem den Nationalen Sicherheitsrat nicht an seinen Grundsatzerklärungen zur amerikanischen (Vietnam-)Politik gehindert zu haben.«
Die entscheidenden politischen Papiere der Regierung Eisenhower im Hinblick auf Südostasien aus den Jahren 1956, 1958 und 1960 wiederholten die amerikanische Zielsetzung mit »praktisch denselben« Formulierungen, kommentiert der Pentagon-Bericht.
Auf Grund einer Verlautbarung des Nationalen Sicherheitsrates von 1956 gehörten zu den Zielen der amerikanischen Vietnampolitik die folgenden Punkte:
1. »Dem Freien Vietnam zu helfen, eine starke, stabile und demokratische Regierung zu bilden, die es dem Freien Vietnam ermöglicht, sich in

einen immer attraktiveren Gegensatz zu den Verhältnissen in der gegenwärtigen kommunistischen Zone zu setzen.«

2. »Auf die Schwächung der Kommunisten in Nord- und Süd-Vietnam hinarbeiten, um schließlich die friedliche Wiedervereinigung eines freien und unabhängigen Vietnam unter antikommunistischer Führung zu erreichen.«

3. »Den Standpunkt der Regierung des Freien Vietnam unterstützen, daß gesamtvietnamesische Wahlen erst dann stattfinden dürfen, wenn sichergestellt ist, daß echte freie Wahlen in beiden Zonen Vietnams abgehalten werden können.«

In den späten fünfziger Jahren, so berichtet die Studie, äußerten sich auch amerikanische Beamte in Saigon optimistisch über die Lage – im Gegensatz zu den pessimistischen Geheimberichten, die sie nach Washington schickten.

»Während also die als geheim deklarierten Akten von Risiken sprachen«, so der Bericht, »war in den öffentlichen Erklärungen amerikanischer Beamter von einer Gefahr nicht die Rede. Im Gegenteil, das Bild, das Botschafter Durbrow, General Williams und andere Regierungssprecher jahraus, jahrein für den Kongreß und die Öffentlichkeit zeichneten, war das eines ständigen Fortschritts, ja geradezu eines erstaunlichen Aufschwungs.«

So erklärten zum Beispiel Botschafter Elbridge Durbrow und General Williams im Sommer 1959 dem Senatsausschuß für Auswärtige Beziehungen, daß Vietnams Sicherheit in »keiner ernsten Gefahr« und Süd-Vietnam gegen eine Invasion aus dem Norden besser gerüstet sei als je zuvor.

Im darauffolgenden Frühjahr schrieb General Williams an Senator Mike Mansfield, Diem mache seine Sache so gut, daß die Vereinigten Staaten 1961 mit einem »phasenweisen Abzug« ihrer Berater beginnen könnten.

Das war die Situation, der sich Präsident Kennedy gegenübersah, als er Anfang 1961 die Regierung antrat.

»Die USA waren in Süd-Vietnam nach und nach eine besondere Art von Verpflichtung eingegangen«, schreibt der Pentagon-Kommentator zu den Problemen, vor die Präsident Kennedy sich gestellt sah. »Sie war keineswegs absolut bindend – aber eben doch eine Verpflichtung ...«

»Ohne amerikanische Hilfe hätte Diem sich in den Jahren 1955 und 1956 im Süden wohl kaum halten können.«

»Ohne die Drohung mit einer amerikanischen Intervention hätte sich Süd-Vietnam nicht weigern können, über die laut Genfer Vertrag für 1956 vorgesehenen Wahlen zu sprechen, ohne sofort von den Vietminh-Armeen überrannt zu werden.«

»Ohne amerikanische Hilfe in den darauffolgenden Jahren hätten das Diem-Regime mit Sicherheit, und ein unabhängiges Süd-Vietnam mit größter Wahrscheinlichkeit nicht überleben können ...«
Mit einem Wort, so folgert der Kommentator, »Süd-Vietnam war im Grunde genommen eine Schöpfung der Vereinigten Staaten.«

WICHTIGE DOKUMENTE

Hier folgen die Texte von wichtigen Dokumenten, die der Pentagon-Studie über den Vietnamkrieg beigegeben sind und die sich auf Ereignisse während der Regierungen Truman und Eisenhower beziehen. Soweit es sich nicht um Auszüge handelt, sind die Dokumente wörtlich zitiert; nur eindeutige Druckfehler wurden korrigiert.

Nr. 1 1946 – Bericht über Hos Gesuche an die USA, Unabhängigkeitsbestrebungen zu unterstützen

Telegramm eines amerikanischen Diplomaten in Hanoi, identifiziert als Landon, an das Außenministerium vom 27. Februar 1946, abgedruckt im Hauptteil der Pentagon-Studie.

Ho Chi Minh händigte mir zwei Briefe aus, adressiert an den Präsidenten der USA, [an] China, Rußland und Großbritannien, von denen gleichlautende Kopien an die aufgeführten Regierungen gesendet worden sein sollen. In zwei Briefen bittet Ho Chi Minh die USA als Mitglied der Vereinten Nationen, den Gedanken einer annamitischen Unabhängigkeit nach dem Beispiel der Philippinen zu unterstützen, den Fall Annam zu prüfen und notwendige Schritte zur Wahrung des Weltfriedens zu unternehmen, der durch französische Bemühungen, Indochina zurückzuerobern, gefährdet wird. Er versichert, die Annamiten werden kämpfen, bis die Vereinten Nationen sich zur Erlangung annamitischer Unabhängigkeit einschalten. Die Petition, adressiert an die wichtigsten [Mitglieder] der Vereinten Nationen, enthält:
A. Bericht über französische Beziehungen zu Japanern, wonach Franzosen angeblich Japsen geholfen haben:
B. Gründungsakte vom 2. September 1945 der Demokratischen Republik (der) Vietminh (PENW):
C. Bericht über die französische Eroberung Kotschinchinas, begonnen am 23. September 1945 und noch unvollständig:
D. Überblick über Leistungen der annamitischen Regierung in Tonking, darunter allgemeine Wahlen, Abschaffung unerwünschter Steuern, Ausbau des Schulwesens und, soweit möglich, Wiederaufnahme wirtschaftlicher Tätigkeit:
E. Gesuch an die vier Mächte: 1. Einzugreifen und den Krieg in Indochina zu beenden, um faire Lösungen zu erreichen, und 2. den indochinesischen Streitfall vor die Organisation der Vereinten Nationen zu bringen.
Die Petition schließt mit der Erklärung, daß die Annamiten in der Tat die volle Unabhängigkeit verlangen und vorläufig, in Erwartung einer UNO-Entscheidung, den Kampf gegen die Wiedererrichtung des französischen Imperialismus fortsetzen werden. Briefe und Petition werden dem Ministerium schnellstens übermittelt.

Nr. 2 1952 – Politisches Konzept der USA über Ziele in Südostasien

Erklärung des Nationalen Sicherheitsrats, Anfang 1952, betreffend »Zielsetzungen und Maßnahmen der Vereinigten Staaten in bezug auf Südostasien«. In einer Fußnote definiert das Dokument Südostasien als »den Raum, der Burma, Thailand, Indochina, Malakka und Indonesien umfaßt«.

Zielsetzung

1. Die Länder Südostasiens davor zu bewahren, in den kommunistischen Machtbereich zu geraten, ihnen zu helfen, den Willen und die Fähigkeit zum inneren und äußeren Widerstand gegen den Kommunismus zu entwickeln und zur Stärkung der freien Welt beizutragen.

Allgemeine Betrachtungen

2. Eine kommunistische Herrschaft über ganz Südostasien, auf welchem Wege auch immer, würde schon innerhalb kurzer Zeit die amerikanischen Sicherheitsinteressen ernsthaft, und auf lange Sicht, bedrohlich gefährden.
a) Der Verlust eines der Länder Südostasiens durch die kommunistische Aggression würde bedenkliche psychologische, politische und wirtschaftliche Folgen haben. Ohne wirksame und rechtzeitige Gegenmaßnahmen würde der Verlust auch nur eines einzigen Landes bei den übrigen Ländern dieser Gruppe wahrscheinlich relativ rasch zur Unterwerfung unter oder Anpassung an den Kommunismus führen. Darüber hinaus würde ein Einschwenken des restlichen Südostasiens, Indiens und, auf lange Sicht, des Nahen Ostens auf die Linie des Kommunismus (vermutlich nur mit Ausnahme Pakistans und der Türkei) aller Wahrscheinlichkeit nach Schritt für Schritt folgen: Eine so weiträumige Neuformierung müßte die Stabilität und Sicherheit Europas gefährden.
b) Eine kommunistische Kontrolle über ganz Südostasien würde die amerikanische Position in der pazifischen Inselkette gefährden und die fundamentalen amerikanischen Sicherheitsinteressen in Fernost ernsthaft bedrohen.
c) Südostasien, insbesondere Malakka und Indonesien, ist der Hauptlieferant für Kautschuk und Zinn in der Welt; es fördert Erdöl und produziert andere strategisch wichtige Güter. Der Reisimport Burmas und Thailands ist entscheidend für Malakka, Ceylon und Hongkong und von erheblicher Bedeutung für Japan und Indien, alles wichtige Gebiete des freien Asien.
d) Der Verlust Südostasiens, insbesondere Malakkas und Indonesiens, könnte zu einem so starken wirtschaftlichen und politischen Druck auf Japan führen, daß es äußerst schwierig würde, Japan dem Einfluß des Kommunismus zu entziehen.
3. Es ist daher dringend geboten, sich einem offenen Angriff der chinesischen Kommunisten auf Südostasien energisch zu widersetzen. Um die in diesem Schriftstück ins Auge gefaßten militärischen Maßnahmen innerhalb einer angemessenen Zeit zu einem günstigen Abschluß zu bringen, wird es nötig sein, entweder Truppen aus anderen Gebieten abzuziehen, wodurch sich unsere

militärische Stärke dort vermindert – ein erhöhtes Risiko also –, oder unsere gegenwärtige Truppenstärke zu erhöhen, oder beides.

4. Die Gefahr eines offenen militärischen Angriffs aus Südostasien ist durch die Existenz eines feindlichen und aggressiven kommunistischen China gegeben; allerdings ist ein solcher Angriff weniger wahrscheinlich als fortgesetzte kommunistische Bemühungen, durch Umsturz zur Herrschaft zu gelangen. Die Hauptbedrohung für Südostasien entsteht daher durch die mögliche Verschlechterung der Situation in Indochina infolge der nachlassenden Entschlossenheit oder wegen der Unfähigkeit der französischen Regierung und der Union-Staaten, den Kampf gegen den Vietminh-Aufstand fortzusetzen. (Mit »Union-Staaten« sind die indochinesischen Staaten der Französischen Union gemeint; eine Art Pendant zum Commonwealth.) Dessen militärischer Druck nimmt dank der Hilfe durch das kommunistische Regime Chinas und seiner Bundesgenossen ständig zu.

5. Die erfolgreiche Verteidigung von Tonking ist entscheidend dafür, daß das südostasiatische Festland in nicht-kommunistischem Besitz bleibt. Sollte jedoch Burma unter kommunistische Herrschaft geraten, könnte ein kommunistischer Vorstoß durch Thailand möglicherweise bewirken, daß Indochina einschließlich Tonkings nicht mehr zu verteidigen ist. Die Durchführung der amerikanischen Maßnahmen in den einzelnen Ländern dieses Gebietes könnte je nach Zielrichtung des kommunistischen Vordringens in Südostasien variiert werden.

6. Die skizzierten Aktionen zur Erreichung unserer Ziele in Südostasien erfordern Fingerspitzengefühl bei der Auswahl und Durchführung. Auf der einen Seite gilt es, durch Koordinierung der Maßnahmen für den Gesamtraum ein Höchstmaß an Wirkung zu erzielen; auf der anderen Seite kommt es darauf an, in größtmöglichem Maße auf die individuellen Empfindlichkeiten der verschiedenen Regierungen, sozialen Klassen und Minoritäten dieses Gebietes Rücksicht zu nehmen.

Maßnahmen

Südostasien

7. Im Hinblick auf Südostasien sollten die Vereinigten Staaten:

a) Propaganda und kulturelle Tätigkeit je nach Land angemessen verstärken, um die Verbindung der Bevölkerung mit der freien Welt zu fördern.

b) Programme zur wirtschaftlichen und technischen Hilfe für die nicht-kommunistischen Regierungen erweitern und angemessen fortsetzen.

c) Die Länder Südostasiens ermutigen, ihren Handel untereinander und mit der übrigen freien Welt wieder aufzubauen und zu erweitern und die Rohstoffquellen dieser Gebiete für die freie Welt zu erschließen.

d) Eine Abmachung mit anderen Staaten, darunter zumindest Frankreich, Großbritannien, Australien und Neuseeland, für eine gemeinsame Warnung an das kommunistische China vor den ernsten Folgen eines chinesischen Angriffs auf Südostasien anstreben. Das Zustandekommen einer solchen gemeinsamen Warnung hängt ab von der vorherigen Zustimmung Frankreichs und Großbritanniens, sich an den in Absatz 10 c, 12, 14 f (1) und (2) und 15 c (1) und (2) festgelegten Maßnahmen sowie an weiteren durch vorherige Dreiergespräche vorbereiteten Aktionen zu beteiligen, sollte die Warnung ignoriert werden.

e) Großbritanniens und Frankreichs grundsätzliches Einverständnis zu erlangen suchen, daß eine Blockade des kommunistischen China zu den Minimalaktionen gehören soll, wie sie weiter unten in Absatz 10 c festgehalten sind.

f) Für die Zukunft eine engere Zusammenarbeit der Länder Südostasiens untereinander sowie zwischen diesen Ländern und den Vereinigten Staaten, Großbritannien, Frankreich, den Philippinen, Australien, Neuseeland, Südasien und Japan anregen und fördern.

g) Geheimoperationen zur Erreichung der amerikanischen Ziele in Südostasien angemessen verstärken.

h) Darauf hinarbeiten, überseeische chinesische Gemeinden in Südostasien zu ermutigen, antikommunistische Gruppen zu bilden und zu aktivieren, um den Einflüssen prokommunistischer Zellen zu begegnen und ganz allgemein die Orientierung zur freien Welt hin zu verstärken.

i) Maßnahmen ergreifen, um die Verteidigung des gesamten Gebietes zu koordinieren und den Widerstandsgeist unter den Völkern Südostasiens gegen eine chinesisch-kommunistische Aggression und die Übergriffe der örtlichen Kommunisten zu wecken und zu stärken.

j) Dem amerikanischen Volk die Bedeutung Südostasiens für die Sicherheit der Vereinigten Staaten klarmachen, damit es auf jede einzelne der hier vorgeschlagenen Maßnahmen vorbereitet ist.

Indochina

8. Im Hinblick auf Indochina sollten die Vereinigten Staaten:

a) Fortfahren, die internationale Unterstützung für die drei Union-Staaten zu fördern.

b) Frankreich weiterhin versichern, daß die Vereinigten Staaten den französischen Bemühungen in Indochina große strategische Bedeutung beimessen, nicht allein im rein französischen, vielmehr auch im allgemeinen internationalen Interesse, und für die Sicherheit der freien Welt, nicht nur in Fernost, sondern auch in Nahost und Europa.

c) Frankreich klarmachen, daß wir die Opfer, die Frankreich durch seinen Einsatz in Indochina auferlegt sind, kennen und daß wir, ohne Frankreichs Hauptverantwortung in Indochina zu verkennen, dem Kongreß angemessene militärische, wirtschaftliche und finanzielle Hilfe für Frankreich und die Union-Staaten empfehlen werden.

d) die freundlichen und zunehmend kooperativen Beziehungen zu den Regierungen Frankreichs und der Union-Staaten auf allen Ebenen ausbauen, um den Einfluß, den die Vereinigten Staaten auf die Politik und die Maßnahmen der französischen und indochinesischen Behörden geltend machen können, zu wahren und, wenn möglich, zu verstärken. Dies geschehe in der Absicht, den Lauf der Ereignisse auf die Ziele hinzulenken, die wir uns gesetzt haben. Unser Einfluß auf Frankreich und die Union-Staaten sollte die Wirkung haben, jene konstruktiven politischen, wirtschaftlichen und sozialen Maßnahmen zu fördern, die zu einer vermehrten Stabilität der Union-Staaten beitragen, und es

Frankreich ermöglichen, das Ausmaß seiner Beteiligung an den militärischen, wirtschaftlichen und politischen Belangen der Union-Staaten zu beschränken.

e) Insbesondere sollten wir unseren Einfluß auf Frankreich und die Union-Staaten dazu benutzen, vor allem die folgenden Punkte sicherzustellen:

1. Anerkennung der von Frankreich weiterhin getragenen Hauptverantwortung für die Verteidigung Indochinas.

2. Weitere Bemühungen Frankreichs und der Union-Staaten um die Entwicklung dieser Staaten.

3. Reorganisation der französischen Verwaltung und Vertretung in Indochina, so daß die Eigenverantwortung auf seiten der Union-Staaten gestärkt wird.

4. Intensive Bemühungen, die Kampfkraft der Truppen der Union-Staaten, einschließlich eines unabhängigen Nachschub- und Verwaltungssystems, zu erhöhen.

5. Die Bildung leistungsfähigerer und stabilerer Regierungen in den Union-Staaten.

6. Bodenreform, Kredite für Landwirtschaft und Industrie, ein gesundes Handelssystem auf dem Reismarkt, Arbeitsplätze, Außenhandel und Kapitalbildung.

7. Ein aktives militärisches, politisches und psychologisches Programm zur Überwindung oder spürbaren Schwächung der Vietminh-Truppen.

8. Amerikanisch-französische Zusammenarbeit in der Publizierung von Entwicklungserfolgen in Indochina aufgrund der genannten Methoden.

9. Solange eine großangelegte chinesisch-kommunistische Intervention nicht stattfindet, sollten die Vereinigten Staaten, ohne die französische Verwaltung aus ihrer grundsätzlichen militärischen Verantwortung für die Verteidigung der Union-Staaten zu entlassen:

a) die Truppen der Union-Staaten mit Vorrang zu unterstützen, um:

1. die Aufstellung einheimischer Streitkräfte zu unterstützen, die letztlich imstande sein müssen, ohne den Beistand französischer Einheiten die innere Sicherheit aufrechtzuerhalten.

2. Die Streitkräfte der Union-Staaten darin zu unterstützen, die innere Sicherheit vor dem Vietminh wiederherzustellen.

3. Den Streitkräften Frankreichs und der Union-Staaten zu helfen, Indochina gegen die chinesisch-kommunistische Aggression zu verteidigen.

b) Angesichts der kritischen Situation, die eine großangelegte chinesisch-kommunistische Intervention nicht ausschließt, die Pläne ausarbeiten, die notwendig sind, um das weiter unten in Absatz 10 aufgeführte Aktionsprogramm in die Tat umzusetzen, damit die Vereinigten Staaten für jede notwendige Maßnahme vorbereitet sind.

c) Falls Nachrichten und Umstände darauf schließen lassen, daß Frankreich nicht länger in der Lage ist, die Last in Indochina allein zu tragen, oder falls Frankreich, sei es bei der UN oder direkt bei der amerikanischen Regierung, darauf drängt, daß wir einen größeren Teil der Verantwortung übernehmen, sich einem französischen Rückzug widersetzen und mit Frankreich und Großbritannien über weitere Maßnahmen beraten, um das gesamte Gebiet vor einer kommunistischen Herrschaft zu bewahren.

10. Falls im Einvernehmen mit Frankreich festgestellt wird, daß chinesisch-kommunistische Streitkräfte (einschließlich Freiwilliger) offen oder geheim in

den Konflikt in einem Ausmaß eingreifen, daß die Verteidigung des Tonking-Deltas durch Truppen der Union-Staaten in Frage gestellt ist, sollten die Vereinigten Staaten diesen Truppen beistehen, den Verlust Indochinas verhindern, alle Angriffe zurückschlagen und Frieden und Sicherheit in Indochina wiederherstellen:

a) Ein Hilfeersuchen Frankreichs oder der Union-Staaten an die Vereinten Nationen sollte unterstützt werden. Wünschenswert wäre eine UN-Resolution, in der erklärt wird, daß das kommunistische China der Angreifer ist, und in der den Mitgliedstaaten empfohlen wird, ungeachtet der geographischen Lage alle nötigen Schritte zu unternehmen, um Frankreich und den Union-Staaten zu helfen, den Angriff abzuwehren.

b) Unabhängig davon, ob es sofort zu einer UN-Aktion kommt, sollte ein Höchstmaß an internationaler Beteiligung oder Unterstützung für das militärische Minimalprogramm erreicht werden, das die an der gemeinsam formulierten Warnung Beteiligten vereinbart haben. Dieses Minimalprogramm ist im folgenden Unterabsatz c) spezifiziert.

c) Folgendes militärisches Minimalprogramm ist entweder unter dem Schutz der UN oder gemeinsam mit Frankreich, Großbritannien und allen anderen befreundeten Regierungen durchzuführen:

1. Eine entschlossene Verteidigung Indochinas, zu der die Vereinigten Staaten, soweit verfügbar, mit Luft- und Flottenunterstützung beitragen.

2. Unterbindung chinesisch-kommunistischer Nachschublinien, einschließlich derjenigen in China.

3. Die Vereinigten Staaten rechnen damit, das Haupt-Truppenkontingent für Aufgabe 2, siehe oben, zu stellen; würden aber erwarten, daß Großbritannien und Frankreich zumindest symbolisch Truppen zur Verfügung stellen, darüber hinaus Hilfe leisten, wie sie unter Alliierten üblich ist, und daß Frankreich es gemeinsam mit den Union-Staaten übernimmt, für die Verteidigung Indochinas die Bodentruppen zu stellen.

11. In Ergänzung zu den oben in Absatz 10 festgelegten Maßnahmen sollten die Vereinigten Staaten folgende militärische Aktionen der Lage entsprechend durchführen:

a) Falls gemäß Absatz 7e Übereinstimmung erzielt wird, gemeinsam mit Großbritannien und Frankreich eine Blockade gegen das kommunistische China verhängen.

b) Intensivierung von Untergrundaktionen zur Unterstützung antikommunistischer Guerillaverbände und zur Störung und Zerstörung rotchinesischer Verbindungswege und Nachschubbasen.

c) Einsatz, soweit wünschenswert und möglich, von antikommunistischen chinesischen sowie nationalchinesischen Verbänden bei militärischen Operationen in Südostasien, Korea oder in China selbst.

d) Auf Verlangen Großbritannien beistehen, die Evakuierung Hongkongs sicherzustellen.

d) Auf Verlangen Zivilbevölkerung und Militär der Union-Staaten aus dem Tonking-Delta evakuieren.

12. Wenn nach einem Angriff auf Indochina und nach Durchführung des weiter oben in Absatz 10 c aufgeführten notwendigen Minimalprogramms die Vereinigten Staaten gemeinsam mit Großbritannien und Frankreich zu dem Schluß

kommen, daß die Situation eine umfangreichere militärische Aktion gegen das kommunistische China erforderlich macht, sollten die Vereinigten Staaten, zumindest gemeinsam mit Großbritannien und Frankreich, Luftwaffe und Flotte gegen alle geeigneten Ziele in China einsetzen, dabei jedoch, soweit möglich, Ziele in Gebieten nahe der russischen Grenze meiden, um das Risiko eines direkten sowjetischen Eingreifens nicht zu erhöhen.
13. Falls die Zustimmung Großbritanniens und Frankreichs zu einer größeren militärischen Aktion gegen das kommunistische China nicht zu erlangen ist, sollten die Vereinigten Staaten einseitige Maßnahmen in Erwägung ziehen.

Nr. 3 Memorandum des Eisenhower-Ausschusses zu den französischen Hilfeersuchen

Auszüge aus dem Memorandum für die Akten, 30. Januar 1954, von Brigadegeneral Charles H. Bonesteel III. über die Sitzung des Indochina-Sonderausschusses des Präsidenten.

1. Der Sonderausschuß tagte am 29. Januar 1954 um 15.30 Uhr im Büro von Mr. Kyes ...
3. Admiral Radford sagte, er habe über General Valluy mit dem französischen Stabschef General Ely Verbindung aufgenommen. Zehn B 26-Maschinen sind in dieser Woche auf dem Weg nach Indochina. Diese würden dazu beitragen, die französische Forderung nach Flugzeugen zu erfüllen und zwei B 26-Staffeln auf eine Stärke von je 25 einsatzbereiten Maschinen zu bringen. Um die Wünsche ganz zu erfüllen, werden jedoch zwölf weitere benötigt, denn insgesamt sind 22 Flugzeuge erforderlich (zwölf, um den jährlichen Ausfall auszugleichen, und zehn, um die zusätzliche französische Forderung zu erfüllen). Es gab einige Diskussionen über den Umfang der Anforderungen, die Washington über Paris erreichten, und jener, die von der MAAG (Military Assistance Advisory Group) empfohlen wurden. Nachträglich wurde in der Sitzung vereinbart, den Franzosen mitzuteilen, daß die Vereinigten Staaten nur solche Forderungen erfüllen, die von General O'Daniel, sobald dieser in Indochina eingesetzt ist, bestätigt werden.
4. Admiral Radford wies darauf hin, daß die vordringliche Erfüllung der Gesamtforderung über 22 B 26-Maschinen bedeuten würde, aus den amerikanischen Einsatzstaffeln in Fernost einige Flugzeuge abziehen zu müssen, was auch geschehen könne. Die Maschinen hätten allerdings nicht alle Wartungszeit »Null«.
5. Was die französische Zusatzforderung über 25 B 26-Maschinen zur Aufstellung einer dritten Staffel betrifft, so wurde beschlossen, mit der endgültigen Entscheidung bis zur Rückkehr General O'Daniels zu warten. Die Luftwaffe ist aber verständigt worden, daß die Maschinen eventuell auf eine kurze Meldung hin zur Verfügung gestellt werden müssen.
6. Was die Bereitstellung eines »kleinen lenkbaren Luftschiffs« betrifft, so wurde beschlossen, den Franzosen mitzuteilen, dies sei nicht möglich.
7. Über die französische Forderung nach 400 Flugzeugmechanikern, die für die Wartung von B 26- und C 47-Maschinen ausgebildet sind, gab es beträchtliche

Diskussionen. Admiral Radford sagte, er habe General Ely durch General Valluy mitteilen lassen, die Vereinigten Staaten glaubten nicht, daß die Franzosen alle Anstrengungen unternommen hätten, um ziviles Wartungspersonal zu beschaffen. Er schlug vor, die Franzosen sollten es über die Air France versuchen. Mr. Kyes erwähnte die Möglichkeit, französische Mechaniker aus ihren acht Flugzeugfabriken oder aus den großen Wartungshallen in Châteauroux abzuziehen, wo die Amerikaner französische Mechaniker beschäftigten. General Smith erkundigte sich nach der Möglichkeit, die französischen NATO-Verpflichtungen zu lockern, um der französischen Luftwaffe die Abkommandierung von Bodenpersonal zu ermöglichen. Admiral Radford sagte, General Valluy habe ihm erklärt, vom französischen Stab sei dieser Gedanke sorgfältig erwogen worden, die französische Luftwaffe habe jedoch nicht genügend Bodenpersonal, das mit der Wartung der B 26 oder C 47 vertraut sei, um den Bedarf zu decken. Es entstünde daher durch die Umschulung der Mechaniker auf diese Maschinen eine so große Verzögerung, daß der Dringlichkeit der Anforderung nicht entsprochen werden könne. Er sagte außerdem, die Einstellung französischer Zivilmechaniker werfe ein schwieriges Problem hinsichtlich der Sicherheit auf.

8. General Smith empfahl, die USA sollten 200 Mann Bodenpersonal der amerikanischen Luftwaffe zur MAAG nach Indochina abkommandieren und den Franzosen erklären, für den Rest müßten sie selber sorgen. Admiral Radford sagte, dies könne geschehen, die Luftwaffe sei, etwas widerstrebend, dabei, entsprechende Pläne auszuarbeiten. Er habe die Franzosen wissen lassen, wenn amerikanisches Bodenpersonal zur Verfügung gestellt werde, dürfe es nur in Luftstützpunkten eingesetzt werden, die vor einer Eroberung absolut sicher sind. General Smith gab zu bedenken, ob der Ausschuß angesichts der französischen Zusatzforderung nicht erwägen solle, alle 400 Mechaniker zu schicken.

9. Mr. Kyes fragte, ob die USA durch die Bereitstellung von 200 Mann Bodenpersonal nicht eine solche Verpflichtung zur Unterstützung Frankreichs eingehen, daß wir schließlich auf eine vollständige Intervention, einschließlich des Einsatzes amerikanischer Kampftruppen, vorbereitet sein müßten. General Smith sagte, er glaube nicht, daß es darauf hinauslaufe – wir stellten doch Bodenpersonal und nicht Bodentruppen zur Verfügung. Er vertrat jedoch die Ansicht, die Bedeutung eines Sieges in Indochina sei so groß, daß, wenn es zum Schlimmsten käme, er persönlich eine Intervention mit amerikanischen Luft- und Seestreitkräften – nicht mit Bodentruppen – befürworten würde. Admiral Radford stimmte zu. Mr. Kyes meinte, diese Erwägung sei so wichtig, daß sie auf höchster Ebene vorgetragen werden sollte. Der Präsident selber müßte darüber entscheiden. General Smith stimmte zu. Mr. Allen Dulles stellte die Frage, ob unsere Bereitschaft, zum Sieg in der Schlacht um Dien Bien Phu beizutragen, so groß sei, daß wir mit den Franzosen besser nicht um die Befriedigung ihrer dringendsten Wünsche feilschen sollten. Mr. Kyes erklärte, dies sei eine Art der Fragestellung, gegen die er sich verwahre. Admiral Radford las ein Telegramm vor, das er soeben von General O'Daniel erhalten hatte. Darin hieß es, General Navarre sei zu General O'Daniel sehr herzlich gewesen und habe sich befriedigt über den Plan gezeigt, seinem Führungsstab und seinem Ausbildungskommando amerikanische Verbindungsoffiziere zuzuteilen. General Navarre und General O'Daniel waren sich einig, daß man

versuchen sollte, auf militärischer Ebene ein Höchstmaß an Zusammenarbeit zu erreichen.

10. Im weiteren Verlauf der Sitzung stellte Mr. Allen Dulles die Frage, ob den Franzosen die CAP-Leute (combat air patrol, ein Präfix zur Kennzeichnung von Telegrammen des Weißen Hauses, die durch CIA-Kanäle laufen) geschickt werden sollten, die sie schon einmal angefordert hatten. Man war sich einig, daß den Franzosen jetzt offenbar sehr daran gelegen sei, daß man sie hinschicke und daß der CIA mit den Franzosen in Indochina die notwendigen Verhandlungen deswegen führen sollte.

11. Mr. Kyes meinte, wenn wir den dringenden Anforderungen der Franzosen nachkämen, müßten sie sich zu zwei Dingen verpflichten: erstens ein Höchstmaß an Zusammenarbeit in Ausbildung und Strategie und zweitens eine verstärkte Hinzuziehung General O'Daniels in jeder möglichen Beziehung. General Smith stimmte zu und war der Meinung, wir sollten General O'Daniels Stellung bei den Franzosen nicht nur in Indochina stärken, sondern auch auf höchster Ebene in Paris ...

12. Zusammenfassung der Maßnahmen hinsichtlich der französischen Forderungen.

Es wurde vereinbart:

a) 200 uniformierte Flugzeugmechaniker der amerikanischen Luftwaffe abzukommandieren, die als Verstärkung der MAAG in Indochina zugeteilt werden, jedoch nur unter der Voraussetzung zur Verfügung stehen, daß sie in Luftbasen eingesetzt werden, wo sie vor Gefangennahme sicher und keinen Kampfhandlungen ausgesetzt sind.

c) Die CAP-Leute zu schicken, wobei der CIA die nötigen Verhandlungen führt.

d) Kein »kleines lenkbares Luftschiff« zur Verfügung zu stellen.

e) General O'Daniels Rückkehr nach Washington abzuwarten, bevor eine Entscheidung über die anderen französischen Forderungen gefällt wird. Die Bemühungen, die Franzosen zu veranlassen, eine möglichst hohe Zahl von Mechanikern zu stellen, sollten fortgesetzt werden.

Es wurde ferner vereinbart, daß General Smith diese empfohlenen Maßnahmen mit dem Präsidenten klärt.

13. Der nächste Diskussionspunkt war der Status von General O'Daniel. Mr. Kyes sagte, General Trapnell, gegenwärtig Chef der MAAG, werde bei Ende seiner normalen Dienstzeit abgelöst. Als Nachfolger General Trapnells sei General Dabney vorgesehen, der im Begriff stehe, nach Indochina aufzubrechen. Admiral Radford wies darauf hin, daß man General O'Daniel ohne weitere Absprache mit der französischen Regierung zum Chef der MAAG machen könne. General Smith sagte, das gehe in Ordnung, sollte aber nicht geschehen, bevor General O'Daniels Position nicht genügend gestärkt sei. General Erskine wies darauf hin, daß die MAAG in Indochina nicht eine »Militär-Mission«, sondern nur eine Verwaltungsinstanz sei; ihre Aufgabe liege in der Beschaffung von Ausrüstung für das MDAP (Mutual Defense Assistance Program). Er vertrat die Ansicht, die MAAG solle zum Rang einer Mission erhoben werden, was für die Ausbildung vorteilhaft sein könne. Es wurde vereinbart, daß zuerst General O'Daniel zum Chef der MAAG ernannt werden und General Dabneys Abreise nach Indochina aus diesem Grunde aufgeschoben werden sollte. General Dabney sollte aber auf jeden Fall nach Indochina gehen, um General O'Daniel

darin zu unterstützen, das Kommando über die jetzigen MAAG-Funktionen zu übernehmen. Admiral Davis wurde gebeten, dafür zu sorgen, daß General Dabney nicht abreist, bevor ihm weitere Instruktionen gegeben worden sind.

20. Mr. Allen Dulles fragte, ob ein Offizier aus dem Bereich der »Unkonventionellen Kriegführung« – gedacht sei an Oberst Lansdale – nicht der Gruppe von fünf Verbindungsoffizieren zugeteilt werden könne, denen General Navarre zugestimmt hatte. Admiral Radford glaubte, das ließe sich machen, und auf alle Fälle könne Oberst Lansdale sofort der MAAG zugewiesen werden. Er frage sich aber, ob es nicht das Beste für Colonel Lansdale sei, General O'Daniels Rückkehr abzuwarten, bevor er nach Indochina gehe. Auf diese Weise könne Oberst Lansdale der Arbeitsgruppe bei der Überarbeitung der Unterlagen General Erskines behilflich sein. Damit war Mr. Allen Dulles einverstanden ...

Nr. 4 Bericht des Sonderausschusses über die kommunistische Bedrohung

Auszüge aus dem Memorandum für die Akten, 30. Januar 1954 über Südostasien. Teil I wurde nicht mit zur Verfügung gestellt.

VI. Schlußfolgerungen

A. Der Sonderausschuß ist der Meinung, daß diese Faktoren die Notwendigkeit unterstreichen, dafür zu sorgen, daß Indochina im nichtkommunistischen Machtbereich bleibt, und geht davon aus, daß die Niederlage der Vietminh entscheidend für die Beendigung der Ausbreitung des kommunistischen Einflusses in Südostasien sein wird.

B. Unabhängig vom Erfolg militärischer Operationen in Indochina und ohne die überwältigende strategische Bedeutung der Union-Staaten für die westliche Position in diesem Raum in irgendeiner Weise zu kompromittieren, sollten die USA, mit oder ohne ihre europäischen Verbündeten, alles unternehmen, damit sie einen handfesten Beweis für die westliche Stärke und Entschlossenheit liefern, den Kommunismus zu besiegen. Sie sollten demonstrieren, daß der Sieg am Ende der freien Welt gehört; und sie sollten die Solidarisierung der südostasiatischen Staaten mit diesen Zielen sicherstellen.

C. Daß um dieser Ziele willen die westliche Position in Indochina durch einen militärischen Sieg gewahrt und verbessert werden muß.

D. Die USA sollten, ohne im oben genannten Punkt C einen Kompromiß einzugehen, mit aller Vorsicht die übrigen Teile Südostasiens, einschließlich der Gebiete von Malakka, Burma, Thailand, Indonesien und den Philippinen stärken.

Empfohlene Maßnahmen

(Der Vertreter des Außenministeriums empfiehlt, die nachstehenden Absätze A und B als überflüssig zu streichen, da sie in anderen Dokumenten enthalten sind.)

A. Der Sonderausschuß möchte noch einmal die folgenden Empfehlungen bekräftigen, die enthalten sind in NSC 5405, dem Bericht des Sonderausschusses über die militärischen Operationen in Indochina und in dem unter Mitwirkung des Außenministeriums zustande gekommenen Positions-Papier des Sonderausschusses über die amerikanischen Maßnahmen und politischen Richtlinien hinsichtlich der Genfer Konferenz.

1. Die amerikanische Politik sei darauf gerichtet, sich mit nichts weniger als einem militärischen Sieg in Indochina zufriedenzugeben.

2. Für diesen Standpunkt müsse die französische Unterstützung gewonnen werden; sollte das mißlingen, werden die USA in Genf sich jeder Verhandlungslösung für Indochina aktiv widersetzen.

3. Die USA müssen, wenn sich Punkt 2, siehe oben, nicht erfüllen läßt, sofort Schritte bei den Regierungen der Union-Staaten einleiten mit dem Ziel, den Krieg in Indochina einschließlich aktiver amerikanischer Beteiligung und notfalls ohne französische Unterstützung fortzusetzen.

4. Unabhängig davon, ob es den USA gelingt, eine französische Unterstützung für die aktive amerikanische Beteiligung zu erreichen, wie sie in Punkt 3 oben gefordert wird, sollte jede Anstrengung unternommen werden, diese aktive Beteiligung in Übereinstimmung mit anderen interessierten Staaten herbeizuführen.

B. Der Sonderausschuß ist außerdem der Ansicht, daß, um den französischen Willen, die Operationen in Indochina fortzusetzen, augenfällig zu stärken, jeder nur mögliche politische und wirtschaftliche Druck auf Frankreich ausgeübt werden muß. Der Sonderausschuß weiß sehr wohl, daß solche Maßnahmen das gegenwärtige französische Kabinett gefährden, bei der französischen Bevölkerung unpopulär sein und als gefährlich für die gegenwärtige amerikanische Politik hinsichtlich der Europäischen Verteidigungsgemeinschaft angesehen werden dürften. Der Ausschuß ist trotzdem der Ansicht, daß die strategische Lage der freien Welt, nicht nur in Südostasien, sondern auch in Europa und Nahost die außergewöhnlichsten Anstrengungen erfordert, um eine kommunistische Herrschaft über Südostasien zu verhindern. Der Ausschuß meint, daß festes und entschlossenes Handeln in dieser Richtung jetzt sehr wohl der Schlüssel für die Lösung des gesamten Problems sein kann, vor das Frankreich die Gemeinschaft der Staaten in der freien Welt gestellt hat.

C. Um den höchsten Beitrag zur Stärkung der freien Welt in Südostasien zu leisten, sollten die USA, unabhängig vom Ausgang der gegenwärtig in Indochina in Gang befindlichen militärischen Operationen, mit aller Vorsicht zusätzlich zu den bereits in NSC 5405 und in Teil I des Sonderausschuß-Berichts aufgeführten Maßnahmen noch die folgenden Punkte berücksichtigen:

Politisch und militärisch:

1. Sicherstellen, daß vor einem Sieg, sei er durch erfolgreiche militärische Aktionen oder durch ein eindeutiges Nachgeben der Kommunisten nach einer Niederlage errungen worden, kein Waffenstillstand in Indochina geschlossen wird.

Zuständig: Außenministerium, CIA

2. Außerordentliche, sowohl einseitige als auch multinationale, Anstrengungen sollten unternommen werden, um in Südostasien die Vorstellung zu wecken, daß der kommunistische Imperialismus eine ungeheure Bedrohung für jeden südostasiatischen Staat ist. Diese Bemühungen sollten so in Szene gesetzt werden, daß sie als Initiative der betroffenen Staaten erscheinen und nicht identifiziert werden können als das Ergebnis einer Beeinflussung durch die USA, Großbritannien oder Frankreich.
Zuständig: USIA (United States Information Agency), Außenministerium, CIA
3. Es sollte amerikanische Politik sein, im Rahmen der UN-Charta eine Vereinbarung für die fernöstlichen Regionen zu treffen, die von den Hauptmächten Europas mit Interessen im pazifischen Raum gebilligt und unterschrieben wird.
a) Die vollständige Erarbeitung einer solchen Vereinbarung kann nur auf lange Sicht konzipiert werden; ihr sollten daher Entwicklungen aus Initiative der betroffenen Länder oder regionale wirtschaftliche und kulturelle Absprachen zwischen verschiedenen südostasiatischen Staaten und später Japan vorausgehen. Solche Absprachen könnten zu ähnlichen Formen führen wie denen in der OEEC (Organization for European Economic Cooperation).

Zuständig: Außenministerium, CIA, FOA (Foreign Operations Administration)

b) Auf der Grundlage solcher Absprachen sollten die USA intensiv, aber unauffällig versuchen, diese Absprachen zu gegenseitigen Verteidigungsvereinbarungen zu erweitern und zu diesem Zweck darauf vorbereitet sein, derartige Vereinbarungen durch militärische und wirtschaftliche Hilfe zu honorieren; ferner sollten sie ... (Rest nicht verfügbar)
D. Die oben angeführten Maßnahmen werden, unabhängig vom Ausgang militärischer Operationen in Indochina, als verbindlich angesehen.
1. Wenn Indochina gehalten wird, sind sie erforderlich, um in dem gesamten Raum Truppenverbände und Widerstand gegen den Kommunismus aufzubauen und zu mobilisieren.
2. Wenn Indochina verlorengeht, sind sie wichtige Teilschritte:
a) um die Ausbreitung kommunistischer Herrschaft in ganz Fernost so lange wie möglich zu verzögern, oder
b) in Verbindung mit Offensivmaßnahmen Indochina den Kommunisten wieder abzunehmen.
3. Sollte Indochina verlorengehen, so ist dem Sonderausschuß klar, daß bei dem Versuch, eine weitere Ausdehnung des Kommunismus in Fernost zu verhindern (was nur durch weitreichende militärische und politische Anstrengungen möglich ist), oder bei der Einleitung von Offensivmaßnahmen zur Rückeroberung und Wiederherstellung Indochinas (was einem Feldzug gleichkäme) eine amerikanische Unterstützung bei weitem jene Hilfsmittel übersteigen würde, die notwendig sind, um Indochina jetzt zu halten.
4. Darüber hinaus würde ein solches Unterfangen (angesichts des großen Rückschlags, den die gesamte amerikanische Politik durch den Verlust Indochinas erleiden würde) es dringend erforderlich machen, die asiatische Moral und das Vertrauen in die amerikanische Politik, die in diesem Raum dann einen nie gekannten Tiefstand erreicht haben werden, wiederherzustellen.

5. Jede dieser Aktionen würde das Risiko eines Krieges mit dem kommunistischen China und möglicherweise mit der Sowjetunion mehr erhöhen als eine rechtzeitige Präventiv-Maßnahme, die unter günstigeren Umständen und vor dem Verlust Indochinas ergriffen wird.

Nr. 5 Dillon-Telegramm an Dulles mit Bitte um Luftwaffenunterstützung bei Dien Bien Phu

Telegramm von Douglas Dillon, Botschafter der Vereinigten Staaten in Frankreich, an Außenminister John Foster Dulles vom 5. April 1954

DRINGEND. Ich wurde Sonntagabend um 11 Uhr angerufen und gebeten, sofort ins Matignon zu kommen, wo ein Teil des Kabinetts tagte. Bei meiner Ankunft empfing Bidault mich in Laniels Büro, und wenige Minuten später kam Laniel dazu. Sie erklärten, daß eine sofortige bewaffnete Intervention amerikanischer Trägerflugzeuge bei Dien Bien Phu erforderlich sei, um die Lage zu retten.
Navarre beschreibt die Lage dort als Zustand eines bedrohlichen Gleichgewichts, beide Seiten täten ihr möglichstes, um neue Kräfte zu sammeln – der Vietminh schafft seine letzten verfügbaren Verstärkungen heran, die jeder möglichen Entlastung der Franzosen durch Luftlandetruppen weit überlegen sind. Erneuter Angriff durch verstärkte Vietminh-Verbände vermutlich Mitte oder Ende der Woche. Wenn bis dahin keine Hilfe kommt, ist das Schicksal Dien Bien Phus wahrscheinlich besiegelt.
Ely brachte aus Washington die Nachricht mit, Radford habe ihm persönlich (wiederhole: persönlich) versichert, daß er, wenn die Lage in Dien Bien Phu Unterstützung durch US-Marineflugzeuge erfordere, sein möglichstes tun werde, um eine solche Hilfe von der US-Regierung zu erlangen. Aufgrund dieser Nachricht von Radford, wie sie Ely berichtet hat, bittet die französische Regierung jetzt um eine sofortige bewaffnete Intervention amerikanischer Trägerflugzeuge bei Dien Bien Phu. Navarre ist der Meinung, schon ein relativ geringer Aufwand könne das Blatt wenden, hofft aber natürlich auf soviel Hilfe wie möglich. Die Franzosen berichten, die chinesische Intervention in Indochina sei bereits voll im Gange, und zwar:
Erstens. Vierzehn technische Berater in Giaps Hauptquartier plus zahlreiche weitere auf Divisions-Ebene. Alle unter dem Kommando des rotchinesischen General Ly Chen-hou, der sich in Giaps Hauptquartier aufhält.
Zweitens. Besondere Telefonleitungen, verlegt, gewartet und bedient durch chinesisches Personal.
Drittens. Vierzig 37-mm-Flak-Geschütze mit Radarsteuerung in Dien Bien Phu. Die Geschütze werden von Chinesen bedient und stammen offensichtlich aus Korea. Diese Flak feuert jetzt durch die Wolken auf französische Flugzeuge.
Viertens. Eintausend Lastwagen mit Material, von denen seit dem 1. März 500 eingetroffen sind, alle von chinesischem Militär gefahren.
Fünftens. Beträchtliche Material-Unterstützung an Kanonen, Granaten usw., wie ja schon bekannt.
Bidault sagte, der französische Stabschef der Luftwaffe wünsche die USA zu in-

formieren, daß eine US-Luftintervention in Dien Bien Phu zu einem rotchinesischen Luftangriff auf Delta-Flugplätze führen könne.
Bidault schloß mit der Erklärung, daß das Schicksal Südostasiens, im Guten wie im Bösen, nun an Dien Bien Phu hänge. Er sagte, je nach Ausgang in Dien Bien Phu würde Genf gewonnen oder verloren werden. Dies sei der Grund für die französische Bitte um ein energisches Eingreifen unsererseits.
Dann betonte er die Notwendigkeit zur Eile in Erwartung eines neuerlichen Angriffs, mit dem vor Ende der Woche gerechnet wird. Er dankte den USA für die prompte Luftbrücken-Aktion für französische Fallschirmtruppen. Dann sagte er, er habe Dulles' Vorschläge für ein südostasiatisches Bündnis erhalten und werde im Laufe der Woche so schnell wie möglich antworten, da das Kabinett zur Zeit nicht vollzählig und darum auch nicht beschlußfähig sei.
Ein weiterer Punkt: Ich kam auf Norstads Sorge zu sprechen, daß Nachrichten über Luftbrücke (Telegramm Außenministerium 3470, 3. April) immer dann durchsickern könnten, wenn Flugzeuge zusammengezogen werden. Pleven wurde hereingerufen. Er äußerte sich außerordentlich besorgt darüber; wenn irgend etwas durchsickere, würde der Vietminh früher angreifen. Er sagte, das Unternehmen müsse unter allen Umständen als Übung getarnt werden, bis die Truppen zur Stelle sind. Er stellt sie so schnell wie möglich zusammen, und in einer Woche sind sie transportbereit. Bidault und Laniel drängten ihn, den Zeitpunkt hierfür möglichst früh anzusetzen. Er sagte zu, sein Äußerstes zu tun.

Nr. 6 Dulles-Telegramm, das Intervention untersagt

Telegramm von Minister Dulles an Botschafter Dillon in Paris, 5. April 1954.

Wie ich Ely in Anwesenheit Radfords persönlich erklärte, ist es den USA nicht (wiederhole: nicht) möglich, militärische Aktionen in Indochina ohne volle politische Verständigung mit Frankreich und anderen Ländern zu unternehmen. Außerdem wären Schritte im Kongreß erforderlich. Nach Rücksprache auf höchster Ebene muß ich diese Haltung bekräftigen. Wie in meinem 5175 ausgeführt, tun die USA alles, was möglich ist, um eine öffentliche, parlamentarische und verfassungsmäßige Basis für die gemeinsame Aktion in Indochina zu schaffen. Solche Aktion ist jedoch nur möglich auf einer Bündnis-Basis mit wirksamer Beteiligung des Britischen Commonwealth. Bis dahin sind die USA vorbereitet, wie schon erwiesen, alles bis an die Grenze von Kriegshandlungen zu tun ...

Nr. 7 Dillons Antwort über französische Reaktion

Telegramm von Botschafter Dillon an Minister Dulles, 5. April 1954.

Ich übergab die Nachricht, Telegramm Außenministerium 3482, Montagabend an Bidault. Er bat mich, dem Minister zu sagen, daß er den Standpunkt der US-Regierung gut verstehen könne und Ihre Antwort an Laniel weitergebe.
Er bat mich, noch einmal darauf hinzuweisen, daß leider keine Zeit mehr sei,

Bündnisvereinbarungen zu formulieren, da sich das Schicksal Indochinas in den nächsten zehn Tagen in Dien Bien Phu entscheide. Als ich ging, sagte er, auch wenn die Franzosen allein kämpfen müßten, würden sie nicht aufgeben und er bitte Gott, daß sie Erfolg haben mögen.

Nr. 8 Memorandum der Eisenhower–Dulles-Unterredung über den französischen Waffenstillstandsplan

Memorandum von Robert Cutler, Persönlicher Referent Präsident Dwight D. Eisenhowers, 7. Mai 1954.

Bei einer Besprechung im Büro des Präsidenten wurden heute morgen drei Themen mit Dulles diskutiert.
1. Ob der Präsident Absatz 1b der auf der Sitzung des Nationalen Sicherheitsrats 5/6/54 entworfenen Handlungskonzeption zustimmen soll, in der es um die beabsichtigte Antwort auf den Eden-Vorschlag geht. Der Außenminister meinte, der Text sei korrekt. Wilson und Radford zogen den für Smith bestimmten Entwurf der Antwort an Eden vor, der gestern von MacArthur und Captain Anderson vorbereitet und von den Vereinigten Stabschefs überarbeitet wurde: er schließt Thailand und die Philippinen in das Fünf-Mächte-Kommando (Five-Power-Staff-Agency) ein. Radford meint, daß die Kommandostelle (die bis jetzt in Südostasien nicht bekannt war) ihre eigentliche militärische Planung abgeschlossen hat; daß ihre Tätigkeit, sobald ihr Personalstand durch hohe Offiziere vergrößert wird, notwendigerweise in der Öffentlichkeit nicht unbekannt bleiben kann; daß darum auch einige südostasiatische Länder aufgenommen werden sollten. Er befürchtet, daß Edens Vorschlag eine absichtliche Verzögerung darstelle.
Der Präsident stimmte dem Text des Absatzes 1b zu, schlug aber vor, Smiths Antwort auf Edens Vorschlag sollte die folgenden Punkte klarstellen:
1. Das Fünf-Mächte-Kommando, ob allein oder in Verbindung mit anderen Nationen, ist für die Vereinigten Staaten kein befriedigender Ersatz für ein breites politisches Bündnis, das die zu verteidigenden südostasiatischen Länder einschließt.
2. Überprüfung des Fünf-Mächte-Kommandos ist zu akzeptieren, um zu sehen, auf welche Weise diese Staaten den südostasiatischen Ländern bei der Bemühung um eine koordinierte Verteidigung militärischen Beistand leisten können.
3. Die Vereinigten Staaten werden einer »Parteibildung des Weißen Mannes«, in der über die Probleme der südostasiatischen Staaten entschieden wird, nicht zustimmen.
Ich wurde angewiesen, Wilson und Radford von Obigem zu unterrichten, und habe es auch getan.
2. Der Präsident ging den Text der Rede durch, die Dulles heute abend hält, und machte ein paar Vorschläge und Änderungen. Er meinte außerdem, die Rede sollte ein paar leichtverständliche Slogans enthalten, wie zum Beispiel »Die USA beginnen nie einen Krieg«, »Die USA werden ohne Zustimmung des Kongresses keinen Krieg führen«, »Die USA versuchen, wie immer, kooperative Bemühungen zur Erhaltung des Friedens herbeizuführen.«

3. Hinsichtlich des Waffenstillstandsangebots, das Bidault dem französischen Kabinett vorgelegt hat, verlas ich folgende, hauptsächlich von den gestern nachmittag auf der Sitzung im Planungsstab vertretenen Offizieren geäußerte Ansichten:

1. USA sollten Bidault-Vorschlag nicht unterstützen.

2. Gründe für diese Haltung:

a) Schon allein die Tatsache eines Waffenstillstandsangebots auf der Genfer Konferenz würde den Kampfeswillen der französischen Streitkräfte lähmen und noch unentschlossene Beteiligte auf die Seite der Vietminh treiben.

b) Die Kommunisten würden sich den Waffenstillstandskontrollen heimlich entziehen.

3. Die USA sollten (als eine letzte Rettungsaktion für Indochina) Frankreich vorschlagen: wenn die folgenden fünf Bedingungen erfüllt würden, könnten die USA den Kongreß um Genehmigung bitten, mit Streitkräften zu intervenieren:

a) Garantie einer echten Unabhängigkeit für die Union-Staaten.

b) Die USA übernehmen Hauptverantwortung für die Ausbildung einheimischer Truppen.

c) Die USA haben teil an der Verantwortung für die militärische Planung.

d) Französische Streitkräfte führen den Kampf weiter und fordern keinen Ersatz durch US-Streitkräfte.

e) (Aktion unter UN-Gesichtspunkten?)

Dieses Angebot soll gleichzeitig den übrigen Mitgliedern der vorgesehenen Regionalgruppierung (Großbritannien, Australien, Neuseeland, Thailand, Union-Staaten, Philippinen) bekanntgemacht werden, um sie für eine Beteiligung zu gewinnen.

Daraufhin faßte ich die möglichen Einwände gegen eine Unterbreitung des oben genannten Vorschlags an die Franzosen zusammen:

a) Keine französische Regierung ist zur Zeit in der Lage, eine kontinuierliche Politik zu betreiben.

b) Es gibt kein Anzeichen dafür, daß Frankreich den Konflikt zu »internationalisieren« wünscht.

c) Der US-Vorschlag würde ohne die vorherige Zusage einer Regionalgruppierung südostasiatischer Staaten, eine Vorbedingung des Kongresses, gemacht werden; obgleich dieser Punkt dem Vorschlag als Bedingung hinzugefügt werden könnte.

d) In den Augen der Welt würden die USA die »französischen Kolonien gegen Kaution freibekommen«.

e) Die USA können es nicht allein auf sich nehmen, jede verfahrene Situation zu bereinigen.

Zum Schluß erklärte ich, einige Mitglieder des Planungsstabes waren der Meinung, man habe es den Franzosen nie klargemacht, daß die Vereinigten Staaten bereit seien, die Bewilligung durch den Kongreß einzuholen, wenn bestimmte fundamentale Vorbedingungen erfüllt würden; man habe diese Dinge nur flüchtig angedeutet, und die Annalen der Geschichte sollten hinsichtlich der amerikanischen Haltung eindeutig sein.

Es interessierte Dulles, die Ansichten des Präsidenten zu hören, weil er heute nachmittag mit Botschafter Bonnet spricht. Er ließ durchblicken, er werde diese

Dinge Bonnet gegenüber erwähnen und vielleicht einen deutlicheren Hinweis abgeben als bisher. Etwas Schriftliches wolle er Bonnet oder irgend jemand anderem nicht geben.
Der Präsident wies auf den von Gouverneur Stassen bei der Sicherheitsrats-Sitzung vom 29. April vorgelegten Plan hin, den er als nicht sorgfältig durchdacht bezeichnete. Er sagte, er habe sich seit langem bemüht, Frankreich zu einer »Internationalisierung« der Probleme zu bewegen; es sei jedoch nicht bereit dazu. Wenn man es zu diesem Zeitpunkt für ratsam halte, den Franzosen die wesentlichen Vorbedingungen dafür zu nennen, damit die USA den Kongreß um Zustimmung für eine Intervention bäten, dann sollte den Franzosen gleichzeitig die zusätzliche Bedingung klargemacht werden, daß die USA niemals aus eigener Initiative intervenieren würden, daß vielmehr eine Aufforderung der Kolonialvölker vorliegen und eine Art regionaler Gemeinschaftsaktion gewährleistet sein müsse.
Wenn ich recht verstanden habe, wird sich Dulles die Entscheidung vorbehalten, bis zu welchem Grade er dieser Linie gegenüber Botschafter Bonnet folgen möchte. Diese Diskussion dürfte Dulles Anhaltspunkte für die Antwort an Smith geben, der um eine US-Alternative zur Unterstützung des Bidault-Vorschlags gebeten hat. Eine eigentliche Entscheidung hinsichtlich der amerikanischen Haltung zum Waffenstillstandsangebot selbst wurde nicht herbeigeführt.

Nr. 9 Eisenhowers Weisungen für US-Gesandten bei Genfer Gesprächen

Telegramm von Außenminister Dulles an Staatssekretär Walter Bedell Smith, 12. Mai 1954.

Die folgenden grundsätzlichen Richtlinien, denen der Präsident zugestimmt hat und die die Ihnen bereits mündlich gegebenen Weisungen bestätigen, sollen für Sie als Chef der Delegation der Vereinigten Staaten bei Ihrer Teilnahme an den Indochina-Gesprächen der Genfer Konferenz maßgebend sein.
1. Die Anwesenheit eines Vertreters der Vereinigten Staaten auf der Genfer Konferenz über »das Problem der Wiederherstellung des Friedens in Indochina« stützt sich auf das Berliner Abkommen vom 18. Februar 1954. In diesem Abkommen haben die Vereinigten Staaten, Großbritannien, Frankreich und die UDSSR vereinbart, daß diese vier, dazu noch andere interessierte Staaten, am 26. April zu einer Konferenz nach Genf eingeladen werden sollten, »um eine friedliche Regelung der Korea-Frage zu erreichen«, und außerdem wurde vereinbart, daß »das Problem der Wiederherstellung des Friedens in Indochina« ebenfalls in Genf von den vier in Berlin vertretenen Mächten, dem kommunistischen China und anderen interessierten Staaten diskutiert werden sollte.
2. Sie werden mit den Delegierten der rotchinesischen Regierung oder irgendeines anderen von den Vereinigten Staaten noch nicht diplomatisch anerkannten Regimes nicht so verhandeln, daß eine politische Anerkennung impliziert oder daß einem solchen Regime ein anderer Status zugebilligt würde als der eines Regimes, das dazu zwingt, auf einer de facto-Basis zu verhandeln, um

eine Aggression oder die Drohung mit Aggression zu beenden und den Frieden zu sichern.

3. Die Stellung der Vereinigten Staaten in der Indochina-Phase der Genfer Konferenz ist die eines interessierten Staates, der jedoch weder als ein kriegführendes Land noch als ein Hauptbeteiligter an den Verhandlungen zu betrachten ist.

4. Die Vereinigten Staaten nehmen an der Indochina-Phase der Konferenz teil, um dadurch zu Entscheidungen beizutragen, die den Staaten dieses Gebietes dazu verhelfen, in den verdienten Genuß territorialer Unverletzbarkeit und politischer Unabhängigkeit unter stabilen und freien Regierungen zu kommen. Diesen Staaten sollte die Möglichkeit gegeben werden, ihre Wirtschaft auszubauen, ihre legitimen nationalen Ansprüche durchzusetzen und durch individuelle und gemeinsame Verteidigung gegen Angriffe von innen oder außen für Sicherheit zu sorgen. Das besagt, daß diese Völker nicht der imperialistischen Diktatur des kommunistischen Blocks unterworfen werden dürfen.

5. Die Vereinigten Staaten sind nicht bereit, ausdrücklich oder stillschweigend ihre Zustimmung zu einer Feuereinstellung, einem Waffenstillstand oder irgendeiner anderen Vereinbarung zu geben, die zu einem Sturz der bestehenden legitimen Regierungen der genannten Staaten oder zu einer ständigen Verletzung ihrer territorialen Integrität oder zu einer Gefährdung der Streitkräfte der Union-Staaten in Indochina oder zu einer sonstigen Verletzung der im oben aufgeführten Absatz 4 dargelegten Grundsätze führen würde.

6. Sie sollten, soweit es mit diesen Weisungen vereinbar ist, mit der Delegation Frankreichs und mit den Delegationen anderer befreundeter Teilnehmer an dieser Konferenz-Phase zusammenarbeiten.

7. Wenn Ihrer Meinung nach durch die weitere Teilnahme an der Indochina-Phase der Konferenz die Vereinigten Staaten aller Voraussicht nach an einem Resultat beteiligt werden, das zu ihrer Politik, wie oben dargelegt, in Widerspruch steht, sollten Sie sofort Ihre Regierung informieren und ihr empfehlen, sich entweder zurückzuziehen oder die Rolle der USA auf die eines Beobachters zu beschränken. Wenn die Situation sich dergestalt entwickelt, daß unter den gegenwärtigen Umständen Ihrer Meinung nach eine der beiden Maßnahmen erforderlich wird und Ihnen keine Zeit zu einer Konsultation Washingtons bleibt, können Sie nach eigenem Ermessen handeln.

8. Sie sind autorisiert, andere Delegationen in Genf von diesen Weisungen zu unterrichten.

Nr. 10 1954-Studie der Vereinigten Stabschefs über eine mögliche US-Intervention

Auszüge aus dem Memorandum von Admiral Arthur W. Radford, Vorsitzender der Vereinigten Stabschefs, an Verteidigungsminister Charles E. Wilson, 26. Mai 1954, über »Studien im Hinblick auf mögliche US-Maßnahmen in Indochina«.

1. Bezug auf das Memorandum des amtierenden Verteidigungsministers vom 18. Mai 1954, Betreff wie oben, in dem die Vereinigten Stabschefs gebeten

werden, gewisse Studien auszuarbeiten und Antworten auf bestimmte Fragen zur Diskussion mit dem amtierenden Verteidigungsminister am oder vor dem 24. Mai und zur Vorlage beim Nationalen Sicherheitsrat zu skizzieren.

2. a) Die von dem amtierenden Verteidigungsminister angeforderten Studien wurden nach den im Memorandum des Staatssekretärs, Nationaler Sicherheitsrat, vom 18. Mai 1954, Betreff wie oben, vorgeschriebenen Richtlinien ausgearbeitet. Dieses Memorandum geht davon aus, daß kein gleichzeitiges Engagement in Korea vorausgesetzt wird. Diese Voraussetzung könnte gänzlich unrealistisch sein und zu einem verfehlten Einsatz der verfügbaren Truppen führen. Die Vereinigten Stabschefs legen Wert auf folgende Feststellung: Ihrer Meinung nach und gemäß dem Standpunkt der Vereinigten Staaten gegenüber dem Fernen Osten als Ganzes ist *Indochina ohne entscheidende militärische Relevanz, und die Aufstellung von mehr als symbolischen US-Streitkäften in Indochina wäre eine bedenkliche Zersplitterung* der begrenzten amerikanischen Möglichkeiten. Die Hauptnachschubquellen des Vietminh liegen außerhalb Indochinas. Die Zerstörung oder Lahmlegung dieser Nachschubbasen in China selbst würden die militärischen Probleme Frankreichs in Indochina beträchtlich verringern.

b) Im Zusammenhang mit dem oben Gesagten ist leicht vorauszusehen, daß die Franzosen bei einer rotchinesischen Intervention in Indochina unverzüglich den sofortigen Einsatz von amerikanischen Bodentruppen und Luftstreitkräften, zusätzlichen Flottenverbänden und von erheblich mehr Waffen und Ausrüstung im Rahmen des gegenseitigen Beistandsabkommens verlangen würden. Die Vereinigten Stabschefs haben ihre Überzeugung ausgedrückt, daß die Bereitstellung von Seestreitkräften für den Indochinakonflikt – über einen schnellen Flugzeugträger-Kampfverband hinaus – und von der Lage entsprechenden Truppenverstärkungen – über die Haupteinsatzstaffeln der Luftwaffe in Indochina hinaus – zu einem Fehleinsatz von Streitkräften führen und die Bereitschaft, möglichen rotchinesischen Aggressionen in anderen fernöstlichen Gebieten entgegenzutreten, vermindern wird.

c) Angesichts des oben Gesagten ist es klar, daß die Verweigerung solcher zusätzlichen Streitkräfte für Indochina zu einem Bruch zwischen den Vereinigten Staaten und Frankreich führen könnte, es sei denn, sie wären durch einen anderen Einsatz in Anspruch genommen. So ist darauf hinzuweisen, daß die Vereinigten Stabschefs Pläne haben, teils genehmigt, teils erwogen, die einen Einsatz dieser Truppen außerhalb Indochinas vorsehen. Dessenungeachtet ist es wünschenswert zu wiederholen, daß dieser Spezialbericht sich mit nur den Fragen einer US-Intervention in Indochina befaßt.

Unter der Voraussetzung einer rotchinesischen Intervention

3. Strategisches Konzept und Operationsplan.

Durch die Vernichtung der kommunistischen Streitkräfte und ihres Nachschubs und durch Unterbindung weiterer rotchinesischer Angriffe Bedingungen zu schaffen, unter denen die Truppen der Union-Staaten die Verteidigung Indochinas übernehmen könnten. Zur Realisierung dieses Konzepts wären in der Hauptsache folgende Maßnahmen erforderlich:

a) Unter Einsatz sowohl von Atomwaffen, wann immer es vorteilhaft ist, als auch von konventionellen Waffen *Luftangriffe* gegen *ausgewählte militärische Ziele in Indochina, in China, Hainan* und auf von Kommunisten besetzten Inseln führen, die von diesen zur *direkten Unterstützung ihrer Operationen* benutzt werden oder die die Sicherheit der amerikanischen und verbündeten Streitkräfte in diesem Raum beeinträchtigen.

b) Gleichzeitig würden Truppen der Union-Staaten, verstärkt durch US-See- und Luftstreitkräfte, die aus den Luftoperationen möglicherweise resultierenden Erfolge durch eine koordinierte Aktion zu Lande, zu Wasser und in der Luft ausbauen, um die gegnerischen Truppen in Indochina zu vernichten.

c) Eine koordinierte Boden-, See- und Luftoperation durchführen, um die feindlichen Truppen in Indochina zu vernichten.

d) Entsprechend der sich daraus ergebenden Lage und auf Grund der Ergebnisse von Operationen, die gemäß Unterabsatz a und b, siehe oben, durchgeführt wurden, darauf vorbereitet sein, gegen Rotchina weitere Schritte zu unternehmen, um sein Kriegspotential zu schwächen, zum Beispiel:

(1) Zerstörung weiterer ausgewählter militärischer Objekte. Eine solche Aktion verlangt zusätzlich zu den Operationen mit konventionellen Waffensystemen eine ausgedehntere, aber höchst selektive atomare Offensive.

(2) Blockade der chinesischen Küste. Diese kann sofort allmählich fortschreitend eingeleitet werden.

(3) Einnahme oder Ausschaltung der Insel Hainan.

(4) Operationen gegen das chinesische Festland durch nationalchinesische Streitkräfte ...

Unter der Voraussetzung: keine rotchinesische Intervention

9. Strategische Konzeption und taktische Planung.

Durch Vernichtung der kommunistischen Streitkräfte in Indochina Bedingungen zu schaffen, unter denen die Streitkräfte der Union-Staaten die Verteidigung Indochinas übernehmen könnten. Zur Realisierung dieses Konzepts wären in der Hauptsache folgende Maßnahmen erforderlich:

a) *Luftoperationen* zur Unterstützung der verbündeten Bodentruppen in *Indochina durchführen.* Der Einsatz von Atomwaffen wird für den Fall erwogen, daß eine solche Maßnahme militärisch vorteilhaft erscheint.

b) Gleichzeitig würden Truppen der Union-Staaten, verstärkt durch Kampfeinheiten von den Philippinen und aus Thailand, gemeinsam mit US-See- und Luftstreitkräften eine koordinierte Boden-, See- und Luftoperation durchführen, um die feindlichen Streitkräfte in Indochina zu vernichten ...

Nr. 11 Telegramm von Dulles betreffend Verhandlungen in Genf über Wahlen in Vietnam

Telegramm von Minister Dulles an die Botschaft der Vereinigten Staaten in Paris mit Kopien an die Botschaften der Vereinigten Staaten in London und Saigon und an den Generalkonsul der Vereinigten Staaten in Genf, Staatssekretär Bedell Smith, 7. Juli 1954.

Wir sehen keinen echten Widerspruch zwischen Absatz 4 und 5 der amerikanisch-britischen Vereinbarungen. Wir sind uns natürlich darüber im klaren: auch ein Abkommen, das alle sieben Punkte zu berücksichtigen scheint, kann keine Garantie dafür geben, daß Indochina nicht eines Tages in kommunistische Hände gerät. Sieben Punkte sollen beste Chance dafür bieten, daß das nicht geschieht. Dies verlangt die Beachtung von Kriterien nicht nur dem Buchstaben, sondern auch dem Geiste nach. Darum ist es, da unzweifelhaft feststeht, daß Wahlen letztlich Vereinigung Vietnams unter Ho Chi Minh bedeuten können, um so wichtiger, sie so spät wie möglich nach einem Waffenstillstandsabkommen unter Bedingungen abzuhalten, die frei sind von Einschüchterungsversuchen, damit demokratische Kräfte die besten Chancen haben. Wir halten es für wichtig, daß jetzt noch kein Datum festgesetzt wird und daß insbesondere die Franzosen keine Bedingungen akzeptieren, die direkt oder indirekt zur Folge hätten, eine wirksame internationale Kontrolle des Abkommens, das sowohl politische wie militärische Garantien zusichern sollte, zu verhindern. Beachten Sie ferner Absatz 3 der gemeinsamen Erklärung von Präsident und Premierminister vom 29. Juni betreffend – Zitat – »Einheit durch freie Wahlen, überwacht durch die UN« – Zitatende.

Unsere Auffassung von Bereitschaft, ein Abkommen, das erreicht werden kann, zu – Zitat – »respektieren« – Zitatende, geht dahin, uns einer Vereinbarung, die mit den in Telegramm Außenministerium 4853 enthaltenen sieben Punkten übereinstimmt, nicht (wiederhole nicht) zu widersetzen. Das bedeutet natürlich nicht (wiederhole nicht), daß wir eine solche Vereinbarung garantieren oder daß wir sie unbedingt öffentlich unterstützen würden. Wir halten – Zitat – »respektieren« – Zitatende – für das geeignetste Wort, das uns unter den gegenwärtigen Umständen zu Gebote steht, um unsere Haltung hinsichtlich der von Frankreich auszuhandelnden Vereinbarungen gemäß den in Telegramm Außenministerium 4853 enthaltenen Richtlinien zum Ausdruck zu bringen. Zitat – »respektieren« – Zitatende – würde ferner bedeuten, daß wir weder direkt noch indirekt versuchen würden, das Abkommen mit Gewalt zu brechen. Sie können den Franzosen Obiges dem Sinn nach mitteilen.

Nr. 12 Haltung Rotchinas zu einer Neutralisierung Indochinas

Telegramm von Staatssekretär Bedell Smith in Genf an Minister Dulles, 18. Juli 1954.

Folgende uns von Topping von der Associated Press im voraus übergebene Eilbotschaft stellt offensichtlich den offiziellen rotchinesischen Standpunkt dar und wurde Topping überreicht, um uns von seinem Inhalt in Kenntnis zu setzen. Er beginnt:

ZITAT

Der kommunistische Block hat verlangt, daß die Vereinigten Staaten den Friedensplan zur Teilung Indochinas garantieren und sich an einem Abkommen, das ganze Land zu neutralisieren, beteiligen, so erklärte heute ein kompetenter rotchinesischer Informant.

Der Informant, der die Auffassung des rotchinesischen Premierministers Tschu En-lai wiedergibt, sagte, die Kommunisten hofften auf ein Abkommen über die Einstellung der Kampfhandlungen mit kommendem Dienstag als Stichtag, wenn die Westmächte einverstanden seien, »alle ausländischen Militärbasen von Indochina abzuziehen und die drei Mitgliedsstaaten aus jedem Militärblock herauszuhalten«.

Der Informant sagte, die Kommunisten forderten die Besiegelung der amerikanischen Zustimmung zum Waffenstillstandsabkommen – im Grundsatz von Großbritannien und Frankreich schon gebilligt –, das Vietnam zwischen dem Vietminh des kommunistischen Führers Ho Chi Minh und Bao Dais prowestlichem Regime teilt.

»Wir glauben, daß die USA als Teilnehmer an der Konferenz gehalten und verpflichtet sind, jede Vereinbarung zu unterschreiben und zu garantieren. Moralisch haben die USA keinen Grund, sich dieser Verpflichtung zu entziehen.«

Der Informant schloß jedoch die Chance einer Feuereinstellung in Indochina, auch wenn die USA sich weigern, dem Waffenstillstandsabkommen zuzustimmen, nicht (wiederhole nicht) aus.

Die Regierung Eisenhower habe Frankreich und Großbritannien erklärt, sie könnte ihren Plan für ein Indochina-Abkommen auf der Grundlage der Teilung Vietnams näher ins Auge fassen. Aber Washington habe klargemacht, daß es nicht (wiederhole nicht) bereit sei, offiziell einen Plan zu unterstützen, der gutheißen würde, daß Millionen Vietnamesen unter rote Herrschaft kämen.

Der kommunistische Informant sagte, bei den Genfer Friedensverhandlungen drehe es sich jetzt um die »entscheidende Frage«, ob die Westmächte tatsächlich zustimmen, Indochina zu neutralisieren.

»Die Weigerung, eine solche Garantie mitzuübernehmen«, so der Informant, »könnte ein endgültiges Abkommen ernsthaft gefährden. Über andere wichtige Punkte der Verhandlung stimmen wir ganz oder in etwa überein. Wir hoffen und glauben, daß die Zeit ausreicht, bis zum 20. Juli zu einer Übereinkunft zu kommen.«

Der französische Premierminister Pierre Mendès-France habe versprochen, mit seinem Kabinett zurückzutreten, wenn es ihm nicht gelinge, den blutigen achtjährigen Krieg bis nächsten Dienstag zu beenden. Der Sturz der französischen Regierung würde vermutlich für die Genfer Verhandlungen verhängnis-

voll sein. Der Informant erklärte, die amerikanischen Bemühungen, eine Südostasien-Pakt-Organisation (SEATO) ins Leben zu rufen, sei eine »Bedrohung jedes möglichen Indochina-Abkommens«.
»Erfolg oder Mißerfolg der Genfer Konferenz kann von der Haltung der amerikanischen Delegation in dieser Frage abhängen«, fügte er hinzu.
ZITATENDE
Das oben Zitierte erscheint mir äußerst bedeutsam, insbesondere angesichts der Tatsache, daß Eden gestern abend bei meinem Gespräch mit ihm Pessimismus äußerte, der, wie er sagte, jetzt zum erstenmal von Krishna Menon geteilt würde. Letzterer neige der Ansicht zu, wie ich selbst auch, Molotow wolle Mendès-France' Rücktritt erzwingen. Eden meinte, Molotow sei jetzt das schwierigste und unnachgiebigste Mitglied der kommunistischen Delegation geworden. Sie werden die offensichtliche Absicht bemerken, die Verantwortung für ein Scheitern der Genfer Konferenz und für einen Sturz der französischen Regierung, falls es dazu kommt, den USA in die Schuhe zu schieben.
Molotow dringt auf eine Sitzung heute nachmittag, deren Thematik die Franzosen und Engländer streng zu begrenzen versuchen, da sie über das, was auf sie zukommen könnte, besorgt sind. Wenn eine solche Sitzung abgehalten wird und Forderungen nach einer US-Beteiligung an jedwedem Abkommen erhoben werden, werde ich einfach sagen, daß die USA, falls eine vernünftige Vereinbarung zustande kommt, die die USA ›respektieren‹ könnten, wahrscheinlich eine einseitige Stellungnahme abgeben werden. Wenn die Frage nach einer Beteiligung von Laos, Kambodscha und Vietnam am Sicherheitspakt angeschnitten wird, werde ich erwidern, daß die Antwort vom Ergebnis der Konferenz abhänge.
Eden hat Molotow bereits erklärt, daß ein Sicherheitspakt unvermeidlich ist, daß er selbst sich vor einiger Zeit positiv dazu geäußert habe und von diesem Standpunkt nicht (wiederhole nicht) abgehen werde, aber er machte den Fehler zu sagen, daß eine Beteiligung von Laos und Kambodscha nicht erwogen worden sei.
Dieses letzte Gambit wird äußerst schwierig zu spielen sein, und ich sehe die Züge vorläufig noch nicht (wiederhole nicht) klar vor mir. Meine Überzeugung jedoch, die ich Ihnen gegenüber vor Ihrer Abreise zum Ausdruck brachte, daß nämlich Molotow mehr gewinnt durch einen Sturz der Regierung Mendès als durch ein Abkommen, ist stärker geworden.

Nr. 13 Einzelheiten über den chinesischen Informanten

Telegramm von Staatssekretär Bedell Smith in Genf an Minister Dulles, 19. Juli 1954.

Topping hat uns vertraulich folgende interne Information zu seiner Story über die Haltung der rotchinesischen Delegation gegeben.
Er erklärte, sein Informant sei Huang Hua, den er seit vielen Jahren kenne. Interview wurde auf Huangs Initiative kurzfristig vereinbart und in äußerst ernstem Ton ohne Propagandagerede geführt.
Topping sagte, er habe Huangs Erklärung vollständig in seiner Story wieder-

gegeben, während des Interviews aber noch eine Anzahl »visueller Eindrücke« gehabt. Als Huang von der Möglichkeit amerikanischer Basen in Indochina oder eines antikommunistischen Paktes in Südostasien sprach, wurde er sehr erregt, seine Hände zitterten, und sein sonst ausgezeichnetes Englisch verfiel, er war gezwungen, mit einem Dolmetscher zu arbeiten. Huang äußerte ebenfalls ernst und mit offensichtlicher Aufrichtigkeit, daß er glaube, ich sei nach Genf zurückgekehrt, um eine Vereinbarung zu verhindern. Topping vermutet, daß die chinesischen Kommunisten der Überzeugung sind, die Amerikaner hätten mit Frankreich bei den Pariser Gesprächen einen Handel gemacht, aufgrund dessen Mendès-France den Preis für eine Einigung erhöht habe.

Nr. 14 »Schlußerklärung« der Genfer Konferenz und US-Gewaltverzichtserklärung

Nachfolgend die Texte der von Frankreich und der Vietminh am Ende der Genfer Konferenz im Juli 1954 unterzeichneten »Schlußerklärung« und der von Staatssekretär Walter Bedell Smith auf der Schlußsitzung abgegebenen Erklärung zur Politik der Vereinigten Staaten. Die »Schlußerklärung«, ein auch von Frankreich und der Vietminh unterzeichnetes Abkommen, stellt die Genfer Vereinbarungen über Vietnam dar.

Die »Schlußerklärung«

SCHLUSSERKLÄRUNG, datiert vom 21. Juli 1954, der Genfer Konferenz zur Frage der Wiederherstellung des Friedens in Indochina, an der die Vertreter Kambodschas, der Demokratischen Republik Vietnam, Frankreichs, Laos', der Volksrepublik China, des Staates Vietnam, der Union der Sozialistischen Sowjetrepubliken, des Vereinigten Königreichs und der Vereinigten Staaten von Amerika teilnahmen.

1. Die Konferenz nimmt Kenntnis von den Abkommen, die den Kampfhandlungen in Kambodscha, Laos und Vietnam ein Ende setzen und die Einhaltung der Bestimmungen dieser Abkommen unter internationale Kontrolle und Überwachung stellen.

2. Mit Genugtuung vermerkt die Konferenz die Feuereinstellung in Kambodscha, Laos und Vietnam; sie spricht die Überzeugung aus, daß die Inkraftsetzung der in dieser Deklaration und in den Feuereinstellungsabkommen vorgesehenen Beschlüsse Kambodscha, Laos und Vietnam die Möglichkeit geben wird, von nun an in der friedlichen Gemeinschaft der Nationen ihre Rolle völlig unabhängig und souverän zu spielen.

3. Die Konferenz nimmt Kenntnis von den Erklärungen der Regierungen Kambodschas und Laos', daß sie Maßnahmen beabsichtigen, die allen Staatsbürgern die Möglichkeit geben werden, ihren Platz in der nationalen Gemeinschaft einzunehmen, namentlich durch Teilnahme an den demnächst stattfindenden allgemeinen Wahlen, die gemäß der Verfassung jedes dieser Staaten im Laufe des Jahres 1955 in geheimer Abstimmung und unter Beachtung der Grundfreiheiten zur Durchführung kommen werden.

4. Die Konferenz nimmt Kenntnis von den Bestimmungen des Abkommens

über die Feuereinstellung in Vietnam, nach denen es verboten ist, ausländische Truppen und ausländisches Militärpersonal sowie Waffen und Munition jeder Art nach Vietnam einzuführen. Weiter nimmt sie die Erklärungen der Regierungen von Laos und Kambodscha zur Kenntnis, sie seien entschlossen, Hilfe in Form von Material, Personal oder Instrukteuren nur im Interesse einer wirksamen Verteidigung ihres Landes in Anspruch zu nehmen, mit Bezug auf Laos aber im Rahmen dessen, was im Abkommen über die Feuereinstellung in Laos niedergelegt wurde.

5. Die Konferenz nimmt Kenntnis von den Bestimmungen des Abkommens über die Feuereinstellung in Vietnam, kraft deren keinerlei militärische Stützpunkte eines fremden Staates in den beiderseitigen Umgruppierungszonen angelegt werden dürfen; die beiden Parteien haben darauf zu achten, daß die ihnen angewiesenen Zonen an keinerlei Militärbündnis teilnehmen und nicht zur Wiederaufnahme der Kampfhandlungen oder zu Zwecken einer aggressiven Politik benutzt werden.

Ferner nimmt sie Kenntnis von den Erklärungen der Regierungen Kambodschas und Laos', kraft deren sie sich keinerlei Abkommen mit anderen Staaten anschließen werden, wenn dieses Abkommen die Verpflichtung zur Teilnahme an einem Militärbündnis enthält, das den Grundsätzen der Satzung der Vereinten Nationen bzw., was Laos betrifft, den Grundsätzen des Abkommens über die Feuereinstellung in Laos nicht entspricht; und daß sie, solange ihre Sicherheit nicht bedroht wird, keine Stützpunkte für die Streitkräfte fremder Staaten im Landesgebiet Kambodschas oder Laos' anlegen werden.

6. Die Konferenz konstatiert: das auf Vietnam bezügliche Abkommen hat hauptsächlich den Zweck, die militärischen Fragen so zu lösen, daß den Kampfhandlungen ein Ende gesetzt wird; *die militärische Demarkationslinie gilt nur vorübergehend und kann nicht als politische oder territoriale Grenze angesprochen werden.* Die Konferenz gibt der Überzeugung Ausdruck, daß die Ausführung der in dieser Deklaration und in dem Feuereinstellungsabkommen enthaltenen Bestimmungen die notwendigen Voraussetzungen für eine rasche politische Regelung in Vietnam schaffen wird.

7. Die Konferenz erklärt: im Hinblick auf Vietnam muß eine auf der Achtung für die Prinzipien der Unabhängigkeit, Einheit und territorialen Integrität fußende Regelung der politischen Probleme dem vietnamesischen Volk die Möglichkeit geben, von den Grundfreiheiten Gebrauch zu machen, die gewährleistet werden von den demokratischen Einrichtungen, zustande gekommen durch allgemeine, in geheimer Abstimmung durchgeführte Wahlen. Um zu erreichen, daß es mit der Herstellung des Friedens schnell genug vorwärtsgeht und daß alle notwendigen Bedingungen für eine freie nationale Willensäußerung geschaffen werden, sollen *im Laufe des Juli 1956* allgemeine Wahlen unter Kontrolle einer internationalen Kommission durchgeführt werden, bestehend aus Vertretern der Mitgliedstaaten der im Feuereinstellungsabkommen vorgesehenen internationalen Überwachungs- und Kontrollkommission. Hierüber werden die zuständigen repräsentativen Behörden der beiden Zonen ab 20. Juli 1955 beratschlagen.

8. Die Bestimmungen der Feuereinstellungsabkommen, die den garantierten Schutz von Personen und Eigentum bezwecken, sind aufs genaueste einzuhal-

ten; namentlich muß in Vietnam jedem die Möglichkeit geboten werden, sich die Zone frei zu wählen, in der er leben will.

9. Die zuständigen repräsentativen Behörden der nördlichen und der südlichen Zone Vietnams wie auch die Behörden von Laos und Kambodscha dürfen nicht zulassen, daß – einzeln oder in Gruppen – Personen bzw. ihre Angehörigen verfolgt werden, die während des Krieges in irgendeiner Form mit einer der kriegführenden Parteien zusammengearbeitet haben.

10. Die Konferenz nimmt Kenntnis von der Erklärung der Regierung der Französischen Republik, sie sei bereit, auf Ersuchen der interessierten Regierungen ihre Truppen aus dem Gebiet Kambodschas, Laos' und Vietnams zurückzuziehen in Fristen, die im Einvernehmen beider Parteien festgelegt werden, mit Ausnahme der Fälle, wo auf Vereinbarung der beiden Parteien eine gewisse Anzahl französischer Truppen an bestimmten Stellen und für bestimmte Zeit belassen werden kann.

11. Die Konferenz nimmt Kenntnis von der Erklärung der französischen Regierung, sie werde bei der Regelung aller mit der Wiederherstellung und Festigung des Friedens in Kambodscha, Laos und Vietnam zusammenhängenden Probleme auf die Respektierung der Unabhängigkeit und Souveränität, der Einheit und territorialen Integrität Kambodschas, Laos' und Vietnams basieren.

12. In seinen Beziehungen zu Kambodscha, Laos und Vietnam verpflichtet sich jeder Teilnehmer der Genfer Konferenz, die Souveränität, Unabhängigkeit, Einheit und territoriale Integrität der genannten Staaten zu achten und jedwede Einmischung in ihre internen Angelegenheiten zu unterlassen.

13. Die Konferenzteilnehmer kommen überein, über jede beliebige Frage, die ihnen von den internationalen Überwachungs- und Kontrollkommissionen unterbreitet wird, miteinander zu beraten, um Maßnahmen zu erörtern, die sich als notwendig erweisen können, um die Einhaltung der Abkommen über die Feuereinstellung in Kambodscha, Laos und Vietnam zu gewährleisten.

Einschränkende Sondererklärung der USA

Der amerikanische Delegierte und Unterstaatssekretär Walter Bedell Smith gab in der Schlußsitzung folgende Sondererklärung ab:

»Wie ich bereits am 18. Juli feststellte, ist meine Regierung nicht bereit, eine Erklärung zu unterschreiben, wie sie der Konferenz vorliegt. Die Vereinigten Staaten geben jedoch folgende einseitige Deklaration über ihre Stellungnahme in dieser Angelegenheit ab:

Die Regierung der Vereinigten Staaten, entschlossen, ihre Bemühungen der Stärkung des Friedens in Übereinstimmung mit den Grundsätzen und Zwecken der Vereinten Nationen zu widmen;

nimmt Kenntnis von den Abkommen, die in Genf am 20. und 21. Juli 1954 abgeschlossen wurden und zwar a) zwischen dem französisch-laotischen Kommando und dem Kommando der Volksarmee von Vietnam (Vietminh), b) zwischen dem Kommando der Königlichen Khmer (Kambodscha)-Armee und dem Kommando der Volksarmee von Vietnam, c) zwischen dem französisch-vietnamesischen Kommando und dem Kommando der Volksarmee von Vietnam, sowie von den §§ 1 bis 12 einschließlich der Erklärung der Genfer

Konferenz vom 21. Juli 1954 (siehe Wortlaut vorstehender Absatz) (die USA-Regierung nimmt somit von § 13 dieser Erklärung keine Kenntnis);
erklärt in Hinblick auf die vorgenannten Abkommen und Paragraphen, daß 1. sie sich jeder Drohung mit oder des Gebrauchs von Gewalt zu deren Störung enthalten wird, und zwar in Übereinstimmung mit Artikel 2. § 4 der Satzung der Vereinten Nationen (Wortlaut: 289 C), handelnd von der Verpflichtung der Mitglieder, sich bei ihren internationalen Beziehungen der Drohung mit oder des Gebrauchs von Gewalt zu enthalten, (II) daß sie jede Erneuerung der Aggression in Verletzung der vorgenannten Abkommen mit schwerer Besorgnis und als ernste Bedrohung des internationalen Friedens und der Sicherheit betrachten würde.
Im Zusammenhang mit der Feststellung der Erklärung bezüglich freier Wahlen in Vietnam wünscht meine Regierung ihre Stellungnahme klarzumachen, die sie in einer Deklaration zum Ausdruck brachte, die in Washington am 29. Juni 1954 wie folgt abgegeben wurde:
›In den Fällen, da Nationen gegen ihren Willen geteilt sind, werden wir damit fortfahren, ihre Einigungsbestrebungen zu unterstützen durch freie Wahlen unter Aufsicht der UNO, um zu gewährleisten, daß sie fair abgehalten werden.‹
Mit Bezugnahme auf die Erklärung, die vom Vertreter des Staates Vietnam abgegeben wurde, wiederholen die Vereinigten Staaten ihre traditionelle Überzeugung, daß Völker berechtigt sind, ihre eigene Zukunft zu bestimmen, und daß die Vereinigten Staaten sich an keinem Arrangement beteiligen werden, das sie daran hindern würde. Nichts in der eben abgegebenen Erklärung der Vereinigten Staaten beabsichtigt oder deutet an, daß von dieser traditionellen Überzeugung irgendwie abgegangen wird.
Sie teilen die Hoffnung, daß die Abkommen es Kambodscha, Laos und Vietnam ermöglichen werden, ihre Rolle in der friedlichen Gemeinschaft der Nationen bei voller Unabhängigkeit und Souveränität zu spielen, und es den Völkern dieses Gebiets ermöglichen werden, ihre eigene Zukunft zu bestimmen.«

Nr. 15 Bericht der Gruppe Lansdale über geheime Saigoner Mission 1954 und 1955

Nachfolgend Auszüge aus dem Bericht der Saigoner Militärmission, einer amerikanischen Gruppe unter Führung von Edward G. Lansdale, über ihre Tätigkeit während des Zeitabschnitts 1954/55. Der Bericht ist der Pentagon-Studie über den Vietnamkrieg beigefügt, die ihn ohne Angabe von Autor oder Datum zitiert. Die Auszüge sind wörtlich wiedergegeben, nur eindeutige Druckfehler wurden korrigiert.

1. *Vorwort*

... Dies ist der zusammengedrängte Bericht über die einjährige Tätigkeit einer Kampfgruppe des ›Kalten Krieges‹, Stück für Stück von der Gruppe selbst an der Front in den Augenblicken geschrieben, in denen es etwas Luft gab. Die Gruppe ist als Saigoner Militärmission bekannt. Das Einsatzgebiet ist Vietnam.

Es gibt noch weitere Gruppen in dem Gebiet, amerikanische, französische, britische, chinesische, vietnamesische und andere. Jede hat ihre eigene Geschichte zu erzählen. Dies ist die unsere.

Die Saigoner Militärmission nahm am 1. Juni 1954 ihre Tätigkeit in Vietnam auf, als ihr Chef dort eintraf. Dies ist jedoch die Geschichte einer Gruppe, und erst im August 1954 waren so viele Mitglieder beisammen, daß man von einer Gruppe sprechen konnte. Es handelt sich hauptsächlich um einen Bericht über das erste Jahr der Gruppe, von August 1954 bis August 1955.

Es war in vieler Hinsicht bis zum Schluß ein enttäuschendes und verwirrendes Jahr. Die am 21. Juli 1954 unterzeichneten Genfer Vereinbarungen erlegten allen amerikanischen Beamten Beschränkungen auf, auch der Saigoner Militärmission. Ein aktiver und intelligenter Gegner nutzte die Rechtslage voll aus, um die Bildung seiner südlich des 17. Breitengrades »zurückbleibenden« Organisationen unangreifbar zu machen. Das Wirtschafts- und Verkehrssystem des Landes war durch den achtjährigen offenen Krieg ruiniert. Die Regierung, die Armee und andere Sicherheitskräfte erlebten einen schmerzlichen Übergangsprozeß von der Kolonial- zur Selbstverwaltung; es wurde ein Jahr hektischer Ereignisse. Interne Probleme nahmen schnell solche Ausmaße an, daß zu ihrer Lösung oft der bewaffnete Konflikt gesucht wurde. In einer dichten Atmosphäre von Verdächtigungen, Haß und Eifersucht wurde der eigentliche Feind häufig aus den Augen verloren.

Die Saigoner Militärmission erlitt bei ihrer Arbeit, der Regierung zu helfen, sich zu stabilisieren und den Genfer Zeitplan für die kommunistische Besetzung des Nordens zu unterlaufen, zwar einige Rückschläge durch die Verbündeten und den Gegner, trotzdem haben wir den Zeitplan zunichte machen können. Die Regierung stabilisierte sich. Die freien Vietnamesen einigen sich jetzt mehr und mehr und lernen, wie sie mit dem kommunistischen Gegner fertig werden können. Wir sind dankbar, daß wir eine Chance hatten, uns in einem gefährdeten Teil der Welt betätigen und in einem Jahr der Ungewißheit positiv und konstruktiv wirken zu können.

II. *Der Auftrag*

Die Saigoner Militärmission (SMM) wurde Anfang 1954, als Dien Bien Phu noch gegen den Belagerungsring des Vietminh aushielt, während einer politischen Besprechung in Washington geboren. Die SMM sollte heimlich nach Vietnam gehen und den Vietnamesen, weniger den Franzosen, bei der unkonventionellen Kriegführung helfen. Die Franzosen sollten bei diesem Unternehmen soweit wie möglich als befreundete Verbündete behandelt werden.

Die Gruppe hatte den weitgesteckten Auftrag, paramilitärische Operationen gegen den Feind durchzuführen und politisch-psychologische Kriegführung zu betreiben. Später, nach Genf, wurde der Auftrag dahin gehend geändert, das Gewicht nicht so sehr auf eine unkonventionelle Kriegführung zu legen, als vielmehr die Voraussetzungen zur Durchführung paramilitärischer Operationen in kommunistischem Gebiet zu schaffen ...

a) Frühzeit

Die Saigoner Militärmission (SMM) begann am 1. Juni 1954, als ihr Chef, Oberst Edward G. Lansdale, US-Luftwaffe, mit einer kleinen Kiste voll Akten und Garderobe und einer geborgten Schreibmaschine durch hilfreiche Unterstützung eines S(trategic)-A(ir)-16-Fluges der 13. Air Force im Luftstützpunkt Clark in Saigon eintraf. Generalleutnant John O'Daniel und Geschäftsträger der Botschaft Rob McClintock hatten seine Ernennung zum Luftwaffenattaché vorbereitet, da es zu jener Zeit unzulässig war, daß Offiziere der MAAG Beratergespräche mit vietnamesischen Offizieren führten. Botschafter Heath hatte sich bereits einverstanden erklärt. Es gab weder einen Büroraum, noch ein Fahrzeug, noch einen Aktenschrank. Er teilte das Zimmer mit General O'Daniel, der später in ein kleines, von der MAAG gemietetes Haus umzog. Geheimverbindungen mit Washington liefen über das Saigoner CIA-Büro.

Die Stimmung in Vietnam wurde immer gedrückter. Dien Bien Phu war gefallen. Die Franzosen kapitulierten in Genf vor dem Vietminh. In unserer ersten Nacht in Saigon sprengten Vietminh-Saboteure große Munitionslager am Flughafen; die Detonationen erschütterten Saigon die ganze Nacht hindurch. General O'Daniel und Geschäftsträger McClintock waren sich einig, daß es Zeit sei, etwas zu unternehmen. O'Daniel ebnete alle Wege für eine rasche persönliche Überprüfung der Lage im ganzen Land. McClintock leitete Kontakte mit führenden vietnamesischen Politikern ein. Der Ruf unseres Chefs war ihm von den Philippinen vorausgeeilt. Rasch waren Hunderte von Verbindungen zu den Vietnamesen geknüpft.

In enger Zusammenarbeit mit George Hellyer, Chef des amerikanischen Informationsdienstes, wurde für die vietnamesische Armee und gegen die Regierung in Hanoi ein neuer Plan zur psychologischen Kriegführung ersonnen. Anschließend wurden die vietnamesischen Einheiten in aller Eile durch einen Auffrischungskurs in Psychokrieg geschleust. Ein ähnlicher Kurs wurde für das Informationsministerium eingerichtet. Die Taktik wurde durch Gerüchte-Kampagnen ergänzt, die in Hanoi erprobt wurden. Fast war es schon zu spät.

Die erste Gerüchte-Kampagne sollte der behutsam lancierte Bericht über ein rotchinesisches Regiment in Tonking sein, das gegen ein Dorf des Vietminh Repressalien ergriffen und die Dorfmädchen vergewaltigt hatte. Damit würde die Erinnerung an das Verhalten nationalchinesischer Truppen im Jahre 1945 wachgerufen und die vietnamesische Furcht vor chinesischer Besetzung unter einer Vietminh-Herrschaft genährt werden. Die Story sollte von den in Zivil gekleideten Soldaten der vietnamesischen Psychokrieg-Kompanie in Hanoi ausgestreut werden. Die Truppen bekamen unauffällig ihre Anweisungen, zogen Zivil an, brachen zu ihrem Auftrag auf und kehrten nicht zurück ... Sie desertierten zum Vietminh. Wochen später erzählten Einwohner von Tonking eine aufwühlende Geschichte von dem üblen Verhalten der chinesischen Divisionen auf Vietminh-Territorium. Nachforschungen ergaben, daß es sich um die alte Gerüchte-Kampagne mit vietnamesischen Ausschmückungen handelte.

Politisch herrschte ein Chaos. Prinz Buu Loc war nicht mehr Regierungschef.

Die Ministerien schlossen fast alle. Die weniger bedächtigen Führer politischer Gruppen drängten auf eine Revolution und bewaffnete Angriffe gegen die Franzosen. Oberst Jean Carbonel von der französischen Armee machte den Vorschlag, nahe der chinesischen Grenze ein Regime mit ihm bekannten Vietnamesen (Nungs und anderen) zu errichten, und bat uns um Unterstützung. Unsere Antwort war, dies sei eine politische Entscheidung, die zwischen der Kommandospitze des französischen Expeditionskorps und den US-Behörden verhandelt werden müsse.

Oscar Arellano, Vizepräsident der Junior Chamber International für Südostasien, kam auf einen kurzen Besuch zu unserem Chef; aus einer während dieses Besuchs entwickelten Idee wurde später das »Unternehmen Brüderlichkeit«.

Am 1. Juli traf Major Lucien Conein als zweites Mitglied der Gruppe ein. Er ist Spezialist für paramilitärische Kriegführung und den Franzosen wohlbekannt dank seiner Hilfe für die französisch geführte Widerstandsbewegung gegen die Japaner in Tonking 1945; der einzige amerikanische Guerilla-Kämpfer, der kein Mitglied der Patti Mission war. Er wurde der MAAG für Untergrundaufgaben zugeteilt. Oberstleutnant William Rosson arrangierte eine Zusammenkunft mit Oberst Carbonel, Oberst Nguyen Van Vy und den beiden Offizieren der SMM; Vy hatte 1945 unter Conein seine ersten Kämpfe mitgemacht. Carbonel schlug vor, eine Widerstandsgruppe aufzubauen, die jedoch das Geheimnis der vier Offiziere bleiben sollte. SMM lehnte ab und erfuhr später, daß Carbonal das Deuxième Bureau des Französischen Expeditionskorps informiert hatte. Kurz danach hatte unser Chef bei einer Verteidigungskonferenz mit General O'Daniel Gelegenheit, den Vorschlag zu machen, Vy mit einem Kommando im Norden einzusetzen und ihn zum General zu ernennen. Verteidigungsminister Le Ngoc Chan tat es, Vy war und blieb dankbar dafür.

Am 7. Juli traf Ngo Dinh Diem ein und war Stunden später voller Verzweiflung, weil die französischen Truppen sich aus den katholischen Provinzen Phat Diem und Nam Dinh in Tonking zurückzogen. Katholische Miliz marschierte aufgebracht über die französische Preisgabe nach Hanoi und Haiphong. Die beiden SMM-Offiziere verhinderten einen Handgranatenanschlag durch weibliche Miliz auf ein französisches Wachkommando vor einem Warenhaus; die Mädchen behaupteten, sie hätten seit drei Tagen nichts gegessen. Es wurde dafür gesorgt, daß chinesische Händler aus Haiphong ihnen etwas zu essen gaben. Auch andere Miliz-Angriffe wurden gestoppt, unter anderem gegen eine zurückweichende französische Artillerieeinheit; die Miliz wollte die Geschütze haben, um die Stellung zu halten und gegen den Vietminh zu kämpfen. Die Bevölkerung in Tonking setzte ihre Hoffnung auf die amerikanische Freundschaft und befolgte, was man ihnen riet. Gouverneur (Name unleserlich) starb, angeblich durch Gift. Mit Zuspitzung der Lage kam es in Tonking zu einem Regierungswechsel. Am 21. Juli wurde das Genfer Abkommen unterzeichnet. Tonking wurde den Kommunisten überlassen. Antikommunisten wandten sich an die SMM und baten um Hilfe bei der Organisation einer Widerstandsbewegung. Versuchsweise wurden verschiedene Maßnahmen eingeleitet.

Diems Enttäuschung erreichte ihren Höhepunkt, als sein Land durch die Konferenz der ausländischen Mächte gespalten wurde. Mit Zustimmung von Botschafter Heath und General O'Daniel arbeitete unser Chef einen Plan für eine umfassende Regierungsaktion aus und legte ihn Diem vor, wobei Hellyer dolmetschte. Der Plan verlangte schnelles konstruktives Handeln und eine energische Führung. Obgleich er nicht akzeptiert wurde, legte er den Grundstein für eine dauerhafte Freundschaft.

Oscar Arellano besuchte erneut Saigon. Major Charles T. R. Bohanan, früherer Mannschaftskamerad aus philippinischer Zeit, war in der Stadt. Auf einer SMM-Konferenz mit diesen beiden wurde das »Unternehmen Brüderlichkeit« geboren: freiwillige Sanitätsgruppe der Freien Asiaten zur Unterstützung der Freien Vietnamesen, die wenig eigene Ärzte haben. Washington begrüßte den Vorschlag wärmstens. Präsident Diem wurde aufgesucht. Er erließ einen Hilfeaufruf an die freie Welt. Die Junior Chamber International griff die Idee auf. SMM würde das Unternehmen aus dem Hintergrund unauffällig überwachen.

Präsident Diem hatte einen Ministerausschuß gegründet, der das Problem der Flüchtlinge aus dem kommunistischen Norden bearbeiten sollte. Der Ausschuß war ein Fehlschlag. Weder Franzosen noch Amerikaner hatten präzise Pläne ausgearbeitet. Nach einer Konferenz mit Beamten der US-Operations Mission USOM (FOA) und General O'Daniel schlug unser Chef Botschafter Heath vor, er möchte eine US-Besprechung veranlassen, auf der ein einziges vietnamesisches Amt unter einem von Präsident Diem ernannten Flüchtlingskommissar geplant werden sollte. Dieser hätte das vietnamesische Flüchtlingsprogramm abzuwickeln und für einen Kanal zu sorgen, durch den die von Amerika, Frankreich und anderen freien Nationen geleistete Hilfe fließen könnte. Die Besprechung wurde anberaumt und der Plan angenommen; die MAAG unter General O'Daniel übernahm die Koordinierungsaufgaben. Auch Diem nahm den Plan an. Die Franzosen legten sich begeistert ins Zeug, um zu helfen. Die Civil Air Transport bat SMM mit Erfolg um die Vermittlung eines französischen Vertrages für die Flüchtlingsluftbrücke. Dafür stellte die Civil Air Transport der SMM eine geheime Luftverbindung zwischen dem Norden und Saigon zur Verfügung.

b) August 1954

Man war übereingekommen, daß die Höchstzahl des amerikanischen Militärpersonals in der MAAG auf den Stand vom Tage der Waffenruhe eingefroren werden sollte; so sah es das Genfer Abkommen vor. In Süd-Vietnam sollte der 11. August der Stichtag sein. Demnach würde die Saigoner Militärmission nur zwei Leute zur Verfügung haben, wenn sich nicht bald etwas änderte. General O'Daniel war damit einverstanden, die SMM, gedeckt durch die MAAG, um 10 Mitglieder und die Männer von der Abwehrfront, die vor dem Stichtag eintrafen, zu verstärken. Ein Hilfeersuchen ging hinaus. Zehn Offiziere aus Korea, Japan, Okinawa wurden ausgesucht und eilten nach Vietnam.

SMM hatte ein einziges kleines MAAG-Haus. Verhandlungen um weitere Unterkünfte wurden geführt, aber die neuen Mitglieder der Gruppe kamen, bevor diese bereitstanden, und wurden während der ersten Tage zu dritt und viert in ein Hotelzimmer gepfercht. Besprechungen wurden abgehalten, um die Fähigkeiten der neuen Mitglieder zu prüfen. Niemand war erfahren in politisch-psychologischer Kriegführung. Die meisten hatten Erfahrung in para-

militärischen und Geheimdienst-Aktionen. Rasch wurden Pläne entworfen, denn die Zeit drängte vor allem für den Norden; der Vietminh war bereits dabei, eine geheime Kontrolle über Hanoi und andere noch von französischen Truppen gehaltene Gebiete Tonkings auszuüben.
Major Conein wurde die Verantwortung für die Bildung einer paramilitärischen Organisationen übertragen, die bei einer Besetzung durch den Vietminh stehen mußte ... (Sein) ... Team wurde sofort nach Norden in Marsch gesetzt, und zwar als Teil des MAAG-Stabes, der mit dem Flüchtlingsproblem zu tun hatte. Die Gruppe hatte ihr Hauptquartier in Hanoi und eine Zweigstelle in Haiphong. Zu ihren Geheimaufgaben gehörte die Überwachung des Flüchtlingsstroms zu der von den Franzosen organisierten Luftbrücke aus Hanoi. Eines Tages, als eine C-46 der Civil Air Transport schon alle Flüchtlinge an Bord hatte, sahen sie noch ein kleines Kind unter der Einstiegluke auf dem Flugplatz stehen. Sie riefen dem Piloten zu, er solle warten, hoben das Kind auf und schoben es in die Maschine, die gleich darauf an den Start rollte und zu ihrem Dauer-Pendelverkehr abhob. Ein Vietnamese und eine Vietnamesin rannten daraufhin zu der Gruppe und fragten, was man mit ihrem Jungen gemacht hätte, der nur hergekommen sei, um seinen Verwandten auf Wiedersehen zu sagen. Das bestürzte Team versuchte zu erklären und überredete die Eltern schließlich, gleichfalls nach Süden in das Freie Vietnam zu gehen, und schickte sie mit der nächsten Maschine ihrem Sohn hinterher nach Saigon ...
Um zu erkunden, ob man von Einsatzbasen im Süden aus den Widerstand gegen den Vietminh organisieren könne, wurde eine zweite paramilitärische Gruppe gebildet. Diese bestand aus Oberstleutnant Raymond Wittmayer, Major Fred Allen und Leutnant Edward Williams, alle drei vom Heer. Letzterer war unser einziger Offizier mit Erfahrung in Gegenspionage. Er wurde für zwei verschiedene Aufgaben eingesetzt, unter anderem arbeitete er mit revolutionären politischen Gruppen zusammen. Major Allen schließlich konnte in Tonking vom Süden her eine vietnamesische paramilitärische Bewegeung einfach dadurch in Gang setzen, daß er mit seinen für ihre Aufgabe ausgebildeten und ausgerüsteten Trupps nach Haiphong eindrang und die von dem Vietminh angeordnete Arbeitsstillegung durchbrach.
Leutnant Edward Bain und Captain Richard Smith von der Marine wurden zur Unterstützung der SMM abgestellt. Tatsächlich ist die Unterstützung eines Unternehmens wie der SMM eine wichtige Aufgabe, die von der Ausübung der üblichen Verwaltungs- und Personalfunktionen bis zu dem schwierigen Geschäft der Herbeischaffung – zu Wasser, zu Lande und in der Luft – von paramilitärischem Material reicht. In der Tat wurden sie unsere »offiziellen« Schmuggler, Zahlmeister, Quartiermeister, Transportoffiziere, Lageraufseher, Schreiber und Messeoffiziere. Ihre Arbeit war so groß, daß andere Gruppenmitglieder oft einspringen und helfen mußten.

c) September 1954

Hohe Beamte aus Washington besuchten Saigon und deuteten in Privatunterhaltungen an, neuere Analysen hätten ergeben, daß Vietnam wahrscheinlich als verloren abgeschrieben werden müsse. Wir gaben zwar zu, die Aussichten seien düster, wären aber überzeugt, daß der Kampf noch nicht entschieden sei.
Am 8. September suchten Offiziere der SMM Verteidigungsminister Chan auf

und trafen auf eine gespannte Situation in seinem Büro. Chan hatte gerade Oberstleutnant Lan (G-6 der vietnamesischen Armee) und Hauptmann Giai (G-5 der Armee) verhaftet. Bewaffnete Posten füllten den Raum. Man erzählte uns, was geschehen war, und der Minister und die Offiziere versicherten uns, es sei alles in Ordnung. Später stellten wir fest, daß Chan allein war und daß die Posten zu Oberleutnant Lans Kommando gehörten. Lan wurde politischer Terror (durch seine »Aktions«-Trupps) und Giai Propaganda gegen Diem (durch G-5-Druckschriften, Verleumdungen und Rundfunksendungen) vorgeworfen.
Die Verhaftung von Lan und Giai, die sich rundweg weigerten, sich als verhaftet zu betrachten, sowie von Leutnant Minh, dem verantwortlichen Offizier für die von Truppen bewachte Rundfunkstation der Armee brachte einen von Heeresstabschef General Hinh angezettelten Putsch zum Sturz der Regierung ans Licht. Hinh hatte seinen amerikanischen Freunden einen solchen Putsch angedeutet, indem er einen Hinweis in einem silbernen Zigarettenetui versteckte, das Ägyptens General Nagib ihm geschenkt hatte. Auf Grund der engen Verbindung unseres Chefs sowohl zu Präsident Diem als auch zu General Hinh wurde die SMM in die nun folgende schwere Auseinandersetzung hineingezogen. Lansdale hatte Hinh 1952 auf den Philippinen kennengelernt und war sowohl mit seiner Frau als auch mit seiner Lieblingsmätresse befreundet. (In Saigon war auf Wunsch der Mätressen einflußreicher Persönlichkeiten ein kleiner Englisch-Kurs eingerichtet worden, in dem auch Hinhs Freundin Schülerin war.)
Verschiedene amerikanische Beamte, darunter General O'Daniel und Frank (Name unleserlich), ein Beamter des auswärtigen Dienstes, beteiligten sich an den amerikanischen Versuchen, den Riß zwischen Präsident Diem und seiner Armee zu kitten; Botschafter Heath bat, alle Anstrengungen zu unternehmen, um die Kontroverse zu beenden. Diese Bemühungen belasteten die Beziehung zu Diem und waren ohne Erfolg, dämpften aber die Putschbereitschaft der Truppe. Einmal, als ein Angriff bewaffneter Fahrzeuge auf den Präsidentenpalast drohte, erklärte die SMM Hinh umißverständlich, daß die USA in einem solchen Falle höchstwahrscheinlich eingreifen würden. Zur gleichen Zeit bat uns eine Gruppe aus der Leibgarde des Präsidenten um taktischen Rat, wie man bewaffneten Fahrzeugen mit den einzigen Waffen, die den Posten zur Verfügung standen, entgegentreten könne: Karabiner, Gewehre, Handgranaten. Die Unterweisung – an Panzerattrappen, die mit improvisierten Waffen zerstört wurden – muß wohl zu kriegerisch ausgefallen sein. Als wir am folgenden Morgen, an dem der Putsch stattfinden sollte, in den Palast kamen, war die Wache fort. Nicht ein Mann blieb auf seinem Posten. Präsident Diem saß allein an seinem Schreibtisch und erledigte ruhig seine Arbeit.
Nach dieser Hinh-Affäre begann Diem sich nach Truppen umzusehen, auf die er sich verlassen konnte. Einige aus Tonking geflüchtete Milizsoldaten wurden in Palastnähe zusammengezogen. Sie waren aber für seine Zwecke nicht geeignet. Diem verabredete mit General Trinh Minh The, dem Führer einiger 3000 abtrünniger Cao Dai-Mitglieder, ihn, den General, finanziell zu unterstützen. Dafür sollte The der Regierung im Bedarfsfall mit Truppen zu Hilfe kommen und ihr Schutz bieten, sollte sie fliehen müssen. Thes Guerillas, bekannt unter dem Namen Lienminh, waren fanatische Nationalisten und

kämpften nach wie vor gegen Vietminh und Franzosen. Auf Botschafter Heaths Ersuchen hin gaben die USA Diem heimlich Geld für The, das über die SMM lief. Wenig später lud The den Botschafter zu einem Besuch ein. Heath sagte zu ...
Mit Hilfe der Dai Viet, einer nordvietnamesischen Partei, die loyal zu Bao Dai hielt, hatte die nördliche SMM-Gruppe unter Conein eine paramilitärische Einheit organisiert (die wir mit dem vietnamesischen Wort Binh tarnen wollen). Als eine Gruppe vietnamesischer Patrioten sollte sie von den Amerikanern bezahlt und ausgebildet werden und später, wenn die Regierung dazu in der Lage sei, von dieser übernommen werden. Dreizehn Binhs wurden unter Führung von Lt. Andrews heimlich über den Hafen Haiphong ausgeschleust und traten an Bord eines amerikanischen Kriegsschiffs ihre Reise in das Ausbildungslager an. Dies war die erste einer ganzen Kette von Hilfsaktionen des Kampfverbandes 98 unter Admiral Sabin.
Eine zweite paramilitärische Gruppe für Operationen in Tonking wurde in Saigon von General Nguyen Van Vy gebildet. Im September nahm diese Gruppe rasch Gestalt an, und das Projekt wurde Major Allen anvertraut. (Wir werden dieser Gruppe den vietnamesischen Namen Hao geben) ...
Ende des Monats wurde bekannt, daß die größte Druckerei im Norden die Absicht hatte, in Hanoi zu bleiben und mit der Vietminh Geschäfte zu machen. Die Saigoner Militärmission machte den Versuch, die modernen Pressen zu zerstören, aber Sicherheitsagenten der Vietminh waren bereits in das Gebäude eingedrungen und vereitelten den Versuch. Die Aktion lief unter Führung eines vietnamesischen Patrioten, den wir Trieu nennen werden; der für ihn zuständige Offizier war Hauptmann Arundel. Anfang des Monats hatten sie in Hanoi einen »black psywar strike« (schwarze Psychokriegs-Aktion) durchgeführt: Von der Vietminh unterschriebene Flugblätter, auf denen die Bevölkerung von Tonking informiert wurde, wie sie sich verhalten sollte, wenn der Vietminh Anfang Oktober den Raum Hanoi besetzen würde; unter anderem war vom Eigentum, von einer Währungsreform und einem dreitägigen Urlaub für Arbeiter nach der Machtübernahme die Rede. Einen Tag nach Verteilung dieser Flugblätter verdreifachte sich die Zahl der registrierten Flüchtlinge. Zwei Tage später war die vietnamesische Währung nur noch halb soviel wert wie vor Verteilung der Flugblätter. Die Vietminh dementierte die Flugblätter über den Rundfunk; doch die Flugblätter waren so authentisch abgefaßt, daß selbst alte Vietminh-Anhänger davon überzeugt waren, das Dementi sei nur ein französischer Trick.
Der Psychoschlag in Hanoi hatte noch andere Konsequenzen. Um Mitglieder der Gruppe im Falle einer Verhaftung vor Gefängnis zu schützen, hatte das Binh-Team einen hohen Beamten Hanois für sich gewonnen. Der Beamte entschloß sich im letzten Augenblick, bei der Verteilung der Flugblätter persönlich mitzumachen. Polizeibeamte entdeckten ihn, verfolgten sein Auto durch die am frühen Morgen noch leeren Straßen Hanois, eröffneten schließlich das Feuer auf ihn und stellten ihn. Er war das einzige Mitglied der Gruppe, das geschnappt und als feindlicher Agent inhaftiert wurde.

d) Oktober 1954

Am 9. Oktober wurde Hanoi geräumt. Die nördliche SMM-Gruppe verließ mit den Franzosen die Stadt, erschüttert vor dem verbissenen Kampfeswillen des

Vietminh und vom Kontrast zwischen dem schweigenden Marsch der siegreichen Vietminh-Truppen in ihren Tennisschuhen und dem Waffengeklirr der gut ausgerüsteten Franzosen, deren westliche Taktik und Ausrüstung dem militärisch-politisch-wirtschaftlichen Feldzug der Kommunisten unterlegen waren.

Die nördliche Gruppe hatte die letzten Tage in Hanoi dazu benutzt, den Ölvorrat der Busgesellschaft zwecks allmählicher Ruinierung der Motoren zu verunreinigen, Maßnahmen zur späteren Sabotage der Eisenbahn zu ergreifen (wozu die Mitarbeit einer technischen Spezialtruppe des CIA in Japan notwendig war, die ihre Aufgabe glänzend löste) und sich ausführliche Notizen über mögliche Ziele künftiger paramilitärischer Unternehmungen zu machen. (Die US-Bindung an das Genfer Abkommen hinderte die SMM, Sabotage an Kraftwerken, Wasserwerken, Häfen und Brücken zu verüben.) Bei der Verunreinigung des Öls kam die Gruppe in eine unangenehme Situation. Die Männer mußten schnell arbeiten; nachts, in einem geschlossenen Lagerraum. Durch die Dämpfe des Verschmutzungsmittels hätten sie fast das Bewußtsein verloren. Halb betäubt und mit weichen Knien banden sie sich Taschentücher vors Gesicht und beendeten so ihre Aufgabe.

Inzwischen hatten polnische und russische Schiffe im Süden festgemacht, um Südvietnamesen gemäß dem Genfer Abkommen nach Tonking zu bringen. Dadurch bot sich die Möglichkeit für einen weiteren Psychoschlag. Die Binh entwarf mit Hilfe Hauptmann Arundels ein Flugblatt, das dem Vietminh-Widerstandskomitee untergeschoben wurde. Unter anderem versicherte man den Widerständlern, sie würden unter Deck vor imperialistischen Luft- und U-Boot-Angriffen sicher sein, und forderte sie auf, warme Kleidung mitzubringen. Die Geschichte von der warmen Kleidung wurde gekoppelt mit einem Gerücht, daß Angehörige der Vietminh als Eisenbahnarbeiter nach China geschickt würden.

Die SMM hatte sich die größte Mühe gegeben, den G(eneral)-5 der vietnamesischen Armee für einen solchen Psychokrieg zu instruieren. Unter Arundels Leitung druckte die Erste Bewaffnete Propaganda-Kompanie die Flugblätter und ließ sie durch Soldaten in Zivil, die zu Fuß in die Vietminh-Zonen des Südens eindrangen, verteilen. (In Camau wurden die Flugblätter verteilt, als der Journalist Joseph Alsop gerade dort war; sein Besuch in Vietnam führte später zu seinen sensationell pessimistischen Artikeln. Es gelang »unseren« Vietminh-Soldaten nicht, Alsop das Flugblatt in die Hände zu spielen. Alsop hat die Geschichte nie erfahren.) Geheimdienst- und andere Berichte enthüllten später, daß Dorfsprecher und andere Delegationen sich nach Verteilung der Flugblätter über die »Deportation« nach dem Norden beschwert hätten.

Der Streit zwischen Diem und Hinh war mörderisch geworden . . . Schließlich erfuhren wir, daß Hinh im Begriff stehe loszuschlagen; er hatte den 26. Oktober als den Tag des Angriffs auf den Präsidentenpalast festgesetzt. Hinh stützte sich hauptsächlich auf Oberstleutnant Lans Sondereinheiten und auf Hauptmann Giai, der Hinhs Hauptquartier in dessen Haus leitete. Diese beiden Offiziere luden wir zu einem Besuch auf die Philippinen ein unter dem Vorwand, wir müßten eine offizielle Reise dorthin machen, könnten sie mitnehmen und ihnen die Möglichkeit verschaffen, die Untergrundarbeit gegen die philippinischen Kommunisten kennenzulernen, die sie sonst wahrscheinlich nie zu sehen bekämen. Hinh selbst hatte die gleiche Einladung mit Widerwillen abgelehnt; sein letzter Besuch in Manila 1952 war ein denkwürdiger Aufenthalt gewesen. Oberstleutnant Lan war französischer Agent, und die Versuchung, einen Blick hinter die Kulissen werfen zu können, war zu groß für ihn. Er und Giai begleiteten die SMM-Offiziere an Bord einer MAAG-C-47, die General O'Daniel sofort zur Verfügung gestellt hatte. Den 26. Oktober verbrachten wir auf den Philippinen. Der Angriff auf den Palast fand nicht statt.

e) November 1954

Am 8. November traf General Lawton Collins als Botschafter ein ...

Auf seiner ersten Pressekonferenz machte Collins deutlich, daß die USA Diem unterstützten. Der neue Botschafter setzte Hinh unter Druck, und am 29. November ging Hinh nach Paris. Seine Hauptmitverschwörer folgten ihm.

Ein Teil des SMM-Teams wurde zur Unterstützung der Kampagne zur Rettung Vietnams eingesetzt, die Collins energisch vorantrieb. Einige Männer verteilten sich an der pazifischen Küste ringsum, begleiteten Vietnamesen in geheime Ausbildungslager, organisierten und transportierten Material, das in den Norden geschmuggelt und dort versteckt werden mußte. Eine weitere Hilfstruppe für die SMM wurde auf den Philippinen aufgebaut. Sie sorgte für den Materialtransport und gründete die Gesellschaft für die Freiheit, eine von Präsident Magsaysay unterstützte gemeinnützige Vereinigung, die im Kampf gegen die kommunistischen Huks erfahrene Filipinos für den Einsatz in Vietnam (oder sonstwo) bereitstellte.

Am 23. November wurden 21 ausgesuchte vietnamesische Agenten und zwei Köche aus unserer paramilitärischen Hao-Gruppe von einem Kriegsschiff auf dem Saigonfluß am hellichten Tage an Bord genommen. Sie erschienen als Kulis verkleidet, mischten sich unter die Kulis und die Flüchtlinge, die an und von Bord des Schiffes gingen, und tauchten einer nach dem anderen unter. Alles war glänzend geplant und durchgeführt. Die Agenten wurden von unauffälligen, über die ganze Hauptstadt verteilten Sammelpunkten aus an Bord genommen. Leutnant Andrews hatte den Plan entworfen und führte ihn unter dem Oberbefehl von Major Allen durch. Das Schiff brachte die Agenten in Gruppen in ein unbekanntes Gebiet, die erste Station einer Reise in ein geheimes Ausbildungslager.

f) Dezember 1954

... Diskussionen zwischen Amerikanern, Vietnamesen und Franzosen erreichten einen Punkt, an dem es so aussah, daß ein militärischer Ausbildungsauftrag unter Einsatz amerikanischer Offiziere bald zu erwarten sei. General O'Daniel hatte eine amerikanisch-französische Planungsgruppe unter Führung von Oberst Rosson an dieses Problem gesetzt. Unter anderem entwickelte sie ein Arbeitspapier zur Niederwerfung der Vietminh und zur Befriedung der abgefallenen Gebiete. Dieses Papier wurde der SMM zur Bearbeitung übergeben, die vieles beitrug und an die Stelle der bisherigen strengen Kontrolle über sämtliche Gebiete ein eigenes Konzept setzte, mit dem es gelingen sollte, die Bevölkerung für uns einzunehmen, und das die einzelnen Gebiete je nach Schwierigkeitsgrad und notwendiger Kontrolle einstufte und die Verantwortung zwischen Militär- und Zivilbehörden aufteilte. Mit wenigen Abänderungen wurde diese Konzeption Präsident Diem am 31. Dezember als Direktive für eine Nationale Sicherheitsaktion (Befriedung) vorgelegt...

Es herrschte nach wie vor große Unruhe in Vietnam, besonders unter antikommunistischen politischen Gruppierungen, die nicht in der Regierung vertreten waren. Eine Anzahl solcher Gruppen, die das ›Gefühl hatten, sie müßten 1956 Selbstmord begehen‹ (im Hinblick auf die im Genfer Abkommen von 1954 für 1956 versprochene Volksabstimmung), wenn die Vietminh sich mit Sicherheit gegen eine so schwache Regierung durchsetzen würde, suchten Kontakt mit SMM-Offizieren. Diese redeten einer Gruppe von Bauern und Milizangehörigen aus, nach Madagaskar zu emigrieren, und bewogen sie, auf ihren Bauernhöfen zu bleiben. Andere Gruppen baten die SMM um Unterstützung bei der Ausbildung von Einheiten für einen eventuellen Guerillakrieg nach dem Sieg des Vietminh. Männer wie der derzeitige Verteidigungsminister und Trin Minh The gehörten zu jenen regierungstreuen Kreisen, die gleichfalls um Hilfe baten. Es wurde beschlossen, für diese Gruppen ein allgemeineres Programm vorzusehen als für die geheimen Ausbildungslager, in die wir die Binh- und Hao-Gruppe geschickt hatten. Mit Major Bohana und Mr. John C. Wachtel von den Philippinen wurden Details für eine Lösung dieses Problems ausgearbeitet. Sie begannen, von den USA unterstützt, mit dem Aufbau eines kleinen Ausbildungslagers der Gesellschaft für die Freiheit in einem versteckten Tal auf dem Gelände des Luftstützpunkts Clark.

Till und Peg Durdin von der N.Y Times, Hank Lieberman von der N.Y. Times, Homer Bigart von der N.Y. Herald Tribune, John Mecklin von Life-Time und John Roderick von der Associated Press hatten enge Verbindungen zur SMM und arbeiteten hart, um den Dschungel der französischen Propaganda zu durchdringen und den Amerikanern objektiv über die Ereignisse in Vietnam zu berichten. Gelegentlich traf die Gruppe mit uns zusammen, um Ziele und Motive ihnen bekannt gewordener Propaganda zu analysieren; sie baten uns darum in ihrer Verantwortung als US-Bürger. Diese verantwortungsbewußten Nachrichtenkorrespondenten leisteten ihrem Lande wertvolle Dienste.

g) Januar 1955

Seit langem hatte die Vietminh die rotchinesische Vorstellung übernommen, daß das Volk das Wasser und die Armee die Fische seien. Die Beziehungen zwischen der Vietminh und der Bevölkerung während der Kämpfe war, von einigen Ausnahmen abgesehen, vorbildlich; die vietnamesische Nationalarmee hatte es dagegen geschafft, die Bevölkerung einzuschüchtern, um sich von ihr verproviantieren und mit Mädchen versorgen zu lassen. Von Anfang an hatte die SMM an diesem Problem gearbeitet. Da die Nationalarmee die einzige Institution der Regierung mit einer strengen, über das ganze Land reichenden Organisation und guten Verbindungen war, bildete sie den Schlüssel zur Stabilisierung der Lage im ganzen Land. Wenn es gelänge, aus Armee und Bevölkerung eine Gemeinschaft zu bilden, hätte man zum erstenmal eine starke Waffe gegen den Kommunismus in der Hand.

Die Vietminh war sich hierüber im klaren. Wir erfuhren später, daß sie schon Monate vor Unterzeichnung des Genfer Abkommens Operationspläne für die Zeit nach Genf aufgestellt hatte; die Nationalarmee sollte das Hauptziel der subversiven Tätigkeit sein. Das Zentralkomitee für Operationen gegen den

Feind gab ihr den höchsten Vorrang, und an die 100 Hauptkader wurden für entsprechende Aktionen neu ausgebildet und in der (Worte unleserlich) Arbeitsorganisation zusammengefaßt, die noch vor Unterzeichnung des Abkommens ihre Tätigkeit aufnahm.

Damals wußten wir es noch nicht, aber sie war der Hauptgegner der SMM in dem Untergrund-Kampf um die Nationalarmee ...

General O'Daniel erwartete den Höhepunkt der langen Verhandlungen, durch die den USA – gegen den Widerstand einiger französischer Gruppen – gestattet werden sollte, vietnamesische Streitkräfte auszubilden. Im Januar waren die Verhandlungen so weit fortgeschritten, daß der General inoffiziell eine kombinierte amerikanisch-französische Ausbildungs-Mission organisierte, die später unter dem Namen Training Relations & Instruction Mission (TRIM) bekannt wurde und unter seinem Kommando, beziehungsweise unter dem Oberkommando des obersten französischen Befehlshabers General Paul Ely stand.

Die Franzosen hatten sich die Befehlsgewalt über die Hälfte aller Abteilungen des TRIM-Stabes ausbedungen. Am wichtigsten war ihnen das Kommando über die Abteilung, die die vietnamesische Aktion Nationale Sicherheit kontrollierte. Sie ließ sich zu einer Fortsetzung der starken französischen Kontrolle über Schlüsselpositionen in der Armee wie in der Bevölkerung heranziehen. Nach Rücksprachen mit Botschafter Collins und General O'Daniel wurde beschlossen, Oberst Lansdale vom Botschafter-Stab zur TRIM zu versetzen und ihm die Abteilung Nationale Sicherheit zu unterstellen. Oberst Lansdale bat um die Genehmigung, alle amerikanischen Zivil- und Militäraktionen in dieser Abteilung zusammenzufassen. Am 11. Januar teilte Collins der Land-Gruppe den Wechsel mit und gab Lansdale die Erlaubnis, die Arbeit aller amerikanischen Ämter in Vietnam zu koordinieren ...

Präsident Diem hatte die SMM oft gebeten, ihm hinsichtlich des Garde-Bataillons für den Palast zu helfen. Wir trafen eine Absprache mit dem Präsidenten der Philippinen Magsaysay und liehen uns seinen fähigsten Helfer und Militärberater Oberst Napoleon Valeriano aus, der das Garde-Bataillon für den Präsidenten neu organisiert hatte. Valeriano traf im Januar mit drei jüngeren Offizieren ein und begann die Arbeit mit Diems Palastwache. Später wurden ausgesuchte vietnamesische Offiziere bei der Präsidenten-Garde in Manila ausgebildet. Allmählich entwickelte sich eine schlagkräftige Einheit. Diem war überaus dankbar für die Hilfe der Filipinos, die zudem den Männern unsere Auffassung von Loyalität und Freiheit beibrachten.

Der Patriot, den wir Trieu Dinh genannt haben, hatte an einem Almanach gearbeitet, der öffentlich vor allem in den Städten und Dörfern des Nordens verkauft werden sollte, in die wir noch hineingelangen konnten. Bekannte vietnamesische Astrologen waren angeworben worden, die einigen Vietminh-Führern und ihren Unternehmungen Unglück weissagten und im Süden die Einheit prophezeiten. Die Aktion orientierte sich an unseren Richtlinien über die Benutzung der Astrologie für den psychologischen Krieg in Südostasien und wurde unter der Leitung von Leutnant Phillips durchgeführt. Die ausgedruckten Almanache wurden nach Haiphong geflogen und von dort aus ins Vietminh-Territorium geschmuggelt.

Dinh hatte außerdem nach Art der Thomas-Paine-Geschichten eine Aufsatzserie über vietnamesischen Patriotismus gegen den kommunistischen Vietminh produziert; angeleitet wurde er dazu von Hauptmann Arundel. Diese Aufsätze gingen, je mehr von ihnen erschienen, bei einflußreichen Gruppen in Vietnam von Hand zu Hand und ernteten in den führenden Saigoner Tageszeitungen Leitartikel auf der Titelseite. Veröffentlicht wurden sie von einer Dame, die der SMM als Drachen-Lady bekannt ist, eine nette Vietnamesin und die Geliebte eines antiamerikanisch eingestellten französischen Zivilisten. Die SMM hatte ihr geholfen, ihr Blatt vor einem Verbot durch die Regierung zu bewahren ... und so fand sie es nützlich, unsere Ratschläge für den redaktionellen Teil ihrer Zeitung zu befolgen.

Waffen und Ausrüstung für die paramilitärische Binh-Gruppe wurden im Norden in Gebieten versteckt, die noch frei vom Vietminh waren. Zu personellen Verschiebungen wurde der Flüchtlingsstrom benutzt. Haiphong, das von Menschen, für die es kein Obdach hatte, überflutet wurde, erinnerte uns an unsere eigene Pionierzeit. Wohnraum und Lebensmittel waren unerschwinglich teuer, die nervöse Spannung wuchs. Es war eine abenteuerliche Zeit für unser nördliches Team.

Die ersten Materialsendungen für unsere paramilitärische Hao-Gruppe trafen in Saigon ein. Diese und frühere Transporte für die Binh-Gruppe waren Teil eines gut funktionierenden und leistungsfähigen Luftschmuggels durch die 581. (Wort unleserlich) Wing, US-Air Force, die gemeinsam mit Luftwaffen- und CIA-Personal von Okinawa und den Philippinen die SMM unterstützte. SMM-Offiziere mußten häufig die Arbeit von Kulis leisten und Tonnen von Lasten aus- und umladen. Manchmal arbeiteten sie die ganze Nacht durch ... Alle ... Offiziere packten mit an, das gehörte zu unserem »Blut, Schweiß und Tränen« ...

Bis zum 31. Januar war die gesamte Ausrüstung für die paramilitärische Binh-Gruppe, meistens mit Hilfe der Civilian Air Transport, von Saigon nach Haiphong weitergeleitet, und das nördliche Team versteckte sie in Operationsbasen. Dann wurden die Sicherheitsmaßnahmen im Flughafen von Haiphong verschärft und der Transport der Hao-Ausrüstung von der Luft auf die See verlegt. Kampfverband 98, jetzt 98.7, unter Kapitän Frank wurde noch einmal um Hilfe gebeten, und er half ...

... Major Conein hatte die Mitglieder der paramilitärischen Binh-Gruppe verständigt und begann, sie einzeln in den Norden einzuschleusen. Die Infiltrierung erfolgte in 30 Tagesabschnitten und gelang vollständig. Die Binhs trugen sich als normale Bürger und gingen scheinbar nur ihrer Zivilbeschäftigung nach. An die achteinhalb Tonnen Versorgungsmaterial für die paramilitärische Hao-Gruppe hatten wir nach Vietnam geschmuggelt, darunter 14 Funkgeräte für Agenten, 300 Karabiner, 90 000 Schuß Karabinermunition, 50 Pistolen, 10 000 Schuß Pistolenmunition und 300 Pfund Sprengstoff. Zweieinhalb Tonnen wurden den Hao-Agenten in Tonking zugeleitet, der Rest von der SMM mit Hilfe der Marine entlang dem Roten Fluß versteckt ...

j) April 1955

Die paramilitärische Hao-Gruppe beendete ihre Ausbildung in dem geheimen Ausbildungslager und wurde von der Luftwaffe in eine Stellung auf den Philippinen geflogen, wo Major Allen und seine Offiziere die Gruppe in ihre Aufgaben einwiesen. Mitte April brachte die Marine sie nach Haiphong und setzte die Männer einen nach dem andern heimlich an Land. Inzwischen waren Waffen und Ausrüstung, einschließlich Sprengstoff, über unsere Schmuggelroute nach Saigon geflogen worden und standen zur Verschiffung durch den Marine-Kampfverband bereit, der auch Flüchtlingstransporte übernahm. Das Weiße Büro der Gruppe wurde allmählich zu einem gewaltigen Munitionsdepot. Nächtliche Schießereien und Bombenexplosionen im unruhigen Saigon bewogen uns, die Munition in aufgelockerter Formation hinter dicken Wänden zu lagern, soweit Platz war in diesem großen Haus. SMM-Personal bewachte es Tag und Nacht, denn es enthielt außer den gewöhnlichen Akten die wichtigsten Unterlagen unseres Kommandos. Alle Papiere waren für eine rasche Zerstörung vorbereitet und das gesamte Personal mit Waffen und Handgranaten ausgerüstet – für neu ankommende Leute eine seltsame Szenerie ...

Am 16. Mai wurde Haiphong vom Vietminh eingenommen. Unsere Binh- und Hao-Gruppen im Norden waren, vollständig ausgerüstet, an Ort und Stelle. Es war eine gewaltige Menge harter Arbeit gewesen, dem Genfer Stichtag zuvorzukommen, die Männer dieser beiden Gruppen ausfindig zu machen, auszuwählen, rauszuschleusen, auszubilden, reinzuschleusen, auszurüsten und rechtzeitig an ihren Plätzen in Bereitschaft zu bringen, die erforderlichen Operationen gegen den Feind durchzuführen. Es würde schon ein hartes Stück Arbeit sein, eine derartige Aktion in aller Öffentlichkeit abzuwickeln, um wieviel schwerer ist es für uns, das alles vor dem Vietminh, der Internationalen Kontrollkommission mit ihren argwöhnischen Franzosen, Polen, Indern und selbst vor den befreundeten Vietnamesen geheimzuhalten. Menschen und Material mußten über Tausende von Kilometern transportiert werden ...

Kapitel 2

Ursprünge des Aufstands in Süd-Vietnam

Die Pentagon-Studie analysiert die Vietkong-Bewegung und ihre Rolle bei der Entstehung des Krieges. Der folgende Artikel von Fox Butterfield beschreibt die Ergebnisse der Analysen.

Die geheime Pentagon-Studie über den Vietnam-Krieg stellt fest, die offizielle Meinung der amerikanischen Regierung, daß der Krieg Süd-Vietnam durch einen Angriff Hanois aufgedrängt wurde, sei »nicht ganz zwingend«.

Die Regierungen in Washington, von Präsident John F. Kennedy bis Präsident Richard M. Nixon, haben nacheinander diese Deutung für die Entstehung des Krieges benutzt, um Amerikas Intervention in Vietnam zu rechtfertigen. Amerikanische Geheimdienst-Analysen während der fünfziger Jahre zeigen jedoch, so die Pentagon-Berichte, daß der Krieg vor allem und zuerst im Süden als Auflehnung gegen das immer tyrannischer und korrupter werdende Regime Ngo Dinh Diems begann.

»Die meisten derjenigen, die zur Waffe griffen, waren Süd-Vietnamesen, und die Gründe, um derentwillen sie kämpften, wurden durchaus nicht in Nord-Vietnam erfunden«, heißt es in dem Pentagon-Bericht für die Jahre 1956 bis 1959, als der Aufstand begann.

Die Studie stellt andererseits viele kritische Stimmen zur amerikanischen Vietnam-Politik in Zweifel, die behauptet haben, Nord-Vietnam sei erst nach 1965 mit der Reaktion auf die großangelegte amerikanische Intervention in die Auseinandersetzung mit dem Süden hineingezogen worden.

»Es ist ebenfalls klar, daß die nordvietnamesischen Kommunisten in den Jahren 1954 bis 1960 eine Art untergeordneten Apparat im Süden unterhielten«, heißt es.

Und 1959 traf Hanoi die eindeutige Entscheidung, die um sich greifende Auflehnung zu kontrollieren und in verstärktem Maße ausgebildete Kader vom Norden in den Süden einzuschleusen.

Danach, so die Studie, »war Hanois Eingreifen in die Kampfhandlungen unbestreitbar«.

Der Pentagon-Bericht nennt folgende Entwicklungen, die mit der Entstehung des Krieges zu tun haben:

1. Amerikanische Beamte in Saigon, einschließlich des Personals der Botschaft, des CIA und der militärischen Führung, waren sich der Unzulänglichkeiten Präsident Diems völlig bewußt. Sie berichteten regelmäßig nach Washington, daß er »autoritär, unbeugsam und isoliert sei«,

daß er nur Mitgliedern seiner Familie Machtpositionen gebe und daß er sich durch seine Politik der Unterdrückung alle Schichten der Bevölkerung zum Feind gemacht habe.

2. Von 1954 bis 1958 konzentrierte Nord-Vietnam sich auf seine innere Entwicklung, offensichtlich in der Hoffnung, die Wiedervereinigung entweder durch die im Genfer Abkommen vorgesehenen Wahlen oder durch den natürlichen Zusammenbruch des schwachen Diem-Regimes zu erreichen. Als die Kommunisten nach Beendigung des Krieges mit Frankreich 1954 Nord-Vietnam besetzten, ließen sie im Süden zwar eine skelettartige Organisation zurück, wiesen jedoch die Kadermitglieder an, nur einen »politischen Kampf« zu führen.

3. In den Jahren vor 1959 wäre es dem Diem-Regime fast gelungen, die kommunistischen Agenten, die sich, durch ihre Befehle gebunden, nicht zur Wehr setzten, zu liquidieren. Doch aus Zorn und Angst, sich wegen ihrer Hilflosigkeit schnappen lassen zu müssen, begannen sie dann offenbar um 1956/57, trotz ihrer Befehle gegen Diem zu rebellieren.

Im Mai 1959 beschlossen Nord-Vietnams Führer auf der 15. Tagung des Zentralkomitees der (kommunistischen) Lao Dong-Partei offiziell, den um sich greifenden Aufstand unter ihre Kontrolle zu bringen. Aus den Aussagen von Vietkong-Gefangenen und aus erbeuteten Dokumenten geht hervor, daß infolge dieses Beschlusses der Ho Chi Minh-Pfad für den Nachschub angelegt wurde, daß südliche Kadermitglieder, die man in den Norden geholt hatte, wieder in den Süden geschleust wurden und daß sich das Tempo des Krieges plötzlich steigerte.

Der Pentagon-Bericht schreibt, daß sowohl der amerikanische Geheimdienst als auch Vietkong-Gefangene den raschen Erfolg des Vietkong nach 1959 den Fehlern des Diem-Regimes zuschrieben.

Laut Bericht der Rand Corporation of Santa Monica, Kalifornien, über das Verhör von 23 Mitgliedern eines Vietkong-Kaders sagte ein Süd-Vietnamese aus:

»Die Erklärung liegt nicht darin, daß die Kader besonders qualifiziert waren, sondern daß die Bevölkerung, an die sie sich wendeten, zum Aufstand bereit war. Die Leute waren wie ein Bündel Stroh, das nur noch angezündet werden mußte.«

»Hätte der Süden damals eine gute Regierung gehabt, keine diktatorische, wäre es schwierig gewesen, die Bewegung in Gang zu setzen.«

Eine Beurteilung der sich rasch verschlechternden Lage in Süd-Vietnam, die der amerikanische Geheimdienst im August 1960 abgab, kam zu dem Schluß:

»Die Anzeichen einer wachsenden Unzufriedenheit mit der Diem-Regierung haben das Hanoier Regime zu diesem Zeitpunkt wahrscheinlich ermutigt, seine Aktivität zu verstärken.«

Um hervorzuheben, in welcher Weise die Politik der Unterdrückung und der Korruption des Diem-Regimes dazu beitrug, dem Aufstand in Süd-Vietnam den Boden zu bereiten, widmet die Pentagon-Studie Diems Regierungszeit – Premierminister von 1954 bis Ende 1955 und dann Präsident bis zu seiner Ermordung 1963 – einen längeren Abschnitt.

Als Diem 1954 sein Amt antrat, schien es eine Zeitlang so, als »vollbrächte er Wunder«, wie seine Anhänger behaupteten.

Zur Überraschung der meisten Beobachter zerschlug er in Saigon die verbrecherische Sekte der Binh Xuyen, sowie die Cao Dai und die Hoa Hao, bewaffnete Sekten im Landesinneren. Wo vorher nur ein Chaos gewesen war, schuf er eine stabile Regierung und ein loyales Militär. Und von vielen ausländischen Regierungen erlangte er die diplomatische Anerkennung für Süd-Vietnam.

Aber von Anfang an, so der Bericht, waren Persönlichkeit und politische Haltung Präsident Diems dazu angetan, den Erfolg seiner Regierung in Frage zu stellen.

Als Sproß aus einer streng katholischen Familie, andererseits der herrschenden Klasse der Mandarine zugehörig, war Diem autoritär, moralistisch, starr, bürokratisch und argwöhnisch. In dem Bericht wird seine Mentalität als die eines »spanischen Inquisitors« beschrieben.

Sein politischer Motor war eine »straff organisierte, zentralisierte Familien-Oligarchie«. Er traute nur seinen Familienmitgliedern, insbesondere seinem Bruder Ngo Dinh Nhu, der die halbgeheime Can Lao-Partei gegründet hatte.

Ein amerikanischer Geheimdienstbericht vom Mai 1959 beschreibt die Lage wie folgt:

»Präsident Diem ist auch weiterhin der unbestrittene Herrscher Süd-Vietnams; alle wichtigen und viele nebensächlichen Entscheidungen trifft nur er.«

»Obwohl er sich zu Demokratie und parlamentarischer Regierungsform bekennt, ist Diem davon überzeugt, daß die Vietnamesen für ein solches politisches System noch nicht reif sind und daß er mit fester Hand regieren muß, zumindest solange die nationale Sicherheit bedroht ist.«

»Außerdem glaubt er, daß das Land sich eine politische Opposition, die die Bemühungen der Regierung um eine starke Führung hemmen oder abschwächen könnte, nicht leisten kann. So bleibt er für die meisten Vietnamesen eine abweisende, unpopuläre Figur, die keine Volksbegeisterung auslösen kann.«

»Diems Regime spiegelt seine Haltung wider. Zwar wird eine parlamentarische Fassade errichtet, aber die Regierung ist ihrem Wesen nach autoritär.«

»Die legislative Macht der Nationalversammlung ist streng begrenzt. Das Gerichtssystem ist unentwickelt und untersteht der Exekutive, und diese wiederum setzt sich vor allem aus Diems persönlichen Agenten zusammen.«

»Eine organisierte Opposition, gesetzmäßiger oder anderer Art, wird nicht zugelassen, und Kritiker des Regimes werden häufig terrorisiert.«

Was die Sache noch schlimmer machte, war laut Bericht der Umstand, daß Diems Programme zur Erhöhung der Sicherheit im Lande so miserabel durchgeführt wurden, daß sie »nicht zwischen die Rebellen und Bauern einen Keil trieben, sondern zwischen die Bauern und die Regierung, und zu allem anderen führten als zu mehr Sicherheit.«

Das Programm der Bürgeraktion, das der Regierung in Saigon helfen sollte, mehr Kontakt zu den Bauern herzustellen, mußte in dem Augenblick scheitern, da Präsident Diem so gut wie ausschließlich Flüchtlinge aus dem Norden und Katholiken in die Dörfer schickte. Für die Bauern waren diese Teilnehmer der Bürgeraktion Außenseiter.

Anstatt das Land wieder an die Armen zu verteilen, endete Diems Bodenreform damit, daß er den Bauern wieder abnahm, was der Vietminh ihnen zugeteilt hatte, und es den Großgrundbesitzern zurückgab. 1960 hatten noch immer 15% der Bevölkerung 75% des Bodens in Besitz.

Die traditionell gewählten Dorfräte schaffte Diem ab aus der Furcht, die Kommunisten könnten mit ihnen zu Macht kommen. Er ersetzte diese Gemeindevertreter durch Fremde, durch Katholiken und Flüchtlinge aus dem Norden.

Im Rahmen der sogenannten antikommunistischen Denunzierungskampagne wurden zwischen 50 000 und 100 000 Personen in Umerziehungslager geschickt, aber, so der Bericht, viele der Verhafteten waren gar keine Kommunisten.

Ferner ordnete Präsident Diem eine Reihe von Umsiedlungsaktionen an, um die Sicherheit zu erhöhen; aber auch dieser Schuß ging nach hinten los.

Gebirgsstämme, die gezwungen wurden, ihre Heimat im zentralen Hochland zu verlassen und sich in Gebieten anzusiedeln, die sicherer waren, wurden eine leichte Beute der Vietkong-Werber, berichtet die Chronik, und Bauern, die ihre angestammten Dörfer verlassen und im Zuge des sogenannten Agrostädte-Programms neue Siedlungen bauen mußten, haßten die Saigoner Regierung.

Trotz »Diems Sicherheitsstreben«, so der Bericht, »vernachlässigte er Polizei und Geheimdienst auf dem Lande«; Selbstverteidigungs-Korps und Zivilgarde, beides Milizeinheiten, wurden »schlecht ausgebildet und ausgerüstet und miserabel geführt«.

»Ihre Brutalität, kleine Diebereien und Ordnungswidrigkeiten veranlaßten unzählige Dorfbewohner, sich der offenen Revolte gegen Diem anzuschließen«, fährt der Bericht fort.

Durch die Beschneidung der Meinungsfreiheit und Verhaftung Andersdenkender machte Diem sich die Intellektuellen zu Feinden; durch Beförderung von Offizieren, nicht auf Grund ihrer Fähigkeiten, sondern wegen ihrer Loyalität gegenüber seiner Familie, machte er sich große Teile der Truppe zum Feind.
Mit Blick auf die wachsenden Probleme der Regierung Diem im Januar 1960 kam die amerikanische Botschaft in einem »Sonderbericht über die innere Sicherheit in Vietnam« zu folgendem Ergebnis:
»Die Situation kann dahin gehend zusammengefaßt werden, daß die Regierung es nicht vermied, die Bevölkerung mit Mißtrauen und Zwang zu behandeln, und daß sie dafür mit einer Haltung aus Dumpfheit und Haß belohnt worden ist.«
»Das Hauptelement, das immer gefehlt hat, ist ein Gefühl der Zusammengehörigkeit zwischen Regierung und Volk. Die Menschen haben sich nicht mit der Regierung identifiziert.«
Auf dieses »Anwachsen von Stumpfheit und beträchtlicher Unzufriedenheit unter der Landbevölkerung« weist der Bericht als Hauptursache des Aufstandes hin.

»Politischer Kampf«

Die Pentagon-Studie teilt die Entwicklung des Aufstands in Süd-Vietnam, grob gesehen, in drei Abschnitte:
Von 1954 bis 1956 erfreute sich das Land einer relativen Ruhe, da die im Süden zurückgelassenen kommunistischen Kader sich lediglich dem ›politischen Kampf‹ widmeten. Von 1956 bis 1958, nach der Ablehnung der vorgesehenen Wahlen durch Präsident Diem, schürten ungehorsame Kader im Süden die Revolte. 1959 begann dann mit Hanois Entschluß, den Aufstand in die eigene Regie zu nehmen, die dritte Phase, der eigentliche Krieg.
Als Ho Chi Minh nach der Genfer Konferenz von 1954 Hanoi zu seiner Hauptstadt machte, berichtete der amerikanische Geheimdienst, es sei zu erwarten gewesen, daß Nord-Vietnams neue Führer sich auf den Aufbau ihrer primitiven und vom Krieg zerstörten Wirtschaft konzentrieren würden.
Nach amerikanischen Angaben hatten die Kommunisten 90 000 Mann bewaffnete Einheiten aus dem Süden mitgenommen und 5000 bis 10 000 als »skeletthafte Organisation« zurückgelassen.
Auf Grund erbeuteter Dokumente nahm der amerikanische Geheimdienst an, daß die »zurückbleibenden Kader« hauptsächlich die Aufgabe hätten, die für 1956 angesetzten Wahlen zur Wiedervereinigung vorzubereiten. Die Kader hatten Befehl, nur den »politischen Kampf« zu

führen, was im großen und ganzen Propagandatätigkeit und Infiltration der Saigoner Regierung bedeutete.
In einem Anfang 1955 einem kommunistischen Funktionär abgenommenen und durch den CIA nach Washington geschickten Dokument wird gewarnt: »Es ist noch nicht an der Zeit, den Gegner anzugreifen!« Offenbar glaubten die Kommunisten, so die Pentagon-Studie, sie könnten das Land entweder durch die Wahlen oder wegen der aus Schwäche zusammengebrochenen Regierung Diem unter Kontrolle bringen.
Der vertrauliche Bericht der Rand Corporation von 1966 über im Süden gefangene Kadermitglieder, die ursprünglich 1954 in den Norden gegangen waren, zeigt, daß die meisten von ihnen damit gerechnet hatten, die Kommunisten würden die Wahlen 1956 gewinnen.
»Unser politischer Offizier hat erklärt, Vietnam nördlich des 17. Breitengrades hätten wir schon jetzt haben können, aber 1956, mit den allgemeinen Wahlen, würden wir auch den Süden wiederkriegen und mit unseren Familien vereint werden«, berichtete einer der Gefangenen.
»Ich war politischer Offizier«, erklärte ein anderer. »Ich ging in den Norden genau wie alle anderen, die in meiner Einheit kämpften. Damals glaubte ich, die Umgruppierung sei nur vorübergehend, denn aus dem Studium der Genfer Vereinbarungen zogen wir den Schluß, daß wir nach den allgemeinen Wahlen in den Süden zurückkehren könnten.«
Zwar gab es in der südlichen Provinz in den Jahren 1954 bis 1956 Anzeichen für Morde und Entführungen, aber man konnte sie nicht ohne weiteres den »dagebliebenen« Kommunisten anlasten, heißt es in der Studie.
Eine amerikanische Lagebeurteilung vom Juli 1956 bemerkt: »Im vergangenen Jahr haben sich die Kommunisten in Süd-Vietnam im allgemeinen ruhig verhalten. Sie haben eine Reihe von Möglichkeiten, dem Diem-Regime zu schaden, ungenutzt gelassen.«
»Obgleich einige Kader und einiges Nachschubmaterial über den 17. Breitengrad geschleust werden, hat die Demokratische Republik Vietnam wahrscheinlich keine größeren Verstärkungen an Truppen und Material nach Süd-Vietnam geschickt.«
Das geheime amerikanische Nachrichtennetz war trotz seines begrenzten Umfangs über die Absichten und Aktionen der Kommunisten während dieser Periode gut unterrichtet. So notierte eine Geheimdienstanalyse im Mai 1957:
»Da die im Genfer Abkommen vorgesehenen gesamtvietnamesischen Wahlen nicht stattgefunden haben und eine militärische Aktion verhindert worden ist, sieht sich die Demokratische Republik in ihrer Hoffnung getäuscht, die Kontrolle über Süd-Vietnam zu erlangen. Dies

hat unter den Kadern, die in der Erwartung einer baldigen Rückkehr den Süden verlassen haben, einige Unzufriedenheit ausgelöst.«

Nachrichtenmaterial, das von kommunistischen Agenten und aus erbeuteten Dokumenten der sechziger Jahre stammt, als der amerikanische Geheimdienst sich weiter ausgedehnt hatte, ergänzen diesen Eindruck von Enttäuschung und Desillusionierung bei den Kadern.

Ein gefangener Kommunist, der mit Propagandaaufgaben in Saigon betraut war, sagte aus: »Die Periode vom Waffenstillstand 1954 bis 1958 war die finsterste Zeit für den Vietkong in Süd-Vietnam. Die von der kommunistischen Partei angeordnete politische Agitation konnte infolge der vielen Verhaftungen unserer Leute nicht durchgeführt werden.«

Ein anderer berichtete: »Die im Süden gebliebenen Kader waren fast alle aufgegriffen worden. In jeder dritten bis fünften Stadt waren nur ein oder zwei Kader übriggeblieben.«

Ein Dokument, das 1966 erbeutet wurde, als die Erste Amerikanische Infanterie-Division das sogenannte Eiserne Dreieck bei Saigon durchkämmte, und bei dem es sich um eine Parteichronik zu handeln scheint, beschreibt die bedrohliche Lage der Kader. Es heißt darin, daß die radikale Sicherheitspolitik der Diem-Regierung »unsere Partei wirklich und wahrhaftig zerstört hat«. Mit Bezug auf das Datum für die Wahlen heißt es:

»Insbesondere nach dem 20. Juli 1956 stellten die Schlüssel-Kader und Parteimitglieder in Süd-Vietnam Fragen, die eine Antwort verlangen: ›Können wir angesichts der gegenwärtigen Regierung in Süd-Vietnam den Kampf um die Einhaltung der Genfer Vereinbarung fortsetzen? Wenn nicht, was hat zu geschehen? Eine skeptische und verzagte Stimmung wegen der mangelnden Kampforientierung begann sich im Parteiapparat und zum Teil auch bei der Bevölkerung breitzumachen.‹«

Für einige Kader, so verrät das Dokument, hieß die Antwort: »Kampf mit der Waffe« – entgegen den Befehlen. Und weiter:

»Die Situation war allmählich reif für eine bewaffnete Aktion gegen den Feind. Aber die Führung des Nam-Bo-Regional-Komitees (damals Hauptquartier des Vietkong für den südlichen Teil Vietnams) zögerte aus mancherlei Gründen noch, hauptsächlich aus Angst vor einem Verstoß gegen die Parteilinie.«

»Die Mehrheit der Parteimitglieder und Kader war der Meinung, man müsse losschlagen, um die Bewegung am Leben zu halten und die Kader zu schützen. In mehreren Gebieten hatten Parteimitglieder aus eigener Initiative einen bewaffneten Kampf gegen den Feind organisiert.«

Laut Pentagon-Bericht wurden die Folgen des Kaderbeschlusses zum Kampfbeginn in Saigon sehr bald registriert.

Amerikanische Nachrichtenoffiziere in Saigon schätzten die Zahl bewaffneter Terroraktionen im letzten Vierteljahr 1957 auf 30, bei denen mindestens 75 Beamte ermordet oder entführt wurden. Am 22. Oktober wurden 13 Amerikaner in Saigon bei drei Bombenattentaten verwundet.

Aber »es gibt nur spärliche Hinweise darauf, daß Nord-Vietnam diese Gewaltakte steuerte, beziehungsweise dazu imstande gewesen wäre«, heißt es im Pentagon-Bericht.

In der Zeit von 1956 bis 1958 waren die Parteiführer in Hanoi mit einer »ernsthaften Überprüfung ihrer Politik beschäftigt«.

Anfang 1957 kehrte Le Duan, ein Süd-Vietnamese, der im französischen Indochinakrieg den Kampf im Süden geleitet hatte, nach zweijährigem Aufenthalt im Süden nach Hanoi zurück; er brachte die Nachricht mit, daß es mit dem Kämpfen dort schlecht bestellt sei. Laut amerikanischen Geheimdienstberichten erklärte er dem Politbüro, mit dem Befehl, einen »politischen Kampf« zu führen, verschwende man nur Zeit. Angeblich hat er auf militärischen Druck gedrängt.

Im Verlauf dieses Jahres, so berichtete die Studie, wurde Duan zum Mitglied des Politbüros ernannt, und im September 1960 wurde er Erster Sekretär der Partei.

Die Zwecklosigkeit ihrer Politik muß den Führern in Hanoi klar geworden sein, so vermutet die Studie, als am 24. Januar 1957 die Sowjetunion den Vorschlag machte, sowohl Nord- als auch Süd-Vietnam in die Vereinten Nationen aufzunehmen.

Doch bis 1958 galt die Hauptsorge Nord-Vietnams seiner inneren Entwicklung, insbesondere 1956, als es zu einer Bauernerhebung gegen die rigorose kommunistische Bodenreform kam.

Im Dezember 1958 oder Januar 1959, so fährt die Studie fort, »stellte man in Hanoi offenbar fest, daß die Zeit gekommen sei, die Anstrengungen zu intensivieren«.

Der amerikanische Geheimdienst bekam sehr bald Wind von dieser Einsicht.

Der CIA gelangte in den Besitz einer Weisung Hanois an sein Hauptquartier für das Zentral-Hochland vom Dezember 1958. Darin wurde festgestellt, das Zentralkomitee der Lao Dong-Partei habe beschlossen, »eine neue Phase des Kampfes zu eröffnen«.

Und im Januar 1959 erhielt der CIA die Kopie eines Befehls, der die Errichtung von zwei Guerilla-Operationsbasen anordnete – eine in der Provinz Tayninh an der kambodschanischen Grenze und eine im westlichen Zentral-Hochland.

Außerdem erfuhr der CIA zu dieser Zeit, daß Duan heimlich den Süden besuchte.

Auf seiner 15. Tagung im Mai 1959 ratifizierte das Zentralkomitee offiziell den vom Politbüro intern gefaßten Beschluß. Alle vorhandenen

Anzeichen deuten darauf hin, daß dies »der Ausgangspunkt der Intervention der Demokratischen Republik Vietnam« war.
Wissenschaftler und Journalisten, die die Ursprünge des Volksaufstands untersucht haben, aber zu den amerikanischen Geheimdienstakten keinen Zugang hatten, haben dieser 15. Tagung eine solche Bedeutung nicht zugemessen.
Die amerikanische Botschaft in Saigon, die den Beschluß des Zentralkomitees nach Washington berichtete, meldete, man habe eine Resolution verabschiedet, die besage, daß der Kampf um die Wiedervereinigung mit »allen angemessenen Mitteln außer mit friedlichen« geführt werden solle.
Das von der Ersten Infanterie-Division erbeutete Dokument bezieht sich auf den Beschluß aus dem Jahr 1959:
»Nachdem die Resolution des 15. Plenums des Zentralkomitees erlassen war, existierte für ganz Süd-Vietnam eine klare und richtige politische Strategie und Orientierung.«
»Die Weisung des Politbüros vom Mai 1959 stellte fest, daß die Zeit gekommen sei, den Kampf mit der Waffe zu führen. Deshalb entwarfen wir ein auf die Situation abgestelltes Programm, und im Oktober 1959 wurde losgeschlagen.«
»Nach dem Parteibeschluß, eine aktivere Rolle bei dem Aufstand zu spielen, wurde das von Hanoi in den Süden geschleuste Potential rasch verstärkt«, berichtet die Pentagon-Studie.
Begonnen hatte die Infiltration aus dem Norden schon 1955, das zeigen amerikanische Geheimdienstberichte; aber erst 1959 fiel dem CIA Beweismaterial über eine Einsickerung im großen Stil in die Hände.
Zur Durchführung des geheimen Nachschubs erhielt in den Jahren 1958/59 eine Gruppe von Bergbewohnern aus den Provinzen Quangtri und Thuathien in Nord-Vietnam eine Spezialausbildung.
Ebenfalls Anfang 1959 stellte Hanoi, wie der CIA meldete, »spezielle Grenzgängertrupps« auf, gebildet aus Süd-Vietnamesen, die 1954 in den Norden gegangen waren. Ihre Aufgabe war es, Lebensmittel, Medikamente und andere Vorräte über das Wegenetz zu transportieren.
Und im April 1959 erfuhr der CIA, daß die 59. Transporteinheit direkt dem Zentralkomitee der Partei als dem Oberkommando für die Infiltration unterstellt wurde.
In Xuanmai und Sontay bei Hanoi sollen Anfang 1960 große Ausbildungslager für Infiltranten errichtet worden sein. 1959 und 1960, so schätzen amerikanische Geheimdienstbeamte, traten 26 Infiltranten-Gruppen von insgesamt 4500 Mann den Marsch in den Süden an.
Durch Verhöre gefangener Infiltranten erfuhren amerikanische Geheimdienstoffiziere später, daß bis 1964 die Infiltranten fast ausschließlich

von Süd-Vietnamesen gestellt wurden, die sich 1954 in den Norden abgesetzt hatten.

Eine an 71 Infiltranten durchgeführte Untersuchung der Rand Corporation zeigte, daß zwei von je dreien Mitglied der Lao Dong-Partei waren; daß sie alle in Nord-Vietnam gründlich ausgebildet wurden, ehe man sie in den Süden schickte; und daß die meisten von ihnen Offiziere, Unteroffiziere oder Kadermitglieder waren.

Hanois Entschluß, von »politischem Kampf« auf »bewaffneten Kampf« umzuschalten, fand in der zweiten Hälfte des Jahres 1959 bald in zunehmenden Terroraktionen seinen Niederschlag, berichtet die Pentagon-Studie.

In einem Sonderbericht zur inneren Sicherheit in Vietnam vom Januar 1960 stellt die amerikanische Botschaft fest, daß allein in den letzten vier Monaten des Jahres 1959 119 Morde geschahen gegenüber 193 für das ganze Jahr 1958.

Noch alarmierender, so die Botschaft, waren die ersten Angriffe auf große südvietnamesische Truppeneinheiten. Als am 26. September 1959 zwei Kompanien der 23. Saigoner Division in einen Vietkong-Hinterhalt gerieten, zwölf Tote hatten und den größten Teil ihrer Waffen einbüßten, erkannte man in Saigon »in aller Schärfe den Ernst der gegenwärtigen Lage«.

Der eskalierte Aufstand führte zu den ersten amerikanischen Verlusten im Vietnamkrieg. Bei einem Bombenanschlag im amerikanischen Stützpunkt von Bienhoa kamen zwei Mann der Besatzung ums Leben.

In ihrem Januarbericht über die sich verschlechternde Lage gab die Botschaft außerdem zwei Bemerkungen des nord-vietnamesischen Premierministers Pham Van Dong, die sie für bedeutsam hielt, an Washington weiter:

Erstens: »›Sie dürfen nicht vergessen, morgen sind wir in Saigon, morgen sind wir in Saigon.‹ Diese Worte äußerte Premierminister Pham Van Dong am 12. September 1959 in einem Gespräch mit dem französischen Konsul Georges Picot.«

Und zweitens: »Im November erklärte Pham Van Dong gegenüber dem kanadischen Kommissar Erichsen-Brown zweimal, daß ›wir die Amerikaner ins Meer jagen werden‹.« Der Kanadier hielt sich als Vertreter der Internationalen Kontrollkommission in Hanoi auf.

Am 20. Dezember 1960 wurde die Nationale Befreiungsfront Süd-Vietnams gegründet, und innerhalb eines Jahres hatte sich die Zahl ihrer Mitglieder auf 300 000 vervierfacht. Der Aufstand hatte Fuß gefaßt.

Kapitel 3

Die Kennedy-Jahre: 1961–1963

von Hedrick Smith

Die Pentagon-Studie über den Vietnamkrieg kommt zur dem Schluß, daß Präsident John F. Kennedy das »Spiel des begrenzten Risikos« der Regierung Eisenhower in eine »breite Verpflichtung« verwandelte, um eine kommunistische Herrschaft über Süd-Vietnam zu verhindern.

Obgleich Kennedy dem Druck widerstand, Bodentruppen nach Süd-Vietnam zu schicken, so der Kommentator, führte er doch eine Reihe von Maßnahmen durch, die die militärische und politische Einmischung Amerikas in Vietnam bedeutend erweiterten; er hinterließ Präsident Lyndon B. Johnson eine ebenso verfahrene Situation, wie er sie vorgefunden hatte.

»Das in der Kennedy-Ära entstandene Dilemma der amerikanischen Einmischung«, so die Pentagon-Studie, bestand darin, »nur begrenzte Mittel zur Erreichung hochgesteckter Ziele« einzusetzen.

Die 1967/68 von Sachverständigen der Regierung angefertigte Studie weist außerdem darauf hin, daß Kennedys Taktik das amerikanische Engagement in Vietnam Zug um Zug verstärkte und gleichzeitig die wachsende Rolle Amerikas vor der Öffentlichkeit herunterspielte.

Seine erste neue Verpflichtung ging Präsident Kennedy heimlich ein. Die Pentagon-Studie berichtet, daß der Präsident im Frühjahr 1961 den Befehl gab, eine 400 Mann starke Sondereinheit und 100 weitere Militärberater nach Süd-Vietnam zu schicken. Davon erfuhr die Öffentlichkeit nichts.

So gering diese Zahlen im nachhinein auch erscheinen mögen, die Pentagon-Studie erläutert, daß schon die erste dieser Expansionen »die Bereitschaft ankündigte, über die Grenze von 685 Mann für die amerikanische (militärische) Mission in Saigon hinauszugehen, was, wenn es offen geschehen wäre, den ersten formalen Bruch des Genfer Abkommens bedeutet hätte«. Die seit 1956 gültigen Auslegungsbestimmungen dieses Abkommens schrieben vor, daß die Vereinigten Staaten die Zahl ihrer Militärberater in Vietnam auf 685 beschränken müssen. Washington hatte zwar die Vereinbarung nicht unterzeichnet, sich aber verpflichtet, sie nicht zu verletzen.

Am 11. Mai 1961, dem Tag, an dem Präsident Kennedy beschloß, die Sondereinheiten bereitzustellen, gab er auch den Befehl, durch südvietnamesische Agenten, die vom CIA und anderen Spezialtruppen ausgebildet und angeleitet werden sollten, einen Untergrundkrieg gegen Nord-Vietnam führen zu lassen. (Siehe Dokument Nr. 20)

Die in den Dokumenten zitierten Anweisungen des Präsidenten lauteten, »in Nord-Vietnam ... ein Widerstandsnetz, Untergrundbasen und Gruppen für Sabotage und leichte Störaktionen aufzubauen«. Auch die amerikanische Militärmission in Saigon wurde angewiesen, südvietnamesische Truppeneinheiten darauf vorzubereiten, »in Nord-Vietnam, soweit nötig und zweckmäßig, stoßtruppartige Überfälle und ähnliche militärische Unternehmungen durchzuführen«.

Die Pentagon-Studie berichtet, die Hauptangriffsziele des Untergrundkrieges gegen Nord-Vietnam – und auch Laos – seien die »Verkehrswege« – Eisenbahn, Straßen, Brücken, Lokomotivschuppen und Lastwagen.

Die Studie berichtet nicht, wie viele Agenten tatsächlich in den Norden geschickt wurden, obgleich die beigegebenen Dokumente einiges über Organisation und Ausbildung der Ersten Beobachtungsgruppe – so hieß die wichtigste südvietnamesische Untergrundeinheit – aussagen.

Doch schon wenige Wochen nach Präsident Kennedys Beschluß vom 11. Mai legte die nordvietnamesische Regierung bei der Internationalen Kontrollkommission wiederholt Protest dagegen ein, daß ihr Luftraum von ausländischen Flugzeugen verletzt würde und daß südvietnamesische Basisgruppen in die entmilitarisierte Zone entlang der Grenze zwischen beiden Vietnams eindrängen.

Im Juli 1961 kündigte Hanoi öffentlich an, daß es drei südvietnamesische Teilnehmer an Untergrundaktionen gefangengenommen habe und vor Gericht stellen werde. Die Agenten hätten, so erklärte Hanoi, den Abschuß des Flugzeuges, das sie über Nord-Vietnam absetzen sollte, überlebt. Die Nordvietnamesen protestierten offiziell bei der britischen und sowjetrussischen Regierung – Mit-Vorsitzende der Genfer Konferenz von 1954 – und legten ausführlich dar, was die überlebenden Agenten angeblich über die amerikanische Ausrüstung und Ausbildung enthüllt hatten.

Die Pentagon-Studie deckt auf, daß Kennedys Befehle vom 11. Mai auch eine Infiltration südvietnamesischer Streitkräfte in den südöstlichen Teil von Laos verlangten, um dort kommunistische Basen und Nachschubwege aufzuspüren und anzugreifen.

Außerdem soll der Präsident am 13. Oktober noch zusätzlich einen Geheimbefehl für die verbündeten Streitkräfte erlassen haben, sie sollten gegen kommunistische Nachschubversorgung aus der Luft in der Nähe von Tchepone, im südlichen Teil des laotischen ›Entenschnabels‹, »Bodenkämpfe einleiten, wenn nötig unter Hinzuziehung amerikanischer Berater«.

Die Pentagon-Studie analysiert diese Geheimoperationen nicht im einzelnen, zeigt aber, daß Kennedys Beschlüsse Teil einer ununterbrochenen Folge von Entscheidungen sind, die dann 1964 unter Präsident Johnson zu sehr viel ehrgeizigeren Operationen gegen Nord-Vietnam führten.

Der Kommentator, der die Kennedy-Periode behandelt, lenkt die Aufmerksamkeit auf das Zustandekommen der Kennedy-Entscheidung vom November 1961, die zur Folge hatte, daß Amerikas militärischer Beratungsauftrag in Vietnam stark erweitert und seine Streitkräfte zum ersten Mal zur Unterstützung von Kampfhandlungen herangezogen und damit immer stärker in den eigentlichen Kampf verwickelt wurden.

In einem Telegramm nach Washington vom 18. November, das in der Studie zitiert wird, beschrieb Frederick E. Nolting Jr., US-Botschafter in Saigon, die Bedeutung dieser Schritte.

Er habe Präsident Ngo Dinh Diem von Süd-Vietnam erklärt, daß die neue Rolle der amerikanischen Soldaten dazu führen könnte, sie bei Kampfhandlungen einzusetzen.

»Auf Diems Frage«, so Nolting, »erwiderte ich, daß diese Einheiten meiner persönlichen Meinung nach die Erlaubnis bekämen, sich zu verteidigen, wenn sie angegriffen würden. Ich wies darauf hin, daß dies einer der Gründe sei, warum die Entscheidungen vom amerikanischen Standpunkt aus als sehr schwerwiegend erschienen.«

Fragen an Kennedy

Die Pentagon-Studie zeigt, daß Präsident Kennedy sich während seiner Amtszeit vor drei Hauptfragen gestellt sah: ob er eine unwiderrufliche Verpflichtung eingehen solle, einen kommunistischen Sieg zu verhindern; ob er zur Erreichung dieses Ziels Bodentruppen einsetzen solle; und ob er dem militärischen Kampf oder den politischen Reformen den Vorrang geben solle, die nötig wären, um die Unterstützung des Volkes zu gewinnen.

Präsident Kennedys Antwort im Verlauf seiner 34 Monate dauernden Amtszeit bestand, wie der Pentagon-Bericht zeigt, darin, die Zahl der amerikanischen Berater von den international zugelassenen 685 auf grob gerechnet 16 000 Mann zu erhöhen, die Amerikaner in Kampfhandlungen zu verwickeln – wodurch sich die amerikanischen Verluste in einem Jahr verzehnfachten – und schließlich die Vereinigten Staaten in die innenpolitischen Manipulationen Süd-Vietnams zu verwickeln, denen das Regime Diem am Ende zum Opfer fiel.

Die Pentagon-Studie urteilt, daß Präsident Kennedy zwar kurz vor dem entscheidenden Beschluß, Bodenkampftruppen einzusetzen, Halt machte, daß aber »das von Eisenhower versuchte Spiel des begrenzten Risikos unter Kennedy in eine unbegrenzte Verpflichtung umgewandelt wurde«. Später formuliert die Studie vorsichtiger, Kennedys Politik habe eine »breite Verpflichtung« zur Verteidigung Vietnams hergestellt und den militärischen Aspekten des Krieges gegenüber den politischen Reformen den Vorrang gegeben.

Ferner stellt der Bericht fest, die Kennedy-Regierung sei von dem Glauben durchdrungen gewesen, daß »die Schwäche des Regimes Diem – vom ›berühmten Problem: Diem als Regierungschef‹ bis zum mangelnden Kampfgeist der Truppe – überwunden werden könne, wenn nur genügend fähige Amerikaner, Zivil- und Militärpersonal, nach Süd-Vietnam gingen und den Südvietnamesen auf allen Ebenen zeigten, wie man so etwas anpackt und den Krieg gewinnt«.

Präsident Kennedy und seine erfahrensten Berater werden als Männer beschrieben, für die eine Niederlage undenkbar war, die glaubten, daß die bloße Anwesenheit von Amerikanern den Südvietnamesen das vermitteln würde, was der Pentagon-Bericht »den zum Sieg nötigen Elan und Stil« nennt.

Die von der Studie beschriebenen Debatten innerhalb der Regierung Kennedy sind bezeichnend – insbesondere als der Präsident gegen den Einsatz von Bodentruppen entschied –, denn sie stellen sich im Grunde als eine Generalprobe für die Planung der Ära Johnson heraus, die 1965 zum totalen Krieg führte. Vielfach brachten dieselben Beamten die gleichen Argumente vor, und der Chor der Geheimdienste sprach zum Teil dieselben unheilverkündenden Warnungen aus.

Präsident Kennedy wurde gesagt, die Entsendung von Bodentruppen wäre eine »Spritze in den Arm« und würde in der südvietnamesischen Armee »echten Wandel schaffen«. Die Vereinigten Stabschefs kalkulierten, daß schlimmstenfalls 205 000 amerikanische Soldaten benötigt würden, um nicht nur mit dem Vietkong, sondern auch mit Nord-Vietnam und dem kommunistischen China, falls es eingreifen sollte, fertig zu werden. Militärische wie politische Berater behaupteten, ein amerikanischer Bombenangriff auf den Norden – allein schon seine Androhung – würde Hanoi und die anderen kommunistischen Staaten in Schach halten.

Im November 1961 drängte General Maxwell D. Taylor, damals persönlicher Militärberater des Präsidenten, insgeheim auf die Entsendung amerikanischer Bodentruppen; die Gefahr eines großen Landkrieges sah er nicht. Auf seiner Rückreise von Saigon schrieb er dem Präsidenten am 1. November von den Philippinen einen persönlichen Brief, in dem es heißt:

»Die Gefahr, über Süd-Vietnam in einen großen asiatischen Krieg hineinzuschliddern, ist zwar vorhanden, aber sie ist nicht sehr überzeugend. Nord-Vietnam ist durch konventionelle Bombenangriffe äußerst

verwundbar, eine Schwäche, die wir diplomatisch ausnutzen sollten, um Hanoi zu bewegen, Süd-Vietnam in Ruhe zu lassen.
Sowohl die Demokratische Republik Vietnam als auch die Rotchinesen ständen vor schwerwiegenden Nachschubproblemen, wenn sie versuchen wollten, starke Truppenverbände im südostasiatischen Raum zu unterhalten, Schwierigkeiten, vor denen auch wir stehen, aber bei weitem nicht im gleichen Maße. Es besteht kein Grund, einen Massensturm kommunistischer Truppen auf Süd-Vietnam und seine Nachbarstaaten zu befürchten, besonders dann nicht, wenn unsere Luftwaffe freie Hand gegen Nachschubziele bekommt.«
Bei seinen Empfehlungen, amerikanische Bodentruppen in einer Anfangsstärke von 6000 bis 8000 Mann zu entsenden, hatte General Taylor in Walt W. Rostow, zu der Zeit ältester Sachberater für Südostasien im Weißen Haus, einen Befürworter.
Am 5. November stellte Verteidigungsminister Robert S. McNamara in einem Memorandum an Präsident Kennedy fest, er, McNamara, und die Vereinigten Stabschefs seien »geneigt«, General Taylors Vorschlag »zu empfehlen« – jedoch mit der eindringlichen Warnung versehen, daß dann in Zukunft noch weitaus größere Truppenkontingente wahrscheinlich seien. (Siehe Dokument Nr. 29)
»Die Kampfhandlungen könnten dadurch verlängert werden, und Hanoi und Peking offen intervenieren«, warnte das Memorandum McNamaras den Präsidenten. Aber selbst dann »werden die maximal erforderlichen amerikanischen Bodentruppen für Südostasien sechs Divisionen, das sind etwa 205 000 Mann, nicht übersteigen«.
Der Präsident lehnte diesen Schritt schließlich ab. Aber die Pentagon-Studie führt aus: Das Thema »Bodentruppen« beherrschte die Diskussion derart, daß Kennedys endgültige Zustimmung zur Erweiterung des Beraterkontingents und zur Entsendung von Truppen für die Unterstützung von Kämpfen »ohne sorgfältige Prüfung« erfolgte, das Gegenteil von dem, was eigentlich erreicht werden sollte.
Die Studie kommt zu dem Schluß, daß sich durch Kennedys Strategie in politischer wie in militärischer Hinsicht von Anfang an ein Riß gezogen habe. Die Strategie hing davon ab, daß es gelang, Präsident Diem zu den politischen, wirtschaftlichen und sozialen Reformen zu bewegen, mit denen man, um in der Sprache jener Zeit zu bleiben, »Herz und Sinn des Volkes gewinnen würde«.
»Der amerikanische Gesamtplan zur Beendigung des Partisanenkrieges stand, was die südvietnamesische Regierung betraf, auf unsicheren Füßen«, bemerkt die Studie. »Diem brauchte die USA, und die USA brauchten einen geläuterten Diem.«
Weiter heißt es: »Wenn er nicht (reformieren) konnte, war der amerikanische Plan zur Niederschlagung des Aufstands von vornherein zum

Scheitern verurteilt, denn er stand und fiel mit der vietnamesischen Initiative, ein vietnamesisches Problem zu lösen.«

Am Ende sei die Regierung Kennedy zu dem Schluß gekommen, daß Präsident Diem zu ausreichenden Reformen nicht imstande sei, und habe ihn 1963 darum nicht weiter unterstützt.

Diem fallenzulassen, hatte Botschafter Eldrigde Durbrow bereits im September 1960 vorgeschlagen (siehe Dokument Nr. 16) und dann noch mal im Dezember, kurz bevor Kennedy das Amt des Präsidenten übernahm. Eine für Kennedy ausgearbeitete Geheimdienst-Studie vom 28. März 1961, die sich unter anderem auch auf die Berichte des Botschafters bezog, beurteilte die Lage in Vietnam pessimistisch:

»Eine außerordentlich kritische Phase für Präsident Ngo Dinh Diem und die Republik Vietnam steht unmittelbar bevor. In den letzten sechs Monaten hat sich die innere Sicherheitslage ständig verschlechtert und nunmehr ein ernst zu nehmendes Stadium erreicht . . .

Mehr als die Hälfte der gesamten ländlichen Region im Süden und Südwesten von Saigon sowie einige Gebiete im Norden stehen weitgehend unter kommunistischer Kontrolle. Einige dieser Gebiete wehren sich gegen jede Regierungsautorität, die nicht von Truppen direkt erzwungen wird. Die Streitkräfte des Vietkong stehen rings um Saigon und haben seit kurzem begonnen, den Ring um die Stadt enger zu ziehen . . .

Die sich verschlechternde Lage der Regierung Diem erreichte im November einen neuen Tiefpunkt, als Offiziere der Fallschirmtruppe sich mit zivilen Regime-Gegnern zu einem Putschversuch zusammenschlossen, der nur mit Mühe niedergeschlagen werden konnte. Nach außen hin scheint sich Diems Stellung seitdem etwas gefestigt zu haben . . .

Die Ursachen für den Putschversuch wurden jedoch nicht ernstlich untersucht und bestehen nach wie vor. In Intellektuellenkreisen herrscht weiterhin Unzufriedenheit mit dem Diem-Regime und in geringerem Maße auch bei Arbeitern und Angestellten. In Kreisen der Beamten und der Militärs nimmt die Bereitschaft zu, Diems Führungsqualitäten in dieser Phase in Frage zu stellen. Viele glauben, er sei unfähig, das Volk für den Kampf gegen die Kommunisten zu gewinnen – bedingt durch sein Vertrauen auf die Wirksamkeit einer Ein-Mann-Regierung, die Duldung von Korruption bis in seine unmittelbare Umgebung hinein und durch seine Weigerung, das strenge System öffentlicher Kontrollen zu lockern.«

In diesem Gutachten klingen die Themen und manchmal sogar die Formulierungen aus den Telegrammen von Botschafter Durbrow an. Beispielsweise regte er in einem Telegramm vom 24. September 1960 an, daß, wenn Präsident Diem unfähig sei, durch politische und soziale

Reformen seine Position zu festigen, »es nötig werden könnte, daß die amerikanische Regierung Alternativlösungen zu Person und Sache erwägt«.

Eine Herausforderung für die USA

Doch wie ernst auch immer die Lage in Süd-Vietnam war, in Laos war sie noch viel kritischer. »Als Kennedy sein Amt übernahm, war die westliche Position im Begriff abzubröckeln«, heißt es im Pentagon-Bericht.

Und als Präsident Kennedy im Frühjahr 1961 seine ersten Vietnam-Entscheidungen traf, war Laos – nicht Vietnam – das beherrschende Thema. Laos bestimmte weitgehend, wie man sich in Vietnam verhalten sollte.

Die Regierung Eisenhower hatte sich entschlossen, rechtsgerichtete Elemente in Laos zu unterstützen, denen zu Beginn des Jahres 1961 die Attacken der Kommunisten und Neutralisten schwer zu schaffen machten. Präsident Kennedy entschloß sich, lieber einen politischen Kompromiß und einen Waffenstillstand anzustreben als die laotischen Konservativen weiter zu unterstützen.

Aber gerade wegen dieses Zurückweichens in Laos, so die Pentagon-Studie, glaubte die Regierung Kennedy sich verpflichtet, in Vietnam Stärke zu zeigen, um Amerikas Verbündete in Asien nicht unsicher zu machen.

Da die Regierung das Ganze als einen globalen Machtkampf mit der Sowjetunion ansah, heißt es weiter, hielt es Washington für gefährlich, zu oft nachzugeben. Man könnte die Haltung der Regierung etwa folgendermaßen umreißen: »Nachdem die USA in Laos zurückgewichen waren, dürfte es schwierig sein, die Russen davon zu überzeugen, daß wir noch irgendwo standhalten würden, wenn wir auch Vietnam aufgäben.«

Darüber hinaus erblickte die Kennedy-Regierung in der Erklärung des sowjetischen Ministerpräsidenten Nikita S. Chruschtschow vom 6. Januar 1961, daß Moskau beabsichtige, »nationale Befreiungskriege« überall in der Welt zu unterstützen, eine besondere Herausforderung. Die Folge davon war, daß der Anti-Guerillakrieg – je mehr die Taktik der Partisanenbekämpfung angewandt wurde – das Weiße Haus zur Zeit Kennedys am stärksten beschäftigte. Das beweist eine anhaltende Flut von Präsidial-Entscheidungen.

»Vietnam war das einzige Land der Welt, in dem Washington sich den weit fortgeschrittenen kommunistischen Bestrebungen gegenüber sah, eine pro-westliche Regierung durch einen von außen unterstützten prokommunistischen Aufstand zu stürzen«, heißt es in der Pentagon-Studie. »Das war eine Herausforderung, die nicht unbeachtet bleiben durfte.«

Am 12. April konfrontierte Mr. Rostow, erfahrenster Südostasien-Spezialist des Weißen Hauses und einer der Hauptschöpfer der Anti-Guerilla-Doktrin, Präsident Kennedy mit dem Problem Vietnam in Gestalt eines Memorandums (siehe Dokument Nr. 22), in dem gesagt wurde, nunmehr sei die Zeit gekommen, »das ganze Unternehmen Vietnam einen Gang höher zu schalten«. Rostow schlug eine Reihe von Schritten vor, die »ziemlich nahe an eine Tagesordnung« für die erste Vietnamberatung auf höchster Ebene herankamen. Unter anderem schlug Rostow folgende Maßnahmen vor:

»Die Ernennung eines hauptamtlichen, erstklassigen Mannes in ›Auffangposition‹ in Washington.

Einen eventuellen Besuch des Vizepräsidenten in Vietnam in naher Zukunft.

Die Vergrößerung der militärischen Beratergruppe (MAAG) unter Einschluß einiger Diplomaten, es sei denn, wir finden eine andere Möglichkeit, eine größere Anzahl Spezial-Einheiten nach Vietnam einzuschleusen.

Regelung der Frage eines Sonderfonds für Diem.

Eine Taktik, wie man Diem überzeugen könnte, seine Regierung rascher auf eine breitere Basis zu stellen, sie zu dezentralisieren und ihre Wirksamkeit zu erhöhen.«

Praktisch wurden alle Rostow-Vorschläge später zur offiziellen Politik erklärt, bis auf seinen Tip, einen »erstklassigen ›Auffang‹-Mann« zu ernennen. Sein Kandidat, so erläutert die Studie, war Brigadegeneral Edward G. Lansdale, ein langjähriger CIA-Agent, der in enger Verbindung zu Diem stand und 1961 für »Sondereinsätze« des Pentagon zuständig war. Das Verteidigungsministerium verhinderte seine Ernennung.

Am 20. April – einen Tag nach der Schlappe in der Schweinebucht – ordnete Präsident Kennedy eine rasche Überprüfung der Lage in Vietnam an. Wie McNamara zitiert, lauteten die Weisungen des Präsidenten, »die Geschwindigkeit der kommunistischen Machtausbreitung in Vietnam ... abzuschätzen« und »eine Reihe von Maßnahmen (militärischer, politischer und/oder wirtschaftlicher Art, offen oder geheim) zu empfehlen, die Ihrer Meinung nach eine kommunistische Beherrschung dieses Landes verhindern«.

Die von dem Stellvertretenden Verteidigungsminister Roswell L. Gilpatric geleitete Arbeitskommission legte ihren Bericht am 27. April vor.

Dieser in der Pentagon-Studie zitierte Bericht empfahl eine Vergrößerung der amerikanischen Militärberater-Mission in Saigon um 100 Mann, mehr Waffen und Unterstützung für die vietnamesischen

Regionaltruppen, die sogenannte Zivilgarde, die Finanzierung einer zuvor bewilligten Verstärkung der südvietnamesischen Armee und den Verzicht auf die frühere Bedingung, daß Präsident Diem dafür politische und soziale Reformen durchführen müsse. Gemeinsame Anstrengungen, so der Bericht, sollten im Bewußtsein der Dringlichkeit durchgeführt werden, um Freund und Feind klarzumachen, daß »die USA diese Schlacht zu gewinnen wünschen, mag kommen was will«. So stand es im Originalbericht.

Doch noch ehe dieser Bericht vorlag, wurde er von den Ereignissen überholt. Die laotische Krise war auf ihrem Höhepunkt. Am 26. April beriet Kennedy mit dem Nationalen Sicherheitsrat, ob er Truppen nach Laos schicken solle. Spät nachts alarmierten die Vereinigten Stabschefs den Oberbefehlshaber der pazifischen Streitkräfte, Admiral Harry D. Felt, »sich auf Luftangriffe auf Nord-Vietnam und eventuell das südliche China einzustellen«, heißt es in der Pentagon-Studie.

Über Nacht wurden die Vietnam-Empfehlungen geändert. »Zur Absicherung einer konventionellen Invasion Süd-Vietnams« über die östlichen Gebirgszüge von Laos empfahl Gilpatrics Task Force eine rasche Verstärkung der südvietnamesischen Armee um zwei Divisionen – 40 000 Mann – und die Entsendung der ersten amerikanischer Ausbildungseinheiten, berichtet die Studie.

Der »Laos-Nachtrag« vom 28. April verlangte für »jede der beiden neuen (südvietnamesischen) Divisionen eine (amerikanische) Ausbildungseinheit von 1600 Mann plus 400 Mann Spezialtruppen zur beschleunigten Aufstellung einer Anti-Guerilla-Einheit: insgesamt 3600 Mann«.

Am 29. April, in dem Pentagon-Bericht als ein Tag »fortgesetzter Krisen-Besprechungen im Weißen Haus« bezeichnet, wurde Admiral Felt alarmiert, die Verlegung einer amerikanischen Kampfbrigade von 5000 Mann durch die Luftwaffe nach dem nordöstlichen Thailand vorzubereiten und die einer zweiten nach Danang an der südvietnamesischen Küste – als Drohung, in Laos zu intervenieren. »Beschluß, diese Aufmärsche nicht zu bestätigen«, kabelten die Vereinigten Stabschefs an Admiral Felt. Die Taktik wurde unmittelbar von der Krise in Laos abhängig gemacht.

An diesem Tage bewilligte Präsident Kennedy nur die bescheidene 100-Mann-Verstärkung der amerikanischen Beratergruppe und ein paar weitere im ersten Bericht der Gilpatric-Kommission vorgeschlagene Maßnahmen.

»Die einzige wesentliche Bedeutung, die man aus diesen Beschlüssen vom 29. April herauslesen kann«, heißt es in der Studie, »liegt darin, daß sie die Bereitschaft ankündigten, über die 685-Mann-Begrenzung der amerikanischen Militärmission in Saigon hinauszuge-

hen.« Eine Veröffentlichung hätte die Konstatierung des »ersten formalen Bruchs der Genfer Vereinbarungen« nach sich gezogen, darum blieb der Schritt geheim.
Bis zum 1. Mai hatte sich das akute Fieber der Laos-Krise gelegt, heißt es weiter, und es herrschte der »starke Eindruck ... daß die USA nicht in Laos einmarschieren würden; daß wir aber, wenn es nicht zu einer Feuereinstellung käme, statt dessen in Thailand und Vietnam starken Widerstand leisten würden«.
Hiervon wurde die Planung für Vietnam unmittelbar beeinflußt. Das Außenministerium entwarf die erste von mehreren Überarbeitungen, in denen die Empfehlungen der Gilpatric-Kommission abgeschwächt wurden. Als der Bericht der Kommission am 9. Mai schließlich dem Nationalen Sicherheitsrat vorgelegt wurde, so die Pentagon-Studie, hatte sich das Außenministerium weitgehend durchgesetzt. Kurz vorher kündigte das Weiße Haus an, Vizepräsident Johnson breche in wenigen Tagen zu einer Reise nach Saigon und anderen asiatischen Hauptstädten auf.
Der endgültige Kommissionsbericht, den die Pentagon-Studie zitiert, empfahl die Stationierung einer Sondereinheit von 400 Soldaten und eine sofortige Pentagon-Untersuchung zur Frage weiterer Truppenentsendungen »in Vorbereitung eines eventuellen Einsatzes von US-Streitkräften in Vietnam, der sich durch eine Entscheidung des Nationalen Sicherheitsrates im Anschluß an Gespräche zwischen Vizepräsident Johnson und Präsident Diem ergeben könnte«. Der Gedanke, sofort weitere 3200 Mann zu entsenden, wurde fallengelassen.
An Stelle einer Pentagon-Empfehlung vom 1. Mai, die auf eine einseitige amerikanische Intervention hinausläuft, falls diese erforderlich ist, um »das Land vor dem Kommunismus zu retten«, schlägt der abschließende Bericht der Gilpatric-Kommission eine »bilaterale Absprache mit Vietnam« vor.
»Angesichts der Tatsache, daß die Genfer Vereinbarungen den Maßnahmen der Freien Welt Beschränkungen auferlegen, während sie gleichzeitig den Kommunisten freie Hand lassen«, heißt es in dem Kommissions-Bericht, »sollte Botschafter Nolting angewiesen werden, mit Diem in vorbereitende Gespräche über die Möglichkeit eines defensiven Sicherheitsbündnisses einzutreten, obwohl eine solche Maßnahme zu den Genfer Vereinbarungen in Widerspruch stünde ... Dagegen rechtfertigen es kommunistische Vertragsbrüche, die hier empfohlene Sicherheitsübereinkunft zu treffen.«

Strenge Zielsetzung

Am 11. Mai, zwei Tage nachdem Vizepräsident Johnson seine Reise nach Saigon angetreten hatte, traf Kennedy seine Entscheidungen. Wie im Memorandum Nr. 52 des Nationalen Sicherheitsrates protokolliert – der Pentagon-Bericht enthält eine Kopie –, wurde das amerikanische Ziel direkter und ehrgeiziger umrissen, als in den typischen Verlautbarungen für die Öffentlichkeit. In dem Memorandum heißt es, das amerikanische Ziel sei, »die kommunistische Herrschaft über Süd-Vietnam zu verhindern«, während sechs Tage vorher Kennedy auf einer Pressekonferenz von der vagen Absicht gesprochen hatte, »Vietnam bei der Erreichung seiner Unabhängigkeit zu helfen«.

Das Memorandum spezifizierte außerdem Maßnahmen, die der Öffentlichkeit verschwiegen wurden: Zustimmung des Präsidenten zur Entsendung einer 400 Mann starken Sondereinheit, zu Beginn der Verhandlungen Botschafter Noltings über »eine neue bilaterale Vereinbarung mit Vietnam« und zur Einleitung eines Untergrundkrieges gegen Nord-Vietnam.

Der eine Schritt, der nach Ansicht des Kommentators die Vereinigten Staaten stärker in den Vietnam-Konflikt hineinzog, als die öffentlichen Erklärungen des Präsidenten erkennen ließen, war der Entschluß, die Sondereinheit zu entsenden. »Offenbar war der Präsident von ihrem Einsatz begeistert«, heißt es in der Pentagon-Studie, »und da sich die vietnamesischen Sondereinheiten ihrerseits mehr auf den CIA als auf das normale militärische Hilfsprogramm stützten, war es möglich, die Existenz dieser Trupps geheimzuhalten.«

Laut Dokumentation umfaßten Präsident Kennedys Sonderbefehle zum Untergrundkrieg folgende Schritte:

Zur Nachrichtenbeschaffung »Agenten nach Nord-Vietnam ... schikken«.

»Gruppen, als Zivilisten getarnt, in den Südosten von Laos einschleusen, damit sie Vietkong-Basen ausfindig machen und angreifen.«

»In Nord-Vietnam auf der von Geheimdienst-Operationen geschaffenen Grundlage ein Widerstandsnetz, Untergrundbasen und Gruppen für Sabotage und leichte Störaktionen bilden.«

»Flüge zum Abwerfen von Flugblättern durchführen, um die Kommunisten zu stören, die Moral der nordvietnamesischen Bevölkerung zu stärken und in derselben Absicht ›graue‹ Rundfunksendungen (aus nicht identifizierter Quelle) für Nord-Vietnam intensivieren.«

»Die südvietnamesische Armee« ausbilden, um (mit ihr) »in Nord-Vietnam, soweit nötig und zweckmäßig, stoßtruppartige Überfälle und ähnliche militärische Unternehmungen durchzuführen.«

Die Dokumente zeigen ferner, daß Kennedy Plänen zustimmte, »für Operationen in Nord-Vietnam außer Vietnamesen auch ziviles Flugpersonal amerikanischer und anderer Nationalität heranzuziehen«. Die in dem abschließenden Bericht der Gilpatric-Kommission in vollem Umfang zitierten Pläne bezeichnen die Erste Beobachtungsgruppe der südvietnamesischen Armee in Nhatrang als die Haupteinheit zur Führung des Untergrundkrieges in Laos, Süd-Vietnam und Nord-Vietnam.

Im Juli 1961 übermittelte General Lansdale dem Militärberater des Präsidenten, General Taylor, einen ersten Bericht über die Vorbereitungen zu diesen Geheimaktionen. Darin heißt es, zu jenem Zeitpunkt hätte die Erste Beobachtungsgruppe schon »einige begrenzte Aktionen in Nord-Vietnam und ein paar kurze Vorstöße nach Laos unternommen«. (Siehe Dokument Nr. 22)

Der Lansdale-Bericht stellte jedoch fest, daß die meisten Aktionen der Einheit sich gegen den Vietkong in Süd-Vietnam gerichtet hätten und daß dies geändert würde, um sie konzentriert auf Nord-Vietnam und Laos anzusetzen – die »Sperrbezirke« nach offizieller Lesart.

»Der Plan geht dahin, die Gruppe von diesen Kampfaufträgen (gegen den Vietkong) freizustellen, um ihre volle Kampfkraft bei Aufträgen in den Sperrbezirken einzusetzen«, schrieb General Lansdale. Bis zum 6. Juli sollte die Einheit von 340 auf 805 Mann vergrößert werden. »Das Personal sind Freiwillige, die von Sicherheitsorganen sorgfältig geprüft wurden. Viele kommen aus Nord-Vietnam. Sie wurden im Ausbildungszentrum der Gruppe in Nhatrang für den Guerillakrieg geschult.«

Der Lansdale-Bericht fügt hinzu, 400 ausgesuchte südvietnamesische Soldaten, 60 Angehörige eines Bergvolkes und 70 Zivilisten würden zu »weiteren Freiwilligengruppen – getrennt von der Ersten Beobachtungsgruppe – zusammengeschlossen und für ähnliche Aufgaben eingesetzt«. Der General verzeichnet 50 Amerikaner – 35 von der Abwehr und 15 vom CIA –, die diese Gruppen ausbilden, beziehungsweise südvietnamesische Geheimdienst- und Untergrundaktionen vorbereiten. Laut Pentagon-Studie sollten diese durch einige Soldaten der 400 Mann starken Sondereinheit, die Präsident Kennedy am 11. Mai zum Einsatz befohlen hatte, verstärkt werden.

Die Studie berichtet nicht über die Aktionen selbst, die während der Kennedy-Jahre durchgeführt wurden.

In seiner 1963 erschienenen Darstellung *The Two Vietnams* beschreibt Bernard Fall die Organisation der Ersten Beobachtungsgruppe. Sie wurde in 15 Mann starke Kampftrupps und 24 Mann starke Nachtrupps aufgegliedert. »Eine dieser Einheiten geriet im Juli 1961 bei Ninhbinh (250 Kilometer nördlich des 17. Breitengrades) in Gefangenschaft, als ihr Flugzeug Motorschaden hatte«, schreibt Fall.

Im Juli strahlte Radio Hanoi mehrere von den Amerikanern abgehörte englischsprachige Rundfunksendungen über das Ereignis aus und behauptete, Nord-Vietnam habe ein Flugzeug abgeschossen, das seinen Luftraum verletzt habe. Man beschrieb eine Reihe von Einzelteilen, die in Amerika hergestellt worden waren, um die Herkunft der Maschine zu beweisen. Auf dem Rumpf habe in roter Schrift C-47 gestanden, auf dem Treibstofftank »Douglas Aircraft« und auf dem Funkgerät »Bendix Radio, Baltimore, USA«. Einige der zehnköpfigen Besatzung seien mit einer »Colt-Automatic« bewaffnet gewesen. In einer Sendung hieß es, auf dem Strom-Aggregat habe »Fernmelde-Korps US-Armee« gestanden.

Die nordvietnamesische Regierung kündigte an, sie werde drei Überlebende der Sabotage und Spionage anklagen. Sie hätten gestanden, von Amerikanern ausgebildet worden zu sein und Karten mit eingezeichneter Flugroute für Nord-Vietnam erhalten zu haben. Hanoi protestierte gegen den Vorfall offiziell bei der britischen und sowjetrussischen Regierung als den Mit-Vorsitzenden der Genfer Konferenz von 1954 und behauptete, seit dem 13. Mai 1961 – also zwei Tage, nachdem Kennedy seine Befehle herausgegeben hatte – habe das »amerikanische Diem-Regime beständig Spionage betrieben und provokative Akte gegen den Norden unternommen«.

Der nordvietnamesische Außenminister nannte den C-47-Vorfall »eine überaus schamlose Verletzung der Genfer Vereinbarungen«. Im Juli und August verbreiteten die Nordvietnamesen über den Rundfunk auch eine Beschreibung der Ersten Beobachtungsgruppe einschließlich ihrer amerikanischen Organisation und Ausbildung mit Einzelheiten, die fast wörtlich mit dem Lansdale-Bericht übereinstimmten.

Außerdem protestierte die nordvietnamesische Regierung wiederholt bei der Internationalen Kontroll-Kommission dagegen, daß südvietnamesische Einheiten Überfälle in der entmilitarisierten Zone zwischen den beiden Teilen Vietnams verübt hätten.

Am 1. November veröffentlichte die *New York Times* einen Bericht aus Saigon, in dem Meldungen über Unzufriedenheit in Nord-Vietnam zitiert werden; als Beweis werden unter anderem Sabotageakte angeführt, die am 11. August an Industrieanlagen in Vinh verübt wurden.

Diem am langen Hebel

Kennedys Entscheidung vom Mai ließ die Frage, ob die USA Kampfverbände nach Süd-Vietnam schicken sollten, weiterhin unbeantwortet. Im Sommer und Herbst 1961 wurde die Regierungsdebatte über diesen wichtigen Punkt laut Pentagon-Studie erheblich durch die Haltung Diems beeinflußt. Anfangs, so heißt es, sei Vizepräsident Johnson bei dem südvietnamesischen Staatschef auf Ablehnung gestoßen; im Verlauf des Sommers habe dieser sich dann aufgeschlossener gezeigt und im Herbst schließlich die USA gebeten, in den Krieg einzutreten.

Die Entscheidung über Truppen für Vietnam wurde auch durch die Konfrontierung mit der Sowjetunion in der Berlin-Frage beeinflußt. Als

Kennedy im Juni mit Ministerpräsident Chruschtschow in Wien zusammentraf, gelang es ihm, sich mit dem Sowjetpremier grundsätzlich darüber zu einigen, für Laos eine Neutralisierung anzustreben. Dafür übte der Russe Druck in der Berlin-Frage aus und drohte, mit Ostdeutschland einen Separatfrieden zu schließen, was den Zugang nach Westberlin äußerst verwundbar gemacht hätte. Dieser Druck verstärkte sich zunächst noch – und überschattete die Entwicklungen in Südostasien –, bis Chruschtschow am 17. Oktober den Gedanken eines Friedensvertrages mit Ostdeutschland plötzlich fallenließ.

Vizepräsident Johnson, der auf einer Blitzreise durch Asien das Vertrauen in Amerikas Bündnistreue stärken sollte, traf am 12. Mai mit Präsident Diem zusammen. Laut Bericht der Botschaft zeigte Diem wenig Interesse, als Johnson die Möglichkeit andeutete, amerikanische Truppen nach Vietnam zu schicken oder einen bilateralen Verteidigungspakt zu schließen. Laut Bericht der Botschaft soll Diem geäußert haben, er wünsche amerikanische Kampfverbände nur im Falle einer offenen Intervention.

In seinem Privatbericht an Präsident Kennedy vom 23. Mai malte der Vizepräsident die amerikanischen Alternativen in Asien in schwarzweißen Farben, wobei er Thailand und Vietnam eine zentrale Bedeutung zumaß. »Wir müssen uns entschließen«, erklärte er, »ob wir diesen Ländern nach besten Kräften helfen oder das Handtuch werfen und unsere Verteidigungslinien nach San Franzisko zurückverlegen wollen – nach dem Konzept ›Festung Amerika‹«. (Siehe Dokument Nr. 21)

Trotzdem schrieb Johnson unter Hinweis auf Diems Antwort in der Truppenfrage an Kennedy: »Die asiatischen Führer wollen zur Zeit keine amerikanischen Truppen in Südostasien, es sei denn zu Ausbildungszwecken ... Dadurch wird aber die Möglichkeit, daß man nach einem offenen Angriff amerikanische Truppen zu Hilfe rufen könnte, nicht geringer.«

Wenn somit auch die Sache für Präsident Kennedy erledigt schien, heißt es in der Studie, so war es doch noch nicht das letzte Wort von Präsident Diem. Einer Anregung Johnsons folgend, unterbreitete der südvietnamesische Staatschef in einem Brief vom 9. Juni Präsident Kennedy seine militärischen Vorschläge.

Der im Pentagon-Bericht ausführlich zitierte Brief drängte auf eine Vergrößerung der südvietnamesischen Armee von 170 000 auf 270 000 Mann mit einer »beträchtlichen« amerikanischen Ausbildungshilfe durch »ausgesuchte Einheiten der amerikanischen Streitkräfte«. Diem argumentierte, die Verstärkung sei nötig, »um der verhängnisvollen Drohung« einer kommunistischen Herrschaft »entgegenzutreten«. Diese Drohung versuchte er, mit – wie die Studie es nennt – »aufgeblähten Infiltrationszahlen« zu belegen. Die Bitte um »ausgesuchte Einheiten der amerikanischen Streitkräfte« klang »sehr ähnlich« wie eine Truppen-Anforderung, die die Abwehr im April erhoben und der amerikanische Beraterstab in Saigon im Sommer bekräftigt hatte.

Die Vereinigten Stabschefs und andere Offiziere, so der Bericht, hatten ein Interesse daran, »amerikanische Kampfverbände nach Vietnam zu bringen und unter dem Vorwand, es handele sich um Ausbildungseinheiten, Diems Zustimmung zu erlangen« beziehungsweise die der politischen Führung in Washington.

Das mit Berlin beschäftigte Weiße Haus wich dem Problem aus, indem es im August die Finanzierung einer weitaus bescheideneren Verstärkung der vietnamesischen Armee – nämlich nur um 30 000 Mann – bewilligte und einen Ausbau der amerikanischen Militärberatung verschob.

Darüber hinaus, so meint der Autor der Studie, entwickelte das Weiße Haus bereits andere Pläne für Südostasien. Im Verlauf von Debatten, die sich durch den Sommer hinzogen, legte Mr. Rostow erneut Vorschläge vor, die, wie die Studie formuliert, ein »ganz genaues« Rezept für Kennedys Entschlüsse im Herbst enthielten. In einer handschriftlichen Notiz, die Rostow Minister McNamara auf einer Sitzung um den 5. Juni herum zugeschoben haben soll, schrieb er:

»Bob:
Wir müssen jetzt an Art und Auftrag der Verbände für Thailand denken, Vietnam später.
Wir brauchen eine Guerilla-*Abschreckungsaktion* im Nordosten Thailands.
Wir werden Truppen brauchen, um einen Antiguerillakrieg in Vietnam zu unterstützen:
Flugzeuge
Hubschrauber
Fernmeldeleute
Sondereinheiten
Ausbilder für Miliz
etc.

WWR«

Rostow betonte die Abschreckung.

Im Spätherbst bat Präsident Diem plötzlich und geheim um den bilateralen Verteidigungspakt, den er vorher verschmäht hatte, stürzte dadurch die Regierung Kennedy in ihre heißeste Truppen-Debatte und trieb sie zu militärischen Entscheidungen von höchster Wichtigkeit.

Am 29. September, so berichtet die Studie, hatte Diem eine niederdrückende Besprechung mit amerikanischen Beamten, und Botschafter Nolting telegrafierte nach Washington:

»Diem bat um bilateralen Verteidigungspakt. Weitschweifige und ungenaue Forderungen. Ernst. Ausgelöst durch Diems Furcht vor Entwicklung in Laos. Süd-Vietnams Verwundbarkeit durch Infiltration gesteigert, Annahme, daß SEATO-Aktion im Fall Süd-Vietnam und Laos durch Großbritannien und Frankreich verhindert werden würde...

Wir sind der Ansicht, daß die Bitte ernsthaft und sorgfältig behandelt behandelt werden sollte, um Eindruck zu vermeiden, daß USA die Unterwerden sollte, um den Eindruck zu vermeiden, die USA meinten die Unterstützung von Süd-Vietnam nicht ernst. Aber siehe Hauptpunkte Genfer Vereinbarungen einschließlich übergreifenden Artikel 19, Ratifizierungsprobleme ebenso möglich wie Rückwirkung auf SEATO.

Diems Bitte entspringt der Befürchtung, daß die amerikanische Laos-Politik seine Flanke (der) Infiltration öffnet und zu ausgedehnten Kampfhandlungen in Süd-Vietnam führt. Daher sucht er stärkere Rückendeckung, als er sie jetzt durch die SEATO zu haben glaubt.«

Admiral Felt, Oberbefehlshaber im Pazifik, der bei der Besprechung am 29. September ebenfalls anwesend war, telegrafierte einige Tage später einen ausführlichen Bericht, in dem es hieß, Diem wolle nicht nur einen Vertrag, sondern eine Beschleunigung der amerikanischen »Mobilisierung«. Insbesondere, so schrieb Admiral Felt, dränge der Präsident auf eine »beträchtliche Erhöhung der Zahl der Berater jeder Art« und auf den Einsatz amerikanischer taktischer Luftgeschwader, um die größeren Vietkong-Einheiten, die sich seit kurzem zu massiven Angriffen formierten, zu zerschlagen.

Aus dem Felt-Telegramm geht hervor, daß die gesteigerte Kampftätigkeit in Vietnam Präsident Diem ebensoviel, wenn nicht mehr, Sorgen bereitete wie die drohende Infiltration beziehungsweise die Angriffe von laotischer Seite. So heißt es zum Beispiel: »Diem sagte, der Vietkong könne jetzt große Einheiten zusammenziehen, verfüge über ein ausgedehntes Funknetz, setze in einem oder mehreren Bataillonen schwere Waffen ein, mit denen er gegen die Hauptstädte der Provinzen vorgehen könne... sei in der Lage in Städte einzudringen, Vorratslager niederzubrennen, führende Politiker zu überfallen, sich wieder zurückzuziehen.«

Der Pentagon-Bericht erläutert, daß der Vietkong, zu diesem Zeitpunkt auf 17 000 Mann geschätzt, im September die Zahl seiner Angriffe auf 450 monatlich verdreifacht hatte.

»Der spektakulärste Angriff«, fährt der Verfasser des Berichts fort, »der in Saigon eine erschütternde Wirkung gehabt zu haben scheint, war die Besetzung von Phuocthanh, einer nur 75 Kilometer von Saigon entfernten Provinzstadt.« Dort hatte der Vietkong die Stadt etwa einen Tag lang besetzt gehalten, den Regierungschef der Provinz öffentlich

enthauptet und sich vor Eintreffen der südvietnamesischen Armee wieder zurückgezogen.
Für Washington war die Lage jetzt beunruhigender als im Frühjahr. Damals war Laos die einzige Ursache für das vietnamesische Zittern gewesen. »Dieses Mal«, so die Studie, »war das Problem nicht nur Laos, sondern starke Anzeichen deuteten auf eine leichte Verschlechterung der militärischen Lage Diems und eine erhebliche Verschlechterung der Moral in Saigon hin.«
Schon vor Diems Bitte um einen Vertrag war die Bereitschaft für eine amerikanische Intervention in Südostasien gewachsen.
Bis Anfang Oktober, so berichtet die Pentagon-Studie, waren verschiedene Vorschläge gemacht worden. Die Vereinigten Stabschefs rieten zu einer alliierten Intervention, um größere Teile von Laos in Besitz zu nehmen und dadurch die Grenzen von Süd-Vietnam und Thailand zu schützen; der »Rostow-Vorschlag« empfahl dringend, eine Streitmacht der Südostasien-Pakt-Organisation von etwa 25 000 Mann nach Vietnam zu schicken, um die Grenze nach Laos zu sichern; und verschiedene andere Pläne sahen vor, amerikanische Truppen, mit oder ohne Ausbildungsauftrag, in das vietnamesische Zentral-Hochland oder in den Hafen Danang zu verlegen.
In dem bürokratischen Kleinkrieg, der schließlich zu der wichtigen Sitzung des Nationalen Sicherheitsrates vom 11. Oktober führte, tauchte ein bedeutendes neues Element auf.
Zum ersten Mal, so die Studie, wurde Präsident Kennedy ein Plan vorgelegt, der dringend empfahl, daß die Vereinigten Staaten »als unser eigentliches und letztes Ziel die Niederlage des Vietkong« ansehen sollten. Die Studie erklärt, dies sei in einem Kompromißpapier vorgeschlagen worden, das der stellvertretende Staatssekretär U. Alexis Johnson in aller Eile entworfen habe. Darin hieß es, »drei Divisionen seien schätzungsweise die Größenordnung der benötigten amerikanischen Truppen. Eine genauere Schätzung würde in Kürze von den Vereinigten Stabschefs vorgelegt.
Die Studie beschreibt die am 10. Oktober zusammengetragenen Punkte als eine »etwas verwirrende« Mischung früherer Vorschläge Rostows und der Vereinigten Stabschefs. »Es war ziemlich klar, daß die Hauptabsicht darin lag, ein paar amerikanische Kampfverbände nach Vietnam zu bringen – mit welcher Begründung, war ganz nebensächlich.«
Die Vereinigten Stabschefs legten eine zusätzliche Lagebeurteilung vor, nach der »40 000 Mann benötigt werden, um mit der Vietkong-Bedrohung fertig zu werden« und weitere 128 000 Soldaten genügen würden, um einer eventuellen Intervention Nord-Vietnams oder Rotchinas entgegenzutreten. Die Aktennotiz, die der historischen Studie beigefügt ist, nannte die Berliner Krise eine weitere zahlenmäßige Belastung der

amerikanischen Streitkräfte und empfahl »eine Eskalierung der gegenwärtigen Mobilisierung von möglicherweise größerem Ausmaß«.

Ein drittes Papier, das die Pentagon-Studie wegen seiner Offenheit für bemerkenswert hält, riet ebenfalls zu einer »frühen und hart zuschlagenden« Intervention in Vietnam. In dieser Notiz vom Staatssekretär im Verteidigungsministerium, William P. Bundy, an Minister McNamara heißt es:

»Es gilt jetzt oder nie, wenn wir den Vietkong noch hindern wollen, seine Ziele zu erreichen. Walt Rostow machte gestern darauf aufmerksam, alles deute darauf hin, daß der Vietkong im Begriff stehe, von kleinen Basiseinheiten auf mittlere Bataillonsgrößen überzugehen. Der Geheimdienst vermutet außerdem, daß sie versuchen könnten, eine provisorische Regierung zu bilden ... und zwar im Gebiet Kontum, wohin laut Startplan die SEATO-Truppen vorstoßen sollen. Wenn die Vietkong-Bewegung in dieser Weise »gedeiht«, wird sie fast mit Sicherheit all diejenigen um sich scharen, die sich vom Nimbus des Sieges angezogen fühlen, ein Gefühl, das in solchen Situationen verständlicherweise aufkommt und das schon die Franzosen Anfang 1954 besiegte und Anfang 1955 beinah auch Diem besiegt hätte.«

Bundy erläuterte ganz offen die Chancen, so wie er sie sah:

»Eine frühe und kompromißlose Operation hat eine gute Chance (70 % würde ich schätzen), den Lauf der Dinge *aufzuhalten* und Diem eine Möglichkeit zur Verbesserung und Absicherung seiner Position zu geben ... Alles hängt von Diems Fähigkeiten ab, die sehr anzuzweifeln sind. Zu 30 % müssen wir damit rechnen, daß es uns so ergeht wie den Franzosen 1954; Weiße können diese Art Krieg nicht gewinnen.

Auf einer Basis von 70 zu 30 würde ich persönlich dazu neigen einzusteigen. Aber wenn wir, sagen wir, einen Monat verstreichen lassen, bevor wir etwas unternehmen, sinken die Chancen auf 60 zu 40, 50 zu 50 usw.« (Hervorhebung durch Bundy.)

Die Geheimdienste lieferten laut Pentagon-Studie eine »bemerkenswert pessimistischere (und realistischere)« Beurteilung als die offiziellen Empfehlungen des Pentagon bzw. Mister Rostows. Im Gegensatz zur amerikanischen Besorgnis über die Infiltration nach Süd-Vietnam von Laos aus berichtete eine Geheimdienst-Analyse vom 5. Oktober, »daß 80–90 % des auf 17 000 Mann geschätzten Vietkong im Lande angeworben werden und wenig für eine Verstärkung des Vietkong von außen her spricht«.

Die Geheimdienst-Analyse enthielt auch einen warnenden Hinweis auf den immer spürbarer werdenden Scharfsinn und die Hartnäckigkeit des Gegners. Geschrieben in einem Augenblick, da die Regierung hauptsächlich an eine SEATO- und nicht so sehr an eine amerikanische Intervention dachte, prophezeite sie:

»Die Kommunisten könnten sich von erfolgreichen Stör- und Guerillaaktionen gegen SEATO-Truppen in politischer und psychologischer Hinsicht viel versprechen. Die Demokratische Republik Vietnam werde die Vietkong-Aktionen gegen die Regierung von Süd-Vietnam wahrscheinlich nicht spürbar einschränken. Inzwischen würden kommunistische Truppenverbände in Süd-Laos wahrscheinlich durch nordvietnamesische Einheiten verstärkt werden, um eine Teilung von Laos zu verhindern ... Die sowjetische Luftbrücke würde wahrscheinlich den Nachschub nach Süd-Laos verstärken ...«

Angesichts derart einander widersprechender Ratschläge beschloß Kennedy, General Taylor nach Saigon zu schicken. Laut Protokolleintrag einer Sitzung des NSC vom 11. Oktober, den der Bericht zitiert, wurde der General beauftragt, drei strategische Konzepte in Erwägung zu ziehen:

Beherzte Intervention zur »Niederwerfung des Vietkong« unter Einsatz von drei amerikanischen Divisionen.

»Kleinere amerikanische Kampfverbände« nach Vietnam zu schicken, nicht um den Aufstand niederzuschlagen, sondern »zu dem Zweck, eine amerikanische ›Präsenz‹ in Vietnam zu etablieren«.

»US-Unterstützung und Ausbildung vietnamesischer Einheiten verstärken, mehr amerikanisches Kriegsmaterial liefern, insbesondere Hubschrauber und leichte Flugzeuge, Lastwagen und andere Transportmittel – bis hart an die Grenze des Einsatzes amerikanischer Truppen.«

Der Protokolleintrag vermerkte, daß Präsident Kennedy die Taylor-Mission auf einer Pressekonferenz am Nachmitag »als eine wirtschaftliche Erkundungsreise« deklarieren sollte. Aber, so verrät die Pentagon-Studie, der Präsident stellte »nicht die unglaubwürdige Behauptung auf, er lasse seinen persönlichen Militärberater nach Vietnam reisen, um dort die wirtschaftlichen Verhältnisse zu prüfen«. Nach einer vage formulierten Ankündigung sei der Präsident »ausgewichen, als er gefragt wurde, ob Taylor (nach Asien) reise, um die Notwendigkeit amerikanischer Truppenentsendungen zu prüfen«.

Noch bevor Taylor mit seinem Begleiterstab Washington verließ, forderte die Regierung Diem erneut dringend amerikanische Kampfverbände an. Am 13. Oktober berichtete Botschafter Nolting nach Washington, Nguyen Dinh Thuan, der amtierende vietnamesische Verteidigungsminister, habe verlangt: »US-Kampfeinheiten oder Einheiten, die als ›Kampfausbildungseinheiten‹ nach Süd-Vietnam kommen ... Er wünschte jetzt eine symbolische US-Streitmacht in der Nähe des 17. (Breitengrades), um Angriffe dort zu verhindern und eigene Kräfte freizustellen. Zum ähnlichen Zweck sollten US-Einheiten in verschiedenen Provinzhauptstädten im Zentral-Hochland stationiert werden ... Thuan forderte einen ersten schnelleren Schritt als im (Verteidigungs-)

Pakt vorgesehen, da die Zeitfrage eine entscheidende Rolle spiele; symbolische Truppen würden Süd-Vietnam genügen und wären besser als ein Vertrag.« (Siehe Dokument Nr. 25)
Über den Alarmzustand, in dem die südvietnamesische Regierung sich befand, informierte Noltings Ergänzungsbericht, in dem er mitteilte, Saigon erwäge, National-China zu bitten, eine Division Kampftruppen in den Südwesten zu entsenden. Botschafter Nolting schrieb, er habe versucht, von diesem Vorhaben abzuraten.
Die Studie berichtet, Regierungsbeamte hätten durch gezielte Indiskretionen Pressespekulationen über die Truppen-Frage ausgeschaltet.
Die Studie zitiert einen Artikel der *New York Times* vom 14. Oktober, in dem es heißt, militärische Führer – zu ihnen gehöre auch General Taylor – seien gegen den Einsatz von Kampftruppen in Vietnam. Diese Frage stehe ganz »unten auf der Liste« derjenigen Dinge, die der General in Betracht ziehe.
Aus der ganzen Aufmachung dieses Berichtes, so die Studie, sei klar ersichtlich, daß er »aus einer Quelle stammte, die vermutlich vom Präsidenten selbst autorisiert war, für den Präsidenten zu sprechen«. Und weiter: »Angesichts der Empfehlungen, die in dem Papier zitiert werden, und insbesondere der Generalstabsunterlagen ... die zu der Taylor-Mission führten, war das meiste schlicht gelogen.« Aber der Verfasser schließt: »Die *Times*-Geschichte hatte offenbar die gewünschte Wirkung. Spekulationen über die Kampfverbände verschwanden fast vollständig aus den Nachrichten.«

Notstand

Der Taylor-Stab traf am 18. Oktober in Saigon ein und wurde, wie die Pentagon-Studie es nennt, mit einem »spektakulären Begrüßungsschuß« empfangen: Präsident Diems offizielle Ausrufung des Notstands. Innerhalb einer Woche kam General Taylor zweimal mit dem Staatschef zusammen.
Am 20. Oktober berichtete die Botschaft nach Washington, Präsident Diem habe General Taylor bei ihrer ersten Zusammenkunft erklärt, er wünsche einen bilateralen Verteidigungspakt, amerikanische Unterstützung für eine neuerliche Verstärkung der südvietnamesischen Armee und eine Liste von Unterstützungsmaßnahmen, die ziemlich nahe an die handgeschriebene Notiz herankam, die Mr. Rostow im Juni McNamara hingeschoben hatte.
»Insbesondere bat er um taktische Luftunterstützung, Hubschrauber-Verbände, Küsten-Patrouillen und logistische Unterstützung«, heißt es in dem Bericht der Botschaft. Er wiederholte jedoch nicht die früher erhobene Forderung nach amerikanischen Bodentruppen.
Während des zweiten Diem–Taylor-Gesprächs am 24. Oktober hatten

amerikanische und südvietnamesische Beamte die katastrophalen Überschwemmungen im Mekong-Delta diskutiert. Die amerikanische Militärberatungs-Mission unter Generalleutnant Lionel C. McGarr war der Ansicht, hier könnten amerikanische Truppen von einigem Nutzen sein. Diesen Vorschlag hatte General Taylor in eine Reihe von Empfehlungen aufgenommen, die er Präsident Diem bei ihrem zweiten Zusammentreffen vorlegte. Punkt E, so berichtet die Studie, war überschrieben: »Hinzuziehung amerikanischer Kampfverbände« und schlug »für den Katastropheneinsatz Einheiten hauptsächlich militärischer Zusammensetzung (vor), die für einen längeren Zeitraum in Zusammenarbeit mit der südvietnamesischen Regierung die Hochwasserschäden bekämpfen sollten. Solche Verbände könnten aus Pionier-, Sanitäts-, Fernmelde- und Transporteinheiten ebenso wie aus Kampfgruppen zur Sicherung der Hilfsaktionen bestehen.«

Nach dem Gespräch schickte der General zwei Berichte nach Washington, die beide im Pentagon-Bericht zitiert werden. Der erste, auf normalem Wege übermittelt, teilte mit, Präsident Diem habe auf alle Vorschläge General Taylors – einschließlich des Planes für den Katastropheneinsatz, »positiv« reagiert.

In dem zweiten Bericht, der Präsident Kennedy und seinem engsten Mitarbeiterstab privat zugeschickt wurde, ging Taylor auf nähere Einzelheiten ein. Er schlug ein Kontingent von 6000 bis 8000 amerikanischen Soldaten nicht nur für den Hochwassereinsatz vor, sondern in erster Linie, wie die Pentagon-Studie darlegt, um »Diem von unserer Bereitschaft (zu überzeugen), ihn in seinem militärischen Entscheidungskampf gegen den Vietkong oder Vietminh beizustehen«. (Siehe Dokumente Nr. 26 und 27)

General Taylor schrieb, daß er hauptsächlich Versorgungseinheiten im Auge habe, daß aber auch »einige Kampftruppen« erforderlich seien, um die amerikanischen Pionier-Einheiten und ihre Standorte zu schützen. Er wies warnend darauf hin, daß »Truppen, die nach Vietnam kämen, mit Verlusten rechnen müßten«.

Ferner unterstrich der General den propagandistischen Effekt. Ein Einsatz amerikanischer Bodentruppen im Überschwemmungsgebiet »biete in Vietnam selbst wie außerhalb beträchtliche Vorteile« und lasse Präsident Kennedy freie Hand für weitere Maßnahmen. »Da es sich um einen Sondereinsatz handelt«, erklärte er, »können wir unsere Truppen, falls wir es wünschen, nach getaner Arbeit wieder abziehen. Andererseits können wir sie, wenn wir bleiben wollen, für andere Unternehmungen bereitstellen.«

Zum Schluß räumte er ein: »Diese Art Sondereinsatz (task force) wird den Krieg gegen den Vietkong unmittelbar wenig beeinflussen. Er wird aber für die nationale Moral eine dringend benötigte Belebung sein.«

Taylors Vorschläge stießen im Außenministerium auf Opposition. Seine Berichte wurden Außenminister Dean Rusk, der in Japan an einer Konferenz teilnahm, offensichtlich nachgeschickt und veranlaßten diesen, Washington postwendend telegrafisch vor einem militärischen Engagement ohne entsprechende politische Reformen durch Diem zu warnen.

Zu seiner Mitteilung vom 1. November, die der Pentagon-Studie beigefügt ist, erklärte Rusk, wenn der südvietnamesische Staatschef wie bisher nicht bereit sei, seiner militärischen Führung stärker zu vertrauen und dafür zu sorgen, daß mehr nichtkommunistische Persönlichkeiten in einflußreiche Stellungen kämen, dann sei es »schwierig einzusehen, wie eine Handvoll amerikanischer Soldaten entscheidenden Einfluß gewinnen könnte«. Obwohl Rusk der Sicherheit Südostasiens die »allergrößte Bedeutung« beimaß, drückte er doch seine Abneigung aus, Amerikas Prestige um »eines verlierenden Pferdes« willen so stark aufs Spiel gesetzt zu sehen.

Ähnliche Vorbehalte spiegelten die Berichte zweier mittlerer Beamter des Verteidigungsministeriums wider, die zu General Taylors Delegation gehört hatten. Sterling J. Cottrell und William J. Jorden schickten auf ihrer Rückreise aus Bangkok und den Philippinen getrennte Kommentare, die von General Taylors Standpunkt abwichen.

Mr. Cottrell, Chef der interministeriellen Vietnam-Kommission in Washington, urteilte in einem Memorandum vom 27. Oktober: »Da amerikanische Kampftruppen in Divisionsstärke nicht wirksam eingesetzt werden können, sollten sie in diesem Stadium« trotz des »psychologischen Auftriebs«, den sie den Vietnamesen geben würden, »auch nicht in Marsch gesetzt werden«.

»Da die Frage, ob die Regierung Süd-Vietnams, selbst mit amerikanischer Hilfe, Erfolg hätte, offen ist«, fuhr er fort, »wäre es ein Fehler, wenn die USA sich unwiderruflich verpflichteten, den Kommunismus in Süd-Vietnam zu besiegen.« Sollten aber die gemeinsamen amerikanischen und vietnamesischen Anstrengungen im Süden erfolglos bleiben, empfahl er »den Rostow-Plan für abgestufte Vergeltungsmaßnahmen gegen die Demokratische Republik Vietnam mit Waffen nach unserem Gutdünken«.

Mr. Jorden berichtete, in Süd-Vietnam dränge eine gespannte Atmosphäre auf einen Wechsel von Politik und Regierung, während die Regierung selbst teilweise »nahezu gelähmt« sei, weil zu viele Entscheidungen auf die persönliche Zustimmung Präsident Diems warten müßten. Viele Regierungsbeamte und Offiziere, so schrieb er, »haben ihr Vertrauen in Präsident Diem und seine Führungsqualität verloren«. Er empfahl den Vereinigten Staaten, sich nicht »mit einem Mann oder einem Regime« zu identifizieren.

Ein ganz entgegengesetzter Druck wurde indessen von der amerikanischen Mission in Saigon auf Washington ausgeübt. Am 31. Oktober, so berichtet die Pentagon-Studie, informierte die Botschaft Washington von dem »praktisch einstimmigen Wunsch« des vietnamesischen Volkes nach Entsendung amerikanischer Truppen.

Von Baguio auf den Philippinen, wo er seine Reise unterbrochen hatte, um mit Rostow und den anderen Mitarbeitern seinen offiziellen Bericht zu entwerfen, schickte General Taylor am 1. November zwei weitere Botschaften an Präsident Kennedy und drängte ihn, eine »amerikanische Sondereinheit« nach Vietnam zu schicken.

Die Texte beweisen jedoch, daß er jetzt den Hochwassereinsatz für zweitrangig ansah gegenüber dem Ziel, für eine »amerikanische militärische Präsenz (zu sorgen), die geeignet ist, die nationale Moral zu stärken, und die Südostasien den Ernst der amerikanischen Absicht beweist, sich einer kommunistischen Machtübernahme zu widersetzen«.

In einer schärferen Sprache als eine Woche zuvor in Saigon empfahl der General »gemeinsame, intensive Anstrengungen« zusammen mit den Südvietnamesen, »um sowohl mit dem Vietkong als auch mit den Hochwasserverwüstungen fertigzuwerden«. Die Anwesenheit amerikanischer Bodentruppen, schrieb er, sei »wesentlich«, wenn man »einer weiteren Verschlechterung der Situation Einhalt gebieten« wolle.

Sein zweites Telegramm verneinte die Gefahr, unbeabsichtigt in einen großen asiatischen Landkrieg hineinzugeraten, und versicherte Kennedy, die amerikanischen Truppen sollten die Vietkong-Guerillas nicht angreifen und jagen, obwohl sie natürlich hier und da in Kampfhandlungen verwickelt würden. Er schrieb:

»Diese Truppen sind nicht dazu bestimmt, Dschungel und Wälder von Vietkong-Guerillas zu säubern. Das sollte die Hauptaufgabe der vietnamesischen Streitkräfte sein, die man für diesen Zweck besonders organisieren, ausbilden und auf breiter Basis durch amerikanische Berater bis hin zu Bataillonsebene verstärken sollte.

Es könnte jedoch sein, daß die US-Truppen sich in Kampfhandlungen einlassen müssen, um sich, ihre Arbeitskompanien und das Gebiet, in dem sie stationiert sind, zu schützen. Als eine allgemeine Reserve könnten sie (mit amerikanischer Zustimmung) gegen starke Guerillabanden eingesetzt werden, wenn diese die Wälder verlassen, um größere Ziele anzugreifen.«

Der Klammer-Zusatz stand in Taylors Original-Telegramm. Es wiederholte auch die – von Mr. Cottrell und dem Pentagon-Kommentator – Rostow zugeschriebene Anregung, mit einem Luftangriff auf Nord-Vietnam Hanoi diplomatisch zu drohen und in Schach zu halten.

Der Ton in Taylors sämtlichen Berichten, so meint die Pentagon-Studie, läßt vermuten, daß die Truppenverstärkung – Hubschrauberverbände, erweiterte Berater-Mission, taktische Luftunterstützung – »im wesentlichen schon von dem Präsidenten gebilligt worden war, bevor Taylor Washington verließ«.

Das Interesse des Generals, so die Studie, galt der Bewilligung von »Bodentruppen (nicht unbedingt nur oder vorwiegend Infanterie, sondern Einheiten, die im freien Gelände eingesetzt werden, wo sie beschossen werden und zurückschießen können)«.

Er stützte diese Forderung mehr auf »psychologische als auf militärische Argumente«.

Der offizielle Bericht der Taylor-Kommission, der am 3. November vorgelegt wurde, enthielt den Vorschlag zu einem, wie der Pentagon-Bericht formuliert, »nachdrücklichen Einsatz am Boden« und zu anderen Maßnahmen – alle unter dem Gesamtkonzept einer neuen amerikanischen Position in Vietnam: der »begrenzten Partnerschaft«. Die Tendenz des Berichtes, an dem nach Meinung der Studie Rostow mitgewirkt hatte, kehrte in dem Vorschlag wieder, die amerikanische Militärberatungsmission in Saigon sollte nicht nur »entscheidend vergrößert« werden, sondern aktiver in die Kriegführung eingreifen und »etwas mehr – nicht ganz – in die Nähe des Oberkommandos eines Kriegsschauplatzes gerückt werden«.

Die zusammenfassende Beurteilung »stellt Saigons Schwäche in ein klares Licht und vermeidet Vorschläge, die USA sollten vielleicht lieber eine Beschränkung als eine Erweiterung ihrer Zusagen an das Diem-Regime erwägen«.

Die abweichenden Stellungnahmen von Cottrell und Jorden wurden zusammen mit einem militärische Fragen betreffenden Anhang vorgelegt, in dem es heißt: »Die Leistung der südvietnamesischen Armee ist enttäuschend; im allgemeinen kennzeichnet sie Mangel an Angriffsgeist, und auf allen Kommandoebenen fehlt ihr das Bewußtsein der Dringlichkeit.«

Der Taylor-Bericht schlug vor, diese Art von Problemen durch Verwaltungsreform in der Armee unter Anleitung von Amerikanern zu lösen, vermerkt die Studie. Sie kommentiert, man habe Diem nicht ernsthaft und mit Nachdruck aufgefordert, jene Reformen durchzuführen, die Minister Rusk für nötig hielt.

Außerdem stellt der Pentagon-Bericht fest, daß die Taylor-Empfehlungen von zwei grundlegenden Voraussetzungen ausgingen. Die erste war, daß Süd-Vietnams Probleme – ob es sich um den mangelnden Kampfgeist der Armee oder um Präsident Diems Schwierigkeiten handelte – »gelöst werden könnten, wenn nur genügend engagierte Amerikaner sich der Sache annähmen«. Es herrschte die unausgesprochene feste Überzeugung, daß Amerikaner den Südvietnamesen »den zum Sieg nötigen Elan und die Methode beibringen« könnten.

Die zweite Grundvoraussetzung war, daß, »wenn es zum Schlimmsten käme, die USA durch einen Luftangriff auf den Norden ihre Position in Vietnam wahrscheinlich halten könnten«.
Beide Voraussetzungen, so berichtet der Autor der Pentagon-Studie in einem späteren Abschnitt, waren wesentliche Elemente jener Empfehlungen, die Präsident Johnson Ende 1964 und 1965 gegeben wurden, als er sich entschloß, voll in den Krieg einzutreten.
Zur selben Zeit wie die Taylor-Vorschläge erhielt Kennedy eine gesonderte Lagebeurteilung des Geheimdienstes, die voraussagte, daß Hanoi mit der amerikanischen Eskalation gleichziehen würde. Laut Pentagon-Bericht stellte diese Analyse vom 5. November vier Möglichkeiten zur Diskussion: Vergrößerung der amerikanischen Beratungsmission und Erweiterung der amerikanischen Luftbrücke für vietnamesische Truppen; Entsendung eines 8- bis 10 000 Mann starken Kontingents für den Einsatz im Überschwemmungsgebiet; Entsendung eines Kampfverbandes von 25 000 bis 40 000 Mann; und in Verbindung mit jedem dieser Schritte Warnung an Hanoi, daß die Vereinigten Staaten mit »Luftangriffen gegen Nord-Vietnam beginnen würden«, wenn Hanoi nicht aufhöre, den Vietkong zu unterstützen.
»Der Kernpunkt« der Geheimdienst-Analyse war nun aber laut Pentagon-Bericht, »daß die Nordvietnamesen jedes verstärkte Engagement der USA mit einer verstärkten Infiltration zur Unterstützung des Vietkong beantworten würden«. Je größer die amerikanische Beteiligung, desto stärker die nordvietnamesische Reaktion, habe der Geheimdienst prophezeit. »Bombenandrohungen würden Hanoi nicht davon abhalten, den Vietkong zu unterstützen und ... direkte Angriffe auf den Norden würden zu einer heftigen Reaktion Moskaus und Pekings führen ...«, heißt es in der Pentagon-Studie.
Trotzdem fanden die Taylor-Empfehlungen die Unterstützung Verteidigungsministers McNamara, seines Stellvertreters Gilpatric und der Vereinigten Stabschefs. In einem Memorandum an Kennedy vom 8. November, das in der Studie abgedruckt ist, faßt McNamara ihren Standpunkt zusammen:
»Wir sind geneigt zu empfehlen, die USA sollten sich dem klaren Ziel verpflichten, den Verlust Süd-Vietnams an den Kommunismus zu verhindern und dieser Verpflichtung mit den notwendigen militärischen Maßnahmen nachzukommen.
Besteht über eine solche Verpflichtung Übereinstimmung, unterstützen wir die Empfehlungen General Taylors als erste Schritte zu ihrer Erfüllung.«
Gleichzeitig warnt das Memorandum den Präsidenten, ein 8000 Mann starker Verband werde »die Waagschale wahrscheinlich nicht merklich

senken«, was bedeutet, daß »wir uns fast mit Sicherheit immer mehr in einen ergebnislosen Kampf verstricken würden«.
»Mit einem Wort«, so kommentiert die Studie, »dem Präsidenten wurde erklärt, es drehe sich nicht darum, ob man eine 8000 Mann starke Truppe einsetzen, sondern darum, ob man einen Kurs einschlagen wolle, der ohne eine gehörige Portion Glück zu kriegerischen Verwicklungen in Südostasien von beträchtlichem Ausmaß führen müßte.«
Während der Standpunkt der Vereinigten Stabschefs klar gewesen sei, sei die Haltung McNamaras, insbesondere durch die einschränkende Formulierung »sind geneigt zu empfehlen«, Truppen zu entsenden, »etwas unbestimmt geblieben«, meint der Verfasser der Pentagon-Studie. Der tiefere Sinn scheint zu sein, daß Verteidigungsminister McNamara bereit war, sich so weit wie nötig hinter die Stabschefs zu stellen, um dem Präsidenten die volle und weitreichende Bedeutung ihrer Empfehlungen klarzumachen.
Außerdem schloß McNamara sich drei Tage später einer Empfehlung Außenminister Rusks an, die ganz anders lautete und die »offenbar mehr nach dem Geschmack des Präsidenten war (und sich nach Lage der Dinge seinen Vorstellungen annäherte)«. (Siehe Dokument Nr. 30)
Dieses Memorandum, von Präsident Kennedy nahezu uneingeschränkt als politische Richtlinie übernommen, enthielt stärkere Formulierungen, aber mildere Empfehlungen. Das fast ganz im Pentagon-Bericht abgedruckte Memorandum begann mit einer nachdrücklichen Darlegung der Domino-Theorie:
»Der Verlust Süd-Vietnams würde jede weitere Diskussion über die Bedeutung Südostasiens für die freie Welt gegenstandslos machen; wir müßten mit ziemlicher Sicherheit damit rechnen, daß der übrige Teil Südostasiens und Indonesiens sich mit dem Kommunismus arrangieren, wenn nicht sogar dem kommunistischen Block angegliedert würde.«
Bezüglich der Truppen-Frage ist der Text, der den Hochwassereinsatz gar nicht erwähnt, anscheinend sehr sorgfältig abgefaßt worden:
»Der Einsatz amerikanischer Streitkräfte in Süd-Vietnam erfolgt in zwei verschiedenen Kategorien: (A) Kleinere Einheiten zur Unterstützung der südvietnamesischen Armee, wie zum Beispiel Fernmeldetrupps, Hubschrauber- und andere Lufttransporteinheiten, Aufklärungsflugzeuge, Küstenwachboote, Nachrichteneinheiten usw. (B) Größere Verbände mit konkreten oder potentiellen militärischen Aufgaben. Kategorie A *sollte so schnell wie möglich entsendet werden.* Der Einsatz von Einheiten der Kategorie B stellt ein schwieriges Problem dar ...«
(Die Hervorhebung entspricht dem Original-Dokument).
Die beiden Ministerien empfahlen, die Vereinigten Staaten sollten »jetzt entscheiden, daß wir uns dem Ziel verpflichten, einen Verlust

Süd-Vietnams an den Kommunismus zu verhindern, und, indem wir das tun, anerkennen, daß die Entsendung amerikanischer und anderer SEATO-Streitkräfte erforderlich sein könnte, um dieses Ziel zu erreichen«. Doch für den Augenblick schlugen sie lediglich vor, daß das Pentagon Pläne für den Einsatz von Bodentruppen ausarbeiten sollte.

Drei Linien der Argumentation gegen den Einsatz von Bodentruppen springen aus diesem Dokument ins Auge.

Die erste und nach Ansicht der Pentagon-Studie möglicherweise wichtigste besagt, daß ein solcher Schritt »vor einer Lösung in Laos ein beträchtliches Risiko berge, daß die Kommunisten die Waffenruhe brechen und die Feindseligkeiten in Laos wiederaufnehmen«. Damit stände der Präsident vor der undankbaren Wahl, »Kampfverbände in Laos einzusetzen oder dieses Land ganz der kommunistischen Kontrolle zu überlassen«.

Das zweite Argument liegt in der Notwendigkeit, auch »Truppen anderer Staaten einzusetzen«; sonst wäre es »schwierig, unserem Volk zu erklären, warum man sich nicht bemüht hat, die SEATO zu beteiligen, oder warum die Vereinigten Staaten diese Last ganz allein tragen«.

Das dritte Argument ergibt sich aus dem grundsätzlichen Dilemma der Truppen-Frage: »Strengen die Südvietnamesen sich an, sind die Truppen vielleicht nicht nötig. Strengen sie sich nicht an, könnten die amerikanischen Streitkräfte inmitten einer teilnahmslosen oder feindseligen Bevölkerung ihren Auftrag gar nicht erfüllen.«

Das Rusk-McNamara-Memorandum verkennt keineswegs, daß auch die Entsendung von Hilfstruppen und zusätzlichen Beratergruppen eine offene Überschreitung der im Genfer Abkommen von 1954 festgelegten Militärkontingente bedeuten würde. Es schlägt einen Austausch von Briefen mit Präsident Diem vor, bei dem Kennedy erklärt, es bestehe »jetzt im Hinblick auf Verletzungen durch die Demokratische Republik Vietnam die Notwendigkeit, über einige Bestimmungen des Vertrages hinauszugehen«. Das Memorandum schlägt ferner vor, ein Weißbuch mit dem Titel *Eine Bedrohung des Friedens* herauszugeben und darin die Infiltration aus Nord-Vietnam und den Vietkong-Terror anzuprangern.

Das gemeinsame Minister-Papier griff die wesentlichen Teile der von Rusk aus Japan telegrafierten Stellungnahme auf und verlangte von Diem Reformen, bevor die US-Mobilisierung in Aktion treten könne.

Laut Pentagon-Studie akzeptierte der Präsident die Hauptvorschläge mit Ausnahme der uneingeschränkten Verpflichtung, Süd-Vietnam vor dem Kommunismus zu bewahren. Auf einer Sitzung des Nationalen Sicherheitsrates vom 22. November wurden die Beschlüsse des Präsidenten in einem Memorandum, betitelt »Erste Phase des Vietnam-Programms«, offiziell niedergelegt.

Aber am 14. November schickte Washington eine wohl am Tage vorher angefertigte Zusammenfassung dieser Beschlüsse an Botschafter Nolting. Die Weisung an die Botschaft verlangte eine »konkrete Demonstration (Präsident) Diems, daß er nunmehr bereit ist, in vernünftiger Weise mit den ihm Unterstellten zusammenzuarbeiten und die politische Basis seines Regimes zu verbreitern«. Zum erstenmal wurde versucht, die Vereinigten Staaten stärker an der Leitung des Krieges zu beteiligen. Washington erklärte: »Wir können erwarten, an der Beschlußfassung auf politischem, wirtschaftlichem und militärischem Gebiet, soweit es die Sicherheit betrifft, mitzuwirken.«

Möglicherweise um Präsident Diems vermuteten Unwillen zu besänftigen, hieß es weiter, der Beschluß über die Hilfstruppen und die zusätzlichen Berater »wird die Verpflichtung, mit unserem Prestige für die Rettung Süd-Vietnams einzustehen, vergrößern«. Obwohl das Pentagon bereits Kontingente an Bodentruppen plante, wurde am Schluß erklärt, »Zweck unserer Politik ist es, alles zu tun, um unsere Ziele ohne Einsatz amerikanischer Truppen zu erreichen«.

Im Pentagon-Bericht ist keine Akte aus dem Weißen Haus enthalten, die eindeutig erkennen ließe, wie Kennedy wirklich dachte; immerhin werfen einige Dokumente etwas Licht auf seine Haltung: die Mitteilung an die Botschaft vom 14. November und einige nicht abgezeichnete Notizen von einer Sitzung des Nationalen Sicherheitsrates vom 15. November.

In den Notizen steht folgender Vermerk: »Präs. drückte Sorge über Zwei-Fronten-Krieg aus. Noch eine weitere beschäftigt ihn, ein offener Angriff Rotchinas in Süd-Vietnam wie in Korea. Das sind Diems eigene Landsleute; schwieriges Operations-Gebiet. Wenn wir über Berater hinausgehen, brauchen wir andere Staaten an unserer Seite ... Präs. erhielt Nachricht vom Kongreß; sie sind gegen US-Truppen.«

An anderer Stelle soll Kennedy gefragt haben, warum es so wichtig sei, Süd-Vietnam und Laos zu halten. Die Notizen geben die Antwort von General Lyman L. Lemnitzer, Vorsitzender der Vereinigten Stabschefs, wieder: »Wir würden Asien sonst bis hinunter nach Singapur verlieren. Schwerwiegender Rückschlag für USA und die ganze FW (freie Welt).«

Präsident Kennedy soll sich auch besorgt über die mangelnde Unterstützung durch die Briten sowie über den Briefentwurf geäußert haben, in dem die Vereinigten Staaten sich zum Bruch des Genfer Abkommens bekennen sollen. »Präs. fragte Rusk«, so der Vermerk, »warum sollen wir das auf uns nehmen und sagen, daß wir das Genfer Abkommen brechen werden (in einem Brief an Diem). Warum nicht schweigen. Nicht wir selber sagen das. Wies Außenminister an, Brief umzuformulieren.« (Die Klammern standen in den Notizen.)

In der Mitteilung an die Botschaft vom 14. November klingen ähnliche Überlegungen an. Ein wichtiger Gesichtspunkt ist für Kennedy die Befürchtung, der Einsatz von Bodentruppen in Süd-Vietnam könne, wörtlich, »die Chancen für eine Vereinbarung (in Laos) zunichte machen« und die Feindseligkeiten wieder aufflammen lassen.
Ein zweites in der Mitteilung erwähntes Bedenken richtete sich auf die Gefahr einer Konfrontation mit der Sowjetunion. An dritter Stelle stand das »Zwei-Fronten-Problem«, insbesondere in Berlin, wo die akute Krise noch nicht mal einen Monat zurücklag.
Der Beschluß enttäuschte Präsident Diem, der laut Pentagon-Studie eine bindende amerikanische Zusage wünschte. Die Studie berichtet, Botschafter Nolting habe am 18. November nach Washington telegrafiert, daß der südvietnamesische Staatschef sich sofort nach amerikanischen Kampfverbänden erkundigt habe. Er habe sich dann Noltings Antwort angehört, so der Botschafter, und »unsere Vorschläge gefaßter als erwartet hingenommen«. Zwei Tage später meldete der Botschafter, er erfahre von hoher Stelle, daß Diem erregt sei und Unheil ausbrüte.
Wenn das eine Verhandlungstaktik war, um die Vereinigten Staaten von ihrer Forderung nach Reformen abzubringen, so meint die Pentagon-Studie, dann hatte sie Erfolg. Am 7. Dezember schickte Washington der Botschaft neue Instruktionen, in denen die Forderung nach Reformen abgeschwächt wurde und die USA nicht mehr wie bisher auf einer Mitwirkung an der Beschlußfassung bestanden, sondern eher eine »enge Partnerschaft« und häufige Konsultationen mit der südvietnamesischen Regierung vorschlugen.
Ob beabsichtigt oder nicht, die Hauptwirkung dieser Maßnahmen war, so behauptet die Pentagon-Studie, daß die militärische Seite des Krieges vor der politischen den Vorrang erhielt.
»Diem auch ohne Reformen weiter zu unterstützen«, so heißt es, »bedeutete ganz einfach, daß er, nicht wir, über die Art und Weise der Partisanenbekämpfung entscheidet und daß die Erhaltung seiner Macht bei ihm vor allem anderen den Vorrang hat.« Die Studie meint, diese Gewichtsverteilung sollte die Regierung Kennedy noch sehr stören, als die Unzufriedenheit der Südvietnamesen mit dem Diem-Regime 1963 überkochte.

Hubschrauber und Verluste

Noch bevor der amerikanische Entschluß zur Mobilisierung durch einen Austausch offener Briefe zwischen den Präsidenten Kennedy und Diem offiziell bekanntgemacht wurde, waren schon die ersten beiden Hubschraubereinheiten in Süd-Vietnam eingetroffen – 400 Mann Personal und 33 H-21C Hubschrauber. Am 5. Februar 1962 berichtete die Presse, der erste Hubschrauber sei vom Gegner abgeschossen worden.

Trotz der Bemühungen der Regierung, zwischen Unterstützungseinheiten (»Kategorie A«) und Kampftruppen (»Kategorie B«) einen sorgfältigen bürokratischen Unterschied zu machen, war diese Trennung an der Front schwer durchzuführen. Die Pentagon-Studie berichtet kommentarlos, daß Kennedy Mitte Februar auf einer Pressekonferenz gefragt wurde, ob die Regierung wohl »nicht ganz aufrichtig« sei hinsichtlich des amerikanischen Engagements in Vietnam. Der Präsident gab zu, daß die amerikanischen Truppen »zurückschießen«, um sich zu verteidigen, obgleich er behauptete, es handele sich nicht um Kampftruppen »im gewöhnlichen Sinn des Wortes«.

Am 11. April, zwei Tage, nachdem zwei amerikanische Soldaten im Verlauf einer Kampfhandlung vietnamesischer Truppen in einem Vietkong-Hinterhalt gefallen waren, wurde Präsident Kennedy auf einer Pressekonferenz gefragt: »Sir, was werden Sie in bezug auf die beiden in Vietnam gefallenen Soldaten tun?«

Der Präsident erwiderte: »Wir versuchen, Vietnam zu helfen, seine Unabhängigkeit zu bewahren und nicht unter die Herrschaft der Kommunisten zu geraten ... Wir können in Vietnam nicht aufhören.« Monate später gab er zusammen mit der befohlenen Truppenverstärkung die gestiegenen Verluste zu.

Gemäß Pentagon-Bericht hatten die Amerikaner 1962 zehnmal soviel Gefallene und Verwundete wie 1961 – Zahlen, die mit der Verzehnfachung der amerikanischen Streitkräfte auf 11 000 Mann bis Ende 1962 parallel laufen. Die Pentagon-Statistiken zeigen, daß die Zahl der Toten und Verwundeten von 14 im Jahre 1961 auf 109 im Jahre 1962 und 489 im Jahre 1963 anstieg.

Obgleich die Studie die Regierungszeit Kennedys als einen Abschnitt neuer Verpflichtungen beschreibt, gibt sie nicht an, ob Kennedy – durch die Bereitstellung amerikanischen Luftwaffenpersonals für taktische Lufteinsätze und amerikanischer Erdkampf-Berater für Aktionen der Vietnamesen – eine wichtige Grenze des amerikanischen Engagements in Vietnam überschritten hat.

Die der Pentagon-Studie beigegebenen Dokumente berichten ausführlich über das rasche Tempo der amerikanischen Mobilisierung – rasch im Verhältnis zu den vorangegangenen sieben Jahren. So heißt es in einem militärischen Kurzbericht für den Präsidenten vom 9. Januar:

»Die Zahl der amerikanischen Soldaten in Vietnam stieg von 948 Ende November ruckartig auf 2646 bis 9. Januar an und dürfte bis Juni 5576 erreichen.

»Zwei Hubschrauber-Einheiten der Armee flogen Einsätze zur Unter-

stützung von Kampfhandlungen, und ein Kommando der Luftwaffe, Deckname *Jungle Jim*, bildete die vietnamesische Luftwaffe in der Taktik und Technik der Unterstützung von Bodenkämpfen aus.
US Navy Mine Division 73, mit einem Beiboot und fünf Minenräumbooten, ist von Danang ausgelaufen und bewegt sich an der Küste entlang.
Amerikanische Maschinen aus Thailand und von der Siebten Flugzeugträger-Flotte vor Vietnam flogen Überwachungs- und Aufklärungseinsätze über Vietnam.
Sechs C-123-Maschinen mit Sprühvorrichtung zur Unterstützung von Entlaubungsmaßnahmen erhielten diplomatische Freigabe für Einsatz in Vietnam.«
In einer Pressekonferenz vom 18. März 1962 gab Verteidigungsminister McNamara auf Befragen zu, daß die amerikanische »Ausbildung« der Südvietnamesen »gelegentlich unter Kampfbedingungen stattfindet«. Er fügte hinzu: »Es gab hin und wieder gezieltes Feuer auf amerikanisches Militärpersonal, und in einigen wenigen Fällen haben sie zu ihrer Selbstverteidigung zurückgeschossen.« Im Frühjahr 1962 berichteten die Zeitungen, daß amerikanische Piloten auf den Fluglehrersitzen, mit vietnamesischen Schülern hinter sich, Fronteinsätze flögen.

Ein Spurt in Optimismus

Wie groß auch immer das öffentliche Unbehagen sein mochte, das in den Fragen auf Pressekonferenzen zum Ausdruck kam, die offiziellen amerikanischen Verlautbarungen über den Krieg im Frühjahr und Sommer 1962 hatten einen immer optimistischeren Tenor.
Ein besonderer Gegenstand des Lobes und des offiziellen amerikanischen Vertrauens, so erläutert die Pentagon-Studie, war das Programm der strategischen Dörfer als Teil einer umfassenden Antiguerilla-Strategie in den ländlichen Gebieten Vietnams. Aber die Studie meint, der Optimismus sei unangebracht gewesen.
Aus den im Pentagon-Bericht einsehbaren Dokumenten geht hervor, daß dieses Programm vorsah, die vietnamesische Bevölkerung in befestigte Dörfer umzusiedeln, in denen die Regierung politische, soziale und wirtschaftliche Maßnahmen ergreifen wollte, um Vietkong-Sympathisanten auszusondern und die Bevölkerung durch verbesserte Leistungen und größere Sicherheit für sich zu gewinnen.
Mitte März 1962 übernahm Präsident Diem diese Strategie offiziell für das Mekong-Delta und im August für das ganze Land. Bis zum 30. September stellte laut Pentagon-Bericht die Regierung Diem fest, daß mehr als ein Drittel der gesamten Landbevölkerung in fertigen Dörfern lebe.

Ein Fehler dieser Strategie lag darin, daß Saigon und Washington verschiedene Zielvorstellungen damit verbanden. Diem sah in den Dörfern ein Mittel zur Kontrolle über die kommunistische wie die nichtkommunistische Bevölkerung, während Washington mit ihrer Hilfe den Beistand der Bevölkerung zu gewinnen und den Vietkong zu eliminieren hoffte.

Abgesehen davon, so heißt es in der Studie, war die Loyalität der Bevölkerung so schwer abzuschätzen, daß amerikanische Beamte immer mehr dazu übergingen, die materiellen Aspekte des Programms für eine statistische Bewertung des Erfolges heranzuziehen. Das machte sie anfällig für übertriebene vietnamesische Berichte, was erst nach dem Sturz der Regierung Diem 1963 offenbar wurde.

Die Pentagon-Studie stellt fest, daß die strategischen Dörfer im Grunde genommen ein »furchtbarer Fehlschlag« waren, genau wie frühere (ähnliche) Programme, die die Franzosen und Vietnamesen gestartet hatten. Das lag daran, daß sie bei den Bauern, die sich dagegen wehrten, aus ihren angestammten Dörfern vertrieben zu werden, »auf Haß, wenn nicht auf offenen Widerstand stießen«.

Laut Pentagon-Studie trägt die »Hauptverantwortung für den unbegründeten Optimismus der amerikanischen Politik« im Jahre 1962 und Anfang 1963 das unzureichende und relativ schlecht informierte amerikanische Geheimdienst- und Nachrichtensystem. Der amtliche Optimismus erreichte seinen Höhepunkt in den Plänen für einen »stufenweisen Rückzug« aus Vietnam, als man annahm, der Krieg gegen die Vietkong werde Ende 1965 gewonnen sein.

Diesen Ton schlug erstmals die Konferenz in Honolulu über die Vietnam-Strategie an. Am 23. Juli 1962, demselben Tage, an dem in Genf der laotische Friedensvertrag unterzeichnet wurde, gab Verteidigungsminister McNamara die ersten Pläne für einen amerikanischen Rückzug aus Vietnam und eine allmähliche Reduzierung der amerikanischen Finanzhilfe für die Saigoner Regierung in Auftrag.

In der Pentagon-Studie wird geschildert, wie McNamara die ziemlich widerspenstige militärische Führung wiederholt gedrängt habe, einen langfristigen Rückzugsplan zu erstellen, weil er u. a. mit dem »gewaltigen Fortschritt« Anfang 1962 sehr zufrieden war.

Aber McNamaras Auftrag spiegelte auch heimische politische Probleme wider. Auf der Konferenz von Honolulu »stellte er fest, daß es schwierig sein dürfte, das öffentliche Verständnis für die amerikanischen Operationen endlos aufrechtzuerhalten«.

»Der politische Druck mußte mit den anhaltenden Verlusten zunehmen«, fügt die Studie hinzu.

Es findet sich kein Anzeichen dafür, daß diese Planung von Kennedy persönlich angeregt wurde oder daß man sie ihm jemals im vollen

Umfang vorlegte. Etwa achtzehn Monate lang flossen durch Pentagon-Kanäle Dokumente zwischen McNamara und der amerikanischen Militärmission in Saigon – ohne besondere Dringlichkeit – hin und her. McNamara drängte beständig auf niedrigere Budgets und eine Verminderung der amerikanischen Truppen auf 1500 Mann bis Ende 1968. Desungeachtet erklärte Michael V. Forrestal, ein Beamter des Weißen Hauses, dem Präsidenten im Februar 1963, er möge sich auf einen langen und teuren Krieg einstellen.

»Niemand weiß eigentlich«, schrieb Forrestal in einem Bericht an Kennedy vom 11. Februar, »wie viele von den im letzten Jahr gefallenen 20 000 Vietkong-Partisanen unschuldige oder zumindest belehrbare Dorfbewohner waren, ob das Programm der strategischen Dörfer ausreichende Regierungsmaßnahmen vorsieht, um die Opfer, die es verlangt, auszugleichen, oder wie die schweigende Masse der Landbevölkerung die gegen Diem erhobenen Vorwürfe der Diktatur und Günstlingswirtschaft beurteilt.« Der in der Pentagon-Studie abgedruckte Bericht führt aus, der Vietkong regeneriere sich in Süd-Vietnam so erfolgreich, daß der Krieg auch ohne Infiltration aus dem Norden noch lange fortgesetzt werden könne.

Während die Rückzugsplanung weiterging, wuchsen die amerikanischen Interventionstruppen im Oktober 1963 auf 16 732 Mann an. In der Pentagon-Studie heißt es, in dem Augenblick, da im Mai 1963 der politische Kampf gegen Präsident Diem ernsthaft begann, nahm die Rückzugsplanung einen geradezu »absurden Charakter an« und stützte sich auf die »abenteuerlichsten Erfolgsprognosen«.

»Merkwürdig«, schreibt der Verfasser, »als Folge des im Oktober vom Weißen Haus gemachten Versprechens und angetrieben durch das in Schwung gesetzte Räderwerk zogen die USA im Dezember 1963 tatsächlich 1000 Mann aus Vietnam ab.« Die Studie sieht darin jedoch »im wesentlichen ein Spiel mit Zahlen«, ausgelöst zum Teil durch Truppenverschiebungen.

Wegen der totalen politischen Erhebung gegen das Diem-Regime im Jahre 1963 verschlechterte sich die Situation in den letzten fünf Monaten der Regierungszeit Kennedys so grundlegend – das geht aus einer privaten Mitteilung Verteidigungsministers McNamara hervor, die in der Studie zitiert wird –, daß der gesamte Rückzugsplan 1964 offiziell abgeblasen wurde.

Der Pentagon-Bericht urteilt: So hinterließ Kennedy trotz der militärischen Eskalation während seiner Amtszeit Präsident Johnson ein vietnamesisches Vermächtnis von Krisen, politischer Unsicherheit und militärischen Rückschlägen, das mindestens ebenso alarmierend war wie die Situation, die er selbst von der Eisenhower-Regierung übernommen hatte.

Die Entscheidung, Hilfstruppen und Beratungsmissionen zu mobilisieren, war »fast ein Ersatz«, so die Studie, für die Nicht-Entsendung von Bodentruppen, auf die sich die Regierung Kennedy im Herbst 1961 so versteift hatte. Diese Entscheidung fiel »ohne eine längere Untersuchung oder Diskussion« und ohne eine genaue Vorstellung dessen, was durch sie erreicht werden sollte.

Trotz der detaillierten Ausführungen, die über die Regierungszeit Kennedys gemacht und mit ganzen Stößen von Dokumenten belegt wurden, findet die Pentagon-Studie keine endgültige Antwort auf die im Zusammenhang mit Kennedys Vietnampolitik seit seinem Tode im November 1963 am heftigsten diskutierte Frage: Hätte Präsident Kennedy bis 1965 gelebt, hätte er sich wie Präsident Johnson durch den Lauf der Ereignisse gezwungen gesehen, einen großangelegten Landkrieg in Süd-Vietnam und einen Luftkrieg gegen Nord-Vietnam zu führen?

Wie die Pentagon-Studie darlegt, hatte sich die Situation zwischen 1961 und 1965 in bezeichnender Weise geändert. Präsident Kennedy sah sich während seiner Amtszeit noch mit anderen Krisen konfrontiert – Berlin, Kuba, Laos – und mußte in dieser Zeit seine schwierigsten Entscheidungen hinsichtlich Vietnams treffen. Diese Krisen wirkten bremsend; Präsident Johnson stand in anderen Teilen der Welt nicht vor so schwerwiegenden Problemen. Auch drängte Präsident Diem niemals in so aggressiver Form auf eine amerikanische Eskalation wie General Nguyen Khanh, der 1964 und 1965 südvietnamesischer Staatschef war; und auch andere Maßnahmen – unterhalb der Schwelle eines Luft- und Bodenkrieges – waren noch nicht erfolglos durchexerziert worden.

Darüber hinaus zeichnet die Pentagon-Studie das Bild einer ununterbrochenen Kette von Entscheidungen: von den letzten Monaten der Regierung Kennedy bis zu den ersten Monaten der Regierung Johnson – sei es bezüglich der politischen Ziele Amerikas in Vietnam, der Erweiterung des Beraterstabes oder des verstärkten Untergrundkrieges gegen Nord-Vietnam.

»Man kann keine zuverlässigen Überlegungen darüber anstellen«, resümiert die Pentagon-Studie, »wie Präsident Kennedy sich 1965 und später verhalten hätte, wenn er noch gelebt hätte. (Einer derjenigen, die geraten hatten, sich hinsichtlich der Entsendung von Kampfverbänden die Handlungsfreiheit zu bewahren, war Lyndon Johnson.) Das beweist nicht, daß Kennedy sich 1961 richtig verhalten hat. Viele Leute glauben das; aber andere werden dagegenhalten, daß die großen Schwierigkeiten der letzten Jahre hätten vermieden werden können, wenn die USA 1961 in Süd-Vietnam hart durchgegriffen hätten.«

WICHTIGE DOKUMENTE SEPTEMBER 1960–1963

Nr. 16 Analyse des US-Botschafters über die Bedrohung des Saigoner Regimes aus dem Jaher 1960

Telegramm von Elbridge Durbrow, Botschafter der Vereinigten Staaten in Saigon, an Außenminister Christian A. Herter vom 16. September 1960.

Wie unser 495 und 538 andeuteten, Diem-Regime von zwei verschiedenen, doch verwandten Gefahren bedroht. Gefahr durch Demonstrationen oder Umsturzversuch in Saigon könnten früher eintreten; wahrscheinlich anfangs vorwiegend nicht-kommunistisch, aber Kommunisten werden erwartungsgemäß alle Anstrengungen machen, jeden derartigen Versuch zu unterwandern und für sich auszunützen. Aber noch ernster die Gefahr einer ständigen Ausweitung der Kontrolle über das flache Land durch den Vietkong, die für den Fall, daß der gegenwärtige kommunistische Erfolg anhält, den Verlust des freien Vietnam an die Kommunisten bedeuten würde. Diese beiden Gefahren stehen miteinander in Zusammenhang, da Erfolge in ländlichen Gebieten Kommunisten ermutigen, ihre Aktivitäten nach Saigon auszudehnen, und weil Versuchung für nicht-kommunistische Seite, sich an Demonstrationen oder Umsturz zu beteiligen, teilweise von dem ehrlichen Wunsch motiviert wird, kommunistische Machtübernahme in Vietnam zu verhindern.

In der Hauptsache (Wort unleserlich) Gruppen von Maßnahmen erforderlich, um diesen beiden Gefahren zu begegnen. Für die Bedrohung Saigons hauptsächlich politische und psychologische Maßnahmen erforderlich. Für die Bedrohung des flachen Landes Sicherungsvorkehrungen ebenso wie politische, psychologische und wirtschaftliche Maßnahmen nötig. Allerdings sollten die beiden verschiedenen Maßnahmen gleichzeitig durchgeführt werden, und bis zu einem gewissen Ausmaß werden persönliche Schritte gegen beide Gefahren unternommen. Empfehlungen für Sicherheitsvorkehrungen wurden in unserem 539 und anderen Botschaften gemacht. Sie schließen die Bildung eines inneren Sicherheitsrats, zentralisierten Nachrichtendienst usw. ein. Diese Botschaft befaßt sich daher mit unseren politischen und wirtschaftlichen Vorschlägen. Ich bin mir bewußt, daß einige Maßnahmen, die ich empfehle, drastisch sind und für einen Botschafter sehr (unleserliches Wort) wären, wenn er sie unter normalen Umständen vorbrächte. Aber die Umstände hier sind keineswegs normal. Diems Regierung ist ganz ernstlich in Gefahr. Daher ist meines Erachtens sofortiges und sogar drastisches Handeln notwendig. Ich bin mir wohl bewußt, daß Diem in der Vergangenheit ein gewitztes Urteil bewiesen und andere ernste Krisen überlebt hat. Möglicherweise wird sich auch diesmal sein Urteil dem unsrigen überlegen erweisen, aber ich glaube trotzdem, daß wir keine andere Wahl haben als ihm unseren besten Rat über das zu geben, was nach unserer Ansicht zur Rettung seiner Regierung erforderlich ist. Obwohl Diem augenscheinlich meine freien Äußerungen, die ich früher in diesem Jahr gemacht habe, übelgenommen hat und die Vorschläge, die weiter unten ausgeführt sind, wahrscheinlich noch mehr übelnehmen wird, hat er sich doch offensichtlich nach einigen unserer früheren Anregungen gerichtet und könnte wenigstens auf einige der folgenden reagieren:

1. Ich würde vorschlagen, offen und freundschaftlich mit Diem zu sprechen und ihm unsere ernste Besorgnis über die gegenwärtige Situation und über seine politische Lage zu erklären. Ich würde ihm sagen, daß ich, solange die Dinge, die ich vorbringen will, vorrangig interne Angelegenheiten betreffen, gerne offen mit ihm sprechen möchte, und wenn ich ihm das wohlüberlegte Urteil von mir und einigen meiner Washingtoner Freunde über geeignete Maßnahmen vorlege, die ihm in der gegenwärtigen ernsten Situation von Hilfe sein könnten, so geschieht dies in der Hoffnung, ihm so behilflich zu sein wie nur irgend möglich. (Halte es für das beste, nicht durchblicken zu lassen, daß ich auf Anweisung spreche.) Ich würde besonders betonen, wie erwünscht Aktionen wären, die seine (unleserliches Wort) Unterstützung vor den Präsidentschaftswahlen, die nach der Verfassung vor Ende April fällig sind, verbreiteten und verstärkten. Ich würde dem Präsidenten folgende Aktionen vorschlagen:

2. Ein psychologischer Schock ist notwendig, um der kommunistischen Propaganda ebenso wie der nichtkommunistischen Opposition die Initiative zu entreißen und die Bevölkerung davon zu überzeugen, daß die Regierung wirkungsvolle Maßnahmen ergreift, um mit der gegenwärtigen Situation fertigzuwerden. Andernfalls befürchten wir, daß die Dinge außer Kontrolle geraten. Um diese Wirkung zu erzielen, folgendes vorgeschlagen:

A. Aufgrund der Vertrautheit des Vizepräsidenten Tho mit dem Süden, wo kommunistische Guerillainfiltration in solchem Ausmaß zunimmt, würde (ich) vorschlagen, daß er vom Wirtschaftsministerium ins Innenministerium überwechselt. (Diem hat das schon vorgeschlagen, aber Vizepräsident sehr abgeneigt, diese Aufgabe zu übernehmen.)

B. Es ist wichtig, daß aus der Armee jeglicher Eindruck verbannt wird, als ob Beziehungen und politische Überlegungen die Beförderungen und Ernennungen beeinflußten. Ebenso lebensnotwendig, um wirksam mit der Bedrohung durch den Vietkong fertigzuwerden, daß nach oben wie nach unten der normale Befehlsweg eingehalten wird. Damit dieser Wandel in der Armee eintritt, würde ich, um ihn zu unterstützen, die Ernennung eines Nur-Verteidigungsministers vorschlagen. (Thuan deutete an, Diem habe schon daran gedacht, Thuan diese Aufgabe zu übertragen.)

C. Gerüchte über Herrn und Frau Nhu erwecken im Land wachsende Ablehnung und schaden der politischen Lage der Regierung Diem ernstlich. Ob nun Gerüchte wahr oder falsch sind, politisch bedeutsam ist die Tatsache, daß immer mehr Leute sie für wahr halten. Deshalb wird es immer deutlicher, daß im Interesse der Regierung Diem etwas unternommen werden muß. In ähnlicher Lage mußten in anderen Ländern (einschließlich den USA) bedeutende, tüchtige Regierungspersonen der politischen Vernunft geopfert werden. Ich würde daher vorschlagen, daß Nhu durch den Präsidenten mit einer Botschafteraufgabe im Ausland betraut wird.

D. Ähnlich sollte Tran Kim Tuyen, Nhus Gefolgsmann und Chef des Geheimen Nachrichtendienstes, in diplomatischem Auftrag ins Ausland geschickt werden, weil er in der öffentlichen Meinung mehr und mehr mit den bekannten Unterdrückungs- und Überwachungsmethoden der Polizei identifiziert wird.

E. Ein oder zwei Minister im Kabinett sollten aus den Reihen der Opposition ernannt werden, um Diems Wunsch zu demonstrieren, eine Regierung der nationalen Einheit im Kampf gegen den Vietkong zu errichten.

3. Die Auflösung der Can-Lao-Partei öffentlich verkünden oder sie wenigstens der Geheimhaltung entziehen und Namen und Stellung aller Mitglieder öffentlich bekanntgeben. Zweck dieses Schrittes wäre, die Atmosphäre der Furcht und Verdächtigung zu beseitigen und den in der Öffentlichkeit bestehenden Verdacht auf Vetternwirtschaft und Korruption zu verringern, zu dem der halb geheime Status der Partei Anlaß gegeben hat.

4. Der Nationalversammlung weiterreichende gesetzgeberische Initiative zugestehen und die Freiheit zu wirklicher Auseinandersetzung. Ihr das Recht verleihen, daß sie unter angemessener Einbeziehung der Öffentlichkeit jedes Ministerium der Regierung einer öffentlichen Untersuchung unterziehen darf, einschließlich des Rechts, alle Amtsträger zu befragen, mit Ausnahme des Präsidenten selbst. Dieser Schritt hätte einen dreifachen Zweck:

A. Ein Mittel zu finden, um durch öffentliche Überprüfung die immer wieder auftauchenden Gerüchte über die Regierung und ihre Vertreter zu zerstreuen;

B. dem Volk die Möglichkeit zu verschaffen, sich gegen die Willkürmaßnahmen einiger Regierungsbeamten zu wenden;

C. einen Teil der intellektuellen Opposition mit der Regierung zu versöhnen.

5. Von allen Regierungsbeamten fordern, daß sie ihre Besitz- und Finanzverhältnisse offenlegen und der Nationalversammlung die Berechtigung geben, eine öffentliche Überprüfung dieser Angaben vorzunehmen, um damit Gerüchte über Korruption zu zerstreuen.

6. (Unleserliche Worte) des/der (unleserliches Wort) Kontrolle über den Inhalt der vietnamesischen Publikation (unleserliches Wort) Zeitschriften, Rundfunk, so daß die (unleserliche Worte) um die Lücke zu schließen zwischen Regierung und (unleserliche Worte) Vorstellungen vom einen zum anderen. Um sicherzustellen, daß die Presse die öffentliche Meinung reflektieren und auch dirigieren würde, ohne ein Instrument zu werden, um die gesamte Regierung von Süd-Vietnam (unleserliches Wort) in Verwirrung zu stürzen, sollte sie sich einem selbstauferlegten Moralkodex oder »Kanon« des journalistischen Verhaltens verpflichten.

7. (Unleserliche Worte) zur Propagandakampagne über den neuen Drei-Jahres-Entwicklungsplan, zu dem Zweck, das Volk zu überzeugen, daß die Regierung wirklich beabsichtigt, seinen Wohlstand zu (unleserliches Wort). (Dieser Vorschlag (unleserliches Wort) natürlich von der Begutachtung, ob der Entwicklungsplan, der uns eben erreicht hat, vernünftig ist.)

8. Folgende Maßnahme zur sofortigen Verbesserung der Unterstützung der Bauern durch die Regierung ergreifen: A. Einen Mechanismus in Gang bringen, der den Preis steigert, den der Bauer für seine Reisernte einnimmt, die von Dezember an auf den Markt kommt; ganz gleich, ob durch direkte Zuschüsse oder durch die Errichtung einer staatlichen Aufkauforganisation; B. eine angemessene Bezahlung für Fronarbeit einführen; C. Zuschuß an Kleinbauernfamilien, bis sie wirtschaftlich auf eigenen Füßen stehen; er wird nach den Richtlinien gewährt, die auch für Familien gelten, die Land wieder besiedeln; D. Aufwandsentschädigungen erhöhen, die den Jugendkorps gezahlt werden. Wenn Diem fragt, wie diese Maßnahmen finanziert werden sollen, werde ich vorschlagen, durch Steuererhöhungen oder durch erhöhte Defizitfinanzierung,

und werde anmerken, daß unter bestimmten Umständen eine vernünftige Defizitfinanzierung für Regierungen eine politisch notwendige Maßnahme wird. Ich sollte hinzufügen, daß die Verwendung von Steuergeldern für diesen entscheidenden und sinnvollen Zweck wirkungsvoller wäre, als immer größere Summen für die Sicherheitspolizei hinauszuwerfen, die, auch wenn sie wichtig ist und selbst wenn für die bereits bestehenden Einheiten noch zusätzliche Geldmittel erforderlich sind, doch keine umfassende Antwort auf die gegenwärtigen Probleme darstellt.

9. Schlage vor, Diem nahezulegen, daß die oben ausgeführten geeigneten Schritte in seinem jährlichen Bericht zur Lage der Nation Anfang Oktober vor der Nationalversammlung publikumswirksam angekündigt werden. Da Diem gewöhnlich (unleserliches Wort) persönliche Botschaft, würde das ein Höchstmaß an Wirkung erzielen, und ich würde vorschlagen, daß sie life per Rundfunk ins ganze Land übertragen wird.

10. Zur (unleserliche Worte) anläßlich der Fünfjahresfeier der Gründung der Republik Süd-Vietnam am 26. Oktober könnte es für Präsident Eisenhower höchst wünschenswert werden, ein Schreiben mit der Zusicherung weiterer Unterstützung an Diem zu richten. Diem hat zweifellos bemerkt, daß Eisenhower vor kurzem Brief an Sihanuk richtete. Nicht nur aus diesem Grunde, sondern weil es auch sehr wichtig für uns werden könnte, Diem fortgesetzt unserer Unterstützung zu versichern. Ein Brief vom Präsidenten, der hier veröffentlich werden könnte, kann sich als sehr wertvoll erweisen.

Erbitte weitere Vorschläge, die das Ministerium evtl. hat, und Bestätigung hierfür zwecks Vorsprache bei Diem entsprechend den aufgeführten Punkten 1 bis 9.

Wir glauben, die Vereinigten Staaten sollten zum gegenwärtigen Zeitpunkt Diem als die beste verfügbare vietnamesische Führungspersönlichkeit unterstützen, sie sollten aber auch im Auge behalten, daß das entscheidende Ziel der USA eine starke antikommunistische Regierung in Süd-Vietnam ist, die aus möglichst weiten Kreisen der Bevölkerung loyale und begeisterte Unterstützung erwarten kann und die in der Lage ist, einen wirksamen Kampf gegen die kommunistischen Guerillas weiterzuführen. Wenn sich Diems Position im Lande weiterhin so verschlechtert, weil es ihm nicht gelingt, geeignete politische, psychologische, wirtschaftliche und Sicherheitsmaßnahmen zu treffen, dann kann es für die Regierung der USA notwendig werden, Überlegungen über ein neues Vorgehen und neue Führungskräfte anzustellen.

Nr. 17 Memorandum mit neun Vorschlägen von Rostow an Kennedy

Memorandum von Walt W. Rostow, dem persönlichen Sicherheitsbeauftragten des Präsidenten, an Präsident Kennedy vom 12. April 1961.

Jetzt, da die Wahlen in Vietnam vorüber sind, müssen wir, glaube ich, daran gehen, das gesamte Vorgehen in Vietnam voranzutreiben. Zu den möglichen Richtlinien, die bei einem frühen Treffen auf hoher Ebene in Betracht kommen könnten, gehören folgende:

1. Die Ernennung eines erstklassigen, hauptamtlichen Koordinators in Washington. McNamara hält das ebenso wie Ihr Stab für unumgänglich.
2. Die Einweisung unseres neuen Botschafters, Fritz Nolting, einschließlich einer ausgedehnten Unterredung mit Ihnen, so daß er den Vorrang, den Sie dem Vietnamproblem einräumen, voll versteht.
3. Ein möglicher Besuch des Vizepräsidenten in Vietnam in naher Zukunft.
4. Ein möglicher Besuch des amtierenden Verteidigungsministers Thuan, der zu den wenigen Männern um Diem gehört, die die Fähigkeit und die nötige Tatkraft zum Handeln haben.
5. Die Entsendung einer Gruppe von Fachleuten für Forschung, Entwicklung und militärische Ausrüstung nach Vietnam, die zusammen mit General McGarr erkunden soll, welche der in Vietnam verfügbaren oder noch im Stadium der Erprobungen befindlichen Techniken und Verfahrungsweisen für das Unternehmen in Vietnam bedeutungsvoll und nützlich sein könnten.
6. Die Erhöhung der Richtzahl für die Militärische Beratergruppe (MAAG), was einige Diplomatie erfordert, es sei denn, daß wir einen anderen Weg finden, um in das Unternehmen in Vietnam eine beträchtliche Anzahl bestimmter Spezialtruppen einzuschleusen.
7. Die Frage einer Ablösung des Leiters der Verwaltung für Internationale Zusammenarbeit (ICA), der bei allem Wohlwollen sein Kapital überzogen hat. Wir brauchen einen tatkräftigen Mann, der gut mit dem Militär zusammenarbeiten kann, da einige der Entwicklungsprobleme auf dem flachen Land in engem Zusammenhang mit den Operationen der Guerillas stehen.
8. Die Frage nach den zusätzlichen Geldmitteln für Diem stellen.
9. Die Taktik, wie man Diem dazu bringen kann, die Basis seiner Regierung schneller zu verbreitern und gleichzeitig ihre Zentralisierung zu lockern und ihre Effektivität zu erhöhen.

Vor dem Hintergrund der Entscheidungen, die wir in diesem Zusammenhang dringend fällen sollten, könnten Sie den Wunsch haben, ein Schreiben an Diem vorzubereiten, das ihn nicht nur beglückwünschen, unserer Unterstützung erneut versichern und die neuen Initiativen erläutern würde, die wir ergreifen wollen, sondern das ihm auch die Bedeutung erklären sollte, die Sie jetzt, da die Wahlen glücklich hinter ihm sind, einer effektiveren politischen und moralischen Grundlage für seine militärischen Aktionen beimessen.

Nr. 18 Vietnam-»Aktionsprogramm« von Kennedys Arbeitsgruppe

Auszüge aus »Ein Aktionsprogramm für Süd-Vietnam« vom 8. Mai 1961, Präsident Kennedy vorgelegt von einer interministeriellen Arbeitsgruppe, die Vertreter aus dem Außen- und Verteidigungsministerium, dem CIA, der Verwaltung für Internationale Zusammenarbeit, des Nachrichtendienstes der Vereinigten Staaten und dem Präsidialamt umfaßte.

... 2. *Militärisch*

a) Folgende militärische Aktionen wurden auf der Sitzung des Nationalen Sicherheitsrats (NSC) vom 29. April 1961 vom Präsidenten gutgeheißen:

1. Die Militärische Beratergruppe (MAAG) so weit zu vergrößern, daß die wirkungsvolle Ausführung des militärischen Teils des Programms, einschließlich der Ausbildung von 20 000 Mann zusätzlich zur derzeitigen Stärke der südvietnamesischen Regierungsstreitkräfte von 150 000 Mann, sichergestellt wird. Eine vorläufige Schätzung des Leiters der Militärischen Beratergruppe über die neu auf sie zukommenden Aufgaben spricht davon, daß zusätzlich zur derzeitigen Stärke von 685 sofort etwa weitere einhundert Mann Militärpersonal gebraucht werden.

2. Die Zuständigkeit der MAAG so zu erweitern, daß sie auch das Recht hat, das Selbstverteidigungskorps mit seiner Stärke von rund 48 000 zu unterstützen und zu beraten.

3. Die Ermächtigung zur Unterstützung der gesamten Streitkräfte der Civil Guard in Höhe von 68 000 durch das Militärische Hilfsprogramm (MAP). Anspruch auf MAP-Unterstützung haben derzeit 32 000; die restlichen 36 000 sind bisher nicht hinreichend ausgebildet und bewaffnet.

4. Vorrangig eine Einrichtung zur Radarüberwachung installieren, die die Regierung von Süd-Vietnam warnt, wenn die Kommunisten das Land aus Spionagegründen oder zur heimlichen Versorgung aus der Luft überfliegen. Zunächst soll diese Einrichtung von fahrbaren US-Radarstationen gestellt werden.

5. Den südvietnamesischen Dschunkenstreitkräften Unterstützung durch das MAP zu gewähren, um den heimlichen Nachschub für den Vietkong und die auf dem Wasserweg erfolgende Infiltration nach Süd-Vietnam zu unterbinden. Die Unterstützung durch MAP, die im Plan zur Eindämmung des Aufstands nicht vorgesehen war, wird die Ausbildung von Dschunkenbesatzungen in Vietnam oder auf US-Basen durch Personal der US-Marine einschließen.

b) Die folgenden zusätzlichen Aktionen werden für nötig erachtet, um die Regierung von Süd-Vietnam bei ihrem Einschreiten gegen die erhöhte Bedrohung ihrer Sicherheit zu unterstützen, die sich aus der neuen Lage entlang der Grenze zwischen Laos und Süd-Vietnam ergibt:

1. Die südvietnamesischen Regierungstruppen bei der Verstärkung ihrer Grenzkontrollen und in ihren Möglichkeiten, einen Aufstand niederzuwerfen, dadurch unterstützen, daß an der Grenze ein leistungsfähiges Erkundungs- und Patrouillensystem aufgebaut wird, daß man eine regelmäßige Luftüberwachung über dem gesamten Grenzgebiet einrichtet und modernes technologisches Absperrgerät anbringt, um die Wege und Pfade entlang der Grenzen von Vietnam zu überwachen. Eine spezielle Stabsabteilung (etwa sechs Mann US-Personal), die sich auf die Lösung der spezifischen Probleme an den vietnamesischen Grenzen konzentriert, wird bei der Militärischen Beratergruppe (MAAG) in Vietnam ins Leben gerufen, um einer ähnlichen Spezialeinheit der Streitkräfte der Republik Süd-Vietnam zur Seite zu stehen, zu deren Aufstellung die Regierung von Süd-Vietnam ermutigt wird; beide Teile arbeiten als ein integriertes Team und helfen der Regierung von Süd-Vietnam, die Unterstützung der Nomadenstämme und anderer Grenzbewohner zu gewinnen, ebenso wie sie fortschrittliche Technik und Ausrüstung einführen, um die Sicherheit der Grenzen Süd-Vietnams zu stärken.

2. Die Regierung von Süd-Vietnam bei der Errichtung eines Zentrums für Entwicklung und Erprobung von Kampfmethoden unterstützen, um mit Hilfe

moderner Technologie neue brauchbare Kampftechniken gegen die Streitkräfte des Vietkong zu entwickeln. (Etwa vier Mann US-Personal.)

3. Die Regierungsstreitkräfte von Süd-Vietnam bei Gesundheits-, Wohlfahrts- und Arbeitsbeschaffungsprojekten dadurch unterstützen, daß man die beweglich einsetzbaren Schulungsteams der US-Armee für Bürgeraktionen zur Verfügung stellt. (Rund 14 Mann US-Personal.)

4. Eine Abteilung Spezialeinheiten (rund 400 Mann) nach Nha Trang entsenden, um die Ausbildung von Spezialeinheiten durch die vietnamesische Regierung zu beschleunigen. Die erste Verstärkung, bestimmt für den unmittelbaren Einsatz in Vietnam, sollte eine Kompanie Spezialeinheiten (52 Mann) sein.

5. Die Vereinigten Stabschefs, den Oberkommandierenden Pazifik und die Militärische Beratergruppe (MAAG) beauftragen, ein Gutachten über den militärischen Nutzen einer weiteren Verstärkung der südvietnamesischen Regierungstruppen von 170 000 auf 200 000 zu erstellen, um zwei neue Divisionen zur Stationierung im nordwestlichen Grenzgebiet aufzustellen. Die zugehörigen politischen und fiskalischen Implikationen sollten begutachtet werden ...

4. *Wirtschaftlich*

1. Ziele: Wirtschaftliche Programme durchführen, die sowohl eine unmittelbare kurzfristige Wirkung haben, als auch solche, die zur wirtschaftlichen Lebensfähigkeit des Landes auf längere Sicht beitragen.

a) Eine Reihe wirtschaftlicher Projekte in Angriff nehmen, die dazu bestimmt sind, die Anstrengungen der Befriedungsmaßnahmen zu flankieren, und zwar durch folgendes Vorgehen:

1. Der Verwaltung für Internationale Zusammenarbeit (ICA) die Kompetenzen und die Geldmittel zur Verfügung stellen, damit sie ein ländliches Entwicklungsprogramm durch Bürgeraktion aufbauen kann. Ein solches Programm würde kurzfristige, einfache, durchschlagende Projekte umfassen, die von Arbeitsgruppen durchgeführt würden, die mit den lokalen Dorfgemeinschaften zusammenarbeiten. Das könnte grob gerechnet 3 bis 5 Millionen Dollar, hauptsächlich in lokaler Währung, kosten. Den Leitern von Arbeitsgruppen auf dem flachen Land sollte im Hinblick auf steigende Kosten Entscheidungsbefugnis erteilt werden, einschließlich der Verwendung der benötigten Dollar, um an Ort und Stelle die ortsübliche Währung einzukaufen.

b) Vietnam helfen, damit es den besten Gebrauch von allen verfügbaren wirtschaftlichen Möglichkeiten macht, und zwar durch folgendes Vorgehen:

1. Da wir uns bewußt sind, daß es unser Hauptziel ist, beim Kampf der vietnamesischen Regierung gegen die Kommunisten eine volle und rückhaltlose Unterstützung zu erreichen, sollte eine hochqualifizierte Arbeitsgruppe, am besten unter der Leitung von Staatssekretär John Leddy aus dem Finanzministerium, zusammen mit Vertretern aus Regierung und CIA nach Saigon entsandt werden, um in Verbindung mit dem Botschafter einen Plan auszuarbeiten, wie kombinierte US- und vietnamesische Finanzierungsmöglichkeiten am besten ausgeschöpft werden können. Der Zuständigkeitsbereich dieser Arbeitsgruppe sollte die ganze Breite fiskalischer und wirtschaftlicher Probleme umfassen. Ihr sollte die Entscheidungsbefugnis erteilt werden, Zugeständnisse zu machen, die

uns unsere Ziele erreichen lassen und die den Schock einer Währungsreform abschwächen. Botschafter Nolting und vielleicht auch der Vizepräsident sollten Diem von dem vorgeschlagenen Besuch dieser Gruppe in Kenntnis setzen und dabei betonen, daß es ihre eindeutige Aufgabe sei, die gemeinsamen Anstrengungen zum größtmöglichen Erfolg zu bringen, und daß sie nicht etwa die Vietnamesen zu unvernünftigen und unakzeptablen Aktionen zwingen soll.

2. Als ein Teil der vorbereitenden Anstrengungen sollte ein Gutachten über die finanziellen und die anderen wirtschaftlichen Folgen einer weiteren Verstärkung der Streitkräfte von 170 000 auf 200 000 erstellt werden (wie oben im militärischen Teil erwähnt).

c) Die Entwicklung eines langfristigen wirtschaftlichen Entwicklungsprogramms in Angriff nehmen, um damit das Vertrauen der Vereinigten Staaten in die wirtschaftliche und politische Zukunft des Landes durch folgende Unternehmungen unter Beweis zu stellen:

1. Botschafter Nolting ermächtigen, die Regierung von Vietnam zu informieren, daß die Vereinigten Staaten sich darauf vorbereitet haben, ein gemeinsames, langfristiges 5-Jahres-Entwicklungsprogramm zu erörtern, das Beiträge und Initiativen beider Parteien einschlösse ...

5. *Psychologisch*

a) Die Regierung von Süd-Vietnam bei der Beschleunigung ihrer Öffentlichkeitsarbeit unterstützen, um das öffentliche Verständnis für Unternehmungen zu vertiefen, die erforderlich sind zur Bekämpfung der kommunistischen Aufständischen und zur Stärkung des Vertrauens der Öffentlichkeit in den festen Willen und die Fähigkeit der Regierung von Vietnam, der kommunistischen Bedrohung entgegenzutreten.

b) Das US-Country Team sollte in Verbindung mit dem Verteidigungsministerium der Regierung von Vietnam für die Vertreter von Presse und Rundfunk Dokumente zusammenstellen und freigeben, die in Süd-Vietnam und auf der ganzen Welt informieren über die kommunistische Infiltration und die Aktivitäten der Terroristen sowie über die Maßnahmen, die die Regierung von Süd-Vietnam ergreift, um solchen Angriffen entgegenzutreten.

c) Der Amerikanische Nachrichtendienst (USIS) wird, in Zusammenarbeit mit dem CIA und dem zuständigen Ministerium der Regierung von Süd-Vietnam, den Informationsfluß über ungünstige Bedingungen in Nord-Vietnam an die Vertreter der Medien verstärken.

d) Landwirtschaftliche Musterprojekte im ganzen Land entwickeln, und zwar mit der Absicht, daß man ihre günstige psychologische Wirkung ausnützen kann. Dieses Vorhaben würde von gemischten Arbeitsgruppen durchgeführt, zu denen Leute der südvietnamesischen Bürgeraktion gehören, dazu Amerikaner aus dem Friedenskorps, Philippinos aus der Aktion Brüderlichkeit (OB) und weitere Angehörige von Staaten der freien Welt.

e) Als Teil einer geplanten psychologischen Kampagne und einer Umerziehung der kommunistischen Vietkong sollen Gefangene, die sich zur Zeit in südvietnamesischem Gewahrsam befinden, befragt werden. Die Aussagen umerzogener Gefangener, die die Irrtümer des Kommunismus betonen, sollten durch den Rundfunk in kommunistisch beherrschte Gebiete einschließlich Nord-Viet-

nams ausgestrahlt werden, um Fahnenflucht auszulösen. Dieses Umschulungsprogramm erhielte Unterstützung durch ein Team aus US-Personal, dem Sachverständige der US-Armee (Zivilangelegenheiten, psychologische Kriegführung und Gegenspionage), des US-Informationsdienstes (USIS) und des Amerikanischen Amtes für Wirtschaftshilfe in Saigon (USOM) angehören.
f) Genügend finanzielle Mittel für eine eindrucksvolle amerikanische Beteiligung an der Saigoner Handelsmesse 1962 bereitstellen.

6. *Geheime Vorhaben*

a) Die gegenwärtigen Unternehmungen des Geheimdienstes, der unkonventionellen Kriegführung und der politisch-psychologischen Aktivitäten ausweiten, um die Ziele der USA, wie ausgeführt, zu unterstützen.
b) Die Vorhaben der Nachrichtenüberwachung, die Aufstockung des personellen Bestandes von CIA und ASA (Sicherheitsdienst der Armee) und ihre Finanzierung so in die Wege leiten, wie sie vom Präsidenten auf der Sitzung des Nationalen Sicherheitsrats vom 29. April 1961 gebilligt wurden.
c) Das Vorhaben der Nachrichtenüberwachung durch Übernahme von zusätzlichen 15 Mann aus dem Sicherheitsdienst der Armee erweitern, um die südvietnamesische Armee für taktische COMINT-Unternehmen auszubilden ...

7. *Finanzierung*

a) Wie im Anhang über die Finanzierung dargelegt, könnte die Finanzierung des Programms zur Eindämmung des Aufstands und der anderen Unternehmungen, die in diesem Plan empfohlen werden, eine Erhöhung der US-Subventionen zum Budget der Regierung von Vietnam für das Rechnungsjahr 1961 um nicht weniger als 58 Millionen Dollar nötig machen. Das ergäbe dann einen Gesamtumfang von 192 Millionen Dollar, im Vergleich zu 155 Millionen für das Rechnungsjahr 1960. Der US-Zuschuß zum Verteidigungshaushalt der Regierung von Süd-Vietnam im Rechnungsjahr 1962 würde sich nach derzeitigen Schätzungen auf 161 Millionen Dollar belaufen, zuzüglich einem Defizit in diesem Etat, das zu finanzieren die Regierung von Süd-Vietnam nicht in der Lage sein könnte. Der exakte Betrag des US-Zuschusses zum Verteidigungshaushalt der Regierung von Süd-Vietnam für das Rechnungsjahr 1961 und 1962 bedarf noch der Verhandlung zwischen den Vereinigten Staaten und der Regierung von Süd-Vietnam.
b) Eine militärische Unterstützung der Regierung von Süd-Vietnam durch die Vereinigten Staaten mit der Absicht, die in dem vorgeschlagenen Programm in Betracht gezogene Hilfe zu leisten, würde insgesamt 140 Millionen Dollar erfordern, bzw. 71 Millionen Dollar mehr, als bislang für Vietnam im laufenden Haushalt des Militärischen Unterstützungsprogramms für das Rechnungsjahr 1962 vorgesehen sind ...

Geheime Vorhaben

a) GEHEIMDIENST: Die bestehenden Spionage- und Gegenspionageunternehmungen gegen die kommunistischen Streitkräfte in Süd-Vietnam und gegen Nord-Vietnam ausweiten. Sie schließen das Eindringen in den Apparat der vietnamesischen Kommunisten, die Entsendung von Agenten nach Nord-Vietnam und die Verstärkung der internen südvietnamesischen Sicherheitsdienste ein. Im Rahmen der bestehenden Anordnungen sollte die Erlaubnis erteilt werden, daß zusätzlich zu den Südvietnamesen bei Unternehmungen in Nord-Vietnam zivile Flugbesatzungen amerikanischer oder anderer Nationalität eingesetzt werden können. Zum Zwecke einer fotografischen Überwachung sollte das Überfliegen Nord-Vietnams in Betracht gezogen werden, dabei sollten je nach Notwendigkeit amerikanische oder nationalchinesische Mannschaften und Ausrüstungen verwendet werden.

b) NACHRICHTENÜBERWACHUNGSDIENST: Das laufende Programm des Abhördienstes und der Standortpeilung ausweiten, das die Nachrichtenverbindungen der kommunistischen Vietnamesen in Süd-Vietnam ebenso wie nordvietnamesische Objekte überwacht. Von der Obersten Behörde des Amerikanischen Geheimdienstes (USIB) weiterreichende Befugnis einholen, um diese Unternehmungen auf jener Basis voller Gemeinsamkeit durchzuführen, die es gestattet, daß amerikanische Dienste die Ergebnisse ihrer Überwachung und Standortpeilung, ihrer Verkehrsanalyse und Codedechiffrierung mit den Vietnamesen austauschen können, soweit dies nötig ist, um schnelle Angriffe auf die Einrichtungen kommunistisch-vietnamesischer Nachrichten- und Befehlsstellen durchzuführen. Dieses Programm sollte durch ein sorgfältig koordiniertes Programm ergänzt werden, das vorsieht, vietnamesische Armee-Einheiten durch den Sicherheitsdienst der US-Armee im Abhören und Anpeilen auszubilden. Arbeitsgruppen des Sicherheitsdienstes der US-Armee könnten auch zu direkten Einsätzen, die auf die gleiche Weise koordiniert würden, nach Süd-Vietnam entsandt werden. – Vom Präsidenten bei der Sitzung des Nationalen Sicherheitsrates am 29. April 1961 gebilligt.

c) UNKONVENTIONELLE KRIEGFÜHRUNG: Die gegenwärtigen Operationen des Ersten Überwachungsbataillons in den Guerillaregionen Süd-Vietnams ausdehnen, und zwar unter der gemeinsamen Verantwortung und Führung des CIA und der Militärischen Beratergruppe (MAAG). Das sollte bei den Unternehmungen, die in engster Zusammenarbeit mit den Vietnamesen erfolgen, dadurch geschehen, daß man vietnamesische Zivilisten verwendet, die mit Hilfe des CIA rekrutiert wurden.

In Laos: Kampfgruppen unter leichter ziviler Tarnung nach Südost-Laos infiltrieren, um die Nachschubbasen und die Nachrichtenwege der vietnamesischen Kommunisten aufzuspüren und anzugreifen. Diese Kampfgruppen sollten beim Einsatz auf Ziele, deren Feuerkraft größer ist als ihre eigene, zusätzlich durch Überfalleinheiten von 100 bis 150 Südvietnamesen unterstützt werden. Die Ausbildung der Kampfgruppen könnte ein Gemeinschaftsunternehmen von CIA und Spezialeinheiten der US-Armee sein.

In Nord-Vietnam auf den Grundlagen, die durch die Aktionen des Nachrichtendienstes gelegt wurden, ein Netz von Widerstandsnestern knüpfen, das aus versteckten Kampfbasen und kleinen Gruppen besteht, die Sabotage und leichte Störaktionen durchführen. Innerhalb der südvietnamesischen Armee sollten durch die Militärische Beratergruppe die Voraussetzungen geschaffen werden, Stoßtruppunternehmen und ähnliche militärische Operationen, die sich als notwendig oder geeignet erweisen könnten, nach Nord-Vietnam hineinzutragen. Solche Aktionen sollen nach Möglichkeit jeden Ausbruch eines weiterreichenden Widerstandes oder einer Erhebung vermeiden, da sie nicht in dem Maße unterstützt werden könnten, dessen es bedürfte, um die Gegenmaßnahmen abzuwehren.

Feindliches Gebiet überfliegen und Flugblätter abwerfen, um die Kommunisten zu stören und die Moral des nordvietnamesischen Volkes aufrechtzuerhalten; zum gleichen Zweck die Anzahl der sogenannten Grauen Rundfunksendungen nach Nord-Vietnam vermehren.

d) INNERE ANGELEGENHEITEN SÜD-VIETNAMS: Unternehmungen veranlassen, um die politischen Kräfte, die Regierung, die bewaffneten Streitkräfte sowie die oppositionellen Elemente zu durchsetzen und dadurch herauszufinden, welche Unterstützung die Regierung erwarten kann, aber auch um vor allen Umsturzplänen zu warnen und die Leute ausfindig zu machen, die im Falle eines Verschwindens von Präsident Diem in der Lage wären, Führungsaufgaben zu übernehmen.

Eine zunehmende Teilnahme der Bevölkerung an einer freien Regierung und Loyalität ihr gegenüber in Vietnam aufbauen, und zwar durch verbesserte Kommunikation zwischen Regierung und Volk und durch Stärkung unabhängiger oder quasi-unabhängiger Organisationen mit politischem, gewerkschaftlichem oder ständischem Charakter. Vorsichtig die Regierung von Süd-Vietnam in verbündeten und neutralen Ländern unterstützen, wobei es besonders darauf ankommt, die Leistungen der Regierung von Süd-Vietnam herauszustellen, um den Neigungen nach einer »politischen« Lösung« so lange entgegenzuwirken, als die Kommunisten die Regierung von Süd-Vietnam angreifen. Zur Unterstützung ein psychologisches Programm in Vietnam und sonstwo aufstellen, indem man kommunistische Brutalität und Aggression in Nord-Vietnam ausschlachtet.

e) Das oben ausgeführte Programm sollte noch etwa 40 Mann für die Niederlassung des CIA und einen Ausgabenzuwachs des CIA von etwa 1,5 Mill. Dollar für das Rechnungsjahr 1962 notwendig machen, was teilweise durch den Abzug von Personal aus anderen Gebieten ausgeglichen wird. Die Unternehmungen des Sicherheitsdienstes der US-Armee zur Ergänzung des Nachrichtenabhördienstes werden 78 Mann an Personal und rund 1,2 Mill. Dollar für die Ausrüstung erfordern. Die in diesem Abschnitt genannten Aufstockungen des Personals und der Geldmittel wurden vom Präsidenten in der Sitzung des Nationalen Sicherheitsrats am 29. April 1961 gutgeheißen.

f) Um die südvietnamesische Armee in ausreichendem Maße für taktische COMIT-Unternehmen auszubilden, werden nach Schätzungen des Sicherheitsdienstes der Armee weitere 15 Mann benötigt. Diese Maßnahme wurde von der obersten Behörde des CIA gebilligt.

Nr. 19 Memorandum der Vereinigten Stabschefs über die Entsendung von US-Streitkräften aus dem Jahr 1961

Memorandum der Vereinigten Stabschefs an den Verteidigungsminister Robert S. McNamara über »US-Streitkräfte in Süd-Vietnam« vom 10. Mai 1961.

1. Angesichts der möglichen Entsendung von US-Streitkräften nach Süd-Vietnam haben die Vereinigten Stabschefs über die äußerst kritische Situation in Südostasien, besonders im Hinblick auf die gegenwärtig hochexplosive Lage in Süd-Vietnam, beraten. In diesem Zusammenhang sollte das Problem Südostasien allerdings nicht isoliert betrachtet werden, sondern vielmehr in Verbindung mit Thailand und der Sicherheit Südostasiens, die mit diesen beiden Ländern unlösbar verknüpft ist. Die Ansichten der Vereinigten Stabschefs zur Frage des Einsatzes von US-Streitkräften in Thailand wurden Ihnen unter JCSM-311-61, datiert vom 9. Mai 1961, mitgeteilt. Die augenblickliche brisante politische und militärische Situation in Laos steht dabei selbstverständlich im Brennpunkt. Ausgehend von der politischen Entscheidung, Südostasien aus der kommunistischen Einflußsphäre herauszuhalten, sind die Vereinigten Stabschefs der Ansicht, daß unverzüglich US-Streitkräfte nach Süd-Vietnam entsandt werden sollten; damit sollte in erster Linie verhindert werden, daß die Vietnamesen in die gleiche Lage geraten, wie sie zur Zeit in Laos herrscht, und die dann den Einsatz von US-Streitkräften erfordern würde.

2. Unter diesen Voraussetzungen empfehlen die Vereinigten Stabschefs, eine rasche Entscheidung zu fällen und geeignete US-Streitkräfte nach Süd-Vietnam zu entsenden. Es sollten genügend Truppen eingesetzt werden, um folgende Ziele zu erreichen:

a) Eine deutlich sichtbare Abschreckung in bezug auf eine mögliche nordvietnamesische und/oder chinesische Aktion.

b) Die Entlastung vietnamesischer Truppen in vorgeschobenen und defensiven Stellungen, um diese verstärkt für Eindämmungsaktionen freizustellen.

c) Die Unterstützung der vietnamesischen Streitkräfte bei ihren Ausbildungsaufgaben, soweit sich das mit ihrer Aufgabe vereinbaren läßt.

d) Die Bereithaltung einer Kerntruppe zur Unterstützung militärischer Einsätze der USA oder der SEATO.

e) Eine Demonstration der Ernsthaftigkeit unserer Absichten allen asiatischen Nationen gegenüber.

3. Um die Bewegungsfreiheit der USA im Pazifik aufrechtzuerhalten, wird ins Auge gefaßt, einen Teil oder die Gesamtheit der in Süd-Vietnam eingesetzten Streitkräfte aus den Vereinigten Staaten zu holen. Diese Truppenbewegungen könnten administrativ geregelt werden, so daß die begrenzten Transportmöglichkeiten des Oberkommandierenden Pazifik nicht strapaziert würden.

4. Zur Abrundung des Vorangehenden sprechen sich die Vereinigten Stabschefs dafür aus, daß:

a) Präsident Diem zu einem Appell an die Vereinigten Staaten ermutigt wird, ihren SEATO-Verpflichtungen nachzukommen und in Anbetracht der neuen Bedrohung, die sich aus der Situation in Laos ergibt, Streitkräfte nach Süd-Vietnam zu entsenden.

b) Nach Erhalt dieser Forderung könnten sofort geeignete Truppen nach Süd-Vietnam beordert werden, um die oben erwähnten Ziele zu erreichen. Einzelheiten über Größe und Zusammensetzung dieser Streitkräfte müssen die Ansichten des Oberkommandierenden Pazifik wie des Leiters der Militärischen Beratergruppe (MAAG) berücksichtigen, die noch nicht vorliegen.

Nr. 20 Zustimmung der Vereinigten Staaten zu Schritten, die Süd-Vietnam stärken sollen, aus dem Jahre 1961

Memorandum 52 der Aktion Nationale Sicherheit, unterzeichnet von McGeorge Bundy, dem Berater des Präsidenten in Fragen der Nationalen Sicherheit, vom 11. Mai 1961.

1. Die Ziele der Vereinigten Staaten und die Konzeption ihres Vorgehens, wie sie im Bericht ausgeführt wurden, werden gebilligt: die Verhinderung einer kommunistischen Beherrschung Süd-Vietnams; die Schaffung einer lebensfähigen und zunehmend demokratischen Gesellschaft und auf der Grundlage schnelleren Handelns eine Reihe gegenseitiger Unterstützungsaktionen militärischen, politischen, wirtschaftlichen, psychologischen und geheimen Charakters zur Verwirklichung dieser Ziele.
2. Die Zustimmung, die der Präsident beim Treffen des Nationalen Sicherheitsrates am 29. April 1961 für besondere militärische Aktionen gegeben hat, wird bestätigt.
3. Zusätzliche Unternehmungen, die auf den Seiten 4 und 5 des Berichts der Vietnamkommission angesprochen sind, werden genehmigt mit dem Ziel, der gesteigerten Sicherheitsgefährdung zu begegnen, die sich aus der neuen Lage entlang der Grenze zwischen Laos und Vietnam ergibt. Insbesondere holt der Präsident ein Gutachten ein über den militärischen Nutzen einer weiteren Verstärkung der Regierungsstreitkräfte von Süd-Vietnam von 170 000 auf 200 000 Mann ebenso wie über die zugehörigen politischen und fiskalischen Implikationen.
4. Der Präsident ordnet, unter der Federführung des Direktors der weiter bestehenden Vietnamkommission, eine gründliche Untersuchung durch das Verteidigungsministerium an über die wünschenswerte Stärke und Zusammensetzung der Streitkräfte im Falle einer möglichen Entsendung von US-Truppen nach Vietnam. Ebenso sollte das diplomatische Vorgehen, in das diese Aktion eingebettet ist, geprüft werden.
5. Die Vereinigten Staaten sind bestrebt, das Vertrauen von Präsident Diem und seiner Regierung zu den USA durch eine Reihe von Maßnahmen und Botschaften im Zusammenhang mit der Reise von Vizepräsident Johnson zu stärken. Die Vereinigten Staaten werden versuchen, den Rückhalt Präsident Diems in der Bevölkerung Süd-Vietnams durch eine neue Einschätzung und durch Verhandlungen unter der Leitung von Botschafter Nolting zu vermehren. Der Botschafter ist außerdem angewiesen, eine in diesem Zusammenhang notwendige Reorganisation des Country Team zu empfehlen.
6. Die Vereinigten Staaten werden geeignete Schritte unternehmen, um die

Beziehungen Süd-Vietnams zu anderen Ländern, vor allem zu Kambodscha, zu verbessern und sein Ansehen in der Weltmeinung zu heben.

7. Der Botschafter ist berechtigt, im Hinblick auf ein neues zweiseitiges Abkommen mit Vietnam Verhandlungen zu beginnen; ohne die Billigung durch den Präsidenten wird jedoch keine feste Vereinbarung getroffen werden.

8. Die USA werden ein Wirtschaftsprogramm durchführen, das sowohl eine unmittelbare, kurzfristige Wirkung haben als auch zur längerfristigen wirtschaftlichen Lebensfähigkeit des Landes beitragen soll. Die besonderen Aktionen, die auf den Seiten 12 und 13 des Berichts der Sonderkommission vorgeschlagen wurden, werden gebilligt.

9. Die Vereinigten Staaten wollen ihre Anstrengungen auf dem Gebiet der psychologischen Kriegführung verstärken, wie der Bericht der Sonderkommission auf den Seiten 14 und 15 empfiehlt.

10. Das Programm »geheimer« Unternehmungen, wie es der Bericht der Task-Force-Kommission auf Seite 15 darstellt, wird angenommen.

11. Diese Beschlüsse werden von einer entsprechenden Haushaltsaktion unterstützt werden; der Präsident behält sich jedoch die Entscheidung über die Höhe der auf Seite 15 und 16 des Berichts der Task-Force-Kommission sowie im Anhang über die Finanzierung genannten Gelder vor.

12. Schließlich billigt der Präsident die Weiterführung einer Sonderkommission für Vietnam, die vom Außenministerium unter Sterling J. Cottrell als Direktor und Chalmers B. Wood als Executive Officer eingerichtet und geleitet werden soll.

Nr. 21 Bericht von Vizepräsident Johnson über seinen Besuch in asiatischen Ländern

Auszüge aus dem Memorandum »Mission in Südostasien, Indien und Pakistan« von Vizepräsident Lyndon B. Johnson an Präsident Kennedy vom 23. Mai 1961.

... Ich kam nach Südostasien mit einer grundsätzlichen Einstellung zu den dort anstehenden Problemen. Sie ist durch meine Mission dort – sowie in Indien und Pakistan – aufgrund dessen, was ich gesehen und gelernt habe, in vielen Punkten klarer und fester geworden. Außerdem bin ich zu bestimmten weiteren Schlußfolgerungen gekommen, die, wie ich glaube, ein Leitfaden für diejenigen sein könnte, die unsere Politik formulieren.

Es handelt sich dabei um folgende Schlüsse:

1. Der Kampf gegen den Kommunismus muß in Südostasien mit Stärke und Entschlossenheit aufgenommen werden, um dort erfolgreich zu sein – andernfalls müßten die Vereinigten Staaten unausweichlich den Pazifischen Raum aufgeben und die Verteidigung an den eigenen Küsten aufnehmen. Der Kommunismus in Asien wird eingedämmt und in Zaum gehalten durch die Existenz freier Nationen auf dem Subkontinent. Ohne diesen hemmenden Einfluß ist die Sicherheit der Inselvorposten – Philippinen, Japan, Formosa – gefährdet, und der ganze weite Pazifik wird zu einem Roten Meer.

2. Der Kampf in Südostasien ist weit von einer Niederlage entfernt, und es ist

keineswegs unvermeidlich, daß er verlorengehen muß. In jedem Land besteht die Möglichkeit, gesunde Verhältnisse zu schaffen, die es in die Lage versetzen, dem kommunistischen Ansturm zu widerstehen und ihn zurückzuschlagen. Der Wille zum Widerstand – mittlerweile zur Zielscheibe subversiver Angriffe geworden – ist vorhanden. Der Schlüssel für die Anstrengungen der Asiaten zur Verteidigung der Freiheit Südostasiens ist ihr Vertrauen in die Vereinigten Staaten.

3. Es gibt keine Alternative zum Führungsanspruch der USA in Südostasien. Die Führung in den einzelnen Ländern – ebenso wie die regionale Führung und Zusammenarbeit, die für die Asiaten so anziehend ist – beruht auf der Kenntnis und dem Vertrauen in die Stärke der Vereinigten Staaten, auf ihrer Entschlossenheit und ihrem Verständnis.

4. Die SEATO kann zur Zeit und wahrscheinlich sogar nie eine Antwort auf die anstehenden Fragen geben. Das verhindert schon die britische und französische Abneigung gegen eine entscheidende Aktion. Das Mißtrauen der Asiaten gegenüber Briten und Franzosen ist offenkundig. Ein Erfolg in Genf würde den Einfluß der SEATO weiterhin gewährleisten. Ein Fehlschlag würde sie dagegen zur Bedeutungslosigkeit verurteilen. Für den zweiten Fall müssen wir eine neue Lösung der gemeinsamen Sicherheitsprobleme in diesem Raum vorlegen können.

Wir sollten ein Verteidigungsbündnis in Betracht ziehen, in dem sich alle freien Nationen Asiens und des Pazifik, die zur Verteidigung ihrer Freiheit bereit sind, zusammenschließen.

Eine solche Organisation sollte:

a) eine klar umrissene Befehlskompetenz besitzen

b) ihre Aufmerksamkeit Maßnahmen und Programmen für soziale Gerechtigkeit, Wohnraumbeschaffung, Landreform usw. zuwenden.

5. Die asiatischen Führer wollen zur Zeit keine amerikanischen Truppen in Südostasien, es sei denn zu Ausbildungszwecken. Das Eingreifen amerikanischer Einheiten ist weder erforderlich noch wünschenswert. Möglicherweise fehlt einem Amerikaner das Verständnis dafür, daß Völker, die bis vor kurzem noch unter Kolonialherrschaft standen, nicht gut auf eine Regierung zu sprechen wären, die schon so bald die Rückkehr westlicher Truppen anfordern oder hinnehmen würde. Was die bei unseren Aussagen vor dem Kongreß zum Ausdruck kommende Sorge angeht, es könnten Bodentruppen eingesetzt werden, halte ich es für unbedingt notwendig, diese lähmenden Befürchtungen im Vertrauen auf die nachdrücklichen Versicherungen der führenden Persönlichkeiten, mit denen ich auf dieser Reise gesprochen habe, zu zerstreuen. Dabei wird keineswegs übersehen, daß ein offener Angriff den Ruf nach US-Kampftruppen zur Folge haben könnte. Im Augenblick ist ein Angriff jedoch äußerst unwahrscheinlich, und unsere Politik würde erheblich an Beweglichkeit gewinnen, wenn das Gespenst eines Einsatzes von Kampftruppen verscheucht werden könnte.

6. Jede Hilfe – sei sie wirtschaftlicher oder militärischer Natur –, die wir weniger entwickelten Nationen zur Sicherung und Erhaltung ihrer Freiheit zukommen lassen, muß Teil einer wechselseitigen Anstrengung sein. Von den Vereinigten Staaten allein sind diese Völker nicht zu retten. Der Bereitschaft der südostasiatischen Nationen entsprechend, durch geeignete Maßnahmen unsere

Hilfe wirksam werden zu lassen, können und müssen wir unsere Unterstützung freigiebig gewähren. Wir sollten den Regierungen dieser jungen und unverbildeten Nationen deutlicher als bisher zeigen, was wir von ihnen erwarten oder fordern.

7. Auf die Dauer besteht die größte Gefahr, die von Südostasien auf Nationen wie die Vereinigten Staaten ausgeht, nicht in der augenblicklichen Bedrohung durch den Kommunismus, sondern erwächst aus Hunger, Ungewißheit, Armut und Krankheit. Wir müssen – welche Strategie wir auch entwickeln – unseren Angriff auf diese Feinde konzentrieren und dabei unsere wissenschaftlichen und technischen Mittel so effektiv wie möglich einsetzen.

8. Vietnam und Thailand sind die zur Zeit wichtigsten Unruheherde und darum eine Gefahr für die Vereinigten Staaten. Die wirtschaftlichen, militärischen und politischen Probleme dieser Länder beschäftigen unsere besten Leute, die an strikte Direktiven aus Washington gebunden sind. Die Entscheidung über ganz Südostasien fällt hier. Wir müssen uns darüber klar werden, ob wir diesen Ländern nach besten Kräften helfen oder das Handtuch werfen und unsere Verteidigungslinien nach San Franzisco zurückverlegen wollen; nach dem Konzept »Festung Amerika«. Schlimmer noch, wir würden damit vor aller Welt demonstrieren, daß wir unsere Verträge nicht einhalten und unsere Freunde im Stich lassen. Meinen Vorstellungen entspricht das nicht. Ich befürworte eine sofortige Intensivierung unserer Hilfe zur Selbsthilfe in diesen Ländern. Der springende Punkt scheint mir zu sein, daß wir auch wirklich unsere besten Leute aus der Militärischen Beratergruppe (MAAG) bekommen, die kontrollieren, planen, dirigieren und Ergebnisse aus unserem Militärischen Hilfsprogramm herausholen können. In Vietnam und Thailand müssen wir einen gemeinsamen Schritt vorwärts machen.

a) In Vietnam ist Diem eine vielschichtige und problematische Figur. Trotz mancher bewundernswerter Qualitäten fehlt ihm der Kontakt zum Volk, und er ist von weit weniger bewundernswerten und befähigten Leuten umgeben. Das Land kann gerettet werden, wenn wir schnell und umsichtig vorgehen. Wir müssen uns entscheiden, ob wir Diem unterstützen oder Vietnam fallen lassen wollen. Die Mitglieder des Country Team sollen unsere Ziele diplomatisch und militärisch koordinieren. Die Saigoner Botschaft, der US-Nachrichtendienst (USIS), MAAG und ähnliche Einrichtungen lassen viel zu wünschen übrig. Ihre Leistungsfähigkeit muß beträchtlich gesteigert werden. Das Wichtigste ist ein einfallsreiches, schöpferisches, amerikanisches Management unseres Militärischen Hilfsprogramms. Die Vietnamesen und die MAAG schätzen die benötigte amerikanische Militär- und Wirtschaftshilfe auf 50 Millionen Dollar, wenn wir uns entschließen sollten, Vietnam zu unterstützen. Dies ist die beste derzeit zur Verfügung stehende Information. Wenn sie von der zuständigen militärischen Stelle in Washington bestätigt wird, sollte sie unterstützt werden. Die von Ihnen vorgeschlagene Wirtschaftskommission hat Diem akzeptiert; sie sollte rasch gebildet werden und ihre Tätigkeit sofort aufnehmen.

b) Für Thailand schätzen die Thais und die MAAG den Bedarf ebenso hoch wie für Vietnam – auf ungefähr 50 Mill. Dollar Militär- und Wirtschaftshilfe. Falls das Urteil unserer Militärs damit übereinstimmt, bin ich dafür, ein solches Programm zu unterstützen. Sarit steht fester zum Westen als viele seiner Leute. Er ist, verständlicherweise, sehr besorgt über die Konsequenzen, die ein kommunistisch kontrolliertes Laos für sein Land haben kann. Wenn Sarit energisch gegen den Neutralismus vorgehen soll, muß er schon bald konkrete Beweise haben, die seinem Volk die militärische und wirtschaftliche Unterstützung durch die Vereinigten Staaten vor Augen führen. Er hält eine Verstärkung seiner Streitkräfte auf 150 000 Mann für notwendig. Sein Verteidigungsminister ist gerade auf dem Weg nach Washington, um die dafür erforderlichen Maßnahmen zu besprechen.

Die grundsätzliche Frage, vor der die Vereinigten Staaten stehen und bei der die Zeitfrage eine entscheidende Rolle spielt, ist, ob wir der Herausforderung durch die kommunistische Expansion in Südostasien jetzt durch verstärkte Unterstützung der friedlichen Kräfte in diesem Raum entgegentreten oder lieber gleich das Handtuch werfen wollen. Diese Entscheidung muß unter voller Berücksichtigung des großen und fortdauernden Aufwands an Geld, Anstrengung und Prestige, der damit verbunden ist, getroffen werden. Sie sollte in dem Bewußtsein erfolgen, daß wir möglicherweise wieder einmal vor der Entscheidung stehen werden, entweder bedeutende Kontingente amerikanischer Streitkräfte in dieses Gebiet zu entsenden oder uns zurückzuziehen, falls unsere Bemühungen fehlschlagen. Wir müssen Herr dieser Entscheidung bleiben. Unsere Aktionen sollten Teil eines durchdachten Programms zur Sicherung des ganzen südostasiatischen Raumes ein. Darin muß ein klar umrissenes System der verschiedenen Beiträge enthalten sein, die von jedem Partner im Rahmen seiner Möglichkeiten erwartet werden können. Ich schlage vor, ein fest abgegrenztes Aktionsprogramm zu entwerfen.

Ich bin davon überzeugt, daß meine Mission – wie sie von Ihnen konzipiert wurde – ein Erfolg war. Ich danke allen, die zu ihrem Gelingen beigetragen haben.

Nr. 22 Landsdales Memo an Taylor über unkonventionelle Kriegführung

Auszüge aus einem Memorandum von Brigadegeneral Edward G. Lansdale, dem Sachverständigen für Fragen des Guerillakrieges im Pentagon, an General Maxwell D. Taylor, den militärischen Berater Präsident Kennedys, über »Die verfügbaren Mittel für eine unkonventionelle Kriegführung in Südostasien«, undatiert, aber offensichtlich vom Juli 1961; Durchschläge erhielten Verteidigungsminister Robert McNamara, der Stellvertretende Verteidigungsminister Roswell L. Gillpatric, Außenminister Dean Rusk, der Direktor des CIA, *Allen W. Dulles, sowie der Stellvertretende Direktor des* CIA.

Dieses Memorandum enthält die von Ihnen gewünschten Auskünfte über die vorhandenen Mittel für eine unkonventionelle Kriegführung in Südostasien. Die Informationen wurden im Verteidigungsministerium und im CIA zusammengetragen.

1. Vietnamesen

a) Erste Beobachtungsgruppe

Es handelt sich um eine Spezialeinheit mit der Aufgabe, in gesperrten feindlichen Gebieten zu operieren. Sie unternimmt im Augenblick einige beschränkte Unternehmungen in Nord-Vietnam und sporadische Abstecher nach Laos. Der größte Teil der Einheit wurde zu Einsätzen gegen Vietkong-Guerillas in Süd-Vietnam abkommandiert.

Ihre Stärke betrug am 6. Juli 340 Mann. Die erste Beobachtungsgruppe (First Observation Group) umfaßte nach offizieller Billigung ursprünglich 305 Mann und wird gerade im Rahmen der Aufstockung der Streitkräfte um 20 000 Mann auf eine Gesamtstärke von 805 Mann erweitert, die von Sicherheitsorganen sorgfältig geprüft wurden. Viele kommen aus Nord-Vietnam. Sie wurden im Ausbildungszentrum der Gruppe in Nhatrang für Guerillaeinsätze trainiert. Die Einheit wird vom MAP unterstützt, und zwar als Zentralstelle für Organisation und Ausrüstung (TO & E) der südvietnamesischen Streitkräfte. Sie erhält eine Spezialausrüstung und -ausbildung vom CIA. Die Überwachung erfolgt durch CIA und MAAG.

Die Leistungen der Gruppe werden von der südvietnamesischen Regierung sehr hoch eingeschätzt. Nur wenige ausgesuchte höhere Offiziere der Republik Süd-Vietnam werden zugelassen. Jeder Einsatz erfordert die Zustimmung von Präsident Diem, die auf einer ähnlichen Basis erfolgt wie bei bestimmten US-Spezialeinsätzen. Die Einheit ist vom normalen Befehlsweg der südvietnamesischen Streitkräfte ausgenommen.

Die Gruppe wurde im Februar 1956 aufgebaut und ursprünglich mit der Aufgabe betraut, für den Fall einer offenen Invasion nordvietnamesischer Streitkräfte unmittelbar unter dem 17. Breitengrad in Süd-Vietnam Guerillaorganisationen aufzustellen, die hinter den feindlichen Linien operieren sollten. Im letzten Jahr wurde die Einheit gegen Vietkong-Guerillas in Süd-Vietnam eingesetzt, als die Kommunisten ihre Aktivitäten verstärkten. Der Plan geht dahin, die Gruppe von diesen Kampfaufträgen freizustellen, um ihre volle Kampfkraft für Aufträge in den Sperrbezirken einzusetzen, sobald eine Steigerung der Kampfkraft der südvietnamesischen Armee dies gestattet. Im Moment sind jeweils 15 Mann in zwanzig Kampfgruppen eingeteilt, von denen jede im Hinblick auf zukünftige Einsätze über zwei RS-1-Radios verfügt.

b) Die übrigen Streitkräfte der Republik Süd-Vietnam

Die MAAG Süd-Vietnam meldet die Bildung zusätzlicher Freiwilligeneinheiten, die, unabhängig von der First Observation Group, den Aufgabenbereich der Gruppe erweitern und ähnliche Einsätze durchführen sollen. Nach dem Stand vom 6. Juli liegen folgende Angaben über Freiwillige vor:

1. 60 Mois (Angehörige von Bergstämmen) wurden rekrutiert, die im Augenblick auf ihre Zuverlässigkeit hin überprüft werden und eine Ausbildung für Spezialeinheiten erhalten sollen.
2. 400 Mann reguläre Streitkräfte der Republik Süd-Vietnam, die zu Spezialtruppen ausgebildet werden sollen. 80 davon werden auf kleine Kampfgruppen

verteilt, um den Radius der First Observation Group zu vergrößern. Aus den restlichen 320 werden zwei Rangerkompanien (Luftlandetruppen) gebildet.

3. 70 Zivilisten, die für Einsätze hinter den Linien, in Stoßtruppkampfgruppen und als Nachrichtenübermittler organisiert und geschult werden.

Weitere Spezialeinheiten der südvietnamesischen Streitkräfte, die jetzt gegen den Vietkong eingesetzt sind und die eine Ausbildung als Spezialtruppen (Ranger) hinter sich haben:

9096 Ranger in 65 Kompanien

2772 weitere Ranger, die im Rahmen der Aufstockung um 20 000 Mann in Dienst gestellt werden

4786 Fallschirmjäger, 2300 Marinesoldaten

673 Mann im Bataillon für psychologische Kriegführung.

Zusätzlich haben Kader aus allen anderen Kampfgruppen der Armee der Republik Süd-Vietnam eine Spezialausbildung genossen.

2. US

a) Verteidigung

1. 6 Offiziere und 6 Mannschaftsgrade der Ersten Spezialeinheit aus Okinawa sind zur Zeit zur MAAG überstellt, um an einer Rangerausbildung teilzunehmen.

2. Es bestehen derzeit drei Ausbildungsteams für den Nachrichtendienst zu je vier Mann, die Kampfauswertung, Gegenspionage, Fotoauswertung und die Erkundung feindlicher Operationen (geheime Erkundung) betreiben, und jeweils 8 Offiziere und 2 Mannschaftsgrade, die als Berater für den Nachrichtendienst beim Stab der MAAG fungieren.

3. Außerdem gibt es zwei Offiziere für Psychologische Kriegführung beim Stab der MAAG und ein 4 Mann starkes, nach Bedarf einzusetzendes Ausbildungsteam für Zivilangelegenheiten, bestehend aus drei Offizieren und einem Mannschaftsgrad, das den Stab G-5 der südvietnamesischen Armee bei psychologischen Einsätzen und zivilen Aktionen berät.

b) CIA

1. 9 Offiziere des CIA arbeiten bei der First Observation Group zusammen mit einem MAAG-Berater.

2. Der CIA hat außerdem fünf Offiziere beim Militärischen Nachrichtendienst der Vietnamesen und einen Offizier bei der geheimen (ein Wort unleserlich) des Direktoriums für Psychologische Kriegführung der Armee.

B. Thailand

1. Thais

a) Das Rangerbataillon der Königlich Thailändischen Armee (Luftlandetruppen)

Eine Spezialeinheit, deren Aufgabe darin besteht, den Guerillakrieg in Gebieten Thailands, die im Falle einer offenen Invasion des Landes vom Feind überrannt würden, zu organisieren und zu leiten. Im Moment stellt sie die Palastgarde für den Premierminister.

Das in Lopburi stationierte Rangerbataillon besitzt eine vom MAP genehmigte Stärke von 580 Mann. Organisatorisch zerfällt es in ein Hauptquartier mit dazugehöriger Kompanie, eine Dienstleistungskompanie und vier Rangerkompanien. Das Bataillon hat vier Befehls- und 26 Einsatzabteilungen, die nach den Richtlinien der US-Spezialtruppen organisiert und ausgerüstet sind.
Das Rangerbataillon ist nur lose mit der Ersten Division verbunden. In Wirklichkeit untersteht es als unabhängige Einheit der Königlich Thailändischen Armee der direkten Leitung des Oberkommandierenden Feldmarschall Sarit und wird bevorzugt behandelt.
Jeder Rangerkompanie ist eine Region Thailands zugeteilt, in der sie für den Fall einer Besetzung durch den Feind den Guerillakampf aufnehmen soll. Das Kampftraining wird an Ort und Stelle durchgeführt, um jede Abteilung mit der Bevölkerung und den örtlichen Besonderheiten vertraut zu machen.

b) Die Luftversorgungseinheit der Polizei (PARU)

Die PARU soll in Sperrgebieten geheime Aufträge durchführen. 99 PARU-Angehörige wurden nach Laos eingeschleust, um die Meos bei ihren Aktionen zu unterstützen, eine Aufgabe, die hervorragend gelöst wurde. Diese Spezialeinheit der Polizei hat die Unterstützung des CIA. (Den Berichten zufolge funktioniert die Überwachung der Meo-Operation durch den CIA ausgezeichnet.)
Die Einheit verfügt derzeitig über eine Stärke von 300 Mann, die gerade möglichst schnell auf 550 gesteigert wird. Das gesamte Personal ist eigens ausgesucht, überprüft und als hochqualifiziert eingestuft. Die Offiziere kommen nur aus den Rängen.
Die Ausbildung umfaßt 10 Wochen Grundausbildung, 3 Wochen Fallschirmspringen, 3 Wochen Dschungeltraining und 4 Wochen Polizeirecht; jährlich wird das Gelernte 3 Monate lang aufgefrischt. Vierzig Mann sind als Nachrichtentechniker an Sprechfunkgeräten ausgebildet.
Jedes PARU-Mitglied besitzt eine eigene Ausrüstung, um im Dschungel überleben zu können. Die Bewaffnung besteht aus M-1-Gewehren, M-3-Maschinenpistolen und Browning-Schnellfeuergewehren (BAR). Darüber hinaus sind die Leute in der Anwendung weiterer automatischer Waffen wie 2,34-Raketenwerfern und 60-mm-Mörsern unterwiesen worden.
Derzeit operieren 13 PARU-Kampfgruppen, insgesamt 99 Mann, zusammen mit den Meo-Guerillas in Laos. Die Kampfberichte sprechen von außerordentlich heldenhaften und verdienstvollen Taten der PARU-Angehörigen. Die Kampfgruppen der PARU haben rechtzeitig Informationen geliefert und wirkungsvoll mit den lokalen Stämmen zusammengearbeitet.

c) Der Thailändische Grenzschutz (BPP)

Der BPP hat den Auftrag, zusätzlich zu den normalen Polizeiaufgaben Infiltrationsbestrebungen und Umsturzversuche in Friedenszeiten zu bekämpfen und im Fall einer bewaffneten Invasion Thailands dort als Guerillaformation in feindlichem Gebiet die Operationen der regulären thailändischen Truppen zu unterstützen.
Der BPP hat gegenwärtig eine Stärke von 4500 Mann. Er wurde 1955 als eine Polizeistreifeneinheit ins Leben gerufen (der Name wurde 1959 in BPP geändert) und setzt sich aus 71 aktiven und 23 Reservezügen der bestehenden Polizeiverbände zusammen. Er ist Teil der Nationalen Thailändischen Polizei

und untersteht dem Innenministerium. Obwohl es sich der Bezeichnung nach um eine Polizeiorganisation handelt, ist der Thailändische Grenzschutz mit Infanteriewaffen, einschließlich leichter Maschinengewehre, Raketenwerfern und leichten Mörsern ausgerüstet. Die Ausbildung – in der Taktik kleiner Infanterieeinheiten und der Guerillabekämpfung – liegt derzeit in den Händen eines zehnköpfigen Teams von Angehörigen amerikanischer Spezialeinheiten aus Okinawa und unterliegt der Aufsicht des CIA.

Diese außergewöhnliche Polizeieinheit wurde ursprünglich geschaffen, um gegen die ausländischen Guerillas vorzugehen, die Thailand als sicheres Rückzugsgebiet benutzten, wie etwa die Vietminh in Ost-Thailand und die chinesischen Kommunisten entlang der malaiischen Grenze im Süden. Es bestand eine gewisse taktische Zusammenarbeit mit Einheiten der burmesischen Armee.

2. US

a) Verteidigung

1. Zur Beratung des Rangerbataillons der Königlich Thailändischen Armee wurde ein qualifizierter Offizier aus den Reihen der Spezialeinheiten abgestellt.
2. Ein zehn Mann starkes Team der First Special Forces Group in Okinawa leitet zur Zeit unter Aufsicht des CIA die Ausbildung des Thailändischen Grenzschutzes.
3. Fünf Offiziere und ein Mannschaftsgrad sind der MAAG als Berater von J-2 und der Sicherheitszentrale der thailändischen Streitkräfte zugeteilt.

b) CIA

1. Zwei Berater bei der PARU.
2. Drei Offiziere, die beim Thailändischen Grenzschutz arbeiten und außer der Leitung ihres Nachrichtensystems Ratschläge sowie eine begrenzte Ausbildung für das Sammeln und Auswerten von Geheiminformationen erteilen.

C. *Laos*

1. *Laoten*

a) Kommandos

Nach Auskunft des Oberkommandierenden Pazifik verfügen die laotischen Streitkräfte (FAL) über zwei Kompanien in einer Gesamtstärke von 256 Mann, die als Spezialeinheiten ausgebildet sind.

b) Meo-Guerillas

Rund 9000 Angehörige des Meo-Stammes wurden für die Guerillaoperationen ausgerüstet, die gegenwärtig äußerst effektiv in dem kommunistisch beherrschten Gebiet von Laos durchgeführt werden. Die Meos sind zu Selbstverteidigungsstoßtrupps von wechselnder Stärke innerhalb der laotischen Streitkräfte zusammengeschlossen. Es gibt verschiedene Schätzungen darüber, wie viele dieser sich glänzend schlagenden Männer noch rekrutiert werden könnten. Realistisch dürfte eine Zahl von weiteren 4000 Mann sein, obwohl das gesamte Potential damit keineswegs ausgeschöpft wäre.

Die politische Führung der Meos liegt in den Händen von Touby Lyfoung, der jetzt hauptsächlich von Vientiane aus agiert. Militärischer Leiter im Kampfgebiet ist Oberstleutnant Vang Pao. Eine Kommandoüberwachung der Meo-Einsätze übt der Chef des CIA in Vientiane unter Beteiligung des Leiters der Militärischen Beratergruppe Laos aus. In derselben Weise verläuft die Zusammenarbeit zwischen den paramilitärischen Stellen des CIA und den US-Militärs bei der Beratertätigkeit, an der neun CIA-Einsatzoffiziere und neun Angehörige der Armeespezialeinheiten (LTAG) zusätzlich zu den 99 Mann der thailändischen PARU unter CIA-Kontrolle beteiligt sind, und bei der Luftversorgung.

Da die Meodörfer von kommunistischen Truppen überrannt worden sind und die Männer auf Grund ihrer Guerillatätigkeit nicht für die notwendigen Nahrungsmittel sorgen können, entstehen Ernährungsprobleme für die nicht im Kampf stehenden Meos. Der CIA hat mit etwas Reis und Kleidung ausgeholfen. Es ist an der Zeit, über eine systematische Hilfe – eine Aufgabe für den IGA – sowie über die Behandlung und Wiedereingliederung der Meoflüchtlinge nachzudenken.

c) Das Nationale Direktorat für Koordinierungsfragen

Dieser Nachrichtendienst der Königlich Laotischen Armee operiert derzeit vorwiegend im Gebiet von Vientiane. Er verfügt über eine bewaffnete Einheit, die aus zwei Bataillonen besteht und dem Kommando von Oberstleutnant Siho, einem Offizier der laotischen Streitkräfte, unterstellt ist. Außer zu Geheimdienstunternehmen ist diese Kampfgruppe für Sabotageakte, Entführungen, überfallartige Aktionen usw. geeignet.

d) Weiterhin gibt es in Laos eine lokale Veteranenvereinigung und eine volksnahe politische Organisation, die beide unter der Leitung und Aufsicht des CIA stehen und in der Lage sind, Propaganda- und Störaktionen sowie Sabotageakte durchzuführen. Beide Organisationen – von unterschiedlicher Stärke und Zuverlässigkeit – sind über ganz Laos verteilt.

2. US

a) Verteidigung

1. 154 Mann Spezialtruppen von der 7. Special Forces Group in Fort Bragg, N.C., sind in zwölf Teams der Militärischen Beratergruppe angegliedert und unterstützen den Kommandierenden der laotischen Streitkräfte durch taktische Beratung; überdies leiten sie die Grundausbildung, wenn die Lage es erlaubt.
2. Ein zehn Mann starkes Schulungsteam für den Nachrichtendienst hilft den laotischen Streitkräften beim Aufbau eines militärischen Nachrichtensystems.
3. Eine achtköpfige Gruppe leistet der laotischen Armee Hilfestellung in Fragen der psychologischen Kriegführung und beim Betrieb ihres Rundfunksenders.

b) CIA

1. Neun Offiziere des CIA, die von Vientiane aus durch zwei weitere Offiziere unterstützt werden, stehen im Kampfgebiet bei den Meo-Guerillas.
2. Drei CIA-Offiziere arbeiten zusammen mit zwei bis drei Vietnamesen im Direktorat für Nationale Koordinierungsfragen.

D. *Weitere Organisationen*

1. *Asiatische*

a) Eastern Construction Company (Philippinos)

Dabei handelt es sich um eine private, von Philippinos betriebene Organisation des öffentlichen Dienstes, einer Stellenvermittlungsagentur ähnlich, die über ein noch kaum ausgeschöpftes Potential für unkonventionelle Kriegführung – ihrer ursprünglichen Aufgabe – verfügt. Im Augenblick arbeiten rund 500 ausgebildete und erfahrene philippinische Techniker für die Regierungen von Vietnam und Laos, und zwar unter dem Protektorat der MAAG (MAP) und der Behörde für US-Wirtschaftshilfe (USOM), die der ICA angeschlossen ist. Die meisten dieser Philippinos sind zur Zeit damit beschäftigt, die militärischen Logistikprogramme der USA in der vietnamesischen und laotischen Armee zu vervollständigen. Sie instruieren das lokale Militärpersonal über Ordonnanzen, Quartiermeisterei, Lagerhaltung und Nachschubprobleme. Die MAAG-Leiter in Vietnam und Laos halten diese Dienstleistungen für äußerst wirkungsvoll. Der CIA hat über einzelne Personen die Möglichkeiten, einigen Einfluß auszuüben.

Leiter der Eastern Construction ist »Frisco« Johnny San Juan, der ehemalige Nationale Oberbefehlshaber der Philippinischen Veteranenlegion und früher als Stabsassistent enger Vertrauter des philippinischen Präsidenten Magsaysay, wobei er dem Präsidenten unmittelbar unterstellt und für die Erledigung von Beschwerden zuständig war. Die Kader der Eastern Construction bestehen hauptsächlich aus ehemaligen Partisanen, die im Zweiten Weltkrieg gegen die Japaner kämpften bzw. Angehörigen der philippinischen Armee. Die meisten Kader konnten ausgedehnte Erfahrungen im Kampf gegen die kommunistischen Huk-Guerillas auf den Philippinen sammeln. Diese Kerntruppe läßt sich für weitreichende antikommunistische Unternehmungen ausbauen, da sie über genügend Ansehen in ihrer Heimat verfügt, um zahlreiche gutausgebildete, erfahrene und überzeugte Leute anzuziehen.

Eastern Construction wurde 1954 als Freiheitskorps der Philippinen, als Organisation, die keinen Profit machte, unter dem Ehrenvorsitz von Präsident Magsaysay ins Leben gerufen. Ihrer Satzung nach sollte sie einfach nur »der Sache des Friedens dienen«. In Wirklichkeit jedoch vermittelte sie Philippinos in andere asiatische Länder, wo diese nach dem Abschluß eines Vertrages zwischen einer Organisation des öffentlichen Dienstes und dem Gastland für Sonderaufgaben eingesetzt wurden. Angehörige der philippinischen Armee und Regierung wurden ideologisch präpariert, um im Ausland zu dienen. Mitglieder der Eastern Construction halfen mit, die Verfassung der Republik Süd-Vietnam zu formulieren, andere bildeten das Wachbataillon des südvietnamesischen Präsidenten aus oder unterstützten Gründung und Organisation der südvietnamesischen Veteranenlegion.

Mit dem Abzug des US-Personals, das bei Aufbau und Einsatz des Freiheitskorps mitgeholfen hatte, aus dem asiatischen Raum, war die direkte Unterstützung der Organisation durch die USA (unter Geheimhaltung) praktisch zu Ende. Die philippinischen Korpschefs beschlossen, ihre Arbeit auf privater Basis, als wirtschaftliches Unternehmen, fortzusetzen und nannten das Ganze Eastern Construction Company. Die Organisation hatte einige finanziell sehr schwierige Monate zu überstehen. Ihre Führung besteht aus einem überzeugten und erfahrenen antikommunistischen »harten Kern«.

b) Unternehmen Brüderlichkeit (philippinisch)

Eine weitere private philippinische Organisation des öffentlichen Dienstes wäre in der Lage, zur Unterstützung der Antiguerillaaktionen ihre sozialen, wirtschaftlichen und medizinischen Hilfeleistungen beträchtlich auszudehnen. Ihre Arbeitsgruppen operieren jetzt in Laos unter der Oberleitung des CIA.

Das Unternehmen Brüderlichkeit (OB) wurde 1954 von den International Jaycees nach den Vorstellungen und unter der Führung von Oscar Arellano, einem philippinischen Architekten, der damals Stellvertretender Präsident der International Jaycees in Asien war, aufgezogen. Es war geplant, im Rahmen des Befriedungs- und Flüchtlingsprogramms von 1955 die Flüchtlinge und Bauern in der südvietnamesischen Provinz mit ärztlicher Hilfe zu versorgen. Anfangs rekrutierte sich das Unternehmen Brüderlichkeit in Süd-Vietnam aus philippinischen Arbeitsgruppen, später kamen andere asiatische und europäische Teams hinzu. Es arbeitete eng mit der südvietnamesischen Armee zusammen, als diese begann, Rückzugsgebiete des Vietminh zu säubern und Gebiete zu befrieden ...

c) Das Ausbildungszentrum für Sicherheit (STC)

Dies ist eine Ausbildungsstätte zur Bekämpfung der Subversion, für Antiguerillaaktionen und psychologische Kriegführung, die offiziell von der philippinischen Regierung betrieben wurde, tatsächlich jedoch ein von der amerikanischen Regierung über den CIA unterhaltenes Instrument des Country Team war. Das STC ist in Fort McKinley, in den Außenbezirken von Manila, stationiert. Seine ausdrückliche Aufgabe besteht darin, »den Kräften der Subversion in Südostasien durch angemessenere Ausbildung der Angehörigen des Sicherheitsdienstes, durch bessere Zusammenarbeit, mehr Verständnis und ein Höchstmaß an Initiative in allen Ländern dieses Raumes entgegenzutreten« ... Die Ausbildungskapazität des STC umfaßt einen Stab von etwa 12 Instruktoren für unkonventionelle und Antiguerillakriegführung ...

d) CAT. Zivile Lufttransporte (nationalchinesisch)

CAT ist eine kommerzielle Fluggesellschaft, die planmäßige und außerplanmäßige Flüge im ganzen Fernen Osten durchführt. Ihr Hauptquartier und die großen Wartungsbasen liegen auf Formosa. Als kommerzielles Unternehmen getarnt, unterstützt CAT, das dem CIA gehört, die Agenturen des CIA und der amerikanischen Regierung bei der Versorgung aus der Luft. CAT stellt für geheime Flugaktionen geschultes und erfahrenes Personal zur Verfügung, sorgt über offizielle Handelskanäle für den Nachschub an Ausrüstung und unterhält einen ansehnlichen Flugpark mit Transportmaschinen und Flugzeugen aller Art, die sowohl unter nationalchinesischen als auch amerikanischen Hoheitszeichen eingesetzt werden.

CAT hat bei zahllosen Gelegenheiten seine Fähigkeit unter Beweis gestellt, allen Anforderungen an überraschende oder langfristig geplante Flugunternehmungen zur Unterstützung amerikanischer Ziele gewachsen zu sein. Die letzten zehn Jahre erbrachten so bemerkenswerte Leistungen wie den Einsatz beim Rückzug der Nationalchinesen vom Festland, die Versorgung der Franzosen bei Dien Bien Phu aus der Luft, die gesamte logistische und taktische Luftunterstützung der indonesischen Operation, das Ausfliegen nordvietnamesischer Flüchtlinge, mehr als zweihundertmaliges Überfliegen des chinesischen Festlands und Tibets sowie die ausgedehnten Luftunternehmen während der augenblicklichen laotischen Krise ...

2. US

b) CIA

1. Nachschubbasis Okinawa

Der Stützpunkt Okinawa ist an sich eine paramilitärische Nachschubbasis und könnte in kritischen Situationen, die eine umfangreiche Unterstützung von Aktionen unkonventioneller Kriegführung erfordern, dieser Aufgabe voll und ganz dienstbar gemacht werden. In Camp Chinen untergebracht, verfügt er über ein abgesichertes Arsenal, das mit allem ausgestattet ist, was zur Lagerung, Überprüfung, Verpackung, Beschaffung und Auslieferung von Ausrüstungsgegenständen gebraucht wird, angefangen von Waffen und Munition bis hin zu Medikamenten und Kleidung. Als Sperrgebiet ist er sowohl für die Aufnahme von Geheimagenten – einzeln oder zu mehreren – als auch für das Training kleinerer Gruppen hervorragend geeignet.

4. Ausbildungslager Saipan

Der CIA unterhält ein Kampfausbildungslager auf der Insel Saipan, die etwa 160 Meilen nordöstlich von Guam liegt und zur Marianen-Gruppe gehört. Es ist bekannt als Technische Ausbildungseinheit der Marine, unter deren Schutz es auch steht. Die hauptsächliche Aufgabe des Ausbildungslagers Saipan besteht darin, die materiellen und personellen Voraussetzungen für eine Unzahl von Trainingsanforderungen zu schaffen, darunter Nachrichtenbeschaffung, Nachrichtenübermittlung, Gegenspionage und Techniken der psychologischen Kriegführung. Die Ausbildung dient der Unterstützung von CIA-Aktionen im ganzen Fernen Osten.

Außer den oben beschriebenen Einrichtungen und Möglichkeiten verfügt der CIA über ein kleines, etwa 500 Tonnen großes Schiff von 140 Fuß Länge, das gegenwärtig leichte Transportaufgaben zwischen Guam und Saipan erledigt. Der Kapitän und der Erste Steuermann sind Amerikaner, die Mannschaft besteht aus Philippinos. Das Ganze firmiert als Handelsgesellschaft mit Sitz in Baltimore, Maryland. Das Schiff wie auch die Gesellschaft sind potentiell für einen weiterreichenden Einsatz im Fernen Osten und anderswo geeignet.

Nr. 23 Telegramm über Diems Bündnisforderung

Telegramm der US-Botschaft in Saigon an das Außenministerium vom 1. Oktober 1961. Eine Zweitschrift dieser Botschaft ging an den Oberkommandierenden der Pazifischen Streitkräfte.

Diskussion mit Felt. Auf Party, McGarr, Nolting gestern. Von Diem bilaterales Verteidigungsbündnis erbeten. Weitschweifige und sich nicht entscheidende Antwort. Ernst. Folge der Befürchtungen Diems über die Lage in Laos, die Anfälligkeit Süd-Vietnams für verstärkte Infiltration und das Gefühl, ein Ein-

greifen der SEATO würde durch Großbritannien und Frankreich im Falle Süd-Vietnams ebenso verhindert wie in Laos.
Nolting sagte Diem, die Frage sei von entscheidender Bedeutung und habe auch Auswirkung auf die SEATO. Wiederholte dies ausführlich gegenüber Thuan, der, wie ich glaube, die Problematik besser durchschaut als Diem.
Ausführlicher Bericht über Unterredung mit Diem folgt, bitte jedoch um schnelle vorläufige Antwort aus Washington zu diesem Ersuchen.
Wir halten eine ernsthafte und sorgfältige Prüfung für notwendig, damit nicht das Gefühl aufkommt, den USA sei es nicht ernst mit der Unterstützung Süd-Vietnams. Sehe aber schwerwiegende Folgen, darunter die Mißachtung von Artikel 10 des Genfer Abkommens, mögliche Schwierigkeiten für die Ratifikation sowie Auswirkungen auf SEATO.
Diems Ersuchen ist von der Sorge diktiert, die Laos-Politik der USA werde zu verstärkter Infiltration und damit größeren Feindseligkeiten in Süd-Vietnam führen. Daher das Bemühen um stärkere Absicherung, als sie seiner Meinung nach jetzt die SEATO bietet. Änderung der amerikanischen Laos-Politik, vor allem Entschluß der SEATO, zum Schutz Süd-Vietnams und Thailands notfalls Gewalt anzuwenden, würde das Drängen nach einem zweiseitigen Bündnis abschwächen.

Nr. 24 Notiz über einen Interventionsplan

Ergänzende Notiz zu einem als »Entwurf zu einer Intervention in Vietnam« bezeichneten Papier vom 11. Oktober 1961. Nach Auskunft des Pentagon wurde das Schriftstück hauptsächlich von U. Alexis Johnson, dem Stellvertretenden Staatssekretär für Politische Angelegenheiten im Außenministerium, entworfen und war entweder eine »Gesprächsgrundlage« für eine Zusammenkunft, an der unter anderem Außenminister Dean Rusk und Verteidigungsminister McNamara teilnahmen, oder »eine am selben Tag nach dem Treffen angefertigte überarbeitete Fassung«.

Das Papier läßt erkennen, daß die Wahrscheinlichkeit eines massiven Eingreifens der Volksrepublik Nord-Vietnam oder der chinesischen Kommunisten nicht sicher abzuschätzen ist. Die Sonderstudie des Nationalen Nachrichtendienstes (SNIE) berücksichtigt nur die Anfangsphase, in der ein Einsatz auf 20–25 000 Mann beschränkt bleiben könnte. In späteren Stadien, in denen nach Berechnungen der Vereinigten Stabschefs 40 000 amerikanische Soldaten notwendig wären, um der Bedrohung durch den Vietkong entgegenzutreten, würde sich die Wahrscheinlichkeit eines solchen massiven Eingreifens erhöhen, falls die Sowjets darin eine Gelegenheit sehen, größere Kontingente von US-Streitkräften in einem langwierigen Unternehmen zu binden, möglicherweise als Teil einer weitverzweigten Aktion, in die Berlin und außerdem Gebiete wie Korea oder der Iran einbezogen sein könnten.
Da die Möglichkeit einer solchen großangelegten Intervention durch den Ostblock besteht, muß die obere Grenze der im Ernstfall benötigten Truppen klar ins Auge gefaßt werden. Wenn die gegenwärtigen Schätzungen stimmen, die davon sprechen, daß rund 40 000 US-Soldaten nötig wären, um das genannte

militärische Ziel zu erreichen, sowie zusätzlich 28 000 Mann, sollten auch nordvietnamesische und chinesische Kommunisten eingreifen, könnte sich der Abzug von in den USA stationierten Reservetruppen auf etwa 3 bis 4 Divisionen belaufen, zuzüglich anderer Truppenverbände. Auch für die Marine ergäbe sich – bei einer Blockade Berlins – eine erhebliche Belastung. Angesichts der Gefahr einer Berlinkrise und kampfbedingter Verluste, vor allem an wenig verfügbarem Material, sollte gleichzeitig mit dem Beginn von Aktionen in Vietnam die derzeitige Mobilmachung möglichst intensiviert werden.

Nr. 25 Ersuchen Süd-Vietnams um US-Streitkräfte aus dem Jahre 1961

Telegramm der Saigoner Botschaft der Vereinigten Staaten an das Außenministerium vom 13. Oktober 1961 über die Forderungen Nguyen Dinh Thuans, des Verteidigungsministers von Süd-Vietnam. Kopien dieser Nachricht erhielten der Oberkommandierende der pazifischen Streitkräfte und die Botschafter der Vereinigten Staaten in Bangkok, Thailand und Taipeh (Formosa).

Thuan stellte bei dem Treffen am 13. Oktober folgende Forderungen:
1. Die sofortige Bereitstellung eines Sondergeschwaders mit Maschinen vom Typ AD-6 statt der vorgesehenen T-28.
2. Zivile US-Vertragspiloten für Hubschrauber- und C-47er-Einsätze außerhalb des Kampfbereichs.
3. US-Kampfeinheiten oder Einheiten, die als »Kampfausbildungseinheiten« nach Süd-Vietnam kommen: Ein Teil zur Stationierung im Norden nahe dem 17. Breitengrad, um dort festliegende Streitkräfte der Regierungsarmee von Süd-Vietnam für den Einsatz gegen Guerillas auf der Hochebene freizustellen, auch in einigen Provinzhauptstädten im Hochland Zentral-Vietnams sollten vielleicht Einheiten stationiert werden.
4. Das Truppenangebot Nationalchinas sollten die USA annehmen und Taiwan ersuchen, eine Division Kampftruppen für Operationen im Südwesten zu entsenden.

Thuan bezog sich auf das erbeutete Tagebuch eines in Zentral-Süd-Vietnam getöteten Vietminh-Offiziers, das Aufzeichnungen über Pläne und Methoden der Vietminh enthielt. Es würde untersucht, übersetzt und weitergegeben. Er sagte, Diem habe angesichts der Situation in Laos, der Infiltration nach Süd-Vietnam und John F. Kennedys Interesse, daß dieser durch die Entsendung Taylors bekundet habe, gefordert, die USA sollten das Angebot dringend prüfen.
Bezüglich US-Kampfausbildungseinheiten fragte Nolting, ob Diems Ersuchen – angesichts wiederholter Gegenvorstellungen, ernst zu nehmen sei. Thuan bestätigte, daß Diem seine Ansicht auf Grund der sich verschlechternden Situation geändert habe. Er wünschte jetzt eine symbolische US-Streitmacht in der Nähe des 17. Breitengrades, um Angriffe dort zu verhindern und eigene Kräfte freizustellen. Zu ähnlichem Zweck sollten US-Einheiten in einigen Provinzhauptstädten im Zentral-Hochland stationiert werden: zur Freistellung von Bodentruppen der südvietnamesischen Armee. Nolting sagte, dringlichere Forderungen

als die nach einem bilateralen Bündnis brennen Diem auf den Nägeln. Nolting fragte, ob an Stelle eines Bündnisses. Thuan forderte einen ersten schnelleren Schritt als im (Verteidigungs-)Pakt vorgesehen, zumal die Zeitfrage eine entscheidende Rolle spiele; symbolische Streitkräfte würden Süd-Vietnam genügen und wären besser als ein Bündnis (hatte das Ganze offensichtlich nicht durchdacht und auch nicht mit Diem besprochen).
Standpunkt der Internationalen Kontrollkommission für Vietnam (ICC) erörtert. Nolting erwähnte, welchen Wert Süd-Vietnam früher der Anwesenheit der ICC beigemessen habe. Thuan stimmte zu und war der Meinung, der Plan könnte ausgeführt werden, wenn die US-Einheiten nur zum Schutz und – solange man nicht angegriffen würde – nicht zum Kampf eingesetzt würden. Auf diese Weise könnte man die ICC in Süd-Vietnam halten. Nolting sagte, er zweifle, ob das miteinander vereinbar sei, es könnte aber geprüft werden. (McGarr und ich machen auf zwei Punkte aufmerksam: Angesichts der vorgeschlagenen Einheiten entspricht ihre bloße Ausbildungsfunktion mehr einem Vorwand als der Wirklichkeit; wenn US-Einheiten entsendet werden, dann gleich in ausreichender Stärke, da VC-Überfall wahrscheinlich.)
Was die nationalchinesische militärische Unterstützung angeht, sagte Thuan, Tschiang hätte schon früher seine Bereitschaft angedeutet (nicht allzu präzise, wie ich seinen Worten entnahm). Thuan sagte, die Regierung von Süd-Vietnam wünschte nicht einen Vorteil auszunutzen, ohne vorher zu wissen, wie die USA darüber denken. Ungefähr 10 000 Mann sollten im Südwesten möglichst weit weg vom 17. Breitengrad eingesetzt werden. Auch sei beabsichtigt, Wehrpflichtige chinesischer Abstammung einzuziehen. Thuan meinte, vielleicht könnten Nationalchinesen unbemerkt ins Land eingeschleust werden, verwarf den Plan aber nach eingehender Überlegung. Nolting sagte, er vermute, die Nationalchinesen erwarteten sich etwas von ihrem Angebot, vielleicht politischen Auftrieb durch Einsatz nationalchinesischer Streitkräfte auf asiatischem Festland. (Nolting glaubt, das Ganze sei nur ein Versuchsballon.)
Fragen werden sicher mit Taylor durchgesprochen. Offensichtlich versäumt die Regierung von Süd-Vietnam keine Gelegenheit, unser Interesse und unsere Besorgnis auszunutzen und um mehr Unterstützung zu bitten. Die Situation hat aber militärisch und politisch einen Punkt erreicht, an dem ernsthaft und ohne Zögern alle notwendigen Überlegungen angestellt werden sollten.
(Notiz: Werden uns deshalb im Büro von Admiral Heinz am 16. Oktober um 13.30 Uhr treffen, um Antwort auf die heute aufgeworfenen Fragen zu erhalten. Erreichbar CINCPAC 140333, 140346)

Nr. 26 Telegramm von Taylor an Kennedy über den Einsatz von US-Truppen

Telegramm aus Baguio, Philippinen, von General Taylor an Präsident Kennedy vom 1. November 1961.

Ich schicke diese Botschaft, um die Gründe für meine Empfehlungen, US-Streitkräfte in Süd-Vietnam einzusetzen, darzulegen. Ich bin der Ansicht, daß wir mit dieser entscheidenden Tat die augenblicklich schlechte Lage positiv beeinflussen könnten, obwohl ich mir folgender Nachteile durchaus bewußt bin:

a) Die strategische Reserve der USA ist derzeit so schwach, daß wir es uns kaum leisten können, Streitkräfte in eine an den kommunistischen Block angrenzende Region, wo sie auf ungewisse Zeit festgenagelt sein werden, zu verlegen.

b) Obwohl das Ansehen der USA durch ihr Engagement in Süd-Vietnam bereits auf dem Spiel steht, wird uns ein Truppeneinsatz noch mehr in die ganze Angelegenheit verwickeln.

c) Wenn das erste Kontingent nicht ausreicht, um die nötigen Erfolge zu erzielen, wird es schwierig sein, dem Drängen nach Verstärkung zu widerstehen. Wenn unser oberstes Ziel die Sicherung der Grenzen und die Säuberung Süd-Vietnams von Aufständischen ist, so gibt es keine Grenze für unsere mögliche Verwicklung (es sei denn, wir greifen die Quelle selbst, Hanoi, an).

d) Der Einsatz von US-Streitkräften kann die Spannungen und das Risiko einer Eskalation zu einem größeren Krieg in Asien noch erhöhen.

Wenn man dagegen die andere Seite der Argumentation betrachtet, so muß man sagen, daß kein anderer Schritt unsere Freunde und Verbündeten in Südostasien so sehr von der Ernsthaftigkeit der Absichten der USA überzeugen und damit das Volk und die Regierung wieder aufrichten kann, wie der Einsatz von US-Streitkräften in Süd-Vietnam. Sowohl die Einheimischen als auch das US-Personal, die wir auf unserer Reise befragten, waren sich in diesem Punkt einig. Ich habe gerade Saigon 575 an das Außenministerium eingesehen und schlage vor, es im Zusammenhang mit dieser Botschaft zu lesen.

Der Umfang der eingesetzten US-Streitkräfte braucht nicht großartig zu sein, um die militärische Präsenz in der Höhe zu gewährleisten, die die gewünschte Wirkung auf die nationale Moral in Süd-Vietnam und auf die internationale Meinung haben wird. Ein bloßes Zeichen wird allerdings nicht genügen, es muß schon ein erkennbarer Wert vorhanden sein. Die Aufgabenbereiche, für die die Truppen zuständig sein könnten und die diesen erkennbaren Wert aufwiesen, wurden in Baguio 0005 aufgeführt. Er sind:

a) Bereitstellung einer militärischen Präsenz der USA, die die nationale Moral heben und Südostasien beweisen kann, daß die USA wirklich bereit sind, einer kommunistischen Machtübernahme in den Weg zu treten.

b) Einsatz bei Nachschubaufgaben zur Unterstützung militärischer Operationen und bei Überschwemmungskatastrophen.

c) Durchführung von Kampfeinsätzen, die zur Selbstverteidigung und für die Sicherheit des Gebietes notwendig sind.

d) Bereitstellung einer Reserveeinheit, um die Regierungsstreitkräfte von Süd-Vietnam im Falle einer militärischen Krise abzusichern.

e) Einsatz als Vorausabteilung von zusätzlichen Streitkräften, die möglicherweise bereitgestellt werden, um in Notfällen die dafür bestimmten Pläne des CINCPAC oder der SEATO durchführen zu können.

Es muß ausdrücklich festgestellt werden, daß es nicht Aufgabe dieser Streitkräfte ist, den Dschungel und die Wälder von VC-Guerillas zu säubern. Das sollte in erster Linie Aufgabe der vietnamesischen Streitkräfte sein. Vor allem dafür sollten sie organisiert, ausgebildet und besonders hart trainiert werden, und zwar von US-Beratern – auch aus den Reihen der Kampfbataillone. Allerdings können die US-Truppen aufgerufen werden, sich am Kampf zu beteiligen,

um sich selbst, ihr Personal und ihren Lebensraum zu schützen. Als eine allgemeine Reserve könnten sie (mit Zustimmung der USA) gegen große, formierte Guerillabanden, die ihre Wälder zum Angriff auf bedeutende Ziele verlassen haben, eingesetzt werden. An kleineren Guerillakämpfen im Dschungel sollten sich unsere Truppen aber nicht beteiligen.
Als Operationsgebiet für US-Truppen ist Süd-Vietnam keine ausgesprochen schwierige und unangenehme Gegend. Nur die Grenzgebiete sind bergig und dicht bewaldet, ansonsten ist das Gelände Teilen Koreas vergleichbar, wo die US-Truppen gelernt haben, ohne allzugroße Anstrengung zu leben und zu arbeiten. In diesen Grenzgebieten werden unsere Truppen aber aus den oben erwähnten Gründen nicht eingesetzt. Auf der Hochebene und im Küstenbereich, wo die US-Truppen vermutlich stationiert würden, stößt man nur hie und da auf Dschungelbedingungen. Das unerfreulichste Moment in den Küstengebieten wäre die Hitze im Delta und der Schlamm, den die Überschwemmungen hinterlassen. Auf der Hochebene können US-Truppen ohne weiteres stationiert werden.
In welchem Umfang die Sondertruppe sich an Hilfsaktionen nach Überschwemmungen im Delta beteiligen sollte, hängt von einer weiteren Untersuchung der dortigen Probleme ab. Wie bereits in Saigon 537 erwähnt, halte ich es für äußerst vorteilhaft, diesen Aspekt des Einsatzes unserer Sondertruppe zu betonen. Im Augenblick erscheint mir folgende doppelte Aufgabenstellung besonders günstig: zunächst Hilfeleistung im Überschwemmungsgebiet und später dann Einsatz in irgendeinem anderen Gebiet Süd-Vietnams, wo sie den Kampf gegen den VC wirkungsvoll unterstützen könnte. Allerdings fällt die Möglichkeit, die humanitäre Mission herauszustreichen, weg, wenn wir zu lange zögern, unsere Streitkräfte nach Vietnam zu schaffen, unser Engagement können wir dann auch nicht mit den Katastrophenbedingungen, die die Überschwemmung hervorgerufen hat, erklären.
Das Risiko, in einen größeren Krieg in Asien hineinzuschlittern, ist zwar vorhanden, wiegt aber nicht schwer. Nord-Vietnam ist durch konventionelle Bombardierung äußerst verwundbar, eine Schwäche, die diplomatisch ausgenützt werden sollte, indem man Hanoi überredet, Süd-Vietnam aufzugeben. Sowohl die Volksrepublik Nord-Vietnam als auch die chinesischen Kommunisten sähen sich schwerwiegenden Versorgungsschwierigkeiten gegenüber, wenn sie starke Einheiten im südostasiatischen Raum unterhalten müßten, Schwierigkeiten, die wir mit ihnen, wenn auch keineswegs im gleichem Ausmaß, teilen. Es besteht kein Grund, einen kommunistischen Masseneinsatz in Süd-Vietnam und seinen Nachbarstaaten zu befürchten, vor allem dann nicht, wenn unsere Luftwaffe die Nachschublinien unter Beschuß nehmen darf. Schließlich sollte der Hunger in China der kommunistischen Führung dort die Lust an militärischen Unternehmungen für einige Zeit genommen haben.
Auf Grund all dieser Überlegungen bin ich zu dem Schluß gekommen, daß der unverzügliche Einsatz einer (unleserliches Wort) militärischen Sondertruppe bestimmt mehr Vorteile als Risiken und Schwierigkeiten mit sich bringt. Ich bin überzeugt, daß wir unser Programm zur Rettung Süd-Vietnams sonst nicht erfolgreich durchführen können. Wenn die Konzeption Zustimmung findet, sollte die genaue Größe und Zusammensetzung der Truppe vom Verteidigungsminister nach Beratung mit den Vereinigten Stabschefs (JCS), dem Leiter

der Militärischen Beratergruppe (MAAG) und dem Oberkommandierenden der pazifischen Streitkräfte (CINCPAC) festgelegt werden. Zunächst sollten meiner Ansicht nach nicht mehr als 8000 Mann, überwiegend Versorgungseinheiten oder ähnliches, bereitgestellt werden. Wenn man dann über den Einsatz in Vietnam Erfahrungen gesammelt hat, wird dieser erste Truppenteil reorganisiert und den lokalen Gegebenheiten angepaßt werden müssen.
Wie CINCPAC darlegen wird, müssen alle Streitkräfte, die nach Süd-Vietnam abkommandiert werden, an ihrem vorherigen Platz durch zusätzliche Kräfte aus der strategischen Reserve in den Staaten ersetzt werden. Ebenso kommen zu den für Süd-Vietnam bestimmten Truppen noch die zur Ausführung von Plan 5 der SEATO in Laos benötigten hinzu. Beide Faktoren sollten bei derzeitigen Überlegungen zum Budget des Haushaltsjahres 1963 berücksichtigt werden, da es durch die ständigen Verstärkungen der US-Streitkräfte, die notwendig sind, um unsere strategische Position auf lange Sicht zu halten, belastet werden wird.

Nr. 27 Taylors zusammenfassender Bericht über seine Reise nach Süd-Vietnam

Telegramm aus Baguio, Philippinen, von General Maxwell D. Taylor, dem militärischen Berater des Präsidenten, an Mr. Kennedy vom 1. November 1961.

1. Als Antwort auf den Brief des Präsidenten vom 13. Oktober 1961 fasse ich in diesem Bericht die entscheidenden Einsichten, die meine Arbeitsgruppe gewonnen hat, sowie meine persönlichen Empfehlungen zusammen. Bei unserem Treffen am nächsten Freitag hoffe ich, die Überlegungen, die dahinterstehen, erläutern zu dürfen. Im Augenblick übermittle ich unseren Gesamtbericht, der meine Empfehlungen im einzelnen darlegen und als Arbeitsgrundlage für Ministerien und Verwaltung dienen kann.
2. Man kam zu dem Ergebnis:
a) Die kommunistische Strategie beabsichtigt, mit den Methoden der Subversion und des Guerillakampfes die konventionellen Bodentruppen der USA und der Einheimischen zu umgehen, und so die Kontrolle über Südostasien zu gewinnen. Das Zwischenziel der Kommunisten – auf dem Weg zur vollständigen Machtübernahme – ist offensichtlich ein neutrales Südostasien, losgelöst vom Schutz der USA. Diese Strategie hat in Süd-Vietnam einige Aussicht auf Erfolg.
b) In Vietnam »und in Südostasien« gibt es eine doppelte Vertrauenskrise: Man fragt sich, ob die USA bestimmt sind, Südostasien zu retten und ob die Methoden Diems geeignet sind, die kommunistischen Methoden und Ziele erfolgreich zu bekämpfen und zu vereiteln. Die Vietnamesen (und die Südostasiaten) werden sich in den kommenden Wochen und Monaten zweifellos – ob zu Recht oder zu Unrecht – ihre endgültige Ansicht über den wahrscheinlichen Ausgang der Kämpfe bilden und sich dementsprechend verhalten. Was die USA tun oder zu tun unterlassen, wird für den endgültigen Ausgang entscheidend sein.
c) Die südvietnamesische Regierung ist – abgesehen von ihrer Gesinnung – in

einem wahren Teufelskreis falscher Taktiken und Verwaltungsmaßnahmen gefangen, der ihre Streitkräfte in einer Weise lähmt, daß selbst einer relativ kleinen Vietkong-Streitmacht (ungefähr ein Zehntel der Größe der regulären Regierungstruppen Süd-Vietnams) gelingt, eine Atmosphäre der Frustration und des Terrors zu schaffen, die mit Sicherheit in eine politische Katastrophe mündet, wenn nicht bald eine Wendung zum Positiven eintritt. Die folgenden Empfehlungen sollen dazu beitragen, diese günstige Wende einzuleiten, einer weiteren Verschlechterung der Situation in Süd-Vietnam Einhalt zu gebieten und schließlich die Bedrohung der Unabhängigkeit des Landes aufzuhalten und schließlich aus der Welt zu schaffen.

3. Es wird empfohlen:

Im allgemeinen

a) Die Regierung der USA sollten dem Ersuchen der südvietnamesischen Regierung, ihr beim Widerstand gegen die wachsenden Angriffe des Vietkong und beim Wiederaufbau nach der Überschwemmungskatastrophe im Delta zu helfen, nachkommen und, da beides zusammen das Leben der Bürger und die Sicherheit des Landes bedroht, sollten die USA der Regierung von Süd-Vietnam ein Bündnis anbieten, um durch gemeinsame, intensive Anstrengungen sowohl mit dem Vietkong als auch mit den Hochwasserverwüstungen fertig zu werden. Die Vertreter der USA werden sich aktiv an diesen Bemühungen beteiligen, vor allem auf den Gebieten der Verwaltung, der militärischen Planung, des militärischen Einsatzes, des Nachrichtendienstes und der Überschwemmungshilfe. Dabei werden sie über die Rolle der Berater, die sie in der Vergangenheit innehatten, hinausgehen.

Im einzelnen

b) Zur Unterstützung der oben beschriebenen, intensiven, mit Diem gemeinsam zu unternehmenden Anstrengungen sollten die folgenden Einzelmaßnahmen ergriffen werden:

(1) Die Regierung der Vereinigten Staaten ist bereit, dem südvietnamesischen Regierungsapparat einige Verwaltungsfachleute zur Verfügung zu stellen. Die Frage, welche und wie viele, sollte mit Diem ausgehandelt werden.

(2) Man wird gemeinsam versuchen, das System des militärisch-politischen Geheimdienstes zu verbessern – angefangen von der Provinz über Regierung und Armee bis hinauf zur Organisation des Zentralen Nachrichtendienstes.

(3) Die Regierung der USA beteiligt sich an einer gemeinsamen Untersuchung der politischen und sozialen Zustände sowie der militärischen und nachrichtendienstlichen Aspekte in den Provinzen, deren Beurteilung entscheidend ist für die Maßnahmen, die dann gemeinsam beschlossen und ergriffen werden müssen. Wenn diese Überprüfung Zeit braucht, sollte sie die unmittelbaren Aktionen, die ohne Rücksicht auf ihr Ergebnis nötig sind, nicht verhindern.

(4) Ein gemeinsamer Versuch wird unternommen, die Armee für bewegliche, offensive Operationen freizustellen. Um diesen Versuch erfolgreich durchzuführen, werden Ausbildung und Ausrüstung der Zivilgarde und des Selbstverteidigungskorps verbessert, die reguläre Armee aus ihren Stellungen

genommen, die Beweglichkeit der Armeestreitkräfte durch Bereitstellung von mehr Hubschraubern und leichten Flugzeugen erhöht und eine Streitmacht aus Rangern im Zuge einer langfristigen Kampagne gegen die Infiltration des Vietkong organisiert. Die Regierung der USA wird dieses Unternehmen mit Ausrüstung sowie mit militärischen Einheiten und Personal unterstützen, das die Aufgaben, die die bewaffneten Streitkräfte Süd-Vietnams nicht rechtzeitig durchführen können, übernehmen wird. Zu solchen Aufgaben gehören Luftüberwachung und Luftaufnahmen, Lufttransporte (über die gegenwärtige Kapazität der südvietnamesischen Streitkräfte hinaus), spezielle Nachrichtendienste und Techniken der Luft-Boden-Unterstützung.

(5) Die amerikanische Regierung wird die Regierung Süd-Vietnams bei der Überwachung und Kontrolle der Küstenbereiche und der Wasserwege im Innern des Landes unterstützen, und Berater, Personal und ein kleines Truppenkontingent zur Verfügung stellen, soweit es für eine schnelle und erfolgreiche Abwicklung der Operationen notwendig ist.

(6) Die Militärische Beratergruppe (MAAG) von Vietnam wird reorganisiert und vergrößert, soweit das bei der Durchführung dieser Empfehlungen notwendig wird.

(7) Die Regierung der Vereinigten Staaten macht das Angebot, einen militärischen Kampfverband für Sondereinsätze, der unter US-Kontrolle operiert, aus folgenden Gründen nach Süd-Vietnam zu entsenden:

a) Eine militärische Präsenz der USA zu gewährleisten, die geeignet ist, die nationale Moral zu heben und Südostasien zu zeigen, wie ernst es den Vereinigten Staaten mit ihrer Absicht ist, einer kommunistischen Machtübernahme Widerstand zu leisten.

b) Nachschubtransporte zur Unterstützung militärischer Operationen und des Hochwasserkatastropheneinsatzes durchzuführen.

c) Kampfhandlungen, die zur Selbstverteidigung und zur Sicherheit des Gebietes, in dem sie stationiert sind, nötig sind, aufzunehmen.

d) Eine Notreserve zu stellen, um im Falle einer erhöhten militärischen Krise den bewaffneten Streitkräften der südvietnamesischen Regierung den Rücken zu decken.

e) Im Notfall als Vorausabteilung der Streitkräfte zu fungieren, die zusätzlich bereitgestellt werden, wenn die dafür bestimmten Pläne des Oberkommandierenden der pazifischen Streitkräfte oder der SEATO zum Einsatz kommen.

(8) Die Regierung der Vereinigten Staaten überprüft ihr wirtschaftliches Hilfsprogramm, um zu sehen, was in den Überschwemmungsgebieten benötigt wird, und um jenen Projekten den Vorrang zu geben, die das erweiterte Programm zur Aufständischenbekämpfung unterstützen.

Nr. 28 Untersuchung und Schlußfolgerungen in Taylors Vietnambericht

Auszüge aus General Taylors Bericht an Präsident Kennedy vom 3. November 1961 über seine Mission in Süd-Vietnam.

... Begrenzte Partnerschaft

... Es folgen die spezifischen Kategorien, unter denen der aktive Einsatz von Beratern und militärischen Einheiten vorgeschlagen wird ... ein Sternchen zeigt dabei an, wo und in welchem Umfang solche Unternehmungen bereits laufen.

– Einer oder mehrere hochqualifizierte Berater der Regierung. General Lansdale wurde von Diem angefordert, und es kann vernünftig sein, eine begrenzte Anzahl Amerikaner – die sowohl für Diem als auch für uns akzeptabel sind – für entscheidende Ministerien vorzusehen ...

– Eine gemeinsame amerikanisch-südvietnamesische Militärüberwachung bis hinunter auf Provinzebene sowie in allen drei Korpsbereichen, um Nachrichtendienst, Führung und Kontrolle sachdienliche Hinweise geben zu können, ökonomischere und wirkungsvollere passive Verteidigung aufzubauen sowie eine Reserve für Offensivoperationen, Ratschläge für Beziehungen zwischen Militärs und Provinzchefs zu geben usw. ...

– Gemeinsame Planung offensiver Operationen, einschließlich Durchführung von Grenzkontrollen ...

– Enge Verbindung mit den Zentralen südvietnamesischen Geheimdienstorganisationen (CIO) mit jedem der sieben Geheimdienste (Rest des Satzes unleserlich).

– Luftkommandounternehmungen *(Jungle Jim)* ...

– Operationen in Laos zur Verhinderung der Infiltration ...

– Verstärkte geheime Offensivunternehmungen sowohl in Nord- als auch in Süd-Vietnam und Laos ...

– Die Entsendung von drei Hubschraubergeschwadern, unter Einsatzkontrolle der MAAG – je ein Geschwader für jeden Korpsbereich – und die Bereitstellung von mehr leichten Flugzeugen, als sie gerade benötigt werden ...

– Eine radikale Erhöhung der Zahl der US-Ausbilder in jedem Bereich, angefangen bei den Heereshochschulen, wo es an Lehrern fehlt – bis hin zur Zivilgarde und zum Selbstverteidigungskorps, wo eine radikale Kompetenzausweitung sich als Schlüssel für die Mobilisierung einer Offensivreserve erweisen kann ...

– Die Entsendung von Pionier- und Versorgungseinheiten innerhalb der vorgeschlagenen US-Sondertruppe, die im Rahmen der südvietnamesischen Pläne im Überschwemmungsgebiet, bei Katastropheneinsätzen und bei längerfristigen Wiederaufbauarbeiten eingesetzt werden sollen ...

– Eine radikale Vergrößerung der amerikanischen Spezialeinheiten in Süd-Vietnam, die mit den vietnamesischen Rangerverbänden zusammenarbeiten sollen, die ihrerseits für das Grenzgebiet vorgeschlagen wurden ...; die bei der Ausbildung der Einheiten, einschließlich der Ausbildung einer Truppe für Geheimaktionen, helfen sollen ...

– Die Unterstützung der südvietnamesischen Marine durch die MAAG ausbauen ...
– Entsendung von Personal der US-Marine und/oder Küstenwache, um bei der Überwachung und Kontrolle von Küsten und Flüssen zu helfen, bis die Einsatzfähigkeit der südvietnamesischen Seestreitkräfte verbessert werden kann ...
– Überprüfung der Rolle der Luftwaffe, mit dem Ergebnis, ihre Möglichkeiten noch besser auszunutzen; Freigabe der Flugzeuge vom Typ 14-D-6 aus politischer Kontrolle, Einführung von Techniken der direkten Luftunterstützung und wirksamerer Einsatz der verfügbaren Waffen ...
Dieses Programm begrenzter Partnerschaft durchzuführen, verlangt eine Änderung der Satzung, des Geistes und der Organisation der MAAG in Süd-Vietnam. Sie soll nicht länger Beratergruppe sein, sondern – wenn auch nicht in vollem Umfang – aktiv eingreifendes Hauptquartier auf einem Kriegsschauplatz werden ... Die USA sollten – in bestimmten Grenzen – Verbündeter im Krieg werden, rein theoretische Beratung vermeiden und versuchen, den Krieg zu lenken. Ein solcher Wechsel von Berater- zur Partnerschaft wurde in den vergangenen Monaten in etwas geringerem Ausmaß von der MAAG in Laos geleistet.
Zu den zahlreichen Konsequenzen einer solchen Umstellung würde der schnelle Aufbau eines Nachrichtendienstes gehören, um einerseits Operationsziele für die Vietnamesen ausfindig zu machen und andererseits Washington eine unaufdringliche, aber zuverlässige Überwachung des Kriegsverlaufes zu ermöglichen. Ein Grundstock für eine solche Einheit ist die Zentrale für Nachrichtenauswertung in Saigon. Sie sollte schleunigst vergrößert werden ...
Ebenso müssen in Washington Geheimdienst- und Unterstützungsaktionen auf eine kriegsähnliche Grundlage gestellt werden ...

Unvorhergesehene Ereignisse

Ein Vorgehen der Vereinigten Staaten, wie es in diesem Bericht geschildert wird – und das nun einmal den offenen Ausbau und wirkungsvollen Einsatz der MAAG sowie die begrenzte Entsendung von US-Streitkräften einschließt –, verlangt, daß die Vereinigten Staaten auf alle Eventualitäten vorbereitet sind, die sich aus der Reaktion des Feindes ergeben könnten. Die hier vorgeschlagene Initiative sollte nicht ergriffen werden, bevor wir in der Lage sind, auf jede Eskalation von seiten der Kommunisten entsprechend zu antworten. Besonders in den folgenden drei Fällen müssen wir schnell handeln können: bei einem Versuch, das Gebiet von Pleiku–Kontum zu erobern und zu halten; bei einer politischen Krise, während der die Kommunisten versuchen könnten, die Verwirrung zu benutzen, um mit ihren in der Nähe Saigons liegenden Truppen die Stadt zu nehmen; schließlich im Falle einer offenen Aggression aus dem Norden.
Wie erwähnt, müssen die Pläne des Oberkommandierenden der pazifischen Streitkräfte für den Notfall die Möglichkeit einer kommunistischen Offensive in Laos und diese vietnamesischen Imponderabilien mit einbeziehen. Insgesamt gesehen sind zur Meisterung von Ausnahmesituationen in Südostasien, wofür im Augenblick nicht an den Einsatz von Atomwaffen gedacht ist, offenkundig

etwas ausgewogenere Reserven an Land-, See- und Luftstreitkräften in den USA erforderlich, als sie derzeit wegen der Bereitstellung von sechs Divisionen für die Berlinkrise zur Verfügung stehen.
Deshalb besteht eine der entscheidenden Folgerungen dieses Berichts in der Notwendigkeit, unsere Reserven so weit auszubauen, daß Südostasien bis hin zur atomaren Schwelle in der jetzt ins Auge gefaßten Weise verteidigt werden kann. Vielleicht müssen weitere Streitkräfte zur Unterstützung herbeigerufen werden.
Unserer Ansicht nach ist nichts besser geeignet, den Feind einzuschüchtern und angesichts der hier vorgeschlagenen begrenzten Aktionen von einer Eskalation abzuschrecken, als das Wissen um die Bereitschaft der Vereinigten Staaten, jeder Aggression in Südostasien entgegenzutreten.

Nr. 29 Schlußfolgerungen McNamaras aus dem Bericht General Taylors

Memorandum von Verteidigungsminister McNamara an den Präsidenten vom 8. November 1961, enthalten im Pentagon-Bericht.

Die wichtigsten Fragen, die Taylors Bericht aufwirft, sind, ob die USA:
a) sich verpflichten sollten, eine kommunistische Machtübernahme in Süd-Vietnam um jeden Preis zu verhindern, und b) im Rahmen dieser Verpflichtung sofortige militärische Aktionen einleiten und Vorbereitungen für mögliche spätere Unternehmungen treffen sollen.
Die Vereinigten Stabschefs sowie Gilpatric und ich sind dabei zu folgendem Schluß gekommen:
1. Der Verlust Süd-Vietnams würde zu einer raschen Ausweitung des kommunistischen Einflußbereichs oder einer völligen Anlehnung des gesamten übrigen südostasiatischen Festlandes sowie Indonesiens an den Kommunismus führen. Die weltweiten strategischen Konsequenzen, vor allem für den Orient, wären äußerst gefährlich.
2. Es ist höchst unwahrscheinlich, daß der Fall Süd-Vietnams ohne den Einsatz von US-Streitkräften in beträchtlicher Stärke verhindert werden kann. Wir schließen uns Taylors Urteil an, daß die verschiedenen Maßnahmen, die er vorschlägt, ohne diesen Einsatz zwar nützlich, aber nicht in der Lage sind, das Vertrauen zurückzugewinnen und Diem auf die Bahn des Erfolges zu bringen.
3. Die Entsendung amerikanischer Streitkräfte in einer vorläufigen Größenordnung von 8000 Mann aus Anlaß der Überschwemmungskatastrophe wird eine große Hilfe für Diem bedeuten. Allerdings wird die Gegenseite (ganz gleich, ob es sich um Moskau, Peking oder Hanoi handelt) nicht davon überzeugt sein, daß wir es ernst meinen. Außerdem könnte eine solche Maßnahme keine Entscheidung bringen. Mit größter Wahrscheinlichkeit würden wir in einen endlosen Konflikt hineingezogen.
4. Die Gegenseite ist nur dann von unserer Ernsthaftigkeit zu überzeugen, wenn wir zugleich mit dem Einsatz unserer ersten Truppen uns klar und ohne

Abstriche auf die oben erwähnten Ziele verpflichten und das mit einer über irgendwelche Kanäle laufenden Warnung an Hanoi verbinden, daß die fortgesetzte Unterstützung des Vietkong eine Vergeltungsaktion gegen Nord-Vietnam nach sich ziehen würde.

5. Wenn wir so vorgehen, muß Klarheit über das im äußersten Fall mögliche Ausmaß unseres militärischen Einsatzes herrschen. Der Kampf kann sich hinziehen; ein offenes Eingreifen Hanois und Pekings wäre möglich. Angesichts der Versorgungsschwierigkeiten der anderen Seite sind wir meines Erachtens zu der Annahme berechtigt, daß höchstens sechs Divisionen oder 205 000 Mann US-Bodentruppen in Südostasien benötigt würden (CINCPAC-Plan 32–59, Phase IV). Unsere militärische Situation ist so – oder ist bei Hinzunahme von mehreren Divisionen der Nationalgarde oder der regulären Verbände so zu gestalten –, daß diese Streitkräfte ohne ernsthafte Folgen für unsere derzeitigen Berlinpläne bereitgestellt werden können.

6. Das gesteckte Ziel erfordert selbstverständlich eine wohlüberlegte Entscheidung. Der Einsatz von Militär ist nur Teil einer ganzen Reihe sorgfältig abgestimmter Maßnahmen. Der Erfolg wird von Faktoren abhängen, von denen wir viele nicht beeinflussen können – so vor allem das Verhalten Diems und anderer politischer Führer in diesem Raum. Laos wird ein vordringliches Problem bleiben. Die politischen Konsequenzen für die amerikanische Innenpolitik sind ebenfalls zu berücksichtigen, obwohl wir eher an eine Unterstützung aus dem Volk glauben, wenn wir gleich zu Anfang eine feste Position beziehen, als wenn die Aktionen sich Schritt für Schritt hinziehen und es so mit Sicherheit zu unüberwindbaren Verwicklungen kommt. Die Auswirkungen auf Moskau und Peking werden sorgfältig abzuwägen sein; der Fall Süd-Vietnams könnte sie jedoch nur in ihren Absichten bestärken und ermutigen.

7. *Resümee*

a) Wir glauben nicht, daß größere Kontingente von US-Streitkräften nach Süd-Vietnam entsandt werden sollten, wenn wir nicht gewillt sind, eine positive Entscheidung hinsichtlich der Folgerungen zu fällen, die zu Beginn dieses Memorandums gezogen wurden.

b) Wir sind geneigt zu empfehlen, die USA sollten sich dem klaren Ziel verpflichten, den Verlust Süd-Vietnams an den Kommunismus zu verhindern und dieser Verpflichtung mit den notwendigen militärischen Maßnahmen nachzukommen.

c) Besteht über eine solche Verpflichtung Übereinstimmung, unterstützen wir die Empfehlungen General Taylors als erste Schritte in dieser Richtung.

Nr. 30 Bericht von Rusk und McNamara an Kennedy über Süd-Vietnam

Auszüge aus einem Memorandum für Präsident Kennedy von Außenminister Rusk und Verteidigungsminister McNamara vom 11. November 1961, enthalten in der Pentagon-Studie.

1. Die nationalen Interessen der Vereinigten Staaten in Süd-Vietnam

Die sich verschlechternde Situation in Süd-Vietnam verlangt eine genaue Klärung hinsichtlich der Natur und der Ziele der nationalen Interessen der Vereinigten Staaten in diesem Land. Der Verlust Süd-Vietnams würde jede weitere Diskussion über die Bedeutung Südostasiens für die freie Welt gegenstandslos machen; wir müßten mit ziemlicher Sicherheit damit rechnen, daß der übrige Teil Südostasiens und Indonesiens sich mit dem Kommunismus arrangieren, wenn nicht sogar dem kommunistischen Block angegliedert würde. Die Vereinigten Staaten haben als Mitglied der SEATO vertragliche Verpflichtungen gegenüber Süd-Vietnam. Darüber hinaus haben die Vertreter der Vereinigten Staaten auf der Schlußsitzung der Genfer Konferenz im Jahre 1954 in einer förmlichen Erklärung festgestellt, daß die USA »jede Wiederaufnahme der Aggression ... als ernste Bedrohung des Friedens und der Sicherheit in der Welt betrachten würden.«

Der Verlust Süd-Vietnams an den Kommunismus würde nicht nur die SEATO zerstören, sondern auch die Glaubwürdigkeit jeglichen amerikanischen Engagements beeinträchtigen. Weiterhin wäre mit harten innenpolitischen Auseinandersetzungen in den USA zu rechnen, die von extremen Kräften dazu benutzt werden könnten, das Land zu spalten und in ein Chaos zu stürzen ...

3. Die Ziele der Vereinigten Staaten in Süd-Vietnam

Die USA sollten unter allen Umständen verhindern, daß Süd-Vietnam an die Kommunisten fällt [sic]. Das entscheidende Mittel, um dieses Ziel zu erreichen, muß sein, die südvietnamesische Regierung in den Stand zu versetzen, selber den Krieg gegen die Guerillas zu gewinnen. Wir müssen auf den dazu notwendigen Maßnahmen bestehen, als Gegenleistung für die weitgespannte Hilfe der Vereinigten Staaten auf militärischem, wirtschaftlichem und politischem Gebiet. Zugleich müssen wir erkennen, daß Süd-Vietnam diesen Krieg wahrscheinlich so lange nicht gewinnen kann, wie das Einströmen von Menschen und Nachschub aus dem Norden ungehindert weitergeht und die Guerillas auf benachbartem Territorium eine sichere Zuflucht finden.

Wir sollten auf den Einsatz amerikanischer Streitkräfte vorbereitet sein, wenn dies zum Erfolg nötig sein sollte. Je nach Lage der Dinge könnte es sich für die Vereinigten Staaten ebenfalls als unumgänglich erweisen, die Quelle der Aggression in Nord-Vietnam anzugreifen.

4. Der Einsatz von Streitkräften der Vereinigten Staaten in Süd-Vietnam

Die Entsendung von amerikanischen Truppen nach Vietnam hätte in zwei verschiedenen Kategorien zu erfolgen: (A) Kleinere Einheiten zur Unterstützung der südvietnamesischen Armee wie zum Beispiel Fernmeldetrupps, Hubschrauber- und andere Lufttransporteinheiten, Aufklärungsflugzeuge, Küstenwachboote, Nachrichteneinheiten usw. (B) Größere Verbände mit konkreten oder potentiellen militärischen Aufgaben. *Kategorie (A) sollte so schnell wie möglich entsendet werden.* Der Einsatz von Einheiten der Kategorie (B) stellt eine schwierige Frage dar, weil sich dabei innen- und außenpolitische Probleme ergeben könnten und die Gefahr einer Eskalation durch den kommunistischen Block stark vergrößert würde. Außerdem geraten wir (falls die Eskalation durch den kommunistischen Block ausbleibt) in folgendes Dilemma: Wenn die Südvietnamesen große Anstrengungen unternehmen, werden unsere Truppen möglicherweise gar nicht benötigt; andernfalls könnten die Streitkräfte der Vereinigten Staaten ihre Aufgabe angesichts einer apathischen oder feindselig eingestellten Bevölkerung nicht erfüllen. Unter den gegenwärtigen Umständen sollte deshalb die Diskussion über den Einsatz von Kampftruppen der Vereinigten Staaten oder der SEATO vor allem unter dem Aspekt der moralischen Unterstützung der Südvietnamesen bei ihren Bemühungen, das Problem selbst zu lösen, geführt werden.

5. Angenommene Stärke der amerikanischen Truppen für Süd-Vietnam

Wenn wir Streitkräfte der Kategorie (B) nach Süd-Vietnam beordern, müssen wir den größtmöglichen Umfang eines militärischen Engagements in Südostasien ins Auge fassen. Der Kampf kann sich hinziehen; ein offenes Eingreifen Hanois und Pekings wäre möglich. Der Verteidigungsminister und die Vereinigten Stabschefs vertreten die Meinung, daß angesichts der Versorgungsschwierigkeiten der anderen Seite im Höchstfall sechs Divisionen oder 205 000 Mann US-Bodentruppen in Süd-Vietnam benötigt würden (CINCPAC-Plan 32/59, Phase IV). Dabei sind die einheimischen Streitkräfte und die möglicherweise zum Einsatz kommenden SEATO-Truppen nicht berücksichtigt. Außerdem besteht beim Verteidigungsminister und den Vereinigten Stabschefs die Ansicht, daß unsere militärische Situation es gestattet – bezw. daß wir durch die Hinzunahme von mehreren Divisionen der Nationalgarde oder der regulären Armee in die Lage versetzt werden können –, diese Streitkräfte bereitzustellen, ohne daß daraus negative Folgen für unsere derzeitigen Berlinpläne entstünden...

Nach den vorausgehenden Ausführungen empfehlen der Außen- und der Verteidigungsminister, daß:

(1) wir jetzt beschließen, Süd-Vietnam unter keinen Umständen an den Kommunismus fallen zu lassen und, unter dieser Voraussetzung, nicht vor der Entsendung von Streitkräften der USA oder anderer SEATO-Länder zurückschrecken, falls dies zur Erreichung des angegebenen Zieles unumgänglich sein sollte. (Wenn fremde Truppen eingesetzt werden, darf jedoch die Entscheidung darüber, ob Streitkräfte der Vereinigten Staaten entsendet werden sollen, nicht von der einstimmigen Befürwortung durch die SEATO abhängig gemacht werden.)

(2) Das Verteidigungsministerium möge Pläne für den Einsatz von US-Truppen in Süd-Vietnam bei einem oder mehreren der folgenden Unternehmen ausarbeiten:

a) Bereitstellung einer erheblichen Zahl amerikanischer Soldaten, um die Entschlossenheit der Vereinigten Staaten zur Verteidigung Vietnams zu demonstrieren und die Moral der Südvietnamesen zu heben.

b) Unterstützung bei der Niederwerfung von Vietkong-Aufständen, mit Ausnahme bestimmter Aktionen, jedoch unter Einschluß von Operationen in Nord-Vietnam.

c) Um bei einer großangelegten kommunistischen Intervention Herr der Lage zu bleiben.

(3) Zur Unterstützung der südvietnamesischen Regierung werden folgende Sofortmaßnahmen ergriffen:

... c) Wir liefern einige kleinere Boote und stellen dazu Militärberater und das Bedienungspersonal zur Verfügung, das zur raschen und wirkungsvollen Überwachung der Küstengewässer und Binnenschiffahrtsstraßen benötigt wird...

e) Wir schicken Personal und Ausrüstung, um den militärisch-politischen Nachrichtendienst zu verbessern. Erfaßt werden soll das ganze System, angefangen auf Provinzebene über den Regierungs- und Militärapparat bis hin zum CIA.

f) Verbesserung der Befehls- und Organisationsstruktur und Erhöhung des Personals als notwendige Maßnahmen für die verstärkte Teilnahme der Vereinigten Staaten an der Leitung und Kontrolle militärischer Operationen und Erfüllung der Aufgaben, die der MAAG infolge dieser Empfehlungen zuwachsen ...

i) Einzelne Verwaltungsfachleute und Berater, deren Qualifikation und Zahl dem Einverständnis beider Regierungen überlassen bleibt, sollen in den Staatsapparat von Süd-Vietnam eingegliedert werden ...

(5) Unmittelbar bevor die ersten – oben unter (3) aufgeführten – Mannschaften und Ausrüstungsgegenstände eintreffen, deren Bereitstellung gegen die Richtlinien des Genfer Abkommens verstößt, sollte der »Jorden-Report« als »Weißbuch« der Vereinigten Staaten veröffentlicht und möglichst gleichzeitig den Regierungen aller Länder – einschließlich der kommunistischen –, zu denen wir diplomatische Beziehungen unterhalten, zugestellt werden.

(6) Gleichzeitig mit dem *Jorden-Report* sollte ein Briefwechsel zwischen Diem und dem Präsidenten veröffentlicht werden.

a) Diems Brief würde unter anderem enthalten: die Erwähnung der Verletzung des Genfer Abkommens durch die Volksrepublik Nord-Vietnam, wie in einem Schreiben der südvietnamesischen Regierung an die Internationale Kontrollkommission vom 24. Oktober sowie in anderen Dokumenten verlautet; zweckdienliche Hinweise auf Erklärungen der Regierung Süd-Vietnams bezüglich ihrer Absicht, sich an die Bestimmungen des Genfer Abkommens zu halten; die Bitte um Hilfe für die Hochwasserkatastrophe und den Wiederaufbau; einen Hinweis auf frühere Unterstützung durch die Vereinigten Staaten und auf die bisherige Einhaltung des Genfer Abkommens durch beide Länder; Bezugnahme auf die Erklärung der US-Regierung anläßlich der Unterzeichnung des Genfer Abkommens; die Notwendigkeit, gegen einige Verordnungen des Genfer Abkommens zu verstoßen angesichts der Haltung der Volksrepublik Nord-Vietnam; das Fehlen jeglicher aggressiver Absichten gegenüber der Volksrepublik Nord-Vietnam; die Absicht der Regierung von Süd-Vietnam, zur strikten Einhaltung der Bestimmungen des Genfer Abkommens zurückzukehren, sobald die Vertragsbrüche durch die Volksrepublik Nord-Vietnam aufgehört haben; schließlich die Bitte um zusätzliche Hilfe durch die Vereinigten Staaten bei der Durchführung der zuvor beschriebenen Politik. Der Brief sollte außerdem in geeigneter Form Auskunft über die Schritte erteilen, die Diem zu einer Reform der Regierungsstruktur unternommen hat und noch unternimmt.

b) Die Antwort des Präsidenten würde dem Ersuchen Diems nach weiterer Hilfe und Anerkennung entsprechen und dessen Erklärungen hinsichtlich der Rückkehr zur strikten Einhaltung des Genfer Abkommens nach entsprechenden Maßnahmen der Volksrepublik Nord-Vietnam beipflichten ...

Nr. 31 Memorandum der Vereinigten Stabschefs, in dem ein verstärktes Engagement in Süd-Vietnam verlangt wird

Auszüge aus dem Memorandum der Vereinigten Stabschefs an Verteidigungsminister McNamara vom 13. Januar 1962. Am 27. Januar 1962 schickte McNamara das Memorandum Präsident Kennedy mit einem Begleitschreiben, in dem es unter anderem hieß: »Die Vereinigten Stabschefs haben verlangt, daß das beiliegende Memorandum ... Ihnen zur Ansicht vorgelegt wird. Das Memorandum erfordert im Moment keine Entscheidungen von Ihrer Seite. Ich bin im Augenblick nicht in der Lage, die darin mitgeteilten Erfahrungen mit unserem gegenwärtigen Süd-Vietnam-Programm zu bestätigen.«

3. Militärische Überlegungen ...
a) Vorläufige Folgen: Der Verlust des südostasiatischen Festlandes würde sich äußerst ungünstig auf unsere militärische Strategie auswirken und unsere Chancen in einem begrenzten Krieg merklich mindern, da wir unsere Luft-, Land- und Seestützpunkte einbüßen würden, zu unrationeller Geheimdienstarbeit gezwungen wären und mit erschwerten Bedingungen für unser militärisches Nachrichtennetz sowie einer Verstärkung der feindlichen Streitkräfte in diesem Gebiet zu rechnen hätten. Wir wären vom Luftraum und 5300 Meilen Küstenlinie abgeschnitten, die letzte bedeutende militärische Machtposition Großbritanniens in Asien wäre mit dem Verlust von Singapur und Malaysia gefallen und der militärische Einfluß der Vereinigten Staaten ohne Krieg in diesem Gebiet nur schwer aufrechtzuerhalten.
b) Weitere Konsequenzen: Ebenso wichtig wie die unmittelbaren Einbußen sind die Folgen, die ein Verlust des südostasiatischen Festlandes haben könnte. Ganz Indonesien käme möglicherweise unter den Einflußbereich der UDSSR und könnte als kommunistischer Stützpunkt zu einer Bedrohung Australiens und Neuseelands werden. Der chinesisch-sowjetische Block würde den östlichen Zugang zum Indischen Ozean kontrollieren. Die Philippinen und Japan wären – bestenfalls – zur Neutralität gezwungen, so daß zwei unserer wichtigsten Verbündeten im westlichen Pazifik ausschieden. Wir müßten unsere Verteidigungslinien nordwärts nach Korea, Okinawa und Formosa verlegen, was zu einer Überlastung unseres Nachrichtennetzes in einem begrenzten Krieg führen würde. Die indische Neutralität würde aufs Spiel gesetzt, und bei einem Erfolg des Ostblocks muß mit gleichzeitigen Versuchen der Kommunisten gerechnet werden, in Afrika Fuß zu fassen ...
... 13. Drei Faktoren müssen bei der Frage eines möglichen Einsatzes von US-Streitkräften besonders berücksichtigt werden:
a) Jeder Krieg auf dem südostasiatischen Festland wird früher oder später den Charakter eines Halbinsel- oder Inselfeldzuges annehmen – eine Art der Kriegführung, in der alle Truppenteile der Vereinigten Staaten eine Fülle von Erfahrungen sammeln konnten und in der sie sich im Zweiten Weltkrieg und in Korea ausgezeichnet bewährt haben.
b) Eine Untersuchung zeigt klar, daß die Kommunisten bei einem Krieg in diesem Gebiet wegen geographisch bedingter Versorgungs- und Transportschwierigkeiten Streitkräfte nur in begrenzter Zahl unterhalten könnten.

Unsere derzeitige militärische Stellung in der Welt erlaubt es uns, notfalls Truppen in Südostasien einzusetzen, ohne negative Rückwirkungen auf unsere europäischen Verpflichtungen in Berlin oder anderswo befürchten zu müssen.

14. Die Vereinigten Stabschefs schlagen Ihnen vor, bei jeder Entscheidung über weitere Aktionen, die sich trotz der vollen Mitarbeit Diems und des wirksamen Einsatzes der südvietnamesischen Armee als notwendig erweisen könnten, noch einmal die Ihnen mit JCSM-320-61 am 10. Mai 1961 zugegangene Empfehlung zu überdenken, die vorsieht, eine ausreichende Zahl von US-Streitkräften nach Süd-Vietnam zu entsenden, um folgende Aufgaben zu erfüllen:

a) Eine sichtbare Abschreckung für eine mögliche nordvietnamesische und/oder rotchinesische Aktion.

b) Die Entlastung vietnamesischer Truppen in vorgeschobenen Positionen und Verteidigungsstellungen, um ihren zukünftigen Einsatz bei Eindämmungsaktionen zu ermöglichen.

c) Hilfe bei der Ausbildung südvietnamesischer Soldaten.

d) Die Bereitstellung einer Kerntruppe zur Unterstützung weiterer militärischer Operationen der Vereinigten Staaten oder der SEATO in Südostasien.

e) Eine Demonstration der Festigkeit unserer Absichten für alle asiatischen Nationen.

Wir sind der Meinung, daß eine Verzögerung dieser Maßnahmen nur aufschiebende Wirkung haben und am Ende unsere Aufgabe nur noch schwieriger gestalten würde.

Nr. 32 Studie des Außenministeriums von Ende 1962 über die Lage in Süd-Vietnam

Auszüge aus dem Untersuchungsprotokoll des Direktors der Abteilung für Nachrichtendienst und Forschung im Außenministerium, Roger Hilsman, für Außenminister Rusk vom 3. Dezember 1962. Das Memorandum trägt den Titel »Lage und Aussichten für die nächste Zukunft in Süd-Vietnam«; aus einer Fußnote geht hervor, daß der Bericht auf Informationen basiert, die seit dem 12. November 1962 verfügbar waren.

... Präsident Ngo Dinh Diem und andere führende vietnamesische Politiker wie auch viele amerikanische Beamte in Süd-Vietnam glauben offensichtlich, der Höhepunkt des Kampfes gegen die Umsturz- und Unterwanderungsversuche des Vietkong sei überschritten. Ein solcher Optimismus ist verfrüht. Bestenfalls kann man davon sprechen, daß der Grad der Verschlechterung der Lage ab- und die Sicherheit zugenommen hat, eine Folge der erheblich verstärkten US-Hilfe und des breitangelegten Eindämmungsprogramms der südvietnamesischen Regierung.

Die Regierung von Süd-Vietnam hat die Durchführung eines grundlegenden strategischen Konzepts, das den Ausbau von Wehrdörfern und ein systematisches Befriedungsprogramm in den Mittelpunkt stellt, vorrangig behandelt. Politische, wirtschaftliche und soziale Maßnahmen wurden stärker beachtet und besser mit rein militärischen Aktionen koordiniert. Die – mittlerweile verstärkten und besser ausgebildeten – vietnamesischen Streitkräfte und der

Sicherheitsdienst sind angriffslustiger geworden und haben ihre taktischen Kapazitäten im Kampf gegen die Guerillas stark vergrößert. Die wirksame Kontrolle der südvietnamesischen Regierung über das flache Land nimmt allmählich zu. In einigen befriedeten Gebieten hat sich auch die Haltung der Bauern gegenüber der Regierung offenkundig verbessert.

Infolgedessen mußte der Vietkong seine Taktik und vielleicht auch seinen Zeitplan ändern. Aber weder ist der »nationale Befreiungskrieg« abgeflaut, noch hat sich eine sichtbare Schwächung des VC ergeben. Ganz im Gegenteil, die Zahl der Guerillas hat sich vergrößert, Schlagkraft und Disziplin haben zugenommen – man schätzt den Vietkong jetzt auf etwa 23 000 Mann Elitekampftruppen und ungefähr 100 000 Irreguläre und Sympathisanten. Er kontrolliert immer noch etwa 20% der Dörfer und rund 9% der Landbevölkerung sowie weitere 47% der Dörfer in unterschiedlichem Maße. Der Einfluß des Vietkong bei den Bauern und seine Verbindungen zu ihnen konnten nicht ernsthaft gestört werden, so daß die Guerillas weiterhin in der Lage sind, einen gut funktionierenden Nachrichtendienst, gepaart mit einem hohen Grad an Initiative, Beweglichkeit und Kampfkraft, aufrechtzuerhalten. In den Städten hat sich der Einfluß des Vietkong mit ziemlicher Wahrscheinlichkeit vergrößert, und zwar nicht nur auf Grund von Subversion und Terrorakten, sondern auch mit Hilfe einer für die von Diem enttäuschten Nichtkommunisten zunehmend attraktiver werdenden Propaganda.

Die innenpolitische Situation ist weniger leicht zu beurteilen. Diem hat seine Kontrolle über die Bürokratie und die Militärspitze verstärkt. Er delegiert etwas mehr Macht als früher und wird sich zunehmend der Bedeutung der Bauernschaft für die Durchführung des Eindämmungsprogramms bewußt. Trotzdem bestehen noch viele Anzeichen, die zu ernster Besorgnis Anlaß geben, besonders hinsichtlich Diems Vorgehen bei der Niederwerfung des Aufstands, wenn auch die Unzufriedenheit offizieller Kreise und führender Persönlichkeiten mit Diems Führungsstil abzunehmen scheint. Es gibt jedoch weiterhin Berichte über die Beteiligung bedeutender Militär- und Zivilbeamter an Umsturzplänen. Anhänger der Opposition, Kritiker und Andersdenkende außerhalb der Regierung scheinen in wachsendem Maße neutralistischen, prokommunistischen und möglicherweise antiamerikanischen Bestrebungen zugänglich zu sein. Sie verschreiben sich offensichtlich mehr und mehr der Geheimbündelei.

Der Vietkong hat sich anscheinend auf einen langandauernden Kampf eingerichtet, und es ist anzunehmen, daß er die gegenwärtige Gangart und die Vielzahl seiner aufrührerischen und umstürzlerischen Bemühungen beibehält. Im Laufe der nächsten Monats könnte es zu einer Verstärkung seiner militärischen Anstrengungen als Antwort auf die zunehmenden Gegenaktionen der Regierung von Süd-Vietnam und der USA kommen. Auch Hanoi wird sich stärker als bisher bemühen, der »Nationalen Befreiungsfront von Süd-Vietnam« (NFLSV) Legitimation zu verschaffen und den Grundstein für den Aufbau einer »Regierung der südvietnamesischen Befreiungsfront« zu legen. Im Augenblick scheinen die Kommunisten keine Neutralisierung Süd-Vietnams nach laotischem Muster anzustreben, aber vielleicht kommt das später. Die vollständige Niederschlagung, ja selbst eine sichtbare Eindämmung des kommunistischen Aufstandes dürfte sich über Jahre hinziehen. In beiden Fällen wären sowohl erheblich größere Anstrengungen von seiten der südvietnamesischen Regierung als auch die fortgesetzte Hilfe der Vereinigten Staaten unbedingt erforderlich. Wenn die Sicherheit weiterhin erhöht wird, sollte es Diem gelingen, bestehende Besorgnisse zu zerstreuen und die Moral unter der Beamtenschaft und in der Armee zu heben. Doch die Regierung von Süd-Vietnam wird ihre militärischen Erfolge nicht in bleibenden politischen Gewinn ummünzen und die Unterstützung der Bauern erringen können, wenn sie nicht den außermilitärischen Aspekten des Eindämmungsprogramms mehr Nachdruck verleiht, den Aufbau von Wehrdörfern in ein erweitertes großangelegtes Befriedungsprogramm einbezieht und ihr militär-taktisches Arsenal – besonders im Hinblick auf Operationen großer Einheiten und den Einsatz von Luftwaffe und Artillerie – merklich vergrößert. Unterbleibt letzteres, so könnte sich die militante Opposition unter den Bauern und deren Identifikation mit den Zielen des Vietkong verstärken.

Ein Umsturz ist jederzeit möglich, aber die Wahrscheinlichkeit dafür wächst, wenn der Kampf gegen die Kommunisten negativ verläuft und der Vietkong eine Serie erfolgreicher und eindrucksvoller Aktionen startet oder die hohen Verluste der südvietnamesischen Armee über eine längere Zeit hin anhalten. Die größten Erfolgsaussichten hätte ein von nichtkommunistischer Seite geführter und unterstützter Staatsstreich, unter Beteiligung hoher und höchster Militärs und Zivilbeamter. Zumindest zeitweilig könnte eine als Folge eines Putsches auftretende Spaltung des Regierungslagers die Entwicklung der Maßnahmen zur Unterdrückung des Aufstandes zum Stillstand bringen oder sogar umkehren. Die Rolle der USA bei der Erhaltung der Eindämmungsbemühungen und der Verhinderung einer Ausweitung des Konflikts zu einer gefährlichen internationalen Machtprobe kann von entscheidender Bedeutung sein ...

Kapitel 4

Ngo Dinh Diems Sturz: Mai–November 1963

von Hedrick Smith

Die Pentagon-Geheimstudie über den Vietnamkrieg enthüllt, daß Präsident Kennedy von den Plänen eines Militärputschs, der Präsident Ngo Dinh Diem 1963 stürzte, gewußt und daß er sie gebilligt hat.
»Unsere Mittäterschaft bei diesem Staatsstreich erhöhte unsere Verantwortung und unsere Verpflichtungen« in Vietnam, stellt die Studie fest.
Im August und im Oktober 1963, heißt es in der Studie, unterstützten die Vereinigten Staaten eine Verschwörung vietnamesischer Generäle, die entschlossen waren, den umstrittenen Staatschef zu stürzen. Denselben Staatschef, dessen Aufstieg zur Macht Mr. Kennedy Mitte der fünfziger Jahre durch öffentliche Reden förderte und der neun Jahre lang die Hauptstütze der amerikanischen Politik in Vietnam gewesen war.
Der Staatsstreich war eine der dramatischsten Episoden der amerikanischen Verwicklung in Vietnam, und zugleich war er ein Scheideweg für die amerikanische Politik. Wie die Pentagon-Studie bemerkt, hätte damals – mit dem Verschwinden des Diem-Regimes – Washington die Möglichkeit gehabt, sein ganzes Engagement in Süd-Vietnam zu überdenken und sich für den Rückzug zu entschließen.
Zumindest sprachen sich zwei Regierungsbeamte für das Disengagement aus, aber der Rückzug wurde, wie es in der Pentagon-Studie heißt, »niemals als politische Alternative betrachtet, da man ja von der Annahme ausging, daß ein unabhängiges, nichtkommunistisches Süd-Vietnam von zu großer strategischer Bedeutung sei, als daß man es sich selbst überlassen könnte«.
Als sich nach dem Staatsstreich herausstellte, daß der Krieg gegen den Vietkong eine weitaus schlimmere Wendung genommen hatte, als die Verantwortlichen angenommen hatten, fühlten sich die Vereinigten Staaten verpflichtet, für Saigon eher mehr als weniger zu tun. Durch die Unterstützung des Staatsstreiches gegen Diem, heißt es in der Studie, »wurden die USA unbeabsichtigt noch tiefer verwickelt. Die Unabsichtlichkeit ist der entscheidende Punkt«.
Die Studie stellt fest, daß Washington den Staatsstreich gegen Diem nicht veranlaßte und daß die amerikanischen Streitkräfte auch in keiner Weise intervenierten. Sie versuchten nicht einmal die Ermordung Diems und seines Bruders Ngo Dinh Nhu zu verhindern. Nhu hatte sich als politischer Chefberater Diems eine unermeßliche Machtposition aufge-

baut. Die Unzufriedenheit des Volkes mit dem Diem-Regime richtete sich vor allem gegen Nhu und seine Frau.

Aber seit Wochen – das Weiße Haus war von jedem Schritt unterrichtet – unterhielt die amerikanische Mission in Saigon durch einen der erfahrensten und gewandtesten Agenten des CIA, Lieut. Col. Lucien Conein, geheime Kontakte zu den konspirierenden Generälen. Conein, ein Indochina-Veteran, war das erste Mal bereits 1944 durch Fallschirmabsprung in Vietnam gelandet, und zwar im Auftrag des Amtes für Strategische Dienste, des Vorläufers des CIA während des Zweiten Weltkrieges.

Die Generäle vertrauten Conein so sehr, daß er sich im Hauptquartier des vietnamesischen Generalstabes sogar mitten unter ihnen befand, als sie zum Staatsstreich ausholten. Am 25. Oktober, eine Woche vorher, hatte Botschafter Lodge Gelegenheit, in einem Telegramm an McGeorge Bundy, den Berater des Präsidenten in Fragen der nationalen Sicherheit, Conein als den Mann zu beschreiben, ohne den man nicht auskommen kann:

»CAS (Tarnbezeichnung für CIA) hat meine Instruktionen peinlich genau ausgeführt. Ich habe persönlich jeder Zusammenkunft von General Don (einem der drei Hauptverschwörer) und Conein meine Zustimmung gegeben. Conein hat in jedem Fall meine Anweisungen aufs genauste ausgeführt ...

Conein ist, wie Sie wissen, seit achtzehn Jahren mit General Don befreundet. Und General Don hat seinen äußersten Unwillen gezeigt, mit irgend jemand anders zu verhandeln. Ich bin daher überzeugt, daß es nicht sinnvoll ist, einen anderen Amerikaner für vertrauliche Kontakte mit den Generälen heranzuziehen.« (Siehe Dokument Nr. 52)

So eng arbeitete der CIA mit den Generälen zusammen, daß er sie, nachdem Lodge den CIA ermächtigt hatte, an der taktischen Planung des Staatsstreiches mitzuwirken, sogar mit den so wichtigen Informationen über die Bewaffnung und Stationierung regierungsfreundlicher Streitkräfte versah.

So sehr verwickelte sich der Botschafter selbst in die Verschwörung, daß er den Generälen Zuflucht für ihre Familien anbot, falls der Putsch fehlschlagen würde – und er erhielt dazu die Billigung Washingtons. Kurz vor dem Staatsstreich erbat er sich dann in Washington die Erlaubnis, Bestechungsgelder bereitzustellen, um auch solche Offiziere für die Verschwörung zu gewinnen, die Präsident Diem noch ergeben waren. (Siehe Dokument Nr. 57)

Botschafter Lodge und General Paul D. Harkins, Befehlshaber des amerikanischen Hilfskorps in Saigon, versorgten Präsident Kennedy mit äußerst widersprüchlichen Ratschlägen. Deshalb verließ den Präsidenten bis zum Ende die Furcht vor einem Fehlschlag nicht.

Ende August, als ein Putsch der Generäle stündlich zu erwarten war, sandte Kennedy an Lodge eine private Mitteilung. Vermutlich in Erinnerung an den Zusammenbruch der Invasion Kubas in der Schweinebucht äußerte er: »Ich weiß aus Erfahrung, daß ein Fehlschlag verheerender ist als der Anschein von Entschlußlosigkeit ... Wenn wir etwas tun, müssen wir es tun, um zu gewinnen. Aber wir werden besser unseren Entschluß revidieren, als daß wir einen Fehlschlag hinnehmen müssen.«

In seinem Telegramm vom 30. August, das sich die *New York Times* zusammen mit der Pentagon-Studie verschaffte, versicherte der Präsident außerdem: »Wir werden alles tun, um Ihnen zu helfen, diese Operation erfolgreich zu Ende zu führen.«

Am 30. Oktober, nachdem das Komplott vertagt und später wiederaufgenommen worden war, kabelte das Weiße Haus die Anweisung, künftig jeden Staatsstreich zu verschieben, der nicht »größte Aussicht auf Erfolg« habe. Dem Botschafter blieb jedoch die letzte Entscheidung überlassen, und man stellte fest, daß es, wenn ein Putsch »unter verantwortlicher Führung« erst einmal begonnen hat, »im Interesse der Vereinigten Staaten liege, daß er auch Erfolg hat«. (Siehe Dokument Nr. 56)

Die Schlußfolgerungen der Pentagon-Studie stehen in eklatantem Widerspruch zu den Äußerungen, die Botschafter Lodge am 29. Juni 1964 bei einem Interview gemacht hat und in denen er die Verwicklung Amerikas in den Staatsstreich bestritt. Ebenso die vorsichtiger formulierten Ableugnungen in den Memoiren, die einige Beamte der Kennedy-Regierung veröffentlichten.

»Für den Militärputsch gegen Ngo Dinh Diem tragen die USA einen nicht geringen Teil der Verantwortung«, stellt die Pentagon-Studie fest.

»Ab August 1963 billigten, sanktionierten und ermutigten wir verschiedentlich die Unternehmungen der Verschwörer-Generäle und erboten uns, eine nachfolgende Regierung voll zu unterstützen. Im Oktober erteilten wir Diem eine schroffe Abfuhr, indem wir Hilfeleistungen einstellten. Damit gaben wir grünes Licht für die Generäle. Während der gesamten Planung und Durchführung des Staatsstreiches unterhielten wir heimlichen Kontakt zu ihnen und versuchten, auf ihre Operationspläne und die voraussichtliche neue Regierung Einfluß zu nehmen.«

Die Intrigen der Vietnam-Generäle und jene des Mr. Nhu sind schon früher eingehend geschildert worden. Zwei weitere wesentliche Umstände werden aus der Pentagon-Studie sichtbar: das schrittweise sich vertiefende geheime Einverständnis der US-Regierung mit der Verschwörung, das bisher nur in schattenhaften Umrissen enthüllt ist, und die Auseinandersetzungen innerhalb der US-Regierung, die sie in entscheidungsschweren Augenblicken an den Rand der Aktionsunfähigkeit brachten.

Wie das Diem-Regime, so war auch die Kennedy-Regierung eine in sich zerstrittene Familie.

In Saigon waren die zwei großen Widersacher Botschafter Lodge, an dem selbst Bewunderer auszusetzen hatten, daß er ein auf Abstand bedachter, geriebener und dünkelhafter Diplomat sei; und General Harkins, ein umgänglicher, athletischer Kavallerie-Offizier, einstiger Protegé von Generalmajor George S. Patton III., dem Panzerkommandeur des Zweiten Weltkrieges.

Wie die Studie berichtet, wurde der Botschafter sehr schnell zum Parteigänger der Verschwörung gegen Diem, während General Harkins erzürnt war über das, was er als schäbige Behandlung Präsident Diems empfand. »Ich würde vorschlagen, wir sollten die Pferde nicht so schnell wechseln«, meinte der General noch weniger als 48 Stunden vor dem Putsch in einem Telegramm an General Maxwell D. Taylor, den Vorsitzenden des Vereinigten Generalstabs, am 30. Oktober. (Siehe Dokument Nr. 54)

»Schließlich haben wir, mag es richtig gewesen sein oder nicht, Diem neun lange, schwierige Jahre unterstützt. Mir scheint es ungereimt, ihn nun herunterzustoßen und ihm den Laufpaß zu geben. Die US-Regierung ist, seit er im Amt ist, seine mütterliche Vorgesetzte und sein Beichtvater gewesen, und er hat sich immer auf uns verlassen.«

Der Botschafter und der General gerieten fast in jedem kritischen Augenblick und über jede bedeutendere Angelegenheit aneinander. Und ihre Fehde hatte ihre Auswirkungen bis hinauf zur höchsten Regierungsebene in Washington.

Bei einer Gelegenheit, weiß die Studie zu berichten, gaben die beiden sogar Nachrichten an die Verschwörer weiter, die miteinander unvereinbar waren. Daraufhin schirmte der Botschafter die Manöver der Verschwörung derart ab, daß General Harkins sich in Washington beschwerte, man lasse ihn absichtlich im dunkeln.

Am Ende aber war es Lodge, der den entscheidenden Einfluß auf die Regierung ausübte – Mr. Lodge, dieser äußerst selbstbewußte Botschafter und frühere republikanische Kandidat für die Vize-Präsidentschaft, ein Mann mit unabhängiger politischer Macht, der in seinen Ansichten standhaft blieb und eifersüchtig über seine Vorrechte als Botschafter wachte, immer darauf bedacht, seine volle Autorität geltend zu machen.

»Politischer Verfall«

Bis zum Ausbruch der buddhistischen Demonstrationen gegen das Diem-Regime im Mai 1963 war die große amerikanische Öffentlichkeit blind gegen den »politischen Verfall« in Vietnam, schreibt der Pentagon-Bericht, blind gegen die Atmosphäre des Mißtrauens, gegen die allgegenwärtige, wenn auch latente Unzufriedenheit mit dem autokratischen Diem-Regime, gegen die Schande der Korruption und das unterdrückte Unbehagen in der Armee.

In Amerika war der Anfang des Jahres 1963 eine Zeit prahlender öffentlicher Verlautbarungen über den Verlauf des Krieges. In seiner Rede über die Lage der Nation am 14. Januar erklärte Präsident Kennedy, »daß die Speerspitze der Aggression in Vietnam stumpf geworden sei«, und Admiral Harry D. Felt, Kommandeur der Pazifischen Streitkräfte, sagte einen Sieg innerhalb der nächsten drei Jahre voraus. Während dies die Ansicht wiedergibt, die bei den für die Politik Verantwortlichen vorherrschte, zeichnete ein Bericht des Nachrichtendienstes vom 17. April ein weit weniger schönes Bild. Vorausgesetzt, daß die Hilfe für den Vietkong nicht von außen verstärkt würde, könnten die Guerillas »militärisch niedergehalten werden«. Hinzugefügt wird freilich, es gäbe noch keinen überzeugenden Beweis, daß der Feind durch die alliierten Kriegsanstrengungen »ernstlich angeschlagen« sei. Schlußfolgerung: »Die Lage ist nach wie vor labil.«

Außerdem, führt der Pentagon-Bericht an, hatten Offiziere zweimal versucht, Präsident Diem zu töten, im November 1960 und im Februar 1962. Gegen seine Armee äußerst mißtrauisch geworden, hatte Präsident Diem ergebenen Günstlingen wichtige Kommandostellen der Truppen im Gebiet von Saigon anvertraut, in allen Provinzen zuverlässige Befehlshaber eingesetzt, potentielle Konkurrenten und Mißvergnügte ihres Truppenkommandos entkleidet.

Schon seit Jahren hatten Berichte der Nachrichtendienste auf die schädigende Wirkung hingewiesen, die solche Methoden auf die Moral der Truppe haben. Immer wieder beschrieben sie auch die Kluft zwischen den herrschenden Mandarinen und der apathischen Landbevölkerung sowie die Entfremdung der städtischen Mittelklasse, die aufgebracht war über die anmaßenden politischen Kontrollen und darüber, daß man ihr einen wirklichen politischen Einfluß vorenthielt.

Zeitweise war man sogar in Washington erbittert über den Alliierten, den man sich selbst erwählt hatte, denn er ließ es daran fehlen, durch politische, militärische und wirtschaftliche Reformen die Sympathien des Volkes zu erringen. Aber im ganzen hatte die US-Regierung sich daran gewöhnt, daß Präsident Diem ihre Ratschläge verwarf, und Anfang 1963, als Diem sich darüber beschwerte, daß zu viele herumschnüffelnde Amerikaner sein Land durchstreiften, fand sie sich sogar etwas in die Verteidigung gedrängt.

»Während sich die Verpflichtung und Verwicklung der USA vertieften«, berichtet die Pentagon-Chronik, »nahmen die Reibungen zwischen Amerikanern und Vietnamesen in allen Aufgabenbereichen zu. Diem, unter dem Einfluß von Nhu, beschwerte sich über Zahl und Eifer der US-Berater. Beim Volk entstehe der Eindruck einer neuen Kolonialzeit, behauptete er.«

Trotz solcher Reibungen war die Kennedy-Regierung damit zufrieden, weiter einer politischen Grundlinie zu folgen, auf die ein journalistischer Aphorismus genau gemünzt war: »Geh unter oder schwimm mit Ngo Dinh Diem!«

Der Funke des Aufruhrs, so sagen die Pentagon-Papiere, entzündete sich in Zentralvietnam, als Regierungstruppen am 8. Mai in der Stadt Hué in eine Ansammlung von Buddhisten feuerten, die religiöse Fahnen zeigten und damit gegen eine Regierungsverordnung verstießen. Neun Menschen wurden getötet und vierzehn verletzt, als sie von Panzerfahrzeugen überfahren wurden.

Das Regime schob die Schuld auf einen Provokateur des Vietkong. Die Buddhisten verlangten, daß die Regierung ihre Schuld eingestehe und die Familien der Opfer entschädige. Präsident Diem weigerte sich, und trotz äußerlicher Kompromisse wurde dieser Tiefpunkt nie überwunden. Beide Seiten schlitterten in eine zunehmende Serie von gewaltsamen Konfrontationen.

Den buddhistischen Protesten – Massendemonstrationen und Selbstaufopferung von Mönchen – begegnete man mit Polizeiknüppeln und einer steigenden Zahl von Verhaftungen. Mrs. Nhu, die recht freimütige Schwägerin des Junggesellen Diem, erzürnte die Opposition, indem sie die Selbstverbrennung von Buddhisten als »Barbecues« lächerlich machte. Ein Aufschrei der Entrüstung ging durch das Ausland, insbesondere durch die USA, und die Kennedy-Regierung mußte dafür, daß sie Präsident Diem unterstützte, scharfe öffentliche Kritik hinnehmen.

Die Affäre im Mai allein hätte kaum ausgereicht, die Machtgrundlagen des Regimes zu erschüttern. Der Pentagon-Bericht gibt der mandarinenhaften Unnachgiebigkeit der Diem-Herrschaft die Schuld, daß sich die Krise weiter verschärfte. Die Proteste der Buddhisten wurden zum Blitzableiter für die angestaute politische Enttäuschung. Zum erstenmal wurde die amerikanische Öffentlichkeit durch diese Proteste darauf hingewiesen, in welchem Ausmaß die Vietnamesen mit ihrer Regierung unzufrieden waren.

Anfang Juli erhielten CIA-Agenten Hinweise auf zwei sich schnell entwickelnde Putschpläne. Und eine Lagebeurteilung des Nachrichtendienstes vom 10. Juli sagte voraus, »daß die Unruhen wahrscheinlich wieder-

aufflackern und die Aussichten eines Staatsstreiches oder eines Mordversuchs an Präsident Diem günstiger sein würden als je vorher«, falls Diem die Buddhisten nicht zufriedenstelle. (Siehe Dokument Nr. 34)
Gleich am nächsten Tag schüchterte Mr. Nhu einige höhere Generäle durch mutiges Auftreten ein, die Verschwörungen flauten daraufhin für einige Zeit ab.
Im Mai und Juni versuchte die US-Botschaft, Präsident Diem durch gutes Zureden und durch Drohungen zur Erfüllung der buddhistischen Forderungen zu veranlassen. Botschafter Frederick E. Nolting, ein freundlicher Virginier, der es als seine Pflicht ansah, mit Präsident Diem gut auszukommen, versuchte es mit sanfter Überredung. Als er in Urlaub ging, probierte sein Vertreter, William C. Truehart, eine rauhere Gangart. Er wies Mr. Diem am 12. Juni warnend darauf hin, daß die USA gezwungen seien, sich von ihm zu trennen, wenn die buddhistische Krise nicht gelöst werde.
Botschafter Nolting brach seinen Urlaub ab und eilte Anfang Juli nach Washington, um die Regierung zu drängen, Präsident Diem noch nicht fallenzulassen. Er vertrat die Ansicht, daß dessen Absetzung Vietnam in einen religiösen Bürgerkrieg stürzte. Obwohl Präsident Kennedy sich bereits entschlossen hatte, Mr. Lodge Ende August als Botschafter nach Saigon zu entsenden, gab er Frederick E. Nolting eine letzte Chance, Präsident Diem zu einem Friedensschluß mit den Buddhisten zu überreden.
Die Pentagon-Studie berichtet, daß es Botschafter Nolting am Vorabend seiner Abreise von Saigon gelang, Diem ein solches Versprechen abzuringen. Als letzte Geste für den scheidenden amerikanischen Geschäftsträger gab Diem am 15. August ein Interview und erklärte, es sei schon immer seine Absicht gewesen, sich mit den Buddhisten zu versöhnen. Und – entgegen einer von Mrs. Nhu bereits verlautbarten Kritik – behauptete er, seine Familie sei erfreut über die Ernennung Lodges.

Schock in Washington

Sechs Tage später brach der Damm. Südvietnamesische Spezialtruppen führten in buddhistischen Pagoden im ganzen Land mitternächtliche Razzien durch. Mehr als 1400 Menschen, meistens Mönche, wurden verhaftet und viele von ihnen mißhandelt. Zwei Tage später bemühten sich die gegen Diem konspirierenden Generäle zum erstenmal offiziell um amerikanische Unterstützung.
Die Razzien in den Pagoden wirkten auf Washington niederschmetternd.
»Die Brutalität der Razzien und der schamlos offene Bruch des von

Diem gegebenen Versprechens waren für die USA ein direkter, ein frecher Schlag ins Gesicht«, heißt es dazu in der Studie. »Die Überfälle auf die Pagoden am 21. August entschieden die Sache für uns, mochte das nun zum Besseren oder zum Schlimmeren führen.«

Als besonders kränkend empfanden die amerikanischen Dienststellen, daß die Überfälle von vietnamesischen Spezialtruppen ausgeführt wurden, die großenteils vom CIA finanziert wurden und deren Aufgabe eigentlich geheime Kriegsoperationen waren, die aber praktisch zur Privatarmee von Mr. Nhu geworden waren.

Der Pentagon-Bericht beschreibt, daß Mr. Nhu die Telefonleitungen der US-Botschaft unterbrechen ließ, um die US-Behörden in Unkenntnis zu lassen, und daß er sie durch Täuschungsmanöver zu der Annahme verleitete, die reguläre Armee habe die Razzien ausgeführt.

Am Tag zuvor hatte die Armee das Kriegsrecht verhängt, und einige der Einsatztruppen trugen Uniformen, die sie von Fallschirmeinheiten geborgt hatten. So kam es, daß die Botschaft in ihrem Bericht für Washington ursprünglich der Saigoner Armee die Schuld zuschob.

In Wirklichkeit aber hatte Mr. Nhu, wie die Studie sagt, den regulären Armee-Dienstweg umgangen und die Überfälle persönlich angeordnet. Dabei bleibt ungeklärt, ob Präsident Diem vorher seine Zustimmung gegeben hatte oder nur die vollendeten Tatsachen hinnahm.

Sowohl in Washington wie auch in Saigon verurteilten die USA die Überfälle und distanzierten sich von einer solchen Unterdrückungspolitik. Mr. Lodge, der in Honolulu endgültige Anweisungen erwartete, erhielt den Auftrag, sofort nach Saigon zu fliegen, wo er am Morgen des 22. August eintraf. Es ist kein Zufall, daß der nächste Abschnitt der Pentagon-Studie die Überschrift trägt: »Lodge contra Diem.«

Was die Studie »Erste Bitte um Unterstützung« nennt, wurde von dem amtierenden Generalstabschef der Streitkräfte vorgebracht, von Generalmajor Tran Van Don, einem französisch erzogenen vietnamesischen Aristokraten, und von einem seiner Vertreter, Generalmajor Le Van Kim, den man für den eigentlichen Anführer des Staatsstreiches hält. Trotz ihrer hohen Stellungen hatte keiner der Generäle unmittelbare Befehlsgewalt über Truppen, denn Mr. Nhu war mißtrauisch gegen sie geworden.

Unter Bezugnahme auf einen Informationsbericht des CIA berichtet die Studie, daß General Van Don am 23. August einem amerikanischen Agenten nahelegte, die »Stimme Amerikas« solle ihre Meldung, die der Armee die Schuld an den Pagoden-Razzien zuschrieb, zurückziehen und, um ihr zu helfen, durch die zutreffende Schilderung ersetzen. Es wäre an der Zeit, daß die USA ihre Einstellung zu den inneren Angelegenheiten Vietnams nicht mehr verheimlichten.

General Kim äußerste sich präziser. Die Pagoden-Razzien, sagte er zu

einem anderen Agenten, zeigten, wozu Mr. Nhu sich noch hinreißen lassen werde. Verlangten die Amerikaner nun mit Hartnäckigkeit die Entfernung Nhus, so würde dies die ganze Armee einen und sie in die Lage versetzen, gegen beide, gegen Mr. Nhu und seine Frau, mit Entschiedenheit vorzugehen.
Bezeichnend für die Lage: Auch die Botschaft berichtete, daß hohe Zivilbeamte amerikanischen Diplomaten erklärt hätten, die Entfernung der Nhus sei unbedingt notwendig. Nguyen Dinh Thuan, der Verteidigungsminister von Präsident Diem, gab rundheraus den Rat, »die USA sollten sich unter keinen Umständen mit den Umtrieben der Nhus abfinden«. Außenminister Vu Van Mau trat zurück und rasierte aus Protest seinen Kopf nach Art der Buddhistenmönche.
Weniger als 48 Stunden nach seiner Ankunft unterrichtete Botschafter Lodge das Außenministerium über diese Fühlungnahme, wies aber gleichzeitig darauf hin, daß Kommandeure in Schlüsselstellungen im Gebiet von Saigon den Ngo-Brüdern immer noch ergeben waren. Die Einstellung anderer Offiziere war unbekannt. Unter diesen Umständen würde nach Lodges Ansicht die Unterstützung eines Staatsstreiches »ein Schuß ins Dunkle« sein.
Die Nachricht erreichte Washington am Morgen des 24. August, einem Samstag, und löste eine der umstrittensten Aktionen der Kennedy-Regierung aus. Das Außenministerium versah Botschafter Lodge mit einer Anweisung, unterzeichnet vom amtierenden Minister George W. Ball, die als erste Billigung eines Staatsstreichs angesehen werden kann. In der Anweisung wird zunächst festgestellt, die USA könnten sich nicht länger mit der Machtstellung Nhus und seiner Frau abfinden. In der abgehackten Sprache eines Telegramms heißt es dann: »Möchten Diem hinreichende Gelegenheit geben, Nhus zu entfernen, aber wenn er sich verstockt zeigt, sind wir bereit, die naheliegende Konsequenz zu ziehen, Diem nicht länger unterstützen zu können. Sie sollten deshalb vielleicht geeigneten militärischen Befehlshabern erklären, daß wir ihnen im Fall vorübergehenden Zusammenbruchs des zentralen Staatsapparats direkte Unterstützung geben.« (Siehe Dokument Nr. 35)
Durch diese Anweisung erhielt Botschafter Lodge im übrigen einen breiten Handlungsspielraum. Sie versprach ihm: »Wir werden alles, was Sie zur Erreichung unserer Ziele unternehmen, bis zum äußersten decken.«
Diese entscheidende Instruktion erlaubte es also der »Stimme Amerikas«, ihre früheren Verlautbarungen zu widerrufen, und sie wies Mr. Lodge an, er solle erklären, die USA könnten keine weitere militärische und wirtschaftliche Hilfe leisten, »wenn nicht sofort drastische Maßnahmen« ergriffen würden, um die verhafteten Buddhisten freizulassen und ihre Forderungen zu erfüllen.

Die Pentagon-Studie beruft sich auf das 1964 veröffentlichte Buch *To Move a Nation* von Roger Hilsman und nennt als Verfasser der umstrittenen Anweisung: Mr. Hilsman, Staatssekretär im Außenministerium; W. Averell Harriman, Unterstaatssekretär für Politische Angelegenheiten; Michael V. Forrestal, Experte des Weißen Hauses für Vietnam und Südostasien, und Mr. Ball, Mr. Hilsman und Mr. Harriman sollen dabei federführend gewesen sein. Da sich Präsident Kennedy zum Wochenende in Hyannisport, Mass., befand, war es schwierig, die erforderliche Billigung von höchster Stelle zu erhalten. Außenminister Dean Rusk war in New York, Verteidigungsminister Robert S. McNamara und John A. McCone, Direktor des CIA, befanden sich im Urlaub.

Dem Präsidenten und Dean Rusk wurden Kopien des Entwurfes vorgelegt. Sie revidierten am Telefon ihre Anweisung, bevor sie dann abgesandt wurde. Roswell L. Gilpatric, der amtierende Verteidigungsminister, billigte die Anweisung im Namen der Zivilabteilung des Pentagon. General Maxwell D. Taylor, der Vorsitzende des Vereinigten Generalstabs, wurde verspätet eingeschaltet und telefonisch unterrichtet, da er zum Dinner ausgegangen war. Als er hörte, daß der Präsident die Vorlage schon gebilligt hatte, stimmte er für das Militär zu.

Erst am Montag trafen die wichtigsten Persönlichkeiten der Regierung wieder in Washington ein. Bis dahin waren einigen von ihnen, vor allem General Taylor, Zweifel gekommen. Zu diesem Zeitpunkt war es aber schon zu spät, um noch etwas zu ändern.

In Saigon löste die Nachricht des Außenministeriums hektische Aktivität aus. Das Telegramm kam in Saigon am Sonntag, dem 25. August, mittags an. Botschafter Lodge bestellte sofort General Harkins und John H. Richardson, den örtlichen CIA-Chef, zu sich. Nach der Lagebesprechung sandte Lodge ein dringendes Kabel an das Außenministerium und schlug eine Änderung der Taktik vor:

»Aussicht, daß Diem unseren Forderungen nachkommt, nach meiner Überzeugung praktisch null. Geben außerdem, wenn wir diese Forderungen vorbringen, Nhu Gelegenheit, militärische Aktionen zu vereiteln oder zu blockieren. Sollten Risiko nicht eingehen, da Nhu Saigoner Kampfverbände kontrolliert.

Schlagen deshalb vor, mit unseren Forderungen geradewegs die Generäle aufzusuchen, ohne Diem zu informieren. Würden uns bereit erklären, mit Diem ohne Nhu weiterzuarbeiten. Es hinge aber praktisch von ihnen ab, ob Diem bleibt oder nicht. Würden darauf bestehen, daß die Generäle Schritte zur Freilassung der Buddhistenführer unternehmen und Vereinbarung vom 16. Juni verwirklichen. Erbitte sofortige Instruktion über die Änderung.« (Siehe Dokument Nr. 56)

Der Botschafter erklärte, daß General Harkins mit ihm übereinstimme,

und ein gesonderter Bericht Richardsons an das CIA-Hauptquartier bekräftigte Mr. Lodges Lagebeurteilung in allen Punkten.
Die unmittelbare Antwort ist in der Pentagon-Studie nicht enthalten, konnte aber der *New York Times* entnommen werden. Sie wurde von Mr. Hilsman und Mr. Ball gegeben und lautete: »Wir stimmen der vorgeschlagenen Änderung zu.«
Es ist nicht bekannt, ob dies mit Präsident Kennedy und anderen hohen Beamten abgesprochen wurde, aber nach den normalen Praktiken einer Behörde dürfte Mr. Hilsman dies veranlaßt haben.
Als das Telegramm in Saigon ankam, so heißt es in der Studie, hielt Mr. Lodge am Montagmorgen eine weitere Lagebesprechung ab. Er und seine engeren Mitarbeiter beschlossen, daß »die USA nicht offiziell zeigen sollten, daß sie ihre Hand im Spiel haben«, was bedeutete, daß General Harkins nicht mit den Generälen sprechen würde. Der Kontaktmann sollte vielmehr Oberst Conein sein, der verschiedenen Generälen schon lange bekannt war, und dazu noch ein anderer CIA-Beamter; die Kontakte des zweiten Agenten hörten allerdings bald auf.
Die CIA-Agenten sollten den Generälen nicht nur die Hauptpunkte der Anweisung Washingtons vom 24. August mitteilen, sondern auch, wie Mr. Richardson dem Hauptquartier am 26. August vorschlug, folgendes erklären: »Wir können Ihnen bei der ersten Aktion zur Ergreifung der Macht im Staate in keiner Weise Hilfe leisten. Es ist ganz und gar Ihre eigene Sache, ob Sie gewinnen oder verlieren. Erwarten Sie nicht, daß wir Sie da rausholen.« Die Verschwörer mußten außerdem informiert werden, daß die Vereinigten Staaten »hofften, daß ein Blutvergießen vermieden oder auf ein absolutes Minimum beschränkt werden kann«. (Siehe Dokument Nr. 37)
Am gleichen Tag, einem Montag, wurde Präsident Kennedy in Washington darüber informiert, daß General Taylor und andere nun Zweifel hätten, worauf er den Nationalen Sicherheitsrat einberief.
Für die Verfasser der Pentagon-Studie waren die Unterlagen von Sitzungen des Rates nur zum Teil zugänglich, zu den Dokumenten aus diesen kritischen Tagen aber hatten sie gar keinen Zugang. Die Studie übernimmt deshalb die Schilderung des Hilsman-Buches, nach der Minister McNamara, Mr. McCone und General Taylor die prominentesten Zweifler waren. Zur Gegenpartei gehörten die höchsten Beamten des Außenministeriums.
Der Rat trat am Dienstag wieder zusammen. Nach dem Hilsman-Buch äußerte Mr. Nolting, der frühere Botschafter, auf dieser Sitzung Zweifel, ob es gelinge, Präsident Diem von seinem Bruder zu trennen, wie die führenden Pentagon-Beamten vorschlugen. Außerdem beurteilte er mit prophetischem Zweifel die Fähigkeit der Generäle, den Staat zu lenken.

Das Ergebnis war, laut Studie, daß man Saigon am 27. August ersuchte, nähere Einzelheiten über das Komplott mitzuteilen und eine Beurteilung darüber zu geben, wie sich eine Verzögerung des Staatsstreichs auswirken würde.

Dies erweiterte die Kluft zwischen Botschafter Lodge und General Harkins und in der Folge auch die Kluft zwischen den entsprechenden Parteien in Washington.

Die Dokumentation stellt fest, daß das Ersuchen Washingtons Saigon erst erreichte, als die zwei CIA-Agenten bereits getrennte Kontakte mit zwei weiteren Mitgliedern der Militär-Verschwörung aufgenommen hatten, um ihnen die Stellungnahme der USA mitzuteilen. Dabei erfuhren sie, wer der Führer der Verschwörung war: Generalleutnant Duong Van Minh, militärischer Berater des Präsidenten, ein guter Kampfkommandeur und der General mit dem stärksten Anhang im Offizierskorps.

Zu seinen Anhängern gehörten nicht nur die Generäle Don und Kim, sondern auch Generalmajor Tran Thien Khiem, ein Verwaltungsoffizier des Vereinigten Generalstabs; Generalmajor Nguyen Khanh, Kommandeur des nördlich Saigon liegenden II. Korps; und Oberst Nguyen Van Thieu, Kommandeur der 5. Division, die unmittelbar nördlich der Hauptstadt stationiert war. Doch Saigon selbst und das Mekong-Delta im Süden waren in der Hand von Anhängern Präsident Diems.

Bei dieser Verteilung der Kräfte beurteilte Botschafter Lodge die Aussichten eines Putsches als günstig und war der Meinung, daß »die Aussicht auf Erfolg durch ein Hinausschieben vermindert würde«.

General Harkins sandte einen gesonderten Bericht. Seiner Ansicht nach hatten die Verschwörer keine so deutlichen Vorteile, und es gab deshalb auch keinen Grund für eine »überstürzte Billigung« des Komplotts. Er zweifelte, daß die Verschwörer ohne eine Aufforderung durch die USA losschlagen würden. In seinem Telegramm versprach er, den Botschafter in jeder Weise zu unterstützen, wenn die früheren Instruktionen ausgeführt würden. Auch deutete er an, seine frühere Zustimmung sei hochgespielt worden; offensichtlich hatte Mr. Lodge seine Lagebeurteilung günstiger ausgelegt, als sie gewesen war. Aber die Angelegenheit wurde nicht geklärt.

Ein dritter Bericht von Mr. Richardson, dem CIA-Chef, unterstützte Botschafter Lodge. »Die Lage hier hat einen Punkt erreicht, von dem aus es keinen Rückweg gibt«, berichtete er seinem Hauptquartier. »Saigon ist ein bewaffnetes Lager. Zur Zeit sieht es so aus, als habe sich die Ngo-Familie zum entscheidenden Kampf eingegraben ... Es könnte zu ausgedehnten Kämpfen in Saigon und zu schweren Verlusten an Menschenleben kommen.« (Siehe Dokument Nr. 38)

Aber Richardson warnte, daß sogar dann, wenn die Ngo-Brüder an der

Macht blieben, »sie und Vietnam in die endgültige Niederlage stolpern werden, die ihnen von ihren eigenen Leuten und dem Vietkong zugefügt wird«.

In der Zwischenzeit hatten die vietnamesischen Generäle ihre eigenen Sorgen, und zwar mit den Amerikanern. Denn seit Jahren waren sie von den Amerikanern davor gewarnt worden, sich in eine Konspiration gegen ihre eigene Regierung einzulassen.

Am 29. August, heißt es in der Studie, traf General Minh persönlich mit Lieut. Col. Conein zusammen und forderte einen sichtbaren Beweis dafür, daß die USA die Verschwörung nicht an Mr. Nhu verraten würden. Als ein deutliches Zeichen der amerikanischen Unterstützung verlangte er, daß Washington die Wirtschaftshilfe für das Diem-Regime einstelle.

Ein zweiter General streckte ebenfalls seine Fühler aus und erreichte, daß der Botschafter den CIA ermächtigte, die taktische Planung des Staatsstreichs zu unterstützen. So enthüllt denn auch ein Bericht des CIA vom 5. Oktober, daß amerikanische Agenten die Organisatoren des Komplotts mit wichtigen Informationen versorgten. Darunter befand sich ein detaillierter Lageplan und eine Bestandsaufnahme der Ausrüstung von Camp Longthanh, einer geheimen Anlage der regierungstreuen Spezialtruppen, befehligt von Oberst Le Quang Tung.

Die Amerikaner in Saigon waren den verantwortlichen Politikern in Washington weit voraus. Dort war die Debatte auf höchster Ebene zu solcher Hitze und Gereiztheit gediehen, daß Präsident Kennedy persönlich an Botschafter Lodge und General Harkins telegraphierte und jeden um sein »unabhängiges Urteil« ersuchte. Die Antwort des Botschafters an den Präsidenten war eine glühende Verteidigung des Staatsstreichs:

»Wir haben einen Kurs eingeschlagen, auf dem es keine ehrenhafte Umkehr mehr gibt: den Sturz der Diem-Regierung. Es gibt zum Teil deshalb keine Umkehr, weil sich das US-Prestige bereits öffentlich und sehr nachdrücklich mit diesem Ziel identifiziert hat, und das wird noch deutlicher sichtbar, sobald erst Einzelheiten durchsickern. Vor allem ist eine Umkehr aber aus einem noch viel fundamentaleren Grund, wie ich es sehe, keine Möglichkeit, den Krieg unter einer Diem-Regierung zu gewinnen ...« (Siehe Dokument Nr. 39)

Mister Lodge hatte die Idee verworfen, Präsident Diem noch einmal aufzusuchen. Statt dessen schlug er vor, General Harkins solle ermächtigt werden, den Generälen gegenüber die früheren Zusagen des CIA persönlich zu wiederholen, um so deren Zweifel zu mildern. Sollte sich das als unzureichend erweisen, werde die amerikanische Hilfe suspendiert, wie General Minh gefordert hatte.

Wie aus der Studie hervorgeht, beharrte General Harkins auf seinem Standpunkt: Es wäre, ohne die Verschwörer zu gefährden, immer noch

Zeit, ein letztes Mal an Präsident Diem heranzutreten und ihn ultimativ aufzufordern, Nhu fallenzulassen.
In dieser Zeit der Spannung sowohl in Saigon wie in Washington traf sich der Nationale Sicherheitsrat am 29. August zu einer entscheidenden Sitzung. Das Ergebnis war noch in dieser Nacht eine Anweisung des Außenministeriums. Wie aus ihr hervorgeht, stützte sich Präsident Kennedy mehr auf den Rat von Botschafter Lodge als auf den von General Harkins. (Siehe Dokument Nr. 40)
Der Nationale Sicherheitsrat hatte, wie aus dem Telegramm hervorgeht, »die politische Grundlinie bekräftigt« und insbesondere General Harkins ermächtigt, den Verschwörern gegenüber frühere CIA-Zusagen zu wiederholen. Dabei hatte er den Auftrag, zu betonen, die Amerikaner unterstützten Maßnahmen »zur Entfernung der Nhus aus der Regierung«. Präsident Diem wurde in diesem Telegramm jedoch überhaupt nicht erwähnt.
Trotzdem ergibt sich aus der Anweisung, daß die Ansicht von Botschafter Lodge, es gäbe kein Zurück mehr, im großen und ganzen akzeptiert wurde. »Die US-Regierung wird einen Putsch unterstützen, der gute Aussicht auf Erfolg hat, aber sie plant keinen direkten Einsatz von US-Streitkräften«, hieß es. »Harkins sollte zu erkennen geben, daß er bereit sei, die Zusammenarbeit mit den Verschwörern aufzunehmen und ihre Pläne zu prüfen, aber daß er sich in eine gemeinsame Planung des Putsches nicht direkt einlasse.«
Außerdem wurde Lodge ermächtigt, die Einstellung der Hilfeleistung für das Diem-Regime zu verkünden, wann und wie er es für richtig halte. Aber mit einem Blick auf das Ansehen der Regierung wurde ihm nahegelegt, er möge eine solche Ankündigung so manipulieren, daß der »Eindruck einer Geheimbündelei« mit den Generälen auf ein Minimum reduziert werde.
Ferner heißt es in dem Telegramm des Außenministeriums, daß die Frage, ob man mit Präsident Diem ein letztes Mal Kontakt aufnehme – General Harkins hatte dies befürwortet –, »offenbleibt«. Minister Rusk hatte vermutlich seine persönlichen Zweifel, so griff er diese Frage in einer getrennten Nachricht an Lodge auf. Aber der Botschafter verwarf das Ansinnen, sobald er es gelesen hatte.
So weit waren die Dinge gediehen, als Mr. Kennedy seine völlig private Mitteilung an Botschafter Lodge absandte. Der Präsident sagte darin, er habe der vorhergehenden Instruktion seine »volle Unterstützung« angedeihen lassen, und versprach, Washington würde alles Mögliche tun, »um Ihnen zu helfen, diese Operation erfolgreich zu Ende zu bringen«.
Er bat, der Botschafter möge ihm bis zum »Startsignal« laufende Be-

richte über die Aussichten des Putsches zu geben, damit er in der Lage sei, »frühere Instruktionen zu widerrufen«, falls dies nötig sein sollte.
Der Botschafter erkannte in einer kurzen Antwort vom 30. August das Recht des Präsidenten an, das Steuer herumzuwerfen, aber er wies ihn warnend darauf hin, daß der amerikanische Präsident vielleicht nicht in der Lage sein würde, die Operation zu kontrollieren, da sie ja ausschließlich von den Vietnamesen durchgeführt werden solle.
Wie sich dann erwies, waren die Sorgen Washingtons unnötig gewesen. Denn General Harkins erhielt bei seinem ersten direkten Kontakt mit den Verschwörern die überraschende Nachricht, daß General Minh den Putsch zunächst abgeblasen habe, da er ein blutiges Unentschieden in Saigon befürchtete.
General Harkins erfuhr bei dieser Gelegenheit aber auch, daß das Entgegenkommen, mit dem Richardson Mr. Nhu behandelt habe, bei den Generälen den Verdacht erregt habe, der CIA-Chef könnte vielleicht ein doppeltes Spiel mit ihnen treiben und der Bruder des Präsidenten wäre vielleicht ein Mitarbeiter des CIA. Dies hatte später noch seine Folgen und führte zur Versetzung von Mr. Richardson.
Am 31. August berichtete Botschafter Lodge den Zusammenbruch der Konspiration. Minister Rusk hatte sich noch am Tag vorher in einem Kabel über den Mangel an »Knochen und Muskeln« bei den Verschwörern Sorge gemacht, und nun erfuhr er von Lodge, »bei den Generälen ist weder der Wille noch die Organisation vorhanden, um irgend etwas zu erreichen«.
Henry Cabot Lodge berichtete auch, er habe gehört, Mr. Nhu führe über die Botschafter Frankreichs und Polens Geheimverhandlungen mit Hanoi und dem Vietkong; beide Regierungen begünstigten eine neutralistische Lösung des Konflikts zwischen Nord- und Süd-Vietnam. Washington befand sich nun in einem Dilemma. Es hatte endlich das Risiko auf sich genommen, eine Alternative zum Diem-Regime zu suchen, nur um jetzt zu sehen, wie die Bemühungen sich in Luft auflösten. Im Pentagon-Bericht heißt es dazu: »Die USA fanden sich Ende August 1963 ohne politische Richtlinie und hatten die meisten Brücken abgebrannt.«
Die Mitglieder des Nationalen Sicherheitsrates – ohne den Präsidenten – versammelten sich am 31. August zu einer »Was-tun-wir-nun«-Sitzung. Diese Zusammenkunft war recht enthüllend, bemerkt der Berichterstatter, da sich in ihr eine »geschwätzige Unfähigkeit« zeigte, »sich auf den Kern des Problems zu konzentrieren« – das Bild einer Regierung, die ins Schwimmen gekommen war.
Die umstrittenste Haltung wurde von Paul M. Kattenburg eingenommen, einem 39 Jahre alten Diplomaten, der die Interministerielle Arbeitsgruppe Vietnam leitete. Er schlug das Disengagement vor.

Damit wurde er, so die Pentagon-Studie, der erste Beamte, von dem man weiß, daß er in einer Vietnam-Beratung auf höchster Ebene die Analyse bis zur logischen Schlußfolgerung führte, daß alle Kriegsanstrengungen umsonst waren, ob mit oder ohne Präsident Diem.

Bevor er sprach, schien man in der Diskussion widerwillig der Meinung zuzuneigen, man solle zu einem Verhältnis mit dem Diem-Regime zurückkehren, das sachliche Arbeit ermögliche, zumal es ja auch keine andere Alternative gebe. Minister Rusk meinte, es sei »unrealistisch«, auf einer Entfernung Nhus zu bestehen, und Minister McNamara war dafür, den Kontakt mit dem Saigoner Präsidenten-Palast auf höchster Ebene wiederaufzunehmen. (Siehe Dokument Nr. 44)

Im Gegensatz dazu erinnerte Staatssekretär Hilsman an das lähmende Unbehagen innerhalb der vietnamesischen Regierung und an den Schaden, den das Ansehen und die Politik Amerikas erlitten, wenn Washington sich mit einer »starken, von den Nhus beherrschten Regierung« abfände.

Aus den Sitzungsprotokollen geht hervor, daß Mr. Kattenburg die Auseinandersetzung darüber noch einen Schritt weitertrieb, indem er die Meinung vertrat, daß die USA in sechs Monaten »aus dem Land geworfen würden«, wenn sie mit dem Diem-Regime zu »leben« versuchten. In den folgenden sechs Monaten bis zu einem Jahr, behauptete er, würden sich die Kriegsanstrengungen ständig verringern, bis sie an einem Punkt ankämen, wo sich die Vietnamesen »immer stärker auf die andere Seite schlagen und wir gezwungen sind zu gehen«.

Seine Beurteilung wurde von Vizepräsident Johnson und den Ministern Rusk und McNamara sofort verworfen.

Das Protokoll sagt, Rusk habe darauf beharrt, daß sich die amerikanische Politik an diesen zwei Grundsätzen ausrichte: »Wir werden Vietnam nicht verlassen, bis der Krieg gewonnen ist, und wir werden keinen Staatsstreich durchführen.« Mr. McNamara billigte diesen Standpunkt.

Vizepräsident Johnson sagte, er stimme voll und ganz zu, und er erklärte: »Wir sollten aufhören, Räuber und Gendarm zu spielen. Wir sollten mit dem (Saigon-Regime) wieder geradeheraus reden ... und auch wieder damit anfangen, den Krieg zu gewinnen.«

Das war leichter gesagt als getan. Wie die Pentagon-Studie zeigt, verbrachte die Kennedy-Regierung die nächsten fünf Wochen ohne echte politische Richtlinie, hegte aber drei Grundvorstellungen. Erstens: die Notwendigkeit, Sondermissionen zu entsenden, um die Lage in Vietnam zu überprüfen. Zweitens: zu versuchen, das Diem-Regime durch wirtschaftlichen und propagandistischen Druck zur Mäßigung zu zwingen. Drittens: Botschafter Lodge sollte alle Anstrengungen machen, die

Nhus zum Verlassen des Landes zu überreden, während er zugleich Präsident Diem die kalte Schulter zeigte.

In einem Fernsehinterview am 2. September übte Präsident Kennedy zum erstenmal Druck auf das Diem-Regime aus. »Die südvietnamesische Regierung«, sagte er, »müsse Schritte unternehmen, um nach der Unterdrückung der Buddhisten die Unterstützung des Volkes wieder zu erringen.« Anders ließe sich der Krieg nicht gewinnen. »Durch eine Änderung der Politik und vielleicht in der Besetzung der Stellen«, fuhr er fort, »wäre ein Erfolg möglich.« Aber er führte im einzelnen nicht aus, wen er dabei meinte. Bei einer weiteren ergebnislosen Sitzung des Nationalen Sicherheitsrates vier Tage später griff Justizminister Robert F. Kennedy die Frage des Disengagements wieder auf. Der Pentagon-Bericht sagt, er habe die Ansicht vorgetragen, daß es Zeit wäre, sich aus Vietnam zurückzuziehen, wenn der Krieg schon unter keinem vorstellbaren südvietnamesischen Regime zu gewinnen sei. Wenn freilich das Diem-Regime das große Hindernis sei, dann sollte man Botschafter Lodge die Mittel in die Hand geben, um die notwendige Veränderung herbeizuführen. Die unmittelbare Reaktion der Regierung auf das Dilemma war jedoch – wie McNamara es vorgeschlagen hatte – die Entsendung einer Untersuchungskommission nach Vietnam, die eine neue Lagebeurteilung liefern sollte. Die Wahl fiel auf Generalmajor Victor H. Krulak, den obersten Fachmann für Guerilla-Bekämpfung im Pentagon, und Joseph A. Mendenhall, den früheren politischen Berater der Saigoner Botschaft.

Die beiden Männer brachten nach einer beschwerlichen Vier-Tage-Reise derart widersprüchliche Ergebnisse zurück, daß Präsident Kennedy sich nicht enthalten konnte zu fragen: »Und Sie beide besuchten auch tatsächlich dasselbe Land?«

Enttäuscht beauftragte der Präsident am 23. September Minister McNamara und General Taylor mit der gleichen Mission. Sie trafen am 29. September mit Präsident Diem zusammen. Obwohl Robert McNamara ermächtigt war, auf den südvietnamesischen Staatschef starken Druck auszuüben, daß er seinen Bruder entmachte, brachte er diese Angelegenheit nicht zur Sprache. Eine Erklärung für das hervorstechende Versäumnis wird nicht gegeben.

In den Pentagon-Papieren heißt es, daß der Bericht über diese Reise, der am 2. Oktober vorgelegt wurde, die Kluft zwischen den Vorstellungen von Lodge und Harkins zu überbrücken versuchte, und er ließ in der Folge zum erstenmal auch ernsthafte Zweifel bei McNamara aufkommen.

Der militärische Lagebericht – den der Verteidigungsminister nach dem erfolgreichen Staatsstreich vom 1. November in der Rückschau gründlich revidierte – war im allgemeinen optimistisch. Es wurde von »großen

Fortschritten« im letzten Jahr berichtet, die anhaltende politische Krise, so hieß es, habe keine ungünstige Auswirkung auf die Kriegführung gehabt. Der größere Teil der amerikanischen Truppen, so hieß es weiter, könne bis Ende 1965 abgezogen werden. Die beiden Männer schlugen vor und gaben dann – mit Billigung des Präsidenten – bekannt, daß bis Ende 1963 1000 Amerikaner abgezogen würden. (Siehe Dokument Nr. 47)

Die politische Analyse stellte die Unzufriedenheit mit dem Diem-Nhu-Regime als »brennendes Problem« heraus, das jederzeit zur Explosion führen könne. Da sie von der wiederaufflackernden Verschwörung nichts wußten, rechneten sie nicht mit einem baldigen Putsch. Sie waren der Meinung, den Generälen sei die Lust dazu vergangen. Sie schlugen vor, in der Zwischenzeit »sollten wir mit dem Diem-Regime zwar zusammenarbeiten, es aber nicht unterstützen«. Wie die Studie ausführt, empfahlen sie eine Anzahl wirtschaftlicher Zwangsmaßnahmen, einschließlich der Einstellung von Hilfeleistungen. Die Studie gibt jedoch keine Auskunft darüber, ob man sich bei dieser Gelegenheit daran erinnerte, daß dies das »Startsignal« war, das die Generäle früher gefordert hatten.

Die Regierung Kennedy hatte bereits Zwangsmaßnahmen eingeleitet. Welche Absichten dabei auch verfolgt wurden, die Armeegeneräle mußten dadurch, wie die Studie ausführt, zwangsläufig ermuntert werden, das Komplott zu erneuern.

Die im Fernsehen gemachte Bemerkung des Präsidenten, daß wohl personelle Veränderungen notwendig seien, war der erste Schuß. Daraufhin informierte Washington am 14. September die Botschaft, daß die Entscheidung über ein 18,5-Millionen-Dollar-Programm zur Finanzierung von Handelsimporten nach Süd-Vietnam zurückgestellt werde. Drei Tage später gab das Weiße Haus Botschafter Lodge die Anweisung, neue Anstrengungen zu unternehmen, um eine »sichtbare Eindämmung« des Einflusses der Nhus zu erreichen – dabei wäre es am besten, wenn man ihre Abreise aus Vietnam erreichte »oder wenigstens einen ausgedehnten Urlaub«. (Siehe Dokument Nr. 45)

Diese Anweisung gab Lodge weitgehende Vollmacht, in diesem Zusammenhang die Einstellung der Hilfeleistungen anzudrohen, »doch sollten Sie im Auge behalten, daß es nicht unsere Absicht ist, die Hilfeleistung vollständig einzustellen«. Insbesondere wurde vorgeschlagen, Mr. Lodge könnte vielleicht wünschen, daß man die Hilfeleistungen, die derzeit »an oder über Nhu« oder seine Mitarbeiter gingen, begrenze oder umleite. Die Unterweisung drängte ihn auch – ohne es ihm freilich anzubefehlen –, den Kontakt mit Präsident Diem wiederaufzunehmen. Doch Mr. Lodge hatte Bedenken.

An den Nachrichten, die von hohen Washingtoner Stellen während des ganzen Herbstes 1963 an den Botschafter gerichtet wurden, fällt die ungewöhnliche Ehrerbietung auf, die man ihm erwies. Präsident Kennedy selbst verfuhr bei den wenigen Gelegenheiten, in denen er gegen den Botschafter entscheiden mußte, mit besonderem Takt. Einmal, in einem persönlichen Telegramm an Lodge Mitte September, führte er aus: »Als Sohn eines früheren Botschafters bin ich mir wohl bewußt, wie wichtig es ist, die Handlungsfreiheit des Mannes an der Front sicherzustellen.« Die Unterlagen zeigen, daß sich der Präsident auch wohl bewußt war, wie fest und präzise er sein mußte, wenn er den Botschafter zu überstimmen hatte – und bezeichnenderweise hütete er sich in den letzten Tagen vor dem Staatsstreich, dies zu tun.

Totenglocke für Diem

Im Oktober überstürzten sich die Ereignisse. In Saigon, schreibt der Berichterstatter, traf am 2. Oktober Oberst Conein »zufällig« auf General Don, der dann für den gleichen Abend eine Zusammenkunft in Nhatrang vorschlug. In jener Nacht erfuhr der CIA-Beamte, daß die Verschwörung wieder im Gange war und daß General Minh, der Anführer, die Einzelheiten zu besprechen wünschte. Botschafter Lodge billigte die Zusammenkunft.

Der 5. Oktober war ein schicksalhafter Tag, in Saigon wie in Washington. Das erste Mal seit Wochen verbrannte sich ein weiterer Buddhisten-Mönch auf dem zentralen Platz in Saigon. John H. Richardson, der CIA-Chef, dessen Verbindungen zu Mr. Nhu bei den Generälen Mißtrauen erregt hatten, verließ Süd-Vietnam. Heimliche Anstrengungen des Botschafters, der ihn versetzt haben wollte, waren, wie es heißt, vorausgegangen. Und Präsident Kennedy faßte an diesem Tag weitreichende Entschlüsse, um stärkere wirtschaftliche Zwangsmaßnahmen gegen das Diem-Regime zu verhängen.

Um 8 Uhr 30 am selben Tag begab sich Oberst Conein in das Hauptquartier General Minhs zu einer Beratung, die siebzig Minuten dauerte. Nach dem Bericht des CIA unterhielten sich die beiden in französischer Sprache. Der südvietnamesische General – er erhielt von seinen Kollegen wegen seiner stämmigen Gestalt den Spitznamen Big Minh – beteuerte, er persönlich habe keinen politischen Ehrgeiz.

Aber die Armeekommandeure, führte er aus, seien überzeugt, daß der Krieg verloren werde, wenn die Regierung nicht bald verändert würde. Er »müsse wissen«, welche Haltung die amerikanische Regierung bei einer Änderung des Regimes »innerhalb der nächsten Zukunft« einnehme. Der General erklärte, er erwarte »keine bestimmte amerikanische Unterstützung« für den Staatsstreich, aber er brauche die Gewißheit, daß die Amerikaner ihn nicht blockierten. Er drängte nicht auf eine sofortige Entscheidung, ersuchte aber um eine weitere Besprechung mit Oberst Conein.

General Minh nannte verschiedene Möglichkeiten vorzugehen. Der eine Plan sah vor, Präsident Diem im Amt zu belassen, aber seine zwei mächtigen und gefürchteten Brüder, Mr. Nhu und Ngo Dinh Can, den Statthalter des Regimes in Zentral-Vietnam, zu ermorden. Die andere Möglichkeit war eine offene militärische Auseinandersetzung um die Kontrolle über Saigon und die Regierung, wobei man es dann mit ungefähr 5500 regierungstreuen Soldaten in der Hauptstadt aufzunehmen hatte.

Eingedenk der mißlungenen Putschpläne im August, reagierte Botschafter Lodge vorsichtig. In einer Sonderbotschaft an Minister Rusk erklärte er, weder er noch General Harkins hätten »großes Vertrauen zu Big Minh«. (Siehe Dokument Nr. 49) Trotzdem sprach er sich dafür aus, den Generälen Versicherungen zu geben, daß die Vereinigten Staaten ihren Putsch nicht vereiteln, daß sie sogar ihre Pläne prüfen würden – »abgesehen von Mordplänen« – und daß man die Hilfeleistungen fortsetze, wenn von der künftigen Regierung zu erwarten wäre, daß sie das Vertrauen der Öffentlichkeit zurückerobere und den Krieg gewinne. Er sagte, General Harkins stimme diesen Empfehlungen zu.

In Washington beschleunigte sich die Entwicklung ebenfalls. Am 2. Oktober hatte Präsident Kennedy die Empfehlungen erhalten, die McNamara und Taylor nach ihrer Vietnam-Mission für notwendig hielten; sie waren noch vor den neuen Saigon-Kontakten schriftlich fixiert worden.

Die Empfehlungen drängten auf neue Zwangsmaßnahmen gegen das Regime in der Hoffnung, dadurch einige Reformen zu bewirken. Gleichzeitig sprachen sie sich für geheime Kontakte mit einer »möglichen neuen Staatsführung« aus, ohne jedoch aktiv einen Putsch zu fördern.

Der Präsident akzeptierte alle Vorschläge des Berichtes. Laut Studie billigte er insbesondere die Einstellung der Wirtschaftshilfe für südvietnamesische Handelsimporte; die Einfrierung eines Darlehens zum Bau von Wasserwerken und eines Elektrizitätswerkes für den Bereich der Hauptstadt; und, bezeichnenderweise, die Stoppung der finanziellen Unterstützung für die vietnamesischen Spezialstreitkräfte, die von Mr. Nhu kontrolliert wurden, es sei denn, diese würden dem Vereinigten Generalstab unterstellt, der von den Komplott-Generälen geleitet wurde.

Über diese Maßnahmen sollten keine öffentlichen Verlautbarungen gemacht und die einzelnen Schritte nacheinander mit Mr. Lodges Zustimmung vorgenommen werden. Aber angesichts der angespannten

Lage in Saigon, wo man wachsam jede Nuance der amerikanischen Politik verfolgte, mußte solche Aktivität weithin als letzter Anstoß zum Sturz des Diem-Regimes aufgefaßt werden. Erst einen Monat zuvor hatte man, wie man sich erinnern wird, gewisse Zwangsmaßnahmen als ein Anzeichen amerikanischer Unterstützung für die Generäle verstanden – und sie damals gebilligt.

Wie die Studie feststellt, lassen die amtlichen Unterlagen von Anfang Oktober es »offen«, ob das Weiße Haus mit der Einstellung der Hilfeleistungen »grünes Licht« für den Staatsstreich geben wollte. Von den Generälen wurde es jedenfalls so aufgefaßt. Das Diem-Regime reagierte wütend. Seine Presseveröffentlichungen machten die Einfrierung der Import-Hilfe am 7. Oktober bekannt und beschuldigten Washington der Sabotage an den Kriegsanstrengungen.

Durch eine Nachricht des Weißen Hauses – sie wurde am 5. Oktober auf dem CIA-Nachrichtenweg weitergegeben, um ihre Geheimhaltung innerhalb des amerikanischen Regierungsapparates zu gewährleisten – erhielt Botschafter Lodge sorgfältige Instruktionen. »Jede Initiative sollte nun vermieden werden, einen Staatsstreich aktiv, und wenn auch nur im geheimen, zu ermutigen.« Lodge sollte jedoch »dringende geheime Maßnahmen einleiten . . ., um festzustellen, wie eine mögliche neue Staatsführung aussehen würde, und Kontakte zu ihr aufnehmen, sobald ihre Konturen sichtbar würden«. (Siehe Dokument Nr. 50)

Die Nachricht betonte, daß es jetzt auf »Wachsamkeit und Bereitschaft«, und nicht auf »aktive Förderung eines Staatsstreiches« ankomme. Und sie enthielt für Mr. Lodge die Anweisung, daß »Sie allein« mit Hilfe des CIA-Chefs in Saigon die Operation leiten sollen.

Diese Instruktionen wurden erteilt, bevor Washington den Bericht über den Kontakt Minh–Conein erhielt. Denn schon am nächsten Tag, nach Würdigung des neuen Berichtes, nahm Washington eine beträchtlich flexiblere Haltung ein.

Am 6. Oktober übermittelte der CIA neue Instruktionen des Weißen Hauses. Eine Passage der Anweisungen legte Botschafter Lodge dahin gehend aus, daß sie den dringenden Wunsch Washingtons nach einer Ablösung des Regimes erkennen lasse, obwohl General Harkins ihm darin später heftig widersprach. In dieser umstrittenen Passage sagte Washington, wenn man schon nicht einen Putsch forcieren wolle, so wünsche man doch auch nicht, »den Eindruck zu hinterlassen, die USA wollten einen Wechsel des Regimes hintertreiben«. Auch sollten einer neuen Regierung Hilfeleistungen nicht vorenthalten werden. (Siehe Dokument Nr. 51)

In Anbetracht der bescheidenen früheren Forderung, die Amerikaner sollten sich so wenig wie möglich einmischen, konnten die Generäle diese neue Haltung als Startsignal auffassen.

Die Nachricht vom 6. Oktober wies ferner den CIA-Chef an, sich »eingehende Informationen« zu verschaffen, damit Washington in der Lage sei, die Chancen des Komplotts abzuwägen. Aber man warnte davor, »sich tiefer hineinziehen zu lassen durch Billigung der Operationspläne etwa oder beratende Hilfe bei diesen oder anderen Aktionen«, die die USA vielleicht der Gefahr aussetzen könnten, »zu eng mit einem Staatsstreich in Verbindung gebracht zu werden«. In der Sprache des Kabels vom 5. Oktober ausgedrückt: Washington wünschte sich die Möglichkeit zu erhalten, »glaubwürdig ableugnen zu können«.
Von der neuen amerikanischen Haltung wurde General Minh durch einen CIA-Kontaktmann ungefähr am 10. Oktober unterrichtet.
Am 18. Oktober, als die Einstellung der Hilfe für Handelsimporte in Saigon bereits schwere finanzielle Einbußen verursacht hatte, informierte General Harkins Präsident Diem, daß die amerikanische Unterstützung für die Spezialstreitkräfte eingestellt worden sei. Wie die Studie berichtet, waren die Pläne der Verschwörer zu diesem Zeitpunkt schon weit gediehen, und der Schlag der Amerikaner gegen die Spezialstreitkräfte, die praktisch eine Art Palastwache darstellten, konnte die Verschwörer verständlicherweise nur noch stärker ermutigen.
Mitte Oktober erhielt die Regierung vom Nachrichtendienst höchst beunruhigende Beurteilungen der Kriegslage. Am 19. Oktober berichtete der CIA, daß die Zahl der Vietkong-Attacken stark zunehme, gleichzeitig stiege die Zahl der Regierungssoldaten, »die zum Kampf nicht verfügbar waren«, und die Kriterien für eine gute Kampfmoral ließen immer stärker zu wünschen übrig. In einem Bericht vom 22. Oktober griff das Amt für Nachrichten und Untersuchung, eine Abteilung des Außenministeriums, scharf den Optimismus auf militärischem Gebiet in den vergangenen Monaten an. Es kam zu dem Schluß, daß seit Juli »eine nachteilige Veränderung des militärischen Gleichgewichts« eingetreten sei und die Regierung auch ohne die Buddhisten-Krise in ernste Schwierigkeiten geraten wäre.
Vor diesem Hintergrund gab es für die Verschwörung in Saigon ein weiteres Hindernis.
General Don teilte Oberst Conein am 23. Oktober in großer Erregung mit, der Putsch wäre für den 26. Oktober geplant gewesen – aber dann habe man ihn abgeblasen, denn General Harkins habe sie am 22. Oktober entmutigt. General Harkins, so heißt es in Dons Bericht, habe sich bei ihm darüber beschwert, daß ein vietnamesischer Oberst mit einem amerikanischen Offizier über die Putschpläne gesprochen und um Unterstützung nachgesucht habe – und das alles ohne Genehmigung seiner vorgesetzten Generäle.
General Harkins, heißt es weiter, hatte darauf bestanden, daß man davon Abstand nehme, mit Putschplänen an amerikanische Offiziere

heranzutreten, denn diese Pläne hielten sie vom Krieg ab. General Don befürchtete, Harkins habe vielleicht im Präsidenten-Palast etwas über den Putsch verlauten lassen. Er wollte, daß man ihm noch einmal die amerikanische Unterstützung zusage – und diese Zusicherung bekam er von Oberst Conein.

Die Pentagon-Studie zitiert eine Mitteilung Botschafter Lodges vom 23. Oktober, in der es heißt, General Harkins habe ihm in einem Gespräch erklärt, die politische Richtlinie Washingtons sei von ihm mißverstanden worden. Der Botschafter führte weiter aus, der General hoffe nun, er habe die heiklen Vereinbarungen nicht durcheinandergebracht, und er wolle General Don mitteilen, daß seine Bemerkungen nicht die amerikanische Haltung wiedergäben. Noch in dieser Nacht suchte Harkins General Don auf, um die anstößigen Äußerungen zurückzunehmen, teilt die Studie mit.

In einem Bericht an General Taylor, den Vorsitzenden des Vereinigten Generalstabs, vom 24. Oktober setzte sich General Harkins jedoch mit Lodges Darstellung auseinander. Er bestritt, die politischen Richtlinien Washingtons verletzt zu haben, und erklärte, er hätte nur General Dons Vorschlag, daß sie sich wieder treffen sollten, um die Putschpläne zu besprechen, zurückgewiesen.

»Ich sagte Don, ich wolle keine Putschpläne besprechen, denn das sei nicht meine Aufgabe, obwohl ich viele Gerüchte von solchen Plänen gehört hätte«, teilte General Harkins Washington mit. Er bestand darauf, daß er »nicht versucht habe, einen Regierungswechsel zu vereiteln«, sprach aber eine prophetische Befürchtung aus: Der Sturz des Diem-Regimes könnte sehr leicht zu Auseinandersetzungen zwischen den einzelnen Fraktionen innerhalb der Armee führen, was dann am Ende »den Kriegsbemühungen schaden könnte«.

General Taylors sofortige Antwort: »Hier herrscht die Ansicht vor, daß Sie korrekt gehandelt haben, als Sie sich der Diskussionen über Putsch-Angelegenheiten enthielten, und daß Sie weiterhin vermeiden sollten, sich irgendwie verwickeln zu lassen.« Diese Stellungnahme stimmt offenbar mit früheren Anweisungen aus Washington überein, daß Mr. Lodge durch Kontakte über den CIA die mit dem Putsch zusammenhängenden Fragen allein behandeln solle. Dieser Vorfall vertiefte erneut die Kluft zwischen dem Botschafter und dem General. Er unterstrich nicht nur die Verschiedenheit ihrer Ansichten, sondern auch, wie es im Pentagon-Bericht heißt, den vollständigen Mangel von Koordination zwischen ihnen.

Darüber hinaus vertiefte der Vorfall das Mißtrauen der vietnamesischen Generäle gegen Harkins, dem sie wegen seiner nahen Beziehungen zu Präsident Diem noch nie ganz getraut hatten. Nicht nur weigerten sie sich von nun an, mit ihm über den Putsch zu reden, denn sie hatten Angst, daß etwas davon in den Präsidenten-Palast durchsickern könnte, sie scheuten ganz folgerichtig auch davor zurück, irgendeinen Amerikaner mit den Einzelheiten ihrer Pläne bekannt zu machen, obwohl sie dies wiederholt versprochen hatten – eine Angelegenheit, die in Washington viele Sorgen bereitete.

Immerhin, Oberst Coneins Versicherungen hatten sie hinreichend ermutigt, und so ließen sie, wie ein CIA-Bericht mitteilt, Botschafter Lodge am 24. Oktober wissen, daß der Putsch noch vor dem 2. November stattfinden würde. Präsident Diem wählte ebenfalls den 24. Oktober, um nun das Eis zu brechen: Er lud Mr. Lodge ein, den 27. Oktober, einen Samstag, mit ihm in seiner Präsidenten-Villa im Erholungsgebiet der Dalat-Berge zu verbringen.

Inzwischen hatte der Bericht von General Harkins die Zweifel an einem Staatsstreich wiederaufleben lassen, und nun war es Henry Cabot Lodge, der sich in die Defensive gedrängt sah.

Mr. McCone, der Direktor des CIA, und Mr. McGeorge Bundy, der Sonderberater des Präsidenten für nationale Sicherheit, drückten in einem Kabel ihre Besorgnis aus, General Don könnte vielleicht ein Doppelagent des Regimes Diem-Nhu sein, der es darauf abgesehen habe, den Vereinigten Staaten eine Falle zu stellen. Außerdem schlug Mr. Bundy vor, Oberst Conein als Kontaktmann des CIA auszuwechseln.

Am 25. Oktober versuchte Botschafter Lodge Washington zu beruhigen. In einer Mitteilung an Mr. Bundy verneinte er die Wahrscheinlichkeit, daß sich General Don in eine »Provokation« eingelassen habe, und setzte sich sehr für Oberst Conein ein.

Der Botschafter wandte sich auch heftig dagegen, daß man sich verleiten lasse, »kaltes Wasser auf den Putsch zu gießen«. Zwar gab er zu, daß Kämpfe unter den Nachfolgern des Diem-Regimes die Kriegsanstrengungen beeinträchtigen könnten, vertrat aber die Meinung, »es stünde mindestens 50 zu 50, daß die nachfolgende Regierung nicht so pfuschen und versagen würde wie die gegenwärtige«. (Siehe Dokument Nr. 52)

Die Antwort des Weißen Hauses vom 25. Oktober bestätigte seine Ansicht, daß die Vereinigten Staaten »sich nicht darauf einlassen sollten, einen Putsch zu vereiteln«, drängte ihn aber, dem Weißen Haus die Möglichkeit offenzuhalten, »jeden Umsturzplan zu begutachten und vor solchen Plänen zu warnen, die geringe Aussicht auf Erfolg haben«. (Siehe Dokument Nr. 53)

Die Mitteilung legt offen, was Präsident Kennedys hauptsächliche Sorge war – dieselbe wie im August: die Möglichkeit eines Fehlschlags und der Anschein der Mittäterschaft. »Wir sind besonders besorgt«, heißt es im Kabel des Weißen Hauses, »über die Gefahr, die ein erfolgloser Staatsstreich heraufbeschwört. So sorgfältig wir auch direkte Beteiligung vermeiden, fast überall wird die öffentliche Meinung sie uns in die Schuhe schieben.«

Weder der Botschafter noch das Weiße Haus wußten, so berichtet die Studie, daß die Verschwörer bereits an der Arbeit waren, das Verhältnis zwischen den regierungstreuen und den aufrührerischen Streitkräften in der Umgebung von Saigon zu ihren Gunsten zu verändern, indem sie mit Mr. Nhu falsches Spiel trieben und ihn übertölpelten.

Die Zentralfigur in diesem Spiel war Generalmajor Ton Thait Dinh, Militärgouverneur von Saigon und Kommandeur des III. Korps – somit Oberkommandierender aller regulären Armeeverbände in den die Hauptstadt umgebenden Provinzen. Der Pentagon-Bericht beschreibt, wie General Don sich General Dinhs Eitelkeit zunutze machte, um ihn in Gegensatz zu Mr. Nhu zu bringen, und sich dadurch dessen Mitwirken am Staatsstreich sicherte.

Mr. Nhu jedoch erfuhr über eine andere Verbindung von der Verschwörung. Er konfrontierte General Dinh mit diesen Nachrichten und forderte ihn auf, mitzuhelfen, den anderen Generälen eine Falle zu stellen. Dies war am besten durchführbar, wenn man einen vorgetäuschten Staatsstreich lancierte, um die Diem-Gegner aus der Reserve zu locken, und dann General Dinhs Streitkräfte dazu einsetzte, das echte Komplott zu zerschlagen.

Der junge General unterrichtete die anderen Verschwörer von Mr. Nhus Gegenkomplott. Um sich abzusichern, falls Dinh dennoch Mr. Nhu ergeben sein sollte, zogen diese die ihm unterstellten Truppenkommandeure auf ihre Seite.

In Saigon wurde die unmittelbar bevorstehende Gewalttätigkeit immer spürbarer. Die verschwörerische Tätigkeit intensivierte sich so sehr, daß es »praktisch unmöglich war, alle Komplotte gegen die Regierung im Auge zu behalten«. Die Botschaft der Vereinigten Staaten wußte in einem Kabel an Washington von zehn verschiedenen Gruppen zu berichten, die Verschwörer-Generäle nicht mitgerechnet.

Trotzdem schien Präsident Diem bei seiner Zusammenkunft mit Lodge am 27. Oktober nicht bereit zu sein, auch nur einen Zoll nachzugeben – es kam lediglich zu einem »ergebnislosen, enttäuschenden« Meinungsaustausch.

In Anlehnung an den Bericht des Botschafters schildert die Studie, daß Präsident Diem wegen der Einstellung der amerikanischen Hilfeleistung intervenierte, daß sich Mr. Lodge anstelle einer Antwort erkundigte, wie es um die Entlassung der Hunderte verhafteter Buddhisten und wegen Demonstrationen festgesetzter Studenten stehe, und wie es sich mit der Wiedereröffnung der Schulen verhalte, die vom Regime aus Furcht vor weiteren Unruhen geschlossen worden waren. Präsident Diem »servierte daraufhin Entschuldigungen und Klagen«.

Schließlich sagte Lodge: »Mr. Präsident, Sie haben jeden einzelnen Vorschlag, den ich Ihnen unterbreitete, verworfen. Gibt es denn gar nichts innerhalb Ihrer Möglichkeiten, was Sie tun könnten und was auf die öffentliche Meinung der USA einen günstigen Eindruck machen würde?«
Der Botschafter berichtete, Präsident Diem »sah mich mit ausdruckslosem Blick an und wechselte das Thema«.
Am nächsten Morgen auf dem Saigoner Flughafen, als Präsident Diem und Mr. Lodge sich zur feierlichen Einweihung eines Kraftwerkes begeben wollten, wagte es General Don, den Botschafter beiseite zu nehmen.
General Don fragte, »ob Conein ermächtigt sei, für ihn (Lodge) zu sprechen«.
»Lodge versicherte Don, daß es sich so verhalte«, fährt der Bericht fort. »Don sagte, der Staatsstreich sei ganz und gar eine vietnamesische Angelegenheit, die USA dürften deshalb nicht intervenieren. Lodge stimmte dem zu und fügte an, die USA wünschten keine Satelliten und würden deshalb auch den Putsch nicht vereiteln. Als Lodge sich nach dem Zeitpunkt des Putsches erkundigte, erwiderte Don, die Generäle wären noch nicht ganz bereit.«
Später an diesem Tag traf sich General Don mit Oberst Conein und drängte darauf, daß Mr. Lodge an seiner früher angekündigten Absicht, sich am 31. Oktober auf eine Reise nach Washington zu begeben, nichts ändere, denn eine Verschiebung könnte den Präsidenten-Palast alarmieren. Außerdem ließ General Don durchblicken, daß es gelungen sei, General Dinh, den Kommandeur des III. Korps, zu neutralisieren, wodurch das militärische Kräfteverhältnis sich zugunsten des Staatsstreichs verlagert habe.
Am 29. Oktober war Botschafter Lodge fest überzeugt, daß die Vereinigten Staaten in der Putschangelegenheit festgelegt seien und es nun zu spät wäre, es sich anders zu überlegen. Und das teilte er Washington auch nachdrücklich mit.
Er berichtete auch, welche prominente Persönlichkeiten, darunter Vizepräsident Nguyen Ngoc Tho, den Staatsstreich unterstützten, und äußerte, er sei überzeugt, der Putsch stehe unmittelbar bevor.
»Ob der Staatsstreich nun fehlschlägt oder Erfolg hat«, erklärte Mr. Lodge, »die US-Regierung muß jedenfalls darauf vorbereitet sein, hinzunehmen, daß man uns die Mitschuld geben wird, wie ungerechtfertigt dies auch sein mag; und schließlich müsse man damit rechnen, daß keine Aktion der US-Regierung einen Putschversuch verhindern könne – es sei denn, man informiere Diem und Nhu und nehme damit die ganze Schmach in Kauf, die eine solche Aktion nach sich ziehen würde.«
Während die ersten vietnamesischen Truppenbewegungen zur Vor-

bereitung des Putsches bereits in Gang waren, ordnete das Pentagon an, daß ein gemischter Flottenverband vor der vietnamesischen Küste operieren solle, »falls die Umstände es erforderten«, wie der Bericht es ausdrückt. Als Mr. Lodge davon informiert wurde, drängte er auf höchste Vorsicht, da sonst das Diem-Regime alarmiert werden würde.

Die Dinge nahmen nun unaufhaltsam ihren Lauf, in Washington jedoch waren, wie aus der Studie hervorgeht, Minister McNamara und der Vereinigte Generalstab unschlüssig, wie die anhaltenden Differenzen zwischen Botschafter Lodge und General Harkins beigelegt werden sollten.

Sie legten ihre Besorgnisse in einer Beratung des Nationalen Sicherheitsrates am 29. Oktober dar, und das Weiße Haus wies dann Botschafter Lodge an, General Harkins, der für kurze Zeit in Bangkok gewesen war, die wichtigsten Informationen zugänglich zu machen, um sicherzustellen, daß er über die Verabredungen hinsichtlich des Staatsstreichs voll im Bild sei. Washington war überzeugt, General Harkins – und nicht der Vertreter des Botschafters, wie es normal gewesen wäre – sollte die amerikanische Mission leiten, sobald Mr. Lodge, wie es geplant war, seine Reise nach Washington angetreten hätte.

Verspätet unterrichtet von den ständigen Kontakten zwischen Don und Conein und den jüngsten Empfehlungen des Botschafters für Washington, sandte der General am 30. Oktober drei zorngeladene Kabel an General Taylor.

Er war nicht nur empört, wie der Berichterstatter bemerkt, weil ihm Mr. Lodge Informationen über den Putsch vorenthalten hatte, sondern auch ungehalten über die düstere Beurteilung der Kriegslage durch den Botschafter, die ihm nun ebenfalls zur Kenntnis gekommen und die der seinen diametral entgegengesetzt war. Er protestierte in Washington dagegen, daß der Botschafter ihn in Unkenntnis der Dinge ließ.

Noch einschneidender war seine Erklärung, es bestehe eine »grundlegende« Differenz zwischen ihnen beiden in der Interpretation der Anweisungen Washingtons.

Seitdem er die Richtlinien vom 5. Oktober kenne, erklärte General Harkins, habe er nach der Überzeugung gehandelt, die grundlegende politische Richtlinie sei die, daß »keine Initiative« zur Ermutigung eines Putsches ergriffen werden solle. Die Stellungnahme von Mr. Lodge hingegen sei die, daß die Nachricht vom 6. Oktober – »einen Putsch nicht zu vereiteln« – die politische Linie festlege und außerdem anzeige, »ein Wechsel der Regierung sei wünschenswert, und ... der einzige Weg, diesen herbeizuführen, sei ein Staatsstreich«.

Mehr noch, General Harkins suchte das Vertrauen in die Verschwörung zu unterminieren, indem er General Don anklagte, ein Lügner oder

Doppelagent zu sein. Seine frühere Weigerung, über einen Putsch zu sprechen, ignorierend, teilte Harkins Washington mit:
»Was er (Don) mir berichtete, steht in diametralem Widerspruch zu dem, was er Oberst Conein erzählte. Zu Conein sagte er, der Putsch würde vor dem 2. November stattfinden. Mir gegenüber äußerte er jedoch, als ich während der Parade am vergangenen Samstag zwei Stunden neben ihm und Big Minh saß, er plane gar keinen Putsch. Überhaupt redete niemand vom Putsch.« (Siehe Dokument Nr. 54)
Die Mitteilungen Harkins' erschütterten die Zuversicht Washingtons ernsthaft, und das Weiße Haus übermittelte seine Befürchtungen Botschafter Lodge am 30. Oktober. Seiner Meinung nach war das militärische Kräfteverhältnis »ungefähr gleich«, woraus sich die Gefahr anhaltender Kämpfe, ja sogar die einer Niederlage ergab. Wenn die Verschwörer-Gruppe keine Aussichten auf schnellen Erfolg nachweisen könne, äußerte das Weiße Haus, »sollten wir sie entmutigen, die Sache weiterzutreiben, zumal eine Fehleinschätzung der Lage zu einer Gefährdung der US-Position in ganz Südostasien führen könnte«. (Siehe Dokument Nr. 56)
Im Gegensatz zu Mr. Lodges Überzeugung war das Weiße Haus also der Meinung, daß ein Wink von amerikanischer Seite genüge, den Putsch zu verhindern. Dennoch gab es keine Anweisung, derart zu verfahren.
Noch in derselben Nacht, heißt es in der Dokumentation, ging Mr. Lodges Antwort hinaus, in der er vorschlug, sich sogar noch stärker zu engagieren. Den Bedenken Washingtons hielt er entgegen, die Amerikaner »haben es gar nicht in der Hand, einen Putschversuch aufzuhalten oder zu verzögern«. (Siehe Dokument Nr. 57)
Er drängte darauf, die Vereinigten Staaten sollten zu dieser späten Stunde »ihre Hände weghalten«, nicht nur weil er glaubte, »Vietnams beste Generäle sind beteiligt«, sondern weil er auch deren Erwartung teilte, einige noch schwankende Truppenverbände würden sich dem Staatsstreich anschließen.
»Wenn wir überzeugt wären, der Putsch schlüge fehl, würden wir selbstverständlich alles in unseren Kräften Stehende tun, ihn zu stoppen«, versicherte er. Aber das befürchtete er nicht.
Mr. Lodge verwarf den Vorschlag, einen zweiten Verbindungskanal zu den Generälen herzustellen. Statt dessen legte er dar, »im letzten Moment könnten vielleicht Gelder benötigt werden, um mögliche Opponenten zu bestechen. Für den Fall, daß diese Gelder diskret übermittelt werden können, glaube ich, sollten wir sie beschaffen«.
Der Botschafter hatte beträchtlich weniger apokalyptische Vorstellungen von einem Fehlschlag als Washington. »Wir werden, wenn es soweit kommen sollte, die Bruchstücke aufheben und das Beste daraus machen

müssen«, war seine Meinung. »Wir haben eine Verpflichtung gegenüber den Generälen von der August-Episode her und sollten versuchen, bei der Evakuierung ihrer Angehörigen zu helfen. Wir sollten solchen Verbindlichkeiten nachkommen, wenn die Verhältnisse es gestatten.«

Er prophezeite, sobald der Putsch in Gang gekommen wäre, »wird das Diem-Regime von mir oder General Harkins verlangen, unseren Einfluß aufzubieten, um ihn aufzuhalten. Seine Antwort«, stellte er fest, »würde lauten: Unser Einfluß könnte nicht größer sein als der (Präsident Diems), und wenn Diem nicht fähig ist, den Putsch zu verhindern, dann würde es uns ganz bestimmt auch nicht möglich sein.«

Für den Fall, daß ein Steckenbleiben des Putsches oder irgendwelche Verhandlungen die Evakuierung von höchsten Persönlichkeiten erforderlich machen würden, schlug er Saipan als geeigneten Bestimmungsort vor, weil »die Abwesenheit von Presse, das Fehlen von Nachrichtenmitteln usw. uns einigen Spielraum gewähren würde, um weitere Entscheidungen über ihr endgültiges Schicksal zu treffen«.

Und er betonte, würden wir gebeten werden, politisches Asyl für hohe Beamte bereitzuhalten – vermutlich meinte er nicht nur Präsident Diem, sondern auch Gegenspieler wie Vizepräsident Tho –, »müßten wir es wahrscheinlich gewähren«. Anschließend reagierte der Botschafter auf die Auslassungen General Harkins' über seine Arbeitsmethoden, indem er sich heftig gegen den Plan der Regierung wendete, den General mit der Leitung der amerikanischen Mission zu betrauen, falls der Botschafter Saigon verlassen sollte. Er hielte es für falsch, erklärte er, eine Militärperson während einer Zeit derartiger politischer Hochspannung mit der Leitung zu betrauen.

»Dies ist ganz unpersönlich gemeint«, bemerkte der Botschafter, »zumal General Harkins ein hervorragender General und ein alter Freund von mir ist, dem ich mit Vergnügen alles anvertrauen würde, was ich habe.«

Seine Mitteilung endete mit der Äußerung: »General Harkins hat dieses gelesen, er stimmt nicht damit überein.«

Die letzte Anweisung Washingtons für Botschafter Lodge, die später in dieser Nacht abging, war ernst im Ton und wendete sich gegen seine Behauptung, daß die Vereinigten Staaten es nicht in der Hand hätten, einen Putsch aufzuhalten, ohne ihn an das Diem-Regime zu verraten.

»Wenn Sie zu dem Schluß kommen sollten, daß sich eine große Aussicht auf Erfolg nicht deutlich genug abzeichnet«, wies das Weiße Haus Mr. Lodge an, »sollten Sie diesen Zweifel den Generälen in einer Weise mitteilen, die darauf abzielt, sie zur Einstellung des Unternehmens zu überreden, bis die Aussichten besser sind.« (Siehe Dokument Nr. 58)

Aber wiederum überließ Washington die Angelegenheit insofern Mr. Lodge, als ihm zugebilligt wurde, die endgültige Beurteilung über die

Erfolgsaussichten zu treffen. Darüber hinaus brachte man zum Ausdruck, sobald ein Putsch im Gang sei, »ist es im Interesse der US-Regierung, daß er auch gelingt«.
Die Mitteilung umriß auch Richtlinien für die amerikanische Mission im Falle eines Putsches: Gesuche um direkte Intervention von beiden Seiten seien abzulehnen; wenn notwendig, solle man bereit sein, die Rolle des Vermittlers zu spielen, aber dabei strikte Neutralität bewahren, ohne den Anschein eines Druckes auf eine der beiden Seiten zu erwecken. Sollte der Putsch fehlschlagen, sei »Asyl bereitzustellen ... für jene, denen gegenüber man eine ausdrückliche oder stillschweigende Verpflichtung übernommen habe«, wobei man die Erwartung ausdrücken solle, daß man an die Botschaften anderer Länder im gleichen Sinne herantreten würde.
Das Weiße Haus drängte den Botschafter, sich nicht verpflichtet zu fühlen, seine geplante Reise nach Washington am 31. Oktober anzutreten. Aber das Weiße Haus bestand darauf, daß General Harkins, sollte er abreisen und der Putsch stattfinden, die Leitung übernehme. Mr. Lodge war dann bekanntlich gezwungen, seine Reise nach Washington abzusagen. Der Staatsstreich fand am 1. November statt.
An jenem Morgen suchte der Botschafter zusammen mit Admiral Harry D. Felt, Oberbefehlshaber der Pazifischen Streitkräfte, Präsident Diem auf. Als Admiral Felt sich mittags zum Flughafen begab, wußte er noch nichts davon, daß die Truppen sich bereits endgültig zum Angriff auf das Diem-Regime versammelten.
Der Putsch rollte wie ein Uhrwerk ab. Um 1.30 Uhr mittags besetzten Verbände der Verschwörer das Polizeipräsidium, Radiostationen, den Flughafen und andere Anlagen und gingen zum Angriff auf den Präsidenten-Palast und die Kasernen der Spezialstreitkräfte über.
Als regierungstreue Offiziere Mr. Nhu über die ersten entscheidenden Bewegungen unterrichteten, meinte Nhu, alle diese Vorgänge seien Teil seines listigen Gegenkomplotts, das er mit General Dinh verabredet habe, und er wies die regierungstreuen Kommandeure an, nicht einzuschreiten. Erst später, als der Angriff auf den Palast begann, versuchte er General Dinh anzurufen, um den Gegenangriff zu befehlen, mußte aber hören, daß der General nicht auffindbar war.
Innerhalb drei Stunden war jeder Widerstand, ausgenommen beim Präsidenten-Palast, gebrochen, und die Generäle verbreiteten über den Rundfunk die Aufforderung an die Ngo-Brüder, zurückzutreten. Präsident Diems Antwort war die Aufforderung, die Generäle sollten sich im Palast zu Verhandlungen einfinden – eine Taktik, die man schon 1960 angewendet hatte, um den Putsch so lange hinzuhalten, daß es regierungstreuen Truppen möglich war, die Hauptstadt zu erreichen. Aber die Generäle lehnten ab.

Nicht lange danach rief Präsident Diem Lodge telefonisch an und fragte, welche Haltung die Vereinigten Staaten einnähmen. Ihr Gespräch wurde von der Botschaft aufgezeichnet:

DIEM: Einige Verbände rebellieren, und ich möchte gerne wissen, welche Haltung die USA einnehmen.

LODGE: Ich fühle mich nicht gut genug informiert, um Ihnen das zu sagen. Ich habe die Schießerei gehört, doch ich bin nicht über alle Fakten informiert. Auch ist es jetzt in Washington erst 4.30 Uhr morgens, und die US-Regierung kann sich noch kaum eine Meinung gebildet haben.

DIEM: Aber Sie selbst müssen doch eine allgemeine Vorstellung haben. Schließlich bin ich der Chef des Staates. Ich habe immer versucht, meine Pflicht zu tun, und ich möchte mich so verhalten, wie Verantwortung und gesunder Menschenverstand es erfordern. Meine Pflicht stelle ich über alles.

LODGE: Sie haben ganz gewiß Ihre Pflicht getan. Wie ich Ihnen erst heute morgen sagte, bewundere ich Ihren Mut und Ihren großen Einsatz für Ihr Land. Niemand kann Ihnen das Verdienst an allem, was Sie getan haben, streitig machen. Jetzt aber bin ich besorgt um Ihre persönliche Sicherheit. Mir liegt ein Bericht vor, wonach jene, die die angelaufenen Aktionen leiten, Ihnen und Ihrem Bruder sicheres Geleit aus dem Land anbieten, wenn Sie zurücktreten. Haben Sie davon gehört?

DIEM: Nein, (und dann, nach einer Pause) Sie haben meine Telefonnummer.

LODGE: Ja. Wenn ich irgend etwas tun kann für Ihre persönliche Sicherheit, rufen Sie mich bitte an.

DIEM: Ich werde versuchen, die Ordnung wiederherzustellen.

Während die Kämpfe um den Palast andauerten, flüchteten Präsident Diem und sein Bruder durch einen geheimen Tunnel und versteckten sich in Cholon, dem chinesischen Viertel der Hauptstadt. Kurz nach Tagesanbruch ergab sich der letzte Stützpunkt im Palast.

Während der ganzen Nacht, berichtet die Pentagon-Studie, hielt Diem telefonischen Kontakt mit den Generälen, die ihn drängten, sich zu ergeben, und ihm sicheres Geleit zum Flughafen anboten mit der Erlaubnis, Süd-Vietnam zu verlassen. Um 6.20 Uhr vormittags nahm der Präsident endlich an, aber er teilte General Minh nicht mit, wo er sich befand.

Laut Bericht wurden die Ngo-Brüder von Angehörigen eines Panzerverbandes aufgespürt, den ein langjähriger Feind des Präsidenten befehligte. Nach ihrer Gefangennahme wurden sie im Innern eines Panzerfahrzeugs, das sie zum Hauptquartier des Vereinigten Generalstabs bringen sollte, erschossen.

Washington ließ sich mit der Anerkennung des neuen Regimes Zeit, weil, wie die Studie besagt, Minister Rusk überzeugt war, eine Verzö-

gerung würde den Anschein amerikanischer Mittäterschaft am Putsch abschwächen und die Generäle nicht so auffällig als amerikanische Handlanger erscheinen lassen. Mr. Rusk sprach sich auch dagegen aus, daß eine große Delegation von Generälen sich bei Botschafter Lodge einfinde, als »träten sie zum Rapport an«.
Die Kennedy-Regierung, so die Studie, war erschüttert und entsetzt über die Ermordung der zwei Staatsmänner, aber, führt die Studie aus, die Regierung sei »abgeneigt gewesen, zu Diems und Nhus Gunsten zu intervenieren, weil dies den Anschein hätte erwecken können, sie wolle die beiden unterstützen oder ihre Zusage an die Generäle nicht einhalten, sich nicht einzumischen«.
Die Amerikaner hatten sich auch, heißt es, auf das Angebot der Verschwörer verlassen, den Ngo-Brüdern sicheres Geleit zu gewähren. Präsident Diem hatte dieses Angebot wiederholt und bis zum letzten Augenblick abgelehnt – als die Panzersoldaten schon im Begriff waren, sie zu ergreifen.

Neue Anzeichen von Gefahr

Hochbefriedigt, wie es der Berichterstatter nennt, sandte Botschafter Lodge am 4. November ein Kabel nach Washington und sagte voraus, der Wechsel im Regime würde den Krieg gegen den Vietkong infolge der verbesserten Moral der südvietnamesischen Armee verkürzen.
Aber der Pentagon-Bericht weiß eine Reihe beunruhigender Anzeichen anzuführen, die sich unmittelbar nach dem Staatsstreich bemerkbar machten. Die Operationen des Vietkong nahmen sprunghaft zu. Der Sturz des Diem-Regimes enthüllte außerdem, wie Mr. Lodge berichtete, daß die südvietnamesischen Berichte von den Erfolgen des strategischen Programms der Dorfmilizen maßlos übertrieben waren.
Ebenso bezeichnend ist, daß Mr. Lodge, als er das erste Mal mit General Minh, dem neuen Staatschef, zusammengetroffen war, nach Washington berichtete, der General schien »ermüdet und mitgenommen zu sein«, doch »zeigte er sich als umgänglicher Mann mit den besten Absichten«. Mr. Lodge fragte sich: »Wird er stark genug sein, sich an der Spitze zu halten?«
Es war eine prophetische Bemerkung, denn innerhalb von drei Monaten übernahm ein anderer der Verschwörer, Generalmajor Nguyen Khanh, die Macht und leitete damit eine Serie innerer Machtkämpfe ein, die Washington während der nächsten zwei Jahre in Atem hielten und es immer tiefer in den Vietnamkrieg verwickelten, während es sich ständig bemühte, die sich einander ablösenden Regierungen in Süd-Vietnam zu festigen.
Unmittelbar vor Präsident Kennedys Ermordung hielten seine wichtig-

sten Mitarbeiter in Honolulu eine strategische Vietnam-Konferenz ab. Vier Tage nach dieser Konferenz demonstrierte Präsident Johnson in einem neuen Dokument über die Vietnam-Politik, daß es keine Abweichung von der Politik Kennedys geben würde.
Besonders im Hinblick auf die geheimen Operationen gegen Nord-Vietnam, die das Vorspiel zum Tonkin-Golf-Konflikt von 1964 waren, stellt die Pentagon-Studie einen reibungslosen Übergang in den politischen Entscheidungen fest. Die Honolulu-Konferenz, die noch von Präsident Kennedy veranlaßt worden war, sah die Planung eines verstärkten Operationsprogramms gegen Nord-Vietnam vor, das der Bericht als »blitzartige Kommando-Unternehmen« bezeichnet, »die niemand (den USA) zuschreiben können werde«. In seinem ersten Dokument über die Vietnam-Politik vom 26. November gab Präsident Johnson seine persönliche Zustimmung zur Planung dieser Operationen.
Mit zuversichtlichen Formulierungen entwarf Präsident Johnson eine Zielvorstellung, die innerhalb der Regierung für dreieinhalb Jahre unangefochten blieb: »dem Volk und der Regierung dieses Landes (Süd-Vietnam) beizustehen, damit es seinen Kampf gegen die von außen gelenkte und unterstützte kommunistische Verschwörung gewinne«. Er bekräftigte, das Ziel sei, den Krieg Ende 1965 zu beenden. (Siehe Dokument Nr. 60)
Ein Hinweis jedoch auf kommende Ereignisse war ein Bericht Minister McNamaras an Präsident Johnson einen Monat später, der, wie die Studie sich ausdrückt, ein »düsteres Bild« zeichnete.
Nach einer Vietnam-Reise berichtete der Verteidigungsminister am 21. Dezember 1963, daß das neue Regime »entschlußlos sei und sich treiben lasse«.
»Der Vietkong erzielte seit dem Staatsstreich große Fortschritte«, führte McNamara aus und bewies damit eine bemerkenswerte Änderung seiner Meinung. »Deshalb vermute ich stark, daß sich in Wirklichkeit schon seit Juli die Lage weit mehr verschlechtert hat, als wir infolge unserer einseitigen Abhängigkeit von verzerrten vietnamesischen Nachrichten erkennen konnten.« Schließlich fühlte er sich gedrängt, festzustellen: »Die Lage ist sehr beunruhigend. Die derzeitige Entwicklung – sollte sie in den nächsten zwei, drei Monaten nicht eine radikal andere Richtung nehmen – würde im besten Fall zur Neutralisierung, wahrscheinlicher jedoch zu einem von Kommunisten kontrollierten Staat führen.«
Seine Beurteilung legte den Grund für die Entscheidung von Anfang 1964, den geheimen Krieg gegen Nord-Vietnam zu intensivieren und die Hilfeleistung an den Süden zu verstärken.

DIE WICHTIGSTEN DOKUMENTE JULI 1963–NOVEMBER 1963

Es folgen die Texte der entscheidenden Dokumente der Pentagon-Studie über den Krieg in Vietnam für die Zeit des Staatsstreichs gegen Präsident Ngo Dinh Diem im Jahr 1963, die Ereignisse, die dazu führten, und seine Folgen. Wenn nicht ausdrücklich darauf hingewiesen wird, daß es sich um einen Auszug handelt, sind die Dokumente wörtlich wiedergegeben.

Nr. 33 Notizen zur Kennedy-Konferenz über das Diem-Regime im Juli 1963

Memorandum, aufgezeichnet von Roger Hilsman, Referent des Außenministeriums für Angelegenheiten des Fernen Ostens, über eine Konferenz im Weißen Haus am 4. Juli 1963. Außer Präsident Kennedy und Mr. Hilsman nahmen daran teil: George Ball, Stellvertretender Außenminister; Averell Harriman, Stellvertretender Außenminister; McGeorge Bundy, Referent des Präsidenten für nationale Sicherheit, und Michael V. Forrestal, Spezialist des Weißen Hauses für Südostasien.

Der Präsident wurde über die Entwicklungen in Indonesien, Laos und Vietnam unterrichtet. Der Teil, der sich mit Vietnam befaßt, folgt:

Am 16. Juni wurde eine gemeinsame Vereinbarung unterzeichnet, in der die (südvietnamesische) Regierung den fünf Forderungen der Buddhisten nachkam. Die Buddhisten und die Regierung arbeiteten dann bei den Vorbereitungen für die Beerdigung des Priesters, der sich selbst verbrannt hatte, zusammen, so daß Zwischenfälle vermieden werden konnten. Die Beerdigung ging ohne Störungen vonstatten.

Seitdem gehen in Saigon Gerüchte um, die Regierung beabsichtige nicht, das Abkommen zu halten. Diese Gerüchte erhielten Glaubwürdigkeit durch einen Artikel in der englischsprachigen *Times* von Süd-Vietnam, die von den Nhus kontrolliert wird. Der Artikel enthielt einen versteckten Angriff auf die USA und die Buddhisten – es wurde unterstellt, daß der Mönch, der sich selbst verbrannte, unter dem Einfluß von Drogen gehandelt habe –, und eine massive Provokation der buddhistischen Bewegung: Wenn am 2. Juli keine weiteren Demonstrationen erfolgten, würde dies einem Eingeständnis der Buddhisten gleichkommen, daß die Handlungsweise der Regierung sie zufriedengestellt habe. (Der Präsident erkundigte sich nach der Wahrscheinlichkeit, daß der Mönch unter Drogeneinfluß gestanden habe. Mr. Hilsman erwiderte, religiöser Fanatismus sei eine hinreichende Erklärung.)

Hierauf entwickelte sich eine Diskussion über die Aussicht, die Nhus loszuwerden, wobei alle der Meinung waren, daß das nicht möglich sein würde.

Mr. Hilsman fuhr fort, den Präsidenten zu informieren, und meinte, die buddhistische Bewegung weise ein aktivistisches Element auf, das zweifellos fürchten lasse, daß die Forderungen gesteigert und die Regierung der Verzögerungstaktik beschuldigt werden könnte. Insofern also enthielt Diems Ansicht,

die Buddhisten würden ihre Forderungen vielleicht so weit treiben, daß sein Sturz unvermeidbar sei, ein Körnchen Wahrheit.
Während der eben berichteten Ereignisse hatten die USA äußerst starken Druck auf Diem ausgeübt, geeignete politische Maßnahmen zu ergreifen. Erst kürzlich hatten wir Diem gedrängt, eine Rede zu halten und anzukündigen, daß er beabsichtige, sich mit Buddhistenführern zu treffen, daß er die Tätigkeit buddhistischer Priester in der Armee gestatten würde usw. Falls Diem eine solche Rede nicht halten sollte und weitere Demonstrationen stattfänden, würden die USA gezwungen sein, sich öffentlich von der Buddhisten-Politik der Regierung Süd-Vietnams zu distanzieren. Mr. Hilsman berichtete, daß Diem diese Stellungnahme zwar mit äußerster Höflichkeit entgegengenommen hätte, aber gesagt habe, er müßte es sich erst überlegen, ob er eine derartige Rede halten könne.
Wir waren der Meinung, daß es in den nächsten vier Monaten auf jeden Fall zu Putschversuchen kommen werde, gleichgültig, was Diem auch unternehmen würde. Ob einer dieser Versuche erfolgreich sein wird, kann unmöglich vorausgesagt werden.
Mr. Hilsman meinte, alle stimmten darin überein, daß die Gefahr eines Chaos im Falle eines Staatsstreichs jetzt wesentlich geringer sei als vor einem Jahr. Ein ermutigendes Anzeichen dafür ist die Tatsache, daß der Krieg der vietnamesischen Streitkräfte gegen den Vietkong auch während der Buddhisten-Krise ohne nennenswerte Unterbrechung weiterging.
General Krulak sei sicher, so berichtete Mr. Forrestal, daß, selbst wenn in Saigon ein Chaos herrschte, die Kampfverbände fortfahren würden, den Kommunisten Widerstand zu leisten.
Mr. Hilsman fuhr fort und teilte mit, Botschafter Nolting glaube, das wahrscheinlichste Ergebnis eines Putsches, der mit der Ermordung Diems ende, sei ein Bürgerkrieg. Mr. Hilsman wich von dieser Vermutung nur insofern ab, als er der Ansicht war, ein Bürgerkrieg sei zwar nicht die wahrscheinlichste, jedoch bestimmt eine mögliche Folge.
Hierauf wurde über die zeitliche Abstimmung der Rückkehr Botschafter Noltings und des Dienstantritts Botschafter Lodges diskutiert. Die ursprüngliche Absicht des Präsidenten war, Botschafter Nolting sofort zurückkehren zu lassen, damit Botschafter Lodge sein Amt dann so bald wie möglich übernehmen könnte. Der Präsident hob hervor, daß Botschafter Nolting hervorragende Arbeit geleistet habe und es fast ans Wunderbare grenze, wie es ihm gelungen sei, den verheerenden Tiefpunkt in den Beziehungen zwischen Diem und uns, der zu der Zeit, als Botschafter Nolting sein Amt antrat, bestand, zu überwinden. Mr. Hilsman wies auf die persönlichen Opfer hin, zu denen Botschafter Nolting während dieser Zeit gezwungen gewesen war. Und der Präsident fuhr fort, er hoffe, daß sich ein Weg zeige, Botschafter Nolting öffentlich zu loben, so daß klargestellt werde, welch hervorragende Arbeit er geleistet habe, und er hoffe außerdem, daß eine geeignete Stellung für ihn in Washington gefunden werde, damit er seinen Kindern in den kommenden Jahren ein angemessenes Zuhause bieten könne.
Der Präsident beschloß, die Entscheidung über den Zeitpunkt der Rückkehr Botschafter Noltings dem Referenten für Angelegenheiten des Fernen Ostens zu überlassen; Botschafter Lodge sollte sich in Washington noch vor dem 15.

Juli melden, damit er den Lehrgang über Bekämpfung von Aufständischen (CI Course) zugleich mit der üblichen Unterweisung eines Botschafters absolvieren könne; Botschafter Lodge sollte sich so bald wie möglich nach Beendigung des CI Course am 14. August in Saigon einfinden. Vorbereitungen wurden getroffen, um Botschafter Nolting einen Besuch beim Präsidenten am Montag, 8. Juli, um 4 Uhr nachmittags zu ermöglichen.

Nr. 34 Beurteilung der Unruhen von 1963 durch den Nachrichtendienst

Auszug aus der Beurteilung des Special National Intelligence (Geh. Nachrichtendienst)-Gutachtens 53-2-63, »Die Lage in Süd-Vietnam«, 10. Juli 1963

SCHLUSSFOLGERUNGEN A. Die buddhistische Krise in Süd-Vietnam hat nicht nur ein grelles Licht auf die weitverbreitete und seit langem bestehende Unzufriedenheit mit dem Diem-Regime und seiner Regierungsweise geworfen, sondern diese Unzufriedenheit auch noch verstärkt. Wenn Diem die Zusagen, die er den Buddhisten gemacht hat, nicht sofort und genau ausführt, womit man rechnen muß, werden die Unruhen wahrscheinlich wieder aufflammen und die Aussichten eines Staatsstreichs oder eines Mordanschlages auf ihn dann günstiger sein als je zuvor ...

B. Das grundlegende Unbehagen des Diem-Regimes über die Verwicklung der USA in die Angelegenheiten Süd-Vietnams wurde durch die Buddhisten-Affäre und den festen Standpunkt der USA noch gesteigert. Diese Einstellung wird sicher anhalten, und eine weitere Drohung, die Präsenz der USA im Land zu verringern, ist wahrscheinlich ...

C. Bisher haben die Kommunisten die Buddhisten-Krise noch nicht erfolgreich ausgeschlachtet, es scheint, als hätte sie auch keine spürbare Auswirkung auf die Bekämpfung der Aufständischen gehabt. Wir halten es für unwahrscheinlich, daß Diem durch einen kommunistischen Putsch gestürzt werden könnte. Wir denken auch nicht, die Kommunisten müßten notwendigerweise profitieren, wenn er durch einen Zusammenschluß seiner nichtkommunistischen Gegner gestürzt wird. Ein nichtkommunistisches Nachfolgeregime würde anfangs vielleicht weniger wirksam gegen den Vietkong vorgehen, aber anhaltende Unterstützung durch die USA könnte zu einer hinreichend effektiven Staatslenkung führen, und die Kriegsanstrengungen ...

Nr. 35 Nachricht Washingtons an Lodge über die Notwendigkeit, die Nhus auszuschalten

Telegramm des Außenministeriums an Botschafter Henry Cabot Lodge in Saigon, 24. August 1963

Gleichgültig, ob das Militär von sich aus die Verhängung des Kriegsrechts veranlaßte oder ob Nhu es listig dazu verleitete – fest steht, daß Nhu die Situation ausnutzte, um durch Polizei und Tungs Spezialstreitkräfte, die ihm

ergeben sind, die Pagoden zu verwüsten, und das Militär in den Augen der Welt und des vietnamesischen Volkes damit belastete. Ebenso steht fest, daß Nhu sich eine beherrschende Stellung erobert hat.
Die US-Regierung kann nicht hinnehmen, daß Nhu die Macht in Händen hält. Diem muß aber die Gelegenheit gegeben werden, sich von Nhu und seinem Klüngel zu befreien und deren Positionen mit den besten militärischen und politischen Persönlichkeiten zu besetzen, die verfügbar sind.
Wenn Diem trotz Ihrer Anstrengungen verstockt bleibt und sich weigert, müssen wir die Möglichkeit ins Auge fassen, daß auch Diem selbst nicht mehr tragbar ist. Wir halten sofortiges Handeln für notwendig, um Nhu daran zu hindern, seine Stellung weiter zu festigen. Sollten Sie nach einer Beratung mit Harkins keine schwerwiegenden Gegengründe finden, werden Sie ermächtigt, nach folgenden Grundsätzen zu verfahren:
(1) Wir müssen auf geeigneten Ebenen der südvietnamesischen Regierung folgendes klarmachen:
(a) Die US-Regierung kann keine Aktionen gegen Buddhisten hinnehmen, die von Nhu und seinen Kollaborateuren unter dem Deckmantel des Kriegsrechts durchgeführt werden
(b) Entscheidende Maßnahmen müssen sofort ergriffen werden, um die Lage wieder zu beruhigen, einschließlich Zurückziehung des Dekrets 10, Freilassung verhafteter Mönche, Nonnen usw.
(2) Zur selben Zeit müssen wir den wichtigsten militärischen Führern mitteilen, daß es die USA für unmöglich halten würden, die militärische und wirtschaftliche Hilfe für Vietnam fortzusetzen, wenn die obigen Schritte nicht sofort unternommen werden, wobei wir erkennen, daß dies das Verschwinden der Nhus von der politischen Bildfläche erforderlich macht. Wir möchten Diem ausreichend Gelegenheit geben, die Nhus auszuschalten. Bleibt er aber verstockt, sind wir vorbereitet, die einleuchtende Konsequenz zu ziehen, daß wir Diem nicht länger unterstützen können. Sie sollten geeigneten militärischen Kommandeuren auch sagen, daß wir im Falle eines vorübergehenden Zusammenbruchs des zentralen Regierungsapparates direkte Hilfe leisten werden.
(3) Wir sehen die Notwendigkeit, den Makel der Pagodenrazzien vom Militär zu nehmen und einzig und allein Nhu damit zu belasten. Sie sind ermächtigt, solche amtlichen Verlautbarungen in Saigon bekanntzugeben, soweit es Ihnen zur Erreichung des Ziels wünschenswert erscheint. Wir sind vorbereitet, hier dasselbe zu tun und die »Stimme Amerikas« eine Darstellung im Sinne des nächsten, mit laufender Nummer versehenen Telegramms, senden zu lassen, wenn Sie es beantragen – am besten so bald wie möglich.
Gleichzeitig mit obigen Maßnahmen sollten Botschafter und country team (ein Rat, dem höhere US-Beamte in Vietnam – einschließlich Botschafter –, der Kommandeur der amerikanischen Streitkräfte und der CIA-Chef angehören) unbedingt alle nur möglichen Alternativen der Staatsführung prüfen und detaillierte Pläne entwerfen, wie wir Diems Absetzung, falls erforderlich, bewerkstelligen könnten.
Wir nehmen an, Sie werden sich mit General Harkins über die Vorkehrungen beraten, die notwendig sind, um das amerikanische Personal während einer Krise zu schützen.
Sie werden verstehen, daß wir von Washington aus keine detaillierten Anwei-

sungen geben können, wie diese Operation durchgeführt werden sollte, aber Sie wissen ja wohl, daß wir Sie bei allen Aktionen, die Sie unternehmen, um unsere Ziele zu erreichen, bis zum äußersten unterstützen werden.
Es ist eigentlich überflüssig zu sagen, daß nur ein ganz kleiner Kreis wichtiger Personen Kenntnis von diesem Telegramm erhalten hat, und wir nehmen an, Sie werden ähnliche Vorsichtsmaßnahmen treffen, um ein vorzeitiges Durchsickern zu verhindern.

Nr. 36 Lodges Antwort an Washington

Telegramm Botschafter Lodges an Außenminister Dean Rusk und Stellvertretenden Außenminister (Referent) Roger Hilsman, 25. August 1963

Glauben, die Aussichten, daß Diem unseren Forderungen nachkommt, sind praktisch gleich Null. Außerdem, wenn wir sie vorbringen, geben wir Nhu Gelegenheit, die Aktion durch Militär zu vereiteln oder zu blockieren. Glauben, Risiko sollten wir nicht eingehen, solange Nhu Streitkräfte in Saigòn kontrolliert.
Deshalb Vorschlag: wir gehen geradewegs zu den Generälen mit unseren Forderungen, ohne Diem vorher zu informieren. Würden ihnen (den Generälen) sagen, daß wir vorbereitet sind, Diem ohne Nhu zu halten, es aber praktisch ihnen überlassen, ob wir ihn stützen. Würden auch darauf bestehen, daß Generäle Schritte unternehmen, um die buddhistischen Führer freizulassen und Übereinkommen vom 16. Juni auszuführen.
Anfordern sofortige Anweisungen hierüber. Schlagen jedoch nicht vor, etwas zu unternehmen, bevor wir zufrieden sind mit E und E Plänen. Harkins stimmt zu. Ich werde morgen um 11 Uhr vormittags Präsident Diem meine Beglaubigungen präsentieren.

Nr. 37 Telegramm des CIA-Mitarbeiters an seinen Chef über Kontakt mit Saigoner Generälen

Telegramm John Richardsons, des Saigoner Amtschefs des CIA, an John A. McCone, Direktor des CIA, 26. August 1963

Während der Beratung zwischen Harkins, Trueheart, Mecklin und dem lokalen CIA-Chef (COS) am Morgen des 26. August entschied Lodge, daß die USA ihre Beteiligung nicht zeigen sollen. Ferner, daß Harkins bei den vietnamesischen Generälen keine Initiative ergreifen wird. (Conein soll die unten aufgeführten Mitteilungen General Khiem, Spera sie General Khanh überbringen; wenn Khiem zustimmt, daß Conein daraufhin mit General Don spricht, wird er das tun.)
(A) Weitere Erläuterung ihrer (der Generäle) Aktionsgesichtspunkte und ihrer gegenwärtigen Anschauungen und Pläne erbitten. Was soll getan werden?
(B) Wir stimmen darin überein, daß die Nhus gehen müssen.
(C) Ob Diem bleiben soll oder nicht, liegt bei ihnen.

(D) Mönche und andere Verhaftete müssen sofort freigelassen werden, und die Fünf-Punkte-Vereinbarung vom 16. Juni ist genau auszuführen.
(E) Wir werden direkte Unterstützung leisten während jeder vorübergehenden Periode des Zusammenbruchs des zentralen Regierungsapparates.
(F) Wir können keinerlei Hilfe leisten während der ersten Aktionen zur Ergreifung der Staatsmacht. Es muß ganz und gar ihr eigenes Unternehmen sein, es ist ihre Sache, zu gewinnen oder zu verlieren. Erwartet nicht, daß wir euch aus der Tinte holen.
(G) Wenn die Nhus nicht verschwinden und die Lage mit den Buddhisten nicht, wie oben dargelegt, geregelt wird, würden wir es für unmöglich halten, die militärische und wirtschaftliche Hilfe fortzusetzen.
(H) Es wird erwartet, daß Blutvergießen vermieden oder auf ein absolutes Minimum beschränkt werden kann.
(I) Es wird erwartet, daß das Unternehmen selbst und die weitere Entwicklung nachher derart beeinflußt werden, daß die notwendigen Beziehungen zwischen Vietnamesen und Amerikanern, die den Fortschritt des Landes und die erfolgreiche Weiterführung des Krieges ermöglichen würden, bewahrt und verstärkt werden.

Nr. 38 Telegramm des COS über Aussichten eines Putsches in Saigon

Telegramm Mr. Richardsons an Mr. McCone, 28. August 1963

Die Lage hier hat einen Punkt erreicht, der keine Umkehr mehr zuläßt. Saigon ist ein bewaffnetes Lager. Es sieht so aus, als habe die Ngo-Familie sich zur entscheidenden Schlacht eingegraben. Das Treffen zwischen Conein und General Khiem (Saigon 0346) enthüllt, daß die Mehrheit der Generäle, mit Ausnahme von Dinh und Cao, sich einig ist, schon früher Putschpläne geschmiedet hat und erkennt, daß schnell gehandelt werden muß, und weiß, daß sie keine andere Wahl hat, als weiterzumachen. Wenn man die Generäle nicht neutralisiert, bevor sie losschlagen können, so werden sie handeln, und sie werden gute Aussicht haben zu gewinnen. Wenn es nicht gelingt, General Dinh in erster und Tung in zweiter Linie von Anfang an auszuschalten, dann wird es vielleicht zu ausgedehnten Kämpfen in Saigon und zu schweren Verlusten an Menschenleben kommen.
Wir sehen, was alles auf dem Spiel steht, und haben keinen Zweifel, daß es die Generäle genauso sehen. Die Lage hat sich seit dem 21. August drastisch verändert. Wenn die Ngo-Familie jetzt gewinnt, dann werden sie und Vietnam in die endgültige Niederlage stolpern, die ihnen von ihren eigenen Leuten und vom Vietkong zugefügt wird. Sollte eine Generalsrevolte stattfinden und niedergeschlagen werden, so würde die südvietnamesische Regierung die amerikanische Präsenz stark einschränken. Aber auch wenn sie es unterließe, würden uns zweifellos die öffentliche Meinung in Amerika, der Kongreß und die Weltmeinung zum Rückzug oder zur Verminderung der amerikanischen Unterstützung für das von den Ngos regierte Vietnam zwingen.
Blutvergießen kann vermieden werden, wenn die Ngo-Familie zurücktritt, ehe

es zu einer bewaffneten Aktion kommt ... Es ist eindeutig besser, wenn die Generäle ihr Unternehmen ohne sichtbare amerikanische Hilfe durchführen. Andernfalls wären sie noch lange Zeit dem Vorwurf ausgesetzt, sie seien amerikanische Marionetten, die sie doch in gar keiner Weise sind. Dennoch, uns allen ist es klar, daß das Unternehmen erfolgreich sein muß und daß wir von unserer Seite alles unternehmen müssen, was notwendig ist. Wenn das Unternehmen der Generäle nicht stattfindet oder fehlschlägt, dann besteht – und dies zu behaupten ist unserer Meinung nach keine Übertreibung – die dringende Gefahr, Vietnam im Lauf der Zeit zu verlieren.

Nr. 39 Telegramm von Lodge an Minister Rusk über die Einstellung der USA zu einem Staatsstreich

Telegramm von Botschafter Lodge an Minister Rusk, 29. August 1963

Wir steuern einen Kurs, auf dem es keine ehrenhafte Umkehr gibt: den Sturz der Diem-Regierung. Es gibt zunächst einmal deshalb keine Umkehr, weil das US-Prestige bereits in großem Maße an dieses Ziel gebunden ist, und es wird noch mehr daran gebunden sein, sobald erst einmal Einzelheiten durchsickern. Es gibt aber vor allem deshalb keine Umkehr, weil es nach meiner Ansicht unmöglich ist, den Krieg unter einer Diem-Regierung zu gewinnen. Es ist aber noch viel weniger möglich, daß Diem oder irgendein Mitglied seiner Familie das Land so regieren kann, daß er die Unterstützung jener Leute erringt, auf die es ankommt, also der gebildeten Klassen in- und außerhalb des Regierungsdienstes, der Zivil- und Militärpersonen – ganz zu schweigen von den Amerikanern. In den letzten Monaten (und besonders Tagen) haben sie sich in der Tat diese Menschen in einem Ausmaß entfremdet, das noch gar nicht abzusehen ist. Deshalb stimme ich persönlich voll mit der Politik überein, die ich entsprechend dem Telegramm vom letzten Sonntag durchführen soll.

2. Daß ein Putsch der Generäle durchgeführt wird, hängt bis zu einem gewissen Grad von den Generälen selbst ab; aber es hängt mindestens ebensosehr von uns ab.

3. Wir sollten alles daransetzen, die Generäle sofort zum Handeln zu bringen. Um dies zu erreichen, sollten wir ermächtigt sein, folgendes zu veranlassen:

(a) General Harkins sollte den Generälen persönlich jene Mitteilungen wiederholen, die ihnen kürzlich von CAS (CIA)-Beamten übermittelt worden sind. General Harkins sollte eine entsprechende Anweisung erhalten.

(b) Wenn die Generäle trotzdem auf einer öffentlichen Erklärung bestehen, in der festgestellt wird, daß alle über das Diem-Regime an Vietnam geleistete US-Hilfe eingestellt ist, würden wir unter dem ausdrücklichen Vorbehalt zustimmen, daß die Generäle gleichzeitig losschlagen. (Wir würden versuchen, die Generäle zu überreden, diesen Trumpf für den Fall aufzusparen, daß das Unternehmen steckenbleibt. Wir hoffen, daß es überhaupt nicht notwendig wird, davon Gebrauch zu machen.)

(c) Die vietnamesischen Generäle bezweifeln, daß wir die Kraft, den Mut und die Entschlossenheit haben, die Dinge durchzustehen. Sie werden von der

Vorstellung geplagt, daß wir sie im Stich lassen, obwohl wir ihnen entsprechend den Instruktionen erklärt haben, daß das Spiel begonnen hat.

5. Wir müssen aus vielen Gründen weitermachen. Einige dieser Gründe sind:

(a) Die Explosivität der gegenwärtigen Lage, die, wenn die Ursachen der Unzufriedenheit mit dem Regime nicht beseitigt werden, leicht zu Unruhen und Gewalttätigkeit führen könnte. In diesem Fall könnte es zu einer prokommunistischen oder bestenfalls neutralistischen Regierung kommen.

(b) Die Tatsache, daß der Krieg unter dem gegenwärtigen Regime nicht gewonnen werden kann.

(c) Unsere Standhaftigkeit und unser Widerwille, uns selbst zu blamieren, haben uns einen guten Ruf erworben.

(d) Wird die vorgeschlagene Aktion eingestellt, so versetzt dies, wie ich glaube, unserem Ansehen bei den vietnamesischen Generälen einen verheerenden Schlag; auch werden all jene, die erwarten, daß die USA diese Situation in Ordnung bringen, das Gefühl haben, man habe sie im Stich gelassen. Unsere Hilfe für das Regime in den vergangenen Jahren legt uns eine Verantwortung auf, der wir nicht ausweichen, um die wir uns nicht drücken können.

6. Mir ist klar, daß dieses Verfahren ein beachtliches Risiko mit sich bringt, Vietnam zu verlieren. Es birgt auch das zusätzliche Risiko in sich, das Leben von Amerikanern zu gefährden. Ich würde das nie vorschlagen, wenn ich fühlte, es gäbe eine hinreichende Chance, Vietnam unter einem Diem-Regime zu halten.

(Punkt 7 steht nicht zur Verfügung.)

8. ... General Harkins meint, ich sollte Diem auffordern, sich von den Nhus zu trennen, bevor die Generäle mit ihrer Aktion beginnen. Aber ich glaube, ein solcher Schritt hat keine Aussicht, das gewünschte Resultat zu erbringen, und er hätte die sehr schwerwiegende Wirkung, daß die Generäle darin ein Zeichen amerikanischer Entschlußlosigkeit und Verzögerungstaktik sähen. Ich glaube, wir sollten dieses Risiko nicht eingehen. Die Generäle mißtrauen uns bereits zu sehr. Dagegen spricht als ein weiterer Grund, daß sich Diem zweifellos Zeit erbitten würde, um eine so weitreichende Forderung zu überlegen. Dies würde Nhu den Ball zuspielen.

9. Mit Ausnahme des Paragraphen 8 stimmt General Harkins dem Telegramm zu.

Nr. 40 Telegramm von Rusk an Lodge über die Ansichten des Nationalen Sicherheitsrates

Telegramm von Minister Rusk an Botschafter Lodge, 29. August 1963. Die Pentagon-Studie führt aus, daß der Bericht nach einer Beratung des Nationalen Sicherheitsrates abgesandt wurde.

1. Eine Beratung auf höchster Ebene diskutierte heute vormittag Ihr 375 und bekräftigte die Grundlinie. Die einzelnen Entscheidungen:

2. Als Antwort auf Ihre Empfehlungen ist General Harkins hiermit ermächtigt, gegenüber jenen Generälen, von denen Sie geschrieben haben, die früher von

CAS (CIA)-Beamten überbrachten Mitteilungen zu wiederholen. Er sollte dabei betonen, daß die US-Regierung das Unternehmen, die Nhus von der Regierung auszuschließen, unterstützt. Ehe es aber möglich ist, mit den Generälen präzise Vereinbarungen zu treffen, muß General Harkins wissen, wer beteiligt ist, welche Hilfsmittel den Generälen zur Verfügung stehen und welcher Gesamtplan für einen Staatsstreich besteht. Die US-Regierung wird einen Staatsstreich unterstützen, der gute Aussichten auf Erfolg hat, aber sie plant keine unmittelbare Beteiligung von US-Streitkräften. Harkins sollte auch wissen lassen, daß er vorbereitet ist, die Verbindung mit den Planern des Staatsstreiches aufzunehmen und die Pläne zu überprüfen, aber daß er sich an einer gemeinsamen Putsch-Planung nicht direkt beteiligen wird.

3. Die Frage, ob man ein letztes Mal an Diem herantreten sollte, bleibt unentschieden. Eine getrennte persönliche Botschaft des Ministers für Sie stellt unsere Besorgnisse dar und erbittet Ihre Stellungnahme.

4. Wir beabsichtigen, keine Verlautbarungen über Bewegungen von US-Streitkräften herauszugeben, und haben auch nicht vor, gegenwärtig etwas davon durchsickern zu lassen. Wir glauben, daß jede spätere Veröffentlichung solcher Bewegungen mit der Entwicklung der Ereignisse auf Ihrer Seite abgestimmt werden sollte. Natürlich können wir unautorisierte Enthüllungen oder Spekulationen nicht verhindern, aber wir werden irgendwelche Berichte von Evakuierungen auf jeden Fall dementieren.

5. Sie sind hiermit ermächtigt, die zeitweilige Einstellung von Hilfe, die über die Diem-Regierung an Vietnam geleistet wurde, zu verlautbaren. Zeit und Umstände dieser Bekanntmachung bleiben Ihnen überlassen. Wenn Sie von dieser Ermächtigung Gebrauch machen wollen, sollten Sie die Wichtigkeit der zeitlichen Koordinierung und der richtigen Präsentation dieser Ankündigungen bedenken; der Anschein von Geheimbündelei mit den Generälen und die Gefahr einer nicht vorherzusehenden und sehr scharfen Reaktion der derzeitigen Regierung sollten auf ein Minimum herabgedrückt werden. Wir nehmen auch an, Sie werden von dieser Ermächtigung nicht Gebrauch machen, wenn Sie nicht von ihrer unbedingten Notwendigkeit überzeugt sind. Wir halten es für möglich, daß die Kontaktaufnahme Harkins' mit den Generälen und daß auch vielleicht die zunehmende Zusammenarbeit den Generälen schon jene Versicherungen geben, die sie wünschen. Wir selbst sind der Ansicht, daß es am besten wäre, erst dann von dieser Ermächtigung Gebrauch zu machen, wenn der Staatsstreich schon läuft, und nicht zur Ermutigung der Generäle im gegenwärtigen Zeitpunkt. Die Entscheidung bleibt aber Ihnen überlassen.

Nr. 41 Weiteres Rusk-Telegramm an Lodge über die Beziehungen Diem–Nhu

Telegramm von Minister Rusk an Botschafter Lodge, 29. August 1963

Ich danke Ihnen herzlich für 375, welches eine sehr hilfreiche Klarstellung brachte. Wir begreifen völlig, welch ein enormer Einsatz auf dem Spiel steht und wie schwer die Verantwortungen sind, die Sie und Harkins in den kom-

menden Tagen zu tragen haben. Was wir tun können, um Ihnen zu helfen, wird geschehen.
Diese Nachricht soll außerdem der Frage nachgehen, ob versucht werden sollte, Diem von den Nhus zu trennen. In Ihrem Telegramm scheinen Sie Diem und die Nhus als ein einziges Paket zu behandeln, wir hatten aber früher die Generäle wissen lassen, daß es an ihnen läge, ob Diem bleiben solle, wenn die Nhus entfernt seien. Meine persönliche Beurteilung ist (und das ist keine Instruktion), daß die Nhus in jedem Fall in Vietnam den größeren Teil des Problems ausmachen – intern, international und für die amerikanische öffentliche Meinung. Vielleicht ist es undenkbar, daß man die Nhus entfernen kann, ohne daß sie Diem mitnehmen oder Diem sein Amt niederlegt. Auf jeden Fall würde ich gerne Ihre Meinung hören, ob eine deutliche Linie zwischen Diem, seinen Ratgebern und Madame Nhu gezogen werden kann oder sollte.
Der einzige Punkt, über den Sie und General Harkins verschiedene Ansichten haben, betrifft die Frage, ob man Diem dafür gewinnen könne, die Nhus auszuschalten, und ob er vermutlich noch andere Schritte unternehmen könnte, um das ganze Land zu überzeugenden Kriegsanstrengungen gegen den Vietkong zu einen. Meine persönliche Meinung, die zum Teil auf Kattenburgs Bericht über Besprechungen mit Diem basiert, ist die, daß eine solche Kontaktaufnahme mit Diem nicht erfolgreich sein kann, wenn sie nur in Form einer Überredung erfolgt. Nur wenn eine solche Vorsprache eine wirkliche Sanktion wie etwa die Drohung einschließt, daß unsere Hilfe eingestellt werde, ist es wahrscheinlich, daß sie von einem Mann ernstgenommen wird, der vielleicht glaubt, wir seien einem antikommunistischen Vietnam unausweichlich verpflichtet. Aber wenn in einer solchen Unterredung mit Zwangsmaßnahmen gedroht wird, besteht die große Gefahr, daß Diem darin das Anzeichen einer unmittelbar bevorstehenden Aktion gegen ihn und die Nhus sieht. Dann könnte er als wenigstes gegen die Generäle vorgehen oder sogar zu einer höchst phantastischen Aktion Zuflucht nehmen und Nord-Vietnam um Unterstützung bei der Vertreibung der Amerikaner bitten.
Deshalb habe ich den Eindruck, man sollte, wenn man an Diem herantreten will, vielleicht besser die Zeit abwarten, in der die anderen bereit sind, sofort eine neue Regierung einzusetzen. In diesem Fall stellt sich die Frage, ob das Ansinnen, die Nhus zu vertreiben, eher von den Amerikanern als von den Generälen selbst gestellt werden sollte. Dies wäre vielleicht der Weg, auf dem die Generäle zeigen könnten, daß sie bereit wären, zwischen Diem und den Nhus zu unterscheiden. Würden die Generäle darauf eingehen, so wäre dies jedenfalls angetan, nachfolgende Vietnam-Regierungen von der Beschuldigung freizusprechen, daß sie nichts anderes als amerikanische Marionetten seien, Marionetten, die all den antiamerikanischen Stimmungen ausgesetzt wären, die es bei einer so verwickelten Lage geben mag.
Ich wäre glücklich, bald Ihre weiteren Ansichten über diese Punkte zu erhalten, ebenso Ihre Ansicht darüber, ob weitere Gespräche mit Diem ins Auge gefaßt werden, die Ihre ersten Gespräche mit ihm fortführen. Sie werden offizielle Anweisungen über weitere Angelegenheiten durch andere Mitteilungen erhalten haben. Viel Glück.

Nr. 42 Lodge gibt Rusk Antwort über Diems enges Verhältnis zum Bruder

Telegramm von Botschafter Lodge an Minister Rusk, 30. August 1963

Ich stimme zu, daß es das Hauptziel ist, die Nhus loszuwerden, und daß sie »den größten Teil (des Problems)« ausmachen.
Dies (die Entfernung der Nhus) kann bestimmt nicht erreicht werden, indem man mit Diem arbeitet. Im Gegenteil, Diem wird sich dagegenstellen. Er wünscht sich, er hätte eher mehr Nhus, nicht weniger.
Die beste Chance, das Ziel zu erreichen, bieten die Generäle, wenn sie die Regierung mit Mann und Maus übernehmen. Erst wenn dies erreicht ist, kann entschieden werden, ob man Diem wieder einsetzt oder ohne ihn weitermacht. Ich bin mehr dazu geneigt, ihn wieder einzusetzen, aber ich würde nicht empfehlen, auf die Generäle starken Druck auszuüben, wenn sie ihn nicht haben wollen. Meine größte Schwierigkeit, die Anweisungen vom letzten Sonntag auszuführen, ist die Untätigkeit. Die Tage kommen und gehen, und nichst passiert. Natürlich ist es zu verstehen, daß die Generäle auf Sicherheit bedacht sind, und die US-Regierung hat bestimmt prompt reagiert. Aber heute ist Freitag, und obwohl auf der einen Seite viel getan wurde, können wir doch für die Stunden, die wir alle aufgewandt haben, nicht genug vorweisen.
Wenn ich Diem aufsuche, um die Entlassung der Nhus zu fordern, wird er ganz bestimmt nicht darauf eingehen, aber bevor er endgültig ablehnt, wird er vorgeben, es bedenken zu müssen, und damit wird er die ganze Angelegenheit beträchtlich verzögern. Das wird die Generäle mißtrauisch gegen uns machen und zu jener Untätigkeit beitragen.
Auch würde ein solcher Besuch von mir in den Augen der Nhus einem Ultimatum gleichkommen, und er würde dazu führen, daß sie etwas unternehmen, um alle Operationen zu vereiteln, die mit ihnen zusammenhängen.
Ich stimme mit Ihnen überein, daß der Gebrauch von Zwangsmaßnahmen eine noch weit phantastischere Reaktion provozieren könnte. In der Tat, mir gefällt der Gedanke gar nicht, im Zusammenhang mit der Operation der Generäle Hilfeleistungen einzustellen. Und während ich Ihnen dafür danke, daß ich ermächtigt wurde, sie (die Einstellung der Hilfeleistung) bekanntzugeben, hoffe ich doch, von dieser Ermächtigung nie Gebrauch machen zu müssen.
Es ist möglich, wie Sie vorschlagen ... daß die Generäle, wenn das Unternehmen läuft, die Entlassung der Nhus verlangen, noch ehe sie die Operation beenden. Aber ich fürchte, man wird sie dann zur Einstellung des Unternehmens überreden, das dann im Sande verlaufen wird, während die Nhus noch immer im Amt sein werden.
Wenn das Unternehmen der Generäle angelaufen ist, möchte ich es nicht anhalten, ehe sie nicht die Macht in Händen haben. Sie können dann die Nhus loswerden und entscheiden, ob sie Diem behalten wollen.
Besser, als daß wir in die Sache verwickelt werden, ist es für sie und für uns, daß sie die Nhus hinauswerfen.
Ich bin sicher, daß die Sache am besten von einer echten vietnamesischen Bewegung durchgeführt wird, selbst wenn ich dadurch in die Lage gerate, nur noch Daumen zu drehen. Keine weiteren Unterredungen mit Diem.

Nr. 43 Telegramm des US-Generals in Saigon an Taylor über das Ende des August-Komplotts

Telegramm von General Paul D. Harkins, US-Kommandeur in Saigon, an General Maxwell D. Taylor, Vorsitzender der Vereinigten Stabschefs, 31. August 1963

Ich sprach mit Khiem: er erklärte, Big Minh hat für den Augenblick die Planung eingestellt und arbeitet an anderen Methoden; auch andere hatten die Planung abgeblasen, er selbst und Khanh, Minhs Beispiel folgend. Er sagte, daß Thao ebenfalls Pläne machte, aber daß ihm wegen seiner Vietkong-Herkunft wenige Militärs trauen und daß er vielleicht jetzt noch für den Vietkong arbeitet. Die Generäle wollten nicht mehr, da sie nicht genügend Streitkräfte kontrollierten, verglichen mit jenen, die der Präsident nun in Saigon zur Verfügung hat. Er erklärte, sie, die Generäle, wünschten nicht etwas anzufangen, das sie nicht erfolgreich zu Ende führen könnten.

... Bei einer Beratung gestern sagte Mr. Nhu, er mache nun bei allem mit, was die USA zu tun wünschten, und er hätte sogar die Unterstützung von Präsident Kennedy. Ich sagte, dies wäre mir ganz neu. Khiem meinte, er frage sich, ob Nhu die Generäle wieder auszutricksen versuche. Er deutete an, die Generäle hätten wenig Zutrauen zu Nhu, und er sei ein so guter Freund von Mr. Richardson, daß die Generäle sich fragten, ob Mr. Nhu und Madame Nhu Mitarbeiter des CIA seien ...

... Ich fragte, ob nicht jemand den Nhus beibringen könne, daß ihr Verschwinden von der Bildfläche der Schlüssel für eine Gesamtlösung sei. Er erwiderte, daß ein jeder, der dies wage, sich selbst opfere –, er fuhr fort, daß er bezweifle, ob die Nhus und Diem getrennt werden könnten.

... Somit haben wir also eine »organisation de confusion«, wo jeder mißtrauisch gegen jeden anderen ist und keiner wünscht, daß tatsächlich gehandelt wird, genau wie in diesem Fall. Man kann dem Osten keine Beine machen ...

Nr. 44 Memorandum über die Beratung in Washington im Zusammenhang mit dem August-Komplott

Memorandum, verfaßt von Generalmajor Victor H. Krulak, dem Sonderreferenten der Vereinigten Stabschefs für Aufständischen-Bekämpfung und Besondere Aktivitäten, über eine Beratung im Außenministerium am 31. August 1963. Außer General Krulak nahmen daran teil: Vizepräsident Johnson; Minister Rusk; Minister McNamara; Roswell L. Gilpatric, Stellvertretender Verteidigungsminister; McGeorge Bundy; General Taylor; Edward R. Murrow, Direktor der United States Information Agency (USIA); Generalleutnant Marshall S. Carter, Stellvertretender Direktor des CIA; Richard Helms und William E. Colby vom CIA; Frederick E. Nolting jr., früherer Botschafter in Saigon; Hilsman, Stellvertretender Minister, und Paul M. Kattenburg vom Außenministerium, Leiter der Interministeriellen Arbeitsgruppe Vietnam.

1. Minister Rusk stellte fest, daß wir, seiner Ansicht nach, wieder da wären, wo wir etwa am Dienstag der vergangenen Woche bereits waren, und dies veranlasse ihn, das ursprüngliche Problem wieder aufzuwerfen und zu fragen, was uns eigentlich dazu gebracht habe, von einem Staatsstreich etwas Gutes zu erhoffen. Da Haß auf die Nhus als Ursache ausscheide, kämen seiner Meinung nach drei Gründe in Frage:

a) Das, was die Nhus getan oder unterstützt hatten und was den Sturz der südvietnamesischen Regierung zur Folge haben könnte.

b) Das, was sie taten und was nach außen eine ungünstige Wirkung hatte.

c) Der große Druck der öffentlichen Meinung in den USA.

2. Mr. Rusk fragte dann, ob wir den in der Mitteilung von heute (Saigon 391) enthaltenen Vorschlag von Botschafter Lodge nicht aufgreifen und die erforderlichen Schritte beschließen sollten, um die Einigkeit in Vietnam wiederherzustellen – wie zum Beispiel eine Verbesserung der Lage von Studenten und Buddhisten und die Möglichkeit einer Abreise von Madame Nhu. Er meinte, wir sollten alle notwendigen Maßnahmen anordnen, um die internationale Lage zu entspannen – zum Beispiel im Zusammenhang mit Problemen, die Kambodscha berühren – und um jene Zustände in Vietnam zu verändern, an denen die öffentliche Meinung in den USA interessiert ist. Er erklärte dann, es widerstrebe ihm, als erstes die Abdankung Nhus zu fordern, denn das wäre unrealistisch.

3. Mr. McNamara erklärte, er stimme den obigen Vorschlägen des Außenministers zu, und führte noch einen weiteren Vorschlag an: unsere Verbindung zu Lodge, Harkins und zur vietnamesischen Regierung so schnell und entschlossen wie möglich wieder zu festigen. Er wies darauf hin, daß unsere Verbindungskanäle derzeit praktisch unterbrochen sind und unter allen Umständen wiederhergestellt werden sollten.

4. Mr. Rusk fügte hinzu, wir müßten unser Bestes tun, um Diem daran zu hindern, seine militärische Führung abzusetzen, denn das würde eine außerordentlich ungünstige Auswirkung auf die Fortsetzung des Krieges haben. Hierauf fragte er, ob einer der Anwesenden noch irgendwelche Zweifel hegte, daß der Putsch abgeblasen sei.

5. Mr. Kattenburg hatte noch einige Zweifel: Wir hätten den Generälen unsere Stellungnahme nicht überzeugend genug dargestellt; die VOA (Stimme Amerikas)-Erklärung über die Einstellung der Hilfeleistungen sei äußerst wichtig gewesen, doch hätten wir sie zu früh für unverbindlich erklärt. Er meinte ferner, die Generalsgruppe sollte von der Tatsache unterrichtet werden, daß Harkins seinen Instruktionen im Verkehr mit den Generälen nicht nachgekommen sei. Mr. Rusk unterbrach Kattenburg mit der Feststellung, er glaube vielmehr, daß Harkins' Haltung äußerst korrekt gewesen sei, wenn man die erste Reaktion von General Khiem berücksichtigt (man bezog sich auf Harkins' Bericht MACV 1583, die Mitteilung 1583 des Militärischen Hilfskommandos Vietnam).

6. Mr. Hilsman bemerkte, er glaube nicht, daß die Generäle beabsichtigten, jetzt irgend etwas zu unternehmen, es sei denn, sie würden durch eine Revolte von unten dazu gezwungen. In diesem Zusammenhang wies Botschafter Nolting warnend darauf hin, daß infolge der chaotischen Zustände in Vietnam praktisch alles passieren könne. Und wenn ein organisierter, erfolgreicher Staatsstreich

zur Zeit nicht möglich sei, so könne es doch jederzeit zum Aufflackern von Unruhen kommen, geschürt von unverantwortlichen Andersdenkenden.

7. Mr. Hilsman führte dann vier grundlegende Punkte an, die unmittelbar mit den derzeitigen Problemen der USA zu tun haben. Seiner Ansicht nach sind es folgende:

a) Die Stimmung, besonders unter den Offizieren der mittleren Ränge, den Unteroffizieren und den mittleren Beamten, sei äußerst gespannt, wenn nicht gar aufsässig. Mr. McNamara unterbrach, um einzuwenden, er habe darüber keine Unterlagen. General Taylor bemerkte, auch er habe nichts darüber zu Gesicht bekommen, aber er würde gerne alles einsehen, was Hilsman vorlegen könne. Mr. Kattenburg erklärte, die Offiziere und Beamten mittleren Ranges seien im allgemeinen gegenüber der Regierung kritisch eingestellt. Mr. McNamara meinte, wenn das der Fall sei, so sollten wir darüber mehr erfahren.

b) Das zweite Problem, so führte Mr. Hilsman weiter aus, bestünde in der Wirkung, die unsere Bestrebungen im übrigen Asien hätten, wenn wir eine von den Nhus beherrschte Regierung hinnähmen. Im Zusammenhang damit berichtete er, es sei eine Korea-Studie unterwegs, die sich damit befasse, wieviel Unterdrückung die USA hinnehmen, ehe sie ihre Hilfeleistungen einstellen. Mr. McNamara erklärte, er habe die Studie auch noch nicht gesehen, wünsche aber dringend, sie so schnell wie möglich zu bekommen.

c) Der dritte Punkt ist Mr. Nhu, seine Persönlichkeit und seine Politik. Mr. Hilsman erinnerte daran, daß Nhu schon einmal einen Versuch unternommen hatte, den Abzug unserer Berater zu provozieren. Auch sei er sicher, sagte Mr. Hilsman, daß Nhu Kontakt zu den Franzosen habe. Als Beweis dafür gab er den Inhalt einer abgefangenen Nachricht wieder. Mr. Bundy bat, daß man ihm die Nachricht vorlege. Botschafter Nolting war der Ansicht, Nhu würde nie ein Abkommen mit Ho Chi Minh zu dessen Bedingungen treffen.

d) Der vierte Punkt ist die öffentliche Meinung in den USA und die Weltmeinung, fuhr Mr. Hilsman fort. Er befürchtete, daß sich diese Angelegenheit zu einem politischen und diplomatischen Problem auswachsen könne. Ein Teil dieses Problems, sagte er, sei die Presse, die zu der falschen Schlußfolgerung gekommen sei, es läge im Bereich unserer Möglichkeiten, jene Zustände in Vietnam, die sie anprangert, zu ändern. Hierzu äußerte Mr. Murrow, das Problem der Mißbilligung durch die Presse sei ja sogar weltweit geworden.

8. Mr. Kattenburg stellte fest, daß Botschafter Lodge noch am vergangenen Donnerstag der Überzeugung gewesen sei, wir würden innerhalb von sechs Monaten aus dem Land gejagt werden, wenn wir versuchten, mit diesem Terror-Regime auszukommen, dessen Bajonette an jeder Straßenecke zu sehen und dessen Verhandlungen mit Marionetten-Mönchen nur zu durchsichtig sind. In der derzeitigen Lage wäre es besser, wenn wir uns zu einem ehrenhaften Rückzug entschlössen. Er kenne Diem seit zehn Jahren, fuhr er fort, und er sei sehr enttäuscht von ihm; nie würde sich Diem von seinem Bruder trennen. Diem wird sehr wenig Unterstützung vom Militär erhalten, meinte Kattenburg, und er wird mit der Zeit immer weniger Unterstützung bekommen, und mit dem Land wird es immer mehr bergab gehen.

9. General Taylor fragte, was Kattenburg damit gemeint habe: wir würden gezwungen sein, Vietnam innerhalb von sechs Monaten zu verlassen. Kattenburg erwiderte, in ca. sechs bis zwölf Monaten werden die Leute, die merken,

daß wir den Krieg verlieren, allmählich zur anderen Seite überlaufen, und wir werden das Land verlassen müssen. Botschafter Nolting meinte, daß er darin mit Kattenburg fast überhaupt nicht übereinstimme. Die unerfreuliche Entwicklung, die Kattenburgs Bemerkungen zugrunde läge, beschränke sich auf die Hauptstadt. In der Hauptstadt sei die Unterstützung Diems zweifellos gering; das sei aber nicht allgemein so. Es sei falsch zu übersehen, daß wir ungeheure Anstrengungen für den Sieg in Vietnam unternommen haben, obwohl wir mit jener unorganisierten und lästigen Regierung zusammenarbeiten mußten.

10. Mr. Kattenburg brachte einen weiteren Punkt zur Sprache: die Bevölkerung, die sich größte Hoffnungen auf die Vertreibung der Nhus machte, als die »Stimme Amerikas« die Einstellung der US-Hilfeleistungen ankündigte, würde nun, ausgeliefert dem Terror von Nhus Militär, sehr schnell den Mut verlieren.

11. Minister Rusk bemerkte, Kattenburgs Darstellung sei rein theoretisch; es sei besser für uns, die bevorstehende Arbeit auf der festen Basis von zwei Grundsätzen zu beginnen: Wir werden Vietnam nicht verlassen, bevor der Krieg gewonnen ist, und wir werden keinen Staatsstreich initiieren. Mr. McNamara drückte seine Zustimmung zu dieser Auffassung aus.

12. Mr. Rusk fuhr fort, er werde Lodge bitten, sich mit den hier angeschnittenen Problemen zu befassen. Er fügte hinzu, er glaube, daß wir Beweise für unser gutes Abschneiden im Krieg haben, das zeige sich vor allem, wenn man die ersten sechs Monate des Jahres 1962 den ersten sechs Monaten von 1963 gegenüberstellt. Dann fragte er den Vizepräsidenten, ob er noch etwas hinzuzufügen habe.

13. Der Vizepräsident stellte fest, er stimme mit den Schlußfolgerungen Mr. Rusks völlig überein. Er selbst habe große Bedenken hinsichtlich eines Staatsstreiches, vor allem, da er nie eine echte Alternative zu Diem gesehen habe. Sowohl vom praktischen als auch vom politischen Gesichtspunkt aus wäre es eine Katastrophe, sich zurückzuziehen. Wir sollten aufhören, Räuber und Gendarm zu spielen, und wie früher geradeheraus mit der südvietnamesischen Regierung verhandeln, und vor allem wieder anfangen, den Krieg zu gewinnen. Er stellte ferner fest, daß nach befriedigender Wiederherstellung unserer Verbindungskanäle es vielleicht notwendig sein würde, daß jemand eine deutliche Sprache mit ihnen [d. i. Diem und seinen Mitarbeitern] redet – vielleicht General Taylor. Er sei außerdem sehr beeindruckt von Botschafter Noltings Ausführungen und stimme mit Mr. McNamaras Schlußfolgerungen überein.

14. General Taylor stellte die Frage zur Diskussion, ob die Stellungen der Streitkräfte, die im Verlauf der Krise verlegt worden waren, verändert werden sollen. Man kam überein, in dieser Hinsicht vorerst nichts zu unternehmen.

Nr. 45 Telegramm des Weißen Hauses an Lodge, das auf Reformen in Saigon drängt

Telegramm des Weißen Hauses an Botschafter Lodge, 17. September 1963. Die Pentagon-Studie führt aus, daß der Botschaft eine Beratung des Nationalen Sicherheitsrates vorausgegangen war, fügt aber hinzu: »Es gibt keine Unterlagen darüber, ob die wichtigsten Persönlichkeiten bei der Beschlußfassung übereinstimmten.«

1. Eine Beratung auf höchster Ebene hat ein genaues Programm von Maßnahmen umrissen und gebilligt, das darauf abzielt, von der vietnamesischen Regierung nach Möglichkeit jene Reformen und Veränderungen in der Besetzung der Positionen zu erreichen, die nötig sind, um die Unterstützung der öffentlichen Meinung in Vietnam und den USA beim Krieg gegen den Vietkong zu erhalten. Dieses Telegramm übermittelt das Programm und unsere Vorstellungen, damit Sie sich dazu äußern können, bevor endgültige Entscheidungen getroffen werden.

2. Wir sehen in nächster Zukunft keine günstige Gelegenheit zur Absetzung des derzeitigen Regimes. Deshalb müssen wir jetzt, wie Ihre jüngste Nachricht vorschlägt, jene Zwangsmaßnahmen einleiten, die es erlauben, wenigstens alle möglichen Verbesserungen durchzuführen, so bescheiden sie auch sein mögen. Wir sind der Meinung, daß solche Verbesserungen sehr wohl etwas bewirken können, zumindest für kurze Zeit. Solch ein Verfahren ist auch vereinbar mit späteren, wirksameren Anstrengungen, wenn solche Mittel eventuell verfügbar werden. Wir werden auch mit anderen Stellen wegen dieses Problems in Verbindung treten.

3. Wir teilen Ihre Ansicht, die Sie in 523 ausdrücken, daß die wirksamste Unterstützung Ihrer Verhandlungsposition eine Klarstellung darüber sein wird, daß die Fortsetzung der US-Hilfe allein von Ihrer Billigung abhängt. Ein gesondertes Telegramm behandelt Einzelheiten dieses Problems. Mit dieser Nachricht aber ermächtigen wir Sie ausdrücklich, alle Kontrollen einzusetzen, die Sie für erforderlich halten. Sie sind befugt, jede Lieferung von Vorräten oder Geldern irgendeiner Dienststelle anhalten zu lassen, bis Sie überzeugt sind, daß die Auslieferung im Interesse der USA stattfindet. Dabei bitten wir zu beachten, daß es nicht im Sinne unserer derzeitigen Politik liegt, die Hilfeleistung völlig einzustellen. Mit anderen Worten, wir teilen Ihre Ansicht, daß es von Vorteil wäre, wenn die vietnamesische Regierung begreift, daß Ihre persönliche Zustimmung bei allen US-Hilfeleistungen unbedingt wünschenswert ist. Wir nehmen an, Sie werden Ihre Befehlsgewalt vor allem dazu gebrauchen wollen, jede Form von Hilfeleistung und Unterstützung, die an oder über Nhu und an Leute gehen, die (wie Tung) mit ihm verbündet sind, zu begrenzen oder umzuleiten. Ihre Vollmacht erstreckt sich insbesondere auch auf Hilfeleistungen, über die derzeit noch nicht entschieden ist. Es bleibt Ihrem Urteil überlassen, ob diese Leistungen wieder anlaufen oder weiter zurückgehalten werden sollen. Wir überlassen es auch gänzlich Ihrer Entscheidung, welches Maß von Geheimhaltung oder Öffentlichkeit Sie in dieser Angelegenheit angewandt wissen wollen.

4. Wir erbitten Ihre Stellungnahme und eine Ergänzung der Liste von uns nützlichen Regierungsmaßnahmen [in Vietnam]. Die Reihenfolge entspricht ungefähr der Wichtigkeit, die wir den einzelnen Unternehmungen zumessen.

A. Bereinigung der Situation: Diem sollte dafür sorgen, daß wieder jeder an seine Arbeit geht und sich darauf konzentriert, den Krieg zu gewinnen. Diem sollte großzügig und verständnisvoll sein gegenüber jenen, die es, aus begreiflichen Gründen, unter den kürzlich herrschenden Umständen schwierig fanden, ihn voll zu unterstützen. Der Geist echter Aussöhnung kann Wunder wirken bei den Leuten, die er führt; eine rachsüchtige, harte oder autokratische Haltung könnte nur zu weiterem Widerstand führen.

B. Buddhisten und Studenten – laßt sie frei und dann in Ruhe. Dies würde mehr als alles andere die Rückkehr besserer Tage demonstrieren und bewirken, daß man sich wieder auf die Hauptaufgabe, den Krieg, konzentriert.
C. Presse. Der Presse sollte man möglichst viel Freiheit gewähren. Diem wird dann zwar kritisiert werden, aber Nachsicht und Zusammenarbeit mit der einheimischen und ausländischen Presse würde seiner Führerschaft nach und nach lobende Anerkennung einbringen. Ist tendenziöse Berichterstattung aufreizend, so führt Unterdrückung von Nachrichten zu noch weit ernstlicheren Schwierigkeiten.
D. Geheim- und Militärpolizei. Man beschränke ihre Tätigkeit auf Operationen gegen den Vietkong und stelle die Aktionen gegen nichtkommunistische Oppositionsgruppen ein, um so deutlich zu zeigen, daß eine Zeit der Aussöhnung und der politischen Stabilität zurückgekehrt ist.
E. Veränderungen im Kabinett, um durch nichtkompromittierte Persönlichkeiten frisches Blut zuzuführen; Abschaffung von Mißständen, die Ziel der allgemeinen Unzufriedenheit sind.
F. Wahlen. Wahlen sollten abgehalten werden, freie Wahlen mit großzügiger Überwachung.
G. Gesetzgebende Körperschaft. Sie müßte so bald wie möglich nach den Wahlen zusammentreten. Die Regierung sollte ihr die eigene Politik unterordnen, um so mehr Vertrauen zu gewinnen. Parlamentarische Resolutionen wären dem Ansehen [Vietnams] im Ausland äußerst dienlich.
H. Partei. Die Can-Lao-Partei, eine von den Ngo-Brüdern Ngo Dinh Nhu und Ngo Dinh Can organisierte südvietnamesische Partei, sollte nicht geheim oder halb geheim sein, sondern eine breite Anhängerschaft werben, die sich der gemeinsamen, siegreichen Sache verschreibe. Dies könnte vielleicht am besten erreicht werden durch
I. Aufhebung oder geeignete Verbesserung des Dekrets 10.
J. Wiederaufbau der Pagoden durch die Armee.
K. Errichtung eines Ministeriums für Religiöse Angelegenheiten.
L. Liberalisierung der Ausgabe von Pässen und ihrer Gültigkeitsdauer.
M. Zulassung der Buddhistischen Untersuchungskommission der World Federation, um die Tatsachen allgemein bekanntzumachen.
5. Vielleicht wünschen Sie, dieser Liste noch etwas hinzuzufügen oder Streichungen vorzunehmen, aber die Notwendigkeit, Stimmung und Image zu pflegen, ist ungeheuer groß. Diem hat ähnliche positive Maßnahmen in der Vergangenheit schon in größerem oder kleinerem Umfang unternommen, als unsere Liste vorschlägt, doch hatten sie wenig politische Wirkung, da sie in einer Weise ausgeführt wurden, die sie nur als leere Form oder unglaubwürdig erscheinen ließ (zum Beispiel ist das Kriegsrecht formell bereits aufgehoben, sind Wahlen geplant und Marionetten-Mönche eingesetzt).
6. Besonders »Reformen« können nur wenig ausrichten, wenn sie nicht von einer wirkungsvollen symbolischen Geste begleitet werden, die die Vietnamesen davon überzeugt, daß die Reformen ernst gemeint sind. So teilen wir zum Beispiel Ihre Ansicht, daß dies am ehesten durch einen sichtbaren Abbau des Einflusses der Nhus erreicht werden kann, denn die Nhus sind für die Unzufriedenen das Symbol all dessen, was ihnen an der Regierung mißfällt. Somit wäre es wünschenswert, wenn die Nhus aus Saigon, oder noch besser aus

Vietnam, zumindest für einen ausgedehnten Urlaub abreisten. Wir wissen, daß diese und andere Zwangsmaßnahmen höchstwahrscheinlich nicht zum gewünschten Erfolg führen, sind aber dennoch davon überzeugt, daß wir alles versuchen müssen.

7. In Washington würden wir in dieser Phase daran denken, den kürzlich vorgenommenen Regierungsmaßnahmen in Vietnam eine Mißbilligung auszusprechen, allerdings würden wir nicht beabsichtigen, das bekanntzugeben, was wir von Diem im einzelnen fordern. Vor allem sollten wir hier wissen, wie Sie die Wirkung dieses Plans auf die Öffentlichkeit einschätzen.

8. Wir nehmen so lange davon Kenntnis, daß Sie einer Fortsetzung des Dialogs mit Diem abgeneigt sind, bis Sie weitere Mitteilungen machen. Wir glauben aber weiterhin, daß Diskussionen mit ihm in jedem Fall eine wichtige Nachrichtenquelle sind, und es ist möglich, daß man, selbst bei seinem gegenwärtigen Gemütszustand, durch Überredung vielleicht etwas bei ihm erreichen kann. Wenn Sie glauben, die volle Kontrolle über die US-Lieferungen setze Sie instand, die Diskussionen wiederaufzunehmen, werden Sie das ja wohl auch tun. Wir hier sehen im Gespräch eine Erfolgsmöglichkeit, auch wenn es sich dabei um einen unvernünftigen, widerspenstigen Mann handelt. Wir wiederholen jedoch, daß diese Entscheidung allein Ihnen vorbehalten bleibt.

9. Inzwischen machen wir uns hier zunehmend Sorgen über die rein militärischen Seiten des Problems, sowohl hinsichtlich des Fortgangs der Operationen als auch hinsichtlich der Notwendigkeit, den Kongreß für die Fortsetzung der Kriegsanstrengungen zu gewinnen. Um alles Notwendige zu veranlassen, hat sich der Präsident entschlossen, den Verteidigungsminister und General Taylor nach Vietnam zu entsenden, wo sie Anfang nächster Woche eintreffen werden. Wir möchten betonen, daß es eine militärische Mission ist und alle politischen Entscheidungen bei Ihnen als dem obersten Vertreter des Präsidenten [in Vietnam] liegen.

10. Wir wiederholen, daß wir Ihre Stellungnahme zu dem oben umrissenen politischen Programm erwarten, bevor eine endgültige Entscheidung getroffen wird. Der Präsident hat ausdrücklich betont, daß Sie mit Kritik und Verbesserungsvorschlägen nicht sparen sollen. Es handelt sich dabei offensichtlich um einen Übergangsplan; weitere Maßnahmen müssen vielleicht schon sehr bald in Angriff genommen werden.

Nr. 46 Telegramm von Lodge an Kennedy über die Mittel und Wege, Reformen durchzuführen

Telegramm von Botschafter Lodge an das Außenministerium »nur für den Präsidenten«, 19. September 1963

1. Stimme damit überein, daß sich für die nächste Zukunft keine günstige Gelegenheit zur Absetzung des gegenwärtigen Regimes zeigt. Wir sollten deshalb alle nur möglichen vorläufigen Maßnahmen ergreifen, bis die Situation sich ändert.

2. Praktisch alle Themen unter Paragraph 4, Buchstaben A bis M, sind schon bei Diem oder Nhu gelegentlich zur Sprache gebracht worden, die meisten von

mir persönlich. Sie sind jedoch der Meinung, daß man bei der Ausführung der meisten dieser Vorschläge Gefahr laufe, die politische Struktur, auf der ihre Existenz beruht, zu zerstören oder das Gesicht zu verlieren, oder beides zusammen. Es gab daher keine realistische Hoffnung auf mehr als Lippenbekenntnisse. Offen gestanden sehe ich überhaupt keine Möglichkeit, wesentliche Veränderungen durchzusetzen. Ausführliche Anmerkungen zu den Punkten A bis M sind in einem besonderen Telegramm enthalten.

3. Es gibt Anzeichen, daß Diem-Nhu über mein Schweigen etwas beunruhigt sind. Von einer vertrauenswürdigen Quelle höre ich, daß sie eifrig Vermutungen darüber anstellen, ob sie ihre Sicherheit verloren haben, und daß sie »verzweifelt bemüht« sind, etwas über die Haltung der USA zu erfahren. Es kann sein, daß sie eine Werbekampagne vorbereiten, die dann möglicherweise nach den Wahlen abrollt. Ich glaube, wenn ich Diem zu Taten dränge, die von ihm einfach nicht zu erwarten sind, und wenn ich wiederhole, was ich bereits verschiedentlich gesagt habe, wäre das ein wenig zu dick aufgetragen und würde den Eindruck von Schwäche erregen, besonders dann, wenn man mein Gespräch bedenkt, das ich gestern nacht bei einem Dinner mit Nhu geführt habe und in dem ich die einmalige Gelegenheit hatte, die Hauptpunkte des Telegramms CAP 63516 aufzugreifen, wie in 541 berichtet.

4. Ferner bezweifle ich, daß eine politische PR-Kampagne dieser Lage, die mir ausgesprochen ernst erscheint, gerecht werden kann, vor allem wenn man die Meinung von General Big Minh berücksichtigt, der gestern mir gegenüber ganz privat äußerte, daß der Vietkong an Stärke ständig zunehme. Der Vietkong habe einen größeren Teil der Bevölkerung auf seiner Seite als die vietnamesische Regierung; die Verhaftungen dauerten an, und die Gefängnisse seien überfüllt; immer mehr Studenten liefen zum Vietkong über; in der vietnamesischen Verwaltung unserer Hilfsaktionen herrsche Schiebung und Korruption; und das »Herz der Armee befinde sich *nicht* im Krieg«. Alle diese Befürchtungen des Vietnam-Generals Nr. 1 wurden mir von Verteidigungsminister Thuan bestätigt, der das Land verlassen möchte (Siehe 542).

5. Was Ihren Paragraphen 3 – Zurückhaltung von Hilfsmaßnahmen – betrifft, so hoffe ich immer noch, daß ich vielleicht Informationen über die Methoden erhalte, wie ich sie in 478 vom 11. September angefordert habe. Methoden, die uns in die Lage versetzten, die Maßnahmen so durchzuführen, daß sie Diem und Nhu tatsächlich treffen, ohne daß sie einen wirtschaftlichen Zusammenbruch heraufbeschwören und die Kriegsanstrengungen behindern. Wir studieren diese Frage hier, haben aber noch keine Lösung gefunden. Wenn eine solche Verfahrensweise gefunden werden könnte, wäre sie eine der größten Offenbarungen seit dem Inkrafttreten des Marshall-Planes im Jahre 1947, da es, soweit ich weiß, den USA bisher noch nie gelungen ist, eine jener besonders unzulänglichen Regierungen, die wir so erfolgreich gestärkt haben, daß sie auf eigenen Füßen stehen konnten, zuletzt auch kontrollierten.

6. Ich glaube ferner, daß alle Sanktionen, die wir uns auch ausdenken mögen, in unmittelbarem Zusammenhang mit einem erfolgversprechenden Staatsstreich stehen sollten, die aber *nicht* angewandt werden, solange kein Coup in Sicht ist. Im Zusammenhang damit möchte ich meiner Überzeugung Ausdruck geben, daß wir mit Big Minh weiterhin Kontakt pflegen und ihn zum Handeln ermuntern sollten, sobald die Gelegenheit günstig und er bereit ist. Vor allem

glaube ich, daß die Idee, eine von der Regierung unabhängige vietnamesische Armee zu unterstützen, ernsthaft geprüft werden sollte.

7. Selbstverständlich werde ich Anweisungen geben, daß Lieferungen, welche (sic) eingestellt werden können, auch tatsächlich gestoppt werden, und daß auch keine Freigabe ohne meine Zustimmung erfolgt – vorausgesetzt, daß dies ohne ernstlichen Schaden für die Bevölkerung und die Kriegsanstrengungen getan werden kann. Technische Hilfe und (Auslassung) Unterstützung der Hilfsprogramme im Verkehrs- und Nachrichtenwesen wäre vielleicht eine dieser Möglichkeiten. In der gegenwärtigen Situation wäre dies nur ein Tropfen auf den heißen Stein und würde *keine* unmittelbare Wirkung haben. Ich hoffe aber, daß die U.S. (Auslassung) vietnamesische Beamte dazu bringen könnte, daß sie mich jeweils um die Freigabe von Lieferungen ersuchen, die angehalten wurden. Dies könnte uns über einen längeren Zeitraum hin die Möglichkeit verschaffen, kleinere Verbesserungen durchzusetzen.

8. Aber es liegt nicht einmal im Bereich des Möglichen, daß eine solche Praxis sie (Diem-Nhu) dazu bringen könnte, irgend etwas zu unternehmen, das ihr Prestige und ihre politische Organisation schwächt. In der Tat, wenn wir sie mit der Einstellung von Hilfsleistungen erpressen wollten, so könnte das unsere Ziele vereiteln und eine ohnehin schwierige Situation nur noch schwieriger machen.

9. Auf keinen Fall sollte über diese Verfahrensweise irgend etwas veröffentlicht werden. Wenn es möglich ist, ein Programm (Auslassung), so beabsichtige ich (Auslassung).

10. Hinsichtlich Ihres Paragraphen 6 und einer »dramatischen symbolischen Geste« glaube ich wirklich nicht, daß sie dergleichen richtig einschätzen könnten, selbst wenn Thao sie verstehen wollte; trotzdem habe ich mit Diem und gestern abend mit Nhu (siehe 541) darüber gesprochen. Sie merken nicht, wie wichtig es ist, die öffentliche Meinung zu beeinflussen, so wie sie ja auch in der Tat kein Interesse für irgendeine andere Meinung als ihre eigene zeigen. Ich habe wiederholt die Frage der Abreise Nhus zur Sprache gebracht und betont, daß es für die Verabschiedung der Bewilligungsvorlage schon nützlich sein könnte, wenn er nur bis nach Weihnachten wegbliebe. Wir meinen, dies sei eine kleine Sache, ihnen aber scheint es ungeheuerlich, da sie fest davon überzeugt sind, die Armee würde die Macht an sich reißen, wenn er auch nur einen Schritt über die Landesgrenze machte.

11. Zu Ihrem Paragraph 8: Ich habe selbstverständlich keine Einwände, Diem zu jeder Zeit aufzusuchen, in der ein solcher Besuch nützlich erscheint. Ich würde ihn aber lieber für eine Weile schmoren lassen und erst dann zu ihm gehen, wenn ich ihm etwas wirklich Neues zu überbringen hätte. Ich würde es unbedingt vorziehen zu warten, bis sich die Gelegenheit bietet, etwas von der Lieferung der AID (Agency for International Development) zu berichten, da er daran sehr interessiert ist. In diesem Fall wird er mich zu einem Besuch bitten. Eine Gelegenheit wie zum Beispiel das Dinner gestern abend, das vermutlich Nhu angeregt hatte, ist für mich unvergleichlich günstiger, als daß ich den ersten Schritt zu einer Verabredung unternehme und im Amt vorspreche. Vielleicht hatte mein Schweigen etwas damit zu tun.

Nr. 47 Bericht von McNamara und Taylor über ihre Vietnam-Mission

Auszüge aus dem Memorandum für Präsident Kennedy von Minister McNamara und General Taylor, datiert vom 2. Oktober 1963 und überschrieben »McNamara-Taylor-Bericht über Süd-Vietnam-Mission«.

A. Schlußfolgerungen

1. Die militärischen Aktionen haben große Fortschritte gemacht und werden erfolgreich fortgeführt.
2. Ernstliche politische Spannungen herrschen in Saigon (und vielleicht auch anderswo in Süd-Vietnam), wo das Diem-Nhu-Regime in steigendem Maße unpopulär wird.
3. Es gibt keine deutlichen Anzeichen, die einen erfolgreichen Staatsstreich wahrscheinlich machen, obwohl die Ermordung Diems oder Nhus jederzeit möglich sein kann.
4. Obwohl einige, vielleicht sogar eine steigende Anzahl von Offizieren zunehmend gegen die Regierung Front machen, ist ihre Haltung gegenüber dem Vietkong feindseliger als gegenüber der Regierung, und zumindest in der nächsten Zukunft werden sie fortfahren, ihre militärische Pflicht zu erfüllen.
5. Weitere Zwangsmaßnahmen durch Diem und Nhu könnten die gegenwärtig günstige militärische Entwicklung umkehren. Andererseits würde eine Rückkehr zu gemäßigteren Kontroll- und Verwaltungsmethoden, mit denen allerdings kaum zu rechnen ist, die politische Krise wesentlich entschärfen.
6. Es ist nicht sicher, ob die USA Diem und Nhu durch Druck zur Mäßigung veranlassen können. Solcher Druck könnte ihre Hartnäckigkeit eher noch verstärken. Andererseits werden sie, wenn kein Druck ausgeübt wird, ihre bisherige Haltung kaum aufgeben.

B. Empfehlungen

Wir empfehlen:
1. daß General Harkins mit Diem notwendige Änderungen in den militärischen Maßnahmen prüft, um die Kämpfe in den nördlichen und zentralen Gebieten (I., II. und III. Korps) bis Ende 1964 und im Delta (IV. Korps) bis Ende 1965 zu beenden. Dabei sollten folgende Punkte besonders beachtet werden:
a) Zügige Verlagerung des militärischen Schwerpunkts in das Delta (IV. Korps).
b) Beschleunigung der militärischen Aktionen in allen Korps-Bereichen, so daß alle Kampftruppen von 30 Tagen im Durchschnitt 20 Tage im Einsatz sind und die Bewegungslosigkeit ein Ende nimmt.
c) Der Schwerpunkt soll mehr auf »Säuberungs- und Besetzungs«- als auf Durchkämmungsaktionen gelegt werden, deren Erfolge selten von nachhaltiger Wirkung sind.
d) Auffüllung der Verbände auf volle Kampfstärke.
e) Die Ausbildung und Bewaffnung der Dorfmilizen soll beschleunigt werden, besonders im Delta.
f) Straffung des strategischen Programms für die Milizdörfer, besonders im Delta, und Maßnahmen, die sicherstellen, daß künftig keine strategischen

Dörfer errichtet werden, ehe ausreichend Schutz gewährleistet ist und die zivilen Aktionsprogramme (civic action programs) eingeleitet werden können.
2. Durchführung eines Programms zur Ausbildung von Vietnamesen, damit diese bis Ende 1965 wichtige Aufgaben übernehmen können, die jetzt noch von US-Militärpersonal wahrgenommen werden; es sollte möglich sein, bis zu dieser Zeit den größeren Teil des US-Personals abzuziehen.
3. In Übereinstimmung mit dem Programm zur fortschreitenden Ausbildung von Vietnamesen für die Übernahme militärischer Aufgaben sollte das Verteidigungsministerium in der nächsten Zukunft die schon vorbereiteten Pläne zur Abziehung von 1000 Mann militärischen US-Personals bis Ende 1963 ankündigen. Diese Aktion sollte ohne großen Propagandaaufwand als erster Schritt eines Langzeitprogramms deklariert werden, dessen Ziel es ist, US-Personal durch ausgebildete Vietnamesen zu ersetzen, ohne daß die Effektivität der Kriegsanstrengungen beeinträchtigt wird.
4. Folgende Maßnahmen sollen in Angriff genommen werden, um Diem unsere Mißbilligung seines politischen Programms nachdrücklich vor Augen zu führen.
a) Man soll weiterhin stillschweigend die Anweisung von Geldern für das Konsumgüter-Importprogramm ruhen lassen. Die große Bedeutung eines Zahlungsstopps für das Militärbudget von 1964 sollte den höchsten Offizieren bei den Arbeitskontakten zwischen USOM (United States Operation Mission – U. S. economic aid apparatus in Saigon), MACV (Military Assistance Command, Vietnam) und dem Vereinigten Generalstab klargemacht werden. Bis jetzt sind wir davon ausgegangen, daß die Vietnamesen für das Konsumgüter-Importprogramm 1964 mit 95 Millionen Dollar rechnen können. Nunmehr jedoch sollten wir betonen, daß die endgültige Billigung des Kongresses noch nicht vorliegt und die Politik der US-Regierung sich jederzeit ändern könne.
b) Man sollte die Genehmigung der Darlehen des Amtes für Internationale Entwicklung für den Bau der Saigon-Cholon-Wasserwerke und für das projektierte Saigoner Elektrizitätswerk in der Schwebe halten und deutlich zum Ausdruck bringen, daß es sich dabei um eine politische Maßnahme von uns handelt.
c) Man kündige Diem an, daß die Unterstützung des MAP (Military Assistance Program) und des CIA für die Spezialstreitkräfte, die derzeit unter dem Oberbefehl von Oberst Tung in den Standorten Saigon und Umgebung stehen, aus politischen Gründen eingestellt werden, wenn diese Verbände nicht sofort der vollen Befehlsgewalt des Vereinigten Generalstabs unterstellt und zu Kriegszwecken eingesetzt würden.
d) Man erhalte die gegenwärtigen »korrekten« Beziehungen zur Regierungsspitze, besonders den Kontakt zwischen dem Botschafter und Diem, aufrecht. Die Verbindung zwischen General Harkins, Diem und Verteidigungsminister Thuan hinsichtlich militärischer Angelegenheiten sollte jedoch auf gar keinen Fall aufgehoben werden, da sie ein wichtiger Kanal für Beratungen bleibt. USOM und USIA (United States Information Agency) sollten ebenfalls alle Kontakte aufrechterhalten, soweit diese notwendig sind, um unser Unterstützungsprogramm für die Kriegsanstrengungen voranzutreiben. Doch mögen sie dafür Sorge tragen, daß die grundsätzliche Mißbilligung und die davon abhängige Entscheidung der USA über mögliche Hilfeleistungen nicht in Ver-

gessenheit geraten. Wir sollten mit der Diem-Regierung zusammenarbeiten, sie aber nicht allzusehr bestärken ... Während wir diese Taktik verfolgen, muß die Lage genau im Auge behalten werden, um festzustellen, welche Schritte Diem unternimmt, um seine Unterdrückungspraktiken abzubauen und gleichzeitig die Intensivierung der militärischen Anstrengungen zu erhöhen.

Wir sollten uns nicht auf starre Positionen festlegen, uns aber darüber im klaren sein, daß wir in zwei bis vier Monaten zu entscheiden haben werden, ob wir zu drastischeren Mitteln greifen müssen oder ob wir versuchen wollen, an Diem festzuhalten, auch wenn er bis dahin keine wirkungsvollen Schritte unternommen haben sollte.

5. Gegenwärtig sollte keine Initiative zur direkten Herbeiführung eines Regierungswechsels ergriffen werden. Unsere Politik möge darauf abgestellt sein, so schnell wie möglich eine Alternative zur derzeitigen Staatsführung zu suchen und, sobald sich eine solche abzeichnet, Kontakte zu ihr aufzunehmen.

6. Die folgenden Punkte sollten für die gegenwärtige Politik der USA in Süd-Vietnam maßgebend sein und den wesentlichen Inhalt des Regierungsprogramms bilden, wie es vor dem Kongreß und in öffentlichen Verlautbarungen zu vertreten sein wird.

a) Die Sicherheit Süd-Vietnams bleibt lebenswichtig für die Sicherheit der Vereinigten Staaten. Aus diesem Grund sehen wir es nach wie vor als ein hervorragendes Ziel an, dieses Land vor dem Kommunismus zu retten und den Aufstand des Vietkong so schnell wie möglich niederzuschlagen. (Darunter verstehen wir eine Eindämmung der Rebellion, damit die nationalen Streitkräfte der südvietnamesischen Regierung ohne die Gegenwart von Streitkräften der USA unterstützt werden.) Wir glauben, der auf die USA entfallende Teil der Aufgabe kann bis Ende 1965 erfüllt werden, weshalb wir diesen Termin als zeitliches Ziel unserer Anstrengungen zur Bekämpfung des Aufstandes betrachten.

b) Das militärische Programm in Vietnam hat Erfolge gebracht und ist in seinen Grundlagen gesund.

c) Die politische Situation in Vietnam bleibt äußerst ernst. Das hat die militärischen Anstrengungen bisher noch nicht beeinträchtigt, könnte aber in der Zukunft dazu führen. Wenn die politische Entwicklung die Unfähigkeit der südvietnamesischen Regierung, den Krieg weiterzuführen, erweisen sollte, werden die USA ihre Haltung hinsichtlich einer weiteren Unterstützung der Regierung überprüfen. Obwohl wir tief besorgt sind über die Unterdrückungspraktiken, sollte dennoch die Effizienz der Kriegführung den Grad unserer Beziehungen zu der südvietnamesischen Regierung bestimmen.

d) Die USA haben ihre Mißbilligung gegenüber gewissen Aktionen des Diem-Nhu-Regimes ausgedrückt und werden es gegebenenfalls wieder tun. Unsere Politik bemüht sich darum, der Unterdrückung ein Ende zu setzen, da sie den Willen des Volkes zum Widerstand gegen die Kommunisten lähmt. Mittel dieser Politik bestehen darin, immer wieder unsere Mißbilligung auszudrücken und unsere Unterstützung denjenigen Unternehmungen der südvietnamesischen Regierung zu versagen, die nicht eindeutig den Kriegsanstrengungen zugute kommen. Wir werden von diesen Mitteln in einer Weise Gebrauch machen, die die Wirksamkeit des militärischen Programms sicherstellt ...

Nr. 48 Nachricht von Lodge über Zusammenkunft des CIA-Agenten mit General Minh

Kabel von Botschafter Lodge an das Außenministerium, 5. Oktober 1963

1. Oberstleutnant Conein traf sich mit General Duong Van Minh in General Minhs Hauptquartier am Le Van Duyet für eine Stunde und zehn Minuten am Vormittag des 5. Oktober 1963. Die Zusammenkunft kam auf Initiative General Minhs zustande und wurde vorher von Botschafter Lodge genehmigt. Keine anderen Personen waren anwesend. Das Gespräch wurde in französischer Sprache geführt.

2. General Minh erklärte, er müsse von der Haltung der amerikanischen Regierung gegenüber einem Regierungswechsel in Süd-Vietnam so bald wie möglich unterrichtet werden. General Minh fügte hinzu, die Generäle seien sich der rapiden Verschlechterung der Lage bewußt. Die Regierung müsse abgelöst werden, solle der Krieg nicht an den Vietkong verloren werden, weil die Regierung nicht mehr länger die Unterstützung des Volkes hat. Unter den anderen Generälen, die diesen Plan befürworten, befinden sich laut General Minhs Erklärung:

Generalmajor Tran Van Don
Brigadegeneral Tran Thien Khiem
Generalmajor Tran Van Kim

3. General Minh machte klar, daß er für sein und seiner Kollegen Unternehmen, die Regierung zu stürzen, keine ausdrückliche amerikanische Unterstützung erwartet, stellte aber fest, daß er die Zusicherung der US-Regierung brauche, daß sie nichts versuche, diesen Plan zu vereiteln.

4. General Minh fuhr fort, er selbst und auch die anderen Generäle hätten keinen politischen Ehrgeiz, ausgenommen vielleicht, sagte er lachend, General Ton That Dinh. General Minh betonte, sein einziges Ziel sei es, den Krieg zu gewinnen, und dazu, meinte er mit Nachdruck, sei die Fortsetzung der amerikanischen Militär- und Wirtschaftshilfe im gegenwärtigen Umfang (er nannte eineinhalb Millionen Dollar pro Tag) unbedingt nötig.

5. General Minh umriß drei mögliche Umsturzpläne:

a) Ermordung Ngo Dinh Nhus und Ngo Dinh Cans unter Verbleib von Präsident Diem in seinem Amt. Dieser Plan, sagte General Minh, wäre am leichtesten durchzuführen.

b) Die Einkreisung Saigons durch verschiedene militärische Einheiten, besonders durch die Einheit Ben Cat.

c) Direkte Auseinandersetzung der in den Putsch verwickelten militärischen Einheiten mit den regierungstreuen Truppen in Saigon. Das bedeutet die Einteilung der Hauptstadt in Sektoren, die nacheinander gesäubert werden General Minh meint, unter den gegenwärtigen Umständen könnten Diem und Nhu innerhalb Saigons auf die Loyalität von 5500 Soldaten rechnen.

6. Conein erwiderte General Minh, er könne keine bestimmten Auskünfte darüber geben, ob zum Beispiel die US-Regierung interveniere. Auch könne er keinerlei Ratschläge hinsichtlich der taktischen Planung liefern. Er fügte hinzu, es sei ihm auch unmöglich, einen Rat zu geben, welcher der drei Pläne der beste sei.

7. General Minh fuhr fort und erklärte, die gefährlichsten Männer in Süd-Vietnam seien Ngo Dinh Nhu, Ngo Dinh Can und Ngo Trong Hieu. Minh erklärte, Hieu sei früher Kommunist gewesen und sympathisiere immer noch mit den Kommunisten. Als Oberst Conein bemerkte, er hätte Oberst Tung für einen der gefährlicheren Männer gehalten, erklärte General Minh: »Wenn ich mir Nhu, Can und Hieu vom Hals geschafft habe, wird Oberst Tung auf den Knien vor mir liegen.«

8. General Minh äußerte ferner, er sei besorgt über die Rolle von General Tran Thien Khiem, da Khiem im August vielleicht eine Doppelrolle gespielt habe. General Minh bat um Kopien der Dokumente, die General Khiem damals übermittelt worden waren (Lageplan von Camp Long Thanh und Waffenbestandsaufnahme dieses Camps), um sie mit den Papieren vergleichen zu können, die Minh damals von Khiem übergeben wurden und die angeblich vom CAS (CIA) stammten.

9. Minh erklärte nun, sie müßten deswegen so schnell handeln, weil viele Regiments-, Bataillons- und Kompanieführer an eigenen Putschplänen arbeiteten, die garantiert fehlschlagen und damit eine »Katastrophe« heraufbeschwören würden.

10. Minh schien Verständnis dafür zu haben, daß Conein zum gegenwärtigen Zeitpunkt unmöglich Stellung nehmen konnte, und ersuchte ihn um eine weitere Zusammenkunft, bei der jener spezielle Operationsplan besprochen werden sollte, den Minh auszuführen hoffte. Für die nächste Begegnung wurde kein bestimmtes Datum verabredet. Conein gab wieder eine unverbindliche Antwort. General Minh drückte erneut sein Verständnis aus und meinte, er würde in naher Zukunft wieder Kontakt zu Conein aufnehmen und er hoffe, Conein könne sich dann mit ihm treffen und jene Versicherungen geben, die oben umrissen wurden.

Nr. 49 Weitere Stellungnahme von Lodge

Telegramm von Botschafter Lodge an Minister Rusk, 5. Oktober 1963

Betrifft: Zusammenkunft Big Minh–Conein (CAS, Mitteilung der Saigoner Botschaft Nr. 1455, übermittelt auf dem Nachrichtenkanal des CIA).

Obwohl weder General Harkins noch ich großes Vertrauen in Big Minh setzen, benötigen wir Instruktionen hinsichtlich seiner Kontakte. Meine Empfehlung, der sich General Harkins anschließt: Wenn Minh das nächstemal an Conein herantritt, sollte dieser:

1. ihm versichern, daß die USA gewiß nicht versuchen werden, seine Pläne zu vereiteln;

2. anbieten, seine Pläne zu überprüfen, ausgenommen Mordpläne;

3. Minh versichern, daß die USA-Hilfe an Vietnam unter jeder Regierung fortgesetzt wird, von der erwartet werden kann, daß es ihr gelingt, die Unterstützung des Volkes zu erringen und den Krieg gegen die Kommunisten zu gewinnen. Conein soll klarmachen, daß das unserer Überzeugung nach am ehesten der Fall sein wird, wenn die Regierung einen größeren Teil der Schlüsselpositionen mit qualifizierten Zivilisten besetzt. (Conein sollte Minh

um Auskunft drängen, wie er sich die Zusammensetzung der künftigen Regierung vorstellt.) Ich schlage vor, die Angelegenheit mit Minister McNamara und General Taylor zu besprechen, die bei ihrem letzten Besuch mit Minh Kontakt aufgenommen haben.

Nr. 50 Kennedys Stellungnahme zu den Putschplänen

Telegramm des Weißen Hauses an Botschafter Lodge, übermittelt auf dem Nachrichtenweg des CIA, 5. Oktober 1963. Die Pentagon-Studie bemerkt, daß diese Botschaft eine vorhergehende Beratung des Nationalen Sicherheitsrates berücksichtigt.

In Verbindung mit Beschlüssen und Empfehlungen, die in getrenntem Telegramm enthalten sind, billigte der Präsident den Vorschlag, derzeit keine Initiative zu ergreifen, um einen Staatsstreich aktiv, wenn auch insgeheim zu unterstützen. Doch sollten *unter Einhaltung schärfster Sicherheitsmaßnahmen* und unter weitgehender Unterstützung durch den Botschafter dringend geheime Maßnahmen eingeleitet werden, um festzustellen, wie eine mögliche neue Staatsführung aussehen würde, und Kontakte zu ihr aufnehmen, sobald ihre Konturen sichtbar würden. Dabei ist es entscheidend, daß diese Maßnahmen völlig geheimgehalten werden, damit wir sie gegebenenfalls mit Entschiedenheit ableugnen können, außerdem sollen sie von den normalen politischen Analysen und Berichten und sonstigen Tätigkeiten des *country team* unbedingt getrennt bleiben. Wir wiederholen, daß diese Maßnahmen nicht darauf abzielen, einen Staatsstreich zu fördern, sondern nur Wachsamkeit und Bereitschaft bedeuten. Damit nichts die Glaubwürdigkeit einer Ableugnung erschüttern kann, schlagen wir vor, Sie und kein anderes Mitglied der Botschaft tragen diese Instruktionen dem amtierenden örtlichen CIA-Chef mündlich vor und unterstellen ihn, was die Anbahnung geeigneter Kontakte angeht, allein Ihrer Verantwortlichkeit. Auch hat er nur Sie über diese Kontakte zu informieren.
Alle Berichte nach Washington über diese Angelegenheit sollten über diesen Nachrichtenkanal gehen.

Nr. 51 Telegramm des Weißen Hauses an Lodge, betreffend die Antwort an General Minh

Telegramm des Weißen Hauses an Botschafter Lodge, 6. Oktober 1963

1. Wir glauben, CAP 63560 skizziert die allgemeine Richtlinie, die Sie unter Bezugnahme auf Lodges Telegramm (REFTEL) anforderten. Wir haben noch folgende weitere allgemeine Überlegungen mitzuteilen, die wir mit dem Präsidenten diskutiert haben. Wir wollen zu keinem Staatsstreich ermuntern, wir wollen aber auch nicht den Eindruck erwecken, die USA hätten die Absicht, einen Wechsel der Regierung zu verhindern oder einem neuen Regime wirtschaftliche und militärische Hilfe zu verweigern, wenn es fähig erscheint, die Wirksamkeit der militärischen Anstrengungen zu steigern, sich die Unterstützung des Volkes

für den Sieg zu verschaffen und die Beziehungen mit den USA zu verbessern. Wir würden gerne Informationen über die Operationspläne erhalten, sollten aber vermeiden, in ihre Vorbereitungen, ihre Beratungen oder in irgendein anderes Unternehmen hineingezogen zu werden, das dazu führen könnte, daß man die USA zu sehr mit dem Regierungswechsel identifiziere. Wir würden jedoch Informationen, die uns helfen, den Charakter einer möglichen neuen Staatsführung zu beurteilen, begrüßen.

2. Hinsichtlich des speziellen Problems, das General Minh darstellt, so wäre zu erwägen, ob der Kontaktmann nicht sagen sollte, er sei noch nicht genügend informiert, um die Bedeutung von Minhs Unternehmen einem verantwortlichen politischen Beamten auch nur in etwa darlegen zu können. Damit sich ein verantwortlicher Beamter der Probleme von Minh überhaupt annehmen kann, müßte der Kontaktmann detailliertere Informationen erhalten, die zeigen, daß Minhs Plan große Aussicht auf Erfolg verspricht. Zur Zeit kann der Kontaktmann den Informationen, die er bekommen hat, keine derartige Aussicht entnehmen.

3. Sie sollten sich ferner zusammen mit dem amtierenden örtlichen CIA-Chef überlegen, ob es wünschenswert wäre, geeignete Vorkehrungen zu treffen, damit bei dieser wie bei ähnlicher Fühlungnahme mit anderen die Sicherheit und eine glaubwürdige Möglichkeit zu leugnen sichergestellt sind. Ebenso sollte bedacht werden, daß man für künftige Kontakte Personen einsetzt, die eigens für diesen Zweck nach Vietnam entsandt werden. Wie wir schon in CAP 63560 mitteilten, machen wir uns Sorgen um das Problem der Sicherheit: In Washington haben wir nur eine äußerst kleine Gruppe hoher Beamter des Weißen Hauses, des Außen- und des Verteidigungsministeriums und des CIA von dieser heiklen Angelegenheit unterrichtet und sie mit ihnen besprochen.

Nr. 52 Lodges Nachricht an Bundy über die Verhandlungen mit den Generälen

Telegramm von Botschafter Lodge an McGeorge Bundy, 25. Oktober 1963

1. Ich verstehe die Besorgnis, die Sie in Punkt a des fraglichen Dokuments hinsichtlich der Beziehungen General Don/Conein und des Mangels zuverlässiger Nachrichten über Einzelheiten des Komplotts der Generäle äußern. Ich hoffe, Punkt b des fraglichen Dokuments wird helfen, einige der Zweifel über die Absichten der Generäle auszuräumen. Ich hoffe, daß die versprochenen detaillierten Pläne, die wir zwei Tage vor dem Putschversuch erhalten sollen, die noch verbleibenden Zweifel beseitigen werden.

2. CAS (Tarnbezeichnung für CIA) hat meine Instruktionen peinlich genau ausgeführt. Ich habe persönlich jeder Zusammenkunft von General Don (einem der drei Hauptverschwörer) und Conein meine Zustimmung gegeben. Conein hat in jedem Fall meine Anweisungen aufs genaueste ausgeführt ...

Conein ist, wie Sie wissen, seit achtzehn Jahren mit General Don befreundet. Und General Don hat seinen äußersten Unwillen gezeigt, mit irgend jemand anders zu verhandeln. Ich bin daher überzeugt, daß es nicht sinnvoll ist, einen anderen Amerikaner für vertrauliche Kontakte mit den Generälen heranzuziehen. Wir bedenken jedoch die Durchführbarkeit des Planes, einen weiteren Beamten als Zwischenglied zwischen Conein und einen Beauftragten General Dons – nur zur Nachrichtenübermittlung – einzusetzen. Dieser Beamte soll in die Einzelheiten der vergangenen oder gegenwärtigen Putschvorbereitungen nicht eingeweiht sein, und dabei sollte es auch bleiben.

3. Kurz zur Bemerkung, die General Harkins zu General Don gemacht hat, und bei der sich Harkins – laut Don – auf eine Direktive des Präsidenten bezogen habe, und zu dem Vorschlag einer Zusammenkunft mit mir: Beides mag für den nützlichen Zweck gedacht gewesen sein, die Zweifel des Generals an unserem Interesse zu beschwichtigen. Sollte es eine Provokation gewesen sein – die südvietnamesische Regierung hätte schon mehr Möglichkeiten gehabt, derartige Herausforderungen anzubringen. Vorsichtshalber lehnte ich jedoch ab, mich mit General Don zu treffen. Was den Mangel an Informationen über die Unterstützung angeht, auf die General Don rechnen kann, und was den Mangel an Beweisen, daß echte Voraussetzungen zum Handeln entwickelt worden sind, betrifft, so gibt auch Punkt b des fraglichen Dokuments nur beschränkte Auskunft. Ich bin überzeugt, daß die Abneigung der Generäle, die USA zum gegenwärtigen Zeitpunkt in die Einzelheiten ihrer Pläne einzuweihen, ihr Sicherheitsbedürfnis und auch ihre Befürchtung widerspiegelt, es könnte bei der Größe der amerikanischen Kolonie in Saigon zur vorzeitigen Aufdeckung ihrer Pläne kommen.

4. Alle guten Anzeichen, die der Botschaft zur Verfügung stehen – nicht ganz so befriedigend, wie es mir lieb wäre –, deuten darauf hin, daß General Don und die anderen beteiligten Generäle wirklich ernsthaft versuchen, einen Regierungswechsel herbeizuführen. Ich glaube nicht, daß ihre Unternehmungen ein listiges Täuschungsmanöver von Ngo Dinh Nhu sind, obwohl wir versuchen sollten, die Planung so gut wie möglich zu durchschauen. Für den Fall, daß der Putsch fehlschlägt oder Nhu wirklich nur geblufft haben sollte, glaube ich, unsere Verwicklung, die lediglich in Coneins Kontakten besteht, immer noch glaubwürdig ableugnen zu können. Ich habe CAS ausdrücklich davon unterrichtet, daß ich Conein jederzeit verleugnen werde, wenn das dem nationalen Interesse dient.

5. Ich begrüße Ihre bekräftigenden Anweisungen, die in CAS Washington 74228 enthalten sind. Es ist äußerst wichtig, daß wir einen Putsch nicht vereiteln, daß wir aber auch nicht in die Lage geraten, von dem, was vorgeht, nichts zu wissen.

6. Aus zwei Gründen sollten wir einen Putsch nicht verhindern. Erstens scheint es wenigstens fünfzig zu fünfzig zu stehen, daß die nachfolgende Regierung nicht so pfuschen und versagen würde wie die gegenwärtige Regierung. Zweitens wäre es äußerst unklug und auf die Dauer höchst ungünstig für uns, einen Putschversuch im Keime zu ersticken. Wir dürfen nicht vergessen, daß ein Putsch wahrscheinlich der einzige Weg für das vietnamesische Volk ist, einen Regierungswechsel zu verlangen. Wann immer wir einen Putschversuch in der Vergangenheit vereitelt haben, riefen wir langanhaltenden Unmut hervor. Außerdem laden wir uns eine unangebrachte Verantwortung für eine unfähige Regierung auf und maßen uns im Grunde damit eine Richterrolle über die Angelegenheiten Vietnams an. Selbst eine Politik, die sich darauf beschränkt, die Lage im Auge zu behalten und den Putsch nicht zu vereiteln, birgt dennoch

ein gewisses Risiko in sich. Aber dieses Risiko ist geringer als jenes, das wir auf uns nehmen, wenn wir alle noch gar nicht angefangenen Staatsstreiche verhindern, ohne darüber informiert zu sein, was eigentlich vorgeht. Das alles hat aber nichts mit unserem Grundsatz zu tun, daß militärische Berater der USA sich nicht in Angelegenheiten mischen sollen, die nicht zu ihren Aufgaben gehören – ein Grundsatz, dem ich voll und ganz zustimme. Offensichtlich steht dies auch nicht im Gegensatz zu einer Politik der Nichteinmischung. Wenn wir geplante Staatsstreiche beurteilen, müssen wir ihre Auswirkung auf die Kriegsanstrengungen bedenken. Sicher würde eine Folge von Kämpfen um die Regierungskontrolle die Kriegsanstrengungen beeinträchtigen. Es muß aber auch gesagt werden, daß die Kriegsanstrengungen bereits beeinträchtigt wurden – durch die Unfähigkeit der gegenwärtigen Regierung und den Aufruhr, den sie verursachte.

7. General Dons Absicht, unter keiner künftigen Regierung religiöse Diskriminierung zu dulden, ist lobenswert, und ich zolle seinem Wunsch, kein »Vasall« der USA zu sein, Beifall. Aber sein Versprechen, demokratische Wahlen durchzuführen, halte ich für unrealistisch. Dieses Land ist einfach noch nicht reif für ein derartiges Verfahren. Zwei Sachen möchte ich noch zu bedenken geben: Erstens sollte es zu keinen massenhaften Säuberungen unter dem Regierungspersonal kommen. Die verantwortlichen Männer können später durch ein reguläres, legales Verfahren zur Rechenschaft gezogen werden. Und zweitens, bliebe ich im Theoretischen stecken, würde ich mir eine Regierung ohne Tri Quang vorstellen, eine Regierung, der sicherlich auch Männer von der Bedeutung Mr. Buus, des Arbeiterführers, angehören sollten.

8. Kopie an General Harkins.

Nr. 53 Bundys Antwort über die Gefahren eines Putschversuches

Telegramm von McGeorge Bundy an Botschafter Lodge, 25. Oktober 1963

Ihr 1964 war höchst hilfreich.

Wir werden weiterhin dankbar sein für alle Informationen, die uns größere Klarheit über die Aussichten der Unternehmung Dons und der anderen geben. Und wir sehen Ihrer Rückkehr erwartungsvoll entgegen, um mit Ihnen alle Fragen der Kontrolle und der Kontakte zu besprechen, obwohl wir annehmen, daß es nie zu einem jener D-Tage kommen wird. Wir sind vor allem darüber besorgt, daß uns ein erfolgloser Putsch von der öffentlichen Meinung in die Schuhe geschoben werden könnte, wenn wir auch jede direkte Verwicklung sorgfältig vermeiden. Obwohl wir Ihre Ansicht teilen, daß wir uns nicht auf die Vereitlung des Putsches einlassen sollten, würden wir doch gerne die Möglichkeit haben, jeden Putschplan zu beurteilen und von ihm abzuraten, wenn er nur geringe Aussicht auf Erfolg bietet. Wir wissen, daß wir damit viel von Ihnen verlangen, aber der Präsident wünscht, daß Sie von unseren Bedenken erfahren.

Nr. 54 Harkins' Mitteilung an Taylor drückt Zweifel am Komplott aus

Telegramm von Harkins, Saigon an General Taylor am 30. Oktober 1963

Ihr JCS (Vereinigte Stabschefs) 4188-63 erreichte mich, als ich gerade dabei war, ein Telegramm an Sie über eben diese Angelegenheiten zu entwerfen. Ich teile Ihre Besorgnis. Bis jetzt habe ich Saigon 768 noch nicht zu Gesicht bekommen. Ich forderte heute morgen 8.30 Uhr eine Kopie bei der Botschaft an – bis jetzt, 11.00 Uhr, habe ich aber noch keine Antwort. Auch CINCPAC (Kommandant der Pazifischen Streitkräfte) 0-300040Z Information JCS war eine Überraschung für mich, da ich hier von einer Veränderung der Lage, die die angeordneten Maßnahmen notwendig machte, nicht gehört habe. Vielleicht werde ich eine Erklärung dafür in Saigon 768 finden. Oder werden unter dem Eindruck der Erklärung von General Don (übermittelt in CAS 1925), daß ein Putsch auf jeden Fall noch vor dem 2. November stattfinden würde, die in CINCPAC 300040Z vorgesehenen Maßnahmen vorsichtshalber veranlaßt? Ich darf darauf hinweisen, daß Don, laut CAS Saigon 1956, gesagt haben soll, der Botschafter werde zwei Tage vor dem beabsichtigten Putschtermin Einsicht in den genauen Plan erhalten, obwohl die Führungsgruppe der Putschisten doch keine Einzelheiten bekanntgeben wollte. Mir liegt keine Mitteilung des Botschafters vor, daß er einen solchen Plan erhalten habe. Ich konnte ihn gestern bei meiner Rückkehr aus Bangkok sprechen, aber er gab mir keine weiteren Informationen. Dabei war es sein Wunsch, mich vollständig zu unterrichten, wenn irgend etwas Neues auftauche. Nebenbei bemerkt reist er morgen (31.) nachmittag nach Washington ab. Wenn der Putsch (ein Wort unleserlich) vor dem 2. stattfindet, wird er die Nachricht davon kaum zwei Tage vorher erhalten.

Eines habe ich herausgefunden: Entweder lügt Don oder er spielt eine Doppelrolle. Was er (Don) mir berichtete, steht in diametralem Widerspruch zu dem, was er Oberst Conein erzählte. Zu Conein sagte er, der Putsch würde vor dem 2. November stattfinden. Mir gegenüber äußerte er jedoch, als ich während der Parade am vergangenen Samstag neben ihm und Big Minh saß, er plane gar keinen Putsch. Überhaupt redete niemand von Putsch. Nun weiter: Den Inhalt von CAS Saigon 1896 und 1925 erfuhr ich erst, nachdem beide bereits abgeschickt waren; 1991 habe ich vorher mit dem Botschafter besprochen, 1993 nicht, zum Teil deshalb, weil man mir CAS Saigon 1925 vor der Absendung nicht gezeigt hatte, obwohl ich darin einiges, was meine Person betraf, richtigstellen wollte.

Ich habe natürlich Kontakt mit dem Botschafter, aber ob unsere Beziehungen auch erfolgreich sind, steht auf einem anderen Blatt. Ich muß sagen, daß Cabot in Fragen der Berichterstattung (unleserliches Wort) völlig anders verfährt als Botschafter Nolting.

Fritz pflegte Nachrichten aus dem militärischen Bereich stets mit mir oder meinem Stab vor der Absendung zu besprechen. Auch John Richardson hielt es so, wenn das MACV (Military Assistance Command, Vietnam) beteiligt war. Das ist heute nicht mehr so (unleserliches Wort). Siehe zum Beispiel CAS 1896

und 1925. Wie Sie sich auch erinnern werden, erreichten mich verschiedene Nachrichten nicht, die Sie bei sich hatten, als Sie hier waren.
CINCPAC (der Oberkommandierende im Pazifik) griff diese Angelegenheit vergangene (Wort unleserlich) wieder auf, als ich bei ihm in Bangkok war. Er wird, sobald er zurückgekehrt ist, überprüfen, ob er Meldungen besitzt, die ich (Wort unleserlich) nicht erhalten habe.
Habe soeben Saigon 768 bekommen. Ich werde also mitteilen, daß Sie recht haben, wenn Sie annehmen, daß der Botschafter militärische Berichte und Beurteilungen weitergibt, (unleserliches Wort) mich zu Rate zu ziehen. Für seinen Wochenreport an den Präsidenten lieferte ich, auf seine Anforderung hin, (unleserliches Wort) eine kurze militärische Lagebeurteilung. Bei der Vorbereitung von 768 erwähnte ich nichts von (unleserliches Wort). Ich werde 768 heute extra beantworten.
Der Botschafter und ich legen die Richtlinie, die in CAP 63560 vom 6. Oktober, und die weiteren allgemeinen Überlegungen, die in CAS Washington 74228 vom 9. Oktober enthalten sind, völlig verschieden aus. Ich sehe CAP 63560 als unsere grundlegende Richtlinie an und bin der Meinung, daß CAS 74228 und seine nur zusätzlichen Überlegungen die so grundlegende Richtlinie keineswegs geändert haben: Es soll nichts unternommen werden, einen Staatsstreich aktiv, wenn auch insgeheim zu ermutigen. Der Botschafter dagegen ist überzeugt, daß 74228 durch 63560 sehr wohl geändert wird und ein Regierungswechsel erwünscht ist, außerdem hält er einen Putsch für den einzigen Weg, diesen Wechsel herbeizuführen, genau wie es in CAS Saison 1964 dargelegt wird.
Ich bin keineswegs gegen einen Regierungswechsel, nein, wirklich nicht, bin aber überzeugt, daß in dieser Zeit eher die Regierungsmethode geändert, als die Regierenden gewaltsam ausgewechselt werden sollten. Bisher hat mir noch keiner der Verschwörer eine Liste der neuen Regierungsmitglieder gezeigt, auf die wir aber einen besonders scharfen Blick werfen sollten, bevor wir irgendeine Entscheidung treffen. Mir ist hier auch noch keiner begegnet, der die Charakterstärke Diems hätte, die dieser wenigstens bei der Bekämpfung der Kommunisten zeigt. Und bestimmt ist nicht einer der Generäle fähig, die Regierung zu übernehmen.
Ich bin gewiß kein Diem-Anhänger und sehe seine Charakterschwächen sehr deutlich. Aber ich bin hier, um 14 Millionen Südvietnamesen in ihrem Kampf gegen den Kommunismus zu unterstützen, und Diem ist zur Zeit nun einmal ihr Führer. Die meisten Generäle, mit denen ich gesprochen habe, glauben, mit Diem auskommen zu können; nur gegen die Nhu-Familie opponieren sie.
Vielleicht veranlassen die Zwangsmaßnahmen, die wir eingeleitet haben, Diem und Nhu, sich in Zukunft anders zu verhalten. Bis jetzt ist davon allerdings noch nichts zu merken. Ich bin sicher, wenn wir den Druck fortsetzen, wird das die Kriegsanstrengungen beeinträchtigen. Noch ist es nicht soweit. Ich beobachte die Entwicklung sehr genau und werde berichten, wenn ich meine, daß es soweit ist.
Ich stimme mit der Lagebeurteilung des Botschafters in 768, daß wir das bisher Erreichte nur gerade so halten, nicht überein. Die südvietnamesische Regierung ist dem Vietkong im Bereich des I., II. und teilweise auch des III. Korps überlegen und macht Fortschritte im Delta. Im Oktober ist nichts geschehen,

was die Lagebeurteilung, die Sie und Minister McNamara nach Ihrem Besuch hier erstellt haben, verändert hätte.
Ich würde vorschlagen, die Pferde nicht zu schnell zu wechseln. Wir sollten weiterhin versuchen, sie durch Überredung zu veranlassen, ihrer Handlungsweise eine andere Richtung zu geben. Wir sollten den Krieg so schnell wie möglich gewinnen, dann können sie meinetwegen einige oder auch alle Verbesserungen, die sie sich wünschen, in die Wege leiten.
Schließlich haben wir, ob es richtig oder falsch war, Diem acht lange schwere Jahre gestützt, und mir scheint es daher ungereimt, ihn nun niederzuschlagen, herumzustoßen und ihm den Laufpaß zu geben. Die US-Regierung ist seine mütterliche Vorgesetzte und sein Beichtvater gewesen, seit er im Amt ist, und er hat sich immer auf uns verlassen.
Führer anderer unterentwickelter Länder werden unsere Hilfe sehr skeptisch beurteilen, wenn sie glauben müssen, ein ähnliches Schicksal erwarte auch sie.

Nr. 55 Harkins schickt General Taylor weitere Beurteilungen

Telegramm von General Harkins an General Taylor, 30. Oktober 1963

1. Admiral Felt war an dieser Botschaft nicht beteiligt [sic], wird aber eine Kopie erhalten, sobald er morgen in Saigon eintrifft.
2. Ich bin nun im Besitz der Kopie von SAIGON 768, weshalb MAC 2028, das zunächst nur JCS 4188–63 beantworten sollte, umfangreicher ausfallen wird.
3. SAIGON 768 war Botschafter Lodges persönlicher Bericht an den Präsidenten, eine Erwiderung auf DEPTEL (Telegramm des Außenministeriums) 576, was vermutlich auch erklärt, warum ich 768 nach seiner Absendung vor einer Woche nicht zu sehen bekam, sondern erst, als ich eine Kopie anforderte, um JCS 4188-63, das auf 768 Bezug nahm, angemessen beantworten zu können.
4. Für die Beantwortung von DEPTEL 576 forderte Botschafter Lodge mich auf, ihn mit kurzen Darstellungen zu den Fragen 1 und 2 (a) 1 von DEPTEL 576 zu versehen, da diese hauptsächlich militärische Angelegenheiten behandelten. Ich habe dies im Rahmen meiner Wochenberichte getan, wußte aber nicht, ob meine kurzen Darstellungen in seinem persönlichen Bericht verwendet wurden, da dieser, wie oben bereits erwähnt, mir nicht zugänglich war.
5. Folgende Erläuterungen zu Paragraph 1 habe ich ihm während der letzten drei Wochen für seine persönlichen Lagebeurteilungen zur Verfügung gestellt:
16. Oktober: Im großen und ganzen machen wir im Kampf gegen den VC (Vietkong) Fortschritte. Es wird immer wieder mal zu kleineren Rückschlägen kommen, aber die allgemeine Entwicklung war und ist positiv.
23. Oktober: Obwohl es schwierig ist festzustellen, ob innerhalb von Tagen oder auch Wochen wichtige Veränderungen eingetreten sind, bleibt der allgemeine Trend weiterhin günstig für uns; das Tempo der von der südvietnamesischen Regierung eingeleiteten Operationen nimmt zu, während das Tempo der VC-Aktivität in der letzten Zeit abgenommen hat.
30. Oktober: Die Lage hat sich seit dem letzten Bericht nicht verändert. Durch den Nationalfeiertag in der vergangenen Woche kam es zu einem leichten

Rückgang im Tempo der Regierungsaktionen, aber auch die Anstrengungen des VC haben nachgelassen; im allgemeinen bleibt der Trend günstig.

6. Zu Paragraph 2 (a) stellte ich dem Botschafter folgende persönliche Lagebeurteilungen zur Verfügung:

16. Oktober: Wir wiesen die Regierung auf die Notwendigkeit von Verbesserungen im Krieg gegen den VC hin (Grenzverschiebungen; Unterstellung der Spezialstreitkräfte [VNSF] in den Korps-Bereichen der operativen Kontrolle [OPCON] der Korps-Kommandeure; Umgruppierung von Streitkräften), und die Regierung hat zu vielen Punkten entsprechend reagiert. Ferner haben General Don und General Stillwell, mein G-3 (Generalstabsoffizier, der für die Pläne und Operationen verantwortlich ist), die vergangene Woche damit verbracht, Korps für Korps zu beurteilen und einen Bericht über die gegenwärtige Situation zu erarbeiten, auch im Hinblick auf eine höchst wünschenswerte Umgruppierung von Streitkräften. Auf der Grundlage Ihrer Empfehlungen werde ich Präsident Diem weitere Vorschläge machen. (Zur Beantwortung von Paragraph 2 (a) wurde der Botschafter dahin gehend informiert, daß die Beziehungen zwischen den USA und der vietnamesischen Regierung auf dem militärischen Sektor weiterhin gut sind.)

23. Oktober: Die Erwiderung der Regierung hinsichtlich der empfohlenen Verbesserungen im militärischen Bereich war in einigen Punkten durchaus positiv, während in anderen Bereichen bisher keine erfolgversprechenden Anzeichen zu bemerken sind. Allerdings hat man in keinem Fall die empfohlenen Verbesserungen rundweg abgelehnt. Günstige Zeichen sind die Überlassung fast der Hälfte der allgemeinen Reserven für Operationen und Pläne einer möglichen weiteren Umgruppierung von Streitkräften, außerdem sah man ein, daß das strategische Programm der Dorfmilizen gefestigt werden muß.

30. Oktober: Im Hinblick auf die von uns vorgeschlagenen, notwendigen Verbesserungen im militärischen Bereich haben wir in der vergangenen Woche keine besondere Reaktion von seiten der Regierung feststellen können. Das ist vermutlich auf ihre große Beanspruchung durch die Veranstaltungen zum Nationalfeiertag zurückzuführen.

7. Der Vergleich meiner oben wiedergegebenen kurzen Darlegungen vom 23. Oktober mit Saigon 678 zeigt, daß Botschafter Lodge von den Vorschlägen nicht viel Gebrauch gemacht hat. Offensichtlich hat er auch nach eingehender Überlegung eine ausführlichere Antwort als ursprünglich vorgesehen für notwendig gehalten.

8. Ich glaube, gewisse Abschnitte in Saigon 678 erfordern einen besonderen Kommentar:

Paragraph F der Antwort auf Frage 1 – die Ansicht von Vizepräsident Tho, es gäbe im Gebiet südlich von Saigon nur 15–20 Dörfer, die auf Rundum-Verteidigung eingerichtet sind, ist lächerlich und zeigt, daß er sich unbedingt mal aus Saigon herausbequemen sollte, um sich an Ort und Stelle von unseren Fortschritten zu überzeugen. In den vergangenen zwei Wochen habe ich neun Delta-Provinzen besucht (Tay Ninh, Binh Duong, Hau Nghia, Long An, Kien Phong, Kien Hoa, An Giang, Phon Dinh, Chuong Thien), von denen acht südlich von Saigon liegen, und dabei habe ich festgestellt, daß die leitenden Provinz-Beamten oder Abschnitts-Berater die Ansichten von Vizepräsident Tho nicht teilen.

Paragraph H der Antwort auf Frage 1 – ich bin keineswegs der Meinung, daß »man nicht mehr so viel im Land herumfahren kann wie vor zwei Jahren«. Ich glaube, es wird noch einige Zeit dauern, bis vc-Soldaten sich massenweise ergeben werden – falls das überhaupt jemals geschieht. Auch der Feststellung, daß der vc jetzt stärker sei als vor zwei Jahren, kann ich nicht zustimmen. Ich habe nicht bemerkt, daß der Haß gegen die Regierung den Schwung, die Begeisterung und die Unternehmungslust der Armee beeinträchtigen. Den wenigen Gerüchten, die Generäle würden durch Geld und protzigen Wagen bei der Stange gehalten, kann ich nur schwer Glauben schenken. Die meisten Wagen, die ich im Besitz der Generäle gesehen habe, sind dieselben, die sie auch während der ganzen letzten zwei Jahre benutzten, und sehr wenige davon, wenn überhaupt welche, könnte ich protzig nennen. Mit dem Gutachten des Delta-Unterkomitees, Komitee zur Wiederherstellung der Provinzen, vom 14. Oktober bin ich ebenfalls nicht einverstanden. Darin wird festgestellt, daß der vc laufend Erfolge verbuchen könne. Vor allem protestiere ich gegen die Andeutung, daß der Bericht die amtliche Beurteilung des country team wiedergebe und darum maßgebend sei. Lediglich einzelne Vertreter des country team traten bei diesem Unterkomitee auf, um an das übergeordnete Komitee zu berichten; übrigens gab es selbst unter den Mitgliedern des Unterkomitees große Meinungsverschiedenheiten. Das übergeordnete Komitee erhielt zwar den Bericht, verweigerte ihm aber seine Zustimmung und verwies ihn zwecks Überarbeitung zurück an das Unterkomitee. Seitdem ist dieser Bericht dem country team nicht wieder vorgelegt worden, noch wurde er einem der Ämter des country team zur Überprüfung und/oder Stellungnahme zugeleitet. Irgendwelche Urteile, die sich auf diesen Unterkomitee-Bericht stützen, haben somit keinen Anspruch, als Ansicht des country team oder einzelner Ämter desselben angesehen zu werden.

Paragraph J der Antwort auf Frage 1 – Im Hinblick auf die Ansicht, daß die »politische Kontrolle der Truppenbewegungen den effektiven Einsatz der Armee verhindert«, will ich nicht leugnen, daß dieser politische Einfluß besteht, bin aber überzeugt, daß wir in dieser Beziehung bereits bedeutende Fortschritte gemacht haben und weiter machen werden, und ich glaube daher, daß die Zeit für uns arbeitet – solange die politische Kontrolle sich auf den gegenwärtigen Umfang beschränkt.

Paragraph J der Antwort zu Frage 1 – wie aus den Paragraphen 5 und 6 oben und anderen Berichten von mir ersichtlich, bin ich der Meinung, daß vom militärischen Gesichtspunkt aus der Trend die Republik Süd-Vietnam deutlich begünstigt, und ich muß somit die Behauptung, daß »wir gegenwärtig nicht viel mehr leisten, als unsere Stellung zu halten«, zurückweisen.

Antwort unter (a) auf Frage 2 – hier wird meine Ansicht korrekt wiedergegeben, aber Paragraph 6 enthält den vollen Text meiner Darlegung.

Antwort unter (c) auf Frage 2 – wie in Paragraph 6 oben festgestellt, wurde dem Botschafter mitgeteilt, daß die militärischen Beziehungen zwischen den USA und der südvietnamesischen Regierung weiterhin gut sind.

Nr. 56 Telegramm Bundys an Lodge drückt die Bedenken des Weißen Hauses aus

Telegramm von McGeorge Bundy an Botschafter Lodge, 30. Oktober 1963

1. 2023, 2040, 2041 und 2043 wurden hier von höchster Stelle sorgfältig geprüft. Sie sollten diese Antwort und die beigelegten Mitteilungen sofort mit Harkins besprechen, der ja im Falle eines Staatsstreiches eine außerordentlich große Verantwortung trägt, vor allem nach Ihrer Abreise (siehe Paragraph 7 unten). Sie (die oben erwähnten Telegramme) geben ein viel deutlicheres Bild von den angeblichen Plänen der Verschwörer und zeigen außerdem, daß Aktionen mit und ohne unsere Billigung durchaus möglich sind; darum sollten wir uns unbedingt über unsere Haltung und eventuellen Pläne klar werden. Bemerkenswert ist vor allem Dons Neugierde über Ihre Abreise und daß er darauf besteht, Conein ab Dienstag nacht jederzeit erreichen zu können. Vermutlich ist also bereits Donnerstag der entscheidende Termin.

2. Wir glauben, daß unsere Haltung immer noch entscheidenden Einfluß auf die Beschlüsse der Putschisten haben kann. Was wir der Gruppe sagen, kann den Staatsstreich verzögern; den Verrat von Umsturzplänen an Diem halten wir nämlich keineswegs für unsere einzige Möglichkeit, einen Putsch zu vereiteln. Wir brauchen deshalb dringend ein gemeinsames Gutachten von Harkins und dem CAS (es kann ihre Stellungnahmen getrennt bringen, wenn sie es wünschen). Wir sind besorgt, daß unsere Bestandsaufnahme der Streitkräfte in Saigon (wird in der nächsten Nachricht gekabelt) ungefähr ein Gleichgewicht der Kräfte anzeigt, was schwere und anhaltende Kämpfe oder sogar eine Niederlage möglich erscheinen läßt. Beides könnte sich sehr nachteilig oder sogar katastrophal auf die Interessen der USA auswirken, so daß wir eine Garantie für ein deutlich zu unseren Gunsten anschlagendes Kräfteverhältnis haben müssen.

3. Sobald Ihr Gutachten vorliegt, können wir uns vielleicht dazu entschließen, bei Don anzufragen, ob er uns vier oder 48 Stunden vorher informiert oder nicht, worauf wir (A) die ausgesprochene Hände-weg-Politik fortsetzen, (B) den Putsch aktiv ermutigen oder (C) entmutigen könnten.

4. Jedenfalls glauben wir, Conein sollte so bald wie möglich eine Gelegenheit finden, Don mitzuteilen, daß die uns zur Zeit bekannten Pläne keine genügende Aussicht auf raschen Erfolg geben. In der Unterredung müßte darauf aufmerksam gemacht werden, daß bedeutende Saigoner Verbände Diem offenbar noch ergeben sind, und die Frage, welche Mittel die Putschisten haben, um mit ihnen fertig zu werden, sollte ernsthaft erwogen werden.

5. Was die Einsatzfähigkeit [der Putschisten] angeht, sind wir höchst besorgt darüber, daß Don ihr einziger Sprecher und möglicherweise nicht ehrlich ist. Wir brauchen deshalb dringend überzeugende Beweise, ob Minh und andere direkt und ganz beteiligt sind. Falls Don behauptet, die »militärische Planung« liege nicht in seinen Händen, könnte Conein Don dann nicht mitteilen, daß wir einen genaueren militärischen Überblick brauchen, den Big Minh doch Stillwell sehr leicht übermitteln könnte? Wir wissen, wie wünschenswert es ist, MACV (Military Assistance Command, Vietnam) so wenig wie möglich in die Angelegenheit zu verwickeln, es scheint uns aber besser, wenn wir Stillwell für

diesen Zweck einsetzen, als daß wir Conein mit beiden Unternehmungen betrauen.

6. Die oben erwähnten Schwierigkeiten lassen die Frage aufkommen, ob Sie Ihren gegenwärtigen Plan, bereits Donnerstag nach Washington abzureisen, beibehalten wollen. Wir sind ebenfalls der Ansicht, daß Sie und andere US-Persönlichkeiten nichts tun sollten, was vermuten ließe, den USA sei von der Möglichkeit eines Putsches etwas bekannt gewesen. Doch DOD (Verteidigungsministerium) schickt ein Militärflugzeug mit einer Schlafgelegenheit, das am Donnerstag in Saigon eintreffen wird. Sie könnten Saigon dann am Samstag nachmittag verlassen und entsprechend Ihrer Ankündigung am Sonntag in Washington ankommen. Da Sie ja auf jeden Fall zur festgesetzten Zeit in Washington eintreffen, könnten Sie Ihre Wahl mit der größeren Bequemlichkeit des Fluges begründen. Ein Militärflugzeug bietet außerdem den Vorteil, daß Sie von jedem Punkt der Route zurückkehren können, wenn es notwendig werden sollte. Auch Ihre Reisezeit könnten Sie auf diese Weise abkürzen; wir sind uns aber bewußt, daß eine Verzögerung Ihrer Abreise zu deutlich als persönliches Engagement ausgelegt werden könnte, falls es zu Aktionen kommt. Der Vorteil jedoch, zwei weitere Tage in Saigon zu bleiben, mag das wettmachen. Wir überlassen die Entscheidung aber ganz Ihnen.

7. Ob Sie Donnerstag oder später abreisen, in jedem Fall halten wir es für äußerst wichtig, daß Sie sich vor Ihrer Abreise noch eingehendst mit Harkins und dem CAS beraten und klare Dispositionen getroffen werden, wie gehandelt werden soll: (A) bei normalen Umständen, (B) bei Fortsetzung der Putsch-Kontakte, (C) wenn ein Putsch stattfindet. Wahrscheinlich wünschen Sie, daß unter normalen Umständen Truehart das country team leitet, von höchster Stelle ist aber verfügt worden, daß nach Ihrer Abreise Harkins an der Überwachung aller Putsch-Kontakte beteiligt wird und, falls es zum Putsch kommt, er der Leiter des country teams und unmittelbarer Bevollmächtigter des Präsidenten wird, während Truehart praktisch als POLAD (politischer Berater des Kommandeurs der Pazifischen Streitkräfte) amtieren soll. Hinsichtlich der Putsch-Kontakte werden wir fortlaufende Anweisungen geben, und wir erwarten, daß eine ebenso ununterbrochene Berichterstattung erfolgt. Auch wünschen wir, sofort informiert zu werden, wenn es bei der Beurteilung der Lage zu wesentlichen Meinungsverschiedenheiten zwischen Harkins und Smith kommen sollte.

8. Wenn der Putsch stattfindet, erhebt sich sofort die Frage, wie die US-Bürger zu schützen sind. Wir können ein Marine-Bataillon, wenn es abkömmlich ist, innerhalb von 24 Stunden von Okinawa auf dem Luftweg nach Saigon verlegen. CINCPAC bekommt Anweisung, auf dem Wasserweg ein Marine-Bataillon in den an Süd-Vietnam grenzenden Gewässern in eine Position zu bringen, von der aus es Saigon ungefähr innerhalb von 24 Stunden erreichen kann.

9. Wir prüfen hier zur Zeit verschiedene Pläne für unser Verhalten nach dem Putsch und erbitten Ihre sofortigen Empfehlungen, welche Haltung nach Beginn eines Staatsstreiches eingenommen werden sollte, vor allem auch gegenüber Hilfegesuchen verschiedener Art von der einen oder anderen Seite. Wir erbitten auch eventuelle Empfehlungen, was geschehen soll, wenn der Staatsstreich (A) erfolgreich ist, (B) fehlschlägt, (C) unentschieden ausgeht.

10. Wir wiederholen: es ist Sache der Putschisten, wahrscheinliche und schnelle

Erfolgsaussichten aufzuzeigen; andernfalls sollten wir sie entmutigen, die Sache weiterzutreiben, zumal eine Fehleinschätzung der Lage zu einer Gefährdung der US-Position in ganz Südostasien führen könnte.

Nr. 57 Lodge gibt Bundy Anweisung, die Entwicklung des Putsches nicht zu stören

Telegramm von Botschafter Lodge an McGeorge Bundy, 30. Oktober 1963. Die Pentagon-Studie identifiziert diese Nachricht als eine Antwort auf Mr. Bundys Kabel.

1. Wir müssen natürlich eine möglichst genaue Einschätzung der Erfolgschancen des Staatsstreichs bekommen, und diese Beurteilung wird unsere Überlegungen natürlich beeinflussen. Ich glaube aber, daß wir es gar nicht in der Hand haben, einen Staatsstreich zu verzögern oder zu verhindern. Don hat mehrmals deutlich zu verstehen gegeben, daß es sich um eine rein vietnamesische Angelegenheit handelt. Theoretisch könnten wir die Informationen, die uns anvertraut wurden, an Diem weiterleiten, was den Putsch zweifellos verhindern, uns aber zu Verrätern machen würde. Wir haben deshalb sehr wenig Einfluß auf diese grundsätzlich vietnamesische Angelegenheit. Außerdem würde es den Generälen, ihren nichtmilitärischen Helfern und höheren Offizieren den Kopf kosten und damit einen wesentlichen Teil der zivilen und militärischen Führung vernichten, der benötigt wird, um den Krieg gegen den VC erfolgreich zu beenden. Nach unseren Anstrengungen, einen Putsch und den ihm nachfolgenden Sinneswandel nicht zu entmutigen, würden wir jede Möglichkeit, einen Wechsel des Regimes zum Besseren herbeizuführen, abschreiben.
Diem/Nhu haben bisher nicht die geringste Absicht erkennen lassen, die herkömmlichen polizeistaatlichen Regierungsmethoden zu ändern oder irgend etwas zu tun, ich wiederhole, irgend etwas, das die Machtposition oder den Zusammenhalt der Ngo-Familie aushöhlen könnte, und zwar trotz des starken Drucks, der auf Anweisung des Außenministeriums – siehe Telegramm 534 – von uns ausgeübt wurde. Gelänge es uns, diesen Staatsstreich zu verhindern, was wir allerdings bezweifeln, dann würden sich unserer Meinung nach jüngere Offiziere und kleinere Militärverbände auf erfolglose Aktionen einlassen und so ein Chaos verursachen, das den Absichten des VC nur gelegen käme.

2. Wir werden versuchen, ein Gesamtgutachten zu erstellen, und es demnächst abschicken. Bisher war es aus zeitlichen Gründen noch nicht möglich, zusammen mit General Harkins eine eingehende Prüfung dieser Angelegenheit vorzunehmen. Ich glaube, die USA versuchen, dieses mittelalterliche Land in das 20. Jahrhundert zu versetzen, und sie können dabei beträchtliche Erfolge auf militärischem und wirtschaftlichem Gebiet vorweisen. Doch um den Sieg zu erringen, müssen wir dieses Land auch politisch ins 20. Jahrhundert führen, was nur durch einen völligen Gesinnungswandel des gegenwärtigen Regimes oder durch eine andere Regierung geschehen kann. Das VC-Problem ist zum Teil ein militärisches, zum Teil aber auch ein psychologisches und politisches Problem.

3. Hinsichtlich Paragraph 3 Ihres Telegramms glaube ich, daß wir unsere

gegenwärtige Politik der Nichteinmischung keineswegs ändern, aber fortfahren sollten, alles im Auge zu behalten und auf detailliertere Informationen zu drängen. CAS analysiert seit geraumer Zeit die Streitkräfte, die voraussichtlich für einen Staatsstreich in Frage kommen, mit dem Ergebnis, daß die Generäle ihre Chancen wahrscheinlich sehr richtig eingeschätzt haben und vermutlich erwarten, daß nicht nur die planmäßigen Verbände, sondern auch andere zu ihnen stoßen werden, sobald sie losschlagen. Wir glauben, die besten Generäle Vietnams sind an der Vorbereitung dieses Unternehmens beteiligt. Wenn es ihnen nicht gelingt, ist kaum anzunehmen, daß andere militärische Führer mehr Erfolg haben könnten. Es ist verständlich, daß die Generäle nicht bereit sind, ihre Pläne in allen Einzelheiten aufzudecken, aus Furcht, es könnte etwas bis zur Regierung durchsickern.

4. Zu Paragraph 4 Ihres Telegramms: Wir erwarten, daß Conein mit Don in der Nacht des 30. Oktober oder am frühen Morgen des 31. Oktober zusammentreffen wird. Wir stimmen mit Paragraph 4 insofern überein, als wir weiter auf Einzelheiten drängen und von Don erfahren sollten, wie er die relative Stärke der Gegenkräfte einschätzt. Wir glauben indessen nicht, daß wir den Anschein erwecken sollten, als wollten wir diese Angelegenheit dirigieren, oder den Eindruck hinterlassen, wir hätten inzwischen unsere Meinung wieder geändert. Bis zur Kontaktaufnahme Coneins werden wir insbesondere CAS Washington 79126 beantworten. Bitte beachten Sie, daß CAS Saigon 2023 durch CAS Saigon 2059 korrigiert wird und zwei Regimenter der 7. Division auf seiten der Putschisten stehen.

5. Paragraph 5 Ihres Telegramms übersieht anscheinend CAS 1445 vom 5. Oktober 1963, das über die Besprechung General Big Minhs mit Conein berichtete. Die Zusammenkunft kam auf Betreiben Minhs und unter besonderen Vorkehrungen General Dons zustande. Minh bezeichnete Don unmißverständlich als Beteiligten an einem Umsturzplan. Bitte beachten Sie, daß Minhs Bemerkungen völlig mit den späteren Auslassungen General Dons übereinstimmen. Wir glauben, daß die Beschränkung auf Conein als einzigen Kontaktmann zu Don eine geeignete Sicherheitsmaßnahme ist und mit unserem Bestreben übereinstimmt, den Kreis der eingeweihten Personen möglichst klein zu halten.

6. Wir halten es für wenig klug, Big Minh zu ersuchen, seine Pläne General Stillwell zu unterbreiten. Die Vietnamesen glauben, es gäbe unter dem US-Militärpersonal Leute, die der vietnamesischen Regierung Informationen zuspielen. Ich halte diesen Verdacht für ungerechtfertigt, aber er besteht nun einmal, und es hätte keinen Zweck, seine Existenz zu leugnen.

7. Ich begrüße es sehr, daß Sie die Militärmaschine mit Schlafgelegenheit bereitgestellt haben, die vermutlich ein Jet ist. Ich werde der Pan-American mitteilen, daß mir ein Jet zur Verfügung gestellt wurde und ich deshalb ihre Dienste nicht länger benötige. Dies wird der Presse wohl kaum verborgen bleiben, was die (vietnamesische) Regierung vielleicht mit einigem Mißtrauen vermerken wird. Ich werde auf diesbezügliche Fragen antworten, daß ich mich durch eine derartige Aufmerksamkeit höchst geschmeichelt fühlte und offensichtlich alles getan worden sei, meinen Komfort zu erhöhen und mir Zeit sparen zu helfen. Um das Mißtrauen zu zerstreuen, werde ich außerdem die leeren Plätze der Maschine dem MACV für dringende Fälle anbieten usw. und

die Sache so routinemäßig wie möglich behandeln. Ich möchte mir die Entscheidung über den Zeitpunkt meiner Abreise vorbehalten, bis ich im Besitz einiger weiterer Informationen bin, die ich morgen erwarte.

8. Ihr Paragraph 7 verblüfft mich einigermaßen. Es scheint mir nicht sinnvoll, eine Militärperson mit der Leitung einer Angelegenheit zu betrauen, die so hochpolitisch wie ein Regierungswechsel ist. Ich würde sogar sagen, daß eine solche Verfahrensweise wahrscheinlich das Ende jeder Hoffnung auf einen Regierungswechsel hier (in Süd-Vietnam) bedeuten würde. Diese Ansicht vertrete ich völlig unabhängig von der Person General Harkins', der ein hervorragender General und ein alter Freund von mir ist und dem ich ohne Zögern meinen gesamten Besitz anvertrauen würde. Ich halte Botschaft und MACV für fähig, die unter A aufgeführten regulären Aufgaben zu erfüllen, und CAS soll die unter B beschriebenen Kontakte weiter aufrechterhalten. Was C betrifft, so müssen wir einfach unser Möglichstes tun, je nach dem, wie sich die Dinge nach dem Anlaufen des Staatsstreichs entwickeln.

9. Wir begrüßen alle Schritte, die Sie gemäß Paragraph 8 unternommen haben. Dabei sollten wir jedoch nicht vergessen, daß selbst die südvietnamesische Regierung durchaus in der Lage ist, Vorgänge im Ausland angemessen zu beurteilen, und daß deshalb die Truppenbewegungen so vorsichtig wie möglich durchgeführt werden sollten. Selbstverständlich würde ich die Hilfe dieser Streitkräfte nur im äußersten Notfall anfordern, zumal ich mit den Generälen hoffe, daß es eine rein vietnamesische Angelegenheit sein wird. Wir erwarten, daß zu Beginn des Staatsstreichs, es sei denn, er hätte schlagartig Erfolg, die vietnamesische Regierung General Harkins oder mich auffordern wird, unseren ganzen Einfluß geltend zu machen, um den Putsch niederzuschlagen. Wir sollten dem Präsidenten dann erwidern, wenn er als Oberkommandierender nicht fähig sei, den Aufstand zu unterdrücken, auch wir höchstens das Leben von Amerikanern in Gefahr brächten, wenn wir versuchen wollten, bei einem solchen rein vietnamesischen Problem zu intervenieren. Es könnte auch sein, daß die Regierung Flugzeuge und Hubschrauber für die Evakuierung wichtiger Persönlichkeiten anfordert. Auf keinen Fall würden wir jedoch unsere Flugzeuge und Piloten zwischen die Kampflinien der streitenden Parteien schicken. Wir sollten dann vielmehr unsere Bereitschaft erklären, während eines Waffenstillstands die prominenten Persönlichkeiten mit Zustimmung beider Seiten zu evakuieren. Diese Personen in ein Nachbarland zu bringen, könnte politische Probleme aufwerfen, darum wäre uns am meisten gedient, wenn wir sie in Saipan absetzten, wo uns das Fehlen von Presse, Verkehrsmitteln usw. gestatten würde, in Ruhe über ihr weiteres Schicksal zu bestimmen. Wenn Mitglieder führender vietnamesischer Familien um Asyl in der Botschaft oder einer anderen amerikanischen Behörde nachsuchen, müßten wir es ihnen wahrscheinlich gewähren, entsprechend unserer früheren Handlungsweise im Falle Tri Quang. Das wird später weitere Probleme heraufbeschwören, aber es bleibt zu hoffen, daß die neue Regierung uns bei deren Lösung unterstützen wird. Das Asyl würde natürlich in derselben Art gewährt wie damals den Buddhisten, das bedeutet Aufnahme in der Botschaft oder einer anderen Behörde.

11. Sollten die Generäle im letzten Augenblick Geld benötigen, um eventuelle Anhänger Diems zu kaufen: wenn diese Fonds verschwiegen übermittelt wer-

den können, sollten wir sie bereitstellen, vorausgesetzt, wir sind überzeugt, daß der Staatsstreich genügend gut organisiert ist, um eine reelle Aussicht auf Erfolg zu bieten. Wenn der Staatsstreich gelingt, werden sie zweifellos um sofortige Anerkennung nachsuchen und Zusagen haben wollen, daß die militärische und wirtschaftliche Hilfe in bisherigem Umfang fortgesetzt wird. Wir sollten diese Erklärungen abgeben, aber keinen Zweifel daran aufkommen lassen, daß unsere Haltung auf dem erklärten Ziel des Präsidenten, den Krieg gegen den VC bis zum endgültigen Sieg fortzusetzen, beruht. Am besten wäre es, wenn VOA (Stimme Amerikas) diese Nachricht verbreiten würde. Sollte der Staatsstreich fehlschlagen, müssen wir versuchen, das Beste daraus zu machen. Seit der August-Episode sind wir den Generälen gegenüber verpflichtet, ihnen bei der Evakuierung ihrer Angehörigen zu helfen. Diese Verpflichtung sollten wir nach Möglichkeit einhalten. Man wird die USA zweifellos der Mittäterschaft beschuldigen, und vielleicht werden auch Schritte gegen bestimmte Persönlichkeiten unternommen. Dagegen müßten wir, so gut es geht, Vorkehrungen treffen. Sollte der Staatsstreich zu einem politischen Schwebezustand oder zu anhaltenden Kämpfen führen, könnten wir, im Interesse des Krieges gegen den VC, die Hilfe unserer Behörden zur Lösung der Probleme anbieten. Dabei könnte sich uns eine gute Gelegenheit bieten, der südvietnamesischen Regierung einige Konzessionen abzuringen. Unsere Vermittlerrolle wird uns natürlich Schmähungen von beiden Seiten einbringen, die jedoch weniger unangenehm wären als ein Schwebezustand – den wir allerdings für die am wenigsten wahrscheinliche Möglichkeit halten, – dem der VC Tür und Tor öffnen würde.

12. Zu Paragraph 10 – Ich weiß nicht, welchen besseren Beweis wir erhalten können als die Bereitschaft dieser Männer, ihr Leben zu riskieren, ohne dabei etwas für sich selbst erreichen zu wollen. Wenn mich meine Menschenkenntnis nicht völlig trügt, dann drückte Dons Gesicht an dem Morgen, als ich mit ihm sprach, Aufrichtigkeit und Entschlossenheit aus. Ich teile Ihre Ansicht, daß eine Fehlkalkulation unsere ganze Position in Südostasien gefährden könnte. Wir würden also ein ungeheures Risiko eingehen, wenn wir die Sache laufen ließen: Wären wir vom Scheitern des Putsches überzeugt, würden wir selbstverständlich alles tun, um ihn zu verhindern.

13. General Harkins hat dies gelesen und stimmt nicht damit überein.

Nr. 58 Weitere Instruktionen Bundys für Lodge über mögliche Pläne

Telegramm von McGeorge Bundy an Botschafter Lodge, 30. Oktober 1963

1. 2063 läßt vermuten, daß unsere Auffassungen in einem entscheidenden Punkt etwas auseinandergehen (siehe nächsten Paragraphen); ebenfalls bei ein oder zwei weiteren, unbedeutenderen Angelegenheiten, die aber leicht zu klären sind.

2. Auf keinen Fall darf uns die Kontrolle über den Putsch aus der Hand gleiten; das ist die einzig akzeptable Basis der US-Politik.

Unter Paragraph 12 schreiben Sie, wenn Sie vom Mißlingen des Staatsstreichs überzeugt wären, würden Sie natürlich alles tun, um ihn zu verhindern. Auf dieser Basis sollten Sie überhaupt handeln und die Putschisten überreden, die Operationen einzustellen oder zu verzögern, wenn Sie wirklich überzeugt sind, daß der Staatsstreich nicht genügend Aussicht auf Erfolg bietet. Einen Verrat der Generäle an Diem haben wir nicht in Betracht gezogen, und 79109 verwirft ein derartiges Vorgehen ausdrücklich. Wir wissen, wie gefährlich es ist, die Generäle mißtrauisch zu machen, glauben aber, daß unsere Entscheidung auf möglichst festen Grundlagen beruhen sollte. Deshalb können wir uns nicht, wie Sie andeuten, darauf beschränken, nur in Erwartung eines sicheren Fehlschlags zu intervenieren. Der Zeitpunkt einer Intervention scheint uns durch obige Ausführungen genau festgelegt.

3. Wenn Sie also nicht an einen Erfolg des Putsches glauben, sollten Sie Ihre Zweifel den Generälen mitteilen und sie überreden, das Unternehmen wenigstens so lange aufzuschieben, bis seine Chancen besserstehen. Dabei sollten Sie das Ansehen der USA als entscheidendes Gewicht in die Waagschale werfen und etwaige Vermutungen, wir würden uns aus Sympathie gegenüber dem herrschenden Regime dem Unternehmen der Generäle entgegenstellen, ausdrücklich zurückweisen. Es ist wichtig, die Rolle der USA beim Putschversuch 1960 nicht zu vergessen, und Ihr Kontaktmann sollte eventuelle Bedenken der Generäle zerstreuen, indem er ihnen den Unterschied zwischen dem energischen und aufrichtigen Rat eines Freundes und einer feindseligen Einstellung gegen ihre Ziele deutlich macht.

Wir erwarten, Ihre Lagebeurteilungen bis zur Stunde X regelmäßig zu erhalten, und schicken dieses Telegramm ab, bevor uns Ihre Antwort auf CAS 79126 vorliegt. Die neuesten Lageberichte wollen wir von nun an in dieser Form austauschen.

5. Paragraph 7 von 79109 erklären wir hiermit für ungültig und präzisieren unsere Wünsche wie folgt:

a) Solange Sie in Saigon sind, leiten Sie das country team – egal, was geschieht; wir wünschen nur, daß Sie Harkins in jeder Phase umfassend und genau unterrichten und seinen und Smiths Rat bei der Aufstellung von Richtlinien für Kontaktleute und bei der Lagebeurteilung nutzbar machen. Wir sind nach wie vor besorgt darüber, daß niemand – auch Conein nicht – in der Lage ist, die Fähigkeiten und die Entschlossenheit der Generäle richtig einzuschätzen.

b) Wenn Sie Saigon verlassen und ein Staatsstreich noch nicht stattgefunden hat, wird Truehart Leiter des country team. Nur sollen dann Harkins und Smith unmittelbar zur Beratung hinzugezogen werden, so daß alle drei über Coneins Anweisungen Bescheid wissen. Sollten bei diesen Beratungen irgendwelche Meinungsverschiedenheiten zwischen den dreien auftauchen, muß das nach Washington gemeldet und unsere Anweisungen – wenn möglich – abgewartet werden.

c) Wenn nach Ihrer Abreise ein Staatsstreich stattfindet, halten wir – bis zu Ihrer Rückkehr – Harkins für den geeignetsten Leiter des country team, da er aufgrund seiner langjährigen Erfahrung im Falle unvorhergesehener Ereignisse am ehesten in der Lage ist, die richtige militärische Entscheidung zu treffen. Dieser Wechsel in der obersten Verantwortung sollte aber in *keiner* Weise publik gemacht werden, und Harkins wird sich in seiner Grundhaltung selbstverständlich nach unseren Anweisungen, die in Paragraph 6 folgen, richten.

Wir glauben nicht, daß diese Umstellung die von Ihnen in Paragraph 8 Ihres Schreibens befürchteten Folgen haben wird.
6. Folgenden Instruktionen über die Haltung der USA ist im Falle eines Staatsstreichs unbedingt nachzukommen:
a) Die US-Behörden werden Gesuche um direkte Intervention auf jeden Fall abweisen, egal von welcher Seite sie kommen, auch US-Flugzeuge und andere Hilfsmittel werden nicht zwischen die Kampflinien geschickt oder zur Unterstützung einer der beiden Seiten eingesetzt, es sei denn, Washington würde es ausdrücklich anordnen.
b) Im Falle einer unentschiedenen Auseinandersetzung können USA-Behörden nach eigenem Gutdünken Schritte unternehmen, die für beide Seiten annehmbar sind, wie zum Beispiel die Evakuierung hoher Persönlichkeiten oder Weiterleitung von Informationen. Bei solchen Aktionen müssen die USA-Behörden jedoch unbedingt den Anschein vermeiden, sie würden irgendwelchen Druck auf eine der beiden Seiten ausüben. Es liegt nicht im Interesse der US-Regierung, ein Werkzeug entweder der jetzigen Regierung oder der Putschisten zu sein oder so zu erscheinen.
c) Im Falle eines unmittelbar bevorstehenden oder bereits eingetretenen Fehlschlags des Putsches können die US-Behörden nach Gutdünken jenen Asyl gewähren, denen gegenüber eine zugesagte oder stillschweigende Verpflichtung dieser Art besteht; wir glauben jedoch, daß es in einem derartigen Fall sowohl in unserem als wahrscheinlich auch im Interesse der Asylsuchenden liegt, auch andere Botschaften um Schutz zu bitten. Dieser Punkt sollte, wenn notwendig, ausdrücklich betont werden.
d) Aber sobald ein Staatsstreich unter verantwortlicher Führung angelaufen ist, liegt auch sein Erfolg – unter Berücksichtigung der oben gemachten Einschränkungen – im Interesse der US-Regierung.
7. Wir haben Ihre Nachricht über Ihre Rückkehr nach Washington erhalten und schlagen vor, alle öffentlichen Kommentare dazu so zurückhaltend und ruhig wie möglich abzugeben. Außerdem sollten Sie sich, wenn es geht, den genauen Zeitpunkt Ihrer Abreise noch offenhalten. Denn sollte es eine Woche der Entscheidungen werden, würden wir Sie lieber in Saigon wissen und es darum begrüßen, wenn Sie den Zeitpunkt Ihrer Abreise nicht festlegten.

Nr. 59 Lodges letztes Gespräch mit Diem

Auszug aus dem Telegramm Botschafter Lodges an das Außenministerium, 1. November 1963, wie im Hauptteil der Pentagon-Studie enthalten. Laut Studie besagt die Nachricht, daß am 1. November 4 Uhr 30 morgens Präsident Diem Botschafter Lodge anrief und der folgende Dialog stattfand:

DIEM: Einige Verbände rebellieren, und ich möchte gerne wissen, welche Haltung die USA einnehmen?
LODGE: Ich bin nicht gut genug informiert, um Ihnen das zu sagen. Ich habe die Schießerei zwar gehört, doch bin ich nicht über alle Fakten informiert. Auch ist es in Washington jetzt 4.30 Uhr morgens, und die US-Regierung kann sich noch kaum eine Meinung gebildet haben.

DIEM: Aber Sie selbst müssen doch eine allgemeine Vorstellung haben. Schließlich bin ich der Chef des Staates. Ich habe immer versucht, meine Pflicht zu tun, und möchte mich nun so verhalten, wie Verantwortung und gesunder Menschenverstand es erfordern. Meine Pflicht stelle ich über alles.
LODGE: Sie haben ganz gewiß Ihre Pflicht getan. Wie ich Ihnen erst heute morgen sagte, bewundere ich Ihren Mut und Ihre großen Leistungen für Ihr Land. Niemand kann Ihnen das Verdienst an alldem, was Sie getan haben, streitig machen. Jetzt bin ich aber besorgt um Ihre persönliche Sicherheit. Mir liegt ein Bericht vor, wonach jene, die die angelaufenen Aktionen leiten, Ihnen und Ihrem Bruder sicheres Geleit aus dem Land anbieten, wenn Sie zurücktreten. Haben Sie davon gehört?
DIEM: Nein (und dann, nach einer Pause) Sie haben meine Telefonnummer.
LODGE: Ja. Wenn ich irgend etwas für Ihre persönliche Sicherheit tun kann, rufen Sie mich bitte an.
DIEM: Ich werde versuchen, die Ordnung wiederherzustellen.

Nr. 60 Anweisung Johnsons, die Kennedys Vietnampolitik bekräftigt

Auszüge aus dem Memorandum über Maßnahmen für die nationale Sicherheit (National Security Action Memorandum 273), 26. November 1963, 4 Tage nach der Ermordung Präsident Kennedys, entnommen dem Hauptteil der Pentagon-Studie. Kursiv gesetzte Abschnitte geben die Interpretation der Studie wieder.

Ein Memorandum über Maßnahmen für die nationale Sicherheit wurde erstellt, um unsere Anstrengungen, die Kriegführung unter der neuen südvietnamesischen Führung zu verbessern, allgemein einzuleiten und zu lenken. Es gibt als Grund des amerikanischen Engagements in Vietnam an, »dem Volk und der Regierung dieses Landes dabei zu helfen, ihren Kampf gegen die von außen gelenkte und unterstützte kommunistische Verschwörung zu gewinnen«. Alle US-Aktionen in Vietnam werden im Hinblick auf dieses Ziel unternommen. Das Memorandum wiederholt, daß bis Ende 1963 1000 US-Soldaten abgezogen, bis Ende 1964 der Aufstand im Bereich des I., II. und III. Korps sowie bis Ende 1965 im Delta beendet werden soll. Die US-Unterstützung des neuen Regimes wurde bekräftigt und alle US-Anstrengungen darauf ausgerichtet, ihm zu helfen und seinen Rückhalt im Volk zu vergrößern ...
Die Erklärungen des Weißen Hauses vom 2. Oktober 1963 hinsichtlich des Abzugs von Militärpersonal gelten nach wie vor ...
Der Präsident erwartet, daß alle höheren Regierungsbeamten sich um eine reibungslose Zusammenarbeit bei der Unterstützung der offiziellen US-Politik in Süd-Vietnam bemühen. Sowohl in Washington als auch in Süd-Vietnam müssen alle Maßnahmen unbedingt aufeinander abgestimmt werden. Vor allem darf weder ausdrücklich noch stillschweigend Kritik an Beamten anderer Verwaltungszweige gegenüber der vietnamesischen Regierung oder Presse geübt werden ...
Wir sollten unsere Anstrengungen auf die ernste Lage im Mekong-Delta kon-

zentrieren und, soweit wie möglich, auch die südvietnamesische Regierung dazu überreden. Diese Konzentration sollte sich nicht nur auf militärische, sondern auch auf politische und wirtschaftliche Bereiche erstrecken. Außerdem sollten wir versuchen, nicht nur auf dem Schlachtfeld, sondern auch in der Gesinnung [der politischen Gegner] eine Wende herbeizuführen; nicht nur die Anzahl der von der Regierung kontrollierten Dörfer muß vergrößert werden, sondern auch deren Produktivität, besonders dort, wo die Erträge zur Unterstützung der antikommunistischen Kräfte beitragen können ...
Die US-Regierung ist sehr daran interessiert, die gegenwärtige provisorische Regierung Süd-Vietnams bei ihrer Konsolidierung zu unterstützen, damit sie die öffentliche Zustimmung, deren sie sich erfreut, behält und steigern kann.
... und dann wurden Pläne für geheime Operationen der südvietnamesischen Regierung gegen den Norden und in Laos – bis zu 50 km tief ins Land hinein – angefordert; um derartige Maßnahmen zu rechtfertigen, wurde das Außenministerium angewiesen, einen überzeugenden, dokumentierten Zwischenfall zu provozieren, »um der Welt zu zeigen, in welchem Ausmaß der Vietkong von Hanoi aus über Laos und andere Kanäle kontrolliert, unterstützt und versorgt wird ...«

Kapitel 5

Der geheime Krieg und die Tonking-Golf-Affäre: Februar – August 1964

von Neil Sheehan

Dieser Artikel, der erste in der von der Times veröffentlichten Reihe, erscheint hier chronologisch, wobei die Anfangspassagen revidiert wurden.

Der geheime Krieg

Die Pentagon-Papiere enthüllen, daß in den sechs Monaten vor der Tonking-Affäre im August 1964 die Vereinigten Staaten heimliche kriegerische Aktionen gegen Nord-Vietnam durchgeführt hatten, da sie vom Kongreß eine Resolution erhalten wollten, der die Regierung den Wert einer Kriegserklärung beimaß. Als der Zwischenfall sich ereignete, erwähnte die Johnson-Regierung diese geheimen Angriffe nicht und drückte die schon lange vorbereitete Resolution in beiden Häusern des Kongresses am 7. August durch. Innerhalb von 72 Stunden sandte die Regierung, wieder aufgrund eines längst vorbereiteten Planes, einen geheimen kanadischen Emissär nach Hanoi, der Ministerpräsident Pham Van Dong warnend auf die Bedeutung der Resolution hinwies und Nord-Vietnam aufforderte, die von Kommunisten geleiteten Aufstände in Süd-Vietnam und Laos zu unterbinden oder »die Folgen in Kauf zu nehmen«.

Die Schwere der Drohung gegen Hanoi, Art und Ausmaß der geheimen militärischen Operationen und die Absicht der Regierung, die Resolution wenn nötig als Kriegserklärung zu benutzen, wurden streng geheimgehalten.

Die Pentagon-Studie befaßt sich ausführlich mit der internen Diskussion in der Johnson-Regierung um Planung und Ausführung der Aktionen von Anfang 1964 bis zu den militärischen Auseinandersetzungen zwischen nordvietnamesischen Patrouillenbooten und amerikanischen Zerstörern, die als Vorwand für den folgenden umfassenderen Krieg dienten. Die Studie macht im einzelnen folgende Enthüllungen:

- Die geheimen militärischen Operationen waren bis August 1964 so weit ausgedehnt worden, daß thailändische Piloten, die amerikanische T-28 flogen, am 1. und 2. August offenbar nordvietnamesische Dörfer in der Nähe der laotischen Grenze bombardierten und mit Bordwaffen beschossen.
- Obwohl erst Monate später eine endgültige Entscheidung über die

ununterbrochene Bombardierung Nord-Vietnams getroffen wurde, war die Regierung während der Tonking-Affäre in der Lage, Vergeltungsschläge aus der Luft binnen weniger als sechs Stunden nach Meldung des Überfalls anzuordnen, da die Planung bereits so weit fortgeschritten war, daß eine ganze Liste von Bombardierungszielen zur sofortigen Auswahl zur Verfügung stand.

• Diese Liste war im Mai, zusammen mit dem Entwurf der Kongreß-Resolution, angefertigt worden, war also Teil eines »Drehbuchs«, das in Luftangriffen auf Nord-Vietnam gipfelte.

• Während einer rasanten Serie von Pentagon-Sitzungen, in denen die Ziele der Tonking-Vergeltungsschläge festgelegt wurden, trafen Verteidigungsminister Robert S. McNamara und die Vereinigten Stabschefs Vorkehrungen für Luftwaffenangriffe in Südostasien, die die Bombardierung eröffnen sollten. Bereits wenige Stunden nach den Vergeltungsschlägen vom 4. August und drei Tage vor Billigung der Tonking-Resolution waren die Geschwader schon auf dem geplanten Kurs.

Was die Pentagon-Studie »ein sorgfältig erarbeitetes Programm geheimer militärischer Operationen gegen den Staat Nord-Vietnam« nennt, begann am 1. Februar 1964 unter der Tarnbezeichnung Operationsplan 34A. Präsident Johnson ordnete das Programm auf Empfehlung Minister McNamaras an, in der Hoffnung – die von den Nachrichtenleuten nur sehr begrenzt geteilt wurde –, daß »ständig verstärkter Druck« der heimlichen Angriffe Hanoi schließlich zwingen könnte, die Vietkong-Guerillas in Vietnam und den Pathet Lao in Laos zur Beendigung der Aufstände zu bewegen. In einem Memo für den Präsidenten vom 21. Dezember 1963, nach einer Zwei-Tage-Reise nach Vietnam, bemerkte Mr. McNamara, daß die Pläne, erstellt vom örtlichen CIA und dem militärischen Kommando in Saigon, »eine hervorragende Arbeit« wären.

»Sie bieten eine breite Auswahl an Sabotage-Operationen und psychologischen Aktionen gegen Nord-Vietnam, von denen wir jene auswählen sollten, die größten Druck bei geringstem Risiko versprechen«, schrieb Mr. McNamara. (Siehe Dokument Nr. 61)

Präsident Johnson zeigte laut Studie während dieser Phase eine Vorliebe für Schritte, die eine weitere Eskalation des Krieges verhinderten. Aber die Schwäche der südvietnamesischen Regierung und die kommunistischen Fortschritte trieben den Prozeß immer weiter voran. Dies wiederum veranlaßte die Saigoner Regierung und amerikanische Beamte in Saigon, immer mehr Aktionen zu verlangen. Während des Jahres 1964 reichten die 34A-Operationen von U-2-Beobachtungsflügen über Nord-Vietnam und Entführungen nordvietnamesischer Bürger, um wichtige Informationen zu erhalten, über den Einsatz von Fallschirmkommandos für Sabotage und psychologische Kriegführung im Norden, sowie Kommando-Unternehmen von der See her mit der Aufgabe,

Eisenbahn- und Straßenbrücken zu sprengen, bis hin zur Bombardierung von nordvietnamesischen Stellungen an der Küste durch Patrouillenboote.

Diese Einsätze beschrieb Generalmajor Victor H. Krulak vom Marineinfanterie-Korps in einem Bericht vom 2. Januar 1964 an den Präsidenten als »zerstörerische Aktionen«, die bestimmt waren, »Verwüstungen, wirtschaftlichen Verlust und ständige Beunruhigung zu verursachen«. Tempo und Härte der Schläge sollten sich während des Jahres 1964 in drei Phasen steigern und schließlich Ziele angreifen, »die gleichbedeutend mit dem wirtschaftlichen und industriellen Wohlstand Nord-Vietnams« waren.

Die geheimen Operationen wurden im Auftrag des Präsidenten von Mr. McNamara über eine Abteilung der Vereinigten Stabschefs, bezeichnet als Büro des Sonderreferenten für Aufständischenbekämpfung und Sonderunternehmungen, geleitet. Laut Studie wurde Mr. McNamara regelmäßig über geplante und durchgeführte Überfälle unterrichtet, zunächst durch Memoranden General Krulaks, der die Stellung des Sonderreferenten innehatte, später dann von Air-Force-Generalmajor Rollen H. Anthis, der Krulak im Februar 1964 ablöste. Die Vereinigten Stabschefs erstellten für Mr. McNamara regelmäßig Gutachten über die Operationen.

Außenminister Dean Rusk wurde ebenfalls informiert, wenn auch nicht so eingehend.

Die Angriffe wurden in Washington »gemeinsam gebilligt«, wie die Studie berichtet, indem sie mit dem Außenministerium und dem CIA besprochen wurden; auch die Liste der geplanten Überfälle durch General Anthis stellten Außenministerium und CIA zusammen.

Die Pentagon-Studie nennt als beteiligte höhere Zivilbeamte: William P. Bundy, den Staatssekretär für Fernöstliche Angelegenheiten, und John T. McNaughton, der als Staatssekretär für Angelegenheiten der internationalen Sicherheit im Verteidigungsministerium Leiter der politisch-militärischen Operationen des Pentagon war. Ihre Aufgabe war es, die Bearbeitung der Zeitpläne und die Zusammenarbeit der Ämter überhaupt im Auftrag Mr. McNamaras und Mr. Rusks zu überwachen.

Das 34A-Programm unterschied sich wesentlich, wie die Studie bemerkt, von den verhältnismäßig unbedeutenden und wenig erfolgreichen Operationen für Nachrichtenbeschaffung und Sabotage, die der CIA bereits früher in Nord-Vietnam ausgeführt hatte. Die 34A-Attacken waren ein militärisches Unternehmen, das in Saigon von General Paul D. Harkins, Kommandeur des MACV, geleitet wurde. Er führte die Operationen mit einer Spezialabteilung seines Kommandos, die Aufklärungs- und Beobachtungsgruppe genannt wurde, durch.

Diese Abteilung entwarf die monatlichen Pläne, die dann von Washington gebilligt werden mußten. Die Planung erfolgte gemeinsam mit den Südvietnamesen, und es waren auch Südvietnamesen oder »angeworbene Leute«, offenbar asiatische Söldner, die die Überfälle ausführten – die Leitung des Ganzen aber lag in den Händen General Harkins.

Die zweite wichtigere Tätigkeit des geheimen Krieges der Regierung gegen Nord-Vietnam waren Luftoperationen in Laos. Luftstreitkräfte, bestehend aus 25–40 – die Zahl schwankte von Einsatz zu Einsatz – T-28-Jagdbombern mit Propellerantrieb, waren in Laos zusammengestellt worden. Die Flugzeuge trugen die Hoheitsabzeichen der laotischen Luftwaffe, aber nur einige von ihnen gehörten ihr wirklich an. Die übrigen waren mit Piloten der Air America (einer dem CIA unterstellten angeblich privaten Luftfahrtgesellschaft) und mit thailändischen Piloten unter Kontrolle von Botschafter Leonard Unger besetzt. (Siehe Dokument Nr. 74)

Auf Erkundungsflügen, die von Jets der regulären US-Luftwaffe und der Marine unternommen wurden – Tarnbezeichnung *Yankee Team* –, wurden fotografische Unterlagen für die Bombenangriffe der T-28 gegen nordvietnamesische und Pathet-Lao-Truppen in Laos gesammelt.

Die Johnson-Regierung verstärkte im Frühjahr und Sommer 1964 allmählich die Luft-Operationen in Laos – ein Vorspiel zur Bombardierung des Nordens. Anlaß der Eskalation waren die Fortschritte der Nordvietnamesen und des Pathet Lao im Bodenkrieg und der Wunsch der Regierung, mehr militärischen Druck auf Nord-Vietnam auszuüben. Während die Intensität der T-28-Schläge zunahm, rückten sie immer näher an die nordvietnamesische Grenze heran. Die Jets des *Yankee Team* gingen von Erkundungsflügen in größerer Höhe am Anfang des Jahres zu Tiefflug-Erkundung im Mai über. Ab Juni wurden sie sogar von bewaffneten Jets begleitet. Die Begleit-Jets begannen nordvietnamesische und Pathet-Lao-Truppen und Stellungen zu bombardieren und mit Bordwaffen zu beschießen, wenn die Erkundungsflugzeuge angegriffen wurden.

Die Zerstörer-Patrouillen im Golf von Tonking – Tarnbezeichnung *De Soto-Patrouille* – waren die dritte Kraft der geheimen militärischen Zwangsmaßnahmen gegen Nord-Vietnam. Mit dem Patrouillen-Einsatz, einer Machtdemonstration, wollte man vor allem psychologische Wirkung erzielen. Dabei sammelten die Zerstörer Informationen über nordvietnamesische Radarwarnanlagen und Stellungen der Küstenverteidigung, die für die Überfälle im Rahmen des 34A-Programms – oder, im Falle eines Bombenkrieges, den Piloten – von Nutzen sein konnten. Die erste Patrouille wurde zu Beginn der 34A-Operationen vom Zerstörer »Craig« im Februar und März ohne jeden Zwischenfall durchgeführt.

Vor dem Tonking-Zwischenfall im August versuchte man weder den Einsatz der Zerstörer mit den 34A-Aktionen zu koordinieren noch die Schiffe als Lockvögel für nordvietnamesische Vergeltungsschläge zu gebrauchen. Die Patrouillen wurden von einem besonderen Marinekommando befehligt.

Obwohl die Zerstörer auf Befehl höchster Regierungsstellen in den Golf entsandt wurden, während dort die 34A-Überfälle stattfanden, behauptet die Studie, daß eine bewußte Provokation nicht beabsichtigt war, da die Regierung nicht erwartet habe, daß die Nordvietnamesen es wagen würden, die Schiffe anzugreifen.

Dennoch geht aus der Studie klar hervor, daß die Gegenwart der Zerstörer die Voraussetzungen für den Tonking-Zwischenfall schuf. Und unmittelbar nach den Vergeltungsschlägen aus der Luft befürworteten die Vereinigten Stabschefs und der Staatssekretär im Verteidigungsministerium McNaughton »eine Strategie der Provokation«, indem sie vorschlugen, als Vorwand für die Bombardierung des Nordens einen zweiten Zusammenstoß herbeizuführen.

Von den drei Elementen des geheimen Krieges bezeichnet die Studie die 34A-Überfälle als das wichtigste. Die »eindeutige« amerikanische Verantwortlichkeit für sie hatte »eine stillschweigende symbolische und psychologische Verstärkung der USA-Verpflichtungen« zur Folge, heißt es in dem Bericht. »Ein firebreak (kahler Geländestreifen, an dem ein Flächenbrand sich brechen soll) war überschritten worden.«

Die Leute vom CIA und selbst die Vereinigten Stabschefs gaben dem Programm nur geringe Chancen, Hanoi zur Unterbindung der Vietkong- und Pathet-Lao-Aktivitäten zwingen zu können. Dies bedeutet, versichert die Studie, daß somit »eine ständig sich steigernde Eskalation eingeleitet worden war«.

Am 22. Januar 1964, eine Woche bevor die 34A-Überfälle begannen, erstellten die Vereinigten Stabschefs ein von dem Vorsitzenden, General Maxwell D. Taylor, unterzeichnetes Memorandum für Mr. McNamara. Darin heißt es warnend: Obwohl wir »durchaus für eine Fortsetzung der geheimen Aktionen gegen Nord-Vietnam eintreten ... wäre es töricht zu glauben, diese Unternehmungen würden einen entscheidenden Einfluß« auf Hanois Vietkongpolitik haben. (Siehe Dokument Nr. 62)

Weiter heißt es, die Regierung »muß darauf vorbereitet sein, zunehmend kühnere Aktionen durchzuführen«, bis hin zur »Bombardierung von kriegsentscheidenden nordvietnamesischen Zielen, wobei die Hilfsmittel der Vereinigten Staaten unter vietnamesischer Tarnung einzusetzen sind«; außerdem sollten amerikanische Bodentruppen nach Süd-

Vietnam geschickt und »die Streitkräfte der Vereinigten Staaten bei direkten Aktionen gegen Nord-Vietnam so eingesetzt werden, wie es die jeweilige Lage erfordert«.

Und nach einer Strategie-Sitzung im Weißen Haus am 20. Februar ordnete Präsident Johnson an, daß »Operationspläne für Zwangsmaßnahmen gegen Nord-Vietnam beschleunigt angefertigt werden sollten«.

Besondere Aufmerksamkeit sollte man dabei der Darstellung solcher Aktionen widmen, die ein Höchstmaß von abschreckender Wirkung auf Hanoi erwarten ließen.

Die treibende Kraft hinter dem Wunsch der Regierung, die Aktionen in dieser Phase zu steigern, war die sich ständig verschlechternde Position der pro-amerikanischen Regierungen in Laos und Süd-Vietnam und die damit verbundene Schwächung des US-Einflusses in beiden Ländern. Man befürchtete, die Fortschritte der Nordvietnamesen und des Pathet Lao in Laos könnten unmittelbaren Einfluß auf die Moral der antikommunistischen Kräfte in Süd-Vietnam, wo die USA in erster Linie engagiert waren, haben.

Diese Verschlechterung der Lage hielt die Regierung vor dem Kongreß und der Öffentlichkeit ebenfalls weitgehend verborgen, um bei den geplanten geheimen Maßnahmen möglichst viel Entscheidungsfreiheit zu haben.

Bei den unbefriedigenden Verhältnissen unter dem Militär-Regime des General Duong Van Minh und später unter General Nguyen Khanh, der durch den Staatsstreich am 30. Januar 1964 an die Macht gekommen war, gelang es den USA nicht, etwas gegen den Vietkong auszurichten. Deshalb sah man immer mehr in Nord-Vietnam die »Wurzel des Problems«, wie es die Vereinigten Stabschefs ausdrückten.

Walt W. Rostow, der führende Intellektuelle der Regierung, hatte dieser Idee allgemein Geltung verschafft und zimmerte das theoretische Gerüst für die Eskalation. Wie er in einem Vortrag in Fort Bragg, N. C., 1961 zum erstenmal darlegte, könnte eine Revolution ausgehungert werden, indem man den Kämpfenden ihren Nachschub an Menschen und Material abschneidet.

Über Nord-Vietnam hatte Mr. Rostow eine andere Theorie aufgestellt: eine glaubwürdige Drohung, ihre so mühsam aus den Ruinen des französischen Indochina-Krieges erbaute Industrie zu zerstören, würde die Führer des Landes so erschrecken, daß sie dem Vietkong befehlen würden, seine Aktionen im Süden einzustellen.

In einem Memorandum vom 13. Februar 1964 erklärte Mr. Rostow dem Außenminister, Präsident Ho Chi Minh »hat jetzt eine Industrie zu beschützen: er ist nicht länger ein Guerilla-Kämpfer, der nichts zu verlieren hat«.

Aufgefangene Funksprüche zwischen Nord-Vietnam und den Guerillas im Süden hatten die Regierung davon überzeugt, daß Hanoi den Vietkong kontrollierte und dirigierte. Untersuchungen des Nachrichtendienstes aus dieser Zeit stellen jedoch fest, daß »die entscheidenden Quellen der kommunistischen Stärke in Süd-Vietnam zu suchen sind«, die die revolutionären sozialen Ziele der Kommunisten unterstützen und sie nach wie vor mit den nationalistischen Bestrebungen während des Freiheitskampfes gegen Frankreich in den fünfziger Jahren identifizieren.
Die Studie zeigt, daß Präsident Johnson und die meisten seiner engsten Berater diese Analyse des Nachrichtendienstes, die außerdem feststellte, Bombardierungen des Nordens würden keinen wirksamen Einfluß auf die Lage im Süden haben, nicht akzeptierten. Allerdings gab es Meinungsverschiedenheiten – sogar unter jenen, die einen Bombenkrieg, sollte er sich als notwendig erweisen, begünstigten – über das Ausmaß, in dem die Erfolge des Vietkong vom Nachschub an Menschen und Waffen aus Nord-Vietnam abhängig waren.
William Bundy und Mr. Rusk erwähnten bei verschiedenen Gelegenheiten, es sei notwendig, mehr Beweise über diese Infiltration zu erhalten, um die Öffentlichkeit für härtere Aktionen gegen Nord-Vietnam gewinnen zu können.

Der Bombenkrieg rückt in den Brennpunkt der Überlegungen

Während der Vietkong immer stärker wurde, wuchs das Interesse an der Bombardierung des Nordens, um so einen Ersatz für erfolglose Bekämpfung der Aufständischen im Süden zu bieten oder wenigstens Hanoi dadurch zu zwingen, die Guerillatätigkeit so weit einzuschränken, daß das schwächliche Saigoner Regime mit ihr fertig werden konnte.
Die Berichte Mr. McNamaras an Präsident Johnson im Anschluß an seine Reisen nach Vietnam im Dezember und März zeigen, daß die Regierung zu diesem Schritt bereit war.
In seinem Dezember-Memorandum, das auch rät, die geheimen 34A-Überfälle anlaufen zu lassen, zeichnete Mr. McNamara ein »düsteres Bild« von Süd-Vietnam: der Vietkong kontrolliere den größten Teil der am dichtesten besiedelten und zugleich fruchtbarsten Gegend Vietnams, das Mekong-Delta südwestlich von Saigon. »Wir sollten die Lage äußerst sorgfältig beobachten«, schloß er, »das Schlimmste befürchten, das Beste erhoffen, aber uns auf härtere Unternehmungen vorbereiten, falls sich nicht bald Anzeichen einer Wende zum Besseren zeigen.«
Dann, in seinem Memorandum vom 16. März, nach seiner zweiten Reise, berichtete Mr. McNamara, »die Lage hat sich zweifellos verschlimmert«, und er empfahl die Einleitung von zwei militärischen

Programmen, um »neuen und entscheidenden Druck auf Nord-Vietnam« auszuüben.

Das erste, das innerhalb von 72 Stunden nach Abruf hätte anlaufen können, wurde als »Grenzkontrolle und Vergeltungsaktionen« beschrieben. Es sollte Angriffe der Saigoner Armee auf Infiltrationsrouten entlang dem Netz der Nachschublinien des Ho-Chi-Minh-Pfades durch das südöstliche Laos einschließen, sowie »scharfe Verfolgung« der Guerillas bis nach Kambodscha hinein, »vergeltende Bombardements« der südvietnamesischen Luftwaffe auf Nord-Vietnam als Erwiderung auf Guerilla-Überfälle, »um so Gleiches mit Gleichem zu vergelten«, und schließlich »Verminung der größeren ... nordvietnamesischen Häfen aus der Luft (möglicherweise mit Hilfe der Vereinigten Staaten)«. Die Worte in Klammern stammen von Mr. McNamara.

Das zweite Programm, genannt »Abgestufter Offener Militärischer Druck«, sollte innerhalb von 30 Tagen nach Abruf einsatzbereit sein. »Dieses Programm würde über den Grundsatz, Gleiches mit Gleichem zu vergelten, hinausgehen«, erklärte McNamara dem Präsidenten. »Es würde Luftangriffe gegen militärische und möglicherweise auch Industrie-Ziele einschließen.«

Die Überfälle würden von der Saigoner Luftwaffe und einem amerikanischen Geschwader mit der Tarnbezeichnung *Farmgate* ausgeführt werden. Das amerikanische Geschwader operierte damals in Süd-Vietnam mit Flugzeugen, die südvietnamesische Hoheitszeichen trugen. Zur Ausführung der Bombenanschläge würde es durch drei Geschwader B-57-Jet-Bomber der Luftwaffe der Vereinigten Staaten, die von Japan eingeflogen werden sollten, verstärkt werden.

Präsident Johnson billigte Mr. McNamaras Empfehlungen während der Sitzung des Nationalen Sicherheitsrates am 17. März 1964, in der beschlossen wurde, daß die Planung »energisch voranzutreiben« sei.

Mr. McNamara hatte vorgeschlagen, zunächst die Lage der Saigoner Regierung durch geeignete Maßnahmen zu verbessern, bevor man in offener Eskalation Zuflucht suchte. »Wir ständen vor dem Problem, alles so zu arrangieren, daß eine derartige Aktion gerechtfertigt erscheint, sowie vor den Problemen einer kommunistischen Eskalation und dem Wunsch nach zu frühen oder abgekarteten Verhandlungen«, führte er in seinem März-Memorandum aus.

Mit seinen Bemerkungen über Verhandlungen bestätigte er die Überzeugung der Regierung, daß das Regime General Khanh unfähig sei, sich politisch gegen die Kommunisten zu behaupten. Darum müsse man jeden politischen Kompromiß zwischen den Vietnamesen, der den Krieg beenden könnte, verhindern, denn das würde zu einer kommunistischen Machtübernahme und zur Zerstörung der amerikanischen Position in Süd-Vietnam führen.

Auch bei jeder anderen internen Übereinkunft zwischen den sich bekämpfenden vietnamesischen Kräften unter dem verschwommenen Begriff der »Neutralisierung« Vietnams, wie der französische Präsident de Gaulle in diesem Juni vorgeschlagen hatte, befürchtete man einen kommunistischen Sieg. In seinem März-Memorandum erwähnte Mr. McNamara das gefährliche Anwachsen »neutralistischer Tendenzen« in Saigon und die Möglichkeit eines Putsches dieser Kräfte, die vielleicht eine Koalitionsregierung mit den Kommunisten bilden und die Vereinigten Staaten auffordern würden, Süd-Vietnam zu verlassen.
William Bundy nannte diese Möglichkeit später eine »Vietnam-Lösung«, die verhindert werden müsse.
Ein Blick in die Gedanken des Präsidenten zu dieser Zeit, wie ihn uns die Studie vermittelt, zeigt, daß er sich eingehend mit dem Problem beschäftigte. Mr. Johnson teilte Botschafter Henry Cabot Lodge in Saigon in einem Telegramm vom 20. März 1964 mit, er beabsichtige, »die Idee einer Neutralisierung niederzuschlagen, wo immer sie ihr häßliches Haupt erhebt, und in dieser Hinsicht erscheint mir nichts wichtiger, als neutralistisches Gerede zu unterdrücken, wo immer wir können und durch alle Mittel, die wir haben«. (Siehe Dokument Nr. 65)
Mr. Lodge stellte sich gegen die Planung »massiver Zerstörungsaktionen«, bevor man versucht hatte, »eine im wesentlichen diplomatische Methode« anzuwenden: Zuckerbrot und Peitsche, unterstützt durch geheime militärische Mittel.
Dieser Plan, dessen Verwirklichung Mr. Lodge seit vergangenem Oktober immer wieder anregte, sah vor, einen geheimen, nichtamerikanischen Unterhändler mit dem Angebot wirtschaftlicher Hilfe – wie zum Beispiel Nahrungsmittelimporte, um die Reisknappheit in Nord-Vietnam zu lindern – nach Hanoi zu entsenden und als Gegenleistung zu verlangen, daß die nordvietnamesische Regierung den Vietkong zurückpfeift. Sollten die Nordvietnamesen nicht in diesem Sinne reagieren, würde die Peitsche – geheime Luftangriffe, offenbar mit Maschinen ohne Hoheitszeichen – in Aktion treten, bis sie sich fügten.
In seiner Nachricht vom 20. März stimmte der Präsident Mr. Lodges Meinung, daß es noch zu früh sei für offene Angriffe auf den Norden, zu.
»Wie wir bereits in unseren früheren gegenseitigen Mitteilungen übereinkamen«, telegrafiert Mr. Johnson, »bleibt es fürs erste bei geheimen militärischen Aktionen, da die Besprechungen zwischen General Khanh und Ihnen anläßlich der Mission McNamaras ergeben haben, daß ein Vorgehen gegen den Norden jetzt noch verfrüht wäre. Wir teilen General Khanhs Ansicht, daß die unmittelbare und wesentliche Aufgabe darin besteht, die Stellung im Süden zu verstärken. Aus diesem Grund

finden unsere Aktionsplanungen gegen den Norden im Augenblick nur statt, damit wir für alle Fälle gewappnet sind; unsere eigentliche Aufgabe in diesem Gebiet sehen wir zur Zeit aber in der Festigung der militärischen und politischen Grundlagen, um spätere Unternehmungen überhaupt erst zu ermöglichen.«

Mr. Johnson fügte hinzu, daß die Regierung außerdem bald eine Entscheidung in der chinesisch-sowjetischen Auseinandersetzung erwarte und »Aktionen gegen den Norden dann eher durchführbar sein werden«.

Diese und andere kurze Einblicke in Mr. Johnsons Gedanken und Beweggründe während der Monate vor dem Tonking-Überfall im August zeigen einen Präsidenten, der einerseits seine Regierung drängte, die Eskalation energisch zu planen, auf der anderen Seite aber immer wieder zögerte, diese Pläne auch in militärische Aktion umzusetzen; sie zeigen einen höchsten Exekutiv-Beamten, der entschlossen war, das Ziel eines »unabhängigen, nichtkommunistischen Süd-Vietnam« zu verwirklichen, wie er in einem Memorandum über Maßnahmen für nationale Sicherheit im März verkündet hatte, der aber die dafür erforderlichen Mittel nur dann einsetzte, wenn er von ihrer Notwendigkeit absolut überzeugt war.

Darüber hinaus schildert die Studie einen Präsidenten, der die internationalen und innenpolitischen Bedingungen stets sorgfältig prüfte, bevor er sich mit seinen Handlungen an die Öffentlichkeit wagte.

In der zweiten Hälfte des April 1964 war die Planung für weitere Angriffe auf den Norden durch Anfertigung verschiedener Lageberichte für Minister Rusk, William Bundy und General Earle G. Wheeler, den Stabschef der Armee, genügend gereift, um die Durchführung der Pläne mit Botschafter Lodge bei einer Strategie-Sitzung am 19. und 20. April ernsthaft zu erwägen.

Die Eskalation sollte in drei Stufen durchgeführt werden, von Verstärkung der laufenden, geheimen 34A-Überfälle über »verdeckte US-Unterstützung offener ... Verminung aus der Luft und Bombardierungen« durch Saigoner Streitkräfte bis hin zu »offenen, gemeinsamen ... Aufklärungsflügen, Flottendemonstrationen, Schiffskanonaden und Luftangriffen« der Vereinigten Staaten und Süd-Vietnams.

Die Studie erwähnt nichts davon, daß im April-Bericht bereits Schritte geplant waren, eine Kongreß-Resolution durchzubringen, die zur Führung eines Krieges ermächtigt hätte; sie berichtet allerdings von »Beratungen des Präsidenten mit führenden Mitgliedern des Kongresses«. Dennoch war die Idee einer Resolution damals bereits im Gespräch. Zuerst taucht sie in den Diskussionen des Außenministeriums Mitte Februar 1964 auf, als man darüber beriet, ob »der Präsident vom Kongreß eine Resolution, die sich auf die Grenzgebiete Süd-Vietnams

beschränkt, fordern solle«. Die Studie zitiert einen Brief von Mr. Rostow, dem damaligen Vorsitzenden des Rates für politische Planung im Außenministerium, an Minister Rusk, in dem der oben erwähnte Vorschlag behandelt wurde.
Obwohl die Vereinigten Stabschefs und Mr. Rostow auf Eskalation drängten, zeigten die Beratungen in Saigon im April und in den unmittelbar darauffolgenden Wochen die Tendenz, »unsere Aktionen überlegt und vorsichtig zu fördern«.
Ein Grund dafür war, erklärt die Studie, daß die Regierung erkannte, daß es »an angemessenen Informationen über Art und Ausmaß« der Infiltration von ausgebildeten Guerillaführern und von Waffen aus dem Norden fehle. Die Regierung unternahm energische Anstrengungen, sich genügend konkrete Beweise zur Rechtfertigung der Eskalation zu verschaffen, falls eine derartige Rechtfertigung notwendig werden sollte.
»Walt Rostow«, berichtet die Studie, »nannte als Beispiel den Mangel an Klarheit über die Auswirkungen der Einmischung von außen in Süd-Vietnam.« Als William Sullivan (Vorsitzender der Koordinations-Komitees in Vietnam) im März zu Besuch in Washington war, drängte er ihn, das nächste Mal »ein genaues Bild über das Ausmaß der Infiltration und ihren Einfluß auf den Vietkong aus Saigon mitzubringen, das so eindeutig und von anderen Seiten unanfechtbar wie nur möglich sei«.
Das unmittelbare Ergebnis von Mr. Rusks Saigonbesuch im April war seine Entscheidung, es mit Botschafter Lodges Zuckerbrot-und-Peitsche-Politik zu versuchen. Am 30. April 1964 flog der Minister nach Ottawa und vereinbarte mit der kanadischen Regierung, daß J. Blair Seaborn, Kanadas neuer Vertreter in der Internationalen Kontrollkommission, Ministerpräsident Dong das Angebot amerikanischer Wirtschaftshilfe überbringen sollte, wenn er im Juni Hanoi besuche.
General Khanh, der seinen Stern sinken fühlte, gab die Hoffnung, seine Regierung so zu festigen, daß sie den Vietkong im Süden selbst besiegen könnte, auf. Er teilte deshalb am 4. Mai Botschafter Lodge mit, er wolle Nord-Vietnam so schnell wie möglich den Krieg erklären, darum sollten die Vereinigten Staaten mit der Bombardierung beginnen und 10 000 Mann US-Spezial-Truppen in den Süden entsenden, »um die ganze Kambodscha-Laos-Grenze zu decken«. Mr. Lodge lenkte von den Vorschlägen ab.
Mr. McNamara wurde angewiesen, bei seinem Besuch in Saigon am 13. Mai General Khanh zu erklären, daß die Vereinigten Staaten einen Bombenkrieg gegen den Norden »nicht ausschlössen«, aber »derartige Aktionen könnten einen Erfolg gegen den Vietkong im Süden nur ergänzen, keineswegs aber Ersatz für die erfolgreiche Bekämpfung der

Aufständischen im Süden bieten«. Und er erklärte ferner: »Wir beabsichtigen nicht, militärische Hilfe zu leisten oder uns gar das militärische Ziel zu setzen, die kommunistische Herrschaft in Nord-Vietnam zu kontrollieren.«

Aber am 17. Mai leitete der Pathet Lao auf der Ebene der Tonkrüge eine Offensive ein, die den Zusammenbruch der pro-amerikanischen Regierung unter Ministerpräsident Souvanna Phouma und mit ihr den »der politischen Grundlagen der Laos-Politik der Vereinigten Staaten« befürchten ließ. Dadurch, erklärt die Studie, war die »überlegte, vorsichtige Behandlung« der Eskalationspläne unversehens in eine »Krise« geraten.

Die Regierung intensivierte sofort ihre Luftoperationen über Laos, indem sie die T-28-Angriffe steigerte und am 21. Mai Tiefflug-Zielerkundung mit Jets der US-Flotte und der Air Force über Gebieten einleitete, die vom Pathet Lao und den Nordvietnamesen gehalten wurden.

In Washington arbeitete der Planungschef William Bundy, unterstützt von Mr. McNaughton und Mr. Sullivan, ein 30-Tage-Programm aus, das in schwerster Bombardierung des Nordens gipfelte. Er legte es als formellen Entwurf eines Präsidenten-Memorandums einem Exekutiv-Komitee des Nationalen Sicherheitsrates zur Beratung vor.

Aus einer Anzahl Gründe wurde dieser Plan vom 23. Mai nicht so ausgeführt, wie er niedergeschrieben worden war. Der Präsident verzögerte vielmehr die eigentlich vorgesehene Entwicklung im Luftkrieg um weitere neun Monate.

Aber das Dokument ist wichtig, weil es zeigt, wie weit fortgeschritten die Pläne der Regierung zu diesem Zeitpunkt bereits waren. Außerdem wurden mehrere der Vorschläge im Juni und Juli auch nach und nach ausgeführt; dann, im politischen Klima nach der Tonking-Affäre, steigerte sich das Tempo.

Die militärische Seite des Planes zeigte sich im Operationsplan 37–64, dessen Vorbereitung am 17. März vom Präsidenten angeordnet wurde. Es handelte sich um Vergeltungsschläge aus der Luft, die 72 Stunden, und um schwerste Bombardierungen, die 30 Tage nach Abruf anlaufen konnten. Dieser Plan war im Honolulu-Hauptquartier von Admiral Harry D. Felt, Oberkommandierender der Pazifischen Streitkräfte (CINCPAC), vorbereitet und von den Vereinigten Stabschefs am 17. April gebilligt worden. Der Plan führte auf, wie viele Flugzeuge und Bomben für jede Angriffsphase erforderlich waren, welche Ziele in Nord-Vietnam angegriffen und wieviel zerstört werden sollte. Er legte ferner die Stationierung der für die Überfälle vorgesehenen Luftstreitkräfte fest. Ein weiterer Operationsplan, 32-64 bezeichnet, berechnete die möglichen Reaktionen Chinas und Nord-Vietnams und die Stärke der amerikanischen Bodentruppen, die nötig sein würden, diesen Reaktionen zu begegnen.

Studien des Vereinigten Generalstabs über die Ziele, die angegriffen werden sollten, präzisierten den Bombardierungsplan. In diesen Studien wurde berechnet, daß eine erste Zielgruppe wie Brücken, Munitionsdepots und Treibstofflager, die für die Infiltration wichtig waren, in nur 12 Tagen zerstört werden konnten, wenn die gesamte Luftstreitmacht im westlichen Pazifik eingesetzt wurde.

Die politischen Aspekte des Planes berücksichtigten Empfehlungen William Bundys und Mr. Rusks, weitere Beweise der Infiltration aus dem Norden zu beschaffen, damit die Eskalation in der Öffentlichkeit gerechtfertigt werden konnte. William J. Jorden, früherer Korrespondent der *New York Times*, nun Beamter im Außenministerium, hatte in Süd-Vietnam alle erreichbaren Daten für ein beabsichtigtes neues Weißbuch des Außenministeriums zusammengetragen.

Hier ist das »Drehbuch«, wie es im Pentagon-Bericht heißt. Die Worte in runden Klammern und die Zahlen, die den Abstand vom »D-Tag« bezeichnen, waren im ursprünglichen Plan enthalten; die Worte in eckigen Klammern wurden erst in der Studie zur Klarstellung hinzugefügt.

1. Verzögerung jeder Konferenz über [Laos oder] Vietnam bis zum D-Tag.

2. Ein Unterhändler (Kanadier?) soll Nord-Vietnam beiläufig mitteilen, daß die USA das nordvietnamesische Regime nicht zerstören (vielmehr sogar ›Zuckerbrot liefern‹) wollen, aber entschlossen sind, Süd-Vietnam vor Nord-Vietnam zu schützen.

3. (D-30) Der Präsident hält anläßlich der Einbringung der Gemeinschaftlichen Resolution eine Rede, die aber keine Details über das Vorhaben enthält.

4. (D-20) Die Gemeinschaftliche Resolution soll die vergangenen Aktionen billigen und zu allen weiteren Aktionen, die hinsichtlich Vietnams notwendig werden, ermächtigen.

Gleichzeitig soll etwas unternommen werden, um die Lage in Süd-Vietnam zu stabilisieren. Die Integrierung (durch Herstellung einer lückenlosen Befehlskette) des südvietnamesischen und des US-Militärs sowie der Zivileinrichtungen, die der Befriedung kritisch gegenüberstehen, sollte wenigstens bis zur Distriktebene hinunter vorangetrieben werden.

5. (D-16) Anweisung an CINCPAC, alle Stationierungs- und Nachschubaktionen für den D-Tag einzuleiten, die unauffällig durchgeführt werden können . . .

6. (D-15) Man soll Khanhs Zustimmung für den Beginn offener südvietnamesischer Luftangriffe gegen Ziele im Norden einholen (siehe Nr.

15 unten) und ihn über die US-Garantie, Süd-Vietnam im Fall einer nordvietnamesischen und/oder chinesischen Vergeltungsaktion zu schützen, informieren.

7. (D-14) Konsultation Thailands und der Philippinen, um Erlaubnis für den US-Aufmarsch zu erhalten; ferner Konsultationen mit Thailand, Philippinen, Großbritannien, Australien, Neu-Seeland und Pakistan. Man soll sie um ihre offene politische Unterstützung für das Unternehmen und um ihre Mitwirkung bei den Verstärkungsmaßnahmen ersuchen, die in Erwartung nordvietnamesischer und/oder chinesischer Vergeltung erforderlich sind.

8. (D-13) Veröffentlichung eines weiteren ›Jorden-Berichtes‹, einschließlich der jüngsten Fotografien und anderen eindeutigen Beweisen für das Verbindungsnetz, durch das der Vietkong von Nord-Vietnam aus versorgt und dirigiert wird.

9. (D-12) Anweisung an CINCPAC, die Streitkräfte in Marsch zu setzen und genaue Pläne unter Berücksichtigung der Aktionen am D-Tag zu entwerfen (siehe Anhang B* in den Unterlagen für den Aufmarsch).

10. (D-10) Khanh veranlassen, in einer Rede die Einstellung der nordvietnamesischen Aggression zu verlangen. Dabei soll er mit nicht näher definierten militärischen Aktionen drohen, wenn die Forderung nicht erfüllt wird. (Er könnte zusätzlich das ›Zuckerbrot‹ zur Sprache bringen).

11. (D-3) Oben nicht erwähnte Diskussionen mit Alliierten.

12. (D-3) Der Präsident informiert die amerikanische Öffentlichkeit (und damit Nord-Vietnam) über eventuell bevorstehende Aktionen, indem er auf die Khanh-Rede hinweist (Punkt 10 oben) und die amerikanische Unterstützung Süd-Vietnams ankündigt.

13. (D-1) Khanh erklärt öffentlich, daß alle Bemühungen um eine friedliche Regelung fehlgeschlagen sind und die Angriffe unmittelbar bevorstehen. (Er erinnert noch einmal an das begrenzte Ziel und die Möglichkeit eines ›Zuckerbrotes‹.)

14. (D-Tag) Evakuierung der Angehörigen des US-Personals.

15. (D-Tag) Die ersten Angriffe finden statt ... Verminung der Häfen und Schläge gegen Nord-Vietnams Infrastruktur, um militärische Bewegungen Richtung Süden zu verhindern. Dann Angriffe auf Ziele, deren Zerstörung Nord-Vietnam am ehesten veranlassen könnte, den Aufstand zu unterbinden – POL (Treibstoff, Öl und Schmiermittel), Vorratslager, bestimmte Flugplätze, Militär-Unterkünfte, Truppenübungsplätze, Brücken, Rangierbahnhöfe, Hafenanlagen, Nachrichtensystem und Industrieanlagen. Zunächst werden diese Schläge von der südvietnamesischen Luftwaffe ausgeführt, können später aber durch Einsatz von *Farmgate*- oder US-Flugzeugen oder beider Kräfte zusammen ausgedehnt werden.

16. (D-Tag) Aufforderung, eine Konferenz über Vietnam einzuberufen (und Herantreten an die UN). Betonung des begrenzten Ziels: man wolle weder das nordvietnamesische Regime stürzen noch das Land verwüsten, sondern nur die von Nord-Vietnam gelenkten Aktionen im Süden zum Stillstand bringen. Es muß vor allem klargestellt werden, daß die Angriffe auf den Norden weitergehen werden (d. h. kein Waffenstillstand), bis (a) Terror, bewaffnete Angriffe und bewaffneter Widerstand gegen die Befriedung im Süden aufhören, und (b) der Funkverkehr aus dem Norden völlig unverschlüsselt geführt wird.«

Der letzte Paragraph sollte kurz die »Verhandlungen« definieren, auf die die Regierung später vor der Öffentlichkeit hinwies. Die Pentagon-Studie bezeichnet die Definition als »gleichbedeutend mit bedingungsloser Kapitulation« der anderen Seite.

Das dem »Drehbuch« beigefügte Memorandum wies darauf hin, daß militärische Aktionen nicht anlaufen sollten, bevor die Aussichten, eine Gemeinschaftliche Kongreßresolution durchzubringen, auch wirklich erfolgversprechend wären. William Bundy entwarf die Resolution am 25. Mai.

Dem Plan waren Gutachten über eine mögliche Reaktion der Sowjets, Chinesen und Nordvietnamesen beigefügt. Die Gutachten enthielten auch Pläne über eine Verstärkung der südvietnamesischen Armee durch Bodentruppen der USA, die in Süd-Vietnam oder auf Schiffen stationiert werden sollten, wenn Hanoi mit einer Intensivierung der Vietkong-Aktivität im Süden reagieren sollte.

Nach Sitzungen am 24. und 25. Mai beschloß der Nationale Sicherheitsrat, dem Präsidenten zu empfehlen, nur einzelne Teile des Plans auszuführen. Dazu gehörten die Entsendung eines kanadischen Emissärs nach Hanoi und die Einbringung einer Gemeinschaftlichen Kongreßresolution. An den Beratungen des Sicherheitsrates nahmen teil: die Minister Rusk und McNamara, John McCome, der Direktor des CIA, und McGeorge Bundy, persönlicher Referent des Präsidenten in Fragen der Nationalen Sicherheit.

Den Dokumenten ist nicht eindeutig zu entnehmen, warum man sich so entschied, kommentiert die Studie. Doch scheint einer der wichtigsten Gründe die Sorge gewesen zu sein, »die Begrenztheit unserer Ziele könnte verwischt werden«, wenn die Regierung zu diesem Zeitpunkt den Krieg durch eine ganze Reihe von Aktionen verschärft.

Die Studie beschäftigt sich hier nicht mit der Frage, ob auch politische Überlegungen – man befand sich schließlich in einem Wahljahr – den Präsidenten veranlaßten, die vorgeschlagene Eskalation einzuschränken. Als er aber im folgenden Monat, Juni, ebenfalls zögerte, größere offene Aktionen einzuleiten, hält die Studie dabei politische Beweggründe für ausschlaggebend.

Jedenfalls kam es, erklärt die Studie, für die USA hinsichtlich der Laos-Krise zu einer gewissen Entspannung, als am 27. Mai eine diplomatische Initiative von polnischer Seite zur Einberufung einer neuen Laos-Konferenz, auf der keine Diskussionen über Vietnam stattfinden sollten, erfolgte. Die Möglichkeit solcher Diskussionen war die ständige große Sorge der USA. Der Präsident rief seine engsten Berater zu einer weiteren Strategie-Konferenz Anfang Juni in Honolulu zusammen, »um über eine Reihe von Plänen für wirksame Aktionen endgültig zu entscheiden«.

Nachdem Minister Rusk an den Trauerfeierlichkeiten anläßlich der Beerdigung Ministerpräsident Jawaharlal Nehrus in Neu-Delhi teilgenommen hatte, unterbrach er in Saigon seine Reise zur Konferenz, um sich mit General Khanh und Botschafter Lodge zu beraten.

Der Botschafter flog dann mit Minister Rusk und General William C. Westmoreland, der General Harkins als Kommandeur des MAC in Saigon abgelöst hatte, nach Honolulu, um an der Strategie-Sitzung in Admiral Felts Hauptquartier am 1. und 2. Juni teilzunehmen. William Bundy, Mr. McNamara, General Taylor, Mr. McCone und Mr. Sullivan begleiteten sie.

Bisher hatte Mr. Lodge immer Geduld gepredigt, nun zeigten seine Empfehlungen in Honolulu, wie nervös er angesichts der Schwäche des Saigoner Regimes geworden war. Er trat jetzt für baldige Bombardierung des Nordens ein.

Die Studie berichtet: »Mr. Rusk stellte Fragen über das Verhalten der Südvietnamesen, die Hanois revolutionäre Ziele unterstützten. Die Antwort des Botschafters drückte seine Überzeugung aus, daß die Unterstützung für den VC wesentlich abnehmen werde, sobald ›Maßnahmen des Gegenterrors‹ gegen die DRV, die Demokratische Republik (Nord-)Vietnam, angelaufen seien.«

Laut Admiral Felts Aktennotizen über den ersten Sitzungstag meinte Mr. Lodge, »eine Bombardierungskampagne gegen bestimmte militärische Ziele im Norden« würde die »Moral in Süd-Vietnam aufrichten und der Bevölkerung ein Gefühl der Zusammengehörigkeit« vermitteln. Die Diskussion wandte sich dann dem Luftkrieg und seiner ganzen Problematik zu – selbst Einzelheiten wie die Frage, über welche Luftabwehrgeschütze Nord-Vietnam verfüge und wie schwer es sein würde, bei Angriffen auf bestimmte Ziele diese Abwehr zu überwinden, wurden erörtert. Die Vereinigten Stabschefs hatten inzwischen Admiral Felts Operationsplan 37–64 so weit präzisiert, daß sie eine umfassende Liste von 94 Zielen vorlegen konnten – von Brücken bis zu Industrieanlagen. Die Liste sollte es Mr. McNamara und Präsident Johnson ermöglichen, bestimmte Ziele auszuwählen, wenn im kommenden Jahr anhaltende Bombenangriffe einsetzen sollten.

Eines der wichtigsten Themen war ferner die Kongreßresolution, die man »vor dem Beginn ausgedehnter US-Aktionen in Südostasien« durchbringen wollte. Die Studie zitiert aus den Aktennotizen William Bundys über die Beratung der Resolution am zweiten Tag der Konferenz:

»Botschafter Lodge hielt eine Resolution für überflüssig, wenn wir uns auf Aktionen gegen Nord-Vietnam beschränken, die ›Gleiches mit Gleichem‹ vergelten. Die Minister McNamara und Rusk und CIA-Direktor McCone dagegen sprachen sich für die Resolution aus. Dabei wies McNamara auf die Notwendigkeit hin, Süd-Vietnams Verteidigung gegen Vergeltungsschläge aus der Luft und gegen etwaige härtere Reaktionen Nord-Vietnams und des kommunistischen Chinas sicherzustellen. Er fügte hinzu, vielleicht würde es im weiteren Verlauf der Operationen nötig werden ... bis zu sieben Divisionen aufzustellen. Rusk bemerkte, eine vielleicht außerdem noch erforderliche militärische Maßnahme wäre die Einberufung von Reservisten, ein Vorschlag, auf den der Kongreß meist sehr empfindlich reagiert. Auch sei die öffentliche Meinung in den USA über unsere Südostasien-Politik zur Zeit sehr geteilt, weshalb der Präsident eine Bestätigung seiner Politik durch den Kongreß dringend benötige.General Taylor war der Meinung«, heißt es weiter in den Aktennotizen, »daß wir uns selbst zur Untätigkeit verdammten. Vom militärischen Gesichtspunkt aus sei zu sagen, daß die USA in Südostasien ebenso handeln könnten wie überall sonst auf der Welt, ausgenommen in Kuba.«

Das Ergebnis der Konferenz war jedoch, daß größere Aktionen »fürs erste vertagt werden sollten«, berichtet die Studie. William Bundy arbeitete ein gesondertes Informationspapier für Minister Rusk aus, damit dieser bei der Sitzung im Weißen Haus, die für den späten Nachmittag des 3. Juni angesetzt war, den Präsidenten über die Ergebnisse der Konferenz genau unterrichten konnte. In dem Informationspapier wurde geraten, sich noch mehr Zeit zu nehmen, »um die Pläne und Gutachten eingehender zu diskutieren«. Mr. Bundy betonte auch die Notwendigkeit einer »nachdrücklichen« öffentlichen Kampagne in den USA, »um grundlegenden Zweifel am Wert Südostasiens und der Bedeutung dessen, was hier für uns auf dem Spiel steht, zu zerstreuen«.

Als Minister Rusk am 3. Juni dem Präsidenten über die Honolulu-Konferenz berichtete, waren auch Minister McNamara, General Taylor und Mr. McCone anwesend. Dokumente über die Beratung waren den Verfassern der Studie nicht zugänglich. Die Studie führt die Reaktionen und Entscheidungen des Präsidenten auf die Maßnahmen, die seine engsten Mitarbeiter in der nächsten Zeit trafen, zurück.

Hinsichtlich entscheidender militärischer Aktionen »erkannte der Präsident offensichtlich die Notwendigkeit weiterer und besserer Informationen, doch er verhielt sich nicht so, als ob es ihm dabei auf eine schnelle Erledigung angekommen wäre«, meint die Studie. Am nächsten Tag bestellte Minister McNamara, »vermutlich einer Anweisung folgend«, den Vereinigten Stabschefs, daß er sich am 8. Juni – fünf Tage später – mit ihnen treffen möchte, »um Bombenziele in Nord-Vietnam und die Möglichkeiten für Truppenverschiebungen zu diskutieren«.

Doch ein Detail des Plans vom 23. Mai, die Stationierung von Streitkräften für spätere Unternehmungen, wurde gleich nach der Beratung im Weißen Haus in die Tat umgesetzt. Wie die Studie sich ausdrückt, »waren militärische Maßnahmen, die relativ unverbindlich sind ... sofort genehmigt worden«.

Am 4. Juni wies Mr. McNamara die Armeeführung an, »sofort zu veranlassen ... daß die Wirksamkeit und Einsatzbereitschaft des Kriegsmaterials, das in Südostasien für etwaige Bedarfsfälle gelagert wurde, erhöht wird«.

Der Minister war der Ansicht, daß vor allem die Armeevorräte, die mit Thailands Zustimmung bei Korat, einer Stadt südlich der laotischen Grenze, vor einiger Zeit gelagert worden waren, vergrößert werden müssen. Der Vorrat an Kriegsmaterial sollte ausreichen, geplante Kampfoperationen einer Infanteriebrigade der USA zu unterstützen. Außerdem erhielt die Armee Anweisung, »im Durchgangsdepot der Armee in Okinawa erste Dringlichkeitsstufe für die Lagerung von Kriegsmaterial« zu befehlen, das nicht auf dem Luftweg befördert werden kann und für eine weitere Infanteriebrigade vorgesehen war, die jederzeit bereit war, auf Abruf zur Durchgangsbasis der Insel geflogen zu werden.

Der Präsident »ermutigte offensichtlich« auch die von William Bundy und den anderen Teilnehmern der Honolulu-Konferenz empfohlene intensive öffentliche Werbekampagne.

»Im Juni ließen Außen- und Verteidigungsministerium der Presse Nachrichten zukommen, die die Absicht der USA, ihre Alliierten zu unterstützen und ihren vertraglichen Verpflichtungen in Südostasien nachzukommen, bekräftigten.« Die Studie zitiert verschiedene Artikel, die in diesem Monat in der *New York Times* erschienen. Außerdem lenkte die Regierung die Aufmerksamkeit der Öffentlichkeit im Juni und Juli auf ihre militärischen Umgruppierungen. »Die Vergrößerung der Armeevorräte bei Korat in Thailand wurde in der Presse ausführlich kommentiert«, vermerkt die Studie und zitiert eine Meldung der *Times* vom 21. Juni 1964.

Den – laut Studie – »eigentlichen Zweck« der Umgruppierungsmaßnahmen: jene Operationspläne zu unterstützen, erfuhr die Öffentlichkeit nicht.

Die Verschärfung ihrer Luftoperationen in Laos Mitte Juni teilte die

Regierung der Öffentlichkeit jedoch mit, da man sich hier infolge feindlicher Operationen auf Selbstverteidigung herausreden könnte. Am 6. und 7. Juni waren zwei Jets der Kriegsmarine bei Tiefflug-Aufklärung von feindlichen Bodentruppen abgeschossen worden. Sofort verfügte Washington, daß die Erkundungsflüge von bewaffneten Jets eskortiert werden sollen, und am 9. Juni griffen die Begleit-Jets Geschützstellungen und eine Kommandostelle des Pathet Lao an.

Eine ähnliche Eskalation der T-28-Operationen unter Mitwirkung thailändischer Piloten bestätigte Washington inoffiziell, doch schob man die Verantwortung dafür der laotischen Regierung zu. Weitere Angriffe der amerikanischen Begleit-Jets gegen feindliche Stellungen wurden nicht publik gemacht.

Ende Juni verstärkte man die Königlich Laotische Luftwaffe insgeheim durch weitere T-28-Maschinen, und amerikanische Flugzeuge unterstützten die laotische Armee bei der erfolgreichen Gegenoffensive zum Schutz der Schlüsselstellung Muong Soui, indem sie Truppentransporte und nächtliche Aufklärungsflüge durchführten.

Festigkeit, aber Mäßigung

Präsident Johnson pflegte ein Image der Festigkeit, aber Mäßigung, bemerkt die Studie. Anfang Juni forderte er von Mr. Rostow den Entwurf für eine wichtige »aggressive« politische Rede über Südostasien, die er dann aber doch nicht hielt. Statt dessen beschränkte Johnson sich auf »Pressekonferenzen und überließ es im übrigen anderen Beamten, die offizielle Haltung vor der Öffentlichkeit zu vertreten«, fährt der Bericht fort. »Die Pressekonferenz des Präsidenten am 23. Juni und Minister Rusks Rede im William College am 14. Juni betonten die Entschlossenheit der USA, ihre Alliierten in Südostasien zu unterstützen, aber man vermied im Gegensatz zum Rostow-Entwurf jede direkte Herausforderung Hanois und Pekings und jede Andeutung über eine Erweiterung unserer militärischen Verpflichtungen.«

Eine offizielle Anfrage, die dem CIA im Juni vorgelegt wurde, zeigt, mit welchen Möglichkeiten der Präsident sich beschäftigte. »Würde der Rest von Südostasien unbedingt fallen, wenn Laos und Süd-Vietnam unter nordvietnamesische Kontrolle gerieten?« In seiner Antwort vom 9. Juni bezweifelt der CIA die sogenannte Domino-Theorie, von der noch viele Mitglieder der Regierung in der einen oder anderen Form überzeugt waren.

»Mit Ausnahme von Kambodscha vielleicht«, nahm das CIA-Memorandum Stellung, »ist es unwahrscheinlich, daß eine der Nationen in jenem Gebiet dem Kommunismus schnell erliegen würde, wenn Laos und Süd-Vietnam fallen. Darüber hinaus wäre eine weitere Ausbreitung des

Kommunismus in diesem Gebiet keineswegs unvermeidlich, und sollte sie dennoch erfolgen, würde sie Zeit brauchen – Zeit, in der sich die Gesamtlage auf diese oder jene Weise zuungunsten der kommunistischen Sache verändern kann.«

Immerhin räumte das CIA-Gutachten ein, daß der Verlust Süd-Vietnams und Laos' »der amerikanischen Stellung im Fernen Osten erheblichen Schaden zufügen und das Prestige Chinas als Führer des Weltkommunismus – auf Kosten der gemäßigteren Sowjetunion – heben würde. Aber solange die Vereinigten Staaten ihre Inselbasen Okinawa, Guam, die Philippinen und Japan halten könnten, wäre ihre militärische Macht in Asien groß genug, um China und Nord-Vietnam von offenen militärischen Aggressionen gegen das übrige Südostasien abzuhalten.

Selbst im »schlimmsten Fall«, wenn Süd-Vietnam und Laos durch einen »eindeutigen kommunistischen Sieg fallen«, meinte die CIA-Analyse, »würde den Vereinigten Staaten genügend Einfluß bleiben, um die endgültige Lage in Südostasien mitzubestimmen«.

»Ob und wie weit einzelne Länder sich von den USA entfernten und dem Kommunismus zuneigten«, führte das Memorandum aus, »würde wesentlich von der US-Politik und ihrer Durchführung in der Zeit nach einem Verlust von Laos und Süd-Vietnam abhängen.«

Wie im Fall der früheren CIA-Analyse, nach der die Stärke des Vietkong ihre Wurzeln in Süd-Vietnam selbst hat, waren der Präsident und seine engeren Mitarbeiter nicht geneigt, ihre Politik den Grundlinien dieser Analyse, die die Domino-Theorie verwarf, anzupassen.

Die Domino-Theorie besagte, daß alle Länder Südostasiens, von Kambodscha bis Malaysia, automatisch dem kommunistischen Lager ausgeliefert sein würden, wenn die Vorhut, Süd-Vietnam, geschlagen und damit die Stellung der Vereinigten Staaten im Fernen Osten, von Indonesien über die Philippinen bis Japan und Korea, unwiderruflich geschädigt war.

Nur die Vereinigten Stabschefs, Mr. Rostow und General Taylor schienen der Domino-Theorie voll und ganz zuzustimmen. Doch auch der Präsident und der weitaus größte Teil seiner engsten Zivilberater – Mr. Rusk, Mr. McNamara und McGeorge Bundy – scheinen den Kampf um Vietnam mehr oder weniger im Licht jener Theorie betrachtet zu haben. (Siehe Dokument Nr. 63)

Ferner befürchtete die Regierung 1964 den Ausbruch weiterer »nationaler Befreiungskämpfe« in Ländern Asiens, Afrikas und Lateinamerikas; Mr. McNamara schrieb in seinem Memorandum vom 18. März für den Präsidenten: »Der Süd-Vietnam-Konflikt wird als Testfall betrachtet.«

Eine ähnliche Rolle spielte der Kampf um Süd-Vietnam bei dem Gedanken, wie »China im Zaum gehalten« werden könne. Den Schatten, den China über Südostasien warf, empfand Mr. Rusk auf Grund seiner asiatischen Erfahrungen im Zweiten Weltkrieg und des Sieges der Revolution Mao Tse Tungs in China bereits als handgreifliche Drohung.

Aber hinter jenen fundamentalen Grundsätzen der Außenpolitik – Domino-Theorie, Befreiungskriege, In-Schach-Halten Chinas – stand die Überzeugung des Präsidenten und seiner Mitarbeiter, daß die Vereinigten Staaten nun die mächtigste Nation der Welt waren und der Ausgang des Krieges in Vietnam ein Zeichen für den Willen und die Fähigkeit der Vereinigten Staaten sein würde, sich in Angelegenheiten von weltweitem Interesse auch durchzusetzen.

Die Studie vermittelt den Eindruck, daß man den Krieg weniger unter dem Gesichtspunkt, was er für das vietnamesische Volk, sondern vielmehr, was er für die Position der Vereinigten Staaten in der Welt bedeutete, betrachtet hat.

Mr. McNaughton drückte dies später kurz und bündig in einem Memorandum für Mr. McNamara aus, indem er die amerikanischen Ziele in Vietnam wie folgt definierte:

»70% – um eine erniedrigende US-Niederlage zu vermeiden (hinsichtlich unseres Prestiges als Garantiemacht).

20% – um das Gebiet Süd-Vietnam (und daran anschließende) nicht in die Hände der Chinesen fallen zu lassen.

10% – damit das südvietnamesische Volk sich eines besseren, freieren Lebens erfreuen kann.

Ferner – um aus der Krise ohne den unerträglichen Makel der von uns angewandten Methoden herauszukommen.

NICHT – um ›einem Freund zu helfen‹, obwohl es kaum möglich wäre zu bleiben, wenn man uns auffordern würde zu gehen.«

Die Wörter in den Klammern stammen ebenfalls von Mr. McNaughton.

Bei einer anderen Gelegenheit meinte er: Selbst wenn die Bombardierung Nord-Vietnams Hanoi nicht zwingen sollte, den Vietkong zurückzupfeifen, »würde dadurch gezeigt werden, daß die USA ein ›guter Arzt‹ sind, der bereit ist, seine Versprechen zu halten, hart zu sein, Risiken auf sich zu nehmen, sich mit Blut zu besudeln und dem Feind schwere Schläge zuzufügen«.

Während die Studie auf der einen Seite die Zweifel und die innere Unruhe der Regierung zeigt, enthüllt sie andererseits auch die grundsätzliche Zuversicht der verantwortlichen Männer, daß die Gegenseite in die Knie gehen würde, wenn sie diese mächtigste Nation der Welt entschlossen sah, ihre ganze Macht auch einzusetzen.

Mr. Rostow drückte diese Zuversicht im Herbst desselben Jahres in einem Memorandum für Minister Rusk aus.

»Ich bin mir der großen Sorgen und Schwierigkeiten auf unserer Seite

wohl bewußt. Aber vielleicht unterschätzen wir die Sorgen und Schwierigkeiten der anderen Seite – und damit auch unsere eigene Fähigkeit, das Endergebnis mitzubestimmen, eine Fähigkeit, die auf nichts anderem als der Tatsache beruht, daß wir die größte Macht der Welt sind – wenn wir uns dieser Rolle entsprechend benehmen.«
Mitte Juni setzte die Regierung einen weiteren Punkt des Planes vom 23. Mai in die Tat um, und zwar den Vorschlag, den Botschafter Lodge als erster formuliert hatte: »Zuckerbrot und Peitsche«. Mr. Seaborn, der neue kanadische Vertreter bei der Internationalen Kontrollkommission, stattete am 18. Juni, auf Veranlassung der Regierung, Ministerpräsident Dong in Hanoi den ersten von zwei geheimen Besuchen ab.
Washington hatte bisher über den vorbereitenden Aufmarsch seiner Truppen in Südostasien nur unbestimmte Andeutungen verlauten lassen, nun wollte es Hanoi durch Mr. Seaborn die präzisere und drohendere Bedeutung des Unternehmens wissen lassen. Im Mai hatte Mr. Lodge darauf gedrängt, Luftangriffe auf den Norden, die man aber offiziell nicht zugeben würde, sollten als »ein Vorspiel für seine [Mr. Seaborns] Ankunft« unternommen werden, falls der Vietkong kurz vorher im Süden Terroraktionen »von entsprechendem Ausmaß« durchgeführt hatte. Der Präsident hielt es im Juni jedoch offenbar nicht für ratsam, nach jenem Vorschlag zu verfahren.
Mr. Seaborn betonte gegenüber Ministerpräsident Dong, so führt die Studie aus, daß die Ziele der Vereinigten Staaten in Südostasien begrenzt und ihre Absichten »grundsätzlich friedlich« seien, ihre Geduld aber keineswegs unbegrenzt sei. Die Vereinigten Staaten wüßten genau, in welchem Umfang Hanoi den Vietkong kontrolliere, und »im Fall einer Eskalation ist es natürlich die DRV (Nordvietnamesische Republik) selbst, die unter den größten Verwüstungen zu leiden haben wird«.
Der nordvietnamesische Ministerpräsident, berichtet die Studie, »war sich der Ernsthaftigkeit und Bedeutung der Warnung, die Seaborn übermittelte, völlig bewußt«. Ob Mr. Seaborn auch das »Zuckerbrot« – Unterstützung mit Nahrungsmitteln und andere Wirtschaftshilfe – anbot, wird nicht berichtet.
Bei der Beratung im Weißen Haus am 3. Juni hatte der Präsident sich offenbar dafür ausgesprochen, die Vorarbeiten für die Kongreßresolution fortzusetzen, denn die Planung ging weiter. »Der eigentliche Zweck [der Resolution] war«, behauptet die Studie, »zu betonen und anderen Nationen klarzumachen, daß die Regierung der Vereinigten Staaten auch im Wahljahr entschlossen ist, den Präsidenten bei allen Aktionen, die notwendig sind, um der kommunistischen Aggression in Südostasien Widerstand zu leisten, zu unterstützen.«
Am 10. Juni sprach fast der ganze Regierungsapparat – soweit er mit

Außenpolitik zu tun hatte – seine »nachdrückliche Zustimmung« zur Einbringung der Resolution aus. Doch wurden in der Sitzung der Arbeitsgruppe an jenem Tag, berichtet die Studie, »fünf grundsätzliche ›unangenehme Fragen‹ aufgeworfen, für deren überzeugende Beantwortung die Regierung noch sorgen mußte, wenn sie sich den Beistand der Öffentlichkeit sichern wollte:

(1) Läuft dies auf einen Blankoscheck für den Präsidenten hinaus, Krieg in Südostasien zu beginnen?

(2) Über welche Streitkräfte kann er nach dieser Ermächtigung verfügen?

(3) Welche Veränderung der Lage (falls überhaupt eine Veränderung eingetreten ist) macht die Resolution erforderlich?

(4) Können unsere Ziele auch durch andere als militärische Mittel erreicht werden?

(5) Ist Südostasien auch wirklich wichtig genug für die nationalen Interessen der USA?«

Obwohl die Fragen wahrscheinlich öffentlich beantwortet werden mußten, schrieb William Bundy in einem Memorandum für die zweite Beratung der Arbeitsgruppe, die am 12. Juni stattfand, die Regierung benötige die Resolution sofort, um »die anhaltende Festigkeit der USA zu demonstrieren und der Exekutive in den kommenden politisch so wichtigen Monaten völlige Handlungsfreiheit geben zu können«. Wenn die Vereinigten Staaten auch nicht beabsichtigten, »in naher Zukunft militärisch gegen Nord-Vietnam vorzugehen, könnte die Entwicklung in Süd-Vietnam oder Laos sie doch zwingen, diese Haltung erneut zu überdenken«.

Aber nach Meinung der Studie war der Präsident bereits im Juni 1964 überzeugt, »die Vereinbarungen [innerhalb der demokratischen Partei] und Stellungnahmen zu Vietnamfragen im Wahljahr seien schon festgelegt«, und so fürchtete er zu dieser Zeit die Folgen, die eine größere Eskalation und die Einbringung der Resolution nach sich ziehen würden.

Am 15. Juni erörterte man diese beiden Probleme auf höchster Ebene; dabei übermittelte McGeorge Bundy den Ministern Rusk und McNamara ein Memorandum des Weißen Hauses, aus dem hervorging, daß der Präsident die Entscheidung bis auf weiteres vertagt hatte.

Washingtons Anstrengungen, einige politische Stabilität in Saigon herzustellen und militärisch die Front gegen die Guerillas zu halten, wurden von den Schlägen des Vietkong wieder zunichte gemacht. In seiner Angst und Nervosität brach General Khanh ein Versprechen, das er Botschafter Lodge und Minister Rusk im Mai gegeben hatte: die USA zu Rate zu ziehen, bevor er dem Norden vor aller Öffentlichkeit den Krieg erklärte und einen Bombenkrieg anfing.

Am 19. Juli, bei einer »Wiedervereinigungs-Kundgebung« in Saigon, leitete er eine »Marsch-nach-Norden«-Kampagne mit militanten Slogans und kriegerischer Rhetorik ein. Am selben Tag noch, berichtet die Studie, ließ Luftmarschall Nguyen Cao Ky, Oberkommandierender der südvietnamesischen Luftwaffe, die Katze aus dem Sack. Er »gab der Presse bekannt«, daß die Vereinigten Staaten und die Saigoner Regierung mit Billigung Präsident Johnsons seit Juni Geheimverhandlungen über Boden- und Luftangriffe in Laos führten.
In einer bewegten Zusammenkunft mit General Taylor, der gerade Mr. Lodge als Botschafter abgelöst hatte, behauptete General Khanh, reguläre nordvietnamesische Soldaten seien zusammen mit Vietkong-Guerillas bei Kampfhandlungen in den nördlichen Provinzen gefangengenommen worden. Die Vereinigten Staaten sollten daran erkennen, sagte er, daß der Krieg in eine Phase eingetreten sei, die neue Maßnahmen verlange.
Bei einer weiteren hitzigen Debatte am 24. Juli fragte General Khanh Botschafter Taylor, ob er sein Amt niederlegen wolle. Der Botschafter erwiderte, er beabsichtige das nicht, und drängte Washington in einem Telegramm, Geheimverhandlungen mit den Südvietnamesen über Bombardierungen des Nordens aufzunehmen.
Das Außenministerium, berichtet die Pentagon-Studie, ermächtigte Botschafter Taylor sofort, »Khanh mitzuteilen, daß die US-Regierung Angriffe auf Nord-Vietnam in Erwägung ziehe, wenn der Druck andersdenkender südvietnamesischer Gruppierungen zu groß würde. Er muß dies aber geheimhalten.«
Der Pentagon-Bericht geht über die letzten Julitage flüchtiger hinweg, gibt aber einen Abriß der Studie über die Tonking-Affäre, 1965 erstellt von der Arbeitsgruppe Waffensystem-Bewertung des Verteidigungsministeriums, und eine Übersicht über die Geschehnisse jener Tage. Diese Studie verschaffte sich die *Times* zusammen mit dem Pentagon-Bericht.
Nach einer Sitzung des Nationalen Sicherheitsrates am 25. Juli, die offenbar wegen der kritischen Entwicklung in Saigon zusammentrat, schlugen die Vereinigten Stabschefs Angriffe auf verschiedene Ziele in Nord-Vietnam vor, einschließlich der Küstenbasen der Torpedoboot-Flottille Hanois. Maschinen ohne Hoheitszeichen, geflogen von nichtamerikanischen Besatzungen, sollten dabei eingesetzt werden.
Staatssekretär McNaughton übermittelte Minister Rusk das Memorandum der Vereinigten Stabschefs am 30. Juli. Am selben Tag traten mehrere Ereignisse ein, die den Plan der Stabschefs überholten, selbst wenn der Präsident seine Ausführung gebilligt hätte.
Die geheimen 34A-Überfälle auf Nord-Vietnam waren nach »langsamem« Anlaufen, wie die Vereinigten Stabschefs sich in einem Bericht an Mr. McNamara vom 19. Mai ausdrückten, während des Sommers in

Tempo und Ausmaß gesteigert worden, doch enthält die Pentagon-Studie wenige Einzelheiten darüber. Ausgebildete Sabotage-Teams, elektronisches Gerät zur Nachrichtenbeschaffung, C-123-Transporter für die Fallschirmspringer und schnelle Patrouillenboote für Küstenüberfälle hatten, wie es in einem Bericht der Vereinigten Stabschefs an Mr. McNamara heißt, »die Operationsmöglichkeiten des Programms vergrößert«.

Am 30. Juli gegen Mitternacht führten südvietnamesische Flottenkommandos unter General Westmorelands Leitung einen Angriff zu Wasser und zu Land auf die nordvietnamesischen Inseln Hon Me und Hon Nieu im Golf von Tonking durch.

Während des Angriffs befand sich der US-Zerstörer *Maddox* etwa 120 bis 130 Meilen entfernt auf seiner zweiten de-Soto-Patrouille in diesem Jahr: Kurs Norden fuhr er in den Golf ein. Aufgabe der de-Soto-Patrouillen war, wie bereits erwähnt, die Beschaffung von Nachrichten. Der Zerstörer hatte Anweisung, sich mindestens acht Seemeilen von der nordvietnamesischen Küste und vier Seemeilen von den nordvietnamesischen Golf-Inseln entfernt zu halten.

Dem Pentagon-Bericht ist nicht zu entnehmen, ob der Kapitän des Zerstörers *Maddox* über den 34A-Angriff unterrichtet war. Fest steht jedoch, daß der Zerstörer am 2. August zweimal seinen Kurs änderte, um einem Verband von drei nordvietnamesischen Torpedobooten und einer Flotte von Dschunken, die die Gewässer vor den Inseln nach den Angreifern absuchten, auszuweichen.

Der Zerstörer erreichte noch am selben Tag den nördlichsten Punkt seiner vorgeschriebenen Patrouillen-Route und ging dann wieder auf Südkurs.

»Als die [nordvietnamesischen] Patrouillenboote sich – aus einer Entfernung von ungefähr 10 Meilen – der *Maddox* mit Höchstgeschwindigkeit zu nähern begannen, war diese 23 Meilen von der Küste entfernt und hatte Kurs auf internationale Gewässer«, berichtet die Studie. »Offenbar ... hielten diese Boote den Zerstörer für ein südvietnamesisches Begleitschiff.«

In dem folgenden Kampf wurden zwei Torpedoboote von Flugzeugen, die vom Flugzeugträger *Ticonderoga* aufgestiegen waren, beschädigt. Der Flugzeugträger war aus Gründen, die die Studie nicht anführt, im Süden stationiert worden. Ein drittes Patrouillenboot versank nach einem Volltreffer aus der Fünf-Zoll-Kanone des Zerstörers.

Am nächsten Tag, dem 3. August, ordnete Präsident Johnson die Verstärkung des Zerstörers *Maddox* durch den Zerstörer *C. Turner Joy* an und gab Weisung, beide Zerstörer wieder in den Golf zu schicken, diesmal mit der Order, sich der nordvietnamesischen Küste höchstens bis auf 11 Seemeilen zu nähern. Ein zweiter Flugzeugträger, *Constella-*

tion, unterwegs nach Hongkong, wurde angewiesen, Dampf aufzudrehen und so schnell wie möglich zur *Ticonderoga* zu stoßen.
Die Studie nennt die Verstärkungsaktionen »eine normale Vorsichtsmaßnahme«, herausgefordert durch den ersten Angriff auf die *Maddox*. Es sei keineswegs beabsichtigt gewesen, die Zerstörer als Köder für einen weiteren Angriff zu gebrauchen, um so einen Vorwand für Vergeltungsschläge aus der Luft gegen den Norden zu erhalten. »Darüber hinaus«, bemerkt die Studie, »konnte man erwarten, daß die Verstärkung eher abschrecken als provozieren würde. Schließlich war sie mit der unmißverständlichen [öffentlichen] Erklärung verbunden, man beabsichtige, die Patrouillen fortzusetzen. Zugleich warnte man die nordvietnamesische Regierung eindringlich, daß eine Wiederholung des Angriffs unheilvolle Konsequenzen nach sich ziehen würde.«
Die Studie zeigt deutlich, daß die Regierung zu dieser Zeit glaubte, die Nordvietnamesen würden es nicht wagen, die verstärkte Zerstörerpatrouille anzugreifen.
In der Nacht des 3. August wurden zwei weitere 34A-Angriffe durchgeführt. Patrouillenboote mit südvietnamesischer Mannschaft beschossen die breite Mündung des Rhon-Flusses und eine Radaranlage bei Vinhson. Und diesmal, wie aus den Dokumenten ersichtlich, warnte man die beiden Zerstörer, die sich wieder auf Patrouille befanden, vor den Angriffen.
Der Kommandierende Admiral der 7. Flotte erwartete offenbar, daß der Präsident die Wiederaufnahme der Patrouillen anordnen würde, denn er ersuchte am 2. August General Westmoreland, ihm mitzuteilen, in welchem Gebiet die geplanten Überfälle stattfinden sollten, damit die Zerstörer sich von den 34A-Streitkräften fernhalten konnten. In einem ausgedehnten Telegrammwechsel über die Nachrichtenzentrale des Pentagon in Washington legten die beiden Kommandeure den Kurs der Patrouille am 3. August so fest, daß jedes Zusammentreffen mit den 34A-Kräften vermieden wurde.
In der Nacht des 4. August – Tonking-Golf-Zeit –, ungefähr 24 Stunden nach dem zweiten 34A-Unternehmen, griffen nordvietnamesische Torpedoboote sowohl *Maddox* wie *Turner Joy* an: so kam es zu jenem schicksalhaften Zusammenstoß im Golf.
Die Motive Hanois für den zweiten Angriff auf die Zerstörer sind immer noch unklar, berichtet die Studie. Sie sieht den Angriff im Zusammenhang mit einer Reihe von Ereignissen, die von den 34A-Überfällen des 30. Juli ausgelöst wurden. Hanois eigentliches Motiv vermutet der Bericht in dem Wunsch, die Scharte wieder auszuwetzen, daß bei dem ersten Zusammenstoß zwei ihrer Torpedoboote beschädigt und ein drittes von dem Zerstörer *Maddox* versenkt worden war, ohne daß das amerikanische Schiff irgendeinen Schaden davongetragen hatte.

»Die engstirnige Absicht, prompte Vergeltung für eine peinliche und überall bekanntgewordene Abfuhr durch einen vielbeschimpften Gegner zu üben, ist vielleicht die einzig richtige Erklärung des Motivs«, führt der Bericht aus. »Unerfahren in modernen Flottenoperationen mögen die nordvietnamesischen Führer geglaubt haben, im Schutz der Dunkelheit könnten sie die Rechnung begleichen oder wenigstens durch schwere Beschädigung eines US-Schiffes einen psychologischen Sieg davontragen.«

Die Studie fragt nicht, ob der zweite 34A-Überfall in der Nacht des 3. August oder die offenen Luftangriffe auf nordvietnamesische Dörfer hart an der laotischen Grenze am 1. und 2. August durch T-28 Flugzeuge die Führer in Hanoi vielleicht bestimmt hatten, das zweite Gefecht mit den Zerstörern anzuordnen.

Marshall Green, damals Unterstaatssekretär des Außenministeriums für Fernöstliche Angelegenheiten, erwähnte diese Bombardierungen von Dörfern in seinem langatmigen Memorandum über geheime US-Aktivitäten in Indochina. Das Memo, datiert vom 7. November 1964, war für William Bundy bestimmt. (Siehe Dokument Nr. 73)

In dem Bericht wurden auch die Beschwerden Nord-Vietnams bei der Internationalen Kontrollkommission über die T-28-Operationen thailändischer Piloten aufgeführt. Darunter Hanois Beschuldigungen, daß »T-28-Kampfflugzeuge am 1. und 2. August sowie am 16., 17. und 28. Oktober nordvietnamesischen Luftraum verletzt und nordvietnamesische Dörfer bombardiert und mit Bordwaffen beschossen hätten. Die Beschuldigungen hinsichtlich der ersten beiden Vorfälle (entlang Route 7) und des letzten (Gebiet des Mugia-Passes) bestehen wahrscheinlich zu Recht.« Die Wörter in den Klammern stammen ebenfalls von Mr. Green.

Der Kontext des Memorandums läßt vermuten, daß die Überfälle auf nordvietnamesische Dörfer möglicherweise ein Versehen waren. Doch weder die Studie noch das Memorandum sagt etwas darüber, ob Hanoi dies zu der Zeit, da die Angriffe stattfanden, annahm.

Was immer auch das Motiv der Nordvietnamesen für den zweiten Angriff auf die Zerstörer gewesen sein mag, Präsident Johnson handelte schnell, um nun, wie die Studie es nennt, »Empfehlungen auszuführen, die ... von seinen Hauptberatern Anfang dieses Sommers vorgebracht und dann in die Schublade gelegt worden waren«.

Infolge der Zeitdifferenz zwischen Pazifik und Washington erhielt das Pentagon die erste Nachricht, daß ein Angriff auf *Maddox* und *Turner Joy* vielleicht unmittelbar bevorstehe, am 4. August um 9.20 Uhr morgens; die Zerstörer hatten nordvietnamesische Funksprüche aufgefangen, die auf Vorbereitungen für einen Angriff hinwiesen. Die Blitznachricht, daß die Zerstörer tatsächlich in ein Gefecht verwickelt waren,

traf in der Fernmeldezentrale um 11 Uhr vormittags ein. Die Vereinigten Stabschefs begannen Ziele für vergeltende Luftangriffe aus der 94-Ziele-Liste auszuwählen, deren erste Fassung Ende Mai erstellt worden war. US-Admiral Grant Sharp, der inzwischen Admiral Felt als Oberkommandierender der Pazifischen Streitkräfte abgelöst hatte, rief von Honolulu aus an und schlug vor, die Küstenbasen der [nordvietnamesischen] Torpedoboote zu bombardieren.
Binnen zehn Minuten versammelte Mr. McNamara die Vereinigten Stabschefs in seinem Konferenzzimmer im zweiten Stockwerk des Pentagon, um die Vergeltungsmaßnahmen zu erörtern. Minister Rusk und McGeorge Bundy fanden sich ebenfalls ein.
Fünfundzwanzig Minuten später verließen die beiden Minister und Mr. Bundy das Konferenzzimmer, um an einer schon früher festgesetzten Beratung des Nationalen Sicherheitsrates im Weißen Haus teilzunehmen. Sie empfahlen dem Präsidenten, Vergeltungsschläge anzuordnen. Die Vereinigten Stabschefs waren im Pentagon geblieben, um sich über die Ziele einig zu werden.
Um 1.25 Uhr nachmittags, zweieinhalb Stunden nach der Blitznachricht über das Seegefecht, während McNamara, Rusk, McCone und McGeorge Bundy möglicherweise noch beim Präsidenten lunchten, rief der Direktor des Vereinigten Stabs Mr. McNamara an und teilte mit, die Stabschefs hätten sich jetzt über die Ziele geeinigt. Jagdbomber der Flugzeugträger *Constellation* und *Ticonderoga* sollten die Torpedobootbasen bei Hongay, Lochau, Phucloi und Quangkhe und ein großes Öllager nahe Vinh angreifen, in dem mehr als 10% des gesamten Ölvorrats von Nord-Vietnam lagerten.
In einer zweiten Sitzung des Nationalen Sicherheitsrates an diesem Nachmittag stimmte Präsident Johnson den Vergeltungsmaßnahmen zu und entschloß sich, sofort um die Kongreßresolution einzukommen. Er erörterte mit seinen Beratern den Einsatz der Luftkampfverbände, die im Operationsplan 37–64 für die Eröffnungsschläge eines eventuellen Bombenkrieges gegen den Norden vorgesehen worden waren. Wie aus der Studie hervorgeht, gab Johnson erst später an diesem Tag seine Zustimmung, mit den vorbereitenden Aufmärschen der Luftstreitkräfte zu beginnen und das Marine-Korps und jene Armeeverbände zu mobilisieren, die etwaige chinesische oder nordvietnamesische Vergeltungsaktionen auf die Bombenangriffe abwehren sollten.
Mr. McNamara kehrte um 3 Uhr nachmittags in das Pentagon zurück und billigte dort die einzelnen Schritte der Vergeltungsschläge, die den Decknamen *Pierce Arrow* erhielten. Eine Ausführungsorder wurde vom Vereinigten Stab vorbereitet, aber um 4 Uhr nachmittags rief Admiral Sharp an und teilte ihm mit, daß in Honolulu einige Verwirrung herr-

sche, da man nicht genau wisse, ob der Angriff auf die Zerstörer überhaupt stattgefunden hatte.

Der Minister erklärte Admiral Sharp, die Befehle würden in Kraft bleiben, doch sollte er sich vor Einsatz der Flugzeuge vergewissern, ob tatsächlich ein Angriff stattgefunden hatte. Um 4.49 Uhr, weniger als sechs Stunden nachdem die erste Nachricht vom Angriff das Pentagon erreicht hatte, war der formelle Befehl für die Vergeltungsschläge nach Honolulu übermittelt worden. Admiral Sharp hatte bisher noch nicht wieder zurückgerufen und die Angriffe bestätigt. Laut Befehl sollten die Flugzeugträger die Maschinen in ungefähr zweieinhalb Stunden starten.

Der Admiral rief um 5.23 Uhr nachmittags an und noch mal wenige Minuten nach 6 Uhr, um mitzuteilen, Informationen des Kommandeurs der Spezialeinheit, der die zwei Zerstörer angehörten, hätten den Angriff überzeugend bestätigt. Mr. McNamara und die Vereinigten Stabschefs hatten die eindeutigen Beweise inzwischen bereits geprüft. Zu den Unterlagen gehörte aufgefangener Funkverkehr der Nordvietnamesen, aus dem hervorging, daß ihre Schiffe sich mit den Zerstörern ein Gefecht geliefert hatten und zwei ihrer Torpedoboote dabei versenkt worden waren.

Inzwischen waren McNamara und die Stabschefs dazu übergegangen, die Stationierung der Luftstreitkräfte für Operationsplan 37–46 zu besprechen.

Um 16.45 Uhr traf sich Präsident Johnson mit sechzehn führenden Kongreßmännern beider Parteien, die er ins Weiße Haus gebeten hatte. Er erklärte ihnen, wegen des zweiten, unprovozierten Angriffs auf die amerikanischen Zerstörer habe er sich zu Vergeltungsschlägen aus der Luft gegen den Norden und zur Einbringung einer Kongreßresolution entschlossen.

Die Studie gibt keinen Hinweis darauf, ob Mr. Johnson die führenden Persönlichkeiten des Kongresses über die Verantwortlichkeit der Vereinigten Staaten für Planung und Leitung der geheimen 34A-Überfälle am 30. Juli und 3. August unterrichtete oder ob Mr. Johnson den führenden Kongreßmännern »den eigentlichen Zweck des Aufmarschs« für Operationsplan 37–64 erklärte. Mr. McNamara gab jene Truppenbewegungen am nächsten Tag auf einer Pressekonferenz im Pentagon bekannt und nannte sie Vorsichtsmaßnahmen.

»Es ist bezeichnend«, führt die Studie aus, »daß nur wenige dieser zusätzlichen Verbände aus dem westlichen Pazifik abgezogen wurden, als die unmittelbare Krise beigelegt war. Ende September wurde der vierte Flugzeugträger angewiesen, seine reguläre Position im östlichen Pazifik wieder einzunehmen, sobald die planmäßigen Flugzeugträger repariert waren. Die anderen Streitkräfte blieben in der Nähe ihrer Aufmarschziele vom August.

Um 8.30 Uhr abends am 4. August kehrte McNamara ins Pentagon zurück. Um 11.30 Uhr, nachdem er Admiral Sharp einigemal angerufen hatte, erfuhr er, daß die mit Bomben beladenen Flugzeuge um 10.43 Uhr von der *Ticonderoga* gestartet waren. Knapp zwei Stunden später sollten sie sich über ihren Zielen befinden.

Die Flugzeugträger hatten länger gebraucht, ihre Positionen für den Start der Bomber zu erreichen, als die Ausführungsorder vorsah. *Constellation* war von Hongkong her unterwegs und würde ihre Bomber erst in einer Stunde und fünfzig Minuten starten können.

Der Präsident wartete nicht länger. Sechzehn Minuten nach McNamaras letztem Anruf bei Admaral Sharp, um 11.36 Uhr, trat er vor die Fernsehkamera und unterrichtete die Nation von den Vergeltungsschlägen. Er bezeichnete seine Maßnahmen als »begrenzt und angemessen«. »Wir beabsichtigen keine Kriegsausweitung«, sagte er.

Fast zum gleichen Zeitpunkt hatten die Aufmärsche der Luftstreitkräfte nach Operationsplan 37–64 begonnen.

Die ersten F-102-Delta-Dagger-Düsenjäger landeten ungefähr zu der Zeit auf dem Saigoner Flughafen, als Mr. McNamara bei einer Pressekonferenz im Pentagon am 5. August die Aufmarschbewegungen erläuterte. In den ersten Stunden dieses Tages hatte er bereits eine kurze Konferenz abgehalten, in der er Einzelheiten der Vergeltungsschläge erläuterte. Nun berichtete er, daß 25 nordvietnamesische Patrouillenfahrzeuge und 90% der Öllager bei Vinh zerstört oder beschädigt worden seien.

»Gestern nacht gab ich bekannt, daß Maßnahmen zur Verstärkung unserer Streitkraft im Pazifik eingeleitet wurden«, fuhr er fort. »Zu diesen Maßnahmen gehören folgende:

Erstens wurde ein Verband Flugzeugträger für Kampfmaschinen der Ersten Flotte von der pazifischen Küste [Amerikas] in den westlichen Pazifik verlegt; zweitens wurden Abfangjäger und Jagdbomber nach Süd-Vietnam überführt; drittens Jagdbomber nach Thailand verlegt; viertens Abfangjäger und Jagdbomber-Geschwader von den Vereinigten Staaten auf vorgeschobene Basen im Pazifik überführt; außerdem wurde eine Spezialeinheit für U-Boot-Bekämpfung in das Südchinesische Meer geschickt und schließlich angeordnet, Spezialstreitkräfte der Armee und Marine in erhöhte Einsatzbereitschaft zu versetzen.«

Die Regierung ließ eine neue Resolution entwerfen und übermittelte sie den zwei Männern, deren Aufgabe es war, die Resolution durchzubringen. Im Senat sollte Senator J. W. Fulbright von Arkansas, Vorsitzender des Senatsausschusses für Auswärtige Beziehungen, tätig sein, im Repräsentantenhaus Thomas E. Morgan, Abgeordneter von Penn-

sylvania und Vorsitzender des Ausschusses für Auswärtige Angelegenheiten.
Wer die endgültige Version der Resolution ausarbeitete, wird nicht erwähnt. Die Abfassung war weniger präzise als der Entwurf William Bundys vom 23. Mai, aber der Tenor, der die Resolution praktisch zu einer Kriegserklärung machte, war erhalten geblieben:
»Der Kongreß – Senat und Repräsentantenhaus der Vereinigten Staaten – wird aufgefordert, die Entschlossenheit des Präsidenten, als Oberkommandierender alle notwendigen Maßnahmen zu ergreifen, um bewaffnete Angriffe gegen die Streitkräfte der Vereinigten Staaten zurückzuschlagen und weitere Aggressionen zu verhindern, zu billigen und zu unterstützen.
2. Abschnitt. Die Vereinigten Staaten betrachten es als außerordentlich wichtig sowohl für ihre nationalen Interessen als auch für den Weltfrieden, Sicherheit und internationalen Frieden in Südostasien aufrechtzuerhalten. Im Einklang mit der Verfassung der Vereinigten Staaten und der Charta der Vereinten Nationen und in Übereinstimmung mit den Verpflichtungen, die sich aus der SEATO ergeben, sind die Vereinigten Staaten – gemäß der Entscheidung des Präsidenten – bereit, alle notwendigen Schritte – einschließlich des Einsatzes bewaffneter Kräfte – zu unternehmen, um jedem Mitglied und Unterzeichner-Staat der SEATO beizustehen, wenn sie Hilfe zur Verteidigung ihrer Freiheit anfordern.«
In Geheimsitzungen der Ausschüsse von Senat und Repräsentantenhaus für Auswärtige Angelegenheiten am 6. August erläuterten Mr. McNamara und Minister Rusk die Hintergründe der Resolution. Die Pentagon-Studie bezieht sich auf die Aussagen der Minister und zitiert auch gelegentlich aus ihren Darlegungen, die vom Pentagon nie veröffentlicht wurden. Zusammen mit der Studie erwarb die *Times* noch weitere umfangreiche Zitate aus diesem Teil der Hearing-Kopie. Der folgende Bericht über die Aussagen vom 6. August enthält deshalb sowohl die Zitate, die der Pentagon-Bericht bringt, als auch die ausführlicheren, die die *Times* sich verschafft hat.
Senator Wayne Morse von Oregon hatte gehört, mit Vietnamesen bemannte Schiffe hätten am 30. Juli zwei nordvietnamesische Inseln angegriffen. Mr. Morse, einer der beiden Senatoren, die dann gegen die Tonking-Resolution stimmten – der andere war Ernest L. Gruening von Alaska –, behauptete während des geheimen Hearings am 6. August, Mr. McNamara habe von den Überfällen gewußt, und die Zerstörer wären irgendwie an ihnen beteiligt gewesen.
»Erstens«, erwiderte Mr. McNamara, »hat unsere Flotte absolut nichts damit zu tun. Sie war an keiner südvietnamesischen Aktion beteiligt und wußte auch von keiner, falls wirklich eine stattgefunden hat...

Zerstörer *Maddox* operierte in internationalen Gewässern und führte eine Routine-Patrouille durch, wie wir sie jederzeit in der ganzen Welt durchführen.

Ich wußte zu diesem Zeitpunkt nichts von dem Angriff auf die Inseln«, sagte er. »Zwischen dieser Patrouille und irgendeiner Aktion Süd-Vietnams gibt es keine Verbindung.«

Mr. McNamara behauptete weiter, Aktionen gegen diese Inseln – worum es sich dabei auch gehandelt haben mag – waren Teil einer Operation, die von Küstenpatrouillen zur Verhinderung der Infiltration unternommen wurden. Die Vereinigten Staaten hatten Süd-Vietnam im Dezember 1961 lediglich geholfen, diese Dschunken-Patrouillen zu organisieren.

»In den ersten sieben Monaten dieses Jahres haben sie 149 000 Dschunken und ungefähr 570 000 Menschen kontrolliert«, führte McNamara – laut Zitat – weiter aus, »eine ungeheure Operation, mit der man 900 Meilen Küste überwachen will. Im weiteren Verlauf jenes Unternehmens, bei zunehmender Stärke der Dschunken-Patrouillen, bewegte man sich immer weiter nach Norden, um die Quelle der Infiltration aufzuspüren.

Wie ich Ihnen vor einigen Tagen berichtete« [Mr. McNamara hatte in einer geheimen Sitzung am 3. August nach dem ersten Angriff auf die *Maddox* vor dem Ausschuß ausgesagt], »nehmen wir an, daß die südvietnamesischen Seestreitkräfte vor diesen Inseln Patrouillen-Unternehmen als Teil dieser Operation durchführten und dabei jene Anlagen beschossen, die sie mit der Infiltration in Verbindung brachten.

Unsere Schiffe wußten davon absolut nichts, waren in keiner Weise darin verwickelt, noch haben sie das Unternehmen irgendwie gedeckt«, beteuerte er.

Senator Frank Church aus Idaho fragte dann Minister Rusk in derselben Sitzung: »Ich vermute, daß unsere Regierung, die diese Boote ausgerüstet hat . . . auch wußte, daß sie bei Angriffen auf nordvietnamesische Ziele eingesetzt werden würden und daß wir damit in diese Politik einwilligten, ist das richtig?«

». . . Im allgemeinen trifft das schon zu. Aber Einzelheiten verfolgen wir von Washington aus nicht so genau«, erwiderte Mr. Rusk.

»Sie handelten also mit unserer Einwilligung und Zustimmung, stimmt das?« fuhr Senator Church fort.

»Nur sehr begrenzt, soweit es Nord-Vietnam angeht«, sagte Mrs. Rusk.

Bei einer Pressekonferenz im Pentagon, nach seinen Aussagen vor dem Ausschuß, äußerte sich McNamara erneut über die Dschunken der Küstenpatrouille, vermied dabei aber jede spezielle Erwähnung des Überfalls vom 30. Juli:

Frage: Herr Minister?
Antwort: Ja?
F.: Wissen Sie etwas von Zwischenfällen, an denen südvietnamesische und nordvietnamesische Schiffe beteiligt waren?
A.: Nein, ich weiß von keinen. Allerdings sollte ich hier wohl die Aktivität der südvietnamesischen Küstenpatrouillen erwähnen, deren Aufgabe es ist, die Infiltration von Menschen und Material aus dem Norden in den Süden zu verhindern.
In den letzten sieben Monaten des Jahres 1961 zum Beispiel wurden ungefähr 1400 Mann über den 17. Breitengrad von Nord-Vietnam nach Süd-Vietnam eingeschleust. Um eine weitere Infiltration dieser Art zu verhindern, haben die Südvietnamesen mit unserer Hilfe Küstenpatrouillen organisiert. Die Patrouillen sind sehr aktiv und kontrollieren weiterhin Dschunken und deren Besatzung.
Ich erinnere mich, daß man innerhalb von acht Monaten 140 eingeschleuste Vietkongs entdeckte.
F.: Sie operieren selbständig?
A.: Sie operieren selbständig. Sie gehören zur südvietnamesischen Kriegsflotte, operieren in den Küstengewässern, kontrollieren verdächtige einfahrende Dschunken und versuchen, die Infiltration von Menschen und Material von Nord-Vietnam nach Süd-Vietnam soweit wie möglich zu verhindern.
F.: Herr Minister, operieren diese Dschunken auch in nordvietnamesischem Gebiet?
A.: Sie sind immer näher an den 17. Breitengrad herangerückt und haben ihn wahrscheinlich in einigen Fällen auch überschritten, um die Infiltration näher am Ort ihres Ursprungs zum Erliegen zu bringen.
F.: Decken unsere Kriegsschiffe diese Operationen in irgendeiner Weise?
A.: Unsere Kriegsschiffe geben keine Deckung irgendwelcher Art.

Senator George S. McGovern aus Süd-Dakota brachte bei der Senatsdebatte über die Resolution den Angriff auf die Inseln vom 30. Juli zur Sprache. Senator Fulbright erwiderte, die Regierung habe ihm versichert, daß »unsere Schiffe keinem südvietnamesischen Kriegsschiff Geleitschutz gäben, keines unterstützten oder seinen Rückzug deckten«, und die Zerstörerpatrouille »hatte in keiner Weise mit den Aktionen vor der Küste, die die Südvietnamesen selbst vielleicht unternommen haben, zu tun«.
Die Kongreßresolution wurde am 7. August mit einem Stimmenverhältnis von 88 : 2 vom Senat und 416 : 0 vom Repräsentantenhaus angenommen.
Wie die Studie zeigt, hatte Mr. McNamara nicht nur den Bericht der

Vereinigten Stabschefs vom 19. Mai über die Fortschritte der 34A-Operationen bereits erhalten, sondern von General Anthis, dem Sonderreferenten der Vereinigten Stabschefs, noch weitere Memoranden über die geheimen Angriffe am 13. Juni, 1. Juli und 28. Juli erhalten. General Anthis fertigte die monatliche Vorausplanung der geheimen Operationen an und legte sie William Bundy und Mr. McNaughton zur Genehmigung vor.

Was Mr. Rusk betrifft, so enthüllt die Studie, daß er leidlich gut informiert wurde.

Ferner stellt die Studie klar, daß es keine Verbindung zwischen den 34A-Überfällen und den Küstenpatrouillen der Dschunkenflotte gab, deren Aufgabe Mr. McNamara erläutert hatte und auf die sich Aussagen Mr. Rusks bezogen.

Innerhalb von drei Tagen hatte die Regierung also zwei wichtige Punkte des Planes vom 23. Mai verwirklicht: die Bereitstellung größerer Luftkampfverbände und die Ermächtigung für ausgedehntere Aktionen durch den Kongreß.

Interne Pläne der Regierung, wie man die Resolution am besten im Kongreß durchbringt, verschwinden nun aus den Aktenbelegen. Laut Studie wurde auch die »Frage, ob der Kongreß eigentlich befugt ist, über offene Kriegsakte gegen souveräne Nationen zu entscheiden, nicht mehr ernsthaft zur Sprache gebracht«.

Im Kongreß dagegen herrschte einige Verwirrung über die Bedeutung der Resolution. Der Pentagon-Bericht bemerkt dazu:

»Trotz des fast einstimmigen Beschlusses, die Resolution zu unterstützen, gingen die Meinungen über die politischen Folgen und die Bedeutung einer derartigen Unterstützung weit auseinander. Man war überzeugt von der Notwendigkeit, die Einheit der Nation zu demonstrieren und die Entschlossenheit der USA, sich weiteren Aggressionen zu widersetzen, zu bekräftigen. Soweit war man sich einig; sonst aber divergierten die Ansichten beträchtlich ... Mehrere Sprecher betonten, die Resolution schließe keine Kriegserklärung ein, berücksichtige die Verantwortung des Kongresses, über die politischen Verpflichtungen der Nation zu entscheiden, und gebe dem Präsidenten keineswegs Vollmacht, die Nation in einen größeren Krieg in Asien zu verwickeln.«

Die Regierung wollte nun die Bedeutung der Resolution für Hanoi klarstellen, indem sie ein wesentliches Detail des Planes vom 23. Mai ausführte, das bereits im Juni, als der kanadische Emissär seinen ersten Besuch in Hanoi abstattete, eine Rolle gespielt hatte.

Am 10. August wurde Mr. Seaborn mit einer zweiten Botschaft für Ministerpräsident Dong entsandt, in der es heißt:

»a) Die Ereignisse der letzten Tage sollten der damaligen Erklärung, daß ›die öffentliche und offizielle Geduld angesichts der Aggression

Nord-Vietnams mehr und mehr schwindet‹, Glaubwürdigkeit verleihen.

b) Die US-Kongreßresolution, die fast einstimmig angenommen wurde, bestätigt nachdrücklich die Einheit und Entschlossenheit der US-Regierung und des Volks, weitere Angriffe auf US-Streitkräfte nicht hinzunehmen. Vor allem bekräftigt sie die Entschlossenheit, mit allen notwendigen Mitteln den Bestrebungen der (Nord)-Vietnamesischen Republik (DRV), Süd-Vietnam und Laos zu unterwandern und zu erobern, Widerstand zu leisten.

c) Die USA sind überzeugt, daß die DRV in Süd-Vietnam und Laos eine entscheidende Rolle spielt. Wenn die DRV auf ihrem gegenwärtigen Kurs bleibt, muß sie damit rechnen, auch weiterhin die Folgen zu tragen. [›weiterhin‹ bezieht sich auf die Vergeltungsschläge, die dem Tonking-Zwischenfall folgten.]

d) Die DRV weiß, was sie tun muß, um den Frieden wiederherzustellen.

e) Die USA haben Mittel und Wege, festzustellen, inwieweit die DRV am Krieg in Süd-Vietnam und Laos beteiligt ist, bzw. ihn dirigiert und kontrolliert. Die USA werden die Reaktionen der DRV auf die Mitteilungen Mr. Seaborns sorgfältig beobachten.« (Siehe Dokument Nr. 68)

Mr. McNaughton hatte die Mitteilungen am selben Tag entworfen, an dem die Resolution angenommen wurde.

»Während der Zusammenkunft mit Mr. Seaborn zeigte sich Pham Van Dong, wie schon beim ersten Treffen im Juni, wenig beeindruckt«, berichtet die Studie. »Und er entschloß sich, gefaßt die derzeitige Politik der DRV fortzusetzen und sie, wie er zuversichtlich erwartete, erfolgreich abzuschließen.«

Die Erregung in den USA über den Tonking-Zusammenstoß ermöglichte es der Regierung, eine der wichtigeren Vorschläge der Strategie-Konferenz vom Juni in Honolulu zu verwirklichen: die Vorbereitung der amerikanischen Öffentlichkeit auf eine Eskalation.

»Die Vergeltungsschläge für den Tonking-Zwischenfall bedeuteten einen wichtigen Durchbruch, und die Tonking-Resolution sicherte der Regierung die öffentliche Unterstützung der USA für praktisch jede Aktion«, bemerkt die Studie.

Die Möglichkeit »peinlicher Fragen« an die Regierung ließ den Präsidenten Mitte Juni zögern, und nun war in der aufgeregten Atmosphäre der Krise fast keine dieser Fragen gestellt worden.

Und die Planer der Regierung begannen nun, schneller zu handeln.

Am 10. August, drei Tage nach Annahme der Resolution, kabelte Botschafter Taylor dem Präsidenten einen Lagebericht über Süd-Vietnam. Darin hieß es, das Khanh-Regime habe nur »eine Chance 50 zu 50, dieses Jahr zu überstehen«. Deshalb war ein wesentliches Ziel der USOM in Saigon, »auf die Durchführung der Pläne gegen Nord-Vietnam vorbereitet zu sein, wobei bis zum 1. Januar 1965 äußerste Einsatzbereitschaft hergestellt werden muß«.

Am 11. August, vier Tage nach Annahme der Resolution, entwarf William Bundy ein Memorandum für eine auf höchster Ebene stattfindende, politische Beratung im Verteidigungsministerium. Das Memorandum gab einen Überblick über die abgestuften Schritte zu einem ausgedehnten Bombenkrieg gegen Nord-Vietnam, »unter Berücksichtigung des von Botschafter Taylor vorgeschlagenen Datums 1. Januar 1965«. Doch sollte bis Ende August »eine kurze Stillhalte-Phase« eingeplant werden, führte Mr. Bundy aus. »In dieser Zeit sollten Aktionen vermieden werden, die die Last der Verantwortung für die Eskalation von der kommunistischen Seite nehmen könnten.« (Siehe Dokument Nr. 70)

Am 14. August wurde eine ausführliche Zusammenfassung des Memorandums Botschafter Taylor nach Saigon, Botschafter Unger nach Vientiane und Admiral Sharp nach Honolulu gekabelt, zwecks Stellungnahme, um die »weitere Überprüfung und Verbesserung« zu ermöglichen.

Die Vergeltungsaktionen für den Tonking-Golf-Zwischenfall, drückt sich die Studie aus, bezeichnen das Überschreiten einer wichtigen Schwelle des Krieges. Und dieses Vorgehen löste praktisch keine Kritik in den USA aus, sondern führte sogar zu einer größeren öffentlichen Unterstützung der Regierung. Der Präzedenzfall, um schwere Schläge gegen den Norden zu rechtfertigen, war nun geschaffen, und es schien, als hätte er die Regierung kaum etwas gekostet.

»Und doch hat sie einen erheblichen Preis dafür bezahlt«, meint die Studie. Der Preis bestand darin, daß die Regierung sich nun psychologisch auf eine immer weitergehende Eskalation einstellte. »Außer direkter militärischer Aktion gegen den Norden waren alle Mittel erschöpft, die immer größer werdende Verpflichtung mußte zwangsläufig mit einer Verminderung der Handlungsfreiheit bezahlt werden.« Und »aus allen diesen Gründen war es von nun an viel leichter geworden, sich zum Angriff gegen den Norden zu entschließen, wenn eine erneute Entscheidung darüber nötig sein würde«.

Admiral Sharp nahm in einem Telegramm vom 17. August zu Mr. Bundys Memorandum Stellung. Dabei faßte er diese psychologische Verpflichtung »freimütig« zusammen, wie es in der Studie heißt.

»Wenn man erst mal begonnen hat, Druck auf die andere Seite auszuüben, sollte man ihn nicht durch Maßnahmen oder durch Unterlassung von Aktionen mindern, die den Nutzen der vorherigen lohnenden Schritte nur wieder zerstören würden.«

DIE WICHTIGSTEN DOKUMENTE DEZEMBER 1963–AUGUST 1964

Bis auf die ausdrücklich als Auszüge gekennzeichneten Stellen sind die Dokumente wörtlich nachgedruckt.

Nr. 61 Bericht McNamaras an Johnson über die Lage in Saigon 1963

Memorandum »Vietnam Situation« von Verteidigungsminister Robert S. McNamara an Präsident Lyndon B. Johnson, 21. Dezember 1963.

Auf Ihren heute früh geäußerten Wunsch hin überreiche ich Ihnen hiermit eine Zusammenfassung meiner Schlußfolgerungen aus meinem Besuch in Vietnam vom 19. und 20. Dezember.

1. ZUSAMMENFASSUNG. Die Lage ist höchst beunruhigend. Die gegenwärtigen Tendenzen werden, sofern sie nicht in den nächsten zwei, drei Monaten umgekehrt werden, im günstigsten Fall zu einer Neutralisierung, mit größerer Wahrscheinlichkeit aber zu einem kommunistisch beherrschten Staat führen.

2. DIE NEUE REGIERUNG bietet Anlaß zu größter Sorge. Sie ist unentschlossen und läßt sich treiben. Obwohl Minh behauptet, daß er und nicht so sehr das Komitee der Generäle Entscheidungen trifft, wird nicht klar, ob dem wirklich so ist. Jedenfalls haben weder er noch das Komitee Verwaltungserfahrung und zeigen bisher auch wenig Begabung dafür. Es gibt kein klares Konzept zur Umgestaltung oder Durchführung des »Strategic Hamlet Program«; die Provinz-Gouverneure, von denen die meisten neu und unerfahren sind, erhalten wenig oder gar keine Direktiven, weil sich die Generäle vor allem mit politischen Dingen befassen. Ein typisches Beispiel für die gegenwärtige Lage ist, daß General (Name unleserlich) wenig oder gar keine Zeit auf die Führung des III. Korps verwendet, das in der lebenswichtigen Zone um Saigon liegt und dessen Führung den ganzen Mann erfordert. Ich habe Minh, Don, Kim und Tho mit allem Nachdruck auf diese Dinge hingewiesen.

3. DAS COUNTRY TEAM ist der zweitschwächste Punkt. Es hat keine Führung, ist unzureichend informiert und arbeitet nach keinem gemeinsamen Plan. Ein aktuelles Beispiel für das Durcheinander sind die einander widersprechenden Empfehlungen von USOM und den Militärs an die Regierung von Vietnam wie an die in Washington über den Umfang des Militäretats. Vor allem hat Lodge praktisch keinen offiziellen Kontakt zu Harkins. Lodge reicht Berichte mit wesentlichen Bezügen zu militärischen Dingen ein, ohne sie Harkins zu zeigen, und legt Harkins auch die eingehenden Berichte nicht vor. Ich habe den Eindruck, daß Lodge einfach nicht weiß, wie man eine Verwaltung einheitlich leitet. Das haben ihm natürlich Dean Rusk und ich (und auch John McCone) klipp und klar gesagt, und ich glaube nicht, daß er unsere Ratschläge bewußt mißachtet; er ist eben sein ganzes Leben lang auf eigene Faust vorgegangen und kann sich wohl nicht mehr ändern.

Lodges neuernannter Stellvertreter David Nes war bei uns, er scheint ein äußerst fähiger Teamworker zu sein. Ich habe ihm frei heraus erklärt, wie die Dinge liegen, und er sagte, er wolle alles in seiner Macht Stehende tun und

etwas auf die Beine stellen, was im Endeffekt einem unter der Botschafterebene arbeitenden Vollzugsausschuß gleichkommen würde.
Was die schwerwiegenden Unzulänglichkeiten in der Berichterstattung angeht, so müssen sowohl Verteidigung wie CIA wirksame Maßnahmen ergreifen, daß dies anders wird. John McCone und ich haben das besprochen, und jeder wird in seinem Bereich energisch darauf hinwirken.
4. DIE FORTSCHRITTE DES VIETKONG sind seit dem Staatsstreich groß, wobei sich die Lage, soviel mir bekannt ist, auf dem Lande seit Juli in wesentlich stärkerem Maße verschlechtert hat, als wir uns aufgrund unserer übermäßigen Abhängigkeit von der verzerrenden vietnamesischen Berichterstattung vorgestellt hatten. Der Vietkong kontrolliert heute sehr große Teile der Bevölkerung in bestimmten Schlüsselprovinzen, namentlich solchen südlich und westlich von Saigon. Das »Strategic Hamlet Program« ist in diesen Provinzen ernstlich überstrapaziert worden, und der Vietkong konnte viele Dörfer zerstören, wohingegen andere verlassen oder in einigen Fällen vom Selbstschutzkorps der Regierung selbst verraten oder geplündert worden sind. In diesen Schlüsselprovinzen hat der Vietkong fast alle größeren Straßen zerstört und treibt nach Belieben Steuern ein.
Um hier Abhilfe zu schaffen, müssen wir die Regierung dazu bringen, ihre Streitkräfte umzugruppieren, so daß ihre Effektivstärke in diesen Provinzen im wesentlichen verdoppelt wird. Ebenso müssen wir sowohl die militärischen wie auch die USOM-Stäbe stärkemäßig auf einen Stand bringen, der uns eine zuverlässige, unparteiische Bewertung des Standes der Operationen aus US-Sicht gibt. Drittens müssen realistische Befriedungsprogramme ausgearbeitet werden, die uns genügend Zeit zur Sicherung der unter Regierungskontrolle verbliebenen Gebiete und zu Operationen von dort aus verschaffen.
Dieses düstere Bild herrscht hauptsächlich in den Provinzen um die Hauptstadt und im Delta vor. Um jedes dieser Ziele zu erreichen, wurden während unseres Aufenthalts in Saigon Aktionen in Angriff genommen. Die Lage in den nördlichen und mittleren Gebieten ist erheblich besser und scheint sich in den letzten Monaten nicht wesentlich verschlechtert zu haben. General Harkins hofft noch immer, bis zur zweiten Hälfte des nächsten Jahres dieses Gebiet einigermaßen sichern zu können.
In diesem düsteren Bild vom Süden könnte möglicherweise die Gewinnung der Cao-Dai- und der Hoa-Hao-Sekte für die Regierung in dem ansonsten erfolgreichen Trend des Vietkong eine Ausnahme sein. Die beiden Sekten zählen drei Millionen Menschen und beherrschen Schlüsselgebiete entlang der kambodschanischen Grenze. Die Hoa Hao haben bereits eine Art Vereinbarung getroffen, und von den Cao Dai erwartet man das gleiche bis Ende des Monats. Es ist allerdings nicht klar, ob von diesen Vereinbarungen mehr zu erwarten ist als eine Neutralisierung ihres Einflusses oder ob sie sich tatsächlich auf die Seite der Regierung schlagen werden.
5. DIE INFILTRATION von Menschen und Material aus Nord-Vietnam geht weiter: a) auf dem Landwege durch Laos und Kambodscha; b) über die Wasserwege des Mekong-Flusses von Kambodscha aus; c) möglicherweise über einen Zugang vom Meer und von der Spitze des Deltas her. Am wahrscheinlichsten ist die Annahme, daß 1000 bis 1500 Vietkong-Kader in den ersten neun Monaten des Jahres 1963 von Laos aus nach Süd-Vietnam eingedrungen sind.

Die Mekong-Route (und auch der mögliche Zugang von der See her) wird offensichtlich für schwere Waffen, Munition und Rohstoffe benutzt, die in zunehmender Zahl im Süden auftauchen und von denen wir einige Schiffsladungen erbeutet haben.

Um dieser Infiltration entgegenzuwirken, überprüften wir in Saigon verschiedene Pläne für grenzüberschreitende Operationen nach Laos hinein. Angesichts der vorgeschlagenen Größenordnung ist mir völlig klar, daß diese Operationen weder politisch akzeptabel noch militärisch effektiv sein würden. Zu allererst müßten wir das gesamte Grenzgebiet von Laos und Kambodscha unverzüglich durch U-2 kartographisch erfassen, und das bereiten wir mit aller Dringlichkeit vor.

Ein weiterer Schritt, den wir unternehmen können, ist die Ausweitung der bereits laufenden beschränkten, doch ausnehmend wirksamen Operationen auf der laotischen Seite, der sogenannten Operation HARDNOSE, damit wir uns wenigstens einigermaßen zuverlässige Feindnachrichten über Bewegungen entlang des gesamten laotischen Korridors verschaffen können. Pläne zur Ausweitung dieser Aktion werden ausgearbeitet und in ungefähr zwei Wochen zur Begutachtung vorgelegt. Bezüglich der Wasserwege waren die in Saigon vorgelegten militärischen Pläne unbefriedigend; eine Sondergruppe der Marine wird sofort von Honolulu entsandt, um zu bestimmen, was noch getan werden könnte. Das ganze System der Wasserwege ist jedoch so ausgedehnt, daß eine wirksame Überwachung wohl unmöglich ist.

Im großen gesehen tritt das Infiltrations-Problem, so ernst und ärgerlich es ist, hinter den oben besprochenen Hauptproblemen zurück. Wir sollten dennoch alles daransetzen, es zu verringern.

6. PLÄNE FÜR VERDECKTE AKTIONEN NACH NORD-VIETNAM HINEIN wurden wunschgemäß erstellt und sind ein ausgezeichnetes Stück Arbeit. Sie bieten eine Vielfalt von psychologischen und Sabotageaktionen gegen Nord-Vietnam, unter denen wir all jene auswählen sollten, die bei einem minimalen Risiko einen maximalen Druck versprechen. Gemäß Ihrer Direktive auf der Konferenz hat General Krulak von den Vereinigten Stabschefs den Vorsitz einer Gruppe übernommen, die Ihnen in den nächsten zehn Tagen ein Programm zur Prüfung unterbreiten wird.

7. EINE MÖGLICHE NEUTRALISIERUNG VIETNAMS findet bei Minh heftigen Widerstand, während unsere Haltung durch Leitartikel der *New York Times* und durch Äußerungen von Walter Lippmann und anderen etwas belastet ist. Wir beruhigten sie darüber, so gut wir konnten – und in etwas allgemeineren Wendungen auch über die Neutralisierung von Kambodscha. Ich würde Ihnen empfehlen, Minh eine offizielle Neujahrsbotschaft des Präsidenten zu übermitteln, was Ihnen auch Gelegenheit gäbe, die Notwendigkeit einer starken zentralen Führung durch die Regierung und namentlich durch Minh selber zu betonen.

8. DEN US-NACHSCHUB AN MANNSCHAFTEN UND MATERIAL wesentlich zu verstärken, würde keinen Nutzen bringen. Ich habe eine bescheidene Verstärkung der Artillerie und die Lieferung von Uniformen für das Selbstschutzkorps angeordnet, das die exponierteste Truppe ist und unter schlechter Moral leidet. Vielleicht noch wichtiger ist meine Anordnung an die Ministerien der einzelnen Waffengattungen, die Qualität der von uns nach Vietnam entsandten Leute

gründlich zu überprüfen. Sie scheint erheblich unter die hohen Maßstäbe abgesunken zu sein, die bei den Einberufungen von 1962 ursprünglich angelegt worden waren. Die Vereinigten Stabschefs stimmen mit mir darin überein, daß wir unsere besten Leute hinüberschicken müssen.

SCHLUSSFOLGERUNGE. Meine Lageeinschätzung mag allzu pessimistisch sein. Lodge, Harkins und Minh würden mir wahrscheinlich in bestimmten Punkten recht geben, aber der Meinung sein, daß es im Januar spürbar besser wird. Wir sollten die Lage sorgsam überwachen, die Gegenwart beachten, das Beste erhoffen, doch bereit zu durchschlagenderen Maßnahmen sein, wenn die Lage nicht bald Anzeichen der Besserung zeigt.

Nr. 62 1964er Memorandum der Vereinigten Stabschefs über eine mögliche Ausweitung des Krieges

Memorandum von General Maxwell D. Taylor, Vorsitzender der Vereinigten Stabschefs, an Verteidigungsminister McNamara, 22. Jan. 1964: »Vietnam und Südostasien«.

1. Das National Security Action Memorandum Nr. 273 macht die Entschlossenheit des Präsidenten deutlich, den Sieg über den von außen gesteuerten und unterstützten Aufstand in Süd-Vietnam sicherzustellen. Um diesen Sieg zu erringen, sind die Vereinigten Stabschefs der Meinung, daß sich die Vereinigten Staaten zur Aufgabe vieler selbstauferlegter Beschränkungen, die unsere Anstrengungen heute noch begrenzen, und zu gewagteren Unternehmungen bereitfinden müssen, die vielleicht mit größeren Risiken verbunden sind.

2. Die Vereinigten Stabschefs sind in zunehmendem Maße der Tatsache eingedenk, daß unser Schicksal in Vietnam ein untrügliches Barometer für unser Schicksal in ganz Südostasien ist. Unserer Ansicht nach würde ein Erfolg unseres Programms in Süd-Vietnam die gesamte südostasiatische Lage weitgehend stabilisieren. Umgekehrt würde der Verlust Süd-Vietnams an die Kommunisten eine baldige Aushöhlung unserer restlichen Positionen in diesem Subkontinent signalisieren.

3. Laos, das heute auf sehr brüchigen Fundamenten steht, würde die Aufrichtung eines kommunistischen – oder pseudoneutralistischen – Staates an seiner östlichen Flanke nicht überstehen. Thailand, infolge des Ausfalls von Premierminister Sarit heute weniger stark als noch vor einem Monat, würde wahrscheinlich dem Infiltrationsdruck vom Norden nicht widerstehen können, falls Laos seinerseits vor den Kommunisten in die Knie geht. Kambodscha rechnet sich offenbar aus, daß unsere Aussichten in Süd-Vietnam nicht erfolgversprechend sind, und scheint, von den Aktionen der Franzosen ermutigt, bereits ein Arrangement mit den Kommunisten zu suchen. Sollten wir tatsächlich in Süd-Vietnam unterliegen, besteht wenig Anlaß zu dem Glauben, Kambodscha würde auch nur den Schein einer Neutralität aufrechterhalten.

4. Insgesamt gesehen würde ein Fehlschlag unserer Programme in Süd-Vietnam die Meinung Burmas, Indiens, Indonesiens, Malaysias, Japans, Taiwans, der Republik Korea und der Republik der Philippinen von unserer Beständigkeit,

unserer Entschlossenheit und unserer Glaubwürdigkeit schwer belasten. Wenn man schließlich bedenkt, daß dies der erste wirkliche Test für unsere Entschlossenheit ist, die sogenannten Nationalen Befreiungskriege der Kommunisten niederzuschlagen, so ist die Schlußfolgerung wohl nicht von der Hand zu weisen, daß sich eine Niederlage entsprechend ungünstig auf unser Ansehen in Afrika und in Lateinamerika auswirken würde.

5. All dies unterstreicht die lebenswichtige Stellung, die Süd-Vietnam heute in unserer weltweiten Konfrontation mit den Kommunisten einnimmt, und die Unerläßlichkeit eines möglichst raschen und günstigen Abschlusses des dortigen Konflikts. Es wäre jedoch unrealistisch zu glauben, daß sich eine restlose Unterdrückung des Aufstandes in einem oder auch nur in zwei Jahren bewerkstelligen ließe. Die britischen Bemühungen in Malaysia sind ein neues Beispiel für die Bekämpfung von Aufständen. Dort hat man nahezu zehn Jahre gebraucht, bis die Masse der ländlichen Bevölkerung unter Regierungskontrolle gebracht werden, die Polizei die Ordnung wiederherstellen und die Streitkräfte die Stützpunkte der Guerillakämpfer ausschalten konnten.

6. Die Vereinigten Stabschefs sind überzeugt, daß die Vereinigten Staaten entsprechend den im NSAM 273 niedergelegten Leitlinien dem Feinde unsere Entschlossenheit klarmachen müssen, den Vietnam-Feldzug zu einem siegreichen Abschluß zu bringen. Zu diesem Zwecke müssen wir uns auf ein Vorgehen in jedem von uns verlangten Ausmaß einrichten und dann, so gerüstet, daran gehen, die Schritte zu unternehmen, die zum sicheren und schnellen Erreichen unserer Ziele notwendig sind.

7. Im übrigen dürfen wir unsere Überlegungen nicht ausschließlich auf Süd-Vietnam allein beschränken. Unsere bisher in diesem Kriege gesammelten Erfahrungen führen uns zu dem Schluß, daß wir in dieser Hinsicht zur Zeit den größeren Problemen Südostasiens nicht die gebührende Aufmerksamkeit widmen. Die Vereinigten Stabschefs glauben, daß unsere Position in Kambodscha, unsere Haltung gegenüber Laos, unsere Aktionen in Thailand und unsere großen Anstrengungen in Süd-Vietnam nicht Ausdruck einer angemessenen und geschlossenen US-Politik für Südostasien sind. Die US-Ziele in Südostasien lassen sich weder durch ökonomische, noch lassen sie sich durch politische oder militärische Maßnahmen allein erreichen. Alle drei Bereiche müssen zu einem einzigen, weitgefächerten US-Programm für Südostasien zusammengefaßt werden. Die in diesem Memorandum empfohlenen Maßnahmen sind nur *ein* Beitrag zu einem solchen Programm.

8. Zur Zeit führen wir und die Südvietnamesen den Krieg nach den Bedingungen des Feindes. Er bestimmt Ort, Zeit und Taktik der Schlacht, während unsere Aktionen im wesentlichen reaktiv sind. Ein Grund dafür ist die Tatsache, daß wir uns verpflichtet haben, unter selbstauferlegten Beschränkungen vorzugehen, mit Rücksicht auf die gravierende Hilfe für den Vietkong von außen. Diese Beschränkungen umfassen das Gebot, die Kriegführung auf das Gebiet von Süd-Vietnam begrenzt zu halten, die Unterlassung eines direkten Einsatzes von US-Kampfverbänden und die Limitierung unserer Kriegführung auf die Beratung der Regierung von Vietnam. Zwar erleichtern uns diese Beschränkungen die Verteidigung unserer internationalen Stellung, doch laufen sie alle darauf hinaus, die Aufgabe in Vietnam komplexer, zeitraubender und letztlich kostspieliger zu machen. Diese selbstauferlegten Beschränkungen komplizieren

aber nicht nur unser eigenes Problem, sie könnten darüber hinaus unseren Feinden sehr wohl Zeichen von Unentschlossenheit signalisieren und sie zu stärkeren Anstrengungen und größeren Risiken ermutigen. Eine Änderung in unserer Haltung und die Aufnahme eines energischeren Programms würde unsere Fähigkeit, den Grad, an welchem die Eskalation eintritt, zu kontrollieren, außerordentlich erhöhen. Es steht zu vermuten, daß es sich die Kommunisten aufgrund der ökonomischen und landwirtschaftlichen Mißerfolge, unter denen das kommunistische China zu leiden hat, plus der gegenwärtigen Kluft zwischen ihnen und den Sowjets zweimal überlegen werden, ob sie sich auf ein großangelegtes militärisches Abenteuer in Südostasien einlassen sollen.

9. In bezug auf Operationen außerhalb Süd-Vietnams sind sich die Vereinigten Stabschefs klar darüber, daß der Brennpunkt der Rebellenbekämpfung in Süd-Vietnam selber liegt und daß der Krieg mit Gewißheit in erster Linie in den Seelen des vietnamesischen Volkes geführt und gewonnen werden muß. Gleichzeitig ist die den Vietkongs zur Zeit von außerhalb des Landes zukommende Hilfe an Menschen, Material, Beratung und Führung groß genug, um sowohl als Hilfe wie als Ermutigung für den Vietkong ins Gewicht zu fallen. Es ist unsere Überzeugung, daß sich der Charakter des Krieges in Süd-Vietnam wesentlich und zu unseren Gunsten ändern ließe, wenn die Unterstützung des Aufstandes von außerhalb Süd-Vietnams in Form von taktischer Führung, Mannschaften und Material völlig gestoppt werden könnte. Aufgrund dieser Überzeugung sind wir vollauf für die Durchführung der verdeckten Aktionen gegen Nord-Vietnam, die Sie neulich dem Präsidenten vorgeschlagen haben. Wir meinen jedoch, es wäre unbegründet, daraus zu folgern, daß diese Anstrengungen die kommunistische Entschlossenheit zur Unterstützung des Aufstands entscheidend beeinflussen werden; und wir sind der Ansicht, daß wir uns deshalb voll und ganz auf einen viel höheren Leistungsgrad einrichten müssen, nicht nur, weil dies taktisch Nutzen bringt, sondern um unseren Freunden wie unseren Feinden unsere Entschlossenheit klarzumachen.

10. Demgemäß halten die Vereinigten Stabschefs dafür, daß die Vereinigten Staaten Vorsorge treffen müssen, in Südostasien immer drastischere Aktionen durchzuführen; und zwar mit besonderem Bezug auf Vietnam:

a) dem US-Oberkommandierenden Verantwortlichkeiten für das gesamte US-Programm in Vietnam zu übertragen;

b) die Regierung von Vietnam zur zeitweiligen Übertragung der taktischen Kriegführung an den US-Oberkommandierenden zu veranlassen;

c) den Oberkommandierenden der Vereinigten Staaten mit der vollen Verantwortung für die Durchführung des Programms gegen Nord-Vietnam zu betrauen;

d) Laos und Kambodscha so ausgiebig zu überfliegen, wie das zur Erlangung von Feindnachrichten notwendig ist;

e) die Regierung von Vietnam zur Durchführung geheimer Bodenoperationen zu veranlassen, die umfangreich genug sind, den Zustrom von Menschen und Material nach Süden zu erschweren.

f) die Regierung von Vietnam zu bewaffnen, auszurüsten, zu beraten und zu unterstützen in der Durchführung von Bombardierung kritischer Ziele in Nord-Vietnam und in der Verminung der Zugänge zu diesem Land von der See her;

g) die Regierung von Vietnam in der Durchführung von großangelegten Stoßtruppunternehmen gegen kritische Ziele in Nord-Vietnam zu beraten und zu unterstützen.
h) Luftangriffe auf nordvietnamesische Schlüsselziele durch US-Maschinen durchzuführen, die unter vietnamesischer Flagge fliegen, für welche Aktionen die Vietnamesen auch öffentlich die Verantwortung übernehmen;
i) notfalls weitere US-Truppen zur Unterstützung der Kampfhandlungen innerhalb Süd-Vietnams einzusetzen;
j) notfalls US-Truppen in direkten Aktionen gegen Nord-Vietnam einzusetzen.
11. Es ist unsere Überzeugung, daß einige oder auch alle vorgenannten Aktionen zur Stärkung unserer Stellung in Südostasien erforderlich sind. Die letzten Monate haben gezeigt, daß wir wesentlich größere Anstrengungen machen müssen, wenn die Ziele der USA erreicht werden sollen.
12. Die Umgruppierung der Regierung nach dem Staatsstreich in Saigon sollte sehr bald abgeschlossen werden, damit wir uns davon ausgehend ein Urteil bilden können, wie stark die vietnamesische Regierung sein wird und wieviel Lasten sie selber zu tragen imstande ist. Außerdem wird die jetzt beginnende dreimonatige Trockenzeit den Vietnamesen Gelegenheit geben zum Beweis ihrer Fähigkeit, die mißliche Lage im Mekong-Delta zu wenden. Die Vereinigten Stabschefs werden diese wichtigen Entwicklungen genau verfolgen und Ihnen nach und nach die Durchführung jener obengenannten Aktionen empfehlen, die wir für militärisch erforderlich halten, unter der Voraussetzung, daß die damit verbundenen Risiken in jedem Falle eingehend geprüft werden.
13. Die Vereinigten Stabschefs sind der Ansicht, daß die strategische Bedeutung Vietnams und Südostasiens die Vorbereitungen auf die genannten Aktionen rechtfertigen und schlagen vor, den Inhalt dieses Memorandums mit dem Außenminister zu besprechen.

Nr. 63 McNamara-Bericht von 1964 über Maßnahmen zur Änderung des Kriegsverlaufs

Auszüge aus dem Memorandum »Süd-Vietnam« von Verteidigungsminister McNamara an Präsident Johnson, 16. März 1964

I. Kriegsziele in Süd-Vietnam

Wir streben ein unabhängiges, nicht-kommunistisches Süd-Vietnam an. Wir verlangen nicht, daß es dem Westen als Stützpunkt diene oder ein Mitglied des westlichen Bündnisses werde. Es muß Vietnam jedoch freistehen, zur Aufrechterhaltung seiner Sicherheit erforderlichenfalls Hilfe von außen anzunehmen. Diese Hilfe sollte möglichst nicht nur in Form von wirtschaftlichen und sozialen Pressionen gegeben werden, sondern auch polizeiliche und militärische Hilfe zur Ausrottung und Bekämpfung aufständischer Elemente umfassen.
Wenn wir dieses Ziel in Süd-Vietnam nicht erreichen, wird voraussichtlich ganz Südostasien unter kommunistische Herrschaft geraten (ganz Vietnam, Laos und Kambodscha), sich mit den Kommunisten arrangieren, um einen wirksamen US- und antikommunistischen Einfluß zu beseitigen (Burma), oder unter

die Herrschaft von Truppen fallen, die zwar heute noch nicht ausgesprochen kommunistisch sind, es dann aber sehr wahrscheinlich sein werden (wenn Indonesien in Malaysia die Macht übernimmt). Thailand hielte sich mit unserer Hilfe vielleicht noch einige Zeit, würde aber unter schwerem Druck stehen. Selbst die Philippinen würden ins Wanken geraten, und die Bedrohung Indiens im Westen, Australiens und Neuseelands im Süden und Taiwans, Koreas und Japans im Norden würde erheblich wachsen.

Alle diese Folgen wären wahrscheinlich auch eingetreten, selbst wenn sich die Vereinigten Staaten seit 1954 und besonders seit 1961 in Süd-Vietnam nicht so stark engagiert hätten. Diese Tatsache unterstreicht jedoch nur die Bedeutung, die ein kommunistisches Süd-Vietnam nicht nur für Asien, sondern auch für die übrige Welt hat, wo der Süd-Vietnam-Konflikt als Testfall für die Fähigkeit der Vereinigten Staaten gilt, einer Nation in ihrer Abwehr eines »Befreiungskrieges« Hilfe zu leisten. So ist, um ganz in der Sprache der Außenpolitik zu bleiben, der Einsatz hoch. Er wird noch größer infolge innenpolitischer Faktoren.

II. Die gegenwärtige US-Politik in Süd-Vietnam

Wir versuchen zur Zeit, Süd-Vietnam mit Mitteln, die knapp unterhalb der Grenze eines uneingeschränkten Einsatzes von US-Kampfverbänden liegen, zum Sieg über die vom Norden unterstützten Vietkongs zu verhelfen. Unser Vorgehen gegen Nord-Vietnam beruht lediglich auf einem sehr bescheidenen, »verdeckten« Programm, das von Südvietnamesen (und einigen National-Chinesen) ausgeführt wird – einem derart begrenzten Programm, daß es wohl kaum ein durchschlagendes Ergebnis zeitigen dürfte. In Laos arbeiten wir im großen und ganzen noch immer im Rahmen der Genfer Abmachungen von 1962. In Kambodscha sind wir immer noch bestrebt, Sihanouk davon abzuhalten, daß er von seiner Neutralität (oder was immer davon übrig ist) abläßt und seine Drohung, er werde sich mit Hanoi und Peking arrangieren, wahrmacht. Aufgrund dieser Politik mußten wir und die südvietnamesische Regierung die ausgedehnte Ausnützung kambodschanischen und laotischen Territoriums durch den Vietkong als Zuflucht wie als Infiltrations-Durchgangsgebiete hinnehmen.

III. Die gegenwärtige Lage in Süd-Vietnam

Die wesentlichen Elemente der gegenwärtigen Lage sind folgende:
A. Die militärische Ausrüstung und die Konzeptionen der US- und südvietnamesischen Anstrengungen sind im allgemeinen solide und ausreichend. (Mr. McCone betont, daß das Programm der USA und der südvietnamesischen Regierung so lange nicht als voll befriedigend anzusehen ist, als es den Vietkongs eine Zufluchtsmöglichkeit in Kambodscha und einen auch weiterhin ununterbrochenen und ungestörten Nachschub an Versorgung und Verstärkung von Nord-Vietnam aus durch Laos gestattet.) Wesentlich mehr ließe sich beim effektiven Einsatz von Truppen und auf dem wirtschaftlichen und kommunalen Gebiet leisten. Für diese Verbesserungen mögen da und dort einige Erhöhungen der US-Präsenz vonnöten sein, doch ist es unwahrscheinlich, daß unter der

gegenwärtigen Politik ein größerer Ersatz an Ausrüstung und Mannschaftsverstärkungen angezeigt ist.

B. Die US-Politik der Verringerung bereits vorhandener Mannschaften dort, wo Südvietnamesen in der Lage sind, Funktionen zu übernehmen, ist immer noch begründet. Ihre Anwendung wird in der nächsten Zukunft zu keinen größeren Kürzungen führen, doch wird die Weiterführung dieser Politik als solcher den USA und der Welt nachhaltig vor Augen führen, daß wir diesen Krieg auch weiterhin als einen Konflikt betrachten, den die Süd-Vietnamesen gewinnen und für den sie letztlich die Verantwortung übernehmen müssen. Ansehnliche Verminderungen der Zahl des militärischen Ausbildungspersonals sollten vor Ende 1965 möglich sein. Doch sollten die Vereinigten Staaten immer und immer wieder betonen, daß sie jede erforderliche Hilfe leisten und jeden gewünschten Rat zur Durchführung dieser Sache erteilen werden, ganz gleich, wie lange sie dauert.

C. Die Lage hat sich fraglos verschlechtert, zumindest seit September:

1. Was die Regierungskontrolle auf dem Lande betrifft, so stehen etwa 40 Prozent des Staatsgebiets unter Kontrolle oder unter dem vorwiegenden Einfluß des Vietkong. In 22 von 43 Provinzen kontrolliert der Vietkong 50 Prozent des Landgebiets und mehr, darunter 80 Prozent von Phuoc Tuy, 90 Prozent von Binh Duong, 75 Prozent von Hau Nghia, 90 Prozent von Long An, 90 Prozent von Kien Tuong, 90 Prozent von Dinh Tuong, 90 Prozent von Kien Hoa und 85 Prozent von An Xuyen.

2. Große Bevölkerungsgruppen zeigen heute Anzeichen von Apathie und Gleichgültigkeit, auch gibt es Anzeichen von Frustration innerhalb des US-Kontingents ...

a. Die Desertions-Raten der südvietnamesischen Regierungs- und paramilitärischen Truppen, namentlich der letztgenannten, sind hoch und steigen weiter an.

b. Die Drückebergerei ist groß, während der Vietkong energisch und erfolgreich Leute aushebt.

c. Die Moral der Dorfmilizen und des Selbstschutzkorps, von denen die Sicherheit der Dörfer abhängt, ist schlecht und sinkt weiter ab.

3. In den letzten 90 Tagen macht sich die Schwächung der Regierungsposition besonders stark bemerkbar ...

4. Das von Saigon aus bis zu den Dörfern reichende politische Machtgefüge ist als Folge des November-Putschs verschwunden ...

5. Die schon immer bedeutsame nordvietnamesische Hilfe hat sich verstärkt ...

D. Die schwächste Stelle im Augenblick ist die zweifelhafte Lebensfähigkeit der Khanh-Regierung. Khanh selbst ist auf seinem Gebiet ein sehr fähiger Mann, hat aber bisher noch keine weitreichende politische Anziehungskraft, auch ist nicht einmal sicher, ob er die Armee in der Hand hat ...

E. Auf der Habenseite finden wir in der bisherigen Arbeit der Khanh-Regierung viele ermutigende Zeichen. Obwohl sie nur eine schmale Basis hat, zeigt sie sich doch sehr empfänglich für US-Vorschläge und beweist ein gutes Verständnis für die Grundelemente der Ausrottung des Vietkong ...

2. Vergeltungs-Aktionen. Zum Beispiel:

a) Offene Aufklärungsflüge in großer und/oder niedriger Höhe durch US- oder *Farmgate*-Flugzeuge über Nord-Vietnam als Hilfe bei der Lokalisierung und Identifizierung der Ausgangspunkte auswärtiger Hilfe für den Vietkong.

b) Vergeltungsschläge und Stoßtruppunternehmen auf der Basis »Wie-du-mir-so-ich-dir« durch die südvietnamesischen Regierungstruppen gegen nordvietnamesische Ziele (Verkehrsknotenpunkte, Ausbildungslager, Infiltrations-Wege usw.)
c) Luftminenabwurf durch südvietnamesische Flugzeuge (unter Umständen mit US-Unterstützung) auf die größeren nordvietnamesischen Häfen.
3. Gestaffelter offener militärischer Druck durch südvietnamesische und US-Streitkräfte.
Dieses Programm würde über ein Reagieren auf der Basis »Wie-du-mir-so-ich-dir« hinausgehen. Es würde Luftangriffe auf militärische und vielleicht auch Industrie-Ziele einschließen. Das Programm würde die vereinten Kapazitäten der südvietnamesischen Luftwaffe und des US-*Farmgate*-Geschwaders ausnutzen, wobei die letztgenannte durch drei Geschwader von B-57ern, die zur Zeit in Japan sind, verstärkt werden würde. Bevor dieses Programm ausgeführt werden könnte, müßte für eine zusätzliche Luftabwehr in Süd-Vietnam gesorgt und US-Truppen im Pazifik für eine mögliche Eskalation in Bereitschaft gehalten werden. Die Analyse der gewichtigeren dieser militärischen Handlungen (von 2 [b] aufwärts) zeigte die äußerst delikate Natur solcher Operationen vom militärischen wie vom politischen Standpunkt aus. Es würde sich das Problem ergeben, wie man den Fall so darstellen kann, daß eine solche Aktion gerechtfertigt erscheint; das Problem der kommunistischen Eskalation und das Problem, wie man mit dem Drängen auf vorzeitige und »gezinkte« Verhandlungen fertig werden soll. Wir müßten die Wirkung solcher militärischer Handlungen gegen eine spezifisch politische Zielsetzung abwägen. Diese Zielsetzung, wiewohl mit der Absicht aufgestellt, die nordvietnamesische Kontrolle und die Führung des Aufstandes zu beseitigen, würde sich praktisch auf einen Zusammenbruch der Moral und des Selbstbewußtseins der jetzt in Süd-Vietnam operierenden Vietkong-Kader und auf die Stärkung der Moral des Khanh-Regimes richten. Wir könnten natürlich nicht dafür garantieren, daß sich unsere Ziele im praktischen Bereich unserer Möglichkeiten auf jeden Fall erreichen lassen. Außerdem – und das ist vielleicht am wichtigsten –: Solange die Khanh-Regierung ihre Stellung nicht gefestigt hat und vor allem, solange sie keine merklichen Fortschritte im Süden macht, trägt eine offene Ausdehnung der Operationen in den Norden hinein das Risiko in sich, von einer äußerst schwachen Basis aus geführt zu werden, die in jedem Augenblick zusammenbrechen kann. Damit würde der Stand der politischen Konfrontation eher verschlimmert als verbessert.
Die Kehrseite der Medaille ist, daß die junge Khanh-Regierung (zwei Worte unleserlich) Verstärkung einigermaßen gewichtiger Herkunft gegen den Norden und ohne (Worte unleserlich) das In-Country-Programm, selbst bei der in Abschnitt (Worte unleserlich) diskutierten Ausweitung, nicht zur Eindämmung der Flut ausreichen dürfte.
(Worte unleserlich) Gleichgewicht, es sei denn bis zu dem in Abschnitt V unten vorgeschlagenen Ausmaß, (Wort unleserlich) ich zur Zeit gegen die Einleitung offener südvietnamesischer und/oder US-Militär-(Wort unleserlich) gegen Nord-Vietnam.
C. Erste Schritte zur Verbesserung der Lage in Süd-Vietnam. Es gab und gibt gute Gründe für die Beschränkungen, die uns die gegenwärtige Politik auferlegt: Die Südvietnamesen müssen den Kampf selber gewinnen – eine großan-

gelegte US-Intervention und/oder südvietnamesische Aktionen gegen den Norden würden die wichtigsten Verbündeten wie auch andere Nationen beunruhigen usw. Auf alle Fälle ist es lebenswichtig, daß wir auch weiterhin jede vertretbare Maßnahme zur Sicherung eines Erfolgs in Süd-Vietnam ergreifen. Unsere Politik steht nicht vor der Wahl eines »Entweder-Oder« zwischen diesem Vorgehen und möglichen Pressionen gegen den Norden; ersteres ist unabdingbar und ohne Bezug zu unserer Entscheidung hinsichtlich der letzteren. Die letzteren können bestenfalls der ersteren Nachdruck verleihen.
Es folgen nun die Schritte, die nach unserer Meinung zur Verbesserung der Lage in nächster Zukunft wie über einen längeren Zeitraum hin ergriffen werden können. Um zu verdeutlichen, daß eine neue Phase begonnen hat, sollte man die von der Khanh-Regierung zu ergreifenden Maßnahmen etwa als »Süd-Vietnams Nationales Mobilisierungs-Programm« oder ähnlich bezeichnen.

Die US-Grundhaltung

1. Die USA müssen weiterhin auf allen Ebenen mit Nachdruck deutlich machen, daß wir bereit sind, so lange Hilfe und Unterstützung zu gewähren, bis der Aufstand unter Kontrolle gebracht ist.
2. Die USA müssen weiterhin auf allen Ebenen deutlich machen, daß wir die Khanh-Regierung vollauf unterstützen und entschieden gegen jeden weiteren Putsch sind. Der Botschafter sollte alle einschlägigen Personen, einschließlich der Militärberater, dazu anhalten, Geheimdienst-Informationen über mögliche Staatsstreiche unverzüglich zu melden, wobei es dem Botschafter überlassen bleiben muß, ob er solche Meldungen an Khanh weitergeben will. Wir müssen uns jedoch darüber klar sein, daß unsere Möglichkeiten zur Aufdeckung und Verhütung eines von starken Militärkräften getragenen Putsches nicht groß sein würden.
3. Wir sollten den von Khanh soeben angekündigten Befriedungsplan (ausgeführt in Anhang B) voll unterstützen, insbesondere die ihm zugrundeliegende – nunmehr von vietnamesischer wie von US-Seite voll gebilligte – Theorie der Konzentration auf die am ehesten sicheren Gebiete und der von dort aus zu führenden militärischen Operationen zur Festigung der Sicherheit, gefolgt von zivilen und wirtschaftlichen Maßnahmen, die notwendig sind, um die Präsenz der Regierung deutlich fühlbar zu machen und für wirtschaftliche Fortschritte zu sorgen . . .

V. Mögliche spätere Aktionen

Wenn sich die Khanh-Regierung energisch durchsetzt und Vertrauen erweckt – ob nun nennenswerte Fortschritte erzielt worden sind oder nicht –, oder wenn wir untrügliche Nachrichten über eine fühlbare Steigerung des Waffennachschubs für den Vietkong aus dem Norden erhalten, würden wir vielleicht gern erneut und verstärkt Druck auf Nord-Vietnam ausüben. Wir sollten mit den Vorbereitungen, einer solchen Möglichkeit zu begegnen, jetzt beginnen. (Eine Analyse der Lage in Nord-Vietnam und im kommunistischen China findet sich im Anhang C). Vor allem sollten wir uns darauf einrichten, daß wir in der Lage sind, innerhalb von 72 Stunden die auf den Seiten 5 und 6 erwähnten »Grenzkontroll-«* und »Vergeltungs-Aktionen« auszulösen und uns darauf einstellen, innerhalb von dreißig Tagen das Programm des »Gestaffelten offenen militärischen Drucks« auslösen zu können. Die Überlegungen, die diesem Programm, das die Auslösung von Aktionen gegen Nord-Vietnam vorbereitet, zugrunde liegen, gehen von der Tatsache aus, daß die vietnamesische Regierung und die Bevölkerung im Süden selbst bei Fortschritten im Befriedungsplan einen sehr langwierigen Feldzug zu gewärtigen haben, der mit einer kriegsmüden Nation im Rücken und gegen Vietkong-Kader geführt werden muß, die in hohem Maße von Kampfbereitschaft und Selbstvertrauen erfüllt sind.

In diesem Zusammenhang hat General Khanh erklärt, es sei sein oberstes Anliegen, im Süden eine feste Basis zu schaffen. Er ist für die Fortsetzung verdeckter Aktionen gegen Nord-Vietnam, möchte sich aber, solange die »Sicherheit des rückwärtigen Gebiets« nicht garantiert ist, auf keine offenen Aktionen gegen Norden einlassen.

Um die Durchsetzung der Befriedung zu beschleunigen und vor allem, um die Moral der Vietkong-Truppen zu zersetzen, kann es irgendwann einmal in Zukunft nötig werden, demonstrative Vergeltungsmaßnahmen gegen den Norden zu führen. Dabei könnte man entsprechend dem in Anhang D umrissenen Manöverplan vorgehen ...

VII. Empfehlungen

Ich schlage vor, daß Sie die einschlägigen Dienststellen der US-Regierung anweisen:

1. deutlich zu machen, daß wir bereit sind, Süd-Vietnam so lange Hilfe und Unterstützung zu gewähren, bis der Aufstand unter Kontrolle gebracht ist.
2. deutlich zu machen, daß wir die Khanh-Regierung voll und ganz unterstützen und gegen alle weiteren Putsche sind.
3. ein Programm der Nationalen Mobilisierung (einschließlich eines nationalen Dienstgesetzes) zu unterstützen, um Süd-Vietnam kriegsbereit zu machen.
4. den Vietnamesen bei der Auffüllung ihrer Streitkräfte (der regulären plus der paramilitärischen) um mindestens 50 000 Mann zu helfen.
5. den Vietnamesen bei der Schaffung eines beträchtlich erweiterten Zivil-Verwaltungs-Korps für die Arbeit auf Provinz-, Bezirks- und Gemeinde-Ebene zu helfen.
6. den Vietnamesen beim Ausbau und der Reorganisation der paramilitärischen Kräfte und der Erhöhung ihrer Löhnung zu helfen.
7. den Vietnamesen bei der Schaffung einer offensiven Guerilla-Streitmacht zu helfen.
8. der vietnamesischen Luftwaffe 25 A-1 H-Flugzeuge im Austausch gegen die jetzigen T-28 zu liefern.
9. der vietnamesischen Armee weitere M-113-Mannschafts-Panzerwagen (unter Zurückziehung der dort vorhandenen M-114er), weitere Flußboote und

* Unverzüglich sollte die Ermächtigung zu geheimen vietnamesischen Operationen nach Laos zum Zweck der Grenzkontrolle und einer »heißen Verfolgung« nach Laos erteilt werden. Eine Entscheidung über eine »heiße Verfolgung« nach Kambodscha sollte einem eingehenderen Studium unserer Beziehungen zu diesem Land vorbehalten bleiben.

weiteres Material im Wert von etwa fünf bis zehn Millionen Dollar zu liefern.
10. öffentlich das Düngemittel-Programm zu verkünden und es zu erweitern, so daß innerhalb von zwei Jahren eine Verdreifachung der bisher verfügbaren Düngemittel eintritt.
11. das Überfliegen der südvietnamesischen Grenzen durch US-Flugzeuge, die in großer Höhe fliegen, weiterhin zu genehmigen, ebenso wie »heiße Verfolgung« und die zum Zwecke der Grenzkontrolle vorgenommenen südvietnamesischen Bodenoperationen auf laotisches Gebiet. Weiter ausgreifende Operationen nach Laos mit Einheiten von mehr als Bataillonsstärke sollten nur nach Billigung durch Suvanna Phouma genehmigt werden. Operationen über die kambodschanische Grenze hinweg müßten vom Stand der Beziehungen zu Kambodscha abhängig gemacht werden.
12. unverzüglich Anstalten zu treffen, um im gegebenen Falle und in vollem Umfang innerhalb von 72 Stunden die laotischen und kambodschanischen »Grenzkontroll«-Aktionen (über die in Paragraph 11 genehmigten hinaus) und die »Vergeltungs-Aktionen« gegen Nord-Vietnam auslösen zu können und in der Lage zu sein, innerhalb von 30 Tagen das Programm des »Gestaffelten offenen militärischen Drucks« auf Nord-Vietnam in die Wege zu leiten.

Nr. 64 US-Erlaß über Vorbereitungen von eventuellen Vergeltungs-Aktionen

Auszüge aus dem National Security Action-Memorandum 288, »US-Ziele in Süd-Vietnam«, 17. März 1964, wie im Hauptteil der Pentagon-Studie vorgelegt. Die Worte in Klammern sind die der Studie. Der kursiv gedruckte Absatz ist die freie Wiedergabe aus der Feder eines der Autoren.

[Es ist die Politik der Vereinigten Staaten], unverzüglich Anstalten zu treffen, um im gegebenen Falle innerhalb von 72 Stunden im vollem Umfang die laotischen und kambodschanischen »Grenz-Kontroll-Aktionen« ... und die »Vergeltungs-Aktionen« gegen Nord-Vietnam auslösen zu können und um in der Lage zu sein, innerhalb von 30 Tagen das Programm des »Gestaffelten offenen militärischen Drucks« auf Nord-Vietnam in die Wege zu leiten ...
Wir streben ein unabhängiges, nicht-kommunistisches Süd-Vietnam an. Wir verlangen nicht, daß es dem Westen als Stützpunkt dient oder ein Mitglied des westlichen Bündnisses werde. Es muß Vietnam jedoch freistehen, zur Aufrechterhaltung seiner Sicherheit erforderlichenfalls Hilfe von außen anzunehmen. Diese Hilfe sollte möglichst nicht nur in Form von wirtschaftlichen und sozialen Pressionen gegeben werden, sondern auch polizeiliche und militärische Hilfe zur Ausrottung und Bekämpfung aufständischer Elemente umfassen.
Wenn wir dieses Ziel in Süd-Vietnam nicht erreichen, wird voraussichtlich ganz Südostasien unter kommunistische Herrschaft geraten (ganz Vietnam, Laos und Kambodscha), sich mit den Kommunisten arrangieren, um einen wirksamen US- und antikommunistischen Einfluß zu beseitigen (Burma), oder unter die Herrschaft von Truppen fallen, die zwar heute noch nicht ausgesprochen kommunistisch sind, es dann aber sehr wahrscheinlich sein werden (wenn Indonesien in Malaysia die Macht übernimmt). Thailand hielte sich mit unserer

Hilfe vielleicht noch einige Zeit, würde aber unter schwerem Druck stehen. Selbst die Philippinen würden ins Wanken geraten, und die Bedrohung Indiens im Westen, Australiens und Neuseelands im Süden und Taiwans, Koreas und Japans im Norden würde erheblich wachsen.

All diese Folgen wären wahrscheinlich auch eingetreten, wenn sich die Vereinigten Staaten seit 1954 und besonders seit 1961 in Süd-Vietnam nicht so stark engagiert hätten. Diese Tatsache unterstreicht jedoch nur die Bedeutung, die ein kommunistisches Süd-Vietnam nicht nur für Asien, sondern auch für die übrige Welt hat, wo der Süd-Vietnam-Konflikt als Testfall für die Fähigkeit der Vereinigten Staaten gilt, einer Nation in ihrer Abwehr eines »Befreiungskrieges« Hilfe zu leisten. So ist, um ganz in der Sprache der Außenpolitik zu bleiben, der Einsatz hoch. Er wird noch größer infolge innenpolitischer Faktoren.

Wir versuchen zur Zeit, Süd-Vietnam mit Mitteln, die knapp unterhalb der Grenze eines uneingeschränkten Einsatzes von US-Kampfverbänden liegen, zum Sieg über den vom Norden unterstützten Vietkong zu verhelfen. Unser Vorgehen gegen Nord-Vietnam beruht lediglich auf einem sehr bescheidenen »verdeckten« Programm, das von Süd-Vietnamesen (und einigen National-Chinesen) ausgeführt wird – einem derart begrenzten Programm, daß es wohl kaum ein durchschlagendes Ergebnis zeitigen dürfte.

Es gab und gibt einige gute Gründe für die Beschränkungen, die die gegenwärtige Politik uns auferlegt: Die Südvietnamesen müssen den Kampf selber gewinnen – eine großangelegte US-Intervention und/oder südvietnamesische Aktion gegen den Norden würden die wichtigsten Verbündeten wie auch andere Nationen beunruhigen usw. Auf alle Fälle ist es lebenswichtig, daß wir auch weiterhin jede vertretbare Maßnahme ergreifen, um einen Erfolg in Süd-Vietnam zu sichern.

Unsere Politik steht nicht vor der Wahl eines »Entweder-Oder« zwischen diesem Vorgehen und möglichen Pressionen gegen den Norden; erstere ist unabdingbar und ohne Zusammenhang mit unserer Entscheidung hinsichtlich der letzteren. Die letzteren können bestenfalls der ersteren Nachdruck verleihen ...

Viele der in den nachfolgenden Abschnitten beschriebenen Aktionen passen genau in den Rahmen des [Befriedungs-]Plans, wie er von Khanh verkündet worden ist. Wo immer es möglich ist, sollten wir uns bei unserem Drängen auf solche Aktionen an Khanhs eigene Formulierungen halten, so daß er einen vietnamesischen Plan ausführt und keinen von den Vereinigten Staaten verfügten ...

Unter den erwogenen, aber vorläufig verworfenen Alternativen ... waren offener militärischer Druck auf Nord-Vietnam, Neutralisierung, Rückkehr des amerikanischen Personals, Ausrüstung einer US-Kampfeinheit zur Sicherung des Gebiets von Saigon und eine volle Übernahme der Befehlsgewalt in Süd-Vietnam durch die Vereinigten Staaten. Im Zusammenhang mit diesem letztgenannten Vorschlag wurde gesagt, daß

... die Meinung aller ernstzunehmenden Leute in Saigon, mit denen wir zu tun haben, dahin gehe, daß die ungünstige psychologische Wirkung einer solchen Aktion ihren eventuellen militärischen Nutzen weit überwiegen würde.

Sie würde die gesamte Grundvorstellung, die Vietnamesen gewännen ihren eigenen Krieg, zunichte machen und der feindlichen Propaganda innerhalb wie außerhalb von Süd-Vietnam reichlich Nahrung geben.

Nr. 65 Telegramm des Präsidenten an Lodge über Möglichkeiten der Eskalation

Kabel von Präsident Johnson an Henry Cabot Lodge, Botschafter der Vereinigten Staaten in Saigon, 20. März 1964.

1. Wir haben Ihr 1776 eingehend gelesen, und ich werde das Außenamt bitten, daß Bill Bundy Sie mit den letzten Planungen über Mittel zur Anwendung von Druck und Gewalt gegen Nord-Vietnam versorgt. Ich höre, daß bei McNamaras Mission in Saigon darüber schon mit Ihnen gesprochen wurde. Da die Pläne aber vielschichtig sind, wären ausführliche Kommentare Ihrerseits von Nutzen. Wie wir in unseren früheren Botschaften übereinstimmend feststellten, wird eine Entscheidung über offene Kampfhandlungen vorerst zurückgestellt, da aus den Gesprächen, die von der McNamara-Mission mit General Khanh und Ihnen geführt wurden, darin Übereinkunft erzielt wurde, daß ein Vorgehen gegen den Norden zum gegenwärtigen Zeitpunkt verfrüht wäre. Wir haben [sic] teilen General Khanhs Standpunkt, daß die nächstliegende und wichtigste Aufgabe darin besteht, die südliche Basis zu stärken. Aus diesem Grund beruht unsere Planung für Aktionen gegen den Norden im Moment auf Überlegungen für den Eventualfall; das vordringliche Problem auf diesem Gebiet ist der Aufbau einer möglichst starken militärischen und politischen Ausgangsstellung für später möglich werdende Aktionen. Dazu kommt ein internationaler Grund, auf ein sofortiges offenes Losschlagen zu verzichten, da wir schon bald eine Kraftprobe zwischen den kommunistischen Parteien Chinas und der Sowjetunion erwarten und Aktionen gegen den Norden nach einer Kraftprobe zweckmäßiger sind als vorher. Sollten Sie aber wann auch immer meinen, daß mehr unmittelbare Aktionen dringend geboten seien, rechne ich damit, daß Sie mir Ihre Gründe dafür im einzelnen mitteilen und gleichzeitig Ihre Vorschläge über Form und Ausmaß einer solchen Aktion.

2. Was de Gaulle betrifft, so bin ich auch weiterhin der Ansicht, es wäre für Sie nützlich, wenn Sie nach Paris gingen, nachdem Bohlen einen ersten Versuch gemacht hat. (Das Außenministerium schickt Ihnen einen Instruktions-Entwurf für Bohlen, den ich noch nicht durchgesehen habe, zur Stellungnahme.) Es sollte möglich sein, in Saigon klarzumachen, daß Ihre Mission gerade den Zweck hat, die Idee einer Neutralisierung niederzuschlagen, wo immer sie ihr häßliches Haupt erhebt, und in dieser Hinsicht erscheint mir nichts wichtiger, als neutralistisches Gerede zu unterdrücken, wo immer wir können und durch alle Mittel, die wir haben. Ich habe selber Mansfield und Lippmann gegenüber diesen Standpunkt klargemacht, und ich werde jede öffentliche Gelegenheit wahrnehmen, unsere Position mit Festigkeit immer wieder zu vertreten. Vielleicht tragen Sie General Khanh meine Besorgnis gerade in diesem Punkte vor und hören sich an, was seine Ideen über das bestmögliche gemeinsame Pro-

gramm sind, um mit diesem Gerede in Saigon, in Washington und in Paris Schluß machen zu können. Ich nehme an, Sie haben General Khanh über Ihre Bemühungen in Paris auf dem laufenden gehalten. Wenn wir die Ergebnisse des Bohlen-Vorstoßes kennen, forschen Sie ihn vielleicht über Ihren Paris-Besuch aus.

Nr. 66 Entwurf einer Resolution über Aktionen in Südostasien für den Kongreß

Entwurf einer Resolution über Südostasien, 25. Mai 1964, wie im Hauptteil der Pentagon-Studie enthalten. Offensichtlich sind dies die wichtigsten der Paragraphen, denen der Kongreß zugestimmt hat.

Mit Rücksicht darauf, daß die Signatarmächte des Genfer Abkommens von 1954, unter ihnen die Sowjetunion, das kommunistische Regime in China und Vietnam, vereinbart haben, die Unabhängigkeit und territoriale Integrität von Süd-Vietnam, Laos und Kambodscha zu respektieren, und daß die Vereinigten Staaten, obwohl nicht Unterzeichner des Abkommens, erklärten, sie würden jede Wiederaufnahme von Kampfmaßnahmen als eine Verletzung des Abkommens mit ernster Sorge und als schwerwiegende Bedrohung des internationalen Friedens und der internationalen Sicherheit betrachten.
Mit Rücksicht darauf, daß das kommunistische Regime in Nord-Vietnam mit Hilfe und Unterstützung des kommunistischen Regimes in China seine Verpflichtungen aus diesem Abkommen systematisch mißachtet und sich an einer Aggression gegen die Unabhängigkeit und territoriale Integrität Süd-Vietnams beteiligt hat, und zwar – in Verfolgung eines systematischen Plans zur Beseitigung der Regierung von Süd-Vietnam – durch Stellung von Führung, Ausbildung, Mannschaften und Waffen zur Führung eines Guerilla-Krieges innerhalb Süd-Vietnams und durch rücksichtslosen Terror gegen die friedliche Bevölkerung dieses Landes.
Mit Rücksicht darauf, daß angesichts dieser kommunistischen Aggression und Subversion Regierung und Volk von Süd-Vietnam tapfer die Verteidigung ihrer Unabhängigkeit und territorialen Integrität in Angriff genommen haben und daß die Vereinigten Staaten auf Bitten dieser Regierung gemäß ihrer Erklärung von 1954 Militärberatung, Wirtschaftshilfe und militärische Ausrüstung geliefert haben.
Mit Rücksicht darauf, daß sich in den Genfer Abmachungen von 1962 die Vereinigten Staaten, die Sowjetunion, das kommunistische Regime in China, Nord-Vietnam und andere feierlich verpflichtet haben, die Souveränität, Unabhängigkeit, Neutralität, Einheit und territoriale Integrität des Königreichs Laos zu wahren.
Mit Rücksicht darauf, daß unter Verletzung dieser Verpflichtungen das kommunistische Regime in Nord-Vietnam mit Hilfe und Unterstützung des kommunistischen Regimes in China sich an dem Angriff auf die Unabhängigkeit, Einheit und territoriale Integrität von Laos beteiligt hat, und zwar durch die Bereitstellung von Truppen auf laotischem Gebiet, durch die Inanspruchnahme

dieses Gebiets für die Infiltration von Waffen und Ausrüstung nach Süd-Vietnam und durch Stellung von Führung, Mannschaften und Ausrüstung für ständige bewaffnete Angriffe auf die Regierung von (Worte unleserlich).
Mit Rücksicht darauf, daß angesichts dieser kommunistischen Aggression die Regierung der Nationalen Einheit und die nicht-kommunistischen Elemente in Laos sich bemüht haben, den für ihr Land in den Genfer Abmachungen von 1962 ins Auge gefaßten Zustand der Einheit, Unabhängigkeit und Neutralität aufrechtzuerhalten.
Mit Rücksicht darauf, daß die Vereinigten Staaten keine territorialen, militärischen oder politischen Ambitionen in Südost-Asien haben, sondern nur den Wunsch, daß die Völker von Süd-Vietnam, Laos und Kambodscha von ihren Nachbarn in Frieden gelassen werden, damit sie ihr Schicksal in die eigenen Hände nehmen können, und daß sie deshalb zum Ziele haben, den für diese Länder in den Genfer Vereinbarungen von 1954 und den Genfer Abmachungen von 1962 festgesetzten Status mit wirksamen Zwangsmaßnahmen wiederhergestellt zu sehen.
Mit Rücksicht darauf, daß es von entscheidender Wichtigkeit ist, der Welt voll und ganz begreiflich zu machen, daß das amerikanische Volk sich einig ist in der Entschlossenheit, alle Schritte zu tun, die notwendig sind, um den Völkern von Süd-Vietnam und Laos bei der Aufrechterhaltung ihrer Unabhängigkeit und politischen Integrität beizustehen –
– mögen Senat und Abgeordnetenhaus der Vereinigten Staaten von Amerika, die im Kongreß zusammengetreten sind, beschließen:
Daß die Vereinigten Staaten die Bewahrung der Unabhängigkeit und Unverletzlichkeit der südvietnamesischen und der laotischen Nation als lebenswichtig für ihr nationales Interesse und für den Weltfrieden betrachten.
Abschn. 2. Zu diesem Zwecke sind die Vereinigten Staaten, sofern der Präsident die Notwendigkeit für gegeben ansieht, bereit, auf Wunsch der Regierung von Süd-Vietnam oder der Regierung von Laos alle Maßnahmen einschließlich des Einsatzes bewaffneter Kräfte zu ergreifen, um der betreffenden Regierung in der Verteidigung ihrer Unabhängigkeit und territorialen Integrität gegen eine von irgendeinem kommunistischen Land unterstützte, kontrollierte oder geführte Aggression oder Subversion Hilfe zu leisten.
Abschn. 3. (a) Der Präsident wird hiermit ermächtigt, für die in dieser gemeinsamen Resolution beschlossene Hilfe im Haushaltsjahr 1964 nicht mehr als $ ... und im Haushaltsjahr 1965 nicht mehr als $ ... aller für die Ausführung der Bestimmungen des Auslandshilfegesetzes von 1961 (mit den gemäß den Bestimmungen dieses Gesetzes gemachten Ergänzungen) bereitgestellten Mitteln zu verwenden, es sei denn, daß diese gemeinsame Resolution anderweitige Regelungen vorsieht. Diese Ermächtigung ergeht zusätzlich zu anderen bestehenden Ermächtigungen über die Verwendung solcher Mittel.
(b) In Ausführung der Bestimmungen dieser gemeinsamen Resolution eingegangene Verpflichtungen können entweder aus den Mitteln für Militärhilfe oder aus Mitteln für andere Hilfsmaßnahmen bestritten werden, es sei denn, daß für die Titel I, III und IV aus Kapitel 2, Teil I des Auslandshilfegesetzes von 1961 (mit seinen Ergänzungen) zur Verfügung gestellte Mittel nicht zur Begleichung solcher Verpflichtungen verfügbar sein sollten.

(c) Ungeachtet anderer Bestimmungen des Auslandshilfegesetzes von 1961 (mit seinen Ergänzungen) kann der Präsident, wenn er es für die Sicherheit der Vereinigten Staaten und die Förderung der Ziele dieser gemeinsamen Entschließung für wichtig erachtet, die Verwendung von bis zu $ . . . . der unter Buchstaben (a) pro Haushaltsjahr 1964 und 1965 und der gedeckt durch Abschnitt 614 (a) des Auslandshilfegesetzes von 1961 (mit seinen Ergänzungen) bereitgestellten Mittel genehmigen, und er ist ermächtigt, aus solchen Mitteln bis zu $ . . . . in jedem dieser Jahre gemäß seinem Nachweis zu verwenden, daß die Verwendungsart solcher Mittel zu spezifizieren nicht ratsam sei, welcher Nachweis als ausreichend (Worte unleserlich) erachtet werden soll.
(d) Nach Festsetzung durch die Leiter aller Dienststellen, die aufgrund von Abschnitt 627 des Auslandshilfegesetzes von 1961 (mit seinen Ergänzungen) oder von sonstigen Bestimmungen dieses Gesetzes Personal für die von dieser gemeinsamen Entschließung vorgesehenen Hilfszwecke zur Verfügung stellen, können allen derart freigestellten Beamten und Angestellten Löhne und Gehälter zu anderen als den im Foreign Service Act von 1946 mit seinen Ergänzungen, vom Career Compensation Act von 1949 mit seinen Ergänzungen und dem Overseas Differentials and Allowances Act vorgesehenen Sätzen bis zu der für die Ausführung der Zwecke dieser gemeinsamen Entschließung erforderlichen Höhe zugestanden werden. (Anm. d. Übers.: Career Compensation Act – dem Sinne nach ein Laufbahn-Tarif-Gesetz. Overseas Differentials and Allowances Act – dem Sinne nach ein Gesetz zur Angleichung von Löhnen und Gehältern an die Lebensbedingungen in Übersee.) Der Präsident soll Vorschriften erlassen, nach welchen solche Lohn- und Gehaltssätze gewährt werden können. Außerdem kann der Präsident aus dem Foreign Service Act von 1946 (mit seinen Ergänzungen) solche Bestimmungen anwenden, von denen er meint, daß ihre Anwendung auf Personal aller Dienststellen, die Funktionen unter dieser gemeinsamen Entschließung ausüben, zweckmäßig ist.

Nr. 67 Telegramm von Taylor: Warnung vor der »Marsch nach Norden«-Kampagne

Auszüge aus dem Telegramm von Botschafter Taylor in Saigon an das Außenministerium, 25. Juli 1964

Die öffentliche Kampagne der Regierung von Süd-Vietnam für einen »Marsch nach Norden« (gemeldet in EMBTEL 201) kann mehrere Wege einschlagen. Angesichts der US-Kaltblütigkeit und aus Mangel an Beweisen für einen echten Rückhalt außerhalb gewisser militärischer Kreise hält sie sich vielleicht noch eine Zeitlang mühsam am Leben, obgleich sie dem Anschein nach wohl kaum ganz aufhören dürfte. Andrerseits bekommen es die Befürworter einer »Raschen Lösung« unter Umständen fertig, sie als einen wirksamen Zankapfel unbegrenzt am Leben zu erhalten, in welchem Falle dadurch wahrscheinlich eine wachsende Unzufriedenheit mit den US angeheizt wird (angenommen, wir geben ihr auch weiterhin keine Unterstützung), sehr zum Schaden unserer dienstlichen Beziehungen zur südvietnamesischen Regierung und infolgedessen

der letzten Erfolgschancen des Befriedungsprogramms für das Landesinnere. In solch einem Falle suchen vietnamesische Politiker innerhalb und außerhalb der Regierung, unfähig, ihre Frustration in einem »Marsch nach Norden« entladen zu können, möglicherweise andere Wundermittel in den verschiedensten Arten von Verhandlungsrezepten. General Khanh könnte in der Situation einen Vorwand oder eine Notwendigkeit zum Rücktritt sehen.
Schließlich kann dieses »Marsch nach Norden«-Fieber in einem Akt von Unbesonnenheit außer Kontrolle geraten – es braucht sich etwa nur ein Pilot selbständig zu machen und mit einer Bombenladung nach Hanoi zu starten –, was eine Ausweitung der Feindseligkeiten auslösen könnte zu einer Zeit und in einer Form, die den US-Interessen höchst abträglich sein müßte.
Angesichts dieser unguten Möglichkeiten schlagen wir ein Verfahren vor, das darauf abzielt, einige Dinge zu tun.
Wir würden versuchen, einen Frontalzusammenstoß mit der südvietnamesischen Regierung zu vermeiden, den die uneingeschränkte US-Opposition gegen die »Marsch nach Norden«-Kampagne mit sich bringen würde. Wir könnten dies tun, indem wir unsere Bereitschaft ausdrücken, an einer gemeinsamen Eventual-Planung teilnehmen, die auf verschiedene Formen erweiterter Operationen gegen die südvietnamesische Regierung (sic) abzielen. Eine solche Planung würde nicht nur dem gefährlich aufgestauten kriegslüsternen Dampf ein Ventil öffnen, sondern würde die Generäle zwingen, den harten Tatsachen, die hinter den Neonlichtern der »Marsch nach Norden«-Schlagworte verborgen sind, ins Gesicht zu sehen. Diese Planung würde auch den für die Stabilisierung dieser Regierung so dringend notwendigen Zeitgewinn erbringen und könnte eine nützliche Basis für militärische Operationen liefern, wenn dies irgendwann einmal in unserem Interesse liegen sollte. Schließlich würde sie den US auch zum erstenmal Gelegenheit zu einer freimütigen Diskussion mit Politikern der südvietnamesischen Regierung über die politischen Zielsetzungen geben, die sie als Endergebnisse einer militärischen Aktion gegen die Volksrepublik Vietnam im Auge haben ...
Es wäre allerdings wichtig, daß, wenn wir einen solchen Weg einschlagen, wir klar zu Protokoll geben, daß wir keine – ich wiederhole: keine Verpflichtung übernehmen, über solche Pläne hinauszugehen ...

Nr. 68 US-Note an Kanada über einzelne Punkte, die durch Abgesandten an Hanoi übermittelt werden sollen

Note der Vereinigten Staaten, abgegeben in der kanadischen Botschaft in Washington am 8. August 1964 zur Weiterleitung an J. Blair Seaborn, kanadisches Mitglied der Internationalen Kontrollkommission.

Die Kanadier werden dringend ersucht, Seaborn während seines Besuchs am 10. August folgende Punkte (so, wie sie ihm von der US-Regierung seit 6. August übermittelt worden sind) vortragen zu lassen:
A. Betr.: Operationen im Golf von Tonking, die fast sicher zur Sprache kommen:
1. Die nordvietnamesische Regierung hat behauptet, daß die Inseln Hon Ngu

und Hon Me am 30. Juli angegriffen worden seien. Es sollte bekannt sein, daß die USS MADDOX an jenem Tage bis in den Nachmittag des nächsten Tages hinein über 100 Meilen südlich dieser Inseln in internationalen Gewässern nahe dem 17. Breitengrad lag und daß der nordvietnamesische Angriff auf die MADDOX am 2. August stattfand, also mehr als zwei Tage später. Weder die MADDOX noch irgendein anderer Zerstörer hatte in irgendeiner Weise mit irgendeinem Angriff auf die nordvietnamesischen Inseln zu tun.

2. Was die Angriffe der Nordvietnamesen auf die beiden US-Zerstörer am 4. August angeht, so konnten und können die Amerikaner das Motiv der nordvietnamesischen Regierung einfach nicht verstehen. Sie hatten sich entschlossen, den Angriff vom 2. August hinzunehmen in der Überlegung, daß er durchaus einem Irrtum oder einer Fehlkalkulation der Nordvietnamesen entsprungen sein konnte. Der Angriff vom 4. August jedoch war in den Augen der Amerikaner offensichtlich im voraus gewollt und geplant und befohlen, was sowohl aus der Art des Angriffs hervorging, wie er durch Radar, Sonar sowie durch Augenzeugen auf den Schiffen wie von den Geleitschutz gebenden Flugzeugen aus beobachtet werden konnte. Darüber hinaus ergibt sich der Vorsatz aus der Tatsache, daß das nordvietnamesische Schiff den Zerstörern im Hinterhalt auflauerte. Der Angriff sah nicht nach der Erwiderung irgendeiner Aktion der Südvietnamesen aus – auch hätte er als ein taktisches Manöver zum Vorantreiben einer diplomatischen Zielsetzung keinen Sinn gehabt. Da der Angriff mindestens 60 Meilen vom nächsten Festland entfernt stattfand, handelte es sich fraglos nicht um territoriale Gewässer. Die wohl einzig angemessene Hypothese war die, daß Nord-Vietnam darauf bedacht war, die Vereinigten Staaten entweder als »Papiertiger« erscheinen zu lassen oder sie zu provozieren.

3. Die amerikanische Erwiderung richtete sich lediglich gegen Patrouillenboote und gegen Einrichtungen, die ihnen direkte Unterstützung gaben. Wie Präsident Johnson feststellte: »Unsere Reaktion wird zunächst begrenzt und angemessen sein.«

4. Angesichts der durch die vorsätzlichen und unprovozierten Angriffe dieser Art entstandenen Unsicherheit haben die US als Vorbeugungsmaßnahmen notgedrungen die Verlegung zusätzlicher Luftstreitkräfte nach Süd-Vietnam und Thailand durchgeführt.

B. Betr.: Amerikanische Ausgangsposition:

5. Mr. Seaborn sollte nochmals betonen, die US-Politik bestehe ganz einfach darin, daß sich Nord-Vietnam mit seinen Ambitionen auf das Gebiet beschränken soll, das durch die Genfer Abkommen von 1954 seiner Verwaltung unterstellt wurde. Er sollte betonen, daß die US-Politik in Süd-Vietnam darauf abzielt, die Integrität des Staatsgebietes gegen die Unterminierung durch Guerillakämpfer zu bewahren.

6. Er sollte immer wieder betonten, daß die US keine Militärbasen in diesem Gebiete anstreben und daß die US es nicht darauf absehen, das kommunistische Regime in Hanoi zu stürzen.

7. Er sollte erneut erklären, daß die US über das Ausmaß, in welchem Hanoi die Guerilla-Operationen in Süd-Vietnam kontrolliert und dirigiert, völlig im Bilde sind und daß die US Hanoi für diese Operationen direkt verantwortlich machen. Er sollte in gleicher Weise darauf hinweisen, daß die US darüber

unterrichtet sind, daß die Nordvietnamesen die Pathet-Lao-Bewegung in Laos kontrollieren und auch das Ausmaß des nordvietnamesischen Engagements in diesem Land kennen. Er sollte im besonderen darauf hinweisen, daß die US über nordvietnamesische Verletzungen laotischen Gebietes entlang der Infiltrationswege nach Süd-Vietnam Bescheid wissen.

8. Mr. Seaborn kann auf viele Beispiele der US-Politik einer friedlichen Koexistenz mit kommunistischen Regimen wie Jugoslawien und Polen usw. verweisen. Er kann auf die wirtschaftlichen und auf andere Vorteile anspielen, die diesen Ländern zugekommen sind, weil sie ihren Kommunismus auf die Entwicklung ihrer eigenen Länder beschränkt und nicht versucht haben, auf andere Gebiete überzugreifen.

9. Mr. Seaborn sollte zum Abschluß folgende neue Gesichtspunkte vortragen:

a) Daß die Ereignisse der letzten Tage die bereits beim letztenmal gemachte Feststellung bekräftigt haben, daß »die Geduld von Staat und Öffentlichkeit der US mit der nordvietnamesischen Aggression ziemlich dünn geworden ist«.

b) Daß die Resolution des US-Kongresses fast einstimmig durchgegangen ist und damit nachhaltig die Einigkeit und Entschlossenheit von Regierung und Bevölkerung der USA bekräftigt hat – und zwar ganz allgemein und nicht nur im Hinblick auf weitere Angriffe gegen ihre Streitkräfte –, auch in Zukunft mit allen erforderlichen Mitteln den Anstrengungen der Volksrepublik Vietnam, Süd-Vietnam und Laos zu unterminieren und zu erobern, fest entgegenzutreten.

c) Daß die US zu der Ansicht gekommen sind, daß die Rolle der Volksrepublik Vietnam in Süd-Vietnam und Laos bedenklich ist. Wenn die Volksrepublik Vietnam ihren jetzigen Kurs beibehält, wird sie auch weiterhin die Konsequenzen zu tragen haben.

d) Daß die nordvietnamesische Regierung weiß, was sie zu tun hat, wenn der Friede wiederhergestellt werden soll.

c) Daß die US über Mittel und Wege verfügen, um festzustellen, inwieweit die Volksrepublik Vietnam am Krieg in Süd-Vietnam und Laos beteiligt ist, ihn dirigiert und kontrolliert, und daß sie mit Spannung der Reaktion der Regierung von Nord-Vietnam auf das, was Mr. Seaborn ihr sagt, entgegensehen.

Nr. 69 Zusammenfassung des von den Vereinigten Stabschefs an McNamara gesandten Taylor-Berichts

Auszüge aus der Zusammenfassung von Botschafter Taylors erstem Bericht von seiner Mission in Saigon, vom 10. August 1964, wie er am 14. August von Col. A.R. Brownfield, dem Sonderreferenten der Vereinigten Stabschefs für Aufstandsbekämpfung und Sonderaufgaben, durch Col. Alfred J. F. Moody, den Militärreferenten des Ministers, an Minister McNamara übermittelt worden ist. In Col. Brownfields Begleitmemorandum heißt es, diese Zusammenfassung sei auch Gen. Earle G. Wheeler, dem Vorsitzenden der Vereinigten Chefs, sowie dem stellvertretenden Verteidigungsminister Cyrus R. Vance für ihr Erscheinen vor dem Verteidigungsausschuß des Kongresses am 18. August zugestellt worden.

... Grundlage dieses Berichtes und der nachfolgenden Monatsberichte sind die Ergebnisse einer das ganze Land umfassenden Erhebung bei verantwortlichen US-Beratern und Beobachtern. Die Erhebung behandelte: Die Moral von Armee und Öffentlichkeit, die Kampfkraft der militärischen Einheiten, die gegenseitigen Beziehungen von Amerikanern und südvietnamesischer Regierung und die Leistungsfähigkeit des südvietnamesischen Beamtenkörpers. – In großen Zügen sind die Ergebnisse der Erhebung überraschend optimistisch, was die Kriegstüchtigkeit sowohl des zivilen wie des militärischen Apparates betrifft. Diese optimistische Einstellung geht über die der meisten höheren US-Beamten in Saigon hinaus. Künftige Berichte werden darüber Aufschluß geben, wer recht hat.

Die Lage des Vietkong

Strategie:

– Die kommunistische Strategie, wie sie Nord-Vietnam und seine Marionette, die Nationale Befreiungsfront, definieren, strebt eine für die Kommunisten günstige politische Lösung an. Dieses politische Ziel soll in Etappen erreicht werden, zuerst im Durchgang durch eine Phase des »Neutralismus« unter Einsatz des Apparats der Nationalen Befreiungsfront und alsdann unter Anwendung der Technik einer Koalitionsregierung.

Taktik:

– Die Vietkong-Taktik besteht darin, die vietnamesische Bevölkerung und ihre Führung durch Schikane, Zersetzung und Terror in einen Zustand der Demoralisierung zu treiben, ohne den Versuch zu unternehmen, die RVNAF (Streitkräfte der südvietnamesischen Regierung) zu schlagen oder mit militärischen Mitteln Terrain zu erobern. Das Vorgehen von US und Süd-Vietnam sollte sich auf diese Strategie und Taktik einstellen.

Die Lage:

Im Sinne von Ausrüstung und Ausbildung ist der Vietkong heute besser bewaffnet und besser geführt als je zuvor.

– Die Vietkong-Infiltration aus Laos und Kambodscha geht weiter.

– Keine Anzeichen für irgendwelche Schwierigkeiten des Vietkong beim Ersatz seiner Verluste an Menschen und Material.

– Kein Grund zur Annahme, der Vietkong würde seine Gewinne in einer offenen militärischen Konfrontation mit südvietnamesischen Truppen aufs Spiel setzen, obwohl er im Zentralen Hochland eine ansehnliche Streitmacht mit beträchtlicher Offensivstärke hat.

Situation der Südvietnamesen

Politisch:

– Das langsame Tempo der Eindämmungs-Kampagne und die Schwäche seiner Regierung haben Khanh veranlaßt, das »Marsch nach Norden«-Thema aufzugreifen, um an der Heimatfront zum Sammeln zu blasen und die Kriegsmüdigkeit zu vertreiben.

– US-Beobachter sind der Ansicht, daß sich Anzeichen von Defaitismus eher in den Köpfen der unerfahrenen und unerprobten Führung in Saigon als im Volk und in der Armee finden.

Wir haben unter Umständen von der südvietnamesischen Regierung wachsenden Druck zu gewärtigen, den Krieg durch direkte Angriffe auf Hanoi zu gewinnen – einen Druck, der, wenn wir ihm nicht nachgeben, einheimische Politiker zu ernsthaften Erwägungen über Verhandlungen und gelegentlich Soldaten zu Spekulationen über militärische Abenteuer ohne US-Plazet veranlassen wird.

– Vorläufig genießt die Khanh-Regierung den nötigen militärischen Rückhalt, um an der Macht zu bleiben.

– Man schätzt, daß Khanh eine 50/50-Chance hat, das Jahr zu überstehen.

– Die Regierung, umgeben von unerfahrenen Ministern, die einander beargwöhnen und aufeinander eifersüchtig sind, ist arbeitsunfähig.

– Khanh hat zu den meisten seiner Minister kein Vertrauen und ist nicht in der Lage, sie zu einem loyalen und zielstrebigen Team zusammenzufassen.'

– Es ist niemand in Sicht, der Khanh ersetzen könnte.

– Khanh hat die Reibungen zwischen Buddhisten und Katholiken gemindert.

– Khanh hat die Hoa Hao und die Cao Dai zur Mitarbeit gewonnen.

– Khanh hat unseren Vorschlägen zur Verbesserung der Beziehungen zwischen südvietnamesischer Regierung und der US-Mission entsprochen.

– Die Bevölkerung ist verwirrt und apathisch.

– Khanh ist es nicht gelungen, einen aktiven Rückhalt in der Bevölkerung von Saigon zu finden.

– Der Rückhalt bei der Landbevölkerung steht in direktem Verhältnis zum Ausmaß des Schutzes durch die südvietnamesische Regierung.

– Es gibt Anhaltspunkte für die Schlußfolgerung, daß es zur Zeit keiner psychologisch ausgeklügelten Bearbeitung der Landbevölkerung bedarf, um sie für die südvietnamesische Regierung zu gewinnen. Ihnen ein einigermaßen sicheres Leben zuzusichern, genügt vollkommen. Der Erfolg der US-Angriffe auf Nord-Vietnam hat, obwohl sie der südvietnamesischen Regierung psychologisch Auftrieb gegeben haben, ihnen möglicherweise Appetit auf weitere Vorstöße gegen Nord-Vietnam gemacht.

Militärisch:

– Die regulären und paramilitärischen Mannschaftsstärken steigen langsam an und sollten bis Januar 1965 98 Prozent der Soll-Stärke von 446 000 erreichen.

– Die Zahl der Desertionen aus der RVNAF ist auf 0,572% und damit auf die Hälfte der März-Rate zurückgegangen.

– Drei VNAF-Geschwader vom Typ A-1H werden bis zum 30. September 1964 kampffähig sein, das vierte bis 1. Dezember 1964, und zwar in einem Verhältnis von zwei zu einem Piloten pro Cockpit.

– Die Berechnung für RVNAF-Einheiten nennt hinsichtlich der Kampfkraft folgende Zahlen:

28 von 30 Regimentern
100 von 101 Infanterie-, Marine- und Luftlande-Bataillonen
17 von 20 Ranger-Bataillonen

19 von 20 Pionier-Bataillonen.
– Die hauptsächlichsten Mängel bestehen in geringer Einsatzbereitschaft und schwacher Führung auf der unteren Ebene. In beiden Fällen wird zur Zeit Abhilfe geschaffen.
– Zur Verbesserung unserer nachrichtendienstlichen Kapazität bis Jahresende sind umfassende Geheimdienstprogramme in Bearbeitung.

Übergreifende Zielsetzung der südvietnamesischen Regierung:

Die Erhöhung des Prozentsatzes der kontrollierten Bevölkerung ist ein Fortschritt in Richtung auf eine Stabilisierung der Lage im Landesinneren. Ausgehend von den Juli-Zahlen sollten folgende Prozentsätze zu erreichen sein:

	Landbevölkerung		Stadtbevölkerung	
	31. 7. 64	31. 12. 64	31. 7. 64	31. 12. 64
Kontrolliert von Süd-Vietnam	33 %	40 %	44 %	47 %
Kontrolliert vom Vietkong	20 %	16 %	18 %	14 %
Umstritten	47 %	44 %	42 %	39 %

Die Ziele der US-Mission:

– Alles zu tun, um die Khanh-Regierung zu stützen.
– Ausbau der Befriedungs-Kampagne für das Landesinnere gegen den Vietkong.
– Konzentration der Kräfte auf strategisch wichtige Gebiete wie die Provinzen im Umkreis von Saigon (Der Hop-Tac-Plan).
– Inangriffnahme von sozialen und ökonomischen »Schaufenster«-Projekten in sicheren Stadt- und Landgebieten.
– Bereitschaft zur Ausführung von Eventual-Plänen gegen Nord-Vietnam mit höchster Einsatzbereitschaft bis 1. Januar 1965.
– Laufende Unterrichtung der US-Öffentlichkeit über das, was wir tun und warum wir es tun ...

Nr. 70 Memorandum von William Bundy über geeignete US-Maßnahmen nach Tonking

Auszüge aus dem zweiten Entwurf eines Memorandums »Next Courses of Action in Southeast Asia« von William P. Bundy, Staatssekretär für Fernost-Angelegenheiten, 11. August 1964. Eine Kurzfassung wurde am 14. August mit der Bitte um Stellungnahme an das Pazifische Oberkommando und die Botschaften in Saigon und Vientiane gekabelt. Der Pentagon-Studie zufolge wurde der ganze Entwurf im Büro des stellvertretenden Verteidigungsministers John T. McNaughton redigiert. Worte, die damals gestrichen wurden, erscheinen in Doppel-Klammern; damals eingesetzte Worte sind kursiv gedruckt. Fettdruck bezeichnet Unterstreichungen im Original. Auch mußte entsprechend der Redaktion in McNaughtons Büro der zweite Absatz, beginnend mit »Wir sind übereingekommen ...« weiter nach unten versetzt werden und kommt jetzt nach der Überschrift »Phase Eins – ›Militärische Ruhe‹ (den August hindurch)«.

I. *Einführung*

Dieses Memorandum untersucht die Möglichkeiten des Vorgehens, die den US offenstehen und die in etwa vierzehn Tagen beginnen, vorausgesetzt, daß die kommunistische Seite die [sic] die Ereignisse vergangener Woche weiterhin nicht reagiert.

Wir sind übereingekommen, daß die Interventionsperiode in Wirklichkeit eine kurze Atempause sein wird, in welcher wir Aktionen vermeiden würden, die in irgendeiner Weise die kommunistische Seite von der Verantwortung für die Eskalation entlasten würden ...

III. *Wesentliche Elemente der US-Politik*

A. SÜD-VIETNAM ist noch immer der Hauptkriegsschauplatz. Moral und Schlagkraft müssen erhalten bleiben. Das bedeutet:

1. Wir müssen uns Methoden des Vorgehens überlegen, die *bei minimalen Risiken* maximale Ergebnisse (bei minimalen Risiken) *im Sinne von Moral in Süd-Vietnam und Druck auf Nord-Vietnam* erbringen.

2. Wir müssen uns weiterhin jeder Vietnam-Konferenz widersetzen und die Aussicht auf eine Laos-Konferenz sorgfältig abtasten. Vor allem müssen wir den Eindruck vermeiden, als ob es uns mit einer Laos-Konferenz eilt, auch müssen wir eine Haltung unbedingter Festigkeit zur Schau stellen, der eine Laos-Konferenz am Ende keinen ernstlichen Abbruch tun würde.

3. Wir müssen uns insbesondere die Hände für zumindest begrenzte Maßnahmen gegen die laotischen Infiltrationsgebiete freihalten ...

C. *Lösung.* Grundsätzlich macht eine Lösung sowohl in Süd-Vietnam wie in Laos eine Kombination *militärischer* Pressionen und einer gewissen Form von Kontakten erforderlich, unter denen Hanoi (und Peking) schließlich den Gedanken an ein Herauskommen* akzeptieren. Verhandlung ohne beständigen

* Wir haben nie genau definiert, was wir unter »Herauskommen« verstehen – was für Aktionen, was für Beweise und was für künftige Garantien wir akzeptieren würden. Eine kleine Gruppe sollte den nächsten Monat über daran arbeiten. *Die Schritte, die wir von der nordvietnamesischen Regierung erwarten, sind wahrscheinlich folgende:*

a) Schluß mit Ausbildung und Truppenentsendung zur Kriegführung nach Süd-Vietnam und Laos.
b) Schluß mit Lieferung von Waffen und Proviant an Süd-Vietnam und Laos.
c) Schluß mit Führung und Kontrolle militärischer Operationen in Süd-Vietnam und Laos.
d) Befehl an VC und PL (Pathet Lao), ihre Aufstände und militärischen Operationen einzustellen.
e) Zurückziehung von Vietminh-Truppen und -Kader aus Süd-Vietnam und Laos.
f) Sorgen, daß VC und PL Angriffe und Zwischenfälle in Süd-Vietnam und Laos einstellen.
g) Sorgen, daß VC und PL Widerstand gegen Regierungstruppen aufgeben.
h) Sorgen, daß VC und PL Waffen niederlegen und Stützpunkte aufgeben.
i) Sorgen, daß VC und PL kapitulieren gegen Amnestie oder Ausbürgerung.

Druck, in der Tat werden in absehbarer Zukunft ohne laufende militärische Aktionen unsere Ziele nicht erreicht. Doch könnte militärischer Druck mit Bemühungen um Kontakte zu Hanoi und vielleicht Peking – über Kanäle in dritten Ländern, über inoffizielle Gespräche am Rande einer wie auch immer gearteten Laos-Konferenz – einhergehen, immer *vorausgesetzt*, daß wir sowohl den Kommunisten wie auch Süd-Vietnam klarmachen, daß der Druck weitergeht, bis wir unsere Ziele erreicht haben. Nachdem wir, *aber erst nachdem*, (definitiv) *wir wissen, daß die Nordvietnamesen angeschlagen sind und daß die klare Anwendung von Druck* jeden Zweifel an unseren Motiven zerstreut hat, könnten wir uns (dann) auf eine um die Einbeziehung der Vietnam-Frage erweiterte Konferenz einlassen. (Die UN sehen zur Zeit ganz nach einem Kontakt-Forum aus, obwohl sich das möglicherweise ändert.)

IV. Zeitplan und Abfolge der Aktionen

A. PHASE EINS – *»Militärische Ruhe« (den August hindurch) (siehe S. 1)*

A. B. PHASE ZWEI – *Begrenzte Pressionen (September bis Dezember)*

Wir könnten eine Anzahl begrenzter Aktionen unternehmen, die zur Aufrechterhaltung von Entschlußkraft und Moral der südvietnamesischen Regierung und Khanhs beitragen, doch keine größeren Eskalations-Risiken in sich schließen. Solche Aktionen könnten etwa derart sein, daß sie auf künftige schärfere Maßnahmen schließen lassen, wenn sie allein auch an Hanois grundlegenden Aktionen wenig ändern dürften.

1. 34A-OPERATIONEN ließen sich von der südvietnamesischen Regierung offen vertreten und rechtfertigen. *Marine-Operationen* ließen sich nachhaltig mit der fortgesetzten DRV-Infiltration von See her begründen, und Erfolge könnte man publizieren. *Flugblatt-Aktionen* könnte man ebenfalls zugeben und verfechten, auch wieder mit der Begründung, man müsse nordvietnamesischen Unternehmungen im Süden entgegentreten, und ihre Straflosigkeit würde (hoffentlich) ihre Wirkung auf die Moral in beiden Vietnams nicht verfehlen. *Luftabsprung-Operationen* sind zweifelhafter; sie lassen sich entschieden weniger begründen als die anderen Operationen und haben wenig Erfolg gezeitigt. Wenn die anderen genehmigt werden, mag man sie für sich selber sprechen lassen – natürlich würde sich die Erwähnung von Sonderaktionen vor einem erfolgreichen Abschluß aus Sicherheitsgründen verbieten.

2. GEMEINSAME PLANUNG (dies betrifft auch Phase Eins) zwischen den US und der südvietnamesischen Regierung sieht bereits eventuelle Aktionen gegen die Volksrepublik Nord-Vietnam und auch gegen den »Entenschnabel« vor. Ihr Eigenwert liegt in der Aufrechterhaltung der Moral der Führung wie auch in der Überwachung und Verhinderung jeglicher einseitiger nordvietnamesischer Vorstöße. Mit der dargelegten Aktion 34A ließe sie sich in gleichem Rahmen einpassen. Wir würden diese Planung nicht selber publik machen, man könnte sie aber (wie das ohnehin der Fall wäre) mit der erwünschten Wirkung nach Hanoi und anderswohin durchsickern lassen.

3. VERSTÄRKTE AUSBILDUNG VON VIETNAMESEN AN DÜSENFLUGZEUGEN sollte jetzt im Hinblick auf das Vorhandensein von MIGS in Nord-Vietnam auf alle Fälle in Angriff genommen werden. Die Vereinigten Stabschefs arbeiten

an einem Plan, und man könnte die Tatsache der Ausbildung sowohl wegen ihrer moralischen Wirkung in Süd-Vietnam wie auch als Signal für Hanoi, daß auch in Zukunft derartige Aktionen möglich sind, publik machen.

4. GRENZÜBERSCHREITENDE OPERATIONEN IN DEN »ENTENSCHNABEL« HINEIN KÖNNTEN IN BEGRENZTEM UMFANG DURCHGEFÜHRT WERDEN. Um erfolgreich zu sein, müßten *Bodenoperationen* in ihrem Umfang weit über das hinausgehen, was Süd-Vietnam aufbringen kann, und wir sollten zur Zeit keine größeren US- oder Thai-Bodenoperationen von der thailändischen Seite her ins Auge fassen. In puncto *Luftoperationen* gibt es zumindest ein paar lohnende Ziele in den Infiltrationsgebieten; man könnte sie mit US- *und/oder* ([unlesbarer Satz gestrichen] und mit) südvietnamesischer Luftwaffe angreifen. Wahrscheinlich sollten wir sowohl *(anfragen, ob US-Schlag unter [unleserliches Wort] Flagge geführt werden soll)* US- wie Süd-Vietnam einsetzen; Publicity sollten wir hier wohl vermeiden, um Souvanna nicht in Verlegenheit zu bringen; die kommunistische Seite wird vielleicht aufschreien, aber in der Vergangenheit hat sie in diesem Zusammenhang Stillschweigen bewahrt. *Die Schläge sollte man wohl zeitlich festlegen und auf der Karte einzeichnen, so daß wir sie Ende Dezember an die Grenze zu Nord-Vietnam bringen können.*

5. DE-SOTO-Patrouillen könnten zu irgendeinem Zeitpunkt wieder aufgenommen werden. Aus aktueller Zweckdienlichkeit wie auch um unserer Verantwortung für die Ereignisse der letzten Wochen glaubhaft Nachdruck zu verleihen, müssen sie sowohl in ihrem Tatbestand wie auch in ihrer optischen Wirkung streng von den 34A-Operationen getrennt werden. [Der hier gestrichene Satz ist unleserlich.] Im Sinne von Verfahrensmodellen sollten wir tunlichst ein Vordringen bis auf elf Meilen oder so vermeiden und uns mindestens in 20 Meilen Entfernung halten; so wichtig es sein mag, unsere Auffassung von Territorialgewässern zur Geltung zu bringen, so ist es doch nicht wichtig genug in Anbetracht der Nachteile, die der Anschein eines unnötig provozierten Angriffs international mit sich brächte. [Der vorhergehende Satz ist mit dem handschriftlichen Zusatz »Einspruch« (»Disagree«) versehen.]

6. SPEZIFISCHE VERGELTUNGS-AKTIONEN könnten gegen alle Fälle von VC- *oder nordvietnamesischen Aktivitäten, die solch eine Behandlung verdienen,* unternommen werden. [Gestrichener Satz unleserlich.] *Dies wären »Aktionen je nach Opportunität«.* Wie Saigon 377 ausführt, hat der VC »ungebräuchliche schlechte Streiche« wie die Verminung des (oder Angriffe auf den) Saigon-Flusses, Sabotage an größeren Treibstofflagern und Terror-Angriffen auf Angehörige der US-Kolonie durchgeführt. Zumindest die ersten beiden würden Anlaß für rasche und präzise Repressalien bieten, z. B. für eine Verminung des Haiphong-Kanals oder für Angriffe auf das Treibstofflager von Haiphong. Für Terrorakte gegen Angehörige der US-Kolonie ließe sich ein Ziel für Repressalien schwerer finden, wobei Repressalien insofern einige Nachteile mit sich bringen, als man sich fragen wird, warum dies von dem üblichen Terrorismus gegen Südvietnamesen abweiche. Wir sollten jedoch denkbare [gestrichenes Wort unleserlich] *Klassen von Vergeltungs-Situationen* beachten.

7. DIE REIHENFOLGE UND MISCHUNG VON US- UND SÜDVIETNAMESISCHEN AKTIONEN bedarf sorgfältiger Überlegung. An diesem Punkt sollte man sowohl die Rolle der Südvietnamesen (und) *bei den Aktionen wie auch den* logischen Zusammenhang, *in dem diese Aktionen* zu dem *stehen,* was der südvietnamesi-

schen Regierung angetan worden ist, betonen. Offene 34A-Operationen sollten (allerdings) die ersten Schritte sein, und die Südvietnamesen könnten mit Luftangriffen gegen den »Entenschnabel« vorangehen. In anderer Hinsicht bieten aber Operationen im Zusammenhang mit US-Truppen auch Vorteile. Wenn wir im »Entenschnabel« ein Flugzeug verlören (oder eine U-2 über Nord-Vietnam), könnten wir hart und schnell zuschlagen, und natürlich ebenso im Falle eines Angriffs auf die DE-SOTO-Patrouillen. *Der Verlust eine U-2 über Nord-Vietnam bietet keinen gleich guten Anlaß.* Wahrscheinlich sollte man die Reihenfolge einigermaßen nach dem Gehör spielen.
Zusammenfassung: Die oben angeführten Aktionen sind im großen ganzen begrenzt und kontrollierbar. Wenn wir jedoch – wie wir es natürlich müssen – die Notwendigkeit rascher Vergeltung namentlich für Angriffe auf unsere eigenen Truppen anerkennen, könnten wir damit bis zu einem Grade Aufsehen erregen, daß sich einiger Druck in Richtung auf eine Konferenz ausüben ließe. Das Problem liegt darin, daß diese Aktionen in sich selber kein wirklich einheitliches Programm von Druckmitteln darstellen, die stark genug wären, entweder Hanoi zur Vernunft zu bringen oder uns eine Druckmittel-Politik so lange durchhalten zu lassen, bis wir zu irgendwelchen Diskussionen kommen. Folglich, wenn wir auch getrost privat zu Hanoi Kontakt halten könnten, während all dies geschehen würde, sollten wir uns auch weiterhin jeglicher Konferenz widersetzen.

(B.) C. Phase Drei – Nachdrücklichere Pressionen. *(Januar 1965 und danach.)* Alle obenerwähnten Aktionen würden eine Vorahnung geben auf systematische militärische Operationen gegen die Volksdemokratie Nord-Vietnam, und wir könnten an irgendeinem Punkte zu dem Schluß kommen, daß solche Operationen erforderlich seien entweder wegen der aus den oben erwähnten Aktionen sich ergebenden Vorfälle oder weil sich die Lage in Süd-Vietnam verschlechterte, insbesondere wenn es klare Beweise für eine erheblich verstärkte Infiltration vom Norden her geben sollte. Für den Fall jedoch, daß solche größeren neuen Entwicklungen nicht eintreten, sollten wir vielleicht an ein Datum für den Eventualfall denken, und zwar, wie von Botschafter Taylor vorgeschlagen, an den 1. Januar 1965.
Januar 1965. Denkbare Aktionsmöglichkeiten (sind), *die für diese Zeit anzusetzen wären, sind:*
1. AKTIONEN GEGEN INFILTRATIONSWEGE UND -ANLAGEN sind wahrscheinlich der bestmögliche erste Zug. *Diesem würden logischerweise die Aktionen in der Sept.-Dez.-Phase Zwei folgen.* Sie ließen sich durch eine offensichtlich fortgesetzte und höchstwahrscheinlich noch weiter ansteigende Infiltration rechtfertigen. Die Art der mit der Infiltration in Zusammenhang stehenden Objekte beginnt bei eindeutig militärischen Anlagen in Grenznähe. Die Aktionen ließen sich fast beliebig nach Norden hin mit dem Ziel ausdehnen, stufenweise weitere Zerstörungen zu verursachen, die eine fühlbare, einander potenzierende Wirkung haben und stets auf dieselbe Ursache zurückzuführen sein würden.
2. AKTIONEN IN DER DRV GEGEN GENAU FESTGELEGTE ZIELE MILITÄRISCHEN CHARAKTERS hätten der nächste Schritt zu sein. Die Errichtung von Treibstofflagern und die Verminung des Hafens von Haiphong (mit der Begründung, die Einfuhr von Treibstoff zu unterbinden) würden hochwirksame Aktionen sein, ebenso

wie Operationen gegen die wichtigsten Brücken und Eisenbahnlinien. Alle diese Schläge ließen sich so planen, daß größere Verluste bei der Zivilbevölkerung vermieden werden.
3. ÜBER DIESE PUNKTE HINAUS Überlegungen anzustellen, dürfte sich zur Zeit nicht empfehlen ...

Nr. 71 Die Beurteilung von Washingtons Manöverplan durch den Oberkommandierenden Pazifik

Auszüge aus dem Telegramm von US-Admiral Grant Sharp, Oberkommandierender der pazifischen Streitkräfte, an die Vereinigten Stabschefs, »Nächste Schritte in Südostasien«, 17. August 1964.

2. Die letzten militärischen US-Operationen in Laos und Nord-Vietnam haben unsere Absicht demonstriert, unsere Ziele konsequent zu verfolgen. Unsere Operationen und Fortschritte in Laos stellen Schritte auf diesem Wege dar. Weitere waren unser direktes und schnelles Reagieren mit Bombenangriffen auf nordvietnamesische Anlagen und die Entsendung von US-Kampftruppen nach Südostasien. Jeder Schritt erfüllt seinen Zweck. Ihre Wirkung lag darin, die ständig stärker werdende kommunistische Machtposition anzuschlagen, die südostasiatischen Völker zu beeindrucken, die Moral, wenn auch nur vorübergehend, ein wenig zu heben und Rotchina und die DRV zu erneutem Überdenken der US-Absichten zu zwingen. Dies waren aber alles nur einzelne Schritte auf dem Wege. Was wir noch nicht getan haben und noch tun müssen, ist, Hanoi und Peking klarzumachen, zu welchem Preis sie ihre gegenwärtigen Ziele verfolgen und die unseren behindern. Ein Wesenselement unserer militärischen Operationen in dieser Richtung ist die weitere Verstärkung einer Haltung physischer Bereitschaft, indem wir Truppen, Schiffe, Flugzeuge und Nachschub in einer Weise bereitstellen, die uns ein Maximum an Aktionsfreiheit gewährt. Das ist die Stoßrichtung, die wir weiterverfolgen müssen, schon weil sie uns analog der veränderten und sich weiter verändernden Entwicklung der südostasiatischen Situation mehr als nur eine Betrachtungsweise erlaubt. Bemerkungen in den nun folgenden Abschnitten müssen im Lichte dieser Beurteilung und im Hinblick darauf gesehen werden, daß einmal eingeleitete Pressionen gegen die andere Seite nicht durch irgendwelche Aktionen oder durch ihr Ausbleiben abgeschwächt werden, die den Nutzen der zuvor in Laos und Nord-Vietnam unternommenen gewinnbringenden Schritte zunichte machen würden ...

3. Par. 1
Die vorgeschlagene Aussetzung der Operationen für zwei Wochen steht nicht im Einklang mit der Absicht, Hanoi und Peking einen unmißverständlichen Wink zu geben. Pierce Arrow zeigte sowohl Stärke wie Zurückhaltung. Weitere Demonstrationen von Zurückhaltung allein könnten leicht als Rückgriffe auf Pierce Arrow und die dazu führenden Ereignisse wie auch als Zeichen von Schwäche und mangelnder Entschlußkraft ausgelegt werden. Man sollte den Kommunisten zu verstehen geben, daß sie sowohl im PDJ (Plaine des Jarres)

wie im panhandle (»Entenschnabel«) anhaltenden Druck zu gewärtigen haben. Folglich Einverständnis mit weiterer Aufklärung über Nord-Vietnam (DRV), panhandle und PDJ. Einverstanden mit Anstrengungen zur Sicherung von Phou Kout und weitere T-28- und Triangle-Operationen. Eine Wiederaufnahme der 34A-Aktionen und De-Soto-Patrouillen halten wir für zweckmäßig. Jede dieser Aktionen läßt sich mit einiger Umsicht so durchführen, daß sie mit den anderen nicht kollidiert ...

7. *Par.* II *A 1*
Einverständnis, daß Süd-Vietnam (RVN) zur Zeit Brennpunkt und Hauptsorge in Südostasien ist. RVN kann nicht von Südostasien getrennt gesehen werden. Sie ist nur eine Zone auf einem weiten, vom selben Feind in Atem gehaltenen Kriegsschauplatz. Operationen, die zu durchschlagenden Ergebnissen im Sinne von Druck auf die DRV und gleichzeitiger Hebung der Moral in der RVN führen, bringen Risiken mit sich. Überlegungen in Richtung auf Null-Aktionen und Null-Risiken sind zu vermeiden ...

11. *Par.* III C
Einverständnis mit der These, wonach wir allen klarmachen, daß militärischer Druck weitergeht, bis wir unsere Ziele erreicht haben. Unsere Aktionen müssen die Kommunisten in ständiger Beunruhigung halten, welche Maßnahmen wir als nächste ergreifen werden, sollten sie mit ihrer Aggression fortfahren. In dieser Hinsicht haben wir mit der Verlegung von US-Kampftruppen nach Südostasien den großen Auftakt bereits gemacht. Wir müssen bei dieser Haltung bleiben; Abstriche davon würden einen gefährlichen Einfluß auf Willen und Moral aller Völker in Südostasien haben. Und wir müssen der Tatsache ins Auge sehen, daß diese Truppen eine Zeitlang und zum notwendigen Schutz vor Angriffen zu Lande und aus der Luft dort bereitgestellt werden müssen. RVN kann ohne Schwächung des Kampfes gegen die Aufständischen keine ausreichende Sicherheit gegen Bodenangriffe leisten und hat eine nur wenig taugliche Luftabwehr. Eine Konferenz unter Einschluß Vietnams würde, bevor wir den Aufstand niedergeworfen haben, zum Verlust unserer Verbündeten in Südostasien führen und für die USA eine Niederlage darstellen.

12. *Par.* IV A 1
Erfolgsnachrichten von 34A-Operationen würden sich außerordentlich positiv auf die Moral in der RVN auswirken. Schlagen vor, diese Operationen lieber an die Presse durchsickern zu lassen, als sie offen zuzugeben. 34A-Operationen sollten zur Aufrechterhaltung des äußeren Drucks auf die DRV wiederaufgenommen werden ...

20. Bei Anwendung von ernsterem Druck müssen wir uns darüber klar sein, daß Sofortmaßnahmen zum Schutze unserer derzeit umfangreichen militärischen Investitionen in der RVN erforderlich sind. Wir haben große Mengen kostspieliger Ausrüstung in die RVN eingeführt, und ein erfolgreicher Angriff auf Bien Hoa, Tan Son Nhut, Danang oder auf Anlagen wie Radar- oder Fernmeldestationen würde eine schwere psychologische Niederlage für die US bedeuten. MACV berichtet von Unfähigkeit der GVN, im erforderlichen Ausmaß Sicherheit zu gewährleisten, weswegen wir uns auf US-Truppen verlassen

müssen. MACV hat Truppen zur Verteidigung der drei oben erwähnten Räume angefordert. Meine Stellungnahme zu dieser Anforderung wird separat übermittelt. Zu Obigem sei noch gesagt, daß man die Schaffung eines US-Stützpunktes in der RVN in Betracht ziehen sollte. Ein US-Stützpunkt in der RVN würde einen weiteren Hinweis auf unsere Absicht liefern, in Südostasien zu bleiben, bis unsere Ziele erreicht sind. Er könnte auch als US-Befehlsstelle oder -Kontrollzentrum dienen für den Fall eines Chaos, das nach einem neuen Putsch ausbrechen könnte. Bei einem eingestandenermaßen konkreten, über die Beratungsleistung hinausgehenden US-(wie angenommen) Engagement signalisierte er den Kommunisten, daß ein offener Angriff auf die RVN als eine Bedrohung der US-Streitkräfte betrachtet werden würde. Ein solcher Stützpunkt sollte aus der Luft und von See her zugänglich, im Besitze von gutausgebauten Anlagen und Ausrüstungen und in einem Gebiet gelegen sein, von dem aus sich US-Operationen wirksam in Gang setzen ließen. Danang wird diesen Kriterien gerecht ...

22. Schließlich haben unsere Aktionen vom 5. August einen Anstoß gegeben, der zur Erreichung unserer Ziele in Südostasien führen kann. Wir haben unsere Absichten sowohl durch offenes Vorgehen wie auch durch die klare Bereitschaft dazu, mehr zu tun, nachdrücklich deutlich gemacht. Es ist äußerst wichtig, daß wir diese Linie beibehalten.

Nr. 72 Memo der Vereinigten Stabschefs über die geheimen Überfälle im September

Memorandum von Generalmajor Rotten H. Anthis, einem Luftwaffen-Adjutanten bei den Vereinigten Stabschefs, an Außenamts-Staatssekretär Bundy und den Staatssekretär im Verteidigungsministerium McNaughton, 27. August 1964. Das Thema des Memorandums lautete auf »OPLAN 34A – September Zeitplan«.

1. Beigefügt ist der von COMUSMACV (Commander U. S. Military Assistance Command, Vietnam) vorgeschlagene Zeitplan der 34A-Aktionen für September.

2. Alle hier aufgeführten Aktionen sind entweder schon früher im einzelnen genehmigt worden oder kommen solchermaßen genehmigten Aktionen gleich. Aktion 3d) zum Beispiel wurde im Hinblick auf JCSM-426-64 (Joint Chiefs of Staff memorandum) vom 19. Mai 1964 speziell genehmigt, während Aktion 3b) mit einer früher genehmigten Aktion gegen einen Sicherheitsposten gleichzusetzen ist.

3. Die Angriffsmethode ist in verschiedenen Fällen von der Zerstörung durch Einschleusen von Sprengtrupps in ein Konzept des Fernbeschusses von PTF's (fast patrol boat) aus abgeändert worden. Diese Aktionen sind in der Anlage als solche gekennzeichnet.

Die für September vorgeschlagenen 34A-Aktionen sind folgende:

1. Aktion zur Sammlung von nachrichtendienstlichem Material

a) 1. – 30. September – Luftaufnahmen zur Feststellung des neuesten Standes der ausgewählten Ziele zusammen mit Aufnahmen ihres Zustandes vor und nach den genehmigten Luftangriffen.

b) 1. – 30. September – Zwei Einsätze zum Aufbringen von Flußbooten; Abführung von Gefangenen zu 36- bis 48stündigem Verhör; Dschunken-Falle mit Entstör- und Auslöse-Vorrichtungen; Gefangene nach Verhör zurückgeschickt; Timing hängt von der Beschaffenheit der See und vorliegendem Nachrichtenmaterial ab.

2. Psychologische Operationen

a) 1. – 30. September – In Verbindung mit den genehmigten Überfliegungen und See-Operationen Lieferung von Propagandaflugblättern, Geschenkkästchen und Täuschungsmaterial zur Vorspiegelung neuen Nachschubs für vorgetäuschte Einheiten.

b) 1. – 30. September – Versand von ca. 200 Briefen mit verschiedenen Propagandathemen auf dem Postweg über Drittländer an Nord-Vietnam.

c) 1. – 30. September – Tägliche, einmal zu wiederholende 30-Minuten-Schwarzsendungen als vorgebliche Stimme politischer Gegner in Nord-Vietnam.

d) 1. – 30. September – Offizielle Rundfunksendungen von achteinhalb Stunden Dauer täglich, Propaganda »Stimme der Freiheit«.

3. Maritime Operationen

a) 1. – 30. September – Sprengung der Brücke auf Route 1 durch eingeschleustes Kommando unter Begleitung von Feuerschutz gebenden Trupps, Anbringung von Verzögerungszünder-Ladungen an Brückenbögen und Senkkästen, Verlegen von Tretminen auf Zufahrtsstraßen. (Diese Brücke, zuvor getroffen, ist jetzt wieder repariert.)

b) 1. – 30. September – Beschießung des Beobachterpostens auf Kap Mui Dao mit 81-mm-Mörsern und 40-mm-Geschützen von zwei PTF's aus.

c) 1. – 30. September – Sprengung einer weiteren Brücke auf Route 1 (siehe Karte), Konzept dasselbe wie 3a) oben.

d) 1. – 30. September – Beschießung von Sam-Son-Radar, dasselbe wie 3b).

e) 1. – 30. September – Beschießung der Kasernen auf den Tiger-Inseln, dasselbe wie 3b).

f) 1. – 30. September – Beschießung der Insel Hon Ngu, dasselbe wie 3b).

g) 1. – 30. September – Beschießung der Insel Hon Matt, dasselbe wie 3b) und gleichlautend mit 3f).

h) 1. – 30. September – Zerstörung des Abschnitts der Eisenbahn Hanoi – Vinh durch eingeschleusten Sprengtrupp mit Unterstützung durch zwei VN-Marine-Geschwader, durch Schlauchboote von PTF's aus, Anbringung und Verlegung von Verzögerungszünder-Ladungen und Tretminen im umliegenden Gebiet.

i) 1. – 30. September – Beschießung der Insel Hon Me in Verbindung mit 3a) wie oben, Konzept wie 3b).
j) 1. – 30. September – Beschießung von Geschützstellungen auf Kap Falaise in Verbindung mit 3b) wie oben, Konzept wie 3b).
k) 1. – 30. September – Beschießung von Kap Mui Ron in Verbindung mit Flußbootkaperung, Konzept wie 3b).

4. *Luftlande-Operationen*

Vollmondzeit, 16.–28. September
a) Vier Einsätze zur Neuproviantierung von Trupps am Ort.
b) Vier Einsätze zur Verstärkung von Trupps am Ort.
c) Vier Einsätze zur Absetzung neuer PSYOPS/Sabotage-Trupps je nach Zustand des Abwurfraumes und Stand der Zielinformation. Dies sind Flüsterpropaganda-Trupps und Trupps zur Sammlung von Feindnachrichten, tauglich für kleinere Sabotageakte auf Abruf nach Erkundung passender Ziele.
5. Die Zeiten, zu denen jeweils See- und Luftlandeoperationen anzusetzen sind, hängen von Fall zu Fall von der Feindnachrichtenlage und den Wetterbedingungen ab.

Nr. 73 Bericht des Stellvertretenden Staatssekretärs im Außenamt über nach Tonking unternommene Aktionen

Teil VIII eines Überblicks über »Unmittelbar in dem vor der Entscheidung liegenden Zeitraum unternommene Aktionen« für Staatssekretär Bundy, 7. Nov. 1964. Markierungen zeigen an, daß es sich um einen Entwurf des Stellvertretenden Staatssekretärs im Außenamt, Marshall Green, handelt.

Die US sind gemeinsam mit dem RLG (Royal Laotian Government) an einer Anzahl von Operationen – 34A, Yankee Team, Recce und RLAF (Royal Loatian Air Force)-T-28 – beteiligt, die darauf abzielen, Nord-Vietnam zu warnen und unter Druck zu setzen und die Möglichkeiten des Feindes zur Nutzbarmachung des laotischen Pfannenstiels zu Verstärkungen für den Vietkong in Süd-Vietnam zu reduzieren und den Pressionen von PL (Pathet Lao) und VM (Vietminh) in Laos zu begegnen. Die US ziehen auch De-Soto-Patrouillen und grenzüberschreitende Bodenoperationen in Betracht. Stand und Aussichten dieser Operationen zum gegenwärtigen Zeitpunkt sind im folgenden zusammen mit einer Kontrolliste vorrangiger, das jeweilige Operationsgebiet betreffender Aufgaben beschrieben.
Im großen ganzen ist sich die Arbeitsgruppe darin einig, daß es unser Ziel sein sollte, unsere gegenwärtige Stärke im Fernmeldebereich und das Niveau unserer Störangriffe zu halten und dabei kein Nachlassen unserer Entschlossenheit zu zeigen, aber auch Aktionen, die zu einer vorzeitigen Festlegung unserer Grundsatzentscheidung führen würden, zu unterlassen.

A. OPLAN 34A

Obwohl nach dem ersten Zwischenfall in der Bucht von Tonking nicht der ganze OPLAN (Operationsplan) 34A suspendiert wurde, kam doch im weiteren Verlauf des August und im Monat September praktisch nur wenig davon zur Durchführung. Einige erfolgreiche See- und Luftlandeoperationen sind dann im Rahmen der Planung für Oktober durchgeführt worden. Eine Planung für November wird noch diskutiert und voraussichtlich am 7. November genehmigt.

1. *Maritime Operationen*

Seit der Wiederaufnahme der MAROPS (maritime operations) innerhalb der Oktoberplanung sind folgende ausgeführt worden:
Recon L Day (4. Okt.) Sondierung auf 12 Meilen von Vinh Sor.
Recon L + 2 (10. Okt.) Sondierung auf 12 Meilen von Vinh Sor.
Loki IV L + 5 Flußbootkaperung mißglückt.
32 + 45 E L 8 (28./29. Okt.) Beschießung Vin-Son-Radar und Beobachterposten Mui Dai.
Die folgende Operation wurde nicht genehmigt:
44c L + 10 Sprengung der Brücke auf Route 1 durch Froschmänner unter Feuerschutz eines Trupps.
Zur Zeit genehmigt ist:
34B + 12 (vom 4. Nov. an) Beschießung von Kasernen auf der Insel Hon Matt und der Tiger-Insel.
Folgende maritime Operationen bleiben in der Oktoberplanung und werden vermutlich in der Novemberplanung, ergänzt durch einige ähnliche Operationen, erscheinen:
L + 13 Einbringung eines Gefangenen durch Trupp von PTF aus.
L + 15 Schlauchbootkaperung.
L + 19 Beschießung Kap Mui Ron und Tiger-Insel.
L + 25 Beschießung Yen Phu und Sam-Son-Radar.
L + 28 Sprengung Brücke Route 1 und Beschießung Kap Mui Dao.
L + 30 Zurücksendung beliebiger Gefangener von L + 1 15 aus.
L + 31 Beschießung Hon Ne und Hon Me.
L + 36 Sprengung Mole bei Phuc Loi und Beschießung Hon Ngu.
L + 38 Unterbrechung der Gleisstrecke Hanoi–Vịnh.
L + 41 Beschießung Dong Hoi und Tiger-Insel.
L + 24 Beschießung Nachtigallen-Insel.

2. *Luftlandeoperationen*

Fünf Trupps und ein Einzelkämpfer waren Anfang Oktober am Ort. Seitdem ist einer der Trupps neu proviantiert und verstärkt worden. Die restlichen vier sollten planmäßig Proviant und Verstärkung erhalten, doch Wetter ließ Flüge nicht zu. Diese Operationen, plus Absetzung eines weiteren Trupps, erscheinen in der Novemberplanung.
Zwei der Trupps führten im Lauf des Oktober erfolgreiche Aktionen durch. Einer sprengte eine Brücke, der andere überfiel eine nordvietnamesische

Patrouille aus dem Hinterhalt. Beide Trupps erlitten Verluste, letzterer in einem Ausmaß, das Zweifel am Nutzen der Aktion aufkommen läßt.

3. Psychologische Operationen
Reguläre sowie auch Schwarzsendungen sind täglich ausgestrahlt worden, Schwarzsendungen im Durchschnitt acht bis zehn Stunden pro Woche, reguläre Sendungen 60 Stunden pro Woche. Über Hongkong versandte Briefe erreichten einen Wochendurchschnitt von 50 bis 100.
Im Laufe des September und Oktober fand nur ein Flugblattabwurf aus der Luft statt. Dies geschah in Verbindung mit einem Versorgungseinsatz.
Auf dem Programm der Novemberplanung werden zahlreiche Flugblatt- und Täuschungsmanöver stehen.

4. Aufklärungsflüge
Mit einem Durchschnitt von vier Flügen pro Woche ist der größte Teil der in Oplan 34A festgelegten Ziele angegriffen worden.

Probleme

1. OFFENLEGUNG VON MAROPS – Die Frage, ob MAROPS offengelegt werden sollen, bleibt unentschieden. Während Washington eine solche vorgeschlagen hat, hat sich General Khanh dagegen gesperrt. Man begründet das damit, daß eine Offenlegung der Operationen es den US ermöglichen würde, ihnen einigen Schutz zu gewähren; das Gegenargument verlangt ein US-Engagement in Nord-Vietnam mit daraus sich ergebender Eskalation.
2. SICHERSTELLUNG VON OPERATIONEN – Die Verschiebung einer Operation, ob wegen ungünstiger Wetterverhältnisse oder weil Washington im letzten Moment die Genehmigung versagt, stellt die Operation in Frage. Isolation von Trupps stellt eine Gefahr dar.
3. STÜTZPUNKTSICHERHEIT – Nach dem Beschuß von Bien Hoa ist der Sicherheit des Stützpunktes von Danang einige Beachtung geschenkt worden. Vorposten wurden verstärkt; zur Sicherung der Marine muß noch etwas unternommen werden; gleichwohl ist ein Prüfungsbericht unterwegs.
4. BETREUUNG DER TRUPPS – Am Ort operierende Trupps Bell und Easy leiden seit Wochen verzweifelt an Proviantmangel. Wetter hat Nachschub verhindert, soll aber während der Mondphase im November nachgeholt werden.
5. NVN-GEGENSCHLÄGE – Die Schlagkraft der Nordvietnamesen gegen MAROPS ist etwas besser geworden, obwohl sie noch nicht ausreicht, um diese Operationen zu vereiteln.

B. Yankee-Team-Operationen

Seit ein paar Monaten arbeitet jetzt das Yankee-Team-Operationsmodell (Worte unleserlich) mit einer zweiwöchigen Periode und etwa zehn Flügen innerhalb des gleichen Zeitraums (Worte unleserlich) zur Luftbilderfassung des Pfannenstiels. Außerdem sind uns gerade maximal zwei Kurzstreckeneinflüge täglich zur umfassenden und detaillierten Luftbilderfassung für grenzüberschreitende Operationen genehmigt worden. Wir haben vor kurzem auch MACV mitgeteilt, daß wir ganz vordringlich Nachtaufklärungsbilder von den wichtigsten, für Kraftwagen befahrbaren Fernstraßen in Laos benötigen. Zur

Zeit werden ungefähr zwei Nachtaufklärungsflüge entlang den Gebieten an der Route 7 innerhalb einer Frist von zwei Wochen geflogen.
YT (Yankee Team) unterstützt CAP (combat air control) bei bestimmten T-28-Schlägen im Korridor. CAP-Flugzeuge dürfen nicht an Angriffen teilnehmen oder Feuerschutz gewähren.
Noch zu lösen sind folgende Fragen: a) ob YT-Angriffe zur Unterstützung von RLAF-T-28-Korridor-Operationen erfolgen sollen; b) ob YT-Aufklärung sich auf Gebiete nördlich des 20. Breitengrads erstrecken soll; c) YT-Behinderungsangriffe gegen Route 7, besonders Ban-Ken-Brücke; und d) YT-Einsatz im Falle einer großangelegten Boden-Offensive des PL (das ist noch nicht eingetreten, es würde aber zweifellos dazu kommen, sollte der PL eine über die Möglichkeiten der Laoten und der schafreichen Thai hinausgehenden Offensive in den Stiel hinein unternehmen.)

C. *T-28-Operationen*

Zur Zeit befinden sich 27 T-28- (einschließlich drei RT-28-) Flugzeuge in Laos, von denen 22 im Einsatz sind. CINCPAC (Commander in Chief Pacific) ist in Aktion getreten, als Reaktion auf Botschafter Ungers Ersuchen, diese Bestände wieder auf 40 Maschinen zu bringen, wofür Piloten, einschließlich Thai, in Laos ausreichend vorhanden sind.
Die T-28er führen folgende Operationen durch:
1. Allgemeine Störtätigkeit gegen Militäranlagen und Truppenbewegungen der Pathet Lao, vornehmlich in den Provinzen Xieng Khouang und Sam Neua. Dies schließt Bemühungen ein, die Fernstraße 7 abzuriegeln.
2. Taktische Rückendeckung für Operation Anniversary Victory No. 2 (Saleumsay), die FAR (Royal Armed Forces of Laos)-Meo-Säuberungsaktionen die Route 4 aufwärts und nördlich von Tha Thom.
3. Taktische Rückendeckung für Operation Victorious Arrow (Sone Sai), FAR-Säuberungsaktionen im südlichen Laos.
4. Angriffe auf Ziele nach Opportunität, einschließlich solcher zur Unterstützung von FAR-Defensivaktionen wie der bei Ban Khen nordwestlich von Thakhek.
5. Korridor-Abriegelungsprogramm. Die in diesem Programm vorgesehenen Ziele wurden angegriffen, Pläne für Angriffe auf vier weitere Ziele (darunter im Gebiet von Tchepone) sowie für neuerliche Angriffe auf einige der ursprünglichen 13 Ziele werden derzeit ausgearbeitet. Botschafter Unger hat sechs weitere Ziele zur Genehmigung innerhalb dieses Programms vorgeschlagen.
6. Der Botschafter ist ermächtigt, mit dem RLAF RT-28-Aufklärung in Nordwest-Laos entlang dem Gebiet direkt nördlich und in östlicher und westlicher Richtung der Linie Veng Phou Kha–Muong Sai zu besprechen.
In den letzten Wochen haben die T-28er bei vielen Einsätzen große Mengen von Kapitulationsflugblättern abgeworfen. Diese haben in einigen Fällen bereits zu PL-Desertionen geführt. US-Beteiligung an SAR (search and rescue)-Operationen für abgeschossene T-28er ist genehmigt.
In Zusammenhang mit den T-28ern stehen wir vor folgenden Problemen:

1. Vollmacht für eine Teilnahme von Yankee-Team-Flugzeugen an Behinderungsschlägen im Korridorgebiet zur Unterstützung des dortigen T-28-Angriffsprogramms ist bis jetzt noch nicht erteilt worden.

2. Ebenso steht die Genehmigung für YT-Feuerüberfall gegen Ban-Ken-Brücke auf Route 7 aus.

3. Wir prüfen zur Zeit Berichte über erheblich verstärkte LKW-Bewegungen entlang der Straße 7 wie über feindliche Panzer-Aufstellungen und Massierung weiteren Materials knapp hinter der Grenze in Nord-Vietnam. Unter Umständen Gegenschlag mit Angriff auf Ban Ken erforderlich.

4. Thai-Beteiligung. Hanoi behauptet, am 18. August über DRV-Territorium eine T-28 abgeschossen und den die Maschine fliegenden Thai-Piloten gefangengenommen zu haben. Obgleich die von den Nordvietnamesen im Zusammenhang mit diesem Fall gegebene Information richtig zu sein scheint, ist es unklar, ob der Pilot am Leben ist und der ICC (International Control Commission for Vietnam) präsentiert werden kann. Die Möglichkeit ist indessen nicht auszuschließen, auch nicht, daß weitere Thai-Piloten von den PL gefangengenommen werden.

5. Die DRV behauptet, T-28er hätten am 1. und 2. August und am 16., 17. und 28. Oktober nordvietnamesischen Luftraum verletzt und Dörfer bombardiert und mit Bordwaffen beschossen. Die Beschuldigungen treffen mit Wahrscheinlichkeit auf die ersten beiden Daten (entlang der Route 7) und auf das letzte (Mu-Gia-Paß-Gebiet) zu. Die Angriffe am 16. und 17. Oktober fanden tatsächlich über strittigem Territorium statt, das im Genfer Abkommen von 1954 als zu Laos gehörig anerkannt worden ist.

6. Der Pathet Lao hat die Aufmerksamkeit der ICC auf die T-28er-Angriffe im Korridorgebiet gelenkt und die ICC aufgerufen, diese zu stoppen und die Mit-Vorsitzenden zu informieren. Die ICC hat sich bereits damit einverstanden erklärt, eine weitere PL-Beschuldigung hinsichtlich angeblicher US/SVN-Kampfhandlungen im Korridorgebiet in Verletzung des Genfer Abkommens zu untersuchen.

D. De-Soto-Patrouillen

Weitere De-Soto-Patrouillen sind bis zur Entscheidung von höchster Stelle in Frage gestellt. Botschafter Taylor (Saigon 1378) sieht in der Wiederaufnahme von De-Soto-Patrouillen keinen Vorteil, es sei denn, sie würden wesentlichen nachrichtendienstlichen Zwecken dienen. Er meint, wir sollten unsere Aktionen auf Hanois Unterstützung für den Vietkong und nicht auf die Verteidigung reiner US-Interessen abstellen.

E. Grenzüberschreitende Bodenoperationen

Zu Anfang des Jahres wurden verschiedene Aufklärungs-Trupps im Rahmen der Operation Leaping Lena über Laos abgesetzt. Alle diese Trupps wurden vom Feind entdeckt, und nur vier Überlebende kehrten in die RVN zurück. Als Ergebnis von Leaping Lena sind die grenzüberschreitenden Bodenoperationen eingehend überprüft worden, und COMUSMACV hat erklärt, er glaube nicht, daß sich erfolgreiche grenzüberschreitende Bodenoperationen vor frühestens dem 1. Januar 1965 durchführen ließen.

F. *Verdeckte Operationen in Laos*

Es werden Überlegungen angestellt, wie man Hardnose (Kode-Bezeichnung) (einschließlich größeren Thai-Engagements) verbessern und zum erfolgreicheren Operieren in den Korridor-Infiltrationsgebieten veranlassen könnte.
Keine Änderung im Status von Kha.

G. *Weitere heikle nachrichtendienstliche Operationen*

Diese umfassen »Queen Bee«, »Box Top«, »Lucky Dragon« und »Blue Springs«.

Übereinstimmung Nord-Vietnam zu bombardieren: August 1964 – Februar 1965

von Neil Sheehan

In der Pentagon-Studie über den Vietnamkrieg wird festgestellt, daß die Regierung Johnson am 7. September 1964 auf einer Sitzung im Weißen Haus »allgemeine Übereinstimmung« darüber erzielte, daß der Luftkrieg gegen Nord-Vietnam wahrscheinlich eröffnet werden müsse. Als voraussichtlicher Zeitpunkt für »diese Operationen« wurde »der Beginn des nächsten Jahres« genannt.

In der Studie heißt es weiter: »Hervorzuheben ist, daß sich der Standpunkt der Hauptverantwortlichen auf der Sitzung im September wesentlich von dem unterschied, den sie noch Anfang des Jahres gegenüber dem Präsidenten vertreten hatten. Im Frühjahr war die Anwendung von Gewalt noch von der Möglichkeit einer durchgreifenden Umwälzung – vor allem in Laos – abhängig gemacht und war in der Annahme vorgetragen worden, daß ein militärisches Eingreifen wahrscheinlich nicht notwendig werde. Auf der Sitzung im September jedoch wurden militärische Aktionen als unvermeidlich bezeichnet.«

Die Zustimmung der Regierung Johnson zum Luftkrieg gegen Nord-Vietnam erfolgte zu dem Zeitpunkt, als die Auseinandersetzungen im Wahlkampf um die Präsidentschaft zwischen Johnson und Senator Barry Goldwater, dem Befürworter massiver Bombenangriffe auf Nord-Vietnam, ihren Höhepunkt erreicht hatten. Die Pentagon-Studie liefert nun den klaren und eindeutigen Beweis, daß diese Entscheidung bereits im September gefallen war.

Die Analyse der Dokumente hat ergeben, daß sich sogar in einem offiziellen Aktionsmemorandum zur Nationalen Sicherheit, das der Präsident drei Tage nach der Sitzung, am 10. September, vorlegte, ein Hinweis auf die am 7. September erzielte »Übereinstimmung« findet, und zwar in der Formulierung, daß »es kurzfristig notwendig werden könnte, wichtige Entscheidungen zu treffen«.

»Endgültig«, wie es in der Studie heißt, begann dann die letzte Runde detaillierter politischer und militärischer Planung zur Bombardierung Nord-Vietnams am 3. November 1964, dem Tag, an dem Johnson bei den Präsidentschaftswahlen als Sieger hervorgegangen war.

Noch vor Ablauf der Frist von einhundert Tagen ordnete Johnson am 8. Februar 1965 erneute Vergeltungsschläge gegen Nord-Vietnam an. Am 13. Februar folgte dann der Befehl des Präsidenten, unter der

Kodebezeichnung »Rollender Donner« den Luftkrieg gegen Nord-Vietnam zu beginnen.
Die Pentagon-Studie weist klar und deutlich nach, daß in dem Zeitraum, in dem der Beschluß über den Bombenkrieg heranreifte, die zweite Phase der Verteidigungsplanung für Süd-Vietnam durchgeführt wurde. Diese Vorgänge stellen zugleich den zweiten Teil der Veröffentlichung der Pentagon-Studie in der *New York Times* dar.
Mit der gelegentlichen Einblendung von Johnsons persönlichen Ansichten und Motivationen entwerfen die Autoren der Pentagon-Studie für den Zeitraum, der zwischen der verhängnisvollen Zusammenkunft im September und der Eröffnung des Luftkrieges verstrich, das Bild eines unentschiedenen Präsidenten, der einem Krieg entgegengeht – und der gleichzeitig in einen Krieg gedrängt wird, der aber dennoch bis zum letzten Augenblick zögert.
Nicht gezögert aber haben seit der September-Sitzung die übrigen »Hauptverantwortlichen« (so die Bezeichnung der für die politischen und militärischen Entscheidungen verantwortlichen Regierungsbeamten) »mit der Darlegung ihrer Ansicht, daß militärische Operationen gegen den Norden Vietnams unumgänglich« seien. »Lediglich taktische Überlegungen hielten sie von sofortigen Aktionen ab.«
Die zunächst wichtigste »taktische Überlegung« bestand darin, »daß der Präsident gegenwärtig einen Wahlkampf führt, in dem er sich von dem unüberlegt draufgängerischen Barry Goldwater als ein von der Vernunft geleiteter, gemäßigter Kandidat abheben möchte«. Goldwater trat in aller Offenheit für die Bombardierung Nord-Vietnams ein. Als weitere »taktische Überlegungen« werden aufgeführt:
- Die »Unbeständigkeit« der Saigoner Regierung
- Der Wunsch, in Laos militärisch wie diplomatisch die Positionen zu halten
- Die Notwendigkeit, von der Öffentlichkeit und dem Kongreß maximale Unterstützung zu erhalten
- »Die nicht unbegründete Annahme, daß derart offene Aktionen zum jetzigen Zeitpunkt die Forderung nach verfrühten Verhandlungen verstärken könnten, d. h. Verhandlungen vor einer sich abzeichnenden Niederlage der Demokratischen Republik Nord-Vietnam.«

Im Schlußabsatz eines für Verteidigungsminister Robert S. McNamara zusammengestellten Memorandums vom 3. September, das dieser als Unterlage für die vier Tage später anberaumte Lagebesprechung im Weißen Haus angefordert hatte, faßte sein Stellvertreter John T. McNaughton, Chef der Abteilung Internationale Sicherheitsfragen im Verteidigungsministerium, diese taktischen Überlegungen, die zu vorübergehender Zurückhaltung nötigten, folgendermaßen zusammen: »In den kommenden zwei Monaten sind nachstehende Punkte besonders zu beachten: Die Aktionen der USA müssen auf folgende Zielgruppen ausgerichtet sein: auf die Kommunisten (sie müssen sich unter Druck gesetzt sehen), auf die Südvietnamesen (sie müssen moralisch unterstützt werden), auf unsere Alliierten (ihr Vertrauen in uns als ›Garanten‹ dürfen wir nicht verlieren) und die Öffentlichkeit in den USA (die das Risiko, das Leben von Amerikanern und das Prestige der Nation aufs Spiel zu setzen, willig auf sich nehmen muß). Während des Wahlkampfes besteht erhöhte Gefahr, daß die Öffentlichkeit in den USA in einer der Regierung nicht genehmen Weise informiert wird, daher ist besondere Vorsicht geboten. In Anbetracht dieser Erwägungen scheint es ratsam, Nord-Vietnam mit der Ankündigung neuer Initiativen einzuschüchtern, der Regierung von Süd-Vietnam deutlich zu machen, daß wir uns aus wahltaktischen Gründen vorläufige Zurückhaltung auferlegen, und dem amerikanischen Volk den Eindruck zu vermitteln, daß wir gute Absichten hegen und mit Mäßigung vorgehen.« In Klammern jeweils die persönlichen Anmerkungen McNaughtons.

»Keine Ausweitung des Krieges«

Der Präsident war bereits eifrig bemüht, dem Wahlvolk den Eindruck gemäßigter Zurückhaltung zu vermitteln. Am Abend des 29. August hielt er auf einer Wahlveranstaltung in der Nähe seiner Ranch in Texas, auf der zwei Tonnen Fleisch zu Barbecue verarbeitet worden waren und auf der zugleich – wenn auch verspätet – sein 56. Geburtstag gefeiert wurde, ein Ansprache, in der zum erstenmal ein Thema anklang, das in seinen künftigen Wahlreden ständig wiederkehren sollte: »Man hat mir empfohlen, unsere Flugzeuge mit Bomben zu beladen und diese dann über bestimmte Gebiete abzuwerfen, deren geographische Lage, wie ich glaube, unzweifelhaft die Ausweitung, die Eskalation des Krieges nach sich ziehen würde; das hätte zur Folge, daß wir uns verpflichten, eine große Zahl amerikanischer Boys in einen Krieg zu schicken, der meines Erachtens von den asiatischen Boys ausgefochten werden sollte, die auf diese Weise helfen, ihre Heimat zu schützen.«
Die Politik der Vereinigten Staaten gegenüber Vietnam, so führte der Präsident weiter aus, könne nur darin bestehen, »mit Rat zur Seite zu stehen, Empfehlungen zu geben, ein abgewogenes Urteil zu unterstützen, ausgebildete Helfer zur Verfügung zu stellen und sie materiell so auszurüsten, daß sie sich selbst helfen« könnten. »Danach richten wir uns. Wir haben dort in den vergangenen Jahren weniger als 200 Menschen verloren – und wir haben in Texas am Nationalfeiertag bei Unfällen fast ebenso viele Menschen verloren. Aber für jeden der Zweihundert, der sein Leben für die Freiheit geopfert hat, ist es ein Krieg, ein großer Krieg, und wir wissen das. Wir meinen aber, daß es

besser ist, 200 statt 200 000 zu verlieren. Darum haben wir uns Zurückhaltung auferlegt und bemühen uns mit aller Kraft, eine Ausweitung und Eskalation des Krieges zu vermeiden.«
Elf Tage vor diesem Datum, am 18. August, hatte Botschafter Maxwell D. Taylor aus Saigon gekabelt, er sei nunmehr auch der in Washingtoner Regierungskreisen vertretenen »Auffassung«, daß man durch einen auf Süd-Vietnam beschränkten Anti-Guerillakrieg die Vietkong-Guerillas – in der Abkürzung meist nur VC genannt – nicht schlagen und die Saigoner Regierung nicht retten könne. »In den kommenden Monaten muß mehr geschehen«, hieß es in der Depesche des Botschafters, und er fügte auch gleich hinzu, was darunter zu verstehen sei: »Ein sorgfältig geplanter und gut abgestimmter Luftangriff auf Nord-Vietnam, der sich vor allem gegen Infiltrationszentren und sonstige militärische Ziele richten muß.« Als Termin schlug General Taylor »den 1. Januar 1965 als vorläufigen Einsatztermin« vor. Für den Verlauf der Ereignisse in Süd-Vietnam stellte Botschafter Taylor zwei Alternativen in Aussicht:
Entweder werde allein schon die feste Zusage eines Bombardements das Saigoner Regime unter General Nguyen Khanh dazu veranlassen, größere Stabilität herzustellen und das Pazifizierungsprogramm beschleunigt durchzuführen, oder aber die Luftangriffe gegen Nord-Vietnam würden wenigstens, wenn die Regierung Khanh nicht in der Lage wäre, sich weiterhin zu behaupten, »den moralischen Zusammenbruch in Saigon« verhindern. Zur Verdeutlichung der Situation fügte der Botschafter hinzu, daß »im gegenwärtigen Zeitpunkt nicht abzusehen ist, ob sich die Regierung Khanh überhaupt bis zum 1. Januar 1965 halten kann«. Außerdem regte er an, vor dem ersten Bombenangriff Luftabwehrraketeneinheiten in die Gebiete von Saigon und Danang zu entsenden, um die dortigen Flugzeugbasen vor Vergeltungsangriffen der Kommunisten, die möglicherweise von China oder Nord-Vietnam zu erwarten seien, zu schützen. Ferner sollte ein Kontingent der amerikanischen Marineinfanterie den Luftstützpunkt Danang gegen Bodenangriffe des Gegners verteidigen.
Die Depesche war als gemeinsame Botschaft der US-Mission in Saigon deklariert, d. h., der Stellvertretende Botschafter U. Alexis Johnson und General William C. Westmoreland, Chef des US-Militärberaterkommandos, stimmten ihrem Inhalt voll zu.
Am 26. August, drei Tage bevor der Präsident anläßlich des Barbecue-Essens in Stonewall, Texas, seine Rede hielt, überreichten die Vereinigten Stabschefs der US-Streitkräfte Verteidigungsminister McNamara ein Memorandum, in dem sie Botschafter Taylor in allem zustimmten. Sie fügten hinzu, daß »die Bombardierung des Nordens nach der gegenwärtigen Lage zu urteilen« wohl eher unter der zweiten von Botschafter

Taylor angedeuteten Alternative erfolgen werde, d. h., sie rechneten mit dem Sturz des Regimes Khanh und wollten mit dem Luftkrieg gegen den Norden dem totalen Chaos in Saigon Einhalt gebieten. Im übrigen sei ihrer Ansicht nach »der Luftkrieg gegen Nord-Vietnam unausweichlich, wenn die USA ihre Positionen in Südostasien behaupten wollen«.
Mit diesem Memorandum des Führungsstabs trat zum erstenmal die »Strategie der Provokation« in Erscheinung, die am 7. September auf der Sitzung im Weißen Haus zur Diskussion stehen sollte. Um es mit den Worten der Pentagon-Studie auszudrücken, handelte es sich dabei »um vorsätzliche Versuche, die Volksrepublik Vietnam zu Maßnahmen zu provozieren, die dann mit einer systematischen Bombenattacke beantwortet werden können«.
Das Memorandum selbst geht nicht so weit, obwohl man ihm entnehmen kann, daß praktisch eine Wiederholung der Tongking-Zwischenfälle vorgeschlagen wird, um einen Vorwand für die Eskalation zu schaffen.
In seinem Memorandum vom 3. September an Verteidigungsminister McNamara erläuterte McNaughton den Sachverhalt genauer. Er nannte dabei verschiedene Möglichkeiten der Provokation, deren Beantwortung in einem zeitlich nicht begrenzten Luftkrieg gipfeln konnte. Bis zu diesem Zeitpunkt ließen sich Luftangriffe in Form einzelner Vergeltungsaktionen durchführen, um auf diese Weise den totalen Zusammenbruch Süd-Vietnams zu verhindern und gleichzeitig – so wörtlich die Verfasser der Pentagon-Studie – »den Aufschub einer Entscheidung über eine ernst zu nehmende Eskalation bis November oder Dezember zu erreichen«.
Die »ernst zu nehmende Eskalation« definierte McNaughton als eine »ständige Zunahme militärischer Aktionen der Südvietnamesen und Amerikaner gegen die Volksrepublik Vietnam«, u. a. durch Verminung der Häfen und Intensivierung der Bombenangriffe.
McNamara gegenüber beschrieb McNaughton sein Provokationsprogramm als ein »Ineinandergreifen von drei verschiedenen Aktionsbereichen, deren jeder folgende fünf Forderungen erfüllen muß:
1. Vom Standpunkt der USA, der Regierung von Süd-Vietnam und, so darf man hoffen, der Alliierten aus müssen die Aktionen unter den gegebenen Umständen gerechtfertigt erscheinen.
2. Nord-Vietnam muß durch diese Aktionen in zunehmendem Maße eingeschüchtert werden.
3. Es muß erreicht werden, daß Nord-Vietnam sich zu Gegenschlägen herausgefordert sieht und seinerseits mit Aktionen antwortet.
4. Diese militärischen Aktionen Nord-Vietnams müssen als Begründung für eine Eskalation unsererseits dienen können, falls wir die Eskalation wünschen.

5. Zeitlicher Ablauf und Umfang der Auseinandersetzungen müssen unter unserer Kontrolle bleiben, damit wir in der Lage sind, jederzeit Schluß machen zu können.« (Siehe Dokument Nr. 79)
Folgende Aktionen waren möglich:

- Luftangriffe der Südvietnamesen auf die Nachschubwege des Gegners, die »in Laos im Grenzgebiet zu Süd-Vietnam beginnen und dann allmählich weiter bis über die Grenze hinaus nach Nord-Vietnam vorgetragen werden«.
- Wiederaufnahme der Überraschungsangriffe auf das nordvietnamesische Küstengebiet nach Operationsplan 34 A, die Präsident Johnson nach dem Tonking-Zwischenfall vorübergehend eingestellt hat. Die südvietnamesische Regierung solle diese Angriffe bekanntgeben und sie als »unerläßlich zur Unterbindung der Infiltration auf dem Seewege« bezeichnen.
- Wiederaufnahme von Patrouillenfahrten amerikanischer Zerstörer im Golf von Tonking unter dem Kodenamen *de-Soto-Patrouillen*, und zwar sollten die Zerstörer unabhängig von den Überraschungsangriffen nach Plan 34 A operieren. McNaughton setzte hinzu, daß die »amerikanische Öffentlichkeit davon überzeugt ist, daß die US-Marine das Recht habe, sich in internationalen Gewässern frei zu bewegen«.

Die Mehrzahl der Teilnehmer an der Sitzung vom 7. September im Weißen Haus stimmte jedoch gegen die im Provokationsplan vorgeschlagenen Luftangriffe, und zwar mit der Begründung, daß das Regime Khanh zu schwach sei und die Absicht, die Kampfmoral zu heben, durch kommunistische Gegenaktionen durchkreuzt werden könne. Teilnehmer der Sitzung waren:
der Präsident Lyndon B. Johnson, Außenminister Dean Rusk, Verteidigungsminister McNamara, General Earle G. Wheeler, der neue Vorsitzende der Vereinigten Stabschefs der US-Streitkräfte, sowie Botschafter Taylor, der eigens aus Saigon gekommen war, und John A. McCone, Chef des Geheimdienstes CIA.
»Wir sind der Meinung, daß derartige provokative Maßnahmen unterbleiben sollten, solange die südvietnamesische Regierung noch darum kämpft, einen festen Stand zu finden.« Staatssekretär William P. Bundy stellte in einem Memorandum die Vorschläge zusammen, über die man allgemeine Einigkeit erzielt hatte und die dem Präsidenten nach der Sitzung offiziell vorgelegt wurden.
»Es ist durchaus möglich, daß wir Anfang Oktober für die oben genannten Aktionen eintreten werden, vorausgesetzt, daß die Regierung Süd-Vietnams dann fester im Sattel sitzt und die ersten Reaktionen der Kommunisten auf die Patrouillenfahrten der US-Marine vorliegen.«
Demnach war also die Wiederaufnahme der Patrouillentätigkeit einer der Beschlüsse dieser Sitzung vom 7. September. Nach Ansicht der

Autoren der Pentagon-Studie ergibt die Analyse der Dokumente, daß mit fast der gleichen Begründung die systematische Bombardierung des Nordens vorläufig abgelehnt wurde. So heißt es im Memorandum Bundys: »Die Regierung von Süd-Vietnam wird in den nächsten zwei bis drei Monaten derart schwach sein, daß wir das durch eine Eskalation hervorgerufene Risiko für Süd-Vietnam nicht auf uns nehmen können.«
Bereits Botschafter Taylor hatte in seiner Depesche vom 18. August vermerkt, daß die Bombardierung des Nordens, die einen totalen Zusammenbruch im Süden verhindern soll, »die Wahrscheinlichkeit verstärkt, daß die USA in Bodenkämpfe verwickelt werden. Die Regierung Khanh wird nämlich kaum Bodentruppen vom Befriedungsprogramm abziehen können, um gegen Angriffe der Volksrepublik Nord-Vietnam einen auch nur nennenswerten Widerstand zu mobilisieren.«
Wie aus den Pentagon-Akten hervorgeht, ergab die Sitzung vom 7. September, daß das Regime in Saigon in immer geringerem Maße als eine Regierung betrachtet wurde, die in der Lage gewesen wäre, mit den Vietkong fertig zu werden. Vielmehr betrachtete man sie nur mehr als »geeignete Basis für umfassendere Aktionen«.
Trotz der pessimistischen Beurteilung durch Botschafter Taylor und den Führungsstab der Streitkräfte glaubten dennoch einige Teilnehmer an der Sitzung im Weißen Haus immer noch, die Regierung Khanh werde ihre Position festigen können. Nach den handschriftlichen Notizen in den Pentagon-Akten vermerkte z. B. McNamara, daß man doch wohl von der Voraussetzung ausgehen müsse, daß »wir nicht stärker eingreifen, weil berechtigte Hoffnung besteht, daß sich die Position der südvietnamesischen Regierung festigt«.
Gleichzeitig aber wies er darauf hin, so die Studie, »daß es, selbst wenn sich die Situation der südvietnamesischen Regierung nicht bessert oder die Kommunisten für eine Ausweitung der kriegerischen Auseinandersetzungen sorgen, unbedingt notwendig ist, den Weg für verstärkte Aktionen offenzulassen«.
Die handschriftlichen Unterlagen dieser Sitzung zitieren den Präsidenten, der fragte: »Können wir die Position der Regierung von Süd-Vietnam in irgendeiner Weise stärken?«
Im »Übereinstimmungs«-Memorandum schreibt Bundy: »Khanh wird es wahrscheinlich gelingen, sich während der kommenden zwei bis drei Monate als Regierungschef zu halten und die Stellung der Regierung zu stärken. Wir können nur hoffen, und das ist das Beste, was wir erwarten können, daß seine Regierung einigermaßen für Ruhe und Ordnung sorgen, das Befriedungsprogramm (wenn auch nicht beschleunigt und effektiver) weiterführen und nach außen hin als voll aktionsfähige Regierung erscheinen kann.«
Das Aktionsmemorandum 314 zur Nationalen Sicherheit, das von

Sonderberater McGeorge Bundy unterzeichnet wurde, veranlaßte den Präsidenten am 10. September, einige Interimsmaßnahmen zu treffen. Wie es im Sitzungsmemorandum von William Bundy heißt, sollten diese Maßnahmen dazu dienen, »die Moral in Süd-Vietnam zu stärken und den Kommunisten zu zeigen, daß wir es ernst meinen, während wir gleichzeitig das Risiko so gering wie möglich halten und Herr der Situation bleiben«.

Die meisten der vom Präsidenten angeordneten Interimsmaßnahmen waren geheime Aktionen. Im übrigen aber enthielt das Aktionsmemorandum zur Nationalen Sicherheit auch Gesichtspunkte, die bei der Strategie-Sitzung vom 7. September sowie bei anderen Lagebesprechungen diskutiert worden waren und zwar »so weitgehend, daß das neue Jahr als Gelegenheit zum Beginn offener militärischer Operationen bezeichnet wurde«.

Im Schlußabsatz des Memorandums heißt es wörtlich: »Die gegenwärtigen Entscheidungen wurden unter dem Gesichtspunkt getroffen, daß es zunächst einmal darum geht, die Position der südvietnamesischen Regierung zu festigen; sie sind jedoch so angelegt, daß auf ihnen wichtigere Entschließungen aufgebaut werden können, sofern und sobald es die Lage erlaubt. Sind größere Entscheidungen durch Veränderungen der Lage notwendig, so können sie jederzeit getroffen werden.« (Siehe Dokument Nr. 81)

Zu Johnsons Interimsmaßnahmen gehörten u. a.:

• Wiederaufnahme der de-Soto-Patrouillenfahrten durch amerkanische Zerstörer im Golf von Tongking. Die Schiffe sollten zunächst außerhalb der 12-Meilen-Zone operieren und sich von den Seeoperationen nach Plan 34 A absetzen, wobei ihnen »Deckung aus der Luft« gewährt werden sollte.

• Wiederaufnahme der überfallartigen Angriffe auf die Küstengebiete nach Operationsplan 34 A, und zwar nach Beendigung der ersten De-Soto-Patrouille. In der Direktive dazu hieß es, daß »die Regierung von Süd-Vietnam dazu veranlaßt werden muß, diese Überfälle offen zuzugeben, und zwar mit der Begründung, daß diese Aktionen die Infiltration von Vietkongs auf dem Seewege verhindern sollen«. Und weiter: »Es herrschte Übereinstimmung darüber, daß dadurch ein günstiges Klima geschaffen werden sollte, damit die Öffentlichkeit (Luft-) Operationen gegen Nord-Vietnam, falls diese notwendig werden sollten, leichter hinnehmen würde.«

Das Wort in der Klammer stammt aus der Studie.

• Eine Absprache mit der laotischen Regierung unter Premierminister Suvannah Phuma, »der Regierung von Süd-Vietnam begrenzte Luft- und Bodenoperationen in den Grenzgebieten von (Südost-) Laos zu gestatten, und zwar in Verbindung mit Luftangriffen durch die Laoten und gegebenfalls auch mit bewaffneten Aufklärungsflügen durch die USA«. Bei »bewaffneten Aufklärungsflügen« handelt es sich um militärische Unternehmungen, bei denen der Pilot Ziele wie Waffenlager oder Lastwagen, die vorher nicht festgesetzt wurden, nach eigenem Ermessen angreifen darf.

• Wie zum Zeitpunkt des Tongking-Zwischenfalls »müßten die USA jederzeit bereit sein«, gegen die Volksrepublik Nord-Vietnam »angemessene« Vergeltungsschläge aus der Luft zu führen, falls »US-Einheiten angegriffen oder besondere Aktionen der Volksrepublik Nord-Vietnam und des Vietkong gegen Süd-Vietnam erfolgen sollten«.

Zusätzlich wurde vom Präsidenten angeordnet, daß durch »wirtschaftliche und politische Maßnahmen« – z. B. durch eine Gehaltserhöhung für südvietnamesische Beamte aus amerikanischen Fonds – das Ansehen der Regierung von Süd-Vietnam zu festigen sei.

Zwei Tage nach Johnsons Direktiven, nahmen die US-Zerstörer *Morton* und *Edwards* am 12. September ihre Patrouillenfahrten im Golf von Tongking wieder auf. Als sie in der Nacht des 18. September angegriffen wurden, kam es zu einem dritten Tongking-Zwischenfall, der vom Präsidenten heruntergespielt wurde.

Am 4. Oktober aber veranlaßte der Präsident die Wiederaufnahme der Angriffe auf Küstenbereiche nach Operationsplan 34 A, allerdings noch als heimliche Aktion. Die Anweisung war jedoch dahingehend spezifiziert worden, daß die Überfälle unter intensiverer amerikanischer Kontrolle durchzuführen seien.

Jede der Operationen, die für jeden Monat genau nach Plan festgelegt waren, mußte nunmehr »im voraus« vom Stellvertretenden Verteidigungsminister Cyrus R. Vance (im Namen von Verteidigungsminister McNamara), vom amtierenden Stellvertretenden Unterstaatssekretär für Politische Angelegenheiten im Außenministerium, Llewellyn A. Thompson (für Außenminister Rusk) und von McGeorge Bundy (für den Präsidenten) unterzeichnet werden.

In einem Bericht an William Bundy über die Ereignisse im Monat Oktober heißt es, daß die Küstenüberfälle nach Plan 34 A aus folgenden Einzelaktionen bestanden hätten: dem Versuch, eine Dschunke zu kapern sowie der erfolgreichen Zerstörung der Radaranlage in Vinhson und des Beobachtungspostens von Muidao.

Zwei der Sabotagetrupps, die kurze Zeit vorher mit dem Fallschirm im Norden abgesetzt worden waren, hatten »im Oktober erfolgreiche Aktionen ausgeführt«. Im Bericht an William Bundy hieß es: »Einer der beiden Trupps zerstörte eine Brücke, der andere überfiel eine vietnamesische Patrouille, wobei allerdings bei beiden Unternehmungen so hohe Verluste entstanden, daß man den Sinn dieser Unternehmungen in Frage stellen muß.«

Die U 2-Spionageflüge über Nord-Vietnam und die Versorgung der zur psychologischen Kriegsführung eingesetzten Sabotagetrupps und kleineren Gruppen aus der Luft hatten auch während der Zeit nicht aufgehört, als Präsident Johnson aufgrund der Tongking-Affäre die Einstellung der nach Plan 34 A ausgeführten Überfälle befohlen hatte.
In Laos begannen die heimlichen Aktionen erst Mitte Oktober. Als Motiv dafür wird von der Pentagon-Studie angeführt, daß die Regierung Johnson zunächst »den unsicheren Ausgang« der zu diesem Zeitpunkt in Paris stattfindenden Verhandlungen zwischen rechtsgerichteten, neutralistischen und prokommunistischen Fraktionen von Laos abwarten wollte. Ziel der Verhandlungen war ein Waffenstillstand, der möglicherweise zu einer neuen Genfer Konferenz der 14 Nationen über die Beendigung des Bürgerkrieges in Laos hätte führen können.
In der Pentagon-Studie heißt es dazu: »Ein Waffenstillstandsabkommen in Laos lag jedoch nach den damaligen Plänen nicht im Interesse der USA.«
Die US-Regierung fürchtete, daß durch eine Genfer Konferenz über Laos der Druck der internationalen öffentlichen Meinung, insbesondere der kommunistischen Staaten, dazu zwingen könnte, auch das Thema Vietnam zu behandeln. Am Verhandlungstisch aber hätte sich dann nur zu bald gezeigt, mit wie geringer Unterstützung das anti-kommunistische Regime in Saigon rechnen konnte.
Außerdem war die Regierung Johnson der Ansicht, daß allein durch das Zustandekommen einer Konferenz über Laos in Saigon der Eindruck entstehen könnte, die USA wollten sich aus Süd-Vietnam zurückziehen. Das aber hätte leicht zur Folge haben können, daß die ohnehin schwache Regierung gestürzt und eine neutralistische an ihre Stelle getreten wäre, die dann ihrerseits die USA zum Abzug aufgefordert hätte.
Aus den Dokumenten geht hervor, daß William Bundy in seinem Südostasien-Memorandum vom 11. August die »Strategie der USA in der Frage der Pariser Verhandlungen« wie folgt beschrieb: »In unserem Interesse kann es nur liegen, die Forderungen nach einer Konferenz abzuschwächen und die Position Suvannah Phumas mit allen Mitteln zu stützen.« In diesem Zusammenhang wurde auch der Weg aufgezeigt, wie dies zu erreichen sei: Botschafter Leonard Unger hatte den Vorschlag unterbreitet, Suvannah Phuma solle auf einer Lösung bestehen, die alle drei Parteien an der Verwaltung der Ebene der Tonkrüge beteiligt, damit »werde der notwendige Verzögerungseffekt erzielt«.
»Bezeichnenderweise«, heißt es in der Pentagon-Studie, »wurde dieser Vorschlag am 1. September von Suvannah Phuma vorgetragen, womit eindeutig nachgewiesen ist, daß er vor und während der Pariser Verhandlungen von US-Diplomaten ständig und genauestens instruiert wurde. Darüber hinaus beharrte Suvannah Phuma darauf, daß die

Kommunisten ihn erstens als Premierminister akzeptierten und zweitens die ICC (Internationale Kontrollkommission) weiterhin ungestört operieren dürfe. Beide Punkte trugen zur Verhärtung der Fronten bei und verzögerten die Verhandlungen.« Den USA kamen auch die letzten beiden Forderungen Suvannahs sehr gelegen, denn Bundy hatte dazu in seinem Memorandum vom 11. August geschrieben: »Suvannah sollte, was die Stellung seiner Person betrifft, unbedingt auf seinem Standpunkt beharren, aber auch die Forderung nach voller Bewegungsfreiheit für die ICC spielte uns in die Hände.«

Dazu die Verfasser der Pentagon-Studie: »Es braucht wohl kaum darauf hingewiesen zu werden, daß die Verhandlungen über einen Waffenstillstand durch die zuletzt genannten Forderungen blockiert wurden.« Ende September wurden die Verhandlungen in Paris abgebrochen.

Am 11. September trafen sich Vertreter der US-Missionen von Bangkok und Vientiane unter dem Vorsitz von Botschafter Taylor in Saigon und beschlossen, daß sich die südvietnamesische Luftwaffe nicht – wie es in der Direktive des Präsidenten vom 10. September geheißen hatte – an den Aktionen in Laos beteiligen sollte. Während des Sommers war bereits eine Liste von 22 Zielen im Gebiet des laotischen »Entenschnabels« zusammengestellt worden, zu denen u.a. ein Kontrollpunkt am Mugia-Paß, gleich jenseits der Grenze von Nord-Vietnam zählte.

Auf der Sitzung in Saigon wurde die Ansicht vertreten, daß Luftangriffe der Südvietnamesen Premier Suvannah Phuma kränken könnten, da durch sie seine Position erheblich beeinträchtigt wurde. So beschloß man, daß lediglich T-28-Maschinen sowie Flugzeuge der US-Luftwaffe und der US-Marine insgeheim Einsätze über Laos fliegen sollten, und zwar unter dem Kodenamen *Yankee Team.* Übereinstimmung wurde außerdem darüber erzielt, daß südvietnamesische Bodentruppen, gegebenenfalls in Begleitung amerikanischer Berater, Erkundungsmärsche bis in eine Tiefe von 20 Kilometern nach Laos hinein unternehmen sollten.

In der Pentagon-Studie heißt es dazu: »Die Vertreter der genannten US-Missionen stimmten darin überein, daß nach Beginn dieser (Luft- und Boden-) Operationen diese nicht offiziell bestätigt werden sollten, so daß sie im Endeffekt nur als Zusatz-Unternehmen zu den bereits durchgeführten verdeckten Aktionen gegen Nord-Vietnam gelten würden. Außerdem brauche Suvannah Phuma auch über die geplanten südvietnamesisch-amerikanischen Bodenunternehmen nicht informiert zu werden, während er von den Einsätzen seiner T-28 selbstverständlich Kenntnis erhalten werde. Auf diese Weise wäre es leichter, die Geheimhaltung der Bodenoperationen aufrechtzuerhalten.«

Am 6. Oktober wurde Botschafter Unger in Laos durch eine gemeinsame Mitteilung des Außen- und des Verteidigungsministeriums dazu ermächtigt, Suvannah Phumas Einwilligung zum Einsatz der T-28 »sobald als möglich einzuholen«.

An dieser Stelle verweisen die Autoren der Pentagon-Studie auf die Tatsache, daß in dieser Nachricht von Einsätzen der US-Luftwaffe und -Marine sowie der *Yankee-Team*-Maschinen keine Rede war. Johnson hatte also die »bewaffneten Aufklärungsflüge«, die im Aktionsmemorandum 314 zur Nationalen Sicherheit enthalten waren, verschoben.

Fünf der Ziele im laotischen Entenschnabel, gut verteidigte Brücken, waren für die US-Luftwaffe speziell reserviert worden, außerdem brauchte man die *Yankee-Team*-Maschinen gegen die Luftabwehrbatterien am Mugia-Paß. In der Nachricht an Botschafter Unger hatte man diese Ziele, die auf der Liste der 22 genannt waren, weggelassen, weil diese Einsätze vorläufig noch nicht erfolgen sollten. Es erging die Vollmacht, den Laoten mitzuteilen, daß bestimmte schwierige Angriffsziele im Entenschnabel – auch solche, für die gemischte Einsätze von T-28 und *Yankee-Team* für notwendig gehalten werden – Teil des Gesamtkonzepts sind, aber erst später in die Tat umgesetzt werden; auf keinen Fall dürften die US-Einsätze zum jetzigen Zeitpunkt erfolgen (Siehe Dokument Nr. 83).

Sowohl Unger als auch Taylor machten ihrer Regierung gegenüber deutlich, daß die laotische Regierung auch die Infiltrationswege der Kommunisten ohne Beteiligung amerikanischer Bomber nicht mit der nötigen Intensität angreifen würden. Deshalb gestattete Washington einen Tag vor der ersten Aktion der T-28, die am 14. Oktober stattfand, daß *Yankee-Team*-Düsenjäger die T-28-Maschinen begleiten sollten, um so die Kampfmoral der Laoten zu unterstützen und sie vor den Angriffen nordvietnamesischer MIGS zu schützen.

In einer Depesche hatte Botschafter Taylor mitgeteilt, daß diese Lösung für die amerikanische Luftwaffe in Indochina, was die Einsatzbefehle anginge, ohne weiteren Aufwand möglich sei. Lediglich »eine relativ geringfügige Erweiterung« der für das amerikanische Engagement geltenden Bestimmungen müßte in Kauf genommen werden.

Vorläufig vertagt wurden indessen auch die Streifzüge südvietnamesischer Bodentruppen auf laotisches Territorium. Botschafter Taylor hatte am 9. Oktober telegraphiert, daß sich derartige Aktionen »in absehbarer Zeit« nicht durchführen ließen, da die südvietnamesischen Streitkräfte alle Hände voll zu tun hätten, um mit der Guerilla-Tätigkeit auf ihrem eigenen Territorium fertig zu werden.

Dagegen wurden einige Spähtrupps, die aus je acht Südvietnamesen bestanden, über laotischem Territorium nach Operationsplan *Leaping Lena* abgesetzt. Allerdings hieß es am 7. November in einem an William Bundy gerichteten Lagebericht über die heimlichen Aktionen, daß »alle diese Spähtrupps vom Feind ausgemacht und nahezu aufgerieben wurden. Nur vier Mann kehrten lebend nach Süd-Vietnam zurück . . .«

Am 1. November, zwei Tage vor den Wahlen in den USA, eröffneten die Vietkongs ein vernichtendes Geschützfeuer auf die Flugzeuge und sonstigen Anlagen des Luftstützpunktes Bienhoa, in der Nähe von Saigon. Durch diesen Angriff wurde der Präsident, wie die Autoren der Studie es formulieren, unter »starken inneren Druck« gesetzt, offen zurückzuschlagen, hatte er doch in den Direktiven vom 10. September ausdrücklich festgestellt, daß »die USA jederzeit bereit sein müßten, angemessene Vergeltungsschläge . . . zu führen, falls US-Einheiten angegriffen oder besondere Aktionen der Volksrepublik Nord-Vietnam und des Vietkong gegen Süd-Vietnam erfolgen sollten«.

Bei dem Angriff des Vietkong waren vier Amerikaner getötet, fünf B-57-Bomber zerstört und acht beschädigt worden. Es handelte sich dabei um einige der B-57, die auf Anordnung McNamaras im Zuge der Vorbereitung einer möglichen Bombardierung Nord-Vietnams von Japan auf die Philippinen und von dort nach Süd-Vietnam verlegt worden waren, um der Regierung Khanh ein stärkeres militärisches Ansehen zu verleihen und den Vietkong zu beeindrucken.

»Ende Oktober waren (als Vorsorge für die erneuten De-Soto-Patrouillenfahrten) Teile unserer Streitkräfte im Pazifik in Alarmbereitschaft versetzt worden, um mit Vergeltungsschlägen zu antworten, falls Angriffe der Volksrepublik Nord-Vietnam auf unsere Schiffe erfolgen sollten. Aus diesem Grund waren zahlreiche hohe Regierungsbeamte ganz fest davon überzeugt, daß die USA zurückschlagen würden«, heißt es in der Pentagon-Studie. (Die Ausführungen in Klammern sind in der Studie enthalten).

Wie McNamara den Vereinigten Stabschefs der US-Streitkräfte erklärte, habe es sich bei dem Angriff auf Bienhoa »um einen willkürlichen Eskalationsakt und einen Verstoß gegen die bei Bodenoperationen geltenden Regeln seitens des Vietkong gehandelt«. Noch am Tage des Eröffnungsangriffs auf Bienhoa versicherten die Vereinigten Stabschefs, daß »ein sofortiger und nachdrücklicher Gegenschlag es rechtfertige«, »folgende Sonderaktionen zu starten (die folgenden in runde Klammern gesetzte Zusätze sind Angaben der Vereinigten Stabschefs, die Angaben in eckigen Klammern enthalten die Erläuterungen der *New York Times*).

»a) Innerhalb eines Zeitraums von 24–36 Stunden erläßt das Oberkommando Pazifik (PACOM) für folgende militärische Unternehmen folgende Befehle:

1. Luftangriffe in Laos auf Ziele Nr. 3 (Tchepone-Kasernen, im Nordwesten), Nr. 4 (Militärgebiet von Tchepone), Nr. 19 (Militärgebiet von

Banthay), Nr. 8 (Brücke von Nape) und die Banken-Brücke an der Straße 7.
2. Aufklärungs-Tiefflüge im Gebiet der Infiltrationswege und Nachschublinien sowie über Zielen in Nord-Vietnam südlich des 19. Breitengrades.
b) Vor Beginn der Luftangriffe auf die Volksrepublik Nord-Vietnam Landung von Marineinfanterie in Danang und von Luftlandetruppen oder Marineinfanterie aus Okinawa im Gebiet von Saigon-Tansonnhut-Bienhoa, um bereits vorhandenes US-Personal und fest installierte US-Anlagen besser zu schützen.
c) Die für den Truppentransport benötigten Flugzeuge (s. Abschnitt b) sind zur Evakuierung amerikanischer Zivilisten aus Saigon sowie für Tageseinsätze bei der Bombardierung der Volksrepublik Nord-Vietnam weiter zu verwenden (siehe Abschnitt d).
d) Für folgende Einsätze sind Vorbereitungen zu treffen:
1. Innerhalb von 60–72 Stunden Start von 30 der auf Guam stationierten B-52 zum Nachtangriff auf Ziel Nr. 6 (Flugplatz Phucyen) [Phucyen, nur 15 km von Hanoi entfernt, ist der wichtigste Luftstützpunkt in Nord-Vietnam].
2. Nach Abschluß der unter 1. aufgeführten Operationen im Morgengrauen Luftangriff der PACOM-Luftwaffe und Marinestreitkräfte auf folgende Ziele in der Volksrepublik Nord-Vietnam: Nr. 6 (Phucyen-Luftstützpunkt) (als Fortsetzung des voraufgegangenen Nachteinsatzes), Nr. 3 (Hanoi, Flugplatz Gialam), Nr. 8 (Haiphong, Flugplatz Catbi), Nr. 48 (Haiphong POL) und Nr. 49 (Hanoi POL) [POL bedeutet Petroleum, Oil and Lubricants, in der Militärsprache POL abgekürzt, es handelt sich also um Treibstofflager].
3. Gleichzeitig mit Aktion 2 bombardiert die südvietnamesische Luftwaffe Ziel Nr. 36 in der Volksrepublik Nord-Vietnam (Militärlager Vitthulu).
4. Gleichzeitiger Beginn von Aufklärungsoperationen sowie der notwendigen Entsatz- und Hilfsmaßnahmen.
5. Folgende Operationen müssen sich an die bereits genannten anschließen:
a) Bewaffnete Aufklärungsflüge über den Infiltrationswegen in Laos.
b) Luftangriffe auf Nachschub- und Infiltrationswege in der Volksrepublik Nord-Vietnam.
c) An Intensität allmählich zunehmende Luftangriffe der PACOM und SAC-Streitkräfte [SAC = Strategic Air Command = Strategisches Luftwaffenkommando] auf Ziele, die Zielliste 94 enthält.
e) Sofern notwendig, sind die Luftlandebasen in Thailand zu benutzen; entsprechende Genehmigung über geeignete Kanäle ist einzuholen.

Da die Geheimhaltung des oben genannten Planes von äußerster Wichtigkeit ist, sind auswärtige Stellen wie die südvietnamesische Luftwaffe nur so weit einzuweihen, daß ein reibungsloser Ablauf gewährleistet ist. Das gleiche gilt auch für alle thailändischen Stellen, die um eine Genehmigung zur uneingeschränkten Nutzung der Luftlandebasen ersucht werden müssen.« Soweit die Vorschläge der Vereinigten Stabschefs der US-Streitkräfte.

Für eine weniger massive »Antwort« setzte sich Botschafter Taylor ein, der per Telegramm aus Saigon vorschlug, »Vergeltungsangriffe der US- und südvietnamesischen Luftwaffe gegen einzelne, ausgewählte Ziele in Nord-Vietnam zu fliegen und gleichzeitig die offizielle Erklärung abzugeben, daß bei Wiederholung derartiger Vorfälle in gleicher Weise reagiert werde«.

Der Präsident war aber wohl anderer Meinung, heißt es doch in der Studie: »Offenbar lautete die Entscheidung, zunächst einmal gar nichts zu unternehmen.« Allerdings konnten ihre Verfasser in den Dokumenten selbst keine Erklärung für diese Entscheidung finden. Am gleichen Tag fand im Weißen Haus eine Sitzung statt, auf der der Präsident die Ansicht vertrat, daß die Bombardierung Nord-Vietnams zu Gegenschlägen gleicher Art von seiten der Nordvietnamesen oder Chinas führen könne, d. h., daß vor allem mit verstärkten Angriffen auf Stützpunkte der USA und Angehörige des US-Personals in Süd-Vietnam gerechnet werden müsse.

Auf einer Pressekonferenz betonten Regierungssprecher, die in der Pentagon-Studie nicht namentlich genannt werden, daß »dieses Vorkommnis anders zu werten ist als die Tonking-Affäre«.

»Für den 2. November war eine weitere Sitzung (im Weißen Haus) angesetzt, allerdings geht aus den Unterlagen nicht hervor, ob sie auch tatsächlich stattfand. Da Präsident Johnson an diesem Nachmittag zu seinem letzten Auftritt vor den Wahlen in Houston sein sollte, ist es möglich, daß die Sitzung abgesagt wurde.«

»Eines aber läßt sich mit Sicherheit sagen«, schließen die Autoren der Studie, »bis zu diesem Zeitpunkt war keine Genehmigung zu Vergeltungsschlägen für den Angriff auf die US-Bomber gegeben worden.«

Dennoch war der Präsident am 1. November nicht ganz untätig geblieben. So hatte er einen Arbeitsausschuß unter William Bundy damit beauftragt, verschiedene politische und militärische Vorschläge zu einer direkten Aktion gegen Nord-Vietnam auszuarbeiten. Das allerdings war, wie die Studie vermerkt, die einzige »konkrete Folge« des Überfalls auf Bienhoa am 1. November.

Die Bundy-Arbeitsgruppe, wie sie inoffiziell in Regierungskreisen genannt wurde, hielt am 3. November um 9.30 Uhr ihre erste Zusammenkunft ab, an jenem Tag also, an dem die Wähler Johnson mit überwältigender Mehrheit als Präsidenten bestätigten.

In einem Memorandum an die Mitglieder der Arbeitsgruppe vom 5. November schrieb Bundy: »Bienhoa kann sich täglich wiederholen. Wenn wir dann handeln, könnten wir in einem derartigen Fall ohne Mühe schwerwiegendere Aktionen rechtfertigen. Der Präsident denkt an die maximale Ausnutzung des *Golf-von-Tonking*-Prinzips, entweder für eine Aktion, die Härte demonstriert und zugleich den Status quo so lange in der Schwebe hält, bis wir uns zu einer großen Sache entscheiden können, oder eine Basis für den Beginn eines klaren Handlungsablaufs im Rahmen eines breit gefächerten Vorschlagprogramms.« (Siehe Dokument Nr. 84)

Offensichtlich hatte die Bundy-Arbeitsgruppe den Auftrag, die gesamte bisherige Vietnam-Politik der USA noch einmal zu überprüfen und anhand sämtlicher nur denkbarer Möglichkeiten Vorschläge auszuarbeiten, die dann dem Nationalen Sicherheitsrat vorgelegt werden sollten. In der Arbeitsgruppe waren vertreten: Bundy, Marshall Green, Michael V. Forrestal, der Chef des Koordinationsausschusses für Vietnam, Robert Johnson vom Außenministerium, McNaughton aus der zivilen Hierarchie des Verteidigungsministeriums, Vizeadmiral Lloyd M. Mustin als Vertreter der Vereinigten Stabschefs der US-Streitkräfte und Harold Ford vom CIA – also die ganze Maschinerie, die Amerikas Außenpolitik macht.

Aber trotz dieses umfassenden Auftrags »zeigte die Arbeitsgruppe bemerkenswert wenig Neigung, die grundsätzliche Frage der Einmischung der USA in die Auseinandersetzungen in Vietnam zu erörtern«. Die Grundforderung »eines unabhängigen, nicht-kommunistischen Süd-Vietnams«, die der Präsident im Aktionsmemorandum 288 zur Nationalen Sicherheit im März 1964 aufgestellt hatte, »war offenbar unverrückbar dieselbe geblieben«.

Die Vorschläge werden härter

Die Diskussion im September hatte mit dem Ergebnis geendet, daß die Bombardierung des Nordens »aus einer Reihe von Gründen in nicht allzu ferner Zukunft erforderlich sein werde«. Von diesem Zeitpunkt an setzten sich sowohl einzelne Personen als auch Institutionen in zunehmendem Maße für die Verfolgung dieses Zieles ein, bis schließlich alle Vorschläge zur Vietnampolitik darin gipfelten und zuletzt auch dem Nationalen Sicherheitsrat und dem Präsidenten unter diesem Aspekt vorgetragen wurden.

Die Pentagon-Studie zeigt anhand verschiedener, zeitlich aufeinanderfolgender Dokumente, die der dreiwöchigen Arbeit der Bundy-Arbeitsgruppe entstammen, wie sich der Standpunkt immer mehr verhärtete: »Die Möglichkeit ›Rückzug‹ wurde erst gar nicht erörtert«, weil sie sich im Widerspruch zu den in verschiedenen Memoranden festgelegten Richtlinien befunden hätte. »Allmählicher Abbau« kam gleichfalls nicht in Frage.

»Als ersten Schritt zum Abbau hätte man bereits eine Haltung bezeichnen müssen«, so die Pentagon-Studie, »bei der die Position des Status quo als ausreichend betrachtet worden wäre, d. h. Aufrechterhaltung der Zahl des US-Personals in Süd-Vietnam an ihrer untersten Grenze und verstärkte Bemühungen um den Aufbau einer neuen starken Basis in einer anderen Gegend, vorzugsweise in Thailand.«

Und weiter: »Eine zweite Alternative in dieser Richtung hätte wohl darin bestehen können, sozusagen als letzte große Demonstration zur Unterstützung der südvietnamesischen Regierung, eine zeitlich begrenzte, massive Intensivierung der Bombenangriffe vorzunehmen. Hätte das Ergebnis der Bombardierung nicht den gewünschten positiven Effekt gehabt, so hätte man in einer großangelegten Propagandakampagne klarmachen können, daß die südvietnamesische Regierung nicht in der Lage sein werde, den Krieg zu gewinnen, um sich dann in Verhandlungen um den Kompromiß einer Neutralisierung zu bemühen.«

Beide Alternativen wurden jedoch von Admiral Mustin, dem Vertreter der Vereinigten Stabschefs, »glattweg zurückgewiesen«, wie aus dem Abschlußpapier der Arbeitsgruppe, das dem Nationalen Sicherheitsrat am 21. November vorgelegt wurde, hervorgeht. »Im Grunde«, kommentiert die Pentagon-Studie, »waren beide Alternativen schon zurückgewiesen worden, ehe man überhaupt alle eventuell daraus entstehenden Konsequenzen einer Prüfung unterzogen hatte.«

So enthielten denn alle drei Vorschläge, die schließlich ausgearbeitet und mit A, B und C bezeichnet worden waren, in irgendeiner Form die Aktion »Luftangriff gegen Nord-Vietnam«, wobei alle drei Vorschläge »im Grunde nur noch unwesentlich voneinander abwichen«. Bei der Formulierung der Vorschläge arbeiteten vor allem McNaughton und William Bundy zusammen.

Eine ähnlich einheitliche Meinungsbildung schälte sich auch in der Frage von Verhandlungen heraus.

In diesem Punkt lautete die Minimalforderung der USA nach wie vor, daß Hanoi die Einmischung in die Angelegenheiten Süd-Vietnams aufgeben, die subversive Tätigkeit in Süd-Vietnam einstellen und einen nicht-kommunistischen Staat im Süden dulden müsse. Außerdem sollte Hanoi erst dann an den Verhandlungstisch gebeten werden, wenn ein erstes Bombardement die USA in die Lage versetzt hatte, diese Minimalforderung mit mehr Nachdruck durchzusetzen.

»Der einzige Vorschlag, der vielleicht noch Raum für Verhandlungen ließ, war Vorschlag C.« In ihm zeigten die USA ihre Bereitschaft, sich dafür einzusetzen, daß keine internationale Überwachungskommission für Vietnam eingesetzt würde, um die Einhaltung etwaiger Abkommen von seitens Hanois zu kontrollieren. Diese Zusage galt als ein überaus großzügiges Angebot an Hanoi.

»Das politische Klima in Washington war zu diesem Zeitpunkt einfach nicht günstig für die Vorstellung, die USA könnten einen Kompromiß schließen«, heißt es in der Pentagon-Studie. Im einzelnen sahen die drei Vorschläge folgendermaßen aus:

Vorschlag A: Luftangriffe als Vergeltungsschläge, »die jedoch nicht nur geführt werden, um gegen eine Wiederholung von Bienhoa vorzubeugen«. Aktionen gegen die nordvietnamesische Küste nach Operationsplan 34 A, Wiederaufnahme der Patrouillenfahrten im Golf von Tonking und Einsatz der laotischen T-28 gegen Infiltrationszentren in Laos. Reformen in Süd-Vietnam.

Vorschlag B: Nach McNaughtons Worten sah dieser Vorschlag ein »schnelles In-die-Zange-nehmen« vor. Es handelte sich dabei um »kurz aufeinanderfolgende, ununterbrochene Bombenangriffe« auf Ziele in Nord-Vietnam, wie etwa die Luftstützpunkte von Phucyen bei Hanoi oder wichtige Brücken auf den Verkehrsverbindungen nach China, bis den amerikanischen Forderungen Genüge getan würde. »Sollten Verhandlungen zu einem für uns ungelegenen Zeitpunkt unumgänglich werden, so müssen die USA eine Verhandlungsposition beziehen, die für die Kommunisten unannehmbar ist. Auf diese Weise besteht die Möglichkeit, daß eine derartige Konferenz nach kurzer Zeit abgebrochen wird, so daß wir, um den Druck zu verstärken, mit unseren militärischen Aktionen fortfahren können.«

Vorschlag C: Nach McNaughton ging es hierbei um ein »langsames In-die-Zange-nehmen«, ein Vorschlag, den speziell McNaughton und William Bundy unterstützten. »Langsam zunehmende Intensivierung von Luftangriffen auf Infiltrationszentren, zunächst in Laos und dann in Nord-Vietnam selbst, und im Anschluß daran auf andere Ziele in Nord-Vietnam.« Dadurch sollte der Eindruck entstehen, daß »die USA in der Lage sind, jederzeit die Intensität und das Tempo der Operationen zu bestimmen und nach Belieben zu eskalieren oder zurückzunehmen«. Nicht zuletzt »sah dieser Vorschlag die Möglichkeit« des bedeutend verstärkten Einsatzes von Bodentruppen insbesondere im Norden Süd-Vietnams« vor.

Am 24. November trat der Sonderausschuß des Nationalen Sicherheitsrates zusammen, um die genannten Vorschläge zu diskutieren, die drei Tage zuvor vorgelegt worden waren. Ihm gehörten die Minister Rusk und McNamara, Geheimdienstchef McCone, General Wheeler,

McGeorge Bundy und Unterstaatssekretär George W. Ball an. William Bundy, der als Protokollführer anwesend war, sollte die Ergebnisse dieser Sitzung dem Arbeitsausschuß vortragen.
Aus dem Protokoll dieser Sitzung geht hervor, daß Ball hier zum erstenmal als »Abweichler« von der Vietnampolitik der Regierung Johnson auftrat. William Bundy vermerkte nämlich, daß Ball »Zweifel angemeldet« habe, ob die Bombardierung des Nordens wirklich zur Verbesserung der Lage in Süd-Vietnam beitragen werde. Auch habe er »Argumente gegen die Theorie vorgebracht«, daß mit einem Sieg des Vietkong in Süd-Vietnam das Domino-Spiel der USA in Südostasien verloren sei.
Während der Arbeitsausschuß unter William Bundy seine Vorschläge ausarbeitete, hatte Ball gleichfalls ein Arbeitspapier verfaßt, in dem den USA »für den Fall eines Zusammenbruchs der Regierung von Süd-Vietnam« eine diplomatische Strategie nahegelegt wurde.
»Er sprach sich dafür aus, über Großbritannien, das die Zusammenarbeit mit der Sowjetunion suchen würde, das Zustandekommen einer internationalen Konferenz zu betreiben (allerdings nicht in den Ausmaßen der einstigen Genfer Indochina-Konferenz), auf der dann eine Kompromißlösung für Süd-Vietnam erarbeitet werden sollte.« Die Worte in Klammern stammen aus der Pentagon-Studie.
Wie aus dem Protokoll der Sitzung vom 24. November hervorgeht, setzte sich nur Ball für den Vorschlag A ein. Die Autoren der Studie sind der Ansicht, daß dieser Vorschlag von der Arbeitsgruppe Bundy letztlich nur vorgebracht worden war, um gleich darauf wieder verworfen zu werden; denn seine »einzigen Vorteile« waren:
»a) Eine Niederlage würde auf jeden Fall der Regierung von Süd-Vietnam angelastet werden, sollte jedoch Vorschlag A versagen, wären wir weniger blamiert, als wenn B oder C angewendet würde und wir dann *keinen Erfolg hätten*«.
b) »Wahrscheinlich würde es infolge dieses Vorgehens zu einer Lösung kommen, die so aussähe, daß ein mit der Zeit wiedervereintes, kommunistisches Vietnam seine traditionell feindselige Haltung gegenüber dem kommunistischen China wieder hervorkehren und seine Ambitionen gegenüber Laos und Kambodscha einschränken würde.«
Auf der Sitzung vom 24. November wies Rusk McNaughtons und Bundys Ansicht zurück, daß, »wenn wir Nord-Vietnam bombardieren, damit aber keinen Erfolg haben und Süd-Vietnam nicht retten können, uns der Versuch immerhin international positiv angerechnet« werde. Rusk war vielmehr der Meinung: »Je stärker unser Einsatz, desto schwerwiegender unsere mögliche Niederlage und desto schwieriger unsere Situation hinterher.« Während Bundy Einwände dagegen hatte,

»brachte Ball seine vollste Zustimmung zur Ansicht von Dean Rusk zum Ausdruck.«
General Wheeler, der den Standpunkt der Vereinigten Stabschefs zu vertreten hatte, war der Meinung, Vorschlag B sei der richtige: »Das Risiko weiterer Verwicklungen ist um so geringer, je härter unser erstes Eingreifen ausfällt; denn je härter wir von vornherein zuschlagen, um so größer sind unsere Erfolgsaussichten.« Wheeler erschien die stufenweise Intensivierung des Luftkrieges nach Vorschlag C weniger erfolgversprechend.
Wie es in der Studie weiter heißt, hätten McNaughton und Bundy bei Vorschlag B besonders harte Formulierungen gewählt, um den Präsidenten von diesem Plan abzubringen, weil es dadurch aufgrund des internationalen Druckes zu verfrühten Verhandlungen hätte kommen können.
Im Jahr darauf, als die Bombardierung bereits begonnen hatte, sollte das Argument General Wheelers bei Kontroversen zwischen den Vereinigten Stabschefs und den hohen Regierungsbeamten noch häufig zur Debatte stehen. Die Sitzung vom 24. November jedenfalls ging ohne klare Mehrheitsentscheidung in der Frage, welcher Vorschlag dem Präsidenten denn nun nahegelegt werden sollte, zu Ende. Am 27. November 1964, als Botschafter Taylor aus Saigon in Washington eingetroffen war, traten die Hauptverantwortlichen erneut zusammen. Taylor trug in einer Art Lagebericht folgendes vor: »Wenn wir, wie es aussieht, in Süd-Vietnam ein aussichtsloses Spiel spielen, dann ist es höchste Zeit, für eine Änderung zu sorgen und bessere Möglichkeiten zu finden.«
Im Anschluß daran schlug er eine stufenweise Intensivierung des Luftkriegs gegen Nord-Vietnam vor, um folgende drei Ziele zu erreichen:
Erstens – in Süd-Vietnam eine brauchbare Regierung zu erhalten;
zweitens – die Maßnahmen zur Bekämpfung der Infiltration effektiver gestalten zu können und
drittens – die Volksrepublik Nord-Vietnam zur Aufgabe ihrer Unterstützung für den Vietkong zu zwingen und ihn davon abzubringen, die Regierung in Süd-Vietnam zu stürzen.«
Botschafter Taylor schlug also die Bombardierung des Nordens vor, um die Aussichten der anti-kommunistischen Kräfte in Süd-Vietnam zu verbessern und um von der Regierung in Saigon das Versprechen zu erhalten, daß sie sich um jeden Preis um politische Stabilität bemühen werde, Armee und Polizei verstärkt und gegen buddhistische und studentische Gegner vorgegangen würde, daß unbrauchbare Beamte durch effektiv arbeitende Leute ersetzt und der Krieg insgesamt mit neuen Anstrengungen weitergeführt werde.
Die Autoren der Pentagon-Studie verweisen zu Recht darauf, daß Botschafter Taylor die ursprünglich von ihm vertretene Meinung, die

Bombardierung des Nordens sei schon allein deshalb erforderlich, um »den moralischen Zusammenbruch in Saigon« zu verhindern, offenbar revidiert hatte; denn nun wollte er von der politischen Führung in Saigon eine solide Gegenleistung für die amerikanische Vorleistung eines Bombenkrieges, wobei er noch an einzelne Vergeltungsschläge aus der Luft dachte.

Im weiteren Verlauf der Debatte vom 27. November jedoch kam Botschafter Taylor zu der Überzeugung, daß »die Bombardierung Nord-Vietnams zweifellos eine günstige Auswirkung« auf die Lage in Süd-Vietnam haben werde, »war sich aber nicht sicher, ob das bereits ausreichen würde«, heißt es in Bundys Sitzungsprotokoll. »Die übrigen, einschließlich McNamara, stimmten mit Taylors Beurteilung überein, doch fügte McNamara noch hinzu, daß der Stärkungseffekt, den Vorschlag C haben werde, Zeit gewinnen helfe, die vielleicht in Zeiträumen von Jahren zu messen ist.«

Im Anschluß daran schlug Botschafter Taylor dann ein Zwei-Phasenprogramm vor, das in der Bombardierung der Infiltrationszentren südlich des 19. Breitengrades in Nord-Vietnam gipfeln sollte. Das aber bedeutete, daß er Vorschlag A unter Einbeziehung der ersten Stufen von Vorschlag C befürwortete. In Phase I sollten 30 Tage lang Aktionen durchgeführt werden, wie sie in Vorschlag A enthalten waren, d. h. Intensivierung der Überfälle auf die nordvietnamesische Küste, Luftangriffe gegen Nachschubwege und auch ein oder zwei Luftangriffe auf Ziele in Nord-Vietnam. Inzwischen wollte er dann die Verbesserungsversprechen der Regierung in Saigon einholen.

Nach Ablauf der Frist von 30 Tagen und nach Erhalt der obigen Versprechen sollten die USA dann mit Phase II, dem eigentlichen Luftkrieg, beginnen. Weil man hoffte, daß Hanoi nachgeben würde, sah sein Plan nur Luftangriffe in einem Zeitraum von 2–6 Monaten vor.

Da alle übrigen Teilnehmer der Beratung zustimmten, wurde dieser Vorschlag auf einer Sitzung am folgenden Tag, dem 28. November, noch präziser formuliert und William Bundy damit beauftragt, die offizielle Ausarbeitung zu übernehmen. Die Kabinettsmitglieder sagten zu, dem Präsidenten dieses Papier dann auf einer für den 1. Dezember geplanten Sitzung im Weißen Haus vorzulegen, und zwar sofort nachdem Mr. Johnson den Thanksgiving-Urlaub auf seiner Ranch beendet hätte.

Am 28. November, dem gleichen Tag, an dem seine engsten Berater den Entschluß gefaßt hatten, ihm die Bombardierung Nord-Vietnams vorzuschlagen, wurde der Präsident auf seiner Ranch von Presseleuten gefragt: »Herr Präsident, ist die Ausdehnung des Vietnamkrieges auf Laos oder Nord-Vietnam zum jetzigen Zeitpunkt bereits wahrscheinlich?« Darauf der Präsident: »Ich möchte Ihnen keine Anleitungen

geben, wie Sie sich in dieser Sache zu verhalten haben. Ich möchte nur soviel sagen, daß ich in den letzten Tagen hier in Ruhe gesessen und einmal nachgelesen habe, in wie viele Kriege Sie (damit sind die Journalisten gemeint) uns schon verwickelt haben. Dabei habe ich mich auch über die zahlreichen Spekulationen informiert, die von Ihnen über angebliche Entscheidungen von mir, über neue Vorschläge Botschafter Taylors oder über die Vorstellungen von Mr. McNamara oder Mr. Rusk verbreitet wurden. Dazu kann ich nur sagen, daß viele von Ihnen Spekulationen aufstellen und Positionen beziehen, die – wie es mir scheint – doch etwas voreilig sind.
Zunächst wird erst einmal Botschafter Taylor Bericht erstatten, und wir werden seine Aussagen einer sorgfältigen Prüfung unterziehen ... Ich werde in der ersten Wochenhälfte mit ihm zusammentreffen. Ich glaube nicht, daß es nach dieser Zusammenkunft spektakuläre Verlautbarungen geben wird – außer in Ihren Spekulationen natürlich.«
In dem von Bundy am nächsten Tag für den Präsidenten ausgearbeiteten Vorschlag hieß es dann, daß die Bombardierungsoperationen »aus Luftangriffen bestünden, die zunehmend schwerer würden und die im Hinblick auf ihren Ablauf und ihre Intensität der Entwicklung angepaßt würden (und wahrscheinlich 2–6 Monate dauern sollen)«. Der in Klammern gesetzte Zusatz stammt von Bundy. Und weiter: »Die Ziele in Nord-Vietnam werden zunächst Nachschub- und Infiltrationszentren südlich des 19. Breitengrades sein, die sich allmählich nach Norden vorarbeiten, bis sie, falls es notwendig sein sollte, auf alle wichtigen, mit militärischen Aktionen in Beziehung stehenden Anlagen ausgedehnt werden, ferner ist die Verminung der Häfen und eine Blockade der Volksrepublik Vietnam durch die US-Marine vorgesehen ...
Gleichzeitig werden die USA jedes Anzeichen eines eventuellen Nachgebens von seiten Hanois genau registrieren und bereit sein, auf dem Verhandlungswege nach Lösungen zu suchen, die den US-Forderungen in annehmbarer Weise gerecht werden.« (Siehe Dokument Nr. 88)
Wie die Autoren der Pentagon-Studie feststellen, scheint in dieser Vorlage, offenbar auf Intervention McNamaras hin, ein Satz gestrichen worden zu sein, der folgendermaßen lautete: »Die USA werden in jedem Falle bei Verhandlungen die Kontrolle übernehmen und sich jedem Versuch Süd-Vietnams, Verhandlungen im Alleingang anzustreben, energisch widersetzen.« Ebenfalls gestrichen – und zwar wahrscheinlich auf der letzten Sitzung der Hauptverantwortlichen am 30. November, als die Vorlage Bundys zur Debatte stand – wurde »offensichtlich auf Anraten von McGeorge Bundy« auch ein Passus, in dem es geheißen hatte, der Präsident werde in einer Rede vor der Weltöffentlichkeit zu dieser Wende der Washingtoner Vietnampolitik Stellung nehmen.

Gleichfalls nicht für nötig befunden wurde die Unterrichtung »der erreichbaren Kongreßabgeordneten ... (eine besondere Zusammenkunft speziell für diesen Zweck wird nicht stattfinden)« über den neuesten Stand der nordvietnamesischen Infiltration nach dem Süden, die gegebenenfalls als Rechtfertigung für den Bombardierungsbeschluß hätte angeführt werden können.
»Geschlossen abgelehnt« wurde auch ein Zusatzvorschlag der Vereinigten Stabschefs, der einige besonders intensive Luftangriffe vorsah, wie sie bereits am 1. November als Vergeltung für Bienhoa gefordert worden waren. Für die Ablehnung dieses Vorschlags wissen die Verfasser der Pentagon-Studie allerdings keine Gründe zu nennen.
Nicht erwähnt hatte man in der Vorlage, die dem Präsidenten zugeleitet wurde, die Frage der für die Bodensicherung in Süd-Vietnam notwendigen Truppen, obwohl General Wheeler die Teilnehmer der Sitzung vom 24. November daran erinnert hatte, daß derartige Kontingente unbedingt notwendig seien.
Die Verfasser der Pentagon-Studie sind der Ansicht, daß zwischen den von Hanoi erwarteten Konzessionen und den relativ gemäßigten Bombenangriffen, die Hanoi in die Knie zwingen sollten, eine deutliche Diskrepanz besteht, d. h., daß die Mittel, mit denen Hanoi weichgemacht werden sollte, in keinem Verhältnis zu dem standen, was Hanoi aufgeben sollte. Für dieses Mißverhältnis finden sich in der Studie »zwei sich keineswegs widersprechende Erklärungen«.
1. »Es kann mit gutem Grund angenommen werden, daß die Hauptverantwortlichen der Meinung waren, daß eine sorgfältig kalkulierte Dosierung von Gewaltanwendung bestimmte voraussehbare und erwünschte Reaktionen in Hanoi hervorrufen würden. Während eine derart optimistische Ansicht den Willen der Volksrepublik Nord-Vietnam, den Süden zu besiegen, unterschätzte, überschätzte sie zu gleicher Zeit die Wirksamkeit der von den USA zur Schwächung dieses Willens getroffenen Maßnahmen.« Bei der Entscheidung, dem Präsidenten gerade diesen Vorschlag zu unterbreiten, »habe bei den Beratern zudem sicher auch die Tatsache mitgewirkt, daß damit – in politischer Hinsicht – die geringsten Kosten entstanden«. Aus dem Zusammenhang geht hervor, daß die Regierung Johnson der Meinung war, die Öffentlichkeit werde einen Luftkrieg weniger abstoßend finden als einen Landkrieg.
Der Präsident habe offenbar die Meinung seiner Berater geteilt, heißt es in der Studie, daß »die in der Anwendung minimaler, aber sich steigernder Gewalt enthaltene Drohung Hanoi an den Verhandlungstisch bringen werde, und zwar zu Bedingungen, die für die USA günstig sind«. Über die »Stimmung des Präsidenten« hatte McGeorge Bundy der Arbeitsgruppe als persönlicher Berater des Präsidenten in Sicher-

heitsfragen berichtet. Die Pentagon-Studie fügt hinzu: »Wie aus handschriftlichen Notizen von der Sitzung im Weißen Haus am 1. Dezember, als die höchsten Regierungsbeamten dem Präsidenten ihren Bombardierungsvorschlag vorlegten, mit großer Wahrscheinlichkeit hervorgeht, war der Präsident diesen Vorschlägen eher geneigt als jenen, die eine stärkere Bombardierung forderten.«

2. »Als zweite Erklärung für das oben angesprochene Mißverhältnis kommt noch eine sehr viel einfachere in Frage, die in dem einen Satz kurz zusammengefaßt werden kann: es gab keine anderen Alternativen mehr.«

In einem Memorandum von Staatssekretär McNaughton vom 6. November 1964 wurde die Situation in Kürze so umrissen:

»Die Aktionen gegen Nord-Vietnam sind als zusätzliche Anstrengungen zu den Konsolidierungsbemühungen der Regierung von Süd-Vietnam zu verstehen, d. h., ein (auf Befehl der nordvietnamesischen Regierung) weniger aktiver VC macht eine entsprechend schwächere südvietnamesische Regierung tragbar. Darum müssen wir Nord-Vietnam unter Druck setzen.«

Die in Klammern gesetzten Bemerkungen stammen von McNaughton. (Siehe Dokument Nr. 85)

Berechtigte Zweifel

Abweichungen von der Meinung, daß »eine sorgfältig kalkulierte Dosierung von Gewaltanwendung« Hanoi weichmachen würde, kamen von zwei entgegengesetzten Seiten, nämlich von den Vereinigten Stabschefs und den Geheimdiensten.

»Die Vereinigten Stabschefs waren der Meinung, daß es härtester Aktionen gegen die Resourcen Nord-Vietnams bedürfe, um Hanoi gefügig zu machen.« Die Militärs, die diese Ansicht vertraten, wünschten, daß die USA ihre Bereitschaft zu unbegrenzten Gewaltmaßnahmen möglichst deutlich machten.

Ihr Bombardierungsvorschlag, der gestrichen wurde, noch bevor der Präsident den endgültigen Vorschlag überhaupt zu Gesicht bekam, besagte, daß die wichtigsten Flugplätze und Versorgungsanlagen (wie etwa Öllager) »in den ersten drei Tagen« zerstört würden, »um ein für allemal klarzustellen, daß die USA bereit sind, ihre militärische Macht bis zum vollen Ausmaß dessen einzusetzen, wozu die USA zur Erreichung ihrer Ziele in Südostasien militärisch in der Lage sind ... Die militärischen Pläne – darunter bewaffnete Aufklärungsflüge über den Nachschubwegen in Laos, Luftangriffe gegen Infiltrationszentren in der Volksrepublik Nord-Vietnam und dann in steigendem Maße auch gegen andere Ziele in Nord-Vietnam – sind derart, daß die totale Vernichtung der Volksrepublik Nord-Vietnam möglich ist, falls unseren Forderungen nicht rechtzeitig nachgekommen wird.«

Die Pentagon-Studie vermerkt dazu, daß die Pläne des Führungsstabs beiseite geschoben wurden, »weil das Risiko zu groß und die Kosten zu hoch« gewesen wären. Wie diese Pläne sich allerdings auf Hanois Kampfeswillen ausgewirkt hätten, wollten die Autoren gar nicht erst in Erwägung ziehen.

Ähnlich wie Mr. Ball vertraten die Geheimdienste bei der Frage, wie sich die Bombardierung Nord-Vietnams auf die Führung in Hanoi auswirke, »eher pessimistische Ansichten«.

Die Vertreter der Geheimdienste in der Bundes-Kommission – die dem CIA, dem Bureau of Intelligence and Research des Außenministeriums und dem Geheimdienst des Verteidigungsministeriums angehörten – »sahen kaum Chancen, den Durchhaltewillen Hanois zu brechen«.

»In den letzten Jahren hat der Verlauf der kommunistischen Aktionen in Süd-Vietnam gezeigt, daß die Kommunisten erkannt haben, wie groß die Schwierigkeiten der USA sind und daß deren Einsatzbereitschaft in diesem Gebiet unterminiert werden kann. Dabei bestehe kein besonderes Risiko, daß die Volksrepublik Nord-Vietnam oder China verwüstet werden«, hieß es in der Beurteilung durch die Geheimdienste.

Wenn die USA jetzt mit der Bombardierung anfingen, wurde weiter ausgeführt, »müßte sich die Führung in Hanoi eine grundsätzliche Frage« stellen, und zwar die, »bis zu welchem Punkt die USA mit der Ausweitung des Krieges zu gehen bereit sind, ungeachtet der Gefahr, in einen Krieg mit China verwickelt zu werden und ungeachtet des internationalen Drucks, der auf sie ausgeübt werden könnte ...« Über die Beantwortung der an Hanoi gerichteten Fragen wagten die Geheimdienstler keine Spekulationen, mahnten aber gleichwohl zur Vorsicht bei der Abschätzung der gegnerischen Überlegungen, vor allem, wenn sich die Feindseligkeiten steigern sollten.

Abschließend befaßte sich die Beurteilung der Geheimdienste mit der sogenannten Rostow-These, die besagte, daß Hanoi nichts so sehr fürchte wie die Zerstörung seiner Industrie. Die These war nach Walt W. Rostow, dem Vorsitzenden des Politischen Planungsausschusses im State Department, benannt worden, und auf ihr basierte ganz wesentlich die Hoffnung der Regierung Johnson, daß die Bombenangriffe den gewünschten Erfolg bringen könnten. Gerade diese These aber wurde von den Geheimdienst-Angehörigen stark angezweifelt: »Zwar haben wir viele Anzeichen dafür, daß sich die Führung in Hanoi darüber im klaren ist, wie verletzlich das Transportsystem und die Industrieanlagen in Nord-Vietnam sind. Andererseits aber ist Nord-Vietnam im wesentlichen ein Agrarland mit einer Unmenge dezentralistisch verwalteter, wirtschaftlich autonomer Dörfer. Das Unterbinden von Importen und die Zerstörung der Transportwege würde zwar die Industrieanlagen treffen und sicher würde dadurch auch die militärische Kapazität in Mitleidenschaft gezogen und die Möglichkeiten zur Unterstützung der Guerillatätigkeit in Süd-Vietnam eingeschränkt, aber eine durchschlagende Wirkung auf die Bevölkerung und das Alltagsleben in den nordvietnamesischen Dörfern hätten diese Aktionen aller Voraussicht nach nicht. Außerdem würden diese Angriffe die bereits bestehenden wirtschaftlichen Schwierigkeiten nicht in dem Maße verstärken, daß das Land außer Kontrolle geriete. Die Führung der Volksrepublik Nord-Vietnam kann sich auf ihre psychologischen Investitionen in Form des Wiederaufbaus der letzten zehn Jahre verlassen. Wahrscheinlich würden sie gewisse Schäden in ihrem Land durchaus hinnehmen, um die USA hinsichtlich ihrer Standfestigkeit in Süd-Vietnam zu testen.«

Wie bereits in voraufgegangenen Fällen, als die Analysen der Geheimdienste den politischen Absichten zuwiderliefen, wurde auch diese Beurteilung weder vom Präsidenten noch seinen engsten Beratern herangezogen, um eine Änderung der Vietnampolitik einzuleiten.

Das einzige, was die Regierung Johnson von dem Bericht der Geheimdienstvertreter akzeptierte, war jener Passus, in dem es hieß, daß mit einer Einmischung Chinas erst zu rechnen wäre, wenn amerikanische oder südvietnamesische Bodentruppen in Nord-Vietnam oder Nord-Laos einmarschierten. In der Pentagon-Studie heißt es dazu, daß die Regierung in dieser Hinsicht beruhigt war.

Man rechnete damit, daß die Reaktion der Chinesen auf die systematische Bombardierung Nord-Vietnams im wesentlichen in der Lieferung von Flakgeschützen, Düsenjägern und Patrouillenbooten bestehen werde. Die Geheimdienste waren im übrigen der Meinung, daß »die Sowjets in diesem Zusammenhang keine große Rolle spielen würden«, nicht einmal in der Frage von Waffenlieferungen. Dennoch schickten die Russen dann riesige Schiffsladungen mit Luftabwehrausrüstungen nach Nord-Vietnam.

»Vorsichtig und unsicher«

Je näher nun die Entscheidung, Nord-Vietnam zu bombardieren, heranrückte, desto »vorsichtiger und unentschlossener« wurde der Präsident der Vereinigten Staaten. Was die Einstellung des Präsidenten betrifft, so äußern die Autoren der Studie in ihrer Interpretation allerdings verschiedene Meinungen. Während der eine zu der Ansicht kommt, daß Johnson auf der zweieinhalbstündigen Sitzung im Weißen Haus am 1. Dezember 1964 angeordnet habe, mit der vorbereitenden Phase I zu beginnen und Phase II, der Bombardierung, »im Prinzip zugestimmt« habe, ist der andere der Meinung, daß der Präsident zwar

»den Plan zur Bombardierung im großen und ganzen gebilligt, sich aber tatsächlich nur für Phase I entschieden habe«.
Auch habe der Präsident die Bombardierung Nord-Vietnams davon abhängig gemacht, daß die Regierung in Saigon Reformen einleitet. Bei Schluß der Sitzung habe er den Eindruck hinterlassen, daß es zu den geplanten Maßnahmen (gemeint ist der Luftkrieg gegen Nord-Vietnam) gar nicht kommen werde und diese auch nicht wünschenwert seien.
»Genau kann die damalige Einstellung des Präsidenten allerdings nicht mehr festgestellt werden«, heißt es in der Studie, weil über diese Sitzung des Nationalen Sicherheitsrats kein Aktionsmemorandum herausgegeben worden sei.
»Unser Wissen über die Entscheidungen, die in dieser Sitzung fielen, beruht auf handgeschriebenen Notizen, die während der Sitzung entstanden, auf späteren Berichten über diplomatische und militärische Aktionen sowie auf jenen Anordnungen, die nach der Sitzung gegeben wurden.«
Offenbar konnten die Autoren der Studie nicht mehr feststellen, von wem die »handgeschriebenen Notizen« stammten, aber es ist anzunehmen, daß McNaughton oder McNamara sie angefertigt haben.
Nachdem Botschafter Taylor auf dieser Sitzung einen kurzen Lagebericht vorgetragen hatte, wandte man sich dem Entwurf einer Erklärung zu, den William Bundy vorbereitet hatte und der der Regierung in Saigon vorgelegt werden sollte. Darin wurde der Bombardierungsplan in zwei Phasen erläutert und erklärt, daß die Durchführung von Phase II von Reformen in Süd-Vietnam abhänge, d. h. davon, ob die Regierung in der Lage sei, eine gewisse Stabilität im Lande herzustellen und den Kampf gegen den Vietkong verstärkt fortzusetzen.
Inzwischen hatte General Khanh in Saigon die Regierungsbefugnis pro forma einem Kabinett aus Zivilisten unter Premier Tran Van Huong übergeben. Als Oberkommandierender der südvietnamesischen Streitkräfte und Chef des von südvietnamesischen Generälen gebildeten Militärischen Revolutionsausschusses arbeitete er aber insgeheim gegen Huong. Innerhalb dieses Revolutionsausschusses gab es außerdem eine Gruppe unter Führung von Vizemarschall Nguyen Cao Ky, dem Chef der Luftwaffe, die zugleich mit Khanh gegen Huong, aber auch gegen Khanh selbst intrigierte.
Über die Sitzung vom 1. Dezember heißt es dazu in der Studie: »Der Präsident machte immer wieder deutlich, daß es den USA vor allem auf die Einigung der Südvietnamesen ankommen müsse. Er fragte Botschafter Taylor, mit welchen Gruppen er noch verhandeln könne und was die USA darüber hinaus tun könnten, um eine Einigung der südvietnamesischen Führer herbeizuführen. Ob es denn nicht möglich sei, ihnen einfach zu sagen: ›Wenn ihr nicht zusammenhaltet, können wir einfach

nicht weitermachen!‹ Darauf antwortete Taylor, daß man auf Appellen dieser Art nicht zu sehr insistieren dürfe . . .«
Anschließend befaßten sich die Teilnehmer der Sitzung mit der Frage, in welcher Form die Alliierten unterrichtet werden sollten. Der Präsident bemerkte, daß er von einigen eine »entschiedenere und wirksamere Unterstützung« verlange, so vor allem von Australien, Neuseeland, Kanada und den Philippinen. Es wurde dann beschlossen, daß Sonderbotschafter die Unterrichtung der entsprechenden Regierungen übernehmen, d. h. den Bombardierungsvorschlag vortragen sollten, was als wichtigste diplomatische Aktion im Rahmen von Phase I betrachtet wurde.
»In jedem einzelnen Fall werden die Vertreter der USA unsere Konzeption und die geplanten Operationen erläutern und, sollte Phase II unseres Planes in Aktion treten, größere Beiträge in Form der Entsendung von Truppenkontingenten verlangen.«
Die Unterrichtung der Kongreßabgeordneten war nicht vorgesehen, und es ist auch nichts darüber bekannt, daß der Präsident je mit Abgeordneten über diese Frage gesprochen hätte.
Zugleich mit der Billigung der Erklärung, die Botschafter Taylor den führenden Männern in Saigon vorlegen sollte, erfolgte auch die Festsetzung des Signals, mit dem die 30 Tage der Phase I eröffnet würden: Die Operation *Barrel Roll (Rolle)* sah Luftangriffe durch *Yankee-Team*-Maschinen der US-Luftwaffe und der US-Marine gegen Nachschubwege und Infiltrationszentren in Laos vor.
Nach Schluß der Sitzung »benutzte Botschafter Taylor den Hinterausgang des Weißen Hauses«, um den Presseleuten zu entgehen. Es wurde nur eine formelle kurze Presseinformation ausgegeben. Der Pentagon-Bericht sagt, daß sie »nur zwei Hinweise auf die Entscheidungen dieser Sitzung enthalten« habe. Der erste davon lautete, daß »der Präsident Botschafter Taylor angewiesen« habe, »mit der südvietnamesischen Regierung zu dringenden Konsultationen zusammenzutreffen, um über Maßnahmen zur Verbesserung der Gesamtlage auf allen Gebieten zu beraten«. Für den zweiten war folgende Formulierung gewählt worden: »Der Präsident hat erneut den Grundsatz der US-Politik bekräftigt, daß dem südvietnamesischen Volk und seiner Regierung alle nur denkbare Hilfe in ihrem Kampf gegen die von außen unterstützte Aggression gewährt werden wird.«
Der letzte, abschließende Absatz in der Presseerklärung, so heißt es in dem Bericht, »verband diese politischen Richtlinien« in auffallender Weise mit der Tonking-Golf-Resolution des Kongresses: »Es wird darauf hingewiesen, daß die zum Ausdruck gebrachten politischen Grundsätze mit der vom Kongreß angenommenen Resolution vom 10. August 1964 übereinstimmen, die voll in Kraft bleibt.«

Nach einer zweiten Zusammenkunft mit dem Präsidenten am 3. Dezember, »auf der er wahrscheinlich die endgültigen Instruktionen erhalten hatte«, erschien Botschafter Taylor plötzlich vor der Presse und gab bekannt, daß er mit »der südvietnamesischen Regierung ›Fraktur reden‹ werde«. »Er versicherte zwar«, schreibt die Studie, »daß sich die Politik der USA nicht ändern werde, daß es aber sein Ziel sei, den Verfall Süd-Vietnams um jeden Preis aufzuhalten. Dabei erwähnte er auch neue ›Methoden und Taktiken‹, ohne jedoch im geringsten jene Aktionen anzudeuten, die unmittelbar bevorstanden oder sich daraus ergeben konnten.«

Von nun an handelte die Johnson-Regierung schnell. Bereits am 4. Dezember reiste William Bundy nach Australien und Neuseeland ab, um die dortigen Regierungen über den Bombardierungsplan zu unterrichten.

Der britische Premierminister Harold Wilson wurde anläßlich eines Staatsbesuches vom 7.–9. Dezember »eingehend über die geplanten Aktionen unterrichtet«, während sich zur gleichen Zeit mehrere Abgesandte dieser Aufgabe in Kanada und bei verschiedenen asiatischen Verbündeten unterzogen. Feststellung der Pentagon-Studie: »Während Großbritannien, Australien und Neuseeland in vollem Umfang eingeweiht wurden, fiel die Unterrichtung Kanadas nicht mit dieser Genauigkeit aus; die Philippinen, Südkorea und die nationalchinesische Regierung in Taiwan erfuhren sogar nur von Phase I des vorgesehenen Planes.« Was den Thailändern und Laoten erzählt wurde, verschweigt die Studie.

Die neuseeländische Regierung »brachte« gegen die Annahme, die Bombardierung werde Hanois Kampfeswillen brechen, »starke Bedenken« vor, sondern sagte vielmehr eine verstärkte Infiltration nach Süd-Vietnam voraus.

Bei Zusammenkünften mit General Khanh und Premierminister Huong am 7. und 9. Dezember konnte Botschafter Taylor schließlich die erwünschten Zusagen über eine Verbesserung der Lage erhalten. Bei der zweiten Zusammenkunft hatte der US-Botschafter eine bereits vorgefertigte Erklärung für die Presse dabei, in der die Verbesserungsvorschläge wie die Stärkung von Armee und Polizei einzeln aufgezählt wurden. Auf Anweisung der US-Regierung wurde diese Presseerklärung am 11. Dezember als eine Erklärung der südvietnamesischen Regierung veröffentlicht.

Nachdem William H. Sullivan, der neue Botschafter in Laos, die Zustimmung zur Bombardierung von Nachschubwegen und Infiltrationszentren in Laos, insbesondere des Ho-Chi-Minh-Pfades, am 10. Dezember erhalten hatte, begann am 14. Dezember die Operation *Barrel Roll* mit dem Angriff amerikanischer Bomber auf »Gelegenheits-

ziele«, d. h. Ziele, die der Entscheidung der Piloten überlassen blieben.
Auf einer Sitzung des Nationalen Sicherheitsrates am 12. Dezember, als die letzten Details der Operation *Barrel Roll* besprochen wurden, beschloß man, daß »keine offiziellen Verlautbarungen erfolgen sollen, solange keines unserer Flugzeuge verlorengeht«.
»Sollte dieser Fall eintreten, dann muß die Regierung beharrlich behaupten, daß es sich um Begleitschutz für laotische Maschinen gehandelt habe, der auf Bitten der Laoten gewährt worden sei.« Im Memorandum über diese Sitzung wird auch McGeorge Bundy zitiert, der behauptet hat, daß »dies genau den Wünschen des Präsidenten entspricht«.
Am 18. Dezember setzte McNamara »auf Wunsch des Präsidenten« den Umfang der *Barrel-Roll*-Angriffe während der 30 Tage währenden Phase I fest: zwei Einsätze von je vier Maschinen pro Woche.
Am 8. Dezember erhielt Botschafter Sullivan in Laos von den Ministern McNamara und Rusk die Anweisung, für eine Intensivierung der Einsätze der laotischen T-28 zu sorgen, und zwar sollten nun »in verstärktem Maße die Korridorgebiete und der Grenzbereich zur Volksrepublik Nord-Vietnam bombardiert« werden.
In den drei Monaten zwischen Anfang Oktober und Ende Dezember erfolgten im Gebiet des »Entenschnabels« 77 »sorties« der T-28, wobei unter »sortie« jeweils ein Angriff pro Flugzeug zu verstehen ist.
Anfang Dezember lagen dann bei der Internationalen Kontrollkomission bereits einige Beschwerden über »von den USA unterstützte Luftangriffe auf nordvietnamesisches Territorium vor«.
In Saigon hatte sich die Lage erneut verschlechtert, Buddhisten und Studenten veranstalteten wiederholt massive Demonstrationen gegen die Regierung Huong.
Am 20. Dezember hatte General Khanh in vorübergehender Übereinstimmung mit den »Jungtürken« um Ky – und entgegen den Wünschen von Botschafter Taylor – die Auflösung des südvietnamesischen High National Council angeordnet, der eingesetzt worden war, um eine neue Verfassung unter einer zivilen Regierung auszuarbeiten. Es fanden nächtliche Verhaftungen statt, von denen auch einige Mitglieder des High National Council betroffen wurden.
Noch am gleichen Tage zitierte Taylor die »Jungtürken« zu sich in die Botschaft, um ihnen persönlich »die Verordnungen über Unruhestiftung«, wie die Studie vermerkt, »vorzulesen«. Unter ihnen befand sich auch General Nguyen Van Thieu, der heutige Präsident von Süd-Vietnam. Entsprechend einer Depesche der Saigoner Botschaft nach Washington spielte sich die Unterhaltung folgendermaßen ab:
Botschafter Taylor: »Verstehen Sie alle Englisch?«

Die südvietnamesischen Offiziere bejahten seine Frage. Botschafter Taylar: »Ich habe Ihnen beim Dinner bei General Westmoreland ausdrücklich erklärt, daß wir Amerikaner die ständigen Staatsstreiche satt haben. Offenbar habe ich in den Wind gesprochen! Vielleicht ist auch mein Französisch nicht gut genug, denn offensichtlich haben Sie mich nicht verstanden. Ich habe deutlich zu verstehen gegeben, daß alle militärischen Pläne, die Sie, wie wir wissen, gern in die Tat umsetzen würden, nur mit einer stabilen Regierung im Rücken durchführbar sind. Trotzdem haben Sie nun dieses Theater veranstaltet. Wenn Sie sich weiterhin so verhalten, können wir Sie nicht länger unterstützen.«
Marschall Ky und einige andere Generäle hätten dann – immer noch laut Telegramm aus Saigon – bestritten, daß es sich um einen Staatsstreich handle, sie hätten sich lediglich spalterischer Elemente entledigen wollen. Botschafter Taylor beschwor sie, doch auch weiterhin der Regierung Huong die Treue zu halten und den High National Council wieder einzusetzen, aber die vietnamesischen Offiziere lehnten ab. Schließlich der Schluß der Unterhaltung: »Botschafter Taylor verabschiedete sich freundlich von ihnen und meinte: ›Was haben Sie da nur angerichtet, Sie haben einen Haufen Porzellan zerschlagen, und wir können nun sehen, wie wir die Scherben beseitigen.‹« (Siehe Dokument Nr. 89)
Ende Dezember hatten Taylor, sein Stellvertreter Johnson und General Westmoreland offenbar eingesehen, daß es nicht möglich sein werde, gegen das Versprechen der Bombardierung stabile Verhältnisse in Saigon einzuhandeln. Am 31. kabelten sie gemeinsam nach Washington, daß die Regierung mit ihren Bombardierungsoperationen fortfahren solle, »gleich unter welchen Bedingungen – ausgenommen die Aufgabe Süd-Vietnams«.
Der Präsident schien jedoch mit dem Befehl zur Eröffnung von Phase II zu zögern, da er offenbar unter allen Umständen eine festere Basis in Saigon haben wollte; denn der Wirrwarr, der dort herrschte, machte es ihm schwer, die Eskalation vor der amerikanischen Öffentlichkeit zu rechtfertigen.
Die Verfasser der Studie schildern die Situation so: »Auf einer Zusammenkunft der ranghöchsten Mitglieder des Nationalen Sicherheitsrates am 24. Dezember schnitt Außenminister Rusk ein Thema an, das unter der Johnson-Regierung zunehmend Besorgnis erregte. Rusk sagte, die amerikanische Öffentlichkeit betrachte das Chaos innerhalb der Regierung Süd-Vietnams mit Sorge und sie stelle sich die Frage, ob ein weiteres Engagement der USA unter diesen Umständen sinnvoll sei.«
Am Heiligen Abend kamen bei einem Bombenattentat des Vietkong auf eine Offiziersunterkunft in Saigon zwei Amerikaner ums Leben und 58 weitere wurden verwundet. Dennoch konnte sich der Präsident noch

immer nicht durchringen, gegen den Norden Vergeltungsschläge aus der Luft zu führen, obwohl Botschafter Taylor, Admiral Sharp in Honolulu und die Vereinigten Stabschefs die Eskalation jetzt immer nachdrücklicher forderten. So mußte Außenminister Rusk noch am 29. Dezember nach Saigon telegrafieren: »Höchste Kreise entschieden heute gegen Vorschlag ... Vergeltungsaktion durchzuführen.«
Fünf Tage zuvor hatte Rusk Botschafter Taylor ersucht, er möge veranlassen, daß Informationen über die während des Jahres 1964 eingetretene Zunahme der Infiltration aus dem Norden erst dann in die Presse kämen, wenn sich die chaotischen Verhältnisse in Saigon gebessert hätten. Die ersten Berichte des Botschafters über die erhöhte Infiltrationstätigkeit und das Auftreten einzelner regulärer Truppen aus Nord-Vietnam waren im Oktober in Washington eingegangen. Anfang November hatte die Regierung Johnson damit begonnen, diese Informationen durchsickern zu lassen.

Rechtfertigung vor der Öffentlichkeit

Zu dieser Zeit war die Regierung Johnson der Überzeugung, daß sie mittlerweile genügend Beweismaterial über die Infiltrationstätigkeit aus dem Norden gesammelt habe, um vor der amerikanischen Öffentlichkeit die Bombardierung Nord-Vietnams rechtfertigen zu können. Die Geheimdienste hatten festgestellt, daß seit 1959 mindestens 19 000 und höchstens 134 000 Vietnamesen eingeschleust worden waren, meist ehemalige Vietminhs aus dem Süden, die einst gegen die Franzosen gekämpft hatten. Chester L. Cooper, ein ehemaliger Geheimdienstbeamter, hatte bereits einen umfassenden Bericht über das Ausmaß der Unterstützung Hanois für die Guerillas im Süden ausgearbeitet, aber noch Anfang Dezember war die Johnson-Regierung der Ansicht, daß Enthüllungen hierüber »zu unerwünschten Spekulationen« führen könnten. Deshalb hatte sie den Botschafter in Saigon angewiesen, er solle lediglich einzelne Stückchen dieser Information herausgeben. Auch das, heißt es in den Papieren, sollte nun auf Rusks Wunsch hin unterbleiben, weil man fürchtete, dadurch könnte zuviel Druck ausgeübt und voreilige Aktionen provoziert werden.
Der Umsturz in Saigon hatte zu einer Vietnam-Debatte im Kongreß geführt, bei der zwar nicht gerade Antikriegsgefühle zum Ausdruck kamen, die aber doch, wie der Schreiber vermerkt, Verwirrung und Überdruß erkennen ließ.
In einer Fernsehansprache am 3. Januar 1965 sah sich Außenminister Rusk genötigt, »im Rahmen einer Berichterstattung über die auswärtige Politik des vergangenen Jahres« die Regierung wegen ihrer Haltung zu

verteidigen. Auf die Bombardierungspläne der Regierung ging er dabei mit keinem Wort ein, vielmehr »schaltete er sowohl die Möglichkeit eines Rückzugs als auch die einer Ausweitung des Krieges aus«. Rusk versicherte, daß es bei »innerer Einigkeit und mit unserer weiteren Hilfeleistung und Festigkeit den Südvietnamesen möglich sein wird, der Aggression Herr zu werden«.
Am 14. Januar aber erschienen erstmals zahlreiche Berichte über die Bombardierung der Nachschubwege in Laos, und zwar als Folge des Verlustes von zwei Flugzeugen im Rahmen des Unternehmens *Barrel Roll.* Eine Meldung von *United Press International* aus Laos, heißt es in dem Bericht, habe »in der Tat die ganzen, seit Mai 1964 laufenden *Yankee-Team*-Unternehmungen hochgehen lassen«.
»Trotz der Weigerung offizieller Stellen im Außen- und im Verteidigungsministerium, über die Art der Luftoperationen in Laos Kommentare abzugeben, entfachten diese Entdeckungen die Diskussion in der Öffentlichkeit erneut.« Für den Präsidenten machten diese Enthüllungen die Situation schwieriger, denn sie lieferten der kleinen Minderheit jener Senatoren Munition, die gegen den Krieg waren und die inzwischen an die in der Presse geäußerten Spekulationen über eine bevorstehende Bombardierung des Nordens glaubten.
Am 19. Januar erklärte Senator Wayne Morse von Oregon in einer Rede im Senat, daß die *Yankee-Team*-Unternehmungen gegen das Genfer Laos-Abkommen von 1962 verstoßen hätten und »den Glauben der Nation verletzten, ›daß wir statt der Dschungelgesetze militärischer Macht die Gesetze von Recht und Ordnung wiederherstellen wollten‹«. In einer deutlichen Warnung sagte er weiter: »Wenn die USA ihre Südostasienpolitik nicht ändern, dann wird sich auch ein größerer Krieg in Asien nicht vermeiden lassen.«
Mittlerweile war man in Washington zu der gleichen Überzeugung wie Botschafter Taylor in Saigon gekommen, daß es unumgänglich sei, Nord-Vietnam zu bombardieren, ganz gleich, was man im Süden an Stabilität erreichte oder wie die Verhältnisse sich dort entwickelten.
Dazu die Pentagon-Studie: »Die Wirren in Saigon ließen in Washington den Eindruck entstehen, daß der Ausverkauf an die Nationale Befreiungsfront bevorstehe.« So wuchs die Befürchtung, daß aus der damaligen Situation eine neutralistische Regierung hervorgehen könnte, die die USA zum Abzug auffordern würde. Hinzu kam, daß Washington auch von der militärischen Situation den Eindruck erhalten mußte, daß die ganze Fassade abbröckele, weil die Saigoner Streitkräfte in einer Schlacht bei Binhgia, südöstlich der Hauptstadt, zwischen dem 26. Dezember und dem 2. Januar eine vernichtende Niederlage einstecken mußten. Vietkong-Guerillas war es gelungen, zwei südvietnamesische Marinebataillone nahezu vollständig aufzureiben.

Alles deutete darauf hin, daß der vollkommene Zusammenbruch der Regierung von Süd-Vietnam unmittelbar bevorstehe und der Vietkong seine Macht konsolidieren könnte.

Die Stunde rückt näher

In einem Memorandum für Rusk, das der Außenminister bei seiner Zusammenkunft mit dem Präsidenten am 6. Januar als Unterlage benutzen wollte, brachte William Bundy die in Washington herrschende Stimmung deutlich zum Ausdruck. Bundy ließ wissen, daß sein Memorandum nicht nur seine eigene Meinung wiedergebe, sondern auch die des Chefs des Koordinationsausschusses, Forrestal, und die des Botschafters Unger, der von Vientiane nach Washington zurückversetzt worden war.

»Ich glaube, wir müssen zur Kenntnis nehmen, daß die Moral in ganz Saigon sehr erschüttert worden ist. Zweifellos ist das zu einem guten Teil darauf zurückzuführen, daß die USA keine Entschlossenheit zu härteren Aktionen erkennen lassen und möglicherweise sogar nach einem Ausweg suchen, um sich ihren Verpflichtungen zu entziehen. Selbst wenn wir dieses Gefühl Saigons als irrational bezeichnen und immer wieder auf unsere erklärten Zusagen verweisen, so müssen wir doch zugeben, daß Bill Sullivan das Vorhandensein einer derartigen Stimmung bereits im Oktober recht lebhaft beschrieben hat und daß all unsere diesbezüglichen Erklärungen, die wir seit den Präsidentschaftswahlen abgegeben haben, keinerlei Änderung der Situation herbeigeführt haben. Die schlichte Tatsache ist, daß wir nach Ansicht der Vietnamesen (und auch weiter Kreise in Asien und Europa), noch ehe wir zusätzliche Aktionen bedenken, beharrlich nach einer perfekteren Regierung verlangen, als man vernünftigerweise erwarten kann. Und daß wir sogar unsere Unterstützung zurückziehen könnten, bis solch eine Regierung kommt.

In mehreren wichtigen Teilen Asiens, wie z. B. in Thailand, wird unsere gegenwärtige Position als ausgesprochen schwach eingeschätzt. Im Mai und Anfang Juni schienen wir in diesen wichtigen Teilen stark, Ende Juni und im Juli dagegen schwächer zu sein, bis wir Ende August mit der Tonking-Resolution erneut Stärke zeigten. Seither allerdings schien unsere Kraft zunehmend dahinzuschwinden, ein Vorgang, der von der stereotypen Forderung nach einer stabilen Regierung in Saigon begleitet wird.

Aus all dem geht doch wohl hervor, daß sich die Lage in Vietnam in Verbindung mit verstärkten Aktionen des Vietkong aufgrund der für ihn günstigen Witterungsbedingungen sehr viel schneller verschlechtern wird, als wir noch im November annehmen konnten. Wir (Bundy, Forrestal und Unger) sind nach wie vor der Meinung, daß die Entwicklung in Süd-Vietnam dahin gehen wird, daß einzelne einflußreiche Gruppen Verbindung zur Befreiungsfront oder zu Hanoi aufnehmen und insgeheim verhandeln werden, wonach unser Abzug, wenn auch nicht sofort, so doch zum frühest möglichen Zeitpunkt gefordert werden wird. Das aber würde in der Folge zu einer ›Vietnam-Lösung‹ führen, bei der letzten Endes ganz Vietnam unter kommunistische Herrschaft käme. Dieses kommunistische Vietnam wäre wahrscheinlich in der Lage, seine eigenen Interessen gegenüber Peking zu vertreten und eine gewisse Unabhängigkeit zu bewahren. In gewissem Sinne würde dann wohl ein Nachlassen des kommunistischen Drucks auf ganz Südostasien einsetzen, andererseits aber wäre dann auch mit Sicherheit damit zu rechnen, daß Laos für uns unhaltbar würde und Kambodscha sich irgendwie arrangierte; am ernstesten freilich ist die Frage, ob die Thais unter diesen Umständen nicht ihr Vertrauen in all unsere Bemühungen verlören. Um es kurz zu sagen: Das Ergebnis würde in Asien – und besonders unter unseren Freunden – als Niederlage empfunden werden. Wie es aussieht, würde die amerikanische Öffentlichkeit eine solche Entwicklung wahrscheinlich nicht einmal besonders scharf verurteilen, aber die Hauptfrage ist doch wohl, ob dann nicht auch Thailand und andere Staaten zunächst geschwächt und bald darauf genommen würden.

Zweifellos bergen härtere Aktionen für die Vereinigten Staaten Gefahren, da sie zunächst einmal intensiver als bisher verwickelt wären, und das zu einem Zeitpunkt, da Süd-Vietnam schwächer dasteht denn je zuvor. Sofern es um Aktionen gegen Nord-Vietnam selbst geht, würden die USA ohne Zweifel von der Weltmeinung heftig angegriffen werden, anfangs sogar von Staaten wie Indien oder Japan. Dabei, und das ist das wichtigste, ist nicht einmal sicher, ob diese Stützungsaktion in der gegenwärtigen politischen Situation Saigons eine stärkere Regierung hervorbrächte, ebensowenig würden begrenzte Aktionen gegen den südlichen Teil der Volksrepublik Nord-Vietnam der Infiltration tatsächlich starken Einhalt gebieten oder – in der gegenwärtigen Situation – Hanoi veranlassen, sie einzustellen.

Dennoch besteht, wenn man alles berücksichtigt, die schwache Hoffnung, daß ein derartiges Vorgehen die Lage in Vietnam verbessern wird, zumindest ließe sich dann die nächste Verteidigungslinie, also vor allem Thailand, besser halten. Sollten wir uns zu härteren Aktionen entschließen, so dürfen wir nicht aus dem Auge verlieren, daß es auf irgendeine Art und Weise zu Verhandlungen kommen wird, wobei wir nach den gegebenen Umständen, und selbst wenn wir Druck ausüben, nicht damit rechnen können, daß daraus ein wirklich unabhängiges Süd-Vietnam hervorgeht. Aber selbst wenn es dabei letztlich zu einem

kommunistisch beherrschten Süd-Vietnam käme, würden wir den Asiaten doch als diejenigen erscheinen, die alles versucht haben.
Hier nun die Aktionen, die wir in der Zukunft unternehmen könnten:
a) Die nächstbeste Gelegenheit für eine Vergeltungsaktion gegen die Volksrepublik Nord-Vietnam ergreifen.
b) Nach Möglichkeit mit Aufklärungsflügen über Nord-Vietnam beginnen.
Zusammen mit a) oder b) ein frühzeitiger, geordneter Abzug von Familienangehöriger der us-Berater (aus Saigon, jedoch nur), wenn an härtere Maßnahmen (gedacht ist). Wenn wir anfangen, auch auf diese Weise ›klar Schiff‹ zu machen, dann allerdings nur unter der Voraussetzung, daß wir zu wirklich schwerwiegenden Aktionen entschlossen sind . . .
Viele von uns sind übrigens nach wie vor der Meinung, daß wir gleichzeitig mit Beginn der ersten Luftangriffe auch eine begrenzte Anzahl unserer Soldaten nach dem Norden Süd-Vietnams verlegen sollten. Durch diese Maßnahme würde Saigon wirklich das Rückgrat gestärkt und auch in Hanoi zweifellos ein gewisser Eindruck erzielt. Es bleibt allerdings zu bedenken, daß diese Streitkräfte wahrscheinlich schon bald eines der Hauptangriffsziele des Vietkong sein würden.«
Drei Tage zuvor hatte bereits McNaughton, Bundys Kollege im Verteidigungsministerium, seinem Chef McNamara ein ähnliches Memorandum vorgelegt.
»Die Auswirkungen dieser Ansichten ließen sich dann ab Mitte Januar an den entsprechend veränderten politischen Direktiven Washingtons ablesen«, heißt es in der Studie.
In einer Depesche vom 11. Januar erhielt Botschafter Taylor in Saigon von Außenminister Rusk die Anweisung, »weitere Versuche, eine politische Lösung zu erreichen, zu unterlassen. Sollte in Saigon tatsächlich eine neue Militärregierung an die Macht kommen, müssen wir das, ohne zu murren, schlucken und mit ihr zusammenarbeiten.«
In einem zweiten Memorandum McNaughtons vom 27. Januar an McNamara, auf dem McNamara mit dem Bleistift Anmerkungen machte, wurde dieser Standpunkt noch eindeutiger vertreten. McNaughton erklärte – »und Mr. McNamara gab seine Zustimmung« –, daß es in Süd-Vietnam jetzt nicht mehr darum geht, »einem Freund zu helfen, sondern China im Zaum zu halten«. Beide »setzten sich für den baldigen Beginn von Luftangriffen auf Nord-Vietnam ein«.
Bei der Auslegung des Memorandums und der handschriftlichen Zusätze McNamaras kommen die Autoren der Studie zu folgendem Ergebnis: »Zunächst waren beide der Meinung, daß die Luftangriffe anfangs noch als Vergeltungsschläge erscheinen sollten, sich dann aber doch allmählich auch in der Johnson-Regierung die Überzeugung

durchsetzen müßte, daß härtere Aktionen gerechtfertigt wären. McNaughton bezweifelte, daß diese Aktionen einen günstigen Einfluß auf die Situation in Süd-Vietnam hatten, meinte aber, daß man sie trotzdem durchführen sollte. McNamara glaubte, daß sie die Lage in Süd-Vietnam verbessern könnten, von dem günstigen Eindruck auf das restliche Südostasien ganz abgesehen.«
Schon zwei Tage zuvor waren Saigon deutliche Hinweise gegeben worden, »daß die Regierung der USA gesteigerte militärische Aktivitäten erwäge«. In einer telegrafisch übermittelten Anfrage von Dean Rusk »wurde Botschafter Taylor aufgefordert, zu der im Außenministerium geäußerten Ansicht Stellung zu nehmen, daß die Angehörigen der Amerikaner aus Saigon evakuiert werden sollten, um ›klar Schiff‹ zu machen und die Hilfeleistungen für die Südvietnamesen effektiver gestalten zu können«.
Die Evakuierung amerikanischer Frauen und Kinder hatte seit dem Bombardierungsplan vom 23. Mai 1964 als Zeichen für den »D-Day« gegolten. »Das Rusk-Telegramm hatte deutlich darauf hingewiesen, daß man derzeit an Vergeltungsschläge denke«, heißt es im Bericht.
Zwei Wochen später folgte die Initialzündung. Der Vietkong griff das Lager der US-Militär-Berater in Pleiku im Zentralen Hochland sowie einen nur sechs km entfernten Hubschrauber-Stützpunkt in Camp Holloway an, ein Unternehmen, bei dem neun Amerikaner getötet und 76 verwundet wurden.
»Die erste Meldung darüber«, heißt es im Bericht, »lief am 6. Februar um 14.38 Uhr ein, und zwar über den Fernschreiber des National Military Command Center im Verteidigungsministerium. Sie hatte zur Folge, daß der Präsident die schnelle und doch seit langem geplante Entscheidung traf, angemessen zurückzuschlagen. Binnen weniger als vierzehn Stunden, am 7. Februar, einem Sonntagnachmittag, durchstießen 49 Bomber der US-Marine – A-4-Skyhawks und F-8-Crusaders, die von den Flugzeugträgern der Siebten Flotte *Coral Sea und* USS *Hancock* aufgestiegen waren – um 16 Uhr vietnamesischer Zeit eine dichte, aus Monsunwolken bestehende Wolkenwand, um kurz danach ihre Bomben- und Raketenlast auf militärische Anlagen in Donghoi, einem Ausbildungslager der Guerillas 50 km nördlich des 17. Breitengrades, abzuwerfen.
Obwohl dieses Unternehmen nur wie ein einmaliger Vergeltungsschlag ausgeführt wurde und bei militärischen Planspielen unter der Kodebezeichnung *Flaming Dart* wiederholt durchgespielt worden war, führte diese drastische Aktion eine schnelle Folge von Ereignissen herauf, die den Charakter des Vietnamkrieges und vor allem die Rolle der USA in ihm grundlegend veränderten.«
Die Guerillas griffen daraufhin amerikanische Kasernen in dem an der

zentralen Küste gelegenen Qinhon an, und Präsident Johnson ordnete am 11. Februar einen zweiten, noch härteren Vergeltungsschlag unter dem Kodenamen *Flaming Dart II* an.

Nur zwei Tage später, am 13. Februar, entschloß er sich dann, für die Operation *Rollender Donner*, den unbefristeten Luftkrieg gegen Nord-Vietnam, das Startzeichen zu geben.

Wie die Autoren der Pentagon-Studie bemerken, »gab es – und daran kann gar kein Zweifel bestehen – genügend Gründe für den Angriff auf Nord-Vietnam, ja man hat sogar den Eindruck, daß mehr Gründe vorhanden waren, als dann wirklich gebraucht wurden. Aber die Entscheidung, loszuschlagen, entsprang offensichtlich ebensosehr einem Mangel an Alternativvorschlägen wie dem von logisch zwingenden Argumenten, die dafür gesprochen hätten.«

DIE WICHTIGSTEN DOKUMENTE

Im Folgenden werden wichtige Dokumente aus der vom Pentagon stammenden Geschichte des Vietnamkrieges vorgelegt, die die Zeit von August 1964 bis Februar 1965 umfassen, also die Periode, in der die Bombardierung Nord-Vietnams geplant wurde. Abgesehen von den Stellen, die als Kürzungen gekennzeichnet sind, werden die Dokumente wörtlich wiedergegeben. Lediglich Schreibfehler wurden korrigiert.

Nr. 74 Anfrage Rusks bei der Botschaft in Vientiane, ob Laos-Waffenstillstand erwünscht

Telegramm von Außenminister Rusk an die US-Botschaft in Vientiane. Kopien gingen mit der Bitte um Stellungnahme an die US-Botschaften in Paris, London, Saigon, Bangkok, Ottawa, Neu-Delhi, Moskau, Pnom Penh, Hongkong, an das Oberkommando Pazifik sowie die ständige Vertretung der USA bei den Vereinten Nationen.

1. Wie in Ihrem 219 dargelegt, geht es uns in Laos um die Stabilisierung der Lage, und zwar möglichst im Rahmen des Genfer Abkommens von 1962. Ausschlaggebend für die Stabilisierung wäre die Herstellung des militärischen Gleichgewichts im Lande. Sorge bereiten die jüngsten Erfolge des RLG (Royal Laotian Government) und die angeblich niedrige Moral der PL (Pathet Lao), die zu einer Eskalation von kommunistischer Seite führen könnte, eine Entwicklung, mit der wir zum gegenwärtigen Zeitpunkt nichts zu tun haben wollen.
2. Unsere bisherige Position, die auch der Suvannahs entsprach, besagte, daß das militärische Gleichgewicht erst dann als hergestellt betrachtet werden kann, wenn sich die Pathet Lao aus der Ebene der Tonkrüge (PDJ) zurückzögen, die sie am 15. Mai erobert haben. Außerdem war danach der Rückzug der Pathet Lao aus diesen Gebieten Vorbedingung für das Zustandekommen einer Konferenz der 14 Nationen. Es erhebt sich nun die Frage, ob die Bodengewinne im Rahmen der Operation *Triangle* – vorausgesetzt allerdings, daß sich die Lage dort konsolidiert – bereits als Herstellung des militärischen Gleichgewichts angesehen werden können und es daher nicht mehr notwendig ist, auf dem Rückzug der Pathet Lao von der PDJ als Vorbedingung für eine Konferenz der 14 Nationen zu bestehen. Auf diesen Gedanken, der auch im Schreiben des Außenminister an Butler (DEPTEL-88) angesprochen wurde, war auch schon Suvannah gekommen (191 aus Vientiane). Wenn wir auf dem Rückzug aus dem Gebiet der PDJ bestehen, wird die Gegenseite ihrerseits auf der Rückgabe der *Triangle*-Eroberungen beharren, eine nach unserer Meinung ungünstigere Situation als gegenwärtig, wo die jeweiligen Gebiete der feindlichen Lager ein zusammenhängendes Ganzes bilden. Sollte die Rückzugsforderung von der PDJ fallengelassen werden, so würde dies am besten in der Form geschehen, daß Suvannah ein derartiges Verhandlungsangebot bei einem Dreier-Treffen unterbreitet und sich damit die Zustimmung zu seinen eigenen Bedingungen einhandelt, d. h., daß er auf einer Konferenz als laotischer Regierungschef zugelassen wird. Bleibt die Waffenstillstandsfrage. Während unter den gegen-

wärtigen Umständen ein Waffenstillstand für Suvannah wohl keinen rechten Gewinn brächte – denken wir dabei vor allem an die T-28-Einsätze – würden die Pathet Lao ihrerseits sicher auf dieser Bedingung beharren. Dies vorausgesetzt, könnte Suvannah auf einer effektiven Kontrolle des Waffenstillstands durch die Internationale Kontrollkommission bestehen, was für die noch bevorstehende Phase von großer Bedeutung sein könnte.

3. Obiges wurde unter dem Gesichtspunkt verfaßt, daß die polnischen Vorschläge (unleserliches Wort) in Wirklichkeit zusammengebrochen sind, daß das Drängen auf Genfer (Wort unleserlich) Konferenz anhält und sich aufgrund der durch die Marineangriffe der Volksrepublik Nord-Vietnam hervorgerufenen gegenwärtigen Krise noch weiter verstärken wird. Eine Laos-Konferenz könnte diesem Druck gegenüber wie ein Sicherheitsventil wirken, während zu gleicher Zeit eine Intensivierung der Feindseligkeiten durch die »Front« unterbunden würde. Wir könnten darauf bestehen, daß die Konferenz strikt auf Laos beschränkt bleibe, und könnten sie notfalls verlassen, wenn andere Themen zur Sprache kommen sollten, wie wir das bereits 1961–62 praktiziert haben. Neben der Konferenz herlaufende inoffizielle Gespräche über andere Themen würden sich wohl nicht vermeiden lassen, aber das wäre auch kein Unglück, da hier im Gegenteil gute Gelegenheiten für informelle Korridorkontakte mit dem PL, der Volksrepublik Vietnam und CHICOMS (Chinesische Kommunisten) bestünden, was gerade zum gegenwärtigen Zeitpunkt Vorteile bringen könnte.

4. Bei den Überlegungen über den Verlauf der Aktion ist die wichtigste Frage, ob Suvannah bereit ist, die Rückzugsforderungen fallenzulassen, und ob er sich, wenn er es sein sollte, in Vientiane an der Macht halten kann. Während wir annehmen, daß die Antwort auf die erste Frage »ja« lauten wird, sind wir, was den zweiten Punkt betrifft, ziemlich im Zweifel. Daher ist Beurteilung der Situation in Vientiane selbst unbedingt erforderlich. Auch Antworten von den übrigen Adressaten sind wichtig, einschließlich der Ansichten gegnerischer Regierungen. In der Beurteilung sollten auch unbedingt folgende neue Entwicklungen berücksichtigt werden: militärische Erfolge der nicht-kommunistischen Kräfte in Laos und die jüngsten Bekundungen der USA, der kommunistischen Aggression in Südostasien zu widerstehen.

Nr. 75 Antwort der Saigoner Botschaft über Nachteile bei Laos-Verhandlungen

Telegramm von Botschafter Maxwell D. Taylor in Saigon an Außenminister Dean Rusk vom 9. August 1964; Kopien wurden den Botschaften der USA in Vientiane und Bangkok sowie dem Oberkommando Pazifik (PACOM) zugeleitet.

Von unserem günstigen Posten aus können wir folgende eindeutige Nachteile für unsere Position in Südostasien voraussehen, falls der in REFTEL vorgeschlagene Kurs weiter verfolgt werden sollte:

1. Zunächst einmal würde die Eile, bald am Konferenztisch zu sitzen, bei den CHICOMS den Eindruck verstärken, die Attacken der US-Zerstörer seien nur

vorübergehende Angelegenheit gewesen und die eigene, feste Entschlossenheit, Nord-Vietnam zu unterstützen, habe den »Papiertiger« USA nachdenklich gemacht. Darüber hinaus würde sich auch der günstige Eindruck, den unsere scharfe Reaktion auf die Vorkommnisse im Golf von Tonking in anderen Ländern hervorgerufen hat, zu schnell verwischen.

2. Der plötzliche Verzicht auf die früher so stark herausgestellte US-Forderung nach Rückzug von der PDJ als Bedingung einer Laos-Konferenz würde in Vietnam verheerende Folgen zeitigen. Der Wille, das Pazifizierungsprogramm zu beschleunigen und die Kampfmoral, die Khanh gerade durch seine neuen Notstandsverordnungen zu stützen beabsichtigte, würden total unterminiert. Es würde der Eindruck entstehen, als nützten die USA die geringste Verbesserung der Position ihrer Verbündeten in Indochina nur dazu, um sich via Konferenztisch zurückziehen zu können. Auch gäbe das der in pro-gaullistischen Kreisen vertretenen Ansicht Auftrieb, daß die Regierung von Süd-Vietnam den gleichen Kurs wie Laos verfolgen solle, d. h., bei der geringsten Verbesserung der anti-kommunistischen Position im Lande eine Lösung durch Verhandlungen anzustreben.

3. Eine Schwächung unserer Position in Laos, nachdem wir eben erst gegenüber den Kommunisten unsere Stärke betont haben, würde den totalen Verfall in Vietnam nach sich ziehen. Khanhs persönliche Position wäre in kürzester Zeit unterhöhlt, politische Unsicherheit und Zunahme von Komplotten wären die Folgen.

4. Es sollte schließlich nicht vergessen werden, daß unsere Vergeltungsaktion im Golf von Tonking einen isolierten Zusammenstoß zwischen den USA und der Volksrepublik Vietnam darstellt. Obwohl diese Aktion, wie Botschafter Stevenson ganz richtig bemerkt, zum größeren Problem, der subversiven Aggression Nord-Vietnams in Süd-Vietnam, in Beziehung steht, haben wir der Volksrepublik Nord-Vietnam bisher noch mit keiner, ich wiederhole: keiner wirklich durchschlagenden Aktion klargemacht, daß letztlich diese sehr viel größere und auch komplexere Angelegenheit gemeint ist. Statt dessen sind wir sowohl in Vietnam wie auch in Laos bereits indirekt an militärischen Maßnahmen gegen Nord-Vietnam bzw. deren Agenten beteiligt. Wenn wir, wie Khanh und Suvannah hoffen, die Konsequenz unseres letzthin erfolgten Zusammenstoßes mit der Volksrepublik Nord-Vietnam ausnützen und Aktionen durchführen wollen, die sich direkt gegen die Verletzungen der Abkommen von 1954 und 1962 durch die Regierung von Nord-Vietnam richten, müssen wir doch unter allen Umständen vermeiden, daß wir uns vorher politisch die Hände binden und damit unsere Bewegungsfreiheit einschränken. Mit anderen Worten: Alle Anstrengungen, um mit der Regierung von Süd-Vietnam Luftangriffe auf Nachschubwege und Infiltrationszentren in Laos und der südlichen Volksrepublik Nord-Vietnam in glaubwürdiger Weise zu planen und vorzubereiten, müßten unterbleiben, wenn wir am Konferenztisch über die Gebiete verhandeln, die davon betroffen sind.

5. Suvannahs Festhalten an den Vorbedingungen oder entscheidenden Verhandlungen zeigt deutlich, daß er den Willen der USA erkannt hat, nunmehr das Übel an der Wurzel zu packen – in Nord-Vietnam selbst, das geht aus seinem letzten kurzen Schreiben an Präsident Johnson klar hervor. Darüber hinaus dürfte feststehen, daß Khanh, der im Augenblick wegen unserer Tonking-

Haltung in euphorischer Stimmung ist, sofort in die tiefsten Tiefen zurückfallen würde, wenn wir ihn zu überreden versuchten, zu dieser Konferenz Delegierte zu entsenden (es folgen zwei unleserliche Wörter). Sicher würde er eher zurücktreten als Delegierte zu schicken (wieder folgen zwei unleserliche Wörter).

Verstärkt auf die in REFTEL zitierte Einberufung einer Art Genfer Konferenz könnten doch wohl nur Kräfte drängen, die mit den Zielen der US-Politik in Südostasien nicht einverstanden sind, mit Ausnahme Großbritanniens vielleicht, das wohl bereit wäre, sich ihnen anzuschließen. Unter diesen Umständen scheint wenig Hoffnung zu bestehen, daß die Ergebnisse einer derartigen Konferenz für die USA günstig sein könnten. Zudem sollte bedacht werden, daß es zum gegenwärtigen Zeitpunkt kaum möglich sein dürfte, die Verhandlungen auf Laos allein zu beschränken. Selbst wenn dies zur Auflage für ihr Zustandekommen gemacht würde, erscheint es in der Praxis unmöglich, als Konferenzthema nur Laos zu behandeln, wenn andere Teilnehmer andere Themen zur Sprache bringen. Meines Wissens haben wir 1961–62, als die Volksrepublik Nord-Vietnam vorher nicht abgesprochene Fragen anzuschneiden versuchte, den Konferenzraum nicht verlassen. Statt dessen haben wir über einen Einspruch zur Konferenzordnung damals durchgesetzt, daß Nord-Vietnam seinen Antrag zurückziehen mußte. Informelle Gespräche mit dem PL, der Volksrepublik Nord-Vietnam und den CHICOMS aber sind genau das, was die südvietnamesische Regierung am meisten fürchtet, und ein solches Vorgehen seitens der USA würde aller Voraussicht nach dazu führen, daß Süd-Vietnam in Sonderverhandlungen einträte, nur um von den USA nicht vor ein »fait accompli« gestellt zu werden.

7. Statt nach einem Sicherheitsventil dafür zu suchen, wie der Verhandlungsdruck gegen uns gemildert werden könnte, sollten wir vielmehr Mittel und Wege finden, wie wir diesen Druck auf Nord-Vietnam ableiten können. Im übrigen scheinen uns die gegenwärtigen UNSC (UNO-Sicherheitsrat-Debatten) das notwendige Sicherheitsventil zu sein. Wir sollten uns darauf konzentrieren, alle Spannungen in Südostasien der kommunistischen Aggression anzulasten. Dieser Standpunkt wäre ein sehr viel probateres Abschreckungsmittel gegen Eskalationsversuche des Gegners in Laos und Vietnam als eine Laos-Konferenz. Obwohl es sich nicht, ich wiederhole: nicht um unseren speziellen Erfahrungsbereich handelt, möchten wir doch das Urteil abgeben, daß der PL die Territorialgewinne, die das RLG bei der Operation *Triangle* machen konnte, jederzeit zurückerobern kann. Das bedeutet, daß »territoriale Tauschaktionen«, wie in DEPTEL angesprochen, als illusorisch gelten müssen. Darüber hinaus wäre zwar die vorgeschlagene Territoriallösung für die USA annehmbar, würde aber allen Vorstellungen der südvietnamesischen Regierung widersprechen, weil damit die USA das Weiterbestehen der Infiltrationszentren an den Grenzen Süd-Vietnams sanktioniert. Nach Meinung der südvietnamesischen Regierung und der US-Botschaft in Saigon würden damit die Aussichten auf die erfolgreiche Durchführung des Befriedungsprogramms in Süd-Vietnam ein für allemal zerstört.

Nr. 76 Vorschläge der US-Botschaft über weitere militärische Maßnahmen

Telegramm der Botschaft in Saigon an das US-Außenministerium vom 18. August 1964.

Dies ist eine Botschaft der US-Vertretung:
Bei der Ausarbeitung unserer Erwiderung haben wir festgestellt, daß es sinnvoller ist, das gesamte Problem Süd-Vietnam noch einmal unter zwei Gesichtspunkten darzustellen und daraus unsere Vorschläge für künftige Aktionen abzuleiten.
Unserer Analyse liegt die offensichtliche Annahme von DEPTEL 439 zugrunde (die wir im übrigen teilen), daß der gegenwärtige Befriedungsplan für das Land nicht ausreicht, um die Moral aufrechtzuerhalten, geschweige denn, um echte Erfolge zu gewährleisten. In den kommenden Monaten muß mehr geschehen.

Erläuterungen des Problems A:

Der politische Kurs, den die USA in den kommenden Monaten verfolgen sollten, ist unter folgenden vier Aspekten zu sehen: Erstes und wichtigstes Ziel muß es sein, für die Regierung Khanh Zeit zu gewinnen, damit diese eine gewisse Stabilisierung der Lage erreichen und unter Beweis stellen kann, daß sie lebensfähig ist. Da alle in dieser Depesche vorgetragenen Vorschläge hinsichtlich künftiger Maßnahmen ein nicht unerhebliches Risiko für die USA beinhalten, sollten wir bei ihrer Durchführung vorsichtig verfahren und so lange warten, bis wir die Qualitäten unseres Verbündeten besser beurteilen können. Vor allem aber sollten wir vermeiden, sofern das überhaupt möglich ist, uns militärisch direkt mit Nord-Vietnam oder gar China anzulegen, solange die Lage in Süd-Vietnam derart unsicher ist und Khanhs Streitkräfte dort alle Hände voll zu tun haben, um mit dem VC fertig zu werden. Es muß uns daher daran gelegen sein, Zeit zu gewinnen, nicht nur um Khanh beweisen zu lassen, daß er regieren kann, sondern auch um Saigon von der Bedrohung des VC zu befreien, von dem es gegenwärtig regiert wird. Ferner müssen wir sicher sein können, daß genügend Bodenstreitkräfte der südvietnamesischen Regierung zur Verfügung stehen, um mögliche Bodenoperationen der Nordvietnamesen in einem vernünftigen Umfang abzuwehren, wenn sich als Folge unseres Programms derartige Aktionen Nord-Vietnams ergeben sollten. Damit würde vermieden, daß wir in erheblich größerem Umfang eigene Bodenstreitkräfte bereitstellen müßten.
Ein zweites Ziel unserer Politik muß darin bestehen, in Saigon, im besonderen aber innerhalb der Regierung Khanh, die Moral zu heben. Das allerdings dürfte nicht allzu schwer fallen, wenn wir Khanh davon überzeugen könnten, daß wir jederzeit zu stärkerem Druck auf Hanoi bereit sind, vorausgesetzt, daß auch er sein Können unter Beweis stellt.
Drittens müssen wir, während wir für Khanh Zeit gewinnen, erreichen, daß Nord-Vietnam in Schach gehalten wird und gleichzeitig die Infiltration aus dem Norden zumindest nicht weiter zunimmt. Endlich sollten wir in dem angesprochenen Zeitraum deutlich zu erkennen geben, daß wir jederzeit zur wohl-

erwogenen Eskalation des Drucks auf Nord-Vietnam bereit sind, wobei der 1. Januar 1965 als »D-Day« ins Auge gefaßt wird. Wir müssen uns dabei jedoch darüber im klaren sein, daß die Ereignisse eine Vorverlegung dieses Datums jederzeit notwendig machen könnten.

(Satzanfang unleserlich) ... müssen wir also unsere Aktionen so anlegen, daß wir die oben genannten vier Ziele erreichen. Unser Vorgehen muß demnach aus drei Teilen bestehen: zunächst Maßnahmen, die die Regierung Khanh betreffen, dann Aktionen mit der Stoßrichtung »Regierung Hanoi« und schließlich, nach einer gewissen Pause, Eröffnung des Luftkrieges gegen Nord-Vietnam.

In der Behandlung der Regierung Khanh ist folgendes Vorgehen vorzuschlagen: Es muß Khanh klargemacht werden, daß wir mit der Planung härterer Aktionen gegen Nord-Vietnam beginnen und ihre Durchführung anordnen, sobald er selbst bestimmte Bedingungen erfüllt hat. Diese Bedingungen bestehen vor allem darin, daß er zunächst seine Regierung stabilisiert und im eigenen Hause Ordnung schafft. Darüber hinaus muß es ihm vor allem gelingen, den Vietkong im Rahmen des Hop-Tac-Planes von der eigenen Haustür in Saigon zu vertreiben. Außerdem muß er mit der Befriedung so weit vorankommen, daß er zumindest drei Divisionen für die Abwehr möglicher Bodenoperationen der Nordvietnamesen bereitstellen kann.

Schließlich müssen wir mit der Regierung Khanh einmal eine deutliche und verbindliche Absprache über unsere Kriegsziele erreichen. Dabei ist es unsere Pflicht, unmißverständlich klarzumachen, daß wir zu Aktionen gegen Nord-Vietnam nur bereit sind, um die Unabhängigkeit und Sicherheit Süd-Vietnams zu gewährleisten, und zwar innerhalb der territorialen Grenzen, die im Abkommen von 1954 festgelegt worden sind. Das aber bedeutet, daß wir keine Zweifel daran lassen dürfen, daß wir nicht gewillt sind, uns an einem Kreuzzug zur Wiedervereinigung von Nord und Süd zu beteiligen, ja daß wir nicht einmal am Sturz der Regierung in Hanoi interessiert sind, falls Hanoi keine weiteren Ansprüche auf Süd-Vietnam erhebt und die zur Erreichung seines Zieles notwendigen Aktionen, wie etwa die subversive Kriegführung im Süden, vollständig einstellt.

Wenn darüber Übereinstimmung erzielt ist, wären wir zu folgenden Maßnahmen bereit:

1. Wiederaufnahme der 34A-Operationen (insbesondere Marine-Operationen) und der de-Soto-Patrouillenfahrten. Beides könnte anlaufen, noch ehe wir mit Khanh selbst ganz ins reine gekommen sind.

2. Wiederaufnahme der U2-Flüge über dem gesamten Territorium von Nord-Vietnam.

3. Beginn von Luftangriffen auf Infiltrations- und Nachschubwege in Laos, sobald mit Khanh eine Übereinkunft erreicht worden ist. Da selbstverständlich alle diesbezüglichen Pläne auf die Situation in Laos abgestimmt sein müssen, müßte Suvannah Phuma zu einem nahe liegenden Zeitpunkt in vollem Umfang über die Pläne der USA informiert und sein Stillschweigen über die Aktionen in Laos durchgesetzt werden. Unter allen Umständen müssen wir so vorgehen, daß uns im laotischen Korridor genügend Handlungsfreiheit erhalten bleibt.

Durch diese Maßnahmen würde die nordvietnamesische Regierung davon Kenntnis erhalten, daß sich unsere Operationspläne hinsichtlich Nord-Vietnams geändert haben. Vielleicht sollten wir der Regierung Nord-Vietnams auch offi-

ziell mitteilen, daß der Abschuß von U2-Maschinen mit Vergeltungsschlägen beantwortet würde. Dazu erscheint es allerdings notwendig, daß wir uns für diese Flüge Rechtfertigungsgründe zurechtlegen, außerdem müssen für den Fall eines Abschusses Pläne für eine sofortige Gegenaktion ausgearbeitet sein. Vielleicht wäre es bereits in diesem Stadium angebracht, bei verstärkten VC-Attacken in Süd-Vietnam Vergeltungsschläge in Form von einzelnen Bombenangriffen einzuplanen. Allerdings würden derartige Luftangriffe gegen Nord-Vietnam wohl auf beiden Seiten zu militärischen Aktionen ganz neuen Umfangs führen, deren Ausgang sich zum gegenwärtigen Zeitpunkt schwer voraussagen läßt. Aus diesem Grund wollen wir diese Form von Vergeltungsschlägen vorläufig noch nicht durchgeführt sehen, sondern nur als eine mögliche letzte Maßnahme verstanden wissen.
Ehe über diesen Punkt hinaus vorgegangen wird, sollten wir das Maß der militärischen Bereitschaft steigern und, falls das nicht schon geschehen sein sollte, als sichtbares Zeichen Hawk-Einheiten nach Danang und Saigon verlegen. Außerdem sollten Marineeinheiten zur Verteidigung des Flugplatzes von Danang und zum Schutz des Lagers der MACV's [amerikanische Militärberater in Süd-Vietnam] herangezogen werden. Wenn alles dies abgeschlossen ist, (was voraussichtlich im Spätherbst der Fall sein dürfte), werden wir uns auch ein genaueres Bild von der Regierung Khanh machen können.
Vorausgesetzt, daß dieses Bild zu unserer Zufriedenheit ausfällt und Hanoi bis dahin nicht in für uns günstigem Sinne reagiert hat, muß mit der letzten Phase begonnen werden: Bei der Durchführung von Aktionsprogramm A müssen dann sorgfältig abgestimmte Bombenangriffe auf Nord-Vietnam erfolgen, die sich in erster Linie gegen Infiltrationszentren und militärische Ziele richten. Irgendwann kurz zuvor könnte es erwünscht sein, mit Hanoi direkten Kontakt aufzunehmen, falls dies nicht schon geschehen sein sollte. Wenn alle politischen und militärischen Vorbereitungen getroffen sind, würde nun das Bombardierungsprogramm gestartet. Dabei sollten US-Aufklärungsmaschinen verwendet werden und VNAF/Farmgate-Maschinen gegen solche Ziele, die trotz MIG-Maschinen sicher angegriffen werden können. Zusätzlich stünden US-Kampfflugzeuge für die wirkungsvolle Ausführung des Bombenprogramms zur Verfügung.
VOR- UND NACHTEILE VON AKTIONSPROGRAMM A: Falls erforderlich, wird Aktionsprogramm A zur Erreichung der Ziele der USA in Süd-Vietnam beitragen. Ich werde alles daran setzen, daß die Regierung Khanh den ihr auferlegten Pflichten gerecht wird, d. h., daß das Befriedungsprogramm effektiver gestaltet und dafür Sorge getragen wird, daß keine Kräfte für auswärtige Abenteuer verschwendet werden und daß wir die in jedem Fall zur genauen Planung unserer Unternehmungen notwendige Zeit von einigen Monaten zur Verfügung haben. Aktionsprogramm A ist außerdem so angelegt, daß Hanoi und Peking in ausreichendem Maße gewarnt werden, sich den Umfang ihres Engagements genau zu überlegen. Dies sind die positiven Aspekte.
Andererseits hängt natürlich der Erfolg des Aktionsprogramms A in starkem Maße von der Stabilität der Regierung Khanh ab. Aktionsprogramm A läßt im Grunde keinen Spielraum für einen plötzlichen Zusammenbruch der Regierung Khanh und deren Ersatz durch ein schwächeres und weniger verläßliches Regime. Außerdem ist dieses Programm, wegen seiner ausgedehnten Natur, der

Gefahr eines internationalen Druckes ausgesetzt, der zu Verhandlungen drängt, noch ehe Nord-Vietnam wirklich getroffen ist.

Erläuterung des Problems B:

Es ist auch möglich, daß sich die Probleme der USA in Süd-Vietnam sehr viel schwieriger gestalten, als unter Punkt A angenommen wurde. So ist zum gegenwärtigen Zeitpunkt einfach nicht verläßlich abzuschätzen, ob sich die Regierung Khanh noch bis zum 1. Januar 1965 an der Macht halten kann, selbst wenn Aktionsprogramm A die Stabilität der Regierung Khanh stützen würde (Rest des Satzes unleserlich). (Beginn des Satzes unleserlich) ... müßten wir das Problem wie folgt darstellen. Dann muß es unser Ziel sein, den völligen Zusammenbruch der nationalen Moral in Saigon zu verhindern. Damit dies erreicht werde, müßten wir Nord-Vietnam unverzüglich angreifen, um Hanoi so schnell wie möglich zur Aufgabe der Unterstützung für den VC zu zwingen und die Regierung von Nord-Vietnam davon zu überzeugen, daß sie der Erhebung des VC in Süd-Vietnam ein Ende macht. Aktionsprogramm B: Wenn sich eine derartige Lage ergeben sollte, müssen wir schneller als bisher handeln. Ein derart beschleunigtes Programm würde wohl folgende Maßnahmen erforderlich machen:
Wieder müßten wir Khanh von unseren Absichten informieren und ihm erklären, daß wir gewillt sind, gegen Hanoi mit härteren Maßnahmen vorzugehen, wenn er bereit ist, so vorzugehen wie unter *A* ausgeführt. Wir würden aber bereits gegen Hanoi vorgehen, noch bevor wir Ergebnisse von Khanh vorweisen können.
Wie unter *A* wäre es eventuell auch bei diesem Kurs wünschenswert, direkten Kontakt mit Hanoi aufzunehmen. Als Folge unseres Kurses würden sich für uns wohl die gleichen Notwendigkeiten ergeben wie unter *A*, nur müßten wir uns in diesem Fall stärker auf die eigenen militärischen Möglichkeiten verlassen.
VOR- UND NACHTEILE VON AKTIONSPROGRAMM B: Bei Verfolgung dieses Kurses fordern wir von der Regierung Khanh so gut wie keine Gegenleistung, da wir annehmen, daß sie dazu einfach nicht in der Lage ist. Damit aber hängt der Erfolg dieses Kurses auch nicht vom Bestand des Khanh-Regimes ab, d. h., wir können mit unseren Strafmaßnahmen gegen Hanoi frei disponieren. Das wiederum hätte aller Voraussicht nach zur Folge, daß wir nicht aufgrund internationalen Drucks an den Konferenztisch gedrängt werden könnten, weil wir unseren Kritikern in der Weltöffentlichkeit dann ein fait accompli vorführen. Allerdings würde es den Einsatz stärkerer Kontingente von US-Bodentruppen notwendig machen, weil Khanh vollauf mit dem Befriedungsprogramm beschäftigt wäre und folglich kaum Bodenstreitkräfte für den Einsatz gegen Nord-Vietnam zur Verfügung stellen könnte.
Schlußfolgerung: Aus obigen Erwägungen ergibt sich, daß für die USA bei Durchführung von Aktionsprogramm A in den nächsten Monaten die größeren Erfolgschancen bestehen. Allerdings sollten wir die Unsicherheit der Regierung Khanh ständig im Auge behalten und daher stets zu schnellem Umschalten auf Aktionsprogramm B in der Lage sein. Auf jeden Fall aber müssen wir zur vollen militärischen Reaktion auf Aktionen von Nord-Vietnam oder CHICOMS (Volksrepublik China) gerüstet sein.

Verschiedenes: Wie oben bereits angedeutet, sind wir der Ansicht, daß die Operationen nach Plan 34A sofort in vollem Umfang wieder aufgenommen werden sollten, allerdings noch geheim. Sofort sollte auch mit der Wiederaufnahme der de-Soto-Patrouillenfahrten begonnen werden, vorerst allerdings außerhalb der 12-Meilen-Zone. Außerdem halten wir es für gut, wenn bis zum 1. Januar 1965 einige Piloten der VNAF (Luftwaffe Südvietnams) auf B-57-Maschinen ausgebildet werden. Veränderungen in den Richtlinien zur Evakuierung der amerikanischen Angehörigen sollten nicht erfolgen.
Vorschlag: Es wird vorgeschlagen, daß die Regierung der USA Aktionsprogramm A durchführt, und die Planung von Aktionsprogramm B soweit vorantreibt, daß eine Umstellung von A auf B jederzeit möglich ist.

Nr. 77 Telegramm Rusks an die Botschaft in Laos über Such- und Rettungsflüge

Telegramm des Außenministers Dean Rusk an die Botschaft der USA *in Vientiane vom 26. August 1964. Eine Kopie dieses Schreibens ging an den Oberbefehlshaber im Bereich Pazifik* (PACOM).

Wir stimmen mit Ihren Ansichten überein, daß die SAR (search and rescue = Such- und Rettungsflüge)-Operationen eine große Bedeutung haben und amerikanische Piloten hier in kritischen Situationen in das Geschehen eingreifen können. Bei den SAR-Unternehmen sollte kein Unterschied zwischen Amerikanern, Thais oder Laoten gemacht werden. Wie von Ihnen gewünscht, erhalten Sie, natürlich vertraulich, hiermit die Befugnis, AA-Piloten (Air-American-Piloten) in T-28-Maschinen für SAR-Flüge einzusetzen. Allerdings müßte in Fällen, in denen dies möglich ist, eine nochmalige Erlaubnis in Washington eingeholt werden.
Wir sind der Ansicht, daß die gesamten T-28-Operationen, was ihren Umfang und ihre Kontrolle betrifft, einer Überprüfung unterzogen werden sollten, und das vor allem unter dem Gesichtspunkt, daß wahrscheinlich für die im Rahmen dieser Operationen durchzuführenden SAR-Unternehmen mehr amerikanisches Personal erforderlich wird als bisher. Verstärkter Einsatz von AA-Piloten bedeutet wahrscheinlich erhöhte Verluste, diese wiederum verlangen eine Intensivierung von SAR-Einsätzen, so besteht das Risiko einer unter dem gegenwärtigen Aspekt der Gesamtlage nicht erwünschten Eskalation. Andererseits aber sehen wir ein, daß die T-28-Operationen sowohl militärisch als auch psychologisch für Laos notwendig sind und außerdem eine wichtige Verhandlungstrumpfkarte für Suvannah Phuma darstellen. Angesichts dieser Problematik erbitten wir Ihr Urteil, ob der Umfang dieser Operationen (der T-28) vielleicht etwas eingeschränkt und vor allem gut verteidigte Ziele von der Zielliste gestrichen werden sollten. Die mögliche Ausweitung der T-28-Operationen auf das Gebiet des »Entenschnabels« in Laos ist gesondert zu betrachten und wird in extra SEPTEL erörtert.
Was die Kernfrage betrifft, so ist unsere Ansicht, daß Thai-Piloten ihre Einsätze bisher zwar unter der strengen Kontrolle Ihres Air Command Center (unleserliches Wort) bei gründlicher Überwachung durchführen, daß aber das

gleiche nicht für die Laoten gilt. Bei uns herrscht der Eindruck, daß die Laoten überhaupt unter keinerlei fester Kontrolle sind.
Wir erwarten daher Ihre Stellungnahme sowie Vorschläge, wie der zukünftige Umfang der T-28-Einsätze aussehen soll. Außerdem liegt uns an Ihrem Urteil, ob unsere Ansichten über die Kontrollen wichtig sind und ob diese Kontrollen noch effektiver gestaltet werden können.

Nr. 78 Vorschläge der Vereinigten Stabschefs über weitere militärische Aktionen

Auszüge aus dem Memorandum »Recommended Courses of Action – Southeast Asia« der Vereinigten Stabschefs an Verteidigungsminister McNamara vom 26. August 1964.

3. Die Vereinigten Stabschefs haben die Vorschläge Botschafter Taylors (siehe Nr. 76) zur Kenntnis genommen, sind aber der Auffassung, daß unter den gegenwärtigen Umständen Aktionsprogramm B erfolgversprechender ist, und zwar nicht nur hinsichtlich der Lage in Süd-Vietnam, sondern vor allem deshalb, weil das unter B vorgeschlagene schnellere Vorgehen gegen die Volksrepublik Nord-Vietnam ein andernfalls drohendes Zusammenbrechen der Gesamtposition der USA in Südostasien verhindern kann. Außerdem sind die Vereinigten Stabschefs nicht der Ansicht, daß wir noch länger warten sollten, bevor wir uns stärker engagieren, und daß erst gewisse Stabilisierungserfolge unseres Verbündeten (Süd-Vietnam) eintreten müßten. Dafür sind die USA bereits zu tief verstrickt. Die Vereinigten Stabschefs sind der Meinung, daß nur bedeutend härtere militärische Maßnahmen gegen Nord-Vietnam geeignet sind, die Entlastung und psychologische Erholung zu gewährleisten, die notwendig sind, damit die Regierung von Süd-Vietnam Stabilität und Lebensfähigkeit erreichen kann.
4. Durch die kürzlich erfolgten militärischen Aktionen in Laos und gegen Nord-Vietnam, die Stärke und Zurückhaltung zugleich demonstriert haben, ist unsere Entschlossenheit klarer zum Ausdruck gebracht worden, als man dies von den USA seit langem gewohnt war. Wenn wir jetzt in diesen Bemühungen nachlassen, könnte ein derartiges Verhalten den Eindruck erwecken, als seien wir von der Operation *Pierce Arrow* und den Vorgängen, die dazu geführt haben, selbst nicht überzeugt, so daß wir dadurch den Eindruck von Schwäche vermitteln. Während also die Vereinigten Stabschefs der Auffassung sind, daß wir unsere Einsatzbereitschaft im westlichen Pazifik aufrechterhalten sollten, müßten gleichzeitig folgende Ziele unseres Programms in Angriff genommen werden:
1) Verbesserung der Lage in Südvietnam einschließlich des nachdrücklich herauszustellenden Befriedungsprogramms und des Hop-Tac-Plans zur Säuberung von Saigon und Umgebung. 2) Beeinträchtigung der bisher kaum unterbrochenen Verbindungswege des VC durch Laos durch Aktionen im laotischen »Entenschnabel« sowie gegen die LOC's (Verbindungswege) in Kambodscha. Hierbei müßten auch die Wasserwege, die von dort wegführen, genauestens kontrolliert werden. 3) Unterbindung der Existenz von VC-Schlupfwinkeln im

Grenzgebiet zwischen Kambodscha und Süd-Vietnam durch Streifzüge nach Kambodscha; 4) verstärkter Druck gegen Nord-Vietnam durch militärische Aktionen. Zur Erreichung dieses Zieles Durchführung von OPLAN (Operationsplan): verstärkte 34A-Operationen und de-Soto-Patrouillenfahrten, zunächst jedoch noch geheim.

5. Im übrigen sind die Vereinigten Stabschefs der Meinung, daß aller Voraussicht nach noch härtere Maßnahmen notwendig werden. In der Annahme, daß VC und PL in Süd-Vietnam und in Laos in der Lage sein werden, weitere Erfolge zu erzielen, und um unseren Druck auf Nord-Vietnam zu verstärken und um gleichzeitig eine unmißverständliche Antwort auf Aktionen der VC/PL zu geben, scheint es angebracht, Luftangriffe und sonstige Aktionen auf geeignete militärische Ziele in Nord-Vietnam zu erwägen.

6. Die Vereinigten Stabschefs sind sich im klaren darüber, daß es schwierig ist, von vorneherein festzulegen, was jeweils unter einer geeigneten Vergeltungsmaßnahme zu verstehen ist. Wir sollten uns daher in Art und Umfang solcher Aktionen flexibel halten, um in der Lage zu sein, je nach Umständen nach den Grundsätzen des Tonking-Prinzips prompt und effektiv zu handeln, d. h., daß der von unserer Seite geführte Vergeltungsschlag stets zum Nachteil Nord-Vietnams ausgehen muß. Die Vergeltungsschläge müssen daher härter als die voraufgegangene Provokation ausfallen und dürfen nicht unbedingt auf militärische Ziele allein beschränkt sein. Für Luftangriffe empfehlen sich folgende Vorschläge: entweder nur Einsatz von VNAF (Südvietnamesische Luftwaffe), oder VNAF plus amerikanischem Begleitschutz zur Abwehr von MIG's, oder VNAF plus US-Verstärkung sowohl im offensiven wie im defensiven Bereich, oder US-Luftwaffe allein.

Die jeweils zu empfehlende Kombination sollte aufgrund der von uns beabsichtigten Wirkung und den Gegebenheiten, die wir vorfinden, erfolgen. Die Ziele können bereits fertiggestellten Plänen entnommen werden, so u. a. der *Target Study for North Vietnam*, in der 94 Orte aufgeführt sind, die Ihnen kürzlich im Auftrag der Vereinigten Stabschefs zugestellt wurde ...

Nr. 79 Aktionsplan, der McNaughton vom Pentagon zugeschrieben wird

Auszüge aus einem Memorandum vom 3. September 1964, dem »Plan of Action for South Vietnam«, das laut Pentagon-Studie John T. McNaughton, Staatssekretär im Verteidigungsministerium, verfaßt haben soll.

1. ANALYSE DER GEGENWÄRTIGEN SITUATION: Die Lage in Süd-Vietnam verschlechtert sich in zunehmendem Maße. Noch bevor die Regierung in der vorigen Woche ins Wanken geriet, verlief die Entwicklung des Vietnamkrieges ungünstig: die Aktionen des Vietkong werden immer zahlreicher und schlagkräftiger, die Regierung in Saigon kontrolliert immer kleinere Gebiete. Erfolgreiche Überfallaktionen haben deutlich gemacht, daß die Bevölkerung nicht einmal in den Gebieten, die als befriedet gelten, gewillt ist, Informationen über den Vietkong zu geben. Eine allgemeine Kriegsmüdigkeit hat sich schon seit längerem bemerkbar gemacht. Die Krise von Ende August wird den Verfall

– besonders weil die rivalisierenden Kräfte eine »gesichtslose« Regierung hinterlassen haben, die das Befriedungsprogramm sicher nicht durchführen kann – nur noch beschleunigen ... Das Ziel der USA ist es, diesen Niedergang aufzuhalten. Sollte das allerdings nicht gelingen, so müßten wir aus der Situation so hervorgehen, daß die USA in den Augen der Alliierten und Feinde noch immer so gut wie irgend möglich dastehen.

2. IN SÜD-VIETNAM: Unter allen Umständen müssen wir unsere intensiven Anstrengungen in Süd-Vietnam fortsetzen. Das bedeutet u. a. sofortige Aktionen auf folgenden Gebieten:

a) Die Männer, die gegenwärtig offensichtlich das Land führen, müssen dazu gebracht werden, eine stabile Regierung zu bilden.

b) Tiefgreifende personelle Umbesetzungen innerhalb der bestehenden Hierarchie müssen vermieden werden.

c) Die Richtlinien über die Durchführung des Befriedungsprogramms müssen absolut klar sein.

d) Neue Initiativen: Errichtung einer Marinebasis, möglicherweise in Danang.

e) Forcierte Befriedung in einer der an Saigon angrenzenden Provinzen.

Getrennt analysiert werden sollte folgender Vorschlag:

f) Ausweitung der Rolle der US-Streitkräfte bei der Durchführung des Befriedungsprogramms innerhalb Süd-Vietnams, d. h. Entsendung von Special Forces, mehreren Divisionen von Kampftruppen sowie Luftwaffenkontingenten, die in der Lage wären, ganze Gebiete von den südvietnamesischen Streitkräften in eigene Verantwortung zu übernehmen ...

3. AUSSERHALB DER GRENZEN SÜD-VIETNAMS: Es gibt eine Chance, daß der Niedergang aufgehalten oder zumindest eine neue Lage geschaffen wird, die dann ihrerseits wiederum neue Möglichkeiten eröffnet und die es uns erlaubt, überzeugend zu demonstrieren, was es bedeutet, sich mit einem unserer Verbündeten anzulegen. Diese Chance besteht vor allem darin, daß ein Kurs verfolgt wird, der außerhalb der Grenzen dazu führt, daß Nord-Vietnam immer mehr unter Druck gesetzt wird, der aber zu gleicher Zeit das Risiko, daß zu militärischen Aktionen übergegangen werden muß, die in der amerikanischen Öffentlichkeit schwer zu rechtfertigen wären, auf ein Minimum beschränkt und der darüber hinaus gewährleistet (alles das ist nur vom eingeschlagenen Kurs abhängig!), daß den USA der Ausweg offen bleibt, gar keine militärischen Aktionen durchführen zu müssen.

AKTIONEN: Dieser Kurs würde neben den »außerterritorialen«, bereits laufenden Aktionen wie Aufklärungsflügen von US-U-2-Maschinen über Nord-Vietnam und Aufklärungsschutz für T-28 in Laos drei verschiedene Aktionsarten einschließen, die wie in einem Orchester aufeinander abgestimmt sein müßten, um folgenden fünf Forderungen gerecht zu werden: 1) Vom Standpunkt der USA, der Regierung von Süd-Vietnam und – wie zu hoffen steht – auch der Alliierten müssen die Aktionen so erscheinen, daß sie durch die gegebenen Umstände gerechtfertigt sind. 2) Nord-Vietnam muß durch diese Aktionen in zunehmendem Maße eingeschüchtert werden. 3) Es muß durch diese Aktionen erreicht werden, daß sich Nord-Vietnam zu Gegenschlägen herausgefordert sieht und seinerseits mit Aktionen antwortet. 4) Dieses militärischen Aktionen Nord-Vietnams müssen als Begründung für eine Eskalation unsererseits dienen können, falls wir die Eskalation wünschen. 5) Der zeitliche Ablauf und der

Umfang der Auseinandersetzungen müssen unter unserer Kontrolle bleiben, damit wir in der Lage sind, jederzeit Schluß zu machen.

4. GELEGENHEITSAKTIONEN: Während die im Rahmen des oben genannten Kurses geplanten Aktionen erfolgen, sollten wir nach Unternehmen Nord-Vietnams ausschauen, die ... (Wort unleserlich) rechtfertigen würden. Als derartige Aktionen Nord-Vietnams sind zu verstehen:

a) Abschuß eines US-Recce oder einer US-SAR-Maschine über Laos (wahrscheinlich Flak, unwahrscheinlich durch MIG's).

b) MIG-Einsätze über Laos oder Süd-Vietnam (unwahrscheinlich).

c) Verminung des Hafens von Saigon (unwahrscheinlich).

d) Angriffe des VC auf südvietnamesische Treibstofflager, Eisenbahnbrücken usw. (Dabei muß es sich allerdings um einen spektakulären Vorfall handeln.)

e) VC-Angriffe auf Flugplätze, auf denen US-Flugzeuge stationiert sind (sehr wahrscheinlich), oder sogar deren Eroberung.

f) Barbarische Terrorakte, die geeignet sind, die öffentliche Meinung in den USA und die Weltmeinung gegen Nord-Vietnam aufzubringen (was als unwahrscheinlich gelten darf ...)

6. CHANCEN FÜR EINE LÖSUNG: Während oben genannte Aktionen inszeniert werden, sollten wir alle Chancen für eine Lösung ständig im Auge behalten:

a) Nord-Vietnam zurückdrängen, wobei dann auch eine Befriedung Süd-Vietnams möglich würde.

b) Einen erträglichen Kompromiß, wobei es I. zu einem offenen Kompromiß kommen könnte, der durch Verhandlungen aus einer Position der Stärke heraus erzielt wurde oder

II. zu einem stillschweigenden Übereinkommen, wobei Absprache über »leben und leben lassen« erzielt würde und unhaltbare, d. h. schwer zu verteidigende Gebiete Süd-Vietnams de facto »abgeschrieben« würden.

c) Wenn sich alles zum Schlechten wendet und vorausgesetzt, daß der Zerfall dort äußerste Formen erreicht, könnte die Lösung darin bestehen, Süd-Vietnam »zu entmündigen«. Dann könnte man die vielsagende Redewendung gebrauchen, daß der »Patient leider trotz des Eingreifens der besten Ärzte gestorben ist«.

7. BESONDERE ÜBERLEGUNGEN FÜR DIE KOMMENDEN ZWEI MONATE: Die Aktionen der USA müssen auf folgende Zielgruppen ausgerichtet sein: auf die Kommunisten (die spüren müssen, daß sie unter Druck gesetzt sind), auf die Südvietnamesen (die moralisch unterstützt werden müssen), auf unsere Alliierten (die uns als »Garanten« vertrauen müssen), und die Öffentlichkeit in den USA (die das Risiko, das Leben von Amerikanern und das Prestige der Nation aufs Spiel zu setzen, bereitwillig auf sich nehmen muß). Während des Wahlkampfes besteht erhöhte Gefahr, daß die Öffentlichkeit in den USA in einer der Regierung nicht genehmen Weise informiert wird, daher ist besondere Vorsicht geboten. In Anbetracht dieser Erwägungen scheint es ratsam, Nord-Vietnam mit der Ankündigung neuer Initiativen einzuschüchtern, der Regierung von Süd-Vietnam deutlich zu machen, daß wir uns aus wahltaktischen Gründen vorläufig Zurückhaltung auferlegen, um dem amerikanischen Volk den Eindruck zu vermitteln, daß wir gute Absichten hegen und mit Mäßigung vorgehen.

Nr. 80 Vorschlag eines der Chefberater an Johnson über weitere militärische Aktionen für Ende 1964

Memorandum des Staatssekretärs für fernöstliche Angelegenheiten im Außenministerium, William P. Bundy, an Präsident Johnson vom 8. September 1964. Titel: »Courses of Action for South Vietnam.«

In diesem Memorandum werden dem Präsidenten die als übereinstimmend bezeichneten Ansichten von Botschafter Taylor, Außenminister Rusk und Verteidigungsminister McNamara sowie General Wheelers zur Begutachtung vorgelegt:

Die Lage:

1. Khanh wird es wahrscheinlich gelingen, sich an der Macht zu halten und in den kommenden zwei bis drei Monaten sogar eine gewisse Festigung der Regierung zu erreichen. Wir hoffen, und das ist das Beste, was wir gegenwärtig erwarten können, daß er weiterhin Ruhe und Ordnung aufrechterhalten kann, das Befriedungsprogramm (wenn auch nicht beschleunigt) fortführt und den Eindruck erweckt, als handle es sich um eine rechtmäßige und lebensfähige Regierung.
2. Khanh und die übrigen Regierungsmitglieder sind gegenwärtig zu geschwächt, um ernsthaft irgendwelche Maßnahmen gegen den Norden zu erwägen. Man muß ihnen freilich immer wieder versichern, daß die Amerikaner es ernst meinen mit ihrer Unterstützung. Wenn sich Khanh zu gewissen Anstrengungen seiner Regierung aufraffen kann, wird er wahrscheinlich deutlichere Maßnahmen von unserer Seite fordern sowie eine angemessene Beteiligung der Südvietnamesen bei auswärtigen Aktionen.
3. Die Regierung Khanh wird in den nächsten zwei bis drei Monaten zu schwach sein, als daß wir das Risiko einer Eskalation eingehen könnten, die nicht nur erhöhte Anforderungen an Süd-Vietnam stellen, sondern sich eventuell sogar zu einer Bedrohung für das Land auswachsen würde. Eine Eskalation aber, die sich aus Aktionen ergäbe, die gegen die USA gerichtet sind, könnte sicherlich zumindest vorübergehend die Moral der Regierung von Süd-Vietnam heben.
4. Die kommunistische Seite wird gegenwärtig wahrscheinlich von Provokationen gegen die USA absehen, jedenfalls läßt sich im Augenblick nicht mit Sicherheit sagen, ob die Aktivität des VC verstärkt wird. Dennoch muß den Kommunisten gezeigt werden, daß nach den Tonking-Zwischenfällen weder die USA noch Süd-Vietnam erlahmt sind.

Aktionskurs:

Wir schlagen daher folgende Maßnahmen vor, die unter allen Umständen durchgeführt werden sollten:
1. Sofortige Wiederaufnahme der Patrouillenfahrten der US-Marine im Golf von Tonking (um den 12. September). Zunächst Operationen außerhalb der 12-Meilen-Zone bei klarer Trennung von den Marineunternehmungen nach

Plan 34A. Einsatz von zwei bis drei Zerstörern mit Deckung aus der Luft, die von Flugzeugträgern gestellt wird.

2. Etwa eine Woche später sollten die Aktionen der Südvietnamesen nach Operationsplan 34A verstärkt wiederaufgenommen werden, wobei den Marineunternehmungen die größte Bedeutung zukommt. Nord-Vietnam wird diese dann wahrscheinlich der Weltöffentlichkeit bekanntgeben; bis zu diesem Zeitpunkt sollten wir die Regierung von Süd-Vietnam dahin gebracht haben, daß sie zugibt, daß derartige Aktionen stattfinden. Sie müßte aber dieses Vorgehen auch rechtfertigen, dabei könnte sie sich auf die über den Seeweg erfolgende Infiltration von Vietkongs berufen. Aktionen nach Plan 34A – Absetzung von Störtrupps mittels Fallschirm, Flugblattaktionen – sollten wiederaufgenommen werden, sind allerdings nicht so wichtig. Von Luftangriffen im Rahmen von 34A ist zunächst abzusehen.

3. In nächster Zukunft sollten begrenzte Aktionen der südvietnamesischen Regierung sowie Aktionen der Luft- und Bodenstreitkräfte auf laotischem Territorium unternommen werden. Hinzukommen sollten, sobald Suvannah Phumas Zustimmung eingeholt ist, Luftangriffe der Laoten.

Diese Operationen werden jedoch nur begrenzte Wirkung haben.

4. Wir sollten bereit sein, als Antwort auf Angriffe gegen US-Einheiten oder besondere Aktionen der Nord-Vietnamesen und des Vietkong gegen Süd-Vietnam Luftangriffe gegen Nord-Vietnam vorzutragen, und zwar nach dem Grundsatz: »Auge um Auge.« Die Vergeltungsschläge der USA haben nach dem Tonking-Prinzip zu erfolgen, d. h., sie richten sich gegen bestimmte, einzeln herausgegriffene Ziele.

Eine weitere Frage ist, inwieweit wir die oben angeführten Aktionen mit Elementen anreichern sollten, die die Volksrepublik Nord-Vietnam soweit provozieren, daß wir zum Zurückschlagen gezwungen werden. Eine derartige Aktion, an die man denken könnte, wären die US-Patrouillenfahrten, die immer näher an die Küste Nord-Vietnams herangeführt und mit den Operationen nach Plan 34A in Verbindung gebracht würden oder werden könnten. Solange allerdings die Regierung von Süd-Vietnam noch derart um ihre Konsolidierung zu kämpfen hat, sind wir nicht für derartige Provokationen. Nach unserer Meinung scheint Anfang Oktober ein Zeitpunkt zu sein, der für derlei Aktionen in Betracht kommen könnte, allerdings hängt das natürlich davon ab, welche Fortschritte die Regierung von Süd-Vietnam inzwischen gemacht hat und wie z. B. die Kommunisten bis dahin auf die erneuten Patrouillenfahrten reagiert haben.

Ziel dieser auswärtigen Unternehmungen wäre es, die Moral in Saigon zu stützen und den Kommunisten zu zeigen, daß wir es unverändert ernst meinen, während wir zu gleicher Zeit das Risiko gering halten und Herr der Situation bleiben.

Umfassendere Aktionen in Süd-Vietnam selbst werden in diesem Memorandum nicht angesprochen. Wir sind aber der Meinung, daß auch hier noch einiges geschehen könnte, wie z. B. Gehaltserhöhungen für Polizei und Beamte sowie die Durchführung von bestimmten, ins Auge fallenden Projekten in den Städten und in bestimmten ländlichen Gebieten. Derartige Aktionen, die möglichst sofort in Angriff genommen werden sollten, würden sich im Rahmen der bisherigen Richtlinien bewegen; beim nächsten Besuch Botschafter Taylors in Washington sollten sie daher unbedingt zur Sprache gebracht werden. Außerdem erwägen wir geringfügige Veränderungen hinsichtlich der Rolle der US-Luftwaffe innerhalb Süd-Vietnams, ein Punkt, über den allerdings vor November nicht entschieden zu werden braucht.

Nr. 81 Memorandum über die Zustimmung Johnsons zur Wiederaufnahme der Marineoperationen

Memorandum über Aktionen zur nationalen Sicherheit von McGeorge Bundy, Berater des Präsidenten in Fragen der nationalen Sicherheit, an Verteidigungsminister McNamara und Außenminister Rusk vom 10. September 1964

Gemeinsam mit Botschafter Taylor und anderen Beratern hat der Präsident die Lage in Süd-Vietnam einer eingehenden Prüfung unterzogen und abschließend die folgenden Aktionen genehmigt:

1. Sofort nach Rückkehr Botschafter Taylors nach Saigon sollen die Patrouillenfahrten im Golf von Tonking wiederaufgenommen werden. Dabei operieren sie zunächst außerhalb der 12-Meilen-Zone und unabhängig von den Aktionen nach Plan 34A. An den Patrouillenfahrten beteiligen sich zwei bis drei Zerstörer, die von Flugzeugträgern Deckung aus der Luft erhalten.

2. Nach Abschluß der ersten de-Soto-Patrouille soll die südvietnamesische Regierung ihre 34A-Operationen wiederaufnehmen, wobei die maritimen Operationen ohne Zweifel die wichtigsten sind. Da Nord-Vietnam sie bereits publik gemacht hat, wird es das auch wieder tun. Wenn das geschieht, wird Süd-Vietnam bereit sein, diese Aktionen mit dem Hinweis darauf zuzugeben, daß die VC-Infiltration auf dem Seewege derartige Aktionen notwendig mache. Die Fallschirmunternehmungen und Flugblattaktionen nach Plan 34A werden ebenfalls wiederaufgenommen, sind aber nicht von so großer Bedeutung. Luftangriffe nach Operationsplan 34A sind gegenwärtig nicht geplant.

3. Wir sollten mit der Regierung von Laos sofort in Verhandlungen treten, die die Zulassung von Luft- und Bodenoperationen der Südvietnamesen zusammen mit laotischen Luftoperationen und gegebenenfalls auch mit bewaffneten US-Aufklärungsflügen im laotischen Korridor erbringen sollen. Erst auf der Basis dieser Gespräche wird eine Entscheidung über weitere Aktionen fallen. Wichtig ist die Feststellung, daß alle derartigen Operationen nur eine begrenzte Wirkung zeitigen können.

4. Für den Fall, daß US-Einheiten angegriffen werden oder daß irgendwelche spektakulären Aktionen der Volksrepublik Nord-Vietnam in Zusammenarbeit mit dem Vietkong gegen Süd-Vietnam erfolgen sollten, werden wir Vorbereitungen zu geeigneten Gegenmaßnahmen gegen die Volksrepublik Nord-Vietnam treffen.

5. Die Ergebnisse dieser Entscheidungen sollen einer ständigen Überprüfung unterzogen und Vorschläge zu einer Änderung oder Ergänzung sofort berücksichtigt werden.

6. Der Präsident hat noch einmal betont, welche Bedeutung wirtschaftliche und politische Maßnahmen in Süd-Vietnam haben, wie z. B. Gehaltserhöhungen für

die Beamten und die Durchführung von spektakulären Projekten in Städten und bestimmten Landgebieten. Der Präsident hat darauf hingewiesen, daß alle in dieser Richtung geplanten Maßnahmen durchgeführt werden sollten. Sie dürften nicht durch die Erwägung behindert werden, daß uns hierfür die Mittel fehlen könnten. Für sämtliche derartigen Projekte läßt sich in jedem Falle das notwendige Geld aufbringen. Der Präsident erwartet, daß Botschafter Taylor und seine Leute diese Projekte schnell und energisch vorantreiben.

7. Die gegenwärtigen Entscheidungen wurden unter dem Gesichtspunkt getroffen, daß es zunächst einmal darum geht, die Position der südvietnamesischen Regierung zu festigen; sie sind jedoch so angelegt, daß auf ihnen wichtigere Entschließungen aufgebaut werden können, sofern und sobald es die Lage erlaubt. Sind größere Entscheidungen durch Veränderungen der Lage notwendig, so können sie jederzeit getroffen werden.

Nr. 82 Bericht über eine Zusammenkunft der US-Botschafter zur Beurteilung der Operation in Laos

Auszüge aus einem Telegramm, das von Botschafter Taylor von der US-*Botschaft in Saigon unterzeichnet ist und das dem Außenministerium, dem Verteidigungsministerium und dem Oberkommandierenden für den Pazifik zugestellt wurde. Datum: 19. September 1964.*

Im Folgenden ein zusammenfassender Bericht über die Beschlüsse eines Treffens der drei Botschafter, das am 11. September erfolgte und auf dem die Frage von Luft- und begrenzten Bodenoperationen im Korridor von Laos erörtert wurde. Der Bericht ist mit Vientiane und Bangkok abgesprochen worden.

1. LUFTOPERATIONEN IM KORRIDOR: Es handelt sich hierbei um 22 Ziele, von denen in Vientiane und Saigon Pläne vorhanden sind. Wenn ein derartiges Unternehmen zu einem militärischen Erfolg führen soll, d. h., daß den Zielen maximaler Schaden zugefügt wird und die Vietnamesen und Pathet Lao daran gehindert werden, sich in Sicherheit zu bringen und einen schnellen Gegenstoß durchzuführen, müssen einige schwere Angriffe kurz hintereinander erfolgen. Dazu gehörten erhebliche Angriffe der US- und/oder der (süd-)vietnamesischen Luftwaffe/*Farmgate.* Soll aber nur eine psychologische Wirkung erzielt werden, würden die bei länger anhaltenden Bombenangriffen eintretenden militärischen Nachteile dadurch wettgemacht, daß dann die RLAF (laotische Luftwaffe) zusammen mit den T-28 und mit gleichzeitiger Unterstützung durch *Yankee-Team*-Maschinen im Falle von schwierigeren Bombardierungszielen, insbesondere fünf Brücken, diesen Part übernehmen könnte. Nach Vorschlag zwei wären schätzungsweise nur 188 T-28-»sorties« (1 »sortie« gleich 1 Angriff pro Maschine) und ungefähr 80 »sorties« der US-Luftwaffe notwendig. Der dafür benötigte Zeitraum würde etwa ... (Zahl unleserlich) Tage betragen. Unsere Vertretung in Vientiane ist der Ansicht, daß Souvannah Phuma (unleserliches Wort) wahrscheinlich (unleserliches Wort) wünschen wird, daß derartige Einsätze über einen längeren Zeitraum hinweg durchgeführt werden. Sie ist außerdem der Meinung, daß Souvannah es vorziehen würde, wenn die südvietnamesische Luftwaffe (VNAF) von ihren Bombardierungsvorhaben im Korridor

Abstand nähme. Es herrschte Übereinstimmung, daß die beste Lösung für die allernächste Zukunft eine Aufteilung der Ziele auf RLAF und *Yankee Team* wäre. Vientiane ist kaum dazu zu bewegen, einer Beteiligung der VNAF zuzustimmen und meint, daß den Erfordernissen zur psychologischen Unterstützung der südvietnamesischen Regierung bereits Rechnung getragen wird, wenn die RLAF und die US-Luftwaffe gemeinsam vorgehen. Saigon wird versuchen, sich darauf einzustellen. Sollte aber eine geheime Beteiligung der VNAF unvermeidlich sein, dann würde Vientiane vorher über Notwendigkeit, Umfang und zeitliche Planung der VNAF-Einsätze informiert.

Hingegen wurde Übereinstimmung darüber erzielt, daß gemeinsame Anstrengungen der Laoten, Thais, der Südvietnamesen und der USA im Kampf gegen einen gemeinsamen Feind notwendig werden könnten, daß aber ein gemeinsames Vorgehen Zeit erforderte. Sollten in dieser Frage Verhandlungen stattfinden, müßten auch die RLAF/*Yankee-Team*-Operationen einbezogen werden. Vientiane steht immer noch auf dem Standpunkt, daß es nicht wünschenswert wäre, die Vier-Länder-Beteiligung an Unternehmungen im laotischen Korridor zu »formalisieren«, weil sich dann zwangsläufig die Frage stellte, inwieweit Souvannah Phuma eingeweiht werden müßte. Eine zu umfangreiche Unterrichtung Souvannahs wird jedoch als Gefahr für den Erfolg derartiger Operationen betrachtet.

2. BODENOPERATIONEN A. Es bestand zwar Übereinstimmung darüber, daß die Northern Route 9 und das umliegende Gebiet die besten Ziele darstellen würden, aber Vientiane wandte ein, daß dies politisch im Augenblick nicht möglich sei. In Dept. 448 allerdings, das nach Rückkehr der Konferenzteilnehmer aufgegeben wurde, wird jetzt festgestellt, daß »nicht weit vorgetragenen Überfällen (20 km) ... in das Gebiet von Route 9 ... durch Einheiten in Kompaniestärke« nichts mehr im Wege stehe und das Einholen der Befugnis bei der Königlichen Regierung von Laos nicht notwendig sei ...

E. Die Vertretung aus Saigon hat mit Nachdruck die Ansicht vertreten, daß diese Einheiten unter allen Umständen in Begleitung von US-Militärberatern eingesetzt werden müssen, da sonst der Erfolg dieser Unternehmungen in gar keiner Weise gewährleistet sei. In der Tat wäre die Erfolgschance ohne Beteiligung der US-Berater so gering, daß sich der Aufwand nicht lohnte, den die Überfälle über die Grenze hinweg darstellen. Die Vertreter Vientianes erhoben gegen eine Beteiligung amerikanischer Militärberater energisch Einspruch, da es bereits bei den Such- und Rettungs-Einsätzen (SAR) in Laos Schwierigkeiten gäbe und die USA doch den Eindruck aufrechterhalten müßten, daß sie sich an die Genfer Abmachungen hielten.

F. Die Botschaft in Vientiane hatte bereits früher darauf bestanden, daß das Einholen der Regierungserlaubnis im Falle der Grenzunternehmungen unbedingt notwendig sei. Die Konferenzteilnehmer äußerten dagegen die Auffassung, daß der Informationsübermittlung Genüge getan sei, wenn Vientiane die Möglichkeit erhalte, die nach Washington weitergereichten Vorschläge zu kommentieren. Wenn ein Beschluß gefaßt sei, werde Vientiane weiterhin über die täglichen Operationen auf dem gewöhnlichen Informationsweg Saigon/Washington/CINCPAC unterrichtet ...

Nr. 83 Telegramm, das Luftangriffe auf Infiltrationswege in Laos genehmigt

Telegramm des Außen- und des Verteidigungsministeriums in Washington an die US-Botschaft in Vientiane vom 6. Oktober 1964. Kopien des Schreibens wurden den Botschaften in Saigon, Bangkok und der PACOM zugestellt. Die Botschaft in Saigon wurde aufgefordert, die Mitteilung an den Oberkommandierenden der amerikanischen Streitkräfte in Vietnam weiterzuleiten.

Hiermit werden Sie autorisiert, bei der Regierung von Laos (RLG) auf die Durchführung von Luftangriffen gegen Infiltrationsziele im laotischen »Entenschnabel« zu drängen, die mittels RLAF- und T-28-Maschinen so bald als möglich gestartet werden müssen. Die Einsätze sind im voraus für einen Zeitraum von mehreren Wochen zu planen, und zwar gegen Ziele, die für die T-28-Maschinen geeignet und in Par. 8 Vientiane 581 aufgeführt sind, mit Ausnahme des Mugia-Passes und aller übrigen Ziele, die von den Laoten allein und ohne Begleitschutz der US-Luftwaffe nicht angegriffen werden können. Eine Entscheidung darüber ist noch nicht gefallen.
Sie sind ferner autorisiert, den Laoten mitzuteilen, daß die Beteiligung von *Yankee-Team*-Kontingenten an T-28-Operationen gegen schwierige Ziele im »Entenschnabel« Teil des Gesamtkonzepts ist und zu einem späteren Zeitpunkt auch sicher in Vorschlag kommt, daß eine derartige Beteiligung aber vorläufig zu unterbleiben – wiederhole: zu unterbleiben – hat.
Erwarten zum frühestmöglichen Zeitpunkt Bericht über die Einsatzplanung der RLAF sowie anschließende Berichte über Erfolge der T-28-Unternehmungen; außerdem werden Berichte über Widerstand des Gegners benötigt. Teilen Sie außerdem mit, welche Ziele außer den in Vientiane 581 genannten als zu schwierig für die laotische Regierung erscheinen und in welchen Fällen US-Eingreifen notwendig ist. In Ihrer Information: *Yankee-Team*-Luftangriffe auf Route 7 sind bisher von höchster Seite noch nicht genehmigt worden. Da wir den Eindruck vermeiden wollen, daß wir erste Schritte zur Eskalation unternehmen, haben wir die Route-7-Angriffe bis zu dem Zeitpunkt zurückgestellt, an dem wir genügend Hinweise haben, daß Hanoi einen neuen Angriff auf die Ebene der Tonkrüge vorbereitet. Vielleicht erbringen Operationen der RLAF über diesem Gebiet entsprechende Anzeichen. Ende des für Sie bestimmten Teils.
Sie können allerdings der laotischen Regierung mitteilen, daß die USA zusätzliche Aufklärungsflüge über Route 7 durchführen, um die Bewegungen der Pathet Lao zu kontrollieren, etwaige Ziele ausfindig zu machen und die dort vorhandenen Luftabwehreinrichtungen zu erkunden. Washington unterzieht gegenwärtig den Plan zu Angriffen auf Route 7 einer eingehenden Prüfung.
Zu Ihrer Information: Bodenoperationen über die Grenze hinweg nach Laos hinein gegenwärtig noch nicht – wiederhole: nicht genehmigt.

Nr. 84 Entwurf William Bundys über die Behandlung der amerikanischen und der Weltöffentlichkeit

Entwurf für eine Abhandlung mit dem Titel »Conditions for Action and Key Action Surrounding any Decision«, von Staatssekretär Bundy, datiert vom 5. November 1964.

1. Bienhoa kann sich täglich wiederholen. Wenn wir dann handeln, könnten wir in einem derartigen Fall ohne Mühe schwerwiegende Aktionen rechtfertigen. Der Präsident denkt an die maximale Ausnutzung des Golf-von-Tonking-Prinzips, also entweder eine Aktion, die Härte demonstriert und zugleich den Stand der Dinge so lange in der Schwebe hält, bis wir uns in dieser großen Sache entscheiden können, oder als Basis für den Beginn eines klaren Handlungsablaufs im Rahmen eines breit aufgefächerten Vorschlagsspektrums.
2. Vor größeren Aktionen muß der Kongreß informiert werden, vielleicht freilich nur in solchen Fällen, in denen wir einen Vergeltungsschlag für ein Unternehmen wie Bienhoa beabsichtigen. Die Unterrichtung sollte in Form gut vorbereiteter Gespräche mit verschiedenen wichtigen Persönlichkeiten wie Mansfield, Dirksen, dem Speaker, Albert, Halleck Fulbright, Hickenlooper, Morgan, Mrs. Bolton, Russell, Saltonstall, Rivers (Vinson?), Arends, Ford etc. erfolgen. Vielleicht sollte der Präsident damit noch so lange warten, bis er sich selbst über den zu verfolgenden Kurs besser im klaren ist, was vielleicht für nächste Woche zu erwarten ist. Die Frage ist, ob man die Unterrichtung der Parlamentarier in dieser Sache mit einer anderen, etwa dem Budget, verbinden sollte, vielleicht würde ein solches Vorgehen dem Ganzen etwas die Spannung nehmen.
3. Selbst wenn wir Maßnahmen von außergewöhnlicher Härte planen sollten, bedürfen wir vielleicht nicht erneut der Zustimmung durch den Kongreß. Dieser Rumpf-Kongreß würde bei einem derartigen Anlaß wahrscheinlich doch nur zur Bühne für unsaubere Anliegen der Republikaner.
4. Geheimdienstberichte stimmen darin überein, daß die Infiltration in der Tat zugenommen hat. Saigon möchte, daß wir diesen Umstand noch Ende dieser oder Anfang nächster Woche bekannt geben. Die Frage ist nur, wie laut und mit welcher Deutlichkeit wir das tun. Da Grose Schätzungen darüber bereits am Montag in der *Times* veröffentlicht hat, dürfte die Aufregung über diese brandneue Nachricht nicht mehr ganz so groß sein. Wir sollten das nach Möglichkeit noch heute entscheiden ... Wir alle haben mit dem Problem fertigzuwerden, wie wir beweisen können, daß die Beteiligung Nord-Vietnams jetzt geringer ist als früher. Dazu sollten wir den Jordan-Bericht à jour bringen.
5. Eine Erklärung des Präsidenten über das Prinzip, das den geplanten Aktionen zugrunde liegen soll, ist äußerst notwendig. Ein bißchen Bühnendonner aus dieser Richtung wäre sehr willkommen und wichtig, um Befürchtungen in Süd-Vietnam zu begegnen, daß unsere Politik inzwischen sanfter geworden sei. Auch das sollte noch heute entschieden werden.
6. Außenminister Rusk spricht heute mit Dobrynin. Für direktere Verbindung könnte Seaborn herangeholt und zum 15. hinaufgeschickt werden, wenn wir das für richtig halten sollten. An sich wollte er wohl nicht hin, und wir könnten ihn wohl zurückhalten, das Fehlen einer Botschaft wäre kaum ein Zeichen.

7. International müßte wohl folgendermaßen vorgegangen werden:

a) Ehe wir eine Entscheidung treffen, sollten wir uns mit Großbritannien, Australien, Neuseeland und vielleicht auch Thailand beraten. Wir hoffen auf feste moralische Unterstützung durch die Briten, von den übrigen erwarten wir Beteiligung wenigstens in der gewohnten Weise.

b) Die SEATO sollte parallel zu härteren Maßnahmen konsultiert werden. Die Philippinen müßten einen oder zwei Tage vor Durchführung einer Aktion gefragt werden, allerdings nicht, ehe wir uns nicht selbst entschieden haben.

c) Der NATO-Rat sollte in Kuba-Form konsultiert werden, d. h. gleichlaufend mit der Aktion, und zwar durch einen besonders geachteten US-Bevollmächtigten.

d) Aus entgegengesetzten Gründen muß vielleicht auch Frankreich miteinbezogen werden, in diesem Fall durch eine entsprechend hervorgehobene Sonderbehandlung.

e) Gegenüber der UN müssen wir parallel zu unseren Maßnahmen – sei es eine einzelne Vergeltungsaktion oder der Beginn eines breiter angelegten Handlungsablaufs – jederzeit bereit sein, unseren Standpunkt zu erläutern.

f) Ansonsten: uns freundlich gesonnene Regierungschefs müssen eine besondere Behandlung erfahren, damit sie uns entsprechend Sympathie und Unterstützung angedeihen lassen. Unsere Vertreter sollten wir auf unser Prinzip und die Verteidigung unserer Aktion festlegen, egal ob es sich um einen Einzelschlag oder Umfassenderes handelt.

8. USIA darf nicht später als Anfang nächster Woche in die Planung hereingenommen werden, damit für unsere sämtlichen Informationsmedien zum rechten Zeitpunkt auch das richtige Material vorhanden ist. Das gleiche gilt für (unleserliches Wort) Informationen, die der CIA herausläßt.

Nr. 85 Entwurf McNaughtons über Ziele und Alternativen

Zweiter Entwurf zu einer Abhandlung »Action for South Vietnam« von John McNaughton, Staatssekretär im Verteidigungsministerium, vom 6. November 1964.

1. *Ziele der USA:*

a) Der Ruf der USA als Garant gegen subversive Machenschaften muß auch weiterhin gewahrt bleiben.

b) Der Domino-Effekt, insbesondere in Südostasien, muß vermieden werden.

c) Das Territorium von Süd-Vietnam muß dem Zugriff der Roten entzogen bleiben.

d) Aus der Krise hervorzugehen, ohne durch die dabei angewandten Methoden mit einem Makel behaftet zu sein.

2. *Die gegenwärtige Lage:*

Die Lage in Süd-Vietnam verschlechtert sich zusehends. Solange keine neuen Aktionen unternommen werden, bleibt die neue Regierung unsicher und kann keine wirksame Arbeit leisten. Unter diesen Umständen kann es dem Vietkong (VC) gelingen, über immer größere Gebiete und immer größere Teile der Bevölkerung Macht zu gewinnen. Schon sehr bald (innerhalb von 6 Monaten oder 2 Jahren?) kann der Fall eintreten, daß sich

a) die Regierungsfunktionäre auf allen Ebenen auf eine Machtübernahme durch den vc einstellen, daß
b) wesentliche Teile der bewaffneten Streitkräfte desertieren,
c) große zusammenhängende Landstriche dem Zugriff der südvietnamesischen Regierung vollständig entzogen werden,
d) neutrale und/oder sogar linke Elemente in die Regierungsspitze vordringen,
e) eine Volksfrontregierung entsteht, die den Abzug der USA fordert, und daß
f) fundamentale Zugeständnisse an den vc und die Volksrepublik Nord-Vietnam Süd-Vietnam hinter den (Bambus-)Vorhang bringen.

3. Dringlichkeiten:
Da »Bienhoa« bereits der Vergangenheit angehört, sind gegenwärtig keine dringlichen Entscheidungen hinsichtlich militärischer Aktionen gegen Nord-Vietnam zu treffen. Hingegen sind Entscheidungen, die
a) dem Verfall der Lage in Süd-Vietnam Einhalt gebieten, und
b) im Falle einer neuen, wirklich »spektakulären« vc- oder nordvietnamesischen Aktion – und sei es auch nur über einen vereinzelten Vergeltungsschlag – dringend erforderlich.

4. Zur inneren Situation Süd-Vietnams:
Fortschritte in Süd-Vietnam sind wichtig, aber trotz unserer besten Absichten und Anstrengungen nicht möglich – im übrigen würden sichtbare Fortschritte ja auch Monate in Anspruch nehmen. Dennoch sollten neben allen übrigen Maßnahmen besonders solche mit aller zur Verfügung stehenden Energie durchgeführt werden, die sich auf die Verbesserung der Verhältnisse in Süd-Vietnam beziehen:
a) Stärkung der Regierung und ihrer Bürokratie sowie der militärisch-zivilen Planungs- und Koordinierungsstellen.
b) Verbesserung der Verhältnisse durch ein allen Aspekten des Landes gerecht werdendes Regierungsprogramm der südvietnamesischen Regierung, wobei unter diesen Aspekten die ethnischen, religiösen und verwaltungstechnischen Streitigkeiten (zwischen Militär- und Zivilbehörden) zu verstehen sind, die es beizulegen gilt. Dieses Programm, das mit Hilfe von US-Beratern entworfen werden sollte, muß gewährleisten, daß große Gruppen der Bevölkerung dahinterstehen.
c) Verstärkte Durchführung des Befriedungsprogramms auf dem Lande.

5. Aktionen gegen die Volksrepublik Nord-Vietnam:
Die Aktionen gegen Nord-Vietnam sind als Zusatz zu den Konsolidierungsbemühungen der Regierung von Süd-Vietnam zu verstehen, d. h., ein (auf Befehl der nordvietnamesischen Regierung) weniger aktiver vc macht auch eine weniger effektive südvietnamesische Regierung tragbar. Darum sollten wir ernsthaft erwägen, Nord-Vietnam in die Zange zu nehmen.

6. Möglichkeiten für uns:
Für uns selber bleiben im wesentlichen drei Möglichkeiten (alle sehen vor, daß für »spektakuläre« Übergriffe von vc und Nord-Vietnam gegen Süd-Vietnam

Vergeltungsmaßnahmen gegen die Volksrepublik Nord-Vietnam ergriffen werden):

VORSCHLAG A: Fortführung der gegenwärtigen Politik. Maximale Unterstützung innerhalb Süd-Vietnams und begrenzte Aktionen in Laos sowie durch die südvietnamesische Regierung insgeheim auch in Nord-Vietnam. Ziel etwaiger Vergeltungsaktionen wäre es, den VC von seiner Tätigkeit abzuhalten oder zu bestrafen, allerdings nicht bis zu einem Grade, der den internationalen Druck nach Verhandlungen verstärken würde. Grundgedanke dieser Konzeption A ist die Ablehnung von Verhandlungen, weil wir mit einer Verbesserung der Lage im Süden rechnen.

VORSCHLAG B: Schnelles »In-die-Zange-Nehmen«. Weiterverfolgung der gegenwärtigen Politik. Start eines vollen Programms umfangreicher Pressionen gegen den Norden, wobei zeitweise Verhandlungsbereitschaft angedeutet wird, aber die Pressionen in so schneller Folge fortgesetzt werden, bis wir unsere wichtigsten Ziele erreichen.

VORSCHLAG C: Intensivierung des Wechselspiels von »Zangenbewegung und Reden«: Weiterverfolgung der gegenwärtigen Politik bei gleichzeitiger Anwendung verschiedener anderer »Methoden« im Verkehr mit Hanoi, d. h. zunehmende militärische Aktionen gegen Infiltrationszentren, zunächst in Laos und dann in der Volksrepublik Nord-Vietnam, daran anschließend auch gegen andere Ziele in Nord-Vietnam. Das Programm müßte so angelegt sein, daß die USA jederzeit Herr der Lage blieben und eskalieren bzw. beschleunigen könnten oder nicht. Die für diesen Vorschlag notwendigen Entscheidungen müßten jeweils unter Einbeziehung aller wichtigen Faktoren in den geeigneten Zeitabständen getroffen werden.

7. *Ananlyse zu Vorschlag A*
(Wird noch erstellt)
8. *Analyse zu Vorschlag B*
Wird noch erstellt)
9. *Analyse zu Vorschlag C:*
a) MILITÄRISCHE AKTIONEN: Fortführung der gegenwärtigen Politik, zusätzlich ist Vorsorge zu treffen für Vergeltungsschläge gegen Nord-Vietnam, um nordvietnamesische Aktionen gegen die USA zu beantworten. Vorschläge:
1. Luftops (-operationen) und Marineops (-operationen) nach 34A,
2. De-Soto-Patrouillenfahrten zu Spionagezwecken,
3. leichtere Bodenaktionen der Südvietnamesen in Laos, sofern praktikabel und
4. Luftangriffe von T-28-Maschinen gegen infiltrationsverdächtige Ziele in Laos. Zusätzliche Aktionen, die ratsam erscheinen:
PHASE I: (Zusätzlich zu Vergeltungsschlägen bei spektakulären VC-Übergriffen in Süd-Vietnam): 5. Luftangriffe der US-Luftwaffe auf infiltrationsverdächtige Ziele in Laos.
PHASE II: (Zusätzlich zu Repressalien gegen Nord-Vietnam für anhaltende Aktivität des VC im Süden):

6. Tiefflüge von Aufklärungsmaschinen über dem Territorium des südlichen Nord-Vietnam,
7. Luftangriffe der US- und der südvietnamesischen Luftwaffe gegen infiltrationsverdächtige Ziele im südlichen Nord-Vietnam.

PHASE III: Entweder obige Aktionen fortführen oder durch folgende Maßnahme(n) – unter rechtzeitiger Bereitstellung von US-Streitkräften – ergänzen:
8. Verminung von nordvietnamesischen Häfen aus der Luft,
9. Seeblockade gegen Nord-Vietnam und
10. Angriffe der US- und der südvietnamesischen Luftwaffe nach »Crescendo«-Manier unter Hereinnahme von Zielen aus der »Liste der 94 Ziele«.

An allen Aktionen gegen die Nordvietnamesen müssen die südvietnamesischen Streitkräfte beteiligt werden.

b) POLITISCHE AKTIONEN: Sofortige Einrichtung eines direkten Kanals zwischen USA und Nord-Vietnam, entweder über Warschau oder via Seaborn in Hanoi. Hanoi muß klargemacht werden, daß wir das Land weder zerstören noch eine Kolonie oder US-Basis daraus machen wollen, daß Nord-Vietnam jedoch folgendes tun muß:
1. Beendigung der Ausbildung und Entsendung von Personen, die in Süd-Vietnam und Laos kriegerische Aktionen unternehmen.
2. Keine weiteren Waffenlieferungen oder Lieferung sonstiger Ausrüstungen nach Süd-Vietnam und Laos.
3. Beendigung der Leitung und Kontrolle der militärischen Aktionen in Süd-Vietnam und Laos.
4. Befehl an Vietkong und Pathet Lao, ihre Aktivität in Süd-Vietnam und Laos einzustellen.
5. Abzug der VM (Vietminh)-Kader und VM-Streitkräfte aus Süd-Vietnam und Laos.
6. Stopp von Propagandasendungen nach Süd-Vietnam.
(7. Kontrolle, ob Vietkong und Pathet Lao ihre Tätigkeit in Süd-Vietnam und Laos eingestellt haben?)
(8. Dafür sorgen, daß Vietkong und Pathet Lao ihren Widerstand gegen die Streitkräfte der Regierung aufgeben?)
(9. Dafür sorgen, daß Vietkong und Pathet Lao ihre Waffen abliefern und ihre Lager aufgeben?)
(10. Dafür sorgen, daß sich Vietkong und Pathet Lao gegen Amnestieangebot ausweisen lassen?)

Die Forderungen der USA müßten von einigen Angeboten begleitet sein, wie u. a. 1. Reishandel in Form eines Warenaustausches zwischen beiden Teilen Vietnams, 2. Abzug der US-Truppen, solange alle Forderungen strikt eingehalten werden.

Wir dürfen uns auf keinen Fall auf umfangreichere Verhandlungen wie UN, Genf etc. einlassen. Wenn in dieser Richtung Druck ausgeübt wird, müssen wir ein solches Angebot prüfen und »weiterreichen«.

c) INFORMATIONSAKTIONEN: Der Beginn militärischer Aktionen gegen die Volksrepublik Nord-Vietnam muß von einem weltweiten, überzeugenden Informationsprogramm begleitet sein. (Das Informationsproblem wird leichter gelöst, wenn wir mit unserem ersten Vergeltungsschlag auf eine spektakuläre

Aktion Nord-Vietnams oder des VC warten, vorzugsweise gegen gemeinsame Einrichtungen von Süd-Vietnam und den USA.
d) VC/VOLKSREPUBLIK NORD-VIETNAM/CHICOM-UDSSR-REAKTION (muß später noch ausführlicher dargestellt werden): Aller Wahrscheinlichkeit nach werden weder Nord-Vietnam noch China in Süd-Vietnam, Laos oder Burma einmarschieren, noch ist es wahrscheinlich, daß sie gegen diese Länder Luftangriffe unternehmen. Die UDSSR wird sich sicher auf politische Aktionen beschränken. Sollten Nord-Vietnam und China dennoch in Süd-Vietnam einmarschieren, könnten die US-Streitkräfte auch damit fertig werden.
e) REAKTION DER SÜDVIETNAMESISCHEN REGIERUNG: Militärische Aktionen gegen Nord-Vietnam könnten durchaus »gegenproduktiv« wirken, denn 1. der VC könnte seine Umtriebe verstärken, 2. die Südvietnamesen könnten in Panik geraten und uns 3. übelnehmen, daß wir ihre »Brüder« bombardieren, und könnten in Erwartung von Ergebnissen einfach ermüden. Sollte Süd-Vietnam tatsächlich vor unseren Augen in völlige Auflösung geraten, so müssen wir mit allen Mitteln versuchen, es wenigstens so lange zusammenzuhalten, bis wir unsere Streitkräfte evakuiert und die Welt davon überzeugt haben, daß es sich dabei um einen einzigartigen Fall handelt.
f) REAKTION DER ALLIIERTEN UND NEUTRALEN MÄCHTE (muß später noch ausgearbeitet werden): 1. Selbst wenn sich Vorschlag c) als Mißerfolg erweisen sollte, würden wir damit zeigen, daß wir bereit sind, die Sache auszufechten, auch würde sich das in uns gesetzte Vertrauen unserer Alliierten dadurch festigen. 2. Militärische Aktionen gegen Nord-Vietnam könnten Auseinandersetzungen in anderen Teilen der Welt auslösen, so z. B. Indonesien gegen Malaysia oder Timor, oder Türkei gegen Zypern.

Nr. 86 Urteil eines Vertreters der Vereinigten Stabschefs über Vorschlag B und C

Memorandum des Vizeadmirals Lloyd M. Mustin vom Stab der Vereinigten Stabschefs an Staatssekretär Bundy als Vorsitzendem der Südostasien-Arbeitsgruppe, datiert vom 14. November 1964. Das Memorandum trägt die Überschrift: »Additional Material for Project on Courses of Action in Southeast Asia.«

Bezug: a) Ihr Memorandum vom 13. November 1964 an die NSC-(Nationaler Sicherheitsrat)-Arbeitsgruppe.
b) JCSM (Joint Chiefs of Staff Memorandum = Memorandum der Vereinigten Stabschefs) 902–64 vom 27. Oktober 1964
c) JCSM 933–64 vom 4. November 1964
d) JCSM 955–64 vom 14. November 1964
1. Bezug a) erfordert, daß die Ansicht der Vereinigten Stabschefs vorgetragen wird. Die Stabschefs sind der Meinung, daß Vorschlag B als Alternative zu bevorzugen wäre, während es sich bei Vorschlag C um eine »Ruckzuck«-Alternative handelt. Hierzu sind einige Erläuterungen notwendig.
2. Bei Bezug b) handelt es sich um die jüngste Darstellung der Ansichten der Stabschefs über den mit Rücksicht auf Süd-Vietnam einzuschlagenden Weg. In

der Einleitung wird in diesem Zusammenhang der Ausdruck »kaltblütig« verwandt. Verschiedene Papiere der JCS (das letzte vom 22. Oktober 1964) nennen die für Laos geltenden Empfehlungen. Bezug b) führt bestimmte Aktionen an, die sofort durchgeführt werden sollten, »während die übrigen je nach Bedarf durchgeführt werden können, um die Ziele der USA in Südostasien durchzusetzen«.

3. In bezug c) sind die jüngsten Vorschläge der JCS für (heißblütige) Vergeltungsaktionen enthalten, und Bezug d) gibt eine Analyse der vermutlichen Reaktion Nord-Vietnam/CHICOM sowie der zu erwartenden Resultate. Die vorgeschlagenen Aktionen entsprechen im wesentlichen denen von c) außer – und das ist der Hauptunterschied – daß die »heißblütigen« Aktionen auf einer fortgeschritteneren Stufe militärischer Aktivität beginnen würden.

4. Nur dann, wenn der Ablauf der in diesen beiden Dokumenten vorgeschlagenen Aktionen in einem Minimum von Zeit ausgeführt werden kann, wie es sich für militärische Operationen gehört, entsprechen sie Vorschlag B, wie er der Arbeitsgruppe als NSC-Arbeitsunterlage vorliegt. Ein Unterschied besteht darin, daß die Vereinigten Stabschefs zwar die Möglichkeit in Aussicht stellen, Vorschlag B wie definiert zu verfolgen, daß sie aber nicht ausdrücklich vorschlagen, die Operationen auf einer notwendigerweise so unflexiblen Basis durchzuführen. Das Umsetzen von Plänen in die Tat setzt eine gewisse kontrollierte Phase voraus, während der eine Absetzung, falls sie von staatlicher Seite gefordert werden sollte, immer noch möglich ist.

5. Ich glaube, daß mein Beitragsentwurf zu Teil VI die vernünftige Anwendung der Vorschläge der JSC auf Vorschlag B darstellt. In dieser speziellen Form ist er für die Studie definiert. Das heißt natürlich nicht, daß die Vereinigten Stabschefs Vorschlag B so formuliert haben, wie er nunmehr in der Studie vorliegt.

6. In einem fortgeschrittenen Zustand (kurz vor dem Abschluß) befinden sich auch Vorschläge der JCS, die als »Ruckzuck«-Alternative bezeichnet werden könnten. Vorausgesetzt, daß die JCS keine Veränderungen mehr vornehmen, entsprechen sie meinem Entwurf zu Teil VII. Es handelt sich dabei um die gleichen militärischen Aktionen, die bereits oben vorgeschlagen wurden, nur wird hier der sofortige Beginn nicht ausdrücklich betont, sondern die Betonung liegt auf der Ausdehnung über einen längeren Zeitraum, währenddessen die ganze Liste durchgegangen wird. Dadurch entstehen Pausen, die zur Aufnahme von diplomatischen Kontakten verwendet werden können.

7. Aufgrund der Pausen wird dieser Vorschlag von den JCS als »Ruckzuck«-Alternative bezeichnet.

8. Zur Information: Die Analyse in bezug d) entwickelt und unterstützt den Schluß, daß die Vereinigten Staaten und ihre Verbündeten mit jeglichem Kurs, den Nord-Vietnam und/oder die CHICOMS verfolgen könnten, fertig werden. Zu diesem Schluß kommen die Vereinigten Stabschefs unter Einbeziehung des äußersten vorstellbaren Kurses. Darin aber äußerst sich eine weniger pessimistische Beurteilung, als dies bei früheren Projektentwürfen der Fall war.

9. Zum Schluß noch ein zusammenfassender Kommentar des Vertreters der JCS in der Arbeitsgruppe:

Wir sind uns völlig darüber im klaren, daß durchgreifende militärische Maßnahmen der USA in verschiedenen Kreisen einen Aufschrei der Empörung hervorrufen werden. Der Einfluß aber, den ein solcher »Druck« auf die Vereinigten Staaten bei der Verfolgung ihrer nationalen Interessen haben kann, wird nur so groß sein, wie wir es ihm gestatten. Es ist verschiedentlich in Entwürfen über verschiedene Projekte die Ansicht geäußert worden, daß dieser Einfluß groß sein könnte. Dieser Meinung können wir nicht zustimmen. Es gibt zu viele Beispiele von Ländern, die gegenwärtig aus reinem Eigeninteresse handeln und sich dabei nicht im mindesten um die »Weltmeinung« kümmern, als daß gerade wir uns stets und unter allen Umständen so verhalten müßten, daß uns die Popularität der Welt sicher ist. Kurz: wir sind der Meinung, daß harte Maßnahmen der USA in Südostasien angebracht sind, daß wir sie ohne Rücksicht auf die öffentliche Meinung in diesen und jenen Kreisen durchführen müssen und daß das Unterlassen dieser Maßnahmen für die Vereinigten Staaten weit verhängnisvoller wäre als die Auswirkungen einer etwaigen gegenteiligen Weltmeinung. Im übrigen glauben wir, daß die Pressionen gegen uns, falls wir diese harten Maßnahmen ergreifen, nicht derart negativ ausfallen werden – zumindest nicht von seiten der Staaten, auf die es ankommt.

Nr. 87 Taylor unterrichtet im November 1964 die wichtigsten Beamten über die Lage

Auszüge aus einem Lagebericht, den Botschafter Taylor unter dem Titel »Current Situation in South Vietnam – November 1964« am 27. November 1964 vor den »Hauptverantwortlichen«, d. h. hohen Regierungsbeamten, denen auch die Südostasien-Arbeitsgruppe angehörte, in Washington vortrug.

Nach einem Jahr wechselnder und unwirksamer Regierung ist unser gegen die Aufständischen gerichtetes Programm zum Stillstand gekommen, und es wird heroischer Anstrengungen bedürfen, um es wieder in Gang zu bringen. Selbst im Gebiet von Saigon, das nach dem Hop-Tac-Plan einer besonders sorgfältigen Behandlung unterzogen wurde, sind keine nennenswerten Erfolge zu verzeichnen. Die nördlichen Provinzen, die vor einem Jahr als nahezu vietkongfrei galten, sind im Augenblick äußerst bedroht. Im Gebiet von Quang Ngai und Binh Dinh sind die Gewinne des Vietkong derart umfangreich, daß wir erneut eine Abtrennung bestimmter Landesteile durch eine Vietkong-Schneise bis zum Meer befürchten müssen. Zur allgemeinen Bedrohung dieses Gebiets kommen ständige Sabotageakte gegen Verkehrsverbindungen wie Eisenbahn oder Highway 1, so daß wir Gefahr laufen, daß die nördlichen Provinzen wirtschaftlich stranguliert werden.
Diese Verschlechterung der Lage ist trotz der schweren Verluste, die wir dem Vietkong zugefügt haben, und trotz der bemerkenswerten Verbesserung der Gefechtsstärke der südvietnamesischen Streitkräfte eingetreten. Der Vietkong hat offensichtlich nicht nur seine Verluste wettmachen können, sondern er wendet in letzter Zeit auch noch drei neue oder doch neuere Taktiken an: so werden wichtige Angriffsziele, wie das auch bei dem Angriff auf den Flugplatz von Bienhoa der Fall war, mit Geschützfeuer belegt. Ferner werden eng begrenzte Gebiete wirtschaftlich abgeschnitten und durch die verstärkte Infil-

tration aus Nord-Vietnam wird nunmehr auch ausgebildetes Militärpersonal eingeschleust. Mit diesen neuen Taktiken, die vor dem Hintergrund der sich verschlechternden Lage gesehen werden müssen, ist nicht nur das Befriedungsprogramm grundsätzlich in Frage gestellt, sondern sie stellen auch eine Bedrohung unserer wichtigsten Basen und Abwehreinrichtungen dar.

Aber vielleicht noch schwerer als der Niedergang des Befriedungsprogramms wiegt die Tatsache, daß die Regierung nach wie vor schwach ist, weil hierin der Hauptgrund für das Versagen des Befriedungsprogramms liegt. Obwohl die Regierung Huong erst eingesetzt worden ist, nachdem das mit der Regierung Khanh ausgearbeitete, sorgfältig durchdachte Regierungsprogramm vorlag, in dem die Nachfolge Huongs bereits eingeschlossen war, gelingt es dieser Regierung offenbar nicht, dieses Programm zum Erfolg zu führen oder sich überhaupt zu konsolidieren. Angesichts der vielen Splittergruppen in Saigon wie auch im übrigen Land ist in der Tat nicht abzusehen, wann wir je zu einer stabileren und wirkungsvoller arbeitenden Regierung kommen sollen. Einen gewissen Trost in dieser Situation stellt lediglich die Gutwilligkeit und Ernsthaftigkeit des Premierministers Huong dar sowie die Tatsache, daß General Khanh offenbar sein Versprechen wahrmacht und die Armee zumindest vorübergehend aus der Politik heraushält.

Während sich also unser Programm nur noch schleppend vorwärtsbewegt, beobachten wir zunehmend Hoffnungslosigkeit und Kriegsmüdigkeit, die sich im ganzen Lande, vor allem aber in den Stadtgebieten, ausbreiten. Zwar sind die ländlichen Gebiete in dieser Beziehung standhafter, aber auch hier herrscht Entmutigung. Obwohl die Militärführer in letzter Zeit nicht mit allzu großer Überzeugung vom »Marsch nach Norden« gesprochen haben, sind sie doch, wie wir wissen, der Überzeugung, daß neue und drastische Aktionen notwendig sind, um dem gegenwärtigen Abwärtstrend entgegenzuwirken und die Hoffnung auf eine Beendigung des Aufstandes in absehbarer Zeit wieder zu kräftigen.

Die Gründe für die gegenwärtige Lage sind unschwer auszumachen, sie kommen aus zwei Richtungen, die oben bereits angesprochen wurden, und zwar einmal aus der anhaltenden Machtlosigkeit der Regierung, und zum anderen aus den Erfolgen des Vietkong, der anscheinend sogar seine Verluste mühelos verkraften kann.

Während es angesichts der Geschichte Süd-Vietnams nicht erstaunlich ist, daß sich die Regierung in einer derartigen Lage befindet, so ist diese chronische Schwäche doch eine schwere Hypothek für die Zukunft. Ohne eine wirksame Zentralregierung, die in ihren Anstrengungen mit den Bemühungen der USA konform geht, müssen diese Anstrengungen wie ein leerlaufendes Rad wirken, bei dem der Transmissionsriemen nicht faßt. Am kritischsten wirkt sich diese Schwäche der Regierung zweifellos in Saigon aus, was aber nicht bedeutet, daß es auf Provinzebene viel besser wäre. Im Gegenteil, dort bewirkt das Versagen in Saigon ein Vielfaches der Schäden. Es ist außerordentlich schwierig, für alle Ebenen der Verwaltung geeignete Provinzbeamte zu finden, die aber erforderlich sind, wenn das Befriedungsprogramm reibungslos ablaufen soll. Wenn man das Niveau der Provinzbeamten in Betracht zieht, ist es manchmal sogar noch erstaunlich, welche Erfolge sie zuwege bringen, aber selbst diese verhält-

nismäßig guten Ergebnisse reichen nicht aus – weder um unser Programm qualitativ durchzusetzen noch um den Zeitplan einzuhalten.
Die Vergangenheit des Landes liefert genügend Anschauungsmaterial dafür, daß hier ein bestimmter Charakterzug zur Bildung von Splittergruppen zu führen scheint, der das Zustandekommen eines Nationalgefühls verhindert. Ob es sich hier um eine angeborene Eigenschaft handelt oder ob sie durch die Verhältnisse, unter denen diese Menschen seit Generationen leben mußten, geschaffen wurde, ist schwer zu sagen. Wie dem auch sei, wir kommen nicht um die Tatsache herum, daß es ein Gefühl für Teamarbeit einfach nicht gibt und daß auch das Gefühl für ein gegenseitiges Vertrauensverhältnis unter den politischen Führern fehlt. Mit der Zeit (unleserliches Wort) wird sich dieser Zustand zweifellos bessern, aber wir haben unglücklicherweise nicht sehr viel Zeit und sehen daher gegenwärtig keine kurzfristige Lösung, um zu einer stabilen Regierung zu kommen.
Die Fähigkeit des Vietkong, seine Einheiten immer wieder schnell aufzubauen und die Verluste wettzumachen, ist eines der Geheimnisse dieses Guerillakrieges. Natürlich kennen wir die Rekrutierungsmethoden des Vietkong, mit denen junge Männer verführt oder gezwungen werden, sich anzuschließen. Wir wissen auch ungefähr, in welchem Umfang durch Infiltration von außerhalb Vietnams die Verluste ausgeglichen werden, aber all dies in Rechnung gestellt, ist es uns dennoch ein Rätsel, wie stark der Vietkong nach wie vor dasteht, vorausgesetzt, daß die Verlustzahlen, die wir haben, stimmen. Die Vietkong-Einheiten erscheinen wie der Vogel Phönix, immer wieder erstehen sie neu aus der Asche. Das Erstaunlichste aber ist ihre Kampfmoral. Nur in ganz seltenen Fällen haben wir unter den gefangenen Vietkongs eine miese moralische Einstellung finden können, eine Tatsache, die sich auch aus den erbeuteten Vietkong-Dokumenten belegen läßt.
Zweifellos ist einer der Gründe für diese erstaunliche Haltung die wachsende Unterstützung aus Nord-Vietnam. Diese Leitung und Unterstützung besteht in endlosen über Radio vermittelten Anweisungen und der ununterbrochenen Entsendung von Militärkadern und Material über die Infiltrationswege zu Lande und zu Wasser. Obwohl das eine ständige Belastung für Nord-Vietnam darstellt, ist ein Nachlassen der Hilfe für den Vietkong überhaupt nicht wahrzunehmen. Im Gegenteil, nach unseren Unterlagen steigt sie eher an, was ja auch logisch ist, da Nord-Vietnam die katastrophale Lage im Süden natürlich ausnutzen möchte.
Wenn wir nach alledem in Vietnam ein Spiel spielen, das verlorenzugehen scheint, dann wird es höchste Zeit, daß wir unseren Kurs ändern. Dazu müssen wir drei Dinge tun: Erstens müssen wir in Süd-Vietnam für eine stabile Regierung sorgen; zweitens müssen wir eine Verbesserung all der Maßnahmen erreichen, die der Abwehr der Insurgententätigkeit dienen, und drittens endlich müssen wir es erreichen, daß Nord-Vietnam seine Unterstützung für den Vietkong aufgibt und seinen direkten Einfluß geltend macht, daß der Vietkong auch weiterhin davon absieht, die Regierung in Süd-Vietnam zu stürzen ...
Für den Fall militärischer Pressionen gegen den Norden gibt es mehrere Möglichkeiten. Auf der ersten Stufe der Eskalationsleiter haben wir die Möglichkeit verstärkter geheimer Aktionen, Angriffe auf die Nachschubwege in Laos und Vergeltungsschläge in Form von Bombardierungen, um im Süden die Kampf-

moral zu stärken. Von dieser Stufe aus könnten wir dann fortschreitend weiter eskalieren und z. B. bestimmte Ziele in Nord-Vietnam selbst angreifen. Wenn wir derartige Aktionen damit rechtfertigen wollen, daß die Infiltration unterbunden werden muß, sollten wir uns vorzugsweise gegen infiltrationsverdächtige Ziele wie Ausbildungslager, Verkehrsknotenpunkte u. ä. wenden. Tempo und Umfang dieser Unternehmungen sollten sich ganz danach richten, welchen Effekt wir erzielen wollen. Im Endstadium könnten wir dann zur Zerstörung aller als wichtig erkannten Ziele in Nord-Vietnam übergehen und alle Nachschubverbindungen unterbinden.

... Wir nähern uns dem Punkt, wo wir uns über den in Zukunft einzuschlagenden Weg klar werden müssen, denn die Zeit arbeitet gegen uns. Klar scheint zunächst, daß wir maximale Anstrengungen unternehmen müssen, um die Regierung Huong oder eine mögliche Nachfolgeregierung zu stärken. Inzwischen aber müssen wir ständig darüber nachdenken, was zu tun ist, wenn alle unsere Bemühungen fehlschlagen und die Regierung auseinanderbricht. Gleichzeitig müssen wir das Befriedungsprogramm energisch weiterverfolgen. Um die Moral zu heben und den Vietkong zurückzudrängen, müssen die 34-A-Operationen intensiviert und Luftangriffe auf die Nachschubwege im laotischen Korridor sowie Vergeltungsschläge durchgeführt werden. Die Beteiligung der US-Streitkräfte an den Einsätzen in Laos ist wichtig, um den Südvietnamesen zu zeigen, daß wir durchaus bereit sind, auch das Risiko eines Angriffs auf Nord-Vietnam mit zu tragen.

Sollte unser Plan den politischen Gegebenheiten nicht entsprechen und die Regierung in Saigon gestürzt werden, müssen wir wieder von vorn anfangen oder nach einem neuen Weg suchen. Zum gegenwärtigen Zeitpunkt läßt sich nur schwer voraussagen, welche Maßnahmen dann ergriffen werden müßten; auf jeden Fall aber sollten wir auf eine plötzlich notwendig werdende Aktion gegen den Norden vorbereitet sein, und sei es nur, um ein totales Chaos im Süden zu verhindern.

Wenn sich die Regierung aber, wie wir hoffen, doch hält und konsolidiert, sollten wir zu einem Programm sich nach und nach steigernder Luftangriffe übergehen, um das Ziel unserer Operationen gegen die DRV zu erreichen und zugleich das Pazifizierungsprogramm soweit wie möglich vorantreiben. In bezug auf Verhandlungen dagegen sollten wir die Initiative ganz Hanoi überlassen. Während dieser Zeit müssen wir im westlichen Pazifik vor Aktionen der DRV oder Rotchinas auf der Hut sein. Was im Moment geschehen sollte, ist in Anhang I aufgeführt ...

Nr. 88 Endgültiger Entwurf für eine von der Arbeitsgruppe erstellte Lagebeurteilung

Unter der Überschrift »Draft Position Paper on Southeast Asia« wurde dieses Dokument am 29. November 1964 zusammen mit einem Memorandum William Bundys höchsten Regierungsbeamten übermittelt. William Bundy schreibt: »Ich lege diesen Entwurf einem Operationsplan, der auf der Konferenz bei Außenminister Rusk am Montag, 13 Uhr 30, diskutiert werden sollte, bei. Der Operationsplan wurde von Außenminister Rusk gebilligt und von Botschafter Taylor sowie den Herren McNaughton und Forrestal einer ersten Prüfung unterzogen. Grundsätzlich aber bin ich für die vorliegende Form verantwortlich.« In der Pentagon-Studie heißt es, daß es sich bei diesem Dokument ursprünglich um den Entwurf zu einem Operationsplan zur Wahrung der Nationalen Sicherheit gehandelt habe, der aber auf Anweisung der Hauptverantwortlichen in einen Lagebericht umgeändert wurde. Wörter und Sätze, die in der endgültigen Version weggelassen wurden, sind kursiv gedruckt, handschriftliche Bemerkungen oder Korrekturen in doppelte Klammern gesetzt.

I. Konzeption

A. Die Ziele der USA in Süd-Vietnam (SVN) sind unverändert:
1. Hanoi und Nord-Vietnam (DRV) müssen dazu gebracht werden, die Unterstützung und Leitung der Operationen in Süd-Vietnam aufzugeben. Die DRV muß darüber hinaus, soweit das möglich ist, dafür gewonnen werden, die Vietkong-Tätigkeit in SVN zu unterbinden.
2. Wiederherstellung eines unabhängigen und befriedeten Süd-Vietnam mit entsprechenden internationalen Sicherheitsgarantien, einschließlich des Vorrechts, die Hilfe der USA oder anderer Staaten in Anspruch zu nehmen.
3. Wahrung der Sicherheit der übrigen, nicht-kommunistischen Staaten in Südostasien, vor allem unter Berücksichtigung der Abmachungen, die im Genfer Abkommen von 1962 über Laos getroffen wurden.
B. Wir werden alles unternehmen, um die Stellung der südvietnamesischen Regierung (GVN) zu festigen, ihre Arbeit effektiver zu gestalten und das Pazifizierungsprogramm voranzutreiben.
C. Wir werden ab sofort gemeinsam mit den Regierungen von Süd-Vietnam und Laos Anstrengungen unternehmen, die Aktivität der DRV in beiden Ländern zu bekämpfen, um die GVN moralisch zu unterstützen und die Kosten Hanois und den Druck auf Nord-Vietnam zu steigern. Außerdem werden wir zu verstehen geben, daß die Pressionen in Zukunft noch verstärkt werden. Die Aktionen der ersten Phase (siehe Tab D) werden innerhalb der nächsten 30 Tage bereits laufende Unternehmungen intensiv unterstützen. Hinzu kommen (1) bewaffnete Aufklärungsflüge der USA über Laos und (2) GVN- und – möglicherweise – US-Luftangriffe gegen die DRV als Vergeltungsschläge für besonders große oder spektakuläre Vietkong-Aktionen im Süden gegen US-Einrichtungen oder US-Personal.
D. Nach diesen 30 Tagen können entweder die Aktionen der ersten Phase unverändert fortgeführt oder andere militärische Maßnahmen zusätzlich ergriffen werden, wie zum Beispiel die Evakuierung der Familienangehörigen des US-Personals und Luftangriffe auf Infiltrationszentren jenseits der Grenze. Sollte letzteres notwendig werden, dann auf jeden Fall nur als Übergangsphase. (Die weitere Entsendung von US-Angehörigen nach Süd-Vietnam – [unleserliches Wort] – muß bei Beginn der Luftangriffe gegebenenfalls sofort eingestellt werden; dafür sollten alle notwendigen Vorbereitungen getroffen werden.)
E. Danach, falls die GVN leistungsfähiger wird und Hanoi nicht zu annehmbaren Bedingungen klein beigibt *oder die GVN nur durch härtere Maßnahmen gehalten werden kann*, sind die USA bereit – zu einem Zeitpunkt, der noch zu

bestimmen wäre –, die zweite Phase des Programms zur Unterstützung der GVN und RLG (Regierung von Laos) einzuleiten. Diese zweite Phase bestünde in systematischen, abgestuften militärischen Pressionen gegen die DRV, d. h. zunehmend schwerere Luftangriffe – den jeweiligen Erfordernissen angepaßt (es ist dabei an eine Frist von 2–6 Monaten gedacht). Die Ziele in Nord-Vietnam werden zunächst Nachschub- und Infiltrationszentren südlich des 19. Breitengrades sein, die sich allmählich nach Norden vorarbeiten, bis sie, falls es notwendig sein sollte, auf alle wichtigen, mit militärischen Aktionen in Beziehung stehende Anlagen ausgedehnt werden, ferner ist die Verminung der Häfen und eine Blockade der Volksrepublik Vietnam durch die US-Marine vorgesehen. Die militärischen Operationen müßten so angelegt sein, daß der Eindruck entsteht, sie könnten willkürlich gesteigert oder eingeschränkt werden, d. h., daß die USA jederzeit in der Lage wären (unter Berücksichtigung der Reaktion des Gegners), weiterzumachen oder aufzuhören, zu verstärken oder abzuschwächen, zu beschleunigen oder abzubremsen. Gleichzeitig werden die USA jedes Anzeichen eines eventuellen Nachgebens von seiten Hanois genau registrieren und bereit sein, auf dem Verhandlungswege nach Lösungen zu suchen, die den US-Forderungen in annehmbarer Weise gerecht werden. *Die USA würden freilich um jeden Preis versuchen, die Verhandlungen unter ihre Kontrolle zu bringen, und sich unabhängig geführten Verhandlungen der Südvietnamesen widersetzen.*

Überschrift unleserlich

A. Nach der Besprechung mit Botschafter Taylor wird das *Weiße Haus* eine *offizielle Erklärung* abgeben; Text wie in Tab B.
B. Sofort nach seiner Rückkehr aus Washington wird sich Botschafter Taylor mit der GVN beraten, und einen allgemeinen Lagebericht (in Übereinstimmung mit dem Entwurf) geben, wie in Tab B aufgeführt. Außerdem wird er durchsetzen, daß bestimmte Maßnahmen – siehe Anhang zu Tab B – in Angriff genommen werden.
C. *So früh wie möglich werden wir Beweise für die verstärkte Infiltration aus der DRV veröffentlichen. Die Koordinierung dieser Sache liegt bei Mr. Chester Cooper, der auch dafür sorgen wird, daß alles glatt abläuft und die Regierungsbeamten, die früher andere Zahlen genannt haben, die Möglichkeit erhalten, sich zu rechtfertigen. Die Veröffentlichung dieses Beweismaterials erfolgt auf vierfache Weise:*
1. Gleichzeitige Bekanntgabe an die Presse in Washington und Saigon
2. Alle erreichbaren Abgeordneten des Kongresses werden persönlich informiert. (Einberufung einer Sitzung ist nicht erforderlich.)
3. Auch die Botschafter der wichtigsten befreundeten Nationen werden persönlich informiert.
4. In den nächsten 10 Tagen wird ein Bericht angefertigt und anschließend veröffentlicht, der das Beweismaterial erläutert und vertieft.

D. *Laos und Thailand*
Unsere Botschafter in diesen Ländern werden die jeweilige Regierung über unsere Konzeption (im allgemeinen) informieren und sie nur in die Aktionen

genauer einweihen, bei denen ihr Einverständnis erforderlich ist. Im Falle Laos wollen wir versuchen, die Zustimmung der RLG zu einem intensivierten Programm von (bewaffneten US-) Aufklärungsflügen sowohl im laotischen »Entenschnabel« als auch entlang der Nachschubwege zu erhalten. Diese Aktionen werden der Öffentlichkeit nur insoweit bekanntgeben, als die RLG eingeweiht ist. Aus psychologischen Gründen sollten sie sich jedoch in Süd-Vietnam herumsprechen und allgemein bekannt werden.
Thailand wird aufgefordert, unser Programm voll zu billigen, seine eigenen Bemühungen im Norden und Nordosten zu verstärken sowie die Zustimmung zur Beteiligung von weiteren Thais, zum Beispiel Piloten oder Artillerieeinheiten, zu geben.

E. Die wichtigsten Verbündeten
Sofortige Konsultationen finden statt mit Großbritannien, (DC), *Australien, Neuseeland* (Bundy) und den Philippinen (Humphrey?).
1. Großbritannien. Der Präsident wird Premierminister Wilson die Konzeption und die vorgeschlagenen Aktionen unterbreiten und um volle Unterstützung der Briten nachsuchen, ohne jedoch, in Anbetracht der Rolle der Briten in Malaysia, weitere direkte Unterstützung zu verlangen.
2. Australien und Neuseeland werden über ihre Botschafter nicht nur um volle moralische Unterstützung, sondern auch um weitere materielle Beteiligung ersucht.
3. Die Philippinen werden besonders nachdrücklich um Unterstützung gebeten, und zwar um etwa 1800 Mann, was dem bisherigen Programm entspricht. Präsident Macapagal wurde diese Forderung bereits überbracht.

F. Wir werden uns noch mehr um Unterstützung von dritter Seite bemühen müssen, indem wir den Ernst der Lage und unser Verantwortungsgefühl betonen. Welche Länder wir dabei im Auge haben und welche Form der Unterstützung wir erwarten, ist in Tab C im Anhang aufgeführt.

G. Kommunistische Staaten
1. Hanoi gegenüber werden wir klar herausstellen, daß wir nach wie vor auf unseren Forderungen bestehen und daß unsere Ziele die gleichen geblieben sind, die Rolle der DRV uns allerdings in zunehmendem Maße Sorge bereitet. Anschließend werden wir sehen, ob die DRV ihr Verhalten ändert.
2. In dieser Zeit werden wir keine besonderen Annäherungsversuche gegenüber Rotchina machen.
3. *Den Sowjets werden wir unsere Entschlossenheit und unsere tiefe Besorgnis vortragen, nicht, um bei ihnen einen Sinneswandel zu erreichen, sondern um ihnen zu verstehen zu geben, daß sie sich heraushalten sollen. Außerdem hoffen wir, daß sie diese Botschaft nach Hanoi und Peking weiterleiten.*

H. Andere Länder
1. Den Ländern gegenüber, die besonders interessiert sein müssen, wie Kanada, Indien und Frankreich, werden wir unsere tiefe Besorgnis ausdrücken, ohne ihnen allerdings die ganze Konzeption mitzuteilen.
2. Für den Fall eines Vergeltungsschlages von unserer Seite werden wir diese

Aktion vor der UNO rechtfertigen, so wie wir das bereits bei den Tonking-Zwischenfällen getan haben. Es ist jedoch nicht geplant, die Sache in irgendeiner anderen Form vor die UNO zu bringen. (Die laotische Regierung könnte dabei in ihrer Rede vor allem auf die Infiltration von Nord-Vietnam nach Laos hinweisen, die wir in jeder Weise bestätigen und durch entsprechend nachdrückliche Informationen bekräftigen sollten.)

I. Intensivierung der militärischen Aktionen

1. *Die Marineoperationen der GVN (MAROPS) werden intensiviert (u. a. durch US-Deckung aus der Luft für GVN-Schiffe gegen Angriffe von MIG's oder DRV-Schnellbooten). Ferner werden wir die GVN drängen, diese Aktionen vor der Öffentlichkeit als Abwehrmaßnahmen gegen illegale DRV-Operationen hinzustellen.*

2. Die Luftoperationen über Laos werden intensiviert, vor allem im Korridorgebiet und an der Grenze zur DRV. US-Deckung aus der Luft und Flakabwehr *werden (vielleicht)* dort eingesetzt, *wo (falls)* sie gebraucht werden.

3. Verstärkung der US-Aufklärungsflüge in großer Höhe über DRV-Gebiet.

4. Bewaffnete US-Aufklärung(sflüge) (und Luftangriffe) in Laos, zunächst im Korridorgebiet, und bald darauf auf Route 7 und weitere Nachschubwege *in einer größer angelegten Aktion, um wichtige Brücken zu zerstören.* (Diese Aktionen werden nur in dem Umfang bekanntgegeben, wie mit Souvannah abgesprochen.) (Während dieser Zeit werden keine weiteren amerikanischen Familienangehörige nach Süd-Vietnam reingelassen.)

J. Vergeltungsaktionen

Für jede VC-Provokation sollte – am besten innerhalb von 24 Stunden – ein Vergeltungsschlag gegen eines oder mehrere ausgewählte Ziele in der DRV geführt werden. GVN-Streitkräfte werden dabei voll eingesetzt und nach Bedarf von US-Streitkräften unterstützt. Der Vergeltungsschlag wird jeweils nach einem Schnellverfahren, das noch ausgearbeitet wird, entschieden.

Es folgen Beispiele für VC-Aktionen, die mit den genannten Vergeltungsschlägen beantwortet werden sollten – selbstverständlich unter Berücksichtigung des dafür jeweils günstigsten Zeitpunkts:

1. Angriffe auf Flugplätze.
2. Angriff auf Saigon.
3. Angriffe auf Distrikts- oder Provinzhauptstädte.
4. Schwerwiegende Übergriffe gegen US-Bürger.
5. Angriffe auf wichtige Treibstoff-, Öl- und Schmierstofflager (POL).

(Liste ist noch fortzusetzen)

6. Angriffe auf Brücken und Eisenbahnverbindungen, nachdem die gegenwärtigen Zerstörungen an diesen Einrichtungen ausgebessert und entsprechende Warnungen erfolgt sind.
7. Sonstige »spektakuläre« Operationen wie der Überfall auf einen US-Transporter im Hafen von Saigon.

In diesen und anderen Fällen muß der Vergeltungsschlag so direkt wie möglich mit der Infiltration in Verbindung gebracht werden, um unser Vorgehen allgemein zu rechtfertigen.

Eine Liste über Ziele für derartige Vergeltungsschläge – Infiltrationszentren in der südlichen DRV sowie Flugplätze, Häfen und Marinestützpunkte, auch südlich des 19. Breitengrades – liegt vor.
K. Gemeinsame Planung von USA *und* GVN: muß sowohl für Vergeltungsschläge als auch für mögliche spätere Bombenangriffe auf DRV eingeleitet werden.
L. Wichtige Erklärung oder Rede. Je nachdem wie die Öffentlichkeit in den USA *reagiert, muß der Präsident eine Erklärung abgeben oder sogar eine Rede halten: Sowohl die Vergeltungsschläge als auch der Einreisestop für weitere* US-*Angehörige nach Vietnam wären geeignete Anlässe dafür. Unsere Ziele müßten dargelegt und unsere Entschlossenheit, sie zu erreichen, zum Ausdruck gebracht werden. Die Leute sollen wissen, warum wir in Vietnam sind und wie ernst wir die Lage beurteilen. Zuerst jedoch muß das Beweismaterial über die Infiltrationstätigkeit vorgelegt werden!*
M. US-*Angehörige. Es wird keine weitere Entsendung von* US-*Angehörigen nach Süd-Vietnam (von einem bestimmten Zeitpunkt ab, vielleicht gleich nachdem Botschafter Taylor sich mit der* GVN *über den Beginn der zweiten Phase einig geworden ist) mehr geben, was auch öffentlich bekanntgegeben werden soll.*

N. Zurückgestellte Aktionen. (Siehe Tab D)
Nicht durchzuführen sind während der genannten Frist von 30 Tagen folgende Aktionen, die für die Übergangsphase oder Phase II jedoch durchaus wieder in Betracht kommen:
1. Eine Verlegung größeren Ausmaßes von Luftwaffeneinheiten in dieses Gebiet.
2. US-Flugzeugbegleitschutz für die MAROPS der GVN.
(2) 3. (Wiederaufnahme) Wiederaufnahme von Patrouillenfahrten mit Zerstörern im Golf von Tonking. Falls diese angegriffen würden, wäre das ein willkommener Grund für Vergeltungsschläge; unter diesem Aspekt sollten die Patrouillen daher vor allem gesehen werden.
(5) 4. (Vorbereitet sein auf Evakuierung) Evakuierung von US-Angehörigen.
(3) 5. Aufklärungstiefflüge der US-Streitkräfte über DRV.
(4) 6. GVN/(LAO/) US-Luftangriffe über die Grenze hinweg (S), zunächst auf Nachschubwege und -einrichtungen, dann gegen andere Ziele südlich des 19. Breitengrades.

Anmerkung:

Die Vereinigten Stabschefs haben vorgeschlagen, sofort mit harten militärischen Operationen gegen die DRV *zu beginnen. Die Aktionen gegen die* DRV *sollten aber erst gestartet werden, nachdem in Laos kleinere Unternehmungen und nördlich der* DRV-*Grenze Aufklärungsflüge durchgeführt worden sind, um dadurch die Aufmerksamkeit der* DRV *abzulenken. Nach diesem Plan würden in den ersten drei Tagen der Flugplatz von Phuc Yen in der Nähe von Hanoi, weitere Flugplätze und die wichtigsten* POL-*Lager zerstört werden, um zu zeigen, daß die* USA *bereit sind, ihr militärisches Potential voll einzusetzen, bis sie ihre Ziele in Südostasien erreicht haben. Auch würde der* GVN *Respekt verschafft, indem die* DRV *gezwungen wird, ihre Unterstützung und Leitung der Vietkong-Tätigkeit aufzugeben. Anschließend wäre folgendes Programm mili-*

tärischer Aktionen in Angriff zu nehmen: Aufklärungsflüge über Laos, Luftangriffe auf Ziele in der DRV, zunächst nur auf Infiltrationszentren, später aber auch auf andere Ziele in Nord-Vietnam, bis hin zur fast totalen Zerstörung des Landes: Der Ablauf dieses Programms militärischer Aktionen könnte jederzeit beschleunigt oder gebremst werden, je nachdem, wie weit man unseren Forderungen entgegenkommen wird.

Nr. 89 Bericht über ein Treffen Taylors mit Saigoner Generälen

Auszüge aus einem Bericht an das Außenministerium vom 24. Dezember 1964, im Wortlaut der Pentagon-Studie. Botschafter Taylor und sein Stellvertreter U. Alexis Johnson trafen sich mit den sogenannten Jungtürken: u. a. mit den Generälen Nguyen Cao Ky, Nguyen Van Thieu und Nguyen Chanh Thi sowie einem Admiral, der sich als Cang auswies.

... BOTSCHAFTER TAYLOR: Verstehen Sie alle Englisch? (Die vietnamesischen Offiziere bejahten seine Frage, obwohl General Thi bekanntlich nur wenig verstand.) Ich habe Ihnen beim Dinner bei General Westmoreland ausdrücklich erklärt, daß wir Amerikaner die ständigen Staatsstreiche satt haben. Offenbar habe ich in den Wind gesprochen. Vielleicht ist auch mein Französisch nicht gut genug, denn offensichtlich haben Sie mich nicht verstanden. Ich habe deutlich zu verstehen gegeben, daß alle militärischen Pläne, die Sie, wie wir wissen, gern in die Tat umsetzen würden, nur mit einer stabilen Regierung im Rücken durchführbar sind. Trotzdem haben Sie nun dieses Theater veranstaltet.
Wenn Sie sich weiterhin so verhalten, können wir Sie nicht länger unterstützen. Wer spricht für die Gruppe? Haben Sie einen Sprecher?
GENERAL KY: Ich bin zwar nicht der Sprecher der Gruppe, aber ich kann Englisch. Ich werde Ihnen erklären, warum die Streitkräfte in der letzten Nacht diese Aktion durchgeführt haben.
Wir verstehen alle recht gut Englisch. Wir sind uns auch unserer Verantwortung und der Opfer bewußt, die von unserem Volk seit 20 Jahren verlangt werden. Wir wissen, daß Sie Stabilität wünschen, aber die läßt sich ohne Einigkeit nun einmal nicht erreichen ... Nach wie vor aber werden Gerüchte verbreitet, daß ein Staatsstreich bevorsteht und bestimmte Gruppen an dieser Regierung zweifelten. Wir sind der Ansicht, daß die Quelle dieser Gerüchte der HNC ist (High National Council – Verfassungsgebende Versammlung), nicht als Organisation, aber einzelne seiner Mitglieder. Sowohl die militärischen als auch die politischen Führer sind der Meinung, daß der große Einfluß dieser Leute in der HNC Verwirrung und Uneinigkeit unter die Streitkräfte trägt.
Kürzlich hat uns der Premierminister einen Brief vom Vorsitzenden des HNC gezeigt. In diesem Brief stand, daß sich der Premierminister vor den Militärs in acht nehmen solle, da es möglich sei, daß sie wieder an die Macht wollten. Außerdem hat der HNC illegal versucht, die Pensionierung bestimmter Generäle zu verhindern, die der Armed Forces Council für pensionsreif erklärt hatte, weil sie der Einigkeit der Streitkräfte im Wege standen.

GENERAL THIEU: Der HNC kann sich hier nicht als Boß aufspielen, das ist gegen die Verfassung. Außerdem müßten seine Mitglieder dann erst einmal zeigen, daß sie auch bereit sind zu kämpfen.

GENERAL KY: Es sieht fast so aus, als wünsche der HNC gar keine Einigkeit. Er scheint nicht gegen die Kommunisten kämpfen zu wollen.

Es heißt, daß unsere Aktion von gestern nacht eine Intrige Khanhs gegen Minh gewesen sei, der pensioniert werden sollte. Warum aber wollen wir diese Generäle in den Ruhestand versetzen? Weil sie ihre Chance hatten, sie aber nicht genutzt haben ...

Gestern haben wir uns – insgesamt 20 Leute – von 14.30 Uhr bis 20.30 Uhr getroffen und sind zu der Überzeugung gekommen, daß wir etwas unternehmen müssen. So entschlossen wir uns zur Verhaftung von HNC-Mitgliedern – schlechten Politikern, schlechten Studentenführern und dem Führer des *Commitee of National Salvation*, einer kommunistischen Organisation. Die Organisationen, die Unruhe stiften, müssen unschädlich gemacht und der Premierminister und der Stabschef aufgefordert werden, auch weiterhin im Amt zu bleiben.

Wenn wir der Bevölkerung auf einer Pressekonferenz erklärt haben, warum das alles geschehen ist, wollen wir zu unseren Kampfeinheiten zurückkehren. Wir haben keine politischen Ambitionen, wir wünschen uns nur eine starke und einige Armee und eine stabile Regierung. Staatschef Suu stimmt darin mit uns überein, und General Khanh hat mit Premierminister Huong gesprochen, der gleichfalls unserer Meinung ist.

Wir haben gehandelt, um unserem Land zu helfen. Jetzt werden wir versuchen, eine saubere Zivilregierung zu schaffen. Sollten wir das erreicht haben, gut. Dann sind wir bereit, zu unseren Einheiten zurückzukehren.

BOTSCHAFTER TAYLOR: Ich bin überzeugt von Ihrer Aufrichtigkeit, meine Herren. Aber nun möchte ich doch einmal über die Konsequenzen dessen, was Sie getan haben, sprechen. Zunächst aber: Möchte sich noch einer der anderen Herren äußern?

ADMIRAL CANG: Es scheint, als ob wir wie Schuldige behandelt werden sollen. Was wir getan haben, war gut und zum Besten des Landes.

BOTSCHAFTER TAYLOR: Nun lassen Sie auch mich einmal meinen Standpunkt darlegen und Ihnen die Folgen Ihres Handelns vor Augen führen: Wie man es auch dreht und wendet – es handelt sich doch um einen Staatsstreich der Militärs, der den Versuch, auf legalem Wege eine Regierung zu bilden, zerstört hat. Dabei hatte es im Herbst letzten Jahres die Bewunderung der ganzen Welt erregt, mit wieviel staatsmännischem Verantwortungsgefühl die Streitkräfte diesen legalen Prozeß in Bewegung gesetzt hatten.

Jetzt können Sie doch nicht zu Ihren Einheiten zurückkehren, General Ky, Sie und die anderen Militärs sind wieder an der Macht und stecken bis zum Hals in der Politik.

Aus Ihrer Erklärung geht außerdem hervor, daß Sie einen Militärischen Revolutionsausschuß gebildet haben. Die Auflösung des HNC war durch und durch ungesetzlich. Angeblich erkennen Sie durch einen Erlaß Staatschef Suu und Premierminister Huong und seine Regierung an, aber diese Anerkennung können Sie jederzeit wieder rückgängig machen. Daher muß diese Aktion als Rückkehr zur Militärregierung aufgefaßt werden ...

BOTSCHAFTER TAYLOR: Wer ist der Oberkommandierende der Streitkräfte? General Khanh?
GENERAL KY: Ja.
GENERAL THIEU: Bei allem, was Sie sagen, sollte doch berücksichtigt werden, daß der Oberkommandierende in Vietnam sich in einer besonderen Lage befindet. Darum braucht er Berater. Wir zwingen General Khanh zu nichts, wir beraten ihn nur. Wir werden tun, was er anordnet...
BOTSCHAFTER TAYLOR: Würden Sie der Regierung beitreten, wenn Sie von Premier Huong dazu aufgefordert würden? Ich bin beeindruckt von den hervorragenden Fähigkeiten vieler vietnamesischen Offiziere. Ich bin überzeugt, daß ein großer Prozentsatz der fähigsten Männer dieses Landes Uniform trägt. Im vergangenen Herbst, als die Regierung Huong und der HNC eingesetzt wurden, habe ich General Khanh vorgeschlagen, das Militär an der Regierungsverantwortung zu beteiligen, aber mein Vorschlag wurde nicht angenommen.
Es wäre daher nur verständlich, daß einige von Ihnen jetzt dazu aufgefordert werden. Wären Sie dazu bereit...?
GENERAL KY: Ich bin nach wie vor gegen eine Beteiligung der Militärs an der Regierung. Dann wird man erst recht sagen, daß es sich um einen Militärputsch gehandelt habe...
BOTSCHAFTER TAYLOR UND BOTSCHAFTER JOHNSON: (zusammen) Das wird man sowieso sagen...
BOTSCHAFTER TAYLOR: Sie haben die Charta zerstört. Dennoch wird der Staatschef mit den Wahlvorbereitungen weitermachen müssen. Aber niemand kann ernsthaft glauben, daß der Staatschef die Macht oder auch nur die Möglichkeit hat, diese Vorbereitungen ohne Unterstützung der HNC oder eines anderen Beraterstabes zu treffen. Als Premierminister würde ich über die Auflösung des HNC einfach hinwegsehen. Aber wir wollen den HNC erhalten, da er für das Zustandekommen einer legalen und parlamentarischen Regierung unbedingt notwendig ist. Ohne eine Verfassungsgebende Versammlung kommen Sie nicht aus...
BOTSCHAFTER TAYLOR: Außerdem hat Premierminister Huong ja die Auflösung des HNC keineswegs gebilligt...
GENERAL THIEU: Welche Konzessionen fordert Huong von uns? Botschafter Taylor betont erneut die Notwendigkeit des HNC.
GENERAL KY: Vielleicht wäre es am besten, jetzt erst einmal Premierminister Huong und General Khanh miteinander verhandeln zu lassen.
GENERAL THIEU: Außerdem muß doch einmal festgestellt werden, daß wir nicht den gesamten HNC verhaftet haben, von neun Mitgliedern nur fünf, und nicht einmal die sind in Haft, sondern haben lediglich Hausarrest...
BOTSCHAFTER TAYLOR: Zunächst einmal, Gentlemen, müssen wir überlegen, was heute noch zu tun ist. Auf jeden Fall muß die Regierung ein Kommuniqué herausgeben.
GENERAL THIEU: Wir werden aber trotzdem heute nachmittag eine Pressekonferenz abhalten und unsere Handlungsweise erläutern.
BOTSCHAFTER TAYLOR: Von seiten meiner Regierung sehe ich ernsthafte Schwierigkeiten voraus. Ich weiß nicht, ob wir Sie nach diesem Ereignis wei-

ter unterstützen können. Warum setzen Sie sich nicht erst mit Ihren Freunden in Verbindung, bevor Sie handeln? Ich möchte mich für meine offene Sprache heute entschuldigen, aber es geht um sehr viel ...

BOTSCHAFTER TAYLOR: Mußten die Verhaftungen denn noch gleich in derselben Nacht erfolgen? Wäre es nicht möglich gewesen, sie ein oder zwei Tage aufzuschieben?

Botschafter Taylor verabschiedete sich freundlich von ihnen und meinte: »Was haben Sie da nur angerichtet, Sie haben einen Haufen Porzellan zerschlagen, und wir können nun sehen, wie wir die Scherben beseitigen.«

Kapitel 7

Vorbereitung auf den Landkrieg: März–Juli 1965

von Neil Sheehan

Am 1. April 1965 beschloß Präsident Johnson, amerikanische Bodentruppen für offensive Aktionen in Süd-Vietnam einzusetzen, weil die Regierung festgestellt hatte, daß die lange geplante und gerade erst begonnene Bombardierung Nord-Vietnams den Zusammenbruch im Süden nicht aufhalten konnte – so die Pentagon-Studie.
Der Präsident ordnete an, daß dieser Beschluß zunächst geheim gehalten werden sollte.
»Die Tatsache, daß die Änderung einer lange geübten Politik unabsehbare Verwicklungen heraufbeschwören könnte, war der Johnson-Regierung wohl bewußt«, heißt es in der Studie, die damit auf den seit dem Koreakrieg bestehenden Grundsatz der USA, nie wieder einen Landkrieg in Asien zu führen, anspielt.
Obwohl es sich bei dem Entschluß Johnsons um eine »umwälzende« politische Entscheidung gehandelt hat – erklärt der Pentagon-Bericht –, »war Mr. Johnson doch ängstlich bemüht, so wenig wie möglich darüber verlauten zu lassen«.
Die Entscheidung war im Memorandum 328 zur Nationalen Sicherheit vom 6. April enthalten, dem folgende Passagen entnommen sind:
5. Der Präsident hat die Verstärkung der in Vietnam stationierten Streitkräfte um 18 000–20 000 Mann US-Soldaten genehmigt und gleichzeitig angeordnet, auch das nötige Versorgungspersonal zur Verfügung zu stellen.
6. Der Präsident genehmigte darüber hinaus die Entsendung von zwei weiteren Bataillonen und einer Luftschwadron der Marineflieger sowie die Einrichtung der dazu gehörigen Hauptquartiere und Versorgungsapparate.
7. Der Präsident hat einer Änderung des Aufgabenbereichs aller Bataillone der Marineinfanterie in Vietnam zugestimmt, so daß sie nunmehr auch aktiv eingesetzt werden können. Ihre diesbezüglichen Instruktionen werden vom Verteidigungsministerium in Zusammenarbeit mit dem Außenministerium ausgearbeitet und genehmigt.
Die Paragraphen über die Geheimhaltung lauten folgendermaßen:
11. Hinsichtlich des Inhalts der Abschnitte 5–7 sind alle zur Geheimhaltung erforderlichen Maßnahmen zu ergreifen. Die Aktionen selbst sollten so schnell wie möglich eingeleitet werden, ohne jedoch den Eindruck einer plötzlichen Änderung unserer Politik hervorzurufen. Offi-

zielle Erklärungen über diese Truppenbewegungen dürfen nur nach Rücksprache mit dem Verteidigungsminister und im Einvernehmen mit dem Außenminister abgegeben werden. Dem Präsidenten liegt daran, diese Truppenbewegungen und -verschiebungen als ganz im Rahmen der bisherigen Politik liegende Aktionen erscheinen zu lassen. (Siehe Dokument Nr. 98)

Der verstärkte Einsatz von Bodenkampftruppen bezeichnet die dritte größere Phase des Engagements seitens der Johnson-Regierung in Vietnam. Mit dieser Phase befaßt sich ein weiteres Kapitel der Veröffentlichungen der *New York Times.*

Die Pentagon-Studie führt aus, daß die Johnson-Regierung im Frühjahr 1965 ihre Hoffnungen, den Kampfeswillen der Nordvietnamesen brechen und Hanoi zwingen zu können, seine Unterstützung für den Vietkong einzustellen, auf die Luftangriffe gegen die Volksrepublik Vietnam gesetzt hatte. Der unbefristete Luftkrieg hatte am 2. März begonnen.

»Aber einmal ausgelöst, schien der Bombenkrieg Hanoi nur noch halsstarriger zu machen, statt es zu beugen. Das gleiche galt für die Verbündeten Hanois, namentlich die Sowjetunion, die durch keinerlei Anzeichen erkennen ließen, daß sie zu einem Kompromiß bereit wären. Die Regierungsbeamten hofften sehr, daß das Programm *Rollender Donner* Hanoi schnell veranlassen werde, einer auf dem Verhandlungswege zu erreichenden Lösung des Vietnamkonflikts zuzustimmen. Als nach einem Monat fortgesetzter Bombardements noch immer keine derartige Reaktion aus Hanoi vorlag, schwand ihr Optimismus mehr und mehr.

Für die USA gab es im wesentlichen zwei Alternativen:

1. Es entweder den Südvietnamesen selbst zu überlassen, mit der Sache fertig zu werden und sich zurückzuziehen, oder 2. eigene Bodentruppen einzusetzen. Eine dritte Lösung, die drastische Intensivierung des Bombardements, wurde wohl kaum in Erwägung gezogen, weil die Gefahr einer chinesischen Intervention dadurch zu groß geworden wäre.«

Nach einem Monat ungefähr hatte die Regierung eingesehen, daß die Bombardierung wohl nicht schnell genug zu dem gewünschten Ergebnis führen würde, und traf die folgenschwere Entscheidung, die beiden bereits in Süd-Vietnam stationierten Marineinfanteriebataillone bei Offensivoperationen einzusetzen. Die 3500 Mann dieser beiden Bataillone waren am 8. März in Danang gelandet, wodurch sich die Gesamtzahl der in Süd-Vietnam stationierten US-Streitkräfte auf 27 000 erhöhte. Damals hatten sie allerdings noch die strikte Anweisung, ausschließlich den Flugplatz von Danang zu verteidigen.

Dem Wunsch des Präsidenten entsprechend, daß die Umschaltung auf

Offensivoperationen von der Öffentlichkeit unbemerkt zu geschehen habe, blieb der Beschluß vom 1. April unbekannt, »bis er dann beinahe zufällig am 8. Juni bei einer Verlautbarung aus dem Außenministerium mit zutage kam«, wie es in der Pentagon-Studie heißt.
Einen Tag zuvor waren die hastig improvisierten Anweisungen zu einer Verteidigungs- und Umfassungsstrategie durch die Anforderung General William C. Westmorelands, dem amerikanischen Oberkommandierenden in Saigon, von zusätzlichen 200 000 Mann überholt worden. Westmoreland wollte mit dieser Streitmacht die Niederlage so lange aufhalten, bis weitere Verstärkungen zur Verfügung standen.
»In einer gespannten Atmosphäre«, wie die Studie vermerkt, genehmigte Präsident Johnson Mitte Juli, also nach etwas über einem Monat, die Forderungen Westmorelands, und auch in diesem Fall, fügt die Studie hinzu, habe der Präsident seinen Entschluß wieder einmal geheim gehalten.

Erneute Warnungen vor einem Fehlschlag

Schon vor Eröffnung des Luftkrieges hatte es nicht an warnenden Stimmen in der Regierung gefehlt, die sich von der Bombardierungsaktion keinen Erfolg versprachen. Diese Stimmen machten sich nun wieder bemerkbar und erklärten, daß sich auch ein Landkrieg im Süden als fruchtlos erweisen werde. Nicht nur Unterstaatssekretär George W. Ball, der schon lange als Gegner der Vietnam-Politik der Regierung galt, gehörte zu ihnen, sondern auch CIA-Direktor McCone, der die geplanten Aktionen für nicht ausreichend hielt.
Am 2. April ließ McCone den Mitgliedern des Nationalen Sicherheitsrates ein Memorandum übermitteln, in dem er erklärte, daß es keinen Sinn habe, Bodentruppen in Süd-Vietnam einzusetzen, ohne gleichzeitig dazu überzugehen, »den Norden schonungslos zu bombardieren, um Hanois Willenskraft zu brechen.
Wir werden uns sonst in einen Dschungelkampf verwickelt sehen«, sagte er, »den wir nicht gewinnen können und aus dem wir nur unter großen Schwierigkeiten wieder herauskommen werden.« (Siehe Dokument Nr. 97)
Es steht nicht eindeutig fest, ob der Präsident dieses Memorandum des Geheimdienstchefs gelesen hat, aber McCone brachte die gleichen Ansichten in einem persönlichen Memorandum für den Präsidenten vom 28. April zum Ausdruck.
Auch ein Bericht des Geheimdienstes vom 6. Mai, der dem Präsidenten von Vizeadmiral William F. Rabon Jr., dem Nachfolger McCones, übergeben wurde, vertrat den gleichen Standpunkt wie McCone.
Balls Opposition kam allerdings von der entgegengesetzten Seite,

glaubte er doch, daß weder die Bombardierung des Nordens noch das Eingreifen in den Kampf im Süden oder eine Kombination dieser beiden Möglichkeiten eine Lösung bringen würde. Diese Auffassung brachte er auch in einem Memorandum vom 28. Juni deutlich zum Ausdruck. In der Pentagon-Studie heißt es dazu:

»In der Überzeugung, daß die USA ihre kostbaren Mittel an der falschen Stelle verschwendeten«, schlug Mr. Ball vor, die USA sollten alle bisherigen Opfer »abschreiben« und sich einfach aus Süd-Vietnam zurückziehen. »Ball legte eine absolut kaltblütige Analyse vor. So verschwieg er keineswegs, daß die USA vor ihren asiatischen Verbündeten das Gesicht verlieren würden, wenn sie sich zu Verhandlungen bereit fänden, die einen Abzug ihrer Truppen zur Folge hätte. Aber diese Verluste wären zu verwinden, und nach relativ kurzer Zeit könnten die USA aus dieser Periode der Drangsal als weisere und reifere Nation hervorgehen«, führt die Studie weiter aus.

Am 1. Juli wiederholte Ball seinen Vorschlag noch einmal und zwar in einem Memorandum an den Präsidenten mit dem Titel »Eine Kompromißlösung für Süd-Vietnam«. (Siehe Dokument Nr. 103)

Aber der Präsident folgte nun immer stärker den Vorschlägen General Westmorelands, der auf einen ausgedehnten Landkrieg drängte. Wie aus der Pentagon-Studie deutlich hervorgeht, waren damals ebenso wie Johnson fast alle hohen Regierungsbeamten zu keinerlei Kompromiß bereit.

Als Beleg für dieses Untersuchungsergebnis weist die Studie auf eine »Marathon-Informationskampagne« Außenminister Rusks hin, die dieser Ende Februar und Anfang März startete, also zu der Zeit, als der unbefristete Bombenkrieg gerade begonnen wurde.

Laut Studie wollte Mr. Rusk »den Eindruck erwecken, daß die USA eine scheinbar vernünftige, in Wirklichkeit aber unnachgiebige Position zu Verhandlungen einnahmen, indem sie von Hanoi kategorisch forderten, alle Aktivitäten gegenüber seinen Nachbarn einzustellen, bevor Verhandlungen überhaupt fruchtbar werden könnten. Rusks Desinteresse an Verhandlungen zu diesem Zeitpunkt stand im Einklang mit der Ansicht der meisten der engsten Berater des Präsidenten, die zur Zeit keine Möglichkeit für Verhandlungen sahen.

Hanoi hatte halb Süd-Vietnam in der Hand, und der Zusammenbruch der Regierung in Saigon war bereits zum Greifen nahe. Zu diesem Zeitpunkt verfügten die USA über keinerlei Unterpfand für Verhandlungen, und so sah Hanoi nicht die geringste Veranlassung, auf die extremen Forderungen der USA einzugehen. Bis sich das Kräfteverhältnis durch die Bombardements wieder etwas zugunsten der USA verschoben hätte, konnte es sich bei dem Thema Verhandlungen doch nur um hohles Gerede handeln.«

Wie die Pentagon-Studie ferner feststellt, sollten die beiden Versuche Präsident Johnsons, im Zusammenhang mit der Bombardierungskampagne im Frühjahr 1965 eine gewisse Kompromißbereitschaft zu zeigen, vor allem die Kritiker zum Verstummen bringen und die Öffentlichkeit für den Luftkrieg gewinnen. »Tatsächlich aber handelte es sich bei den Angeboten Johnsons nicht um Kompromißvorschläge, sondern um ›Friedensbedingungen‹, d. h., der Vietkong und die Volksrepublik Nord-Vietnam wurden aufgefordert, ihre Aktionen einzustellen, wobei die Bedingungen einer Kapitulationsforderung gleichkamen.«

Den ersten Versuch, eine friedliche Lösung herbeizuführen, machte Präsident Johnson mit einer Rede an der John Hopkins University in Baltimore am 7. April, in der er Verhandlungen »ohne Vorbedingungen« anbot, und mit »einem Köder im Wert von einer Milliarde Dollar« lockte, indem er ein von den USA finanziertes Entwicklungsprojekt für das Mekong-Delta vorschlug, von dem auch Nord-Vietnam profitieren könne.

Der zweite Versuch bestand in der fünftägigen Bombardierungspause im Mai, während der der Präsident Hanoi aufforderte, einer »politischen Lösung« im Süden zuzustimmen. Aber hinter diesem Schritt »stand wohl eher die Absicht, alles für eine spätere Eskalation vorzubereiten, als Hanoi ernsthaft aufzufordern, sich zur De-Eskalation bereit zu erklären«, kommentiert die Studie. Die Pause im Mai ging jedenfalls auf einen Vorschlag Vizeadmiral Rabons in einem Memorandum vom 6. Mai zurück, der »Hanoi die Gelegenheit geben« wollte, »mit einigem Anstand Konzessionen zu machen«.

Die Bombardierungen hatten am 8. und 11. Februar mit Angriffen unter dem Decknamen *Flammender Speer I* und *II* begonnen und warenn als Vergeltungsaktionen für Angriffe der Vietkongs auf amerikanische Einrichtungen in Pleiku und Qhinhon gerechtfertigt worden.

In offiziellen Regierungserklärungen Präsident Johnsons, so fährt die Pentagon-Studie fort, weitete sich das Programm der Vergeltungsschläge »stufenweise und fast unmerklich« zu einem unbefristeten Bombenkrieg gegen den Norden aus – so wie sich im Frühjahr und Sommer 1965 eine Defensiv- in eine Offensivstrategie verwandelt hatte.

In der Studie heißt es weiter, daß die beiden Vergeltungsangriffe im Februar – anders als bei den Zwischenfällen im Golf von Tonking, wo die Vergeltungsschläge direkt nach einem norvietnamesischen Angriff auf amerikanische Schiffe erfolgt waren – in der Öffentlichkeit gleich mit einem »umfassenderen Aggressionsprogramm Nord-Vietnams« in Verbindung gebracht wurden. *Flammender Speer II* z. B. wurde als »allgemeines Vergeltungsprogramm gegen fortgesetzte Aggressionsakte« charakterisiert.

»Obwohl nur zurückhaltend diskutiert, handelte es sich bei *Flammender Speer II* um ein Operationsprogramm, das wesentlich von der bisherigen Politik der USA abwich und das unbefristete Bombardierungsprogramm auslöste.« Und in einem anderen Abschnitt bemerkt die Pentagon-Studie, daß die »Änderung der Befehle für die Bodentruppen ... den Präsidenten in puncto Information der Öffentlichkeit und Darlegung der anstehenden Probleme in eine schwierige Lage brachte«.

Am 13. Februar, zwei Tage nach dem zweiten Bombenangriff auf Nord-Vietnam, gab Präsident Johnson grünes Licht für die Operation *Rollender Donner*. Entscheidenden Einfluß auf diese nicht veröffentlichte Order hatte ein Memorandum McGeorge Bundys, der gerade eine Inspektionsreise durch Vietnam absolvierte, als sich der Überfall auf Pleiku ereignete. In Bundys Begleitung befanden sich damals auch Staatssekretär McNaughton und der Stellvertretende Staatssekretär im Außenministerium, Leonard Unger.

In seinem Memorandum, das er auf der Rückreise von Saigon in der Boeing 707-1, der persönlichen Maschine des Präsidenten, entworfen hatte, befürwortete Bundy »eine Politik unbefristeter Vergeltungsschläge gegen Nord-Vietnam«. (Siehe Dokument Nr. 92) In dem Memorandum heißt es, daß die fortgesetzten Luftangriffe auf Nord-Vietnam damit zu rechtfertigen seien, daß sie genau auf die Aktionen des Vietkong in Süd-Vietnam abgestimmt wären.

»Wir sind überzeugt, daß fortdauernde Operationen notwendig sind, um dem Druck politischen Erfolg zu verleihen. Solange Vergeltungsschläge den Charakter von einzelnen Episoden haben, die im Verhältnis eins zu eins gegen ›spektakuläre‹ Übergriffe aufgerechnet werden können, geht ihre Wirkung verloren. Noch schwerer wiegt das Argument, daß diese Art Vergeltungsmaßnahmen den Kommunisten die Möglichkeit geben, sie völlig zu vermeiden, indem sie nur einen kleinen Teil ihres eigenen Aktionsprogramms aufgeben ... Der Vorteil des vorgeschlagenen Systems liegt darin, daß die Kommunisten, um den Druck zu verringern, ihre Aktivität im Süden soweit einschränken müßten, daß wir das Pazifizierungsprogramm mit mehr Aussicht auf Erfolg als bisher durchführen könnten.«

Die Autoren der Pentagon-Studie stellen fest, daß das Memorandum Bundys praktisch »die geeigneten Gründe zur Einleitung der Operation *Rollender Donner* lieferte«, da Bundy als unmittelbares Ergebnis die Einigung der anti-kommunistischen Kräfte in Süd-Vietnam für möglich hielt und als Folge davon eine gewisse politische Stabilität und Fortschritte bei der Pazifizierung. »Wenn diese Vorschläge erst einmal verwirklicht sein werden, können wir aus einer Position der Stärke heraus in Vietnam über viele Themen ganz anders sprechen als heute«, folgerte Bundy.

Außerdem, so meinte er, würde die Bombardierung des Nordens auch eine destruktive Wirkung auf die Kampfmoral der Vietkong-Kader im Süden haben.
Wie die Studie bemerkt, teilten die meisten übrigen Befürworter der unbefristeten Bombardierung des Nordens Bundys positive Einschätzung der Lage in Süd-Vietnam keineswegs. Botschafter Maxwell D. Taylor z. B., der allmählich schon ganz verzweifelt war angesichts der Situation in Saigon, befürwortete die Bombardierung nur, um »den nordvietnamesischen Kampfeswillen zu brechen und die DRV dadurch zu zwingen, die Unterstützung des Vietkong einzustellen«.
Aus einigen Kapiteln der Pentagon-Studie geht hervor, daß mehrere der Strategen der Johnson-Regierung – so vor allem Walt M. Rostow, der Vorsitzende des politischen Planungsausschusses im Außenministerium – in einem »genau dosierten« Einsatz der Luftstreitkräfte der USA ein geeignetes Mittel sahen, dieses Ziel zu erreichen.
Obwohl Bundy die unbefristete Bombardierung befürwortete und auch eine entsprechende »Wirkung auf Hanoi« nicht ausschloß, meinte er doch, das Konzept müßte auf längere Sicht angelegt werden, um einen vollen Erfolg zu erzielen. »Wenn man dieses Programm jedoch an den Kosten einer Niederlage in Vietnam mißt, erscheint es billig. Und selbst wenn es keine entscheidende Wende heraufführen sollte – was durchaus sein kann –, ist die erzielte Wirkung höher zu veranschlagen als die Kosten.«
Präsident Johnson informierte Botschafter Taylor über seinen Entschluß, mit der Operation *Rollender Donner* zu beginnen, in einem Telegramm des Weißen Hauses vom 13. Februar, einem Sonntagnachmittag. In diesem Telegramm hieß es: »Wir werden gemeinsam mit der GVN ein Programm angemessener und begrenzter Luftangriffe gegen ausgewählte militärische Ziele in der DRV durchführen, wobei wir bis auf weiteres südlich des 19. Breitengrades bleiben. Wir planen im Augenblick, diese Angriffe etwa ein- oder zweimal pro Woche zu starten und dabei jeweils zwei oder drei Ziele anzugreifen.« (Siehe Dokument Nr. 93)
Johnson sprach die Hoffnung aus, »die erforderliche Zustimmung der GVN bis Montag« zu erhalten.
Laut Pentagon-Studie hat Botschafter Taylor diese Mitteilung des Präsidenten zwar enthusiastisch begrüßt, in seiner Antwortdepesche allerdings darauf hingewiesen, wie schwierig es sein werde, eine verläßliche Antwort der GVN zu bekommen, da diese sich wieder einmal im Zustand des praktisch Nicht-Vorhandenseins befand.
General Nguyen Khanh, der nominelle Oberbefehlshaber der südvietnamesischen Streitkräfte, hatte das Kabinett von Premierminister Tran Van Huong am 27. Januar 1965 gestürzt. Unter Führung des jungen

Luftwaffenvizemarschalls Nguyen Cao Ky erschien daraufhin eine Gruppe junger Generäle – Jungtürken genannt – auf dem Plan und intrigierte nun ihrerseits gegen Khanh.
(In einer Anmerkung im Bericht über den Verlauf des ersten Vergeltungsangriffes aus der Luft am 8. Februar heißt es, daß Marschall Ky, der die am Einsatz beteiligten südvietnamesischen Maschinen befehligte, unter den Zielschützen der Amerikaner »Befremden« ausgelöst habe, weil er seine Bomben über falschen Zielen ablud. In dieser Anmerkung heißt es: »Durch eine in der letzten Minute vorgenommene Änderung warf Marschall Ky seine Bombenlast bei diesem Angriff über einem nicht bezeichneten Ziel im Gebiet von Vinhlinh ab, um, wie er später erklärte, einen Zusammenstoß mit einer amerikanischen Maschine zu vermeiden, die das ihm ursprünglich zugewiesene Ziel bombardiert habe, gerade als er dort angekommen sei.« Admiral Grant Sharp, der US-Oberbefehlshaber Pazifik, unterrichtete die Vereinigten Stabschefs von diesem Vorfall.)
Zur Situation in Saigon stellt die Pentagon-Studie fest: »Trotz der grotesken Verhältnisse in Saigon, die stark an Alice im Wunderland erinnerten, war Botschafter Taylor nach wie vor zuversichtlich.«
In seiner Antwortdepesche hieß es im Bezug auf die Bombardierungen: »Es wird interessant sein zu beobachten, wie sich unsere Maßnahme auf die innere politische Lage hier auswirken wird. Ich werde nicht versäumen darauf hinzuweisen, daß es sich dabei um eine schwerwiegende Änderung der US-Politik handelt, die den Interessen der GVN in höchstem Maße entspricht. Als Gegenleistung fordern wir allerdings auch eine ebenso entscheidende Veränderung der Haltung der GVN. Wir müssen jetzt unbedingt versuchen, hier die bestmögliche Regierung zu bilden; denn die Ereignisse werden in den nächsten Monaten einen Höhepunkt erreichen.«
Botschafter Taylor erhielt offenbar befriedigende Zusagen einer entsprechenden Mitarbeit der GVN, und so gingen am 18. Februar Telegramme des Außenministeriums an die US-Botschaft in London und acht weitere diplomatische Vertretungen der Vereinigten Staaten im Fernen Osten. Darin wurden die Botschafter über die beabsichtigte Bombardierungskampagne informiert und angewiesen, »Regierungschefs oder Staatsoberhäuptern (wie jeweils angebracht) Obenstehendes in strengster Vertraulichkeit mitzuteilen und über ihre Reaktionen zu berichten«. (Siehe Dokument Nr. 95)
Sowohl McGeorge Bundy als auch Botschafter Taylor hatten empfohlen, über die Details der Vergeltungsschläge in der Öffentlichkeit so wenig wie nur möglich verlauten zu lassen. Wohl abgewogene offizielle Erklärungen der USG (United States Government) müßten im Hinblick auf die fortgesetzten Operationen so abgefaßt sein, daß klar daraus

hervorgeht, daß die militärischen Aktionen anhalten, weil auch die Aggression im Süden anhält. »Das Augenmerk der Öffentlichkeit muß auf die Aktionen der DRV und nicht auf die gemeinsamen Operationen der US- und GVN-Streitkräfte gelenkt werden.«

Den Beginn der ersten Serie unbefristeter Angriffe im Rahmen der Operation *Rollender Donner I* hatte der Präsident für den 20. Februar geplant. Fünf Stunden nachdem das Außenministerium diesen Plan an die Saigoner Botschaft durchgegeben hatte, versuchte der bereits notorische Verschwörer Oberst Pham Ngoc Thao einen »halben Staatsstreich« gegen General Khanh, der zwar mißglückte, aber doch ausreichte, um »in Saigon alles auf den Kopf zu stellen«, wie es in der Studie heißt. Botschafter Taylor forderte daher sofortige Zurückstellung des für den 20. Februar geplanten Luftangriffs, ein Vorschlag, der in Washington auch sogleich angenommen wurde.

Das Außenministerium setzte sofort alle US-Botschaften von der neuen Situation in Kenntnis, und verlangte, daß Informationen über den Bombardierungsplan »aufgrund der unsicheren Lage in Saigon« bis zum Eintreffen neuer Instruktionen zurückgehalten werden sollten.

Die Lage blieb dort noch eine Woche lang höchst »unsicher«, da die Jungtürken nun gleichfalls alles daransetzten, General Khanh loszuwerden.

»Letzterer versuchte verzweifelt, ein paar Anhänger um sich zu sammeln, hatte aber keinen Erfolg. Um nicht auch noch als Oberbefehlshaber seinen Rücktritt erklären zu müssen, bestieg er schließlich ein Flugzeug und machte sich zunächst einmal aus dem Staube. Aber in Nhatrang ging ihm kurz vor Morgengrauen am 21. Februar im wahrsten Sinne des Wortes der Treibstoff aus. Er unterschrieb seinen Rücktritt und behauptete, daß hinter dem Coup eine ›ausländische Macht‹ gestanden habe. Niemand aber konnte sicher sein, ob Khanh nicht versuchen würde, durch einen Gegenputsch wieder an die Macht zu kommen, es sei denn, er werde ganz ›von der Bühne geschafft‹.« Soweit die Pentagon-Studie.

Drei weitere Tage vergingen, und erst am 25. Februar war Khanh bereit, freiwillig ins Exil zu gehen – als Sonderbotschafter. Botschafter Taylor verabschiedete ihn auf dem Flugplatz höflich, aber mit »eisiger Miene«. Dann erst »konnte Taylor grünes Licht und Washington das Startzeichen für die lange geplante Operation *Rollender Donner* geben«.

Weniger als drei Wochen zuvor hatte McGeorge Bundy in einem Memorandum an den Präsidenten, in dem er für den Fall »fortgesetzter Vergeltungsschläge gegen Nord-Vietnam« eine Besserung der Verhältnisse in Saigon voraussagte, die Ansicht vertreten – übrigens im Gegensatz zu Botschafter Taylor –, daß »Khanh nicht von der Bühne zu verschwinden brauche«. Dazu hieß es in seinem Memorandum weiter: »Wir kennen gegenwärtig niemanden, der seine Fähigkeiten besäße, militärische Autorität mit einem gewissen politischen Verstand zu verbinden.«

Inzwischen waren zwei weitere Angriffe im Rahmen *Rollender Donner II* und *III* geplant und wieder vertagt worden, weil die südvietnamesische Luftwaffe wegen »Putschalarm« in Saigon bleiben mußte.

Für eine Verhinderung der Bombenangriffe während dieses Zeitraums sorgten allerdings auch zwei diplomatische Initiativen der Sowjets und der Briten, die den Antrag stellten, ihren gemeinsamen Vorsitz bei der Genfer Indochina-Konferenz von 1954 zur Erörterung der gegenwärtigen Krise in Vietnam zu reaktivieren.

Daraufhin kabelte Außenminister Rusk an Botschafter Taylor, daß diese diplomatischen Schritte die Entscheidung Washingtons, Nord-Vietnam zu bombardieren, nicht umwerfen, sondern nur eine Änderung des Zeitplanes bewirken würden.

Laut Pentagon-Studie betrachtete die Johnson-Regierung die Versuche, die Genfer Indochina-Konferenz wieder ins Leben zu rufen, die seinerzeit den französischen Indochina-Krieg beendet hatte, »als keine akzeptable Verhandlungsbasis, sondern lediglich als eine für die USA willkommene Gelegenheit, in aller Öffentlichkeit ihre Stärke zu demonstrieren«.

An dem Tag aber, als General Khanh Saigon verließ, war das »diplomatische Spiel« bereits zu Ende, und Präsident Johnson hatte den 26. Februar für einen Vergeltungsangriff – *Rollender Donner IV* – festgesetzt.

Die Piloten hatten eine Woche lang einsatzbereit gewartet – alle 24 Stunden waren andere Befehle eingegangen. Aber auch dieser letzte Befehl mußte wegen des beginnenden Monsunregens für vier Tage ausgesetzt werden.

Am 2. März ging *Rollender Donner* dann endlich über die Bühne. F-100-Super-Sabre und F-105-Thunderchief-Jets der US Air Force bombardierten ein Waffenlager in Xombang, und propellerbetriebene A-1H-Kampfbomber der südvietnamesischen Luftwaffe griffen die Marinebasis Quangkhe an.

Während der Planung der Bombeneinsätze waren in der Johnson-Regierung auch die unterschiedlichen Auffassungen über die Art und Weise dieser Luftangriffe diskutiert worden; nach dem ersten Einsatz erhielten diese Auseinandersetzungen neuen Auftrieb.

Minister McNamara, der in der Pentagon-Studie immer wieder als derjenige apostrophiert wird, der sich am meisten über Mittel, Kosten und Wirksamkeit der Operationen Gedanken gemacht habe, wollte noch vor Beginn des unbefristeten Luftkrieges durchsetzen, daß der militärische Nutzeffekt der Aktionen erhöht werde. Ihm lagen Berichte über das

Ausmaß der Zerstörungen vor, die die beiden Angriffe im Februar verursacht hatten – danach waren von 491 angegriffenen Gebäuden nur 47 zerstört und 22 beschädigt worden. Diese Information »ließ McNamara am 17. Februar ein ziemlich scharfes Memorandum an General Earle G. Wheeler, den Vorsitzenden der Vereinigten Stabschefs, abfeuern«, berichtet die Studie.

»Die vier Angriffe (bei zwei Einsätzen) haben einen verhältnismäßig geringen Schaden in den Zielbereichen verursacht. Dennoch bin ich ganz zufrieden; war es doch unser primäres Ziel, unsere politische Entschlossenheit zu zeigen – und das haben wir, glaube ich, erreicht. Weitere derartige Demonstrationen unserer politischen Entschlossenheit aber würden hohl wirken, wenn wir dabei keinen größeren Schaden anrichteten als bisher ... Es ist doch hoffentlich nicht beabsichtigt, bei 267 sorties [1 sortie = 1 Einsatz pro Flugzeug] in den nächsten Monaten nicht mehr auszurichten als bei diesen ersten vier.«

General Wheeler erwiderte, man habe bereits dafür gesorgt, daß die Angriffe größere Zerstörungen versursachten. Vor allem mußte der »örtliche Oberbefehlshaber« mehr »Spielraum erhalten«, die Ziele anzugreifen, die er für richtig hielt, statt sich genau nach den Anweisungen aus Washington zu richten.

Am 9. März billigte der Präsident die Verwendung von Napalm in Nord-Vietnam.

Am Tag zuvor, dem Tag, an dem 3500 Marineinfanteristen in Danang zum Schutz des dortigen Flugplatzes gelandet waren, hatte Botschafter Taylor in zwei Telegrammen nach Washington »seiner Verärgerung« über den »derart ängstlich und unentschlossen geführten« Luftkrieg Ausdruck verliehen.

Seit dem ersten Angriff im Rahmen der Operation *Rollender Donner* am 2. März waren nämlich keine weiteren Angriffe vom Präsidenten genehmigt worden, so daß »der Botschafter sich über die lange Pause zwischen den aufeinanderfolgenden Angriffen Sorgen machte«, wie es in der Studie heißt. Außerdem hielt er die Angriffe für zu leicht und beklagte sich auch »über das hektische, geheimdiplomatische Treiben«.

In Übereinstimmung mit General Westmoreland befürwortete Botschafter Taylor »einen etwas dynamischeren Ablauf, ein gleich über mehrere Wochen laufendes Programm von Angriffen, die gnadenlos auch über den 19. Breitengrad hinaus geführt« werden sollten. Diese Grenze hatte Präsident Johnson angeordnet. Botschafter Taylor aber wollte »endlich den Kampfeswillen der DRV brechen«.

So telegrafierte er: »Die fieberhafte diplomatische Aktivität namentlich der Franzosen und Briten steht nur der Absicht der USA, der DRV endlich die Daumenschrauben anzulegen, im Wege. Mir scheint ganz klar auf der Hand zu liegen, daß die Nordvietnamesen bei Luftangriffen

dieser Art denken müssen, daß wir auf Grund des internationalen Drucks viel stärker auf Verhandlungen angewiesen sind als sie selbst.«
In diesem Zusammenhang zitierte er einen Bericht von J. Blair Seaborn, dem kanadischen Mitglied der Internationalen Kontrollkommission, der Anfang des Monats in Hanoi verschiedene diplomatische Missionen für die USA erfüllt hatte.
Gleich nach Erledigung dieser Aufträge wurde Seaborn mit einer Vietnamerklärung der Amerikaner, die am 24. Februar den Chinesen über deren Botschaft in Warschau übermittelt worden war, nochmals zu den Führern in Hanoi geschickt.
Kernsatz dieser Erklärung war laut Pentagon-Studie die Einstellung, daß die USA zwar alle Maßnahmen ergreifen würden, »um Süd-Vietnam zu halten, jedoch keine Absichten auf nordvietnamesisches Territorium hätten und auch die DRV nicht zerstören wollten«. Die Übergabe der Erklärung an die Chinesen sollte diese offenbar davon abhalten, auf Grund der bevorstehenden Bombardierungen an eine Intervention zu denken.
Bei seinem nächsten schnellen Besuch in Hanoi sollte Seaborn »Nord-Vietnam nunmehr klarmachen, daß es mit der Zerstörung ... seiner militärischen und wirtschaftlichen Einrichtungen« zu rechnen habe, falls es den Aufstand der Vietkong-Guerillas nicht unterbinde und zur Anerkennung eines unabhängigen, nichtkommunistischen Süd-Vietnam bereit sei.
Premierminister Pham Van Dong von Nord-Vietnam, der Seaborn bereits zweimal empfangen hatte, lehnte es diesmal ab, ihn zu sehen. Seaborn mußte sich damit begnügen, von einem nordvietnamesischen Verbindungsmann der Internationalen Kontrollkommission angehört zu werden, dem er die Washingtoner Erklärung vortrug.
Seaborn berichtete, daß der Nordvietnamese ihm daraufhin geantwortet habe, daß die Nachricht nichts Neues enthalte und Hanoi von Rotchina »bereits über die Warschauer Zusammenkunft informiert sei«.
In dieser Behandlung seiner Person sah Seaborn »einen Beweis für die große Zuversicht Hanois«, wie sich Botschafter Taylor in seinem Telegramm nach Washington ausdrückte. Mr. Seaborn habe den Eindruck, daß »Hanoi in unseren Luftangriffen nur eine Maßnahme zur Verbesserung unserer Verhandlungsposition sieht und daher auch kein Anlaß zu großer Sorge bestände«.
»Wir müssen die Führung in Hanoi in möglichst kurzer Zeit für unsere Ziele zu gewinnen versuchen, damit wir nicht unter internationalem Druck zu Verhandlungen gezwungen werden«, meinte Botschafter Taylor. Darum, fuhr er fort, sei es »notwendig, die Luftangriffe allmählich zu verstärken und sie langsam aber stetig über den 19. Breitengrad hinaus vorzutragen, um Hanoi die letzten Illusionen zu nehmen«.

Weiter sagte er: »Wenn wir zu lange südlich des 19. Breitengrades bleiben, erwecken wir bei den Nordvietnamesen einen unseren Zwecken zuwiderlaufenden Eindruck.«

Die nächsten innerhalb der Operation *Rollender Donner* geführten Angriffe vom 14. und 15. März waren dann auch die bis dahin schwersten. An diesem Einsatz waren 100 US-Bomber und 24 südvietnamesische Flugzeuge beteiligt. Angegriffen wurden Kasernen und Waffendepots auf der Tiger-Insel vor der nordvietnamesischen Küste sowie das Munitionslager Phuqui, 100 Meilen südwestlich von Hanoi. Zum ersten Mal wurde dabei Napalm eingesetzt, dessen Verwendung der Präsident bereits am 9. März genehmigt hatte. Auf diese Weise sollte der Zerstörungseffekt gesteigert und damit den Wünschen McNamaras entsprochen werden; außerdem war ein besserer Schutz der Bomber gegen die nordvietnamesische Luftabwehr erzielt worden.

Doch der US-Botschafter in Saigon hielt auch diese Aktion für »eine isolierte, von den Stäben der USA und der südvietnamesischen Regierung gemeinsam durchgeführte Operation«. In einem Telegramm nach Washington wies er darauf hin, daß der Operationsplan *Rollender Donner* eine weitere Steigerung vorsehe, um die gewünschten Ergebnisse zu erzielen, die jedoch infolge wiederholter Pausen nicht erreicht werde.

Inzwischen waren Admiral Sharp in Honolulu und die Vereinigten Stabschefs in Washington damit beschäftigt, in aller Eile Pläne zur Intensivierung des Luftkrieges zu entwerfen.

Den 21. März schlug Admiral Sharp als »Radarvernichtungstag« vor, d. h., das gesamte Radarwarnsystem Nordvietnams sollte an diesem einen Tag zerstört werden, um so die Vorwarnung bei Luftangriffen auszuschalten. Außerdem sollten alle Verkehrsverbindungen (offiziell LOC genannt), so stark getroffen werden, daß alles Land südlich des 20. Breitengrades praktisch abgeschnitten wäre. Durch dieses Programm sollten sämtliche Verkehrsverbindungen im südlichen Teil Nord-Vietnams, also Straßen und Eisenbahnen, lahmgelegt werden, um den Nachschub für den Süden zu unterbrechen. In einem Telegramm des Admirals an die Vereinigten Stabschefs hieß es: »Die ausgewählten Angriffspunkte sind nicht oder nur sehr schwer zu umgehen. Ihre Zerstörung würde den Nachschub nach dem Süden auf ein Minimum reduzieren; außerdem schaffen wir uns eine Reihe neuer Ziele auf beiden Seiten wie liegengebliebene Konvois, Nachschublager sowie Unterkünfte.«

»Das könnte bewirken, daß Nord-Vietnam auf den Seeweg ausweichen und sich damit in die Reichweite unserer südvietnamesischen Küstenpatrouillenboote begeben muß«, fügte der Admiral hinzu.

Zur gleichen Zeit waren in Washington – dem Bericht zufolge – die

Vereinigten Stabschefs geteilter Meinung über eine Entsendung von Bodentruppen wie über die Zweckmäßigkeit des Luftkrieges.

General John P. McConnell, Stabschef der Luftwaffe, vertrat eine Außenseiterposition und setzte sich für eine außerordentlich harte achtundzwanzigtägige Bombardierungskampagne ein. Dabei sollten alle 94 auf der im Mai 1964 entworfenen Liste angegebenen Ziele, von Brücken bis zu Industrieanlagen, total zerstört werden.

»Er schlug vor«, heißt es in der Studie, »im Süden Nord-Vietnams zu beginnen und dann in zwei- bis sechstägigen Intervallen bis nach Hanoi vorzudringen.«

Die Schläge sollten massiv geführt werden und den Einsatz von B-52-Bombern einschließen, wie er von den Vereinigten Stabschefs schon am 1. November 1964 als Vergeltung für den Angriff auf Bienhoa vorgeschlagen worden war; General McConnell wies darauf hin, daß seine Pläne mit anderen, früher von den der Vereinigten Stabschefs vorgelegten übereinstimmten, d. h., daß seine Vorschläge keineswegs vollkommen neu waren.

Der General ließ sich umstimmen, als sich seine Kollegen mehr und mehr für Admiral Sharps *Programm zur Unterbrechung der Verkehrswege* erwärmten und einige seiner Vorstellungen in den Gesamtplan eingebaut wurden, dessen Durchführung sich über mehrere Wochen erstrecken sollte und der McNamara am 27. März unterbreitet wurde.

Dem Operationsplan zufolge war vorgesehen, zunächst die Eisenbahn- und Straßenverbindungen südlich des 20. Breitengrades ganz systematisch zu zerstören. Im Anschluß daran sollte ein schließlich nach Hanoi führender »Marsch nach Norden« Nord-Vietnam Woche um Woche stärker von China isolieren, indem alle Verkehrsverbindungen dorthin unterbrochen würden. Zu einem späteren Zeitpunkt, über den die Vereinigten Stabschefs noch nicht endgültig entschieden hatten, sollten dann die Hafenanlagen vernichtet werden, um Nord-Vietnam von der See abzuschneiden. Schließlich war geplant, so lange Fabriken in wenig besiedelten Gebieten aufs Korn zu nehmen, »bis die nordvietnamesische Führung erkennt, daß unsere nächsten Bombenziele zwangsläufig die Industriezentren von Hanoi und Haiphong sein werden«.

Doch der Präsident und McNamara waren nicht bereit, einem mehrwöchigen Plan zuzustimmen, wie die Studie berichtet, »sie wollten unbedingt zu jeder Zeit selbst die Kontrolle über Angriffskonzepte und die Auswahl von Einzelzielen behalten«.

Mitte März, nachdem sich General Harold K. Johnson, Stabschef der Armee, im Auftrage des Präsidenten in Südvietnam umgesehen hatte, lockerte Präsident Johnson die strikten Verordnungen über die Bombardierung. So wurden die Ziele von nun an gleich für eine ganze Woche im voraus festgelegt und genehmigt, wobei den Kommandeuren die

Erstellung eines genauen Zeitplans, nach dem diese Aktionen im einzelnen durchgeführt werden sollten, überlassen blieb. Außerdem brauchten ab sofort »die Angriffe nicht mehr unbedingt an Terrorakte des Vietkong geknüpft zu sein« und Veröffentlichungen über Aktionen wurden drastisch eingeschränkt. Der Präsident konnte sich allerdings mit zwei Empfehlungen General Johnsons, die die Bodentruppen betrafen, nicht befreunden. Einmal handelte es sich um den Vorschlag, eine Division amerikanischer Soldaten abzustellen, um Küstengebiete zu besetzen und die Verteidigung des Zentralen Hochlandes zu übernehmen, damit südvietnamesische Truppen zu Offensivschlägen gegen den Vietkong frei würden. Als zweites war vorgesehen, eine aus vier Divisionen US-Truppen und Soldaten der SEATO-Paktstaaten bestehende Streitmacht aufzustellen, die zur Blockierung der Nachschubwege und zur Überwachung der entmilitarisierten Zone zwischen den beiden Vietnam sowie an der laotischen Grenze eingesetzt werden sollte.

Die durchgreifende Umorganisation bei Planung und Durchführung der Vergeltungsangriffe aus der Luft bewirkten, daß nun auch Teile des LOC und des *Radarzerstörprogrammes* in die allwöchentlichen Operationen aufgenommen wurden. Doch nach wie vor trafen Präsident Johnson und Verteidigungsminister McNamara die letzte Auswahl der Ziele, um ihre Entscheidungen anschließend den Vereinigten Stabschefs mitzuteilen. Von dort gingen sie dann in Form wöchentlicher Einsatzbefehle für die Operation *Rollender Donner*, die direkt dem Verteidigungsministerium unterstand, an die für diese Aktionen abgestellten Luftwaffeneinheiten.

So wurde aus der Operation *Rollender Donner*, die als »Demonstration der Luftüberlegenheit mit politischer und psychologischer Zielsetzung« begonnen hatte, das »militärisch wichtigere Unternehmen unbefristeter Bombenangriffe«, das darauf abzielte, die Resourcen Nord-Vietnams so stark zu zerstören, daß eine Unterstützung der Rebellen im Süden ausgeschlossen sein sollte.

Dieses Umfunktionieren bedeutete aber gleichzeitig das Eingeständnis, daß die Operation *Rollender Donner* ihr Ziel, Hanoi zu bewegen, die Unterstützung des Vietkong aufzugeben, verfehlt hatte.

Die Frage, die sich die Johnson-Regierung stellen mußte, war klar formuliert worden, wie es in der Pentagon-Studie heißt, und zwar von McNaughton in einem Memorandum vom 24. März an Verteidigungsminister McNamara für die am 1. und 2. April anberaumten Sitzungen des Nationalen Sicherheitsrates:

»Kann die Situation innerhalb Süd-Vietnams bereinigt werden ohne a) extreme Maßnahmen gegen Nord-Vietnam und/oder b) ohne die Verlegung einer großen Zahl von US- (und anderen) Kampfverbänden nach Süd-Vietnam?« Die Antwort McNaughtons lautete: »Vielleicht, wahrscheinlich jedoch nicht.« (Siehe Dokument Nr. 96)

General Westmoreland legte seine Ansichten in einem umfangreichen Bericht mit dem Titel »*Commander's Estimate of the Situation in* SVN« dar. In der Studie wird dazu angemerkt: »Eine typische Leavenworth-Analyse«, was auf die berühmte Kommandeurs- und Generalstabsschule zu beziehen ist. Westmoreland hatte seinen Bericht am 26. März in Saigon fertiggestellt, damit er für die Sitzung des Nationalen Sicherheitsrates am 1. bis 2. April in Washington vorlag.

Der Oberbefehlshaber in Saigon und sein Stab hatten am 13. März mit der Arbeit an der Studie begonnen, also nur einen Tag nachdem General Johnson abgereist war, der die Vorschläge zur Entsendung einer Division zum Schutz der Küstenenklaven und zur Aufstellung von vier Divisionen aus US- und SEATO-Streitkräften unterbreitet hatte.

General Westmoreland vertrat nunmehr eindeutig die Ansicht, daß der Bombenkrieg vor Juni keine wesentlichen Ergebnisse erbringen würde. Bis dahin jedoch brauche die südvietnamesische Armee Verstärkungen aus den USA, um die Front gegen die zunehmend härter werdenden Angriffe des Vietkong halten und gleichzeitig ein »ordnungsgemäßes« Rekrutierungsprogramm zur Auffüllung der eigenen Reihen durchführen zu können.

Darüber hinaus warnte der General davor, daß die Saigoner Truppen, »die sich zum gegenwärtigen Zeitpunkt recht gut schlagen, einer Sommeroffensive des Vietkong nicht gewachsen sind, so daß der Süden dann kaum so lange zu halten ist, bis die Bombenangriffe erste Ergebnisse zeitigen.«

General Westmoreland bat um Verstärkungen in Höhe von zwei amerikanischen Divisionen, die zusammen mit den bereits in Süd-Vietnam stationierten Streitkräften eine Gesamtzahl von 70 000 US-Soldaten ergeben hätten. Darunter waren 17 Manöverbataillone. Der Vorschlag des Generals umfaßte außer den bereits in Danang liegenden Marinelandungstruppen weitere derartige Einheiten auch in Phubai, nördlich von Danang, um einen Luftstützpunkt anzulegen. Eine Armeebrigade sollte nach Bienhoa-Vungtau bei Saigon verlegt werden und zwei Infanterieregimenter nach Quinhon und Nhatrang, um die dortigen Häfen zu Nachschubbasen auszubauen. Hier sollte eine Infanteriedivision stationiert werden, die General Westmoreland im Zentralen Hochland einsetzen wollte, um dem dort immer weiter vordringenden Vietkong »eine Niederlage zu bereiten«.

Diese Streitmacht mit den dazugehörigen Versorgungstruppen sollte nach den Vorstellungen des Generals bis Juni in Süd-Vietnam sein, wobei dieser gleichzeitig darauf hinwies, daß wahrscheinlich noch wei-

tere Verstärkungen gebraucht würden, falls die Luftangriffe keine Wirkung haben sollten.
Aber der Oberbefehlshaber in Saigon und General Johnson waren – wie der Bericht zeigt – keineswegs die einzigen, die sich für die Entsendung von Kampftruppen nach Süd-Vietnam stark machten, um einen Sieg des Vietkong zu verhindern. So hatten auch die Vereinigten Stabschefs am 20. März den Einsatz von zwei amerikanischen und einer südkoreanischen Division gegen die Guerillas vorgeschlagen.
Verteidigungsminister McNamara, Botschafter Taylor und die Vereinigten Stabschefs erwogen bereits am 29. März eine eventuelle Entsendung von drei Divisionen, als Taylor zur militärischen Planungssitzung des Nationalen Sicherheitsrates nach Washington gekommen war.
Der Botschafter war gegen den Plan zur Verstärkung der Bodentruppen, weil er meinte, daß die Anwesenheit so vieler ausländischer Militärs bei den Südvietnamesen Ressentiments wecken könnte. 100 000 Mann setzte er als oberste Grenze an. Außerdem hielt er eine derartige Maßnahme vorläufig auch vom militärischen Standpunkt aus nicht für notwendig.
»Da aber die Vereinigten Stabschefs die uneingeschränkte Unterstützung McNamaras« erhielten, wie es in der Studie heißt, wurde die Frage auf der Sitzung des Nationalen Sicherheitsrates zur Sprache gebracht.
»Auf der Sitzung am 1. und 2. April war also die Frage der Stationierung von Bodentruppen der USA und anderer ausländischer Streitkräfte in Süd-Vietnam das Hauptproblem der Johnson-Regierung.«
Ein Memorandum, das von McGeorge Bundy vor der Sitzung abgefaßt worden war, »befaßte sich nur ganz allgemein mit der komplexen Frage künftiger Vergeltungsschläge im Rahmen des Luftkrieges«.
Gerade an dem Morgen, als Botschafter Taylor aus Saigon abreiste, um an dieser Sitzung teilzunehmen, nämlich am 29. März, war den Vietkong-Guerillas ein Attentat auf die amerikanische Botschaft gelungen. Laut Studie handelte es sich dabei »um die kühnste und aggressivste Aktion der Kommunisten gegen die USA seit Pleiku und Qhinhon; damals hatten die Vereinigten Staaten mit den Bombenvergeltungsschlägen *Flammender Speer* reagiert«.
Nachdem das Gebäude der amerikanischen Botschaft in Saigon in die Luft gesprengt worden war, forderte Admiral Sharp einen »spektakulären« Luftangriff auf Nord-Vietnam, fand aber im Weißen Haus mit seiner Forderung kein Gehör.
»Zu diesem Zeitpunkt hatte der Präsident beschlossen, die Bevölkerung in den USA durch unauffälliges Taktieren daran zu gewöhnen, mit dem Vietnamkonflikt zu leben. Er wollte jegliche dramatische Überspitzung

zu Taylors Ankunft vermeiden.« Und so unterblieb ein massiver Vergeltungsschlag gegen Nord-Vietnam.

»Nach einer ersten Besprechung mit Taylor und weiteren hohen Regierungsbeamten am 31. März erklärte der Präsident auf die wiederholte Frage der Journalisten, ob mit dramatischen Entwicklungen in Vietnam zu rechnen sei: ›Mir ist von einer weitreichenden Strategie, die vorgeschlagen oder erwogen worden wäre, nichts bekannt.‹ Tatsächlich jedoch kamen die Vorschläge, die bei dieser Zusammenkunft besprochen worden waren und über die Präsident Johnson bereits am nächsten Tag wichtige Entscheidungen treffen sollte, einer sehr weitreichenden Änderung der Strategie gleich; ging es doch um nichts geringeres als den Einsatz von US-Bodentruppen zu Offensivoperationen gegen asiatische Insurgenten. Dieses Thema überschattete bereits alle anderen im Zusammenhang mit Vietnam diskutierten Fragen und Vorschläge.«

Mit diesen Worten umreißt die Pentagon-Studie den Beschluß des Präsidenten auf der militärischen Planungssitzung im Weißen Haus am 1. und 2. April, den Marinebataillonen, die bislang für Verteidigungsaufgaben in Danang eingesetzt waren, einen offensiven Kampfauftrag zu erteilen.

Diese Entscheidung wurde von McGeorge Bundy im Memorandum Nr. 328 für Aktionen zum Schutze der Nationalen Sicherheit verankert, das er im Namen des Präsidenten entworfen hatte und am 6. April unterzeichnete. Die Autoren der Pentagon-Studie stellen fest, daß der Text dieses »zentralen Dokuments« fast »wörtlich« mit dem Text eines Memorandums übereinstimmt, das McGeorge Bundy vor der Sitzung des Nationalen Sicherheitsrates abgefaßt hatte, um die Diskussionspunkte dem Präsidenten zur Beschlußfassung vorzulegen.

Die Landung von 3500 Marineinfanteristen in Danang im Monat zuvor hatte, wie es im Bericht heißt, »ein überraschend geringes Echo hervorgerufen«. Außenminister Rusk hatte einen Tag bevor die US-Soldaten an Land gingen, im Fernsehen erklärt, daß sie nur zur Sicherung des Luftstützpunktes eingesetzt würden und nicht – wie er sagte – »um Vietkongs zu töten«. Auf diesen Auftrag an die Marine bezog man sich später, wenn von der kurzlebigen Sicherheitsstrategie die Rede war, bei der es lediglich um diese unbedeutende Truppenverlegung nach Süd-Vietnam ging. Einen Monat später wurde ihre Aufgabe von defensiv auf offensiv umgeschaltet, und die ganze Sicherheitsstrategie war bereits Makulatur.

Auf der Sitzung am 1. und 2. April entschied der Präsident darüber hinaus, die von General Westmoreland am 17. März angeforderten zwei zusätzlichen Marineinfanteriebataillone nach Süd-Vietnam zu beordern; außerdem wurden Verstärkungen in Höhe von 18 000 bis 20 000 Mann beschlossen.

Zweifellos kannte der Präsident zu diesem Zeitpunkt die Forderung des Generals nach Entsendung von zwei Divisionen und den Vorschlag der Vereinigten Stabschefs, sogar drei Divisionen abzustellen, »sehr genau«, doch Johnson entsprach diesen Wünschen zu diesem Termin nicht, so daß die Autoren der Pentagon-Studie zu folgendem Schluß kommen:

»Die Beschlüsse und ersten Schritte zum Aufstocken der Bodentruppen scheinen nur widerwillig gefaßt und unternommen worden zu sein. Der Präsident ... und seine engsten Berater waren sich der möglichen weitreichenden Konsequenzen voll bewußt. Man wußte, daß eine Begrenzung der Bodenoperationen weitaus schwieriger zu erreichen sein werde als bei Marine- oder Luftwaffenaktionen. Darüber hinaus dürfte klar sein, daß der Präsident mit der vergleichsweise geringen Zahl an US-Bodentruppen, die er zu diesem Zeitpunkt (Sitzung des Nationalen Sicherheitsrates am 1. und 2. April) zu entsenden beschloß, zunächst einmal Erfahrungen auf dem Gebiet von Offensivaktionen sammeln wollte. Diese Aktion war sozusagen als Experiment gedacht.«

Im Memorandum 328 aber war die Offensivrolle offensichtlich nicht genau definiert und umrissen, so daß Botschafter Taylor, der an der Sitzung des Nationalen Sicherheitsrates in Washington teilgenommen hatte, über die unklaren Instruktionen höchst unzufrieden war. Noch während seiner Rückreise nach Saigon hatte der ehemalige Militärberater des Präsidenten John F. Kennedy und damalige Vorsitzende der Vereinigten Stabschefs vom Hauptquartier des Oberbefehlshabers Pazifik in Honolulu aus nach Washington gekabelt:

»Meiner Ansicht nach sollte der neue Auftrag für die Marineinfanterie von Danang Premierminister Pham Huy Quat gegenüber folgendermaßen formuliert werden: Verbesserter Schutz für den Stützpunkt *und* Angriffsaktionen zur Unterstützung der Operationen der südvietnamesischen Armee innerhalb eines Umkreises von 50 Meilen außerhalb des Stützpunktes. Letzteres wird durchgeführt, sobald Erfahrungen im Anti-Guerillakampf vorliegen.«

Diese 50-Meilen-Zone wurde zu einer Faustregel für Aktionen gegen die Aufständischen.

Damit aber wurde durch Memorandum 328 über Aktionen zur Nationalen Sicherheit die Sicherheitsstrategie »am 1. April de facto hinfällig«, und an ihre Stelle trat die Umfassungsstrategie.

Verwirrung und Verdächtigungen

Die Bewilligung von 18- bis 20 000 Mann, die dazu bestimmt waren, bereits vorhandene Einheiten »aufzufüllen«, und das »benötigte logistische Personal« stellen sollten, führte schon kurze Zeit später zu Verwirrung, Verdächtigungen und Kontroversen.

Am 21. April erklärte Verteidigungsminister McNamara dem Präsidenten, daß 11 000 Mann zur Verstärkung verschiedener Einheiten eingesetzt werden sollten und 7000 Mann als »logistisches Personal« zur Unterstützung bereits genehmigter Truppenverbände zu verstehen seien.

»Aus allen diesbezüglichen Dokumenten ist leider nicht klar erkennbar, was der Präsident mit diesen Truppenkontingenten tatsächlich vorhatte, weil die Definitionen unklar sind«, schreiben die Autoren der Pentagon-Studie, ». . . eindeutig geht aber aus ihnen hervor, daß die Vereinigten Stabschefs darauf aus waren, zum frühest möglichen Termin zwei bis drei Divisionen für Süd-Vietnam abzustellen.« Als Beleg dafür wird ein Memorandum von McNamara an General Wheeler vom 6. April zitiert, in dem diese Pläne deutlich zutage treten.

Am 5. Mai erklärte McNaughton in einem Memorandum an den Stellvertretenden Verteidigungsminister Cyrus R. Vance: »Die Vereinigten Stabschefs haben die zusätzlichen Truppen als logistische Verstärkung für die Küstenenklaven mißdeutet und die mögliche Entsendung von 2 bis 3 Divisionen falsch ausgelegt.« Dabei handelt es sich um die Divisionen, die die Vereinigten Stabschefs am 20. März angefordert hatten.

Die Umfassungsstrategie sah vor, Kampfverbände der US-Streitkräfte »unter relativ geringem Risiko« einzusetzen. Die US-Truppen sollten dabei Gebiete besetzen, absichern und den südvietnamesischen Streitkräften im Umkreis von 50 Meilen »zu Hilfe kommen«. Es war nicht beabsichtigt, »den Kampf mit dem Feind zu suchen, sondern diesem bestimmte wichtige Gebiete zu versperren«.

Um die Effektivität der Umfassungsstrategie unter Beweis zu stellen, mußte sie natürlich erst erprobt werden, aber die Ereignisse liefen den Instruktionen, die für die US-Truppen ausgearbeitet worden waren, davon. So war man sich über das Ausmaß des Engagements der US-Truppen noch gar nicht klar geworden, als der Vietkong im Mai und Juni schon mehrere eindrucksvolle Erfolge vorzuweisen hatte, die dazu führten, daß man nun die Strategie des Verfolgens und Vernichtens anzuwenden beschloß.

Diese Strategie war »von General Westmoreland und den Vereinigten Stabschefs aus den militärischen Grundsätzen sieggewohnter Männer entwickelt worden. Grundvorstellung dabei war, den Kampf an den Gegner heranzutragen, ihm möglichst im ganzen Lande seine Bewe-

gungsfreiheit zu nehmen und ihm möglichst vernichtende Schläge zuzufügen.« Dadurch sollten die südvietnamesischen Streitkräfte die Möglichkeit erhalten, sich auf die besiedelten Gebiete zu konzentrieren.
Vom 11. bis zum 14. April trafen die beiden Marinebataillone in Hue-Phubai und Danang ein, so daß dort nun insgesamt vier einsatzfähige Bataillone stationiert waren.
»Die Marinebataillone bauten die beiden Küstenstützpunkte weiter aus, und obwohl sie ihre Patrouillen über ihren eigentlichen Aufgabenbereich hinaus ausdehnten und damit aktive statt passive Verteidigungsaufgaben übernahmen, beteiligten sie sich in den nächsten Monaten nicht an Offensivoperationen zur Unterstützung der südvietnamesischen Streitkräfte«, heißt es in der Studie.
Zu diesem Zeitpunkt beschlossen das Verteidigungsministerium, die Vereinigten Stabschefs und General Westmoreland, »das Pferd von hinten aufzäumen«, wie sich der Bericht ausdrückt, was u. a. hieß, daß die aus zwei Bataillonen bestehende 173. Luftlandebrigade, die zuvor in Okinawa stationiert gewesen war, nach Süd-Vietnam verlegt wurde. General Westmoreland hatte die 173. Luftlandebrigade schon lange im Auge gehabt; bereits in seinem Bericht vom 26. März, »Commander's Estimate of the Situation«, in der er die beiden Divisionen angefordert hatte, sollte sie nach Bienhoa-Vungtau zum Schutz dortiger »US-Anlagen« verlegt werden. Aber dieser Vorschlag war auf der Tagung des Nationalen Sicherheitsrates vom 1. und 2. April ebensowenig zur Sprache gekommen wie die Bitte um zwei Divisionen.
Am 11. April erklärte General Westmoreland in einem Fernschreiben an Admiral Sharp, den Oberbefehlshaber Pazifik, daß nach den Beschlüssen des Nationalen Sicherheitsrates und dem Bericht Botschafter Taylors keinerlei Aussicht mehr auf die zwei Divisionen bestehe, daß er aber die 173. Luftlandebrigade noch immer nicht abgeschrieben habe. Diese Botschaft hatte »eine Reihe anderer Fernschreiben, Vorschläge und Fehlstarts zur Folge, die anzeigten, daß Washington mit seinen Plänen und Befürchtungen Saigon weit voraus war«, heißt es in der Studie.
Den Abschluß all dieser Vorgänge, bei denen die Drähte heißliefen, bezeichnet eine Zusammenkunft von Vertretern der Vereinigten Stabschefs und des Pacific Command (PACOM) am 10.–12. April in Honolulu, bei der die Entsendung der 173. Luftlandebrigade vorgeschlagen wurde. Am 14. April ordneten die Vereinigten Stabschefs die Verlegung dieser Truppe nach Bienhoa-Vungtau an sowie ihre Ersetzung durch in den USA stationierte Verbände. »Dieser Beschluß traf einen völlig konsternierten Botschafter, der offenbar keine Ahnung von derartigen Absichten gehabt hatte«, schreibt der Bericht.
Noch am gleichen Tag kabelte Botschafter Taylor ans Außenministe-

rium, daß ihn dieser Beschluß vollkommen überrascht habe, »angesichts der in Washington (während des letzten Besuches) getroffenen Absprache, erst mit den Marinelandungstruppen einige Erfahrungen zu sammeln, bevor wir weitere Truppenkontingente entsenden«. Er bat, man möge die Verlegung der 173. Luftlandebrigade nach Süd-Vietnam so lange aufschieben, bis die Sache endgültig geklärt sei.
Botschafter Taylor hielt in dieser Angelegenheit einen entscheidenden Trumpf in der Hand, da die geplante Aktion erst mit Premierminister Quat besprochen werden mußte, und so erklärte der Botschafter denn auch seinen Vorgesetzten am 17. April, daß er ohne klare Direktiven aus Washington nicht mit Quat sprechen werde. (Siehe Dokument Nr. 99)
»Daß Washington aber über das hinauszugehen bereit war – und zwar mit Zustimmung des Präsidenten –, was im Memorandum 328 über die Sitzung des Nationalen Sicherheitsrates festgelegt worden war, geht aus einem Fernschreiben McNaughtons, das er mit gemeinsamer Billigung des Verteidigungs- und Außenministeriums abgefaßt hatte, unmißverständlich hervor. In diesem Schreiben an Botschafter Taylor vom 15. April heißt es:
»Die höchste Autorität (der Präsident) ist der Ansicht, daß sich die Lage in Süd-Vietnam derart schnell verschlechtert, daß zusätzlich zu den Aktionen gegen den Norden auch im Süden etwas geschehen muß, um dort den Sieg sicherzustellen.« Dann zählte McNaughton sieben Vorschläge auf, darunter den der Verlegung der 173. Luftlandebrigade nach Bienhoa-Vungtau »zur Sicherung unserer Anlagen und Einrichtungen und zur Beteiligung an Offensivoperationen gegen die Aufständischen«, gemäß den Plänen General Westmorelands.
In der Antwort auf ein Telegramm vom 17. April beschwerte sich Botschafter Taylor bei McGeorge Bundy darüber, daß auch die Entsendung von militärisch-politischem Hilfspersonal geplant war. Gleichzeitig drückte er sein Befremden über das Fernschreiben McNaughtons aus: »Daraus geht hervor, daß man in Washington offenbar gewillt ist, sich auf einen Landkrieg sehr viel weiter einzulassen, als ich noch bei meinem letzten Aufenthalt annehmen durfte.«
Der Botschafter beschwor Bundy: »Mac, wer schützt uns vor unseren Freunden? Ich weiß ja, daß alle nur das Beste wollen, aber es hat schon Fälle gegeben, in denen Leute aus Freundschaft umgebracht wurden.«
Bei der Beurteilung des Schriftverkehrs zwischen Botschafter Taylor und dem Pentagon kommt die Studie zu dem Schluß: »Aus den Dokumenten läßt sich nicht eindeutig feststellen, wann der Präsident die Ausweitung (d. h. die Annahme der Vorschläge McNaughtons) sanktioniert hat. Es ist durchaus möglich, daß der Botschafter (in der Frage der Entsendung der 173. Luftlandebrigade) das Verteidigungsministe-

rium und die Vereinigten Stabschefs dabei ertappte, wie sie ›das Pferd von hinten aufzäumten‹.«
Wie dem auch sei, am 15. April, einen Tag, nachdem die Vereinigten Stabschefs die Verlegung der Luftlandebrigade angeordnet hatten, sandten die Vereinigten Stabschefs an Verteidigungsminister McNamara ein Memorandum, in dem sie auf die Einwände des Botschafters eingingen, jedoch auf dem Einsatz der Brigade beharrten. Dazu schreibt die Studie: »Ob die Vereinigten Stabschefs dieses Memorandum mit roten Köpfen niederschrieben, sei dahingestellt, jedenfalls legte der Verteidigungsminister daraufhin die Verlegung der 173. Luftlandebrigade auf den 30. April fest.«

Druck der Militärs

Nachdem die Strategie zur Sicherung der Stützpunkte durch das Memorandum 328 für Aktionen zur Nationalen Sicherheit abgebrochen worden war, begann am 20. April in Honolulu ein Treffen auf höchster Ebene, um »eine ausgedehnte Umfassungsstrategie festzulegen« und zu »strukturieren«.
In Honolulu waren anwesend: Verteidigungsminister McNamara, der Staatssekretär für Fernöstliche Angelegenheiten im Außenministerium, William P. Bundy, der Staatssekretär im Verteidigungsministerium, McNaughton, Botschafter Taylor, Admiral Sharp, General Wheeler und General Westmoreland.
»Einige dieser Verantwortlichen hatten mit dazu beigetragen, daß die damalige Situation in Lageberichten und Fernschreiben so optimistisch dargestellt worden war«, heißt es in der Studie. »Nun, in Honolulu war man sich plötzlich darin einig, daß die Verringerung der Vietkong-Aktivitäten nur als Ruhe vor dem Sturm zu werten sei. Die Situation, mit der sich die in Honolulu Versammelten konfrontiert sahen, war im Grunde die Quintessenz des gesamten Vietnamproblems. Alle waren von der Notwendigkeit überzeugt, in Süd-Vietnam unter allen Umständen einen drastischen Umschwung zu erzielen. Aber die besondere Eigenart dieses Konflikts schloß einen plötzlichen Zusammenbruch oder den Verlust großer Gebiete des Feindes aus. Der Gegner verstärkte seine Kontrolle über das Land stetig, ohne spektakuläre Aktionen zu unternehmen. Er verfügte über eine in jahrelangen Bemühungen aufgebaute Infrastruktur, und häufig ging die Übernahme eines Gebiets durch den Gegner fast unmerklich vor sich, bis sie eines Tages plötzlich eine vollendete Tatsache war.«
Unter den Konferenzteilnehmern bezeichnet die Studie Botschafter Taylor als den »heftigsten Verfechter der Umfassungsstrategie«. Bereits vorher hatte sich abgezeichnet, was nun in Honolulu ganz klar wurde:

Er lieferte den Militärs und Zivilbeamten des Pentagon nur mehr Rückzugsgefechte; diese waren bereits auf den Kurs einer Verstärkung der US-Streitkräfte in Süd-Vietnam und einer umfassenderen Beteiligung am Kampfgeschehen eingeschwenkt.

Falls auf Vorschlag von General Johnson, dem Oberbefehlshaber der Armee, eine Division entsandt werden sollte, wäre sie am sinnvollsten im Zentralen Hochland oder in den Küstengebieten einzusetzen, hatte Botschafter Taylor am 18. März in einem Fernschreiben nach Washington vorgeschlagen.

Als er darauf keine Antwort erhielt, schickte Taylor am 27. März eine weitere Botschaft, in der er die Ansicht vertrat, daß – wenn schon Truppen gesandt würden – diese dann in einer Mischung aus defensiver und offensiver »Enklavenstrategie« eingesetzt und als Reserve für Ausnahmesituationen, nicht jedoch für »territoriale Säuberungs- und Besetzungsaktionen« bereitstehen sollten.

Der Botschafter war der Meinung, daß ihn das Memorandum 328 in dieser Sache unterstütze, weil der Präsident darin seines Erachtens deutlich erklärt hatte, daß »wir mit kleinen Truppenkontingenten sorgfältig experimentieren wollen, um erst nach dem Ausgang dieser Experimente zu entscheiden, in welchem Umfang wir uns auf einen Landkrieg einlassen«. Darum, so fährt die Pentagon-Studie fort, »wunderte sich der Botschafter darüber, daß die beiden zusätzlichen Marinebataillone, die zwischen dem 11. und 14. April gelandet waren, mit Panzern, Artilleriegeschützen und sonstigen schweren Waffen ausgerüstet waren, die zur Guerillabekämpfung wenig geeignet schienen«. In seinem Telegramm an McGeorge Bundy vom 17. April hatte Taylor auch gegen die »übereilten und schlecht vorbereiteten« Pläne zur Stationierung weiterer US-Truppen, mit denen er förmlich überschwemmt wurde, protestiert.

»Unter diesen Auspizien erschien der Botschafter am 20. April 1965 auf der Konferenz. Taylor war keineswegs ein grundsätzlicher Gegner des Truppenausbaus, aber er hätte diesen Aufmarsch lieber langsam vollzogen. Honolulu war für ihn wie eine kalte Dusche.«

Die Vorverhandlungen am 20. April erbrachten – nach den Aufzeichnungen McNaughtons – in folgenden Punkten Übereinstimmung:

1. Eine Kapitulation Nord-Vietnams sei für die nächsten sechs Monate nicht zu erwarten; im übrigen würde Hanoi wohl eher bei einer Niederlage des Vietkong im Süden aufgeben als aufgrund der Bombardements. Bis dahin könnten aber noch gut und gerne zwei Jahre vergehen.

2. Das Ausmaß der Bombardierung im Rahmen der Operation *Rollender Donner* sei annähernd richtig bemessen. Die USA wollten Nord-Vietnam ja keineswegs vernichten, darum blieben Hanoi und seine

Umgebung auf der Liste der geschonten Gebiete. Die Luftangriffe allein könnten ohnehin nicht zum Ziel führen.

3. Fortschritte im Süden seien selbstverständlich nur langsam zu erzielen. Ein drastischer Rückschlag sei vermieden worden. Das derzeitige Ruhen der Vietkong-Aktivität könne nur als Ruhe vor dem Sturm bezeichnet werden.

4. Eine erfolgversprechende Strategie müsse in erster Linie den Kampfeswillen Nord-Vietnams und des Vietkong brechen, indem ihnen alle Hoffnung auf einen Sieg genommen werden sollte. Die Unmöglichkeit einer Entscheidung zu ihren Gunsten werde eines Tages zu einer politischen Lösung führen.

Zum Zeitpunkt der Konferenz von Honolulu waren, wie die Studie bemerkt, nicht mehr als 40 200 US-Soldaten für den Einsatz in Süd-Vietnam vorgesehen, von denen allerdings schon 33 500 dort waren. »Um die oben charakterisierte Erfolgsstrategie zu vervollständigen«, schreiben die Pentagon-Autoren, beschlossen die Konferenzteilnehmer die Erhöhung der US-Streitkräfte von 4 auf 13 Manöverbataillone oder 82 000 Mann. Außerdem wurde erwähnt, aber nicht befürwortet, daß die US-Regierung versuchen sollte, weitere Kontingente aus Australien und Südkorea zu erhalten und damit die Truppenstärke der Drittländer auf 7250 Mann zu erhöhen. Die Konferenzteilnehmer schlugen also eine Verstärkung der Truppen aus den USA und aus Drittländern auf insgesamt 17 Bataillone vor.

Zur Sprache kam ebenfalls eine nochmalige Verstärkung um 11 US-Bataillone und 6 Bataillone aus Drittländern, wodurch eine Gesamtstärke von 34 Bataillonen erreicht worden wäre. Darin sollte auch eine Düsenjägerdivision enthalten sein.

Bereits am 21. April übergab Verteidigungsminister McNamara dem Präsidenten unter Hinweis auf die ebengenannte Armeedivision und die mögliche Entsendung des Dritten Marineexpeditionskorps die Empfehlungen der Teilnehmer der Konferenz von Honolulu.

Am 30. April legten die Vereinigten Stabschefs detaillierte Pläne zur Entsendung von 48 000 Amerikanern und 5250 Mann aus Drittländern vor, wobei alle Vorschläge der Honolulu-Konferenz bezüglich der Einheiten berücksichtigt worden waren und wozu noch ein »hübsches Polster kam«, wie sich die Studie ausdrückt.

Diese zusätzlichen Truppenverbände sollten »den gegenwärtigen Ausbau der südvietnamesischen Streitkräfte unterstützen, zum Schutz von Stützpunkten und Anlagen dienen, sich in Verbindung mit den südvietnamesischen Regierungstruppen an Operationen gegen die Aufständischen beteiligen, sowie die spätere Verlegung der Luftlandedivision in das Zentrale Hochland, der noch verbliebenen Marineexpedi-

tionseinheiten in das Gebiet von Danang und des Restes der südkoreanischen Rok-Division nach Quangngai vorbereiten«.
Aus diesem Memorandum entnehmen die Autoren der Pentagon-Studie, »daß die Vereinigten Stabschefs in der Umfassungsstrategie keine endgültige Lösung sahen. Sie setzten sich im Gegenteil mit Nachdruck für die Entsendung von drei weiteren Divisionen ein, so daß sie – wenigstens in dieser Hinsicht – den gewöhnlichen Sterblichen wieder weit voraus waren.«

Die Reaktion des Gegners

Die Frage, ob der Präsident einer Verstärkung um 17 Bataillone zustimmen sollte, erwies sich schon bald als rein akademisch, denn der Gegner eröffnete plötzlich Operationen, die dem Pentagon und General Westmoreland auf dem Schlachtfeld die Argumente für ihre Forderung lieferten, den US-Truppen den größten Teil der Bodenkämpfe zu überlassen.
Während der Diskussion um die Truppenstärke der USA im Laufe des März und April stellte sich die militärische Lage laut Studie wie folgt dar: »Im März und April verhielt sich der Vietkong ungewöhnlich passiv. Er ließ weder eine Änderung seiner Strategie erkennen, noch mußte er eine größere Niederlage einstecken. Man schloß daraus, daß der Gegner neue Kräfte sammle und die neue Situation analysiere, die durch die veränderte amerikanische Haltung – deutlich erkennbar an den Luftangriffen und den Operationen der Marineinfanteristen der beiden am 8. März entsendeten Bataillone – entstanden war. Dennoch gab es in diesem Frühjahr 1965 genügend Anzeichen für das, was noch kommen sollte. Aus dem ganzen Land gingen Berichte ein, daß Vietkongtruppen und -kader in Zentral-Vietnam und den Gebieten, die sich an die um Saigon liegenden Provinzen anschließen, zusammengezogen würden. Am alarmierendsten jedoch«, schreibt die Studie zu einem Memorandum des CIA und des militärischen Abwehrdienstes vom 21. April 1965, »war die Nachricht, daß ein Regiment der 325. Division der nordvietnamesischen Volksarmee (PAVN) in die Provinz Kontum verlegt worden sei. Die Anwesenheit dieser regulären Streitkräfte der Nordvietnamesen, die erstmals im Februar gemeldet worden war, wirkte äußerst ernüchternd.«
»Der Sturm brach los«, heißt es in der Studie, als der Gegner am 11. Mai in Regimentsstärke die Stadt Songbe, Hauptstadt der Provinz Phuoclong, angriff. Der Feind überrannte die Stadt mitsamt den Unterkünften der amerikanischen Berater, und es kam zu hohen Verlusten. Nachdem er die Stadt einen Tag lang besetzt hielt, zog sich der Vietkong zurück.

Noch im Mai wurde in der Provinz Quangnai im nördlichen Süd-Vietnam nahe Bagia, westlich von Quangnai, ein Bataillon südvietnamesischer Regierungstruppen aus dem Hinterhalt überfallen und überrannt. Ebenso erging es Einheiten, die zur Unterstützung herbeigeeilt waren. »Der Kampf zog sich einige Tage hin und endete mit einer totalen Niederlage für die Regierungstruppen«, heißt es in der Pentagon-Studie, »zwei Bataillone wurden fast ganz aufgerieben ...« Und weiter: »Bagia war ein Alarmsignal für dringend erforderliche Entscheidungen, wenigstens in den Augen der hohen US-Offiziere, die das Debakel miterlebt hatten.«

Im Juni griffen Vietkong-Regimenter einen Außenposten bei Dongxoai an; auch hier wurden die Regierungstruppen fast völlig vernichtet. »Mitte Juni 1965 war die Sommeroffensive des Vietkong in vollem Gang. Die Streitkräfte der südvietnamesischen Regierung wurden systematisch gezwungen, auch den Rest des Einflusses, den sie noch in bestimmten Zonen innerhalb der ländlichen Gebiete des Mekong-Deltas ausübten, aufzugeben.«

Nach dem Angriff auf Bagia schickte General Westmoreland am 7. Juni einen langen Bericht über die militärische Lage und die sich daraus ergebenden Konsequenzen an den Oberbefehlshaber Pazifik mit der Bitte um Weitergabe an die Vereinigten Stabschefs. Darin hieß es: »Im Verlaufe der Steigerung seiner Kampagne ist der Vietkong nunmehr in der Lage, Operationen durchzuführen, zu deren Ausführung bewaffnete Kräfte in Regimentsstärke notwendig sind, und zwar im Stationierungsbereich aller vier Korps der Regierungstruppen. In Bataillonsstärke tritt er in allen Provinzen an ...

Die südvietnamesischen Streitkräfte haben bereits Mühe, sich gegen diese verstärkte Vietkong-Aktivität zu behaupten. Die Zahl der Desertierten ist ungewöhnlich hoch. Auch die Verluste in den Kämpfen waren höher als alle Erwartungen. So sind im Bereich des I. und II. Korps nicht weniger als vier Bataillone der Regierungstruppen gefechtsunfähig ...

Daraus wird ersichtlich, daß sich das Verhältnis von Regierungsstreitkräften und Vietkong, das wir noch im März unserer Lagebeurteilung zugrunde gelegt hatten, zuungunsten der Regierungstruppen verschoben hat. Wie Sie sich erinnern werden, habe ich seinerzeit die Entsendung einer Division in den Bereich des II. Korps empfohlen, um, wie ich es damals formulierte, den südvietnamesischen Streitkräften in einer Phase des weiteren Aufbaus zu Hilfe zu kommen und das Kräfteverhältnis in diesem strategisch wichtigen Gebiet zu unseren Gunsten zu verbessern. Wir hatten damals damit gerechnet, daß sich die Bataillone der südvietnamesischen Armee bis zum gegenwärtigen Zeitpunkt auffüllen ließen und das Rekrutierungsprogramm planmäßig ablaufen könne. Diese Hoffnungen haben sich nicht erfüllt ...

Angesichts dieser Lage sehe ich keinen anderen Ausweg für uns als den, die Verbände in Süd-Vietnam durch US-Truppen und solche aus Drittländern zu vergrößern, und zwar so schnell, wie das in den kritischen Wochen, die vor uns liegen, möglich ist.«

Die Forderungen Westmorelands waren dergestalt, daß die Gesamtstärke der US-Truppen damit auf 44 Bataillone anstieg und sein Bericht vom 7. Juni als der »44-Bataillone-Antrag« in die Annalen einging.

Während die internen Auseinandersetzungen um diese Forderung begannen, entstand eine »Vertrauenskrise« in Washington, da Präsident Johnson sämtliche Anweisungen über die Änderung des Einsatzbefehles, die er am 1. April ausgegeben hatte, also der Maßnahmen, die im Memorandum 328 für Aktionen zur Nationalen Sicherheit enthalten waren, mit dem Siegel der Geheimhaltung versehen hatte.

»Das lange Stillschweigen offizieller Stellen über die Sanktionierung der Offensiveinsatzbefehle in NSAM 328 und – nach Verhandlungen in Saigon – die endgültige Festsetzung der Bedingungen, unter denen US-Truppen eingesetzt werden sollten, blieb nicht ohne Folgen«, heißt es in der Pentagon-Studie. »Zwar hatte der Präsident die Mitglieder des Nationalen Sicherheitsrates verpflichtet, nichts über die in NSAM 328 enthaltenen Anweisungen verlauten zu lassen, doch da viel Zeit bis zum Inkrafttreten verstrich, sickerte doch dieses und jenes durch. Außerdem hatten die Marinebataillone 200 Mann Ausfälle, darunter 18 Gefallene, als sie im April und Mai das Gebiet ihrer Stützpunkte säuberten.«

»Der Kommandeur des Marinekorps gab den Spekulationen neue Nahrung, als er vor Presseleuten, die sich auf einer Reise durch Süd-Vietnam befanden, äußerte, daß die Marineinfanteristen nicht in Vietnam seien, um ›ihre Arbeitsanzüge durchzusitzen‹, sondern um ›Vietkongs zu töten‹.« »Schließlich«, so fährt die Studie fort, »rief eine ehrliche und oberflächlich betrachtet auch absolut harmlose Erklärung des Regierungssprechers im Außenministerium, Robert McClosky, daß amerikanische Kampftruppen bereitstünden, um die vietnamesischen Streitkräfte zu unterstützen, wann immer es notwendig sei, einen Aufruhr in der Presse hervor.«

Das Weiße Haus hatte sich in der eigenen Schlinge verfangen. Um die Lage zu beruhigen, wurde am 9. Juni eine offizielle Erklärung abgegeben, die, aufgrund ihrer mißverständlichen Formulierungen, die Gemüter nur noch mehr erhitzte und einen weiteren »Verlust an Glaubwürdigkeit« mit sich brachte.

In der Erklärung des Weißen Hauses hieß es: »Es hat in den vergangenen Tagen und Wochen keine Änderung des Auftrags der US-Kampftruppen in Vietnam gegeben. Der Präsident hat General Westmoreland weder jetzt noch zu irgendeinem anderen Zeitpunkt derartige Anordnungen erteilt. Die vorrangige Aufgabe dieser Truppenverbände besteht nach wie vor darin, militärische Anlagen wie den Stützpunkt Danang zu sichern und zu schützen. Dazu kommen Patrouillen und Sicherungsaktionen im Bereich der Stützpunkte und ihrer unmittelbaren Umgebung, die zur Erfüllung der obengenannten Hauptaufgabe notwendig sind.

Wenn von einem zuständigen vietnamesischen Kommandeur die Bitte um Hilfe ergeht, hat General Westmoreland im Rahmen des oben definierten Aufgabenbereichs die Befugnis, diese Verbände zur Unterstützung vietnamesischer Streitkräfte einzusetzen. Voraussetzung dafür ist allerdings, daß diese sich einer Aggression gegenübersehen, mit der sie unter keinen Umständen fertig werden können und für die sie keine anderen Reserven zur Verfügung haben. Außerdem muß auch der Oberbefehlshaber die Ansicht vertreten, daß die militärische Gesamtsituation einen derartigen Schritt unbedingt erforderlich macht.«

Sowohl die Analyse der Dokumente wie auch der Erklärung aus dem Weißen Haus ergeben, so schreiben die Pentagon-Autoren, daß »es fraglich ist, ob zu diesem Zeitpunkt die Anordnungen für den Einsatz von Bodentruppen bereits verbindlich ausgearbeitet waren oder nicht. Nach eingehender Prüfung entsteht eher der Eindruck, daß dies nicht der Fall gewesen ist.« In diesem Zusammenhang weisen sie darauf hin, daß die Vietnamesen in den Kämpfen bei Bagia und Dongxoai »dringend Unterstützung gebraucht«, die US-Truppen aber keinen Einsatzbefehl erhalten hätten, obwohl die Marineinfanterie für Bagia und die 173. Luftlandebrigade für Dongxoai zur Verfügung gestanden hätten.

Als ersten großen Einsatz der Bodentruppen bezeichnet die Studie eine Operation, die zwischen dem 27. und 30. Juni nordwestlich von Saigon durchgeführt wurde und an der die 173. Luftlandebrigade, ein australisches Bataillon sowie südvietnamesische Streitkräfte beteiligt waren.

»Diese Operation war nur als eine Aktion im Rahmen der *Verfolgungs- und Vernichtungsstrategie* zu bezeichnen, die zu einigen Stützpunkten des Vietkong führte. Dieser ›Ausflug‹ war eine direkte Folge der nunmehr endgültig an General Westmoreland ergangenen Instruktionen, die ihrerseits auf dem Memorandum 328 und der Umschaltung der Offensiveinsätze beruhten.« Grundlage war weiter die Erklärung des Weißen Hauses, unabhängig oder in Verbindung mit südvietnamesischen Streitkräften bei Situationen einzugreifen, in »denen von einem bevollmächtigten vietnamesischen Kommandeur Hilfe angefordert wird und diese (nach General Westmorelands persönlicher Entscheidung) zur Unterstützung der Regierungstruppen unerläßlich ist«. Die Sanktionierung erfolgte in einem Fernschreiben des Außenministeriums an den General.

Zu diesem Zeitpunkt war die Debatte um die 44 Bataillone in vollem Gange, und die Umfassungsstrategie, die noch einer gewissen Begrenzung des Engagements der amerikanischen Bodentruppen entsprochen hatte, war von den Ereignissen bereits überholt worden. »Wesentlich ehrgeizigere Pläne waren vom Präsidenten schon gebilligt worden«, fügt die Studie hinzu.

Vor Beginn der Debatte um die 44 Bataillone hatte sich die Entwicklung wie folgt abgespielt: »Anfang Juni befand sich die Umfassungsstrategie in ihrer ersten Phase, das Marinekorps stand in Phubai, Danang und Chulai, Streitkräfte der Armee in Vungtau. Weitere Gebiete wurden in Betracht gezogen. Genehmigt – aber noch nicht durchgeführt – war die Entsendung von 70 000 Mann in 13 Manöverbataillonen; somit betrug die Gesamtzahl der Truppen unter Einbeziehung der Kontingente aus Drittländern 77 250 Mann oder 17 Manöverbataillone.«

Das war der Stand der Dinge, als General Westmoreland am 7. Juni »äußerst dringend« um Verstärkung bat. Westmorelands Forderung wirkte in Washington wie ein Stich ins Wespennest, weil seine Truppenwünsche und sein Vorschlag zur Offensivstrategie alle »tröstlichen Bestrebungen und Garantien für eine Begrenzung des Engagements, die bisher stets Gegenstand aller Diskussionen gewesen waren, beiseite fegten«. Damit sahen sich alle plötzlich mit der Tatsache konfrontiert, daß sich die USA in einen Krieg auf dem asiatischen Festland verstrickt hatten.

Mit der gleichen Energie, mit der Botschafter Taylor beharrlich versucht hatte, den Einsatz von Bodenkampftruppen zu verhindern, hatte General Westmoreland systematisch darauf hingearbeitet, solche zu bekommen und »freie Hand« bei ihrer Verwendung zu haben.

Als der General seine Forderungen nach Washington übermittelte, standen ihm sieben Marine- und zwei Armee-Kampfbataillone sowie ein australisches Bataillon zur Verfügung. Nun bat er um Verstärkungen, die auf eine Streitmacht von insgesamt 33 Bataillone hinauslief, wobei die 173. Luftlandebrigade diese Zahl auf 35 erhöhte, auch wenn sie nur vorübergehend für Vietnam abgestellt war. In seiner Forderung führte General Westmoreland allerdings zusätzlich neun weitere detailliert bezeichnete US-Bataillone auf, so daß schließlich die Zahl 44 zustande kam, was zur Folge hatte, daß die ganze Affäre »44-Bataillone-Antrag« genannt wurde.

Admiral Sharp unterstützte die Forderung in einem Schreiben an die Vereinigten Stabschefs mit dem Argument: »Wenn wir weiterhin in den Küstengebieten bleiben, erleiden wir nur Verluste, ohne irgend etwas zu erreichen.«

Den Vereinigten Stabschefs kam der Antrag sehr gelegen, hatten sie doch bereits am 20. März die Entsendung von drei Divisionen – zwei

amerikanischen und einer südkoreanischen – empfohlen, um, wie es hieß, »den Vietkong vernichtend zu schlagen«.
Der Antrag Westmorelands veränderte schlagartig die Rolle der Vereinigten Stabschefs beim Truppenausbau in Süd-Vietnam. Bis dahin waren die Vereinigten Stabschefs mit ihren Forderungen hinsichtlich Zahl und Stärke der Bodentruppen in Süd-Vietnam stets General Westmoreland voraus gewesen; denn die 27 Bataillone, aus denen die drei Divisionen bestanden hätten, waren mehr als alles, was Westmoreland bis zum 7. Juni angefordert hatte. Von diesem Tage an aber bedrängte Westmoreland die Vereinigten Stabschefs aus Saigon, die nun zwischen den Stühlen saßen: Westmoreland mit seinen Forderungen auf der einen und die Phalanx der Gegner eines stärkeren Engagements in Washington auf der anderen Seite.
Am 11. Juni kabelten die Vereinigten Stabschefs an Admiral Sharp, daß eine Zahl, die unter der von Westmoreland geforderten lag, Aussichten habe, genehmigt zu werden, allerdings wolle man vorher genau wissen, wo Westmoreland diese Truppen einzusetzen beabsichtige.
Dieser gab am 13. Juni eine detaillierte Antwort, die die Pentagon-Studie folgendermaßen kommentiert: »Diese Antwort war von außerordentlicher Bedeutung, da (er) darin zum Ausdruck brachte, daß die US-Truppen von der Bevölkerung entfernt gehalten werden sollten. Die Bereitstellung von US- und anderen Truppen für die *Verfolgungs- und Vernichtungsstrategie* und der Einsatz von Südvietnamesen beim Pazifizierungsprogramm, eine Trennung, die bis zum heutigen Tag eingehalten wird, rührt von dieser Konzeption her. Außerdem forderte General Westmoreland in seinem Antwortschreiben, daß ihm freie Hand gelassen werden müsse, damit er die Verbände nach eigenem Ermessen im Lande einsetzen könne ...«
Botschafter Taylor bestätigte den Ernst der militärischen Lage in einem Bericht vom 17. Juni, der zum selben Ergebnis wie General Westmoreland kam, wobei er zugleich darauf hinwies, welch geringen Rückhalt die neue Regierung im Lande habe. Es handelte sich dabei um die Regierung des Präsidenten Nguyen Van Thieu und seines Premierministers Nguyen Cao Ky.
»Dieser Bericht räumte offenbar auch die letzten Bedenken beiseite, die Westmorelands Antrag vom 7. Juni noch entgegengestanden hatten.«
Am 22. Juni fragte General Wheeler bei General Westmoreland an, ob die 44 Bataillone seiner Meinung nach ausreichen würden, um dem Gegner endgültig klarzumachen, daß er mit keinem Sieg mehr rechnen könne. Darauf soll General Westmoreland geantwortet haben, daß »keine Anzeichen dafür bestehen, daß Nord-Vietnam und der Vietkong in den nächsten sechs Monaten ihre Pläne ändern werden, ganz gleich, was die USA in diesem Zeitraum unternehmen«.

»Trotzdem würden jedoch die 44 Bataillone das Kräfteverhältnis bis zum Jahresende natürlich wesentlich zu unseren Gunsten verändern.« Wollten aber die »USA die Initiative in die Hand bekommen und sie dem Gegner endgültig entreißen, werden im Jahr 1966 weitere Truppenverstärkungen notwendig«.
Am 26. Juni erhielt der General die Instruktion, US-Truppen auch dann einzusetzen, wenn es für die Stärkung der relativen Position der südvietnamesischen Regierungstruppen erforderlich sei, d. h. also nicht mehr ausschließlich in solchen Fällen, in denen sich bei Auseinandersetzungen eine Niederlage der Regierungstruppen abzeichnete, sondern um generell ihr Kräfteverhältnis gegenüber dem VC zu verbessern.
»Diese Befugnis gab General Westmoreland nahezu unumschränkte Befehlsgewalt; er konnte die Streitkräfte nach eigenem Ermessen einsetzen. Die Debatten über die Strategie hatten aufgehört, von nun an ging es nur noch um die Frage, wieviel Truppen man zur Erreichung eines bestimmten Zieles benötigte.«

Meinungsverschiedenheiten in den USA

Ende Juni und Anfang Juli wuchs die Opposition gegen Westmoreland. Die Botschaft in Saigon, die »zwar den Ernst der Lage in Süd-Vietnam zugab, war hinsichtlich der Erfolgsaussichten auch bei Stationierung von mehr ausländischen Truppen dennoch äußerst skeptisch«.
Ein weiterer Kritiker Westmorelands, Unterstaatssekretär George Ball, war davon überzeugt, daß »die USA ihre Mittel an der falschen Stelle vergeudeten«.
»Ball war der Meinung, daß es absolut keinen Grund zu der Annahme gab, daß die USA ihre politischen Ziele in Vietnam durch Verstärkung ihrer Bodentruppen würden durchsetzen können. Statt dessen riskierten sie, sich in einen kostspieligen und im wahrsten Sinne des Wortes endlosen Kampf zu verstricken. Gleichermaßen aussichtslos müsse es erscheinen, diese Ziele durch eine intensivierte Bombardierung Nordvietnams zu erreichen ...«, heißt es in der Studie. (Siehe Dokument Nr. 103)
Staatssekretär William P. Bundy stand, wie so viele, mit seiner Meinung zwischen Westmoreland und Ball. In einem Memorandum an den Präsidenten vom 1. Juli stellte Bundy seine Position wie folgt dar:
»Die USA müssen sowohl die letzten Konsequenzen der Forderung nach 44 Bataillonen als auch die Rückzugsvorschläge Balls umgehen ... Vielmehr gilt es, eine Politik zu betreiben, die uns das Durchhalten erlaubt, ohne daß es zu vernichtenden Schlägen kommt, wenn wir trotz der Entsendung der 44 Bataillone keinen Erfolg haben.« Bundy schlug vor, die Truppenstärke auf insgesamt 85 000 Mann und 18 Manöver-

bataillone zu begrenzen. Damit mußte – nach Bundy – der totale Zusammenbruch zu verhindern sein, wenn man die us- sowie die Truppen aus Drittländern nur zu Abwehraufgaben zur Unterstützung der südvietnamesischen Regierungsstreitkräfte einsetzte. Auf diese Weise, so glaubte er, könne man Erfahrungen sammeln, ohne selbst die Initiative übernehmen zu müssen. »Ein recht bekannter Standpunkt«, wie die Pentagon-Autoren anmerken.

Was Verteidigungsminister McNamara anlangt, so kommt die Studie über seine Haltung bei der Debatte über die Truppenverstärkungen zu keinem endgültigen Ergebnis, »weil sich von ihm nur sehr wenige Äußerungen aus dieser Zeit in den Archiven finden«.

»Allerdings gibt es genügend Anzeichen dafür, daß der Minister sich mit Sorgfalt und Umsicht im Verteidigungsministerium dafür einsetzte, daß der kämpfenden Truppe in Vietnam jede Hilfe zuteil wurde. Der Minister erscheint als Mann, der über entschieden mehr Managerfähigkeiten als strategischen Spürsinn verfügt.« Am 16. Juli reiste McNamara für vier Tage nach Süd-Vietnam. Als er sich am 17. Juli in Saigon aufhielt, kam von seinem Stellvertreter Vance ein Fernschreiben mit der Nachricht, daß der Präsident eine Verstärkung der Truppen auf 34 Bataillone genehmigt habe.

»Damit war die Diskussion beendet, und McNamara verließ Saigon mit Westmorelands Vorschlägen für ständige Truppenverstärkungen im Reisegepäck.«

In der Pentagon-Studie wird die Zahl von 34 Bataillonen genannt, eine Zahl, die einiger Erläuterungen bedarf, hatte doch Westmoreland von 33 gesprochen, die zusammen mit den zwei Bataillonen der 173. Luftlandebrigade insgesamt 35 ergeben hätten. Die Erklärung liegt wahrscheinlich darin, daß die Luftlandedivision nicht aus neun, sondern nur aus acht Bataillonen bestand. Die Verbände in Stärke von 34 Bataillonen waren selbstverständlich sofort zu entsenden, die neun anderen sollten später folgen.

Die Pentagon-Autoren hatten offenbar keinen Zugang zu den Memoranden des Weißen Hauses, so daß sich die Haltung des Präsidenten aus den Pentagon-Archiven nicht eindeutig rekonstruieren läßt; dennoch scheint soviel klar zu sein: »Es kann keinen Zweifel daran geben, daß die eigentliche Schlüsselfigur für die Truppenverstärkung im Jahre 1965 der Präsident selbst war.«

»Für steigende Militärausgaben in Vietnam« beantragte Präsident Johnson am 4. Mai im Kongreß die Bewilligung von zusätzlichen 700 Mio. Dollar. »Dabei kann ich nicht mit Sicherheit sagen, ob unser Bedarf dadurch bereits gedeckt sein wird«, sagte er, »es ist gut möglich, daß ich um die Bewilligung weiterer Mittel einkommen muß; haben wir doch die Pflicht, alles in unserer Macht Stehende zu tun, um die

Aggression in Süd-Vietnam zu beenden. Dazu sind unser Volk und unsere Nation unausweichlich aufgerufen.«

Auf einer Pressekonferenz am 28. Juli erklärte der Präsident: »Die Geschichte gibt uns den Auftrag, daß sich die USA mit allen Kräften zur Beendigung der Aggression in Süd-Vietnam einsetzen müssen. Ich habe den Oberbefehlshaber, General Westmoreland, gefragt, was er benötigt, um der zunehmenden Aggression Herr zu werden, und er hat es mir mitgeteilt. Wir werden seinen Forderungen nachkommen.

Heute habe ich den Befehl gegeben, die Luftlandedivision nach Vietnam zu verlegen. Damit erhöht sich die Zahl der dort stationierten US-Truppen von 75 000 auf 125 000 Mann. Weitere Streitkräfte werden nötig sein und je nach Bedarf zur Verfügung gestellt werden ...

... Von einer Einberufung der Reservisten sehen wir ab.«

In der anschließenden Fragestunde entwickelte sich folgender Dialog:

Frage: »Herr Präsident, bedeutet die Verstärkung unserer Truppen in Vietnam, daß die bestehenden Richtlinien hinsichtlich ihrer Verwendung zum Schutz der amerikanischen Anlagen oder auch als Einsatztruppe für den Notfall abgeändert wurden, da die bisherigen Richtlinien besagen, daß für Angriffsaktionen nur südvietnamesische Streitkräfte in Frage kommen?«

Antwort: »Eine Änderung der Richtlinien hat nicht stattgefunden, unsere Ziele sind die gleichen geblieben.«

Am 30. Juli billigten die Vereinigten Stabschefs dann auch den »44-Bataillone-Antrag«, so daß sich die Zahl der Truppen auf 193 887 Mann erhöhte, wovon bis zum Jahresende 1965 bereits 184 314 US-Soldaten in Süd-Vietnam selbst stationiert waren.

Zusammenfassend stellt die Studie fest: »Die Hauptverantwortlichen hatten die Wahl und kannten die Konsequenzen. Der Beschluß von Mitte Juli zur Entsendung von 44 Bataillonen bedeutete, daß man die Schwelle zu einem Landkrieg in Asien überschritten hatte. Niemand konnte sich mehr Illusionen über die Dauer des Kampfes machen, und jedermann wußte, daß weitere Truppenverstärkungen notwendig sein würden. Jetzt ging es nicht mehr um die Fragen ›verhandeln oder nicht‹, ›durchhalten oder abziehen‹, sondern um ›Sieg oder Niederlage‹ in Süd-Vietnam.«

Der Beschluß, General Westmoreland die notwendigen Streitkräfte für seine Verfolgungs- und Vernichtungsstrategie zur Verfügung zu stellen, wurde von einer – wie der Bericht hinzufügt – »subtilen Akzentverschiebung« begleitet:

»Statt davon zu sprechen, daß ein Sieg des Gegners in Süd-Vietnam verhindert werden solle und ihm dies hinreichend deutlich gemacht werden müsse, war nun auf einmal stets die Rede von der Nieder-

werfung des Feindes, in der man offenbar die einzige Möglichkeit zur Erhaltung eines nichtkommunistischen Süd-Vietnam erblickte.
Die Übernahme der Verfolgungs- und Vernichtungsstrategie bedeutete für die USA, daß das Ausmaß des Engagements nicht mehr abzusehen war, weder hinsichtlich der Truppenverstärkungen noch der dafür notwendigen finanziellen Mittel.
Nun gab es kein Halten mehr in der Abfolge sich ständig steigernder Gewaltmaßnahmen.«
Was sich Präsident Johnson und Verteidigungsminister McNamara von ihren Beschlüssen im einzelnen versprachen – wie die Studie ausführt –, ist »nicht völlig geklärt, doch sprechen viele Anzeichen dafür, daß sie bereit waren, einen langandauernden Krieg zu führen«.

WICHTIGE DOKUMENTE

Nachstehend folgen die Texte wichtiger Dokumente, die der Pentagon-Studie über den Vietnamkrieg beigefügt sind. Sie beziehen sich auf die Eröffnung des unbefristeten Luftkrieges gegen Nord-Vietnam in der ersten Hälfte des Jahres 1965. Mit Ausnahme der Stellen, an denen Auslassungen angegeben sind, werden die Dokumente wörtlich zitiert. Nur unverkennbare Druckfehler wurden korrigiert.

Nr. 90 Briefe von Rostow, in dem der Einsatz von Truppen durch die USA befürwortet wird

Ein persönlicher Brief Walt W. Rostows, des Vorsitzenden der Politischen Planungskommission im State Department, an Verteidigungsminister McNamara vom 16. November 1964 mit dem Titel: »Military Dispositions and Political Signals«.

Im Anschluß an unsere Unterredung von gestern abend sind mir Bedenken gekommen, daß dem tatsächlichen Schaden, den wir dem Norden zufügen, zu viele Überlegungen gewidmet werden, während unsere politischen Absichten nicht deutlich genug herausgestellt werden.
Wir müssen klarer als bisher zu verstehen geben:
a) daß dem Norden Schaden zugefügt wird, weil er die Abkommen von 1954 und 1962 verletzt;
b) daß wir bereit und in der Lage sind, weit über die anfänglichen Zerstörungen hinauszugehen;
c) daß wir bereit und in der Lage sind, auf jeder Stufe der Eskalation, die (der Norden) beabsichtigen könnte, gleichzuziehen.
Daraus ergeben sich vier Folgerungen:
1. Meiner Überzeugung nach können wir ohne den Einsatz von amerikanischen Bodentruppen nicht in die nächste Phase eintreten:
a) Das Angebot, diese Bodentruppen abzuziehen, könnte nämlich ein entscheidender Bestandteil unserer diplomatischen Verhandlungsposition sein. Es ist leichter, während einer Konferenz Bodentruppen an Ort und Stelle zu belassen, als eine Serie sich steigernder Pressionen zu Wasser und in der Luft aufrechtzuerhalten.
b) Wir müssen deutlich machen, daß jeglicher Gegeneskalation seitens der Kommunisten unmittelbar amerikanische Bodenstreitkräfte entgegenstehen, so daß die Möglichkeit, ihre Position zu Lande als Entschädigung für Schäden durch See- und Luftkriegführung zu verbessern, für sie nicht besteht.
c) Es ist möglich, daß (die Kommunisten) bei dem Angriff auf den Flugplatz zwei Schritte voraus gedacht haben: d. h. sie hatten den Einsatz von Bodentruppen vorbeugend als Antwort auf die zu erwartende Vergeltung für den Angriff auf Bien Hoa geplant.
2. Die erste militärische Aktion gegen Nord-Vietnam sollte lediglich demonstrieren, daß (die Kommunisten) von jetzt an im Falle fortgesetzter Verstöße gegen die Abkommen von 1954 und 1962 Vergeltungsangriffen im Norden

ausgesetzt sein werden. Mit anderen Worten, wir würden damit zu verstehen geben, daß wir vom Grundsatz der Golf-von-Tonking-Reaktion abweichen. Das bedeutet, daß unsere erste Aktion im Norden so begrenzt und unblutig wie möglich verlaufen sollte. Es muß dem Gegner klar werden, daß es uns um die Aufstellung eines Prinzips und nicht nur um »wie du mir, so ich dir« geht.

3. Zusätzlich sollten unsere Truppendispositionen, die einen ersten Vergeltungsschritt gegen den Norden begleiten, weitere drei Gesichtspunkte deutlich machen:

a) daß wir gegebenenfalls den Druck gegen den Norden direkt und zur See verstärken werden.

b) daß wir bereit sind, jede Form der Eskalation Nord-Vietnams zu Lande zu erwidern; und

c) daß wir Streitkräfte bereitstellen, um direkt an Rotchina Vergeltung zu üben, falls Peking sich an einer Eskalation Hanois beteiligen sollte. Im Zuge dieser Disposition könnten wir die Zahl der auf Formosa stationierten Flugzeuge vergrößern und eventuell außer der Flotte im Südchinesischen Meer Trägereinheiten vor der chinesischen Küste postieren.

4. Wenn wir diesen Weg beschreiten, wird der Präsident nicht umhinkönnen, unserem eigenen Volke und der Weltöffentlichkeit unsere Absichten und Ziele zu erklären. Dies wäre vielleicht auch die überzeugendste Form einer Kommunikation mit Ho und Mao. Außerdem neige ich der Ansicht zu, daß nunmehr eine direktere Kontaktaufnahme zu beiden (eventuell über Vientiane und Warschau) wünschenswert wäre. Sie sollen spüren, daß sie jetzt einem LBJ gegenüberstehen, der weiß, was er will. Im Gegensatz zu der früher geäußerten Befürchtung halte ich es heute für durchaus möglich, daß es uns auf diese Weise gelingen kann, die Grenzen und den Ernst unserer Absichten zugleich deutlich zu machen, ohne daß Hanoi befürchten muß, daß wir aus eigener Initiative unmittelbar im Delta des Roten Flusses in China zu landen beabsichtigen oder irgendwelche anderen Ziele verfolgen als die Wiederinkraftsetzung der Abkommen von 1954 und 1962.

Nr. 91 Memorandum von Rostow, in dem der Einsatz von Bodentruppen und Luftangriffe befürwortet werden

Memorandum von Mr. Rostow an Außenminister Rusk vom 23. November 1964 mit dem Titel: »Some Observations as we come to the Crunch in Southeast Asia«.

Am kommenden Samstag reise ich nach Lima, um an den Zusammenkünften der CIAP (Inter-American Committee for the Alliance for Progress) und CIES teilzunehmen. Ich nehme an, daß Anfang Dezember einige wesentliche Beschlüsse über Südostasien gefaßt werden. Ich möchte Ihnen daher einige Bemerkungen zur Situation zukommen lassen. Bill Bundy habe ich sie bereits mitgeteilt.

1. Wir müssen unser Denken auf die nach unserer Auffassung von Hanoi und Peking vertretene Haltung konzentrieren. Ich stimme beinahe vollständig mit

dem in SNIE (Special National Intelligence Estimate) 10-3-64 vom 9. Oktober vertretenen Standpunkt überein. Hieraus einige entscheidende Stellen:

»Während (die Kommunisten) versuchen werden, die Verschlechterung der Lage in Saigon auszunutzen und zu beschleunigen, werden sie dennoch Aktionen vermeiden, die ihrer Ansicht nach die Möglichkeit einer größeren Operation der USA gegen Nord-Vietnam (DRV) oder Rotchina über Gebühr vergrößern würden. Wir glauben, daß sowohl Hanoi als auch Peking bestrebt sind, sich nicht in einen Krieg verwickeln zu lassen, in dem sie die Überlegenheit der amerikanischen Waffen zu spüren bekämen. Selbst wenn Hanoi und Peking annehmen sollten, daß die USA keine Kernwaffen gegen sie verwenden würden, können sie dessen doch nicht sicher sein ...«

»Angesichts erneuter amerikanischer Pressionen gegen die DRV würden weitere Aktionen seitens Hanois und Pekings in beträchtlichem Umfang auf ihrer Einschätzung der Absichten der USA beruhen, d. h. ob die USA tatsächlich entschlossen sind, den Druck ständig zu verstärken. In diesem Punkt sind ihre Vermutungen wahrscheinlich vage, aber wir glauben, daß die Furcht, schwerwiegende Maßnahmen der USA zu provozieren, sie zur Mäßigung veranlassen wird.«

»Falls die amerikanischen Angriffe trotz kommunistischer Abwehranstrengungen anhalten sollten, werden sich Hanois Führer wohl fragen müssen, ob es nicht besser wäre, die Unterstützung für den Vietkong einzustellen, als die Zerstörung ihrer (eigenen) militärischen Einrichtungen und Industrie hinzunehmen. In der Überzeugung, daß sich die Lage in Süd-Vietnam fast unwiderruflich zu ihren Gunsten gewandelt habe, werden sie vielleicht befinden, daß der Vietkong ja seine militärischen Aktionen jetzt vorübergehend unterbrechen und den Aufstand später mit Erfolg neu beginnen könne. In ihrem Entschluß könnten sie durch die Sorge der Rotchinesen um eine Verwicklung in einen Konflikt mit den Luft- und Seestreitkräften der USA bekräftigt werden.«

Die wichtigste Frage besteht für uns darin, wie man sie davon überzeugen kann, daß eine Weiterführung ihrer gegenwärtigen Politik die Gefahr großer Zerstörungen in Nord-Vietnam mit sich bringt; daß ferner ein als Vorspiel zu Verhandlungen gedachter vorbeugender Angriff zu Lande von US-Bodenstreitkräften pariert werden wird; und daß Rotchina von uns keinen Freibrief hat, Nord-Vietnam bei einer Gegeneskalation behilflich zu sein.

2. In bezug auf Truppendispositionen sind die entscheidenden Schritte meiner Ansicht nach die folgenden:

a) Die Stationierung von Bodentruppen in Süd-Vietnam und nach Möglichkeit im Korridor von Laos.

b) Festlegung einer Minimal-Position, bei deren Verletzung und bei Nichteinhaltung der Abkommen von 1954 und 1962 Nord-Vietnam von nun an Vergeltungsangriffen ausgesetzt sein wird.

c) Am allerwichtigsten erscheint mir die Stationierung konzentrierter Streitkräfte im Pazifik. Um jeglicher Eskalation begegnen zu können für den Fall, daß sich die chinesischen Kommunisten am Spiel beteiligen, müssen diese Streitkräfte erkennbar gegen Nord-Vietnam und China gerichtet sein. Ich bin zuversichtlich, daß wir dies in einer Weise tun können, die in Hanoi und Peking verstanden – und nicht gefährlich falsch ausgelegt – werden wird.

3. Allerdings werden Truppenverschiebungen und die Bombardierungen im Norden an sich noch nicht als entscheidendes Signal verstanden werden. Vielmehr werden die Kommunisten mit außerordentlichem Scharfsinn nach der Antwort auf folgende Frage suchen: fühlt sich der Präsident der Vereinigten Staaten zutiefst verpflichtet, den Abkommen von 1954 und 1962 erneut Geltung zu verschaffen, oder führt er eine Demonstration der Stärke vor, die im Grunde genommen das Gesicht der USA wahren soll, falls sie bei Verhandlungen eine politische Niederlage erleiden? Hierbei wird ihr Urteil nicht bloß davon abhängen, ob wir Gewalt anwenden und wie wir mit unseren Streitkräften verfahren, sondern auch von der Haltung des Präsidenten, einschließlich der Verpflichtungen, die er unserem eigenen Volk und der Welt gegenüber eingeht, sowie von deren Erfüllung durch uns. Das SNIE erfaßt das Ausmaß (der kommunistischen) Verpflichtungen und Hoffnungen in Süd-Vietnam und Laos vollkommen richtig. Die Kommunisten werden keinen Rückschlag hinnehmen, solange sie nicht von unserer Entschlossenheit überzeugt sind. Sie werden in dieser Sache ebenso beharrlich sein wie seinerzeit Chruschtschow, der lange versucht hat, unsere Stellung in Berlin zu erschüttern, und seine Raketen aus Kuba erst abzog, als er über unsere Raketenstellungen in der Türkei voll informiert war. Anfänglich gutes Zureden und selbst anschließende militärische Maßnahmen werden nicht ausreichen, (die Kommunisten) zu überzeugen.

4. Die in diesem SNIE gegebene grundsätzliche Lagebeurteilung vorausgesetzt, hege ich keinen Zweifel daran, daß wir ein erneutes Inkrafttreten der Abkommen von 1954–62 durchsetzen können, wenn wir die gleiche Entschlossenheit und Standfestigkeit aufbringen, mit der wir in die lange Kraftprobe um Berlin und die kürzere um die kubanischen Raketen gingen. Dazu bedarf es aber des gleichen Einsatzes und des gleichen Behauptungswillens seitens des Präsidenten.

b) In diesem Zusammenhang weist das SNIE zu Recht darauf hin, daß (die Kommunisten), falls man sie gewähren läßt, versuchen werden, entweder vorzugeben, daß sie den Krieg in Süd-Vietnam abbrechen, ohne es wirklich zu tun, oder ihn erneut aufleben zu lassen, sobald unser Druck nachläßt. (Das gleiche versucht Castro gegenwärtig in Venezuela.) Die Eigenart des Guerillakrieges, der Einschleusungstaktik usw. begünstigt diese Art eines zweideutigen Nachlassens und Eskalierens. Darum ist es von größter Bedeutung, daß wir genau definieren, welche Forderungen sie erfüllen müssen, damit wir den Druck auf den Norden verringern. Gerade weil wir möglicherweise noch eine Zeitlang Druck ausüben wollen, bis wir uns von der Einhaltung der Abkommen überzeugt haben, sollten wir die Stationierung von Truppen nicht nur in Süd-Vietnam südlich des siebzehnten Breitengrades, sondern auch im Einschleusungskorridor von Laos erwägen. Die gleiche Überlegung spricht für eine unblutige, jedoch nicht minder wichtige Maßnahme in Gestalt einer Seeblockade, die im übrigen bei Verhandlungen oder Scheinverhandlungen leichter aufrechtzuerhalten wäre als Bombenangriffe.

6. Zum Beweis, daß die Abkommen eingehalten werden, müßten u. a. folgende Forderungen erfüllt werden: Abzug der Vietminh-Truppen aus Laos; Einstellung der Infiltration von Personen nach Süd-Vietnam aus dem Norden; Abschaltung des taktischen Rundfunknetzes sowie ein öffentlicher Aufruf über Radio Hanoi an den Vietkong, seine Operationen zu beenden und seine Ziele

in Süd-Vietnam künftig mit politischen Mitteln zu verfolgen. Was letzteren Punkt betrifft, so hätte ein öffentlicher Aufruf, selbst wenn insgeheim gegenteilige Instruktionen erteilt werden sollten, doch bedeutsame politische und psychologische Auswirkungen.

7. Wie ich bereits am 6. Juni in meinem Memorandum an den Präsidenten feststellte, kann niemand mit absoluter Sicherheit voraussagen, in welcher Form und wie lange der Krieg dann noch weitergehen wird, selbst wenn diese äußeren Merkmale drastisch reduziert oder eliminiert wären. Meiner Meinung nach sind die Aussichten recht gut, daß der Krieg – falls wir in der vorgeschlagenen Art und Weise vorgehen – entweder sofort aufhören wird, oder daß wir in Süd-Vietnam die gleiche Art Zersplitterung der kommunistischen Bewegung erleben werden wie in Griechenland, als infolge des Zerwürfnisses zwischen Tito und Stalin die jugoslawische Grenze geschlossen wurde. Allerdings dürfen wir nicht zu optimistisch sein. Wir müssen vielmehr versuchen, die gesamte Operation mit Maßnahmen, die wir mit unseren vietnamesischen Freunden außerhalb des Landes durchführen, zu koppeln; und wir dürfen die US-Truppen aus Vietnam erst abziehen, wenn der Krieg wirklich unter Kontrolle gebracht worden ist. (In diesem Zusammenhang hoffe ich, daß alle Beteiligten den Vorschlag der RAND vom 17. November 1964, mit dem Titel: SIAT: *Single Integrated Attack Team, a concept for Offensive Military Operations in South Vietnam* sorgfältig durchdenken.)

8. Ich weiß nicht, wie wir – falls wir diesen Kurs einschlagen – vermeiden können, daß unsere Allierten mit erhöhtem Nachdruck entweder auf die Aufnahme Rotchinas in die UN oder auf ein Angebot der UN an Rotchina, das in irgendeiner Form von der Existenz zweier chinesischer Staaten ausgeht, dringen. Für den Präsidenten und die Regierung wäre dies tragbar, sofern – aber wirklich nur sofern – wir eine saubere Lösung des laotischen und südvietnamesischen Problems erreichen. Mit der Veröffentlichung eines guten Jordan-Berichtes könnte wohl erreicht werden, daß sich unsere Alliierten auf das Wiederinkraftsetzen der Abkommen von 1954 und 1962 als Vorbedingung einlassen.

9. Als Ganzes betrachtet bringe ich mit diesen Bemerkungen vermutlich zum Ausdruck, daß unsere Aktivposten ausreichen, um diese Sache durchzustehen, falls wir mit der zum Erfolg notwendigen Entschlossenheit an die Durchführung gehen. Ich kenne die Befürchtungen und Komplikationen, die auf unserer Seite bestehen. Gleichzeitig aber scheinen mir die Bedenken und Befürchtungen der Gegenseite in unserem Lager unterschätzt zu werden. Überdies sollten wir das zwar begrenzte, aber doch reale Ausmaß an Einfluß nicht unterbewerten, das sich aus der simplen Tatsache ergibt, daß wir in diesem Stadium der Geschichte die größte Macht der Welt sind – vorausgesetzt, daß wir uns dementsprechend verhalten.

10. Der öffentlichen Darstellung der Politik des Präsidenten möchte ich jetzt außer dem Entwurf, den ich meinem Memorandum vom 6. Juni an den Präsidenten beilegte, noch folgendes einfügen. Ich glaube, daß er die Vision einer großen Gemeinschaft in Asien entwerfen sollte, um damit weit über das hinauszugehen, was in der Mekong-Passage des Entwurfs enthalten ist. Diese Vision sollte die Hoffnung erwecken, daß durch ein erneutes Inkrafttreten der Abkommen von 1954 und 1962 folgende Dinge möglich werden:

a) Frieden;
b) beschleunigte wirtschaftliche Entwicklung;
c) stärkere Beteiligung der Asiaten an der Gestaltung ihres eigenen Schicksals;
d) ein so großes Maß an friedlicher Koexistenz zwischen Kommunisten und Nichtkommunisten in Asien, wie die Kommunisten wünschen.

11. Dieser Kurs kann durch folgende Maßnahmen eingeleitet werden:
a) Eine Entschließung des Präsidenten, die den führenden Kongreßmitgliedern zugeleitet, aber von ihnen nicht weitergegeben wird. Dabei wären einige Indiskretionen nicht ohne Nutzen.
b) Die sofortige Verlegung angemessener Streitkräfte in den Pazifik.
c) Eine sofortige Mitteilung an Hanoi, um (den Nordvietnamesen) eine Chance zu geben, zurückzuweichen, ehe sie mit unseren Aktionen konfrontiert werden; (diese Mitteilung) sollte unter anderem die Grenzen unserer Zielsetzungen, aber auch unser absolutes Festhalten an ihnen klar zum Ausdruck bringen.
d) Sollte dieser erste Hinweis seinen Zweck verfehlen (was wahrscheinlich ist): Stationierung unserer Bodenstreitkräfte und Seeblockade, sowie ein erster Angriff im Norden; gleichzeitig Veröffentlichung des auf den neuesten Stand gebrachten Jordan-Berichtes und Rede des Präsidenten.

Nr. 92 McGeorge Bundys Memorandum an Johnson über eine Politik »anhaltender Repressalien«

Anlage A, »A Policy of Sustained Reprisals« zu einem Memorandum von McGeorge Bundy, Berater des Präsidenten für Fragen Nationaler Sicherheit, an Präsident Lyndon B. Johnson vom 7. Februar 1965.

I. Einleitung

Wir sind der Ansicht, daß der beste Weg zur Vergrößerung unserer Erfolgschancen in Vietnam in der Entwicklung und Durchführung einer Politik *anhaltender Repressalien* gegen Nord-Vietnam besteht – einer Politik, in deren Rahmen Aktionen der Luft- und Seestreitkräfte gegen den Norden im richtigen Verhältnis als Vergeltung für alle Gewalt- und Terrorakte des Vietkong im Süden gerechtfertigt sind.

Obwohl wir glauben, daß die Risiken einer solchen Politik tragbar wären, möchten wir betonen, daß die Kosten dafür erheblich wären; denn die US-Luftwaffe müßte mit bedeutenden Verlusten rechnen, selbst wenn wir nicht in vollem Umfang in einen Luftkrieg eintreten. Letzten Endes wären umfangreiche und kostspielige Anstrengungen erforderlich, um das gesamte Luftabwehrsystem Nord-Vietnams zu überwinden. Die amerikanischen Verluste würden höher – und für das Empfinden der Amerikaner spürbarer sein, als die Verluste bei Kämpfen in Süd-Vietnam.

Wenn man dieses Programm jedoch an den Kosten einer Niederlage in Vietnam mißt, erscheint es billig. Und selbst wenn es keine entscheidende Wende herbeiführen sollte – was durchaus der Fall sein kann –, ist die erzielte Wirkung höher zu veranschlagen als die Kosten.

Wir sollten uns im Einvernehmen mit der Regierung von Süd-Vietnam dazu entschließen, für *jeden* gegen Personen oder Sachen gerichteten Gewaltakt des Vietkong Vergeltung zu üben.

2. In der Praxis könnten wir unsere Repressalien vielleicht zunächst mit relativ auffälligen Ereignissen wie dem Zwischenfall von Pleiku in Verbindung bringen. Später könnten wir aus Anlaß eines Attentats auf einen führenden Provinzbeamten Vergeltung üben, wenn auch nicht unbedingt wegen eines Mordes an einem Dorfschulzen; auch wenn eine Bombe in ein überfülltes Café in Saigon geworfen wird, könnten wir mit Gegenmaßnahmen antworten, allerdings nicht gleich dann, wenn Schüsse auf ein kleines Geschäft auf dem Lande abgegeben werden.

3. Wenn dann erst einmal ein Programm von Repressalien erkennbar angelaufen ist, dürfte es nicht mehr notwendig sein, jede einzelne Aktion gegen Nord-Vietnam mit einem speziellen Übergriff im Süden in Verbindung zu bringen. Es müßte zum Beispiel möglich sein, allwöchentlich Listen der im Süden begangenen Rechtsverletzungen zu veröffentlichen und klar zu verstehen zu geben, daß diese Rechtsverletzungen die Ursache der im gleichen Zeitraum gegen den Norden gerichteten Aktionen sind. Ein derartiges Schema von Repressalien würde uns der Schwierigkeiten entheben, jedesmal für eine bestimmte Greueltat im Süden ein genau entsprechendes Aktionsziel im Norden suchen zu müssen. Aber selbst innerhalb eines solchen allgemeineren Programms wäre es wichtig sicherzustellen, daß die Härte der Vergeltungsaktionen der Härte der Ausschreitungen im Süden entspricht. Wir müssen in jedem Stadium sowohl für Hanoi als auch für die ganze Welt deutlich machen, daß unsere Repressalien reduziert oder eingestellt werden, sobald die Übergriffe im Süden ihrerseits reduziert oder eingestellt werden – und daß wir *nicht* darauf aus sind, Nord-Vietnam zu zerstören oder zu erobern.

4. Solange sich unser neuer Kurs noch im Frühstadium befindet, sollten wir bei passender Gelegenheit erklären, daß wir fortan für jeden Verstoß, ob schwerwiegend oder nicht, der uns und der Regierung von Süd-Vietnam auf eine Unterstützung durch Hanoi hinzudeuten scheint, Vergeltung üben werden. Wir sollten außerdem darauf hinweisen, daß unsere beiden Regierungen bisher geduldig und nachsichtig gewesen sind, in der Hoffnung, daß Hanoi zur Besinnung kommen werde, ohne daß es dazu weiterer Aktionen von unserer Seite bedurft hätte; daß die Greueltaten jedoch fortgesetzt würden und wir jetzt gegen die Verantwortlichen vorgehen müßten; daß wir nicht provozieren wollten; daß wir von unserer Stärke nicht wahllos Gebrauch machen wollten; daß wir aber angesichts der wiederholten Terror- und Gewaltakte, für die die DRV verantwortlich sei, einfach nicht länger untätig bleiben könnten.

5. Sobald wir diese Erklärung abgegeben haben, sollten wir unsere Politik der Repressalien durchführen, wobei möglichst geringes Aufsehen erregt werden sollte. Es liegt zwar in unserem Interesse, daß unsere Aktivität bemerkt wird – aber wir dürfen uns ihrer auf keinen Fall in einer Art und Weise rühmen, die es Hanoi schwermachen könnte, seine Haltung zu revidieren. Statt dessen müssen wir weiterhin die Aufmerksamkeit der Weltöffentlichkeit auf die Gewalttaten lenken, die die Ursache für unsere anhaltenden Repressalien sind.

6. Diese Politik der Repressalien sollte in kleinem Maßstab beginnen. Der Grad ihrer Intensität darf nur allmählich gesteigert werden – und müßte, wie bereits hervorgehoben – verringert werden, sobald der Terror des Vietkong sichtlich nachläßt. Das Ziel besteht ja nicht darin, einen Luftkrieg gegen Hanoi »zu gewinnen«, sondern den Verlauf des Kampfes im Süden zu beeinflussen.
7. Gleichzeitig sollten wir zu erkennen geben, daß ein »Luftkrieg« notwendig werden könnte, falls sich Vergeltungsschläge nicht länger ohne übermäßige Verluste durchführen ließen. Es wäre angebracht, gesonderte Rechtfertigungen für die energische Bekämpfung der Flak und, falls erforderlich, für die Vernichtung der kommunistischen Luftstreitkräfte auszuarbeiten. Der Kern einer derartigen Erklärung sollte beinhalten, daß diese Aktionen lediglich dazu gedacht sind, die Wirksamkeit der Repressalienpolitik zu gewährleisten, und in keiner Hinsicht der Absicht entspringen, einen Offensivkrieg gegen den Norden zu führen. Es dürfte nicht schwerfallen, diese Unterscheidungen herauszuarbeiten.
8. Wahrscheinlich aber wird uns diese Politik der Repressalien schnell auf den Weg der militärischen Aktionen führen, die für die sogenannte Phase II unserer Planungen vom Dezember erwogen werden. Sie kann in bezug auf Hanoi und Peking sogar darüber hinausführen, wenn die kommunistischen Gegenaktionen ein entsprechendes Ausmaß annehmen sollten. Wir und die Regierung von Süd-Vietnam sollten uns besonders in Stadtgebieten auf einen Ausbruch des VC-Terrors gefaßt machen, der alles bisher Erlebte weit in den Schatten stellt. Aber diese Risiken bestehen immer, ganz gleich, was wir auch unternehmen. Sie müssen einkalkuliert werden, scheinen jedoch tragbar zu sein.
9. Wir sind überzeugt, daß *anhaltende Operationen* notwendig sind, um den Repressalien politischen Nachdruck zu verleihen. Solange Vergeltungsschläge den Charakter von einzelnen Episoden haben, die im Verhältnis von eins zu eins gegen »spektakuläre« Untaten aufgerechnet werden, geht ihre Überzeugungskraft verloren. Noch schwerer wiegt das Argument, daß diese Art von Vergeltungsmaßnahmen den Kommunisten die Möglichkeit offenlassen, sie völlig zu vermeiden, indem sie nur einen kleinen Teil ihres eigenen Aktionsprogrammes aufgeben. Die Affäre im Golf von Tonking hat der Moral in Süd-Vietnam beträchtlichen Auftrieb gegeben. Da sie indessen ein isoliertes Vorkommnis blieb, folgten schwere Rückschläge. Der Vorteil anhaltender Repressalien liegt darin, daß die Kommunisten, um ihnen zu entgehen, ihre Aktivität im Süden so weit einschränken müßten, daß wir das Pazifizierungsprogramm mit mehr Aussicht auf Erfolg als bisher durchführen könnten.

III. Mögliche Auswirkungen einer Politik der anhaltenden Repressalien

1. Wir betonen erneut, daß wir mit der Befürwortung einer Repressalienpolitik primär das Ziel verfolgen, die Lage in Süd-Vietnam zu verbessern. Aktionen gegen den Norden werden gewöhnlich als Mittel empfohlen, um Hanois Bereitschaft zur Unterstützung des Vietkong zu mindern. Dies ist zwar eine wichtige Aufgabe, kommt aber nur auf längere Sicht in Betracht. Die unmittelbaren und entscheidenden Ziele liegen im Süden – sie sind auf die Denkweise der Südvietnamesen und der Vietkong-Kader abgestellt.
2. Vorhersagen über die Auswirkungen bestimmter Vorgänge auf die Psyche

von Menschen sind schwierig. Eines aber scheint dennoch klar zu sein, daß sich nämlich im Süden unter fast allen zu Meinungsäußerungen befähigten Bevölkerungsgruppen Optimismus breitmachen wird, wenn sich die Vereinigten Staaten und die Regierung von Vietnam zu einer Politik der Repressalien zusammenfinden. Die US-Vertreter in Saigon sind der Überzeugung – und unsere eigenen Gespräche bestätigen diese Ansicht –, daß überall in der südvietnamesischen Öffentlichkeit geglaubt wird, die Vereinigten Staaten könnten viel mehr tun, wenn sie nur wollten, und daß man der Tatsache, daß wir unsere offensichtlich enorme Macht nicht in stärkerem Maße einsetzen, mit Mißtrauen gegenübersteht. Zumindest kurzfristig wäre die Reaktion auf unsere Repressalienpolitik daher sehr günstig.

3. Diese günstige Reaktion aber könnten wir ausnutzen, um in verstärktem Maß unsere Forderungen nach einer effektiveren Regierung durchzusetzen – zumindest für kurze Zeit. Gemeinsame Vergeltungsschläge würden militärische Planungsarbeit bedeuten, bei der die Amerikaner notwendigerweise die ausschlaggebende Rolle spielen müßten, und dieses neuartige Verhältnis würde unsere Verhandlungsposition bei anderen militärischen Unternehmungen stärken. Zudem könnten wir unseren erweiterten Einflußbereich auch auf andere Gebiete ausdehnen, falls eine stabilere Regierung zustande kommt.

In der Repressalienpolitik halten wir wie auf keinem anderen Gebiet die Peitsche fest in der Hand.

4. Die wachsende Hoffnung der Vietnamesen könnte sehr wohl dazu führen, daß sich die politisch zersplitterten Gruppen zur Bildung einer durchsetzungsfähigeren Regierung zusammenschließen.

5. Die umgekehrte Wirkung ist bei den Vietkong-Kadern in Süd-Vietnam zu erwarten. Anhaltende Repressalien müssen auf sie deprimierend wirken. Der CIA in Saigon hat dafür handfeste Beweise. Er stützt sich dabei zum einen auf verläßliche Berichte über die unmittelbare Reaktion des Vietkong auf die Episode im Golf von Tonking, zum andern auf die wohlfundierte allgemeine Ansicht, daß die Entschlossenheit Hanois einerseits und die augenscheinliche Furchtsamkeit der mächtigen Vereinigten Staaten andererseits die Ursache für die Zuversicht des Vietkong sind.

6. Die langfristige Auswirkung von Repressalien auf den Süden läßt sich weniger klar absehen. Es kann sein, daß die Wirkung – wie bei anderen Stimulantien – mit der Zeit nachläßt. Tatsächlich ist die Gefahr ihres Abflauens so groß, daß erhebliche Machtdemonstrationen erforderlich sein werden, um den anfänglichen positiven Effekt voll nutzen zu können.

Unser Ziel muß daher sein, durch diese neue Politik eine sichtbare Vorwärtsentwicklung in den Befriedungsbemühungen, eine größere Stabilität der Regierung, positive Ergebnisse bei den Operationen gegen den Vietkong und ein gesichertes Verhältnis in den Beziehungen zwischen den USA und der Regierung von Süd-Vietnam zu erreichen. Gerade auf diesen Gebieten können Veränderungen dauerhafte, langfristige Auswirkungen mit sich bringen.

7. Obwohl wir in erster Linie die Bedeutung der Repressalien für den Süden herausstellen, übersehen wir ihre Auswirkung auf Hanoi keineswegs, ja, wir halten es mit Blickrichtung auf Hanoi für sehr wichtig, daß Umfang und Härte der Vergeltungsschläge der unterschiedlichen Intensität der Vietkong-Aktionen angepaßt werden, denn wir wollen Hanoi sowohl die Verlockung einer Ein-

stellung der Repressalien als auch die Drohung fortdauernder Pressionen bieten. Unsere Gewaltakte müssen so dosiert werden, daß die Erwartung von Schlimmerem immer bestehenbleibt.

8. Wir können nicht mit Sicherheit behaupten, daß es einer Politik anhaltender Repressalien gelingen wird, den Verlauf des Kampfes in Vietnam zu ändern. Sie kann fehlschlagen, und wir können die Erfolgschancen auch nicht mit annähernder Genauigkeit beurteilen – sie mögen irgendwo zwischen 25 % und 75 % liegen. Mit Sicherheit läßt sich dagegen sagen, daß diese Politik der Mühe wert ist, selbst wenn sie mißlingt. Zumindest wird sie den Vorwurf entkräften, wir hätten nicht alles getan, was in unserer Macht stand, und gerade dieser Vorwurf spielt in vielen Ländern einschließlich unseres eigenen eine wichtige Rolle. Darüber hinaus wird eine Repressalienpolitik in dem Maße, wie sie die Bereitschaft der US zur Anwendung dieser neuen Norm bei der Bekämpfung von Aufständen demonstriert, für alle Zukunft zeigen, mit welchen Kosten das Abenteuer eines Guerillakrieges verbunden ist, und dürfte daher eine nicht zu unterschätzende Abschreckungswirkung haben. Gleichzeitig sollte jedoch klar sein, daß die Abschreckungswirkung erheblich gemindert würde, falls es in Vietnam aus irgendwelchen Gründen einen Mißerfolg geben sollte.

IV. Empfehlungen für Aktionen zum gegenwärtigen Zeitpunkt

1. Der allgemeine Vorschlag zu einer Politik der Repressalien wurde in intensiven Diskussionen während der den Angriffen auf Pleiku unmittelbar vorangehenden Tage ausgearbeitet. Die Angriffe und unsere Reaktion darauf haben eine ideale Gelegenheit geschaffen, nunmehr zur Durchführung anhaltender Repressalien zu schreiten. Geschieht dies nicht, dann besteht die Gefahr, daß Pleiku, ebenso wie der Golf von Tonking, kurzfristig als Stimulans und langfristig als Depressivum wirkt. Wir empfehlen daher, die für fortdauernde Repressalien notwendigen Vorbereitungen zu treffen. Als wichtigste derartige Maßnahmen kommen in Vorschlag:

(1) Baldiger Abschluß der Evakuierung von Familienangehörigen von US-Bürgern.

(2) In aller Stille Verlegung von (unleserliches Wort) Bereitschaftstruppen nach Westen.

(3) Erfassung aller Übergriffe des Vietkong, wobei dieser Katalog in regelmäßigen Abständen veröffentlicht und deutlich zu unseren eigenen Repressalien in Bezug gebracht wird. Ein derartiger Katalog könnte vielleicht auf der Grundlage eines zuvor publizierten Weißbuches aufbauen.

(4) Wir sollten sowohl auf zivilem als auch auf militärischem Gebiet mit der Regierung von Süd-Vietnam zu gemeinsamer Planung kommen. Insbesondere müssen wir der gegenwärtigen Regierung klar und deutlich zu verstehen geben, daß wir zu dem oben beschriebenen Vorgehen bereit sind, wenn auch sie sich dazu bereit erklärt.

(5) Ausarbeitung der notwendigen öffentlichen und diplomatischen Erklärungen, die die Einleitung und Durchführung dieses Aktionsprogramms begleiten müssen.

(6) Sicherstellung, daß ein Programm von Repressalien mit einer erneuten öffentlichen Verpflichtung auf unser Gesamtprogramm im Süden verbunden

wird, damit die zentrale Bedeutung des Kampfes im Süden nie außer acht gerät.

(7) Ausarbeitung eines Planes, dem gemäß Hanoi, Peking und Moskau auf diplomatischem Wege unauffällig mitgeteilt wird, welche Bedeutung unseren Maßnahmen zukommt.

(8) Vorbereitung auf die Verteidigung und Rechtfertigung unserer neuen Politik, indem wir vor jedem Forum auf die Ursache dieser Politik hinweisen: die Aggression im Süden.

(9) Wir sollten uns mit Diskussionen vor jedem Forum einverstanden erklären, Verhandlungen aber nur unter der Bedingung zustimmen, daß der Vietkong auf sämtliche Aktivität verzichtet. Da wir unser Programm anhaltender Repressalien von Hanois fortgesetzten Aggressionsakten im Süden abhängig machen, dürfen die internationalen Anschuldigungen nicht annähernd so schwer ausfallen, wie es bei einem gegen den Norden gerichteten Programm der Fall wäre, bei dem diese Rechtfertigungsmöglichkeiten nicht bestünden. Aus diesem Grunde dürften wir dem internationalen Drängen nach Verhandlungen durchaus begegnen können.

Nr. 93 Kabel des Weißen Hauses an Taylor über den Entschluß zur Aktion »Rollender Donner«

Auszüge aus einer Depesche des State Department an Botschafter Taylor vom 13. Februar 1965, im Wortlaut der Pentagon-Studie, der auch die in Klammern gesetzten Worte entnommen sind. Wie der Begleittext besagt, stammt diese Depesche aus dem Weißen Haus.

Der Präsident hat heute in Form ergänzender Beschlüsse nachstehendes Programm genehmigt. Ab sofort sind folgende Aktionen durchzuführen, die er Ihnen bereits in Deptel 1653 mitgeteilt hat. (Es handelt sich um den ersten Beschluß über Vergeltungsaktionen nach Plan *Flaming Dart.*)

1. Wir werden das Pazifizierungsprogramm in Süd-Vietnam mit allen verfügbaren Mitteln intensivieren.

2. Wir werden gemeinsam mit der GVN (Regierung von Süd-Vietnam) ein Programm angemessener und begrenzter Luftangriffe gegen ausgewählte militärische Ziele in der DRV durchführen, wobei wir bis auf weiteres südlich des 19. Breitengrades bleiben.

ZUSATZ ZU IHRER INFORMATION: Wir schätzen im Augenblick, daß diese Angriffe etwa ein- oder zweimal pro Woche erfolgen und dabei jeweils zwei oder drei Ziele angegriffen werden.

ENDE DES ZUSATZES.

3. Wir werden diese Politik angemessener Aktionen in allgemeinen Zügen bekanntgeben und uns gleichzeitig an den Sicherheitsrat der UN wenden, um klarzustellen, daß Hanoi der Aggressor ist. Wir werden außerdem deutlich machen, daß wir gern bereit sind, »Gespräche« zu führen, um diese Aggression zu beenden.

4. Wir meinen, daß dieses dreiteilige Programm mit SVN (Süd-Vietnam) abgestimmt werden muß, und beabsichtigen im Augenblick, daß der Präsident

unmittelbar nach dem nächsten autorisierten Luftangriff das Programm bekanntgibt. Wir meinen, daß dieser Angriff zu Beginn der nächsten Woche erfolgen kann.

5. Dementsprechend sind Sie angewiesen, sich um die sofortige Zustimmung der GVN zu diesem Programm zu bemühen. Sie sind bevollmächtigt, unsere Überzeugung darzulegen, daß die Bekanntmachung unserer Gesprächsbereitschaft unserer diplomatischen Position nützlicher ist, als wenn wir so lange warten, bis wir von Dritten vor den Sicherheitsrat zitiert werden. Erforderliche Zustimmung der GVN wird bis Montag (14. Feb.) erwartet.

Wenn Sie Obiges der GVN unterbreiten, sollten Sie sich nach eigenem Ermessen in vollem Umfang auf folgende Argumente stützen:

a) Wir sind entschlossen, die militärischen Aktionen ohne Rücksicht auf die Meinung des Sicherheitsrates und jedwede »Gespräche« oder Verhandlungen (unleserliche Wörter) fortzusetzen. (Anfang des Satzes unleserlich) ... daß sie aufhören ... (unleserlich) und auch die Aktivität, die sie im Süden leiten.

b) Wir betrachten unsere Initiative vor dem UN-Sicherheitsrat nach einem weiteren Angriff als wesentlich, weil wir damit uns entgegengesetzten Initiativen der UdSSR oder solcher Mächte wie Indien, Frankreich oder gar der UN selbst vorbeugen wollen.

c) Zu Beginn der Initiative vor dem UN-Sicherheitsrat rechnen wir mit Stimmen, die die DRV auffordern, vor den Vereinten Nationen zu erscheinen. Sollte sie – wie im August – diesen Aufforderungen nicht Folge leisten, so wäre damit erst recht erwiesen, daß sie es ist, die sich weigert, von einer Fortsetzung des Krieges abzulassen, und unsere Position wäre gerechtfertigt, wenn wir militärische Aktionen gegen die DRV unternehmen. Aus bestimmten Gründen hoffen wir jetzt, daß die GVN selbst vor den UN erscheinen und eng mit den USA zusammenarbeiten wird.

d) Wir haben jeden Grund zu der Annahme, daß etwaige »Gespräche«, die aus unserer Initiative im Sicherheitsrat resultieren könnten, sich – ob mit oder ohne Hanoi – über viele Wochen oder gar Monate hinziehen und sich vor allem auf die Beendigung der nordvietnamesischen Aggression als Vorbedingung für die Einstellung militärischer Aktionen gegen die DRV konzentrieren würden. Weiterhin erwarten wir, daß detaillierte Gespräche über jedwedes Abkommen, das zu den wesentlichen Bestimmungen der Abkommen von 1954 zurückkehrt, verschoben und der zentralen Streitfrage untergeordnet würden ...

Nr. 94 Skizzierung der Ergebnisse der Politik im Jahre 1965 durch William Bundy

Entwurf einer Abhandlung von William Bundy mit dem Titel: »Where Are live Heading?« vom 18. Februar 1965. Eine beigefügte, vom 25. Juni datierte Notiz lautet: »Später als die Schrift vom November und nicht zu Ende geführt.«

In diesem Memorandum werden mögliche Entwicklungen und Probleme für den Fall, daß die USA in Süd-Vietnam die im Folgenden skizzierte Politik verfolgen, aufgezeigt:

a) Intensivierte Pazifizierung Süd-Vietnams. Zur Lösung der Sicherheitsfrage könnte eine beträchtliche Verstärkung der gegenwärtig vorhandenen US-Streitkräfte notwendig werden.
b) Ein gemeinsam mit der GVN durchzuführendes Programm wohlbemessener, begrenzter und gezielter Luftangriffe gegen den Komplex »Infiltration« aus der DRV. Diese Angriffe finden mit einer Häufigkeit von etwa einem Einsatz pro Woche statt, wenn nicht spektakuläre Aktionen des Vietkong zu einem sofortigen Gegenschlag außer der Reihe zwingen. Bei normalem Verlauf werden sich jeweils ein Angriff der GVN mit einem der US-Luftwaffe abwechseln, die auf Ziele südlich des 19. Breitengrades beschränkt bleiben. Je nach dem Tempo der VC-Aktionen sind die Angriffe von unterschiedlicher Schwere, wobei in letzterer Hinsicht eine im Laufe der Wochen langsam ansteigende Tendenz zu befürworten ist.
c) Die USA selbst ergreifen keine Initiative zu Gesprächen, stimmen aber etwaigen von Großbritannien und der UdSSR als gemeinsamen Vorsitzenden der Genfer Konferenz veranstalteten Konsultationen zu – allerdings nicht einer Konferenz.
Als Eröffnungszug verlangen die Briten eine Darlegung unserer Gesichtspunkte, und wir benützen die Gelegenheit, unsere Position, einschließlich unserer Zielsetzungen und alles dessen, was wir als wesentlich für die Wiederherstellung des Friedens ansehen, ausführlich darzulegen. Außerdem erheben wir Klage gegen die DRV in Form eines langen, schriftlichen Dokumentes, das an den Präsidenten des Sicherheitsrates der Vereinten Nationen gerichtet ist und unter den Mitgliedern der UNO zirkuliert.

1. Reaktionen der Kommunisten

a) Hanoi würde sich zu Anfang sicherlich nicht gedrängt fühlen, sich an fruchtbaren Verhandlungen zu beteiligen oder seine Aktivitäten in irgendeiner Weise abzubrechen. (Die Nordvietnamesen) würden die fortgesetzten Luftangriffe verurteilen und versuchen, die Weltmeinung weitmöglichst dagegen aufzubringen. In Süd-Vietnam würden sie spektakuläre Aktionen vielleicht vermeiden, gewiß aber ihr sonstiges Programm nach bisherigem Muster fortführen, wahrscheinlich mit Schwerpunkt auf solchen Zwischenfällen, wie wir sie in dieser Woche erlebt haben, als kommunistische Agenten in einem Dorf zum »Protest« gegen Luftangriffe der Regierung und gegen die USA aufriefen. Im Grunde genommen halten sie wohl die Verschlechterung der Lage in Süd-Vietnam für wahrscheinlich (»abbröckeln« wie sie es nennen) und erwarten, daß zu irgendeinem Zeitpunkt irgend jemand in der GVN hinter unserem Rücken mit ihnen Geheimgespräche führen wird.
b) Rotchina könnte der DRV möglicherweise zusätzliches Ausrüstungsmaterial für die Luftverteidigung liefern, doch glauben wir nicht, daß man sich von Rotchina aus in Luftkriegsoperationen einlassen würde, jedenfalls nicht bis zu dem Punkt, an dem es um die MIGS in der DRV ginge und wir es für notwendig halten müßten, Fukien anzugreifen oder möglicherweise – falls die MIGS dorthin verlegt werden sollten – Vinh.
c) Die Sowjets würden der DRV Material für die Luftverteidigung liefern und fortfahren, in energischer Form gegen unsere Angriffe zu protestieren. Wir

glauben jedoch nicht, daß sie in diesem Stadium irgendwelche neue Verpflichtungen eingehen würden, nicht einmal dann, wenn die Chicoms (chinesischen Kommunisten) sich stärker beteiligen sollten – vorausgesetzt, daß wir selbst Rotchina nicht angreifen. Dann allerdings stünden sie stark unter Druck und ihre Situation würde nahezu ausweglos, wenn sie weiterhin aktiv als Mitvorsitzende fungieren wollten. Die Tatsache jedoch, daß sie wegen des Mitvorsitzes an die Briten herangetreten sind, deutet gewiß darauf hin, daß sie sich von der Übernahme dieser Rolle einige Erleichterung versprechen und sie als Vorwand gegen jedes intensivere Eingreifen gebrauchen. Vielleicht erklären sie Hanoi gegenüber, daß die Ausübung des Mitvorsitzes dazu diene, uns von extremen Schritten abzuhalten, für Hanoi sei ja nur das Ergebnis entscheidend, auch wenn es auf politischem Wege erzielt würde und der Zerfall in Süd-Vietnam tatsächlich weiterginge. Außerdem könnten sie Hanoi gegenüber argumentieren, daß der politische Weg geeignet sei, die Wahrscheinlichkeit einer größeren rotchinesischen Intervention zu verringern – eines Eingreifens, das Hanoi unserer Meinung nach nur in aussichtsloser Lage akzeptieren würde.

2. Zur Lage in Süd-Vietnam

Die neue Regierung ist ein wenig besser, doch hat der Gesamteffekt der Angriffe dazu bestenfalls nur geringfügig beigetragen. Der letzte Bericht des MACV deutet – mit Ausnahme des äußersten Südens – auf eine Verschlechterung der Lage hin, und es ist unwahrscheinlich, daß diese Entwicklung innerhalb kurzer Zeit zum Stillstand gebracht werden kann, selbst wenn die Regierung stabil bleibt und das Militär sich um seine Aufgaben kümmert. Wir können von großem Glück sagen, wenn wir in den kommenden zwei Monaten eine Beruhigung, ganz zu schweigen von irgendeiner bedeutsamen Verbesserung, erleben. Kurz, wir werden möglicherweise lange warten müssen, ehe sich die Lage in Süd-Vietnam bessert – und dies wiederum wäre der eigentliche Schlüssel zu einer wie immer gearteten Verhandlungsposition.

3. Politische Aspekte

Die Briten werden ihre Rolle mit Tatkraft übernehmen und die Sowjets sich reservierter verhalten; sie können nämlich kaum hoffen, Hanoi zu diesem Zeitpunkt wesentlich zu beeinflussen, und auf Rotchina haben sie sicher keinerlei Einfluß. In den Eröffnungsrunden werden die Sowjets wahrscheinlich einige recht scharfe Erklärungen des Inhalts abfeuern, daß der Schlüssel zur Lösung der Probleme in unserem Abzug und der Einstellung der Angriffe bestehe. Die sich gegenüberstehenden Positionen klaffen so weit auseinander, daß man sich nur schwer vorstellen kann, wie in nächster Zeit etwas Nützliches erreicht werden könnte. Es ist durchaus möglich, daß die Sowjets – oder sogar die Kanadier – versuchen werden, aus uns herauszubringen, ob wir unsere Angriffe als Gegenleistung für eine Mäßigung der VC-Tätigkeit einstellen würden. Das wäre jedoch ganz unannehmbar; das mindeste, was wir zur Bedingung machen sollten, wäre eine nachgewiesene Einstellung der Infiltration (und Funkstille), ehe wir mit unseren Angriffen aufhören. Es ist denkbar, daß unser Bestehen auf Einstellung der Infiltration die Inder veranlassen könnte,

Polizeitruppen anzubieten – ein Vorschlag, den sie schon früher gemacht haben. Das wäre ein konstruktiver Schritt, den wir aufgreifen könnten. Doch ist es, wie bereits vorhin bemerkt, noch auf lange Zeit höchst unwahrscheinlich, daß Hanoi auf dieser Basis verhandelt.

4. In summa: am wahrscheinlichsten ist die Aussicht auf eine längere Periode ohne größere Gefahr einer Eskalation, aber auch ohne jedes Entgegenkommen seitens Hanois. Wenn, im Gegensatz zur augenblicklichen Lage, die GVN bessere Leistungen aufzuweisen hätte...

Nr. 95 Fernschreiben an die diplomatischen Vertreter der USA in Asien, in dem unbefristeter Luftkrieg angekündigt wird

Fernschreiben des State Departments an die Chefs von neun diplomatischen Vertretungen der USA im Fernen Osten vom 18. Februar 1965, dem Text der Pentagon-Studie entnommen.

Die heutigen Beschlüsse zur Vietnampolitik machen folgendes erforderlich:

1. Mit GVN gemeinsam durchgeführtes Programm fortgesetzter Aktionen gegen Nord-Vietnam durch Luftwaffe und Marine, wann und wo immer notwendig. Diese Aktionen sollen gegen ausgewählte militärische Ziele gerichtet, begrenzt, angemessen und ausreichend sein als Vergeltung für von Hanoi geleitete Aggressionen in Süd-Vietnam. Luftangriffe werden mit der GVN gemeinsam geplant und beschlossen und auf gemeinschaftlicher Grundlage durchgeführt.

2. Intensivierung des Pazifizierungsprogramms in Süd-Vietnam mit allen verfügbaren Mitteln, einschließlich aller möglichen Schritte zum Aufspüren und Bekämpfen von VC-Konzentrationen und -Hauptquartieren innerhalb SV mittels sämtlicher konventioneller Mittel, die GVN und USA zur Verfügung stehen.

3. Baldige detaillierte Darlegung dokumentierter Anklage gegen DRV als Aggressor vor amerikanischem Volk und Weltöffentlichkeit. Forum und Form dieser Darlegung noch nicht entschieden, doch beabsichtigen wir nicht (wiederhole nicht), Bereitschaft zu Gesprächen oder Verhandlungen zum gegenwärtigen Zeitpunkt erkennen zu geben. Wir erwägen baldige Bekräftigung unserer Zielsetzungen in irgendeiner Form und in allernächster Zukunft.

4. Vorsichtige öffentliche Erklärungen der US-Regierung im Verein mit fortgesetzten Luftangriffen sollen deutlich machen, daß militärische Aktion andauert, solange Aggression anhält. Dabei wird DRV-Aggression in den Brennpunkt öffentlicher Aufmerksamkeit gerückt; keinesfalls die gemeinsamen militärischen Operationen der GVN und USA. Keine Kommentare irgendwelcher Art über zukünftige Aktionen, außer, daß alle diese Aktionen der Aggression angepaßt sein werden. (Sie werden die gestrige Erklärung des Präsidenten zur Kenntnis genommen haben, die wir wahrscheinlich unverändert lassen.)

Empfänger sollten Regierungschefs oder Staatsoberhäupter (wie jeweils angebracht) von Obenstehendem in strengster Vertraulichkeit informieren und über Reaktionen berichten. Im Falle von Canberra und Wellington (mehrere unleserliche Wörter) hat dies vorbehaltlich Sicherheitsüberlegungen für jede Operation zu erfolgen, wie wir dies im Hinblick auf Operationen vom 7. und 11. Februar gehandhabt haben.

Nr. 96 Ein Entwurf McNaughtons für McNamara, Thema: »Vorschlag für Aktionskurs«

Erster Entwurf der »Anlage A – Aktionsplan für Süd-Vietnam« zu einem Memorandum von John T. McNaughton, Staatssekretär für Internationale Sicherheitsfragen im Verteidigungsministerium, an Verteidigungsminister Robert S. McNamara, vom 24. März 1965.

1. ZIELE DER USA:
Zu 70% eine demütigende Niederlage der USA zu vermeiden (für unseren Ruf als Garant)
zu 20% südvietnamesisches (und angrenzendes) Territorium nicht in die Hände der Chinesen fallen zu lassen
zu 10% der Bevölkerung von SV ein besseres, freieres Leben zu ermöglichen.
AUSSERDEM – Aus der Krise hervorzugehen, ohne wegen der angewendeten Methoden einen Makel davonzutragen.
NICHT – um »einem Freund zu helfen«, obwohl es natürlich schwerfällt, untätig zu bleiben, wenn man um Hilfe gebeten wird.
2. DIE LAGE: Die allgemeine Lage ist schlecht und verschlimmert sich weiter. Die Initiative hat der VC (Vietkong). Unter der ländlichen Bevölkerung, in den Städten und sogar unter den Soldaten nimmt der Defaitismus zu – besonders unter denjenigen, die Verwandte auf dem Lande haben. Das Hop Tac-Gebiet um Saigon macht geringe Fortschritte; im Delta bleibt die Situation schlecht; im Norden ist das Land abgetrennt worden. Die Herrschaft der GVN schrumpft auf die Enklaven zusammen, die zum Teil durch Flüchtlinge überlastet sind. In Saigon ist ein leichtes Nachlassen der Spannung zu bemerken; auf dem zivilen Sektor berechtigt Quat zu Hoffnungen, die Buddhisten haben sich beruhigt, und unter den zerstrittenen Generälen herrscht eine Art von vagem Gleichgewicht der Kräfte.
3. DIE GEGENWÄRTIGE FRAGESTELLUNG: Kann die Situation innerhalb Süd-Vietnams bereinigt werden (a) ohne extreme Maßnahmen gegen die DRV und/oder (b) ohne die Verlegung einer großen Zahl von US (und anderen) Kampftruppen innerhalb von SV? Die Antwort lautet »vielleicht«, aber wahrscheinlich »nein«.
4. WIE HAT MAN SICH EINEN MÖGLICHEN ZUSAMMENBRUCH DER GVN VORZUSTELLEN?
a) VC-Erfolge reduzieren Herrschaft der GVN auf Enklaven und verursachen:
(1) Aufstände unter der Bevölkerung der Enklaven;
(2) Massendesertionen von Soldaten und ganzen Einheiten der ARVN;
(3) verstärkte Uneinigkeit und zunehmende Unfähigkeit in Saigon;
(4) Defaitismus und Meinungsumschwung bei wichtigen Regierungsmitgliedern der GVN;
(5) Eindringen linksstehender Elemente in die Regierung;
(6) Bildung einer Volksfront-Regierung;
(7) Bitte um Abzug der USA;
(8) Konzessionen an den VC und
(9) Nachgeben gegenüber der DRV;
b) VC und Freiwillige aus der DRV konzentrieren sich auf das I. und II. Korps;
(1) erobern dort die wichtigsten von der GVN gehaltenen Enklaven;

(2) rufen eine Befreiungsregierung aus;
(3) vereinigen der Gebiete des I. und II. Korps mit der DRV und
(4) verfolgen die oben unter a) beschriebene Taktik auf dem übrigen Gebiet der GVN.

c) In einem Zustand vorübergehender Mutlosigkeit könnte die GVN das Handtuch werfen:
(1) indem sie unter der Hand mit dem VC verhandelt;
(2) die USA bittet, zumindest die militärische Hilfe einzustellen;
(3) linksstehende Elemente in die Regierung aufnimmt;
(4) was zu einer Volksfrontregierung führt und
(5) mit Zugeständnissen an den VC und die DRV endet.

d) In einer antiamerikanischen Anwandlung könnte die GVN die USA zum Abzug auffordern und im übrigen den Kurs verfolgen, der etwa Punkt c) oben entspricht.

5. DAS »TRILEMMA«: Die Politik der USA wirkt unentschieden, was darauf zurückzuführen ist, daß, obwohl Einmütigkeit besteht, die in SV stattfindenden Bemühungen (Absatz 6) einen Zusammenbruch wahrscheinlich nicht verhindern können, und daß alle drei möglichen Alternativen zur Verbesserung der Lage bisher zurückgewiesen werden:

a) Angriffe zur Brechung des Kampfwillens im Norden (Absatz 7) werden (1) durch zu starke Berücksichtigung der Gefahrenpunkte (2), durch Zweifel, ob die DRV nachgeben würde, und (3) durch Zweifel, ob der VC bei einem Nachgeben der DRV Hanoi gehorchen würde, verhindert. (Wodurch die Angriffe lediglich zu einer politischen und gegen die Infiltration gerichteten Bagatelle werden.)

b) Verstärkung der amerikanischen Truppen (Absatz 9) wird durch das Trauma »Frankreichs Niederlage« und »Korea« blockiert, und Quat ist empfindlich (Truppen könnten sich letzten Endes als Nachteil erweisen und vernichtet werden.)

c) Einem Abzug nach Verhandlungen (Absatz 9) hinge der Makel der Demütigung an.

ANSTRENGUNGEN INNERHALB SÜD-VIETNAMS: Fortschritte in SV sind unser Hauptziel. Von zivil-politischer wie von militärischer Seite müssen weitreichende Anstrengungen unternommen werden, wobei zu bedenken ist, daß Fortschritte sowohl von den Bemühungen der GVN, vom Glück als auch von zusätzlichen Bemühungen der USA abhängen. Obwohl sich nur ein geringer Teil dieser Anstrengungen schnell genug auszahlen kann, so daß die gegenwärtige, drohende Lage gebessert würde, sind Teilerfolge doch wünschenswert, wenn es sich hier auch nur um kleine Quantitäten handelt. Zudem sind derartige Investitionen wesentlich, um auf längere Sicht eine Grundlage zu schaffen.

a) Ermutigung geben und Effektivität verbessern (weiter ausführen, sich auf das Memorandum des State Department an den Präsidenten stützen).
(1) Stabilität der Regierung erreichen.
(2) Programm des Psycho-Krieges ausweiten.
(3) Eine regierungsfreundliche Atmosphäre schaffen.

b) Verstärkter Schutz für Leib und Leben. (Ausführen)

c) Infiltration eindämmen. (Ausführen)

Angriffe gegen den Norden (Programm: Fortschreitende militärische Pressionen)

a) Zweck:

(1) Aktivität von VC/DRV durch Beeinträchtigung des Kampfwillens DRV verringern.

(2) Relatives »moralisches Gleichgewicht« von GVN und VC verbessern.

(3) Verhandlungsposition für USA und GVN schaffen.

(4) Infiltration von Menschen und Material aus der DRV verringern.

(5) Der Welt zeigen, wie weit die USA einem Freunde zuliebe zu gehen bereit sind.

b) Programm: Jede Woche 1 oder 2 »Einsatztage«, an denen 100 Flugzeuge der US- und SV-Luftwaffe wichtige Ziele angreifen und schwere Schäden verursachen; dazu 3 bewaffnete Aufklärungsflüge – mit Zunahme der Schwere der Angriffe, des Wertes der Ziele oder ihrer Nähe zu Hanoi und China.

ERSTE ALTERNATIVE: Ein 12wöchiges, auf die gesamte DRV ausgerichtetes Programm, das nur »zivile« Ziele ausspart.

ZWEITE ALTERNATIVE: Ein 12wöchiges Programm, das nur den Flughafen Phuc Yen (Hanoi) ausspart.

c) Sonstige Aktionen:

(1) Blockade der DRV-Häfen mittels Minenabwurf durch die US- oder SV-Luftwaffe oder durch Schiffe.

(2) Von Süd-Vietnamesen ausgeführte MAROPS nach 34 A (Überraschungsangriffe).

(3) Erkundungsflüge über Laos und der DRV.

(4) Tägliche bewaffnete Aufklärungsflüge gemäß »BARREL ROLL« über Laos (plus T-28-Maschinen)

(5) Viermal wöchentlich »BARREL ROLL«-Erstickungsangriffe in Laos.

(6) Schläge der US- und SV-Luft- und Seestreitkräfte gegen VC-Operationen und Stützpunkte in SV.

(7) Verlegung von US-Truppen nach Westen.

(8) In dieser Zeit keine De-Soto-Patrouillen oder Bombardierungen der DRV von See aus.

d) Rote »Brennpunkte«. Bestimmte Vorgänge bergen die Gefahr einer beträchtlichen Eskalation.

1. Luftangriffe nördlich des 17. Breitengrades (bereits geschehen).
2. Erste Konfrontation der US- und der nordvietnamesischen Luftwaffe mit MIGs der Volksrepublik Nord-Vietnam.
3. Angriff auf MIG-Stützpunkt Phuc Yen bei Hanoi.
4. Erste Angriffe auf Industrie- und Bevölkerungsziele von Tongking.
5. Erste Angriffe auf die chinesische Eisenbahn nahe der chinesischen Grenze.
6. Erste Konfrontation der US- und nordvietnamesischen Luftwaffe mit Chicom-MIGS.
7. Erstes »heißes« Verfolgen von Chicom-MIGs bis nach China.
8. Erste Flak-Bekämpfung von SAMS mit rotchinesischer oder sowjetischer Mannschaft.
9. Massentransport von US-Bodentruppen nach Süd-Vietnam.
10. Besetzung von nordvietnamesischem Territorium durch US- und südvietnamesische Truppen (z. B. Ile de Tigre).

11. Erste chinesisch-sowjetische Konfrontation mit US-Streitkräften; Versenkung von Schiffen des Gegners im Rahmen der Blockade.

e) Blaue »Gefahrenpunkte«. China und Nord-Vietnam sind sich sicherlich auch bewußt, welche Aktionen uns zur Eskalation zwingen würden.

1. Alle obengenannten »roten« Gefahrenpunkte.
2. VC-Angriff auf Danang.
3. Versenkung eines Schiffes der US-Marine.
4. Offene Verlegung von nordvietnamesischen Truppen nach Süd-Vietnam.
5. Verlegung chinesischer Truppen nach Nord-Vietnam.
6. Verlegung von FROGS oder SAMS (Boden-Luft-Raketen) nach Nord-Vietnam.
7. Luftangriffe der Volksrepublik Nord-Vietnam auf Süd-Vietnam.
8. Ausrufung einer Befreiungsregierung im Gebiet des III. Korps.

f) Besondere Risiken:

1. Verluste von MIGS und später möglicherweise von SAMS der Volksrepublik Nord-Vietnam.
2. Verstärkte VC-Aktivität und möglicherweise Regierungsbildung durch Befreiungsfront.
3. Zusammenbruch der südvietnamesischen Regierung oder Ausbruch von Chaos in Süd-Vietnam.
4. Weltweiter Meinungsumschwung gegen uns (Luftangriffe, Blockade etc.).
5. Aus Sympathie entfachte Konflikte um Berlin, Zypern, Kaschmir oder am Jordan.
6. Eskalation bis zum konventionellen Krieg mit der Volksrepublik Nord-Vietnam, China (und der UDSSR?).
7. Eskalation bis zur Verwendung von Kernwaffen.

g) Zusätzliche Maßnahmen der Roten:

1. Entsendung weiterer Düsenjäger nach Nord-Vietnam mit nordvietnamesischen oder rotchinesischen Piloten.
2. Entsendung weiterer SAMS und Radaranlagen mit sowjetischer Bedienungsmannschaft nach Nord-Vietnam.
3. Verstärkung der Luft- und Bodenstreitkräfte in Südchina.
4. Sonstige »defensive« Vergeltungsschläge Nord-Vietnams (z. B. Abschuß einer U-2).
5. Weitere Eroberungen der Pathet Lao in Laos.
6. Proklamation einer neuen Regierung in Laos durch PL.
7. Politische Kampagne für die »Neutralisierung« von Indochina.

h) Eskalationskontrolle: Drei Vorschläge zur Vermeidung einer überstürzten Eskalation:

1. »Hinziehen«. Das Programm verlangsamen (z. B. nur mehr ein regulärer Luftangriff pro Woche, statt der vorhergehenden zwei).
2. »Unterbrechung des Stromkreises.« Dazu müßte vorübergehend die Theorie aufgegeben werden, daß unsere Angriffe die Willenskraft Nord-Vietnams brechen sollen. Dann wären Luftangriffe unterhalb des Gefahrenpunktes »Flugplatz Phuc Yen« zu belassen. Zur Begründung auf die eine oder andere der nachstehenden Thesen verweisen:

a) daß Umfang und Schwere der Angriffe so abgesteckt sind, daß sie lediglich die Infiltration aus dem Norden unterbinden sollen;

b) daß die Schwere unserer Angriffe dem Umfang der VC- und nordvietnamesischen Aktivität in Süd-Vietnam angepaßt wird.
3. »Ausweichen.« Luftangriffe wie in Absatz 2. und der Akzent auf:
a) Blockade der DRV-Häfen durch Minen und/oder Schiffe;
b) massive Truppenverlegungen von US- (und anderen?) Streitkräften nach Süd-Vietnam (und Laos?):
1. Um die »Enklaven« zu besetzen und die Streitkräfte der südvietnamesischen Armee zu entlasten;
2. um die Provinzen Pleiku, Kontum und Darlac in die Hand zu bekommen;
3. um die (unleserliches Wort) Infiltration zu unterbinden.
i) Sonstiges:
1. Das Programm muß den Anschein erwecken, als sei es unerbittlich. (Z. B. müßte danach die Möglichkeit einer »Unterbrechung« des Stromkreises geheimgehalten werden.)
2. Der Gegner muß wiederholt auf unsere begrenzten Ziele hingewiesen werden.
3. Die Verbündeten müssen »an Bord bleiben«.
4. Die UDSSR ist so zu behandeln, daß sie ihre passive Rolle beibehält.
5. Gezielte Informationen müssen die Öffentlichkeit in den USA bei der Stange halten.

Programm für umfangreiche US-Bodentruppen-Operationen in Süd-Vietnam und Südostasien

a) Zweck:
1. Um den VC zu Lande zu besiegen.
2. Um das »Gleichgewicht der Kampfmoral« zwischen südvietnamesischer Armee und VC zugunsten der Südvietnamesen herzustellen.
3. Um die Verhandlungsposition von USA und südvietnamesischer Regierung zu verbessern.
4. Um der Welt zu zeigen, daß die USA bei Einhaltung ihrer Verpflichtungen bis zum Äußersten gehen.
b) Programm:
1. Anschwellen der Angriffe auf den Norden oder Beibehaltung des unter Absatz 7 oben angegebenen Umfangs.
2. Vom Alliierten Hauptquartier in Vietnam benötigtes Personal »zur Unterstützung des Kampfes« bereitstellen.
3. Verlegung auch der restlichen Einheiten des III. Marine-Expeditionskorps nach Danang.
4. Einsatz einer US (plus einer koreanischen) Division zur Bekämpfung des VC im Gebiet von Pleiku-Kontum-Darlac.
5. Einsatz einer US (plus einer koreanischen?) Division zur Sicherung der verschiedenen Enklaven (Bien Hoa–Ton Son Nhut, Nha Trang, Qui Non, Pleiku).
6. Stationierung von 3–5 US-Divisionen (»international« durchsetzt) im Gebiet der Nachschub- und Infiltrationswege aus Laos und in wichtigen Bevölkerungszentren Süd-Vietnams.

c) Vorteile:

1. Zumindest anfängliche Verbesserung des Kräfteverhältnisses zwischen Süd-Vietnam und VC.

2. Stärkung der Kampfmoral in Süd-Vietnam bei gleichzeitiger Schwächung des Kampfwillens von Nordvietnamesen und VC.

3. USA zeigen Roten, Verbündeten und Neutralen ihr starkes Engagement.

4. Abschreckung vor (oder sogar Verhinderung von) Staatsstreichen im Süden.

d) Risiken:

1. US-Truppenverlegungen könnten Stationierung rotchinesischer Truppen in Nord-Vietnam zur Folge haben.

2. US-Truppenverlegungen könnten Einschleusen von nordvietnamesischen/rotchinesischen Truppen nach Süd-Vietnam zur Folge haben.

3. Ankündigung von Truppenverlegungen könnte Nord-Vietnam/Chicoms veranlassen, zur Vorbeugung südvietnamesisches Territorium zu besetzen.

4. Amerikanische Verluste werden ansteigen.

5. In der Frage des Oberbefehls wird es zu Reibereien mit den Südvietnamesen (und Koreanern?) kommen.

6. Die südvietnamesische Regierung wird Neigung zeigen, »alles den USA zu überlassen«.

7. Innerhalb und außerhalb von Süd-Vietnam werden Stimmen gegen den US-»Kolonialismus« laut werden.

8. US-Streitkräfte können umzingelt und eingekesselt werden.

e) Sonstiges:

1. Es besteht keine Aussicht, diesen »Stromkreis« zu unterbrechen. Wenn die US-Truppen erst einmal im Lande sind, wird es nicht mehr möglich sein, sie abzuziehen oder nach Thailand zu verlegen, ohne daß wir eine Niederlage eingestehen müssen.

2. Die Herstellung des optimal wünschenswerten Stärkeverhältnisses Süd-Vietnam/USA : VC = 10 : 1; ist nur durch massive Truppenverlegungen zu erreichen.

3. Die gemeinsam mit Thailand begonnene Planungsarbeit am Projekt 22 zur Verteidigung der Mekong-Städte muß beschleunigt vorangetrieben werden.

Abzug nach Verhandlungen

a) Verhandlungspositionen:

1. mögliche Angebote der Volksrepublik Nord-Vietnam:

a) Beendigung der Ausbildung und Entsendung von Personal nach Süd-Vietnam/Laos.

b) Einstellung von Waffen- und Materialsendungen nach Süd-Vietnam/Laos.

c) Beendigung der Leitung militärischer Aktionen in Süd-Vietnam/Laos.

d) Befehl an VC und PL, den Aufstand zu beenden.

e) Einstellung der Propagandasendungen für Süd-Vietnam.

f) Abzug der VM (Vietminh)-Truppen und -Kader aus Süd-Vietnam und Laos.

g) Überwachung von VC/PL so daß Übergriffe in Süd-Vietnam und Laos nicht mehr möglich sind.

h) Überwachung von VC/PL, ob Widerstand tatsächlich aufgegeben wird.

i) Überwachung der Ablieferung von Waffen und Aufgabe von Stützpunkten durch VC/PL.

j) Anweisung an VC/PL, sich gegen Amnestieversprechen mit nachfolgender Ausweisung zu ergeben.

2. Angebote der Regierung von Süd-Vietnam/USA:

a) Einstellung der Luftangriffe gegen die Volksrepublik Nord-Vietnam (oder: Verzicht auf Verstärkung dieser Aktionen).

b) Abzug der US-Truppen aus Süd-Vietnam (oder: Verzicht auf Truppenverstärkung).

c) Reislieferungen an Nord-Vietnam.

d) Versicherung, daß USA/Süd-Vietnam keine Eroberungsabsichten gegen Nord-Vietnam haben.

e) Versicherung, daß USA/Süd-Vietnam nicht auf offizieller Widerrufung der kommunistischen Ziele seitens Nord-Vietnams bestehen.

f) Versicherung, daß »friedliche Koexistenz« (d. h. Fortsetzung der roten Propaganda in Süd-Vietnam) akzeptiert wird.

g) Kapitulation: Linke Vertreter in der südvietnamesischen Regierung, Koalitionsregierung und schließlich Eingliederung von Süd-Vietnam in die Volksrepublik Nord-Vietnam.

b) Mögliche Verhandlungsergebnisse:

1. Ein befriedetes, nichtkommunistisches Süd-Vietnam.

2. Eine »laotische« Lösung mit Gebieten, die de facto vom VC beherrscht werden, einer »Regierung der nationalen Einheit« und einer vorgeblich von Nord-Vietnam unabhängigen Befreiungsfront.

3. Ausdrückliche Teilung von Süd-Vietnam, wobei jeder Teil eine eigene Regierung erhält.

4. Ein »unsicheres Gleichgewicht«, d. h. schleichender Krieg – mit sich langsam verschiebenden Fronten zwischen Süd-Vietnam und VC.

5. Verlust von Süd-Vietnam an die Volksrepublik Nord-Vietnam.

c) Vorbeugende Maßnahmen zur Abwehr nachteiliger Auswirkungen im Falle einer Niederlage. Unter der Voraussetzung, daß selbst die umfassendsten Bemühungen der USA und Süd-Vietnams nur eine Niederlage zur Folge haben sollten, sind bereits jetzt Maßnahmen zu ergreifen, um nachträglichen Schaden von den USA abzuwehren:

1. Der »Fall Vietnam« muß als unlösbares Problem dargestellt werden, so u. a. Hinweis auf die Tatsache, daß die Vietminh bereits 1954 einen großen Teil Süd-Vietnams beherrschte; ferner ist auch auf die ungewöhnlich ausgedehnten, durchlässigen Grenzen, das ungünstige Terrain, das Fehlen nationaler Traditionen, auf den Mangel an Verwaltungsfachleuten, auf das von den Franzosen hinterlassene Chaos, auf die Rivalität politischer Gruppen, auf verkehrstechnische Vorteile und auf den der Roten, den verhältnismäßig späten Start der USA usw. zu verweisen.

2. Wir könnten bei der nächstbesten Gelegenheit, etwa bei einem Staatsstreich oder einem Wutausbruch der südvietnamesischen Regierung gegen Amerika unsere Schiffe besteigen und abziehen (nach vorangegangener Drohung, dies zu tun, falls das Verhalten »nicht den Erwartungen entspricht«?)

3. Ferner bieten sich Ablenkungsmanöver in anderen Teilen der Welt an (z. B.

Ausbau von Thailand, den Philippinen, Malaysia, Indien, Australien; ein »Anti-Armuts«-Programm für unterentwickelte Gebiete ins Leben rufen).
4. Multinationalen Verhandlungen beitreten, um Meinungen und Wertvorstellungen zu beeinflussen.
d) Risiken. Angesichts der gegenwärtigen Lage und der voraussichtlichen künftigen Entwicklung wäre ein durch Verhandlungen erwirkter Abzug ohne Demütigung der USA nicht zu bewerkstelligen.
Auswertung: Für uns kommt es um jeden Preis darauf an, als »guter Arzt« aus dem Konflikt hervorzugehen, ganz gleich, ob sich die Lage in Südostasien in den nächsten ein bis drei Jahren noch verschlimmert. Es muß der Eindruck entstehen, daß wir unsere Versprechungen gehalten haben, hart gewesen sind, Risiken getragen haben, uns die Hände schmutzig gemacht und dem Feinde schwere Wunden geschlagen haben. Es gilt zu vermeiden, daß andere Nationen den Rückschluß ziehen, die USA könnten sich bei künftigen, diese Nationen betreffenden Problemen weniger willens, fähig und entschlossen zeigen, solche Fälle aufzugreifen und zu den ihren zu machen. So muß bei einem höchst unterschiedlichen Publikum die jeweils erwünschte Wirkung erzielt werden: die Kommunisten sollen sich bedroht fühlen, bei den Südvietnamesen muß die Kampfmoral gehoben werden, unsere Verbündeten sollen uns weiterhin als »Garanten« betrachten und die amerikanische Öffentlichkeit muß uns unterstützen, wenn wir das Leben von Amerikanern und das Prestige des Landes aufs Spiel setzen.
DRINGLICHKEIT: Falls das Angriffsprogramm gegen den Norden (Absatz 7) geändert wird, werden wir den Gefahrenpunkt »MIG/Phuc Yen« in etwa einem Monat erreichen. Läuft das Programm über einen längeren Zeitraum hinaus, wird also die Steigerung hinausgezögert, können bis zu drei Monate vergehen, ehe dieser Gefahrenpunkt aufleuchtet. Das würde allerdings bedeuten, daß unser »Zangengriff« weniger wirkungsvoll wäre. Sollte das Programm aber in der Form abgeändert werden, daß die Angriffe in gleichbleibender Stärke oder sogar abgeschwächt erfolgen, so verliert unsere Aktion ihren Wert für Verhandlungen. Überdies macht sich bei den Roten gegenwärtig eine gewisse Flexibilität bemerkbar: die Sowjets suchen jemanden, der den gordischen Knoten durchhauen könnte; die Chicoms scheinen unschlüssig (Paris 5326).

Möglicher Kurs

1. Verstärkte Anstrengungen innerhalb Süd-Vietnams (bessere organisatorische Voraussetzungen schaffen).
2. Vorbereitungen für die Verlegung von US-Kampftruppen in mehreren Phasen, zunächst eine Armeedivision nach Pleiku und eine Einheit des Marine-Auslandskorps nach Danang.
3. Das Angriffsprogramm gegen den Norden in die Länge ziehen, so daß Phu Yen erst in den Juni fällt (über Gefahrenpunkte nur bei speziellen Vergeltungsschlägen hinausgehen).
4. Gespräche im Einklang mit den folgenden Richtlinien: Eine formale Teilung oder selbst eine »laotische« Lösung kommt in Süd-Vietnam nicht in Frage. Wir müssen dem VC das Rückgrat brechen oder einen Kompromiß ausarbeiten.

Phase Eins der Gespräche:

A. Wann: Jetzt, noch vor Erreichung eines Gefahrenpunktes
B. Wer: US–UDSSR, vielleicht auch US–Indien. (Nicht China oder Befreiungsfront; keine Vermittlung durch Großbritannien, Frankreich oder U Thant; die Möglichkeit im Auge behalten, daß Mitglieder der südvietnamesischen Regierung unter der Hand Gespräche führen.)
C. Wie: Mit Zustimmung der südvietnamesischen Regierung, privat, im stillen (offizielle Gespräche ablehnen).
D. Was:
1. Als Gegenleistung, wenn Nord-Vietnam Infiltration, Kommunikation mit dem Vietkong und Angriffe, Sabotage- und Terrorakte des Vietkong beendet sowie namentlich genannte Einheiten aus Süd-Vietnam abzieht, anbieten: Angriffe gegen Nord-Vietnam einzustellen und Entsendung starker US-Truppeneinheiten zurückzustellen.
2. Die Einhaltung (dieser Abmachungen) würde einseitig überwacht werden. Wenn, was wahrscheinlich ist, eine vollständige Einhaltung durch Nord-Vietnam nicht erfolgen sollte, würden wir gelegentlich Angriffe durchführen.
3. Wir stellen klar, daß wir von Hanoi weder die Beendigung der roten Propaganda noch einen öffentlichen Widerruf seiner Doktrinen verlangen.
4. Zur Frage »defensive« Angriffe des VC – d. h. Verteidigung der vom VC beherrschten Gebiete gegen eindringende Streitkräfte der südvietnamesischen Armee – nehmen wir in der Öffentlichkeit den Standpunkt ein, daß die Einheiten der südvietnamesischen Armee die Möglichkeit haben müssen, in ganz Süd-Vietnam ungehindert zu operieren (tatsächlich aber wird je nach Sachlage entschieden werden).
5. Terrorakte und Sabotage müssen jedoch im ganzen Lande merklich eingeschränkt werden. Die zivilen Verwaltungsbeamten müssen die Garantie bekommen, daß sie sich in den sogenannten »umstrittenen Gebieten« (und vielleicht sogar in den Gebieten des VC) frei bewegen und ihr Amt ungehindert ausüben können.

Phase Zwei der Gespräche:

A. Wann: Am Schluß der Phase Eins.
B. Wer: Alle interessierten Nationen.
C. Wie: Öffentlich auf einer großen Konferenz.
D. Was:
1. Anerbieten, US-Kampftruppen aus Süd-Vietnam abzuziehen. Dies als Gegenleistung für die Repatriierung (oder Umgruppierung?) von eingeschleusten Nordvietnamesen und für die Einsetzung internationaler Kontrollorgane, die die Beendigung der Infiltration und der weiteren Verbindung mit dem Norden überwachen.
2. Anerbieten, unter internationaler Kontrolle eine Willensbekundung der Bevölkerung zu veranstalten (bei angemessener Berücksichtigung der Anhänger des VC).
3. Die Anerkennung der Befreiungsfront müßte von der Entwaffnung des VC und zumindest einem Bekenntnis zur Unabhängigkeit des VC von Hanoi begleitet werden.

Phase Drei der Gespräche:

Alle Gespräche über die Zukunft von ganz Südostasien vermeiden! Thailands Zukunft darf nicht zur Diskussion gestellt werden; für die übrigen Gebiete haben wir die Genfer Abkommen von 1954 und 1962.

c) Besondere Gesichtspunkte:

1. Furcht Nord-Vietnams vor China ausspielen.
2. Falls von den Sowjets während ihrer Vermittlungsversuche gewünscht: Unterbrechung der Angriffe gegen den Norden für ein paar Tage.
3. Ausarbeitung eines Sofortprogramms zur Evakuierung des amerikanischen Personals, falls eine Situation wie in Absatz 9 eintreten sollte.
4. Sollte sich die Volksrepublik Nord-Vietnam auf dieses »Spiel« nicht einlassen, müssen wir bereit sein a) im Angriffsprogramm gegen den Norden über einige Gefahrenpunkte hinauszugehen, b) mehr US-Truppen nach Süd-Vietnam zu bringen und/oder c) unsere Mindestforderungen neu zu überdenken.

Nr. 97 Memorandum von McCone an führende Politiker über Wirksamkeit des Luftkrieges

Memorandum von John A. McCone, dem Direktor des CIA, an Außenminister Rusk, Verteidigungsminister McNamara, McGeorge Bundy und Botschafter Taylor, vom 2. April 1965. Der Text ist der Pentagon-Studie entnommen. Die in Kursivschrift wiedergegebenen Absätze sind Kommentare oder Erläuterungen der Verfasser der Studie.

McCone war im Grunde genommen nicht dagegen, die Rolle der US-Bodentruppen zu verändern, meinte jedoch, daß die geplante Änderung mit dem Beschluß, das Luftangriffs-Programm in der damaligen gemilderten Version fortzusetzen, unvereinbar wäre. McCone legte seinen Standpunkt wie folgt dar:
Ich habe über die Denkschrift, die wir auf unserer gestrigen Zusammenkunft besprachen und für deren Studium ich leider wenig Zeit hatte, nachgedacht. Außerdem habe ich das Für und Wider des Beschlusses erwogen, unsere Bodentruppen in Süd-Vietnam, anstatt wie bisher zur Beratung und Verteidigung, zu aktiven Kampfoperationen gegen die Vietkong-Guerillas einzusetzen. Ich meine, daß dieser Beschluß nur dann zu befürworten ist, wenn unsere Luftangriffe gegen den Norden genügend schwer und verheerend sind, um die Nordvietnamesen wirklich zu treffen. In der Denkschrift aber, die wir gestern vorliegen hatten, sind keine Luftwaffenoperationen gegen den Norden vorgesehen, die Nord-Vietnam zu einer Überprüfung seiner Politik zwingen könnten. Dort wird im Gegenteil festgestellt: »Das augenblickliche, langsam ansteigende Tempo der Operation *Rollender Donner* ist beizubehalten.« Und weiter unten, bei der Beschreibung der Zieltypen: »Die Angriffsziele sollten weiterhin außerhalb der effektiven GCI-Reichweite der MIGs bleiben.« Diese Anweisungen deuten auf eine Zurückhaltung hin, die in gar keiner Weise geeignet ist, auf Nord-Vietnam Eindruck zu machen und die wahrscheinlich als Beweis für die Absicht der USA ausgelegt wird, sich abwartend zu verhalten. Ich

habe bereits darauf hingewiesen, daß die Bombardierungen bisher keine Veränderung der nordvietnamesischen Politik bewirkt haben: Nach wie vor liegt die Leitung des Vietkong-Aufstandes in den Händen Hanois, die Einschleusung von Kaderpersonal und Lieferung von Material wird fortgesetzt. Wenn überhaupt eine Wirkung erzielt wurde, dann die, daß sich die Haltung der Nordvietnamesen verhärtet hat.
Ich habe das von General Wheeler erwähnte 12-Wochen-Programm gelesen und bin zu der Ansicht gelangt, daß dieses Programm nicht genügt und die Nordvietnamesen (unleserliche Wörter) Politik (unleserliche Wörter).
Andererseits müssen wir unsere eigene Position während der Durchführung eines Programms mit allmählich ansteigendem Tempo der Luftangriffe sorgfältig im Auge behalten. Mit jedem Tag und jeder Woche, die sich diese Angriffe hinziehen, wird der Druck größer, der von verschiedenen Teilen der amerikanischen Öffentlichkeit, der Presse, den Vereinten Nationen und der Weltöffentlichkeit ausgeübt werden wird. Deshalb wird die Zeit bei diesen Unternehmen gegen uns arbeiten, und ich bin der Meinung, daß die Nordvietnamesen dies mit einkalkuliert haben.
Daher glaube ich, daß wir damit einen Weg einschlagen, der zwangsläufig Operationen der Bodenstreitkräfte mit sich bringt, die gegen die Guerillas höchstwahrscheinlich nur begrenzte Wirkung haben dürften, auch wenn sie zugegebenermaßen manchem Fortschritt des VC Einhalt gebieten werden. In jedem Fall aber müssen wir dann mit der Notwendigkeit eines ständig wachsenden Einsatzes von amerikanischem Personal rechnen, ohne daß sich die Aussichten auf einen Sieg dadurch wesentlich verbesserten. Ich bin mit diesem Beschluß einverstanden und unterstütze ihn, muß aber betonen, daß meines Erachtens der VC nur durch eine Entscheidung Hanois zur Unterwerfung gezwungen werden kann. Da die geplanten Aktionen gegen den Norden in ihren Ausmaßen bescheiden sind, werden sie Hanoi weder entscheidend treffen noch die lebenswichtigen Interessen Nord-Vietnams bedrohen. Somit werden sie Nord-Vietnam nicht fundamental treffen, obwohl diese Aktionen natürlich gewisse Nachteile und Unbequemlichkeiten für Hanoi mit sich bringen.
Nach meiner Meinung birgt der uns vorgeschlagene Weg aber die große Gefahr in sich, daß die chinesischen Kommunisten und die Sowjets zu einem stärkeren Engagement für Nord-Vietnam ermutigt werden, wenn auch nur aus dem einen Grunde, daß das Risiko für beide minimal wäre. Die Reaktion der Nordvietnamesen und der chinesischen Kommunisten wird darin bestehen, überlegt, sorgfältig und wahrscheinlich allmählich die Schlagkraft des Vietkong durch die heimliche Einschleusung von nordvietnamesischen und möglicherweise chinesischen Kadern zu verstärken und dadurch unsere Streitkräfte einem ständig wachsenden Druck auszusetzen. Im Endeffekt werden wir uns durch den Kampf im Dschungel in eine militärische Operation verstrickt finden, die wir nicht gewinnen können und aus der herauszukommen nur unter äußersten Schwierigkeiten möglich sein dürfte.
Daher bin ich der Meinung, daß wir auch die Grundregeln für die Luftangriffe gegen Nord-Vietnam abändern müssen, wenn wir die Aufgaben der Bodentruppen neu definieren. Die Zerstörungen müssen ein weit größeres Ausmaß annehmen. Anstatt den MIGs auszuweichen, müssen wir sie herausfordern. Hin und wieder eine Brücke zerstören: das erfüllt unseren Zweck nicht. Ihre Flug-

plätze, Erdölreserven, Kraftwerke und militärischen Anlagen müssen vernichtet werden. Das muß meiner Ansicht nach sofort und ohne Zögern geschehen. Wenn wir jetzt keinen derartigen Beschluß fassen wollen, müssen wir aus den oben genannten Gründen (unleserliche Wörter) alle Maßnahmen, die sich auf die Aufgabe unserer Bodentruppen beziehen, zurückstellen.

Nr. 98 Befehl vom April 1965 zur Verstärkung der Bodentruppen und zur Änderung ihrer Aufgaben

Memorandum über Aktionen zur Nationalen Sicherheit Nr. 328 von McGeorge Bundy an den Außenminister, den Verteidigungsminister und den Direktor des CIA vom 6. April 1965.

Am Donnerstag, dem 1. April, hat der Präsident in bezug auf Vietnam die nachstehenden Entscheidungen getroffen:

1. Vorbehaltlich der sich in Saigon und Washington aus der Erfahrung sowie der Koordinierung und Durchführung ergebenden Modifikationen hat der Präsident das von Botschafter Taylor in einem Memorandum vom 31. März 1965 unterbreitete 21-Punkte-Programm für nichtmilitärische Aktionen gebilligt.
2. Der Präsident hat den in Mr. Rowans Bericht vom 16. März enthaltenen Empfehlungen generell zugestimmt, mit Ausnahme der Bitten um zusätzliche Finanzmittel, deren Genehmigung der Präsident im Augenblick zurückgestellt hat – er hat entschieden, daß dieses Programm von allen Ämtern und Abteilungen und, soweit notwendig, durch eine Neuverteilung der verfügbaren Mittel innerhalb des US-Informationsamtes energisch unterstützt werden soll.
3. Der Präsident stimmte einer vordringlichen Prüfung der 12 Vorschläge für geheime und nichtgeheime Aktionen zu, die der Direktor des CIA unter dem Datum des 31. März unterbreitet hat.
4. Der Präsident wiederholte seine bereits früher ausgesprochene Zustimmung zu dem von General Harold K. Johnson unter dem Datum des 14. März vorgelegten 12-Punkte-Programm militärischer Aktionen. Er betonte erneut seinen Wunsch nach beschleunigter Verwirklichung der darin vorgesehenen Verstärkungen durch Flugzeuge und Hubschrauber.
5. Der Präsident hat die Genehmigung zur Entsendung von 18 000–20 000 Mann US-Soldaten erteilt, um dort bereits stationierte Einheiten aufzufüllen, und er hat gleichzeitig angewiesen, daß das benötigte logistische Personal zur Verfügung gestellt wird.
6. Der Präsident hat darüber hinaus die Entsendung zweier weiterer Marinebataillone und einer Luftwaffenschwadron der Marine sowie die dazu gehörigen Leitstellen und Versorgungsapparate genehmigt.
7. Der Präsident hat einer Änderung des Aufgabenbereichs für alle Marinebataillone in Vietnam zugestimmt, die darin besteht, daß sie nunmehr auch aktiv eingesetzt werden. Die diesbezüglichen Instruktionen werden vom Verteidigungsministerium in Zusammenarbeit mit dem Außenministerium ausgearbeitet und genehmigt.
8. Der Präsident genehmigte die gemeinsam mit den Regierungen von Korea,

Australien und Neuseeland vorzunehmende vordringliche Prüfung der Möglichkeit einer schnellen Entsendung von beträchtlichen Kampfeinheiten der bewaffneten Streitkräfte dieser Länder. Diese Entsendung soll parallel zu der Entsendung der in Absatz 6 genehmigten zusätzlichen Marineeinheiten verlaufen.

9. Vorbehaltlich einer ständigen Überprüfung genehmigte der Präsident den nachstehenden allgemeinen Rahmenplan für fortgesetzte Aktionen gegen Nord-Vietnam und Laos:

Wir sollten das gegenwärtige, langsam zunehmende Tempo der Operationen *Rollender Donner* in etwa beibehalten und bereit sein, zusätzliche Angriffe als Antwort auf eine Vermehrung der VC-Unternehmungen durchzuführen. Sollte der VC – was allerdings wenig wahrscheinlich ist – während eines Zeitraums, der mehr als nur eine vorübergehende taktische Pause zu sein scheint, seine Aktivität stark einschränken, könnte das Tempo gegebenenfalls auch verlangsamt werden.

Unsere Angriffsziele sollten weiterhin außerhalb der GGI-Reichweite der MIGs liegen. Wir sollten fortfahren, die Zieltypen zu variieren, die Angriffe auf Nachrichtenverbindungen in nächster Zeit zu verstärken und gegebenenfalls in wenigen Wochen auch auf die Eisenbahnlinien nördlich und nordöstlich von Hanoi auszudehnen.

Die Flugblatt-Operationen sollten erweitert werden, um den größtmöglichen psychologischen Effekt auf die nordvietnamesische Bevölkerung zu erreichen.

Eine Blockade der nordvietnamesischen Häfen oder ihre Verminung aus der Luft bedarf weiterer Überlegungen und sollte für künftige Operationen in Betracht gezogen werden. Sie würde größere politische Komplikationen nach sich ziehen, insbesondere im Verhältnis zu den Sowjets und anderen Ländern, bietet indessen auch viele Vorteile.

Luftkriegsoperationen in Laos, insbesondere die Blockierung von Straßen im Gebiet des »Entenschnabels«, sollten auf das maximal lohnende Maß gesteigert werden.

10. Botschafter Taylor wird sich unverzüglich um eine Stellungnahme und, soweit erforderlich, um die Zustimmung der südvietnamesischen Regierung zu den entsprechenden Teilen dieses Programms bemühen. Falls er dabei auf Ablehnung oder Schwierigkeiten stoßen sollte, werden diese Beschlüsse in angemessener Weise überprüft werden. Auf jeden Fall darf in Vietnam keine der in Absatz 6 und 7 genannten Aktionen ohne Zustimmung der südvietnamesischen Regierung oder ohne zusätzliche Autorisierung durch den Präsidenten stattfinden.

11. Der Präsident wünscht, daß hinsichtlich der Geheimhaltung des Inhalts der Abschnitte 5–7 alle erforderlichen Maßnahmen getroffen werden. Die Aktionen als solche sollten so schnell wie möglich in die Wege geleitet werden, allerdings unter Vermeidung des Eindrucks einer plötzlichen Veränderung unserer Politik. Offizielle Erklärungen über diese Truppenbewegungen dürfen nur nach Rücksprache mit dem Verteidigungsminister und im Einverständnis mit dem Außenminister abgegeben werden. Dem Präsidenten liegt daran, diese Truppenverschiebungen als Aktion erscheinen zu lassen, die ganz der bisherigen Politik entsprechen.

Nr. 99 Telegramm Taylors nach Washington über Verstärkung der Bodentruppen

Telegramm von Botschafter Maxwell D. Taylor in Saigon an Außenminister Dean Rusk mit Kopie an das Weiße Haus, zu Händen von McGeorge Bundy. 17. April 1965.

Zweck dieser Mitteilung ist es, die Instruktionen, die ich in den vergangenen zehn Tagen über den Einsatz von Kampftruppen aus Drittländern erhalten habe, zusammenzufassen und Vorschläge zu unterbreiten, wie wir der südvietnamesischen Regierung dieses Thema vortragen.

Nach Abschluß der Besprechung mit dem Präsidenten und seinen Beratern am 1. April und der Sitzung des Nationalen Sicherheitsrates am Tage darauf habe ich Washington in der Annahme verlassen, daß die Verstärkung der bereits an Land befindlichen Marineeinheiten durch zwei zusätzliche Bataillone und eine F 4-Schwadron sowie die Entsendung von IIAWPNPPP-Hilfstruppen genehmigt, die Entsendung weiterer US-Kampftruppen und ihre mögliche Verwendung jedoch zurückgestellt worden war. Das Außenministerium beabsichtigte, mit den Regierungen von Korea, Australien und Neuseeland einen Modus zur Entsendung bedeutender Kampfeinheiten parallel zur Verstärkung der Marine zu finden.

Seit meiner Rückkehr nach Saigon habe ich in bezug auf Kampftruppen aus Drittländern folgende Instruktionen erhalten und die angegebenen Maßnahmen durchgeführt.

6. und 8. April. Erhielt Zustimmung der südvietnamesischen Regierung zur Stationierung der Marineverstärkungen und zur Erweiterung der Aufgaben aller Marineeinheiten im Gebiet von Danang-Phu Bai.

8. April. Erhielt Deptel 2229 mit Anweisung, an südvietnamesische Regierung heranzutreten und anzuregen, daß sie die australische Regierung um ein Infanteriebataillon zur Verwendung in Süd-Vietnam bitten möge. Während ich einen günstigen Augenblick abwartete, um die Sache zur Sprache zu bringen, erhielt ich Deptel 2237 mit Anweisung, diesen Schritt bis zum Eintreffen weiterer Befehle zu verschieben. Seitdem habe ich keine weiteren Instruktionen erhalten.

14. April. Aus JCS (Vereinigte Stabschefs) 009012 an Cincpac (Oberbefehlshaber im Pazifik) erfuhr ich von dem Beschluß, die 173. Luftlandebrigade sofort nach Bien Hoa-Vung Tau zu verlegen. Im Embtel (Telegramm der Botschaft) 3373 wurde eine Verzögerung dieser Verlegung dringend empfohlen, aber darauf habe ich keine Antwort erhalten. Allerdings wird dieses Projekt in Absatz 2 des Doc 152339 anscheinend erwähnt, und zwar in einer Form, die vermuten läßt, daß die Aktion noch nicht endgültig genehmigt ist. Angesichts der Ungewißheit über den Stand der Angelegenheit habe ich sie bei Quat nicht zur Sprache gebracht.

15. April. Erhielt Deptel 2314 mit Anweisung, daß die Botschaft Saigon zusammen mit der südvietnamesischen Regierung den Einsatz einer ROK (südkoreanischen) Kampftruppe in Regimentsstärke besprechen und daß sie vorschlagen solle, daß die südvietnamesische Regierung so bald wie möglich eine solche Truppe anfordere. Da Quat nicht in Saigon ist, habe ich die Frage nicht

anschneiden können. Sie sollte überhaupt erst aufgegriffen werden, wenn wir eine klare Vorstellung von der Verwendung (dieser Truppe – Anm. d. Üb.) haben.

16. April. Soeben habe ich die oben zitierte State-Defense-Mitteilung (gemeinsame Mitteilung des Außen- und Verteidigungsministeriums) Dod 152339 gelesen, die verschiedene Verwendungsarten der US-Kampftruppen über die NSC-Beschlüsse vom 2. April hinaus andeutet. Ich werde angewiesen, diese und gewisse andere nichtmilitärische Angelegenheiten dringend mit Quat zu besprechen. Ich kann aber diese Fragen mit Quat ohne nähere Richtlinien nicht aufgreifen.

In Anbetracht der sich ständig ändernden Wünsche und Absichten Washingtons in bezug auf die Beteiligung von Kampftruppen aus Drittländern (und der USA) benötige ich dringend eine Klarstellung. Bevor ich unseren Fall der südvietnamesischen Regierung vorlegen kann, muß ich wissen, was wir wollen; denn es wird nicht leicht sein, die Zustimmung zur Stationierung ausländischer Truppen in großem Maßstabe zu erhalten, solange die Notwendigkeit hierfür nicht klar ersichtlich ist.

Hier mein Vorschlag für die Erläuterungen gegenüber der südvietnamesischen Regierung:

»Die US-Regierung hat eine gründliche Überprüfung der Lage in Süd-Vietnam sowohl hinsichtlich ihrer nationalen als auch ihrer internationalen Aspekte abgeschlossen und ist dabei zu folgenden Schlüssen gelangt. Infolge der Luftangriffe gegen Nord-Vietnam, der verhältnismäßig kleinen aber zahlreichen Erfolge gegen den VC im Felde und der ermutigenden Fortschritte der Regierung Quat hat sich die Gesamtsituation einigermaßen günstig angelassen. Dennoch wird in zunehmendem Maße klar, daß sich das primäre Ziel der südvietnamesischen und der amerikanischen Regierung, nämlich Nord-Vietnam zum Abbruch der Unterstützung für den VC zu zwingen, bei den gegenwärtigen Methoden innerhalb eines annehmbaren Zeitraumes wahrscheinlich nicht erreichen läßt. Der Luftkrieg gegen den Norden muß durch außerordentliche Erfolge gegen den VC im Süden ergänzt werden, damit Aussicht besteht, Hanoi in jene Richtung zu drängen, die wir anstreben.

Die Vereinigten Stabschefs haben die militärischen Reserven überprüft, die Ende 1965 in Süd-Vietnam verfügbar sein werden. Sie sind dabei zu dem Schluß gekommen, daß die südvietnamesische Armee selbst bei maximaler Ausschöpfung der Mobilisierungsreserven nicht über ausreichende Kräfte verfügen wird, um einen erfolgreichen Kampf gegen den VC zu führen. Wenn sich der Landkrieg nicht bis ins Jahr 1966 oder gar noch länger hinziehen soll, halten wir es für erforderlich, die südvietnamesischen Bodenstreitkräfte – zusätzlich zu den jetzt in Süd-Vietnam ausgehobenen Truppen – um 23 Bataillone zu verstärken. Da die südvietnamesische Regierung diese Verstärkungen nicht aufbringen kann, müssen sie unvermeidlich aus Beständen von Drittländern kommen.

Die US-Regierung schließt sich den Ausführungen der Vereinigten Stabschefs an und bietet der südvietnamesischen Regierung ihre Hilfe bei der Aufstellung dieser zusätzlichen Streitkräfte an, um den Aufstand des VC in möglichst kurzer Zeit zu beenden. Wir sind bereit, zusätzliche US-Bodentruppen zu entsenden, vorausgesetzt, daß wir eine angemessene Beteiligung von Drittländern errei-

chen können. Wenn die südvietnamesische Regierung ihren Bedarf hinreichend dringend macht, halten wir es durchaus für möglich, folgende Unterstützung zu erhalten: Korea – eine Kampfeinheit in Regimentsstärke; Australien – ein Infanteriebataillon; Neuseeland – eine Batterie und eine Panzerkompanie; Philippinen – ein Bataillon. Wenn Streitkräfte in obengenannter Stärke gestellt werden, ist die US-Regierung bereit, den Rest der Kampftruppen-Verstärkungen (wie auch das notwendige logistische Personal zur Unterstützung der Drittländer-Kontingente) zu stellen. Außerdem bietet sie auf Wunsch der südvietnamesischen Regierung ihre guten Dienste bei den Verhandlungen mit den betreffenden Regierungen an.
Sie (der Botschafter) werden sich um die Zustimmung der südvietnamesischen Regierung zu dem obenstehenden Programm bemühen. Selbstverständlich werden eine Reihe von Fragen – wie Kommandoverhältnisse, Auffassungen über die Verwendung und Dispositionen über die Truppen – nachträglich gelöst werden müssen.«
Mit dieser Instruktion könnte ich an die südvietnamesische Regierung herantreten. Dabei möchte ich gleich betonen, daß es zu einer harten Auseinandersetzung kommen kann. Aber auf jeden Fall brauche ich eine Anweisung mit obigem oder ähnlichem Wortlaut, bevor ich die schwebenden Truppenfragen mit Quat anschneiden kann.

Nr. 100 Johnsons Botschaft an Taylor über die Einstellung der Bombenangriffe am 10. Mai

Botschaft von Präsident Johnson an Botschafter Taylor vom 10. Mai 1965. Der Text ist der Pentagon-Studie entnommen.

Ich habe von Bob McNamara erfahren, daß nahezu alle Operationen im Rahmen der Aktion *Rollender Donner* bis Mittwoch mittag dieser Woche (Washingtoner Zeit) abgeschlossen werden können. Diese Tatsache und die Feiertage aus Anlaß von Buddhas Geburtstag bieten eine ausgezeichnete Gelegenheit, bei den Luftangriffen eine Pause einzulegen, die bis in die nächste Woche andauern könnte und die ich zur Beeinflussung der Weltmeinung nutzen möchte.
Mein Plan geht dahin, diese kurze Pause nicht anzukündigen, sondern Moskau und Hanoi privat so bald wie möglich darauf aufmerksam zu machen und ihnen mitzuteilen, daß wir genau darauf achten, ob sie in irgendeiner Weise reagieren. Nach Beendigung der Pause beabsichtige ich dann, in aller Öffentlichkeit darzulegen, wie wir uns verhalten haben.
Könnten Sie Quat am Dienstag sofort aufsuchen und dafür sorgen, daß er diesem Plan zustimmt? Ich würde ihn gern an diesem Beschluß teilhaben lassen; aber auch seine stillschweigende Zustimmung oder selbst seine Zusage, sich meinem Beschluß nicht zu widersetzen, würden mir genügen. Im allgemeinen halte ich es für wichtig, daß er und ich uns in solchen Dingen zusammentun, andererseits möchte ich aber nicht, daß er politisch in Schwierigkeiten gerät, wenn er aktiv für diese Bombardierungspause eintritt.
(Unleserlich) Ihr (unleserlich) zur Kenntnis genommen, weiß aber noch nicht,

wie Sie die politische Wirkung beurteilen, die ein solches Vorgehen an Buddhas Geburtstag in Saigon hätte. Von meinem Standpunkt aus betrachtet, wäre der Termin günstig, falls er politisch für Quat einigermaßen tragbar ist. Ich nehme an, daß wir den Erzbischof oder den Nuntius dafür gewinnen könnten, die Katholiken zu beruhigen.
Der Zweck meines Planes besteht darin, einen Weg zu eröffnen, der entweder zur Wiederherstellung des Friedens oder zu verstärkter militärischer Aktion führen wird, je nachdem, wie die Kommunisten reagieren. Wir haben in den letzten beiden Monaten unsere Entschlossenheit und unser Engagement hinreichend demonstriert, jetzt möchte ich etwas Flexibilität gewinnen.
Ich weiß, daß die Zeit für die Lösung dieser schweren Aufgabe für Sie knapp bemessen ist, aber es gibt niemanden, dem ich mehr vertrauen würde.
Ich habe diesen Plan hier nur im engsten Kreise besprochen und bitte Sie, außer Alexis Johnson niemanden davon zu informieren. Sobald ich Ihren Bericht über Quats Reaktion erhalten habe, werde ich den Beschluß endgültig fassen und unverzüglich allen in Frage kommenden Personen Kenntnis davon geben.

Nr. 101 Memorandum Rostows über »Sieg und Niederlage in Guerillakriegen«

Ein Memorandum von Walt W. Rostow, dem Vorsitzenden des politischen Planungsausschusses im Außenministerium, an Außenminister Rusk: »Sieg und Niederlage in Guerillakriegen: Der Fall Süd-Vietnam«, vom 20. Mai 1965. Der Text ist der Pentagon-Studie entnommen.

In der Presse herrscht gegenwärtig eine gewisse Unklarheit darüber, ob in Süd-Vietnam ein eindeutiger Sieg möglich ist; und die Äußerung des Präsidenten, ein militärischer Sieg sei unmöglich, läßt Mißdeutungen zu.
1. In der Vergangenheit sind Guerillakriege im allgemeinen eindeutig verloren oder gewonnen worden: Griechenland, das chinesische Festland, Nord-Vietnam, Malaya, die Philippinen. Laos im Jahre 1954 war eine Ausnahme, weil dort die Kommunisten zwei Provinzen zugesprochen erhielten und dem Lande eine de-facto-Teilung auferlegt wurde.
2. In all den Fällen, in denen die Streitkräfte der freien Welt gesiegt haben, hat es jeweils eine Phase gegeben, in der die Guerillas einen großen Teil des Landes beherrschten und z. B. Athen, Kuala Lumpur und Manila in einen Zustand versetzt hatten, der einer Belagerung gleichkam. Dennoch konnten die Guerillas nicht siegen, weil ihnen alle Wege zum Sieg verschlossen waren, und da sie nicht siegten, verloren sie. Letzten Endes gaben sie aus Entmutigung auf.
Für die Guerillas gibt es folgende Wege zum Sieg:
a) Mao, drittes Stadium: Beginn eines uneingeschränkten konventionellen Krieges und Erringung eines Sieges wie in China von 1947–1949;
b) Politischer Zusammenbruch und Machtübernahme: Nord-Vietnam;
c) Politischer Zusammenbruch und eine Koalitionsregierung, in der die Kommunisten die Kontrolle über den Sicherheitsapparat erhalten: Armee und/oder Polizei. Dieses Ziel strebt offenbar der Vietkong in dieser (Rest des Satzes unleserlich) an.

d) Den Druck, den Guerillastreitkräfte auf Verhandlungen ausüben können, in einen halben Sieg verwandeln, indem man das Land teilt: Laos. In gewissem Sinne auch Nord-Vietnam im Jahre 1954 und der irische Aufstand nach dem Ersten Weltkriege.

3. Wenn es uns gelingt, diese vier Wege zum Sieg zu blockieren, die kommunistische Streitmacht im Süden zu entmutigen und die Weiterführung des Krieges für den Norden genügend kostspielig zu machen, müßten wir in Süd-Vietnam nach wie vor einen eindeutigen Sieg erringen können, analog zu den Beispielen Griechenland, Malaya oder Philippinen. Wenn Saigon moralisch nicht zusammenbricht und die südvietnamesische Armee nicht auseinanderzufallen beginnt, müßte der unter c) beschriebene Weg – die realistischste Hoffnung des VC – zu verbauen sein. Darum muß der Norden stärker als bisher unter Druck gesetzt werden, während wir im Süden darauf sehen müssen, daß die Hoffnungen des VC auf militärische und politische Fortschritte schwinden.

4. Zweck der Übung ist, Hanoi davon zu überzeugen, daß seine Verhandlungsposition im Laufe der Zeit schwächer wird; denn Hanoi möchte selbst in dem für Nord-Vietnam schlimmsten Fall eine gewisse Verhandlungsposition haben (anstatt den Krieg einfach aufzugeben), um eine drastische Verringerung der US-Streitkräfte in Süd-Vietnam zu erreichen und eine Formel zu finden, die es dem VC ermöglicht, das Gesicht zu wahren.

5. Ich bin der Ansicht, daß Hanoi sein Dilemma durchaus sieht. Noch Anfang Februar gab es für Nord-Vietnam die Chance, auf Weg c) zu einem stillen, sauberen Sieg zu gelangen. Jetzt sieht sich Hanoi einer ganz eindeutigen Niederlage gegenüber; denn die Stärke der USA und die Moral der südvietnamesischen Regierung nehmen zu, während dem Norden immer höhere Kosten entstehen. Dieser Wandel muß die Nordvietnamesen schmerzlich berühren. Sie werden meiner Ansicht nach die Konsequenzen daraus ziehen, sobald sie zu der Überzeugung gelangt sind, daß trotz ihres vollen Einsatzes im Bodenkrieg in Süd-Vietnam, ihres politischen Kampfes in der ganzen Welt und in der Diplomatie, die Zeit nicht mehr für sie arbeitet.

6. Die letzte und größte Hoffnung Hanois besteht natürlich darin – falls der Krieg beendet wird und wir abziehen –, daß die politische, soziale und wirtschaftliche Lage Süd-Vietnams sich derart verschlechtert, daß die politische Machtübernahme durch die Kommunisten früher oder später erfolgt; dabei bliebe dahingestellt, ob die Wiederaufnahme des Guerillakrieges notwendig würde oder nicht. In dieser Phase werden wir gemeinsam mit den Südvietnamesen den Sieg konsolidieren müssen, der unserem Zugriff näher ist, als wir (Hanoi allerdings nicht) vielleicht glauben.

Nr. 102 Premierminister Wilson warnt Johnson wegen Angriffs auf Treibstofflager

Auszüge aus einem Telegramm des britischen Premierministers Harold Wilson an Präsident Johnson, datiert vom 3. Juni 1965. Der Text ist der Pentagon-Studie entnommen.

Ich bin Ihnen sehr dankbar, daß Sie Bob McNamara gebeten haben, mich mit ausführlichen Informationen über die beiden Erdölraffinerien nahe Hanoi und Haiphong zu versorgen, die mir von Colonel Rogers gestern übermittelt wurden ...

Ich bin überzeugt, daß Sie nicht meinen, ich hätte für das Dilemma, in das Sie dieses Problem gebracht hat, kein Mitgefühl oder kein Verständnis. Insbesondere verstehe ich sehr wohl Ihre tiefe Sorge, die Ihnen die Notwendigkeit auferlegt, alles nur Mögliche zur Verringerung der Verluste an jungen Amerikanern in und über Vietnam zu tun. Col. Rogers machte uns deutlich, mit welcher großen Sorgfalt man bei der Planung dieser Operation vorgeht, um die Verluste der Zivilbevölkerung auf ein Mindestmaß zu beschränken.

Ich bin ... jedoch verpflichtet, darauf hinzuweisen, daß – jedenfalls von hier betrachtet – die möglichen militärischen Vorteile, die sich aus diesen Bombenangriffen ergeben, die politischen Nachteile, die die unvermeidliche Folge sein dürften, nicht aufzuwiegen scheinen. Wenn Sie und die südvietnamesische Regierung einen offiziell erklärten Krieg in konventioneller Weise führten ... wäre diese Operation eindeutig notwendig und richtig. Da Sie aber immer aufs neue betont haben – und Sie wissen, wie sehr diese Haltung von uns begrüßt und unterstützt wurde –, daß es Ihre Absicht ist, durch Verhandlungen zu einem Übereinkommen zu gelangen, und daß Sie nicht an einen totalen militärischen Sieg auf dem Schlachtfeld denken, bin ich weiterhin davon überzeugt, daß die Bombardierung dieser Ziele, ohne entscheidende militärische Vorteile zu bringen, wahrscheinlich nur die Schwierigkeiten vergrößern wird, zuletzt ein Übereinkommen zu erreichen ... Nichts liegt mir ferner, als Ihren bereits vorhandenen Schwierigkeiten neue hinzuzufügen, doch werden wir uns, wie ich Sie in meiner früheren Mitteilung bereits warnend wissen ließ, von dieser Aktion distanzieren – falls sie wirklich erfolgen sollte, und ich werde dabei erklären müssen, daß Sie mich vorher informiert hatten und daß ich Ihnen daraufhin meinen Standpunkt dargelegt hätte ...

Dessenungeachtet möchte ich wiederholen ... daß unsere Vorbehalte gegenüber dieser Operation unsere weitere Unterstützung Ihrer Vietnampolitik, so, wie Sie und Ihre Mitarbeiter sie seit Ihrer Rede in Baltimore erläutert haben, nicht beeinträchtigen werden. Obwohl die Regierung diesen Standpunkt beibehalten wird, bin ich davon überzeugt, daß die Wirkung auf die öffentliche Meinung dieses Landes – und, wie ich glaube, ganz Westeuropas – derart wäre, daß die bereits vorhandene Kritik und Unruhe, mit der wir uns auseinandersetzen müssen, nur weiter verstärkt würde.

Nr. 103 George Balls Memorandum an Johnson über »eine Kompromißlösung«

Memorandum von Unterstaatssekretär George W. Ball an Präsident Johnson vom 1. Juli 1965, mit dem Titel: »Eine Kompromißlösung für Süd-Vietnam«.

1. Der Krieg geht verloren: Die Südvietnamesen verlieren den Krieg gegen den Vietkong. Niemand kann Ihnen garantieren, daß wir den Vietkong schla-

gen oder ihn auch nur zu unseren Bedingungen an den Konferenztisch zwingen können, ganz gleich, wie viele Hunderttausende an weißen, ausländischen (US) Soldaten wir auch entsenden mögen.
Niemand hat bisher bewiesen, daß eine weiße Bodentruppe gleich welcher Stärke einen Guerillakrieg gewinnen kann, der zu gleicher Zeit ein Bürgerkrieg unter Asiaten ist, und der auf Dschungelterrain inmitten einer Bevölkerung geführt werden muß, die die Zusammenarbeit mit den weißen Truppen (und den Südvietnamesen) ablehnt und damit den Spionageabsichten der anderen Seite große Vorteile bietet. Drei Vorfälle aus jüngster Vergangenheit machen diese Situation besonders deutlich: a) ein Überraschungsangriff auf den Luftwaffenstützpunkt Danang, bei dem sich der Feind durch eine von 9000 Marinesoldaten bewachte Verteidigungszone anschleichen mußte. Der Angriff wurde nur durch die freundliche Haltung der örtlichen Bevölkerung möglich gemacht; b) ein B 52-Angriff, der fehlschlug, weil der Vietkong zuvor offensichtlich einen Wink erhalten hatte; c) die »Verfolgungs- und Vernichtungs«-Operation der 173. Luftlandebrigade, die drei Tage auf der Suche nach dem Vietkong verbrachte, 23 Mann verlor und mit dem Gegner, der offensichtlich vorher von dem Einsatz erfahren hatte, überhaupt nicht in Berührung kam.
2. Folgende Fragen müssen wir beantworten: Sollten wir nicht unsere Verpflichtungen in Süd-Vietnam begrenzen und nach einem Ausweg suchen, der auf lange Sicht nur geringe Kosten verursacht?
Die Alternative ist – was immer wir uns auch wünschen mögen – beinahe mit Sicherheit ein in die Länge gezogener Krieg, der die amerikanischen Streitkräfte in nicht absehbare Verwicklungen einbezieht, der steigende amerikanische Verluste bringt, der keine Gewißheit eines befriedigenden Abschlusses, statt dessen aber die ernste Gefahr einer Eskalation am Ende des Weges birgt.
3. Notwendigkeit einer sofortigen Entscheidung: Solange sich unsere Streitkräfte auf die Beratung und Unterstützung der Südvietnamesen beschränken, wird der Kampf ein Bürgerkrieg zwischen asiatischen Völkern bleiben. Sobald wir aber eine nennenswerte Anzahl von Soldaten im Kampf einsetzen, wird er zu einem Krieg zwischen den USA und einem großen Teil der südvietnamesischen Bevölkerung, ein Krieg, der von Nord-Vietnam aus organisiert und gelenkt wird und der sich auf die Hilfsquellen Moskaus und Pekings stützt.
Die Entscheidung, vor der Sie stehen, ist daher von ausschlaggebender Bedeutung. Sobald eine größere Anzahl von US-Truppen direkt im Kampf eingesetzt wird, müssen wir damit rechnen, daß wir schwere Verluste haben, da unsere Soldaten schlecht gerüstet sind für diesen Krieg, den sie inmitten eines wenig hilfsbereiten, wenn nicht sogar ausgesprochen feindlichen Landes führen müssen.
Haben wir dann erst schwere Verluste erlitten, so ist damit ein nahezu irreversibler Prozeß eingeleitet. Wir werden so tief in den Konflikt verwickelt werden, daß wir – ohne eine Demütigung unserer nationalen Empfindungen hinzunehmen – von unseren Zielen nicht eher ablassen können, als wir sie erreicht haben. *Von diesen beiden Möglichkeiten ist meiner Meinung nach eine Demütigung wahrscheinlicher als die Erreichung unserer Ziele – auch dann, wenn wir einen entsetzlichen Preis bezahlt haben werden.*
4. Kompromißlösung: Sollten wir amerikanische Mannschaften und das amerikanische Prestige auf einem so ungünstigen Terrain einsetzen, das dem

Gegner sehr große Vorteile bietet – oder sollten wir statt dessen nach einer Kompromißlösung suchen, die zwar weniger einbringt als unsere erklärten Ziele, aber die unsere Verluste verringert, solange diese Möglichkeit für uns noch offen ist?

5. Der Preis einer Kompromißlösung: Um diese Frage beantworten zu können, müssen wir zunächst abzuschätzen versuchen, wie hoch der Preis für eine derartige Kompromißlösung wäre, den die USA entrichten müßten, wenn es um ihr Verhältnis zu den Ländern im Gebiet Süd-Vietnam, die Glaubwürdigkeit unserer Versprechungen und unser Prestige in der ganzen Welt ginge. Wenn wir handeln, noch ehe wir eine größere Anzahl von US-Truppen in Süd-Vietnam zum Kampf eingesetzt haben, können wir – nach meiner Meinung – durch kurzfristige Kosten eine langfristige Katastrophe vermeiden. Ich glaube, daß wir bisher den Preis einer Kompromißlösung gröblichst überschätzt haben. Eine entsprechende Kalkulation ist in beiliegendem Memorandum enthalten.

6. Von diesen Überlegungen ausgehend, empfehle ich dringend folgendes Programm:

a) Militärisches Programm:

1. Alle bereits angekündigten Truppenverlegungen – 15 Bataillone – sind durchzuführen, die Gesamthöhe dieser Einheiten von 72 000 Mann darf nicht überschritten werden.

2. Die Kampfaufgaben der amerikanischen Streitkräfte müssen auf die Anordnung vom 19. Juni beschränkt und General Westmoreland muß angewiesen werden, daß diese Anordnung strikt zu befolgen ist.

3. Die Bombenangriffe im Norden sollten fortgesetzt werden, aber das Gebiet von Hanoi–Haiphong sowie alle Ziele, die näher zur chinesischen Grenze liegen als die bereits getroffenen, sind zu meiden.

b) Politisches Programm

1. Bei unseren bisherigen politischen Unternehmungen waren wir stets die Gefangenen der jeweils an der Macht befindlichen südvietnamesischen Regierung. Sollten wir jemals eine Übereinkunft erreichen, dann wahrscheinlich nur, weil die südvietnamesische Regierung uns den Teppich unter den Füßen wegzieht und ein eigenes Abkommen schließt, *oder* weil wir insgeheim und ohne vorherige Absprache mit Saigon vorgehen.

2. Bisher haben wir der anderen Seite keinen Grund zu der Annahme geliefert, daß unsere Haltung bei dem Verhandlungsangebot flexibel sein könnte. Die Gegenseite wiederum ist nicht dazu bereit gewesen, etwas hinzunehmen, das in *ihrer Ansicht* einer vollständigen Kapitulation gleichkommt.

3. Nunmehr ist der Zeitpunkt gekommen, um auf diplomatischem Weg ernstlich nach einer Lösung zu suchen, die bis zu einem gewissen Grad auf der Anwendung des Selbstbestimmungsrechtes beruht.

4. Ich empfehle, lieber an Hanoi als an einen der anderen möglichen Partner – die NLF (Nationale Befreiungsfront) oder Peking – heranzutreten. Hanoi ist die einzige Stelle, die bisher Anzeichen von Interesse an einer Diskussion gezeigt hat. Während sich Peking strikt widersetzt hat, wurden uns von Moskau Verhandlungen mit Hanoi empfohlen. Die NLF hat geschwiegen.

5. Es gibt mehrere Verbindungskanäle zu den Nordvietnamesen, der beste aber führt meiner Ansicht nach über ihren Vertreter in Paris, Mai Van Bo. Die erste Fühlungnahme mit Bo sollte sich auf eine Erörterung der von uns wie

auch von Hanoi als Verhandlungsgrundlage aufgestellten vier Punkte richten. Wir können von Hanois Punkten alle außer einem akzeptieren. Auch über einige Grundregeln für wirklich ernsthafte Verhandlungen – ohne alle Vorbedingungen – sollten wir uns, wie ich hoffe, einigen können.

6. Wenn diese erste Fühlungnahme zu weiteren geheimen Sondierungsgesprächen führt, können wir den Begriff der Selbstbestimmung ins Gespräch bringen, der dem Vietkong einige Aussicht auf Durchsetzung seiner politischen Ziele durch Wahlen oder andere Mittel eröffnet.

7. Auf unserer Seite sollten die Kontakte durch einen nicht der Regierung angehörenden, geeigneten Mann wahrgenommen werden (vielleicht einen zuverlässigen Journalisten, den man gegebenenfalls dementieren kann).

8. Wenn sich auf dieser Ebene Fortschritte erzielen lassen, könnte die Basis für eine spätere multinationale Konferenz gelegt werden. Zu irgendeinem Zeitpunkt muß natürlich auch die Regierung von Süd-Vietnam an Bord geholt werden, allerdings würde ich diesen Schritt zurückstellen, bis wir – was Hanoi angeht – eine in der Substanz positive Reaktion haben.

9. Bevor es zu einer offiziellen Konferenz kommt, sollte unsere prinzipielle Zustimmung zu folgenden Punkten festgelegt werden:

a) Die USA werden ihre Bombenangriffe auf den Norden einstellen.

b) Die Südvietnamesen werden im Süden keine Offensivoperationen einleiten, und

c) die Nordvietnamesen werden Terrorakte und andere aggressive Aktionen gegen den Süden beenden.

10. Die auf dieser Konferenz geführten Verhandlungen sollten darauf abzielen, unserer Übereinkunft mit Hanoi die Form eines multinationalen Abkommens zu geben, das von den USA, der Sowjetunion und möglicherweise anderen Seiten garantiert wird und zu dessen Verwirklichung ein internationaler Überwachungs-Mechanismus beitragen muß.

Voraussichtliche Reaktion auf die Verringerung unserer Verluste in Süd-Vietnam.

Bisher neigten wir dazu, die Verluste, die eine vollständige Regelung in Süd-Vietnam mit sich bringt, zu übertreiben. Drei Aspekte dieses Problems sollen erwogen werden: Erstens: die Auswirkungen unseres Vorgehens auf die Länder Südostasiens und der angrenzenden Gebiete. Zweitens: die Auswirkungen unseres Vorgehens auf die Glaubwürdigkeit unserer Versprechungen in der Welt. Drittens: die Auswirkungen auf unsere Position als führende Weltmacht.

A. Die Reaktionen des freien Asiens auf eine Kompromißlösung in Süd-Vietnam wären höchst engstirnig.

Dabei würde jedes Land den Vorgang vor allem nach folgenden Gesichtspunkten beurteilen: a) seine eigenen, unmittelbaren Interessen, b) sein Gefühl für die Verwundbarkeit durch eine kommunistische Invasion oder einen kommunistischen Aufstand und c) sein Vertrauen in die Zuverlässigkeit, die unsere Verpflichtungen für seine eigene Sicherheit bedeuten, soweit diese Sicherheit auf anderen Beweisen als unserem Verhalten in Süd-Vietnam beruht.

Innerhalb dieses Rahmens ergeben sich folgende Gruppierungen

1. Die Republik China und Thailand: zuverlässige Verbündete; ihre Vorliebe

für extreme Aktionen der USA, die sogar die Gefahr eines Krieges mit dem kommunistischen China in sich bergen, unterscheidet sie von allen übrigen asiatischen Ländern.
2. Die Republik Korea und die Philippinen: ebenso zuverlässige Verbündete, die Wert legen auf US-Aktionen, die Entschlossenheit demonstrieren – ausgenommen ein Krieg gegen das kommunistische China; nach Abschluß eines Abkommens beruhigende Versicherungen durch die USA dringend notwendig.
3. Japan: in einem Gebiet, das fernab von seinen eigenen Interessen liegt und wo eine Eskalation seine chinesischen oder eurasischen Nachbarn oder beide in den Konflikt hineinziehen könnte, würde es Weisheit der Tapferkeit vorziehen;
4. Laos: ein freundschaftlich gesinnter Neutraler, der angesichts wachsenden vietnamesischen und laotischen Drucks auf starke thailändische und amerikanische Garantien angewiesen ist.
5. Burma und Kambodscha: mißtrauische Neutrale. Ihre Furcht, sich Rotchina zum Feind zu machen, würde die Annäherung an Peking verstärken, da sie der Überzeugung sind, daß die USA in Südostasien nicht lange präsent sein werden; und
6. Indonesien: dessen opportunistische Zweckehe mit Hanoi und Peking würde es zu weiteren offenen Aggressionen gegen Malaysia veranlassen, da es davon überzeugt ist, daß der ausländische Imperialismus in diesem Teil der Welt keine Zukunft mehr hat.

Japan

Mitwirkung der Regierung (unleserlich) wesentlich, um dem japanischen Volk folgende Punkte klarzumachen:
1. Wie unsere Verluste, unsere Ausgaben und das auf uns genommene Risiko bewiesen, haben die USA ihre Unterstützungsverpflichtung in vollem Umfang erfüllt.
2. Das bisherige Verhalten der USA in Korea zeigt die Glaubwürdigkeit unserer Versprechen, soweit sie Japan betreffen.
Die Regierung als solche billigt unsere starke Haltung in Vietnam, schreckt indessen vor dem Gedanken an einen Krieg zwischen den USA und China zurück.

Thailand

Thailands Einsatz bei den Kämpfen in Laos und Süd-Vietnam beruht auf einer sorgfältigen Einschätzung seiner geographischen Lage und der Bedrohung, der seine Sicherheit dadurch ausgesetzt ist. Die Thailänder sind zuversichtlich, daß sie mit jeder aus Indochina kommenden Gefahr fertig werden. Sie wissen aber auch, daß sie ohne fremde Hilfe der riesigen Macht Rotchinas nicht widerstehen können. Unglücklicherweise enthält die thailändische Auffassung über den Krieg grundlegende, schwere Irrtümer. Sie glauben, daß die Macht Amerikas alles bewerkstelligen kann, sowohl auf militärischem Gebiet als auch in der Unterstützung des Saigoner Regimes. Sie sind der Meinung, daß wir tatsächlich in Saigon die Macht übernehmen und den Krieg gewinnen könnten, wenn wir das wirklich wollten. Wenn wir es nicht schaffen, würden die Thailänder dafür in erster Linie die mangelnde Bereitschaft der USA verantwortlich machen. Indessen arbeitet die Zeit für uns, vorausgesetzt, daß wir sie wirksam ausnutzen. Thailand ist ein unabhängiges Land mit einer langen nationalen Geschichte und, im Gegensatz zu Vietnam, einem starken Nationalbewußtsein. Es besitzt nur wenige einheimische Kommunisten und leidet nicht unter der mangelnden Stabilität, die seinen Nachbarn Burma und Malaysia zu schaffen macht. Es hat seine eine Gefahrenzone im Nordosten – was vorbeugende Maßnahmen gegen einen Aufstand betrifft – fest in der Hand. Die Sicherung des Mekong-Tales wird bei jeder langfristigen Lösung – sei es eine Teilung von Laos, bei der thailändische und amerikanische Truppen die westliche Hälfte besetzen, oder irgendein anderes (unleserliches Wort) Arrangement – kritisch sein. Wenn wir uns nur Mühe geben wollen, kann Thailand aus einer sandigen Basis in ein Fundament aus Fels verwandelt werden, von dem aus wir unseren politisch-militärischen Verpflichtungen gegenüber Südostasien nachkommen können.

Sieht man von den Völkern Südostasiens ab, so dürfte eine Kompromißlösung in Süd-Vietnam in der Welt keine größeren Auswirkungen auf die Glaubwürdigkeit unserer Verpflichtungen haben ... Zwar hat uns Bundeskanzler Erhard privat mitgeteilt, daß die Berliner Bevölkerung durch eine Kompromißlösung in Süd-Vietnam beunruhigt würde, doch dies war kaum ein origineller Gedanke. Ich vermute, daß er uns damit sagte, was wir seiner Meinung nach hören wollten. Schließlich wird das Vertrauen der Westberliner stärker von dem abhängen, was sie an Ort und Stelle sehen, als von (unleserliches Wort) Nachrichten oder Ereignissen auf der anderen Seite der Erdkugel.

Nach meiner Beobachtung ist es die Hauptsorge unserer NATO-Verbündeten, daß wir uns in einem Gebiet, das ihnen unwichtig erscheint, zu stark engagiert haben und daß wir jetzt versucht sein könnten, unsere NATO-Pflichten zu vernachlässigen. Zudem haben sie ein erwiesenes Interesse an entspannteren Beziehungen zwischen Washington und Moskau. Wahrscheinlich werden sie deshalb im großen und ganzen dazu neigen, in einer Kompromißlösung in Süd-Vietnam eher einen neuen Beweis für Amerikas Reife und gutes Urteilsvermögen zu sehen, als einen Gesichtsverlust für die Vereinigten Staaten ... Wenn ich das Für und Wider gegeneinander abwäge, glaube ich, daß wir unsere Rolle als führende Weltmacht durch eine Fortsetzung des Krieges und durch eine Vertiefung unseres Engagements ernsthafter gefährdeten, als durch die Verfolgung eines sorgfältig geplanten Kurses in Richtung auf eine Kompromißlösung. Auch wenn uns zahlreiche Staaten, die wir darum gebeten hatten, aus einem Gefühl der Loyalität und Abhängigkeit mündlich ihrer Unterstützung versichert haben, so können wir doch nicht übersehen, daß der Krieg höchst unpopulär ist und daß die Rolle, die wir darin spielen, die Achtung und das Vertrauen, das uns von anderen Nationen entgegengebracht wird, sichtlich zerstört. Wir konnten weder unsere Freunde noch unsere Verbündeten davon überzeugen, daß unsere weitere Beteiligung für die Verteidigung der Freiheit im Kalten Krieg von größter Bedeutung ist. Zudem tragen wir um so stärker zur wachsenden Beunruhigung und dem bereits herrschenden Mißtrauen in der Welt bei, je mehr Männer wir in den Dschungeln von Süd-Vietnam einsetzen.

(Unleserlich) auf kurze Sicht könnten wir natürlich mit Buhrufen der Zuschauer und einer gewissen Schadenfreude der Europäer rechnen, die auf Amerikas Macht eifersüchtig sind. Das würde jedoch meiner Ansicht nach nur eine vorübergehende Erscheinung sein, mit der wir ohne anhaltende Seelenqual leben könnten. In anderen Teilen der Welt würde ich nur wenige ungünstige Auswirkungen hinsichtlich der Glaubwürdigkeit unserer Versprechungen erwarten. Sicher werden die Kommunisten daraus für ihre Propaganda in Afrika profitieren können, aber ich kann einfach nicht glauben, daß die Afrikaner sich allzusehr darum kümmern, was in Südostasien geschieht. Australien und Neuseeland müssen selbstverständlich als Sonderfälle gesehen werden, da sie sich in den weiten Bereichen des Pazifik ziemlich einsam vorkommen. Dennoch gilt selbst deren Sorge weit stärker Malaysia als Süd-Vietnam; sicherlich könnten wir ihre Befürchtungen noch weiter zerstreuen, wenn wir sie durch zusätzliche Erklärungen unserer Unterstützung für Malaysia versicherten.

(Unleserliche Worte) Es ist durchaus möglich, daß Präsident de Gaulle über das perfide Washington Propaganda machen wird, aber auch er wird dabei durch seine lautstark vorgetragene Mißbilligung unseres Vorgehens in Süd-Vietnam gebremst werden.

SÜDKOREA – Was den übrigen Fernen Osten betrifft, so dürfte Südkorea der einzige Punkt sein, um den wir uns ernste Sorgen machen müssen. Aber wenn wir aufhören, die Koreaner zur Entsendung von mehr Truppen nach Vietnam zu drängen (die Vietnamesen zeigen kein besonderes Verlangen nach zusätzlichen asiatischen Streitkräften, da sie sich in ihrem Stolz verletzt fühlen), könnten wir durch die Gewährung größerer militärischer und wirtschaftlicher Hilfe die zu erwartenden koreanischen Reaktionen auf einen Kompromiß in Süd-Vietnam vielleicht doch einigermaßen abfangen. In dieser Hinsicht kann Japan, da es seine Beziehungen zu Südkorea normalisiert hat, eine entscheidende Rolle spielen.

Nr. 104 Memorandum McNaughtons an Goodpaster über »die für einen Krieg erforderlichen Streitkräfte«

Auszüge aus einem Memorandum von Staatssekretär McNaughton an Generalleutnant Andrew J. Goodpaster, Assistent des Vorsitzenden der Vereinigten Generalstabschefs, vom 2. Juli 1965: »Forces Required to Win in South Vietnam«. Der Text ist der Pentagon-Studie entnommen.

Verteidigungsminister McNamara hat General Wheeler heute morgen vorgeschlagen, innerhalb einer kleinen Arbeitsgruppe die Frage zu diskutieren: »Können wir, wenn wir alles einsetzen, in Süd-Vietnam einen Sieg erringen?« General Wheeler schlug vor, Sie mit der Leitung dieser Gruppe zu beauftragen, deren Mitgliederzahl im übrigen so klein wie möglich zu halten sei. Minister McNamara deutete an, daß er eine enge Zusammenarbeit Ihrer Gruppe mit der unter meiner Führung stehenden Südostasien-Arbeitsgruppe für wünschenswert hielte und daß ich Ihnen ein Memorandum mit einigen der Fragen, die uns beschäftigen, zuschicke. Hier unsere Anregungen:

1. Meiner Meinung nach kann die Frage nicht sein, ob das 44-Bataillone-Pro-

gramm (unter Einbeziehung von Streitkräften aus Drittländern) ausreicht, dieses Ziel zu erreichen, obwohl die Beantwortung dieser Frage ein Ergebnis dieser Studie sein könnte. Ich bin vielmehr der Ansicht, daß wir die Aufstellung der 44 Bataillone bis Ende 1965 erwägen und daß wir für das Jahr 1966 an weitere Truppenverstärkungen denken müssen. Außerdem sollten Sie prüfen, ob nicht auch andere als nur Bodentruppen, zum Beispiel Luftwaffeneinheiten, auf die eine oder andere Weise im Lande verwendet werden könnten. Ich hoffe, daß Sie in Ihrem Untersuchungsergebnis klar herausstellen, wie wir unsere Strategie anlegen müssen, um den Krieg in Süd-Vietnam auch dann zu gewinnen, wenn das Problem so gelagert ist, daß eine eindeutige Entscheidung erschwert wird.

2. Ich nehme an, daß die Frage der Einberufung von Reservisten und der Verlängerung der Dienstzeiten außerhalb des Bereiches Ihrer Beratungen liegt.

3. Wir müssen einige Vermutungen über die Zahl des Vietkong anstellen. Außerdem müssen wir schätzen, mit welcher Infiltration von Menschen und Material wir insbesondere dann rechnen müssen, wenn wir die US-Streitkräfte in Süd-Vietnam verstärken. Es ist in zunehmendem Maße wahrscheinlich, daß entweder im Gebiet des II. Korps oder in Laos, unmittelbar an der Grenze zum II. Korps, reguläre Streitkräfte der vietnamesischen Volksarmee stehen. Zudem befürchte ich, daß es angesichts der hier vorgesehenen Verstärkungen zur Einschleusung einer noch größeren Zahl regulärer Truppen kommen kann. Das Problem der Truppenverstärkungen des Gegners hängt natürlich eng mit der Frage zusammen, wieviel Hilfe der Vietkong von der UDSSR und China erwarten kann. Ich vermute, daß die Verstärkung des VC und die mehr »konventionelle« Art der Operationen, die auf hohe Stärkeziffern hindeuten, das bisherige Kräfteverhältnis von 10:1 verschoben haben. Zumindest aber wird sich dieses Kräfteverhältnis in Zukunft verändern. Selbst wenn z. B. stärkere gegnerische Kräfte durch Aktionen »konventionellerer« Art gebunden sein sollten, der VC aber nach wie vor imstande ist, Kleinstädte zu überrennen und dann vor dem Eingreifen unserer Einsatztruppen in den Dschungeln verschwinden kann, dann werden wir uns dem alten »Verhältnisproblem« konfrontiert sehen.

4. Wir können uns einige Mühe ersparen, wenn wir einfach annehmen, daß die Regierung von Süd-Vietnam ihre Streitkräfte in angemessener Zeit nicht verstärken kann. Nach allem, was Westy von den Bataillonen berichtet hat, die aufgerieben werden, und wie sich allmählich auch ein Widerwille gegen Offensivoperationen bemerkbar macht, können wir vielleicht sogar davon ausgehen, daß sich nicht einmal die augenblickliche Mannschaftsstärke – oder genauer gesagt, ihre gegenwärtige Effektivität – aufrechterhalten läßt.

5. Was die Streitkräfte aus Drittländern betrifft, so hat Westy neun südkoreanische (ROK-) Bataillone neun US-Bataillonen gleichgesetzt. Damit wollte er sagen, daß er letztere bekommen müsse, falls er erstere nicht haben könne. Ich kenne die ROK-Streitkräfte nicht genug, um entscheiden zu können, ob sie in jeder Hinsicht den US-Streitkräften »gleichwertig« sind (in mancher Hinsicht mögen sie besser, in anderer Hinsicht weniger gut sein). Bei den Untersuchungen unserer beiden Arbeitsgruppen sparen wir sicher Zeit, wenn wir von der Voraussetzung ausgehen, daß wir während des in Frage kommenden Zeitraumes von niemandem außer den Koreanern erwähnenswerte Unterstützung in Form von Truppen bekommen. (Sollten die Australier uns doch noch

ein oder zwei Bataillone schicken, so dürfte das unsere Berechnungen kaum beeinflussen.) ...

9. Im Augenblick sehe ich keine Möglichkeit, wie unsere Arbeitsgruppen der Frage ausweichen könnten, wie lange unsere Streitkräfte noch ausharren müssen, bis sie »gewinnen«, oder ob allein die Anwesenheit dieser Truppen über einen längeren Zeitraum den »Gewinn« aufheben könnte. Sollte diese Frage nicht zu beantworten sein, ohne daß zuvor die politische Seite des Problems eingehend untersucht wurde, so wäre es vielleicht sinnvoll, in knapper, aber deutlicher Form nur auf die Problemstellung hinzuweisen.

10. Ansonsten aber ist es ratsam, daß sie auf alle Einzelheiten genauestens eingehen, z. B. auf Zahl, Effektivität und Verwendung der südvietnamesischen Streitkräfte; wo sich der Einsatz von US-Truppen empfiehlt; was ihre Aufgabe ist; wie wir die Straßen wieder benutzbar machen und den Städten Sicherheit verschaffen wollen; auf welche Weise wir unsere eigenen Anlagen schützen wollen; in welchen zeitlichen Rahmen all dies gestellt ist; welche Kommandoverhältnisse usw. Außerdem muß herausgearbeitet werden, wie schwerwiegend die Folgen für uns sein können, wenn wir uns bei wichtigen Einschätzungen und bei grundsätzlichen Beurteilungen irren.

Nr. 105 Memorandum McNamaras vom 20. Juli 1965 über die Verstärkung der Landstreitkräfte

Auszüge aus einem Memorandum von Verteidigungsminister McNamara an Präsident Johnson, dessen Entwurf am 1. Juli 1965 fertiggestellt und am 20. Juli der Überprüfung unterzogen wurde. Die kursiv gesetzten Abschnitte stellen Kommentare oder Erläuterungen der Verfasser der Studie dar.

In einem am 1. Juli entworfenen und am 20. Juli revidierten Memorandum an den Präsidenten empfahl McNamara unmittelbar nach seiner Rückkehr von einem einwöchigen Besuch in Vietnam, die 16 Bataillone der USA und befreundeter Länder (15 USA, eines Australien) sofort zu verstärken sowie ihren Aufgabenbereich – die Unterstützung und Auffüllung der südvietnamesischen Armee – auszuweiten. Daraus wurde bald eine Aufgabe, die als »Such- und Zerstörtaktik« bezeichnet wurde. Sie sollten »durch aggressive Ausnützung überlegener militärischer Stärke ... die Initiative gewinnen und behalten ... den Kampf gegen die Hauptmacht des VC und der Nordvietnamesen in Süd-Vietnam intensivieren, um sie niederzurennen und zu zerstören ...«

Seinen Empfehlungen schlossen sich, wie er bemerkte, General Wheeler und der designierte Botschafter Lodge an, die ihn auf seiner Reise nach Vietnam begleitet hatten, sowie Botschafter Taylor, Botschafter Johnson, Admiral Sharp und General Westmoreland, mit denen er in Vietnam konferiert hatte. Die Begründung für seine Entscheidung lieferte der CIA, dessen Lagebeurteilung er am Schlusse der ersten Version seines Memorandums vom 1. Juli als richtig bezeichnete und zitierte. Dort hieß es:

Unserer Meinung nach besteht kaum noch Aussicht, daß die Kommunisten die Grundzüge ihrer Strategie in Vietnam (d. h. aggressiver und sich ständig

verstärkender Aufruhr) ändern werden, wenn und solange nicht zwei Bedingungen gegeben sind:
(1) Es muß ihnen jegliche Aussicht auf einen baldigen Sieg und jegliche Hoffnung, daß sie länger aushalten könnten als die USA, genommen werden, und (2) Nord-Vietnam selbst muß Vergeltungsschlägen ausgesetzt werden, die unbefristet sind und immer stärkere Verheerungen verursachen. Solange die Kommunisten sich Chancen auf einen baldigen Sieg ausrechnen (was derzeit wahrscheinlich der Fall ist), werden sie vermutlich ausharren und außerordentlich schwere Zerstörungen im Norden hinnehmen. Zudem wird die doktrinäre Führung Hanois bereit sein, den Kampf im Süden beinahe unbegrenzt lange weiterzuführen, wenn Nord-Vietnams Bevölkerung selbst nicht leiden muß. Wenn jedoch die beiden oben genannten Bedingungen eintreten, so würde Hanoi, nach unserer Meinung jedenfalls, zumindest vorübergehend die Grundzüge seiner Strategie und seines Kurses in Süd-Vietnam diesen neuen Gegebenheiten anpassen.

McNamaras Memorandum vom 20. Juli enthielt dieses Zitat nicht mehr, wenn auch einige der Argumente an anderen Stellen des Dokumentes angeführt wurden. Statt dessen schloß er mit einer optimistischen Vorhersage:

Alles in allem rechnen wir damit, daß der in diesem Memorandum vorgeschlagene Kurs – falls die vorgesehenen militärischen und politischen Maßnahmen richtig ineinandergreifen und mit tatkräftiger Entschlossenheit durchgeführt werden – dazu führt, daß wir in angemessener Zeit in Vietnam ein annehmbares Ergebnis erzielen.

Während seiner ganzen restlichen Amtszeit als Verteidigungsminister hat McNamara niemals wieder eine so optimistische Äußerung über Vietnam gemacht – ausgenommen natürlich in der Öffentlichkeit. Im abschließenden Passus von McNamaras Memorandum war von politischer wie militärischer »Tatkraft« und »Entschlossenheit« die Rede. Vorher hatte er diesen Punkt im gleichen Dokument unter der Überschrift »Erweiterte politische Maßnahmen« weiter ausgeführt. Dort schreibt er:

Im Verein mit den obengenannten militärischen Maßnahmen gilt es, politische Initiativen einzuleiten, um durch die Klarstellung unserer Zielsetzungen und die Herstellung von Verbindungskanälen die Grundlage für eine günstige politische Regelung zu schaffen. Zur gleichen Zeit, da wir in Süd-Vietnam einen grundlegenden Wandel herbeizuführen versuchen, könnten wir über die Geheimdiplomatie (a) einen Dialog mit Moskau und Hanoi und vielleicht dem VC eröffnen, um sie erstens von allen falschen Vorstellungen über unsere Zielsetzungen abzubringen und zweitens das Fundament für eine Regelung zu schaffen, wenn die Zeit dafür reif ist; (b) die Sowjetunion davon abhalten, ihr Militär (sic) auf der ganzen Welt zu vergrößern, und (c) die Unterstützung der US-Politik durch die US-Öffentlichkeit, die Verbündeten und Freunde verstärken sowie die internationale Opposition in erträglichen Grenzen halten. Vielleicht haben diese unsere Bemühungen keinen Erfolg, solange sich die Verhältnisse in Süd-Vietnam nicht gebessert haben. Dennoch müssen wir den Versuch unternehmen.

Dieses Programm enthielt kaum Vorschläge zu ernsthaften Initiativen. McNamaras Empfehlungen bezogen sich im wesentlichen auf methodische Fragen des Vorgehens (nicht auf die Substanz). Sie besagten kaum mehr, als daß die

Vereinigten Staaten Kanäle schaffen sollten, über die der Gegner diskret und ohne größeren Prestigeverlust seine Unterwerfung mitteilen konnte, falls er zu dem Schluß gelangt war, das Spiel sei für ihn zu kostspielig. Aber das war alles, was das offizielle Washington (wiederum mit Ausnahme von Ball) Mitte 1965 meinte, wenn es von einer »politischen Regelung« sprach. Wie McNamara in einer Fußnote anmerkte, gingen dem designierten Botschafter Lodge sogar diese »Vorschläge« zu weit. Seiner Ansicht nach war »jede weitere diesbezügliche Initiative jetzt (solange wir nicht stark sind) lediglich dazu geeignet, die kommunistische Entschlossenheit zum Kampf zu stärken.« Dieser Ansicht schlossen sich die Botschafter Taylor und Johnson an, nur befürworteten sie »diskrete Kontakte zu den Sowjets«.

Im letzten Absatz entwirft McNamara seine Vorstellungen von »einem annehmbaren Ergebnis«. Vorher hatte er in seiner Denkschrift »Neun Grundelemente« eines solchen günstigen Ergebnisses aufgezählt:

(a) Der VC stellt seine Angriffe ein und reduziert Terror- und Sabotageakte drastisch.

(b) Nord-Vietnam reduziert die Infiltration auf ein Minimum. Gleichzeitig wird eine einigermaßen zuverlässige Methode eingeführt, die diese Reduzierung bestätigt.

(c) Die Regierungen der USA und Süd-Vietnams stellen die Bombardierung von Nord-Vietnam ein.

(d) Die Regierung von Süd-Vietnam bleibt unabhängig (nach Möglichkeit pro-US, sonst wenigstens wirklich neutral).

(e) Die Regierung von Süd-Vietnam übt in fast allen Teilen Süd-Vietnams die Funktionen der Regierung aus.

(f) Die Kommunisten verhalten sich in Laos und Thailand ruhig.

(g) Die Regierung der Volksrepublik Nord-Vietnam zieht die Streitkräfte der vietnamesischen Volksarmee (PAVN) und andere nordvietnamesische Eindringlinge (keine »regroupees«) aus Süd-Vietnam ab.

(h) VC und NLF (Nationale Befreiungsfront) verwandeln sich aus einer militärischen in eine rein politische Organisation.

(i) Die US-Kampftruppen (nicht die Berater oder die Entwicklungshelfer [AID]) ziehen ab.

Kapitel 8

Der Aufmarsch: Juli 1965 bis September 1966

von Fox Butterfield

Die geheime Pentagon-Studie des Vietnamkrieges erklärt die rasche Verstärkung der amerikanischen Streitkräfte in den Jahren 1965 und 1966 damit, daß »niemand den echten Truppenbedarf in Vietnam vorhersehen konnte« und die Fähigkeit der Gegenseite »zur Intensivierung ihrer Anstrengungen dauernd unterschätzt« worden sei.
Wie die Studie versichert, waren sich die amerikanischen Planer »des Tempos der Infiltration und Rekrutierung (beim Vietkong und bei der nordvietnamesischen Armee) durchaus bewußt; aber die Auswirkungen dieser Fähigkeit wurden nur in geringem Maße analysiert.«
Die Pentagon-Studie enthüllt, daß General William C. Westmoreland als Folge der unerwarteten Mobilisierung feindlicher Truppen ständig höhere Truppenanforderungen stellte: Im Juni 1965 waren es noch insgesamt 175 000 Mann, im Juli bereits 275 000, im Dezember 443 000 und im Juni des darauffolgenden Jahres 542 000. Weder die Anforderungen des amerikanischen Oberkommandierenden in Vietnam noch die rasche und vollständige Bewilligung aller geforderten Truppenverstärkungen wurden öffentlich bekannt.
Gleichzeitig stützte sich nach Aussage der Studie die ständige Ausweitung des Luftkriegs durch die Johnson-Regierung in den Jahren 1965 und 1966 auf eine »kolossale Fehleinschätzung« der Auswirkungen der Bombardierungen auf Kampfbereitschaft und Versorgungskapazität Hanois. Insbesondere geht aus der Untersuchung hervor, daß die amerikanische Regierung 1966 die Bombardierung der nordvietnamesischen Rohöllager beschloß, obgleich der Central Intelligence Agency (CIA) wiederholt darauf hingewiesen hatte, daß eine solche Maßnahme »die militärischen Operationen der Kommunisten nicht lahmlegen« werde. Statt dessen scheint sich Washington der Ansicht der Militärs angeschlossen zu haben, die Bombardierung »werde den Feind an den Konferenztisch zwingen oder den Aufstand aus Mangel an Nachschub abklingen lassen«.
Doch der Nachschub an Menschen und Material in den Süden ging »unvermindert« weiter.
Aus der Pentagon-Studie dieser Periode der Eskalation in der Luft und auf dem Boden geht außerdem folgendes hervor:
• Die hohen amerikanischen Militärs glaubten zuversichtlich an einen Sieg. General Westmoreland meldete beispielsweise im Juli 1965 nach

Washington, er könne mit Hilfe dieser Strategie des Aufstöberns und Vernichtens den Feind »bis Ende 1967« schlagen. Im selben Monat versicherten die Vereinigten Stabschefs Verteidigungsminister Robert S. McNamara, »es liegt kein Grund vor, warum wir nicht siegen könnten, wenn wir das wollten«.

• Schon im Herbst 1965 begannen höchste zivile Stellen, darunter auch Verteidigungsminister McNamara selbst, ernsthaft daran zu zweifeln, ob der Krieg in der Luft und auf dem Boden tatsächlich die gewünschte Wirkung erzielen könne; aber trotz ihrer Zweifel befürworteten sie auch weiterhin die Eskalation als einzig mögliche Politik.

• Ein geheimes Seminar des Verteidigungsministeriums, an dem 47 Wissenschaftler teilnahmen – »die Creme der Gelehrten auf technischem Gebiet« –, gelangte im Sommer 1966 zu der Erkenntnis, die Bombardierung Nord-Vietnams habe »keinerlei meßbare Auswirkung« auf Hanoi. Die Wissenschaftler empfahlen als Alternative zu den Bombardierungen die Errichtung einer elektronischen Barriere zwischen Nord- und Süd-Vietnam. (Siehe Dokument Nr. 117)

Der Bericht des Pentagons über diesen Kriegsabschnitt – vom Juli 1965 bis zum Herbst 1966 – bildet eine weitere Folge der Serie der *New York Times.*

Die 1967 von Verteidigungsminister McNamara angeforderte und von dreißig bis vierzig Fachwissenschaftlern erarbeitete Studie sollte die Frage klären, auf welche Weise die Vereinigten Staaten in den Indochinakrieg verwickelt worden waren. Diese Untersuchung besteht aus 3000 Seiten Analysen und 4000 Seiten zusätzlichen Dokumenten.

Strategie ohne Einschränkung

Als sich Präsident Johnson im Juli 1965 entschloß, General Westmorelands Forderung nach 44 Kampfbataillonen nachzukommen und seine Strategie des Aufspürens und Vernichtens zu unterstützen, bedeutete dies »eine US-Verpflichtung ohne Einschränkung«, stellt die Studie fest.

»Bei der Strategie des Aufspürens und Vernichtens gab es für die Truppenkontingente keine empirischen Grenzen«, wird hinzugefügt. »Der zur Vernichtung des Feindes erforderliche Aufwand hing allein von seiner Reaktion auf die Truppenverstärkungen und seiner Bereitschaft zur Fortsetzung des Kampfes« ab.

»Die Grundidee« dieser Strategie, so fährt die Studie fort, »war das Bestreben, den Krieg auf feindliches Gebiet vorzutragen, dem Gegner überall die Bewegungsfreiheit zu nehmen . . . und ihm möglichst schwere Verluste zuzufügen.« Diese Strategie trat an die Stelle der Strategie einer statischen Verteidigung und der Bildung von Enklaven, die im

Frühjahr 1965 für kurze Zeit erprobt worden war und einen geringeren Aufwand an amerikanischen Truppen erforderte.
Für General Westmoreland stellte die Forderung dieser 44 Bataillone nur eine erste Notmaßnahme dar, erklärt der Bericht. Sie sollten zur Abwehr der gegnerischen Offensive eingesetzt werden, die die auf schwachen Füßen stehende Saigoner Regierung zu überrollen drohte; für einen Sieg der Alliierten würden schon bald weitere Verstärkungen notwendig sein.
Um festzustellen, »wieviel an zusätzlichen Truppen gebraucht wurden, um den Feind die Initiative zu entreißen und die Siegphase der Strategie einzuleiten«, flog Verteidigungsminister McNamara am 16. Juli 1965 zu einem viertägigen Besuch nach Saigon. Während dieses Aufenthalts wurde er telegrafisch davon unterrichtet, daß Präsident Johnson die von General Westmoreland angeforderten 44 Bataillone genehmigt und auch seine Strategie des Aufspürens und Vernichtens gebilligt hatte.
Nach Angabe der Studie erklärte General Westmoreland daraufhin, er brauche für die »Siegphase«, die 1966 eingeleitet werden sollte, zusätzliche 24 Bataillone oder 100 000 Mann.
Die Studie zitiert seine Erläuterung der Gesamtstrategie, die sich auf ein in drei Phasen gegliedertes Konzept stützt:
»Phase 1 – Einsatz von amerikanischen Truppen und Einheiten befreundeter Nationen (FWMA – Free World Military Assistance), um dem negativen Trend bis Ende 1965 Einhalt zu gebieten.«
»Phase 2 – US- und verbündete Einheiten ergreifen erneut die Offensive, um in der ersten Jahreshälfte 1966 den Feind in strategisch wichtigen Gebieten zu schlagen und die Wiederaufnahme landwirtschaftlicher Arbeiten zu ermöglichen.«
»Phase 3 – Im Falle eines hartnäckigen feindlichen Widerstandes würde im Anschluß an Phase 2 ein Zeitraum von einem bis eineinhalb Jahren erforderlich sein, um die noch verbleibenden feindlichen Streitkräfte und Stützpunkte zu zerschlagen.«
»Der Rückzug der alliierten Streitkräfte könnte im Anschluß an Phase 3 beginnen, sobald die Regierung Vietnams selbst in der Lage ist, die innere Ordnung herzustellen und aufrechtzuerhalten und die Landesgrenzen zu verteidigen.«
Aus der Pentagon-Studie geht hervor, daß General Westmorelands Plan vorsah, »dem Vietkong unter Einsatz entsprechender Streitkräfte irgendwann im Laufe des Jahres 1966 die Initiative zu entreißen, wieder die Offensive zu ergreifen und den Feind mit Hilfe entsprechender zusätzlicher Verstärkungen bis Ende 1967 zu schlagen«.
Verteidigungsminister McNamara sei ernstlich besorgt gewesen, so heißt es in der Studie, ob die Vereinigten Staaten in Vietnam überhaupt »gewinnen« könnten. Er befürchtete, die Vereinigten Staaten könnten

»noch tiefer in einen Krieg verwickelt werden, der zu keinem befriedigenden Abschluß gebracht werden kann«.
Während sich der Minister auf seine Vietnamreise vom 16. Juli 1965 vorbereitete, ersuchte er daher General Earle G. Wheeler, den Vorsitzenden der Vereinigten Stabschefs, um ein Gutachten mit »der Bestätigung, daß die Vereinigten Staaten in Süd-Vietnam gewinnen können, wenn wir alles in unserer Macht Stehende tun«.
General Wheelers Antwort, die unter Mitarbeit einer aus Offizieren und Beamten des Verteidigungsministeriums bestehenden Kommission zustande kam, lautete: »Nach menschlichem Ermessen scheint es keinen Grund zu geben, warum wir nicht siegen könnten, wenn wir es wollten und diesem Willen in Strategie und Taktik Ausdruck geben.«
In einem Memorandum an die Kommission stellte der stellvertretende Verteidigungsminister John T. McNaughton fest, »siegen« bedeute in diesem Falle, »daß es uns gelingt, dem Vietkong klarzumachen, daß er nicht siegen kann«.
Diese Definition, so heißt es im Pentagon-Bericht, »zeigt, unter welchen Voraussetzungen der Krieg fortgesetzt werden sollte – daß man dem Vietkong eindringlich klarmachen wollte, daß er keinen Sieg erringen kann und daß er sodann aus Vernunftgründen zur Erreichung seiner Ziele weniger gewaltsame Methoden wählen würde«.
Aus der Studie geht hervor, daß Verteidigungsminister McNamara die gewünschte Zusicherung erhielt und mit dieser Rückendeckung aus Saigon am 20. Juli Präsident Johnson die Bewilligung der von General Westmoreland zusätzlich angeforderten 100 000 Soldaten empfahl.
Minister McNamara schrieb an den Präsidenten: »Alles in allem ist anzunehmen, daß die in diesem Memorandum empfohlenen Maßnahmen gute Aussichten haben, in Vietnam innerhalb einer angemessenen Frist befriedigende Ergebnisse zu erzielen.«
»Die amerikanischen und südvietnamesischen Verluste werden zunehmen«, fügte McNamara hinzu, »wobei sich noch nicht mit Sicherheit absehen läßt, in welchem Ausmaß. Aber die US-Verluste an Gefallenen dürften bis Jahresende so um 500 Mann pro Monat liegen.
... Die öffentliche Meinung in den Vereinigten Staaten wird diese Maßnahmen unterstützen, weil sie ein ebenso vernünftiges wie beherztes militärpolitisches Programm zur Erzielung eines Erfolgs in Vietnam darstellen.«
Die Pentagon-Studie erklärt dazu: »Während seiner ganzen Amtszeit als Verteidigungsminister sollte McNamara sich nie wieder so optimistisch zum Vietnamproblem äußern – außer in seinen öffentlichen Reden.«
Bis zum November 1965 hatte sich die Lage in Süd-Vietnam entscheidend verändert.

Phase 1 des militärischen Einsatzes – die US-Truppen hatten inzwischen fast ihre Sollstärke von 175 000 Mann erreicht – hatte offensichtlich eine weitere Verschlechterung der militärischen Lage verhindert.
Gleichzeitig, so fährt der Bericht fort, habe der Feind jedoch seine eigenen Streitkräfte entschieden schneller ausgebaut, als das amerikanische Oberkommando vorausberechnet hatte.
Während die geschätzte Stärke der kommunistischen Kampfeinheiten in Süd-Vietnam im Juli 1965 48 550 Mann betrug, schätzte sie der US-Geheimdienst im November bereits auf 63 550 Mann. Im gleichen Zeitraum war die Anzahl nordvietnamesischer Regimenter nach Angabe amtlicher Stellen von einem auf acht emporgeschnellt.
»Was dieser Ausbau bedeutete, wurde durch die blutigen Kämpfe im Jadrang-Tal Mitte November hinreichend deutlich gemacht«, erklärt die Studie. In dieser ersten großen Schlacht des Vietnamkrieges kämpften Einheiten der Ersten US-Kavallerie-Division im westlichen Teil des Zentralen Hochlandes, nahe der kambodschanischen Grenze, gegen zahlenmäßig überlegene nordvietnamesische Verbände. Die gegnerischen Verluste an Gefallenen betrugen Berichten zufolge über 1200 Mann, aber auch mehr als 200 Amerikaner blieben auf dem Schlachtfeld.
Die Pentagon-Studie weist darauf hin, daß die sorgfältig kalkulierte amerikanische Strategie mit den Planzahlen der für einen Sieg notwendigen US-Truppenstärke »eskalatorische Reaktionen nicht berücksichtigte«.
Die Studie beschäftigt sich zwar nicht ausführlicher mit diesem Thema, doch hat die Johnson-Regierung seit Anfang 1965 wiederholt öffentlich darauf hingewiesen, daß Nord-Vietnam Menschen und Material in großem Ausmaß in den Süden einschleuste.
Im Februar beispielsweise veröffentlichte das Außenministerium ein Weißbuch unter dem Titel »Aggression aus dem Norden«, in dem behauptet wurde, Nord-Vietnam trage die Schuld an dem Krieg in Süd-Vietnam, und Hanoi habe über 37 000 Soldaten eingeschleust.
Bekannt ist außerdem, daß sich Verteidigungsminister McNamara in seiner Fernsehpressekonferenz vom 26. April 1965 ausführlich mit dem Vorwurf beschäftigte, Nord-Vietnam habe seine Infiltrationstätigkeit verstärkt. Er sagte: »Die Intensivierung dieser Infiltration wird immer offenkundiger und hemmungsloser.«
Trotz dieser häufigen öffentlichen Erklärungen zum Truppenausbau hielt es General Westmoreland nach Angabe der Studie im November plötzlich für nötig, für die zweite Phase seines Plans neue, gewaltige Truppenkontingente anzufordern. Er brauche weitere 154 000 Mann, erklärte der General.
Der General erläuterte diesen Bedarf gegenüber Admiral U. S. Grant

Sharp, der als Oberbefehlshaber der amerikanischen Streitkräfte im Pazifikraum sein unmittelbarer Vorgesetzter war:

»Nach Vorausschätzungen nehmen die Truppen des Vietkong und der Nordvietnamesen doppelt so schnell zu wie die US-Truppen für die Phase 2. Während wir pro Vierteljahr im Durchschnitt einen Zuwachs von 7 einsatzfähigen Bataillonen erzielen, sind es beim Gegner 15.

Diese Entwicklung hat dazu geführt, daß das Kräfteverhältnis, in Bataillonen ausgedrückt, bereits im November anstatt der angenommenen 3,2:1 auf 2,8:1 abgesunken ist, und bis Jahresende wird es bis auf ein Verhältnis von 2,5:1 zurückgehen.«

Als Antwort auf General Westmorelands Verlangen nach zusätzlichen 154 000 Soldaten machte Verteidigungsminister McNamara nach einem NATO-Treffen in Paris einen Abstecher nach Saigon.

Nach seiner Rückkehr nach Washington am 30. November äußerte Minister McNamara in einem Memorandum an Präsident Johnson erstmals Zweifel hinsichtlich des Bodenkriegs in Vietnam. Er empfahl zwar, die USA sollten bis Ende 1966 insgesamt fast 400 000 Mann nach Vietnam entsenden, warnte jedoch:

»Wir sollten uns darüber im klaren sein, daß eine Truppenstationierung in dem von mir empfohlenen Umfang keine Garantie für einen Erfolg darstellt. Die US-Verluste an Gefallenen dürften 1000 Mann pro Monat erreichen, und es muß sogar damit gerechnet werden, daß wir Anfang 1967 vor einem ›Unentschieden‹ auf höherer Ebene stehen werden. Trotzdem habe ich insgesamt den Eindruck, daß sich unsere angestrebten Ziele am ehesten durch . . . die oben erwähnte Stationierung erreichen lassen.« (Siehe Dokument Nr. 107)

Während Minister McNamara und Präsident Johnson eine Verstärkung der Stationierungstruppen auf fast 400 000 Mann erwogen – zu diesem Zeitpunkt befanden sich 184 000 Amerikaner in Süd-Vietnam –, spekulierten Zeitungsberichte mit einer oberen Grenze von 200 000 Mann. Diese Zahl erschien beispielsweise in einem Bericht der *New York Times* über McNamaras Saigonbesuch vom 28. November.

Aus der Pentagon-Studie geht nicht hervor, welche Entscheidung Präsident Johnson auf McNamaras Empfehlung vom 30. November fällte. Aber etwas anderes wird deutlich: In einem weiteren Memorandum vom 13. Dezember erläuterte McNamara dem Präsidenten den bereits genehmigten Truppenbedarf, der für 1966 insgesamt 367 000 und bis Juni 1967 schon 395 000 Mann betrug.

Dann erhielt McNamara, nach Angabe der Studie, am 16. Dezember eine weitere Anforderung von General Westmoreland: Der Bedarf bis Ende 1966 wurde darin auf insgesamt 443 000 Mann emporgeschraubt. Am 28. Januar ging eine neue Anforderung beim Verteidigungsminister ein, die bereits eine Gesamtstärke von 459 000 Mann vorsah.

Weder General Westmorelands Anforderungen noch Präsident Johnsons Bewilligungen wurden bekannt. Auf einer Pressekonferenz sagte der Präsident am 26. Februar 1966: »Auf meinem Schreibtisch liegen zur Zeit keine unerfüllten Wünsche von General Westmoreland.« Zu diesem Zeitpunkt befanden sich in Süd-Vietnam 235 000 amerikanische Soldaten.

Die Pentagon-Studie bietet für die rasche Erhöhung des Truppenbedarfs zwei mögliche Erklärungen an:

»Man darf die Hypothese aufstellen, daß bereits zu Beginn des amerikanischen Aufmarsches einige Militärs die Meinung vertraten, zur Erringung eines entscheidenden Sieges in Süd-Vietnam wären Streitkräfte in der Größenordnung von einer Million Mann erforderlich.

Eine andere Erklärung wäre, daß in Wirklichkeit niemand den tatsächlichen Truppenbedarf in Vietnam voraussah und die Fähigkeit des Vietkong und der Nordvietnamesen, ihre Kampfkraft zu steigern, ständig unterschätzt wurde.

Abgesehen von einigen Ausnahmen, scheint diese Erklärung zuzutreffen. Aus Dokumenten aus der Zeit um den Juli 1965 scheint hervorzugehen, daß sich (General Westmoreland) offenbar nicht viel Gedanken darüber gemacht hatte, wie er nach 1965 vorgehen wollte.«

Unter Bezugnahme auf ein Dokument aus General Westmorelands alliiertem Hauptquartier in Vietnam fährt die Studie fort: »Die Worte des MACV-Berichts für 1965 besagen etwa folgendes: ›Die Ankündigung des Präsidenten vom 28. Juli, die USA würden in Süd-Vietnam zusätzliche starke Militärverbände stationieren, machte einen Gesamtplan erforderlich, der die Aufgaben und Standorte der einzelnen Einheiten klärte. Das Operationskonzept (des Generals) genügte diesen Anforderungen.‹«

»Wenn sich darin das wahre Geschehen widerspiegelt, dann würde das bedeuten, daß die Planung des alliierten Hauptquartiers von dem ausging, was zur Verfügung stand, anstatt daß die Truppenanforderungen von einem klar durchdachten militärischen Konzept ausgingen.«

Die Pentagon-Studie erklärt, die fortgesetzte Bombardierung Nord-Vietnams sei an die zweite Stelle verdrängt worden, als Präsident Johnson im April 1965 den defensiven Kampfauftrag der Marineinfanterie zu Danang durch einen Geheimbefehl in einen offensiven verwandelte und damit die Vereinigten Staaten in einen Bodenkrieg verwickelte. Über die Bombardierung, die unter der Bezeichnung Operation *Rollender Donner (Rolling Thunder)* bekannt wurde, heißt es in der Studie:

»Frühere Hoffnungen, die USA könnten vor allem durch Bombenangriffe eine Wende im Krieg erzwingen, wurden durch die Entscheidung des Präsidenten, starke Bodentruppen zu entsenden, überholt. Mit dieser

Entscheidung verlagerte sich der Schwerpunkt von der Hoffnung, im Norden empfindliche Schläge auszuteilen, auf den Versuch, Nord-Vietnam im Süden zu beweisen, daß es dort keinen entscheidenden Sieg erringen konnte. Die Operation *Rollender Donner* wurde als nützlich und notwendig angesehen, aber nach vorherrschender Meinung war sie eine Ergänzung und nicht ein Ersatz für die Bemühungen in Süd-Vietnam.«

Bis zum Sommer 1965 lagen nach Angaben der Studie auch Umfang und Operationsplan für die Bombardierungen fest.

Um die amerikanische Macht zu unterstreichen, sollte die Bombardierung des Nordens »langsam, stetig und zielbewußt fortschreiten, beginnend mit einigen für die Infiltration wichtigen Zielen im Süden Nord-Vietnams, um sich dann allmählich durch immer schwerere Angriffe auf einen immer größeren Kreis von Zielen nach Norden auszuweiten.«

Da man die Operation *Rollender Donner* für »verhältnismäßig riskant und politisch bedenklich« hielt, wurden alle Bombenangriffe in Washington sorgsam geplant. Die Ziele wurden Woche für Woche ausgewählt und mußten jedesmal »ein Genehmigungsverfahren durchlaufen, das bis in die obersten Spitzen des Verteidigungsministeriums, des Außenministeriums und des Weißen Hauses reichte«.

Washington genehmigte auch pauschal Angriffe auf einzelne, genau bezeichnete Zielkatagorien wie Fahrzeuge, Lokomotiven und Lastkähne. Bei dieser Form des Angriffs, die man bewaffnete Aufklärung nannte, blieb die Wahl des Ziels letztlich dem Piloten überlassen.

Die Zahl der einzelnen Starts wurde allmählich gesteigert, und zwar von 900 pro Woche im Juli auf 1500 pro Woche im Dezember 1965. Bis zum Jahresende waren 55 000 Einsätze geflogen worden, fast drei Viertel davon als bewaffnete Aufklärung.

Während auch die Liste der erlaubten Ziele immer länger wurde, klammerte Verteidigungsminister McNamara bis Ende 1965 den Bereich Hanoi–Haiphong und das chinesische Grenzgebiet bewußt aus.

Wie die Studie berichtet, änderte sich das ursprüngliche Ziel der Operation *Rollender Donner:* Galt es zunächst, »den Willen Nord-Vietnams zu brechen«, so ging es im Sommer 1965 um die Unterbrechung des Menschen- und Materialstroms von Norden nach Süden.

Durch diese Änderung der Aufgabenstellung wurde die interne Zielsetzung der Regierung mit der öffentlichen Meinung in Einklang gebracht, für die es schon immer um eine Unterbindung der Infiltration ging.

Nach Angabe der Studie kam es zu dieser Umstellung, weil man erkannte, daß »die Bombardierung als strategischer Bekehrungsversuch mißglückt« war.

Ein von Verteidigungsminister McNamara in Auftrag gegebenes Gutachten des geheimen Nachrichtendienstes ergab sogar, daß die Bombardierung bis Ende 1965 in Nord-Vietnam kaum Auswirkungen gezeitigt hatte.

Im November 1965 erfuhr McNamara vom Abwehrdienst DIC, die »kumulative Belastung« durch die Bombenangriffe habe zwar zu einer »Reduzierung der Industrieproduktion« geführt, aber »die überwiegend landwirtschaftliche Struktur Nord-Vietnams erlaubt es auch weiterhin, die Bevölkerung zu versorgen«.

Das Gutachten fährt fort: »Die Luftangriffe scheinen Hanois Entschlossenheit, den Krieg in Süd-Vietnam auch weiterhin zu unterstützen, nicht beeinflußt zu haben.«

Die Vorstellung, eine Vernichtung oder drohende Vernichtung der nordvietnamesischen Industrie werde Hanoi zur Kapitulation zwingen, erweist sich rückblickend als ein kolossaler Irrtum.

»Nord-Vietnam war ein außerordentlich ungünstiges Ziel für Luftangriffe. Sowohl die Theorie des strategischen als auch des totalen Bombenkrieges setzt hochentwickelte Industrieländer voraus, die zum Unterhalt von Massenarmeen bei intensiver Kriegführung Rüstungsgüter in großen Mengen produzieren. Den amerikanischen Nachrichtendiensten war bekannt, daß es sich bei Nord-Vietnam um ein Agrarland mit einem kaum entwickelten Transportsystem und sehr wenig Industrie handelte.

Das, was die Geheimdienste gern als ›modernen Industriesektor‹ bezeichnen, war selbst für asiatische Verhältnisse minimal und machte 1965 nur 12 Prozent des Bruttosozialprodukts von insgesamt 1,6 Milliarden Dollar aus. Es gab nur eine Handvoll ›größerer Industrieanlagen‹. Als die ersten Ziele in Nord-Vietnam festgelegt wurden, fanden die Vereinigten Stabschefs nur acht Fabriken, die eine Bombardierung lohnten.«

Dann fährt der Bericht fort: »Die begrenzte Industrie Nord-Vietnams leistete kaum einen Beitrag zur militärischen Kapazität. Ein Großteil aller militärischen Ausrüstungsgegenstände und sämtliche schweren oder höherentwickelten Waffen wurden importiert. Das stellte kein großes Problem dar, da offenbar sowohl die Sowjetunion als auch China nur zu gern bereit waren zu helfen.

Die nordvietnamesischen Transporteinrichtungen waren spartanisch und auf den ersten Blick gegen Luftangriffe völlig ungeschützt, dafür aber flexibel und so ausgelegt, daß die Kapazität den Bedarf bei weitem übertraf.

Die Unterstützung des Krieges im Süden war für die nordvietnamesische Wirtschaft kaum eine große Belastung. Vietkong und nordvietnamesische Befreiungsarmee stellten keine großen Einheiten. Sie kämpften nicht als konventionelle Divisionen oder Armeekorps mit Panzern, Artillerie und Luftunterstützung. Sie brauchten nicht durch gewaltige Konvois von Lastwagen, Zügen oder Schiffen unterstützt zu werden. Sie kämpften zu Fuß, versorgten sich selbst und gingen, wenn der Nachschub fehlte, einfach dem Kampf aus dem Wege.«

Eine Pause als Druckmittel

Eine Pause in den Bombenangriffen war, wie die Studie feststellt, ein wichtiger Punkt in dem Programm von Verteidigungsminister McNamara, mit dem er Druck auf Nord-Vietnam ausüben wollte. Am 20. Juli schrieb McNamara in einem Memorandum an Präsident Johnson: »Nachdem die 44 US-Auslands-Bataillone stationiert und die Bombardierung des Nordens vorangetrieben wurden, könnten wir als Bestandteil einer diplomatischen Initiative eine Bombardierungspause von 6–8 Wochen in Erwägung ziehen.«

Er hatte offenbar das Gefühl, daß die vorangegangene Pause vom 8.–13. Mai 1965 zu kurz und zu übereilt angesetzt war, um eine entsprechende Wirkung zu erzielen. Hanoi hatte nach Ansicht der Studie im Mai einfach nicht genügend Zeit, um auf die Bombardierungspause überhaupt zu reagieren. Außerdem betrachtete Präsident Johnson die Pause »als ein Mittel, den Luftkrieg zu intensivieren, wenn eine zufriedenstellende Reaktion aus Hanoi ausbleibt«.

Im Herbst 1965 wiederholte der Verteidigungsminister noch mehrmals seinen Vorschlag, eine Pause in den Bombenangriffen auf den Norden einzulegen. Er und sein Stellvertreter McNaughton dachten daran, die Pause als eine Art »Sperrklinke« zu benutzen; der Bericht vergleicht sie »mit der Vorrichtung, die auf dem Tennisplatz das Netz hochzieht und es zwischen zwei Phasen, in denen es gespannt ist, jeweils wieder locker läßt«.

Alle Beamten, die an den Unterredungen über die Bombardierungspause teilnahmen, sahen in ihr nur eine vorübergehende Maßnahme. »Während der gesamten Diskussion wurde als selbstverständlich vorausgesetzt, daß die Angriffe wiederaufgenommen werden würden.«

Diese Beamten, die in Regierungskreisen als die »Vietnam-Chefs« bekannt waren, glaubten deshalb, nach Meinung der Pentagon-Papiere, an eine Fortsetzung der Angriffe, da die an einen permanenten Bombardierungsstopp geknüpften Bedingungen für Hanoi unannehmbar waren.

Diese Bedingungen für einen Bombardierungsstopp wurden von McNaughton in einem Memorandum vom 3. Dezember, das anscheinend nur für Verteidigungsminister McNamara bestimmt war, folgendermaßen formuliert:

»A. Die Volksrepublik Nord-Vietnam beendet die Infiltration und die Führung des Krieges.
B. Die Volksrepublik Nord-Vietnam unternimmt überzeugende Schritte zum Rückzug der eingeschleusten Truppen.
C. Der Vietkong beendet Überfälle, Terror- und Sabotageakte.
D. Der Vietkong verzichtet künftig auf alle größeren Störungen der Verwaltungstätigkeit der südvietnamesischen Regierung in praktisch ganz Süd-Vietnam.«
McNaughton zählt diese Punkte auf und fügt hinzu, sie kämen »der Kapitulation einer keinesfalls geschlagenen kommunistischen Streitmacht« gleich.
Sowohl die Vereinigten Stabschefs als auch Außenminister Dean Rusk sprachen sich gegen jede Unterbrechung der Bombardierung aus, weil sie befürchteten, eine solche Pause könnte ein Nachlassen des auf Hanoi ausgeübten Drucks bedeuten. (Siehe Dokument Nr. 106)
Sie befürchteten außerdem, wie die Studie hinzufügt, daß Hanoi als Gegenleistung für den Bombardierungsstopp die Eröffnung von Verhandlungen anbieten könnte, ohne auf die von Washington verlangten Zugeständnisse einzugehen.
»Das verfügbare Material«, so heißt es, »gibt keine Auskunft über die Reaktion des Präsidenten auf diese Argumente, aber die nachfolgende Flut von Papieren macht deutlich, daß er eine Entscheidung für oder gegen eine Pause absichtlich hinauszögerte und sie erst kurz vor dem tatsächlichen Termin traf.«
Die Pause sollte 37 Tage dauern, vom 24. Dezember 1965 bis zum 31. Januar 1966.

Zweifel tauchen auf

Die Wirkungslosigkeit der Operation *Rollender Donner* und General Westmorelands steigende Anforderungen von Truppenkontingenten lösten, wie aus den Dokumenten hervorgeht, bei den »Vietnam-Chefs« schon bald erste Zweifel aus. Während der Bombardierungspause erläuterten sowohl Verteidigungsminister McNamara als auch sein Stellvertreter McNaughton ihre veränderte Meinung in ausführlichen Memoranden.
In einem Papier vom 18. Januar 1966, das die Überschrift *Einige Bemerkungen über die Bombardierung Nord-Vietnams* trägt, warf McNaughton die Frage auf: »Kann man von diesen Maßnahmen erwarten, daß sie eine Reduzierung der nordvietnamesischen Hilfsleistungen für den Süden bringen (und nicht bloß eine Kostensteigerung) und daß sie möglichst bald ein Ende herbeiführen?«

Er selbst beantwortete diese Frage mit Nein: »Bisher ist es diesem Programm nicht gelungen, den Zustrom von Menschen und Material in den Süden zu unterbinden. Trotz unserer bewaffneten Aufklärung und der Angriffe auf Eisenbahnen, Straßen, Brücken, Materiallager, Ausbildungsstätten und andere Nachschubknotenpunkte sind sie in der Lage, je nach Jahreszeit schätzungsweise 4500 Mann pro Monat und 50 bis 300 Tonnen Material pro Tag im Norden zusammenzustellen und in den Süden zu schleusen.«

Das reiche nach seiner Ansicht aus, den Vereinigten Staaten größere Gefechte zu liefern.

Am nächsten Tag kam McNaughton in einem weiteren Memorandum auf den ersten Entwurf zurück und warnte: »In Vietnam sind alle Voraussetzungen für eine gewaltige Fehlkalkulation gegeben.« (Siehe Dokument Nr. 109)

»Die Armee der Republik Süd-Vietnam ist erschöpft, passiv und konzessionsbereit«, schreibt er. »Den Streitkräften Nord-Vietnams und des Vietkong gelingt es, mit unseren Kontingenten gleichzuziehen ... Ob die Bombardierung des Nordens zur Unterbindung der Infiltration beiträgt, bleibt dahingestellt ... Eine Befriedung läßt immer noch auf sich warten ... Die politische Infrastruktur der südvietnamesischen Regierung ist unheilbar krank und schwächer als die Infrastruktur des Vietkong ... Süd-Vietnam steht am Rande einer gefährlichen Inflation und des wirtschaftlichen Chaos. Wir befinden uns in einer Eskalation des militärischen Gleichgewichts.«

Er fährt fort: »Augenblicklich ist es das Ziel der USA, in Vietnam eine Demütigung zu verhindern. Wir haben an jedem entscheidenden Punkt gepokert; um die schädlichen Auswirkungen einer Nichteinhaltung unserer Verpflichtungen abzuwehren, haben wir an jedem entscheidenden Punkt den Einsatz immer wieder erhöht. Wir sind unseren Verpflichtungen nachgekommen, und der Einsatz (und unser Engagement) stehen jetzt sehr hoch.« Die Klammer steht auch im Memorandum.

McNaughton empfahl Washington, nicht auf einem militärischen Sieg zu beharren, sondern sich mit weniger zufriedenzugeben.

Er schrieb: »Manche werden der Ansicht sein, wir hätten versagt, wenn am Ende ... dabei weniger als eine westlich orientierte, nichtkommunistische, unabhängige Regierung herauskommt, die in ganz Süd-Vietnam souverän herrscht. Aber das ist falsch. Wie schon erwähnt, wollten wir lediglich unseren Ruf als Schutzmacht wahren.«

Anschließend erläutert er einige Resultate, die nach seiner Auffassung für die USA akzeptabel sein müßten:

»Eine Koalitionsregierung unter Einbeziehung der Kommunisten.

Eine freie Entscheidung des Südens, sich dem Vietkong oder dem Norden zu unterwerfen.

Eine neutrale (oder gar antiamerikanische) Regierung in Süd-Vietnam.
Eine Rückkehr zum Stand von 1959 unter dem Motto: ›Leben und leben lassen.‹«
Wahrscheinlich bezog sich das auf die kleineren Guerillatätigkeiten, die 1959 vorherrschten, ehe die USA und Nord-Vietnam größere Streitkräfte in den Konflikt entsandten.
Trotz seiner pessimistischen Analyse empfiehlt McNaughton: »Größere Anstrengungen um die Befriedung, mehr Unterstützung für die Regierung Ky, mehr Bataillone ... und ein nachdrückliches Bombardierungsverbot.«
Wie die Studie feststellt, sandte Verteidigungsminister McNamara dem Präsidenten am 24. Januar eine revidierte Fassung seines Memorandums vom 30. November 1965, in der sich ein guter Teil des von seinem Stellvertreter geäußerten Pessimismus widerspiegelt.
McNamara empfiehlt zwar auch eine Verstärkung der Bombenangriffe gegen Nord-Vietnam, muß jedoch einräumen, daß »diese verstärkten Maßnahmen die Feindtätigkeit in Süd-Vietnam vermutlich nicht eindämmen werden«.
Obgleich er dem Präsidenten empfahl, das US-Truppenkontingent in Vietnam bis Ende 1966 auf über 400 000 Mann anzuheben, erklärte er:
»Eine Stationierung in der empfohlenen Höhe garantiert den Erfolg keineswegs. Nach Ansicht unseres Nachrichtendienstes liegt es in der augenblicklichen Politik der Kommunisten, den Krieg im Süden auch weiterhin mit großem Einsatz zu führen. Sie glauben nach wie vor, daß sich der Krieg lange hinziehen wird, die Zeit für sie arbeitet und ihr Durchstehvermögen dem unseren überlegen ist.
Daraus muß gefolgert werden, daß wir trotz der empfohlenen Truppenverstärkung für Anfang 1967 mit einem militärischen Gleichgewicht auf einer höheren Ebene, einer immer noch fehlenden Befriedung und, da die Gefahr eines aktiven chinesischen Eingreifens gegeben ist, mit der Zerstörung unserer Hoffnungen auf einen militärischen Sieg rechnen müssen; wir dürften dann vor der Notwendigkeit stehen, weitere US-Streitkräfte entsenden zu müssen.«
Die Zweifel bei den Mitgliedern der Johnson-Regierung nahmen weiter zu, als es im Frühjahr 1966 in den Städten Hué und Danang zu einer politischen Krise kam. Im Weißen Haus wurde ernsthaft über die amerikanischen Ziele in Südostasien debattiert.
Die politische Krise in Süd-Vietnam wurde am 12. März 1966 dadurch ausgelöst, daß Luftmarschall Nguyen Cao Ky als Ministerpräsident den mächtigen und halb autonomen Befehlshaber des I. Armeekorps, General Nguyen Chanh Thi, absetzte. Schon bald schlossen sich bud-

dhistische Mönche und Studenten den Demonstrationen für Thi und gegen das Regime Ky an.
Die Demonstrationen riefen, wie die Studie berichtet, in Washington die Befürchtung wach, Ky könnte gestürzt und durch eine neutralistische buddhistische Regierung ersetzt werden. Im Weißen Haus wurden sofort Sondersitzungen einberufen.
Auf dem ersten dieser Treffen, am 9. April, wurden nach Auskunft der Studie vier Vorschläge diskutiert: Vorschlag A – George Carver, leitender Analytiker des CIA, setzte sich dafür ein, so weiterzumachen wie bisher; Leonard Unger, Unterstaatssekretär im Außenministerium und Leiter des Interministeriellen Koordinierungsausschusses für Vietnam, legte den Vorschlag B vor – weitermachen, aber gleichzeitig auf eine Kompromißregelung drängen; der Vorschlag B-P stammte vom stellvertretenden Verteidigungsminister McNaughton – zwar weitermachen, aber mit pessimistischer Aussicht; George W. Ball, Staatssekretär im Außenministerium, setzte sich für die Möglichkeit C ein – Disengagement.
Ball stellte dieselbe Forderung wie schon im vorangegangenen Juni in einem Memorandum an den Präsidenten: »Wir müssen unsere Aufmerksamkeit auf eine Verringerung unserer Verluste konzentrieren.« Nach seiner Auffassung sollten die Vereinigten Staaten »auf die Stationierung weiterer Streitkräfte verzichten, die Luftangriffe gegen Nord-Vietnam einschränken und die Bodenkämpfe auf ein Maß reduzieren, das gerade noch eine wesentliche Verbesserung der Lage des Vietkong verhindern würde.«
Die Pentagon-Studie zitiert aus Balls Stellungnahme: »Finden wir uns doch mit der Tatsache ab, daß uns keine wirklich attraktiven Alternativen offenstehen.«
Andere Vorschläge, darunter auch ein Arbeitspapier von Walt W. Rostow, dem Nachfolger McGeorge Bundys als Sicherheitsberater des Präsidenten, wurden am 12., 14. und 16. April besprochen.
Wie es um McNaughtons Ansichten damals bestellt war, schließt die Pentagon-Studie aus Notizen, die er sich während einer Unterhaltung mit einem soeben aus Saigon zurückgekehrten Beamten machte. Da steht zu lesen:
»Alles scheußlich verworren.«
»Wir kontrollieren so gut wie kein Territorium.«
»Wirtschaftlicher Zusammenbruch befürchtet.«
»Militärisch gesehen werden wir in einem Jahr so weit sein wie heute.«
»Die Befriedung wird noch ein Jahr lang auf der Stelle treten.«
Auf der Sitzung vom 16. April legte William P. Bundy, Staatssekretär und Leiter des Amtes für Fernöstliche Angelegenheiten, einen Entwurf

mit dem Titel *Grundsätzliche Alternativen in Vietnam* vor. Nach Angabe der Studie befürwortete er offenbar die Fortsetzung der bisherigen Politik, erklärte jedoch:
»Blickt man ein bis zwei Jahre in die Zukunft und betrachtet ein militärisches Programm, das weitere hohe Staatsausgaben erfordern würde – mit allen Auswirkungen auf Steuern und inneramerikanische Programme und mit gleichbleibenden oder gar ansteigenden Verlustziffern –, so könnte dieser Krieg für die Regierung zu einer ebenso schweren Belastung werden, wie sie Korea 1952 für Präsident Truman darstellte.«
Die Studie stellt fest, daß aus den Unterlagen nicht eindeutig hervorgeht, zu welchen neuen Entscheidungen diese Sitzungen führten. Sie endeten um den 20. April mit dem Abflauen der politischen Krise in Vietnam.

Streitfrage Treibstofflager

Im Frühjahr 1966 wurde die Frage der Bombardierung nordvietnamesischer Erdöl- und Treibstofftanks, wie die Pentagon-Studie erklärt, zu einem »wichtigen politischen Streitpunkt.«
Der Bericht fährt fort: »Bevor die Frage geklärt werden konnte, nahm sie die Proportionen eines strategischen Problems an, verbunden mit allen militärischen und politischen Risiken, und mußte sorgfältig untersucht und analysiert werden.«
Die Vereinigten Stabschefs hatten bereits im Herbst 1965 die Bombardierung der Erdöltanks in Nord-Vietnam befürwortet. Die Studie fährt fort:
»Die Vereinigten Stabschefs drängten während des ganzen Herbstes und Winters 1965/66 auf Erlaubnis zur Ausweitung der Bombardierung, die ihrer Meinung nach ein wirksames strategisches Mittel zur Zerstörung von Industrie und Wirtschaft und Unterbindung der Transportwege werden sollte.
Es muß hinzugefügt werden, daß die Stabschefs diese Befürwortung aussprachen, obwohl ein ständiger Strom von Memoranden von seiten der Geheimdienste sich skeptisch darüber äußerte, daß eine Bombardierung in vertretbarer Form (das heißt, unter Ausklammerung einer in erster Linie gegen die nordvietnamesische Zivilbevölkerung gerichteten Bombardierung) in der Lage sei, entweder Hanoi zu Verhandlungen über eine Einigung nach den Bedingungen der Vereinigten Staaten und der Regierung Süd-Vietnams zu veranlassen oder die Möglichkeiten Hanois einzuschränken, Menschen und Material in den Süden einzuschleusen.«
In einem Memorandum vom 10. November 1965 an Verteidigungsmi-

nister McNamara erklärte der Führungsstab, die Bombenangriffe hätten aus einem einzigen Grund noch keinen Erfolg gehabt: »Wegen der selbstauferlegten Einschränkungen:
Wir werden bei unseren Luftoperationen in der Volksrepublik Vietnam und in Laos auch weiterhin nur begrenzte Erfolge erzielen, wenn wir gezwungen sind, im Rahmen der gegenwärtigen Einschränkungen zu operieren«, erklärten die Stabschefs. »Die Einrichtung von de facto-Schongebieten in Nord-Vietnam und ihre Aussparung, verbunden mit einem Verbot aller Operationen gegen die wichtigsten militärischen Ziele und Nachschubzentren, machen es unmöglich, den Zweck der Bombardierungskampagne zu erreichen.«
Die Vereinigten Stabschefs fügten hinzu: »Erforderlich wäre jetzt eine sofortige und entscheidende Verstärkung der Angriffe, damit kein Zweifel daran bleibt, daß die Vereinigten Staaten die Absicht haben, einen Sieg zu erringen und Zerstörungen in einem Ausmaß zu verursachen, daß sie nicht mehr besiegt werden können.«
In einem getrennten Memorandum vom selben Tag erklärten die Stabschefs, daß ein Angriff auf Nord-Vietnams Erdöl-, Treibstoff- und Schmierstofflager »ein vernichtenderer Schlag gegen die Transporte von Kriegsmaterial innerhalb der Volksrepublik Vietnam und über die Nachschubwege nach Süd-Vietnam wäre als ein Angriff gegen jede andere Zielgruppe«.
»Der Nachschub würde dadurch schwer gestört«, versicherten die Vereinigten Stabschefs. Sie waren der Meinung, daß »die Volksrepublik Vietnam kaum eine Möglichkeit hätte, sich von den Folgen der Luftangriffe gegen diese Öllager zu erholen«.
Die Pentagon-Studie erklärt: »Es ist nicht überraschend, daß der Führungsstab gerade den Erdöl- und Treibstofflagern besondere Aufmerksamkeit schenkte. Nord-Vietnam besaß weder Ölfelder noch Raffinerien und mußte alle Erdölprodukte fertig einführen ... Sie stammten fast ausschließlich aus dem Gebiet des Schwarzen Meeres in der UDSSR und wurden auf dem Seeweg über Haiphong geliefert, den einzigen Hafen, der über Vorrichtungen zur Entladung von Großraumtankern verfügte. Von den großen Tanks in Haiphong, die die Ladekapazität eines Viertels der jährlichen Importe besaßen, wurden die Treibstoffe auf Straße, Schiene und Wasser in andere große Lagerzentren bei Hanoi und an anderen Stellen transportiert. Siebendundneunzig Prozent der gesamten Lagerkapazität Nord-Vietnams konzentrierten sich auf dreizehn Anlagen, von denen vier bereits angegriffen worden waren. Diese Ziele waren durch Luftangriffe natürlich besonders verwundbar.«
Admiral U. S. Grant Sharp, der Oberkommandierende der amerikanischen Streitkräfte im Pazifik, unterstützte in einem Telegramm vom Januar 1966 die Auffassung der Vereinigten Stabschefs und vertrat die

Meinung, eine Bombardierung der Erdölvorräte Nord-Vietnams werde »den Feind an den Konferenztisch zwingen oder den Aufstand aus Nachschubmangel zum Erliegen bringen«. Admiral Sharp wollte darüber hinaus die Häfen Nord-Vietnams blockieren, und zwar am besten durch Verminung aus der Luft.

Doch aus der Vietnam-Studie geht hervor, daß die Geheimdienste sich schon zu Beginn der Debatte über die Bombardierung nordvietnamesischer Treibstofflager skeptisch darüber äußerten, ob eine solche Bombardierung in Hanoi überhaupt große Wirkung erzielen würde.

Der CIA antwortete im November 1965 auf eine Anfrage von Verteidigungsminister McNamara nach der mutmaßlichen Auswirkung der Bombardierung von Öltanks: »Es ist unwahrscheinlich, daß diese Verluste die militärischen Operationen der Kommunisten im Süden vernichtend treffen würden, obwohl sich daraus natürlich eine peinliche Situation für sie ergäbe.

Wir glauben nicht, daß die Luftangriffe allein schon zu einer wesentlichen Änderung der Politik auf kommunistischer Seite führen würden, und zwar weder in Richtung auf Verhandlungen noch auf eine Ausweitung des Krieges.«

Eine andere Geheimdienststudie vom 3. Dezember 1965 besagt: »Die Politik der Kommunisten geht zur Zeit dahin, den Krieg im Süden auch weiterhin nachdrücklich zu unterstützen.

Die Kommunisten erkennen aus den amerikanischen Truppenverstärkungen des Jahres 1965 die Entschlossenheit der USA, eine Niederlage zu vermeiden. Sie erwarten eine weitere Erhöhung des US-Kontingents und vermutlich auch die Bombardierung von Zielen im Raum Hanoi–Haiphong. Sie sind jedoch nach wie vor nicht gewillt, den Konflikt abklingen zu lassen oder Verhandlungen anzustreben. Sie glauben nach wie vor, daß der Krieg sich lang hinziehen wird, die Zeit für sie arbeitet und ihr Durchstehvermögen dem unseren überlegen ist.«

Minister McNamara erkundigte sich, wie Hanoi auf eine Bombardierung aller wichtigen Ziele in Nord-Vietnam reagieren würde. CIA antwortete: »Die Volksrepublik Vietnam würde sich nicht zur Beendigung des Krieges entschließen. Die Infiltration von Einheiten der Volksarmee in den Süden würde weitergehen.«

Im März 1966 akzeptierte McNamara nach monatelangem Zögern die Forderungen der Vereinigten Stabschefs und empfahl die Bombardierung der Öllager in Nord-Vietnam, berichtet die Studie. Aber Präsident Johnson entsprach den Empfehlungen seines Verteidigungsministers nicht sofort.

Nach Aussage der Studie gab es mehrere Gründe für sein Zögern.

Die immer noch chaotische politische Lage in Süd-Vietnam und die Gerüchte von einem bevorstehenden Machtwechsel ließen eine weitere

Eskalation im Augenblick wenig ratsam erscheinen. Außerdem bemühten sich im Frühjahr mehrere führende Politiker der ganzen Welt, Washington und Hanoi an den Konferenztisch zu bringen. Präsident Kwame Nkrumah von Ghana und Premierminister Harold Wilson unternahmen getrennte Reisen nach Moskau in der Absicht, solche Verhandlungen in die Wege zu leiten.

Der französische Staatspräsident Charles de Gaulle stand mit Präsident Ho Chi Minh in Verbindung, und U Thant, der Generalsekretär der Vereinten Nationen, appellierte an die beiden kriegführenden Parteien, die Sache vor den Sicherheitsrat zu bringen. Angesichts dieser Friedensbemühungen konnte es sich Präsident Johnson, nach Ansicht der Pentagon-Studie, nicht erlauben, den Krieg auszuweiten.

Großen Einfluß auf die Meinungsbildung von Präsident Johnson hatte ein Memorandum, das er am 6. Mai von Rostow erhielt. Rostow hatte während des Zweiten Weltkriegs als Major im Office of Strategic Services an der Planung der Bombardierung Deutschlands mitgewirkt und erinnerte in seinem Memorandum, welcher Schaden Deutschland durch die Bombardierung seiner Öllager zugefügt worden war. Er versicherte: »Mir ist sehr wohl klar, daß simple Analogien immer gefährlich sind, ich halte es aber dennoch für durchaus möglich, daß die militärischen Auswirkungen einer systematischen und fortgesetzten Bombardierung der Öllager in Nord-Vietnam rascher und unmittelbarer eintreten könnten, als aus konventionellen Geheimdienstanalysen ersichtlich ist.«

Laut Pentagon-Studie entschloß sich Präsident Johnson Ende Mai, die Bombardierung der Öllager anzuordnen. Als Termin bestimmte er offenbar den 10. Juni. Aber seine Entscheidung »wurde streng geheimgehalten«, wie es im Bericht heißt, »und nicht einmal Admiral Sharp oder General Westmoreland erfuhren etwas davon.«

Der CIA betonte in einer kurzfristig von den »Vietnam-Chefs« angeforderten Beurteilung erneut seine Skepsis hinsichtlich der Auswirkungen der Bombardierung von Erdöllagern.

»Es muß damit gerechnet werden«, sagt der CIA-Bericht, »daß die Einschleusung von Menschen und Material nach Süd-Vietnam trotzdem fortgesetzt werden kann.«

Wie die Studie berichtet, wurde der Ablauf der Ereignisse am 7. Juni unterbrochen, als Washington erfuhr, daß der kanadische Diplomat Chester A. Ronning sich nach Absprache mit dem US-Außenministerium unterwegs nach Hanoi befand, um die Verhandlungsbereitschaft Nord-Vietnams zu prüfen.

Außenminister Rusk, der sich gerade in Europa befand, ersuchte in einem Telegramm Präsident Johnson dringend, die Angriffe auf die Öllager zu verschieben, bis das Ergebnis von Ronnings Orientierungsgesprächen vorlag.

In Rusks Telegramm heißt es: »Ich bin zutiefst besorgt über die allgemeine internationale Ablehnung, die sich wahrscheinlich auch in Amerika ausbreiten wird, falls bekannt wird, daß wir Maßnahmen ergreifen, die Ronnings Mission sabotieren, nachdem wir ihr unsere Zustimmung erteilt hatten. Mir ist die Schwierigkeit dieses Problems für alle Beteiligten durchaus bewußt.«
Die Studie enthüllt, daß Präsident Johnson Rusks Bitte entsprach und die Luftangriffe verschob. Nach Ronnings Rückkehr suchte ihn Staatssekretär Bundy in Ottawa auf, berichtete jedoch sofort, daß der Kanadier in der Haltung Nord-Vietnams keine Ansatzpunkte für Verhandlungen und keine Nachgiebigkeit entdeckt hätte.
Während sich Ronning in Hanoi aufhielt, unterrichtete Verteidigungsminister McNamara telegrafisch Admiral Sharp, daß auf höchster Ebene Angriffe auf Öldepots geplant seien. Er erklärte:
»Die endgültige Entscheidung dafür oder dagegen wird zum Teil davon abhängen, ob diese Angriffe ohne größere Verluste unter der Zivilbevölkerung durchgeführt werden können. Welche Vorkehrungen in dieser Richtung würden Sie empfehlen? Und mit welchen Verlustziffern müßte man dann Ihrer Meinung nach rechnen?«
Admiral Sharp »antwortete eilfertig«, wie es in der Studie heißt, und legte eine Liste mit Vorkehrungen bei: Die Angriffe sollten nur bei günstigen Witterungsbedingungen, mit erfahrenen, gründlich vorbereiteten Piloten und mittels speziell ausgesuchter Waffen durchgeführt werden. Nach seiner Ansicht könnte man die Zivilverluste dann »unter fünfzig« halten.
Nach Ronnings Rückkehr und Admiral Sharps Zusicherung war der Weg für Angriffe auf die Öldepots frei.
Am 22. Juni gab Washington (siehe Dokument Nr. 114) Order, mit den Angriffen auf Öldepots im Gebiet Hanoi–Haiphong zu beginnen. Diesen Befehl bezeichnet die Pentagon-Studie als »ein bemerkenswertes Dokument, das detailliert auf die politische Bedenklichkeit der Angriffe eingeht«.
Es heißt da im Wortlaut:
»Die Aktion soll mit ersten Angriffen gegen Öl-, Treibstoff- und Schmierstoffdepots im Raum Haiphong und Hanoi beginnen und zwar, falls technisch durchführbar, am selben Tag ... In Haiphong sind Beschädigungen der Handelsschiffe zu vermeiden. Angriffe auf Schiffe sind nur erlaubt, wenn die US-Flugzeuge zuerst beschossen und die Fahrzeuge eindeutig als nordvietnamesisch identifiziert werden.
Die Entscheidung wurde getroffen, nachdem der Verteidigungsminister und der Vorsitzende der Vereinigten Stabschefs sich vergewissert hatten, daß alle erdenklichen Schritte zur Reduzierung ziviler Verluste unternommen wurden ... Folgende Maßnahmen sind zu ergreifen:

Weitgehender Einsatz der erfahrensten *Rollender Donner*-Mannschaften, eingehende Unterrichtung der Piloten unter besonderem Hinweis auf die Schonung der Zivilisten, Ausführung nur bei Wetterlagen, die Sichtanflug auf die Ziele und höchste Zielgenauigkeit garantieren, Auswahl der geeignetsten Anflugrichtungen, um dichtbevölkerte Gebiete zu vermeiden, maximaler Einsatz elektronischer Abwehrvorrichtungen gegen Boden-Luft-Raketen und Zielerfassung durch Flugabwehrgeschütze, um eine Ablenkung der Piloten einzuschränken und die Zielgenauigkeit zu erhöhen, maximaler Einsatz von Präzisionswaffen, soweit mit Einsatzauftrag vereinbar, und Beschränkung der Bombardierung von Raketen- und Luftabwehrstellungen auf solche außerhalb bewohnter Gebiete.
Besondere Geheimhaltungsvorkehrungen sind zu treffen. Sollten Wetterlage oder technische Erwägungen den Beginn der Angriffe hinauszögern, soll er nicht am Sonntag, dem 26. Juni, stattfinden.«
Die Pentagon-Studie meint dazu, daß nicht klar sei, aus welchem Grund dieser sogenannte »Sonntags-nie«-Befehl erteilt wurde.
Aufgrund der schlechten Wetterlage begannen die Luftangriffe auf Öldepots schließlich am 29. Juni, und zwar angeblich mit großem Erfolg. Die Lager in Haiphong schienen zu achtzig Prozent zerstört zu sein, und das »Tanklager« in Hanoi war offenbar völlig unbrauchbar gemacht worden. Nur eine US-Maschine ging durch Luftabwehr verloren.
Ein Bericht der Siebenten Luftflotte in Saigon nannte die Operation den »bedeutendsten und wichtigsten Schlag des Krieges«.
Die Studie kommentiert: »Das offizielle Washington reagierte auf die Erfolgsberichte über die Luftangriffe auf Öldepots mit gedämpftem Jubel und stellte zufrieden fest, daß diese Eskalation des Krieges auf internationaler Ebene nur eine verhältnismäßig schwache Reaktion hervorgerufen hatte. Verteidigungsminister McNamara bezeichnete die Ausführung der Luftangriffe als ›ausgezeichnete Arbeit‹ und beglückwünschte persönlich die an der Planung und Durchführung der Angriffe beteiligten Frontkommandeure.«
Anfang Juli unterrichtete McNamara Admiral Sharp in einem Telegramm vom Wunsch des Präsidenten, die Priorität im Luftkrieg der »Strangulierung« der nordvietnamesischen Treibstoffversorgung zuzuerkennen. Er befahl Admiral Sharp, zu diesem Zweck einen umfassenden Plan auszuarbeiten.
Es wird berichtet, daß die Operation *Rollender Donner* sich während des ganzen Sommers 1966 auf die Vernichtung der Erdöldepots konzentrierte. Ende Juli berichtete die Abwehrorganisation DIA (Defense Intelligence Agency) dem Verteidigungsminister, daß siebzig Prozent der ursprünglichen Lagerkapazität Nord-Vietnams zerstört seien.
Doch darüber hinaus enthüllte der Bericht: »Im Laufe des Sommers

wurde immer klarer, daß wir zwar einen großen Teil der Lagerkapazität Nord-Vietnams vernichtet hatten, daß jedoch genügend weitverstreute Lager übriggeblieben waren, um zusammen mit den fortgesetzten Importen (zunehmend in leicht transportierbaren Fässern statt in großen Tanks) den laufenden Bedarf zu decken.
Im August war es, laut Studie, nach Zerstörung der großen Lager und Verteilung der übrigen Vorräte auf kleine, weitverstreute und kaum angreifbare Lager »einfach unpraktisch und undurchführbar geworden, etwas zu einer weiteren Verringerung der nordvietnamesischen Lagerkapazität für Öl und Treibstoffe zu unternehmen«.
Der Bericht fügt hinzu, daß die Einschleusung von Menschen und Material aus dem Norden in den Süden »unvermindert« anhielt.
»Es wurde deutlich«, heißt es in der Studie, »daß die Angriffe gegen die Öl- und Treibstoffdepots ein Mißerfolg waren ... Nichts deutete darauf hin, daß in der nordvietnamesischen Befreiungsarmee jemals Treibstoffknappheit herrschte ... Die Schwierigkeiten einer Umstellung auf ein weniger verletzbares, aber ebenso gut funktionierendes Lager- und Verteilungssystem, die bei dem ohnehin nicht sehr großen Volumen keine außergewöhnliche Belastung darstellte, waren überbewertet worden. Bezeichnenderweise hatte man auch die Anpassungsfähigkeit und Improvisationsgabe der Nordvietnamesen weit unterschätzt.«
Die Studie fährt fort: »McNamara seinerseits machte kein Hehl aus seiner Unzufriedenheit und Enttäuschung über den Fehlschlag der Angriffe auf die Öldepots. Er machte Luftwaffe und Marine auf die krasse Diskrepanz aufmerksam, die zwischen den optimistischen Erfolgsvoraussagen und Gutachten vor Beginn der Angriffe und der Tatsache herrschte, daß die Angriffe keinen wesentlichen Beitrag zur Verringerung der Infiltration geleistet hatten.«
»Der Verteidigungsminister war bereits im Begriff, die Rolle des gesamten Luftkrieges im Rahmen der amerikanischen Anstrengungen neu zu überdenken«, teilt die Pentagon-Studie mit. »Ihm wurde schmerzlich bewußt, daß der Luftkrieg kein geeignetes Mittel war, die Infiltration in den Süden zu unterbinden, und es auf diesem Wege offenbar auch nicht gelungen war, Hanois Willen zu brechen, die Bevölkerung zu demoralisieren und Nord-Vietnam an den Verhandlungstisch zu zwingen.
Der Angriff auf die Treibstoffvorräte Nord-Vietnams war die letzte von Verteidigungsminister McNamara empfohlene größere Eskalation im Luftkrieg.«

Immer mehr Soldaten

Ein weiterer wesentlicher Faktor für Verteidigungsminister McNamaras »Ernüchterung« während des Sommers 1966 waren nach Ansicht der Pentagon-Papiere General Westmorelands ständige Forderungen nach immer mehr Truppen.

Im Juni bewilligte McNamara einen neuen Stationierungsplan, der vor allem auf General Westmorelands Anforderungen abgestimmt war. Nach diesem neuen Plan, Programm 3 genannt, sollten bis Ende 1966 insgesamt 391 000 amerikanische Soldaten, das sind 79 Bataillone, und bis Juni 1967 insgesamt 431 000 Mann nach Vietnam geschickt werden. Da in der Presse einige Berichte erschienen waren, aus denen die Unzufriedenheit der Vereinigten Stabschefs mit dem Tempo der Truppenverstärkung in Vietnam hervorging, nahmen, wie die Studie berichtet, Präsident Johnson und Verteidigungsminister McNamara Zuflucht zu einem bürokratischen »Trick«, um den Forderungen der Vereinigten Stabschefs mit dem neuen Stationierungsplan nachzukommen.

Am 28. Juni richtete der Präsident eine formelle Direktive an den Verteidigungsminister:

»Wie Sie wissen, sind wir bei unseren Truppentransporten nach Vietnam einem Zeitplan gefolgt, der General Westmorelands Anforderungen entsprach.

Wie ich in diesem Jahr bereits mehrfach mündlich erklärt habe, wünsche ich eine größtmögliche Beschleunigung dieses Zeitplans, um General Westmoreland die Gewißheit zu verschaffen, daß er die von ihm angeforderten Soldaten innerhalb kürzester Frist bekommt.

Bitte, setzen Sie sich mit den Vereinigten Stabschefs in Verbindung und berichten Sie mir so bald wie möglich, in welchem Umfang eine Beschleunigung für den Rest dieses Jahres noch durchführbar ist.«

Verteidigungsminister McNamara reichte diese Direktive an die Vereinigten Stabschefs weiter. Diese antworteten am 7. Juli in einem Memorandum, der neue Zeitplan entspräche tatsächlich General Westmorelands Anforderungen. McNamara seinerseits teilte dem Präsidenten in einer formellen Antwort mit, er könne »mit Freude berichten«, daß die neuen Entwicklungen durchaus zufriedenstellend seien.

Auf diese Art und Weise, so sagt die Studie, beschafften sich der Präsident und McNamara ein Alibi, das sie im Falle einer Kritik jederzeit als Beweis dafür anführen konnten, daß sie den Anforderungen der Militärs auch wirklich nachkamen.

Doch während Präsident Johnson und Verteidigungsminister McNamara diesen Zeitplan bewilligten, hatte General Westmoreland bereits

eine neue Forderung über 111 588 Mann eingereicht, die auf dem üblichen Wege am 18. Juni an die Vereinigten Stabschefs weitergeleitet wurde. Die neue Gesamttruppenstärke, die General Westmoreland nun für 1967 zu benötigen glaubte, belief sich auf 542 588 Mann.
Am 5. August leiteten die Vereinigten Stabschefs diese neue Forderung mit der Bemerkung an Verteidigungsminister McNamara weiter, die vorgeschlagenen Verstärkungen seien wichtig und notwendig.
McNamara antwortete noch am selben Tag:
»Wie Sie wissen, handeln wir nach dem Grundsatz, soweit wie möglich die von General Westmoreland angeforderten Soldaten, Waffen und Nachschubgüter zu dem von ihm gewünschten Termin bereitzustellen.
Dennoch wünsche und erwarte ich eine detaillierte Analyse dieser Forderungen, um die Gewißheit zu haben, daß jeder einzelne Posten tatsächlich zur Ausführung unseres Kriegsplans notwendig ist. Wir müssen nach Vietnam schicken, was benötigt wird – aber auch nur so viel, wie benötigt wird.« (Siehe Dokument Nr. 115)
Als die Vereinigten Stabschefs im Herbst die Aufgliederung der Neuanforderung erstellt hatten, war McNamara, wie die Studie berichtet, nicht mehr bereit, Erhöhungen des Truppenkontingents automatisch zu bewilligen. Im Oktober sollte er zum erstenmal eine Forderung Westmorelands ablehnen.
Als Hauptgrund für seinen Bedarf an zusätzlichen Soldaten gab General Westmoreland nach Auskunft der Pentagon-Studie an, daß sich die Einschleusung nordvietnamesischer Einheiten während des Sommers 1966 erneut zu verstärken schien.
Aus dem Bericht geht hervor, daß General Westmoreland während des ganzen Sommers und Frühherbstes in einem pausenlosen Strom von Telegrammen Admiral Sharp und General Wheeler vor dem feindlichen Truppenaufmarsch warnte. (Siehe Dokument Nr. 116)

Geheimseminar

Während Verteidigungsminister McNamara sich im Sommer 1966 noch Gedanken über den Fehlschlag der Angriffe auf die Öldepots und über General Westmorelands neueste Truppenforderungen machte, trat unter der Schirmherrschaft der Regierung ein geheimes Seminar führender Wissenschaftler zur Untersuchung der Gesamtergebnisse der Operation *Rollender Donner* zusammen.
Die Schlußfolgerungen dieses Seminars, so berichtet die Studie, sollten »dramatische Auswirkungen« auf McNamara haben und seine Ernüchterung noch verstärken. (Siehe Dokument Nr. 117)
Der Vorschlag für ein Sommerseminar von Naturwissenschaftlern und Akademikern zur Untersuchung technischer Aspekte des Krieges war

im März von Dr. George B. Kistiakowsky und Dr. Carl Kaysen von Harvard sowie Dr. Jerome B. Wiesner und Dr. Jerrold R. Zacharias vom Massachusetts Institute of Technology (MIT) gemacht worden.

Dr. Kistiakowsky war unter Präsident Dwight D. Eisenhower Sonderberater für Naturwissenschaft und Technologie gewesen, während Dr. Wiesner denselben Posten unter Präsident Kennedy innegehabt hatte. Dr. Kaysen war einer von Kennedys Beratern in Fragen der nationalen Sicherheit.

Nach Auskunft der Studie war Verteidigungsminister McNamara von diesem Vorschlag sehr angetan und forderte Dr. Zacharias in einem Schreiben vom 16. April offiziell auf, zusammen mit den anderen das Sommerseminar zur Untersuchung »technischer Möglichkeiten im Zusammenhang mit unseren militärischen Operationen in Vietnam« zu arrangieren.

Der Minister instruierte McNaughton, der den Auftrag hatte, das Projekt zu überwachen, das die Wissenschaftler untersuchen sollten – insbesondere die Möglichkeit eines »Sperrzaunes quer über die Infiltrationspfade, eines Warnsystems, neuer Aufklärungsmethoden (vor allem bei Nacht), Nachtsichtgeräte, Techniken zur Entlaubung und Waffen zur Absperrung ganzer Gebiete«.

Der Bau einer Barriere gegen jede Infiltration quer durch die entmilitarisierte Zone war zuerst von Professor Roger Fisher von der Harvard Law School in einem Memorandum vom Januar 1966 für McNaughton vorgeschlagen worden, sagt der Bericht.

Die siebenundvierzig Wissenschaftler – »die Creme der Gelehrten auf technischem Gebiet« – berieten während der Monate Juni, Juli und August als Gäste der Jason Division des Institute for Defense Analyses (IDA) in Wellesley im Staat Massachusetts.

Nach Auskunft der Pentagon-Studie hatte die nach dem Führer der Argonauten aus der griechischen Mythologie benannte Jason Division die Aufgabe, »ad-hoc-Studien auf höchster Ebene unter überwiegendem Einsatz von nicht dem IDA angehörenden Gelehrten« durchzuführen. Den Wissenschaftlern standen Informationen hoher Beamter des Pentagon, des CIA, des Außenministeriums und des Weißen Hauses sowie geheime Dokumente zur Verfügung.

Ihre Schlußfolgerungen und Empfehlungen, die dem Verteidigungsminister Anfang September zugeleitet wurden, hatten »einen großen und vielleicht entscheidenden Einfluß auf McNamaras Einstellung«, wie aus den Pentagon-Unterlagen hervorgeht.

Es waren Empfehlungen, heißt es da weiter, »einer Gruppe von Amerikas angesehensten Wissenschaftlern, Männern, die der Regierung seit dem Ende des Zweiten Weltkriegs geholfen hatten, viele der höchstentwickelten technischen Waffensysteme zu produzieren, Männern, die nichts mit der lauten akademischen Kritik an der Vietnampolitik der Regierung zu tun hatten«.

Ihr Gutachten über die Folgen der Operation *Rollender Donner* begann mit den Worten:

»Bis zum Juli 1966 hat die Bombardierung Nord-Vietnams durch die USA keine direkt meßbare Wirkung auf die Möglichkeiten Hanois, militärische Operationen im Süden in gleicher Stärke durchzuführen und zu unterstützen, gezeigt.«

Dann wurde erläutert, aus welchen Gründen Nord-Vietnam durch Bombenangriffe nicht entscheidend getroffen werden könne: Es handele sich hier um ein überwiegend landwirtschaftlich orientiertes Land mit wenig Industrie und einem primitiven, aber flexiblen Transportsystem, und der größte Teil seiner Waffen komme aus dem Ausland.

Diese Faktoren, so erklärten die Wissenschaftler, ließen es als »höchst unwahrscheinlich« erscheinen, daß eine Ausweitung der Bombenangriffe »Hanoi daran hindern könnte, Soldaten im bisherigen oder gar noch gesteigerten Ausmaß nach Süd-Vietnam einzuschleusen«.

Abschließend befaßten sich die Wissenschaftler nach Auskunft der Pentagon-Studie mit dem Grundgedanken des Bombardierungsplanes: daß der einem Land zugefügte Schaden seinen Willen zur Fortsetzung des Kampfes schwäche. Die Wissenschaftler kritisierten diese These, indem sie erklärten, daß dieser Zusammenhang keineswegs meßbar sei.

»Es muß gefolgert werden«, sagten die Wissenschaftler, »daß es derzeit keine geeignete Basis gibt, von der aus man voraussehen könnte, welches Ausmaß die militärischen Anstrengungen der USA annehmen müßten, um die gesteckten Ziele zu erreichen – ja, es gibt nicht einmal eine sichere Grundlage zur Beantwortung der Frage, ob sich diese Ziele mit eben noch vertretbaren Anstrengungen überhaupt erreichen lassen.«

Als Alternative zur Bombardierung Nord-Vietnams empfahlen die siebenundvierzig Wissenschaftler, unter Einsatz modernster Mittel eine komplizierte elektronische Barriere quer durch die entmilitarisierte Zone zu bauen.

Diese Barriere sollte, wie der Pentagon-Bericht enthüllt, aus zwei Teilen bestehen: einem Sperrgürtel aus kleinen Minen (Kiesel-Minen genannt), die Füße und Beine eindringender Feinde verletzen, und einem Abwehrsystem gegen Fahrzeuge, dessen akustische Sensoren Flugzeuge zu jedem beliebigen Ziel leiten konnten.

Der größte Teil dieser Minen und Sensoren sollte zwar von Flugzeugen abgeworfen werden, aber das System selbst mußte von Bodeneinheiten kontrolliert werden.

Nach Schätzung der Wissenschaftler würde das gesamte Abwehrsystem ungefähr achthundert Millionen Dollar pro Jahr kosten und innerhalb eines Jahres aufgebaut werden können.

Wie die Pentagon-Studie berichtet, war Verteidigungsminister McNamara »offenbar sehr beeindruckt« von den Ideen der Wissenschaftler und erteilte Generalleutnant Alfred D. Starbird, einem technischen Experten der Armee, sofort den Auftrag, mit den Voruntersuchungen über die Möglichkeiten einer solchen Barriere zu beginnen.

Am 10. Oktober 1966 reiste Verteidigungsminister McNamara nach Saigon, um General Westmorelands neueste Truppenforderung zu überprüfen. Zuvor hatte er General Starbird angewiesen, vorauszufliegen und an Ort und Stelle die Voraussetzungen zur Errichtung einer elektronischen Barriere zu begutachten.

Die Haltung McNamaras zum Vietnamkrieg wird von der Pentagon-Studie wie folgt charakterisiert: aus dem »Zögern« im Winter 1965 habe sich im Frühjahr 1966 »Verblüffung« und im darauffolgenden Herbst »Ernüchterung« entwickelt.

Nach seiner Rückkehr von dieser Oktoberreise nach Saigon, so berichtet die Studie, teilte McNamara seine Auffassung Präsident Johnson in zwei langen Memoranden mit und sprach sich erstmals gegen eine Erfüllung von General Westmorelands Truppenforderungen aus.

WICHTIGE DOKUMENTE

Die nachfolgenden Texte wichtiger Dokumente zur Pentagon-Studie des Vietnamkrieges erstrecken sich auf den Zeitraum von Ende 1965 bis zum Sommer 1966. Wenn nicht ausdrücklich das Gegenteil erwähnt wird, sind die Dokumente wörtlich wiedergegeben, nur eindeutige Druckfehler wurden korrigiert.

Nr. 106 Memorandum des Außenministeriums vom November zur Bombardierungspause

Auszüge aus dem Memorandum »Aktionsrichtungen in Vietnam« des Außenministeriums vom 9. November 1965, wie in der Pentagon-Studie wiedergegeben. Laut Studie gab dieses Memorandum die Meinung von Außenminister Dean Rusk wieder. »Eine Bleistiftnotiz (des stellvertretenden Verteidigungsministers) John T. McNaughton bezeichnet Botschafter U. Alexis Johnson als den Autor.«

... Das Ziel einer solchen Pause – und Minister McNamaras Argumente dafür – ist ein vierfaches:

a) Sie würde Hanoi und dem Vietkong die Gelegenheit bieten, Schritte zu einer Lösung zu unternehmen, falls sie dazu bereit sind, wenn die psychologische Barriere fortgesetzter Bombardierungen beseitigt ist und die Sowjets und andere so in die Lage versetzt werden, mäßigende Argumente vorzubringen;

b) sie würde Kritikern im In- und Ausland zeigen, daß wir tatsächlich alle nur erdenklichen Anstrengungen zu einer friedlichen Beilegung unternommen haben, bevor wir einschneidendere Maßnahmen ergriffen, insbesondere zu den nächsten Phasen der Operation *Rollender Donner* übergingen;

c) Sie würde vermutlich die Gefahren der Eskalation nach einer Wiederaufnahme der Bombenangriffe verringern, zumindest was die Sowjets betrifft;

c) sie würde den Weg für eine weitere Unterbrechung ebnen, eventuell Ende 1966, die dann zu einer Einigung führen könnte.

a) Da aus Hanoi keinerlei Hinweise auf eventuelle Gegenleistungen vorliegen, könnten wir möglicherweise in die Situation geraten, diesen sehr wichtigen Trumpf ausgespielt und nichts Wesentliches damit erreicht zu haben. Nichts deutet nämlich darauf hin, daß Hanoi schon bereit wäre, auf eine für uns akzeptable Regelung einzugehen. Daher ist die Aussicht sehr gering, daß eine Bombardierungspause zum gegenwärtigen Zeitpunkt zu einer befriedigenden Regelung führen könnte.

b) Eine einseitige Pause zum gegenwärtigen Zeitpunkt würde Hanoi eine ausgezeichnete Gelegenheit bieten, der Wiederaufnahme der Bombardierung Hindernisse in den Weg zu legen und Süd-Vietnam zu demoralisieren, indem es uns (und der Welt) andauernd die verlockende Aussicht auf Verhandlungen vorhält, ohne die Absicht zu hegen, wirklich zu einer befriedigenden Einigung mit uns zu kommen. Auch könnte sich die Sowjetunion dadurch zu Drohungen veranlaßt fühlen, die eine Entscheidung zur Wiederaufnahme der Bombardierungen sehr schwierig machen würde.

c) Es würde schwer werden, in Saigon das stillschweigende Einverständnis der Südvietnamesen zu einer Bombardierungspause zu erlangen. Sie könnte sich ungünstig auf die Stabilität der Regierung auswirken. Jede ernste Meinungsverschiedenheit zwischen der Regierung und den Vereinigten Staaten, jeder Umschwung in der politischen Struktur der Regierung würde einen ernsten Rückschlag für uns bedeuten (sic).
d) Ein weiteres Problem besteht darin, daß die Entscheidung für die Wiederaufnahme nach einer Pause (d. h. die »Extrapolation« der Operation *Rollender Donner*) diesem Vorgehen einen sehr viel dramatischeren Anstrich verleihen würde, und zwar sowohl im Inland als auch im Ausland, und daß sie insbesondere die Sowjetunion vor jene schwierigen Alternativen stellen würde, die wir bisher mit Erfolg vermeiden konnten.
Alles in allem sind die Argumente gegen eine Bombardierungspause für den Außenminister so überzeugend, daß er zum gegenwärtigen Zeitpunkt davon abrät. Der Außenminister vertritt die Auffassung, daß eine Pause erst und nur dann eingelegt werden sollte, wenn die Aussichten bedeutend größer als zur Zeit erscheinen, daß Hanoi mit Gegenleistungen in Richtung auf eine friedliche Regelung antwortet. Er glaubt weiterhin, daß eine Bombardierungspause vom Standpunkt der öffentlichen Meinung im In- und Ausland aus gesehen nur dann zu einer vordringlichen Notwendigkeit werden würde, wenn wir kurz vor den fortgeschrittenen Stadien einer extrapolierten Operation *Rollender Donner* mit ausgedehnten Luftoperationen im Raum Hanoi–Haiphong stünden. Obwohl der Außenminister der Ansicht ist, daß eine Eskalation eigentlich nicht erstrebenswert ist, solange sich die Lage im Süden nicht günstiger darstellt, hält er es selbst unter Berücksichtigung der Meinung des Verteidigungsministers derzeit nicht für international erforderlich, eine »Pause« ins Auge zu fassen ...

Nr. 107 Anmerkungen zum McNamara-Memorandum für Johnson nach seinem Besuch in Vietnam

Auszüge aus Anlagen der Pentagon-Studie – aus einem Memorandum vom 30. November 1965 des Verteidigungsministers McNamara für Präsident Lyndon B. Johnson.

... Kys »Regierung der Generäle« besteht noch, aber sie findet weder breitere Unterstützung noch belebende Impulse; die Befriedung ist in eine Sackgasse geraten, da es keine Garantie dafür gibt, daß an irgendeiner Stelle die Sicherheit auf Dauer gewährleistet ist, und keinen Hinweis darauf, daß sich ohne eine solche garantierte Sicherheit fähige und einsatzwillige Führungskräfte zur Verfügung stellen werden. (Ministerpräsident Ky schätzt, daß seine Regierung zur Zeit nur 25% der Bevölkerung kontrolliert; er gibt an, der Leiter der Befriedungsaktion hoffe, diesen Prozentsatz innerhalb von zwei Jahren auf 50% erhöhen zu können.)
Die dramatischen Veränderungen der letzten Zeit haben sich auf militärischem Gebiet abgespielt. Sie bestehen in der verstärkten Infiltration aus dem Norden und der vermehrten Bereitschaft der kommunistischen Streitkräfte, sich selbst

in Auseinandersetzungen größeren Ausmaßes zum Kampf zu stellen. Ein Beispiel dafür ist die Schlacht am Jadrangfluß Anfang November. Die Kommunisten haben offenbar beschlossen, ihre Streitkräfte in Süd-Vietnam sowohl durch intensive Rekrutierung im Süden (insbesondere im Deltagebiet) als auch durch die Einschleusung regulärer Verbände der nordvietnamesischen Volksbefreiungsarmee zu verstärken ... Es muß damit gerechnet werden, daß der Feind seine gegenwärtige Stärke von umgerechnet 110 Bataillonen bis zum Ende des Kalenderjahres 1966 auf umgerechnet 150 Bataillone ausgebaut haben wird; dann können die Zugänge hoffentlich durch die Verluste wettgemacht werden. Was die Möglichkeiten der Versorgung dieser kommunistischen Streitmacht betrifft, so wird vermutet, daß trotz der Unterbrechung von Nachschubwegen aus der Luft und von der See her täglich mehr als 200 Tonnen Nachschub eingeschleust werden können. Unter Berücksichtigung der Versorgung an Ort und Stelle ist das mehr als ausreichend für die mutmaßliche feindliche Streitmacht und das voraussichtliche Ausmaß ihrer Operationen.
Um diesem mutmaßlichen – und in meinen Augen höchstwahrscheinlichen – kommunistischen Truppenaufkommen zu begegnen, werden die Streitkräfte für die Phase I in der gegenwärtig angenommenen Höhe nicht ausreichen (annähernd 220 000 Amerikaner, die bis Ende 1965 fast vollzählig ihre Stellungen bezogen haben werden). Wenn man die Form dieses Krieges berücksichtigt, wird bei der kämpfenden Truppe das voraussichtliche Kräfteverhältnis von 2:1 nicht genügen. Auch die ursprünglich für Phase II errechnete Verstärkung um 28 weitere US-Bataillone (112 000 Mann) wird nicht ausreichen; in diesem Fall wäre das Kräfteverhältnis der Kampftruppen Ende 1966 selbst bei Aufstellung von 32 neuen südvietnamesischen Bataillonen kaum besser als 2:1. Die Initiative, die wir seit August ergriffen haben, würde dann dem Feind zufallen; wir würden weit hinter dem Ziel zurückbleiben, das wir uns hinsichtlich der Kontrolle der Bevölkerung sowie der Zerstörung feindlicher Stützpunkte und Nachschublinien gesteckt haben. Es muß sogar angenommen werden, daß es uns mit der in Phase II beabsichtigten Verstärkung um 28 US-Bataillone bestenfalls gelingen wird, unsere derzeitigen geographischen Positionen zu halten.
3. Wie mir scheint, bleiben uns nur zwei Möglichkeiten. Die eine besteht darin, daß wir eine Kompromißlösung anstreben (die weit hinter der in meiner Aktennotiz vom 3. November beschriebenen »günstigsten Lösung« zurückbleibt) und dabei weitere Stationierungen auf ein Minimum beschränken. Die zweite ist die Beibehaltung unserer gesteckten Ziele und ein so hoher Einsatz an Menschen und Material, wie er dafür eben erforderlich ist. Falls entschieden werden sollte, jetzt keine Schritte in Richtung auf einen Kompromiß zu unternehmen, empfehle ich, daß die USA sowohl zusätzliche Truppen in namhafter Stärke entsenden als auch die Bombardierung Nord-Vietnams ganz allmählich verstärken. Lodge, Wheeler, Sharp und Westmoreland stimmen diesem langfristigen Vorgehen zu, obgleich Wheeler und Sharp die Bombardierung Nord-Vietnams rascher intensivieren möchten. (Empfehlen bis zu 74 Bataillone bis Ende 66: Gesamtstärke bis Ende 66 ca. 400 000 Mann.) Dabei darf man nicht vergessen, daß im Jahre 1967 weitere Verstärkungen (evtl. mehr als 200 000 Mann) benötigt werden könnten. Die Bombardierung Nord-Vietnams ... im Verlauf der nächsten sechs Monate erweitern wir allmählich die

Ziele im Nordosten (Hanoi–Haiphong), bis sich die Angriffe gegen Ende dieser Phase auch auf die »kontrollierte« Aufklärung der Verkehrsverbindungen im gesamten Raum erstrecken; hinzu kommen die Bombardierung von Erdöldepots und Kraftwerken sowie die Verminung der Häfen. (Ausgenommen bleiben zivile Ziele, Industrieanlagen, Schleusen und Dämme.)

4. Pause in der Bombardierung Nord-Vietnams. Nach meiner Überzeugung sollte in der Bombardierung Nord-Vietnams eine Pause von drei bis vier Wochen eingelegt werden, ehe wir entweder eine entscheidende Verstärkung der in Vietnam stationierten Truppen vornehmen oder unsere Luftangriffe gegen den Norden intensivieren. (Meine Empfehlung einer »Pause« wird von Lodge, Wheeler und Sharp nicht geteilt.) Ich bin aus zwei Gründen dieser Überzeugung: Erstens müssen wir die amerikanische Öffentlichkeit und die Weltmeinung auf eine derartige Intensivierung des Krieges entsprechend vorbereiten, und zweitens sollten wir Nord-Vietnam die Chance geben, seine Aggression zu beenden, ohne das Gesicht dabei zu verlieren. Ich mache mir keine ernstlichen Sorgen wegen einer eventuellen Verstimmung der Südvietnamesen, einer irrigen Interpretation in Hanoi oder der Gefahr, wir könnten uns in einer solchen Pause »verfangen«; bei entsprechenden Vorkehrungen lassen sich diese Gefahren vermeiden. Ernste Bedenken hege ich gegen den Plan, den Krieg in Vietnam deutlich zu verschärfen, ohne vorher durch eine Pause versucht zu haben, diesen Krieg zu beenden, oder zumindest unserem Volk gezeigt zu haben, daß wir nach besten Kräften bemüht sind, ihn zu beenden.

5. Beurteilung. Wir sollten uns darüber im klaren sein, daß eine Truppenstationierung in dem von mir empfohlenen Umfang keine Garantie für einen Erfolg darstellt. Die US-Verluste an Gefallenen dürften 1000 Mann pro Monat erreichen, und es muß sogar damit gerechnet werden, daß wir Anfang 1967 vor einem ›Unentschieden‹ auf höherer Ebene stehen werden. Trotzdem habe ich insgesamt den Eindruck, daß sich unsere angestrebten Ziele am ehesten durch eine Pause und, falls sie erfolglos bleiben sollte, die oben erwähnte Stationierung erreichen lassen.

Nr. 108 Anmerkungen aus einem Memorandum McNamaras über den Kriegsverlauf 1966

Auszüge aus den Anlagen der Pentagon-Studie, und zwar aus einem für Präsident Johnson bestimmten Memorandum des Verteidigungsministers McNamara unter dem Titel »Für Süd-Vietnam empfohlene militärische und politische Maßnahmen«, 7. Dezember 1965.

... Wir glauben, daß die Vereinigten Staaten – mit oder ohne neue diplomatische Initiative – zusätzliche Streitkräfte in erheblicher Höhe nach Süd-Vietnam schicken müssen, wenn wir dort eine Niederlage vermeiden wollen. (Programm vom 30. November, genehmigt durch die Vereinigten Stabschefs.)

IV. Prognose unter Voraussetzung der empfohlenen Truppenstationierungen.
Eine Stationierung in der empfohlenen Höhe garantiert den Erfolg keineswegs. Nach Ansicht unseres Nachrichtendienstes besteht die augenblickliche Politik der Kommunisten darin, den Krieg im Süden auch weiterhin kräftig zu unter-

stützen. Sie glauben nach wie vor, daß der Krieg sich lang hinziehen wird, die Zeit für sie arbeitet und ihr Durchstehvermögen dem unseren überlegen ist. Die amerikanischen Verstärkungen im Jahre 1965 haben ihnen gezeigt, daß die USA entschlossen sind, eine Niederlage auf jeden Fall zu verhindern, und sie wissen, daß aus diesem Grunde auch mit weiteren US-Truppen zu rechnen ist. Obwohl die Kommunisten zu Lande und in der Luft immer wieder schwere Schläge von den Südvietnamesen und Amerikanern einstecken müssen, rechnen wir damit, daß sie, sobald sie von den amerikanischen Absichten, das Truppenkontingent zu vergrößern, erfahren, sich ebenfalls stärker engagieren werden, um zu prüfen, ob die USA auch bei größerem Einsatz und höheren Verlusten fähig und bereit sind, Widerstand zu leisten (bei der empfohlenen Truppenstationierung muß mit eintausend US-Gefallenen pro Monat gerechnet werden).

Falls die Vereinigten Staaten bereit sind, genügend Streitkräfte einzusetzen – vielleicht 600 000 Mann oder noch mehr –, könnten wir die Volksrepublik Vietnam und den Vietkong letzten Endes daran hindern, die Auseinandersetzung in größerem Rahmen weiterzuführen. An diesem Punkt würde jedoch die Frage einer chinesischen Intervention akut. (Wir sind uns im großen und ganzen einig darüber, daß die chinesischen Kommunisten mit Kampfverbänden eingreifen werden, um einen Sturz des kommunistischen Regimes in der Volksrepublik Vietnam zu verhindern. Weniger klar ist, ob sie auch intervenieren würden, um eine Niederlage der Nordvietnamesen und des Vietkong im Süden zu verhindern.) Nach Schätzungen des Geheimdienstes stehen die Chancen etwas besser als fünfzig zu fünfzig, daß Hanoi und Peking in diesem Stadium die Anstrengungen im Süden verringern und ihre Mittel für einen günstigeren Zeitpunkt aufsparen würden. Doch die Möglichkeit, daß sie den Krieg ausweiten und chinesische Truppen in großer Zahl ins Land schaffen, ist fast ebenso groß (gewisse Vorbereitungen deuten in diese Richtung). Daraus folgt, daß wir trotz der empfohlenen Truppenverstärkungen für Anfang 1967 weiterhin mit militärischem Gleichgewicht, einer immer noch fehlenden Befriedung und der Vereitelung militärischer Siegeshoffnungen durch die Gefahr eines aktiven chinesischen Eingreifens rechnen müssen.

Memorandum vom 24. Januar 1966: Die Vereinigten Stabschefs sind der Meinung, daß »die in Absatz 7 wiedergegebene Auffassung angesichts des ständigen und starken militärischen Drucks, den unsere Streitkräfte in Südostasien ausüben können, etwas zu pessimistisch ist«. Sie räumen zwar ein, daß die folgenden Punkte gewisse Imponderabilien enthalten, glauben aber, daß man ihnen dennoch größeres Gewicht beimessen müsse:

a) Die immer größeren Auswirkungen unseres Luftkrieges gegen die Volksrepublik Vietnam auf Moral und Fähigkeit der Nordvietnamesen, Menschen und Material zu beschaffen und nach Süd-Vietnam zu transportieren.

b) Die Auswirkungen ständiger Boden- und Luftangriffe auf den Ausbau der Vietkong-Streitkräfte sowie auf die Moral und Kampfkraft der Streitkräfte von Vietkong und Volksbefreiungsarmee.

c) Die Auswirkung der Zerstörung von Vietkong-Basen auf die Fähigkeit der Streitkräfte des Vietkong und der Volksbefreiungsarmee, die Kampfhandlungen über einen längeren Zeitraum hinweg durchzustehen.

d) Die Ausdauer der Führer in Hanoi, einen Kampf fortzusetzen, der angesichts der immer größeren Zerstörungen im eigenen Land nicht gewonnen werden kann.

Nr. 109 Weiteres Memorandum McNaughtons zu Problemen der Bombardierung

Auszüge aus einem Memorandum des Staatssekretärs im Verteidigungsministerium McNaughton »Einige Bemerkungen zu Vietnam«, dritter Entwurf vom 19. Januar 1966, wie in der Pentagon-Studie enthalten. Die kursiven Absätze sind Anmerkungen oder Erläuterungen der Pentagon-Studie.

McNaughton schrieb ein zweites Memorandum, mit dem er sein erstes – über die Bombardierung – ergänzte und teilweise modifizierte. Es erläutert die Gründe, die zur Entscheidung führten, und beginnt mit der Warnung: »In Vietnam sind alle Voraussetzungen für eine gewaltige Fehlkalkulation gegeben.« Dann wird ein düsteres Bild der Lage Süd-Vietnams gezeichnet:

... die Armee der Republik Süd-Vietnam ist erschöpft, passiv und konzessionsbereit ... Den Streitkräften Nord-Vietnams und des Vietkong gelingt es, mit unseren Kontingenten gleichzuziehen ... Ob die Bombardierung des Nordens zur Unterbindung der Infiltration beiträgt, bleibt dahingestellt (zum Teil, weil Volksbefreiungsarmee und Vietkong bei Nachschubmangel die Kampfhandlungen einfach einstellen) ... Eine Befriedung läßt trotz aller Anstrengungen und Hoffnungen immer noch auf sich warten ... Die politische Infrastruktur der südvietnamesischen Regierung ist unheilbar krank und schwächer als die Infrastruktur des mitten unter dem größten Teil der ländlichen Bevölkerung operierenden Vietkong ... Süd-Vietnam steht am Rande einer gefährlichen Inflation und des wirtschaftlichen Chaos.

Die Situation lasse sich aber noch zum Besseren wenden, räumte McNaughton ein. »Abnutzungserscheinungen – falls keine chinesische Intervention erfolgt – könnten die Volksrepublik Vietnam bis Ende 1966 an die Wand drängen.« Neuere Untersuchungen der RAND *über Motivation und Moral zeigten, daß der Kampfgeist des Vietkong nachließ und sein Einfluß auf die bäuerliche Bevölkerung sich verringerte. »Die Regierung Ky kommt gut zurecht. Sie liefert zwar nicht die versprochene Revolution, erzielt aber langsam Fortschritte und gewinnt mit jeder Woche an Erfahrung und Ansehen.« McNaughton bezeichnete es zwar als »unwahrscheinlich, daß die Infiltration entsprechend eingedämmt werden kann«, erklärte jedoch: »Es besteht kein Zweifel darüber, daß die Kosten der Infiltration ... hochgeschraubt und der Nachschub erheblich unter das sonst normale Maß gedrückt werden kann.« Die Bombardierung könnte – in Verbindung mit anderen Druckmitteln – die Volksrepublik Vietnam möglicherweise dazu bringen, »nach Monaten, nicht etwa Tagen oder Wochen«, Verhandlungen in Erwägung zu ziehen.*

Im wichtigsten Abschnitt seines Memorandums erwägt McNaughton, ausgehend von der einleitenden Warnung, ob nicht auch die Vereinigten Staaten einen Kompromiß in Erwägung ziehen sollten. Er schrieb:

C. AUGENBLICKLICH IST ES DAS ZIEL DER VEREINIGTEN STAATEN, IN VIETNAM EINE DEMÜTIGUNG ZU VERHINDERN. Die Gründe, aus denen wir uns so stark *in Vietnam* engagiert haben, sind unterschiedlicher Natur, aber inzwischen größtenteils rein theoretisch geworden. Daß wir uns aus Vietnam nicht *zurückgezogen* haben, hat vor allem *einen* Grund: (1) unseren Ruf als Schutzmacht zu wahren und auf diese Weise unseren Einfluß in der übrigen Welt zu erhalten. Wir haben nicht weitergemacht, (2) um einen Freund zu retten oder (3) den Kommunisten zusätzliche Hektar Land und Leute zu verwehren oder gar (4) zu beweisen, daß »nationale Befreiungskriege« nicht funktionieren (es sei denn, unser Ruf steht auf dem Spiel). Wir haben um jeden entscheidenden Punkt gepokert; um die schädlichen Auswirkungen einer Nichteinhaltung unserer Verpflichtung abzuwehren, haben wir an jedem entscheidenden Punkt den Einsatz immer wieder erhöht. Wir sind unseren Verpflichtungen nachgekommen, und der Einsatz (und unser Engagement) stehen jetzt sehr hoch. Wir müssen uns so verhalten, daß wir unserem Ansehen nicht schaden. Da aber dieses *Ansehen* auf dem Spiel steht, ist es zugleich wichtig, unsere Verpflichtungen so zu erfüllen, daß wir jene Länder nicht vor den Kopf stoßen, deren positive Meinung von den USA unser guter Ruf *ist*.

D. WIR BEFINDEN UNS IN EINER ESKALATION DES MILITÄRISCHEN GLEICHGEWICHTS. Über den Erfolg der gegenwärtigen militärischen Anstrengungen im Süden bestehen große Meinungsverschiedenheiten. Zweifellos hat die US-Stationierung die Hoffnungen des Vietkong auf einen raschen Sieg im Jahre 1965 zunichte gemacht. Aber es ist eine schwerwiegende Frage, ob wir zur Zeit die Hauptmacht des Vietkong und der Volksbefreiungsarmee überhaupt schlagen können und ob die geplanten US-Truppenstationierungen ausreichen werden, mehr zu bewirken als lediglich unsere Stellungen im Lande zu halten. Was die Kontrolle von Land und Leuten betrifft, so hat sich da im vergangenen Jahr vieles erheblich verändert. Es muß damit gerechnet werden, daß wir trotz der Mobilisierung in Phase II A wahrscheinlich auch 1967 weiterhin vor einem militärischen Gleichgewicht mit höherem Einsatz und höheren Verlusten stehen werden.

2. US-VERPFLICHTUNG GEGENÜBER SÜD-VIETNAM. Manche werden der Ansicht sein, wir hätten versagt, wenn am Ende – irgendwann in naher Zukunft – weniger als eine westlich orientierte, nichtkommunistische, unabhängige Regierung herauskommt, die in ganz Süd-Vietnam souverän herrscht. Aber das ist falsch. Wie schon erwähnt, wollten wir lediglich unseren Ruf als Schutzmacht wahren. Daraus ergibt sich die folgende »zurückhaltendste« und dennoch glaubwürdige Formulierung der US-Verpflichtung:

a) die Volksrepublik Vietnam bemächtigt sich nicht gewaltsam Süd-Vietnams. Das braucht nicht *unbedingt* auszuschließen:

b) eine Koalitionsregierung unter Einbeziehung der Kommunisten,

c) eine freie Entscheidung des Südens, sich dem Vietkong oder dem Norden zu unterwerfen,

d) eine neutrale (oder gar anti-amerikanische) Regierung in Süd-Vietnam,

e) eine Rückkehr zum Stand von 1959 unter dem Motto ›Leben und leben lassen‹; darüber hinaus müssen wir erkennen, daß wir selbst im Falle eines Scheiterns dieser »zurückhaltenden« Formulierung auf lange Sicht mit nur leichtem Schaden davonkommen könnten:

f) Wenn der Grund für unseren Rückzug in übertriebener Sturheit oder Apathie der Regierung Süd-Vietnams läge.
g) Wenn das siegreiche Nord-Vietnam einen »titoistischen Kurs« einschlüge.
h) Wenn die kommunistische Machtübernahme sich nur sehr langsam und kaum merklich vollzöge.

Die laufenden Entscheidungen sollten unter der Voraussetzung getroffen werden, meint McNaughton, daß die USA ihre Verpflichtungen auch dann erfüllen können, wenn es zu keinem Sieg kommt. »Harte Entscheidungen zu treffen kostet Zeit«, schrieb er. »Der Entschluß, Nord-Vietnam zu bombardieren, kostete uns fast ein Jahr; für die Entscheidung über eine Pause brauchten wir Wochen; es könnte Monate dauern (wobei vielleicht ein paar weiße und braune Köpfe rollen müssen), bis wir eine Ausgangsposition für einen Kompromiß erreicht haben. Sirup fließt beim Feind genauso zäh wie bei uns. Wir sollten darum schon jetzt den Krug neigen, wenn wir wollen, daß der Sirup in einem Jahr herausfließt.«

Die Strategie, die auf dieser Analyse beruht, entsprach mehr oder weniger den Empfehlungen der Mission in Saigon und der führenden Militärs: größere Anstrengungen um die Befriedung, mehr Unterstützung für die Regierung Ky, mehr Bataillone für die MACV (Military Assistance Command Vietnam) und ein nachdrückliches Bombardierungsverbot, wie vom US-Oberkommando Pazifik vorgeschlagen. Dieses Memorandum, nur einen Tag nach dem vorangegangenen verfaßt, enthielt lediglich eine Veränderung: jetzt empfahl McNaughton, die nordvietnamesischen Häfen nicht zu blockieren.

Das Argument, das McNaughtons politische Analyse mit seinen strategischen Empfehlung verknüpfte, stand am Ende seines zweiten Memorandums:

DAS DILEMMA. Wir befinden uns in einem Dilemma. Man könnte die Situation durchaus als »polar« bezeichnen. Die Zwiespältigkeit besteht darin, daß wir die Kraft für einen Kompromiß besitzen, wenn wir einen Sieg anstreben, steuern wir jedoch einen Kompromiß an, so könnte unsere Kraft nur noch für eine Niederlage ausreichen – weil nämlich ein offenkundiges Zurückschrauben unseres Zieles von Sieg auf Kompromiß (a) die Regierung Süd-Vietnams aus den Angeln heben, und (b) die Regierung Nord-Vietnams »Blut lecken« ließe. Daher erfordert die gegenwärtige Lage eine absolut loyale und disziplinierte US-Mannschaft in Washington und Saigon und größte Vorsicht bei allem, was gesagt und getan wird. Sie erfordert darüber hinaus die Bereitschaft zu einer Eskalation des Krieges, falls der Feind unsere Kompromißbereitschaft irrtümlicherweise als Flucht auslegen sollte. Unser Risiko könnte darin bestehen, daß »die Münze auf Kopf oder Zahl fallen muß und nicht auf der Kante stehenbleiben darf«.

Nr. 110 Memorandum McNaughtons an McNamara über den Plan einer Anti-Infiltrationsbarriere

Auszüge aus einem in der Pentagon-Studie enthaltenen Memorandum an Verteidigungsminister McNamara unter dem Titel »Eine Schutzwallstrategie«. Nach Angabe des Begleittextes enthält das Memorandum keine Unterschrift, soll jedoch von Staatssekretär McNaughton stammen, der auf dem

Exemplar handschriftlich vermerkt hat: »1/30/66« sowie »Kopie ausgehändigt an RSM (Robert S. McNamara) 3/22/66«. Die Studie erklärt ferner, dieses Dokument stütze sich auf einen Entwurf, den Professor Roger D. Fisher von der Harvard Law School am 3. Januar 1966 unter derselben Überschrift vorgelegt hat.

B. Gegenwärtige militärische Lage in Nord-Vietnam

1. Physische Folgen der Bombardierung

a) Die Volksrepublik Vietnam ist physisch stark mitgenommen worden, wodurch die Kosten ihrer Unterstützung für den Vietkong gestiegen sind.

b) Die Geheimdienste geben folgendes Urteil ab:

(1) Ob die Bombardierungen durch Vernichtung oder Verzögerung den Zustrom an Menschen und Material in den Süden vermindert haben, bleibt dahingestellt;

(2) es ist den Bombardierungen nicht gelungen, die Kapazität der Volksrepublik Vietnam so herabzusetzen, daß sie den Vietkong nicht mehr ausreichend unterstützen könnte;

(3) von künftigen Bombardierungen Nord-Vietnams darf man nicht erwarten, daß sie die Militärhilfe der Volksrepublik Vietnam für den Vietkong so weit einschränken, daß dessen Bedarf an Menschen und Material nicht mehr gedeckt werden kann.

2. Andere Auswirkungen der Bombardierungen

a) Nichts weist darauf hin, daß durch die Bombardierungen ein Entschluß der Volksrepublik Vietnam, sich aus dem Krieg zurückzuziehen, wahrscheinlicher geworden ist.

b) Es liegen allerdings auch keine Hinweise darauf vor, daß die Bombardierungen zu einer zunehmenden Entschlossenheit der Volksrepublik Vietnam geführt haben, den Krieg bis zum Endsieg weiterzuführen. (In Fishers Entwurf hatte es geheißen: »Es weist einiges darauf hin, daß die Bombardierungen ...«)

C. Künftige Bombardierungsstrategie

Die Bombardierung Nord-Vietnams hebt zwar die Moral der Regierung Süd-Vietnams und bedeutet ein Tauschobjekt für eventuelle Verhandlungen (falls diese jemals stattfinden sollten), es weist jedoch nichts darauf hin, daß sie die Leistungsfähigkeit oder den Willen der Volksrepublik Vietnam, den Vietkong zu unterstützen, maßgeblich beeinträchtigt haben. Die Volksrepublik Vietnam weiß, daß wir sie durch Bombardierungen nicht zur Kapitulation zwingen können und daß wir sie ohne das unvertretbare Risiko eines größeren Krieges mit China oder Rußland oder beiden sie auch durch eine Besetzung oder »Auslöschung« des Landes nicht zur Kapitulation zwingen können. In dem Bewußtsein, ohne psychische Beeinflussung nicht zur Kapitulation gezwungen werden zu können, wird sich die Volksrepublik Vietnam nur schwer beeinflussen lassen. Setzt die Volksrepublik Vietnam aber ihre Unterstützung fort, dann dürfte sich ein Sieg im Süden niemals erringen lassen.

Nach Darlegung der Argumente gegen die Bombardierung fährt das Memorandum mit der Befürwortung einer Anti-Infiltrationsbarriere fort:

II. Wesentliche Punkte des Vorschlags einer Barriere

A. Die USA und Süd-Vietnam handeln nach dem Konzept, die Versorgung des Vietkong aus dem Norden durch einen Sperrgürtel quer über den Ho-Chi-Minh-Pfad in der Nähe des 17. Breitengrades und der Staatsstraße 9 zu unterbrechen. Den jeweiligen Erfordernissen entsprechend müßte diese Barriere vom Meer aus quer durch Vietnam und Laos zum Mekong verlaufen, was einer Luftlinie von etwa einhundertsechzig Meilen entspricht.
B. In Laos müßte eine etwa zehn Meilen breite »Sperr- und Kontrollzone« errichtet und durch geeignete Maßnahmen wie Pachtzahlung, internationale Zustimmung, Entschädigung usw. legitimiert werden.
C. Es müßten erhebliche militärische und technische Anstrengungen unternommen werden, um einen Sperrgürtel aus Minenfeldern, Stacheldraht, Mauern, Gräben und militärischen Stützpunkten zu errichten, flankiert durch einen entlaubten Streifen auf beiden Seiten.
D. Soweit noch Bombardierungen in Laos und Nord-Vietnam stattfinden, müßten sie genau mit den Plänen zur Absperrung und Errichtung der Barriere abgestimmt werden, indem sie
1. innerhalb der zehn Meilen breiten Sperrzone in Laos stattfinden oder
2. die Errichtung der Barriere unterstützen oder
3. einer Sperrung der Zufahrtswege bis zur Fertigstellung der Barriere dienen.
E. Wirksame Absperrmaßnahmen werden natürlich auf dem Meer und von Kambodscha aus fortgesetzt.
(Es muß festgestellt werden, daß jegliche Bombardierung Nord-Vietnams eingestellt wird, sobald keine Infiltration mehr stattfindet und der Errichtung einer Sperrzone kein Widerstand entgegengesetzt wird.)

Nr. 111 Johnsons Rede auf Honolulu vor Beamten der USA und Saigons

Auszüge aus Bemerkungen Präsident Johnsons vor führenden Persönlichkeiten der Vereinigten Staaten und Süd-Vietnams nach der Herausgabe eines gemeinsamen Kommuniqués über die Honolulu-Konferenz vom 9. Februar 1966 wie in der Vietnam-Studie enthalten. Der kursiv gesetzte Absatz ist eine Erläuterung der Studie.

Die Vietnamesen dankten den Amerikanern für die Konferenz, worauf führende Mitglieder der amerikanischen Delegation – Admiral Sharp, Leonard Marks, General Wheeler, Botschafter Lodge und Botschafter Harriman – sich kurz über die Bedeutung der Konferenz äußerten. Danach hielt der Präsident seine Schlußansprache:
... Halten Sie dieses Kommuniqué in Ehren, denn es ist ein Dokument, das wir nicht vergessen wollen. Es wird eine Art Bibel sein, die wir stets bei uns

tragen. Wenn wir in einem Vierteljahr oder in sechs Monaten wieder hier zusammenkommen, werden wir auf die Ankündigung zurückgreifen, die der Präsident der USA, der Staatschef und der Ministerpräsident in § 1 gemacht haben und auf die die führenden Politiker und Berater in § 2 eingegangen sind ... Sie, die Sie die Verantwortung auf diesen Gebieten tragen, als Minister oder als deren Mitarbeiter in beiden Regierungen, halten Sie sich vor Augen, daß wir Sie dann einer Prüfung unterziehen und danach beurteilen werden, was Sie getan haben.

Zu § 5: Wie haben Sie die Demokratie in den ländlichen Gebieten aufgebaut? Wieviel davon, wann und wo? Nennen Sie uns Daten und Zahlen.

Zu § 2: Gesteigerte Produktion, höhere Leistung zur Kreditverbesserung, Handwerk, Leichtindustrie, ländliche Elektrifizierung – sind das nur Phrasen, wohlklingende Worte oder leben sie noch hinter dem Mond ...

Als nächstes kommen Gesundheit und Erziehung, Mr. Gardner. Wir wollen nicht darüber reden, sondern etwas dafür tun. »Der Präsident verpflichtet sich, Expertenteams zu entsenden.« Wir sollten noch mehr tun. Sie sollen sich gleich auf den Weg machen. Wir werden ärztliches Fachpersonal ausbilden. Wieviel? Sie wollen es doch nicht dem Burschen nachmachen, der beim Pokern mit hohem Einsatz spielte und auf die Frage: »Was hast du in der Hand?« antwortete: »Asse«, und auf die weitere Frage: »Wie viele?« sagte: »Ein As ...«

Nun zu den Flüchtlingen: Ein in den Vereinigten Staaten heiß diskutiertes Problem. Sie wollen doch nicht, daß ich die weiße Flagge hisse und mich ergebe, damit endlich etwas für sie getan wird ...

Höhere militärische Leistungsfähigkeit: Wir sind hier nicht auf dieses Thema eingegangen, weil wir dieses Treffen nicht mit Bomben, Mörsern, Handgranaten und »Masher«-Aktionen überschatten wollen. Ich weiß nicht, wer Ihren Operationen die Namen gibt, aber »Masher« ..., dabei fühle ich mich selbst irgendwie zermatscht. Aber wir haben uns aus zwei oder drei Gründen mit der zunehmenden militärischen Leistungsfähigkeit nicht befaßt. Erstens wollen wir ganz ehrlich und wahrheitsgemäß sagen können, daß hier in Honolulu keine Weltaufrüstungskonferenz stattgefunden hat. Wir haben über den Aufbau einer Gesellschaft diskutiert, entsprechend den Richtlinien, die der Ministerpräsident in seiner gestrigen Rede dargelegt hat.

Zweitens ist ein Ort, an dem hundert Leute herumsitzen, kaum geeignet, die militärische Leistungsfähigkeit zu steigern.

Drittens möchte ich diese Frage so lange wie möglich hinausschieben, wenn ich schon gezwungen bin, diese lebenswichtigen Entscheidungen zu treffen. Über diesen Schwebezustand bin ich glücklich ... Ich möchte dieses Treffen nicht beenden und sagen müssen, daß wir hier x Divisionen und y Bataillone oder z Regimenter oder d Dollars hinzugefügt haben, denn ein einziger guter Zeitungsbericht über die vielen Milliarden, die ausgegeben werden sollen, kann uns mehr Inflation in den USA bescheren, als wir in Vietnam immer befürchten. Das alles wollen wir in der Stille des Kabinettssaals ausarbeiten, nachdem uns Ihre Empfehlungen vorliegen und General Wheeler und Admiral Sharp zu uns kommen ...

Nr. 112 Memorandum über die Pentagon-Besprechung im Anschuß an die Honolulu-Konferenz

Auszüge aus einem Memorandum von Richard C. Steadman, Sonderberater des Verteidigungsministers McNamara, vom 9. Februar 1966 über eine Pentagon-Sitzung nach den Gesprächen auf Honolulu. Laut Angabe von Steadman nahmen an der Besprechung der Minister, seine Stellvertreter, die Staatssekretäre für die drei Heeresgattungen und weitere hohe Beamte des Verteidigungsministeriums teil.

... 3. AMT FÜR DAS SÜDOSTASIEN-PROGRAMM. Wesentlich ist, daß dem Verteidigungsministerium hinsichtlich der Mobilisierung in Südostasien jederzeit ein zentraler Informationsdienst zur Verfügung steht. Zu diesem Zweck soll Dr. Enthoven ein Amt für das Südostasien-Programm einrichten, das in der Lage ist, Mr. McNamara und Mr. Vance alle erforderlichen Informationen über Südostasien zur Verfügung zu stellen. Unter anderem muß es fähig sein, sofort Auskunft über den jeweiligen Stand der Übersee-Einheiten zu erteilen, damit eventueller Bedarf an Truppen in Südostasien sofort gedeckt werden kann. Falls sich irgendwo Zerfallserscheinungen zeigen, will Mr. McNamara sofort davon unterrichtet werden. Wir müssen den vollen Preis unserer eingeleiteten und geplanten Maßnahmen kennen.

Mr. McNamara hat vorgeschlagen, daß die Staatssekretäre der drei Waffengattungen je ein ähnliches Amt für Südostasien schaffen sollten, um hinsichtlich der Truppen dort laufend Aufzeichnungen vornehmen zu können; auch dem Vereinigten Führungsstab empfahl er, eine ähnliche Stelle einzurichten.

Mr. McNamara erklärte, es sei unbedingt erforderlich, die Lage besser unter Kontrolle zu bringen. So sollte zum Beispiel das Bauprogramm in Südostasien gemäß Zusatz F Y66 1,2 Milliarden Dollar betragen; gestern wurde in Honolulu die neue Zahl von 2,5 Milliarden genannt. Dennoch liegen nur sehr vage Informationen darüber vor, wie, wofür und von wem diese Gelder ausgegeben werden sollen. Darin spiegelt sich das übergeordnete Problem der ungenügenden Möglichkeiten, die verfügbaren Mittel in Süd-Vietnam auch richtig zu verteilen. McGeorge Bundy soll beim Aufbau eines Teams helfen, das sich mit diesem Problem und mit der gegenseitigen Abstimmung militärischer und nichtmilitärischer Bedürfnisse befaßt.

4. PERSONALBEDARF. Mr. McNamara machte Mr. Morris persönlich für den Personalbedarf an verschiedenen Stellen verantwortlich. Er hat entweder dafür zu sorgen, daß der Bedarf gedeckt wird, oder Mr. McNamara zu informieren, falls dies nicht möglich ist. Mr. McNamara wünscht eine schriftliche Aktennotiz über jeden einzelnen Fall, in dem wir nicht in der Lage waren, alles zu erfüllen, was General Westmoreland gefordert hat, um volle Einsatzfähigkeit zu erreichen. (In diesem Zusammenhang ist General Westmoreland sich im klaren darüber, daß es unmöglich ist, alle 102 Bataillone stets in voller Einsatzstärke aufrechtzuerhalten. So sind zum Beispiel nicht genügend Hubschrauberkompanien vorhanden. Nach ungefährer Schätzung haben seine 102 Bataillone die Kampfkraft von 96.)

An diesem Punkt ergab sich eine kurze Diskussion über den Einsatz von US-Truppen bei Befriedungsmaßnahmen. Mr. Nitze war der Ansicht, daß die

Marineinfanterie dies bereits bis zu einem gewissen Grad täte. Ihm wurde widersprochen. Jedenfalls erklärte Mr. McNamara, die 102 in Punkt 1 genannten Kampfbataillone dürften nicht für Befriedungszwecke, sondern lediglich zur Verteidigung von Stützpunkten und bei Angriffsoperationen eingesetzt werden. Mr. McNamara erläuterte kurz den Befriedungsplan der südvietnamesischen Regierung. Er betrifft etwa 235 000 Menschen im ganzen Land. Soldaten und Material sollen hauptsächlich an vier Schwerpunkten eingesetzt werden, von denen einer in der Nähe Danangs liegt. Außerdem gibt es ein allgemeines Programm für das ganze Land, das etwa neunhundert Dörfer umfaßt.

... 5. EINBERUFUNG VON RESERVEEINHEITEN. Mr. McNamara hält es für wichtig, daß jedermann begreift, warum die Einberufung von Reserveeinheiten so sorgfältig erwogen wird. Dabei sind vor allem zwei Punkte zu beachten: Erstens ist das Problem sehr kompliziert, und es liegen dazu auch noch nicht alle Fakten vor. Mr. Morris und andere werden so schnell wie möglich die erforderlichen Daten zusammentragen. Zweitens sind die politischen Aspekte einer Reserveeinberufung außerordentlich delikat. In den USA werden unterschiedliche Meinungen vertreten. Ein Beispiel dafür sind die Hearings des Fulbright-Ausschusses. Eine Gruppe geht von Gavins These aus und behauptet, dieses Land sei wirtschaftlich bereits überstrapaziert und könne sich schon die gegenwärtigen Unternehmungen nicht leisten. Eine andere Gruppe vertritt die Ansicht, wir hätten dort ganz einfach nichts zu suchen, gleichgültig ob wir es uns leisten können oder nicht. Eine dritte Gruppe erklärt, wir seien zwar legitimerweise dort, der Krieg werde aber falsch geführt und wir bewegten uns geradewegs auf eine militärische Auseinandersetzung mit China zu. Darüber hinaus nähert sich die Wirtschaft dieses Landes zweifellos der vollen Ausnutzung ihrer Kapazität, woraus sich vermutlich Engpässe bei gewissen Fachkräften und Materialien ergeben werden. Falls sich diese Entwicklung fortsetzt, könnten sich daraus Lohn- und Preiskontrollen, Übergewinnsteuern und so weiter ergeben, was natürlich Öl ins Feuer jener wäre, die behaupten, wir könnten uns das alles finanziell nicht leisten. Unter Berücksichtigung all dieser unterschiedlichen Tendenzen ist es ein sehr schwieriges und delikates Unternehmen der Regierung, die erforderliche Unterstützung zur ordnungsgemäßen Kriegführung im Land zu mobilisieren und aufrechtzuerhalten. Darum ist die Einberufung von Reserveeinheiten in vieler Hinsicht problematisch und kann heute noch nicht entschieden werden.

General Johnson empfahl, noch drei weitere Punkte zu überlegen: Erstens könnte eine Einberufung von Reservisten in den Augen der Nordvietnamesen und Chinesen ein entscheidender Beweis für unsere Entschlossenheit sein, diesen Krieg bis zum Ende durchzustehen. Zweitens sind Reserveeinberufungen traditionsgemäß ein einigender Faktor. Drittens sollte das übergeordnete Problem sehr gründlich untersucht werden: in welchem Ausmaß unsere Regierung auf die Dauer zu einer Abwehrpolitik entlang der ganzen gewaltigen Südgrenze Chinas gedrängt wird. Mr. McNamara erklärte, er werde zu diesem letzten Punkt ein Gutachten der Vereinigten Stabschefs anfordern, und besprach diesen Punkt nur kurz.

Im Verlauf der Sitzung wies General Johnson ferner darauf hin, daß die Armee im Hinblick auf die Stationierung in Südostasien andere überseeische Bereiche bereits schwäche, um die Ausbildungskader in Vietnam zu verstärken. Er erklärte, daß die Qualität der neuen Einheiten infolge schon vorgenommener Rückgriffe auf die strategische Reserve noch unter dem gegenwärtigen Niveau liegen werde. Er brachte noch einige weitere, die Armee betreffende Punkte zur Sprache. Die Herren McNamara, Vance, Resor und General Johnson werden diese Probleme weiter diskutieren ...

Nr. 113 Rostows Memorandum über die Bombardierung der Öldepots in Hanoi

Auszüge aus einem Memorandum von Walt E. Rostow, dem Sonderberater des Präsidenten für Fragen der nationalen Sicherheit, für Außenminister Rusk und Verteidigungsminister McNamara vom 6. Mai 1966, enthalten in der Pentagon-Studie. Kursive Absätze geben Meinungen oder Erläuterungen der Studie wieder.

Rostow begründete seine Befürwortung der Bombardierung von Ölreserven mit den amerikanischen Erfahrungen aus Luftangriffen auf deutsche Öltransporte und Depots im Zweiten Weltkrieg. Er argumentierte folgendermaßen:

Von dem Augenblick an, als die Luftangriffe auf Öldepots ernsthaft und systematisch begannen, waren Kampfkraft und Beweglichkeit motorisierter Front- und Panzereinheiten beeinträchtigt. Vor allem, da sich die Neuverteilung von weniger wichtigen auf wichtigere Bereiche angesichts der allgemeinen Ölknappheit als wesentlich schwieriger erwies, als dieses rein rechnerische Problem auf den ersten Blick vermuten ließ. Treibstoff wird von bestimmten zentralen Punkten aus verteilt. Trocknet diese zentrale Quelle aus, machen sich schon ziemlich bald und in großem Umfang negative Auswirkungen bemerkbar. Was rein statistisch nach Reserven aussieht, sind in Wirklichkeit relativ festgelegte Bestände.

Dieselben Ergebnisse dürfte man auch von schweren und ununterbrochenen Angriffen auf die nordvietnamesischen Ölreserven erwarten.

Mir ist sehr wohl klar, daß simple Analogien immer gefährlich sind, ich halte es aber dennoch für durchaus möglich, daß die militärischen Auswirkungen einer systematischen und fortgesetzten Bombardierung der Öllager in Nord-Vietnam rascher und unmittelbarer eintreten könnten, als aus konventionellen Geheimdienstanalysen ersichtlich ist.

Dabei möchte ich jedoch Adjektive wie »systematisch und fortgesetzt« besonders unterstreichen. Wenn wir diesen Schritt unternehmen, müssen wir die gesamte Treibstoffversorgung unterbrechen – und sie unterbrochen halten –, falls wir uns davon entscheidende Resultate erhoffen ...

Nr. 114 Befehl der Vereinigten Stabschefs zur Bombardierung der Öldepots in Hanoi

Telegramm der Vereinigten Stabschefs an Admiral U. S. Grant Sharp, den Oberkommandierenden der Streitkräfte im Pazifik, vom 22. Juni 1966, wie in der Pentagon-Studie enthalten.

Die Aktion soll mit ersten Angriffen gegen Öl-, Treibstoff- und Schmierstoffdepots im Raum Haiphong und Hanoi beginnen, und zwar, falls technisch durchführbar, am selben Tag. Größtes Gewicht ist auf den Überraschungseffekt zu legen. Keine Vorbereitungsangriffe unter zweifelhaften Witterungsbedingungen, sondern den Anfangstermin lieber verschieben, bis das Wetter den Erfolg garantiert. Weitere Angriffe sind in dem Ausmaß genehmigt, das taktische und wetterbedingte Faktoren vorschreiben.

In Haiphong sind Beschädigungen von Handelsschiffen zu vermeiden. Angriffe auf Schiffe sind nur erlaubt, wenn die US-Flugzeuge zuerst beschossen und die Fahrzeuge eindeutig als nordvietnamesisch identifiziert werden. Entladeeinrichtungen werden nicht angegriffen, wenn gerade ein Tanker vor der entsprechenden Pier liegt.

Die Entscheidung wurde getroffen, nachdem der Verteidigungsminister und der Vorsitzende der Vereinigten Stabschefs sich vergewissert hatten, daß alle erdenklichen Schritte zur Reduzierung ziviler Verluste unternommen wurden. Wenn sie glauben, es gelingt nicht, die Ziele zu vernichten, ohne den Leuten zu schaden, wird das Programm nicht eingeleitet. Folgende Maßnahmen sind zu ergreifen: Weitgehender Einsatz der erfahrensten *Rollender-Donner*-Mannschaften, eingehende Unterrichtung der Piloten unter besonderem Hinweis auf die Schonung der Zivilisten, Ausführung nur bei Wetterlagen, die Sichtanflug auf die Ziele und höchste Zielgenauigkeit garantieren, Auswahl der geeignetsten Anflugrichtungen, um dichtbevölkerte Gebiete zu vermeiden, maximaler Einsatz elektronischer Abwehrvorrichtungen gegen Boden-Luft-Raketen und Zielerfassung durch Flugabwehrgeschütze, um eine Ablenkung der Piloten einzuschränken und die Zielgenauigkeit zu erhöhen, maximaler Einsatz von Präzisionswaffen, soweit mit dem Einsatzauftrag vereinbar, und Beschränkung der Bombardierung von Raketen- und Luftabwehrstellungen auf solche außerhalb bewohnter Gebiete.

Besondere Geheimhaltungsvorkehrungen sind zu treffen. Sollten Wetterlage oder technische Erwägungen den Beginn der Angriffe hinauszögern, soll er nicht am Sonntag, dem 26. Juni, stattfinden.

Nr. 115 August-Memorandum McNamaras an den Führungsstab mit Einwänden gegen die Truppenanforderungen

Memorandum McNamaras an die Vereinigten Stabschefs zum Thema »Berechtigte Anforderungen des Oberkommandos Pazifik (CINPAC) *für die Jahre 1966 und 1967«, 5. August 1966, enthalten in den Pentagon-Papieren.*

Wie Sie wissen, handeln wir nach dem Grundsatz, soweit wie möglich die von General Westmoreland angeforderten Soldaten, Waffen und Nachschubgüter zu dem von ihm gewünschten Termin bereitzustellen. Die am 18. Juni 1966 eingereichten, revidierten Forderungen des Oberkommandos Pazifik sind genauso zu behandeln: Berechtigte Anforderungen für Süd-Vietnam und die damit verbundenen taktischen Streitkräfte in Thailand werden nach einem Zeitplan bereitgestellt, der sich möglichst eng an die Wünsche des Oberkommandos Pazifik und des Oberkommandierenden der amerikanischen Streitkräfte in Vietnam hält.
Dennoch wünsche und erwarte ich eine detaillierte Analyse dieser Forderungen, um die Gewißheit zu haben, daß jeder einzelne Posten tatsächlich zur Ausführung unseres Kriegsplans notwendig ist. Wir müssen nach Vietnam schicken, was benötigt wird – aber auch nur so viel, wie benötigt wird. Übertriebene Bewilligungen schwächen unsere Siegesaussichten nur, da sie die Wirtschaftsstruktur Süd-Vietnams untergraben und Zweifel an der Überlegtheit unserer Planungen aufkommen lassen.
Bitte beachten Sie bei der Überprüfung der Berechtigung dieser Anforderungen die beiliegenden, von meinem Amt ausgearbeiteten Richtlinien. Es mögen zwar triftige Gründe für die Bereitstellung der fraglichen Einheiten vorliegen, dennoch verdienen die in den anliegenden Papieren aufgeworfenen Fragen Ihre ungeteilte Aufmerksamkeit und detaillierte Beantwortung. Sie umfassen vermutlich nicht alle fraglichen Einheiten, insbesondere nicht die für den pazifischen Raum außerhalb Süd-Vietnams vorgeschlagenen Stationierungen. Ich erwarte von Ihnen, daß Sie das Oberkommando Pazifik wegen dieser und anderer Einheiten, über die Sie sich Klarheit verschaffen sollen, noch befragen werden.
Ich weiß wohl, wieviel Zeit zur Beurteilung der Anforderungen und zur Klärung der Frage, inwieweit wir ihnen entsprechen können, erforderlich ist, aber die Entscheidungen müssen termingerecht getroffen werden, falls diese Einheiten bereitgestellt sowie Ausrüstung und Material beschafft werden sollen. Ich wäre Ihnen daher dankbar, wenn Sie mir Ihre Empfehlungen zum Stationierungsplan einschließlich Ihrer Stellungnahme zu jeder der einzelnen Anlagen bis spätestens 15. September 1965 übermitteln könnten.

Nr. 116 Telegramm Westmorelands vom August über den zusätzlichen Bedarf an Streitkräften

Auszüge aus einem Telegramm General Westmorelands an General Earle G. Wheeler, den Vorsitzenden der Vereinigten Stabschefs, und Admiral U. S. Grant Sharp, den Oberkommandierenden der Pazifikstreitkräfte, vom 10. August 1966, wie in der Pentagon-Studie enthalten.

Diese und andere Tatsachen bestätigen frühere Voraussagen und deuten darauf hin, daß der Gegner die Absicht hat, seine auf lange Frist berechnete Zermürbungstaktik fortzusetzen. Wir dürfen weder den Gegner noch seine Entschlossenheit unterschätzen.
Der Krieg kann eine weitere Eskalation erfahren. Die Infiltration feindlicher

Truppen und Materialien aus Nord-Vietnam kann noch zunehmen, wir haben keinerlei Gewähr, daß dies nicht geschieht.
Falls sich Hanoi entgegen allen derzeitigen Anzeichen doch dazu entschließen sollte, eine weitere Eskalation zu vermeiden, könnten bei den von mir angeforderten Streitkräften vermutlich gewisse Modifikationen vorgenommen werden. Unter diesen Umständen denke ich an eine sorgfältig ausbalancierte Streitmacht, die einen langfristigen Zermürbungskrieg führen und ohne nationale Mobilisierung unterhalten werden kann.
Es ist möglich, daß der Gegner in Zukunft vielleicht nicht dem vorausberechneten Infiltrationsplan folgt. Dementsprechend führt meine Dienststelle gegenwärtig eine Reihe von Untersuchungen durch mit dem Ziel, mein Oberkommando und die Republik Vietnam in die Lage zu versetzen, die Initiative in der Hand zu behalten, gleichgültig, welchen Kurs der Feind auch einschlagen mag. Hierzu gehören:
A. Eine Studie der möglichen feindlichen Maßnahmen als Folge unseres Truppenausbaus und Gegenmaßnahmen, um unsere Überlegenheit zu gewährleisten.
B. Eine Analyse der Erfordernisse für eine ausgeglichene US-Streitmacht, die voll einsatzfähig ist und beliebig lang unterhalten werden kann, ohne daß es zu einer nationalen Mobilisierung kommen muß.
C. Eine Studie zur Feststellung der erforderlichen Schritte für den Ausbau eines dauerhaften Sicherheitssystems der Regierung Süd-Vietnams.
D. Eine Studie zur Feststellung der optimalen Struktur der südvietnamesischen Streitkräfte, die unter Berücksichtigung jüngster Erfahrungen und unserer Einschätzung des vorhandenen Menschenreservoirs erreicht und erhalten werden könnte.
Dokument B (Vorlage des Oberkommandierenden im Pazifik) erläutert und rechtfertigt den Mindestbedarf an Streitkräften, und zwar unter besonderer Berücksichtigung der Erfordernisse einer ausgeglichenen Streitmacht in Süd-Vietnam, die über einen unbestimmten Zeitraum hinweg aufrechterhalten werden kann. Infolgedessen kann ich zum gegenwärtigen Zeitpunkt eine Reduzierung der eingereichten Forderungen nicht verantworten.

Nr. 117 Gutachten des Instituts für Verteidigungsanalysen über die Bombardierung Vietnams

Auszüge aus einem Bericht des Instituts für Verteidigungsanalysen (Institute for Defense Analyses) über »Die Auswirkungen der US-Bombenangriffe auf Nord-Vietnams Fähigkeit zur Unterstützung militärischer Operationen in Süd-Vietnam – Rückblick und Vorschau«, vom 29. August 1966, enthalten in der Pentagon-Studie. Kursive Absätze geben die Meinungen und Erläuterungen der Studie wieder.

1. Bis zum Juli 1966 hat die Bombardierung Nord-Vietnams durch die USA keine direkt meßbare Wirkung auf die Möglichkeiten Hanois hervorgerufen, militärische Operationen im Süden in gleicher Stärke durchzuführen und zu unterstützen. Obwohl die politischen Spannungen die Wirkung der Bombardierung eindeutig herabgesetzt haben, läßt sich die geringe Beeinträchtigung von Hanois

Leistungsfähigkeit nicht allein daraus erklären. Die von Hanoi eingeleiteten Gegenmaßnahmen haben die Wirkung der Bombardierungen einwandfrei abgeschwächt. Dahinter steht jedoch die Tatsache, daß es sich bei Nord-Vietnam um ein überwiegend landwirtschaftlich orientiertes Land handelt, das für Luftangriffe kaum lohnende Ziele bietet.

Die Wirtschaft des Landes unterstützt die Operationen im Süden hauptsächlich dadurch, daß sie als Umschlagplatz für den Nachschub dient und das erforderliche Menschenmaterial liefert. Der industrielle Sektor produziert nur wenig von militärischem Wert. Der größte Teil des militärischen Nachschubs für die Streitkräfte des Vietkong und der Volksbefreiungsarmee im Süden stammt aus dem Ausland und wird von der UDSSR sowie vom kommunistischen China geliefert. Darüber hinaus ist der Gesamtumfang dieser Lieferungen so gering, daß zu ihrer Aufrechterhaltung nur ein kleiner Bruchteil der Kapazität von Nord-Vietnams sehr flexiblem Transportsystem erforderlich ist. Die verhältnismäßig hohe Arbeitslosenzahl scheint eine ausreichende Personalreserve für alle internen militärischen und wirtschaftlichen Erfordernisse einschließlich Reparaturen und Wiederaufbau bereitzustellen und zur laufenden Unterstützung der militärischen Operationen im Süden auszureichen.

2. Seit dem Beginn des Programms *Rollender Donner* sind die in Nord-Vietnam an Gebäuden und Einrichtungen entstandenen Schäden durch den ununterbrochenen Strom der Militär- und Wirtschaftshilfe, die größtenteils aus der UDSSR und aus dem kommunistischen China kommt, mehr als ausgeglichen worden.

Der in Nord-Vietnam entstandene zahlenmäßig erfaßbare Schaden dürfte sich nach Schätzung von Geheimdienstanalysen bis 15. Juli 1966 auf insgesamt rund 86 Millionen Dollar belaufen. Allein im Jahre 1965 wird die Gesamthöhe der Militär- und Wirtschaftshilfe, die Hanoi von der UDSSR und von China erhalten hat, auf einen Betrag zwischen 250 und 400 Millionen Dollar geschätzt, wobei die reine Wirtschaftshilfe 100–150 Millionen betragen haben dürfte. Im laufenden Jahr wurden die Hilfsleistungen fortgesetzt, offenbar sogar noch in verstärktem Maße. Der größte Teil kam aus der Sowjetunion, die in den Jahren 1962–1964 die Hilfsleistungen praktisch ganz unterbrochen hatte. Es kann daher kaum bezweifelt werden, daß Hanois kommunistische Freunde die entstandenen Kosten in einem Ausmaß aufgefangen haben, daß die Wirkung der amerikanischen Bombenangriffe erheblich abgeschwächt wurde.

3. Die Aspekte der allgemeinen Lage, die es Hanoi ermöglicht haben, die Operationen im Süden auch weiterhin zu unterstützen und die Auswirkungen amerikanischer Bombenangriffe durch Weiterreichung der entstandenen Kosten an andere kommunistische Länder zu neutralisieren, dürften sich auch kaum dadurch verändern lassen, daß die gegenwärtig ausgesparten Ziele angegriffen werden, man Haiphong und die anderen wichtigen Häfen des Nordens vermint, die Anzahl bewaffneter Aufklärungsflüge erhöht oder auf andere Weise entsprechend den derzeit laufenden Überlegungen militärischer Kreise die US-Luftoffensive intensiviert.

Eine Ausweitung des Bombardierungsprogramms würde für Hanoi den Transport größerer Mengen an militärischen Gütern durch Nord-Vietnam in den Süden, zu den Streitkräften des Vietkong und der Volksbefreiungsarmee, erschweren und verteuern. Das geringe Gesamtvolumen an erforderlichen

Nachschubgütern, die nachweisliche Wirksamkeit der von Hanoi bereits eingeleiteten Gegenmaßnahmen, die Ausweichmöglichkeiten innerhalb des nordvietnamesischen Transportsystems und die Höhe der Hilfe, die die Sowjetunion und China offenbar zu leisten bereit sind, lassen es als unwahrscheinlich erscheinen, daß Hanois Funktion als Drehscheibe für den Nachschub ernsthaft beeinträchtigt werden könnte. Unsere bisherigen Erfahrungen deuten ferner darauf hin, daß ein verstärkter Luftkrieg in Nord-Vietnam Hanoi vermutlich nicht daran hindern würde, Soldaten im bisherigen oder gar noch gesteigerten Ausmaß nach Süd-Vietnam einzuschleusen. Darüber hinaus scheint kein Grund für die Annahme vorzuliegen, daß der Schaden, der durch eine verstärkte Luftoffensive angerichtet werden könnte, zu einer solchen Anspannung auf dem nordvietnamesischen Arbeitsmarkt führen könnte, daß Hanoi nicht mehr imstande wäre, die Rekrutierung und Ausbildung von Soldaten für den Aufstand im Süden fortzusetzen und auszuweiten.

4. Theoretisch wäre es zwar denkbar, daß die Fortsetzung der Operation *Rollender Donner* im bisherigen oder gar noch verstärkten Ausmaß dazu führen könnte, die militärischen Möglichkeiten Hanois im Süden in gewisser Weise zu beschränken, doch gibt es weder eine Möglichkeit, diese Grenze konkret anzugeben, noch einen Grund zu der Annahme, daß sich die Feindtätigkeit gegenwärtig bereits einer solchen Grenze nähere.

Alle verfügbaren Unterlagen lassen deutlich erkennen, daß Hanoi in diesem Jahr in zunehmendem Maße Menschen und Material nach Süden geschleust hat. Aus Geheimdienstberichten geht hervor, daß Nord-Vietnam durchaus in der Lage ist, diese Unterstützung noch wesentlich zu steigern.

5. Indirekte Auswirkungen der Bombardierung auf den Kampfeswillen der Nordvietnamesen und auf die Bereitschaft ihrer Führung, das Für und Wider einer Fortsetzung der bisherigen Politik zu erwägen, haben sich noch an keiner Stelle bemerkbar gemacht. Darüber hinaus konnten wir keine Anhaltspunkte für die Annahme entdecken, daß sich die indirekten Belastungen durch die Bombardierung in dieser Hinsicht als entscheidend herausstellen könnten.

Man könnte Spekulationen darüber anstellen, ob sich eine fortgesetzte oder intensivierte Bombardierung, insbesondere als Bestandteil des von den USA im gesamten südostasiatischen Raum ausgeübten militärischen Druckes, mit der Zeit doch auf Hanois Willen zur Fortsetzung des Krieges auswirken müßte. Aus den vorhandenen Unterlagen läßt sich eine solche Folgerung jedoch nicht ableiten, zumal, wenn man die Eigenart der nordvietnamesischen Wirtschafts- und Gesellschaftsstruktur, die gegenwärtige und voraussehbare niedrige Verlustrate und die Hanoi zur Verfügung stehende Auslandshilfe mit berücksichtigt. Als mindestens ebenso logisch erscheint die Annahme, daß Hanois Kampfeswille überwiegend davon beeinflußt werden wird, wie der Krieg im Süden verläuft und in welchem Maße die Sowjetunion und China bereit sind, die Politik einer Fortsetzung des Kampfes zu unterstützen; die US-Bombenangriffe dürften in diesem größeren Zusammenhang nur einen nebensächlichen Einfluß ausüben.

Im Originalbericht waren diese summarischen Formulierungen detaillierter ausgeführt. Zum Beispiel stellte der Bericht hinsichtlich der militärischen und wirtschaftlichen Auswirkungen der Bombardierung auf die Fähigkeit Nord-Vietnams, den Krieg weiterzuführen, fest:

Der wirtschaftliche und militärische Schaden, den Hanoi während des ersten Jahres der Bombardierung erlitt, war nur bescheiden. Die Kosten konnten an Moskau und Peking weitergereicht werden (und wurden es auch).
Die augenfälligste Auswirkung der Angriffe gegen den Norden bestand darin, daß sich Hanoi gezwungen sah, mit einer Störung des normalen Ablaufs fertigzuwerden, insbesondere im Transport- und Verkehrswesen. Die schmerzhafteste Folge der Bombardierung war die Unterbrechung von Straßen und Eisenbahnlinien, wobei sehr beträchtliche Reparaturen erforderlich wurden. Das Regime hat sich bei der Bewältigung der Folgen der amerikanischen Maßnahmen zur Unterbrechung der Zufahrtswege jedoch als einmalig erfolgreich erwiesen.
Der Hauptschaden entstand bei Einrichtungen, die zur Aufrechterhaltung der militärischen Bemühungen Nord-Vietnams nicht erforderlich waren. Das Regime unternahm keinen Versuch, die Schäden an den Depots zu beheben, und bemühte sich auch kaum, die Kraftwerke wieder instand zu setzen; offenbar war genügend überschüssige Kapazität vorhanden, und diese Anlagen waren nicht von lebenswichtiger Bedeutung. Aus ähnlichen Gründen wurden auch kaum Anstrengungen unternommen, zerstörte militärische Anlagen wiederherzustellen; man ließ die Kasernen einfach im Stich und verteilte das Material, das normalerweise in Depots gelagert wird.
Das Hauptgewicht der Instandsetzungsarbeiten konzentrierte sich auf Maßnahmen zur Aufrechterhaltung des Verkehrs, der Eisenbahnanlagen und des Nachrichtenwesens sowie auf den Ersatz von zerstörten Verkehrsmitteln, von Radaranlagen und Stellungen von Luftabwehrraketen.
Weiter unten befaßt sich der Bericht mit den politischen Auswirkungen der Bombardierung auf Hanois Willen zur Fortsetzung des Krieges, auf die Moral der Bevölkerung und die Unterstützung Hanois durch seine Verbündeten.
Die Bombardierung während des ganzen Jahres 1965 zeitigte offenbar keine größeren Auswirkungen, was die Entscheidung Hanois über Fortsetzung oder Abbruch des Krieges in Vietnam betraf. Das Regime traf solche Entscheidungen anscheinend hauptsächlich nach dem Verlauf des Kampfes im Süden und schien bereit zu sein, selbst noch härtere Schläge aus der Luft hinzunehmen, solange die Aussichten auf einen Sieg im Süden noch halbwegs gut waren.
Was die Auswirkungen der Bombardierung auf die Moral der nordvietnamesischen Bevölkerung betrifft, so waren die Ermittlungsergebnisse gemischt. Die Bombenangriffe stärkten eindeutig das Ansehen des Regimes bei der Bevölkerung, indem sie patriotische und nationalistische Regungen wachriefen und die Widerstandskraft stärkten. Andererseits hatten die von den Angriffen unmittelbar Betroffenen Entbehrungen und Ängste zu erleiden. Da die Luftangriffe städtische Wohngebiete bewußt aussparten, wurde die Moral des Volkes vermutlich nicht so sehr durch die Angriffe selbst angeschlagen, sondern vielmehr durch mittelbare Auswirkungen, etw die Evakuierung der Stadtbewohner und die Trennung von Familien.
Hanois politische Beziehungen zu seinen Verbündeten wurden durch die Bombenangriffe in mancher Hinsicht verbessert. Die Angriffe bewirkten, daß die Sowjetunion mehr an materieller und politischer Unterstützung leistete, als das ansonsten der Fall gewesen wäre. Während die sowjetische Hilfe Hanois Beziehungen zu Peking schwieriger gestaltete, machte sie andererseits Nord-

Vietnam unabhängiger von China und bescherte Hanoi damit eine größere Bewegungsfreiheit.

Das letzte Kapitel des Berichts war »Beobachtungen« überschrieben und enthielt die gründlichste Analyse des Luftkrieges, die bis zu diesem Zeitpunkt – und bis heute! – erstellt wurde. Es begann mit einem Rückblick auf die Ziele, zu deren Durchsetzung die Bombardierung beschlossen worden war:

... Beeinträchtigung der Fähigkeit Nord-Vietnams, die kommunistischen Aufstände in Süd-Vietnam und Laos zu unterstützen und ... allmähliche Verstärkung des auf Nord-Vietnam ausgeübten Druckes bis zu dem Punkt, an dem das Regime zu dem Schluß gelangt, daß die Leitung und Unterstützung des Aufstandes im Süden zu kostspielig würde.

Der Bericht wiederholt noch einmal den inzwischen sattsam bekannten militärischen Mißerfolg der Bombardierungen zur Unterbindung der Infiltration und umreißt sodann knapp und präzise das Versagen der Bombenaktion gegenüber dem zweiten wichtigen Ziel – der psychologischen Wirkung:

... Die ersten Pläne und Gutachten für das Programm *Rollender Donner* neigten eindeutig zu einer Überschätzung der Wirkung amerikanischer Bombenangriffe als Mittel der Bekehrung und Zerstörung und dementsprechend zu einer Unterschätzung der Zähigkeit und des Regenerationsvermögens der Nordvietnamesen. Darin wiederum zeigt sich ein völliges Außerachtlassen der in Geschichte und Sozialwissenschaften belegten Tatsache, daß ein direkter, frontaler Angriff auf eine Gesellschaft stets das soziale Gefüge dieser Gesellschaft festigt, der herrschenden Regierung Rückhalt beim Volk verschafft, bei Führung und Volk die Entschlossenheit zum Widerstand wachruft und sie anregt, durch verschiedene Schutzmaßnahmen die Anfälligkeit gegen künftige Angriffe herabzusetzen, und daß sich in einem solchen Volke die Fähigkeit entwickelt, entstandene Schäden rasch zu beheben und die lebenswichtigen Funktionen wiederherzustellen. Die große Vielzahl physischer und sozialer Gegenmaßnahmen, die Nord-Vietnam nach Beginn der Bombenangriffe eingeleitet hat, sind inzwischen durch laufende Geheimdienstberichte belegt, aber in der Anfangsplanung und in den ersten Berichten der Nachrichtendienste wurde die potentielle Wirksamkeit dieser Gegenmaßnahmen zu wenig berücksichtigt.

Die vielleicht tiefschürfendste Analyse wurde bis zuletzt aufgespart: Die Aufdeckung des Grundübels der Strategie des Luftkrieges – nämlich unsere Unfähigkeit, die Operationen auf die Ziele abzustimmen.

Ganz allgemein setzt die gegenwärtige offizielle Ansicht über die bei der Bombardierung Nord-Vietnams verfolgten Ziele stillschweigend zwei Kausalzusammenhänge voraus:

1. daß die USA durch zunehmende Beschädigung und Vernichtung von Anlagen in Nord-Vietnam einen Druck auf die Volksrepublik Vietnam ausübe und sie dadurch veranlassen könne, die Unterstützung militärischer Operationen in Süd-Vietnam und Laos einzustellen;

2. daß die kombinierte Wirkung aller militärischen Anstrengungen gegen Nord-Vietnam – einschließlich der US-Luftangriffe in Nord-Vietnam und Laos sowie der Land-, See- und Luftoperationen in Süd-Vietnam – letztlich der Volksrepublik Vietnam die Erkenntnis vermitteln wird, daß die durch den Krieg erlittenen Verluste durch eventuelle Gewinne nicht mehr wettgemacht

werden können und daß das Regime aufgrund dieser Erkenntnis die Unterstützung des Krieges im Süden einstellen werde.
Diese beiden Komplexe von ursächlichen Zusammenhängen werden bei der militärischen Planung vorausgesetzt, aber es ist keineswegs klar, daß sie auch bei den laufenden Beurteilungen und Gutachten der Nachrichtendienste systematisch berücksichtigt werden. Hier neigt man vielmehr dazu, die Bombardierung Nord-Vietnams abzutrennen, die Operationen im Süden als ein ganz anderes Unternehmen zu betrachten und beide getrennt voneinander zu bewerten. Man stellt Zahlentabellen über die physischen, wirtschaftlichen und militärischen Auswirkungen der Bombenangriffe auf, ohne dabei besonders auf die Beziehung zwischen solchen Auswirkungen und auf Unterlagen über die Fähigkeit und den Willen Nord-Vietnams, den Krieg im Süden auch weiterhin zu unterstützen, einzugehen.
Durch die fragmentarische Art laufender Analysen und das Fehlen geeigneter Methoden zur Erfassung der Auswirkungen bestimmter militärischer Operationen entsteht eine breite Kluft zwischen den meßbaren Schadenswirkungen der Bombardierung einerseits und der politischen Beurteilung, ob bestimmte Ziele auch tatsächlich erreicht werden können, andererseits. Die Überbrückung dieser Kluft macht immer noch den Einsatz einer politisch-militärischen Urteilsbildung auf breiter Ebene notwendig, die durch systematische Geheimdienstinformationen weder gestützt noch entkräftet werden kann. Es muß gefolgert werden, daß es derzeit keine Ausgangsbasis gibt, von der aus man vorhersehen könnte, welches Ausmaß die militärischen Anstrengungen der USA erreichen müßten, um die gesteckten Ziele zu erreichen – ja, es gibt nicht einmal eine sichere Grundlage zur Beantwortung der Frage, ob sich diese Ziele mit eben noch vertretbaren Anstrengungen überhaupt erreichen lassen.
Welchen Einfluß diese kritischen Anmerkungen auf die Meinung des Verteidigungsministers hatten, wird dadurch deutlich, daß viele dieser Schlußfolgerungen und ein guter Teil der Analysen in seinen Reisebericht an den Präsidenten aus dem Oktober aufgenommen wurden.
Nachdem die Studienkommission die Bombenangriffe hart verurteilt hatte, fühlte sie sich verpflichtet, auch konstruktive Vorschläge zu machen. Es ist nicht überraschend, daß sie dabei genau McNamaras eigenen Vorschlag einer Anti-Infiltrationsbarriere aufgriff. Die Arbeit eines Sommers erbrachte als Ergebnis einen ziemlich detaillierten Vorschlag zur Errichtung einer mehrfach gegliederten Barriere quer durch die entmilitarisierte Zone und die laotische Engstelle unter Einsatz erst kürzlich entwickelter Minen und Sensoren. Hier der wichtigste Teil der Empfehlungen:
Diese Barriere soll aus zwei etwas unterschiedlichen Teilen bestehen, deren einer sich gegen Fußgänger, deren anderer sich gegen Fahrzeuge richtet. Die günstigste Lage für die Fußgängerbarriere wäre das Gebiet entlang des südlichen Randes der entmilitarisierten Zone bis zur laotischen Grenze und dann nördlich von Tschepone weiter bis in die Nähe von Muong Sen. Die Ausdehnung würde 100 mal 20 Kilometer betragen. Dieses Gebiet ist praktisch unbewohnt und stark zerklüftet. Es enthält viele tief eingeschnittene Täler, in denen geringere Möglichkeiten zur Anlage von Ausweichpfaden bestehen als anderswo. Für die Fahrzeugbarriere wurde das etwa 100 mal 40 Kilometer große Gebiet ausgewählt, das heute Schauplatz der Operation *Cricket* ist. In

diesem Bereich ist das Straßennetz enger als in anderen Gebieten, und es scheinen weniger Trassen für Ausweichstraßen vorhanden zu sein. Eine zweite Möglichkeit zur Anlage der Fußgängerbarriere zöge sich nördlich der entmilitarisierten Zone bis an die laotische Grenze hin und dann in nördlicher Richtung entlang der Berggrate, die Laos von Nord-Vietnam trennen. Diese Streckenführung ist wegen ihrer größeren Länge, der größeren Entfernung von US-Stützpunkten und der größeren Nähe für potentielle nordvietnamesische Gegenmaßnahmen wirtschaftlich und militärisch weniger empfehlenswert.
Diese aus der Luft versorgte Barriere kann notfalls durch einen bemannten »Zaun« ergänzt werden, der das östliche Ende der Barriere mit dem Meer verbindet.
Der Bau dieser aus der Luft versorgten Barriere könnte unter Einsatz vorhandener oder leicht beschaffbarer Mittel bei gewissen notwendigen Abwandlungen eingeleitet und etwa innerhalb von Jahresfrist vollendet werden. Es muß jedoch angenommen werden, daß sich die Nordvietnamesen nach einer gewissen Zeit, die sich nicht abschätzen läßt, die jedoch kurz sein kann, mit einer solchen Barriere vertraut machen werden. Unter Einsatz bestimmter Waffen und Sensoren, von denen sich einige noch in der Entwicklung befinden, ließe sich eine weitaus wirksamere Barriere errichten, aber diese Mittel dürften frühestens in 18 Monaten bis 2 Jahren zur Verfügung stehen. Es muß jedoch damit gerechnet werden, daß selbst diese Sperre mit der Zeit von den Nordvietnamesen überwunden wird, so daß weitere Verbesserungen der Waffensysteme erforderlich würden. So stellen wir uns vor, daß es zu einer »Schlacht an der Barriere« kommen wird, in deren Verlauf der Sperrgütel durch Einführung neuer Komponenten wiederholt verbessert und verstärkt wird; wir hoffen, die Nordvietnamesen auf diese Weise aus dem Gleichgewicht zu bringen, indem wir ihnen immer neue Probleme zu lösen geben ...
Das Abwehrsystem gegen Fußtruppen (auch gegen Nachschubträger) würde folgendermaßen funktionieren: Ein laufend erneuertes Minenfeld, bestehend aus sich nicht entschärfenden Splitterbomben (Gravel) (und möglicherweise auch Knopfbomben) wird nach einem bestimmten Schema auf die zusammenhängenden Täler und Hänge verteilt (die sich für Ausweichpfade eignen), und zwar im gesamten Sperrgebiet. Der eigentliche Minengürtel würde einen Streifen von ungefähr 100 mal 5 Kilometern bedecken. Hinzu kommt ein System akustischer Detektoren, die Minenexplosionen und damit Durchbruchsversuche melden. Das Minenfeld soll Eindringlingen zu Fuß ein Ausweichen verwehren und muß daher zuerst angelegt werden. In der Nähe der zur Zeit verwendeten Pfade und Rastplätze, von denen – wie wir annehmen müssen – die Minen verhältnismäßig leicht geräumt werden können, soll ein dichter angelegtes Netz von Sensoren dem Aufspüren der Gruppen von Eindringlingen dienen. Gegen solche Ziele werden sodann Luftangriffe mit Gravel und SADEYES durchgeführt. Die ausgelegten Sensoren werden 24 Stunden am Tag durch Luftpatrouillen überwacht. In betroffenen Gebieten werden neue Minen ausgelegt.
Die Fahrzeugsperre soll aus akustischen Detektoren bestehen, die in Abständen von ungefähr einer Meile entlang aller befahrbaren Wege im Sperrgebiet angebracht und aus der Luft 24 Stunden am Tag überwacht werden. Auf ein Signal hin, das sich bewegende Fahrzeuge oder Konvoys anzeigt, soll per

Leitstrahl ein Luftangriff unter Einsatz von SADEYES gegen das erkannte Ziel gelenkt werden. Die Patrouillenflugzeuge werfen während der Dämmerung sich selbst entschärfende Gravel über Teile des Straßennetzes. Es müssen Gravel-Minen sein, die sich selbst entschärfen, damit in den betreffenden Bereichen Trupps zum Minenlegen und zur Kontrolle der Wege eingesetzt werden können. Im Abstand von wenigen Tagen werden im ganzen Gebiet Luftaufklärer mit Fotoausrüstung eingesetzt, die nach neu angelegten, befahrbaren Straßen Ausschau halten, beobachten, ob der Nachschubtransport eventuell auf Träger umgestellt wurde, und überhaupt jede Veränderung innerhalb des Infiltrationssystems feststellen sollten. Es dürfte außerdem ratsam sein, die Straßen durch Bodeneinheiten verminen zu lassen, bis wirksame Minen gegen Fahrzeuge entwickelt sind, die man aus der Luft abwerfen kann.

Die Kosten dieses (doppelten) Abwehrsystems dürften jährlich rund 800 Millionen Dollar betragen, wobei der mit Abstand größte Posten auf die Anschaffung von Gravel-Minen und SADEYES entfällt. Die Grundausrüstung würde sich auf 20 Millionen Gravel-Minen und etwa 25 Millionen kleine Knopfbomben pro Monat belaufen (wobei alle Zahlen nur auf Schätzungen beruhen, die hinsichtlich des normalen Verschleißes im Einsatz und hinsichtlich des Umfangs der Infiltration angestellt wurden) ...

Außer den taktischen Maßnahmen gegen die Barriere selbst muß man noch die strategischen Alternativen berücksichtigen, die den Nordvietnamesen zur Verfügung stehen, sollte sich die Barriere als erfolgreich erweisen. Hierzu zählen: Eindringen ins Mekong-Delta; Infiltration von der See her entweder direkt nach Süd-Vietnam oder über Kambodscha; schließlich der Weg den Mekong hinunter, von Thakhek aus (das sich in den Händen des nordvietnamesischen Pathet Lao befindet) nach Kambodscha.

Überhaupt wird es sehr schwer für uns sein, festzustellen, ob und wie erfolgreich die Barriere wirklich ist, da klar erkennbare nordvietnamesische Reaktionen fehlen. Aufgrund der bereits im Nachschubsystem gespeicherten Vorräte und der allgemeinen Unsicherheit unserer Schätzungen über die Höhe der Infiltration von Menschen und Material dürfte einige Zeit vergehen, bis sich selbst bei hundertprozentigem Erfolg einer solchen Barriere erste Ergebnisse zeigen. Eine deutliche Intensivierung der Geheimdienstarbeit wird erforderlich sein, vor allem eine ständige Überwachung aller Straßen, die als Nachschubwege bekannt sind, und eine verstärkte Aufklärungstätigkeit südlich der Sperrzone.

Kapitel 9

Verteidigungsminister McNamaras Ernüchterung Oktober 1966 – Mai 1967

von Hedrick Smith

Aus der geheimen Pentagon-Studie über den Vietnamkrieg geht hervor, daß Verteidigungsminister Robert S. McNamara bereits im Oktober 1966 Präsident Lyndon B. Johnson nahelegte, die Bombenangriffe auf Nord-Vietnam einzuschränken und eine politische Lösung anzustreben. Siebzehn Monate später, am 31. März 1968, entschloß Johnson sich zu diesem Schritt.

Im Mai 1967 ging McNamara nach Auskunft der Studie sogar noch weiter und riet der Regierung Johnson, nicht länger die Garantie für ein nichtkommunistisches Süd-Vietnam zu übernehmen, sondern in Saigon eine Koalitionsregierung unter Einbeziehung des Vietkong zu akzeptieren.

Dieser in der Studie als »radikal« bezeichnete Vorschlag, die amerikanischen Kriegsziele zurückzustecken, sah außerdem vor, daß Saigon mit Angehörigen der Guerillabewegung nicht nur einen politischen Kompromiß, sondern auch einen Waffenstillstand aushandeln sollte.

An anderer Stelle wurde bereits erwähnt, daß der Krieg sämtliche Illusionen McNamaras zerstört hatte, aber wie weit er wirklich von der offiziellen Politik abwich, wird in vollem Umfang erstmals durch die Pentagon-Studie belegt, die er am 17. Juni 1967 in Auftrag gab.

Die Studie zeigt, daß McNamaras Kehrtwendung – ursprünglich war er ja ein Befürworter der Bombardierungen und noch 1965 ein überzeugter Anhänger der These, daß die amerikanische Intervention den Vietkong unter Kontrolle bringen würde – eine tiefe politische Kluft in der Regierung Johnson verursachte.

Die Studie sagt allerdings nicht ausdrücklich, daß dieser Bruch mit der offiziellen Richtung Präsident Johnson veranlaßte, ihn am 28. November 1967 als Verteidigungsminister abzulösen und für den Posten eines Präsidenten der Weltbank zu nominieren.

Doch McNamara hat selbst bestätigt, daß sein mögliches Ausscheiden aus der Regierung im Mai und August 1967 in Gesprächen mit Präsident Johnson angeschnitten wurde, und die Pentagon-Studie schildert diese beiden Monate als kritischen Punkt im internen Tauziehen um die militärische Strategie. Im Mai riet McNamara dringend zur Einschränkung des Krieges, und im August beschloß Präsident Johnson gegen den Rat seines Verteidigungsministers die Ausweitung des Luftkrieges.

So stellt sich das Kabinett Johnson seit Ende 1966 als eine zutiefst zerstrittene Regierung dar, da führende Träger ihrer Politik angesichts des sich hinschleppenden Krieges ihre Meinung geändert hatten.
Drei Lager sind zu unterscheiden: die Gruppe um McNamara – die »desillusionierten Tauben«, wie es in der Studie heißt – versuchte den Krieg einzuschränken und dann schrittweise abklingen zu lassen; die Fraktion der Militärs unter Führung der Vereinigten Stabschefs und General William C. Westmorelands, des Oberkommandierenden in Vietnam, drängten auf Ausweitung des Krieges; Präsident Johnson schließlich bezog zusammen mit leitenden Beamten des Weißen Hauses und des Außenministeriums eine Position in der Mitte.
Und alles drehte sich immer wieder um dieselben Grundprobleme: die Höhe der amerikanischen Truppenkontingente; die Wirksamkeit der Bombardierung Nord-Vietnams, die im März 1965 im beschränkten Umfang wieder einsetzte; eine eventuelle Ausweitung des Luft- und Bodenkriegs im Süden.
Seit Ende 1966 wurde Präsident Johnson, wie die Studie berichtet, von den führenden Militärs gedrängt, den Luftkrieg zu verschärfen und alliierte Invasionen in Laos, Kambodscha und sogar Nord-Vietnam ins Auge zu fassen. Wiederholt wurde der Präsident aufgefordert, Reserveeinheiten zu mobilisieren, um die für einen erweiterten Krieg erforderliche Truppenstärke zu erreichen.
Laut Pentagon-Studie reagierten die führenden Militärs auf Verteidigungsminister McNamaras Vorschlag, den Luftkrieg einzuschränken, mit »schärfster Ablehnung«, und »bombardierten« ihn mit Vorwürfen. Nach Auskunft der Studie warnte General Earle G. Wheeler, der Vorsitzende der Vereinigten Stabschefs, am 24. Mai 1967 vor einer Beschränkung der Bombardierungen auf das Gebiet südlich des 20. Breitengrades; daraus würde ein »Dien Bien Phu in der Luft« entstehen, ein Hinweis auf die katastrophale französische Niederlage im Mai 1954 kurz vor den Verhandlungen, die dann den Krieg in Indochina beendeten.
Die Vereinigten Stabschefs sahen in McNamaras Gesamtstrategie ein »alarmierendes Konzept«, das ihrer Meinung nach die gesamten amerikanischen Kriegsbemühungen untergraben würde.
Ihre schärfste Kritik richtete sich gegen das Memorandum des Verteidigungsministers an Präsident Johnson vom 19. Mai 1967. Dieses Papier zeichnete ein entmutigendes Bild der militärischen Lage und wies warnend auf die ständig wachsende Besorgnis der amerikanischen Öffentlichkeit über diesen Krieg hin:
»Es scheint uns an der Zeit, jede Unklarheit über unsere Ziele und Verpflichtungen in Vietnam zu beseitigen. Vor allem müssen zwei

Grundsätze formuliert und sowohl die Politik als auch alle Maßnahmen darauf abgestimmt werden: 1. Es ist lediglich unsere Pflicht, dafür zu sorgen, daß das südvietnamesische Volk über seine eigene Zukunft frei entscheiden darf. 2. Diese Verpflichtung endet da, wo das Land aufhört, sich selbst zu helfen.

Daraus folgt, daß wir trotz aller hochfliegenden Erwartungen nicht verpflichtet sind:

... dafür zu sorgen, daß eine bestimmte Person oder Gruppe an der Macht bleibt oder daß diese Macht sich bis in den letzten Winkel des Landes erstreckt (obwohl wir natürlich bestimmte Leute bevorzugen und erwarten, daß sie ganz Süd-Vietnam kontrollieren werden).

... dafür zu garantieren, daß die selbstgewählte Regierung eine nichtkommunistische ist (obwohl wir daran glauben und es auch stark hoffen), und

... darauf zu bestehen, daß das unabhängige Süd-Vietnam von Nord-Vietnam getrennt bleibt (obwohl wir diesen Zustand auf kurze Sicht vorziehen würden).« Die Klammern stehen im Memorandum.

Insbesondere forderte der Minister im September 1967, nach den Präsidentschaftswahlen in Süd-Vietnam die Regierung in Saigon »zu bewegen, eine politische Übereinkunft mit den nichtkommunistischen Mitgliedern der NLF (National Liberation Front oder Vietkong) anzustreben, die Möglichkeiten eines Waffenstillstands zu erkunden und sich um eine Einigung mit den nichtkommunistischen Südvietnamesen zu bemühen, die mit dem VC kooperieren; sie als Mitglieder einer politischen Oppositionspartei zu akzeptieren und, falls erforderlich, sich auch mit ihrer persönlichen Beteiligung an der Regierung abzufinden; alles in allem also eine Regelung anzustreben, die Angehörige des VC aus militärischen Feinden in politische Gegner verwandelt«.

McNamara räumte als offenkundigen Nachteil zwar »die angeblichen Auswirkungen auf den Ruf der Vereinigten Staaten und ihres Präsidenten« ein, erklärte jedoch, daß »die Schwierigkeiten dieser Strategie geringer« seien »als die jeder anderen Alternative«.

Präsident Johnson sprach sich nach Auskunft der Studie für eine Position der Mitte, eine allmähliche Eskalation aus – die Studie nennt es »die langsame Daumenschraube« – und lehnte sowohl den von den Vereinigten Stabschefs geforderten »harten Schlag« als auch das Umschwenken auf die von McNamara befürwortete politische und militärische Verständigung ab.

Die Studie findet es »nicht überraschend«, daß der Präsident McNamaras Plan ablehnte, da er gezwungen war, »die Militärs bei jedem neuen Kurs der US-Politik in Südostasien ›bei der Stange‹ zu halten«. Damit sollte offenbar auf gerade kursierende Gerüchte angespielt werden, daß

einige hohe Offiziere mit ihrem Rücktritt gedroht hätten, falls McNamaras Politik sich durchsetzen sollte.
Da Präsident Johnson keine der beiden extremen Gruppen zufriedenstellen konnte, »befand er sich in der unangenehmen Lage, mit seinem sorgsam abgestimmten mittleren Kurs weder den Falken noch den Tauben unter seinen Kritikern einen Gefallen tun zu können«, versichert die Studie.
Während dieser ausgedehnten internen Debatte standen Fragen wie das Kräfteverhältnis der Bodentruppen und die zivilen Verluste des Luftkriegs bei einigen Politikern sehr viel mehr im Vordergrund, als die Regierung offiziell eingestehen mochte.
Ende 1966 riefen Presseberichte aus Hanoi in der Öffentlichkeit »eine erregte Debatte« über diese zivilen Verluste hervor. CIA legte einen inoffiziellen Bericht über die Bombenangriffe der Jahre 1965 und 1966 vor, der die getöteten Zivilisten in Nord-Vietnam, nach Auskunft der Pentagon-Studie, auf annähernd 29 000 schätzt – eine Zahl, die weitaus höher liegt als die von Hanoi selbst genannte.
Die Pentagon-Studie enthüllt ferner, daß Anfang 1967 die sich immer mehr festfahrenden Landoperationen hohen Beamten und zuweilen sogar Präsident Johnson selbst große Sorgen bereiteten.
Am 27. April traf sich der Präsident laut Pentagon-Studie mit den Generälen Westmoreland und Wheeler, die ihn drängten, Westmorelands Forderung nach 200 000 weiteren Soldaten zu bewilligen – ein Wunsch, den die beiden Offiziere ungefähr ein Jahr später noch einmal äußerten –, aber Johnson zögerte.
Diese Diskussion wurde in einem Protokoll festgehalten, das sich in den Akten des Pentagons fand und in der Studie zitiert wird. (Siehe Dokument Nr. 125)
»Wenn wir weitere Divisionen entsenden, wird der Feind dann nicht auch neue Divisionen aufstellen?« fragte der Präsident. »Und wenn ja, wo soll das enden?«
Nachdem General Westmoreland zugegeben hatte, daß der Gegner die amerikanischen Verstärkungen wahrscheinlich wieder wettmachen werde, äußerte Präsident Johnson die Sorge, Hanoi könnte das kommunistische China um Hilfe bitten.
Er fragte: »An welchem Punkt des Krieges wird der Feind um Freiwillige ersuchen?«
Darauf wurde als einzige Antwort General Westmorelands im Protokoll festgehalten: »Das ist eine gute Frage.«
Eine echte Begrenzung der amerikanischen Truppenstationierung ergab sich, wie die Studie mehrfach feststellt, in erster Linie dadurch, daß Präsident Johnson sich weigerte, auf Drängen der führenden Militärs hin den Kongreß um eine Mobilisierung von Reserveeinheiten –

sowohl gediente Soldaten außer Dienst als auch organisierte Einheiten von Reservisten – zu bitten.
Die Mobilisierung wurde zu einer »politischen Schallmauer«, die Präsident Johnson nicht durchbrechen wollte.

Ein pessimistischer Bericht

Für McNamara und seinen einflußreichen Adjutanten John T. McNaughton, Staatssekretär für Fragen der internationalen Sicherheit im Verteidigungsministerium, kam es im Oktober 1966 zum ersten offenen Zusammenstoß mit dem vorherrschenden Trend der Vietnampolitik, da ihre Zweifel im letzten Jahr immer größer geworden waren.
Bereits im November 1965, acht Monate nach dem Entschluß Amerikas, auch Bodentruppen einzusetzen, machte der Verteidigungsminister Präsident Johnson darauf aufmerksam, daß auch die von ihm bewilligten umfangreichen Verstärkungen »den Erfolg nicht garantieren könnten«.
Im Januar 1966 brachte McNaughton, der dritthöchste Beamte im Pentagon, die Befürchtung zum Ausdruck, daß die Vereinigten Staaten sich auf ein »eskalierendes militärisches Gleichgewicht« eingelassen hätten.
Mitte Oktober kehrte McNamara verstört von einer Reise nach Süd-Vietnam zurück. Eine Gruppe Vietkongs, die erst wenige Stunden vor seiner Ankunft in Saigon entdeckt worden war, hatte ein Attentat auf ihn geplant. Hierauf spielte er offenbar in seinem Bericht für den Präsidenten an: »Volle Sicherheit existiert nirgends, nicht einmal hinter den Linien der US-Marineinfanterie oder in Saigon oder auf dem Land, das der Feind bei Nacht fast völlig kontrolliert.« (Siehe Dokument Nr. 118)
Die Pentagon-Studie stellt fest, daß McNamara in seinem Memorandum vom 14. Oktober erstmals eine drastische Kürzung der angeforderten militärischen Verstärkungen empfahl. Derartige Forderungen waren bislang in Washington nämlich beinahe automatisch bewilligt worden.
Im September 1966 hatte sich US-Admiral Grant Sharp, Oberkommandierender der amerikanischen Streitkräfte im Pazifik, im Namen von General Westmoreland für eine Verstärkung der vorgesehenen amerikanischen Truppen in Süd-Vietnam von 445 000 auf 570 000 Mann bis Ende 1967 eingesetzt. Die tatsächliche Stärke betrug damals 325 000 Mann und wurde ständig erhöht.
Am 7. Oktober forderten die Vereinigten Stabschefs eine »radikale« Mobilisierung von 688 500 Reservisten des Heeres, der Marine, der Luftwaffe und der Marineinfanterie, um so größere Truppenkontingente für Süd-Vietnam bereitzustellen und außerdem die Streitkräfte überall auf der Welt auszubauen.

In seinem Memorandum vom 14. Oktober teilte McNamara dem Präsidenten mit, er sei »etwas weniger pessimistisch« als vor einem Jahr, da die Alliierten »den Kommunisten die militärische Initiative entrissen« und den totalen Zusammenbruch in Saigon verhindert hätten. Er fügte aber auch hinzu, daß man hierdurch den angestrebten Zielen – »Zersetzung der feindlichen Moral und politische Leistungen« der südvietnamesischen Regierung – noch keineswegs näher gekommen ist.

Hinsichtlich der Bemühungen Saigons um mehr Rückhalt im Volk ließ McNamara nichts von der Zuversicht erkennen, die hohe US-Beamte zu Beginn der sechziger Jahre glauben ließ, die bloße Anwesenheit von Amerikanern werde die Südvietnamesen auf zivilem und militärischem Gebiet wieder in den Sattel heben.

»Es ist eine entmutigende Wahrheit«, stellte er fest, »daß wir jetzt ebensowenig wie 1961, 1963 und 1965 die Formel, den Katalysator, gefunden haben, die Südvietnamesen zu politisch wirkungsvollen Maßnahmen anzuleiten.«

Die ernsthaften Bemühungen um eine Erweiterung der Regierungskontrolle auf dem Lande faßte er wie folgt zusammen:

»Die Befriedung hat eher noch einen Rückschlag erlitten. Im Vergleich zum Stand vor zwei oder vier Jahren sind sowohl die regulären lokalen Streitkräfte als auch die zeitweilig eingesetzten Guerillaverbände zahlenmäßig stärker geworden. Überfälle, Terrorakte und Sabotage haben an Umfang und Intensität zugenommen; es werden mehr Eisenbahnen und Straßen blockiert; die zu erwartende Reisernte ist geringer; wir kontrollieren nur den kleineren Teil der Bevölkerung ... Alles in allem befinden wir uns ... in keiner besseren, sondern höchstens in einer schlechteren Position.«

Dann wandte er sich dem Luftkrieg zu: »Das Programm *Rollender Donner* hat mit der Bombardierung des Nordens weder die Infiltration fühlbar beeinflußt noch Hanois Moral gebrochen.«

Im wesentlichen liefen McNamaras Empfehlungen darauf hinaus, daß die Vereinigten Staaten »in aller Öffentlichkeit für einen längeren Krieg rüsten« sollten, anstatt General Westmorelands »Fleischwolf-Strategie«, wie die Pentagon-Studie es nennt, zu verfolgen: den Versuch, die feindlichen Soldaten rascher zu töten, als sie durch neue Rekruten oder Nachschub aus Nord-Vietnam ersetzt werden können.

In seinem Memorandum setzte der Verteidigungsminister sein Programm auseinander:

»Die Verstärkung der US-Truppen einschränken« – 1967 auf eine Gesamtzahl von 470 000 Mann: 25 000 mehr als geplant, aber 100 000 weniger als von der Militärführung angefordert.

»Eine Barriere errichten«, um die Infiltration südlich der entmilitarisierten Zone zwischen Nord- und Süd-Vietnam zu stoppen, sowie die

feindlichen Nachschublinien des Ho-Chi-Minh-Pfades und des gebirgigen Teils von Laos abzuschneiden. Diese elektronische Barriere sollte ungefähr eine Milliarde Dollar kosten.
»Das Programm *Rollender Donner* gegen Nord-Vietnam stabilisieren«, und zwar auf der gegenwärtigen Höhe von zwölftausend Starts monatlich, denn »eine so weitgehende Bombardierung des Nordens, daß ein entscheidender Einfluß auf Hanois politische, wirtschaftliche und soziale Struktur zu verzeichnen wäre, würde einen Aufwand erfordern, den wir zwar verkraften könnten, den aber weder unser eigenes Volk noch die Weltöffentlichkeit schlucken würde; außerdem wäre damit das ernste Risiko einer bewaffneten Auseinandersetzung mit China verbunden«.
»Ein intensives Befriedungsprogramm verfolgen«, was »drastische Änderungen« in der Haltung der südvietnamesischen Verwaltungs-, Polizei- und Militärbeamten erfordern würde, um sicherzustellen, daß sie »in den umstrittenen Gebieten bleiben . . ., sich anständig benehmen und . . . einige Achtung für das Volk an den Tag legen«.
»Schritte zu unternehmen, die unsere Friedensgesten in den Augen des Gegners glaubwürdiger machen«, und zwar sowohl auf politischem als auch auf militärischem Gebiet.
Neben anderen Maßnahmen empfahl er »zu erwägen«, ob man »die Bombenangriffe gegen Nord-Vietnam nicht ganz einstellen«, oder wenigstens »das Hauptgewicht von den ›Zonen 6 A und 6 B‹, zu denen Hanoi, Haiphong sowie die Gebiete nördlich dieser beiden Städte bis zur chinesischen Grenze gehörten, weg und auf die Nachschubrouten in den ›Zonen 1 und 2‹ (den südlichsten Teil Nord-Vietnams einschließlich des Mugia-Passes) auf Laos und Süd-Vietnam hin verlagern sollte«. Auch die Klammern sind in McNamaras Notiz enthalten.
Auf politischem Gebiet empfahl er Bemühungen um »eine Absplitterung des vc von Hanoi« und die »Entwicklung eines realistischen Planes, der dem vc eine Rolle in den Verhandlungen, im Nachkriegsleben und in der Regierung des Landes zuweist«.

Der Führungsstab wehrt sich

Die offizielle Politik der Regierung Johnson war gegen Verhandlungen mit dem Vietkong oder seine Anerkennung gerichtet. Der Vorschlag für einen politischen Kompromiß, den Senator Robert F. Kennedy am 19. Februar 1966 vorbrachte – Beteiligung des Vietkong »an Macht und Verantwortung« in Saigon –, war von Vizepräsident Hubert H. Humphrey rasch abgelehnt worden. Humphrey erklärte, damit würde man »den Bock zum Gärtner machen, und schon bald wären keine Kohlköpfe mehr übrig«.

McNamara war skeptisch und glaubte nicht an eine rasche Lösung; er erklärte Präsident Johnson in seinem Memorandum: »Die Aussichten, daß der Krieg innerhalb der nächsten zwei Jahre zu einem zufriedenstellenden Abschluß gebracht werden kann, sind äußerst schlecht. Das läßt sich vermutlich weder durch großangelegte Operationen noch durch Verhandlungen ändern.«

Es liegen keine Hinweise dafür vor, daß auch andere Regierungsstellen aufgefordert wurden, sich formell zu äußern. Allerdings wurde McNamaras Bericht ganz allgemein von Staatssekretär Nicholas B. Katzenbach unterstützt, der den Verteidigungsminister nach Saigon begleitet hatte. Eine Anmerkung am Ende von McNamaras Bericht sagte: »Mr. Katzenbach und ich haben viele der hier enthaltenen wichtigsten Folgerungen und Empfehlungen besprochen – der Bericht drückt im allgemeinen, wenn auch nicht in Einzelheiten, seine Ansichten ebenso aus wie die meinen.«

Die Reaktion der Vereinigten Stabschefs auf McNamaras Vorschläge vom 14. Oktober kam, wie die Pentagon-Studie berichtet, »voraussehbar prompt – und heftig«. Der Führungsstab hatte offenbar einen Tip erhalten und am selben Tag ein eigenes Memorandum für McNamara und den Präsidenten vorbereitet. (Siehe Dokument Nr. 119)

Dieses Papier, das in der Pentagon-Studie ausführlich zitiert wird, hielt zwar auch einen lang andauernden Krieg für wahrscheinlich, widersprach jedoch McNamaras vorsichtiger Einschätzung der militärischen Lage, die sich in den Augen der Militärs »im Verlauf des vergangenen Jahrs erheblich verbessert« hatte. Sie nahmen besonderen Anstoß daran, daß McNamaras Dokument das nicht berücksichtigte, was sie »die langfristige Wirkung ständiger blutiger Verluste auf die Moral des Vietkong und der nordvietnamesischen Armee sowie auf die Entschlossenheit ihrer politischen und militärischen Führung« nannten.

Die Vereinigten Stabschefs verwarfen McNamaras Vorschlag, die Bombardierungen einzuschränken oder einzustellen, um einen Anreiz für Verhandlungen zu bieten. Die Bombenangriffe, so erklärten sie, seien eine »Trumpfkarte«, die man nicht ohne entsprechende Gegenleistung, wie beispielsweise »einer Beendigung der nordvietnamesischen Aggression in Süd-Vietnam«, aus der Hand geben dürfte. Anstelle einer Einschränkung oder Begrenzung befürworteten sie einen »harten Schlag« gegen militärische Ziele und gegen die Rüstungsindustrie in Nord-Vietnam.

Was die »politischen Vorteile« einer allmählichen Verstärkung des Drucks auch sein mögen, sagten sie:

»Wir haben uns der militärischen Wirkung eines harten Schlags und der Überraschung begeben und dem Feind Zeit gelassen, sich der allmählichen quantitativen und qualitativen Zunahme des Drucks anzupassen. Damit soll nicht gesagt sein, daß es zu spät wäre, aus einem wirkungsvolleren und ausgedehnteren Einsatz unserer Luft- und Marineüberlegenheit noch militärischen Nutzen zu ziehen.«

Was die Vereinigten Stabschefs in ihrem Memorandum vom 14. Oktober empfahlen – und was sie im großen und ganzen zwar bewilligt bekamen, wenn auch nur Schritt für Schritt –, war ein Bombardierungsprogramm, das folgende Auswirkungen haben sollte:

»Eine Einengung der bisher verschonten Gebiete um Hanoi und Haiphong, die Genehmigung von Angriffen gegen das Stahlwerk (in Thainguyen) und den Bahnhof von Hanoi, die Wärmekraftwerke, ausgewählte Bereiche innerhalb des Hafens von Haiphong und anderer Häfen, ausgewählte Schleusen und Dämme, die bestimmte Wasserstraßen kontrollieren, Stellungen von Luftabwehrraketen innerhalb der noch verbleibenden Wohngebiete von Hanoi und Haiphong sowie der Öl-, Treibstoff- und Schmierstoffdepots in Haiphong, Hagia (Phucyen) und Canthon (Kep).«

Die Vereinigten Stabschefs wiesen darauf hin, daß die von McNamara vorgeschlagene amerikanische Gesamttruppenstärke von 470 000 Mann »erheblich kleiner« sei als die von General Westmoreland und Admiral Sharp empfohlenen Kontingente. Am 4. November, so erinnert die Studie, hätten sie eine Ausweitung auf 493 969 Mann bis Ende 1967 und die allmähliche Verstärkung auf 555 741 Mann empfohlen. Sie erläuterten auch die von ihnen bevorzugte Strategie, zu der ein Wegfall politischer Einschränkungen gehörte:

»Das Konzept erläutert die Vorbereitung auf Operationen, die noch nicht bewilligt wurden, wie zum Beispiel die Verminung von Häfen, eine Marineblockade, Störangriffe und Überfälle auf den Feind in Kambodscha und Laos sowie gewisse Sondereinsätze.«

Doch während einer Konferenz der alliierten Mächte in Manila vom 23. bis 25. Oktober wurde deutlich, daß General Westmoreland etwas gespürt hatte, das die Pentagon-Studie so ausdrückt: »McNamara und Johnson waren zu diesem Zeitpunkt weder aus politischer noch aus militärischer Sicht von einer kostspieligen Truppenverstärkung begeistert und ebensowenig von den ernsten politischen Risiken einer Grenzüberschreitung und ausgedehnter Luftoperationen.«

Die Gespräche des Generals mit Präsident Johnson über diese Fragen »bleiben Geheimnis«, wie die Pentagon-Studie sagt. Dafür hatte der General zwei Unterredungen mit Staatssekretär McNaughton, der McNamara am 26. Oktober berichtete, General Westmoreland habe seine Truppenanforderungen auf 480 000 Mann bis Ende 1967 und 500 000 Mann bis Ende 1968 zurückgeschraubt.

Nach McNaughtons Bericht, der in der Studie zitiert wird, erklärte

General Westmoreland, diese Streitkräfte würden ausreichen, »selbst wenn die Infiltrationen im verstärktem Maße weitergingen«. Aber er wünschte eine Einsatzreserve in Höhe von ungefähr zwei Divisionen im Pazifikraum. Sie sollten eine Mannschaftsstärke von 50 000 bis 75 000 Mann haben.

Der Zeitpunkt für eine Entscheidung kam praktisch am Vorabend der Kongreßwahlen vom 8. November. Obgleich der Krieg, nach Aussage des Pentagon-Berichts, in den meisten Wahlbezirken nicht das zentrale Problem darstellte, hatte sich Präsident Johnson auf der Manila-Konferenz eine Erklärung über den späteren Rückzug der Alliierten beschafft, die einen günstigen Eindruck auf die amerikanischen Wähler machen sollte.

Das am 25. Oktober herausgegebene Schlußkommuniqué der Manila-Konferenz beteuerte, »die alliierten Streitkräfte würden spätestens innerhalb von sechs Monaten aus Vietnam« zurückgezogen, sobald die andere Seite »ihre eigenen Streitkräfte nach Nord-Vietnam zurückzieht, die Infiltration beendet und damit die Kampfhandlungen abklingen läßt«.

Aus McNaughtons Anmerkungen geht hervor: »Der Präsident war entschlossen, diesen Passus einschließlich der Frist von ›sechs Monaten‹ hineinzubekommen (gegen den Widerspruch des Außenministeriums, während ich ihn unterstützte).«

Drei Tage vor den Wahlen erklärte Verteidigungsminister McNamara auf einer Pressekonferenz in Johnson City, Texas, das amerikanische Truppenkontingent in Süd-Vietnam werde 1967 »wesentlich langsamer« zunehmen als 1966; die Zuwachsrate hatte damals 200 000 Mann betragen.

Aus der Pentagon-Studie geht hervor, daß dieser Stationierungsbeschluß am gleichen Morgen während einer Besprechung mit dem Präsidenten gefallen war, nachdem er wochenlang genau untersucht und debattiert worden war – aber McNamara wollte den Reportern keine Zahlen nennen. Auf ihre Fragen antwortete er nur: »Ich kann Ihnen darüber keine Auskunft erteilen. Es liegen uns noch keine detaillierten Pläne vor.«

Der Minister machte auch keine Andeutung hinsichtlich seiner Ernüchterung über den Krieg, die in seinem vertraulichen Bericht vom 14. Oktober an den Präsidenten zum Ausdruck gekommen war. Statt dessen verbreitete er sich über den alliierten Erfolg bei der Verhinderung einer kommunistischen Machtübernahme, mit der man ein Jahr zuvor gerechnet hatte. Während McNamara vertraulich über die Mobilisierung der feindlichen Kräfte und die amerikanische Unfähigkeit gesprochen hatte, der Regierung in Saigon auf die Beine zu helfen, zitierte er in der Öffentlichkeit Vernehmungsprotokolle von Gefangenen, aus

denen hervorging, daß die gegnerische Moral im Absinken begriffen war.
Die Entscheidung über die Truppenverstärkungen wurde den Vereinigten Stabschefs am 11. November offiziell mitgeteilt. Nach Aussage der Pentagon-Studie erklärte ihnen McNamara, das neue Ziel wären insgesamt 469 000 Mann per 30. Juni 1968 – das war nicht nur weniger, als General Westmoreland in seiner revidierten Anforderung auf der Manila-Konferenz verlangt hatte, sondern es bedeutete selbst gegenüber McNamaras eigener Prognose von Mitte Oktober eine wesentlich verlangsamte Mobilisierung.
Wie die Pentagon-Studie erklärt, zeichnete sich die Stationierungsdebatte von 1966 besonders dadurch aus, daß der Präsident zum erstenmal General Westmoreland ein energisches »Nein« entgegensetzte. Darüber hinaus hatte Minister McNamara in seinem Memorandum vom Oktober strategische Alternativen gegenüber den Plänen des Militäroberbefehlshabers vorgebracht. »Von diesem Zeitpunkt an«, bemerkt die Pentagon-Studie, »wurde das Urteil der Militärs über die Art der Kriegführung und über die erforderlichen Mittel in Frage gestellt.«
Am 17. November ging McNamara noch einen Schritt weiter, indem er General Westmorelands Zermürbungsstrategie anzweifelte. In einer Notiz an den Präsidenten berichtete McNamara von Berechnungen des Pentagons, nach denen die bisherigen amerikanischen Verstärkungen dem Feind keinen so hinreichend deutlichen Anstieg an Verlusten zugefügt hatten, daß weitere große Erhöhungen der Truppenkontingente zu rechtfertigen wären. (Siehe Dokument Nr. 120)
McNamara gab Berichte von Leistungsexperten (efficency experts) des Pentagons wieder, nach denen zwischen 1965 und 1966 »die feindlichen Verluste um 115 pro Woche stiegen, und zwar innerhalb einer Periode, in der die eigene Truppenstärke um 166 000 Mann erhöht wurde; das bedeutet eine Zunahme um etwa 70 gefallene Feinde pro 100 000 Mann eigene Truppenstärke ... Nichts deutet darauf hin, daß diese Situation durch eine Erhöhung des Truppenkontingents über die von mir empfohlenen 470 000 Mann hinaus wesentlich verändert würde.«
Er fuhr fort: »Darüber hinaus ist es durchaus möglich, daß unsere eigenen Schätzungen die Verluste des Vietkong und der nordvietnamesischen Armee überhöht darstellen. So verlieren Vietkong und Nordvietnamesen offenbar nur etwa ein Sechstel so viel Waffen wie Menschen, was auf die Möglichkeit hindeutet, daß viele der Getöteten entweder unbewaffnete Lastträger oder unbeteiligte Zuschauer sind.«
Einen ähnlichen Bericht erstattete er über den Luftkrieg. »Beim Ausmaß der gegenwärtigen Einsätze bin ich der Überzeugung, daß unsere Bombenangriffe nur ein so geringes Resultat erbringen, daß die Verluste an Piloten und Maschinen nicht gerechtfertigt sind. Trotz der Kampagne,

die beim gegenwärtigen Stand mindestens zweihundertfünfzig Millionen Dollar im Monat kostet, ist keine spürbare Auswirkung auf den Krieg in Süd-Vietnam zu verzeichnen.«

Aber Präsident Johnson wies McNamaras Empfehlungen zu einer Einschränkung des Bombenkriegs zurück. Aus der Studie geht hervor, daß der Pessimismus des Verteidigungsministers hinsichtlich des Krieges von einigen Beamten des Weißen Hauses wie zum Beispiel Walt B. Rostow und Robert W. Komer, beides Sonderberater des Präsidenten, nicht geteilt wurde.

Wie die Studie zeigt, wurde hinsichtlich des Luftkriegs nur eine einzige Änderung vorgenommen: der Präsident bewilligte mit Wirkung vom Februar 1967 die Erhöhung der B 52-Einsätze von 60 auf 800 monatlich und entsprach damit einer Forderung Admiral Sharps und der Vereinigten Stabschefs.

Zum Jahresende war der Luftkrieg der Hauptstreitpunkt geworden. Die Bombardierungen stießen in der Öffentlichkeit auf immer heftigere Kritik. Berichte, die Harrison E. Salisbury, stellvertretender Chefredakteur der *New York Times*, aus Hanoi schickte, führten, wie die Pentagon-Studie hinzufügt, zu einer »explosiven Debatte über die Bombardierung«.

»Seine Depeschen wirkten besonders aufwühlend«, erklärt die Studie, da er sich in Nord-Vietnam aufhielt, als die Bombenangriffe nahe an Hanoi heranrückten. Am 25. November 1966 berichtete Salisbury aus Namdinh, daß bei dem Bombenangriff 89 Personen getötet und 405 verletzt worden seien. Presseberichte aus Washington gaben die Behauptung verärgerter Beamter wieder, Salisbury übertreibe den auf zivilem Sektor angerichteten Schaden.

Aber schon bald schätzten auch die Geheimdienstexperten der Regierung insgeheim die zivilen Verluste in Nord-Vietnam weitaus höher ein, als aus den Meldungen von Salisbury oder William C. Braggs, Redakteur der *Miami News*, der später Hanoi besuchte, hervorging.

Im Januar 1967 schätzte der CIA nach Angabe der Pentagon-Papiere die militärischen und zivilen Verluste Nord-Vietnams durch den Luftkrieg auf 13 000 im Jahre 1965, 23 000–24 000 im Jahre 1966 – »etwa achtzig Prozent Zivilisten«. Alles in allem bedeutete das beinahe 29 000 tote Zivilpersonen in einem Luftkrieg, der während der nächsten fünfzehn Monate noch ausgedehnt werden sollte.

Die Studie berichtet, daß die Gesamtzahl aller im Rahmen der Operation *Rollender Donner* gegen Nord-Vietnam geflogenen Einsätze von 55 000 im Jahr 1965 auf 148 000 im Jahre 1966 anstieg; das Gewicht der abgeworfenen Bomben erhöhte sich von 33 000 auf 128 000 Tonnen, die Anzahl der verlorengegangenen Maschinen von 171 auf 318, die unmittelbaren Kosten der Operation von 460 Millionen auf 1,2

Milliarden Dollar. Trotzdem führt die CIA-Analyse an, daß die Bombenangriffe 1966 »kaum mehr erreichten als 1965«.

Nach dem Bericht war das Hauptresultat der Bombenangriffe, die am 2., 4., 13. und 14. Dezember gegen den bisher ausgesparten Dreißig-Meilen-Schutzgürtel um die Hauptstadt geführt wurden, »das Abschneiden eines offensichtlichen Friedensfühlers von Hanoi«.

Die vom Pentagon gegebene Darstellung dieses diplomatischen Manövers, dem das Außenministerium den Decknamen *Marigold* gab, ist angeblich im diplomatischen Teil der Pentagon-Studie enthalten, der der *New York Times* nicht ausgehändigt wurde. Die Autoren anderer Abschnitte stützten sich auf Presseberichte und auf das Buch *The Secret Search for Peace* von David Kraslow und Stuart Loory von der *Los Angeles Times.*

Aus der Studie geht hervor, daß die polnischen Mitglieder der Internationalen Kontrollkommission für Vietnam sich bemüht hatten, Anfang Dezember 1966 Gespräche zwischen Vertretern Amerikas und Nord-Vietnams in Warschau zu arrangieren.

Dazu bemerkt die Pentagon-Studie: »Als im Dezember versehentlich auch Angriffe gegen Hanoi geflogen wurden, ergaben sich bei den Versuchen zur Eröffnung von Gesprächen Schwierigkeiten. Ein verspäteter Versuch, das angeschlagene Selbstbewußtsein der Nordvietnamesen zu besänftigen, schlug fehl, und formelle Gespräche kamen nicht zustande.« Damit wird auf Präsident Johnsons Entscheidung zur teilweisen Wiederherstellung des nicht bombardierten Schutzgürtels rings um Hanoi angespielt. Der Analytiker erläutert nicht, warum er die Angriffe als ein Versehen betrachtet.

Die Studie geht auf die öffentliche Empörung über die Bombenangriffe ein und bemerkt, daß das Jahr 1966 »für den Präsidenten unter ungünstigen Vorzeichen zu Ende ging«.

»Erst zwei Monate zuvor hatte er dem Drängen der Militärs nach einer größeren Eskalation des Krieges im Norden widerstanden und sich der gemäßigten Haltung des Verteidigungsministers angeschlossen«, fährt die Studie fort. »Und nun wurden einige versehentlich gegen das Gebiet von Hanoi geflogene Luftangriffe zu einem beträchtlichen Verlust an Ansehen in der ganzen Welt aufgebauscht.«

Ausweitung des Krieges gefordert

Mit Beginn des Jahres 1967, so erklärt die Studie, kam es innerhalb der Regierung Johnson zu »einem offenen Kampf zwischen den Befürwortern eines wesentlich erweiterten Luftkriegs gegen Nord-Vietnam, dem man zu Recht die Bezeichnung ›strategisch‹ hätte geben können, und den desillusionierten Tauben, die im Interesse größerer Erfolge auf dem

Wege zum Frieden ein Nachlassen, wenn nicht gar eine völlige Einstellung der Bombardierungen verlangten«.

»Die Falken«, fährt die Studie fort, »waren natürlich in erster Linie bei den Militärs zu finden. Aber in Kriegszeiten ist ihre Macht und ist ihr Einfluß auf eine bedrängte Regierung unverhältnismäßig groß. McNamara war, unterstützt von John McNaughton ..., der Hauptbefürworter einer Reduzierung der Bombenangriffe. In der unsicheren Mitte bewegten sich an verschiedenen Punkten der Debatte William P. Bundy, Staatssekretär für fernöstliche Angelegenheiten im Außenministerium, Harold Brown, Staatssekretär für die Luftwaffe, und vor allen Dingen der Präsident selbst. Von rechts und links unter Beschuß genommen, bemühte er sich verbissen, einen gemäßigten Kurs zu steuern, im späten Frühjahr allmählich zu eskalieren, aber im Sommer die Kurve wieder abflachen zu lassen.«

Mit Ausnahme eines diplomatischen Zwischenspiels während der Feuerpause anläßlich des Tet-Festes Anfang Februar hielten, wie die Pentagon-Studie berichtet, die Forderungen nach einer Ausweitung des Krieges an.

Rostow, der Sonderberater des Präsidenten für die Nationale Sicherheit, erklärte beispielsweise in einem Memorandum vom 12. Dezember, nach seiner Ansicht hätte sich die militärische Lage der Alliierten im Jahre 1966 »sehr verbessert«, und er sagte für Ende 1967 eine alliierte Überlegenheit, wenn nicht gar einen potentiellen Sieg voraus.

Im Kongreß wurde das Militär, wie die Studie berichtet, durch Senator John C. Stennis, den Vorsitzenden des einflußreichen Senatsausschusses für die Verteidigungsbereitschaft, unterstützt. Am 18. Januar erklärte der Demokrat aus Mississippi, man solle General Westmorelands Nachschubforderungen bewilligen, »selbst wenn dafür eine Mobilisierung oder Teilmobilisierung erforderlich werden sollte«.

Von Saigon aus drängte General Westmoreland Washington, die bereits zugesagten Truppentransporte zu beschleunigen. Zur Begründung seines Ansuchens beschrieb General Westmoreland, wie es in der Pentagon-Studie heißt, das Anwachsen der feindlichen Streitkräfte bis zum 2. Januar:

»... 9 Divisionshauptquartiere, 34 Regimentshauptquartiere, 152 Kampfbataillone, 34 Hilfsbataillone, 196 selbständige Kompanien und 70 selbständige Stoßtrupps, zusammen etwa 128 600 Mann, dazu mindestens 112 800 Mann Miliz und mindestens 39 175 politische Kader ... Das bedeutet für 1966, trotz der bekannt gewordenen Verluste, einen Stärkezuwachs um etwa 42 000 Mann.«

Für die Alliierten, so erklärte er, ergebe sich daraus die Gefahr, daß in jeder der drei Militärregionen nördlich von Saigon »der Feind jederzeit ausgewählte Ziele ... bis zu Divisionsstärke angreifen kann«, das entspräche ungefähr 10 000 Mann.

Während der Bombardierungspause, die von den Vereinigten Staaten zum Tet-Fest vom 8. bis 12. Februar angeordnet wurde, erreichte die diplomatische Aktivität einen Höhepunkt. In London traf sich Premierminister Harold Wilson auf Bitten von Präsident Johnson mit dem sowjetischen Ministerpräsidenten Alexej N. Kossygin, um mit ihm gemeinsam einen Weg zur endgültigen Einstellung der Bombardierungen und zur Eröffnung von Friedensgesprächen zu finden.

Dann wurde am 13. Februar nach einer Pause von fast sechs Tagen die Bombardierung Nord-Vietnams wieder aufgenommen. Wie Johnson erklärte, hatte er diese Entscheidung auf Grund des beispiellosen Umfangs der nordvietnamesischen Nachschubtätigkeit getroffen.

Wilsons Memoiren *The Labour Government, 1964–70: A Personal Record,* die vor zwei Monaten in Auszügen in der *Sunday Times* in London und im Magazin *Life* erschienen sind, gaben Präsident Johnson die Schuld für das Scheitern der Verhandlungen und warfen ihm vor, er hätte im letzten Augenblick für eine Einstellung der Bombardierungen dadurch neue Bedingungen gestellt, daß er als Vorleistung das Ende der feindlichen Infiltration verlangt hätte.

Nach Wilsons Angabe war dies eine »völlige Umkehrung« des Angebots, das er im Auftrag Washingtons zunächst über Kossygin an Hanoi weiterleiten sollte: ein Geheimabkommen, nach dem zuerst die Bombenangriffe eingestellt würden, dann, an zweite Stelle, die Infiltration und an dritter Stelle die amerikanischen Truppenverstärkungen.

Die der *New York Times* zur Verfügung gestellten Teile der Pentagon-Studie geben keinen Einblick in die Gründe, aus denen heraus Johnson seine Einstellung so plötzlich änderte.

Die Studie macht jedoch deutlich, daß das Scheitern der diplomatischen Bemühungen einen Wendepunkt darstellte, denn kurz danach begann Präsident Johnson mit der Bewilligung von zusätzlichen Angriffszielen in Nord-Vietnam.

»Der Präsident betrachtete die Luftangriffe gegen den Norden als notwendigen Bestandteil des psychologischen Ringens zwischen den beiden Seiten«, fügt die Studie hinzu, »obgleich sich seine (zivilen) Berater nahezu einig waren, daß die Entschlossenheit Hanois zur Fortsetzung des Kampfes auch durch die Zufügung von noch größeren Schäden und Zerstörungen nicht gebrochen werden konnte.«

Präsident Johnson genehmigte die sogenannte »Frühjahrs-Luft-Offensive« in folgenden Phasen:

• Am 22. Februar Angriffe auf fünf städtische Wärmekraftwerke, mit Ausnahme jener in Hanoi und Haiphong, sowie auf das Stahlwerk Thainguyen; Verminung von Flüssen und Flußmündungen sowie die

Durchführung einer Seeblockade entlang der Küste bis hinauf zum 20. Breitengrad.

- Am 22. März die beiden Wärmekraftwerke in Haiphong.
- Am 8. April unter gleichzeitiger Lockerung der bisherigen Einschränkungen für die Regionen Hanoi und Haiphong Angriffe gegen den Flugplatz Kep, das Umspannwerk in der Nähe des Stadtzentrums, ferner Angriffe auf Öldepots, ein Munitionsdepot und ein Zementwerk in Haiphong.
- Am 2. Mai ein Angriff auf das Wärmekraftwerk eine Meile nördlich vom Stadtzentrum Hanoi.

Anfang Mai waren diese Angriffe, wie die Pentagon-Studie berichtet, in den Mittelpunkt einer Kontroverse zwischen den Beratern des Präsidenten geraten. Am 5. Mai rechtfertigte General Wheeler in einem Memorandum an den Präsidenten die Angriffe gegen Ziele wie zum Beispiel die Kraftwerke mit der Versicherung:

»Ziel unseres Angriffs auf die Wärmekraftwerke von Nord-Vietnam war es nicht ... die Lichter in den Hauptballungszentren auszuschalten, sondern ... dem Feind die Energiequelle für bestimmte kriegswichtige Rüstungsindustrien abzuschneiden.«

Im Gegensatz dazu stand McGeorge Bundys Einstellung. Er schied am 28. Februar 1966 als Präsident Johnsons Berater für Fragen der Nationalen Sicherheit aus der Regierung aus. Bundy war ursprünglich einer der entschiedensten Befürworter des Luftkriegs gegen Nord-Vietnam gewesen. Aber in einem persönlichen Brief an Präsident Johnson, der anscheinend am 4. Mai im Weißen Haus einging, nannte Bundy die »strategische« Bombardierung Nord-Vietnams sowohl »ergebnislos als auch unklug«, insbesondere die Angriffe auf Kraftwerke. (Siehe Dokument Nr. 126)

»Die Lichter in Haiphong sind wieder angegangen«, schrieb er. »Und selbst wenn sie verloschen geblieben wären, hätte elektrisches Licht in keiner Weise einen wesentlichen Einfluß auf die kommunistischen Kriegsanstrengungen gehabt.«

Bundy betonte, er sei »weit davon entfernt zu behaupten, daß es sinnvoll sei, jetzt die Bombardierung des Nordens ganz einzustellen«, denn damit würde man »den Kommunisten etwas schenken«. Was die Kraftwerke betraf, so bemerkte er: »Ich fürchte, wir greifen sie nur an, weil uns andere Ziele ›ausgegangen‹ sind. Ist das wirklich ein triftiger Grund?«

200 000 Mann gefordert

Bei der scharfen Debatte, die sich im Frühjahr 1967 innerhalb der Regierung Johnson entspann, ging es jedoch in erster Linie nicht um den Luftkrieg, sondern um die neuerliche Anforderung von 200 000 Soldaten durch General Westmoreland.

Nach dem Pentagon-Bericht verständigte General Westmoreland erstmals am 18. März die Vereinigten Stabschefs von seinem zusätzlichen Truppenbedarf und legte, auf ihre Empfehlung hin, am 26. März eine detailliertere Anforderung vor. Er äußerte sich besorgt über die starken gegnerischen Truppenkonzentrationen in sicheren Gebieten von Laos, Kambodscha und in Teilen Süd-Vietnams sowie über die Gefahr, die von seiten starker nordvietnamesischer Verbände knapp nördlich der entmilitarisierten Zone drohe.

»Der Mindestbedarf an Truppen« zur Abwehr der feindlichen Bedrohung und zur Erhaltung der »taktischen Initiative« betrüge, wie er am 18. März schrieb, eineindrittel Divisionen – etwa 100 000 Mann – »frühestmöglich, spätestens jedoch bis zum 1. Juli 1968«. Zur Aufstellung einer »optimalen Streitmacht« brauche er alles in allem vierzweidrittel Divisionen – 201 250 zusätzliche Soldaten –, um damit die amerikanische Gesamtstärke in Vietnam auf 671 616 Mann zu bringen. (Siehe Dokument Nr. 122)

Diese Verstärkungen, so versicherte General Westmoreland, würden ihn in die Lage versetzen, die Hauptstreitmacht des Feindes »rascher« zu vernichten und dem Gegner die seit langem bestehenden »sicheren Zufluchtsorte« in Süd-Vietnam zu entreißen.

Für manche Gebiete waren seine Angaben jedoch nicht so zuversichtlich. Im nördlichsten Teil Süd-Vietnams und im zentralen Hochland entlang der laotischen Grenze benötigte er die Truppen hauptsächlich zur »Eindämmung der Infiltration« nordvietnamesischer Verbände aus Kambodscha, Laos und Nord-Vietnam.

Aus der Pentagon-Studie ging hervor, daß ein Argument des Generals in Washington sofort zu Kontroversen führte: Es war seine Behauptung, daß die Verstärkung der amerikanischen Kontingente »uns der Notwendigkeit einer wesentlichen Ausweitung« der südvietnamesischen Streitkräfte »entheben« würde. Die Verfasser der Studie bemerken zu diesem Punkt: »Viele waren mit diesen Verstärkungen nicht einverstanden und warfen die Frage auf, warum die USA diesem erhöhten Bedarf an Soldaten nachkommen sollten, wenn die Regierung Süd-Vietnams nicht bereit war, ihre eigenen Kräfte zu mobilisieren und sie entsprechend den Wünschen der USA wirkungsvoll einzusetzen.«

Die Vereinigten Stabschefs reichten General Westmorelands Truppenanforderung am 20. April mit ihrer Befürwortung an Verteidigungsminister McNamara weiter. Damit stellten sie, wie der Bericht vermerkt, »die Regierung Johnson wieder einmal vor die schwierige Entscheidung, ob man die Anstrengungen der USA eskalieren oder etwa auf gleicher Höhe halten sollte«.

»Was sie vorschlugen«, erklärt die Studie unter Bezugnahme auf ihr Memorandum an Minister McNamara vom 29. April, »waren die Mobilisierung von Reserven, eine neue umfangreiche Stationierung im Süden, eine Ausweitung des Krieges auf die sicheren Zentren des Vietkong und der nordvietnamesischen Volksbefreiungsarmee (Laos, Kambodscha und möglicherweise sogar Nord-Vietnam), die Verminung nordvietnamesischer Häfen und den eindeutigen Einsatz aller Kräfte für einen Sieg auf militärischem Gebiet. Es war nicht überraschend, daß diese Empfehlungen ein gründliches Neuüberdenken der amerikanischen Kriegsstrategie auslösten.«

Die Vereinigten Stabschefs sprachen sich trotz Johnsons bisheriger Ablehnung für eine Mobilisierung aus.

Ohne einen Aufruf von Reservisten, so erläuterten die Vereinigten Stabschefs dem Verteidigungsminister, könne man lediglich eineindrittel der vierzweidrittel Divisionen aufstellen, die General Westmoreland bis Juli 1968 haben wollte.

Eine zweite Division würde vermutlich erst Ende 1969 zur Verfügung stehen. Sie versicherten: »Ein Aufruf von Reserveeinheiten und entsprechende zusätzliche Maßnahmen würden das Heer in die Lage versetzen, die erforderlichen starken Kampfverbände bereitzustellen.«

Am 27. April trugen General Westmoreland und General Wheeler Präsident Johnson die Ansichten des Militärs vor. General Westmoreland war, wie die Pentagon-Studie angibt, unter dem Vorwand in die Vereinigten Staaten gekommen, eine Rede halten zu müssen.

Nach Auskunft nichtgezeichneter *Notizen über Diskussionen mit dem Präsidenten*, die von den Verfassern der Pentagon-Studie in den Akten von Staatssekretär McNaughton aufgefunden und ihm zugeschrieben wurden, erklärte General Westmoreland dem Präsidenten, wenn er nicht die ersten 100 000 Mann bekäme, »wird es ziemlich schwierig sein, den Verstärkungen zu begegnen, die der Feind auf die Beine stellen kann«. Er räumte allerdings ein, daß dies noch keine Niederlage bedeuten würde. Die zweiten 100 000 Mann waren nach seiner Aussage erforderlich, um die alliierte Strategie zum Erfolg zu führen. (Siehe Dokument Nr. 125)

Das war die Stelle, an der Präsident Johnson, besorgt über die feindliche Infiltration, die Frage stellte: »Wenn wir neue Divisionen hinbringen, kann der Feind nicht auch neue Divisionen aufstellen? Und wenn ja, wo soll das enden?«

General Westmoreland antwortete, der Vietkong und die Nordvietnamesen hätten derzeit 285 000 Soldaten oder rund acht Divisionen in Süd-Vietnam stehen und wären »in der Lage, bis zu zwölf Divisionen aufzustellen ... Wenn wir zweieinhalb Divisionen zusätzlich mobilisieren, ist es wahrscheinlich, daß der Feind darauf mit einer Erhöhung seiner Truppenstärke reagieren wird.«

Danach warnte der General, wie aus den Notizen hervorgeht, vor einer zeitlichen Ausdehnung der Kämpfe. Er prophezeite, daß »der Krieg noch fünf Jahre weitergehen könnte, wenn nicht der Wille des Feindes gebrochen und die Infrastruktur des Vietkong zerstört wird«. Verstärkungen würden diesen Zeitraum abkürzen – »bei einer Truppenstärke von 565 000 Mann könnte der Krieg noch drei Jahre weitergehen«, sagte General Westmoreland. »Bei einer zweiten Erhöhung um zweieindrittel Divisionen auf eine Gesamtstärke von 665 000 Mann könnte er noch zwei Jahre dauern.«

General Wheeler, der vermutlich andere Gründe für die Einberufung von Reserveeinheiten vorbrachte, äußerte seine Besorgnis darüber, daß die Vereinigten Staaten auch an anderen Stellen militärischen Bedrohungen begegnen müßten: in Südkorea oder bei einem sowjetischen Druck gegen Berlin.

In Indochina, so fuhr er fort, seien die Vereinigten Stabschefs äußerst besorgt über den nordvietnamesischen Truppenaufmarsch in Kambodscha und Laos und verträten die Meinung, daß amerikanische Truppen »gezwungen sein könnten, gegen diese Einheiten anzutreten«. Darüber hinaus scheint er den Gedanken an eine mögliche Invasion in Nord-Vietnam geäußert zu haben: »Es könnte sich als wünschenswert erweisen, unter Einsatz von Infanterieeinheiten Offensivmaßnahmen gegen die Volksrepublik Vietnam zu ergreifen.«

General Westmoreland griff dieses Thema auf und erklärte dem Präsidenten, er habe einen Operationsplan, der »von der Vorstellung ausgehe, daß eine südvietnamesische Elitedivision unter dem Schutz amerikanischer Artillerie und Luftunterstützung in Laos Bodenoperationen gegen Basen und Nachschubrouten der Nordvietnamesen unternehmen sollte«. Im Laufe der Zeit glaubte er, wie der Analytiker es ausdrückte, daß sich »Laos allmählich zu einem Hauptkampfgebiet entwickeln« würde.

Nach Angabe der Pentagon-Studie berichtete General Westmoreland dem Präsidenten außerdem, »er verfüge über Aufmarschpläne für einen Vorstoß nach Kambodscha im Bereich Tschu Pong, wobei wiederum südvietnamesische Streitkräte eingesetzt werden sollten, doch diesmal begleitet von US-Beratern«.

Hinsichtlich des Luftkrieges vertrat General Wheeler die Ansicht, es sei an der Zeit, Maßnahmen in Erwägung zu ziehen, »um für die Nordvietnamesen die Häfen unbrauchbar zu machen«, da die amerikanische

Luftstrategie ansonsten »im Begriffe war, bei der Zielauswahl den Sättigungspunkt zu erreichen – wenn mit Ausnahme der Häfen alle bekannten lohnenden Ziele getroffen seien«.
Nach Auskunft der Pentagon-Studie beschloß Präsident Johnson die Aussprache mit der Frage: »Was ist, wenn wir diese zusätzlichen zweieindrittel Divisionen nicht aufstellen?« Darauf soll General Wheeler geantwortet haben, daß der Angriffsschwung der Alliierten in diesem Fall zum Erliegen käme und der Feind in einigen Gebieten wieder die Initiative ergreifen würde, was zwar eine Verlängerung des Krieges, aber keine Niederlage der Alliierten bedeuten würde. General Westmorelands Antwort ist nicht protokolliert.
Danach soll der Präsident seine Truppenkommandeure aufgefordert haben, »dafür zu sorgen, daß wir auch etwas von den südvietnamesischen Truppen haben«.
Die Diskrepanz zwischen den Ansichten der Militärs und den Zivilisten in der Regierung Johnson machte sich sofort bemerkbar.
Am 24. April ordnete Staatssekretär Katzenbach als Vertreter des abwesenden Außenministers Rusk eine interministerielle Untersuchung der beiden Alternativen an, in denen sich die gegensätzlichen Meinungen widerspiegelten:
• Alternative A – General Westmoreland bekommt weitere 200 000 Soldaten und die Erlaubnis, wie der Analytiker es ausdrückt, »möglicherweise ... militärische Aktionen außerhalb von Süd-Vietnam zu intensivieren, darunter auch eine Invasion in Nord-Vietnam, Laos und Kambodscha«.
• Alternative B – eine Beschränkung der Truppenverstärkungen – nach Katzenbachs Worten – auf »solche Einheiten, die ohne Einberufung von Reserven aufgestellt werden können«. In Verbindung damit sollten die verschiedenen Ämter »eine Einstellung ... der Bombardierung nordvietnamesischer Gebiete nördlich des 20. Breitengrades (oder, falls es sich zur Unterstützung einer attraktiven Einigungsmöglichkeit als günstig erweisen sollte, die Einstellung der Bombardierung des gesamten Gebietes von Nord-Vietnam)« erwägen.
Die Pentagon-Studie bezeichnet den Widerstand der hohen Staatsbeamten gegen die Vorschläge des Militärs als praktisch einmütig, obgleich die Haltung von Außenminister Dean Rusk nicht näher erläutert wird. Die drei heikelsten Probleme waren die Einberufung von Reservisten, Angriffe auf den Hafen von Haiphong und alliierte Bodenoperationen in Laos, Kambodscha und Nord-Vietnam.
Im Außenministerium sprach sich Staatssekretär Bundy am 1. Mai in einem Memorandum an Staatssekretär Katzenbach »absolut gegen Bodenoperationen in Nord-Vietnam« aus und versicherte, die Chancen, daß man damit eine Intervention der chinesischen Kommunisten ris-

kieren würde, stünden 75 zu 25. Er war auch »entschieden gegen die Entsendung einer südvietnamesischen Division nach Laos«.

Abgesehen von der Erlaubnis zur Bombardierung des Kraftwerks Hanoi sprach sich Bundy gegen jede weitere Expansion des Luftkrieges aus, insbesondere gegen die Verminung des Hafens von Haiphong, solange die Sowjetunion davon absah, Waffen über diesen Hafen zu liefern. Wie die Pentagon-Studie berichtet, warnten sowohl Bundy als auch der CIA in einem Sonderbericht Anfang Mai vor den Gefahren sowjetischer Gegenmaßnahmen für den Fall, daß der Hafen angegriffen werde.

Die zur Bereitstellung der gewaltigen Verstärkungen erforderliche Mobilisierung, so erklärte Bundy, werde »eine echte große Debatte im Kongreß« nach sich ziehen. Da bereits im Lande selbst eine wachsende Ablehnung des Krieges zu verspüren sei, riet er: »Wir sollten in diesem Sommer auf eine solche Debatte verzichten.«

Nach Ansicht des Staatssekretärs lagen die »eigentlichen entscheidenden Faktoren« in der politischen Entwicklung in Süd-Vietnam, die zu den Präsidentschaftswahlen im September führte. Die politischen Unruhen im kommunistischen China seien ein wichtiger und günstiger Faktor, da sie in Hanoi Unruhe hervorriefen.

Im Pentagon kam der Widerstand gegen die Strategie Westmorelands und Wheelers aus einer anderen Richtung. Die Abteilung Systemanalysen unter Leitung von Staatssekretär Alain C. Enthoven stellte Ende April und Anfang Mai in einer Reihe von Papieren fest, daß amerikanische Truppenverstärkungen, im Gegensatz zu General Westmorelands Erwartungen, zu keiner angemessenen Erhöhung der feindlichen Verluste führten.

»Optimistisch gerechnet würden 200 000 zusätzliche Amerikaner die wöchentlichen Verluste (des Feindes) auf etwa 3700 oder jede Woche rund 400 mehr als für sie tragbar erhöhen«, erklärte Dr. Enthoven am 4. Mai in einem Memorandum an Verteidigungsminister McNamara. »Theoretisch gesehen würden wir sie dann innerhalb von zehn Jahren aufreiben.« (Siehe Dokument Nr. 127)

In McNamaras Amt kam es zu einer ernsthaften Opposition gegen die Militärstrategie und zu Bemühungen um eine Begrenzung des Luftkrieges. Die treibende Kraft war, wie aus der Pentagon-Studie hervorgeht, McNamaras Stellvertreter, McNaughton, aus dessen Feder wichtige Teile von McNamaras umstrittenem Memorandum vom 19. Mai stammten.

Ungefähr zwei Jahre zuvor hatte McNaughton den durch den Luftkrieg »zunehmenden Druck« gegen Hanoi befürwortet. Doch im Oktober 1966 hegte er bereits so ernste Zweifel an seiner Wirksamkeit, daß er Verteidigungsminister McNamara beim Entwurf der ersten Vorschläge

für eine Einschränkung des Luftkrieges und einen politischen Kompromiß unterstützte.
Jetzt, im Mai 1967, bereiteten sich der Verteidigungsminister und sein Stellvertreter auf einen heftigeren Meinungsstreit vor. Zunächst leitete McNaughton am 5. Mai McNamara ein Dokument zu, das Bestandteil eines Memorandums des Verteidigungsministers an Präsident Johnson werden sollte. Es wurde als DPM – Draft Presidential Memorandum – bekannt, weil es nicht nur die Ansichten des Verteidigungsministers darlegte, sondern als politisches Dokument dem Präsidenten zur Unterzeichnung vorgelegt werden sollte.
Das Kernstück von McNaughtons Arbeitspapier war die Empfehlung, »alle Starts unter dem Programm *Rollender Donner* auf die Nachschublinien – den ›Trichter‹, durch den Menschen und Material in den Süden fließen müssen – zu konzentrieren, also auf das Gebiet vom 17. bis 20. Breitengrad, sich dabei jedoch die Möglichkeit offenzuhalten, je nach Bedarf Angriffe zu fliegen (im Gebiet zwischen dem 20. und 23. Breitengrad), um den Feind in die Defensive zu drängen und die Reparaturmannschaften weit nördlich beschäftigt zu halten«.
Die Einschränkung des Luftkrieges empfahl er, wie er erklärte, zum Zweck der Verringerung amerikanischer Verluste an Piloten und Maschinen im stark verteidigten Raum Hanoi und Haiphong, und nicht in erster Linie, um Nord-Vietnam zu Verhandlungen zu zwingen. Eine günstige Reaktion sei nicht zu erwarten, erklärte McNaughton, aber er machte »zur Verbesserung der Chancen« für eine solche Reaktion folgende Vorschläge:
»Die Sowjets (am 15. Mai) insgeheim davon zu unterrichten, daß die Politik innerhalb einiger (fünf) Tage ergänzt werden sollte, wobei weder ein Zeitlimit festgelegt noch eine Zusage gegeben werden sollte, zu den Angriffszielen im Tal des Roten Flusses nicht zurückzukehren ..., um dann wie vorgesehen am 20. Mai unvermittelt umzuschwenken.«
McNaughton vertrat die Auffassung, daß Nord-Vietnam ohne »ein ultimatumähnliches Limit«, wie er es nannte, »sich in einer besseren Ausgangsposition für eine günstige Reaktion befinden könnte als in der Vergangenheit«. Der amerikanischen Öffentlichkeit sollte man mitteilen, daß sich die Bombardierungen auf die südlichen Infiltrationsrouten konzentrierten, um »die Wirksamkeit unserer Absperrmaßnahmen zu erhöhen«, und »weil die wichtigsten militärischen Ziele im Norden vernichtet« seien.
Dem Pentagon-Bericht zufolge wurde dieses McNaughton-Papier, zusammen mit einigen anderen Vorschlägen des Verteidigungsministeriums zum Bodenkrieg, am 8. Mai auf einer Sitzung im Weißen Haus von Verteidigungsminister McNamara verlesen, aber es ist nicht klar

ersichtlich, ob McNamara das Dokument auch unterzeichnete und Präsident Johnson zuleitete.
Die besondere Bedeutung dieses Dokuments ist, nach Meinung der Pentagon-Studie, darin zu sehen, daß Präsident Johnson erstmals spezifizierte Empfehlungen vorgelegt wurden, in denen eine Rücknahme der Bombardierungen auf den 20. Breitengrad gefordert wurden. Damit ging man noch einen Schritt über McNamaras Memorandum vom 14. Oktober 1966 hinaus, in dem der Präsident ersucht wurde, eine Einschränkung der Bombenangriffe als möglichen Schritt in Richtung auf Verhandlungen »zu erwägen«.
Nach Auskunft der Pentagon-Studie wurden Präsident Johnson am 8. Mai noch mehrere andere Papiere vorgelegt. Darunter befand sich auch eine Empfehlung von Rostow, die Bombenangriffe zu reduzieren; Rostow wurde in der Studie als ein »überzeugter Befürworter der Bombardierung« bezeichnet, der sich lange Zeit für Angriffe auf »nordvietnamesische Industrieziele ausgesprochen hatte«.
In Rostows Memorandum, das in der Pentagon-Studie ausführlich zitiert wird, wurden Vorschläge zur Verminung nordvietnamesischer Häfen und zur Bombardierung der Hafenanlagen zurückgewiesen, da solche Schritte zu einer »radikalen Vertiefung der Abhängigkeit Hanois vom kommunistischen China« führte und darüber hinaus die Spannungen zwischen den Vereinigten Staaten und der Sowjetunion sowie China erhöhen würde. (Siehe Dokument Nr. 128)
Rostow sprach sich, was das Ergebnis der strategischen Bombenangriffe betraf, wesentlich positiver aus als McNaughton, forderte jedoch, die Bombardierungen auf Nachschublinien im südlichen Nord-Vietnam zu konzentrieren und sie durch »einen sehr sparsamen und vorsichtigen Angriff auf das Kraftwerk Hanoi« zu ergänzen, sich dabei jedoch »die Möglichkeit offenzuhalten«, in Zukunft das Gebiet Hanoi–Haiphong zu bombardieren.
Einen zweifelhafteren Standpunkt bezog, wie die Pentagon-Studie enthüllt, Staatssekretär Bundy vom Außenministerium. Sein am 8. Mai fertiggestelltes Papier sprach sich für eine Taktik aus, die »eine Konzentration aller Kräfte auf die Nachschubrouten« vorsah, gleichzeitig aber auch »eine größere Anzahl von Wiederholungsangriffen« nördlich des 20. Breitengrades. Ohne diese Wiederholungsangriffe, so argumentierte er, »würde sich höchstwahrscheinlich die Frage erheben, warum wir diese Ziele überhaupt angegriffen haben«. Darüber hinaus würde diese Taktik Hanoi und Moskau »zumindest ein kleines bißchen nervös« machen. Aber er war gegen Angriffe auf neue und »heikle Ziele«, wie die Kraftstation von Hanoi, die Brücke über den Roten Fluß in Hanoi und den Flugplatz Phucyen zwanzig Kilometer außerhalb der Stadt.

Die Pentagon-Studie bemerkt dazu: »Daß die wichtigsten Berater des Präsidenten über die Frage der Bombenstrategie in der nächsten Phase weitgehend der gleichen Meinung waren, kann in der Sitzung vom 8. Mai nicht unbemerkt geblieben sein.« Es wird angemerkt, daß nach der Sitzung neue Bemühungen eingeleitet wurden, die verschiedenen Ansichten in einem Dokument zusammenzufassen, das vor allem von McNaughton für Verteidigungsminister McNamara entworfen und schließlich am 19. Mai dem Präsidenten zugeleitet wurde.

Schon vor der Sitzung im Weißen Haus war McNaughton über die Gesamthaltung im Pentagon beunruhigt, insbesondere über die Bereitschaft, General Westmoreland beträchtliche Verstärkungen zu bewilligen. Aus der Pentagon-Studie geht nicht hervor, von wem die Entwürfe für die einzelnen Teile des Memorandums vom 5. Mai über den Bodenkrieg stammen und was im einzelnen vorgeschlagen wurde, aber man hatte Verteidigungsminister McNamara berichtet, es könnten 66 000 weitere Soldaten bereitgestellt werden, ohne daß man Reserven einberufen müsse. Später wurde diese Zahl auf 84 000 erhöht.

In einer Notiz vom 6. Mai an McNamara deutete McNaughton an, das Memorandum vom 5. Mai schlage vor, General Westmoreland weitere 80 000 Mann zur Verfügung zu stellen. Auszüge aus dieser Aktennotiz machen deutlich, wie unglücklich McNaughton über den Verlauf der Dinge war: »Ich fürchte, daß der Entwurf (vom 5. Mai) einen verhängnisvollen strategischen Fehler enthält. Wir tappen mit unserer Strategie in dieselbe Falle wie in den vergangenen drei Jahren. Damit werden praktisch Truppen *verschenkt,* während man um ihren richtigen Einsatz und für eine konstruktive diplomatische Mission lediglich *betet.«* (Hervorhebungen stammen von McNaughton.)

»Wenn wir uns bei der gegenwärtigen Entscheidung auf eine Erweiterung um 80 000 Mann beschränken«, fuhr er fort, »dann wird damit ein wichtiges Ziel erreicht: die Frage der Einberufung von Reserveeinheiten (mit all ihren schrecklichen Folgen) wird verschoben, aber eben auch nur verschoben – vermutlich auf einen noch ungünstigeren Zeitpunkt im Jahr 1968. Eine Bereitstellung dieser 80 000 Soldaten entspricht einem Eingehen auf die gesamte Forderung von Westmoreland und Sharp. Aus diesem Grunde werden Sie die 80 000 ›akzeptieren‹. Aber in sechs Monaten werden Briefe wie die ›470 000 bis 570 000‹ kommen, in denen uns erklärt wird, daß nach wie vor 201 000 (oder mehr) Mann benötigt werden. Da auf keinen Menschen Druck ausgeübt wird, dürfte der Krieg militärisch weitergehen wie bisher, ohne daß diplomatische Fortschritte erzielt werden.

Demnach muß die ›Philosophie‹ des Krieges jetzt ausgefochten werden, damit nicht alle mehr oder minder auf ihrem bisherigen Standpunkt beharren und wir immer tiefer hineingezogen werden; zumindest sollte

der Präsident General Westmoreland ein Limit setzen (wie es Präsident Truman bei General MacArthur tat). Das heißt, man müßte General Westmoreland, wenn er die 550 000 Mann bekommt, erklären: ›Das ist endgültig alles, und daran ist nicht zu rütteln.‹« (Die Klammern sind in McNaughtons Notiz enthalten.)
Wie aus der Studie hervorgeht, drückt diese Notiz an Verteidigungsminister McNamara Besorgnis über Umfang und Heftigkeit der allgemeinen Unruhe und Unzufriedenheit mit dem Krieg aus. Als ein Mann, dessen achtzehnjähriger Sohn gerade sein Studium beginnen wollte, so vermerkt die Studie, wußte McNaughton sehr genau, wie unpopulär der Krieg bei der Jugend war.
»In weiten Kreisen wird die Überzeugung vertreten, das Establishment habe den Verstand verloren«, schrieb er. »Man hat den Eindruck, daß wir versuchten, einem fremden Volk, das wir nicht verstehen können (genauso wenig wie die jüngere Generation zu Hause), irgendein typisch amerikanisches Image aufzuoktroyieren, und daß wir die ganze Sache auf geradezu absurde Weise übertreiben.
Mit diesem Gefühl geht eine zunehmende Polarisierung einher, die sich in den Vereinigten Staaten vollzieht und die den Keim für die ernsteste Spaltung unseres Volkes seit über einem Jahrhundert enthält . . .«
Heftiger Widerstand gegen die Politik der Regierung machte sich bemerkbar. Anfang Mai, so berichtet die Pentagon-Studie, erschienen drei Geheimberichte des CIA »zur Bekräftigung der Ansichten«, die von den zivilen Gegnern der Bombardierungen vertreten werden.
Aus einem dieser Berichte ging hervor, daß siebenundzwanzig Monate amerikanischer Bombenkrieg »bemerkenswert wenig an Hanois Gesamtstrategie geändert haben, den Krieg weiterzuführen, die langfristigen kommunistischen Aussichten zuversichtlich zu beurteilen und seine politische Taktik im Hinblick auf Verhandlungen zu ändern«. Ein zweites Papier vom 12. Mai charakterisiert die nach den anhaltenden Bombenangriffen herrschende Stimmung in Nord-Vietnam als »stoische Entschlossenheit mit einem beträchtlichen, noch ungebrochenen Durchhaltevermögen«.
Die dritte Untersuchung besagte, der amerikanische Luftkrieg habe bis April »die Kapazitäten der nordvietnamesischen Industrie- und Militärzentren beträchtlich ausgehöhlt. Diese Verluste haben jedoch kaum etwas an Nord-Vietnams materiellen Voraussetzungen zur Weiterführung des Krieges in Süd-Vietnam geändert.«

Neuer Trend in der Politik

Der Höhepunkt für die »desillusionierten Tauben«, wie die Studie sie nennt, war mit McNamaras Memorandum vom 19. Mai erreicht, in dem für Präsident Johnson alle Argumente gegen eine Ausweitung des Krieges vorgetragen und mit aller Schärfe eine Einschränkung des Luftkrieges gefordert wurde.

Das Neue und Radikale an dem »Entwurf für den Präsidenten« vom 19. Mai waren nach Meinung des Analytikers die darin enthaltenen politischen Empfehlungen, die McNaughtons bereits früher erhobene Forderung widerspiegelten, »die Philosophie des Krieges« auszudiskutieren.

Das Dokument vom 19. Mai empfahl nicht nur eine Zurücknahme der Bombardierungen auf den 20. Breitengrad und eine Reduzierung der General Westmoreland bewilligten Truppen auf 20 000 Mann, sondern darüber hinaus auch eine beträchtliche Einengung des amerikanischen Gesamtzieles in Vietnam. Das kam nach den Worten der Pentagon-Studie »der Forderung gleich, sich mit einer Kompromißlösung abzufinden«. (Siehe Dokument Nr. 129)

McNamara und McNaughton drückten es in ihrem Memorandum so aus: »Unsere Verpflichtung besteht lediglich darin, dafür zu sorgen, daß das Volk von Süd-Vietnam seine Geschicke selbst bestimmen kann ... Diese Verpflichtung endet da, wo das Volk aufhört, sich selbst zu helfen.«

Wie sehr sich die Vereinigten Staaten auch eine nichtkommunistische Regierung »erhoffen« mochten, die getrennt von Nord-Vietnam blieb, erklärten die beiden, so »wenig sind wir verpflichtet«, dafür zu garantieren und auf diesen Bedingungen zu beharren.

Die Autoren fahren fort: »Angesichts der vom südvietnamesischen Volk unternommenen Anstrengungen sowie der Putsche, der Korruption, der Apathie und anderer Anzeichen für eine mangelnde Mitarbeit Saigons haben wir auch nicht die Pflicht, unsererseits unverhältnismäßig hohe Anstrengungen zu unternehmen.«

Die Vereinigten Staaten seien verpflichtet, so fuhren sie fort, »der nordvietnamesischen Gewaltanwendung im Süden zu begegnen, soweit das Volk im Süden durch sie daran gehindert wird, seine eigene Zukunft zu bestimmen«.

Die Pentagon-Studie unterstreicht die Bedeutung von McNamaras politischer Neuorientierung. Dieses Memorandum, so heißt es hier, »wies ausdrücklich die wohlklingend formulierten amerikanischen Ziele aus dem Dokument NSAM 288 (›ein unabhängiges, nichtkommunistisches Süd-Vietnam, Vernichtung des Vietkong‹ usw.) zurück und greift unerbittlich das alte amerikanische Dilemma des Engagements auf, das noch aus der Kennedy-Ära stammte: daß zur Erreichung übertriebener Ziele nur beschränkte Mittel zur Verfügung standen«.

Dieses am 17. März 1964 veröffentlichte National Security Action Memorandum 288 war bisher die Grundlage für die Politik der Regierung Johnson gewesen.

Die »heruntergeschraubte« Zielsetzung des Memorandums von McNamara und McNaughton legte besonderen Wert auf die Selbstbestimmung in Süd-Vietnam und eine spätere »voll handlungsfähige Regierung«.

In der Pentagon-Studie wird an mehreren Stellen darauf hingewiesen, welch einen deutlichen Bruch mit der offiziellen Politik dies darstellte. Es wird vermerkt: »Es darf nicht verkannt werden, daß es sich dabei für einen führenden US-Politiker der Regierung Johnson um radikale Stellungnahmen handelte. Sie enthielten eine offene Verurteilung der Stabschefs und waren nicht dazu angetan, dem Präsidenten hinsichtlich des bisher Erreichten zu schmeicheln.«

Das McNamara-McNaughton-Memorandum trug nicht nur die eigenen Ansichten vor, sondern auch Argumente gegen die militärische Alternative einer Ausweitung des Krieges mit Hilfe wesentlicher Verstärkungen des US-Truppenkontingents. Dabei wurde ganz besonders auf die zunehmende Ablehnung des Krieges in der amerikanischen Öffentlichkeit hingewiesen.

Das Memorandum räumte ein, daß eine Reduzierung der Bombenangriffe »psychologische Probleme« für die alliierten Offiziere und Soldaten mit sich bringen könnte, »weil diese nicht begreifen können, warum wir dem Feind etwas ersparen sollten«.

Doch es wird auch hinzugefügt: »Wir sollten nicht aus Gründen der Bestrafung bombardieren, wenn damit keine anderen Ziele erreicht werden ... Das kostet amerikanische Menschenleben; es ruft einen Rückstoß in Form von Abscheu und Opposition gegen das Töten von Zivilisten hervor; es schafft ernste Risiken; es kann den Gegner noch härter machen.«

Das Memorandum weist auch darauf hin, daß die Bombenangriffe gegen den Raum Hanoi-Haiphong außerordentlich hohe Verluste unter den amerikanischen Piloten forderten. McNaughton führt an, daß am 5. Mai die Verlustquote über Hanoi und Haiphong sechsmal so hoch lag wie über dem ganzen übrigen Nord-Vietnam. Am 19. Mai stellten McNamara und McNaughton in ihrem Dokument fest, die Angriffe auf diese stark verteidigten Bezirke forderten »je 40 Starts einen Piloten«. Bei einer Beschränkung der Angriffe auf den Bereich südlich des 20. Breitengrades wurde eine Verringerung dieser Verluste »um mehr als 50 Prozent« vorausgesagt.

Die Argumente gegen eine Bewilligung von Truppenverstärkungen in dem von General Westmoreland geforderten Ausmaß konzentrierten sich nach Aussage der Pentagon-Studie auf die zunehmende Befürchtung, eine derartige Truppenkonzentration könnte eine »unwiderstehliche Versuchung« bedeuten, den Krieg über die Grenzen Süd-Vietnams hinauszutragen.

Die Mobilisierung von Reserven, die mit der Absicht erfolgte, genügend starke Kampfeinheiten aufzustellen, würde, wie McNamara und McNaughton meinten, höchstwahrscheinlich zu einer »erbitterten Debatte im Kongreß« führen.

»Es würde sich der Ruf erheben – lauter noch als bisher –, ›die Frontsoldaten nicht länger zu verheizen‹«, prophezeite das Memorandum. Man würde nicht nur Bodenoperationen gegen Laos, Kambodscha und Nord-Vietnam fordern, sondern zu irgendeinem Zeitpunkt auch den Vorschlag machen, taktische Atomwaffen sowie bakteriologische und chemische Waffen einzusetzen, falls die Chinesen in den Krieg einträten »oder falls die us-Verluste zu hoch lägen«.

»Dilemma des Präsidenten«

Aus der Pentagon-Studie geht hervor, daß Verteidigungsminister McNamara das Memorandum noch am 19. Mai, am Tage seiner Fertigstellung, Präsident Johnson vorlegte. Über dessen Reaktion gibt es keinen dokumentarischen Bericht, doch der Analytiker bezeichnet es als »keineswegs überraschend«, daß der Präsident sich »nicht prompt hinter McNamaras Empfehlungen stellte, wie er es bisher getan hatte«.

Die Studie fährt fort: »Diesmal stand er vor der Situation, daß die Stabschefs heftig gegen jede Lösung opponierten, die nicht eine wesentliche Eskalation des Krieges und die Einberufung von Reservisten vorsah. Damit standen sie in direktem Gegensatz zu McNamara und seinen Adjutanten. Für den Präsidenten ergab sich hieraus ein echtes politisches Dilemma.«

Jedenfalls begriff Verteidigungsminister McNamara, wie die Studie erläutert, sehr rasch, was der Präsident durch seine Untätigkeit ausdrücken wollte. Am 20. Mai ordnete McNamara – »vielleicht aufgrund einer kühlen Reaktion des Präsidenten« – eine Studie von Alternativen zu dem Bombardierungsprogramm an.

Bei den Vereinigten Stabschefs bedurfte es keines Ansporns. Innerhalb von vier Tagen legten sie drei Memoranden vor, in denen sie erneut die Aufstellung von mehr als 200 000 zusätzlichen Soldaten, Luftangriffe zur »Verdrängung« ausländischer Schiffe aus Haiphong sowie die Verminung von Häfen und Zufahrten empfahlen, aber auch Luftangriffe gegen acht wichtige Flugplätze und Straßen- und Eisenbahnverbindungen nach China. »Es könnte zuletzt sogar erforderlich werden«, erklärten sie, amerikanische Truppen nach Laos und Kambodscha zu entsenden und »begrenzte Bodenoperationen in Nord-Vietnam« einzuleiten.

Ihre schärfste Absage an McNamara erteilten sie jedoch am 31. Mai. In einem Memorandum behaupteten sie, die vom Verteidigungsminister empfohlenen »drastischen Änderungen« in der amerikanischen Politik »würden einen Großteil unserer Bemühungen aus den letzten zwei Jahren zunichte machen und den Sinn unserer Anwesenheit in Süd-Vietnam in Frage stellen«.

Darüber hinaus wurde in dem Teil des Dokuments, das in der Pentagon-Studie zitiert wird, erklärt, das McNamara-McNaughton-Memorandum »lasse die vollen Auswirkungen eines Fehlschlags (in Vietnam) für die freie Welt außer acht«.

Was die Unterstützung des Krieges in der Öffentlichkeit betraf, so erklärten die Stabschefs, sie seien »außerstande, echte Anhaltspunkte für den hier zum Ausdruck kommenden Grad an Pessimismus zu entdecken«. Sie bekräftigten ihre Überzeugung, »daß das amerikanische Volk nach einer ausreichenden Unterrichtung über das, was auf dem Spiel steht, von seiner Regierung erwarten wird, daß sie ihren Verpflichtungen nachkommt«.

Unter Bezugnahme auf die empfohlene Reduzierung des Bombenkrieges bekundeten die Stabschefs ihre Zweifel daran, daß ein solcher Schritt Hanoi verhandlungsbereiter machen würde. Sie behaupteten, er werde »höchstwahrscheinlich die gegenteilige Wirkung erzielen« und »nur zu einer noch härteren Entschlossenheit des Gegners führen, den Krieg fortzusetzen«.

Abschließend forderten die führenden Militärs, McNamaras Vorschläge »nicht an den Präsidenten weiterzuleiten«, da sie eine krasse Abkehr von der bisherigen Politik darstellten und daher keine Erörterung lohnten. Sie wußten nicht, daß der Präsident das Dokument bereits vor zwölf Tagen gesehen hatte.

In anderen Dienststellen ging die offizielle Meinung, wie die Studie feststellt, zwischen den beiden Extremen hin und her. Die Debatte bewegte sich in Richtung auf einen Kompromiß in taktischer Hinsicht, jedoch bei unveränderten Kriegszielen.

So zum Beispiel empfahl Staatssekretär Katzenbach vom Außenministerium am 8. Juni, die Vereinigten Staaten sollten »während der nächsten 18 Monate in kleinen Partien« die Bodentruppen um 30 000 Mann verstärken und »die Bombenangriffe auf Verkehrsverbindungen in ganz« Nord-Vietnam konzentrieren, dabei jedoch strategische Ziele rings um Hanoi und Haiphong aussparen. Das politische Ziel Amerikas sollte nach seiner Meinung darin bestehen, in Saigon eine stabile demokratische Regierung zurückzulassen, indem man Hanoi zur Beendigung des Krieges überredete und im Landesinnern die Vietkonggefahr beseitigte.

Im Pentagon stieß McNaughton in den Fragen des Luftkrieges auf unterschiedliche Ansichten. Er faßte sie am 12. Juni in einem Memorandum für McNamara zusammen. Aus diesen in der Pentagon-Studie wiedergegebenen Meinungen ging hervor, daß Cyrus R. Vance, Staatssekretär im Verteidigungsministerium, Paul H. Nitze, der Marineminister, und McNaughton selbst eine Beschränkung der Bombardierungen befürworteten; die Vereinigten Stabschefs trugen erneut ihre Forderung nach einer Eskalation vor; Luftwaffenminister Brown empfahl, noch einige weitere Ziele auf die vorhandene Liste zu setzen.

Die Pentagon-Studie erklärt, es sei nicht eindeutig festzustellen, ob dieses Papier Präsident Johnson offiziell vorgelegt wurde. Dieser war im Juni 1967 ohnehin mit dem Sechs-Tage-Krieg zwischen Israel und den Arabischen Staaten sowie mit seinen Vorbereitungen für das Zusammentreffen mit Ministerpräsident Kossygin in Glassboro, New Jersey, vollauf beschäftigt.

Verteidigungsminister McNamara widmete sein Hauptaugenmerk nach wie vor dem noch ungelösten Truppenproblem. Nach dem Pentagon-Bericht reiste er auf Anweisung von Präsident Johnson vom 7. bis 12. Juli nach Saigon, »um die Angelegenheit mit General Westmoreland zu besprechen und mit ihm eine Einigung erheblich unterhalb der im März von Westmoreland geforderten 200 000 Mann zu erzielen«.

Aus der Pentagon-Studie geht hervor, daß die beiden sich an McNamaras letztem Abend in Saigon auf eine Verstärkung um 55 000 Mann auf insgesamt 525 000 Mann verständigten. Präsident Johnson stimmte dem Kompromiß zu, der den Vorstellungen McNamaras wesentlich näher lag als denen von General Westmoreland, und verkündete ihn am 4. August in einer Rede zum Steuerproblem.

Aber im Juli und August schlug der Präsident mit einer Serie von Entscheidungen über den Luftkrieg einen Kurs ein, der sich deutlich von jener Strategie der »De-Eskalation« unterschied, die Verteidigungsminister McNamara so dringend empfohlen hatte.

Durch seine erste Entscheidung Mitte Juli kamen nur ein paar neue Luftziele hinzu, aber im Verlauf der nächsten zwei Monate billigte er alle siebenundfünfzig von den Stabschefs beantragten Ziele bis auf etwa ein Dutzend. Am 20. Juli gab er nach Auskunft der Pentagon-Studie weitere sechzehn Ziele frei, darunter auch einen bisher ausgeklammerten Flugplatz, einen Bahnhof, zwei Brücken sowie zwölf Kasernen und Nachschubläger, alle innerhalb des Schutzgebietes rings um Hanoi und Haiphong.

Am Tag vor der Bewilligung von *Rollender-Donner-57* – jede Zahl kennzeichnete eine Expansion des Luftkrieges – verlor Verteidigungsminister McNamara seinen vermutlich engsten Berater und treuesten Verbündeten. Am 19. Juli kamen McNaughton, seine Frau Sarah und ihr elfjähriger Sohn Theodore bei einem Flugzeugzusammenstoß über Nordcarolina ums Leben.

Die Studie berichtet weiter, daß die Militärbefehlshaber Ende Juli über die ihnen auferlegten Einschränkungen so verärgert waren, daß der Senatsausschuß für Verteidigungsbereitschaft Hearings zur Frage des Luftkrieges ansetzte. Diese Anhörungen wurden zwar geheim durchgeführt, aber erst durch sie erfuhr die Öffentlichkeit von den grundsätzlichen Meinungsverschiedenheiten, die zwischen Verteidigungsminister McNamara und den Vereinigten Stabschefs über die Bombardierungen herrschten.

»Der Senatsausschuß legte es zweifellos darauf an, McNamara eine Niederlage zuzufügen«, bemerkt der Analytiker. »Seine Mitglieder, die Senatoren Stennis, Symington, Jackson, Cannon, Byrd, Smith, Thurmond und Miller waren für ihren harten Kurs und ihre Sympathien für das Militär bekannt ... in ihren Augen waren die Einschränkungen des Bombenkrieges unvernünftig, der teilweise Verzicht auf ein wichtiges Instrument, mit dessen Hilfe man den Krieg gewinnen könnte.«

Eine so mächtige Unterstützung des Luftkriegs durch den Kongreß muß den Präsidenten gezwungen haben, die Sache noch einmal zu überdenken, bemerkt die Studie.

Danach war es »sicherlich kein Zufall«, daß Präsident Johnson am 9. August, dem ersten Tag der Stennis-Hearings, »zusätzliche 16 feste Ziele und eine Ausweitung der bewaffneten Aufklärung« bewilligte.

Dann fährt die Studie fort: »Bezeichnenderweise lagen sechs dieser Ziele innerhalb der geheiligten Zehn-Meilen-Zone um Hanoi ... neun Ziele betrafen die nordöstliche Eisenbahnlinie in der Pufferzone an der chinesischen Grenze (bisher auch verboten), eines davon nur acht Meilen von der Grenze entfernt ... Das zehnte Ziel war ein Marinestützpunkt, ebenfalls innerhalb der Pufferzone nach China.«

Nach Auskunft der Studie wurden die Angriffe sofort aufgenommen, und kurz danach wurden weitere Ziele bewilligt. Die Schutzzone rings um Hanoi wurde vom 24. August bis zum 4. September wiederhergestellt, um bei »besonders heiklen Kontakten mit Nord-Vietnam« ein Nachfassen zu gestatten. Die militärischen Abschnitte der Pentagon-Studie nennen keine Einzelheiten, aber bereits veröffentlichte Berichte lassen den Schluß zu, daß man insgeheim prüfen wollte, wie Hanoi auf den Vorschlag reagieren würde, den man später die »San-Antonio-Formel« nannte.

Diese Formel wurde von Präsident Johnson am 29. September in einer Rede in San Antonio in Texas bekanntgegeben: Er bot eine Einstellung der Bombenangriffe unter der Bedingung an, daß diese Maßnahme zu sofortigen fruchtbaren Verhandlungen führte und daß Nord-Vietnam die Unterbrechung nicht »militärisch ausnutzen« würde. Hanoi wies alle Bedingungen für die Einstellung der Bombardierungen zurück.

Die geheimen diplomatischen Sondierungen wurden monatelang erfolglos fortgesetzt, während der Luftkrieg sich allmählich ausweitete – wobei allerdings die Wünsche der Stabschefs immer noch nicht erfüllt wurden. Erst im März 1968 – wenige Tage nach dem Ausscheiden McNamaras aus der Regierung – tauchte sein Vorschlag, die Bombenangriffe bis zum 20. Breitengrad zu beschränken, wieder auf und ebnete den Weg für den Beginn der Pariser Verhandlungen im Mai.

DIE WICHTIGSTEN DOKUMENTE

Die nachfolgenden Texte wichtiger Dokumente aus der Pentagon-Studie des Vietnamkrieges erstrecken sich auf den Zeitraum von Ende 1966 bis Mitte 1967, in dem Verteidigungsminister Robert S. McNamara allmählich seine Enttäuschung über die Kriegsergebnisse kundtat. Falls Auslassungen nicht besonders gekennzeichnet sind, werden die Dokumente wörtlich wiedergegeben, wobei nur eindeutige Tippfehler korrigiert wurden.

Nr. 118 Memorandum McNamaras vom Oktober 1966 gegen eine Steigerung der Kriegsanstrengungen

Entwurf eines Memorandums »Empfehlungen für Vietnam« von Verteidigungsminister Robert McNamara an Präsident Lyndon B. Johnson vom 14. Oktober 1966.

1. BEURTEILUNG DER LAGE. In dem Bericht über meine letzte Reise nach Vietnam vor einem Jahr stellte ich fest, die Aussichten stünden etwa fünfzig zu fünfzig, daß wir – selbst unter Berücksichtigung der damals vorgesehenen Truppenstationierungen – für Anfang 1967 mit einem militärischen Gleichgewicht auf wesentlich höherer Ebene und einer immer noch verzögerten »Befriedung« rechnen müßten. In einem Punkt bin ich heute etwas weniger pessimistisch. Wir haben auf militärischem Gebiet ein wenig besser abgeschnitten, als ich vorausgesehen hatte. Im großen und ganzen ist es uns gelungen, den Kommunisten die militärische Initiative zu entreißen – sollte der Vietkong vor achtzehn Monaten noch an einen militärischen Sieg geglaubt haben, so sind ihm diese Hoffnungen durch unsere Sofortmaßnahmen durchkreuzt worden. Unser Bombenprogramm gegen den Norden hat auch seinen Preis gefordert.
In anderen Punkten bleiben jedoch meine Bedenken bestehen. Ich sehe nämlich keinen gangbaren Weg, den Krieg schon bald zu einem Ende zu bringen. Die Moral des Feindes ist nicht gebrochen – der Gegner hat sich offenbar damit abgefunden, daß wir seine Hoffnungen auf einen Sieg durchkreuzt haben, und er hat sich für die Strategie entschieden, uns ständig in Atem zu halten und die Ergebnisse abzuwarten (eine Strategie der Zermürbung unseres nationalen Willens). Er weiß, daß es uns nicht gelungen ist, und nach seiner Überzeugung vermutlich auch nicht gelingen wird, unsere militärischen Erfolge in »Endergebnisse« zu übersetzen – in die Zerbrechung der feindlichen Moral und in politische Leistungen der südvietnamesischen Regierung.
Was im Laufe des vergangenen Jahres eindeutig zu unseren Gunsten sprach, war, als Ergebnis unseres hohen militärischen Einsatzes, die große Anzahl der feindlichen Verluste an Toten. Selbst unter Berücksichtigung möglicher Übertreibungen in den Berichten muß der Gegner pro Jahr mehr als 60 000 Tote – Gefallene und an den Kriegsfolgen Gestorbene – hinnehmen. Den Nordvietnamesen müssen die Infiltrationsrouten als Einbahnstraßen in den Tod erscheinen. Dennoch deutet nichts auf einen bevorstehenden Zusammenbruch der gegnerischen Moral hin, und der Feind ist offenbar in der Lage, seine Verluste

durch Infiltration aus Nord-Vietnam und Rekrutierung in Süd-Vietnam mehr als wettzumachen.
Das Befriedungsprogramm ist eine bittere Enttäuschung. Wir haben allen Anlaß, mit den kürzlich erfolgten Wahlen, mit Kys sechzehn Regierungsmonaten, den allerersten Ansätzen einer Entwicklung nationaler politischer Institutionen und einer legitimen Zivilregierung zufrieden zu sein. Doch nichts von alledem machte sich in Form politischer Leistungen auf der Ebene von Provinzen oder darunter bemerkbar. Die Befriedung hat höchstens noch einen Rückschlag erlitten. Im Vergleich zum Stand vor zwei oder vier Jahren sind sowohl die regulären lokalen Streitkräfte als auch die zeitweilig eingesetzten Guerillaverbände zahlenmäßig stärker geworden. Überfälle, Terrorakte und Sabotage haben an Umfang und Schlagkraft zugenommen; es werden mehr Eisenbahnen und Straßen unterbrochen; die zu erwartende Reisernte ist geringer; der Teil der Bevölkerung, den wir kontrollieren, ist, wenn überhaupt, so doch größer geworden; die politische Infrastruktur des Vietkong blüht und gedeiht im größten Teil des Landes und bietet dem Feind auch weiterhin auf dem Nachrichtengebiet enorme Vorteile; volle Sicherheit existiert nirgends, nicht einmal hinter den Linien der US-Marineinfanterie oder in Saigon oder auf dem Land, das der Feind bei Nacht fast völlig kontrolliert.
Das Programm *Rollender Donner* hat durch die Bombardierung des Nordens weder die Infiltration fühlbar beeinflußt noch Hanois Moral gebrochen. Über diese Tatsache herrscht Einigkeit unter den Nachrichtendiensten (s. Anhang).
Alles in allem befinden wir uns – was unser Ringen um die Gunst des Volkes betrifft – in keiner besseren, sondern höchstens in einer schlechteren Position. Dieser Kampf muß von den Vietnamesen selbst ausgefochten und gewonnen werden, das wußten wir von Anfang an. Es ist eine entmutigende Wahrheit, daß es uns nicht gelungen ist, ebensowenig wie 1961, 1963 und 1965, die Formel, den Katalysator, zu finden, um sie zu wirkungsvollen Maßnahmen anzuleiten und zu inspirieren.

2. EMPFOHLENE MASSNAHMEN. Was können wir bei diesem wenig aussichtsreichen Stand der Dinge tun? Wir müssen den Feind auch weiterhin militärisch unter Druck setzen; wir müssen bei der Befriedung nachweisliche Erfolge erzielen; gleichzeitig müssen wir jedoch einen neuen Faktor erkennen, den uns die Umstände aufzwingen, das heißt, wir müssen unsere Position verbessern, indem wir uns in eine militärische Situation bringen, die wir tatsächlich auf unbegrenzte Zeit zu halten vermögen – eine Situation, die den Versuch als weniger attraktiv erscheinen läßt, einen Erfolg abzuwarten. Zur Erreichung dieser Ziele schlage ich ein Fünf-Punkte-Programm vor.
a) STABILISIERUNG DER US-TRUPPENKONTINGENTE IN VIETNAM
Falls es zu keiner dramatischen Wende in diesem Krieg kommt, sollten wir nach meiner Überzeugung die Verstärkung der US-Truppen in Süd-Vietnam für 1967 auf 70 000 Mann beschränken und die Gesamtstärke dann bei der erreichten Höhe von 470 000 Mann belassen.* Dieses Kontingent genügt meiner Meinung

* Admiral Sharp hat per 31. 12. 1967 ein Kontingent von 570 000 Mann empfohlen. Ich glaube jedoch, sowohl er als auch General Westmoreland werden einsehen, daß die Inflationsgefahr vermutlich per Ende 1967 eine Begrenzung der Mobilisierung auf 470 000 Mann erfordern wird.

nach, um den Gegner bei größer angelegten Operationen zu schlagen und die Hauptstreitmacht des Feindes an der Störung des Befriedungsprogramms zu hindern. Ich glaube außerdem, daß selbst ein wesentlich höheres Kontingent als diese 470 000 Mann den Feind nicht in einem solchen Ausmaß dezimieren könnte, daß seine Moral gebrochen würde, solange er annimmt, den längeren Atem zu haben. Es wäre möglich, daß diese Erhöhung um vierzig Prozent gegenüber dem derzeitigen Stand von 325 000 Mann die Moral des Gegners kurzfristig brechen wird; falls dies jedoch nicht geschieht, müssen wir nach meiner Überzeugung ein langfristiges Programm in die Wege leiten, das sich nicht nur auf die Zerbrechung der Moral größerer Einheiten stützt. Ein stabilisiertes US-Truppenkontingent wäre Bestandteil eines solchen langfristigen Programms. Es würde uns in die Lage versetzen, Verhandlungen mit größerer Aussicht auf Erfolg einzuleiten, andernfalls jedoch auch das überaus wichtige Befriedungsprogramm mit der nötigen Aufmerksamkeit und dem erforderlichen Einsatz, aber ohne das Schreckgespenst einer scheinbar endlosen Eskalation der US-Mobilisierung fortzusetzen.

b) ERRICHTUNG EINER BARRIERE. Ein Teil dieser vierhundertsiebzigtausend Soldaten – etwa 10-20 000 – sollten zur Errichtung und zum Unterhalt eine Infiltrationsbarriere abkommandiert werden. Eine solche Barriere würde in der Nähe des 17. Breitengrades verlaufen – von der See her quer über die schmalste Stelle Süd-Vietnams (um die neuen Infiltrationswege durch die entmilitarisierte Zone zu unterbinden) und quer über die Nachschubpfade in Laos. Dieses Sperrsystem würde (bei einem ungefähren Kostenaufwand von einer Milliarde Dollar) nach Osten hin eine Sperrzone aus Zäunen, Drahtverhauen, Sensoren, Artillerie-, Luft- und motorisierten Boden-Einheiten umfassen, sollte nach Westen hin – hauptsächlich in Laos – aus einer Sperrzone bestehen, deren Minen aus der Luft verlegt würden und in deren Bereich akkustische Sensoren, die ebenfalls aus der Luft verlegt werden, die Luftangriffe dirigierten.

Diese Barriere mag vielleicht zu Beginn noch nicht voll wirksam sein, aber ich glaube, daß sie mit der Zeit ihre Wirkung erzielen wird und daß allein schon diese Aussicht den ganzen Charakter des Krieges sehr zu unseren Gunsten verändern könnte. Dadurch würde der Gegner behindert, wir könnten die zahlenmäßig beschränkten Kontingente befreundeter Einheiten wirkungsvoller einsetzen und würden überzeugend beweisen, daß wir einerseits an nichts anderem interessiert sind als den Süden vor dem Norden zu schützen, daß wir andererseits jedoch diese Aufgabe mit aller Entschlossenheit erfüllen werden.

c) STABILISIERUNG DES PROGRAMMS ROLLENDER DONNER GEGEN NORD-VIETNAM. Die Angriffsflüge gegen Nord-Vietnam haben von viertausend pro Monat gegen Ende des vergangenen Jahres über sechstausend pro Monat im ersten Quartal dieses Jahres auf derzeit zwölftausend pro Monat zugenommen. Der größte Teil unserer fünfzigprozentigen Verstärkung in der einsatzfähigen Luftflotte entfiel auf die Einsätze in Nord-Vietnam. Dort wurden beinahe vierundachtzigtausend Einsätze geflogen (etwa fünfundzwanzig Prozent gegen feste Ziele), davon fünfundvierzig Prozent in den vergangenen sieben Monaten.

Trotz dieser Anstrengungen hat es den Anschein, daß die Straßennetze in Nord-Vietnam und Laos nach wie vor dem Bedarf der kommunistischen Streitkräfte in Süd-Vietnam genügen – selbst dann, wenn ihre Kapazität um ein Drittel herabgesetzt werden könnte und wenn wir die Kampftätigkeit verdoppelten. Nord-Vietnams hoher Bedarf an Lastwagen, Ersatzteilen und Treibstoffen kann vermutlich trotz der Luftangriffe durch Importe gedeckt werden. So war beispielsweise der Treibstoffbedarf für Lastwagen, die an der Infiltration beteiligt waren, nicht so hoch, daß ernste Nachschubprobleme entstanden wären, und obgleich die Ergebnisse unserer Angriffe gegen die Treibstoffversorgung noch nicht voll ausgewertet sind, darf man von ihnen nicht erwarten, daß sie den Strom wichtiger Nachschubgüter zum Erliegen bringen.

Des weiteren ist klar: Eine so weitgehende Bombardierung des Nordens, daß ein radikaler Einfluß auf Hanois politische, wirtschaftliche und soziale Struktur zu verzeichnen war, erforderte einen Aufwand, den wir zwar verkraften könnten, den aber weder unser eigenes Volk noch die Weltmeinung schlucken würde; außerdem wäre damit das ernste Risiko eines offenen Konflikts mit China verbunden.

Die Nordvietnamesen bezahlen einen hohen Preis. Sie sind gezwungen, etwa dreihunderttausend Mann einzusetzen, um auf den Verkehrsverbindungen nach Süden den lebenswichtigen Nachschub an Menschen und Material aufrechtzuerhalten. Nachdem diese Arbeitskräfte aber einmal vorhanden sind, ist es zweifelhaft, ob selbst eine einschneidende Zu- oder Abnahme unserer Kampfeinsätze die Kosten des Gegners für den Unterhalt von Straßen, Eisenbahnen und Wasserwegen wesentlich erhöhen beziehungsweise ihre Brauchbarkeit beeinträchtigen würde. Das bedeutet, daß selbst tausend oder fünftausend gegen die Verkehrsverbindungen geflogene zusätzliche Einsätze pro Monat keine wesentlichen Auswirkungen auf den Krieg mehr zeitigen (siehe auch die beiliegenden Auszüge aus Geheimdienstberichten).

Da diese zusätzlichen Angriffe auf Nord-Vietnam und Laos im Verhältnis zu den Verlusten an Mannschaften und Maschinen (vier Mann und eine Maschine sowie zwanzig Millionen pro tausend Starts) keinen zusätzlichen Nutzen erbringen, rate ich zumindest von einer Verstärkung der Bombenangriffe auf Nord-Vietnam und einer Intensivierung der Operationen durch eine Veränderung der Zielgebiete ab.

Unter diesen Bedingungen würde das Bombardierungsprogramm auch weiterhin einen gewissen Druck ausüben und als Tauschobjekt für den Beginn von Gesprächen (oder auch während der Gespräche) zur Verfügung stehen. Aber wie im Falle der Stabilisierung der US-Bodentruppen, so würde auch die Stabilisierung der Operation *Rollender Donner* die Aussichten auf einen ständig eskalierenden Bombenkrieg, der unsere politische Position erschwert und uns von der Hauptaufgabe einer Befriedung Süd-Vietnams ablenkt, beseitigen.

Ich halte es für richtig, zu gegebener Zeit und entsprechend den Empfehlungen auf den Seiten 6 und 7 eine Beendigung der Bombardierung von ganz Nord-Vietnam oder zumindest der nordöstlichen Zonen für eine unbestimmte Zeit in Betracht zu ziehen und in diesem Zusammenhang vertrauliche Friedensgespräche einzuleiten.

d) VERFOLGUNG EINES INTENSIVEN BEFRIEDUNGSPROGRAMMS. Wie oben schon erwähnt, ist die Befriedung (Revolutionäre Entwicklung) in eine Sackgasse geraten. Großangelegte Operationen, auf die wir uns am besten verstehen und bei denen wir unsere größten Erfolge erzielten, haben kaum einen Einfluß auf die Befriedung, solange wir diese Schlachten nicht verlieren. Im großen und ganzen glauben die Bewohner ländlicher Gebiete, daß die süd-vietnamesische Regierung zwar gelegentlich auftaucht, aber im Gegensatz zum Vietkong nicht bleibt; daß jede Zusammenarbeit mit der Regierung vom Vietkong bestraft wird; daß der Regierung Süd-Vietnams das Wohlergehen des Volkes im Grunde genommen gleichgültig ist; daß die untergeordneten Beamten nichts weiter sind als Handlanger der ortsansässigen Reichen; und daß in der Regierung Süd-Vietnams Korruption herrscht.

Ein Erfolg bei der Befriedung ist von mehreren, miteinander in Verbindung stehenden Faktoren abhängig: Garantie der Sicherheit, Vernichtung des Vietkong-Apparats, Beeinflussung der Bevölkerung mit dem Ziel einer Zusammenarbeit und des Aufbaus einer verantwortlichen, lokalen Verwaltung. Eine offenbar notwendige, aber für sich allein nicht ausreichende Voraussetzung für den Erfolg der Kader und Polizeieinheiten der Revolutionären Entwicklung sind energisch betriebene Bereinigungsoperationen, die von militärischen Einheiten vorgenommen werden, die genügend lange in den umstrittenen Gebieten bleiben, sich anständig benehmen und der Bevölkerung einige Achtung entgegenbringen.

Diese elementare Voraussetzung für die Befriedung fehlte bisher.

In so gut wie keinem der umstrittenen Gebiete, in denen während der letzten Jahre Befriedungsversuche unternommen wurden, sind Einheiten der vietnamesischen Streitkräfte nach der Säuberung tatsächlich so lange geblieben, bis die Kader – falls überhaupt vorhanden – eine Übernachtung in den Dörfern überleben, geschweige denn ihren Auftrag erfüllen konnten. Nach wie vor sind Vietkong-Einheiten von Kompanie- oder gar Bataillonstärke im Einsatz, die mehr als ausreichen, um jeden Widerstand der lokalen Sicherungskräfte zu überrennen.

Nachdem wir nunmehr durch unsere Sofortmaßnahmen die drohende Gefahr eines militärischen Sieges der kommunistischen Hauptstreitmacht beseitigt haben, müssen wir weitaus mehr Aufmerksamkeit und auch einen Teil der militärischen Streitkräfte (mindestens die Hälfte der südvietnamesischen Armee und vielleicht einen Teil der US-Truppen) für den Aufbau und die ständige Unterhaltung einer zuverlässigen Absicherung aufwenden, in deren Schutz die Teams der Revolutionären Entwicklung und die Polizei operieren können und hinter dem sich die politische Auseinandersetzung mit der Infrastruktur des Vietkong abspielen kann.

Die Vereinigten Staaten können den Vietnamesen die Durchführung dieser Sicherheitsvorkehrungen für die Befriedung nicht abnehmen. Alles was wir tun können, ist eine »Herzmassage«. Schließlich ist allgemein bekannt, daß wir nicht die Absicht haben zu bleiben; wenn wir überhaupt etwas erreichen, dann lediglich ein Hinausschieben der unvermeidlichen Konfrontation zwischen den Infrastrukturen des Vietkong und der Regierung Süd-Vietnams. Diese Aufgabe muß die südvietnamesische Regierung übernehmen. Ich bin überzeugt davon, daß eine drastische Reform notwendig ist, wenn diese Regierung dazu in der Lage sein sollte.

Die erste wesentliche Reform betrifft die Haltung der südvietnamesischen Beamten. Sie sind im allgemeinen gleichgültig, und man trifft von der untersten Ebene bis hinauf in die Spitze auf Korruption. Ernennungen, Beförderungen und Zurückstellungen vom Wehrdienst müssen häufig gekauft werden; Abzüge vom Gehalt sind an der Tagesordnung. Die Kader der unteren Ebene können nicht besser sein als das übergeordnete System.

Eine zweite dringend nötige Reform betrifft die Einstellung und das Verhalten der südvietnamesischen Armee. Das Ansehen der Regierung kann sich erst dann verbessern, wenn innerhalb der südvietnamesischen Armee eine deutlichere Besserung eintritt. Sie begreifen einfach nicht die Wichtigkeit (oder den Ernst) des Befriedungsprogramms und den Einfluß eines anständigen, disziplinierten Verhaltens für dieses Programm. Beförderungen, Ernennungen und Auszeichnungen werden häufig nicht nach den persönlichen Verdiensten vorgenommen, sondern sie hängen davon ab, ob man ein Diplom, Freunde und Verwandte besitzt oder ob man jemanden besticht. Aufopferung, Geradlinigkeit und Disziplin werden bei der Armee Süd-Vietnams kleingeschrieben. Der Sicherung einzelner Gebiete und der Bevölkerung stehen nicht genügend Armee-Einheiten zur Verfügung, und wo die südvietnamesische Armee tatsächlich versucht, die Befriedung zu unterstützen, werden ihre Aktionen zu früh wieder abgebrochen; trotz aller amerikanischen Bemühungen ist ihre Taktik schlecht (keine Patrouillen in kleinen Gruppen, keine Durchsuchungen von Dörfern, keine raschen Gegenschläge oder Nachtoffensiven); Informationen der Nachrichtendienste werden kaum ausgewertet; Führung und Disziplin liegen im argen.

Außerdem bin ich davon überzeugt, daß dieses Problem zumindest teilweise im schlechten Management sowohl auf amerikanischer als auch auf südvietnamesischer Seite zu suchen ist. Die Aufteilung der Verantwortung – oder »gar keine Verantwortung« – führt dazu, daß zu wenig Druck auf die Regierung Süd-Vietnams ausgeübt wird, ihren Auftrag zu erfüllen, für den ohnehin keine wirklich solide oder realistische Planung vorliegt. Mit diesem Managementproblem müssen wir uns ganz ernsthaft auseinandersetzen.

Eine Lösung könnte darin bestehen, alle amerikanischen Maßnahmen, die in erster Linie Teil des zivilen Befriedungsprogramms sind, sowie alle daran beteiligten Personen bei einer unmißverständlichen Zuteilung der Verantwortung dem einheitlichen Kommando eines Zivilisten zu unterstellen, der von sämtlichen anderen Aufgaben entlastet wird.* Bei diesem Vorgehen gäbe es eine klare Trennung der Verantwortlichkeiten zwischen dem zivilen Leiter des Programms und einer Abteilung des Alliierten Oberkommandos unter einem ranghohen Offizier, der sich in erster Linie um die Planung und Durchführung von Schutzmaßnahmen für die Dörfer zu kümmern hätte. Der Erfolg wird davon abhängen, welche Männer auf beiden Seiten für diese Aufgaben ausgewählt werden (sie müssen aus den Reihen der ranghöchsten und fähigsten Verwaltungsfachleute der amerikanischen Regierung kommen), ob eine lückenlose Zusammenarbeit zwischen den US-Stellen erreicht wird, und davon, inwieweit man die Südvietnamesen aus ihrer gegenwärtigen Apathie aufrütteln kann. Die erste Aufgabe dieser reformierten US-Organisation für die Befriedung sollte darin bestehen, innerhalb von sechzig Tagen einen realistischen und detaillierten Plan für das kommende Jahr aufzustellen.

Diese Lösung ist vom Standpunkt der Politik und der Public Relations vorzu-

* Sollte diese Aufgabe Botschafter Porter zugeteilt werden, so muß sofort ein weiterer Beamter als Stellvertreter von Botschafter Lodge nach Saigon entsandt werden.

ziehen, falls sie funktioniert. Aber wir dürfen uns auch nicht mit ständigen Fehlschlägen abfinden. Falls der Versuch nach einer angemessenen Probezeit mißlingt, so bleibt uns – nach meiner Meinung – als einziger Ausweg, das gesamte Befriedungsprogramm – zivil und militärisch – General Westmoreland zu unterstellen. Diese Alternative würde zur Ernennung eines Stellvertretenden Oberkommandierenden der Alliierten Streitkräfte für das Befriedungsprogramm führen, dem sämtliche Dienststellen dieses Programms in Saigon und draußen im Land unterstehen müßten; für den Anteil der USA würde in jedem Armeekorps, in jeder Provinz und in jedem Bezirk je eine Person verantwortlich sein.

(Es muß hier angemerkt werden, daß Fortschritte bei der Befriedung den Gegner mehr als alles andere veranlassen werden, zu verhandeln oder sich zurückzuziehen.)

e) DAS BETREIBEN VON VERHANDLUNGEN. Ich beurteile die Möglichkeit, daß Hanoi oder der Vietkong zur Zeit auf Friedensangebote reagieren könnten, nicht sehr optimistisch (daraus erklären sich meine obigen Empfehlungen, für die Hauptanstrengung eine gleichwertige Position zu suchen). Die Ziele der beiden Seiten scheinen unvereinbar zu sein, und das Kräfteverhältnis wird von der anderen Seite als günstig eingeschätzt. Trotzdem kann nach meiner Überzeugung dreierlei getan werden, um die Aussichten zu verbessern:

1) Wir müssen Schritte unternehmen, die uns in den Augen des Gegners wirklich glaubwürdiger machen. Sowohl privaten Äußerungen der Kommunisten als auch den Berichten erfahrener westlicher Beamter, die mit ihnen gesprochen haben, ist zu entnehmen, daß die Vorwürfe gegen die USA nicht rein propagandistischer Natur sind, sondern einer echten Überzeugung entspringen. Analysen der Aussagen und Handlungen der Kommunisten deuten darauf hin, daß sie fest davon überzeugt sind, daß die amerikanische Führung in Wirklichkeit keine Beendigung der Kämpfe wünscht, sondern einen militärischen Sieg in Vietnam anstrebt, und daß sie die Absicht hegt, unsere dortige Präsenz durch eine Marionettenregierung aufrechtzuerhalten, die von US-Militärbasen Unterstützung erhält.

Um den guten Willen der USA zu beweisen, sollten wir nach meiner Überzeugung im Zusammenhang mit dem Bombardierungsprogramm gegen den Norden zwei Möglichkeiten erwägen, die, falls sie überhaupt realisiert werden, zu einem Zeitpunkt eingeleitet werden sollen, der die bestmöglichen Chancen bietet, den Gegner und die Weltmeinung zu beeinflussen und die Gefahr, daß ein Fehlschlag die Position der »Falken« in den USA verbessert, weitestgehend ausschaltet: Zunächst einmal die Bombardierung ganz Nord-Vietnams einstellen, und zwar ohne Fanfare, ohne Bedingungen und ohne sich darauf festzulegen, ob es sich um eine permanente oder vorübergehende Einstellung handelt. Es ist allgemein bekannt, daß Hanoi keinen Verhandlungen zustimmen wird, bevor es nicht behaupten kann, die Bombenangriffe seien bedingungslos eingestellt worden. Wir könnten die weiteren Entwicklungen abwarten und uns die Möglichkeit offenhalten, die Bombenangriffe wiederaufzunehmen, falls sich nichts Nützliches ergibt.

Zum andern könnten wir das Hauptgewicht von den Zonen 6A und 6B, zu denen Hanoi, Haiphong sowie die Gebiete nördlich der beiden Städte bis zur chinesischen Grenze gehören, wegverlagern. Die Alternative ist insofern

attraktiv, als sie Nord-Vietnam die Möglichkeit bietet, das »Gesicht zu wahren«, falls darin Hanois einziges Hindernis gegen Friedensgesten besteht; dadurch würde sich die Bombardierung unmittelbar auf die verwerfliche Infiltration konzentrieren (wodurch die Zusage, daß eine endgültige Einstellung der Infiltration die Einstellung der Bombenangriffe nach sich zöge, unterstrichen würde); außerdem würde das den internationalen Druck gegen die USA vermindern. Auch hier könnte die Bombardierung des Nordostens jederzeit wiederaufgenommen werden, oder man könnte dort von Zeit zu Zeit einzelne Punkte angreifen, um Nord-Vietnam zu verunsichern und zu zwingen, die kostspieligen Wiederaufbaueinheiten in fast unverminderter Stärke aufrechtzuerhalten. Die in den Zonen 6A und 6B eingesparten Einsätze könnten auf die Infiltrationsrouten in den Zonen 1 und 2 (dem südlichsten Teil Vietnams einschließlich des Mugia-Passes), auf Laos und Süd-Vietnam verlagert werden. (Jede Einschränkung der Bombardierung Nord-Vietnams wird zu ernsten psychologischen Problemen unter den Männern führen, die ihr Leben für die Verfolgung unserer politischen Ziele einsetzen, aber auch bei ihren Kommandeuren bis hinauf zum Vereinigten Generalstab sowie in den Teilen unseres Volkes, die nicht verstehen können, warum wir dem Feind eine harte Bestrafung ersparen sollten. General Westmoreland glaubt ebenso wie die Vereinigten Stabschefs fest an den militärischen Wert des Bombardierungsprogramms. Darüber hinaus berichtet Westmoreland, die Moral seines fliegenden Personals zeige bereits erste Abnutzungserscheinungen, die auf die derzeitigen Einschränkungen der Operationen zurückzuführen seien.)
Ebenfalls zum Zweck der Erhöhung unserer Glaubwürdigkeit sollten wir – durch Worte und Taten – Wege finden, um unsere Absicht glaubhaft darzulegen, daß wir unsere Truppen sofort zurückziehen, sobald die nordvietnamesische Aggression gegen den Süden aufhört. Insbesondere sollten wir jeden Hinweis darauf vermeiden, daß wir mit Stützpunkten in Süd-Vietnam zu bleiben gedenken oder die Absicht haben, in einer rein südvietnamesischen Auseinandersetzung ein bestimmtes Resultat zu garantieren.

2) Eine Absplitterung des Vietkong von Hanoi versuchen. Nach den Auskünften der Nachrichtendienste weist alles darauf hin, daß Nordvietnamesen die Nationale Front und den Vietkong beherrschen. Dennoch glaube ich, daß wir uns auch weiterhin verstärkt um Kontakte mit dem Vietkong und der Nationalen Befreiungsfront bemühen und nach Wegen suchen sollten, um einzelne Mitglieder oder Fraktionen von der Organisation des Vietkong und der NLF abzusprengen.

3) Kontakte mit Nord-Vietnam, der Sowjetunion und anderen Gesprächspartnern suchen, die einen Beitrag zu einer Einigung leisten könnten.

4) Entwicklung eines realistischen Planes, der dem Vietkong eine Rolle in den Verhandlungen im Nachkriegsleben und in der Regierung des Landes zuweist. Das Angebot einer Amnestie sowie Vorschläge für eine nationale Aussöhnung wären Schritte in dieser Richtung und sollten Bestandteil des Plans sein. Es ist sehr wichtig, daß dieser Plan vernünftig klingt, wenn auch zunächst nur für die Weltmeinung und noch nicht für Hanoi und den Vietkong.

3. DIE PROGNOSE. Die Aussichten sind schlecht, daß der Krieg innerhalb der nächsten zwei Jahre zu einem zufriedenstellenden Abschluß gebracht werden

kann. Vermutlich läßt sich das weder durch großangelegte Operationen noch durch Verhandlungen erreichen.

Zwar sollten wir auch weiterhin diese beiden Wege beschreiten, um eine kurzfristige Lösung zu finden, uns dabei jedoch stets vor Augen halten, daß ein Erfolg nur möglich, nicht aber wahrscheinlich ist.

Die Lösung liegt darin, daß wir uns in aller Öffentlichkeit für einen längeren Krieg rüsten, bei dem sich innerhalb von zwölf bis achtzehn Monaten eindeutig herausstellt, daß sich die fortgesetzten Kosten und Risiken für das amerikanische Volk in vertretbaren Grenzen halten, daß eine Formel für den Erfolg gefunden wurde und daß die Beendigung des Krieges lediglich eine Frage der Zeit ist. Alle meine Empfehlungen zielen auf diese Strategie hin, aber die wichtigste läßt sich gleichzeitig vielleicht am schwersten durchführen – es ist die Belebung des Befriedungsprogramms. Hier stehen die Chancen schlecht, und sei es auch nur deshalb, weil es uns trotz ständiger Bemühungen seit 1961 nicht geglückt ist, einen vernünftigen Anfang zu machen. Da jedoch im Jahre 1967 der Gang der Friedensbemühungen, nach meiner Überzeugung, der wichtigste Talisman für Erfolg oder Mißerfolg der USA in Vietnam sein wird, sollte man sich mit einem außerordentlichen Aufwand an Phantasie und Einsatz um eine Wende bei diesem Problem bemühen.

Präsident Thieu und Ministerpräsident Ky denken ganz ähnlich. Sie erklärten mir, sie rechneten nicht damit, daß der Feind in den nächsten beiden Jahren verhandeln oder sein Programm ändern werde. Sie nehmen vielmehr an, daß der Gegner seine Tätigkeit ausweiten wird. Sie stimmen mit uns darin überein, daß der Schlüssel zum Erfolg Befriedung heißt und daß das Befriedungsprogramm bisher fehlgeschlagen ist. Sie sind mit uns der Meinung, daß eine deutliche Abgrenzung der Aufgaben zwischen der südvietnamesischen Regierung und den USA erforderlich sei und daß die südvietnamesischen Streitkräfte in erster Linie für die Befriedung eingesetzt werden müßten. Ky wird vom Januar bis Juli 1967 alle Infanteriedivisionen der südvietnamesischen Armee für diese Aufgabe einsetzen. Er wird Thang, einem fähigen Direktor der Revolutionären Entwicklung, zusätzliche Vollmachten erteilen. Thieu und Ky sehen darin den Teil eines Zwei-Jahres-Programms (1967 bis 68), in dem Offensivmaßnahmen gegen die Hauptstreitmacht des Gegners fortgesetzt werden, aber in erster Linie durch die Streitkräfte der USA und anderer Länder der freien Welt. Nach ihrer Auffassung könnte der Gegner am Ende dieser Zweijahresfrist bereit sein, zu verhandeln oder von seiner derzeitigen Politik abzugehen.

ANMERKUNG: Weder der Außenminister noch die Vereinigten Stabschefs hatten bisher Gelegenheit, ihre Ansichten zu diesem Bericht zu äußern. Mr. Katzenbach und ich haben viele der hier enthaltenen wichtigsten Folgerungen und Empfehlungen durchgesprochen – der Bericht drückt im allgemeinen, wenn auch nicht in Einzelheiten, seine Ansichten ebenso aus wie die meinen.

Anhang

AUSZÜGE AUS EINEM BERICHT VON CIA/DIA »GUTACHTEN ÜBER DIE BOMBARDIERUNG SÜD-VIETNAMS BIS ZUM 12. SEPTEMBER 1966«.

1. Bisher weist noch nichts auf eine Treibstoffknappheit in Nord-Vietnam hin,

und die vorhandenen Bestände reichen zusammen mit den laufenden Importen für die Aufrechterhaltung der nötigen Operationen aus.
2. Während des vergangenen Monats wurden in Nord-Vietnam Luftangriffe gegen alle Arten von Transportmitteln geflogen, aber nichts weist auf ernsthafte Transportprobleme im Warenverkehr nach Nord-Vietnam oder innerhalb des Landes hin.
3. Noch liegen keine Hinweise darauf vor, daß die Luftangriffe die Moral des Volkes wesentlich geschwächt hätten.
4. Die Luftangriffe beengen auch weiterhin das Wirtschaftswachstum und waren ausschlaggebend für die Abkehr von einigen wirtschaftlichen Entwicklungsprojekten, aber die wichtigsten Aktivitäten der Wirtschaft laufen weiter.

AUSZÜGE AUS EINEM CIA-BERICHT VOM 16. MÄRZ 1966 »ANALYSE DER LUFTOFFENSIVE ROLLENDER DONNER GEGEN NORD-VIETNAM«.

1. Obgleich der Transport von Menschen und Material in Nord-Vietnam (durch unsere Bombardierungen) behindert wurde und etwas kostspieliger geworden ist, waren die Kommunisten imstande, den Strom von Menschen und Nachschub nach Süd-Vietnam zu verstärken.
2. (Trotz der Bombardierungen) scheint Hanois Entschlossenheit, auch weiterhin den Aufstand im Süden zu unterstützen, unvermindert fest zu sein.
3. Die Luftangriffe können höchstwahrscheinlich den derzeitigen Nachschub von Menschen und Material nach Süd-Vietnam nicht erheblich beschneiden.

GUTACHTEN ÜBER DIE IM NORDEN ENTSTANDENEN BOMBENSCHÄDEN, ZUSAMMENGESTELLT VON DER »SOMMERSTUDIENGRUPPE« DES INSTITUTS FÜR VERTEIDIGUNGSANALYSEN.

Was uns »bei der Beurteilung der Auswirkungen der Bombardierung Nord-Vietnams« überraschte, war das bei den Nachrichtendiensten festgestellte Maß an Übereinstimmung über die Auswirkungen der bisherigen Operationen und die mutmaßlichen Auswirkungen einer verstärkt fortgesetzten Operation *Rollender Donner*. Die Schlußfolgerungen unserer Gruppe, die wir alle unterschreiben, sind daher nichts weiter als eine Bestätigung zahlreicher Geheimdienstberichte. Es muß festgestellt werden, daß *Rollender Donner* den derzeitigen Nachschub nach Süd-Vietnam nicht beeinträchtigt, weil Nord-Vietnam weder das Ursprungsland der Nachschubgüter noch ein Engpaß der Transportwege aus China und der UDSSR ist. Obgleich eine Ausweitung der Operation *Rollender Donner* mit einer Schließung des Hafens Haiphong, der Ausschaltung von Kraftwerken und der völligen Vernichtung von Eisenbahnlinien der Bevölkerung Nord-Vietnams zumindest indirekt weitere Entbehrungen auferlegen und die Versorgung des Vietkong mit Nachschub kostspieliger gestalten wird, ändert sich dadurch nichts an der grundsätzlichen Beurteilung. Nord-Vietnam hat eine hervorragende Fähigkeit bewiesen, in seinem Transportwesen zu improvisieren, und es verfügt über eine so primitive Wirtschaftsstruktur, daß sich *Rollender Donner* nur auf einen kleinen Bruchteil der Bevölkerung unmittelbar auswirken kann. Es besteht sehr wenig Hoffnung, daß die Regierung Ho Chi Minh aufgrund der Bombenangriffe die Kontrolle über die Bevölkerung verlieren könnte. In dieser Hinsicht sind die Lehren aus dem

Korea-Krieg beachtenswert. Darüber hinaus ist die ausländische Wirtschaftshilfe für Nord-Vietnam im Vergleich zu den von uns angerichteten Schäden sehr beträchtlich und im Steigen begriffen. Vermutlich verfügt die Regierung von Nord-Vietnam über Zusicherungen, daß die UDSSR und/oder China nach dem Krieg an einem Wiederaufbau der Wirtschaft mitarbeiten werden, so daß angesichts dieser langfristigen Hoffnungen die Besorgnis über die entstandenen Schäden relativ gering sein dürfte.

Einzelne Punkte:

1. Bis zum Juli 1966 hat die Bombardierung Nord-Vietnams durch die USA keine direkt meßbare Auswirkung auf die Fähigkeit Hanois gezeigt, militärische Operationen im Süden in gleicher Stärke durchzuführen und zu unterstützen.
2. Seit dem Beginn des Programms *Rollender Donner* sind die in Nord-Vietnam an Gebäuden und Einrichtungen entstandenen Schäden durch den ununterbrochenen Strom der Militär- und Wirtschaftshilfe, die größtenteils aus der UDSSR und aus dem kommunistischen China kommt, mehr als ausgeglichen worden.
3. Die Aspekte der allgemeinen Lage, die es Hanoi ermöglicht haben, die Operationen im Süden auch weiterhin zu unterstützen und die Auswirkungen amerikanischer Bombenangriffe durch Weiterreichung der entstandenen Kosten an andere kommunistische Länder zu neutralisieren, dürften sich auch kaum dadurch verändern lassen, daß von den gegenwärtigen geographischen Aussparungen abgegangen wird, daß man Haiphong und andere wichtige Häfen des Nordens vermint, die Anzahl bewaffneter Aufklärungsflüge erhöht oder daß andernfalls die US-Luftoffensive entsprechend den derzeit laufenden Überlegungen militärischer Kreise intensiviert wird.
4. Theoretisch wäre es zwar denkbar, daß die Fortsetzung der Operation *Rollender Donner* im bisherigen oder gar noch verstärktem Ausmaß dazu führt, den militärischen Möglichkeiten Hanois im Süden eine gewisse Beschränkung aufzuerlegen, doch gibt es weder eine Möglichkeit, diese Grenze konkret anzugeben, noch einen Grund zu der Annahme, daß sich die Feindtätigkeit derzeit bereits einer solchen Grenze nähere.
5. Indirekte Auswirkungen der Bombardierungen auf den Kampfeswillen der Nordvietnamesen und auf die Bereitschaft ihrer Führung, das Für und Wider einer Fortsetzung der bisherigen Politik zu erwägen, haben sich noch an keiner Stelle bemerkbar gemacht. Darüber hinaus konnten wir keine Anhaltspunkte für die Annahme entdecken, daß sich die indirekten Belastungen durch die Bombardierung in dieser Hinsicht als entscheidend herausstellen könnten.

Nr. 119 Memorandum der Vereinigten Stabschefs gegen McNamaras Ansichten zur Bombardierung

Auszüge aus einem von General Earle G. Wheeler unterzeichneten Memorandum der Vereinigten Stabschefs an Verteidigungsminister McNamara vom 14. Oktober 1966, enthalten in den Dokumenten der Pentagon-Studie.

Die Vereinigten Stabschefs pflichten Ihrer Empfehlung nicht bei, daß von einer Intensivierung der Bombardierungen und von einer Anpassung der Ziele und Zielgebiete für Luftangriffe abgesehen werden sollte. Sie sehen in unserem Luftkrieg gegen Nord-Vietnam einen festen und unverzichtbaren Bestandteil unserer gesamten Kriegsbemühungen. Zur Aufrechterhaltung der Wirksamkeit sollten dem Luftkrieg auch weiterhin nur jene Mindestbeschränkungen auferlegt werden, die zur Vermeidung einer willkürlichen Tötung von Zivilisten erforderlich sind ...

Die Vereinigten Stabschefs stimmen Ihrem Vorschlag nicht zu, den Bombenkrieg gegen Nord-Vietnam zu unterbrechen oder einzuschränken, um Verhandlungen schmackhafter zu machen. Mit Pausen in der Bombardierung und ihrer Wiederaufnahme haben wir schlechte Erfahrungen gemacht. Darüber hinaus vertreten die Vereinigten Stabschefs die Auffassung, daß die Aussichten auf eine Beilegung des Krieges durch Verhandlungen gering sind und daß eine erneute Bombardierungspause keineswegs zu Verhandlungen führen, sondern vielmehr von den Nordvietnamesen und unseren eigenen Verbündeten als Beweis dafür gewertet werden wird, daß es den USA an Entschlossenheit mangelt, den Krieg zu einem erfolgreichen Abschluß zu bringen. Das Bombardierungsprogramm stellt eine der beiden Trumpfkarten in der Hand des Präsidenten dar (die andere ist die US-Präsenz in Süd-Vietnam). Man sollte sie nicht ohne eine Beendigung der nordvietnamesischen Aggression in Süd-Vietnam aus der Hand geben ...

Die Vereinigten Stabschefs sind der Auffassung, daß der Krieg nunmehr in ein Stadium getreten ist, in dem die Entscheidungen der nächsten sechzig Tage über den Ausgang des Krieges und damit über die gesamten Sicherheitsinteressen der Vereinigten Staaten auf Jahre hinaus entscheiden können. Sie möchten daher Ihnen und dem Präsidenten ihre Ansichten über zwei entscheidende Aspekte der Kriegslage mitteilen: Die Bemühungen um einen Frieden und den militärischen Druck gegen Nord-Vietnam.

a) Die vom Präsidenten häufig und in aller Öffentlichkeit gemachten Angebote, den Krieg mit friedlichen Mitteln beizulegen und eine großzügige Basis zu finden, die Nord-Vietnam nichts von seinem gegenwärtigen Besitzstand nehmen würde, waren bewunderungswürdig. Sicherlich kann niemand – ob Amerikaner oder Ausländer – die Aufrichtigkeit, Großzügigkeit und Selbstlosigkeit der amerikanischen Bemühungen und Absichten anzweifeln, es sei denn, er will sich nicht überzeugen lassen. Nach Meinung der Vereinigten Stabschefs ist nunmehr der Zeitpunkt gekommen, zu dem weitere offizielle Schritte und Angebote unsererseits nicht nur ohne Aussicht auf Erfolg, sondern sogar erfolgshemmend sind. Man könnte überzeugend nachweisen, daß sowohl das amerikanische Volk als auch unsere Verbündeten und unsere Gegner hinsichtlich unserer Entschlossenheit, den Krieg bis zum erfolgreichen Abschluß durchzustehen, zunehmend unsicherer werden. Daher schlagen die Vereinigten Stabschefs folgendes vor:

1. Der Präsident möge während der Manila-Konferenz seine unbeugsame Entschlossenheit kundtun, den Krieg so lange fortzusetzen, bis die nordvietnamesische Aggression gegen Süd-Vietnam aufhört.
2. Es sollen auch weiterhin vertraulich alle Wege sondiert werden, die zu einer friedlichen Beilegung des Krieges führen könnten.
3. Ständige Wachsamkeit und eine entsprechende Reaktion auf den Rückzug

nordvietnamesischer Truppen aus Süd-Vietnam und die Einstellung der Unterstützung für den Vietkong.
b) In ihren Mitteilungen JCSM-955-64 (vom 14. November 1964) und JCSM-962-64 (vom 23. November 1964) haben die Vereinigten Stabschefs ihre Ansichten zu den militärischen Maßnahmen, die gegen Nord-Vietnam ergriffen werden sollten, zum Ausdruck gebracht. Kurz ausgedrückt: sie haben seinerzeit einen »harten Schlag« gegen militärische Anlagen und Rüstungsbetriebe in Nord-Vietnam empfohlen und nicht die später angenommene Strategie eines allmählich sich steigernden Drucks. Unabhängig von den politischen Vorzügen dieser zweiten Möglichkeit haben wir uns der militärischen Wirkung eines harten Schlags begeben und dem Feind Zeit gelassen, sich der allmählichen quantitativen und qualitativen Zunahme des Drucks anzupassen. Damit soll nicht gesagt sein, daß es zu spät wäre, aus einem wirkungsvolleren und ausgedehnteren Einsatz unserer Luft- und Marineüberlegenheit noch militärischen Nutzen zu ziehen. Die Vereinigten Stabchefs schlagen vor:
1. Die Bewilligung des Programms *Rollender Donner* 52, das einen Schritt auf dem Wege der Anpassung an die Erfordernisse eines verbesserten Zielsystems bedeutet. Dieses Programm hat zur Folge: Einengung der bisher verschonten Gebiete um Hanoi und Haiphong, die Vollmacht zu Angriffen auf das Stahlwerk, den Bahnhof von Hanoi, die Wärmekraftwerke, ausgewählte Bereiche innerhalb des Hafens von Haiphong und anderer Häfen, ausgewählte Schleusen und Dämme, die bestimmte Wasserstraßen kontrollieren, Stellungen von Luftabwehrraketen innerhalb der noch verbleibenden, von Luftangriffen verschonten Wohngebiete von Hanoi und Haiphong sowie auf Öl-, Treibstoff- und Schmierstoffdepots in Hanoi, Haiphong, Hagia Gia (Phucyen) und Can Thon (Kep).
2. Einsatz von Überwassereinheiten der Marine, um den Verkehr der nordvienamesischen Küstenschiffahrt und entsprechende Landverbindungen zu unterbrechen, sowie andere militärische Ziele an der Küste wie zum Beispiel Radar- und Luftabwehrstellungen anzugreifen.
... Die Vereinigten Stabschefs ersuchen darum, diese ihre Ansichten dem Präsidenten vorlegen zu dürfen.

Nr. 120 Memorandum McNamaras für Johnson vom November 1966

Auszüge aus dem Entwurf eines Memorandums von Verteidigungsminister McNamara für Präsident Johnson vom 17. November 1966 unter der Überschrift »Empfehlung für zusätzliche Verstärkungen bis Ende 1967 in Südostasien«, enthalten in der Pentagon-Studie.

Zahlreiche und wirksame Luftangriffe sind sowohl notwendig als auch erfolgversprechend. Sie verhindern nicht nur weitgehend die Versorgung der feindlichen Streitmacht, sondern haben darüber hinaus noch drei wichtige militärische Auswirkungen: Erstens stören und verzögern sie die Lastwagentransporte in die südlichen Teile von Nord-Vietnam und Laos – auf die Infiltration zu Fuß, über Pfade, die aus der Luft praktisch unsichtbar sind, haben sie allerdings keinen Einfluß. Unsere Erfahrung zeigt, daß bewaffnete Aufklärung am Tage, selbst wenn verhältnismäßig wenige Einsätze geflogen werden, Fahrzeugtransporte des Gegners so kostspielig machen, daß er zu Nachttransporten übergehen muß. Zweitens zwingt die Zerstörung von Brücken und Straßen den Gegner zum Einsatz von Reparaturmannschaften, Geräten und Trägern, um die beschädigten Wege wieder passierbar zu machen. Drittens werden bei Angriffen auf Autos, Wagenparks und Rastplätze immer einige Fahrzeuge mitsamt ihren Ladungen vernichtet und dem Feind so Verluste zugefügt. Darüber hinaus könnten unsere Bombenangriffe günstige Auswirkungen auf die Moral in den USA und in Süd-Vietnam haben, da sie von Nord-Vietnam ja einen gewissen Preis fordern. Aber beim gegenwärtigen Ausmaß der Einsätze bin ich davon überzeugt, daß unsere Bombenangriffe zu wenig ausrichten, um die Verluste an Piloten und Maschinen zu rechtfertigen.

Das zuerst erwähnte Ergebnis – den Feind zu Nachttransporten zu zwingen – ist schon mit wesentlich weniger Einsätzen an bewaffneter Aufklärung, als sie in den letzten Monaten geflogen wurden, zu erreichen. Schon 1965, als noch nicht einmal halb so viele Einsätze geflogen wurden wie heute, ging der Gegner zu Nachttransporten über. Zusätzliche Einsätze haben auf die Gesamtoperationen des Gegners keinen weiteren Einfluß. Der zweite Punkt – den Gegner zu Reparaturmaßnahmen zu zwingen – ist ebenfalls schon mit verhältnismäßig geringem Aufwand zu erzielen. Unsere Störangriffe im Jahre 1965 und Anfang dieses Jahres zwangen Nord-Vietnam, für die Aufrechterhaltung der Verkehrsverbindungen ungefähr 300 000 zusätzliche Arbeitskräfte bereitzustellen. Nichts deutet darauf hin, daß die kürzlich erfolgte Steigerung der Einsätze den Gegner zu einem zusätzlichen Personalaufwand veranlaßt hat. Wenn der Gegner erst einmal in der Lage ist, unterbrochene Straßen und beschädigte Brücken innerhalb weniger Stunden wieder instand zu setzen, was er bewiesen hat, mögen zusätzlich geflogene Einsätze dieses System vielleicht härter beanspruchen, aber kaum zu einer wesentlichen Kostensteigerung führen. Nur im dritten Fall – der Zerstörung von Fahrzeugen und ihren Ladungen – steigt der Erfolg etwa in demselben Maße wie die Zahl der bewaffneten Aufklärungsflüge, bleibt aber ohne fühlbare Auswirkungen auf die Operationen des Vietkong und der nordvietnamesischen Armee. Trotz der im September gestarteten 12 200 Einsätze scheint sich die Leistungsfähigkeit des nordvietnamesischen Nachschubsystems insgesamt erhöht zu haben.

Im folgenden Absatz des Memorandums wurden die Argumente gegen die Bombenangriffe zusammengefaßt:

Die zusätzlich angerichteten Schäden erbringen keine sichtbaren Resultate. In Nord-Vietnam zeigt sich keinerlei ernsthafter Treibstoffmangel, und die vorhandenen Vorräte reichten zusammen mit den laufenden Importen aus, um die notwendigen Operationen aufrechtzuerhalten. Beim Nachschubtransport nach Vietnam und innerhalb des Landes war von einem ernsthaften Problem nichts zu merken. Die meisten Transportwege scheinen befahrbar zu sein, und erst kürzlich wurden die Nachschubbemühungen im Bereich der entmilitarisierten Zone verstärkt. Die Angriffe haben die Zivilbevölkerung aus ihren Dörfern vertrieben und an einigen Orten zu Nahrungsmittelknappheit geführt, die öffentliche Moral jedoch nicht fühlbar geschwächt. Die Luftangriffe behindern weiterhin das Wirtschaftswachstum und waren für die Einstellung gewisser Pläne zur Förderung der wirtschaftlichen Entwicklung verantwortlich, ohne jedoch die Wirtschaft entscheidend zu beeinträchtigen. Die zusätzlichen Schäden, die Nord-Vietnam hinnehmen muß, werden größtenteils durch die Hilfe anderer kommunistischer Länder wieder ausgeglichen. Trotz der Kampagne, die zur Zeit mindestens zweihundertfünfzig Millionen Dollar pro Monat kostet, ist keine spürbare Auswirkung auf den Krieg in Süd-Vietnam zu verzeichnen. Der finanzielle Schaden, der Nord-Vietnam seit Beginn der Bombenangriffe im Februar 1965 entstanden ist, wird bis zum 10. Oktober 1966 auf etwa einhundertvierzig Millionen Dollar geschätzt.

Nr. 121 Bericht Komers an Johnson nach seiner Vietnam-Reise im Februar

Auszüge aus einem Memorandum von Sonderberater Robert W. Komer für Präsident Johnson vom 28. Februar 1967; aus dem Material der Pentagon-Studie. Kursive Absätze geben Erläuterungen und Stellungnahmen der Studie wieder.

Nachdem ich mich fast ein Jahr lang ständig in Vietnam aufgehalten und das Land sechsmal besucht hatte, glaubte ich, bei meinem Elf-Tage-Aufenthalt vom 13. bis zum 23. Februar noch eine ganze Menge mehr erfahren zu können. Ich kehre optimistischer denn je von dieser Reise zurück. Seit meinem ersten Besuch im vergangenen April hat sich die allgemeine Lage hier dramatisch zugespitzt, auch wenn das noch nicht in jeder Hinsicht nachweisbar ist. Ich kann meine Prognosen vom vergangenen November hinsichtlich der für 1967 zu erwartenden Erfolge in Vietnam auf fast allen Gebieten nur unterstreichen.

Er war überzeugt, daß wir den Vietkong in Süd-Vietnam zur rechten Zeit besiegen würden:

Wir sind im Begriff, den Krieg im Süden zu gewinnen, zwar mit einem hohen Aufwand an Kosten und Material, dafür aber um so sicherer. Nur wenige unserer Programme – ob auf zivilem oder militärischem Gebiet – sind sehr rationell, aber wir erdrücken den Gegner durch Zahl und Stärke unserer Einsätze, deren Erfolge sich langsam abzeichnen. Am wenigsten erfolgreich war bisher unser Befriedungsprogramm, aber selbst auf diesem Gebiet werden Fortschritte erzielt.

Schließlich hielt er, im Gegensatz zu allen militärischen Berichten, weitere Verstärkungen für nicht unbedingt notwendig:

Alles in allem habe ich, obwohl ich die Schwierigkeiten natürlich auch sehe, das Gefühl, daß uns genügend Menschen, Geld und Mittel zur Verfügung stehen, um alle unsere Pläne erfolgreich durchzuführen ...

Nr. 122 Westmorelands Memorandum vom 18. März zur Frage der Truppenverstärkung

Auszüge aus einem Telegramm von General William C. Westmoreland, dem Oberkommandierenden der US-Streitkräfte in Vietnam, an das Oberkommando Pazifik vom 18. März 1967, wiedergegeben in der Pentagon-Studie. Kursive Absätze stellen Anmerkungen oder Erläuterungen der Studie dar.

Am 18. März legte General Westmoreland seinen Bericht über den laufenden Truppenbedarf der Alliierten Streitkräfte in Vietnam (MACV) 1968 vor. Diese Anforderung war maßgebend für alle weiteren Berechnungen des Truppenbedarfs während der Ausführung von Programm 5. Zu Beginn dieser Anforderung ging der Oberkommandierende der Alliierten Streitkräfte noch einmal auf seine früheren Forderungen für 1967 ein, in denen er 124 Kampfbataillone einschließlich der erforderlichen Nachschubeinrichtungen in einer Gesamtstärke von 555 741 Mann verlangt hatte. Dies war die höchste Zahl, die während der Beratungen über Programm 4 genannt wurde. Bewilligt wurden für dieses Programm 4 lediglich 470 336 Mann, wesentlich weniger als vom Oberkommandierenden gefordert, was zu den im zweiten Teil erwähnten Reklamationen führte. Westmoreland erklärte, das Alliierte Oberkommando Pazifik habe nur aus Rücksicht auf die ungünstige Finanzlage und die Realitäten der Militärverwaltung nicht schon früher gegen die Begrenzung auf 470 000 Mann protestiert, aber bei einer späteren Beurteilung der Lage sei ihm klar geworden, daß er mit den Truppenbewilligungen für Programm 4 zwar die Initiative wiedergewinnen, jedoch »keine fortgesetzten, großangelegten und wirksamen Operationen, wie sie zur Vermeidung eines sinnlos verlängerten Krieges erforderlich wären, einleiten könne«.

Dann wiederholt der amerikanische Befehlshaber in Vietnam in seinem Telegramm kurz seine frühere Beurteilung der Lage beim Gegner: Der Feind habe seine Truppen beträchtlich verstärkt und könne nunmehr den militärischen Streitkräften der freien Welt große Einheiten nördlich der entmilitarisierten Zone sowie in den neutralisierten Räumen von Laos und Kambodscha und in gewissen Gebieten Süd-Vietnams entgegenstellen. Angesichts dieser neuen Lage käme er auf seine frühere Forderung nach weiteren 2⅓ Divisionen zurück, die durch Umstellung des ursprünglich 555 741 Mann umfassenden Truppenkontingents bereitgestellt werden sollten, wie er im Rahmen von Programm 4 bereits vorgeschlagen hatte. Diese Streitmacht würde »so rasch wie möglich benötigt, jedoch spätestens bis zum 1. Juli 1968«. Dies begründete er zum Teil damit, daß seine Anforderung praktisch nur eine sechsmonatige »Verlängerung« des Programms von 1967 darstelle und man auf diese Weise auch die Personalplanung vom Kalenderjahr auf das Haushaltsjahr umstellen könne, eine Veränderung, die nach Auffassung des Alliierten Oberkommandierenden in Vietnam schon längst überfällig sei, um die Truppenprogramme für Vietnam mit anderen Programmen der Regierung zu koordinieren und den erforderlichen zeitlichen Spielraum zur Beschaffung von Rüstungsgütern zu erhalten. Dann fährt Westmoreland mit einem Blick in die Zukunft fort:

... Es ist durchaus möglich, daß zusätzlich zum Sofortbedarf in Höhe von 2⅓ Divisionen weitere Verstärkungen notwendig werden – die gegenwärtige

Planung, die ständig verbessert wird, sieht noch einmal 2¹/₃ Divisionen vor, deren Bereitstellung sich über das Ende des Haushaltsjahres 1968 hinausziehen dürfte.

Dann wandte sich der Oberkommandierende in Vietnam, als wollte er seine Forderung entschärfen, zwei Programmen zu, die in den Augen amerikanischer Staatsmänner zunehmend an Attraktivität gewannen. Es handelte sich dabei um den Ausbau einer verbesserten Luftstreitmacht in Süd-Vietnam und die Erhöhung der Truppenkontingente anderer Länder der freien Welt, die sich am Vietnamkrieg beteiligten. Er bemerkte, daß trotz der gegenwärtig geltenden Beschränkungen für die südvietnamesische Luftwaffe einige gezielte Verbesserungen erforderlich seien: So müßte zum Beispiel eine geeignete Grundlage für eine Bereitschaftspolizei geschaffen werden, um den Erfolg des Befriedungsprogramms (RD) zu gewährleisten. Westmoreland stellte fest, daß die Streitkräfte befreundeter Nationen nach Ansicht seines Hauptquartiers jederzeit als »zusätzliche Verstärkungen« willkommen seien, aber wirklich nur als »Verstärkungen« betrachtet würden und somit ohne Einfluß auf die Berechnungen der US-Truppenstärke blieben.

Sein Operationskonzept für den Einsatz der neu angeforderten Soldaten unterschied sich in seinen wesentlichen Punkten nur wenig von der Darstellung, die das Alliierte Oberkommando im Februar unter der Überschrift »Beurteilung der militärischen Lage und Operationskonzept« gegeben hatte. Dieses Dokument war erst eine Woche zuvor in Washington eingetroffen. Dennoch bezog das neue Telegramm die angeforderten Streitkräfte in den Operationsplan des Alliierten Oberkommandos bereits mit ein. Nach einem Rückblick auf den soeben verstrichenen Zeitraum wandte Westmoreland sich der Zukunft zu:

... Unsere Operationen hatten in erster Linie hinhaltende Funktion: Überwachung der Grenzen, Aufklärungsflüge zur Feststellung feindlicher Truppenkonzentrationen und Störangriffe auf die gegnerische Offensive. Der Truppenausbau und unsere Erfolge versetzten uns in die Lage, eine Großoffensive zu planen und einzuleiten. Wir haben nunmehr die taktische Initiative ergriffen und führen ständig kleinere, gelegentlich auch umfangreiche offensive Aktionen durch, um den Feind mehr und mehr zu schwächen; wir zerstören die Aufmarschzentren und die Infrastruktur des Gegners; wir schneiden ihm seine Verkehrsverbindungen zu Wasser und zu Lande ab und überzeugen ihn durch die Stärke unserer Offensive und zusätzliche psychologische Operationen von seiner unausweichlich bevorstehenden Niederlage.

Mit militärischen Erfolgen allein lassen sich die amerikanischen Ziele in Vietnam allerdings nicht verwirklichen. Ebenso wichtig ist ein politischer, wirtschaftlicher und psychologischer Sieg und vor allem eine Unterstützung des Befriedungsprogramms (RD). Die wesentliche Aufgabe des Militärs bei der Verwirklichung des RD ist: sicheren Lebensraum für die Bevölkerung zu schaffen, um den zivilen Aspekten dieses Programms zum Erfolg zu verhelfen.

Dann erläuterte er in allen Einzelheiten die beiden Truppenanforderungen, die er »optimale Streitmacht« (4²/₃ Divisionen) und »erforderliche Mindeststreitmacht« (2²/₃ Divisionen) nannte:

B. Truppenbedarf bis Ende 1968

(1) Die Zielvorstellungen des Alliierten Oberkommandos in Vietnam für 1967 beruhten auf der Annahme, daß die für 1967 angeforderten Truppen bewilligt und entsprechend den technischen Möglichkeiten rasch zur Verfügung gestellt werden. Doch bei der Ausführung von Programm 4 zeigte es sich, daß wir unsere Ziele eventuell doch nicht ganz erreichen werden. Mit den oben erwähnten zusätzlichen Streitkräften könnten wir unsere Offensivoperationen ausdehnen und in der nächsten Phase unsere Erfolge auch voll ausnutzen.

(2) Mit den angeforderten Streitkräften wird es uns rascher gelingen, die Hauptstreitmacht des Gegners zu vernichten oder zu zerschlagen und ihm durch unsere ständige Anwesenheit den Zugang zu den seit langem bestehenden, scheinbar sicheren Zufluchtsorten in Süd-Vietnam zu versperren. Im gleichen Maße, wie die Hauptstreitmacht des Gegners vernichtet oder zerschlagen wird, können die Bemühungen um die völlige Zerstörung der Infrastrukturen der Vietkongguerillas und der Kommunisten intensiviert werden. Darüber hinaus kann die südvietnamesische Luftwaffe bei ihren Anstrengungen, größere Gebiete für das RD zu sichern, mehr und mehr unterstützt werden.

(3) Optimale Streitmacht. Um dieses Operationskonzept erfolgreich durchführen und die Erfolge wirklich ausnutzen zu können, benötigen wir 4²/₃ Divisionen; außerdem noch zehn Geschwader taktischer Kampfflugzeuge mit einem zusätzlichen Stützpunkt und die gesamten mobilen Flußverbände. 201 250 Planstellen zusätzlich zu den für 1967 vorgesehenen 470 366 oder eine Erhöhung auf insgesamt 671 616 Mann sind erforderlich.

(a) Beim Ersten Armeekorps ist die Lage im Hinblick auf das jetzige und noch zu erwartende Kräfteverhältnis am kritischsten. In der Provinz Quang Tri müßte mindestens eine Division plus ein Regiment stationiert werden. Dieser Plan wurde bereits früher erläutert. Eine so starke Besatzungsmacht würde die jetzt dort festliegenden Einheiten zum Einsatz in den Räumen Danang, Hue–Phu Bai und Chu Lai und für die verbesserte Absicherung entlang der nördlichen Küstenbereiche dieses Armeekorps freistellen. Eine der kritischsten Zonen der Republik Süd-Vietnam ist derzeit die Provinz Quang Ngai; selbst größere Operationen im Laufe des Jahres 1967 würden da höchstens vorübergehend Abhilfe schaffen. In dieser Provinz ist ein ständiger Einsatz erforderlich, um einen ununterbrochenen Druck auf den Feind auszuüben und seine Streitkräfte und zahlreiche Stützpunkte zu zerschlagen, damit er nicht mehr wie bisher einen Großteil der Bevölkerung und der Nahrungsmittelreserven kontrolliert. Nur die ständige Stationierung einer Division mit zehn Bataillonen in der Provinz Quang Ngai verspricht dort Aussicht auf Erfolg. Dieses Truppenkontingent würde den lebenswichtigen Küstenbereich sichern, die Eroberung und Sicherung der Staatsstraße 1 sowie der Eisenbahnlinie erleichtern und, was vielleicht ebenso wichtig ist, den Druck des Feindes auf den nördlichen Teil der Provinz Binh Dinh verringern.

(b) Das Zweite Armeekorps hat eine doppelte Aufgabe: Die Vernichtung der regulären und Guerillatruppen des Feindes im Küstenbereich und die Bekämpfung der Infiltration nordvietnamesischer Streitkräfte aus Kambodscha und Laos. Hinzu kommen die ständige Expansion der gegenwärtigen taktischen Operationsräume (TAOR) von der Hauptstadt zur Küste, sowohl in nördlicher als auch in südlicher Richtung, die Sicherung der Staatsstraße 1 und der Eisenbahn, die Sicherung der Staatsstraße 20 von Dalat aus südlich bis zum Bereich des Dritten Armeekorps, die Vernichtung feindlicher Einheiten in den Provinzen Pleiku und Kontum, die Bekämpfung der feindlichen Streitkräfte in den neutralisierten Gebieten von Kambodscha und Laos. Alle diese Aufgaben kann das Zweite Armeekorps bei seinen ausgedehnten taktischen Operationsräumen und der ständigen Bedrohung durch den Feind nur dann erfüllen und den Erfolg auch nutzen, wenn es um vier selbständige Brigaden verstärkt wird. Eine weitere Infanteriebrigade wird im Norden der Provinz Binh Dinh benötigt, um die Sicherheit im Küstenbereich zu erhöhen und die Operationen in der nördlich gelegenen Provinz Quang Ngai zu erleichtern. Im westlichen Hochland ist eine motorisierte Brigade erforderlich, um die Offensiv- und Defensivmaßnahmen im Bereich Pleiku/Kontum zu unterstützen. In die Region Nam Me Thout muß eine Infanteriebrigade zur Durchführung von Operationen gegen die dortigen feindlichen Streitkräfte und Stützpunkte und zur Sicherung des Zweiten Armeekorps in diesem Abschnitt, das jetzt nur von unzureichenden Einheiten der südvietnamesischen Armee besetzt ist, abkommandiert werden. Schließlich wird eine motorisierte Brigade in der Provinz Binh Tuan zur Neutralisierung der feindlichen Streitkräfte und Stützpunkte im südlichen Küstenbereich sowie zur Eroberung und Sicherung der Staatsstraße 1 und der Eisenbahnlinie bis hin zum Gebiet des Dritten Armeekorps benötigt.

(c) Im nordwestlichen und mittleren Bereich des Dritten Armeekorps werden Operationen zur Vernichtung der Streitkräfte und Stützpunkte des Vietkong und nordvietnamesischer Einheiten durchgeführt und alle erforderlichen Maßnahmen ergriffen, die Infrastruktur des Gegners zu zerstören. Diese Operationen müssen durch intensive Bemühungen, die wichtigsten Land- und Wasserverkehrsstraßen im gesamten Korpsbereich zu erkämpfen und zu sichern, ergänzt werden. Durch die Abstellung der 9. US-Division zum Vierten Korps wird eine Lücke in die verfügbaren Streitkräfte des Dritten Korps gerissen, die gegen wichtige Stützpunkte im Bereich der Provinzen Phuoc Tuy, Bin Tuy und Long Lhan eingesetzt sind. In diesen Gebieten befindet sich der größte Teil der immer noch sehr kampfstarken 5. Vietkong-Division. Diese Einheit ist zu vernichten, ihr Hauptquartier zu beseitigen und die Staatsstraße 1 sowie die staatliche Eisenbahn müssen befreit und gesichert werden. Andere kritische Punkte, die einen hohen Einsatz erfordern werden, sind die Kampfzone D und der Raum Phuoc Long: in diesen Gebieten wird die 7. Vietkong-Division vermutet. Mit den derzeitigen Streitkräften des Dritten Korps können zwar wichtige Fortschritte erzielt werden, aber zur wirksamen Ausnutzung unserer Erfolge ist eine weitere Division, am besten eine Luftlandedivision, erforderlich. Wenn man diese Division in der Provinz Bien Hoa unmittelbar nördlich der »Rungsat Special Zone« (RSSZ) stationiert, wäre sie in der Lage, sowohl gegen die 5. Division und in der Kriegszone D zu operieren als auch im Bedarfsfall die Operationen der 9. US-Division im Delta zu unterstützen.

(d) Im Bereich des Vierten Korps wird nach dem Einsatz der 9. US-Division und den immer größeren Erfolgen der südvietnamesischen Verbände die Lage wesentlich günstiger aussehen. Vor allem muß man versuchen, reguläre Vietkong-Einheiten und Guerillatrupps sowie ihre Stützpunkte zu vernichten, die Operationen zur Ausweitung des Machtbereichs der südvietnamesischen

Regierung zu intensivieren, den Nachschub von Nahrungsmitteln und Material für den Feind über Kambodscha zu unterbinden und den Warentransport zu den Verteilerstellen der südvietnamesischen Regierung in Saigon zu fördern. Zusätzlich wird man sich der Befreiung und Sicherung wichtiger Wasser- und Landverbindungen widmen, die von größter Bedeutung für alle Operationen im Delta sind. In diesem Zusammenhang muß bemerkt werden, daß die Leistungsfähigkeit der verfügbaren Streitkräfte durch die unzulängliche Flußschiffahrt entscheidend beeinträchtigt wird. Im Bereich des Vierten Korps ist es unbedingt erforderlich, die Flußpatrouille durch drei Wohnschiffe, ein Reparaturschiff und zwei Fluß-Stoßtrupps (RAS) zu verstärken.

(4) Um die Erfolge der gegenwärtigen Offensive voll ausnutzen und die ständig wachsende Zahl an Gebieten, die vom gegnerischen Einfluß gesäubert werden, wirksam unter Kontrolle halten zu können, werden 2¹/₃ Divisionen von insgesamt 21 Manöverbataillonen benötigt: Eine Division mit neun Infanteriebataillonen – jede mit vier Schützenkompanien – sowie ein ACR in der Stärke von drei Schwadronen; die andere Division neun Manöverbataillone stark, jedes Bataillon bestehend aus vier Schützenkompanien, für die Provinz Quang Ngai; vier taktische Kampfgeschwader pro Manöverbataillon mit je 113 Starts pro Monat, von denen zwei in Phu Cat und zwei in Tuy Hoa stationiert werden; ein Geschwader von C-130-Maschinen – oder einem entsprechenden Typ – für Lufttransporte würde in der Bucht von Cam Ranh stationiert werden. Eine Nachschubbasis kann durch gezielte Ausweitung des Kommandobereichs Danang mit einer Transportkapazität von umgerechnet acht LST zusätzlich zu den beiden bereits bestehenden LST für die Besatzungseinheiten in der Provinz Quang Tri geschaffen werden. Zwei nicht divisionsgebundene Pionierbataillone der Armee und vier Baubataillone werden zur Unterstützung von Bauvorhaben auf Divisionsebene und zur Verstärkung der beiden Baubataillone der Marine benötigt, die der Besatzungsstreitmacht in der Provinz Quang Tri bereits angehören.

(b) Ohne eine angemessene Beweglichkeit auf dem Wasser wird die Einsatzfähigkeit der 9. US-Division im Bereich des Vierten Korps auf unverantwortliche Weise eingeschränkt. Aus diesem Grund sind zwei zusätzliche RAS mit den entsprechenden Hilfsfahrzeugen erforderlich. Die Flußstreitmacht im Mekong-Delta war ursprünglich auf vier RAS berechnet: Dieser Bedarf besteht immer noch. Die Haupttransportmittel im Deltabereich sind Flugzeug und Schiff. Die Beweglichkeit in der Luft ist eine unabdingbare Voraussetzung für den Erfolg der Operationen im ganzen Bereich, doch der Umfang der möglichen Offensivoperationen wird durch die naturgemäß beschränkte Ladekapazität von Luftfahrzeugen bestimmt. Infolgedessen sind größere Offensivoperationen, wie sie für die 9. US-Division geplant waren, nur möglich, wenn man die 300 km langen Wasserwege im Deltabereich für taktische Bewegungen ausnützt. Um die Verkehrsverbindungen aufrechtzuerhalten und die Bevölkerung in den durch die Division abgesicherten Bereichen überwachen zu können, ist eine Verstärkung unbedingt erforderlich, zumal auch unsere Abwehrmaßnahmen unbedingt intensiviert werden müssen. Nach den bisher gesammelten Erfahrungen läßt sich das durch Einsatz von 50 Flußpatrouillenbooten erreichen ...

Nr. 123 Telegramm Westmorelands vom 28. März an die Vereinigten Stabschefs zum Thema Truppenbedarf

Auszüge aus einem Telegramm General Westmorelands an die Vereinigten Stabschefs vom 28. März 1967: »Truppenbedarf des Alliierten Oberkommandos Vietnam für das Haushaltsjahr 68«, enthalten in der Pentagon-Studie. Kursive Absätze geben die Meinung oder Erläuterung der Studie wieder.

Am 26. März legte der Oberkommandierende der Alliierten Streitkräfte in Vietnam der Ausrüstungsabteilung des Oberkommandos Pazifik ein detailliertes Truppenverzeichnis für die 2 1/3 Divisionen »erforderliche Mindeststreitmacht« vor. Abgesehen von genauen Angaben über Truppenaufbau, Ausrüstung und Mindeststärken enthält das Dokument nur wenig Interessantes. Es ging daraus hervor, daß die Streitmacht im nördlichen Teil die Infiltration abwehren, während die im südlichen Teil die »im folgenden angeführten Operationen« übernehmen sollte.
In einem zweiten Schreiben vom 28. März an dieselbe Abteilung ging der Oberkommandierende der Alliierten Streitkräfte in Vietnam noch einmal auf die Kürzungen von Programm 4 ein, was noch am selben Tag vom Oberkommando Pazifik aufgegriffen und mit Erläuterungen an die Vereinigten Stabschefs weitergeleitet wurde. Das Oberkommando wies darauf hin, daß das Programm 4 am 9. März 1967 einen Fehlbestand von 38 241 Mann aufwies, was einer Truppenstärke von fünf Bataillonen entsprach. Diese dürften nicht einfach abgeschrieben werden. Vielmehr besteht die Gefahr, daß das Alliierte Oberkommando in Vietnam die gesteckten Ziele nicht erreicht, wenn seine Truppen nicht zumindest um diese fünf Bataillone verstärkt werden. Angesichts dieser Mängel im Programm 4 forderte das Oberkommando Pazifik die Vereinigten Stabschefs auf, noch einmal den früheren Vorschlag – sämtlichen US-Infanteriebataillonen in Vietnam eine vierte Schützenkompanie anzugliedern – in Erwägung zu ziehen. In den Augen des Oberkommandos Pazifik war das ein durchaus logischer Schritt, die Truppenstärke und damit auch die Kampfkraft der Infanterie wesentlich zu erhöhen, ohne neue Verwaltungseinheiten schaffen zu müssen. Das Oberkommando Pazifik schlug vor, diese Schützenkompanien in einer Stärke von 8821 Mann zum Programm 4 zu addieren und es damit auf eine Gesamtstärke von 479 231 Mann zu bringen. Doch für den Fall, daß irgendwelche Planstellen im Rahmen dieser 479 231 Mann nicht bewilligt oder die Gesamtstärke reduziert werden sollte, prophezeite CINCPAC ernste Auswirkungen auf die Operationen des Alliierten Oberkommandos in Vietnam, verbunden mit der Gefahr, daß die bei den Anforderungen dieser Truppen genannten Ziele nicht mehr erreicht werden können.
Am 28. März wurden den Vereinigten Stabschefs über die Planungsgruppe des Oberkommandos Pazifik die detaillierten Unterlagen für den Truppenbedarf 1967 des MACV übermittelt. Was das strategische Konzept betraf, hatte der Oberkommandierende wenig Neues zu bieten, er bestätigte nur noch einmal seine Absicht, sich in den taktischen Operationsräumen eines jeden Armeekorps auf bestimmte kriegswichtige Gebiete zu konzentrieren. Nach wie vor war es das erste Ziel des MACV, feindliche Streitkräfte und Stützpunkte zu zerstören oder zu zerschlagen. Trotz dieser eindeutigen Erklärung beteuerte der Ober-

kommandierende in Vietnam: »Der Feind wird geschlagen, wo immer er uns ein lohnendes Ziel bietet.« Auch außerhalb der kriegsentscheidenden Gebiete sollten Truppenkontingente unterhalten werden, um den Feind nicht in das Land eindringen zu lassen. In diesem Zusammenhang sahen die Planer für das Jahr 1968 groß angelegte, offensive Operationen vor, um eingeschleuste Truppen im Gebiet der entmilitarisierten Zone an den Grenzen des Hochlands aufzuspüren und zu vernichten.

Sollte die »optimale Truppenstärke« bewilligt werden, sollte man vor allem versuchen, die Gebiete zu sichern. Die Luftwaffe Süd-Vietnams sollte dann in erster Linie die Maßnahmen der RD militärisch unterstützen, und so eine Intensivierung des Programms im gesamten Land ermöglichen. Das Alliierte Oberkommando in Süd-Vietnam erläuterte, daß aufgrund dieser zusätzlichen Anforderungen an die Luftwaffe Süd-Vietnams ein weiterer Bedarf an US-Streitkräften entstehen würde, um die Lücken, die sich durch den verstärkten Einsatz der südvietnamesischen Luftwaffe auf dem Gebiet der RD ergäben, wieder auszufüllen. Das umfangreiche Dokument unterteilte sowohl die Mindestanforderung als auch die optimale Anforderung nach Truppengattungen, wie in der folgenden Tabelle gezeigt wird.

	STÄRKE (2 1/3 Divisionen Mindeststärke)	STÄRKE (2 1/3 Divisionen zusätzlich als Optimalstärke)	STÄRKE (Optimal-streitmacht insgesamt)
Armee	69 359	100 527*	169 886
Marine	5 739	8 023	13 762
Luftwaffe	5 368	9 891	15 259
Marineinfanterie	110	0	110
INSGESAMT	80 576	118 441	199 017

*) Hierin sind 5547 Planstellen nach den Empfehlungen einer MACV-Studie enthalten.

Die optimale Gesamtstreitmacht von 678 248 Mann wurde errechnet, indem man zu dem bereits bewilligten Programm 4 in Höhe von 470 000 Mann die schon früher vom Oberkommandierenden in Vietnam reklamierten 8 821 sowie die »optimale Verstärkung« von 199 017 Mann hinzufügte. Die Begründung für die detailliert angeforderten zusätzlichen Truppen wurde praktisch gleichlautend aus der ersten Anforderung vom 18. März übernommen. Doch das zweite im Hauptquartier ausgearbeitete Dokument vom 28. März spiegelte die zunehmende Besorgnis über die feindliche Bedrohung der taktischen Operationsräume des Ersten Korps wider. Hinsichtlich dieser Bedrohung schrieb der Oberkommandierende der Alliierten Streitkräfte:

... Im taktischen Bereich des Ersten Korps befindet sich nicht nur die Mehrzahl der Bevölkerung, sondern auch der größte Teil der Anbaugebiete, nicht weiter als fünfzehn Meilen von der Küste entfernt. Im nördlichen Teil dieses

Gebiets stehen mehrere nordvietnamesische Divisionen bereit, aus der entmilitarisierten Zone nach Süden vorzustoßen. Darüber hinaus ist in weiten Teilen des Küstenbereichs eine ununterbrochene Feindtätigkeit festzustellen. Die Topographie des Ersten Korpsbereichs eignet sich zur Errichtung und Unterhaltung feindlicher Stützpunkte in den abgelegenen, dünn besiedelten Gebieten. Der Feind konnte seit Jahren im größten Teil der Provinz Quang Ngai praktisch ungehindert operieren, da auf unserer Seite keine Streitkräfte von wichtigeren Aufgaben abgezogen werden konnten.

... Im Bereich des Ersten Korps sind einige wichtige Aufgaben zu erfüllen. Die Sicherheit der Stützpunkte und der wichtigsten Ballungsräume muß gewährleistet werden. Das von der Regierung Süd-Vietnams kontrollierte Gebiet muß durch Ausweitung der bereits bestehenden taktischen Operationsräume vergrößert und wichtige Verkehrswege, vor allem die Staatsstraße 1, freigekämpft und gesichert werden. Es muß verhindert werden, daß der Feind über die Infiltrationsrouten ins Land eindringt. Größere Einheiten und Stützpunkte des Gegners müssen ausgekundschaftet und vernichtet werden. Eine verstärkte Überwachung und Aufklärung im ganzen Korpsbereich muß die oben erwähnten Aufgaben ergänzen.

Die Stationierung einer Division sowie eines Panzerkavallerieregiments in der Provinz Quang Tri südlich der entmilitarisierten Zone würde die Marineinfanterieeinheiten, die jetzt für Abwehroperationen eingesetzt sind, zur Sicherung und Ausweitung der taktischen Operationsgebiete freistellen.

Die südvietnamesische Luftwaffe sowie amerikanische und andere verbündete Einheiten werden die Operationen gegen reguläre feindliche Streitkräfte und Stützpunkte innerhalb und in der Nähe der dichtbesiedelten Anbaugebiete der Küstenebene intensivieren und dem Feind auf diese Weise den Zugang zur Bevölkerung und zu den Nahrungsmittelreserven versperren.

Hierauf folgen Säuberungs- und Sicherungsoperationen, um die gesicherten Gebiete zu vergrößern, wodurch schließlich die taktischen Operationsräume Hue-Phu Bai, Danang und Chu Lai miteinander verbunden werden sollen. Die folgenden wichtigen Verkehrswege werden freigekämpft und gesichert: die Staatsstraße 9 von der Straße Nr. 1 bis Thon San Lam; die Staatsstraße 1 und die Eisenbahnlinie quer durch den Ersten Korpsbereich einschließlich der Anschlußlinie zum Industriekomplex An Hoa.

Eines der umstrittensten Gebiete in der Republik Süd-Vietnam ist heute die Provinz Quang Ngai. Dort ist eine Division erforderlich, um einen ständigen Druck auf den Feind auszuüben, seine Streitkräfte und zahlreiche Stützpunkte zu zerstören und ihm die Kontrolle über große Teile der Bevölkerung und Nahrungsmittelreserven zu entreißen.

Die Stationierung einer Division in der Provinz Quang Ngai würde den Einsatz anderer Streitkräfte in diesem kritischen Gebiet überflüssig machen. Diese Division würde die Sicherheit im Küstenbereich gewährleisten, die Befreiung und Sicherung der Staatsstraße 1 sowie der Bahnlinie erleichtern und den auf die nördliche Provinz Binh Dinh ausgeübten Druck verringern. Von besonderer Bedeutung ist die Unterstützung der südvietnamesischen Luftwaffe bei der Sicherung des wichtigen, dichtbesiedelten Gebietes Mo Duc mit seinen drei Reisernten jährlich. Zusätzlich würde die oben erwähnte Stationierung dieser Division es dem Dritten Marineinfanteriekorps erlauben, die Säuberungs- und

Sicherungsoperationen auf die dicht bevölkerten Gebiete von Tam Ky nördlich des taktischen Operationsbereichs Chu Lai auszudehnen. Wenn die RD Fortschritte machen soll, müssen beide Gebiete dauerhaft gesichert werden.
Sollten die 2¹/₃ Divisionen für den taktischen Raum des Ersten Korps nicht bewilligt werden, müßten bereits vorhandene Streitkräfte von anderen Aufgaben abgezogen werden, um eine Infiltration oder Invasion zu verhindern und zurückzuschlagen. Die Sicherheitsmaßnahmen für die RD könnten im Küstenbereich nicht ausreichend erhöht werden, die wichtigsten Verkehrsverbindungen im gesamten Korpsbereich ließen sich nicht freikämpfen und absichern, und der Feind könnte auch weiterhin in der wichtigen Provinz Quang Ngai praktisch unbehindert operieren.
Es muß hier betont werden, daß der Bedarf des Ersten Korps in Höhe von 2¹/₃ Divisionen nur zufällig mit dem von *Practice Nr. 9* zusammentrifft. Hier handelt es sich um das erforderliche Minimum, um die bis zum Ende des Haushaltsjahres 1968 geplanten Operationen durchzuführen.
An nächster Stelle auf der Gefahrenliste schien die Situation im Bereich des Zweiten Armeekorps zu rangieren. Hier handelte es sich um ein geographisch sehr unterschiedliches Gebiet, das Ballungsräume entlang der Küstenebenen, aber auch beträchtliche Bevölkerungszentren und Militärstützpunkte auf dem westlichen Plateau einschloß, wie zum Beispiel Binh Dinh, Anke, Kontum und Pleiku. Hier operierte der Gegner inmitten der Bevölkerung, was ganz andere Probleme aufwarf, die nach den Worten von General Westmoreland »ein hohes Maß an Mobilität und Flexibilität von den Streitkräften der USA, den befreundeten Nationen und von der südvietnamesischen Luftwaffe« verlangten. Bei der Analyse der taktischen Situation dieses Korps betonte Westmoreland noch einmal, was er bereits über die Abwehr starker feindlicher Kräfte an den Grenzen der neutralen Staaten gesagt hatte:
Die feindlichen Streitkräfte in den Gebieten Pleiku und Kontum müssen vernichtet und die Infiltration über Kambodscha und Laos abgewehrt werden. Die Streitkräfte im Inneren des Landes werden in den derzeitigen Stationierungsräumen weitere Fortschritte erzielen. Diese Bemühungen sollen durch die geplante Truppenverstärkung unterstützt werden. Dennoch sind Lücken vorhanden – auf die noch näher einzugehen sein wird –, die gefüllt werden müssen, soll der Erfolg genutzt und ein Mindestmaß an Sicherheit im Bereich des Zweiten Korps garantiert werden.
Die im dicht besiedelten Gebiet der Provinz Binh Dinh noch vorhandenen feindlichen Streitkräfte müssen zerschlagen werden. Im nördlichen Teil der Provinz, insbesondere im Küstenbereich, muß die Sicherheit gewährleistet und aufrechterhalten werden, damit die RD Fortschritte machen kann. Diese Sicherungseinheiten werden außerdem die Durchführung aller Operationen in der Provinz Quang Ngai erleichtern.
Eine gravierende Schwäche im Bereich des Zweiten Korps ist in der unzureichenden Besetzung der Grenzgebiete zu sehen. Im westlichen Hochland ist eine Verstärkung der dortigen Einheiten erforderlich, um die Durchführung von Offensiv- und Abwehroperationen zu unterstützen. Angesichts der starken feindlichen Kräfte in den Aufmarschgebieten an der Grenze muß das Zweite Korps ständig mit der Möglichkeit rechnen, größere Streitkräfte von anderen

wichtigen Aufgaben abziehen zu müssen, um den feindlichen Einbrüchen zu begegnen.

Das vordringlichste militärische Ziel im Bereich des Dritten Korps war die Vergrößerung der gesicherten Gebiete rings um Saigon-Cholon. MACV *wollte dies in erster Linie mit den üblichen Säuberungs- und Sicherungsoperationen sowie einer verstärkten Kampagne zur Zerstörung der Infrastruktur des Vietkong erreichen. In Verbindung damit sollte in den Kampfgebieten* C *und* D, *dem »Eisernen Dreieck« sowie in den Aufmarschgebieten im Bereich Phuoc Long ein ständiger Druck in Form von Späh- und Stoßtruppaktionen auf den Feind ausgeübt werden. Eine Säuberung dieser Gebiete würde einen Schutzschild schaffen, hinter dem sich das Programm der* RD *entfalten könnte. Die Abstellung der 9.* US-*Division zum Vierten Korps würde eine Lücke in die verfügbaren Streitkräfte des Dritten Korps reißen und diesen Schutzschild ernsthaft gefährden. Die eventuelle Verlegung von Einheiten des Dritten Korps entweder in den Bereich des Ersten Korps im Norden oder aber die Überstellung der 9. Division in den südlichen Bereich würde außerdem die Offensivkraft des Dritten Korps im Norden und in der Mitte entscheidend einschränken. Infolgedessen forderte der Alliierte Oberkommandierende in Vietnam dringend eine zusätzliche Division für das Dritte Korps an. Diese Einheit sollte unmittelbar nördlich des Operationsgebietes Rungsat stationiert werden und beim Aufbau des Schutzschildes rings um den Bereich Saigon–Cholon mit eingesetzt werden. Dadurch würde ein ungehinderter Ablauf des* RD-*Programms gewährleistet und außerdem die Möglichkeit geschaffen, die Maßnahmen gegen die 5. Vietkong-Division notfalls zu verstärken.*

Überall in den Erläuterungen der Truppenanforderungen zeigt sich, daß die verschiedenen Einheiten ihre Aufgaben nach einer ganz bestimmten, unausgesprochenen Rangordnung erfüllen. Es geht klar daraus hervor, daß die vom Oberkommandierenden verlangte »wesentliche Minimalstreitmacht« gegen reguläre Einheiten des Vietkong und der nordvietnamesischen Armee in den Grenzgebieten, aber auch für Säuberungsaktionen im ersten Korpsbereich und gegen Stützpunkte im Land selbst eingesetzt werden sollte. Alle darüber hinaus bewilligten Streitkräfte, die »optimale Streitmacht«, sollten die Abschirmung für das Befriedungsprogramm übernehmen. Vermutlich sagte sich das MACV *mit vollem Recht, daß von dem personell unterbesetzten Entwicklungsprogramm nicht einmal die kleinsten Erfolge zu erwarten seien, solange man die Operationen der regulären* VC- *und* NLF-*Streitkräfte nicht unterbinden und direkte Angriffe gegen den »Schutzschild« verhindern konnte.*

Nr. 124 Bericht der Vereinigten Stabschefs vom 20. April an McNamara zum Thema Truppenbedarf

Auszüge aus dem Memorandum 218–67 der Vereinigten Stabschefs an Verteidigungsminister McNamara vom 20. April 1967, enthalten in der Pentagon-Studie. Kursive Absätze enthalten Meinungen und Erläuterungen der Studie.

Am 20. April teilten die Vereinigten Stabschefs in ihrem Memorandum JCSM-*218–67 dem Verteidigungsminister offiziell mit, daß der Alliierte Oberkommandierende in Vietnam zusätzliche Streitkräfte anfordere, um die amerikanischen Ziele in Vietnam erreichen zu können. Diese Ankündigung der Vereinigten Stabschefs bedeutete für den Verteidigungsminister keine Überraschung, da er bereits am 23. März die Originalnachricht des Oberkommandierenden gesehen hatte, in der dieser sowohl seinen minimalen als auch seinen optimalen Truppenbedarf erläuterte.*

Die Aktennotiz JCSM-*218–67 bestätigte die wichtigsten Ziele und die strategischen Konzepte des Memorandums* JCSM-*702–66 vom 4. November 1966. Hierin wird kurz das Ziel dargelegt, in Süd-Vietnam eine stabile, unabhängige und nichtkommunistische Regierung zu ermöglichen und auf militärischem Gebiet folgende vier Ziele anzustreben:*

a) Nord-Vietnam die Fortsetzung einer wirksamen Unterstützung des Vietkong so schwierig und kostspielig wie möglich zu machen und Nord-Vietnam zu veranlassen, den Aufstand des Vietkong nicht länger zu lenken.

b) Den Vietkong und die nordvietnamesischen Einheiten zu schlagen und einen Rückzug der nordvietnamesischen Streitkräfte zu erzwingen.

c) Den Machtbereich und die Kontrolle der Regierung zu erweitern.

d) Eine direkte Intervention Rotchinas in Südostasien durch Abschreckung zu verhindern.

Die Vereinigten Stabschefs nannten drei allgemeine, ihrer Ansicht nach notwendige, militärische Unternehmungen:

1. Operationen gegen die Streitkräfte des Vietkong und der nordvietnamesischen Armee in Süd-Vietnam und gleichzeitige Unterstützung der südvietnamesischen Regierung bei ihren Bemühungen um den Aufbau einer Nation.

2. Operationen zur Störung und Verringerung des Nachschubs an Menschen und Material aus Nord-Vietnam nach Süd-Vietnam.

3. Operationen zur Störung und Verringerung der Importe von kriegswichtigem Material nach Vietnam.

Im Anschluß daran wird kurz zusammengefaßt, was die USA *und ihre Alliierten auf diesen drei Gebieten bereits erreicht haben:*

Die Vereinigten Staaten und ihre Verbündeten haben mit ihren Operationen gegen die Streitkräfte des Vietkong und der nordvietnamesischen Armee beträchtliche Erfolge erzielt. Es wurden jedoch nicht genügend eigene Streitkräfte zur Verfügung gestellt, um auf den Feind in ganz Süd-Vietnam einen solchen Druck auszuüben, daß dadurch die Sicherheit in weiten Gebieten gewährleistet und ein Erfolg der RD garantiert werden konnte. Die gegenwärtige Verstärkung der taktischen Operationsräume des Ersten Korps durch Abstellung von Einheiten vom Zweiten zum Dritten Korpsbereich vermindert den militärischen Druck in diesen Gebieten und wird unweigerlich zu einem Verlust an Energie führen, der sobald wie möglich wieder wettgemacht werden muß.

Auch auf dem zweiten Gebiet haben die amerikanischen Bemühungen zu bemerkenswerten Erfolgen geführt. Noch mehr könnte erreicht werden, wenn eine erweiterte Liste von Zielen zur Verfügung stünde.

Im dritten Bereich wurden nur relativ geringfügige Aktionen gestattet. Dadurch, daß der Import kriegswichtiger Güter nach Nord-Vietnam nicht gestört und reduziert wurde, ist der Erfolg der Operationen auf anderen Gebieten ungünstig beeinflußt worden.

Die Vereinigten Stabschefs empfahlen nicht nur dringend die Bewilligung zusätzlicher Streitkräfte für eine verstärkte Kampftätigkeit in Süd-Vietnam, sondern auch Maßnahmen zur Einschränkung und Störung des gegnerischen Imports an kriegswichtigen Gütern. Sie erklärten dazu, die Gesamtauswirkungen all dieser Operationen in Süd-Vietnam, in Nord-Vietnam und gegen strategisch wichtige Verbindungslinien des Gegners würden einen erfolgreichen Abschluß des Krieges beschleunigen und höchstwahrscheinlich die letztlich erforderliche Gesamtstreitmacht zahlenmäßig reduzieren. Der Truppenbedarf für 1968 wurde zusammenfassend so begründet:

Die bis Ende 1968 für Süd-Vietnam angeforderten Truppen werden in erster Linie zum Ausgleich des vermehrten feindlichen Aufmarsches in der Gegend der entmilitarisierten Zone und zur Verbesserung der Situation für die RD in den Bereich des Ersten und Vierten Armeekorps benötigt. Um die Sicherheit für einen dauernden Fortschritt in Süd-Vietnam zu garantieren, müssen zusätzliche Streitkräfte bereitgestellt werden, um 1. die regulären Streitkräfte des Feindes zu vernichten, 2. Guerillaeinheiten auf Bezirks- und Provinzebene zu erkennen und zu zerschlagen und 3. die Sicherheit der Bevölkerung zu gewährleisten. Der zusätzliche Aufwand, der erforderlich ist, um den von den Haupteinheiten des Vietkong und der nordvietnamesischen Armee ausgehenden Druck auszugleichen, wirkt sich ungünstig auf die militärischen Sicherungsmöglichkeiten von Dörfern und kleinen Orten aus. Die Abstellung von Streitkräften aus anderen Gebieten Süd-Vietnams und die Stationierung von Reserveeinheiten des Alliierten Oberkommandos Pazifik können nur vorübergehend sein und gehen zu Lasten wichtiger Programme in anderen Teilen Süd-Vietnams. Deshalb müssen zusätzliche Truppen in Süd-Vietnam stationiert werden, um genügend Einheiten für die direkte und indirekte Unterstützung der RD zur Verfügung zu haben.

Die zusätzlichen drei Eliteeinheiten für Thailand und die zusätzlichen Marinestreitkräfte für das südchinesische Meer und den Golf von Tonking sind erforderlich, um auf Nord-Vietnam einen verstärkten Druck ausüben zu können.

Nr. 125 Aufzeichnungen über eine Besprechung Präsident Johnsons mit Wheeler und Westmoreland

Auszüge der Pentagon-Studie aus einer Besprechung zwischen Präsident Johnson und den Generälen Wheeler und Westmoreland, die am 27. April 1967 stattfand. Aus dem Begleittext geht hervor, daß die Aufzeichnungen von John T. McNaughton stammen, dem Staatssekretär für Angelegenheiten der Internationalen Sicherheit im Verteidigungsministerium. Kursiv wiedergegebene Stellen und Klammern stammen aus der Pentagon-Studie.

Westmoreland soll erklärt haben, ohne die zusätzlichen 2¹/₃ Divisionen, die er angefordert hatte, »laufen wir zwar nicht Gefahr, besiegt zu werden, aber es wird ziemlich schwierig sein, den Verstärkungen zu begegnen, die der Feind auf die Beine stellen kann. Schließlich und endlich führen wir in Südostasien einen Zermürbungskrieg«.

Westmoreland prophezeite, daß bei einer zielbewußten Weiterführung der gegenwärtigen Strategie wahrscheinlich eine zweite Verstärkung um weitere $2^{1}/_{3}$ Divisionen oder noch einmal rund 100 000 Mann erforderlich würde. Während des ganzen Gesprächs wiederholte er immer wieder seine Auffassung, der Krieg würde zwar nicht verloren, aber sicherlich hinausgezögert. Für ihn war das »keine ermutigende, sondern eine realistische Aussicht«. Als er gefragt wurde, welchen Einfluß die vermehrte Infiltration auf seine Operationen hätte, antwortete der General, er sehe »diesen Krieg als Aktion und Gegenaktion. Immer wenn wir eine Aktion unternehmen, rechnen wir mit einer Reaktion«. Der Präsident antwortete: »Wenn wir weitere Divisionen entsenden, wird der Feind dann nicht auch neue Divisionen aufstellen? Und wenn ja, wo soll das enden?« Westmoreland antwortete: »Der Vietkong und die Nordvietnamesen haben derzeit insgesamt 285 000 Mann in Süd-Vietnam stehen. Im Laufe des letzten Monats dürften wir, außer in den zwei nördlichen Provinzen, die Übermacht gewonnen haben. Die Abnutzung wird größer sein als der Zugang zu den Streitkräften ... Der Feind hat 8 Divisionen in Süd-Vietnam und die Fähigkeit, bis zu 12 Divisionen aufzustellen. Es wird ihm zwar schwerfallen, sie zu unterhalten. Die Versorgung von mehr als 12 Divisionen wäre schon außerordentlich hart. Wenn wir $2^{1}/_{3}$ Divisionen zusätzlich mobilisieren, ist es wahrscheinlich, daß der Feind mit einer Erhöhung seiner Truppenstärke reagieren wird.« Dann fragte der Präsident: »Und an welchem Punkt des Krieges wird der Feind um Freiwillige ersuchen?« Darauf erwiderte Westmoreland lediglich: »Das ist eine gute Frage.«

Der Alliierte Oberkommandierende in Vietnam (COMUSMACV) trug dem Präsidenten eine knappe Analyse der augenblicklichen Strategie mit einer Truppenstärke mit 470 000 Mann vor. Er erklärte sein »Fleischwolf-Konzept«, durch das wir dem Feind zwar hohe Verluste zufügen, am Ende jedoch nicht viel mehr erreichten als ein Kräftegleichgewicht, wobei die alliierten Truppen wegen ihres Personalmangels nur die Funktion einer Feuerwehr ausüben können – hinter größeren regulären Streitkräften des Feindes herjagen, wann und wo man sie findet. Er sagte weiterhin voraus: »Der Krieg kann noch fünf Jahre weitergehen, wenn der Wille des Feindes nicht gebrochen und die Infrastruktur des Vietkong nicht zerstört wird. Falls unsere Streitkräfte in diesem Zeitraum verstärkt werden, ließe sich diese Frist reduzieren, allerdings nicht unbedingt im geichen Verhältnis mit der Truppenverstärkung, da auch noch andere Faktoren berücksichtigt werden müssen. So würde beispielsweise eine Truppe aus unerfahrenen Soldaten, wie sie sich aus der Aufstellung der weiteren 100 000 Mann durch Einberufung von Reservisten ergeben müßte, eine mindere Leistung und geringere Führungsqualitäten aufweisen.« Westmoreland schätzte: Bei einer Truppenstärke von 565 000 Mann könnte der Krieg noch drei Jahre weitergehen. Bei einer zweiten Erhöhung um $2^{1}/_{3}$ Divisionen, auf eine Gesamtstärke von 665 000 Mann, könnte er noch zwei Jahre dauern.

General Wheeler ... führte drei Punkte an ..., die beim Führungsstab Besorgnis erregten:

a) Die Tätigkeit der nordvietnamesischen Truppen in Kambodscha. US-Truppen könnten gezwungen sein, gegen diese Einheiten anzutreten.

b) Die Tätigkeit nordvietnamesischer Truppen in Laos. US-Truppen könnten gezwungen sein, auch gegen diese Einheiten anzutreten.
c) Eine mögliche Invasion in Nord-Vietnam. Es könnte sich als wünschenswert erweisen, Offensivmaßnahmen gegen die Volksrepublik Vietnam unter Einsatz von Infanterieeinheiten zu ergreifen.
Der Bombenkrieg, dem die Vereinigten Stabschefs schon immer beträchtliche Aufmerksamkeit geschenkt haben, war nach Wheelers Einschätzung im Begriff, einen Sättigungspunkt zu erreichen – alle lohnenden Ziele (mit Ausnahme der Häfen) waren bereits getroffen. Nach Erreichung dieses Punktes würden die Staatsmänner gezwungen sein, sich mit der Notwendigkeit zu befassen, die nordvietnamesischen Häfen zu sperren. Er faßte die Einstellung des Führungsstabes dahingehend zusammen, daß der Präsident nach der festen Überzeugung der Vereinigten Stabschefs gezwungen sei, sich mit den Gegebenheiten auseinanderzusetzen, die angeforderten Truppen zu bewilligen und zusätzliche Strafmaßnahmen gegen Nord-Vietnam einzuleiten. Nebenbei fügte Westmoreland hinzu, er sei »schon über den Gedanken an eine Aussetzung des Bombardierungsprogramms höchst betroffen«.
Der Präsident schloß die Sitzung mit der Frage: »Was ist, wenn wir diese zusätzlichen $2^1/_3$ Divisionen nicht aufstellen?«
General Wheeler antwortete zunächst mit dem Hinweis darauf, daß dann der Angriffsschwung zum Erliegen käme. In einigen Gebieten würde der Feind wieder die Initiative ergreifen, eine bedeutsame, aber kaum katastrophale Entwicklung, die zur Folge hätte, daß wir den Krieg zwar nicht verlieren, er aber länger dauern würde. Er fügte dann hinzu:
»Von den $2^1/_3$ Divisionen würde ich eine Division an der entmilitarisierten Zone einsetzen, um dort die Marineinfanterie zu entlasten, damit sie gemeinsam mit der vietnamesischen Armee an der Befriedung arbeiten kann. Dann würde ich eine Division östlich von Saigon stationieren, um die 9. Division ins Delta entsenden zu können, damit sie dort die drei sehr guten südvietnamesischen Divisionen verstärken könnte. Die Brigade würde ich nach Quang Ngai schicken, um dort im kommenden Jahr dieselben Fortschritte zu erzielen, die wir im vergangenen Jahr in der Provinz Binh Dinh erzielt haben.«
Der Präsident antwortete darauf:
»Wir sollten dafür sorgen, daß wir auch von den südvietnamesischen Truppen Nutzen haben. Überprüfen Sie die Entlassungen, damit wir feststellen können, ob wir daraus nicht zusätzliche Einheiten aufstellen können; wir könnten sie, wie in Korea, mit US-Einheiten koppeln oder könnten andere Maßnahmen ergreifen.«
Ob General Westmoreland darauf etwas erwiderte, ist nicht vermerkt ...

Nr. 126 McGeorge Bundys Mai-Memorandum an Johnson über die Bombardierung

Auszüge aus einem Memorandum von McGeorge Bundy an Präsident Johnson, es trägt die Überschrift »Memorandum on Vietnam-Policy« und ist enthalten in der Pentagon-Studie. Nach Auskunft der Studie trug dieses Dokument kein Datum, aber auf einer Kopie war mit Bleistift vermerkt:

»Aufg. 4.5.67–12n«. Kursive Absätze stellen Ergänzungen oder Erläuterungen der Studie dar.

Seit die Kommunisten im Februar unsere jüngsten Angebote zurückgewiesen haben, wurde die Bombardierung im Norden intensiviert, und aus Pressemeldungen geht hervor, daß die Freigabe weiterer bisher verbotener Ziele gefordert werden soll. Außerdem verlangt das Militär offensichtlich zusätzliche Verstärkungen im Süden, obgleich General Westmoreland ein Musterbeispiel an Disziplin war, was seine öffentlichen Äußerungen betrifft. Man kann sich daher ausrechnen, daß man vom Präsidenten schon in Kürze weitere 100 000–200 000 Soldaten sowie die Vollmacht zur Blockade des Hafens von Haiphong verlangen wird. Geht man von rein militärischen Betrachtungen aus, so sind solche Empfehlungen unvermeidlich. In dem vorliegenden Dokument wird die Überzeugung vertreten, daß sie generell zurückgewiesen werden sollten, da es eine Frage der Politik auf höchster Ebene ist, daß dem amerikanischen Engagement in Vietnam in aller Öffentlichkeit eine obere Grenze gesetzt werden muß, solange es auf gegnerischer Seite zu keiner deutlichen Eskalation kommt. Für diese Empfehlung liegen zwei wichtige Gründe vor: Die Situation in Vietnam und die Situation in den Vereinigten Staaten. Was Vietnam betrifft, so erscheint es sehr zweifelhaft, daß eine weitere Intensivierung der Bombenangriffe im Norden oder erhebliche Verstärkungen der US-Truppen im Süden tatsächlich die Möglichkeit bieten, den Krieg zu einem zufriedenstellenden Abschluß zu bringen. Was die Vereinigten Staaten betrifft, so ist klar ersichtlich, daß die Ungewißheit über den künftigen Umfang des Krieges schon jetzt katastrophale Auswirkungen auf den Willen der Nation hat.

Im Gegensatz zu anderen Kritikern der Regierung war Bundy nicht gegen die Bombardierung an sich, sondern lediglich gegen eine weitere Intensivierung, da er fürchtete, daß sich eine solche Maßnahme schädlich auswirken könnte. Da seinen Äußerungen großes Gewicht beizumessen war, werden seine Argumente gegen eine Ausweitung des Bombenkriegs ungekürzt wiedergegeben:

Was die Wirkungslosigkeit der Bombenangriffe als Mittel zur Beendigung des Krieges betrifft, so scheint mir alles klar zu sein – obwohl ich mich gern der besseren Einsicht von Experten beuge. Ho Chi Minh und seine Kollegen werden sich in ihrer Politik von den Verlusten durch den Luftkrieg in Nord-Vietnam ganz einfach nicht beirren lassen. Ich habe in den letzten zwei Jahren noch keine Geheimdienstanalyse zu Gesicht bekommen, die behauptet hätte, daß man so etwas mit Bombenangriffen erreichen könnte. Der Präsident hat es auch nie behauptet. Die Ansicht, dies sei eines der Ziele des Bombenkriegs, wurde niemals offiziell von der Regierung vertreten, was auch immer die Kritiker behaupten mögen.

Ich bin weit davon entfernt, nun vorzuschlagen, daß man sinnvollerweise die Bombardierung des Nordens jetzt ganz einstellen sollte. Die Argumente dafür scheinen mir im Augenblick nicht überzeugend zu sein. Mit einer Einstellung der Bombardierungen zum gegenwärtigen Zeitpunkt würde man den Kommunisten etwas schenken, und nach kurzer Zeit würden die Tauben in den USA und überall auf der Welt weitere einseitige Zugeständnisse fordern. (Tauben und Falken sind sich in ihrer Unersättlichkeit gleich. Wir können die Falken nicht

durch kleine Steigerungen unserer Bemühungen zufriedenstellen – sie fordern sofort mehr.)
Die eigentliche Begründung der Bombardierung war von Anfang an eine doppelte: ihr Wert für die Moral im Süden in einem Augenblick großer Gefahr und ihre Auswirkung auf die Infiltration aus dem Norden. Der erste Grund ist nicht mehr gegeben, aber der zweite bleibt nach wie vor gültig. Eine taktische Bombardierung von Verkehrsadern und Truppenkonzentrationen – notfalls auch von Flugplätzen – erscheint mir als vernünftig und angemessen. Aber die strategische Bombardierung ist sowohl unproduktiv als auch unklug. Es stimmt natürlich, daß jede noch so gezielte Bombardierung beim Gegner einigen Schaden anrichtet. Aber der wirkliche Effekt dieses Schadens auf die militärische Kapazität eines primitiven Landes ist mit Sicherheit nur gering (die Lichter in Haiphong sind wieder angegangen, und selbst wenn sie verloschen geblieben wären, hätte elektrisches Licht in keiner Weise einen wesentlichen Einfluß auf die kommunistischen Kriegsanstrengungen gehabt). Diesem in keiner Weise ausschlaggebenden Erfolg steht die Tatsache gegenüber, daß der strategische Bombenangriff zu einer Spaltung in den USA führt, uns alle vom eigentlichen Kampf im Süden ablenkt und im In- und Ausland die Beunruhigung und Verärgerung über den Vietnamkrieg verstärkt. Es trifft zwar zu, daß zuverlässige Meinungsumfragen eine Mehrheit zugunsten der Bombardierung erbringen, aber ich glaube, daß diese Mehrheit durch die irrige Annahme zustande kommt, die Bombenangriffe seien ein wirksames Mittel zur Beendigung des Krieges. Darüber hinaus bin ich der Ansicht, daß die Gegner einer Ausweitung des Bombenkrieges sich insgesamt leidenschaftlicher einsetzen werden als seine Befürworter. Schließlich gibt es bestimmt einen Punkt, von dem ab eine solche Bombardierung das Risiko eines Konflikts mit China und der Sowjetunion vermehrt, und dafür findet sich gewiß keine Mehrheit. Insbesondere halte ich es für unumstritten, daß so viele Argumente gegen einen Angriff auf den Hafen von Haiphong sprechen, daß eine Ablehnung dieser Maßnahme durch die Regierung bestimmt eine Mehrheit finden würde.
Ich glaube daher, daß eine offen erklärte Politik der Beschränkung von Bombenangriffen auf Ziele, die der Unterstützung des Krieges im Süden dienen, bei vernünftiger Erläuterung auf mehr Zustimmung als Ablehnung stoßen würde. Diesen Zusammenhang hat General Westmoreland bei seiner Rede vor dem Kongreß hergestellt, aber Angriffe auf Kraftwerke passen wirklich nicht in dieses Bild. Ich fürchte, wir greifen sie in der Hauptsache deshalb an, weil uns andere Ziele »ausgegangen« sind. Ist das wirklich ein triftiger Grund? Kann irgend jemand beweisen, daß sich solche Ziele lohnen? Wenn man bedenkt, mit welcher Begründung die Angriffe auf ... (Rest unleserlich)
Auf ähnliche Weise entwickelte Bundy seine Argumente gegen eine erhebliche Truppenverstärkung in Süd-Vietnam und forderte den Präsidenten auf, zur Zeit keine neuen Initiativen zu ergreifen. Den größten Eindruck auf den Präsidenten scheint Bundy jedoch mit seinen abschließenden Bemerkungen gemacht zu haben, in denen er bei voller Kenntnis der politischen Empfindlichkeit des Präsidenten einen Zusammenhang zur bevorstehenden Präsidentschaftswahl von 1968 herstellte. Hier seine Argumente:
Es spricht noch ein weiteres Argument gegen eine fühlbare Eskalation in den Jahren 1967 und 1968. Es muß getrennt behandelt werden, da es nach außen

hin politischen Zynismus auszudrücken scheint. Hanoi wird nämlich alles in seiner Kraft Stehende tun, um seine Position bis nach unseren Wahlen von 1968 zu behaupten. Blickt man auf die Geschichte, so muß Hanoi einen Regierungswechsel in den USA im Jahre 1969 abwarten. Genauso haben sie es mit den Franzosen gemacht, und als Mendès-France an die Macht kam, bekamen sie auch die meisten Wünsche erfüllt. Da sie diesmal nun schon so lange ausgehalten und nichts zu verlieren haben – verglichen mit der Chance eines Sieges –, dürften sie auch weiter kämpfen. Da sie nur bei Einsatz von Atombomben endgültig geschlagen werden können (mit einer Invasion Nord-Vietnams ließe sich das in zwei Jahren nicht schaffen, und das kommt natürlich aus anderen Gründen nicht in Betracht), kann Hanoi »beweisen«, daß eine militärische Eskalation nicht den Frieden bringt – zumindest nicht innerhalb der nächsten zwei Jahre. Genau das wird Nord-Vietnam auch tun. So schwer es auch fällt, man wird uns vor dem November 1968 keinen Gefallen erweisen. (Nach Fertigstellung dieses Entwurfs wurde den Nordvietnamesen von Walter Lippmann öffentlich angeraten, die Republikaner abzuwarten – als ob sie diesen Rat gebraucht hätten und als ob es seine Aufgabe gewesen wäre, ihn zu erteilen!) Daraus ergibt sich, daß eine Eskalation vor den Wahlen keinen greifbaren Erfolg über Hanoi erbringen wird. Der Wahlkampf muß daher von der Regierung mit anderen Argumenten geführt werden. Ich glaube, daß diese anderen Argumente klar und wichtig sind, und ich glaube, daß sie nur verschleiert würden, wenn wir weiterhin die Politik eines zunehmenden – noch dazu erfolglosen – militärischen Drucks verfolgten.

Ich vermute, daß der Krieg im November 1968 noch andauern wird und daß Hanoi uns nicht den Gefallen tun wird, Verhandlungen vor diesem Zeitpunkt zuzustimmen. Als Rechtfertigung unserer Politik müssen wir daher nicht einen Sieg über Hanoi, sondern wachsende Erfolge – und zunehmende Selbständigkeiten im Süden – anführen. Mit einigem Glück dürfte uns das auch gelingen, und die vietnamesischen Behörden sollten bereit sein, uns dabei zu unterstützen, obgleich der Vietkong sich natürlich verdammt anstrengen wird, es zu verhindern. Ein guter Teil von Westmorelands Rede (wenn auch nicht alles) lag durchaus auf dieser Linie ...

Wenn es uns gelingt, eine scheinbar ergebnislose Eskalation zu vermeiden, können wir unser Augenmerk auf das große und wichtige Ergebnis dieser beiden letzten Jahre lenken: auf die Niederlage, die wir verhindert haben. Die Tatsache, daß Süd-Vietnam nicht verlorenging und auch nicht verlorengehen wird, ist für die Geschichte Asiens, des Pazifikraums und der USA von allergrößter Bedeutung. Eine kleine Minderheit von »östlichen Intellektuellen« (wie William Fulbright) mag vielleicht nicht an die sogenannte Domino-Theorie glauben, aber die meisten Amerikaner (und mit ihnen fast alle Asiaten) wissen es besser. Unter der gegenwärtigen Regierung haben die Vereinigten Staaten bereits Hunderten von Millionen die Hoffnung auf Freiheit erhalten – und in diesem Sinne wurde der größte Teil unserer Aufgabe erfüllt. Diese ausschlaggebende Leistung wird dadurch verwischt, daß wir uns nach außen hin so verhalten, als müßten wir noch viel mehr tun, um nicht versagt zu haben.

Nr. 127 Memorandum der Abteilung Systemanalysen vom 4. Mai über die Truppenstärken

Memorandum über »Truppenstärken und Zermürbung des Feindes« von Alain C. Enthoven, Staatssekretär für Systemanalysen im Verteidigungsministerium, für Verteidigungsminister McNamara vom 4. Mai 1967, in der Pentagon-Studie enthalten.

Obgleich der Alliierte Oberkommandierende in Vietnam Ihnen gegenüber eingestanden hat, daß die Streitkräfte des Vietkong und Nord-Vietnams jederzeit einem Kampf ausweichen können, hat diese Tatsache bei der vom Oberkommandierenden angestellten Analyse der Strategie und des Truppenbedarfs keine Rolle gespielt. (So sagte beispielsweise General DePuy im Oktober 1965: »Je häufiger wir beim Aufstöbern und Vernichten des Gegners Erfolg haben, um so seltener wird sich der Vietkong zum Kampf stellen.«) Da die Abnutzung beim Gegner in der Vorstellung des Alliierten Oberkommandierenden in Vietnam eine wichtige Rolle spielt und da wir auf seine Abnutzung nur insofern einen Einfluß haben, als er das Tempo der Kampfhandlungen bestimmt, haben wir die mit der taktischen Initiative des Gegners zusammenhängenden Fragen genau unter die Lupe genommen. Aus zuverlässigen, detaillierten Berichten über 56 Feuergefechte mit gegnerischen Gruppen von mindestens Zugstärke aus dem Jahr 1966 haben wir diese Kämpfe danach eingeteilt, wie sie zustande kamen. Die ersten vier Spalten unserer Tabelle enthalten die Fälle, in denen der Gegner sich freiwillig und absichtlich in offener Feldschlacht stellte; sie machen 47 (84%) der 56 Gefechte. Die ersten drei Kategorien, nämlich feindliche Angriffe aus dem Hinterhalt und Überfälle auf unsere Streitkräfte, umfassen 66% aller Fälle; zählt man noch die Kategorie 4a hinzu, die alle Fälle enthält, in denen der Gegner das Überraschungsmoment auf seiner Seite hatte, so kommen wir zu 78%.
Zwei Quellen bestätigen unabhängig voneinander diese Ergebnisse: 1. ermittelte die Studie des Armeekommandos Vietnam, die andere Auseinandersetzungen von Ende 1965 und Anfang 1966 analysierte, daß 46% der Kämpfe mit Überfällen des Gegners beginnen und daß der Feind in 88% aller Fälle das Feuer eröffnet; ferner ergab sich, daß 63% aller von der Infanterie getroffenen Ziele gegnerische Soldaten in Schützengräben und Bunkern waren. 2. haben wir die Gefechtsberichte analysiert, die dem Alliierten Oberkommandierenden in Vietnam von seinen Frontkommandeuren vorgelegt wurden. Sie sind zwar in ihrer Beschreibung der Ereignisse zumeist vage und unvollständig, bestätigen aber im großen und ganzen die oben errechneten Ziffern.
Diese Ergebnisse deuten an, daß der Umfang unseres Truppenkontingents wenig Einfluß auf das Tempo der Abnutzung beim Gegner hat. Das ist kaum überraschend, wenn man den Trend der feindlichen Verluste im Jahre 1966 und den offenkundigen Einfluß der feindlichen Verluste auf seine strategische Initiative bedenkt. Was mich mehr überrascht, ist die Tatsache, daß der Alliierte Oberkommandierende in Vietnam solche Informationen bei der Besprechung von Truppenstärken außer acht läßt. Ich empfehle Ihnen, diesen Faktor in die Debatte zu werfen.

Nr. 128 Memorandum Rostows vom 6. Mai über das Bombardierungsprogramm

Auszüge aus einem Memorandum von Walt W. Rostow, Sonderberater des Präsidenten für Fragen der Nationalen Sicherheit, an Außenminister Dean Rusk, Staatssekretär Cyrus Vance vom Verteidigungsministerium, Staatssekretär Nicholas de B. Katzenbach vom Außenministerium, Staatssekretär John T. McNaughton vom Verteidigungsministerium, Staatssekretär William P. Bundy vom Außenministerium und Richard Helms, Direktor der Central Intelligence Agency, vom 6. Mai 1967 unter der Überschrift »US-Strategy in Vietnam«, enthalten in der Pentagon-Studie. Kursive Absätze geben Ansichten und Erläuterungen der Studie wieder.

Rostows Dokument begann mit einer Zusammenfassung der amerikanischen Kriegsziele: Verhinderung einer kommunistischen Machtübernahme »durch Vernichtung der Hauptstreitkräfte, Angriffe auf die Infrastruktur der Guerillas und den Aufbau einer sicheren Verwaltungsstruktur in Süd-Vietnam ...« Das Ziel des Luftkriegs im Norden wurde so definiert: »Beschleunigt eine Entscheidung Hanois herbeizuführen, von der Aggression abzulassen ...« Im einzelnen wurde angestrebt:

1. Die Infiltration einzudämmen und zu stören.
2. Dem Norden so hohe militärische und zivile Kosten aufzubürden, daß er beschließt, sich lieber früher als später aus dem Krieg zurückzuziehen.

Rostow wandte sich gegen die Kritiker des Bombenkriegs und versuchte, einige ihrer Argumente zu entkräften:

Wir haben niemals den Standpunkt vertreten, daß die Bombardierungen der Infiltration Einhalt gebieten könnten. Wir haben niemals den Standpunkt vertreten, daß ihn die Bombardierung des Gebietes Hanoi–Haiphong allein veranlassen könnte, seine Anstrengungen im Süden aufzugeben. Wir haben niemals den Standpunkt vertreten, daß die Bombardierung von Hanoi–Haiphong die Infiltration unmittelbar verringern würde. Wir haben den Standpunkt vertreten, daß die dem Norden zugefügten militärischen und zivilen Kosten sowie der Aufwand zur Beseitigung der durch Bomben verursachten Schäden am Rande – und vielleicht nicht unbeträchtlich – Einfluß auf den Zeitpunkt einer Entscheidung zur Beendigung des Krieges haben könnten. Es war jedoch kein Ersatz für Fortschritte im Süden.

Rostow argumentierte weiter: Hinsichtlich des Krieges im Süden, insbesondere in bezug auf neue Truppenstärken seien zwar politische Entscheidungen zu treffen, aber es gäbe keine echten Meinungsverschiedenheiten mit der Regierung über unsere allgemeine Strategie des Landkrieges – Unterschiede gebe es nur hinsichtlich des Luftkrieges. Hier böten sich ganz allgemein drei strategische Möglichkeiten an. Dann erläuterte Rostow ausführlich diese drei Möglichkeiten ...

A. Den Trichter verschließen

Im Rahmen dieser Strategie würden wir die wichtigsten Häfen verminen und eventuell die Hafenanlagen bombardieren oder gar eine Blockade in Betracht ziehen. Zusätzlich würden wir die Eisenbahnlinien zwischen Hanoi und China systematisch angreifen. Im Augenblick beträgt die gesamte Importkapazität nach Nord-Vietnam etwa 17 200 Tonnen pro Tag. Trotz des aufgrund der Nahrungsmittelknappheit erhöhten Importbedarfes kommen in Wirklichkeit nur rund 5700 Tonnen pro Tag ins Land. Einer konzertierten und entschlossenen Aktion könnte es vielleicht gelingen, die Importkapazität unter das Bedarfsniveau zu senken. Aber sicher ist das nicht. Andererseits würde es ständiger und angestrengter Bemühungen von seiten Nord-Vietnams und seiner Verbündeten bedürfen, um eine Verminderung der Gesamtimporte unter das Bedarfsniveau zu verhindern, wenn wir diese Maßnahmen ergriffen.

Die Folgen wären diese:

Die Sowjetunion müßte ein radikales Ansteigen der Abhängigkeit Hanois vom kommunistischen China zulassen oder eventuell Minensuchboote einsetzen, um die Versorgung Hanois auf dem Seeweg aufrechtzuerhalten.

Die chinesischen Kommunisten würden höchstwahrscheinlich in verstärktem Maße Pioniere und Luftabwehreinheiten entlang der Straßen und Eisenbahnlinien zwischen Hanoi und China einsetzen, um die Transporte in Gang zu halten.

Die Sowjetunion könnte aus Prestigeüberlegungen – falls sie die Häfen Hanoi und Haiphong nicht von Minen freihalten kann oder will – die Anzettelung einer Berlin-Krise erwägen. Was das betrifft, so hätte sie eine eventuelle Spaltung zwischen den USA und ihren westeuropäischen Verbündeten angesichts dieses Drucks gegen die Atmosphäre einer Entspannung in Europa abzuwägen, die sich zugunsten der Kommunistischen Partei Frankreichs auswirkt und die ganz allgemein der Sowjetunion einen größeren Einfluß in Westeuropa einräumt.

Ich persönlich glaube nicht, daß die Sowjetunion wegen Nord-Vietnam in einen Krieg gegen uns eintreten würde, es sei denn, wir versuchten, Nord-Vietnam zu besetzen. Selbst dann wäre eine militärische Reaktion Moskaus nicht als sicher anzusehen.

Was das kommunistische China betrifft, so steht ihm immer die Möglichkeit einer Invasion in Laos und Thailand offen. Das wäre jedoch keine vernünftige Reaktion auf See- und Luftoperationen zur Abschnürung Hanois. Ein Krieg in ganz Südostasien würde Hanoi nicht helfen. Allerdings glaube ich, daß China gegen uns kämpfen würde, wenn wir den nördlichen Teil Nord-Vietnams besetzten.

Man muß immer damit rechnen, daß angesichts der inneren Unruhen im kommunistischen China eine irrationale Reaktion aus Peking erfolgt. Solche Vernunftwidrigkeiten sind nicht auszuschließen.

Abschließend möchte ich feststellen: Wenn wir versuchen, den Nachschub-Trichter nach Süd-Vietnam zu schließen, würden die Spannungen zwischen uns, der Sowjetunion und dem kommunistischen China zunehmen; mit einigem Aufwand könnten wir Hanoi und seinen Verbündeten zusätzliche Belastungen auferlegen; wir könnten die Kapazität unter das Bedarfsminimum drücken; ein allgemeiner Krieg als Ergebnis ist weniger wahrscheinlich.

B. Das angreifen, was im Trichter ist

Genau das tun wir seit einigen Wochen im Raum Hanoi-Haiphong. Ich pflichte nicht der Ansicht bei, daß die Angriffe auf Hanoi-Haiphong keine Auswirkungen auf den Krieg im Süden zeitigten. Sie binden einen hohen Aufwand an Mitteln, Energien und Aufmerksamkeit, um den zivilen und militärischen Betrieb in Gang zu halten. Sie erlegen dem Norden wirtschaftliche, politische und psychologische Schwierigkeiten allgemeiner Art auf, die in diesem Jahr durch eine schlechte Ernte und durch Nahrungsmittelknappheit noch erschwert werden. Ich glaube nicht, daß sie den »Willen des Norden stärken«. Nach meiner Beurteilung bedeutete die Bombardierung des Nordens bisher einen schmerzlichen zusätzlichen Kostenfaktor, den der Gegner bislang bereit war zu tragen, um seine Ziele im Süden zu verfolgen.
Andererseits –
– besteht kein direkter, unmittelbarer Zusammenhang zwischen der Bombardierung des Gebietes Hanoi-Haiphong und dem Kampf im Süden;
– werden wir mit der Ausschaltung des Kraftwerkes Hanoi, das etwa 80 % des derzeit im Land verbrauchten Stroms liefert, die Angriffe auf die Stromversorgung abschließen und dann die meisten jener Ziele zerstört haben, die dem Norden hohe zivile und militärische Kosten auferlegen;
– ist im Hinblick auf das Risiko unklar, ob sowjetische Warnungen im Zusammenhang mit der Bombardierung von Hanoi-Haiphong sich auf bereits gefällte Entscheidungen oder solche stützen, die erst fällig werden, wenn wir in diesem Gebiet weiterhin zuschlagen.
Nach meiner Überzeugung wird sich die sowjetische Reaktion auch weiterhin an den Problemen orientieren, die wir Hanoi zu lösen geben; das heißt, es könnten, wie bereits im Koreakrieg, sowjetische Piloten eingesetzt werden; es könnten in Nord-Vietnam Boden-Boden-Raketen stationiert werden, die unsere Fahrzeuge auf hoher See und unsere Flugplätze im Raum Danang angreifen sollen.
Ich glaube nicht, daß eine Fortsetzung der Luftangriffe gegen den Raum Hanoi-Haiphong etwa im bisherigen Rahmen zu einem Druck gegen Berlin oder einem Krieg mit der Sowjetunion führen wird. Liest man zwischen den Zeilen, so wollten die Sowjets uns andeuten: Finger weg von unseren Schiffen; wir könnten sonst unsererseits in gewissem Rahmen eskalieren; aber wir wünschen wegen Vietnam keine nukleare Konfrontation.

C. Konzentration auf die Verkehrsnetze 1 und 2

Eine Konzentration von praktisch allen unseren Angriffen in diesem Gebiet hätte drei Vorteile:
– Wir würden unsere Verluste an Piloten und Maschinen verringern.
– Wir würden die Infiltration nach Süd-Vietnam etwas stärker behindern als bisher.
– Wir würden, verglichen mit den Alternativen A und B, das Risiko einer Gegeneskalation von seiten der Sowjetunion oder des kommunistischen China verringern.

Die Alternative A verwarf er, weil sie zu hohe Risiken bei zu geringem Gewinn mit sich brachte ... Seine Folgerungen formulierte er so:

Was die Alternative B betrifft, so glaube ich, daß wir im Hinblick auf die zunehmende Bedrängung Hanois und die Steigerung der Kosten einer fortgesetzten Aggression im Süden größere Erfolge errungen haben, als die meisten meiner verehrten Kollegen annehmen. Wir sollten nach meiner Meinung das Erreichte nicht leichtfertig aufs Spiel setzen. Insbesondere glaube ich, daß wir einen so sparsamen und vorsichtigen Angriff auf das Kraftwerk Hanoi fliegen sollten, wie ihn unsere Lufttaktiker nur eben ausarbeiten können. Darüber hinaus sollten wir uns jedoch die Möglichkeit offenhalten, in Zukunft das Gebiet Hanoi-Haiphong wieder zu bombardieren, je nachdem, was wir über die gegnerischen Wiederaufbaumaßnahmen erfahren und wie Moskau/Peking reagieren – und sobald wir genauer wissen, welche Ergebnisse wir bisher erzielt oder nicht erzielt haben.

Ich halte es für durchaus möglich, daß die Sowjetunion gewisse Schritte zu einem wirkungsvolleren Schutz des Bereichs Hanoi-Haiphong eingeleitet und sich entschlossen hat – oder in Kürze entschließen dürfte –, in Nord-Vietnam einige Boden-Boden-Raketen zu stationieren.

Hinsichtlich der Alternative C halte ich es für richtig, wenn wir uns unter gleichzeitiger Offenhaltung der Alternative B mit unseren Angriffen weitgehend auf die Wegenetze 1 und 2 konzentrieren und im Raum Hanoi-Haiphong nur dann angreifen, wenn die Ziele wirklich lohnend sind. Ich erwarte mir von einer Intensivierung der Angriffe gegen die Wegenetze 1 und 2 keine dramatischen Ergebnisse, aber ich glaube, daß wir im Raum Hanoi-Haiphong viele Piloten opfern, ohne entsprechende Ergebnisse zu erzielen. Das Ziel einer Offenhaltung der Alternative B läßt sich auch mit geringeren Kosten erreichen.

Nr. 129 Stellungnahme von Verteidigungsminister McNamara vom 19. Mai über Bombenangriffe und Truppenbedarf

Auszüge aus dem Memorandum des Verteidigungsministeriums für den Präsidenten vom 19. Mai 1967, überschrieben »Künftige Maßnahmen in Vietnam«. Auf dem in der Pentagon-Studie enthaltenen Text ist vermerkt: »Erster Rohentwurf – Daten und Schätzungen nicht verifiziert«. Kursive Absätze stellen die Meinung oder Erläuterungen der Studie dar.

Am 19. Mai hatte sich die Einstellung McNamaras und seiner leitenden Mitarbeiter zu Bombenangriffen und zu Westmorelands Truppenanforderungen soweit kristallisiert, daß ein weiterer Memorandum-Entwurf für den Präsidenten verfaßt wurde. Er bekam die Überschrift »Künftige Maßnahmen in Vietnam« und behandelte umfassend sämtliche Aspekte des Krieges – militärische, politische und diplomatische. Das Dokument beginnt mit einem Überblick über die Lage in Nord- und Süd-Vietnam, die innenpolitischen Gegebenheiten in den USA *sowie die Weltmeinung. Die Einschätzung der Situation in Nord-Vietnam wich nicht wesentlich von den bereits erwähnten Ansichten der Nachrichtendienste ab. Dann fährt die Analyse fort:*

C. Nord-Vietnam

Die Haltung Hanois gegenüber Verhandlungen war noch nie nachgiebig oder aufgeschlossen. Jedes Zugeständnis würde für den Gegner bedeuten, sein Gesicht zu verlieren. Ob die polnischen Initiativen sowie die Bemühungen Burchetts und Kossygins nun etwas zu bedeuten hatten oder nicht, Hanois Haltung ist im Augenblick jedenfalls hart und unnachgiebig. Man scheint an einer politischen Regelung uninteressiert und ist offensichtlich entschlossen, mit der Expansion des Konflikts durch die USA Schritt zu halten. Diese Veränderung scheint folgende Faktoren widerzuspiegeln: 1. Pham Van Dong erhielt während seiner Moskaureise im April zusätzlich sowjetische Hilfsversprechen; 2. man scheint Vorkehrungen für einen ungehinderten Transfer sowjetischer Waren durch China getroffen zu haben; 3. man ist entschlossen, das Ergebnis der US-Wahlen von 1968 abzuwarten. Hanoi dürfte zu dem Schluß gelangt sein, daß es seine Absichten am Konferenztisch nicht verwirklichen kann, worauf es in seiner Strategie bestärkt wurde, sich um die Aushöhlung unseres Stehvermögens im Süden zu bemühen. Wahrscheinlich sagt sich die Führung in Hanoi, daß ihr nichts anderes übrigbleibt, als sich mit den verstärkten Bombenangriffen abzufinden. Es ist nach wie vor keinerlei Anzeichen dafür zu entdecken, daß die Bombenangriffe Hanois Widerstandswillen oder seine Fähigkeit beeinträchtigt haben, den nötigen Nachschub in den Süden zu liefern. Nichts in Hanoi deutet auf die Absicht hin, den offenen Krieg zu beenden und dem Vietkong zu raten, in den Wäldern unterzutauchen. Die Nordvietnamesen glauben im Recht zu sein; sie sehen in der Regierung Ky nur Marionetten; sie sind davon überzeugt, daß die Welt auf ihrer Seite steht und daß die amerikanische Öffentlichkeit auf die Dauer nicht das erforderliche Stehvermögen beweisen wird. Es mag in ihrem Regime zwar Strömungen geben, die eine andere Denkweise vertreten, aber sie glauben, in diesem Punkt auf lange Sicht stärker zu sein als wir. Sie sind vermutlich nicht zu größeren Zugeständnissen bereit und könnten sie, ohne ihr Gesicht zu verlieren, auch gar nicht machen.

Wenn man in diesem Zusammenhang bedenkt, wie schwer es immer noch war, den Krieg im Süden unter Kontrolle zu bringen, wie stark in den Vereinigten Staaten der Widerstand gegen den Krieg wuchs und wie beunruhigt sich die Welt über die Notwendigkeit und den Zweck einer solchen US-Intervention zeigte, versteht man die Feststellung des Verfassers: »Dieses Memorandum entsteht zu einem Zeitpunkt, in dem es offenbar keine attraktiven Alternativen gibt.« Doch Alternativen waren genau der Grund, warum das Memorandum verfaßt worden war. Sie wurden beim Rekapitulieren der militärischen Lage und der Empfehlungen des Führungsstabes aufgeführt. Bezüglich des Kriegs im Norden stellt das Memorandum fest:

Mitte April wurde eine Ausweitung des Bombardierungsprogramms gegen Nord-Vietnam (*Rollender Donner 56*) genehmigt. Noch vor der Bewilligung äußerte General Wheeler: »Der Bombenkrieg nähert sich dem Punkt, an dem wir mit Ausnahme der Häfen alle lohnenden Ziele getroffen haben. Dann werden wir uns mit der Notwendigkeit auseinandersetzen müssen, der Volksrepublik Vietnam den Zugang zu ihren Häfen zu verwehren.« Mit Bewilligung dieses Programms bleibt, abgesehen von den Hafengebieten, im ganzen Norden kein bedeutsames militärisches Ziel mehr übrig. Was noch bleibt, sind untergeordnete Ziele, Nachfaßangriffe gegen gewisse wichtigere Ziele sowie die bewaffnete Aufklärung entlang der Verkehrsverbindungen zu Land und zu Wasser – sowie nach den neuen Grundsätzen die Verminung der Häfen, die Bombardierung von Dämmen und Schleusen und der Einmarsch von Bodentruppen in Nord-Vietnam. Diese neuen militärischen Schritte gegen Nord-Vietnam sowie Vorstöße von Bodentruppen nach Laos und Kambodscha werden derzeit von den Vereinigten Stabschefs beraten.

Zwei ganz allgemeine Alternativen standen zur Debatte:

ALTERNATIVE A: Die Anforderungen bewilligen und militärische Maßnahmen außerhalb Süd-Vietnams – besonders gegen den Norden – intensivieren. Das Truppenkontingent um mindestens 200 000 Mann erhöhen – 100 000 (2 1/3 Divisionen plus 5 taktische Luftgeschwader) bis Ende 1968, weitere 100 000 (2 1/3 Divisionen und 8 taktische Luftgeschwader) im Jahre 1969; später werden zur Erfüllung des Truppenbedarfs für Vietnam und andere damit zusammenhängende Besatzungsgebiete auf der ganzen Welt möglicherweise noch weitere Soldaten nötig sein. Gleichzeitig mit diesen nachstehend erläuterten Truppenverstärkungen sollten die militärischen Maßnahmen außerhalb Süd-Vietnams erheblich intensiviert werden, darunter auch in Laos und Kambodscha, insbesondere aber im Norden.

ALTERNATIVE B: Die Truppenverstärkungen auf höchstens 30 000 Mann begrenzen; eine Ausdehnung des Bodenkriegs über die Grenzen Süd-Vietnams hinaus vermeiden; die Bombenangriffe auf die Infiltrationsrouten südlich des 20. Breitengrades konzentrieren. Nicht mehr als 9 von den im bereits bewilligten Programm vorgesehenen 87 Batallionen neu stationieren. Damit ergäbe sich per 31. Dezember 1968 eine Höchststärke von 500 000 Mann (anstelle der jetzt geplanten 470 000). (Einzelheiten siehe Anhang IV.) Diese Alternative würde eine Einstellung der Luftangriffe gegen das Tal des Roten Flusses bedingen, es sei denn, sie würden sich als militärisch notwendig erweisen. Statt dessen eine Konzentration auf sämtliche Ausfallstraßen zu den Infiltrationsrouten in Nord-Vietnam zwischen dem 17. und 20. Breitengrad.

Die militärische Seite der Aktion A wurde in dem Memorandum folgendermaßen analysiert:

Ziele und Ergebnisse der Bombardierung

Unser Bombenkrieg gegen Nord-Vietnam sollte drei Zwecken dienen:

1. Der Vergeltung der Vietkong-Aktionen und der Hebung der Moral im südvietnamesischen Volk, das von Handlangern des Nordens angegriffen wurde.
2. Zusätzlichen Druck auf Hanoi auszuüben, damit es den Krieg beende.
3. Den Strom von Menschen und Material von Norden nach Süden einzudämmen und/oder die Kosten der Infiltration hochzutreiben.

Wir müssen einräumen, daß eine Reduzierung der Bombenangriffe ernste psychologische Probleme für die alliierten Offiziere und Soldaten mit sich bringen wird, weil diese nicht begreifen können, warum wir dem Feind etwas ersparen sollten. General Westmoreland erklärte: »Schon bei dem Gedanken an eine Einstellung des Bombardierungsprogramms bin ich ehrlich entsetzt.« Aber dieser Grund für Angriffe gegen Nord-Vietnam muß gründlich untersucht werden. Wenn damit keine anderen Ziele erreicht werden, und nur um zu bestrafen, sollten wir nicht bombardieren, besonders dann nicht, wenn aus den Analysen hervorgeht, daß solche Maßnahmen unerwünschte Folgen haben könnten. Das kostet amerikanische Menschenleben; es bewirkt eine Gegenströmung in Form von Abscheu und Opposition gegen das Töten von Zivilisten; es schafft ernste Risiken; es kann den Gegner noch härter machen.

Was den zusätzlichen Druck auf Nord-Vietnam betrifft, so wird immer deutlicher, daß Hanoi vermutlich bereits alle Einrichtungen und Menschenleben »abgeschrieben« hat, die amerikanischen Militäroperationen zum Opfer fallen, so lange es zu keiner Besetzung oder Vernichtung (sic) kommt. Der Gegner kann und wird zumindest so lang aushalten, als noch Hoffnung auf einen Sieg im »Zermürbungskrieg« im Süden vorhanden ist. Soweit wir unterrichtet sind, fordert Hanoi als Vorbedingung für Verhandlungen eine einschneidende Verringerung, wenn nicht gar die völlige Einstellung der militärischen Maßnahmen der USA, zumindest jedoch eine Einstellung der Bombenangriffe. In diesem Zusammenhang erklärte Generalkonsul Rice (Hongkong 7581, 1. 5. 67), daß uns nach seiner Meinung die Bombardierungen nicht in die Lage versetzten, in Nord-Vietnam die kritische Schmerzschwelle zu überschreiten, und »unterhalb dieser Schwelle steigert Schmerz den Kampfwillen nur noch«. Sir Robert Thompson sagte am 28. April zu Mr. Vance, unsere Bombenangriffe, insbesondere auf das Tal des Roten Flusses, »einigen Nord-Vietnam«.

Was den Sperriegel gegen Menschen und Material betrifft, so hat es heute den Anschein, daß es – abgesehen von einer Zerschlagung des Regimes oder der Besetzung nordvietnamesischen Territoriums – keine Möglichkeiten gibt, auf irgendeine Weise den Nachschub an Menschen und Material unter die verhältnismäßig geringe Menge zu drücken, die für den Feind zur Weiterführung des Kriegs im Süden erforderlich ist. Unsere Bemühungen reißen natürlich schwere Lücken, aber die kann Hanoi füllen, und es kann ihnen durch entsprechende Lagerbestände vorbeugen. Deshalb schlagen unsere Versuche fehl, den Nachschub durch Angriffe gegen Nord-Vietnam erheblich einzudämmen. Durch diesen Fehlschlag entsteht aus der versuchten Blockade eine Bestrafung, ein Druck auf Nord-Vietnam (wie bereits besprochen).

Das niedrigste »Limit« an Infiltration kann vermutlich durch eine Konzentration auf den nordvietnamesischen »Trichter« südlich des 20. Breitengrades und auf den Ho-Chi-Minh-Pfad in Laos erreicht werden.

Aber wenn diese Analysen nun falsch sind? Soll man nicht eine Eskalation des Bombenkrieges, die Verminung der Häfen (und vielleicht eine Besetzung des südlichen Nord-Vietnam) riskieren, in der Hoffnung, damit den Nachschub zu unterbinden, die feindlichen Aktionen im Süden erheblich zu beschneiden und Hanoi in die Knie zu zwingen? Die Antwort besteht darin, daß man Kosten und Risiken solcher Maßnahmen im Auge behalten muß.

Der entscheidendste Kostenfaktor sind natürlich amerikanische Menschenleben: Die Angriffe auf die stark verteidigten Gebiete kostet uns je 40 Starts einen Piloten. Ein weiterer, wenn auch kaum meßbarer Kostenfaktor ist die öffentliche Meinung im In- und Ausland: Es könnte eine bestimmte Grenze geben, deren Überschreitung durch die Vereinigten Staaten von vielen Amerikanern und einem guten Teil der übrigen Welt nicht mehr akzeptiert wird. Es macht ganz und gar keinen guten Eindruck, daß die stärkste Supermacht der Welt jede

Woche 1000 Zivilisten bei dem Versuch tötet, ein winziges, rückständiges Land in einer überaus umstrittenen Frage zum Nachgeben zu zwingen. Das Ergebnis könnte unter Umständen eine Verzerrung des amerikanischen Nationalbewußtseins sowie des Image der USA in der ganzen Welt sein, was uns teuer zu stehen käme – besonders dann, wenn der in Nord-Vietnam angerichtete Schaden so total ist, daß man von einem »Erfolg« sprechen kann.
Das größte Risiko besteht natürlich in der voraussichtlichen Reaktion Sowjetrußlands, Chinas und Nord-Vietnams auf schwere US-Luftangriffe, die Verminung von Häfen und einen Landkrieg gegen Nord-Vietnam.

Mutmaßliche kommunistische Reaktionen

Derzeit sind – außer Luftangriffen und Artilleriefeuer gegen feindliche Geschützstellungen jenseits der Grenze – keine Kampfhandlungen erlaubt, die sich gegen das Territorium Kambodschas richten. In Laos fliegen wir monatlich durchschnittlich 5000 Einsätze gegen Infiltrationswege und Truppenaufmärsche, wir nehmen von Süd-Vietnam aus Ziele in Laos unter Artilleriebeschuß, und wir werden 20 Sondereinheiten, die aus jeweils zwölf Amerikanern und Südvietnamesen bestehen, mit je drei Spezialisten versehen. Diese Teams sollen bis in eine Tiefe von 20 Kilometern nach Laos eindringen. Gegen Nord-Vietnam fliegen wir monatlich im Durchschnitt mindestens 8000 Einsätze gegen alle festen Ziele und gegen Verkehrsverbindungen; wir setzen unsere Artillerie gegen Bodenziele jenseits der entmilitarisierten Zone ein; wir nehmen von Kriegsschiffen aus Ziele an der Küste und Fahrzeuge vor der Küste bis hinauf zum 19. Breitengrad unter Feuer; wir verminen ihre Wasserstraßen und Flußmündungen bis hinauf zum 20. Breitengrad.
VERSTÄRKTE LUFTANGRIFFE AUF ZIELE DERSELBEN ART dürften vermutlich kaum etwas an der Politik und an den Reaktionen der kommunistischen Mächte ändern, abgesehen von einigen zusätzlichen Hilfeleistungen in Form von Material und Menschen. China hat beispielsweise auf unsere Bombardierung von MIG-Landeplätzen in Nord-Vietnam nicht reagiert, und wir rechnen auch nicht mit einer derartigen Reaktion. Allerdings deutet einiges auf eine verstärkte chinesische Beteiligung an der nordvietnamesischen Luftabwehr hin.
DIE VERMINUNG DER HÄFEN würde ernstere Probleme aufwerfen. Moskau würde dadurch in die besonders peinliche Lage geraten, an einem so ungünstig gelegenen Ort in irgendeiner Weise Position und Prestige der Sowjetunion wahren zu müssen. Die Sowjets könnten, was jedoch unwahrscheinlich ist, eine militärische Konfrontation in Südostasien erzwingen. Dort wären sie aber selbst mit Minensuchbooten militärisch ebenso im Nachteil wie wir 1961 bei der Berlin-Blockade, nur mit dem Unterschied, daß hier ihre lebenswichtigen Interessen nicht so eindeutig auf dem Spiel stehen wie unsere in Berlin (oder in Kuba). In diesem Fall muß damit gerechnet werden, daß Moskau Freiwillige, darunter auch Piloten, nach Nord-Vietnam entsendet, einiges an verbesserten Waffen und moderner Ausrüstung liefert, Gegenmaßnahmen in Korea, in der Türkei, im Iran, im Nahen Osten oder, was am wahrscheinlichsten ist, in Berlin ins Auge faßt, weil es dort das Ausmaß der Krise leichter kontrollieren kann, und daß es in den zwischenstaatlichen Beziehungen zwischen der Sowjetunion und den USA zu Störungen kommt (eventuell zum Abbruch gerade laufender

Gespräche über Raketenabwehrsysteme, die Nichtweitergabe von Kernwaffen usw.). China könnte eventuell in der Verminung der Häfen eine Gelegenheit sehen, den sowjetischen Einfluß in Hanoi zu vermindern und die Sowjetunion zu diskreditieren, falls sie keine militärischen Maßnahmen zur Freihaltung der Häfen ergriffe. Peking könnte in der Verminung der Häfen einen Hinweis auf die Absicht der USA sehen, Nord-Vietnam so lange unter Druck zu setzen, bis es schließlich kapituliert. Das wiederum kann eine chinesische Invasion bedeuten. China könnte sich dazu entschließen, mit Kampftruppen und Lufteinheiten in den Krieg einzugreifen. Wir müßten darauf mit der Bombardierung chinesischer Flugplätze und vielleicht auch anderer Ziele antworten. Hanoi würde den Gürtel enger schnallen, Gespräche ablehnen und durchhalten – was es durchaus könnte. Nord-Vietnam wäre hinsichtlich des Nachschubs dann natürlich ganz auf das Wohlwollen Chinas angewiesen, wodurch der sowjetische Einfluß in Hanoi schwinden müßte. (Botschafter Sullivan ist fest davon überzeugt, daß es ein großer Fehler wäre, Hanoi durch unsere Maßnahmen gegen den Hafen Moskau zu entfremden und Peking in die Arme zu treiben.)
Auf einen US-Landkrieg in Nord-Vietnam dürfte China vermutlich mit einem Eintritt in den Krieg unter Einsatz von Landstreitkräften und Luftwaffe reagieren. Von der Sowjetunion wäre unter diesen Umständen zu erwarten, daß sie alle weiter oben für den Fall leichterer Provokationen beschriebenen Maßnahmen ergreift und es nach eigenem Gutdünken an einem oder auch an mehreren Orten zu einer Konfrontation mit den USA kommen läßt.

Die Argumente gegen die Möglichkeit A wurden in einem Schlußabsatz so zusammengefaßt:

Darin bestehen also die mutmaßlichen Kosten und Risiken der Alternative A. Sie sind nach unserer Auffassung unannehmbar und unnötig. Bodenoperationen in Nord-Vietnam sind wegen der damit verbundenen Gefahr einer Eskalation sicherlich unklug, auch wenn die Versuchung durch die ungehinderten feindlichen Truppenbewegungen über die entmilitarisierte Zone hinweg groß sein mag. Abgesehen von einer direkten Bedrohung oder dem Sturz des Regimes in Hanoi dürfte jeder gegen den Norden ausgeübte Druck Hanois ablehnende Haltung gegenüber Gesprächen noch verhärten oder, falls es zu Gesprächen kommen sollte, die Bedingungen unannehmbarer machen. China wird sich nach unserer Überzeugung grundsätzlich einer Regelung widersetzen. Nach unserer Auffassung besteht eine Chance, daß die Sowjetunion letztlich ihren Einfluß geltend machen könnte, um eine friedliche Lösung herbeizuführen; wir glauben aber auch, daß eine verstärkte Bombardierung und die Verminung von Häfen selbst in Verbindung mit politischem Druck aus Moskau Hanoi weder zu Verhandlungen veranlassen noch die Bedingungen Nord-Vietnams beeinflussen werden.

Nach Ablehnung der Alternative A wandte sich das Memorandum den gemäßigten Vorschlägen der Alternative B zu. Das in diesem Programm vorgesehene Zurückschrauben der Bombardierungen wird so analysiert:

Bei dem Bombardierungsprogramm, das Bestandteil dieser Strategie ist, handelt es sich um die Zusammenfassung aller Anstrengungen gegen die Infiltrationsrouten im Süden Nord-Vietnams. Nachdem die wichtigsten Ziele im Tal des Roten Flusses zerstört sind, wird der Nachschub am besten dadurch unterbunden, daß man sich auf den südlichsten Zipfel Nord-Vietnams konzentriert.

Sämtliche Einsätze sollen nur noch gegen das Gebiet zwischen dem 17. und dem 20. Breitengrad geflogen werden. Durch diese Verlagerung müßten sich die Verluste an Piloten trotz verstärkter Luftabwehr in diesem Raum um mindestens 50 Prozent reduzieren lassen. Die Verlagerung wird sich nicht nur positiv auf die militärischen Absichten General Westmorelands auswirken, sondern außerdem noch der Propaganda im Norden etwas Wind aus den Segeln nehmen.

Diese Änderung der Bombardierungsstrategie kann, nachdem die meisten wichtigen Ziele im Becken des Roten Flusses getroffen worden sind, ohne militärische Nachteile jederzeit vollzogen werden. Sie sollte nicht nur dem Zweck dienen, Hanoi zu Verhandlungen zu veranlassen, obgleich dies ein zusätzlicher Vorteil sein könnte. Die besten Voraussetzungen dafür wäre vermutlich folgendes Vorgehen: 1. Die Sowjets insgeheim davon unterrichten, daß die Umorientierung innerhalb weniger Tage stattfinden wird, wobei weder ein Zeitlimit festgelegt noch eine Zusage gegeben werden sollte, nicht zu den Angriffszielen im Tal des Roten Flusses zurückzukehren oder Ziele anzugreifen, die nachträglich militärische Bedeutung erlangen (jede Abmachung mit Hanoi kommt vermutlich nur mit Moskaus Beteiligung zustande). 2. Die Änderung, wie vorgesehen, ohne großes Aufsehen vollziehen. 3. Nach Bekanntwerden der Änderung der Öffentlichkeit erklären, die nördlichen Ziele seien zerstört, was militärisch von Bedeutung gewesen sei, und man brauche nun nicht mehr den nördlichen Raum anzufliegen, solange nicht eine unausweichliche militärische Notwendigkeit dazu bestehe. Wir sollten mit dieser Maßnahme nicht hausieren gehen. Es ist mit ziemlicher Sicherheit damit zu rechnen, daß Moskau entsprechende Informationen an Hanoi weiterleitet und vielleicht darauf drängt, diese Gelegenheit zur Abkühlung des Krieges durch Gespräche zu nutzen. Es könnte auch sein, daß Hanoi, wenn es von uns nicht direkt angesprochen wird und kein ultimatives Limit gesetzt bekommt, sich eher zu einer positiven Reaktion bereitfinden könnte als in der Vergangenheit. Aus militärischer Sicht ist die Umorientierung jedoch vernünftig, ob die diplomatischen Bemühungen erfolgreich verlaufen oder nicht.

In einem gesonderten Abschnitt, der sich mit diplomatischen und politischen Erwägungen befaßt, erläutert das Memorandum die Bedeutung des Kampfes aus der politischen Sicht der USA und Hanois. Dann werden die bedeutenden amerikanischen Interessen in Asien im Zusammenhang mit der Notwendigkit beleuchtet, China in seine Schranken zu weisen. Diese übergeordneten Interessen erforderten es, Vietnam aus richtiger Perspektive als nur eine von drei Fronten zu sehen, denen die USA ihre Aufmerksamkeit widmen müßten. (Die beiden anderen waren Japan-Korea und Indien-Pakistan.) Alles in allem betrachtete das Memorandum die langfristigen Trends in Asien als günstig für die amerikanischen Interessen:

Es ist eine Tatsache, daß die gegenwärtigen Entwicklungen in Asien unseren Interessen überwiegend entgegenkommen und nicht zuwiderlaufen (siehe Indonesien und die inneren Wirren in China). Es besteht kein Anlaß zu Pessimismus hinsichtlich unserer Möglichkeiten, im Verlauf der nächsten ein bis zwei Jahrzehnte Bündnisse und Gruppierungen (besonders mit Japan und Indien) zustande zu bringen, die geeignet sind, Chinas Einfluß einzudämmen. Insoweit die Absicht unserer ursprünglichen Intervention und unserer derzeitigen Aktionen in Vietnam war, dem chinesischen Expansionsdrang in Asien Grenzen zu setzen, wurde unser Ziel bereits erreicht, und die Alternative B genügt vollauf, das Erreichte zu konsolidieren!

Aus dieser Sicht fährt das Memorandum sodann mit einer Neubetrachtung der amerikanischen Ziele im Vietnamkrieg unter der Überschrift »Unterschied zwischen Verpflichtungen und Hoffnungen« fort:

Für uns ist nun die Zeit gekommen, jede Unklarheit über unsere Minimalziele und Verpflichtungen in Vietnam zu beseitigen. Insbesondere zwei Grundsätze müssen artikuliert und sowohl die Politik als auch alle Aktionen darauf abgestimmt werden: 1. Es ist lediglich unsere Verpflichtung, dafür zu sorgen, daß das Volk von Süd-Vietnam über seine eigene Zukunft entscheiden kann. Diese Verpflichtung hört da auf, wo das Land sich selber aufgibt.

Daraus resultiert, daß wir trotz aller hochgespannten Hoffnungen zu folgendem nicht verpflichtet sind:

– aus Süd-Vietnam Gruppen zu vertreiben, deren Angehörige Südvietnamesen sind (auch wenn wir sie nicht mögen),

– dafür einzustehen, daß eine bestimmte Person oder Gruppe an der Macht bleibt oder daß sich diese Macht bis in den letzten Winkel des Landes erstreckt (obgleich wir bestimmte Typen bevorzugen und hoffen, daß ihre Anordnungen ganz Süd-Vietnam erreichen),

– dafür zu garantieren, daß die selbstgewählte Regierung eine nichtkommunistische ist (obwohl wir es glauben und hoffen) und

– darauf zu bestehen, daß das unabhängige Süd-Vietnam von Nord-Vietnam getrennt bleibt (obwohl wir diesen Zustand auf kurze Sicht vorziehen).

(Angesichts der geringen Anstrengungen des südvietnamesischen Volkes, der Putsche, der Korruption, der Apathie und anderer Anzeichen für eine mangelnde Mitarbeit Saigons haben auch wir nicht die Pflicht, unsererseits unverhältnismäßig große Anstrengungen zu unternehmen.)

Wir sind allerdings verpflichtet, der nordvietnamesischen Gewaltanwendung im Süden zu begegnen, soweit das Volk im Süden durch sie daran gehindert wird, seine eigene Zukunft zu bestimmen. Aber selbst hier ist eine Trennlinie nur schwer zu ziehen. Propaganda und politische Ratschläge von seiten Hanois (und Washingtons) lassen sich vermutlich nicht ausschalten, ebensowenig wie Wirtschaftshilfe oder wirtschaftliche Berater. Das gilt ebenso für die Tatsache, daß den beiden streitenden Parteien Militärberater oder Kriegsmaterial zur Verfügung gestellt werden.

Es kann nicht genug betont werden, wie wichtig es ist, die Begrenzung unserer Ziele festzulegen und ihre Bedeutung zu verstehen. Dies hängt engstens mit unserer Strategie gegen den Norden, den Truppenbedarf und der Aufgabenstellung im Süden, mit unserem Verhalten gegenüber der Saigoner Regierung, mit den Bedingungen einer Einigung sowie der öffentlichen Meinung im In- und Ausland hinsichtlich der Berechtigung und des Erfolgs unserer Bemühungen um Vietnam zusammen.

Diese Artikulation der amerikanischen Ziele und Verpflichtungen in Vietnam wendete sich ausdrücklich gegen die aufgeblasenen Formulierungen der US-Ziele in dem Dokument NSAM 88 (»ein unabhängiges, nichtkommunistisches Süd-Vietnam, Vernichtung des Vietkong« usw.) und setzt sich erstmals entschlossen mit dem anhaltenden Dilemma des amerikanischen Engagements auseinander-

ander, das bereits aus der Kennedy-Ära stammt: Die Erreichung zu hochgesteckter Ziele mit begrenzten Mitteln. In dem nun folgenden Teil, der detaillierte Empfehlungen enthält, wird der Präsident sogar aufgefordert, »ein NSAM *zu erlassen, in dem die* US-*Politik wie hier erläutert und festgelegt wird«. Für diese herabgesetzte Zielsetzung, in der sich eindeutig die Enttäuschung über Fehlschläge ausdrückte, wurde das Hauptgewicht auf die Selbstbestimmung Süd-Vietnams gelegt. Das Memorandum verstieg sich sogar zu der Feststellung: »Der Süden wird, wenn auch unzureichend, in die Lage versetzt, mit dem Aufbau einer arbeitsfähigen Regierung in Süd-Vietnam zu beginnen.« Das lief auf die Empfehlung hinaus, wir sollten uns mit einer Kompromißlösung abfinden. Es darf nicht verkannt werden, daß es sich dabei für einen führenden* US-*Politiker der Regierung Johnson um radikale Stellungnahmen handelte. Sie enthielten eine offene Verurteilung der Stabschefs und waren nicht dazu angetan, dem Präsidenten hinsichtlich des bisher Erreichten zu schmeicheln. Daß sie das Verhältnis zwischen den strategischen Zielen der* USA *und ihren Möglichkeiten weitaus realistischer beurteilen, steht auf einem anderen Blatt.*
Nach dem Memorandum sollten sich die Empfehlungen wie folgt auswirken:
4. JUNI: Die Bombardierung Nord-Vietnams auf eine Lähmung für Menschen und Material konzentrieren. Das bedeutet – abgesehen von den Fällen, in denen die Blockierungsmaßnahmen etwas anderes empfehlen – Bombenangriffe auf Gebiete nördlich des 20. Breitengrads und möglichst vollkommene Sperrmaßnahmen gegen den Infiltrations-»Trichter« südlich des 20. Breitengrads durch Konzentration sämtlicher Aktionen und durch ernsthafte Bemühungen um eine Verbesserung des Aufklärungsapparates, der Abwehrwaffen und der Lähmungstaktik.
5. JULI: Vermeidung der explosiven Kongreßdebatte und der Einberufung amerikanischer Reservisten, die durch Westmorelands Truppenanforderungen notwendig würden. Ein Beschluß, daß sich die US-Stationierung – außer bei einer einschneidenden Verschlechterung der militärischen Lage – auf ein erweitertes Programm 4 beschränkt (das uns laut General Westmoreland noch nicht der Gefahr einer Niederlage aussetzt, sondern lediglich die Verlangsamung unserer Fortschritte im Süden bedeutet). Damit muß die Entscheidung einhergehen, keine stärkeren US-Verbände im Delta einzusetzen oder für Befriedungsaktionen abzustellen.
6. SEPTEMBER: Die neu gewählte Regierung in Saigon muß weit über das Programm der nationalen Einigung hinausgehen und eine politische Einigung mit den nichtkommunistischen Mitgliedern der NLF suchen, um die Möglichkeiten für einen Waffenstillstand zu erkunden und sich mit den nichtkommunistischen Südvietnamesen zu arrangieren, die unter dem Banner des Vietkong marschieren; man muß sie als Mitglieder einer politischen Oppositionspartei akzeptieren und sich notfalls damit abfinden, daß einige von ihnen der nationalen Regierung angehören. Kurzum: es bedarf einer Lösung, durch die Vietkong-Angehörige aus militärischen Feinden zu politischen Gegnern werden.
7. OKTOBER: Die Lage muß den Kanadiern, Indern, Briten, der UNO und allen Nationen erläutert werden, die mit eigenen Kontingenten am Krieg beteiligt sind. Man muß sie ersuchen, Einheiten zur Grenzsicherung zur Verfügung zu stellen, um die innere Konsolidierung in Süd-Vietnam zu erleichtern und –

entsprechend unserer Absicht, Vietnam weder besetzt noch Stützpunkte zu halten – anbieten, später eine entsprechende Anzahl von US-Soldaten abzuziehen. (Diese Initiative ist trotz ihrer geringen Aussicht auf Erfolg einen Versuch wert.)

Nach Vortragung der Argumente für Entspannung und Kompromiß schließt das Memorandum in schöner Offenheit mit einer unverblümten Aufzählung der Nachteile und Probleme:

Die mit einem solchen Vorgehen verbundenen Schwierigkeiten sind zahlreich und schwerwiegend: Es werden sich Stimmen erheben, die mit der Interpretation der US-Verpflichtungen nicht einverstanden sind (es hat im Laufe der Zeit sogar hin und wieder Leute in den USA gegeben, die den Vietnamesen, dritten Ländern, dem US-Kongreß und der Öffentlichkeit von »Zielen« und »Absichten« erzählten, die noch weit über die obige nüchterne Darstellung unserer »Verpflichtungen« hinausgingen). Einige werden behaupten, ausreichender Druck auf den Norden werde sich bezahlt machen, oder: wir verschenkten mit der Beschränkung auf die Abwehr etwas, ohne einen entsprechenden Gegenwert zu erhalten. Viele werden argumentieren, die Verweigerung zusätzlicher Soldaten werde den Krieg verlängern, das Risiko einer Niederlage heraufbeschwören und bei den in Vietnam stationierten Amerikanern die Verluste in die Höhe treiben. Einige werden behaupten, wir zeigten mit dieser Politik Schwäche, auf die Moskau mit Erleichterung, Verachtung und einem Erlahmen des guten Willens, Hanoi jedoch mit überhöhten Forderungen und mit Grausamkeiten reagieren werden. Andere werden auf die Schwierigkeiten hinweisen, auch die Koreaner, Philipinos, Australier und Neuseeländer mitzuziehen. Man wird auch auf die Gefahr verweisen, die veränderte Tonart der USA könnte in Thailand, in Laos und insbesondere in Süd-Vietnam selbst dazu führen, daß »die Ratten das sinkende Schiff verlassen« – eventuell mit Gefahren für den Zusammenhalt der Regierung, die Moral der Armee und die Loyalität des Volkes. Nicht zuletzt sollen die Auswirkungen auf den guten Ruf der Vereinigten Staaten und ihres Präsidenten erwähnt werden. Dennoch bringt diese Strategie weniger und geringere Schwierigkeiten als jede denkbare Alternative.

Nr. 130 William Bundys Memorandum vom 30. Mai über die Gründe des US-Engagements

Auszüge aus einem Memorandum des Stellvertretenden Außenministers Bundy, am 30. Mai 1967 im Außen- und Verteidigungsministerium in Umlauf gegeben, enthalten in der Pentagon-Studie. Kursive Absätze geben die Meinung oder Erläuterung der Studie wieder.

William Bundy vom Außenministerium entwarf am 30. Mai seinen Kommentar zu dem Memorandum und ließ das Papier im Außen- und Verteidigungsministerium zirkulieren. In seinen umständlichen und an manchen Stellen widersprüchlichen Ausführungen befaßte sich Bundy hauptsächlich mit Art und Umfang des amerikanischen Engagements, wie es in dem Memorandum für den Präsidenten dargestellt war und wie er es sah. Er wich einer genaueren Analyse der beiden militärischen Alternativen aus und konzentrierte seine Aufmerk-

samkeit auf die strategischen Gründe für das amerikanische Engagement, seine Ziele und die Bedingungen, unter denen die USA einen Abbruch des Unternehmens ins Auge fassen könnten. Das Memorandum begann mit der Feststellung:

Den springenden Punkt könnte man beinahe in wenigen Sätzen zusammenfassen. Wenn es uns gelingt, in der Regierung Süd-Vietnams eine halbwegs solide politische Struktur zu schaffen und diese Regierung auf allen Ebenen zum Funktionieren zu bringen, könnte sich in den nächsten achtzehn Monaten ein ausgesprochen günstiger Trend herausbilden, der Krieg wäre irgendwann praktisch gewonnen und der nachfolgende Friede gesichert. Können wir andererseits diese Ergebnisse bei der Regierung Süd-Vietnams und beim südvietnamesischen Volk nicht erzielen, wird es uns auch mit allergrößtem Aufwand nicht gelingen, in Süd-Vietnam unser Grundziel zu erreichen, nämlich eine Rückkehr zu den wichtigsten Bestimmungen des Genfer Abkommens von 1954 und einen halbwegs dauerhaften Frieden für viele Jahre auf der Grundlage dieses Abkommens.

Die übrigen Absätze von Bundys Memorandum werden beherrscht von der ausschlaggebenden Bedeutung des Südens von Vietnam. Doch darüber, wie die USA auf ein Versagen der Südvietnamesen reagieren sollten, war er sich keineswegs klar, denn am Schluß schrieb er:

Nichts von dem oben Gesagten entscheidet über eine andere Frage, die sich eindeutig aus dem Entwurf des Verteidigungsministeriums ergibt: Was geschieht, wenn »das Land aufhört, sich selbst zu helfen«? Wenn das buchstäblich der Fall ist, wenn Süd-Vietnam so schlecht funktioniert, daß es sich einfach nicht selbst regieren kann, und dem geringsten internationalen Druck nicht standzuhalten vermag, dann sind wir uns wohl einig darüber, daß wir daran nichts ändern können. Aber die eigentliche Frage lautet doch, bis zu welchem Grad wir Unvollkommenheiten tolerieren können, selbst krasse Unvollkommenheiten, solange die Südvietnamesen noch so hart von Hanoi und der Nationalen Befreiungsfront bedrängt werden?

Das ist eine schwere Frage. Was tun wir im Falle eines Militärputsches, der in diesem Sommer die Wahlen vereiteln könnte? Wir würden zu Hause und in Europa einem gewaltigen politischen Druck ausgesetzt, weil damit alles zunichte gemacht wäre, wofür wir kämpfen. Man würde uns bedrängen, uns zurückzuziehen.

Aber auch angesichts eines solchen Drucks dürfen wir nicht vergessen, was in Asien nach wie vor auf dem Spiel steht. Schließlich regiert das Militär selbst in Friedenszeiten in Thailand, Indonesien und Burma. Sollen wir die Südvietnamesen prinzipiell im Stich lassen, nur weil sie das nicht fertiggebracht haben, was wir selbst immer als eine aufreibende und ungeheuer schwierige Aufgabe betrachtet haben: während eines Guerillakrieges zu einer wahren Demokratie zu werden?

Bundy wandte sich scharf gegen die Neuformulierungen der US-Ziele im Memorandum des Verteidigungsministeriums. Er begann mit den Ausführungen dieses Memorandums über die übergeordneten Interessen der USA in Asien und erklärte:

Mit asiatischen Augen gesehen ist der Kampf ein Testfall, und es stellt sich ihnen alles noch krasser schwarz-weiß dar als uns selbst. Der Aspekt Asiens sieht ganz anders aus als die Selbstzerfleischung in Europa und Amerika. Die Asiaten wären buchstäblich entsetzt – auch in Indien – wenn wir uns aus Vietnam zurückzögen oder auf einen illusorischen Frieden einließen, der innerhalb kürzester Frist eine Kontrolle Hanois über ganz Vietnam nach sich ziehen würde.

Kurzum, unsere Anstrengungen in Vietnam während der beiden letzten Jahre haben nicht nur die Katastrophe verhindert, die sich ansonsten vollzogen hätte, sondern sie haben auch den Grundstein zu einem Fortschritt gelegt, der jetzt in greifbare Nähe gerückt ist und dem größte historische Bedeutung zukommt.

Nach Ablehnung dessen, was er als eine falsche Interpretation asiatischen Fühlens und amerikanischer Interessen ansah, wandte sich Bundy dem Versuch des Memorandums zu, das US-Engagement in Vietnam herunterzuspielen. Er lehnte die Formulierungen des Memorandums ab, weil sie sich nach seiner Meinung zu sehr mit unserer militärischen Verpflichtung beschäftigten, den Südvietnamesen die nordvietnamesische Armee vom Hals zu halten und nicht genügend die ebenso wichtige Verpflichtung beachteten, dafür zu sorgen, daß »die politische Waage in Süd-Vietnam sich nicht zur Seite der NLF hin senkt«. Bundy sah eine doppelte Verpflichtung der USA:

Zu verhindern, daß die NLF im politischen Leben Süd-Vietnams eine Rolle spielt und insbesondere die in Punkt 3 von Hanois Vier-Punkte-Programm geforderte Koalition und jeden Anteil der NLF an der Regierung oder am politischen Leben zu vereiteln, soweit eine solche Beteiligung nicht gefahrlos von Regierung und Volk Süd-Vietnams akzeptiert werden kann.

Bei unseren Verhandlungen darauf zu bestehen, daß die »Umsiedler«, das heißt gebürtige Südvietnamesen, die 1954 in den Norden gingen und nach 1959 zurückkehrten, im Rahmen einer Vereinbarung grundsätzlich ausgewiesen wurden. Solche Personen konnten natürlich in Süd-Vietnam bleiben, aber nur dann, wenn die südvietnamesische Regierung selbst bereit war, sie im Rahmen eines Versöhnungsprogramms zu behalten, dessen Voraussetzung im wesentlichen darin bestand, daß diese Personen sich mit einer friedlichen politischen Betätigung nach den Vorschriften der Verfassung einverstanden erklärten (wie es heute im Versöhnungsappell enthalten ist). Das scheint die Einstellung der südvietnamesischen Regierung zu sein, die – wie Tran Van Do gerade erst in Genf erklärte – die Meinung vertritt, daß alle nach Norden auswandern sollten, die mit dem nördlichen Regierungssystem sympathisierten, während jene anderen, die bereit sind, das südliche System zu akzeptieren, im Süden bleiben dürfen. Juristisch ist die erste Alternative durchaus vertretbar, denn wer 1954 in den Norden ging, wurde de jure und de facto nordvietnamesischer Bürger und bewies damit, wohin er gehörte. Sollten jedoch die Südvietnamesen sich für die zweite Alternative entscheiden, so entspricht diese genau den Umsiedlungsbestimmungen des Abkommens von 1954 und kann juristisch ebenfalls vertreten werden. In beiden Fällen kommt es doch darauf an, daß man die Südvietnamesen nicht dazu zwingen kann, Personen als Bürger zu akzeptieren, deren ganzes Verhalten darauf hindeutet, die Regierung des Landes gewaltsam zu stürzen.

Bundys restliche Bemerkungen befaßten sich mit der Wichtigkeit dieses Punktes. Die USA dürften einen Abzug ihrer Truppen erst dann ins Auge fassen, wenn nicht nur die nordvietnamesischen Soldaten, sondern auch die Umsiedler in den Norden zurückgekehrt waren. Er berührte mit keinem Wort die Vorteile der beiden militärischen Alternativen, sondern schien mit seinen Argumenten die härtere der beiden Möglichkeiten zu unterstützen (dabei erscheint die Tatsache, daß er zuvor eine Einschränkung des Bombenkriegs befürwortete, als paradox). Die sofortigen spezifischen Entscheidungen für eine bestimmte militärische Phase des Krieges bereiteten ihm wesentlich weniger Kopfzerbrechen als die langfristigen Auswirkungen dieser bedeutsamen Korrektur amerikanischer Zielsetzung in Südostasien.

Kapitel 10

Die Tet-Offensive und die Wende

von E. W. Kenworthy

Wie die Pentagon-Studie über den Vietnamkrieg enthüllt, versuchten die Vereinigten Stabschefs und General William C. Westmoreland inmitten des Schocks und der Aufregung über die Tet-Offensive, im Februar 1968 Präsident Lyndon B. Johnson zu zwingen, einen großen Schritt in Richtung auf eine allgemeine Mobilisierung zu tun, um in Vietnam einen Sieg zu erringen.

Aber die Studie zeigt auch, daß dieser von den Vereinigten Stabschefs und Kommandierenden Generälen ausgeübte Druck zu einer letzten, erbitterten Grundsatzdebatte innerhalb der Regierung führte, die genau das Gegenteil von dem erbrachte, was sich die Militärs wünschten.

Zum erstenmal, so erklärt die Studie, sah sich Präsident Johnson vor eine Entscheidung gestellt, die er in drei Jahren eines sich ständig ausweitenden Krieges immer wieder ganz entschieden abgelehnt hatte: »Eine umfangreiche Einberufung von Reserven« und »auf wirtschaftlichem Gebiet das Land in einen halben Kriegszustand zu versetzen«. Das geschah außerdem noch »zu einem Zeitpunkt von großen inneren Spannungen, von Unzufriedenheit und Enttäuschung über den Zweck und die Führung des Kriegs«.

Schließlich enthob der Präsident Ende Februar General Westmoreland seines Postens und verkündete am 31. März 1968, genau zwei Monate, nachdem Vietkong und Nordvietnamesen beim Tet-Fest die Offensive eröffnet hatten, seine Entscheidung, die amerikanischen Operationen in Vietnam einzuschränken. Er nahm die Bombardierung Nord-Vietnams bis zum 20. Breitengrad zurück und entsandte nur eine symbolische Truppenverstärkung nach Süd-Vietnam: ein Zehntel der zweihundertsechstausend Mann, die seine Generäle verlangt hatten, um einen »Sieg« zu erringen.

Nachdem er diese Entschlüsse als ein hoffnungsvolles Vorspiel zur Beilegung des Krieges auf dem Verhandlungswege bekanntgegeben hatte, erklärte der Präsident, er werde sich nicht zur Wiederwahl stellen, um den »Parteienstreit« zu dämpfen, der im ganzen Land tobte.

Die feindliche Offensive zum Tet-Fest, dem Neujahr des Mondkalenders, begann am 31. Januar mit einem Überfall auf die amerikanische Botschaft in Saigon. Einen Tag lang hielten Guerillatrupps die Botschaft besetzt. Die Überfälle breiteten sich rasch auf fast alle Städte und größeren Dörfer Süd-Vietnams aus. Hué, die einstige Hauptstadt Mittel-

Vietnams, wurde besetzt und erst am 24. Februar beim Auslaufen der Offensive zurückerobert.

Am 2. Februar, drei Tage nach den ersten Überfällen, rief Präsident Johnson die im Weißen Haus akkreditierten Reporter im Kabinettsaal zusammen. Man sei auf den feindlichen Angriff, wie er sagte, »vorbereitet gewesen und habe entsprechend gehandelt«. Militärisch hätte der Gegner »einen kompletten Fehlschlag« hinnehmen müssen. Was einen »psychologischen Sieg« beträfe, das zweite Ziel des Gegners, so erklärte der Präsident: »Wenn das amerikanische Volk die Tatsachen erfährt«, werde es erkennen, daß der Gegner auch hier eine Niederlage erlitten habe.

Bei der Beantwortung von Fragen erklärte der Präsident, General Westmoreland habe »absolut alles« erhalten, was er »zu diesem Zeitpunkt zu brauchen glaubte«; daher sei keine Veränderung in dem vorgesehenen amerikanischen Truppenkontingent von 525 000 Mann vorgesehen, und auch »einschneidende Änderungen« in der Strategie seien unwahrscheinlich.

Die Pentagon-Studie verdeutlicht jedoch, daß die Offensive das Weiße Haus und die Vereinigten Stabschefs »überrascht« habe und daß »ihre Stoßkraft, ihre Dauer und ihre Intensität diesen Schock noch verlängerten«.

Die Studie stellt fest, daß Schock und Enttäuschung für den Präsidenten besonders bitter gewesen seien, da er fast während des ganzen Jahres 1967 »negative Analysen« der US-Strategie, die vom CIA und den Ämtern für Internationale Sicherheit, sowie für Systemanalysen erstellt worden waren, stets mißachtet hatte. Statt dessen habe sich Mr. Johnson, wie die Studie sagt, auf die »optimistischen Berichte« von General Westmoreland verlassen und in ihnen ein Gegengewicht zu der unter der Bevölkerung zunehmenden Enttäuschung über den Krieg gesehen, die viele Zivilbeamte des Pentagon zu spüren glaubten.

Als Beispiel für eine Warnung, die ungehört verklungen ist, zitiert der Analytiker des Pentagon in aller Ausführlichkeit eine Studie über die Bombenangriffe, die im Auftrage der Regierung vom Institut für Verteidigungsanalysen durchgeführt und Verteidigungsminister McNamara Mitte Dezember 1967 unterbreitet wurde. In dieser Studie – auf die sich McNamara bei seiner Abschiedsrede vor dem Militärausschuß des Senats am 1. Februar stützen sollte – hatte das Institut erklärt, die Bombardierung Nord-Vietnams hätte »keine meßbaren Auswirkungen auf Hanois Fähigkeit gehabt, militärische Operationen im Süden durchzuführen und zu unterstützen«, und sie habe auch Hanois Willen, den Aufstand zu unterstützen, »nicht merklich geschwächt«.

Als Beispiel für jene Berichte, die beim Präsidenten ein offenes Ohr fanden, zitiert der Analytiker aus dem Jahresschlußbericht von General

Westmoreland, der am 27. Januar, vier Tage vor Beginn der Tet-Offensive, eingereicht wurde. Hier erklärte der General:
»Die Unterbindung des Nachschubs nach Laos und Nord-Vietnam, den die für uns unentbehrlichen Luftangriffe bewirkten, bereitet dem Feind beträchtliche Schwierigkeiten. In vielen Gegenden wurde der Feind aus den Ballungsräumen vertrieben; in anderen sah er sich gezwungen unterzutauchen und Kontakten auszuweichen, wodurch ein großer Teil seines Potentials brachgelegt wurde. Das Jahr endete damit, daß der Feind seine Zuflucht immer mehr bei einer Verzweiflungstaktik sucht, um doch noch einen militärischen oder psychologischen Sieg zu erringen. Bei all diesen Bemühungen waren ihm nur Mißerfolge beschieden.«

Neuer Truppenbedarf

Eine ganz anders klingende Lagebeurteilung kam am 12. Februar, auf dem Höhepunkt der Tet-Offensive. General Westmoreland berichtete den Vereinigten Stabschefs und Verteidigungsminister McNamara, am 11. Februar habe der Feind »vierunddreißig Provinzstädte, vierundsechzig Bezirkshauptstädte und alle kreisfreien Städte angegriffen«. Dies, meinte der General, sei dem Feind gelungen, obwohl er dafür »nur zwanzig bis fünfunddreißig Prozent seiner nordvietnamesischen Streitkräfte ... als ›Lückenfüller‹ einsetzte, wo die Stärke des Vietkong offenbar nicht ausreichte, die Angriffe auf Städte und Dörfer voranzutragen«.
Die erste offizielle Reaktion der Vereinigten Stabschefs auf die Offensive erfolgte am 3. Februar. Sie ersuchten McNamara, die Hanoi und den Hafen von Haiphong umgebende Schutzzone zu verringern, in der Bombardierungen verboten waren. In Hanoi sollte der Radius, vom Stadtzentrum aus gemessen, von 10 auf 3 Seemeilen, in Haiphong von 4 auf 1,5 Seemeilen herabgesetzt werden. Das hätte eine Vergrößerung der »eingeschränkten« Randzonen bedeutet, in denen mit Bewilligung des Präsidenten die Bombardierung ausgewählter Ziele erlaubt war. Die Vereinigten Stabschefs forderten außerdem, um Bombenangriffe in diesen Randzonen durchzuführen, für die Luftwaffenkommandeure eine Blankovollmacht.
Die Vereinigten Stabschefs erklärten in ihrem Memorandum, diese Erweiterung sei notwendig, um »die Möglichkeiten zur Kriegführung im Süden« für den Feind einzuschränken – eine Begründung, die vom Analytiker des Pentagons, angesichts der »offenkundigen Wirkungslosigkeit der Bombardierung bei der Verhinderung der Offensive«, als »ein *nonsequitur*, ein Trugschluß« abgetan wurde.
Paul C. Warnke, der Nachfolger des verstorbenen John T. McNaughton als Staatssekretär für Angelegenheiten der inneren Sicherheit im Ver-

teidigungsministerium, lehnte die Forderung mit der Begründung ab, eine Erweiterung dieser Zonen würde lediglich Angriffe auf »nur wenige bisher nicht genehmigte feste Ziele« erlauben. Der Präsident entsprach dem Ansuchen nicht.

Auf jeden Fall, vermerkt der Analytiker des Pentagons, konzentrierte sich die Reaktion Washingtons bei der Tet-Offensive zwangsläufig in erster Linie auf die Erwartung möglicher Truppenanforderungen durch General Westmoreland. Hier läßt die Pentagon-Studie jedoch mehrere Botschaften außer acht, die zwischen General Earle G. Wheeler, dem Vorsitzenden der Vereinigten Stabschefs, und General Westmoreland gewechselt wurden. Diese Briefe, die Marvin Kalb und Elie Abel in ihrem 1971 erschienenen Buch *Roots of Involvement* wörtlich zitiert haben, werfen ein bezeichnendes Licht auf eine spätere Streitfrage: Es ging darum, ob der Präsident und General Wheeler General Westmoreland drängten, weitere Soldaten anzufordern, oder ob, wie Johnson immer behauptete, der Präsident General Westmoreland lediglich um »Empfehlungen« ersuchte.

In dem ersten dieser Telegramme vom 3. Februar, vier Tage nach Beginn der Offensive, erklärte General Wheeler: »Der Präsident fragte bei mir an, ob wir Ihnen irgendwelche Verstärkungen oder Hilfe geben können.«

Bis zum 8. Februar hatte General Westmoreland noch nicht geantwortet. Wie es in dem Buch heißt, schickte General Wheeler ein zweites Telegramm, in dem der Präsident nicht erwähnt wurde: »Anfrage: Brauchen Sie Verstärkung. Unsere Möglichkeiten sind begrenzt. Wir können die 82. Luftlandedivision und etwa eine halbe Division des Marinekorps, beide mit erfahrenen Vietnamkämpfern, bereitstellen. Falls Sie jedoch Verstärkungen für unumgänglich halten, sollten Sie durch frühere Zusagen nicht gebunden sein. Die Regierung der Vereinigten Staaten wird keine Niederlage in Vietnam hinnehmen. Kurz gesagt: Wenn Sie mehr Soldaten benötigen, dann fordern Sie sie an.«

Mit »früheren Zusagen« war das für 1968 bewilligte Truppenkontingent von 525 000 Mann gemeint, von denen etwa 500 000 Süd-Vietnam bereits erreicht hatten.

General Westmoreland antwortete noch am selben Tag. Er forderte die angebotenen Einheiten an und ersuchte – so Kalb/Abel – um die Genehmigung des Präsidenten zu einer Landeoperation der Marineinfanterie in Nord-Vietnam als Ablenkungsmanöver. Am folgenden Tag, dem 9. Februar, schrieb er weiter:

»Selbstverständlich würde ich Verstärkungen jederzeit begrüßen, wann immer sie bereitgestellt werden können. A. Um bei der Abwehr des feindlichen Großangriffs im Bereich Entmilitarisierte Zone–Quang Trie–Thuathien in einer stärkeren Position zu sein und um zur Offensive übergehen zu können, sobald der Angriffsschwung erlahmt ist. B. Um es mir zu ermöglichen, trotz der Verstärkungen, die der Gegner aus Nord-Vietnam bekam und die meine Aufmarschpläne beeinflußt haben, meine Operationspläne zu verwirklichen. C. Um die Schwächung der südvietnamesischen Streitkräfte durch Verluste und Überläufer während des Tet-Festes auszugleichen. Bei realistischer Betrachtung müssen wir damit rechnen, daß sie mindestens sechs Wochen brauchen werden, um denselben militärischen Stand wieder zu erreichen, den sie vor einigen Wochen hatten ... D. Um die Schwächung des Gegners ausnutzen und zur Offensive übergehen zu können.«

General Wheeler antwortete: »... ich möchte darauf hinweisen, daß die Entsendung der 82. Luftlandedivision sowie der Marineinfanterieeinheiten schon vor dem April wünschenswert sein könnte, um Verteidigungs- und Verfolgungsoperationen zu unterstützen ... Bitte verstehen Sie, daß ich Sie nicht von der Stationierung zusätzlicher Streitkräfte überzeugen möchte, für die ich ohnehin nicht garantieren kann ... Ich habe jedoch das Gefühl, daß wir nunmehr vor der kritischen Phase des Krieges stehen, und ich halte es für richtig, daß Sie ohne Zurückhaltung fordern, was Sie unter diesen Umständen für nötig erachten.«

An diesem Punkt wendet sich die Pentagon-Studie dem Problem der Truppenstärke zu. Am 9. Februar ersuchte McNamara die Vereinigten Stabschefs, Pläne für General Westmorelands dringend angeforderte Truppenverstärkung vorzulegen. Nach der Studie haben die Vereinigten Stabschefs am 12. Februar, nach ausgiebiger Fühlungnahme mit General Westmoreland, dem Verteidigungsminister drei Pläne vorgelegt, von denen sie selbst sagten, daß nach allen drei Plänen die strategische Reserve in den Vereinigten Staaten so verringert würde, daß Amerikas weltweite Verpflichtungen dadurch gefährdet wären.

Daher empfahlen die Vereinigten Stabschefs in ihrem Memorandum, »eine Entscheidung über die Entsendung von Verstärkungen nach Vietnam vorläufig zu vertagen«, jedoch vorbereitende »Maßnahmen sofort zu ergreifen«, um möglicherweise später die 82. Luftlandedivision und zwei Drittel einer Marinefliegerabteilung der Marineinfanteriedivision zu entsenden.

Die Pentagon-Studie sagt dazu: »Die Taktik des Führungsstabs war klar: indem er sich weigerte, für Vietnam die letzten Reste aus dem Faß zu kratzen, hoffte er, den Präsidenten dazu zu zwingen, ›in den sauren Apfel zu beißen‹ und die Reserven einzuberufen – ein Schritt, den er schon seit langer Zeit für erforderlich hielt und den er nunmehr entschlossen erzwingen wollte.«

»Trotz der Empfehlung der Vereinigten Stabschefs, keine weiteren Stationierungen ohne Einberufung von Reserven vorzunehmen, genehmigte Verteidigungsminister McNamara schon am nächsten Tag, dem

13. Februar, als Sofortmaßnahme die Entsendung von 10 500 Mann – einer Brigade der 82. Luftlandedivision und einer Landeeinheit der Marineinfanterie in Regimentsstärke – und zwar über die Obergrenze von 525 000 Mann hinaus.

Der Führungsstab reagierte sofort mit einem Memorandum an den Verteidigungsminister, in dem er die Einberufung von Reserven empfahl, um die neuen Stationierungstruppen zu ersetzen – 32 000 Reservisten der Armee, 12 000 der Marineinfanterie und 2308 Matrosen, insgesamt 46 300 bereits gediente Soldaten.

McNamaras Maßnahme und die Reaktion der Vereinigten Stabschefs boten, wie die Pentagon-Studie bemerkt, nur einen Vorgeschmack auf die Auseinandersetzungen, die sich aus der Tet-Offensive ergeben sollten, da General Westmoreland bereits im Begriff war, mit voller Unterstützung des Führungsstabs alle Hemmungen fallenzulassen.

Am 14. Februar begab sich Präsident Johnson nach Fort Bragg in Nordkarolina, um die für Süd-Vietnam bestimmte Brigade der 82. Luftlandedivision zu verabschieden. Die Pentagon-Studie schreibt darüber:

»Dies war für ihn eine der bewegendsten und beunruhigendsten Erfahrungen des gesamten Vietnamkriegs. Die Männer, von denen viele erst kürzlich aus Vietnam zurückgekehrt waren, zeigten sich unzugänglich. Es waren keine jungen Männer, die das Abenteuer suchten, sondern erfahrene Kriegsveteranen, die in einen häßlichen Kampf zurück mußten und wußten, daß einige nicht wiederkehren würden. Die Filmaufnahmen zeigten einen tiefbekümmerten Präsidenten, wie er den ernsten und entschlossenen Fallschirmspringern auf dem Flugplatz die Hand schüttelte. Er stand vor den Männern, von denen er Opfer verlangte, und sie zeigten keinerlei Begeisterung. Es mag sehr wohl sein, daß die dramatischen Entscheidungen der nachfolgenden eineinhalb Monate, die eine Umkehr der amerikanischen Politik im Vietnamkrieg brachten, ihren Ursprung in dieser Abschiedsfeier hatten.«

»Am Scheideweg«

Ende Februar schickte der Präsident General Wheeler nach Saigon, damit er mit General Westmoreland in allen Einzelheiten berate, wie viele zusätzliche Soldaten er nun bräuchte. General Wheeler kehrte am 28. Februar zurück und erstattete dem Präsidenten sofort schriftlich Bericht. Er begann mit der Feststellung, General Westmoreland habe die Absicht des Gegners durchkreuzt, eine allgemeine Volkserhebung anzuzetteln. Er fuhr dann jedoch mit der Bemerkung fort, die Offensive sei für die Alliierten »eine sehr knappe Sache« gewesen, und er zeichnete ein düsteres Bild von der Lage in Vietnam:

Trotz 40 000 Gefallenen, mindestens 3000 Gefangenen und etwa 5000 Schwerverletzten haben Nordvietnamesen und Vietkong nunmehr die Initiative ergriffen. Sie »operieren verhältnismäßig ungehindert auf dem Lande« und hätten die Streitkräfte der Saigoner Regierung »rings um Städte und Dörfer in die Defensive gedrängt«. Das Befriedungsprogramm »hat vielerorts schwere Rückschläge erlitten«. Um die nördlichsten Provinzen halten zu können, war General Westmoreland gezwungen, die Hälfte seiner amerikanischen Manöverbataillone dorthin zu entsenden »und das übrige Land von angemessenen Reserven zu entblößen«. Damit beraubte er sich selbst »jeder Offensivmöglichkeit«. (Siehe Dokument Nr. 132)

General Wheeler warnte: »Unter diesen Umständen müssen wir uns auf einige Rückschläge gefaßt machen.«

Sobald die feindliche Offensive jedoch erst einmal abgewehrt war, erklärte General Wheeler, »wird die Lage weitaus besser sein als vor dem Tet-Fest«. Um das zu erreichen und um »die Initiative durch Offensivmaßnahmen wieder in die Hand zu bekommen«, brauchte General Westmoreland mehr Soldaten.

Die bereits in Süd-Vietnam stationierten 500 000 Mann und die weiteren 25 000, die nach dem Truppenplan vom Sommer 1967 nach Vietnam entsandt werden sollten, seien nun »zahlenmäßig unzureichend«, wie General Wheeler sagte.

»Um der neuen feindlichen Bedrohung zu begegnen und sie erfolgreich zurückzuschlagen«, fuhr er fort, »habe General Westmoreland über das Limit von 525 000 Mann hinaus weitere Truppenanforderungen angemeldet... Die zusätzlichen Anforderungen betragen insgesamt 206 756 Planstellen, woraus sich eine neue Gesamtstärke von 731 756 ergäbe.« Die gesamten 206 756 Soldaten sollten sich bis Ende 1968 im Fronteinsatz befinden. General Westmoreland wollte, wie die Studie vermerkt, etwa die Hälfte davon schon zum 1. Mai haben.

»Zu den Neuanforderungen zählen in erster Linie Mannschaften in der Stärke von 3 Divisionen, 15 taktische Kampfgeschwader und die Verstärkung der derzeitigen Marineeinheiten«, erklärt General Wheeler.

Wenn er bis zum Jahresende eine so große Zahl von Soldaten hätte bereitstellen wollen, wäre der Präsident gezwungen gewesen, 280 000 Reservisten einzuberufen, um die strategische Reserve in den Vereinigten Staaten aufzufüllen und die neu nach Vietnam entsandten Einheiten auf Kampfstärke zu halten.

»Man war an einem Scheideweg angelangt«, bemerkt die Pentagon-Studie. »Nun mußte man sich zwischen zwei Alternativen entscheiden. Die Erfüllung von General Wheelers Truppenanforderungen würden ein totales militärisches Engagement der USA in Süd-Vietnam bedeuten – eine Amerikanisierung des Krieges, die Einberufung von Reserveeinheiten und gewaltig steigende Kosten. Eine Ablehnung der Truppenanforderung oder der Versuch, sie auf ein Maß zurückzuschrauben, das durch die ohnehin schon dünn gesäten aktiven Streitkräfte erfüllt werden könnte, wäre gleichbedeutend mit dem Eingeständnis, daß die Obergrenze des militärischen Engagements der USA in Süd-Vietnam nunmehr erreicht sei.«

Diese Frage wurde im Pentagon sofort auf höchster Ebene beraten.

Clark M. Clifford, ein alter Freund und Berater Präsident Johnsons und ein treuer Verfechter seiner Vietnampolitik, war zum Nachfolger McNamaras als Verteidigungsminister bestimmt. Er sollte seinen Amtseid erst am 1. März ablegen, hatte jedoch schon viele Tage zuvor seine Arbeit aufgenommen. Als am 28. Februar der Bericht von Wheeler und Westmoreland einging, ersuchte der Präsident Clifford, er möge mit Unterstützung einer Gruppe erfahrener Berater einen Gesamtüberblick über die Politik der Vereinigten Staaten in Vietnam erstellen.

Am nächsten Tag rief Clifford das Gremium zusammen, das unter der Bezeichnung »Clifford-Gruppe« bekannt werden sollte. Die Hauptbeteiligten waren McNamara, General Maxwell D. Taylor, der Militärberater Präsident Johnsons (und einstige Militärberater Präsident Kennedys), Staatssekretär Paul H. Nitze vom Verteidigungsministerium, Finanzminister Henry H. Fowler, Staatssekretär Nicholas de B. Katzenbach vom Außenministerium, Sicherheitsberater Walt W. Rostow, Richard Helms, der Direktor des CIA, William P. Bundy, Staatssekretär für Fernostangelegenheiten, Warnke, der Leiter des politisch-militärischen Amtes für Angelegenheiten der Internationalen Sicherheit im Pentagon, dazu Philip C. Habib, Bundys Stellvertreter.

Auf der ersten Sitzung der Gruppe stellte Clifford nach Auskunft der Pentagon-Studie fest, das eigentliche Problem sei »nicht die Frage, ob wir 200 000 weitere Soldaten nach Vietnam schicken sollen«, sondern ob »bei Fortsetzung des derzeitigen Kurses in Süd-Vietnam jemals ein Erfolg zu erwarten sei, selbst bei Einsatz von wesentlich mehr als diesen 200 000 Soldaten.«

Clifford gab mehrere Arbeitspapiere in Auftrag, die vier Alternativen beleuchten sollten, angefangen von der vollen Bewilligung aller Verstärkungen für General Westmoreland bis hin zur Entsendung von keinerlei Truppen.

»Die Arbeit (an den Entwürfen) wurde so intensiv«, stellt die Studie fest, »daß sie in Gruppen innerhalb der Abteilung für Internationale Sicherheit ausgeführt wurde.«

Das entscheidende Wort über Alternativen sprach die zivile Hierarchie des Pentagons. Der einflußreichste Mann war Warnke, dessen junge, zivile Assistenten – darunter Morton, H. Halperen und Richard C. Steadman – seit 1967 von der Vietnampolitik nicht mehr begeistert

waren und die nun auch bei der Regierung ihre Stimme erhoben. Die Position der Neinsager wurde gestärkt durch Geheimdienstberichte des CIA, die der Arbeitsgruppe zugingen.
Der wichtigste dieser Berichte, der am 1. März vorgelegt wurde, hielt – gleichgültig, welcher Kurs auch eingeschlagen würde – ein Patt für die wahrscheinlichste Zukunftsaussicht. Die Pentagon-Studie zitiert folgende Antworten auf Cliffords Fragen:

Frage: Welchen Verlauf dürften die Ereignisse in Süd-Vietnam in den nächsten zehn Monaten nehmen, wenn sich weder die US-Politik, noch die Truppenstärke ändern?
Antwort: ... es ist den Kommunisten offenbar unmöglich, die US-Streitkräfte aus dem Lande zu jagen. Ebenso ausgeschlossen ist es für die Streitkräfte der USA und Süd-Vietnams, ganz Süd-Vietnam von kommunistischen Kräften zu säubern.
F: Welche Strategie ist von der nordvietnamesischen Armee und dem Vietkong in den nächsten zehn Monaten zu erwarten, wenn die US-Streitkräfte um 50 000, um 100 000 oder um 200 000 Mann verstärkt werden?
A: Wir rechnen damit, daß die Kommunisten den Krieg fortsetzen werden. Es stehen ihnen in Nord-Vietnam und innerhalb Süd-Vietnams noch genügend Reserven zur Erhöhung ihrer Truppenstärke zur Verfügung ... Im Laufe von zehn Monaten würde es den Kommunisten vermutlich gelingen, neue Einheiten in den Süden einzuschleusen, um die oben genannte Verstärkung der US-Manöverbataillone wettzumachen.
F: Wie ist die kommunistische Haltung zur Frage von Verhandlungen? Wie würde insbesondere Hanoi auf eine bedingungslose Einstellung der US-Bombenangriffe auf Nord-Vietnam reagieren? Wie könnten die Bedingungen für eine Einigung lauten?
A: Die Kommunisten rechnen vermutlich immer noch damit, daß der Krieg irgendwann durch Verhandlungen beendet wird ... Es ist nicht anzunehmen, daß sie Verhandlungen ernsthaft in Erwägung ziehen, bis die derzeitige Kampagne sich soweit entwickelt hat, daß die Resultate einigermaßen abzusehen sind. CIA glaubte, daß Hanoi vermutlich auf ein Verhandlungsangebot reagieren würde, wenn die Vereinigten Staaten die Bombenangriffe auf Nord-Vietnam in naher Zukunft einstellten. Der Geheimdienst machte allerdings darauf aufmerksam, daß die Nordvietnamesen ihre Bedingungen für eine endgültige Regelung oder für die Einstellung der Kämpfe im Süden nicht ändern würden.
»Bei Verhandlungen jeglicher Art würde die Errichtung einer neuen ›Koalitions‹-Regierung mit zu den kommunistischen Bedingungen zählen«, erklärte CIA. »Diese würde faktisch, wenn auch nicht nach

außen hin, von den Kommunisten beherrscht. Zweitens würden sie auf einer Garantie für den Rückzug der amerikanischen Streitkräfte innerhalb eines genau festgelegten Zeitraums bestehen ...«

General Taylor verfaßte ein langes Memorandum, das nicht nur an die »Clifford-Gruppe«, sondern auch direkt ans Weiße Haus ging. Der General wandte sich gegen jede grundlegende Änderung der Politik.

»Wir sollten nur aus ganz zwingenden Gründen eine Änderung der Ziele in Erwägung ziehen, die wir nunmehr seit 1954 konsequent angestrebt haben«, schrieb er. »Man kann wirklich nicht empfehlen, noch mehr zu tun, als wir jetzt unter so hohem Kostenaufwand bereits tun. Eine Verminderung der Anstrengungen würde bedeuten, daß man sich unnötig einer ernsten Niederlage aussetzt, für die wir im Hinblick auf unsere weltweite Führungsposition, auf die politische Stabilität in Südostasien und auf unsere Glaubwürdigkeit bei Freunden und Verbündeten teuer bezahlen müßten.«

General Taylor sprach sich gegen jede Initiative für Verhandlungen aus, die eine Einstellung der Bombardierungen mit sich brächten. Aus diesem Grund empfahl er eine Abkehr von der sogenannten San Antonio-Formel, die Präsident Johnson im vorangegangenen September verkündet hatte. Danach waren die Vereinigten Staaten bereit, die Bombardierung Nord-Vietnams einzustellen, wenn Hanoi »baldige und produktive« Gespräche zusagte und sich verpflichtete, eine Bombardierungspause militärisch nicht »auszunutzen«. Der General wehrte sich gegen »jeden Gedanken an eine Verringerung der Bombardierungen«.

General Taylor empfahl zwar keine bestimmten Verstärkungen für General Westmoreland, empfahl aber den Ausbau der strategischen Reserve in den Vereinigten Staaten und stimmte dadurch mit den Vereinigten Stabschefs überein.

Das Amt für Systemanalysen im Pentagon, das Doktor Alain C. Enthoven leitete, bemerkte in einem Dokument: »Die Offensive scheint das (Befriedungs-)Programm ein für allemal umgebracht zu haben.« In einem anderen Papier zeichnete Staatssekretär Enthoven ein »düsteres Bild vom amerikanischen Versagen in Vietnam«, wie die Studie es nennt.

»Wir haben zwar für Nord-Vietnam die Kosten der Aggression und der Unterstützung des Vietkong hochgeschraubt«, sagt das Papier, »aber es ist trotzdem fähig und willens, mit jeder neuen US-Eskalation gleichzuziehen. Unsere Strategie der ›Abnutzung‹ hat versagt. Wenn man zu einer Streitmacht von 525 000 Mann weitere 206 000 Mann zufügt, und wenn man dann bei zusätzlichen jährlichen Kosten für die USA in Höhe von 10 Milliarden Dollar lediglich 27 weitere Manöver-Bataillone und 270 taktische Kampfflugzeuge gewinnt, dann erhebt sich die Frage, wer den Krieg für wen kostspielig gestaltet ...

Wir wissen, daß wir trotz des Masseneinsatzes von 500 000 US-Soldaten, 1,2 Millionen Tonnen Bomben im Jahr, 400 000 geflogenen Einsätzen pro Jahr, 200 000 feindlichen Gefallenen in drei Jahren und 20 000 eigenen Toten in der Kontrolle des Landes und der Verteidigung städtischer Gebiete etwa auf dem Stand der Zeit vor Augsut 1965 stehen. Wir haben mit hohem Einsatz ein Unentschieden erreicht. Nun muß nach einer neuen Strategie gesucht werden.«
Das Dokument kam zu dem Schluß, daß die Umstellung der Militärstrategie von den bisherigen Einsätzen, die im ganzen Land unter dem Motto »aufspüren und vernichten« gestanden hatten, auf einen Schutz der Ballungszentren in Süd-Vietnam durch US-Truppen, bei einer entsprechenden Haltung des Gegners, die amerikanischen Verlustziffern stabilisieren würde.

Die Schlacht in der Heimat

Am Schluß der ersten Sitzung am 29. Februar hatte die »Clifford-Gruppe« einen ersten Entwurf für den Präsidenten fertiggestellt. Er begann mit einer pessimistischen Lagebeurteilung und drückte Zweifel darüber aus, daß die südvietnamesische Armee »bei der gegenwärtigen Führung, Motivierung und Beeinflussung von oben her« ihrer Aufgabe bei der Befriedung des Landes gewachsen sei, oder daß die Regierung in Saigon »mit der Aufgabe wachsen« und »sich in Richtung auf eine Regierung der nationalen Einheit« entwickeln könnte.
»Selbst mit den 200 000 zusätzlichen Soldaten«, die General Westmoreland angefordert hatte, so fährt das Memorandum fort, »werden wir nicht in der Lage sein, den Feind aus Süd-Vietnam zu vertreiben oder seine Streitkräfte zu zerschlagen«, da Hanoi aus seinen Reserven für jeweils eineinhalb amerikanische Kampfbataillone ein eigenes Kampfbataillon aufstellen konnte. Ein nordvietnamesisches Kampfbataillon umfaßt ungefähr 300 Mann, ein amerikanisches etwa 700 Mann.
»Im Falle einer weiteren Eskalation«, so fährt der Entwurf fort, »wird es schwierig sein, die Kritiker davon zu überzeugen, daß wir nicht ganz einfach Süd-Vietnam vernichten wollen, um es zu ›retten‹, und daß wir ehrlich Friedensgespräche wünschen.« Es wird hinzugefügt: »Diese wachsende Ablehnung wird sicherlich von zunehmenden Wehrdienstverweigerungen und einer steigenden Unruhe in den Städten begleitet sein, weil man glaubt, daß wir innenpolitische Probleme vernachlässigen. Sie birgt das große Risiko einer inneren Krise von bisher unbekanntem Ausmaß.«
Das Memorandum gelangt zu dem Schluß, daß die Präsenz der Vereinigten Staaten in Süd-Vietnam dazu benutzt werden sollte, »die Zeit zu gewinnen«, in der die Armee und die Regierung Süd-Vietnams

»entsprechende eigene Fähigkeiten entwickeln kann«. Daher empfahl die »Clifford-Gruppe«, General Westmoreland solle angewiesen werden, sich in erster Linie um die Sicherung der dichtbevölkerten Gebiete zu kümmern, um die Sicherung der »demographischen Front«, wie das Memorandum es nennt. Er sollte weiterhin Anweisung erhalten, keinen Abnutzungskrieg gegen die feindlichen Streitkräfte zu führen oder den Versuch zu unternehmen, sie aus dem Land zu jagen.

Dieser erste Entwurf wurde am 1. März mit führenden Militärs in Cliffords Büro diskutiert. Die Sitzung löste harte Kämpfe aus, die nach Angabe der Studie drei Wochen lang andauerten.

»General Wheeler ... war entsetzt über die offenkundige Abkehr von der amerikanischen Militärpolitik in Süd-Vietnam, die aus dem Memorandum zu lesen war«, schreibt der Analytiker. »Er entdeckte in der Strategie des Bevölkerungsschutzes zwei ›verhängnisvolle‹ Fehler«, ähnlich jenen, die das Militär in der defensiven »Enklave-Strategie« gefunden hatte, die 1966 von manchen befürwortet war.

Diese Fehler bestanden nach Auskunft der Pentagon-Studie sowohl darin, daß »die empfohlene Strategie bedeutete, daß Kämpfe innerhalb oder in der Nähe von Ballungszentren geführt würden, was zu erhöhten zivilen Verlusten führen müßte«, als auch in der Tatsache, daß »wir dem Gegner beim Beziehen statischer Verteidigungsstellen eher die Möglichkeit einräumen, in der Nähe von Ballungszentren, insbesondere nördlich von Saigon, starke Kräfte zusammenzuziehen«.

Während einer Sitzung am 3. März verlas Warnke vor der gesamten »Clifford-Gruppe« den ersten Entwurf des Memorandums. Die Studie berichtet: »In der nachfolgenden Diskussion war man sich offenbar darüber einig, daß bei völliger Aufgabe der Initiative, wie der Entwurf sie offenbar fordert, die alliierten Truppen und die südvietnamesischen Städte anfälliger und nicht sicherer sein werden.«

Zwei deutlich geschiedene Parteien gab es auch in der Frage der Bombenangriffe auf Nord-Vietnam. Der erste Entwurf riet im Bombenkrieg von einer Überschreitung des derzeitigen Standes ab und erklärte die Vorschläge des Militärs, die Nähe der Stadtzentren von Hanoi und Haiphong anzugreifen, als »höchstwahrscheinlich ergebnislos, wenn nicht schlimmer«.

Auf der Sitzung vom 3. März befürwortete General Wheeler wiederum die Ausweitung des Bombenkriegs anstelle einer Reduzierung, während Warnke sich nach Auskunft der Studie gegen eine Ausweitung des Luftkrieges aussprach.

Schließlich wurden Warnke und Phil G. Goulding, Staatssekretär für öffentliche Angelegenheiten im Verteidigungsministerium, angewiesen, einen neuen Entwurf zu erstellen, der sich nur mit dem Truppenproblem befassen und eine bescheidene Verstärkung empfehlen sollte. Fer-

ner wurde gefordert, neue strategische Richtlinien für General Westmoreland »zu studieren«, keine neuen Initiativen für Verhandlungen zu ergreifen und hinsichtlich des Luftkrieges die geteilte Auffassung einzugestehen.
Das neue Dokument, der Entwurf eines Memorandums für Präsident Johnson als politische Vorlage, wurde am 4. März fertiggestellt. »Jede Diskussion über die große Strategie war zu Ende«, erklärt die Studie. Das Memorandum gelangte schließlich mit folgenden Empfehlungen ins Weiße Haus:

- Entsendung von weiteren 22 000 Soldaten, von denen 60% zur Kampftruppe gehören sollten.
- Aufschub einer Entscheidung über die Stationierung der restlichen 185 000 von General Westmoreland angeforderten Soldaten; sie wird von einer wöchentlich aufzustellenden Lagebeurteilung abhängen.
- Bewilligung der Einberufung von annähernd 262 000 Reservisten. Verstärkte Einziehung von Wehrpflichtigen und Verlängerung der Wehrdienstzeit.
- Keine neue Friedensinitiative.
- Eine allgemeine Entscheidung über den Bombenkrieg, die der »Clifford-Gruppe« nicht gelungen war. »Hier sind ihre Berater verschiedener Meinung«, sagte das Memorandum, »a) General Wheeler und andere befürworten eine wesentliche Ausweitung der Liste von Zielen in und in der Nähe von Hanoi und Haiphong, die Verminung von Haiphong und die Erlaubnis zum Einsatz von Marineartillerie bis hinauf zur chinesischen Pufferzone; b) andere befürworten im Frühjahr eine saisonbedingte Intensivierung, jedoch ohne diese neuen Elemente.«

Die Analyse vermerkt, daß in dem Memorandum im Streit um die Bombardierungen beide Parteien »unterschiedliche Formen der Eskalation befürworteten«.
»Der Vorschlag, der schließlich (vom Präsidenten Ende März) angenommen werden sollte – nämlich die Begrenzung der Bombardierungen auf das Gebiet nördlich der Pufferzone – wurde nicht einmal erwähnt. Er erscheint auch nicht in den anderen Entwürfen und Arbeitspapieren der ›Clifford-Gruppe‹«, stellt die Studie fest. Der Vorsitzende der Vereinigten Stabschefs und Minister Clifford »waren sich lediglich in der Frage uneinig, inwieweit der Bombenkrieg gegen Nord-Vietnam intensiviert werden sollte«.
Die Studie stellt Gedanken darüber an, warum in keinem dieser Dokumente eine Reduzierung der Bombenangriffe auf das Gebiet südlich des zwanzigsten Breitengrads erwähnt wurde.
Diese Auslassung könnte »irreführend« sein, so erklärt der Bericht, da diese Einschränkung »offenbar eines der wichtigsten Diskussionsthemen war und auf verschiedenen Ebenen behandelt wurde«.

Die Studie fährt fort: »Es ist schwierig, die Motive eines Verteidigungsministers nachzuempfinden, aber da allgemein angenommen wird, daß Clifford selbst sich beim Präsidenten für diese Idee einsetzte, mag er vielleicht zu der Auffassung gelangt sein ..., daß die Erwähnung einer Einschränkung des Bombenkrieges auf das Gebiet südlich des neunzehnten oder zwanzigsten Breitengrades in einem Memorandum an den Präsidenten einem solchen Vorschlag zuviel Publizität verschafft hätte und daß damit eine scharfe Kritik von seiten der Vereinigten Stabschefs und anderer Gegner einer Bombardierungspause provoziert worden wäre. Was immer auch Cliffords Gründe waren, im Memorandum jedenfalls war dieser Vorschlag, der im März im Mittelpunkt fortgesetzter Debatten stehen und schließlich vom Präsidenten unterschrieben werden sollte, nicht enthalten.«

»An einem Scheideweg in unserer Vietnampolitik angelangt«, so schließt die Studie, »erkannte die Arbeitsgruppe die große Chance eines Richtungswechsels nicht. Sie empfahl vielmehr, zögernd auf demselben Weg weiterzumarschieren, aber häufiger die Landkarte zur Hand zu nehmen und genauer darauf zu achten, daß die Richtung noch stimmte.«

Der Präsident bat, daß man General Westmoreland das Memorandum zuleite und seine Meinung einhole, da die Empfehlungen, wie der Analytiker sagt, »weitgehend seinen Anforderungen nachkamen«.

In seiner Antwort vom 8. März begrüßte der General zwar die als erste Verstärkung vorgesehenen 22 000 Mann, teilte jedoch Präsident Johnson in einem Telegramm mit, er könne von der vollen Höhe seiner Forderung nach 206 756 Mann bis Ende 1968 nicht abgehen.

Der Druck nimmt zu

In den letzten Runden der internen politischen Debatte, bemerkt die Pentagon-Studie, werden die Dokumente »spärlich«, weil die Diskussion »von den beteiligten Staatsmännern – in erster Linie dem Verteidigungsminister und dem Außenminister – auf persönlicher Ebene geführt wurde«.

Der Bericht fährt fort: »Die Entscheidung blieb jedoch allein dem Präsidenten überlassen ... Das Memorandum hatte zur Stabilisierung der militärischen Lage ›ein bißchen mehr von derselben Sorte‹ empfohlen, dazu eine Teilmobilisierung, um einer weiteren Verschlechterung der Situation im Bodenkrieg begegnen zu können ...

Doch viele politische Ereignisse in diesen ersten Märzwochen des Jahres 1968 deuteten darauf hin, daß sich die Spaltung und Enttäuschung über die derzeitige Vietnamstrategie im ganzen Land immer deutlicher bemerkbar machten und daß man sich nicht mehr mit ›ein bißchen mehr von derselben Sorte‹ begnügen würde.«

Bei dem internen Tauziehen ging es um die Reduzierung der Bombenangriffe, die Verteidigungsminister McNamara bereits im Oktober 1966 ohne Erfolg vorgeschlagen hatte.

»Der Gedanke taucht im März erstmals in den Dokumenten auf«, heißt es in der Studie, »und zwar wurde er von Außenminister Dean Rusk ganz beiläufig in die Debatte geworfen. Rusk hatte – soweit aus den Unterlagen hervorgeht – 1967 den Vorschlag, die Bombenangriffe zu reduzieren, mitunterstützt.

Aber nun schrieb Minister Clifford am 5. März an General Wheeler, er »leite ihm den Entwurf einer Stellungnahme von Minister Rusk zu seiner persönlichen Information« zu, heißt es in der Studie.

»Diese Erklärung, die lediglich den Status einer ›Empfehlung‹ hatte und daher nicht geheimgehalten werden mußte, verkündete die vorläufige Beendigung der Bombardierungen Nord-Vietnams, ausgenommen war nur ›das Gebiet, das zur Kampfzone gehört‹. Offenbar sollte der Präsident diese Erklärung abgeben.

Dem Entwurf, der vermutlich Rusk selbst zum Autor hatte, lag eine Liste von Erläuterungen und Bedingungen zu seiner Annahme bei. Rusk vermerkte, das schlechte Wetter im nördlichen Teil Nord-Vietnams würde in den nächsten Monaten die Operation rings um Hanoi und Haiphong ohnehin schwer behindern. Der Vorschlag bedeutet daher keine einschneidende Verschlechterung unserer militärischen Lage. Es sei selbstverständlich, daß die Bombenangriffe im Falle größerer feindlicher Unternehmungen im Süden, seien sie nun gegen Khesanh oder gegen die Städte gerichtet, wieder aufgenommen würden.

Ferner wünschte Rusk, daß keine größeren diplomatischen Anstrengungen um Friedensgespräche unternommen würden. Er zog es vor, die Maßnahme für sich selbst sprechen zu lassen und Hanois Reaktion abzuwarten.

Abschließend stellte er fest, daß das noch immer zur Bombardierung freigegebene Gebiet bis einschließlich Vinh (knapp unterhalb des neunzehnten Breitengrades) reiche; Angriffen in dieser Zone würden keinerlei Beschränkungen auferlegt.«

Damit empfahl Rusk den neunzehnten Breitengrad als Grenze für die Bombardierung. In den Diskussionen des Jahres 1967 waren sowohl der neunzehnte als auch der zwanzigste Breitengrad genannt worden.

»Cliffords Ansichten zu dem Vorschlag und seine Begründung tauchen in dem Schriftstück nicht auf«, vermerkt die Studie. »Man darf jedoch annehmen, daß er diesen Plan unterstützte. Jedenfalls war bei Sitzungen im Außen- und Verteidigungsministerium Mitte März die Frage einer teilweisen Einstellung der Bombenangriffe zur wichtigsten Alternative im Luftkrieg geworden. Es ist durchaus möglich, daß der Präsident gegenüber Clifford und Rusk seine grundsätzliche Zustimmung bereits zu erkennen gegeben hatte, so daß sich seine obersten Berater von da an damit befassen konnten.«

Die Befürworter eines uneingeschränkten Luftkriegs merkten, daß eine Entscheidung des Präsidenten in der Luft lag, und so meldeten sie sich zu Wort. Am 4. März sandte Doktor Harold Brown, der Luftwaffenminister, ein Memorandum an Staatssekretär Nitze vom Verteidigungsministerium, in dem er drei Möglichkeiten einer Intensivierung darstellte. Die erste bestand in einer verstärkten Bombardierung »noch verbleibender wichtiger Ziele« in Nord-Vietnam und in der »Ausschaltung des Hafens von Haiphong durch Bombardierung und Verminung«. Der zweite war die Verstärkung von Luftangriffen auf die »anschließenden Gebiete des ›Entenschnabels‹« in Laos und Nord-Vietnam. Der dritte Vorschlag sah verstärkte Luftangriffe im Süden vor, die Ersatz für nicht vorhandene zusätzliche Bodentruppen sein sollten.

Brown gab eindeutig der ersten Möglichkeit den Vorzug, die nach seinen Worten »die Bombardierung militärischer Ziele erlauben würde, ohne daß man, wie bisher, peinlich auf die damit verbundenen Verluste und Schäden auf dem zivilen Sektor achten müßte«. Sein Ziel war es, »den Willen der Bevölkerung zu untergraben, indem man einen größeren Bereich Nord-Vietnams Verlusten und Vernichtung aussetzt«.

Was die Auswirkungen einer solchen Kampagne anging, so sah sich Brown jedoch »zum Eingeständnis gezwungen«, daß es »wahrscheinlich nicht möglich sei, die nordvietnamesischen Maßnahmen in Süd-Vietnam wesentlich unter den Stand von 1967 zu drücken«, und daß Nord-Vietnam wahrscheinlich »bereit sein wird, diese Entbehrungen auf sich zu nehmen«.

Die Studie bemerkt dazu, Browns Vorschläge hätten zwar die Denkweise des Militärs wiedergegeben, »spielten jedoch im engeren Kreis der Präsidentenberater niemals eine bedeutende Rolle«.

Neben anderen namhaften Beratern, so berichteten die Autoren, sprach sich auch Staatssekretär Katzenbach vom Außenministerium gegen eine teilweise Einstellung der Bombenangriffe aus, »weil er glaubte, der Bombenstopp sei eine Trumpfkarte, die man nur einmal ausspielen kann und die man daher nicht vergeuden sollte, solange die Aussichten auf eine positive Antwort Nord-Vietnams zu Verhandlungen so schlecht stünden. Er hoffte den Präsidenten davon überzeugen zu können, daß dieser im Spätfrühling den Luftkrieg völlig einstellte, sobald die Aussichten für einen Frieden besser erschienen und die Bedrohung (des Stützpunktes der Marineinfanterie) in Khesanh beseitigt war.«

Rostow widersetzte sich offenbar allen Vorschlägen für eine Einschränkung der Bombardierung und hielt es für besser, die Nordvietnamesen so lange unter Druck zu setzen, bis sie auf die San Antonio-Formel reagierten.

Der Präsident bekam nun auch in verstärktem Maße den Druck der Öffentlichkeit zu spüren, da Spekulationen laut wurden, daß er in Vietnam eine weitere Eskalation erwäge.
Am 7. März wurde die Bürgerrechtsdebatte im Senat durch die Forderung mehrerer angesehener Senatoren unterbrochen, vor einer Entscheidung über Truppenverstärkungen müsse der Kongreß befragt werden.
Am 10. März veröffentlichte die *New York Times* aus Washington den ersten Bericht über General Westmorelands Forderung nach 206 000 Soldaten. »Der Präsident war über diese Indiskretion angeblich wütend«, stellte die Pentagon-Studie fest. Um diese Veröffentlichung der Truppenanforderung konzentrierte sich nunmehr die politische Diskussion und verstärkte noch »das Gefühl der Unzufriedenheit«, wie die Studie hinzufügt.
Am nächsten Tag sprach Außenminister Rusk vor dem außenpolitischen Senatsausschuß – angeblich zum Thema Entwicklungshilfe. Die vom Fernsehen übertragene Debatte entpuppte sich jedoch als ein zweitägiges Verhör des Außenministers zur Vietnampolitik. Er bestätigte, daß die Politik »von A bis Z« überprüft werde, lehnte es jedoch ab, sich zu eventuellen Truppenverstärkungen zu äußern. Er sagte, »es wäre nicht richtig, Spekulationen über die Anzahl der Möglichkeiten anzustellen, während der Präsident sie mit seinen Beratern bespricht«.
Kurz nach Abschluß des Hearings am zweiten Tag liefen die Ergebnisse der Demokratischen Vorwahlen aus New Hampshire ein. Senator Eugene J. McCarthy aus Minnesota – die Chronisten des Pentagons nennen ihn einen »Herausforderer« des Präsidenten –, der sich im Wahlkampf gegen Präsident Johnsons Kriegspolitik ausgesprochen und eine Einstellung der Bombardierungen verlangt hatte, wurde von Johnson nur knapp geschlagen. Als dann schließlich die Ergebnisse der Briefwahl errechnet wurden, hatte McCarthy gegenüber dem Präsidenten sogar einen geringen Vorsprung.
An einer der wenigen Stellen in der Studie, wo von Innenpolitik gesprochen wird, erklärt der Verfasser: »Es wurde klar, daß der Meisterpolitiker Lyndon Johnson mit Erfolg herausgefordert war, und zwar nicht von einer zugkräftigen Wahllokomotive, sondern von einem Kandidaten, der es verstanden hatte, die Unzufriedenheit und Ernüchterung über den Krieg zu mobilisieren und zu nutzen.«
Am 13. März entschied der Präsident bei einer Sitzung im Weißen Haus, daß zusätzlich zu den 10 500 Soldaten, die im Rahmen des Notprogramms bereits entsandt waren, weitere 30 000 in Süd-Vietnam stationiert werden sollten, also 22 000 mehr, als die »Clifford-Gruppe« empfohlen hatte. Zur Aufstellung und Ergänzung dieser Einheiten sollten zwei Reserveeinberufungen stattfinden, eine im März und eine im Mai. Mit der ersten Einberufung sollte die Stationierungstruppe von

30 000 Mann aufgefüllt werden. Die zweite sollte die strategischen Reserven bei sieben aktiven Armeedivisionen ergänzen.

Armeeminister Stanley R. Resor protestierte mit dem Argument, daß Verteidigungsminister McNamara im Februar 10 500 Mann entsandt hätte, ohne zum Ausgleich Reservisten einzuberufen. Er forderte, daß man zu diesem Zweck weitere 13 500 Einberufungen vornehmen sollte. Der Präsident gab diesem Plan seine Zustimmung.

Nach dem neuen Stationierungsplan erhöhte sich die Gesamtstärke auf 579 000 Mann. Zu diesem Zweck, und zur Ergänzung der strategischen Reserve, mußten insgesamt 98 451 Reservisten einberufen werden.

Doch die internen Auseinandersetzungen über die Vietnampolitik waren so in Bewegung geraten, daß selbst dieser Plan schon bald wieder aufgegeben werden sollte. »Der Präsident war besorgt«, erklärt die Studie. »In der Öffentlichkeit gab er sich nach wie vor fest und entschlossen, aber durch Indiskretionen der Presse und fortgesetzte öffentliche Kritik wuchsen seine Schwierigkeiten ständig.«

Am 16. März verkündete Senator Robert F. Kennedy, er werde die Nominierung der Demokratischen Partei zur Präsidentschaft anstreben.

Am 17. März berichtete die *New York Times* in einer Meldung aus Washington, die von der Pentagon-Studie als »wiederum erstaunlich exakt« bezeichnet wurde, der Präsident werde innerhalb der nächsten sechs Monate der Entsendung von weiteren 35 000 bis 50 000 Soldaten nach Süd-Vietnam zustimmen.

Am nächsten Tag stimmten im Repräsentantenhaus 139 Abgeordnete – 98 Republikaner und 41 Demokraten – für eine Resolution, die eine sofortige Überprüfung der Südostasienpolitik durch den Kongreß forderte.

Am selben Tag, während einer Rede vor dem Nationalen Bauernkongreß Minneapolis, erklärte Präsident Johnson, Hanoi versuche »in Washington das zu erreichen, was es beim ersten Armeekorps in Hué oder in Khesanh nicht erreichen kann«. Er versprach: »Wir werden den Schwanz nicht einziehen und unsere Verpflichtungen nicht verletzen.«

»Wer sich einbildet«, sagte er weiter, »er könne Menschenleben retten, indem er das Schlachtfeld aus den Bergen in die Städte verlegt, wo die Leute wohnen, wird sich eines Tages wundern.«

Trotz dieser ausfallenden Äußerungen gegen seine Kritiker deutete manches darauf hin – teils in der Öffentlichkeit, teils nur im intimen Kreis bekannt –, daß der Präsident die Einwände der Kritiker sehr wohl erwog und daß er auch die allgemeine Stimmung im Lande nicht außer acht ließ.

Am 20. März hatte er beispielsweise im Weißen Haus eine Unterredung mit Arthur J. Goldberg, die inzwischen allgemein bekannt ist, die aber in der Pentagon-Studie nicht behandelt wird. Erst fünf Tage zuvor hatte

Goldberg, Botschafter der USA bei den Vereinten Nationen, in einem Memorandum an Präsident Johnson die Einstellung der Bombenangriffe empfohlen. Der Präsident war entrüstet. Am nächsten Tag soll Johnson – laut Pressemeldungen – in einer Sitzung mit seinen Beratern geäußert haben: »Eins müssen wir klarstellen, ich sage Ihnen ein für allemal, daß ich die Bombardierungen nicht einstellen werde. Sollte irgend jemand hier sein, der das nicht begreift?«
Aber nunmehr versuchte er, Goldberg seine Argumente noch einmal vorzutragen. Daraufhin bat ihn der Präsident am 25. März, an einer Sitzung seines informellen Beraterstabs teilzunehmen, der unter der Bezeichnung »die Weisen Männer« bekannt ist.
Dann rief der Präsident plötzlich am 22. März General Westmoreland von seinem Posten ab und ernannte ihn zum neuen Stabschef der Armee. Nach Meinung der Pentagon-Analyse war die Versetzung General Westmorelands ein Zeichen dafür, daß sich der Präsident gegen eine erhebliche Eskalation des Landkrieges entschieden hatte.
Am 25. März kam General Creighton W. Abrams, General Westmorelands Stellvertreter, unangemeldet nach Washington. Am nächsten Tag begaben sich er und der Präsident in eine Klausursitzung und – so spekuliert die Pentagon-Studie – »Johnson unterrichtete ihn vermutlich über seine Absichten, sowohl über die Truppenverstärkung, als auch über die Beschränkung der Bombardierung und über die Berufung Abrams« zum Nachfolger von General Westmoreland.
Wann genau die Entscheidung des Präsidenten fiel, den Bombenkrieg zurückzuschrauben, sagt die Pentagon-Studie nicht. Aber sie neigt zu der Ansicht, daß ihm, falls er zu diesem Zeitpunkt immer noch schwankend gewesen wäre, der entscheidende Rat von den »Weisen Männern« erteilt wurde, die sich am 25. und 26. März in Washington trafen.
Die Angehörigen dieses Beratungsgremiums hatten innerhalb der letzten 20 Jahre entweder hohe Regierungsposten inne oder hatten als Berater von Präsidenten gedient. Sie versammelten sich am 25. März, sechs Tage vor der Botschaft des Präsidenten an die Nation, im Außenministerium.
Anwesend waren: Dean Acheson, Außenminister unter Präsident Harry S. Truman, George W. Ball, Staatssekretär im Außenministerium unter Kennedy und Johnson, jetzt privater Geschäftsmann; Armeegeneral Omar N. Bradley, Kommandeur im Zweiten Weltkrieg und später Vorsitzender der Vereinigten Stabschefs; McGeorge Bundy, Sicherheitsberater unter den Präsidenten Kennedy und Johnson, jetzt Präsident der Ford Foundation; Arthur H. Dean, Rechtsanwalt und Leiter der Verhandlungen, die zum Waffenstillstand in Korea führten, sowie der Bankier Douglas Dillon, Staatssekretär im Außenministerium

unter Präsident Eisenhower und Finanzminister unter den Präsidenten Kennedy und Johnson.
Weitere Teilnehmer an dem Gespräch waren: Richter Abe Fortas vom Obersten Gerichtshof; Botschafter Goldberg; Henry Cabot Lodge, zweimaliger Botschafter in Süd-Vietnam und früherer Beauftragter bei den Vereinten Nationen; John J. McCloy, Hochkommissar in Westdeutschland unter Präsident Truman; der erfahrene Karrierediplomat und jetzt im privaten Geschäft tätige Robert D. Murphy; General Taylor; General Matthew B. Ridgway, pensionierter Kommandeur im Koreakrieg, und Cyrus R. Vance, früher stellvertretender Verteidigungsminister und Sonderbotschafter Präsident Johnsons.
Mit Ausnahme von Ball und Goldberg mußten alle den Falken zugerechnet werden. Erst im vergangenen Herbst hatten sie in Anwesenheit von Clifford die Eskalation des Luftkriegs durch den Präsidenten gebilligt.
Die Pentagon-Studie berichtet nichts über die zweitägigen Gespräche, sondern gibt einfach die erste öffentliche Darstellung wieder, die Stuart H. Loory Ende Mai in der *Los Angeles Times* veröffentlichte und die nach Meinung der Studie »im allgemeinen als ein zuverlässiger Bericht angesehen wurde«.
Aus dieser Darstellung geht hervor, daß der Präsident über die Kehrtwendung »tief erschüttert war«, die die meisten der »Weisen Männer« in der Frage des Krieges vollzogen hatten.
Die Pentagon-Studie berichtet auch nichts über die inzwischen bekanntgewordene Tatsache, daß unter den Händen von Harry C. McPherson, der inzwischen zu einem Zweifler an der Kriegspolitik geworden war, die Entwürfe für die Präsidentenrede vom 31. März fast bis zur Stunde von Johnsons Fernsehauftritt immer weniger aggressiv wurden.
Neu im Bericht der Pentagon-Studie ist ein Telegramm des Außenministeriums, das am Abend vor der Rede an die US-Botschafter in Australien, Neuseeland, Thailand, Laos, den Philippinen und Südkorea gesandt wurde. Es enthält die Instruktion, die Regierungschefs dieser Länder davon in Kenntnis zu setzen, daß die Rede des Präsidenten die Ankündigung einer Einschränkung des Bombenkrieges enthalten werde.
In dem Telegramm wurden die Botschafter auch angewiesen, sie sollten »klarmachen, daß Hanoi das Projekt wahrscheinlich denunzieren und uns damit nach kurzer Zeit wieder freie Hand geben wird«. (Siehe Dokument Nr. 134)
Der Pentagon-Bericht hält es für »bezeichnend«, daß dieses Telegramm Außenminister Rusks Entwurf vom 5. März widerspiegelt.
»Es muß festgehalten werden, daß sich die Regierung von der Ein-

schränkung der Bombardierungen kein positives Echo aus Hanoi erhoffte«, bemerkt die Studie. »Die Tatsache, daß der Präsident bereit war, zu einem Zeitpunkt über die San Antonio-Formel hinauszugehen und die Luftangriffe einzuschränken, wo nur wenige erfahrene Berater die Meinung vertraten, daß eine solche Maßnahme zu Friedensgesprächen führen könnte, ist ein Beweis für die große Wende in der Einstellung Washingtons zum Krieg und zu den Bombardierungen, die sich nach der Tet-Offensive von 1968 abzeichnete.«

Der Präsident nannte in seiner Rede den zwanzigsten Breitengrad nicht ausdrücklich als Grenze für die Bombenangriffe. Dieser Punkt war im letzten Entwurf abgeändert worden. Statt dessen sagte er:

»Heute abend habe ich unserer Luftwaffe und unseren Kriegsschiffen befohlen, Nord-Vietnam nicht mehr anzugreifen, ausgenommen das Gebiet nördlich der entmilitarisierten Zone, wo der fortgesetzte Truppenaufmarsch des Gegners die vorgeschobenen Stellungen der Alliierten bedroht und wo die Truppenbewegungen und Nachschubtransporte in einem eindeutigen Zusammenhang mit dieser Drohung stehen.

Das Gebiet, in dem wir unsere Angriffe einstellen, umfaßt beinahe 90 % der nordvietnamesischen Bevölkerung und den größten Teil von Nord-Vietnams Territorium. In den Hauptballungszentren Nord-Vietnams und in den Gebieten, in denen die Lebensmittel produziert werden, gibt es keine Angriffe mehr.«

In der Aufregung über die Einschränkung des Bombenkrieges und seinen aufsehenerregenden Epilog – »ich werde eine Nominierung meiner Partei weder anstreben noch akzeptieren« – wurde der Ankündigung einer mehr symbolischen Truppenverstärkung um 13 500 Hilfstruppen für die im Februar entsandten 10 500 Mann kaum Aufmerksamkeit geschenkt. Nur wer in die internen Debatten eingeweiht war, wußte, daß der Präsident seine zwei Wochen zuvor getroffene Entscheidung, 30 000 weitere Soldaten zu entsenden, revidiert hatte.

»Nicht ein Mann von den am 27. Februar durch General Westmoreland angeforderten rund 200 000 Soldaten sollte nach Vietnam entsandt werden«, sagt die Pentagon-Studie und unterstreicht damit die Wende in der Politik.

Hanoi reagierte entgegen den Erwartungen der amerikanischen Staatsmänner auf das Verhandlungsangebot positiv. Am 3. April verkündete Präsident Johnson, Nord-Vietnam habe sich bereit erklärt, mit Unterhändlern der Vereinigten Staaten in Verbindung zu treten.

In einem Epilog zu dem Bericht über die Ereignisse der Monate Februar und März faßt die Studie die Lektion der Tet-Offensive zusammen, die nach der Überzeugung des Analytikers auch auf Präsident Johnson Eindruck gemacht und ihn veranlaßt hatte, sich endlich jenen Ansichten seiner zivilen Berater und der Nachrichtendienste anzuschließen, die er in seinem Streben nach einem »Sieg« so lange von sich gewiesen hatte. Dazu wird gesagt:

»Im März 1968 zeichneten sich die Alternativen deutlich ab. Der Preis für einen militärischen Sieg war ins Unermeßliche gestiegen, es gab keine Gewähr, daß er in Zukunft nicht noch weiter ansteigen würde. Außerdem deutete vieles darauf hin, daß ein immer größer werdender Teil der amerikanischen Öffentlichkeit allmählich zu der Überzeugung gelangt, die Kosten seien schon jetzt nicht mehr vertretbar, und daß einer weiteren fühlbaren Kostensteigerung heftiger Widerstand entgegengesetzt würde.

Präsident Johnson mußte sich der politischen Wirklichkeit beugen, daß sich diese Teile der amerikanischen Öffentlichkeit nicht mehr mit ›mehr von derselben Sorte‹ in Süd-Vietnam, mit einem erhöhten Einsatz von amerikanischen Menschenleben und amerikanischem Geld und mit allen innenpolitischen Folgen dieses Einsatzes abfinden würden, während sie dabei doch keine Garantie für einen militärischen Sieg in naher Zukunft hätten. Nach dem Schock der Tet-Offensive klangen die optimistischen militärischen Berichte über Fortschritte im Krieg nicht mehr echt.

So stützte sich die Entscheidung des Präsidenten, nach einer neuen Strategie und einem neuen Weg zum Frieden zu suchen, auf zwei Hauptüberlegungen:

Erstens die Überzeugung seiner wichtigsten zivilen Berater, insbesondere von Verteidigungsminister Clifford, daß durch die von General Westmoreland angeforderten Truppen ein militärischer Sieg nicht wahrscheinlicher würde.

Zweitens die ehrliche Überzeugung, daß die Einheit der amerikanischen Nation wiederhergestellt werden mußte.«

WICHTIGE DOKUMENTE

Die nachfolgenden Texte wichtiger Dokumente aus der Pentagon-Studie des Vietnamkriegs betreffen den Zeitraum der Tet-Offensive des Vietkong Anfang 1968. Falls Auslassungen nicht besonders gekennzeichnet sind, werden die Dokumente wörtlich wiedergegeben, wobei nur einwandfreie Tippfehler korrigiert wurden.

Nr. 131 Admiral Sharps Jahresschlußbericht 1967 über Kriegserfolge

Auszüge aus einem Telegramm von Admiral U. S. Grant Sharp, des Oberkommandierenden der Pazifik-Streitkräfte, an die Vereinigten Stabschefs vom 1. Januar 1968 unter der Überschrift »Jahresschlußdepesche«, enthalten in der Pentagon-Studie. Kursive Absätze geben Meinungen und Erläuterungen der Studie wieder.

Admiral Sharp erläuterte die drei Ziele des Luftkrieges: Unterbindung des Zustroms der Auslandshilfe nach Nord-Vietnam, Beschneidung des Nachschubs aus Nord-Vietnam nach Laos und Süd-Vietnam und »tiefgreifende« Vernichtung kriegswichtiger nordvietnamesischer Anlagen. Der Oberkommandierende Pazifik gibt zu, daß die Hilfslieferungen befreundeter kommunistischer Länder für Nord-Vietnam mit jedem Kriegsjahr zugenommen haben, und weist auf die erhöhten Anstrengungen des Jahres 1967 hin, diese Auslandshilfe durch Blockade des wichtigsten Einfuhrhafens Haiphong zu neutralisieren. Die Ergebnisse waren nach seiner Überzeugung ermutigend:
Das Gesamtergebnis unserer Bemühungen um die Verringerung der Auslandshilfe hat nicht nur zu einer Vernichtung und Beschädigung von Transporteinrichtungen und der darauf befindlichen Güter geführt, sondern auch noch zusätzliche Probleme auf den Gebieten der Verwaltung, der Verteilung und des Personals gebracht. Außerdem haben die Angriffe auf Haiphong einen Engpaß geschaffen, weil die Unmöglichkeit, Güter in entsprechender Menge landeinwärts zu transportieren, zu einer Überfüllung der Hafenanlagen und zu Verzögerungen bei der Entladung einlaufender Schiffe führten. Bis Oktober hat die Bombardierung von Straßen und Eisenbahnen die Transportkapazität ab Haiphong auf ungefähr 2700 Tonnen pro Tag herabgesetzt. Im Jahresdurchschnitt waren in Haiphong etwa 4400 Tonnen pro Tag gelöscht worden.
Die Angriffe gegen den ununterbrochenen Strom von Menschen und Material durch Nord-Vietnam in Richtung auf Laos und Süd-Vietnam haben jedoch nur geringe Erfolge gebracht. Hier wurde der Erfolg in der zerstörten Tonnage und nicht in der Unterbrechung des Nachschubs gemessen.
Der Nachschub an Menschen und Material zur Aufrechterhaltung der Kampfhandlungen in Süd-Vietnam hat zwar trotz unserer Angriffe auf Verkehrswege nicht nachgelassen, er wurde jedoch für den Feind in bezug auf Material, Personal, Verwaltung und Verteilung sehr kostspielig gemacht. Vom 1. Januar bis 15. Oktober 1967 wurden im Rahmen der Operation *Rollender Donner* 122 960 Angriffe gegen die Wegenetze I–V und gegen Laos geflogen. Die

Drachen-Offensive mit insgesamt 1384 Tagen auf (See-)Kampfstation hat wesentlich zur Verringerung der feindlichen Infiltration auf dem Seeweg in das südliche Nord-Vietnam und in die Gegend der entmilitarisierten Zone beigetragen. Angriffe gegen das Transportsystem Nord-Vietnams haben in den vergangenen zwölf Monaten zur Zerstörung von Transportern, Frachten und Menschenleben geführt. Luftangriffe auf ganz Nord-Vietnam und Laos vernichteten oder beschädigten vom 1. Januar bis zum 20. Dezember 1967 insgesamt 5261 Motorfahrzeuge, 2470 Eisenbahnwaggons und 11 425 Wasserfahrzeuge. In der Zeit vom 1. Januar bis 30. November sind bei der Operation *Seedrache* weitere 1473 Wasserfahrzeuge vernichtet oder beschädigt worden. Ferner wurden Eisenbahnlinien, Brücken, Fähren, Bahnhöfe und Reparaturwerkstätten, Lagerbetriebe und Fuhrparks vernichtet. Durch die Operation *Seedrache* wurden ungefähr 3685 Landziele beschossen, darunter 303 Verteidigungsstellungen und Radarstationen an der Küste, die vernichtet oder beschädigt wurden. Durch fremde Hilfe wurde der Feind in die Lage versetzt, einen Großteil der Zerstörungen wettzumachen, dadurch befindet sich die Transportkapazität ungefähr auf demselben Stand wie zu Beginn des Jahres. Dennoch haben die Wiederaufbauschwierigkeiten zu Unterbrechungen im Nachschub von Menschen und Material geführt, große Verluste an Arbeitsleistung verursacht und insbesondere tagsüber die gegnerischen Bewegungen stark eingeschränkt.

Wenn man dagegenhielt, was die Luftangriffe gegen das Transportsystem an Geld, Maschinen und Menschenleben gekostet hatten, dann muß dem Oberkommandierenden der Pazifikstreitkräfte das Eingeständnis, daß die Transportkapazität etwa auf gleicher Höhe wie zu Beginn des Jahres war, sehr peinlich gewesen sein. Gleichsam zum Trost für diesen Fehlschlag weist der Oberkommandierende auf den gewaltigen Einsatz ziviler Kräfte für kriegsbedingte Hilfsdienste hin, der ein Ergebnis dieser Bombardierungen war.

Ein wichtiges Ergebnis unserer Maßnahmen gegen die Bewegungsfähigkeit des Feindes ist darin zu sehen, daß Hanoi sich gezwungen sah, 500 000 bis 600 000 Zivilisten ganz oder teilweise für kriegsbedingte Hilfsdienste einzusetzen, insbesondere für die Luftverteidigung und die Wiederherstellung von Verkehrswegen. Diese Abzweigung von Arbeitskraft von anderen Gebieten, besonders aus der Landwirtschaft, hat auf dem Arbeitsmarkt zu gewaltigen Spannungen geführt. Die vorausgeschätzten niedrigeren Ernteergebnisse, verbunden mit einer Steigerung der Nahrungsmittelimporte im Jahre 1967 (etwa sechsmal so hoch wie 1966), deuten darauf hin, daß die Landwirtschaft sich an diese Verlagerungen von Arbeitskräften nur unter großen Schwierigkeiten anpassen kann. Die Kosten und Schwierigkeiten des Krieges haben für Hanoi beträchtlich zugenommen, und Nord-Vietnam verdankte die Möglichkeit, die Kampfhandlungen weiterzuführen, nur der Bereitschaft anderer kommunistischer Länder, Waren und Material weitestgehend zu ersetzen.

Zu diesen Verlusten an Arbeitskraft addierte der Oberkommandierende der Pazifikstreitkräfte die Kosten der während des Jahres 1967 zerstörten lebenswichtigen Anlagen in Nord-Vietnam – sein drittes Ziel des Luftkrieges:

C. Zerstörung lebenswichtiger Anlagen:

1967 wurden erstmals Luftangriffe auf ganze Zielgruppen genehmigt und ausgeführt, wobei sich die Angriffe allerdings innerhalb jeder Gruppe auf spezifische Ziele beschränkten. Vom 1. Januar bis 15. Dezember 1967 wurden gegen Ziele der Liste *Rollender Donner* insgesamt 9740 Einsätze geflogen. Die Kampagne gegen die Energieversorgung führte zu einer Herabsetzung der Stromerzeugungskapazität auf etwa 15% des ursprünglichen Wertes. Die Eisen- und Stahlwerke Thau Nguyen und das Zementwerk in Haiphong wurden durch erfolgreiche Angriffe praktisch völlig vernichtet. Nord-Vietnam muß sich nunmehr auf zusätzliche Importe aus China, der UDSSR und den osteuropäischen Ländern verlassen. Die Notwendigkeit zusätzlicher Importe vermindert den vorhandenen Transportraum für kriegswichtige Güter und trägt zur Verstopfung der Häfen bei. Unterbrechungen in der Rohmaterialversorgung und die Notwendigkeit, weniger leistungsfähige Energiequellen und Verteilungsmöglichkeiten einschalten zu müssen, belasten die gesamte Produktion. Die wirtschaftlichen Verluste Nord-Vietnams belaufen sich für 1967 auf über 130 Millionen Dollar, das ist über die Hälfte der gesamten wirtschaftlichen Verluste seit Kriegsbeginn.

Nr. 132 Wheelers Bericht an Johnson nach der Tet-Offensive

Auszüge aus einem Memorandum von General Earle G. Wheeler an Präsident Johnson vom 27. Februar 1968. Titel: »Bericht des Vorsitzenden der Vereinigten Stabschefs über die Situation in Vietnam und den Bedarf des Alliierten Oberkommandos von Vietnam.«

1. Der Vorsitzende der Vereinigten Stabschefs besuchte am 23./24. und 25. Februar mit einer Delegation Süd-Vietnam. Dieser Bericht faßt die Eindrücke und Fakten zusammen, die sich aus Gesprächen und Berichten im Alliierten Oberkommando Vietnam sowie mit Truppenkommandeuren im ganzen Land ergeben.

2. *Zusammenfassung*

– die derzeitige Lage in Vietnam ist noch in Fluß und gekennzeichnet durch Möglichkeiten, aber auch Gefahren.
– Der Alliierte Oberkommandierende in Vietnam zweifelt nicht daran, daß die Absicht des Feindes eine Generaloffensive und ein allgemeiner Aufstand mit dem offenkundigen Ziel war, den Krieg rasch zu einem erfolgreichen Abschluß zu bringen.
– Der Gegner hat sein ursprüngliches Ziel nicht erreicht, setzt seine Anstrengungen jedoch fort. Obgleich viele seiner Einheiten schwer angeschlagen wurden, muß damit gerechnet werden, daß er über den Willen und die Fähigkeit zum Weitermachen verfügt.
– Der Feind hat schwere Verluste erlitten. Er hat sein Hauptziel einer Massenerhebung und der Besetzung einer großen Anzahl wichtiger Städte und Orte

nicht erreicht. In den schwer angeschlagenen gegnerischen Einheiten, deren Angehörige vom Gedanken an einen entscheidenden Sieg während der Tet-Offensive überzeugt waren, hat die Moral vermutlich stark gelitten. Bei entsprechenden Verstärkungen dürfte das gegnerische Propagandasystem vermutlich in der Lage sein, die Kampfmoral dennoch auf einem ausreichenden Stand zu erhalten. Seine Entschlossenheit ist offenbar unerschüttert.

– Der Gegner operiert verhältnismäßig unbehindert auf dem Lande, betreibt anscheinend eine intensive Rekrutierung und schleust zweifellos ganze Einheiten aus Nord-Vietnam ein. Er dürfte sich rasch wieder erholen. Die Versorgung ist ausreichend; er bemüht sich, den Schwung der Winter- und Frühjahrsoffensive aufrechtzuerhalten.

– Die Verwaltungsstruktur Süd-Vietnams hat standgehalten, aber ihre Leistungen lassen nach.

– Die südvietnamesische Luftwaffe hat dem ersten Ansturm mit erfreulicher und in mancher Hinsicht überraschender Kraft und Tapferkeit standgehalten. Sie ist jedoch rings um die Orte und Städte in die Defensive gedrängt, und man muß sich ernsthafte Sorgen machen, ob sie dem ununterbrochenen Druck gewachsen ist.

– Der erste Angriff hat an einem Dutzend verschiedener Orte fast zum Erfolg geführt, und an diesen Stellen konnte die Niederlage nur durch ein rechtzeitiges Eingreifen der US-Truppen abgewandt werden. Kurzum, es war eine sehr knappe Sache.

– Es besteht kein Zweifel daran, daß das Programm der Revolutionären Entwicklung einen schweren Rückschlag erlitten hat.

– Die Luftwaffe Süd-Vietnams wurde physisch nicht so hart getroffen. Sie sollte in der Lage sein, sich nach Kräften und Ausrüstung verhältnismäßig rasch wieder zu erholen. (Ausrüstung in zwei bis drei Monaten, Kräfte in drei bis sechs Monaten.) Ihre Probleme sind mehr psychologischer als physischer Art.

– Die US-Streitkräfte haben nichts von ihrer Schlagkraft aus der Zeit vor der Tet-Offensive eingebüßt.

– Dem Alliierten Oberkommando in Vietnam stellen sich drei Hauptprobleme. Erstens gestaltet sich der Nachschub nördlich von Danang wegen des Wetters, wegen feindlicher Behinderung und wegen des massiven Einsatzes von US-Truppen im Gebiet der Entmilitarisierten Zone und Hués sehr schwierig. Die Öffnung der Staatsstraße 1 wird die Lage verbessern, erfordert jedoch einen erheblichen personellen Aufwand. Zweitens erlaubt es die Defensivstellung der südvietnamesischen Einheiten dem Vietkong, rasche Einbrüche in zuvor befriedete Gebiete zu erzielen. Die südvietnamesische Armee befindet sich nach ihren eigenen Worten in einem Dilemma: Sie darf keinen weiteren feindlichen Vorstoß in Städte und Dörfer zulassen, aber wenn sie diese Verteidigungsstellung aufrechterhält, geht gleichzeitig das flache Land verloren. Das Alliierte Oberkommando in Vietnam sieht sich gezwungen, einen Großteil der Stationierungstruppen dafür einzusetzen. Drittens war der Oberkommandierende in Vietnam gezwungen, fünfzig Prozent aller amerikanischen Manöverbataillone dem Ersten Korps zuzuordnen, um der dortigen Bedrohung zu begegnen. Dadurch mußten jedoch die übrigen Landesteile von den notwendigen Reserven entblößt werden. Sollte der Feind gleichzeitig einen Angriff gegen Khesanh, Hué und Quang Tri sowie eine Offensive im Hochland und rings um Saigon vortragen und dabei den Druck im übrigen Land aufrechterhalten, so würde es dem Oberkommandierenden in Vietnam schwerfallen, all diesen Gefahren entsprechend zu begegnen. Unter diesen Umständen müssen wir darauf vorbereitet sein, einige Rückschläge in Kauf zu nehmen.

– Aus diesen Gründen hat General Westmoreland um ein dreigeteiltes taktisches Kampfgeschwader von je 15 Maschinen ersucht. Diese Einheit würde ihm eine ausreichende Reserve in die Hand geben und zusätzliche Offensivmöglichkeiten, über die er derzeit nicht verfügt.

3. *Die Lage, wie sie sich heute darstellt:*

A. Feindstärke

1. Der Feind wurde in den dichtbesiedelten Ebenen hart getroffen, seine Streitkräfte sind aber an anderer Stelle praktisch noch intakt. Er setzte über 67 000 Frontsoldaten ein, dazu noch ungefähr 25% oder 17 000 weitere zwangsrekrutierte Männer und Jungen, alles in allem rund 84 000 Mann. Er verlor 40 000 an Toten, mindestens 3000 Gefangene und etwa 5000 Schwerverwundete. Kurz vor der Tet-Offensive erreichte er durch strenge Rekrutierung, Infiltration, zivile Anwerbung und durch den Einsatz von Verwaltungspersonal und Guerillas eine Spitzenstärke von etwa 240 000 Mann. Er hat also rund ein Fünftel seiner Gesamtstärke eingebüßt. Etwa zwei Drittel seiner geübten, gut organisierten Einheiten können weiterhin offensiv operieren. Während die Alliierten Streitkräfte die Stadtgebiete sichern, geht auf dem Land wahrscheinlich die Infiltration in verstärktem Maß weiter (Truppenstärke und Rekrutierung sind in den Absätzen 1, 2 und 3 von Anlage 1 besprochen). Der Feind verfügt über ausreichend Munition, die im Landesinneren deponiert und über die Entmilitarisierte Zone, Laos und Kambodscha zur Unterstützung größerer Angriffe und dauernder Repressalien eingeführt wird; Versorgung mit Proviant dürfte ein Problem darstellen (besprochen in Absatz 6, Anlage 1). Abgesehen von den zahlenmäßigen Verlusten hat der Gegner derzeit mit Schwierigkeiten bei der Truppenmoral und der Ausbildung zu kämpfen, die sich ungünstig auf die Leistungsfähigkeit der Vietkong-Guerillas, der regulären und der lokalen Streitkräfte auswirken (diese Streitkräfte werden in den Absätzen 2 und 5 von Anlage 1 besprochen).

a) Taktische Zone des Ersten Korps: Starke feindliche Kräfte in den beiden nördlichen Provinzen bedrohen die Städte Quang Tri und Hué sowie die US-Stellungen an der Entmilitarisierten Zone. Khesanh wird von zwei nordvietnamesischen Divisionen bedroht. Truppen in der Gesamtstärke von acht feindlichen Bataillonen befinden sich im Raum Danang–Hoi An. Der Feind hat in der Taktischen Zone des Ersten Korps schwere Verluste erlitten und etwa 13 000 an Gefallenen verloren. Einige nordvietnamesische und Vietkongeinheiten wurden schwer angeschlagen. Doch Verstärkungen über die Entmilitarisierte Zone können die Verluste ziemlich rasch ausgleichen. Der Feind verfügt an der Entmilitarisierten Zone über verstärkte Artillerieeinheiten sowie einige Panzer und möglicherweise sogar eine beschränkte Zahl an Flugzeugen zum Einsatz im ersten Taktischen Bereich.

b) Taktische Zone des Zweiten Korps: Die 1. Nordvietnamesische Division kam praktisch ungeschoren durch die Tet-Offensive und stellt im westlichen Hochland eine erhebliche Bedrohung dar. Sieben Kampfbataillone bedrohen Dak To. An anderen Stellen im Hochland wurden sowohl die nordvietnamesischen Einheiten als auch der Vietkong hart angeschlagen. An der Küste mußte die 3. Nordvietnamesische Division schon kurz vor der Offensive schwere Verluste einstecken. Die ebenfalls an der Küste stationierte 5. Nordvietnamesische Division befindet sich in keiner sehr guten Verfassung. Die lokalen Einheiten erlitten etwa 13 000 Ausfälle an Toten. Einige nordvietnamesische Einheiten wie auch Verbände im Küstenbereich der zweiten Taktischen Zone waren schon vor der Offensive fast aufgerieben. Das Schwergewicht des Feindes im zweiten Taktischen Bereich liegt im Hochland, wo er über frische Truppen und kurze Nachschubwege verfügt.

c) Taktische Zone des Dritten Korps: Die meisten Einheiten des Gegners wurden in der Tet-Offensive eingesetzt und erlitten erhebliche Verluste. Vermutlich die einzige größere Einheit, die ziemlich ungeschoren blieb, war die 7. Nordvietnamesische Division. Dennoch hat der Feind beim gegenwärtigen Stand des Aufmarsches jederzeit die Möglichkeit, den Raum Saigon mit zehn bis elf kriegsstarken Bataillonen anzugreifen. Verstärkter Nachschub an Waffen und Material in die südlichen Gebiete hat die Voraussetzungen für plötzliche Feuerüberfälle verbessert.

d) Taktische Zone des Vierten Korps: In diesem Bereich befanden sich alle feindlichen Einheiten im Einsatz, aber die Gesamtverluste waren die geringsten im ganzen Land. Der Feind ist nach wie vor im gesamten Gebiet in der Lage, Widerstand zu leisten oder die Städte anzugreifen.

2. Neue Waffen und Taktiken:

Wir dürften mit schwereren Raketen, mit Artillerie größeren Kalibers sowie mit zusätzlichen Panzerfahrzeugen und mit dem Einsatz von Flugzeugen rechnen müssen, insbesondere im Taktischen Bereich des Ersten Korps. Die einzige neu erkennbare Taktik besteht darin, in die Städte einzusickern, ein Chaos anzuzetteln, das Volk zu demoralisieren, die Regierung zu diskreditieren und die Alliierten Streitkräfte zur Aufrechterhaltung der Sicherheit in den Städten zu binden.

b) Stand der Streitkräfte Süd-Vietnams:

1. Derzeitiger Stand der südvietnamesischen Streitkräfte:

a) Stärke:

Am 31. Dezember betrug die Gesamtstärke: 643 116 Mann. Reguläre Truppen: 342 951; regionale Verbände: 151 376; Volksmiliz (PF): 148 789

Dat.	*Soll*	*PFD*	*% von Gesamt*
31. Dezember	112 435	96 667	86,0
10. Februar	112 435	77 000	68,5
15. Februar	112 435	83 935	74,7

... d) Die Umstellung der Streitkräfte hat umfangreiche Verschiebungen bei den Hilfskräften, in der Nachschuborganisation und bei der Versorgung hervorgerufen.

e) Auf den obenerwähnten vier Hauptsektoren kam es zu folgenden kurzfristigen Lösungen:
a) Sofortiger Ersatz der wichtigsten Ausrüstungsgegenstände und Munition aus dem US-Depot und b) tägliche Sofortmaßnahmen und Verlagerung von Kräften innerhalb des Einsatzgebietes. Insgesamt hat das Nachschubsystem in Vietnam während der Tet-Offensive zufriedenstellend funktioniert.

d) Stärke und Leistung der Regierung von Süd-Vietnam

1. Auf psychologischem Gebiet war die Bevölkerung Süd-Vietnams einem Schlag ausgesetzt, insbesondere in den Städten, wo man sich sehr sicher gefühlt hatte. Jetzt herrscht Angst vor weiteren Überfällen.
2. Die Struktur der Regierung wurde nicht erschüttert und funktioniert weiter, wenn auch mit stark verminderter Leistung.
3. An vielen Stellen hat das Programm der Revolutionären Entwicklung schwere Rückschläge erlitten. An anderen Orten wurde das Programm im ersten Stadium der Offensive nicht tangiert. Der Alliierte Oberkommandierende in Vietnam berichtet, daß von den 555 Kadergruppen des Programms 278 in kleinen Dörfern verbleiben, 245 Sicherheitsdienst in Bezirks- und Provinzstädten versehen und 32 verschollen sind. Es ist noch nicht abzusehen, wann oder ob zu dem Entwicklungsprogramm in seiner früheren Form überhaupt zurückgekehrt werden kann. Solange der Vietkong das Land durchstreift, wird es an vielen Stellen unmöglich sein, auch nur exakt festzustellen, was aus dem Programm geworden ist.
4. Flüchtlinge: Durch die Offensive gibt es 470 000 weitere Flüchtlinge. Eine detaillierte Aufstellung findet sich in Anlage 7. Das Problem der Versorgung dieser Flüchtlinge ist Bestandteil des übergeordneten Wiederaufbauproblems in den Städten und Dörfern. Es wird angenommen, daß die Regierung von Süd-Vietnam für die Versorgung und Wiedereingliederung der 250 000 Personen (oder 50 000 Familien), die ihr Heim verloren haben, allein für die vorläufige Versorgung und Umsiedlung 500 Millionen Piaster sowie rund 30 000 Tonnen Reis zur Verfügung stellen muß. Aus US-Beständen müssen Aluminium und Zement für 40 000 Flüchtlingsfamilien geliefert werden, die nach dem Wohlfahrt- und Selbsthilfeprogramm des Sozialministeriums neu untergebracht werden sollen. Zusätzlich muß der Öffentliche Städtewiederaufbauplan der Regierung Süd-Vietnams 400 000 Stück Aluminiumblech und 20 000 (unleserlich) beschaffen.

4. *Was die Zukunft bringt*

A. Mutmaßliche Feindstrategie (siehe Abs. 7b, Anlage 1)
Wir nehmen an, daß der Feind die Offensive verstärkt fortsetzen wird, um seine Kontrolle räumlich auszuweiten und die Regierung sowie deren Verbündete unter Druck zu halten. Er dürfte auch weiterhin eine ernste Bedrohung in der Gegend der Entmilitarisierten Zone bei Khesanh, im Hochland und in Saigon darstellen. An diesen Stellen muß mit massiven Angriffen gerechnet werden, wenn sich dazu eine günstige Gelegenheit ergibt. Er wird wahrscheinlich versuchen, die nördlichen Provinzen des Landes in die Hand zu bekommen. Er wird sich weiterhin bemühen, Städte und Provinzhauptstädte einzukreisen, zu

isolieren und das normale Leben zum Erliegen zu bringen, dann in sie einzudringen und Chaos zu stiften. Er wird versuchen, den südvietnamesischen Streitkräften möglichst hohe Verluste zuzufügen. Gegen die US-Streitkräfte wird er mit verstärkten Feuerüberfällen auf Flugplätze und Anlagen vorgehen und seine Hinterhalte sehr gezielt legen. Sein Hauptziel bleibt nach wie vor die Zerschlagung der südvietnamesischen Regierung und ihrer Streitkräfte. Zumindest erhofft er sich die Besetzung von genügend Territorium und die Kontrolle über einen ausreichend großen Teil der Bevölkerung, um jene Gruppen und Ausschüsse bilden zu können, die auf seinen Vorschlag hin an einer von der Volksbefreiungsfront beherrschten Regierung beteiligt werden sollen.

B. Strategie des Alliierten Oberkommandierenden in Vietnam:

1. Nach Ansicht des Oberkommandierenden muß sich unsere Strategie jetzt in erster Linie auf die Zerschlagung der feindlichen Offensive konzentrieren. Gelingt das, so wird die Gesamtlage erheblich günstiger aussehen als vor der Tet-Offensive.
2. Der Oberkommandierende weiß die Tatsache zu würdigen, daß er sein Augenmerk in erster Linie auf die Sicherheit der vietnamesischen Regierung in Saigon und in den Provinzhauptstädten zu richten hat. Seine Ziele sind:

1. Der feindlichen Offensive zu begegnen und die nordvietnamesischen Invasionstruppen aufzureiben oder nach Norden abzudrängen.
2. Die Sicherheit in Städten und Dörfern wiederherzustellen.
3. Die Sicherheit in den dichtbevölkerten Landgebieten herzustellen.
4. Die Initiative durch Offensivmaßnahmen wieder zu gewinnen.

C. *Aufgaben*

(1) Sicherung der Städte und der Regierung. Der Oberkommandierende ist sich darüber im klaren, daß die US-Streitkräfte zur Verstärkung und Unterstützung der südvietnamesischen Streitkräfte bei der Sicherung der Städte, Dörfer und Verwaltungseinheiten erforderlich sein werden. Derzeit operieren zehn US-Bataillone in der Umgebung von Saigon. Es ist klar, daß diese Aufgabe einen beträchtlichen Teil der US-Streitkräfte binden wird.

(2) Sicherung auf dem Lande. Das Land wird jetzt weitgehend vom Vietkong kontrolliert. Die meisten der 54 Bataillone, die vorher dem Schutz der Befriedung dienten, müssen jetzt Bezirks- oder Provinzstädte verteidigen. Der Alliierte Oberkommandierende in Vietnam vermutet, daß die US-Streitkräfte an verschiedenen Orten gebraucht werden, damit sie die vietnamesische Armee unterstützen und ermutigen, die Städte wieder zu verlassen und aufs Land zu gehen. Das gilt insbesondere im Delta.

(3) Verteidigung der Grenzen, der Entmilitarisierten Zone und der nördlichen Provinzen. Der Alliierte Oberkommandierende in Vietnam hält es für erforderlich, der feindlichen Bedrohung in der Taktischen Zone des Ersten Korps zu begegnen. Er hat dort bereits knapp über fünfzig Prozent aller amerikanischen Manöverbataillone stationiert. Trotz einer für die nahe Zukunft erwarteten feindlichen Offensive befinden sich nur schwache US-Kräfte im Hochland.

(4) Offensivoperationen. Aufgrund des gesteigerten Truppenbedarfs für die Verteidigung der Städte und die nachfolgende Wiederbesetzung ländlicher Gebiete sowie des starken Bedarfs für die Verteidigung der Taktischen Zone

des Ersten Korps stehen dem Oberkommandierenden derzeit nicht genügend Streitkräfte zur Verfügung, um die Offensive im übrigen Land wieder zu ergreifen. Er verfügt auch nicht über ausreichende Reserven für den Fall einer gleichzeitig vorgetragenen, großangelegten Feindoffensive im ganzen Land.

5. *Truppenbedarf*

A. Die dem Alliierten Oberkommando in Vietnam derzeit zugeteilten Streitkräfte (zuzüglich der noch ausstehenden Truppen im Rahmen des Programms v) reichen zahlenmäßig nicht aus, unsere strategischen Absichten durchzuführen und die obenerwähnten Aufgaben in angemessener Form zu erfüllen. Um der feindlichen Bedrohung zu begegnen und sie zurückzuweisen, hat der Alliierte Oberkommandierende in Vietnam über die vom Programm v festgelegte Obergrenze von 525 000 Mann hinaus weitere Verstärkungen angefordert. Diese betragen insgesamt 206 756 Planstellen mit einer neuen Gesamtstärke von 731 756 Mann, die bis Ende 1968 im Land stationiert sein müssen. Die hierbei wichtigsten Einheiten sind drei Infanteriedivisionen, 15 taktische Kampfgeschwader und Verstärkungen für die Marine. Der Alliierte Oberkommandierende in Vietnam wünscht die Zuteilung dieser Verstärkungen in drei Abteilungen:

1. Sofortzuteilung, Dringlichkeitsstufe 1: bis 1. Mai 1968. Die wichtigsten Anforderungen sind eine Brigade der 5. Motorisierten Division, verstärkt durch ein Infanterie-, ein gepanzertes und ein motorisiertes Bataillon; die 5. Marineinfanteriedivision (ohne RLT-26); 1 gepanzertes Kavallerieregiment; acht taktische Kampfgeschwader; mehrere Marineeinheiten zur Erweiterung laufender Programme.
2. Sofortzuteilung, Dringlichkeitsstufe 2: Stationierung so bald als möglich, jedoch bis spätestens 1. September 1968. Die wichtigsten Anforderungen sind der Rest der 5. Motorisierten Division und vier taktische Kampfgeschwader. Es wäre wünschenswert, wenn innerhalb dieses Zeitraums auch die südkoreanische Leichte Division anrücken könnte.
3. Nächste Zuteilung: soll bis Ende 1968 zur Verfügung stehen. Die wichtigsten Anforderungen sind eine Infanteriedivision, drei taktische Kampfgeschwader und weitere Einheiten für das Marineprogramm.

B. Anhang 9 erläutert die Truppenanforderungen des Alliierten Oberkommandierenden in Vietnam für das Kalenderjahr 1968 mit genauen Aufstellungen für jede der drei Zuteilungen, die zusammengerechnet die angeforderte Gesamtstärke ergeben.

C. Folgende Aspekte der Truppenanforderung des Alliierten Oberkommandierenden in Vietnam für das Kalenderjahr 1968 verdienen besondere Aufmerksamkeit:

1. Zivilisten. Etwa 150 000 Vietnamesen und Zivilangehörige anderer am Krieg beteiligter Nationen werden derzeit von den Verwaltungsstellen des Alliierten Oberkommandos in Vietnam beschäftigt. Das Programm v sieht vor, im Laufe des Jahres 1968 insgesamt 12 545 militärische Planstellen mit Zivilisten zu besetzen. Der Alliierte Oberkommandierende in Vietnam hat einige Schwierigkeiten mit dem Zivilprogramm, die sich aus Ausgangsbeschränkungen, unterbrochenen Verkehrsverbindungen, Angst, der Verlegung militäri-

scher Einheiten, bei denen Zivilisten beschäftigt sind, Streiks und der vorhersehbaren Mobilisierung (Rest unleserlich).

Nr. 133 Information für Clifford über die Wahl der Ziele

Auszüge aus einem Memorandum von Staatssekretär Paul C. Warnke vom Verteidigungsministerium an Clark M. Clifford, den neuernannten Verteidigungsminister, vom 5. März 1968. In der Pentagon-Studie enthalten.

Der Führungsstab hat zweimal im Monat die Liste der Ziele der Operation *Rollender Donner* zur Bombardierung Nordvietnams revidiert. Diese Änderungen werden an mein Büro weitergereicht und mit der bisherigen Liste abgestimmt. Das Ergebnis dieser Koordinierung wird sodann an Ihr Büro weitergereicht...

Jeden Dienstag und Freitag hat mir der Vereinigte Generalstab die geltende Liste mit jenen genehmigten Zielen zugesandt, die noch nicht angegriffen oder die seit der Wiederaufnahme in die Liste nicht wieder angegriffen wurden. Nach unserer Durchsicht wird auch diese Liste an Ihr Büro gesandt...

Normalerweise werden neue Empfehlungen des Vorsitzenden der Vereinigten Stabschefs, die Ziele in den Sperrzonen von zehn bzw. vier Meilen rings um Hanoi und Haiphong oder in der chinesischen Pufferzone betreffen, sowohl dem Verteidigungsministerium als auch meinem ISA-Büro zugeleitet. Die International Security Agency – ISA – sorgt dann dafür, daß das Außenministerium genügend Informationen für seine Empfehlungen zu dem neuen Vorschlag vorliegen hat. Die ISA leitet auch Ihrem Büro ihr Gutachten zu. In manchen Fällen begibt sich der Vorsitzende persönlich mit den vorgeschlagenen neuen Zielen zum Verteidigungsminister, um seine Zustimmung einzuholen. In diesen Fällen erbittet sich der Verteidigungsminister, wenn er mit dem Inhalt des Vorschlags nicht ausreichend vertraut ist, bei der ISA ein Gutachten. Auch die Zustimmung des Außenministeriums und des Weißen Hauses war erforderlich, bevor das Büro des Vorsitzenden neue Angriffe genehmigen konnte.

Nr. 134 Telegramm an die diplomatischen Vertretungen in Asien am Tag von Johnsons »Entspannungsrede«

Auszüge aus einem Telegramm des Außenministeriums an die Botschafter der Vereinigten Staaten in Australien, Neuseeland, Thailand, Laos, den Philippinen und Südkorea vom 31. März 1968; enthalten in der Pentagon-Studie. Die Mitteilung war eine Vorankündigung gewisser Bedingungen, die Präsident Lyndon B. Johnson in seiner wichtigen Rede einige Stunden später machen sollte. Kursive Absätze stellen die Meinung oder Erläuterung der Studie dar.

a) Hauptakzent auf der Notwendigkeit, daß Leistungsfähigkeit der Regierung Süd-Vietnams sowie der vietnamesischen Streitkräfte durch Materiallieferun-

gen und anderweitige Hilfe, die in unseren eigenen Anstrengungen Vorrang haben, gesteigert wird.
b) Es müssen sofort 13 500 Mann einberufen werden, um die im Februar entsandten 10 500 Mann an Kampfeinheiten aufzufüllen.
c) Auffüllung der strategischen Reserve durch Einberufung von weiteren 48 500 Reservisten, die der strategischen Reserve zugewiesen werden sollen.
d) Im Zusammenhang damit Steuererhöhungen und Etatkürzungen, die bereits aus Gründen erforderlich geworden sind, die mit Vietnam nichts zu tun haben.
3. Zusätzlich, nach entsprechenden Konsultationen, beabsichtigt der Präsident anzukündigen, daß die Bombardierung auf Ziele beschränkt wird, die in unmittelbarem Zusammenhang mit der Kampftätigkeit stehen, was bedeutet, daß nördlich des zwanzigsten Breitengrades keine Bombenangriffe mehr stattfinden werden. Diese Ankündigung überläßt Hanoi die Reaktion, sie sagt auch nichts über die Zeit. Es wird jedoch angedeutet, daß Hanois Reaktion uns bei der Feststellung helfen würde, ob unsere Annahme richtig ist, daß Hanoi eine völlige Einstellung der Bombenangriffe nicht ausnützen würde. In dieser Hinsicht ergäbe sich der Ausblick auf die Möglichkeit einer völligen Einstellung der Bombenangriffe zu einem späteren Zeitpunkt.
In dem Telegramm wurden den Botschaftern einige weitere Gründe für diese neue Politik genannt, die sie bei ihren Gesprächen mit den verschiedenen Regierungsoberhäuptern diskret vorbringen sollten. Diese Erklärung war die einzige verfügbare Aussage der Regierung über einige Gründe, Absichten und Erwartungen im Zusammenhang mit dieser politischen Entscheidung.
a) Sie sollten gleichzeitig auf die Truppenverstärkungen hinweisen, die zum selben Zeitpunkt angekündigt werden und unsere unveränderte Entschlossenheit herausstreichen. Auch unsere Absicht, die südvietnamesischen Streitkräfte beschleunigt neu auszurüsten.
b) Sie sollten klarmachen, daß Hanoi das Projekt höchstwahrscheinlich ablehnen und uns damit nach kurzer Zeit wieder freie Hand geben wird. Dennoch werden wir die Einschränkungen eventuell auch dann aufrechterhalten, wenn sie formell verurteilt wurden, um unsere gute Absicht zu beweisen und Hanoi den Schwarzen Peter zuzuspielen. Natürlich würde uns jede größere militärische Verschiebung sofort zur vollen Wiederaufnahme zwingen.
c) Hanoi könnte sich mit oder ohne Verurteilung verpflichtet fühlen, zumindest in den nördlichen Gebieten auf größere Offensiven zu verzichten. In diesem Falle würde der Druck gerade dort etwas nachlassen, wo er am gefährlichsten ist. Wenn nicht, hätten wir freie Hand für alle Maßnahmen, die erforderlich werden.
d) Aufgrund witterungsbedingter Einschränkungen wäre die Bombardierung von Gebieten nördlich des zwanzigsten Breitengrades zumindest in den nächsten vier Wochen ohnehin behindert worden – ein Zeitraum, den wir zunächst einmal als obere Grenze für den Versuch ansetzen. Innerhalb dieses Zeitraums machen wir also kaum größere Zugeständnisse. Darüber hinaus kann das nördlich des zwanzigsten Breitengrades nicht eingesetzte Potential an Flugzeugen in Laos (wo es keine Änderung gibt) und in Süd-Vietnam eingesetzt werden.
e) Soweit unsere Ankündigung für den Fall, daß Hanoi wirklich zu entsprechenden Gegenleistungen bereit ist, die Möglichkeit einer völligen Einstellung

der Bombenangriffe andeutet, halten wir dies für unwahrscheinlich. Auf jeden Fall müßte die Periode einer offenkundigen Zurückhaltung wahrscheinlich noch einige Wochen andauern, und wir hätten Zeit, die Lage zu ergründen und sie zu konsultieren, bevor wir uns zu einem solchen Schritt entschlössen.

ANHANG

Biographien der wichtigsten Personen in der Vietnam-Studie

McGeorge Bundy

1961–1966 Sonderberater der Präsidenten Kennedy und Johnson für Fragen der Nationalen Sicherheit. Seit 1966 Präsident der Ford Foundation. Geboren in Boston am 30. März 1919. 1940 Staatsexamen an der Yale-Universität, Hauptfächer Philologie und Mathematik. 1941 republikanischer Kandidat für einen Sitz im Stadtrat von Boston. Im Zweiten Weltkrieg Adjutant von Admiral Alan G. Kirk. Außenpolitischer Berater bei Thomas E. Dewey, dem republikanischen Präsidentschaftskandidaten von 1948. 1949 Berufung an die Harvard-Universität. 1953 Dekan der Fakultät für Kunst und Wissenschaft. Von Präsident Kennedy ins Weiße Haus berufen. Oft als wichtigster Architekt der US-Vietnampolitik bezeichnet. Während der arabisch-israelischen Krise im Sommer 1967 von Präsident Johnson für kurze Zeit wieder gerufen. Wird oft als potentieller Außenminister bezeichnet. Tritt als Direktor der Stiftung ebenso in Erscheinung – und reizt zu Widersprüchen – wie damals, als er vom Keller des Weißen Hauses aus die Außenpolitik leitete. Lebt jetzt in New York.

William Putnam Bundy

Von 1951 bis zum Ende der Regierungszeit Johnsons »der andere Bundy«, Inhaber wichtiger Posten in verschiedenen Abteilungen der Regierung (von CIA bis Außenministerium). Heute leitender Mitarbeiter des Zentrums für Internationale Studien beim Institut für Technologie an der Universität Massachusetts. Übernimmt ab Oktober 1972 die Herausgabe der Vierteljahresschrift *Foreign Affairs*. Geboren am 24. September 1917 in Washington. 1939 Bachelor's Degree an der Yale-Universität. 1940 Abschluß in Harvard. 1947 Doktor der Rechte in Harvard. Heiratete eine Tochter des früheren Außenministers Dean Acheson. 1947–1951 Anwaltspraxis in Washington. Mitglied der Demokratischen Partei. Von 1951 bis 1961 beim CIA. 1961–1964 Staatssekretär für Angelegenheiten der Internationalen Sicherheit beim Verteidigungsministerium. 1964–1969 Staatssekretär im Außenministerium, Beauftragter für den Fernen Osten und Pazifikraum. Im Vergleich mit seinem jüngeren Bruder McGeorge blieb er immer anonym. Wohnt in Cambridge/Massachusetts.

Ngo Dinh Diem

1954–1955 Ministerpräsident von Süd-Vietnam. 1955–1963 Präsident (bis zu seinem Tod beim Putsch vom 1. November 1963). Geboren am 3. Januar 1901 in Quangbinh in der Nähe von Hué. Absolvent der Verwaltungsschule in Hué. Beamtenlaufbahn bis zum Leiter einer Bezirksverwaltung. 1933 Innenminister im Kabinett von Kaiser Bao Dai. Trat zurück, als er erfuhr, daß die Regierung von den Franzosen gelenkt wird. 1942 von den Franzosen zum Aufrührer erklärt, floh 1944 nach Saigon. Lehnte im März 1945 Angebot der Japaner ab, Chef einer Marionettenregierung zu werden. Weigerte sich 1945, mit dem Regime in Hanoi zusammenzuarbeiten. Strebte Autonomie für Vietnam an. Floh 1950 aus dem Land. 1951–1952 Exil am Maryknoll-Seminar in Lakewood/New Jersey. Kehrte 1954 als Ministerpräsident der Regierung Bao Dai nach Saigon zurück. 1955 bei der Volksabstimmung, durch die Vietnam Republik wurde, zum Präsidenten gewählt. 1961 zum zweiten Mal für fünf Jahre gewählt. Überlebte mehrere Attentate. Wurde erschossen, nachdem er das Angebot freien Geleits akzeptiert hatte.

Pham Van Dong

1954 Leiter der Vietminh-Delegation in Genf. Seit 1955 Aufstieg in der nordvietnamesischen Hierarchie bis zum Ministerpräsidenten. Geboren 1906 im südlichen Küstengebiet von Quang Ngai. Ab 1925 Studium an der Universität in Hanoi. Mußte als Anführer eines Studentenstreiks nach China fliehen. In Kanton Kontakt mit politischen Flüchtlingen aus Vietnam, darunter auch Ho Chi Minh. 1929–1936 im Gefängnis auf der Insel Poulo Condore. Arbeitete für die kommunistische Bewegung im Norden und Süden. 1939 Flucht nach Südchina. Gründete 1941 zusammen mit Ho Chi Minh und Vo Nguyen Giap die Vietminh. 1945 Finanzminister in der ersten Regierung Ho Chi Minh. 1946 Leiter der Verhandlungsdelegation mit den Franzosen in Fontainebleau. 1949 Ministerpräsident. 1951 Befehlshaber der Guerillas von Quang Ngai. 1954 Chefdelegierter in Genf. Wurde als »der beste Neffe« von »Onkel« Ho Chi Minh angesehen. Von Ho als »mein anderes Ich« bezeichnet. Verfasser des »Vier-Punkte-Programms« Nord-Vietnams für den Frieden. Gebildet, redegewandt, ein geschickter Diplomat.

Le Duan

In den fünfziger Jahren Organisator des Vietkong. 1956 Sekretär des Zentralkomitees für die Südregion der kommunistischen Lao-Dong-Partei. 1959 Generalsekretär der Lao-Dong-Partei. Ab 1960 Erster Parteisekretär. 1908 als Sohn einer Bauernfamilie in der Provinz Quang Tri in Zentralvietnam geboren. Eisenbahnsekretär in Hanoi. 1930 wegen subversiver Tätigkeit zu zwanzig Jahren Gefängnis verurteilt. 1936 freigelassen, nahm die Arbeit für Kommunistische Partei Indochinas wieder auf. 1940 Verurteilung zu zehn Jahren Gefängnis. Bei Machtübernahme der Vietminh 1945 freigelassen. Ab 1946 Führer des Guerillakriegs gegen Frankreich im Süden. 1952 Kommissar beim Militärhauptquartier der Vietminh im Süden. Parteikarriere. Im September 1960 zum Ersten Sekretär ernannt. 1967 Leiter der Hanoi-Delegation bei den Feierlichkeiten zum 50. Jahrestag in Moskau. Seit Ho Chi Minhs Tod in der kollektiven Führung »Erster unter Gleichen«. Befürworter populärer Wirtschaftsreformen. Tritt für die Strategie eines »hinausgezögerten Krieges« ein. Angeblich selbstbewußt und pragmatisch.

Michael Vincent Forrestal

1962–1965 im Weißen Haus Spezialist für Vietnam. Heute Anwaltspraxis in New York. Zum Vorsitzenden des Verwaltungsrates für die Metropolitan Opera Guild gewählt. Geboren am 26. November 1927 in New York. Absolvent der Phillips Exeter Academy. Arbeit an der Princeton-Universität unterbrochen, um 1948–1950 im Stab von W. Averell Harriman im Pariser Hauptquartier für die Wirtschaftliche Zusammenarbeit tätig zu sein. Sein Vater, der verstorbene James V. Forrestal, war der erste Verteidigungsminister. 1953 Promotion in Harvard. In New York Anwaltspraxis bis 1960. Seit 1965 an der Anwaltsfirma Shearman & Sterling beteiligt. Als Berater von Kennedy und Johnson im Nationalen Sicherheitsrat. Im Juli 1964 zum Vorsitzenden des Interministeriellen Koordinierungsausschusses im Weißen Haus ernannt. Begleitete 1967 Mrs. Kennedy auf ihrer Reise nach Kambodscha. Wahlhelfer des verstorbenen Senators Robert F. Kennedy. Mitglied des Rates für Auswärtige Beziehungen. Wohnt in New York.

Paul Donald Harkins

1962–1964 US-Befehlshaber in Vietnam. Heute Berater des Amerikanischen Sicherheitsrates, Leiter einer privaten »Forschungsgruppe« in Boston. Geboren am 15. Mai 1904 in Boston, 1929 Absolvent der US-Militärakademie; 1942 Stellvertretender Stabschef der Einsatztruppe West bei der Invasion in Nordafrika; Stellvertretender Stabschef der Dritten Armee, dann der Fünfzehnten Armee, als Schützling von General George S. Patton jr.; 1948–1951 Kadetten-Kommandant in West Point; 1951–1953 Stabchef der Achten Armee in Korea; 1953–1954 Kommandeur der 45. und 24. Infanteriedivision in Korea; 1954–1957 Verwaltungsdienst im Pentagon; 1960–1962 Stellvertretender Oberbefehlshaber und Stabschef der US-Streitkräfte im Pazifik; 1962–1964 Erster Befehlshaber der Militärberater in Saigon. Immer gleichbleibend optimistisch in seiner Einschätzung des Krieges. Unterstützte Ngo Dinh Diem. Erklärte, die USA hätten in Vietnam ihren »größten« Fehler begangen, »als wir Diem nicht mehr unterstützten«. Während seiner Dienstzeit harte Kontroversen mit Botschafter Henry Cabot Lodge. Zog sich 1964 ins Privatleben zurück und übersiedelte 1965 nach Dallas.

Roger Hilsman jr.

1961–1963 Direktor der Abteilung für Nachrichten und Dokumentation im Außenministerium. 1963–1964 Staatssekretär und Leiter der Fernost-Abteilung. Seit 1964 Professor für Politologie an der Columbia-Universität. Geboren am 23. November 1919 in Waco in Texas; 1943 Absolvent der US-Militärakademie; 1950 »Master« in Yale; 1951 Promotion in Yale; diente 1944 bei den Merrill's Marauders in Burma; 1944–1945 Befehlshaber der OSS-Guerillas in Burma; 1945–1946 Stellvertretender Leiter des OSS-Nachrichtendienstes für den Fernen Osten in Washington; 1946–1947 Direktionsassistent im CIA; 1950 bis 1953 im Außenministerium, Amt für NATO-Angelegenheiten; 1953–1955 Center for International Studies in Princeton; 1956–1958 Stellvertretender Direktor des Legislative Reference Service der Kongreßbibliothek in Washington; 1957–1961 Mitglied des Center for Foreign Policy Research in Washington, Dozent für Auswärtige Politik an der Johns Hopkins School of Advanced International Studies; 1961–1963 Leiter des Bureau of Intelligence and Research im Außenministerium; 1963–1964 Stellvertreter des Außenministers; 1964 zurückgetreten; 1967 Verfasser des Buches *To Move a Nation* und anderer

Werke. Erklärte nach seinem Rücktritt, die Vereinigten Staaten könnten in Süd-Vietnam »keinen totalen Sieg« erringen. Lebt heute in New York City und Lyme in Connecticut.

Nguyen Khanh

Von Februar 1964 bis Mitte Februar 1965 mit Unterbrechungen Ministerpräsident Süd-Vietnams. Lebt seit 1968 im Exil in Paris. Am 8. November 1927 in Travinh/Süd-Vietnam geboren; 1950 Ausbildung an der Militärakademie von Dalat, außerdem in Frankreich und am US Staff College in Fort Leavenworth/Kansas; kämpfte mit den Guerillas gegen die Franzosen; politischer Beauftragter in Saigon; schloß sich den französischen Kolonialtruppen an; wurde bei den Fallschirmjägern zum Major befördert; trug 1960 zur Verhinderung des Staatsstreichs gegen Ngo Dinh Diem bei. Hielt sich während des Staatsstreichs von 1963 abseits. Verdrängte am 30. Januar 1964 General Duong Van Minh; erlangte im August diktatorische Vollmacht; wurde verdrängt, blieb aber Armeechef; Führer des Putsches gegen die Verwaltung; überlebte im Februar weiteren Putschversuch; vom Militär als Oberbefehlshaber abgesetzt; wurde als Sonderbotschafter ins Ausland geschickt; selbst Buddhist, aber bei den Buddhisten nicht beliebt; ist klein, beweglich, drahtig; trägt gern das rote Käppchen der Fallschirmjäger; sagt gern: »Ich bin ein Kämpfer.«

Victor Harold Krulak

1961–1964 Fachmann des Pentagon für die Bekämpfung von Aufständen. Seit Juli 1968 Präsident des Copley News Service in San Diego/Kalifornien. Geboren am 7. Januar 1913 in Denver; Staatsexamen 1934 in Annapolis; Spitzname »der Brutale« – wegen seiner kleinen Gestalt und seines sanften Äußeren. 1935–1939 beim Fleet Marine Corps; im Zweiten Weltkrieg Bataillons- und Regimentskommandeur; im Korea-Krieg Stabschef der 1. Marineinfanteriedivision; Kommandierender General im Marine Corps Recruit Depot in San Diego. 1961–1964 Sonderberater des Direktors des Amtes für Aufruhrbekämpfung und Sonderaufgaben bei den Vereinigten Stabschefs; 1964–Mai 1968 Kommandierender General der Fleet Marine Force im Pazifik; dann Pensionierung als Generalleutnant. Bekannt als Militärtheoretiker und führender Stratege, wurde 1967 als erster Anwärter für den Posten des Oberkommandierenden betrachtet. Auszeichnungen unter anderem: Navy Cross, Legion of Merit, Bronze Star, Vietnam-Verdienstmedaille und Cross of Gallantry. Lebt in San Diego.

Edward Lansdale

1947–1963 US-Luftwaffenoffizier; 1954–1956 politischer Berater in Süd-Vietnam. 1965–1968 Sonderberater bei Botschafter Henry Cabot Lodge. Geboren am 6. Februar 1908 in Detroit; Studium an der Universität von Kalifornien in Los Angeles. Ende der vierziger Jahre Berater von Präsident Ramón Magsaysay der Philippinen. Half dort bei der Niederschlagung des kommunistisch gelenkten Hukbalahap-Aufstandes. Entwickelte das Prinzip, daß man einer kommunistischen Revolution am besten eine demokratische Revolution entgegensetzt. Ging 1954 als CIA-Agent nach Süd-Vietnam. Half beim Aufbau des Regimes Ngo Dinh Diem. Soll angeblich das Vorbild des Colonel Hillandale in dem Roman *Der häßliche Amerikaner* und des Pyle in *Der stille Amerikaner* sein. Forderte die Schaffung einer vietnamesischen Spezialtruppe zur Niederschlagung von Aufständen anstelle einer regulären Armee. 1956 ins Pentagon gerufen. Soll am Aufbau der Sondereinheit mitgewirkt haben. 1963 im Rang eines Generalmajors pensioniert. Kehrte 1965 unter Botschafter Lodge als Sonderberater für die Befriedung nach Saigon zurück. Überwachte unter anderem den »ländlichen Wiederaufbau«. Verbindungsmann zwischen Botschaft und Vietnamesen. Bekannt, aber geheimnisvoll. Als unersetzlich bezeichnet. Zurückhaltend, was seine eigene Rolle betrifft. Kehrte 1968 in die USA zurück. Lebt jetzt in Alexandria/Virginia und schreibt für Zeitschriften über die Themen Vietnam und Aufstandsbekämpfung.

Henry Cabot Lodge

1963–1964 und 1965–1967 US-Botschafter in Süd-Vietnam. Seit Juni 1970 Präsident Nixons Sonderbeauftragter beim Vatikan. Geboren am 5. Juli 1902 in Nahant/Massachusetts. 1924 Absolvent der Harvard-Universität; Tätigkeit bei den Zeitungen *Boston Transcript* und *New York Herald Tribune;* 1933 bis 1936 für zwei Legislaturperioden Abgeordneter in Massachusetts (etwa Landtag). 1936 Sieg in den Senatswahlen gegen James M. Curley; während des Zweiten Weltkriegs für Militärdienst beurlaubt; gewann die Wiederwahl, schied aber aus dem Senat aus und kehrte in die Armee zurück. Auszeichnungen unter anderem Bronze Star und Croix de Guerre. 1946 in den Senat wiedergewählt; beeinflußte Eisenhower in seinem Entschluß, sich um die Präsidentschaft zu bewerben, und wurde sein Wahlmanager; verlor 1952 seinen Sitz im Senat an John F. Kennedy. 1953 zum US-Beauftragten bei der UNO ernannt; 1960 Kandidatur für die Vizepräsidentschaft; August 1963–Juli 1964 sowie August 1965–1967 US-Botschafter in Saigon. 1969 Verhandlungsleiter der US-Delegation der Pariser Friedensgespräche. 1967–1968 Sonderbotschafter; 1968–69 Botschafter in Deutschland; Januar–Dezember 1969 Chef der US-Verhandlungsdelegation bei den Pariser Friedensgesprächen.

John T. McNaughton

Enger und vertrauter Mitarbeiter des Verteidigungsministers Robert S. McNamara von 1961–1967. Kam am 19. Juli 1967, eine Woche vor der vorgesehenen Vereidigung als Marineminister, mit seiner Frau und seinem jüngeren Sohn bei einem Flugzeugzusammenstoß in der Nähe von Asheville/Nordcarolina ums Leben. Geboren am 21. November 1921 in Bicknell/Indiana. 1942 Abschluß der DePauw-Universität; während des Zweiten Weltkriegs vier Jahre Militärdienst bei der Marine; 1948 Abschluß der Harvard Law School; studierte mit einem Rhodes-Stipendium in Oxford, arbeitete während der Ferien mit der ECA in Paris zusammen; schrieb für die *Pekin Times* in Illinois, die seinem Vater gehört; dann zwei Jahre Redakteur bei dieser Zeitung; ab 1953 Außerordentlicher Professor, ab 1956 Ordentlicher Professor in Harvard; 1961 von McNamara als Staatssekretär für Fragen der Internationalen Sicherheit ins Verteidigungsministerium berufen; 1962 Berater des Verteidigungsministeriums; 1964–1967 Stellvertreter des Verteidigungsministers, Leiter des Auswärtigen Planungsstabs im Pentagon.

Ngo Dinh Nhu

1954–1963 Chef des Geheimdienstes der Regierung Ngo Dinh Diem bis zu seinem Tod am 1. November während des Putsches gegen seinen Bruder Diem. Geboren etwa 1911 in der Nähe von Hué als Sohn einer angesehenen römisch-katholischen Familie, einer von fünf Söhnen. Anfang der vierziger Jahre Chefarchivar in der Indochina-Bibliothek; heiratete 1943, wurde im Krieg von seiner Familie getrennt; organisierte zusammen mit seiner Frau die Rückkehr Ngo Dinh Diems aus dem Exil; Nhu leitete eine Zeitung, entwickelte die Philosophie des »Personalismus« – einer Mischung aus Religion und Autokratie –, die Diems Führungsstil stark beeinflußte. Als Diem an die Macht kam, wurde Nhu zu einem »orientalischen Richelieu«. Leiter der Geheimpolizei. Angeblich übten er und seine Frau einen starken anti-buddhistischen Einfluß auf Diem aus. Nhu war ein ruhiger, überzeugender Mensch; wurde zur Zielscheibe der Unzufriedenheit, die zum Sturz des Regimes Diem führte; zusammen mit seinem Bruder erschossen, als er unter der Zusage freien Geleits das Land verlassen wollte.

James Blair Seaborn

1964 kanadischer Vertreter in der Internationalen Kontrollkommission und heimlicher Abgesandter der US-Regierung in Hanoi. Heute Unterstaatssekretär im kanadischen Verbraucherministerium. Geboren 1924; akademische Grade in Volkswirtschaft an der Universität Toronto. Angehöriger der kanadischen Botschaft in Den Haag, dann von 1957–1959 Erster Sekretär bei der Botschaft in Paris; 1959–1962 Berater der Botschaft in Moskau; 1962–1964 in Ottawa Leiter des Osteuropabüros im Ministerium für Auswärtige Angelegenheiten; 1964–1965 kanadischer Kommissar in der Internationalen Kontrollkommission für Vietnam; 1966–1967 Chef des Osteuropabüros im Ministerium für Auswärtige Angelegenheiten; 1967–1970 Leiter der Ostasienabteilung. Wohnhaft in Ottawa.

Ulysses S. Grant Sharp jr.

1964–1968 Oberkommandierender der Pazifikstreitkräfte; seit 1968 Unternehmensberater. Geboren am 2. April 1906 in Fort Benton in Montana; 1927 Abschluß der United States Naval Academy; im Zweiten Weltkrieg Zerstörerkommandant, bei den Landeoperationen in Casablanca und im Pazifik beteiligt; im Korea-Krieg Planungsoffizier für die Invasion von Inchon; 1963 zum Admiral befördert; 1964 als Nachfolger von Admiral Harry D. Felt Oberkommandierender aller US-Streitkräfte im Pazifik. Forderte 1967 die USA auf, den Druck auf Nord-Vietnam zu verstärken. Erklärte 1968, eine Einschränkung des Bombenkriegs »würde nur den Krieg verlängern«. Im Juli 1968 Pensionierung. Sein Nachfolger wurde Admiral John S. McCain. Auszeichnungen unter anderem zwei Silver Stars, zwei Bronze Stars; Mitglied des Rotary Clubs und eifriger Golfspieler. Lebt in San Diego.

Maxwell Davenport Taylor

1962–1964 Vorsitzender der Vereinigten Stabschefs; 1964–1965 US-Botschafter in Süd-Vietnam; 1965–1969 Sonderberater des Präsidenten; heute Mitglied des Verwaltungsrates beim Institut für Verteidigungsanalysen, Vorsitzender des Foreign Intelligence Advisory Board. Geboren am 26. August 1901 in Keytesville/Montana; 1922 Abschluß der US-Militärakademie; 1933 Abschluß der Generalstabsschule; 1940 Armeekriegsschule; lehrte in West Point Französisch und Spanisch; 1937 Stellvertretender Militärattaché in Peking; im Zweiten Weltkrieg Kommandeur der 101. Luftlandedivision; Teilnehmer der Invasionen in der Normandie und in Holland; 1945–1949 Leiter der US-Militärakademie; 1950 amerikanischer Stadtkommandant von Berlin; 1953 Kommandeur der 8. Armee in Korea; 1955 Stabschef der Armee; 1959 Rücktritt wegen des Disputs über die Strategie eines »begrenzten Krieges«; einflußreicher Berater der Regierungen Kennedy und Johnson. Ein gelehrter, hochdekorierter Mann. Lebt jetzt in Chevy Chase/Maryland.

William Childs Westmoreland

1964–1968 US-Militärbefehlshaber in Vietnam; seitdem Stabschef der Armee. Geboren am 26. März 1914 im County Spartanburg/Südcarolina; Studium an der Militärschule The Citadel, South Carolina; 1936 Abschluß der US-Militärakademie; 1954 Advanced Management Program an der Harvard-Universität; 1942 erste Fronterfahrung als Kommandeur eines Artilleriebataillons bei der Landung in Casablanca; dann Tunesien und Sizilien; landete mit der 9. Infanteriedivision in der Normandie; 1945 Kommandeur des 6. Infanterieregiments in Deutschland; 1947–1950 Stabschef der 82. Luftlandedivision; 1950–1952 Kommando und Generalstabsschule sowie Kriegsschule der Armee; Befehlshaber der 187. Luftlandekampfeinheit in Südkorea; 1956 zum jüngsten Generalmajor der Armee befördert; 1958–1960 Kommandeur der 101. Luftlandedivision; 1960–1963 Leiter der US-Militärakademie. Sagte einmal: »Kommandieren heißt, Leute dazu zu bringen, daß sie begeistert dahin gehen, wo man sie haben will.« Wurde am 20. Juni 1964 als Nachfolger von General Paul D. Harkins Chef des US-Militärkommandos in Süd-Vietnam. Am 2. Juli 1968 durch General Creighton W. Abrams jr. ersetzt. Gelegentlich als Kandidat für einen politischen Posten im Gespräch. Stets optimistisch, was den Fortschritt in Vietnam betrifft. Begeisterter Pfadfinder, Ehrenmitglied des Obersten Rates dieser Organisation. Auszeichnungen unter anderem Distinguished Service Medal, Bronze Star, Thailand's Most Exalted Order of the White Elephant, Vietnam's Chuong My Medaille. Jeden Tag pünktlich um acht Uhr im Pentagon.

Earle Gilmore Wheeler

1964–1970 Vorsitzender der Vereinigten Stabschefs, lebt seit 1970 zurückgezogen auf seiner Farm in West Virginia. Geboren am 13. Januar 1908 in Washington; 1932 Absolvent der US-Militärakademie; trat der US-Nationalgarde bei; 1960–1962 Leiter des Vereinigten Führungsstabs; beriet während des Wahlkampfes 1960 John F. Kennedy wöchentlich über militärische Fragen; Schützling von Maxwell D. Taylor, dessen Nachfolger als Vorsitzender der Vereinigten Stabschefs er 1964 wurde; stellte sich 1963 als einziger Generalstabschef hinter McNamaras Befürwortung eines Atomsperrvertrags; erklärte zum Vietnamkrieg einem Reporter: »Diese kleinen Bürschchen werden schon nachgeben, wenn wir sie nur gehörig unter Druck setzen.« Hatte den Spitzenposten länger inne als jeder andere Offizier, überlebte zwei Präsidenten und drei Verteidigungsminister; wurde krankheitshalber wegen eines Herzfehlers in den Ruhestand versetzt. Lebt jetzt auf seiner 180-Morgen-Farm in Martinsburg/West Virginia.

Die wichtigsten Abkürzungen

AID: Agency for International Development; Amt für internationale Entwicklung

ARVN: Army of the Republic of (South) Vietnam; südvietnamesische Armee

ASA: (US) Army Security Agency; Sicherheitsdienst der US-Armee

B-57: Typenbezeichnung eines US-Bombers

BOX TOP: Codename für ein geheimes Unternehmen, das in den Pentagon-Papieren nicht genauer definiert wird

BPP: Border Patrol Police; Grenzschutzpolizei

CAP: combat air patrol; bewaffnete Luftaufklärung, Codebezeichnung für Fernschreiben des Weißen Hauses, die über CIA-Kanäle liefen

CAS: Codename für Central Intelligence Agency

CAT: Civil Air Transport; Name einer auf Taiwan stationierten zivilen Luftlinie

CHICOM: Chinese Communist; Abkürzung für chinesische Kommunisten

CHINAT: Chinese Nationalist; Nationalchinesen

CHMAAG: Chief, Military Assistance Advisory Group; Chef der militärischen Beratergruppe

CI: counterinsurgency; Gegenrevolution

CIA: Central Intelligence Agency; amerikanischer Geheimdienst

CINCPAC: Commander in Chief, Pacific; Oberkommandierender im Pazifik

CIO: Central Intelligence Organizations (South Vietnam); Südvietnamesischer Geheimdienst

CJCS: Chairman, Joint Chiefs of Staff; Vorsitzender des Vereinigten Generalstabs

COS: Chief of station, CIA; Chef des CIA-Postens

country team: Gruppe von höheren US-Angestellten in Süd-Vietnam, incl. Botschafter, Befehlshaber der US-Streitkräfte und CIA-Chef

DEPTEL: (State) Department telegram; Telegramm des Außenministeriums

De Soto patrols: Patrouillen der US-Zerstörer im Golf von Tonking

DIA: Defense Intelligence Agency; ein amerikanischer Nachrichtendienst

DOD: Department of Defense; Verteidigungsministerium

DRV: Democratic Republic of (North)

Vietnam; Volksrepublik von (Nord-)Vietnam

EMBTEL: US embassy telegram; Telegramm der US-Botschaft

FAL: Lao armed forces; Laotische Armee

FAR: Royal Armed Forces (of Laos); Königlich Laotische Armee

Farmgate: heimliche Angriffe der US-Luftwaffe gegen Vietnam (1964)

FWMA: Free World Military Assistance; militärische Unterstützung durch die Länder der Freien Welt

FWMAF: Free World Military Assistance Force; Streitkräfte der Freien Welt

GVN: Regierung von Süd-Vietnam

HARDNOSE: Codename für ein geheimes, nicht näher bekanntes militärisches Unternehmen

ICC: International Control Commission for Vietnam; Internationale Kontrollkommission für Vietnam

ISA: International Security Agency; eine Organisation des Geheimdienstes

ICS: Joint Chiefs of Staff, Vereinigte Stabschefs

Lucky Dragon: offensichtlich der Codename für ein geheimes militärisches Unternehmen in Vietnam

MAAG: Military Assistance Advisory Group; militärische Beratergruppe

MACV: Military Assistance Command, Vietnam; alliiertes Hauptquartier in Vietnam

MAP: Military Assistance Program; Programm der Militärhilfe

NVA: nordvietnamesische Armee

NVN: Nord-Vietnam

PACOM: Pacific Command; Oberkommando Pazifik

PL: Pathet Lao

RLAF: Royal Laotian Air Force; Königlich Laotische Luftwaffe

RLG: Royal Laotian Government; Regierung des Königreichs Laos

RVN: Republik von (Süd-)Vietnam

RVNAF: Streitkräfte oder Luftstreitkräfte (Süd-)Vietnams

RVNF: südvietnamesische Streitkräfte

SMM: Saigon Military Mission; Militärmission in Saigon

SVN: Süd-Vietnam

T-28: Typenbezeichnung eines amerikanischen Kriegsflugzeugs

USIS: United States Information Service; Informationsdienst der USA

VC: Vietkong

VNAF: Südvietnamesische Luftwaffe oder Streitkräfte

VNSF: Südvietnamesische Spezialeinheiten

Index der wichtigen Dokumente

Leitartikel der New York Times

Die Vietnam-Dokumente

Diese Art von Zensur hat es noch nie gegeben: es ist dem Justizminister der Vereinigten Staaten vorübergehend gelungen, der *New York Times* die Veröffentlichung von Dokumenten und anderem Material aus einer Geheimstudie des Pentagon über die amerikanische Beteiligung am Vietnamkrieg zu untersagen.

Eine gestern von einem Bundesbezirksrichter erlassene Einstweilige Verfügung verbietet uns, zumindest bis zum Wochenende, weitere Kapitel dieser eindrucksvollen Dokumentation des amerikanischen Engagements am Krieg zu veröffentlichen. Die *New York Times* wird freilich mit allen ihr zur Verfügung stehenden rechtlichen Mitteln weiterkämpfen, da wir dieses vom Justizminister erwirkte Verbot für verfassungswidrig halten.

Welche Gründe haben die *Times* überhaupt veranlaßt, dieses Material zu veröffentlichen? Den wichtigsten Grund haben wir schon in unserer ersten Antwort an Mitchell genannt: »Wir glauben, daß es im Interesse der Bewohner dieses Landes liegt, informiert zu sein ...« In unserer Demokratie fällt der Presse die unveräußerliche Verantwortung zu, alle Informationen zu veröffentlichen, die dazu beitragen, daß die Bürger der Vereinigten Staaten die Vorgänge innerhalb ihrer Regierung besser verstehen lernen, besonders dann, wenn über diese Vorgänge ein Schleier der Ablenkung oder gar Täuschung gebreitet wurde.

Als eine Zeitung, die ihre Verpflichtung gegenüber der Öffentlichkeit ernst nimmt, glauben wir daran, daß es nicht nur im Interesse der amerikanischen Bürger lag, dieses Material zu veröffentlichen, nachdem es uns in die Hände fiel, sondern wir sind auch davon überzeugt, daß es eine Flucht vor der Verantwortung und eine Abkehr von unseren Pflichten nach dem Ersten Verfassungszusatz gewesen wäre, es nicht zu publizieren. Natürlich hätte die *Times* eine solche Entscheidung niemals getroffen, wenn es Grund zu der Befürchtung gegeben hätte, daß die Veröffentlichung das Leben auch nur eines einzigen amerikanischen Soldaten gefährdete oder in irgendeiner Weise die Sicherheit unseres Landes und den Frieden der Welt bedrohte.

Die fraglichen Dokumente sind bereits Geschichte. Sie berichten über die Entwicklung amerikanischer Interessen und das Engagement in Indochina, angefangen von der ersten Nachkriegszeit bis Mitte 1968 – einem Zeitpunkt, der nun auch schon drei Jahre zurückliegt. Eine solche Veröffentlichung kann in keiner Weise schädlich für die amerikanischen

Sicherheitsinteressen sein, geschweige denn das Leben von Amerikanern oder Indochinesen in Gefahr bringen. Wir hielten es daher für selbstverständlich, daß wir die Verantwortung für ihre Publikation auf uns nehmen mußten, und wir werfen in diesem Zusammenhang wieder einmal die Frage auf, ob die Regierung in ihrer Überheblichkeit Dokumente nicht falsch einstuft, die nach vernünftigen Wertmaßstäben längst Allgemeinbesitz geworden sind.

Wir veröffentlichen diese Dokumente und den damit verbundenen Bericht nicht deshalb, weil wir, was die Anfänge und die Entwicklung der amerikanischen Verwicklung in diesen Krieg angeht, irgend etwas beweisen oder den Finger des Vorwurfs auf irgendeinen Beamten oder Soldaten richten wollen, sondern um der amerikanischen Öffentlichkeit eine – wenn auch unvollständige – Geschichte politischer Entscheidungen auf höchster Ebene über eine der lebenswichtigsten Fragen vorzulegen, die jemals »unser Leben, unser Glück und unsere heilige Ehre« berührt haben – ein Problem, bei dem das amerikanische Volk und seine rechtmäßig gewählten Abgeordneten im Kongreß größtenteils durch einen dichten Vorhang von der Wahrheit ferngehalten wurden.

Das Bemühen um die Enthüllung und Ausleuchtung dieser Wahrheit ist der eigentliche Sinn der Pressefreiheit.

16. Juni 1971

Entscheidung für die Freiheit

Die gestern vom Bezirksrichter Murray L. Gurfein gefällte Entscheidung, mit der er den Antrag der Regierung auf eine Einstweilige Verfügung gegen die Veröffentlichung von Artikeln über eine geheime Pentagon-Studie des Vietnamkrieges durch unsere Zeitung zurückwies, stellt einen bedeutsamen Sieg der Pressefreiheit in den Vereinigten Staaten dar. Sie bestätigt das Recht des amerikanischen Volkes, über die Vorgänge in seiner Regierung unterrichtet zu werden.

»Die Regierenden müssen sich mit einer lästigen, obstinaten und neugierigen Presse abfinden, damit die höheren Werte der Meinungsfreiheit und des Informationsrechts unseres Volkes gewahrt bleiben«, erklärte Richter Gurfein. »Wir leben in schweren Zeiten. Es gibt kein besseres Sicherheitsventil für die Unzufriedenheit und den Zynismus über die Vorgänge in der Regierung als die Freiheit, seine Meinung in jeder erdenklichen Form auszudrücken.«

Nachdem der Bezirksrichter in einer längeren Sitzung, unter Ausschluß der Öffentlichkeit, die Argumente der Regierung angehört hatte, pflichtete er dem Standpunkt unserer Zeitung bei, daß die Veröffentlichung der Artikel und Dokumente keine Gefahr für die nationale Sicherheit darstelle. Er erklärte: »Ohne auf den Inhalt der Zeugenaussagen ein-

zugehen, möge der Hinweis genügen, daß nicht schlüssig bewiesen werden konnte, inwiefern diese Dokumente ... die Sicherheit der Nation wesentlich berühren könnten, wenn man von der allgemeinen Peinlichkeit absieht.«
Der Fall kommt nun vor das Appellationsgericht, von dem wir uns erhoffen, daß es innerhalb kürzester Frist den Weg für die weitere Veröffentlichung der Artikel und Dokumente aus der Pentagon-Studie freimacht. Wie man eine demokratische Regierung und Pressefreiheit auch definieren mag, die Öffentlichkeit hat jedenfalls ein Recht auf die darin enthaltenen Informationen, die eine unabdingbare Voraussetzung für das Verständnis der Entwicklung amerikanischer Politik in Vietnam darstellen.

20. Juni 1971

Die Vietnam-Papiere

Am 25. November 1964, etwa drei Wochen nach Johnsons Wahl zum Präsidenten, bemerkte die *Times* in einem Leitartikel: »In Vietnam sind wieder Änderungen im Gang ... Wenn nun eine neue Politik eingeschlagen wird, wenn asiatischer Krieg in einen amerikanischen Krieg verwandelt werden soll, dann hat unser Land ein Recht darauf, zu erfahren, was sich in den letzten zwei Monaten so grundlegend geändert haben soll, daß eine neue Politik gerechtfertigt wäre.« Das Land erfuhr nichts.
Nachdem die *Times* sechs Monate lang immer wieder eine »aufrichtige Erklärung« über den Konflikt auf dem asiatischen Kontinent gefordert hatte, der sich eindeutig zu einem regelrechten Landkrieg ausweitete, stellte sie fest: »Von offizieller Seite wird immer noch keine Erklärung für einen Schritt gegeben, der den Charakter des amerikanischen Engagements in Vietnam von Grund auf verändert.« Der Präsident wurde ersucht, »das Land ins Vertrauen zu ziehen ...«
Diese Kommentare zeigen, wie der Kongreß und das amerikanische Volk über grundlegende politische Entscheidungen im Dunklen gehalten wurden, die in der kritischsten Phase des Krieges den Lebensnerv der Demokratie berührten. Die schon damals geäußerte Überzeugung, daß die Regierung gegenüber den amerikanischen Bürgern nicht aufrichtig sei, wurde durch die Pentagon-Dokumente vollauf bestätigt. Die *Times* hat in der letzten Woche damit begonnen, sie zu veröffentlichen – bis die Regierung es für richtig hielt, eine Zensur vorzunehmen.
Der Kommentar und die Dokumente, die vor dem Einschreiten der Regierung in unserem Blatt erschienen sind, werfen ein grelles Licht auf den sich vollziehenden Entscheidungsprozeß vor und während der Periode einer gefährlichen Eskalation des Vietnamkrieges, in den Jah-

ren 1964 und 1965. Die vielbändige Studie, auf die sich der Bericht der *Times* stützt, zeigt eindringlich, wie Entscheidungen über Amerikas Rolle in dem Krieg gefällt wurden, während ihre weitreichenden politischen Auswirkungen und ihre tiefere Bedeutung an höchster Stelle zwar durchaus bekannt waren, jedoch entweder absichtlich verzerrt oder der Öffentlichkeit ganz vorenthalten wurden.

Noch bedeutsamer ist, was aus den bislang veröffentlichten Dokumenten hervorgeht: daß sich während dieser entscheidenden Periode vor sechs oder sieben Jahren in den höchsten Ämtern unserer Regierung kaum jemand wirklich um die politische Kernfrage kümmerte, die der militärischen Operation zugrunde lag. War die Beherrschung Süd-Vietnams durch die Saigoner Regierung für die Vereinigten Staaten auf lange Sicht wirklich von so ausschlaggebender Bedeutung, daß sie ein uneingeschränktes militärisches Engagement Amerikas rechtfertigte, oder handelte es sich hier nur um eine bloße Behauptung, die schon zu einem Glaubenssatz geworden war? Fast alle zuständigen Staatsmänner und Beamten diskutierten Taktik und Strategie des Krieges, wie man ihn führen, wie man ihn gewinnen sollte, wie man sich ihm entziehen könnte, welche Pläne unter verschiedenen Voraussetzungen entworfen werden müßten. Natürlich waren das wichtige Fragen, und die damit beschäftigten Beamten hätten ihre Pflicht verletzt, wenn sie ihnen ausgewichen wären. Deswegen kann man ihnen keinen Vorwurf machen. Es war auch durchaus richtig, für jede militärische Eventualität Vorkehrungen zu treffen.

Was jedoch fehlte, war eine echte Diskussion über die Berechtigung des Krieges und die Fortsetzung des massiven amerikanischen Engagements. An der Spitze der Regierung scheint damals praktisch jedermann – ausgenommen Staatssekretär George Ball vom Außenministerium – ungeprüft die Behauptung akzeptiert zu haben, daß die Interessen der Vereinigten Staaten einen militärischen Sieg der südvietnamesischen Regierung verlangten, koste es was es wolle, und selbst um den Preis einer Verwicklung Amerikas in einen Krieg in den unendlichen Weiten Südostasiens.

Dies war der Ausgangspunkt, der gesteckte Rahmen, der verhängnisvolle Irrtum. Hätten sich die Verantwortlichen in der Regierung, als sie erkannten, daß unser Land in einen solchen Krieg hineingezogen wurde, zu einer freimütigen Diskussion innerhalb und außerhalb des Kongresses entschlossen – die Ereignisse hätten vielleicht einen ganz anderen Verlauf genommen. Aber niemand kann das mit Sicherheit sagen, denn diese »offene Begegnung« zwischen der amerikanischen Regierung und dem amerikanischen Volk kam niemals zustande.

Das ist es denn auch, was die Vietnam-Papiere beweisen: Keine Bestechlichkeit, keine böse Absicht, sondern eher die arrogante Mißachtung des Kongresses, der Öffentlichkeit und der selbstverständlichen Pflichten und Verantwortungen, die der Führung in einer demokratischen Gesellschaft obliegen. Die Vietnam-Papiere sind nicht nur Teil der Geschichte, sie sind ein wesentlicher Teil der Geschichtsschreibung. Es handelt sich bei ihnen und bei der Analyse, auf die sich der Kommentar der *Times* stützte, um streng geheime Unterlagen. Aber der Bericht über Vietnam reicht nur bis 1968 – das ist inzwischen drei Jahre her. Er berührt in keiner Weise derzeitige Pläne, Operationen und politische Überlegungen. Daher ist es nicht länger zu rechtfertigen, daß diese Papiere – gemeinsam mit vielen anderen in den Regierungsarchiven – einen Stempel tragen, der sie der großen Öffentlichkeit nicht zugänglich macht. Übertriebene und falsche Einstufung von Dokumenten weist normalerweise auf die Trägheit der Bürokratie hin. Sie wird aber auch oft, wie hier zum Beispiel, dazu benutzt, Irrtümer der Regierung zu vertuschen.

Die *Times* hat dieses Material nicht veröffentlicht, um Anklage zu erheben, einen Sündenbock zu finden oder irgendeine Person – gleichgültig ob in Zivil oder in Uniform – mit Schuld zu überhäufen. Es wurde veröffentlicht, weil die amerikanische Öffentlichkeit ein Recht darauf hat und weil die *Times* als freies unzensiertes Informationsorgan die Aufgabe hatte, diese Papiere zu publizieren, sobald sie in ihre Hände gelangten. Derselbe Grundsatz galt für die *Washington Post*, als auch dieses Blatt einige der Papiere erlangte. Eine andere Handlungsweise hätte eine Abkehr von den Grundpflichten bedeutet, die einer Zeitung durch den Ersten Verfassungszusatz gegenüber der amerikanischen Öffentlichkeit auferlegt sind – genau wie es Bundesbezirksrichter Murray Gurfein bei seiner denkwürdigen Entscheidung zugunsten unserer Zeitung am letzten Samstag ausgeführt hat.

Und dennoch tut die Regierung der Vereinigten Staaten etwas, das es in der modernen amerikanischen Geschichte noch nie gegeben hat: Sie versucht nach wie vor, die *New York Times* und die *Washington Post* mit der Behauptung zum Schweigen zu bringen, diese Zeitungen fügten der nationalen Sicherheit »nicht wiedergutzumachenden Schaden« zu, wenn weitere Kapitel der Vietnam-Studie veröffentlicht würden. Tatsache ist, daß dieser »nicht wiedergutzumachende Schaden« der Regierung selbst zugefügt wurde, und zwar nicht wegen irgendwelcher Veröffentlichungen, sondern im Gegenteil wegen der außergewöhnlichen Maßnahmen, zu denen die Regierung griff, um auf diese Art und Weise das verfassungsmäßige Grundrecht der Pressefreiheit, einen der Grundpfeiler der amerikanischen Demokratie, abzuwürgen und zu verfälschen. Ob Richter Gurfeins Urteil nun in der Berufung bestehen bleibt oder nicht, es stellt auf jeden Fall einen Meilenstein auf dem

Wege des ewigen Kampfes freier Menschen und freier Institutionen gegen die ungerechtfertigte Ausübung von Regierungsgewalt dar.

21. Juni 1971

»Ein aufgeklärtes Volk«

Das historische Urteil des Obersten Gerichtshofes im Fall »Regierung der Vereinigten Staaten gegen *New York Times* und *Washington Post*« ist ein stolzer juristischer Sieg für die Freiheit. Durch Aufhebung der Einstweiligen Verfügungen, die unseren und anderen Zeitungen die Veröffentlichung bisher geheimer Pentagon-Papiere untersagte, hat der Oberste Gerichtshof dieser Nation das Recht des Volkes auf Information, wie es im Ersten Zusatz zur Verfassung der Vereinigten Staaten verankert ist, überzeugend und erneut bestätigt.

Genau darum ging es der *New York Times* und anderen Zeitungen in ihrem Ringen, und dies ist auch das Wesentliche an der Mehrheitsentscheidung des Gerichts. Das Gericht mußte – und damit berührte es den Kern des politischen Systems Amerikas – die im Ersten Verfassungszusatz garantierte Freiheit gegen die Macht der Regierung, diese im Namen der nationalen Sicherheit einzuschränken, abwägen. Das Oberste Gericht hat nicht entschieden, daß alles und unter allen Umständen veröffentlicht werden dürfe. Das wollte die *New York Times* auch niemals. Der *Times* und dem Gericht ging es um das Recht zur Veröffentlichung dieser bestimmten Dokumente zu diesem Zeitpunkt, und zwar ohne Einschränkung durch die Regierung.

Die Vorzensur war tatsächlich der Kernpunkt des Problems. Zum erstenmal in der Geschichte der Vereinigten Staaten hatte eine Bundesregierung den Versuch unternommen, mit Hilfe der Gerichte die Veröffentlichung von Dokumenten zu verhindern, weil diese Publizierung der nationalen Sicherheit angeblich einen »nicht wiedergutzumachenden Schaden« zufügen würde. Dagegen behauptete die *Times*, diesmal unterstützt von der überwältigenden Mehrheit aller amerikanischen Zeitungen, die Veröffentlichung dieser Informationen liege im nationalen Interesse, weil es sich um eine geschichtliche und nicht um eine aktuell politische Darstellung handle.

Wenn es in diesen Dokumenten um Truppenbewegungen, Schiffsmanöver oder geplante militärische Aktionen gegangen wäre, hätte alles anders ausgesehen. Die *New York Times* hätte ein solches Material nie veröffentlicht. Aber das war nicht der Fall. Die Dokumente und die dazugehörige Analyse sind historischer Art. Sie reichen in keinem Fall über das Jahr 1968 hinaus. Im Jahr 1971 können sie weder ein einziges Menschenleben bedrohen noch eine einzige militärische Operation gefährden. Die Mehrheit des Gerichts hat klar erkannt, daß eine peinliche Aussage über Beamte a. D. oder im Amt kein ausreichender Grund ist, das ins Gegenteil zu verkehren, was Richter White als »den zugegebenermaßen ungewöhnlichen Schutz gegen eine Vorzensur in unserem Verfassungssystem« nannte.

Was die Einstufung des Materials durch die Regierung betrifft, so stimmt natürlich der Einwand mancher Kritiker, »niemand habe die *Times* dazu ausersehen«, die Einstufung gegenstandslos zu machen. Aber es stimmt auch, was das Gericht stillschweigend anerkannte: daß dem öffentlichen Interesse nicht durch die Geheimhaltung gewaltiger Aktenberge gedient ist, von denen nach den Worten eines pensionierten hohen Staatsbeamten 99,5% »die Interessen der Landesverteidigung in keiner Weise berühren«.

Dieser Fall sollte gewiß zu einer gründlichen Überprüfung der Vorgänge und Praktiken bei der Einstufung von Dokumenten als vertraulich oder geheim durch die Regierung führen. Wer jemals mit solchen Dokumenten zu tun hatte, weiß genau, daß der Vorgang der Einstufung seit vielen Jahren durch Trägheit, Feigheit und manchmal sogar Dummheit oder Bestechlichkeit hoffnungslos ins Zwielicht geraten ist.

Darüber hinaus darf man nur hoffen, daß dieses ganze Hin und Her unsere gegenwärtige Regierung veranlassen wird, ihre eigene Einstellung zu Geheimhaltung, Unterdrückung und Einschränkung der Rechte eines freien Menschen in einer freien Gesellschaft neu zu überdenken. Was der Oberste Gerichtshof gestern entschieden hat, rührt an das Herz unserer Republik. Es ist uns völlig klar, daß es sich hier nicht so sehr um einen Sieg für eine bestimmte Zeitung handelt, sondern um einen Sieg für die Grundsätze der Freiheit, auf denen die amerikanische Regierungsform basiert. Das eigentlich ist der tiefere Sinn des gestrigen Urteils, über das sich die *Times* in aller Bescheidenheit und in dem Bewußtsein freut, daß die erneut bestätigte Freiheit wie stets die Verpflichtung mit sich bringt, der amerikanischen Öffentlichkeit die Wahrheit vorzulegen, soweit sie überhaupt entdeckt werden kann. Das ist es ja gerade, weshalb das Pentagon-Material veröffentlicht werden muß. Nur wenn das amerikanische Volk die Tatsachen und den Hintergrund einer politischen Entscheidung wirklich begreift, kann man von ihm erwarten, daß es die Rolle spielt, die ihm in unserer Demokratie zugewiesen ist.

Es würde unserer Regierung wohl anstehen, wenn sie im Licht des gestrigen Urteils sorgfältiger und verständnisvoller als bisher über die fundamentale Bedeutung der Menschenrechte nachdächte – darunter ganz besonders über die Rede-, Presse- und Versammlungsfreiheit – und ihre Bedeutung für die amerikanische Demokratie. Richter Steward sagte: »Ohne eine informierte und freie Presse kann es kein aufgeklärtes Volk geben.«

1. Juli 1971

Das Gerichtsurteil

Die Entscheidung des Obersten Gerichtshofes, durch die der *Times* und den anderen Zeitungen die Fortsetzung der Veröffentlichung bisher geheimer Pentagon-Dokumente über den Vietnamkrieg gestattet wurde, ist in unseren Augen nicht so sehr ein Sieg der Presse, sondern vielmehr eine überzeugende Bestätigung, wie lebendig die demokratische Regierungsform Amerikas noch ist.

Trotz der vielleicht weitreichenden Bedeutung von Zweifeln und Einwänden, die in den umfangreichen Urteilsbegründungen ausgeführt wurden – jeder der neun Richter schrieb seine eigene –, bedeutet der Ausgang dieses Prozesses für die Presse einen Meilenstein in ihrem jahrhundertelangen Ringen gegen die Versuche der Staatsgewalt, ihr einen Maulkorb anzulegen. Aber wir sehen, bezogen auf unsere heutige Zeit und unser Land, noch eine tiefere Bedeutung. Wir glauben, daß diese tiefere Bedeutung in dem unausgesprochenen, doch nicht zu übersehenden Urteil liegt, daß das amerikanische Volk ein unveräußerliches Recht auf Information über die politischen Entscheidungen seiner Regierung hat und daß diese Regierung, wenn sie dem Volk ausgewichen ist, keinen verfassungsmäßigen Rückhalt für ihre Bemühungen um ein durch Zensur erzwungenes Schweigen finden wird.

Das ist nämlich die eigentliche Rechtfertigung der ernsten Entscheidung, die von der *Times* getroffen wurde, als sie sich zur Veröffentlichung der Pentagon-Papiere entschloß. Wir haben uns diese Entscheidung nicht leicht gemacht, aber die *Times* vertrat die Auffassung, daß diese Dokumente, die ausnahmslos aus den Jahren vor 1968 stammen, dem amerikanischen Volk gehören, daß sie Bestandteil der Geschichte geworden sind und in keiner Weise laufende militärische Operationen beeinträchtigen oder nur ein einziges Menschenleben gefährden können. Sie sind von ausschlaggebender Bedeutung, wenn das amerikanische Volk jenes Ereignis verstehen will, das tiefere Spuren als irgendein anderes Ereignis in der heutigen Generation hinterlassen hat: den Vietnamkrieg.

Es mußte entschieden werden, was schwerer wog: die Verlegenheit einzelner, vielleicht sogar der Regierungen, oder das Wissen der amerikanischen Öffentlichkeit um die Entscheidungsprozesse, die zum Krieg und seiner nachfolgenden Eskalation geführt haben. Außerdem war es klar, daß Dokumente des Staates seit vielen Jahren in der Rangliste der Geheimhaltung ganz allgemein eine übertriebene Einstufung erfahren, so daß die bloße Tatsache eines Stempels nicht unbedingt in einem Zusammenhang zur nationalen Sicherheit zu stehen braucht. Eine gründliche Überprüfung der gesamten Einstufungsprozedur wird sicherlich zu den segensreichen Auswirkungen dieser Affäre zählen.

Aber es wird noch andere Ergebnisse geben. Wir hoffen, daß man aus der Veröffentlichung der Pentagon-Papiere die große Lehre ziehen wird, daß die amerikanische Regierung ihrer Wählerschaft gegenüber ehrlich sein muß. Wir hoffen, daß die derzeitige und daß spätere Regierungen einsehen werden, daß wichtige Entscheidungen frei, offen und mutig diskutiert werden müssen und daß es im Wesen einer guten Regierung und der politischen Praxis liegt, »mit dem amerikanischen Volk vernünftig zu reden«, wie Adlai Stevensen es ausdrückte.

Die Pentagon-Papiere zeigen, wie mehrere aufeinanderfolgende Regierungen in der Vietnam-Frage diesem Prinzip zuwider gehandelt haben. Wir glauben, dies ist weniger eine Frage der persönlichen Moralauffassung als der privaten Einstellung. Wir glauben, daß die betreffenden Beamten nur Empfehlungen aussprachen oder Entscheidungen fällten, die nach ihrer ehrlichen Überzeugung im öffentlichen Interesse lagen. Unsere Zeitung, die sich schon früh gegen die Eskalation des amerikanischen Einsatzes in Vietnam aussprach, hat niemals die Motive führender Persönlichkeiten angegriffen. Sie hat vielmehr, wie sie es auch heute noch tut, ihre Klugheit und ihr Urteilsvermögen bezweifelt und ihr Versäumnis, das Volk und den Kongreß über die Auswirkungen geheimer Entscheidungen ehrlich zu informieren, kritisiert.

Wir sind uns angesichts des damals herrschenden politischen Klimas nicht sicher, ob diese Entscheidungen, die hier in den Pentagon-Dokumenten enthüllt werden, anders ausgefallen wären, wenn die Öffentlichkeit schon damals unterrichtet gewesen wäre. Unter Berücksichtigung der Angst vor einer kommunistischen Einflußnahme und Aggression während der fünfziger und bis in die sechziger Jahre hinein, ist es durchaus möglich, daß die amerikanische Öffentlichkeit die Rechtfertigung einer Eskalation auch dann unterstützt hätte, wenn die jeweilige Regierung sich so freimütig gezeigt hätte, wie die demokratischen Grundsätze es verlangen.

Die Tatsache jedenfalls bleibt bestehen, daß die Veröffentlichung dieses Materials für das amerikanische Volk einen Gewinn bedeutet. Es erlangt ein Wissen über die Vergangenheit, das ihm in Zukunft von Nutzen sein sollte. Es gewinnt ein besseres Verständnis seiner verfassungsmäßigen Rechte, und es hat in dem nie endenden Kampf freier Menschen einen Sieg davongetragen, bei dem es darum geht, daß es seine Regierung kontrolliert und nicht umgekehrt.

Entscheidung des Obersten Gerichtshofes

Nachfolgend der Wortlaut der am 30. Juni 1971 ergangenen Entscheidung des Obersten Gerichtshofes der Vereinigten Staaten zugunsten der New York Times *und der* Washington Post *und gegen den Versuch der Regierung, die Veröffentlichung von Artikeln und Dokumenten aus einer Studie des Pentagon über den Vietnamkrieg zu unterbinden. Enthalten ist auch der Wortlaut der zustimmenden und ablehnenden Urteilsbegründungen durch die einzelnen Richter.*

Urteil:

Per curiam (Im Namen des Volkes).
Wir ließen uns von den Gerichten der Vorinstanz die Akten des Verfahrens vorlegen, das die Regierung der Vereinigten Staaten gegen die *New York Times* und die *Washington Post* anstrengte mit dem Ziel, eine Veröffentlichung des Inhalts einer geheimen Studie mit dem Titel »Darstellung der amerikanischen Entscheidungsfindung in der Vietnam-Politik« zu untersagen. – US – (1971).
»Jeder Versuch einer Vorzensur der freien Meinungsäußerung ruft bei diesem Gericht erhebliche Bedenken gegen seine Verfassungsmäßigkeit hervor.« Bantam Books Inc. gegen Sullivan, 372 US 58, 70 (1963); siehe auch Near gegen Minnesota, 283 US 697 (1931). Die Regierung »trägt somit die Beweislast für die Rechtmäßigkeit der Erzwingung einer solchen Beschränkung.« Organization for a Better Austin gegen Keefe – US – (1971). Das Bezirksgericht für den Südlichen Bezirk von New York hat in Sachen der *New York Times* und das Bezirksgericht für den District of Columbia sowie der Appellationsgerichtshof für den Gerichtsbezirk des District of Columbia haben in Sachen der *Washington Post* entschieden, daß die Regierung diesen Beweis schuldig geblieben ist.
Wir schließen uns dieser Auffassung an.
Das Urteil des Appellationsgerichts für den Gerichtsbezirk des District of Columbia wird hiermit bestätigt. Die Anordnung des Appellationsgerichts für den Zweiten Gerichtsbezirk wird aufgehoben und die Sache mit der Maßgabe zurückverwiesen, das Urteil des Bezirksgerichts für den Südlichen Bezirk von New York zu bestätigen. Die Einstweiligen Verfügungen des Gerichts vom 25. Juni 1971 werden aufgehoben. Die Veröffentlichungen dürfen fortgesetzt werden.
Beschlossen und verkündet.

Ich schließe mich der Meinung des Gerichts an, halte es jedoch für notwendig, meine Ansichten ausführlicher darzulegen.
Von vornherein sei vermerkt, daß der Erste Verfassungszusatz bestimmt: »Der Kongreß darf kein Gesetz erlassen . . ., das die Freiheit der Rede und Presse beschneidet.« Das läßt nach meiner Ansicht keinen Raum für Beschränkungen, die der Presse von seiten der Regierung auferlegt werden.
Darüber hinaus gibt es kein Gesetz, das die Veröffentlichung solchen Materials, wie die *Times* und die *Post* es verwenden möchten, in der Presse untersagt. Das US-Strafgesetz bestimmt in Paragraph 793, Absatz e): »Wer sich rechtswidrig den Besitz von, den Zugang zu oder die Kontrolle über irgendwelche Dokumente, Schriften . . . oder Informationen beschafft, die in einem Zusammenhang mit der nationalen Verteidigung stehen und bei denen der Besitzer Grund zu der Annahme hat, daß sie den Vereinigten Staaten zum Schaden oder dritten Ländern zum Nutzen gereichen könnten, dieselben aber trotzdem freiwillig an nicht berechtigte Personen weitergibt . . . wird mit einer Geldstrafe bis 10 000 Dollar oder einer Gefängnisstrafe bis 10 Jahre oder mit beiden belegt.«
Nach Meinung der Regierung schließt der Ausdruck »weitergeben« auch eine Veröffentlichung ein.
Acht Paragraphen des Strafgesetzes, die Abschnitte 792–799, befassen sich mit Spionage und Zensur. In dreien davon wird das Wort »veröffentlichen« ausdrücklich genannt. Paragraph 794 b) verfügt: »Wer in Kriegszeiten in der Absicht der Weitergabe an den Feind Aufzeichnungen sammelt, veröffentlicht oder weiterleitet . . . (Truppenaufstellung)«. Paragraph 797 verbietet »das Reproduzieren, Veröffentlichen, Verkaufen oder Verschenken« von Fotos von Verteidigungsanlagen.
Paragraph 798 bezieht sich auf das Codewesen: ». . . weitergibt, liefert, übermittelt oder auf andere Weise zugänglich macht . . . oder veröffentlicht . . .« Daraus geht hervor, daß der Kongreß in den verschiedenen Bestimmungen der Spionagegesetzgebung durchaus imstande war, zwischen Veröffentlichung und Weitergabe zu unterscheiden, und dies auch tat.
Ein weiterer Beweis dafür, daß Paragraph 793 nicht für die Presse zutrifft, ist eine abgelehnte Fassung des Paragraphen 793. Diese Version lautet: »In Zeiten eines kriegsbedingten nationalen Notstandes, an dem die USA beteiligt sind oder von dem sie bedroht werden, kann der Präsident durch Erlaß die Veröffentlichung bzw. Weitergabe oder den Versuch einer Veröffentlichung bzw. Weitergabe jeglicher in Zusammenhang mit der nationalen Verteidigung stehender Informationen

verbieten, soweit sie nach seiner Meinung geeignet sind, dem Feind Nutzen zu bringen.« Während der Debatte im Senat wurde ausdrücklich auf den Ersten Verfassungszusatz verwiesen und diese Fassung verworfen. 55 Cong. Rec. 2166.

Richter Gurfeins Entscheidung im Verfahren gegen die *Times*, wonach dieses Gesetz auf den vorliegenden Fall nicht anwendbar sei, war daher völlig richtig. Zudem bestimmt das Gesetz vom 23. September 1950 zur Änderung des 18. US-Strafgesetzes, Paragraph 793, in Abschnitt 1 b):

»Nichts aus diesem Gesetz darf dazu herangezogen werden, eine militärische oder zivile Zensur zu autorisieren, zu fordern bzw. einzuführen oder auf andere Art und Weise die in der Verfassung der Vereinigten Staaten garantierte Freiheit der Presse oder der Rede einzuschränken oder zu beschneiden, und es dürfen in diesem Sinne keine Ausführungsbestimmungen hierzu erlassen werden.« 64 St. 987.

Insofern hat der Kongreß getreu der Weisung des Ersten Verfassungszusatzes gehandelt.

Jegliche Staatsgewalt muß daher von der »rechtmäßigen Macht« der Regierung ausgehen.

Die Vollmacht, Krieg zu führen, ist »die Vollmacht, erfolgreich Krieg zu führen«. Siehe Hirabayashi gegen Vereinigte Staaten, 320 US 81, 93. Doch die Kriegsvollmacht leitet sich von einer Kriegserklärung her. Die Verfassung erteilt in Artikel 1, Abschnitt 8, dem Kongreß und nicht dem Präsidenten die Vollmacht, »den Krieg zu erklären«. Präsidentenkriege werden an keiner Stelle legitimiert. Daher erübrigt sich die Überlegung, welche dämpfende Wirkung die Vollmacht des Kongresses, einen Krieg zu erklären, haben mag.

Diese Schlüsse könnten in ihren Auswirkungen folgenschwer sein. Sie bieten jedoch keine Handhabe für eine der Presse im voraus auferlegte Einschränkung. So erklärt Oberrichter Hughes im Fall Near gegen Minnesota, 283 US 697, 719–720:

»... Während rücksichtslose Angriffe gegen Persönlichkeiten des öffentlichen Lebens und Bestrebungen, jene in Verruf zu bringen, die getreulich ihre Pflichten erfüllen, einen verderblichen Einfluß ausüben und schärfste öffentliche Verurteilung verdienen, kann nicht behauptet werden, daß dieser Mißstand größer sei, er wird im Gegenteil sogar für geringer erachtet als in jener Zeit, in der unsere Institutionen Gestalt annahmen. Unterdessen sind die administrativen Aufgaben der Regierung komplexer geworden, die Gelegenheiten für Amtsmißbrauch und Korruption haben sich vervielfacht, das Verbrechen hat in besorgniserregender Weise zugenommen, und die Gefahr der Protektion des Verbrechens durch pflichtvergessene Beamte und öffentliche Nachlässigkeit unterstreicht das dringende Bedürfnis nach einer wachsamen und mutigen Presse, insbesondere in den Großstädten. Die Tatsache, daß die

Pressefreiheit von böswilligen Skandalkolporteuren mißbraucht werden könnte, ändert nichts an der Notwendigkeit, daß die Presse bei der Behandlung bürokratischer Mißstände von einer Vorzensur geschützt bleiben muß.«

Wir stellten erst neulich im Fall Organization for a Better Austin gegen Keefe – us – fest: »Jeder Versuch einer Vorzensur der freien Meinungsäußerung ruft bei diesem Gericht erhebliche Bedenken gegen seine Verfassungsmäßigkeit hervor.«

Die Regierung beruft sich auf das ihr zustehende Recht, bei Gericht eine Verfügung zum Schutz der nationalen Interessen zu erwirken, bei denen es sich im vorliegenden Fall angeblich um die nationale Sicherheit handelt.

Im Fall Near gegen Minnesota, 283 us 697, wird diese sehr allgemein gehaltene Doktrin ausdrücklich verworfen.

Der Erste Verfassungszusatz sollte vor allem dazu dienen, der weit verbreiteten Praxis einer Unterdrückung von peinlichen Informationen durch die Regierung zu begegnen. Es ist allgemein bekannt, daß dieser Erste Zusatz verabschiedet wurde, um die weit verbreitete Anwendung der allgemeinen Gesetzesbestimmungen in jenen Fällen zu unterbinden, in denen die jeweils Mächtigen wegen übler Nachrede geklagt haben, um die Verbreitung von Material zu unterbinden, das für sie peinlich war. Siehe Emerson *The System of Free Expressions*, Kap. 13 (1941). Der vorliegende Fall wird nach meiner Meinung als die dramatischste Illustration dieses Grundsatzes in die Geschichte eingehen. In unserer Nation ist eine großangelegte Debatte über unsere Einstellung zu Vietnam in Gang gekommen. Diese Debatte begann bereits vor der Enthüllung des Inhalts der vorliegenden Dokumente. Diese sind von größter Bedeutung für die laufenden Diskussionen.

Geheimniskrämerei in Regierungskreisen ist grundsätzlich undemokratisch und dazu angetan, bürokratische Irrtümer fortzupflanzen. Eine offene Debatte und Diskussion politischer Fragen ist für unsere nationale Gesundung unumgänglich. Bei öffentlichen Fragen sollte es eine »offene und derbe Debatte« geben. New York Times Inc. gegen Sullivan, 376 us 354, 269–270.

Ich möchte dem Urteil des Appellationsgerichts im Fall *Washington Post* zustimmen, das Revisionsurteil des Appellationsgerichts im Falle *Times* verwerfen und das Urteil des Bezirksgerichts bestätigen.

Die einstweiligen Verfügungen in diesen Fällen, die seit über einer Woche wirksam sind, stellen eine Mißachtung der Grundsätze des Ersten Verfassungszusatzes dar, wie sie im Fall Near gegen Minnesota erläutert wurden.

I

Ich äußere mich gesondert zu diesen Fällen, nur um das zu unterstreichen, was selbstverständlich sein sollte: Unser Urteil in den vorliegenden Fällen soll nicht so ausgelegt werden, daß in Zukunft der Erlaß Einstweiliger Verfügungen und einschränkender Anweisungen zur Verhinderung der Veröffentlichung von Material, das die Regierung gern unterdrücken möchte, zur Regel wird. Soweit ich feststellen kann, haben die Vereinigten Staaten noch nie versucht, eine Zeitung an der Veröffentlichung von Informationen zu hindern, die in ihren Besitz gelangt sind. Da die vorliegenden Fragen verhältnismäßig neuartig sind, die Entscheidungen notwendigerweise in Eile gefällt werden mußten, da schwerwiegende Interessen auf dem Spiel standen und alle Parteien ihren Vortrag auf die Frage konzentriert haben, ob ein endgültiges Verbot richtig sei, mögen zumindest einige der in diesen Fällen ergangenen Einschränkungen als gerechtfertigt erscheinen. Es fällt sicherlich schwer, den untergeordneten Gerichten einen Vorwurf daraus zu machen, daß sie in den betreffenden Fragen eine höchstrichterliche Entscheidung anstrebten. Aber selbst wenn wir annehmen, daß einige der vorläufigen Einschränkungen in den beiden vorliegenden Fällen gerechtfertigt waren, so hat das keinen Einfluß auf die Rechtmäßigkeit ähnlicher gerichtlicher Maßnahmen in der Zukunft. Zunächst stand nun genügend Zeit zum Überlegen und Urteilen zur Verfügung; so wertvoll es auch sein mag, neu auftauchende Fragen der Berufungsinstanz zur Entscheidung zu überlassen, so wenig sind in Zukunft ähnliche Einschränkungen gerechtfertigt. Es muß betont werden, daß der Erste Verfassungszusatz die Auferlegung gerichtlicher Beschränkungen unter solchen Umständen, wie sie hier vorliegen, absolut ausschließt.

II

Der Irrtum, der sich von Anfang an durch diese Fälle zieht, bestand im Erlaß einschränkender Verfügungen, seien sie nun vorübergehender Art oder nicht. Die Regierung hat in all diesen Fällen immer wieder vorgetragen, eine Veröffentlichung dieses Materials müsse verhindert werden, weil sie auf verschiedene Weise den nationalen Interessen schaden »könnte« oder »dürfte« oder »mag«. Doch der Erste Verfassungszusatz duldet für die Presse aufgrund der Annahme oder Vermutung von unliebsamen Konsequenzen absolut keine Art der Vorzensur. Es hat sich in unseren Fällen in der Tat herausgestellt, daß es eine einzige, äußerst beschränkte Art von Fällen geben kann, in denen das Verbot einer Vorzensur aus dem Ersten Verfassungszusatz nicht zutrifft. Es hat sich weiterhin ergeben, daß solche Fälle nur dann vorliegen können, wenn sich die Nation »im Krieg befindet«. Schenck gegen Vereinigte Staaten, 249 US 47, 52 (1919). In solchen Zeiten »ist es selbstverständlich, daß eine Regierung alles unternimmt, um eine Störung der Mobilmachung oder die Veröffentlichung der Abfahrtszeiten ihrer Transporte oder der Stärke und Position von Truppen zu verhindern. Near gegen Minnesota, 283 US 697, 716 (1931). Selbst wenn man die gegenwärtige Weltlage als gleichbedeutend mit einem Kriegszustand betrachtet, oder wenn die Schlagkraft der heute verfügbaren Waffen auch in Friedenszeiten die Unterdrückung einer Information, die einen atomaren Weltbrand auslösen könnte, rechtfertigen sollte, hat die Regierung in keiner Weise behauptet oder auch nur angedeutet, daß die Veröffentlichung von Auszügen aus dem Material oder sich darauf stützende Artikel ein derartiges Ereignis hervorrufen könnten. »Der Hauptzweck der Garantie (des Ersten Zusatzes) ist die Verhinderung einer Vorzensur von Veröffentlichungen.« Near gegen Minnesota wie oben, 713. Daher kann als Voraussetzung für den Erlaß einer Einstweiligen Verfügung auch nur die bewiesene Feststellung von seiten der Regierung gelten, eine Veröffentlichung müsse unweigerlich, unmittelbar und sofort die Ursache eines Ereignisses sein, das der Gefährdung eines bereits auf hoher See befindlichen Truppentransporters gleichkäme. Auf keinen Fall sind bloße Vermutungen ausreichend: Wenn die Behörden richterliche Unterstützung zur Verhinderung einer Veröffentlichung suchen, müssen sie unter allen Umständen dem Gericht die Unterlagen, aufgrund derer diese Hilfe angestrebt wird, zur Überprüfung vorlegen. Daher stellte jede in diesem Fall erlassene einschränkende Verfügung, gleichgültig in welcher Form, eine Verletzung des Ersten Verfassungszusatzes dar – nicht zuletzt deshalb, weil diese Verfügung als notwendig angesehen wurde, um dem Gericht Gelegenheit zu geben, die Klage gründlicher zu durchleuchten. Solange die Regierung ihre Argumente nicht eindeutig dargelegt hat, verbietet der Erste Verfassungszusatz den Erlaß jeder Einstweiligen Verfügung.

Richter Stewart in Übereinstimmung mit Richter White
Zustimmung

Die durch unsere Verfassung geschaffene Regierungsstruktur stattet die Exekutive auf den aufeinander bezogenen Gebieten der nationalen Verteidigung und der internationalen Beziehungen mit enormer Macht aus. Diese durch Legislative und Jurisdiktion größtenteils unkontrollierte Macht wurde seit dem Beginn des Zeitalters nuklearer Raketen auf die Spitze getrieben. Wie man das auch beurteilen mag, es ist eine schlichte Tatsache, daß ein Präsident der Vereinigten Staaten in diesen beiden lebenswichtigen Sektoren eine weitaus größere verfassungsmäßige

Unabhängigkeit genießt als beispielsweise der Ministerpräsident eines Landes mit einer parlamentarischen Regierung.

In Ermangelung von Kontrolle und Ausgleich, wie sie auf anderen Gebieten unseres nationalen Lebens vorhanden sind, dürfte die einzig wirksame Einschränkung für Politik und Macht der Exekutive in den Bereichen der nationalen Verteidigung und der internationalen Angelegenheiten in aufgeklärten Bürgern liegen – einer gut informierten und kritischen öffentlichen Meinung, die hier allein fähig ist, die Werte eines demokratischen Staatswesens zu wahren. Aus diesem Grund dient hier eine wachsame, bewußte und freie Presse wahrscheinlich am besten dem Grundziel des Ersten Verfassungszusatzes. Denn ohne eine gutinformierte und freie Presse kann es kein aufgeklärtes Volk geben.

Andererseits ist klar, daß eine erfolgreiche internationale Diplomatie und die Aufrechterhaltung einer wirksamen nationalen Verteidigung Diskretion und auch Geheimhaltung erfordern. Andere Nationen können mit unserer Nation kaum in einer Atmosphäre gegenseitigen Vertrauens verkehren, wenn sie nicht sicher sein dürfen, daß ihr Vertrauen respektiert wird. Auch innerhalb unserer eigenen Exekutive wäre die Entwicklung einer überlegten und klugen internationalen Politik unmöglich, wenn die für ihre Formulierung Verantwortlichen nicht frei, offen und in Vertrauen miteinander verkehren könnten. Auf dem Gebiet der nationalen Verteidigung ist die häufige Notwendigkeit einer absoluten Geheimhaltung natürlich selbstverständlich.

Falls hier ein Dilemma vorliegt, so gibt es dafür nach meiner Meinung nur eine Antwort. Die Verantwortlichkeit muß da liegen, wo die Macht liegt. Wenn die Verfassung der Exekutive ein hohes Maß an ungeteilter Macht in der Außenpolitik und in der nationalen Verteidigung zuweist, dann muß die Exekutive nach der Verfassung auch die überwiegende, ungeteilte Pflicht auferlegt bekommen, den Grad an interner Sicherheit festzulegen und zu wahren, der zu einer erfolgreichen Ausübung dieser Macht erforderlich ist. Das bedeutet eine ungeheure Verantwortung, die Urteilsfähigkeit und Weisheit von hohen Graden erfordert. Ich würde meinen, moralische, politische und praktische Überlegungen diktieren dieser Weisheit als obersten Grundsatz, daß man Geheimhaltung um ihrer selbst willen unbedingt vermeiden muß.

Wenn nämlich alles geheim ist, gibt es keine Unterschiede mehr, und das ganze System wird von Zynikern und Leichtfertigen verachtet und von anderen, die nur auf ihr eigenes Wohl und ihr Fortkommen bedacht sind, manipuliert. Kurzum, da Geheimhaltung bekanntermaßen nur bei einer echten Glaubwürdigkeit entstehen kann, bin ich der Meinung, daß ein voll wirksames, internationales Sicherheitssystem auf dem Prinzip einer möglichst weitgehenden Publizität beruhen müßte. Doch wie dem auch sei, mir ist klar, daß es die verfassungsmäßige Pflicht der Exekutive ist – als hoheitliches Vorrecht und nicht als ein Recht im gesetzlichen Sinne –, durch den Erlaß und die Beachtung von Ausführungsbestimmungen die Vertraulichkeit zu schützen, die zur Erfüllung ihrer Pflichten auf den Gebieten der internationalen Beziehungen und der nationalen Verteidigung erforderlich ist.

Damit soll nicht gesagt sein, daß Kongreß und Gerichte keine Rolle spielen. Zweifellos hat der Kongreß die Macht, besondere und geeignete Strafgesetze zum Schutz von Regierungseigentum und zur Wahrung von Staatsgeheimnissen zu erlassen. Der Kongreß hat solche Gesetze verabschiedet, und mehrere davon scheinen in den vorliegenden Fällen anwendbar zu sein. Im Falle einer strafrechtlichen Verfolgung würde es in der Verantwortlichkeit der Gerichte liegen, über die Anwendbarkeit von Strafgesetzen zu entscheiden, nach denen Klage erhoben wird. Sollte der Kongreß durch ein besonderes Gesetz Zivilverfahren auf diesem Gebiet zulassen, hätten die Gerichte ebenfalls die Pflicht, über die Verfassungsmäßigkeit eines solchen Gesetzes zu entscheiden, aber auch über seine Anwendbarkeit auf die gegebenen Fakten.

Doch in den vorliegenden Fällen wird von uns weder die Schaffung spezifischer Bestimmungen noch die Anwendung bestimmter Gesetze verlangt. Es wird vielmehr von uns gefordert, eine Funktion zu übernehmen, die laut Verfassung der Exekutive und nicht der Gerichtsbarkeit zusteht. Man verlangt ganz einfach von uns, bei zwei Zeitungen die Veröffentlichung von Material zu verhindern, das nach Auffassung der Exekutive im nationalen Interesse nicht veröffentlicht werden sollte. Ich bin davon überzeugt, daß die Exekutive bei manchen der darin enthaltenen Dokumente recht hat. Aber ich kann nicht behaupten, daß die Enthüllung eines dieser Dokumente mit Sicherheit unserem Land und unserem Volk direkten, unmittelbaren und nicht wiedergutzumachenden Schaden zufügen wird. Unter diesen Umständen kann es nach dem Ersten Verfassungszusatz in den vorliegenden Fällen nur ein Urteil geben.

Ich schließe mich dem Urteil des Gerichts an.

Richter Marshall *Zustimmung*

Die Regierung behauptet, in diesem Fall gehe es lediglich um die Frage, ob in einer von den Vereinigten Staaten angestrengten Klage »der Erste Verfassungszusatz ein Gericht daran hindert, einer Zeitung die Veröffentlichung von Material zu verbieten, dessen Enthüllung eine ernste und unmittelbare Gefahr für die Sicherheit der Vereinigten Staaten darstellen würde«. Aussage der Regierung Seite 6. Bei allem gebührenden Respekt glaube ich, daß es in diesem Fall letztlich um etwas viel Grundsätzlicheres geht als um den Vortrag des Generalstaatsanwalts,

nämlich um die Frage, ob die Vollmacht, Gesetze zu erlassen, bei diesem Gericht oder beim Kongreß liegt.
In diesem Fall besteht kein Zweifel an der Vollmacht des Präsidenten, Informationen als »geheim« oder »streng geheim« einzustufen. Der Kongreß erkennt die Vollmacht des Präsidenten, formuliert im Regierungserlaß 10.501 zur Einstufung von Dokumenten und Informationen, ausdrücklich an. Siehe beispielsweise 18. US-Strafgesetz, § 798; 50. US-Strafgesetz § 783. Es geht hier auch gar nicht um die Frage, ob der Präsident als Chef der Exekutive und Oberbefehlshaber der Streitkräfte die Vollmacht besitzt, die nationale Sicherheit durch disziplinarische Maßnahmen gegen Angestellte, die Informationen preisgeben, und durch Vorkehrungen gegen Indiskretionen zu schützen.
Das Problem besteht darin, ob die Exekutive im vorliegenden Sonderfall das Recht hat, von den Gerichten den Schutz dessen zu verlangen, was sie als nationales Interesse betrachtet. Siehe In Re Debs 158 US 564, 584 (1895). Die Regierung trägt vor, daß, abgesehen von dem selbstverständlichen Recht einer jeden Regierung, sich selbst zu schützen, die Vollmacht des Präsidenten zur Führung der internationalen Geschäfte sowie seine Stellung als Oberkommandierender ihn berechtigten, der Presse eine Zensur aufzuerlegen, um sich die Möglichkeit offenzuhalten, wirksam mit anderen Nationen zu verkehren und die militärischen Geschäfte des Landes wahrzunehmen. Es steht außer Zweifel, daß der Präsident kraft seiner obersten Verantwortung für unsere Außenpolitik und seiner Position als Oberkommandierender weitgehende Vollmachten besitzt. Chicago & Southern Air Lines, Inc. gegen Waterman Corp., 333 US 303 (148); Hirabayashi gegen Vereinigte Staaten, 320 US 81, 93 (1943); Vereinigte Staaten gegen Curtiss-Right Export Co., 299 US 404 (1936). In gewissen Situationen mag es sogar vorkommen, daß der Regierung kraft irgendwelcher inhärenter Vollmachten sowie der mittelbaren Verantwortung, die sich aus dem Auftrag des Präsidenten zur Führung der auswärtigen Geschäfte ableitet, sowie kraft seiner Stellung als Oberkommandierender das Recht zukommt, ein Urteil dieses Gerichts als Hilfsmittel zur Verhinderung der Veröffentlichung von Material zu erwirken, das schädlich für die »nationale Sicherheit« sein könnte, wie immer man diesen Begriff auch definieren mag.
Es wäre jedoch völlig unvereinbar mit dem Grundsatz der Gewaltentrennung, wenn dieses Gericht von seinem Recht zu verurteilen Gebrauch machte, um eine Verhaltensweise zu verhindern, die der Kongreß ausdrücklich nicht verbieten wollte. Es wäre ebenso schädlich für die Grundkonzeption dieser gleichrangigen Zweige der Staatsgewalt, wenn die Exekutive, die schon vom Kongreß angemessene Vollmachten zum Schutz der »nationalen Sicherheit« verliehen bekam, sich

auch noch der Verurteilung durch ein Gericht bedienen könnte, um eine bedrohliche Verhaltensweise zu unterbinden. Die Verfassung sieht vor, daß der Kongreß die Gesetze zu erlassen hat, der Präsident sie ausführt und die Gerichte das Gesetz interpretieren. Youngstown Sheet & Tube Co. gegen Sawyer, 343 US 579 (1952). Sie sieht jedoch nicht vor, daß die Gerichte und die Exekutive ohne Rücksicht auf die Tätigkeit des Kongresses »Gesetze machen« können. Es wäre vielleicht einfacher für die Exekutive, wenn sie lediglich einen Richter zu überzeugen bräuchte, um irgendein Vorgehen zu verbieten, anstatt den Kongreß ersuchen zu müssen, ein Gesetz zu verabschieden; und es wäre auch einfacher, ein Urteil durch ein Zivilgericht zu erwirken, als die Verurteilung durch ein Strafgericht. Darüber hinaus mag man es vielleicht für politisch klug halten, ein Gericht dazu zu bringen, daß es die Verantwortung für Maßnahmen gegen Personen mitträgt, bei denen die Exekutive wahrscheinlich Anlaß zu der Vermutung hat, daß sie gegen das Gesetz verstoßen. Aber praktische Vorteile und tagespolitische Überlegungen rechtfertigen kein grundsätzliches Abweichen von den Prinzipien unseres Regierungssystems.

In diesem Fall werden wir nicht mit einer Lage konfrontiert, in der der Kongreß es verabsäumt hat, die Exekutive mit ausreichenden Vollmachten zum Schutz der Nation vor der Enthüllung gefährlicher Staatsgeheimnisse auszustatten. Der Kongreß hat sich bei mehreren Gelegenheiten ausführlich mit dem Problem des Schutzes militärischer und strategischer Geheimnisse der Vereinigten Staaten befaßt. Aus diesen Überlegungen ist der Erlaß von Gesetzen hervorgegangen, die eine Entgegennahme, Enthüllung, Weitergabe, Zurückhaltung und Veröffentlichung gewisser Dokumente, Fotos, Instrumente, Geräte und Informationen unter Strafe stellen. Diese Gesetze sind überwiegend im Kapitel 37 des US-Strafgesetzbuches, Titel 18, unter »Spionage und Zensur« zu finden. In diesem Kapitel hat der Kongreß auf Vergehen gegen die verschiedenen Gesetze Strafen zwischen 10 000 Dollar und der Todesstrafe vorgesehen.

Wenn dieses Gericht eine Verfügung erlassen soll, halte ich es daher für nötig, daß erst bewiesen wird, ob eine solche Verfügung die bereits bestehende Handlungsfreiheit der Regierung mehrt. Siehe Bennett gegen Laman, 277 NY 368 14 NE 2 d 439 (1938). Es ist ein traditioneller Grundsatz, daß ein Billigkeitsgericht nichts Nutzloses tut, wie es auch ein traditioneller Grundsatz ist, daß Gerechtigkeit kein Verbrechen verhindert. Siehe Z. Chaffe & E. Re, Equity 935–954 (5. Ausgabe 1967); H. Joyce, Verfügungen 58–60 A (1909). Hier wurde nicht der Versuch unternommen, einen solchen Beweis zu erbringen. Der Generalstaatsanwalt erwähnt in seinem Vortrag nicht einmal, ob es nach Ansicht der Regierung Grund zu der Annahme gibt, daß ein Verbrechen begangen

wurde oder ob eine Verschwörung mit dem Ziel eines künftigen Verbrechens im Gange ist.
Wenn die Regierung versucht hätte, den Beweis zu erbringen, daß das traditionelle Strafrecht keine Abhilfe zu schaffen vermag, hätte sie auch zeigen müssen, daß es kein Gesetz gibt, das dafür in Frage kommt. Natürlich kann das Gericht in diesem Stadium nicht entscheiden, ob ein bestimmtes Gesetz verletzt wurde, und es kann auch nicht über die Verfassungsmäßigkeit irgendeines Gesetzes befinden. Es hätte sich aber feststellen lassen, ob nach irgendeinem Gesetz ein Verfahren wegen eines Verstoßes gegen Treu und Glauben möglich war.
Zumindest eines der vielen Gesetze auf diesem Gebiet scheint auf den vorliegenden Fall anwendbar zu sein. Der Kongreß hat in 18. US-Strafrecht, Paragraph 793 e) verfügt: »Wer sich rechtswidrig den Besitz von, den Zugang zu oder die Kontrolle über irgendwelche Dokumente, Schriften, Codebücher, Signalverzeichnisse ... oder Notizen beschafft, die in einem Zusammenhang mit der nationalen Verteidigung stehen und bei denen der Besitzer Grund zu der Annahme hat, daß sie den Vereinigten Staaten zum Schaden oder dritten Mächten zum Nutzen gereichen können, dieselben aber trotzdem freiwillig an nicht berechtigte Personen weitergibt oder sie wissentlich zurückhält und nicht an den zuständigen Beamten oder Angestellten der Vereinigten Staaten abliefert ... wird mit einer Geldstrafe bis 10 000 Dollar oder einer Gefängnisstrafe bis 10 Jahren oder beidem belegt.« Nach einem anderen vom Kongreß verabschiedeten Gesetz ist auch der Versuch strafbar.
Nun hat Richter Gurfein festgestellt, daß es laut Gesetz nicht verboten sei, die in Paragraph 793 e) aufgeführten Gegenstände und Materialien zu veröffentlichen. Er stellte fest, die Worte »weitergeben, liefern, übermitteln« bezögen sich nicht auf die Veröffentlichung von Zeitungsberichten. Diese Ansicht wird durch gesetzgeberische Vorgänge unterstützt und entspricht der bisherigen Praxis, diesen Paragraph nur zur Verfolgung solcher Personen heranzuziehen, denen gewöhnliche Spionage vorgeworfen wird. Aber siehe auch 103 Cong. Rec. 10449 (Anmerkungen von Senator Humphrey). Richter Gurfeins Meinung zu diesem Gesetz ist jedoch nicht die einzige mögliche Interpretation. Siehe auch die Begründung des verehrten Kollegen White.
Selbst wenn entschieden ist, daß die Regierung nach Treu und Glauben keine Strafverfolgung gegen die *New York Times* und *Washington Post* in Gang setzen konnte, so ist es klar, daß der Kongreß sich ausdrücklich geweigert hat, Gesetze zu erlassen, die dem Präsidenten die hier angestrebten Vollmachten erteilt hätten und durch die das Verhalten der Zeitungen ungesetzlich geworden wäre. Wenn der Kongreß es ausdrücklich ablehnt, ein bestimmtes Verhalten strafrechtlicher Verfolgung auszusetzen, so steht es dem Gericht nicht an, über diese Fragen

noch einmal zu urteilen und den Kongreß zu berichtigen. Siehe Youngstown Sheet & Tube gegen Sawyer 345 US 579 (1952).

Bei mindestens zwei Gelegenheiten hat sich der Kongreß geweigert, Gesetze zu verabschieden, die das hier angesprochene Verhalten unter Strafe gestellt und dem Präsidenten die im vorliegenden Fall angestrebte Vollmacht erteilt hätten. 1917 lehnte es der Kongreß bei der Debatte über den ursprünglichen Entwurf des Spionagegesetzes nach Paragraph 793 ab, dem Präsidenten zu Kriegszeiten oder bei einem drohenden Krieg die Vollmacht zu erteilen, die Veröffentlichung von Informationen, die in Verbindung zur nationalen Verteidigung stehen und für den Gegner nützlich sein könnten, auf dem Erlaßweg direkt zu verbieten. Dieser Gesetzesvorschlag sah vor:

»In Zeiten eines aus einem Krieg resultierenden nationalen Notstandes, an dem die USA beteiligt sind oder von dem sie bedroht werden, kann der Präsident durch Erlaß die Veröffentlichung oder Weitergabe oder den Versuch einer Veröffentlichung oder Weitergabe jeglicher in Zusammenhang mit der nationalen Verteidigung stehender Informationen verbieten, soweit sie nach seiner Meinung geeignet sind, dem Feind Nutzen zu bringen. Wer gegen dieses Verbot verstößt, soll mit Geldstrafe bis zu 10 000 Dollar oder Gefängnis bis zu zehn Jahren oder beidem bestraft werden, vorausgesetzt, daß dieses Gesetz nicht so ausgelegt wird, daß es die Diskussion, Bemerkungen oder Kritik im Zusammenhang mit den Handlungen oder der Politik der Regierung oder ihrer Vertreter sowie eine Veröffentlichung derselben einschränkt oder beschneidet.« 55 Cong. Rec. 1763.

Der Kongreß lehnte diesen Vorschlag ab, nachdem der Krieg an Deutschland erklärt war und obwohl viele glaubten, daß die Gefahr durch mangelhafte Geheimhaltung oder Spionage sehr groß sei. Die Exekutive hat den Kongreß nicht ersucht, die Entscheidung über eine solche Vollmacht noch einmal zu überprüfen. Statt dessen kommt die Exekutive nun zu diesem Gericht und wünscht die Vollmacht zu erwirken, die der Kongreß ihr verweigert hat.

1957 stellte die US-Kommission für Sicherheitsfragen fest, daß »Luftfahrtzeitschriften, wissenschaftliche Blätter und sogar die Tageszeitungen Artikel mit Informationen und anderen Angaben gebracht haben, die aus Gründen der Sicherheit ganz oder teilweise hätten gestrichen werden müssen«. Bezüglich dieses Problems empfahl die Kommission unter dem Vorsitz von Senator Cotton, »der Kongreß möge ein Gesetz erlassen, das die wissentliche und unrechtmäßige Enthüllung, gleichgültig zu welchem Zweck, von ›geheim‹ oder ›streng geheim‹ eingestuften Informationen unter Strafe stellt, auch dann, wenn der Betreffende annehmen konnte, daß solche Informationen als ›geheim‹ eingestuft wurden«. Bericht der Sicherheitskommission 619–620

(1957). Nach ausführlicher Debatte wurde der Entwurf abgelehnt. Siehe 103 Cong. Rec. 10 447–10 450. Wäre der von Senator Cotton vorgelegte Gesetzentwurf verabschiedet worden, hätte es sich bei der vorliegenden Veröffentlichung von Dokumenten sicherlich um einen strafbaren Tatbestand gehandelt. Der Kongreß lehnte es jedoch ab, dieses Vorgehen unter Strafe zu stellen. Eine solche Entscheidung verlangt die Regierung nunmehr vom Gericht. Diese Vollmacht hat das Gericht nicht.

Entweder der Regierung steht das gesetzliche Recht zu, das Land mit Hilfe des traditionellen Strafgesetzes zu schützen oder – wenn die Behauptung, daß der Kongreß ein bestimmtes Verhalten unter Strafe stellt, nicht begründet ist –, steht doch fest, daß der Kongreß es ausdrücklich abgelehnt hat, der Regierung die Vollmacht zu erteilen, die sie vom Gericht zu erlangen sucht. In beiden Fällen ist das Gericht nicht berechtigt, die gewünschte Entscheidung zu treffen. Es ist nicht Aufgabe des Gerichts, in jede Bresche zu springen, die irgendein Regierungsbeamter zu sehen glaubt, oder gesetzgeberisch tätig zu werden, insbesondere nicht bei Gesetzen, die der Kongreß bereits zurückgewiesen hat.

Ich halte es für richtig, das Urteil des US-Appellationsgerichts für den District of Columbia zu bestätigen und das Urteil des US-Appellationsgerichts für den Zweiten Bezirk insofern zu widerrufen, als es den Fall zur weiteren Verhandlung zurückverweist.

Richter Black in Übereinstimmung mit Richter Douglas
Zustimmung

Nach meiner Meinung hätte die Klage der Regierung gegen die *Washington Post* abgewiesen und die Einstweilige Verfügung gegen die *New York Times* ohne mündliche Verhandlung aufgehoben werden müssen, als beide Fälle vor dieses Gericht gebracht wurden. Nach meiner Überzeugung stellt jeder Augenblick, in dem die Verfügungen gegen diese Zeitungen aufrechterhalten wurden, eine flagrante, unentschuldbare und fortgesetzte Verletzung des Ersten Verfassungszusatzes dar. Darüber hinaus bin ich nach mündlicher Verhandlung der Ansicht, daß wir das Urteil des Appellationsgerichts für den District of Columbia bestätigen und das Urteil des Appellationsgerichts für den Zweiten Bezirk aufheben müssen, und zwar aus den von meinen verehrten Kollegen Douglas und Brennan bereits angeführten Gründen. Ich halte es für bedauerlich, daß einige meiner verehrten Kollegen offenbar bereit sind, unter bestimmten Voraussetzungen dem Verbot von Veröffentlichungen zuzustimmen. Ein solches Verbot wäre ein Verstoß gegen den Ersten Zusatz.

Unsere Regierung wurde 1789 mit der Verabschiedung der Verfassung

ins Leben gerufen. Die Bill of Rights, darunter auch der Erste Verfassungszusatz, folgten 1791. Nun werden erstmals in den 182 Jahren seit Gründung der Republik Bundesgerichte zu der Erklärung aufgefordert, dieser Erste Verfassungszusatz meine nicht das, was er aussagt, sondern er bedeute vielmehr, daß die Regierung befugt sei, die Veröffentlichung von Tagesnachrichten, die von elementarer Bedeutung sind für unser Volk, zu unterbinden.
Wenn die Exekutive vor Gericht Verbote gegen diese Zeitungen und ihre Veröffentlichungen anstrebt, so scheint sie den wesentlichen Zweck und die Vorgeschichte des Ersten Verfassungszusatzes vergessen zu haben. Als die Verfassung angenommen wurde, stieß sie auf heftigen Widerstand, weil das Dokument keine Verfügung zur Sicherung bestimmter Grundfreiheiten enthielt. Insbesondere fürchteten viele, die neuen Vollmachten für eine Zentralregierung könnten so ausgelegt werden, als dürfe diese Regierung die Freiheit von Religion, Presse, Versammlung und Rede beschneiden. Aufgrund öffentlicher Proteste legte James Madison eine Reihe von Ergänzungen vor, um den Bürgern die Gewähr zu geben, daß diese wichtigen Rechte bestehen bleiben und von der Regierung nicht angetastet werden dürfen. Madison schlug den späteren Ersten Verfassungszusatz in drei Teilen vor, von denen zwei hier angeführt und einer verkündet wurden:
»Dem Volk darf das Recht, sich in Wort, Schrift oder Druck frei zu äußern, nicht genommen oder geschmälert werden, und die Freiheit der Presse soll als eines der großen Bollwerke der Freiheit unverletzlich sein.« Durch diese Zusätze sollten die allgemeinen Vollmachten, die zwei Jahre zuvor in der ursprünglichen Verfassung der Exekutive, Legislative und Gerichtsbarkeit verliehen wurden, beschnitten und begrenzt werden. Die Bill of Rights machte aus der ursprünglichen Verfassung ein neues Grundgesetz, nach dem es keinem Zweig der Staatsgewalt erlaubt sein sollte, die Presse-, Rede-, Religions- und Versammlungsfreiheit des Volkes anzutasten.

Dennoch argumentiert der Generalstaatsanwalt, offenbar mit Zustimmung einiger Mitglieder des Gerichts, die allgemeinen Vollmachten der Regierung aus der ursprünglichen Verfassung sollten so interpretiert werden, daß sie die ausdrücklichen und sehr bestimmten Garantien der später verabschiedeten Bill of Rights begrenzen und einschränken. Eine schlimmere Perversion der Geschichte kann ich mir nicht vorstellen. Madison und die anderen Schöpfer des Ersten Verfassungszusatzes schrieben als wackere Männer in einer Sprache, von der sie ernsthaft glaubten, daß niemand sie jemals falsch verstehen könnte: »Der Kongreß darf kein Gesetz . . . zur Beschneidung der Pressefreiheit erlassen.« Sowohl die Geschichte als auch der Wortlaut des Ersten Verfassungs-

zusatzes sprechen für die Überzeugung, daß die Presse die Freiheit haben muß, Nachrichten, gleichgültig welchen Ursprungs, ohne Zensur, ohne Verbot und ohne vorherige Einschränkungen zu veröffentlichen.
Im Ersten Verfassungszusatz gaben die Gründerväter der Presse jenen Schutz, die sie braucht, um ihre wichtige Rolle in unserer Demokratie erfüllen zu können. Die Presse sollte den Regierten und nicht den Regierenden dienen. Das Recht der Regierung auf eine Pressezensur wurde abgeschafft, damit die Presse für immer frei von einer solchen Zensur bleiben sollte. Die Presse war geschützt, damit sie Staatsgeheimnisse bloßlegen und das Volk informieren konnte. Nur eine freie und uneingeschränkte Presse kann Täuschungsmanöver des Staates enthüllen. Es ist die wichtige Verantwortung einer freien Presse, die Staatsgewalt daran zu hindern, die Bürger zu täuschen, sie in ferne Länder zu schicken, damit sie dort an unbekanntem Fieber und an fremden Kugeln und Granaten sterben. Nach meiner Meinung verdienen es die *New York Times*, die *Washington Post* und andere Zeitungen ganz und gar nicht, wegen ihrer mutigen Berichte verurteilt zu werden, sondern man sollte sie vielmehr belobigen, weil sie die Absichten der Gründerväter so klar erkannt haben. Indem diese Zeitungen enthüllten, welche Machenschaften der Regierung zum Vietnamkrieg führten, taten sie genau das, was die Gründer unserer Nation von ihnen erhofften und erwarteten.
Die Regierung stützt sich hier auf Prämissen, die ganz anders klingen als jene, von denen sich die Schöpfer des Ersten Verfassungszusatzes leiten ließen. Der Generalstaatsanwalt hat ausdrücklich und mit Bedacht festgestellt:
»Sehen Sie, Euer Ehren (Black), Ihre Konstruktion ... (des Ersten Verfassungszusatzes) ist bekannt, und ich respektiere sie. Sie sagen, wenn kein Gesetz da ist, ist eben kein Gesetz da, und das sei eine klare Sache. Dazu kann ich nur sagen, daß für mich dieses ›kein Gesetz‹ eine ebenso klare Sache ist, und ich möchte das hohe Gericht hiervon überzeugen ..., daß es noch andere Stellen in der Verfassung gibt, die der Exekutive Macht und Verantwortung zuweisen ... Der Erste Verfassungszusatz verfolgte nicht die Absicht, es für die Exekutive unmöglich zu machen, zu funktionieren oder die Sicherheit der Vereinigten Staaten zu schützen.«
Die Regierung trägt weiterhin vor, trotz des Ersten Verfassungszusatzes sei es »Aufgabe der Exekutive, die Nation vor der Veröffentlichung von Informationen zu schützen, deren Preisgabe die nationale Sicherheit gefährdet; dieser Auftrag leitet sich von zwei miteinander in Verbindung stehenden Quellen her: Der verfassungsmäßigen Vollmacht des Präsidenten für die Außenpolitik und seiner Autorität als Oberbefehlshaber.«

Mit anderen Worten, wir sollen befinden, daß die Exekutive trotz der unmißverständlichen Weisung des Ersten Verfassungszusatzes ebenso wie die Gerichtsbarkeit Gesetze erlassen könne, durch die die Veröffentlichung von Nachrichten verboten und die Pressefreiheit im Namen der »nationalen Sicherheit« eingeschränkt werden. Die Regierung verläßt sich dabei nicht einmal auf den Kongreß. Statt dessen erhebt sie den kühnen und gefährlich weitreichenden Anspruch, die Gerichte sollten von sich aus Recht »machen« und damit die Pressefreiheit im Namen von Billigkeit, Präsidentenmacht und nationaler Sicherheit beschneiden, obgleich sich die Vertreter des Volkes im Kongreß getreu der Weisung des Ersten Verfassungszusatzes geweigert hatten, ein solches Gesetz zu erlassen. Siehe auch die Begründung von Richter Douglas, Post.
Die Feststellung, dem Präsidenten komme die »inhärente Vollmacht« zu, eine Veröffentlichung von Nachrichten mit Hilfe der Gerichte zu unterbinden, würde den Ersten Verfassungszusatz auslöschen und die Grundfreiheit und Sicherheit gerade jenes Volkes zunichte machen, das die Regierung »sichern« möchte. Wer liest, wie der Erste Verfassungszusatz zustande kam, muß unweigerlich zu der Überzeugung gelangen, daß Madison und seine Mitarbeiter in dieser Nation gerade solche Verbote, wie sie hier angestrebt werden, ein für allemal ächten wollten.
Das Wort »Sicherheit« ist eine vage Verallgemeinerung, die man nicht dazu heranziehen sollte, um die im Ersten Zusatz verkörperten Rechtsgrundsätze in Frage zu stellen. Die Wahrung militärischer und diplomatischer Geheimnisse auf Kosten einer informierten, repräsentativen Staatsform schafft für unsere Republik keine wahre Sicherheit.
Indem sie dafür sorgten, daß die Rede-, Presse-, Religions- und Versammlungsfreiheit niemals beschnitten werden sollte, bemühten sich die Schöpfer des Ersten Verfassungszusatzes im vollen Bewußtsein sowohl der Notwendigkeit, eine neue Nation verteidigen zu müssen, als auch der Anfechtungen von seiten der englischen und anderer Kolonialregierungen, dieser neuen Gesellschaft Kraft und Sicherheit zu verleihen.
Dieser Gedanke leitete 1937 Oberrichter Hughes, einen großen Mann und hervorragenden Juristen, bei dem Urteil, daß niemand deswegen bestraft werden dürfe, weil er eine von Kommunisten inszenierte Versammlung besucht hat.
»Je wichtiger es wird, unsere Gemeinschaft vor einer Anstiftung zu einem gewaltsamen Umsturz zu schützen, um so vordringlicher ist unsere Aufgabe, die verfassungsmäßigen Rechte der freien Meinungsäußerung, der freien Presse und der Versammlungsfreiheit unversehrt zu erhalten, damit die Regierung gegenüber dem Willen des Volkes aufgeschlossen bleibt und damit Änderungen, sollten sie erforderlich

werden, mit friedlichen Mitteln erreicht werden können. Hierin liegt die Sicherheit der Republik, das Fundament des Rechtsstaates, begründet.«

Richter White, in Übereinstimmung mit Richter Stewart *Zustimmung*

Ich schließe mich dem heutigen Urteil an, aber nur mit Rücksicht auf den zugegebenermaßen außergewöhnlichen Schutz vor einer Vorzensur, den die Presse aufgrund unserer Verfassung genießt. Ich sage damit nicht, daß der Erste Verfassungszusatz unter gar keinen Umständen das Verbot einer Veröffentlichung von Plänen und Operationsabsichten der Regierung zuließe. Nach Durchsicht des von der Regierung als heikel und bedenklich bezeichneten Materials kann ich auch nicht abstreiten, daß die Bekanntmachung dieser Dokumente dem öffentlichen Interesse erheblichen Schaden zufügen wird. Ich bin sogar ziemlich sicher, daß ihre Enthüllung diese Wirkung haben wird. Ich teile dennoch die Ansicht des Gerichts, daß die Regierung die wirklich überzeugenden Beweise schuldig geblieben ist, die ihr abverlangt werden müssen, um in diesen Fällen ein Verbot von Veröffentlichungen zu rechtfertigen, zumal es an unmißverständlichen und entsprechend umschriebenen gesetzlichen Grundlagen für eine solche Umstände betreffende Vorzensur fehlt.
Die Auffassung der Regierung läßt sich einfach wiedergeben: Die Verantwortung der Exekutive für die Außenpolitik und für die nationale Sicherheit sei so grundsätzlicher Art, daß der Präsident das Recht habe, Verbote der Veröffentlichung von Zeitungsnachrichten zu verlangen, wenn es ihm gelinge, ein Gericht davon zu überzeugen, daß die vorgesehene Veröffentlichung dem öffentlichen Interesse »schweren und nicht wiedergutzumachenden« Schaden zuzufügen drohe. Die Publikation müsse dann untersagt werden, unabhängig davon, ob das zur Veröffentlichung vorgesehene Material als geheim eingestuft ist oder nicht, ob die Veröffentlichung nach dem jeweils geltenden Strafrecht zulässig ist oder nicht, und ohne Berücksichtigung der Umstände, unter denen die betreffende Zeitung in den Besitz des Materials gelangte.
Zumindest dann, wenn der Kongreß nach eingehender Prüfung und Erörterung keine einschlägigen Gesetze erlassen hat, kann ich die inhärenten Vollmachten von Exekutive und Gerichtsbarkeit nicht als so weitreichend ansehen, daß sie sich auch auf so bedeutende Maßnahmen erstrecken könnten wie die Verhinderung von Veröffentlichungen in der Presse. Ein guter Teil der Schwierigkeiten ist in dem von der Regierung angebotenen Maßstab einer »ernsten und nicht wiedergutzumachenden Gefährdung« begründet. Würden die Vereinigten Staaten in den vorliegenden Fällen nach diesem Maßstab ein Urteil erlangen, so wäre unsere Entscheidung als Richtlinie für andere Gerichte in anderen Fällen

nur von geringem Wert, denn das einschlägige Material wäre weder durch die Urteilsbegründung noch aus öffentlichen Aufzeichnungen verfügbar, und es würde auch nicht in der Presse veröffentlicht. Selbst nachdem wir heute urteilten, daß die Vereinigten Staaten ihrer Beweispflicht nicht genügt haben, bleibt das Material in den Gerichtsakten vergraben und einer öffentlichen Diskussion nicht ausreichend zugänglich. Hinzu kommt noch, daß dieses Material eine potentielle Gefährdung der nationalen Interessen enthält und daß eine verantwortungsbewußte Presse aus Furcht vor strafrechtlichen Folgen sich dazu entschließen könnte, die heiklen Teile der Dokumente unveröffentlicht zu lassen. Eine Rechtsprechung zugunsten der Regierung würde in diesen Fällen die Gerichte auf einen langen und bedenklichen Weg führen, den ich nicht bereit bin zu beschreiten, zumindest nicht ohne entsprechende Richtlinien des Kongresses.

Es ist nicht einfach, den Vortrag der Regierung der Vereinigten Staaten von der Hand zu weisen und ihr guten Glauben bei der Behauptung abzusprechen, eine solche Veröffentlichung werde dem Land ernsten Schaden zufügen. Doch dieses Unbehagen wird dadurch zerstreut, daß Fälle von Vorzensur außerordentlich selten sind. Unter normalen Umständen kommt es zu einer Veröffentlichung, und der Schaden ist schon angerichtet, noch bevor die Regierung Gelegenheit oder Anlaß hat, ihn zu verhindern. Auch hier hat die Veröffentlichung bereits begonnen, und ein beträchtlicher Teil des befürchteten Schadens ist bereits entstanden. Es wurde die Tatsache eines massiven Versagens unserer Geheimhaltungsvorschriften bekannt, es kann nicht bestritten werden, daß viele nichtberechtigte Personen Zugang zu diesen Dokumenten erhielten, und die Wirksamkeit gerichtlicher Maßnahmen gegen diese oder andere Zeitungen zur Abwendung eines mutmaßlichen Schadens ist somit höchst zweifelhaft geworden.

Es kommt noch hinzu, daß eine Aufhebung des Verbots der Veröffentlichung verhältnismäßig weniger bedenklicher Dokumente, wie die Regierung es verlangt, noch nicht bedeutet, daß einerseits Zeitungen oder andere Personen von Gesetzes wegen verpflichtet oder gehalten werden, sie zu veröffentlichen oder daß sie anderseits, wie in diesem Falle, von einer Strafverfolgung verschont blieben.

Nach Maßgabe des Ersten Verfassungszusatzes bedarf eine Vorzensur einer lückenlosen Rechtfertigung. Daß es der Regierung nicht gelungen ist, eine solche Vorzensur hinreichend zu begründen, sagt noch nichts über ihr verfassungsmäßiges Recht aus, bei einer gesetzwidrigen Veröffentlichung Strafanzeige zu erstatten. Wenn die Regierung irrtümlicherweise den Weg über die Zivilgerichte gewählt hat, so bedeutet das nicht, daß sie nicht mit Erfolg auch einen anderen Weg beschreiten könnte.

Als 1917 das Spionagegesetz erörtert wurde, strich der Kongreß aus der Gesetzesvorlage eine Bestimmung, die dem Präsidenten in Kriegszeiten weitreichende Vollmachten erteilt hätte, auf dem Erlaßweg und unter Androhung schwerer Strafen die Veröffentlichung verschiedener Kategorien von Informationen zu untersagen, die in einem Zusammenhang mit der nationalen Verteidigung standen. Der Kongreß war damals nicht bereit, den Präsidenten mit so weitreichenden Vollmachten für eine Überwachung der Presse auszustatten, wobei die Gegner dieser Bestimmung die Auffassung vertraten, daß die erforderliche Delegierung dieser Vollmacht das Recht bedeutet hätte, »Nachrichten über einen bestimmten Mann gefiltert an das Volk weiterzugeben«. 55 Cong. Rec. 2008 (1917). (Bemerkungen des Senators Ashurst.) Doch dieselben Kongreßmitglieder schienen kaum daran zu zweifeln, daß Zeitungen dann eine Strafverfolgung zu erwarten hätten, wenn sie auf der Veröffentlichung solcher Informationen bestünden, die nach Meinung des Kongresses nicht preisgegeben werden sollten. Senator Ashurst vertrat beispielsweise die Meinung, daß der Herausgeber einer solchen Zeitung »bestraft werden sollte, falls er tatsächlich Meldungen über die Bewegungen der Flotte, der Armee, der Luftwaffe, die Lage von Munitionsfabriken, die Pläne von Verteidigungsanlagen und dergleichen veröffentlichte«. 55 Cong. Rec. 2009 (1917).

Das Strafgesetz enthält zahlreiche einschlägige Bestimmungen für derlei Fälle. Der Paragraph 797 stellt die Veröffentlichung bestimmter Fotos oder Zeichnungen von Militäranlagen unter Strafe. Der Paragraph 798 verbietet unmißverständlich die Kenntnisnahme und wissentliche Veröffentlichung aller geheimen Informationen über das Codesystem oder die Geheimdiensttätigkeit der Vereinigten Staaten sowie irgendwelcher Informationen, die aus dem Bereich dieser Geheimdiensttätigkeit erlangt wurden. Sollte irgend etwas von dem hier besprochenen Material von dieser Art sein, so sind sich die Zeitungen inzwischen sicherlich der Einstellung der Vereinigten Staaten bewußt und müssen im Falle der Veröffentlichung mit entsprechenden Konsequenzen rechnen. Es würde mir nicht schwerfallen, nach diesem Paragraphen Verurteilungen bei Tatbeständen zu erwirken, die das Tätigwerden eines Billigkeitsgerichts oder die Auferlegung einer Vorzensur ausschließen.

Dasselbe gilt für jene Paragraphen des Strafgesetzbuchs, die zum Schutz der nationalen Verteidigung ein noch weiteres Netz auswerfen. Nach Paragraph 798 e) ist es strafbar, wenn der unrechtmäßige Besitzer eines Dokuments »im Zusammenhang mit der nationalen Verteidigung 1. dieses Dokument wissentlich an eine nichtberechtigte Person weitergibt oder die Weitergabe veranlaßt, oder 2. das Dokument wissentlich zurückhält und es verabsäumt, es an einen zuständigen Beamten der Vereinigten Staaten abzuliefern«. Der Nachsatz wurde 1950 hinzugefügt, weil das Gesetz in seiner damaligen Form eine Bestrafung des unrechtmäßigen Besitzers nur dann vorsah, wenn ihm die Dokumente abverlangt wurden. »Die mit dem rechtswidrigen Besitz solcher Dokumente verbundenen Gefahren liegen auf der Hand, und es erscheint ratsam, ihre Auslieferung in einem solchen Fall unabhängig von einer ausdrücklichen Aufforderung zu verlangen, insbesondere da der rechtswidrige Besitz den Behörden, die für eine solche Anforderung zuständig sind, unbekannt sein mag.« Siehe Rep.-Nr. 2369, 81. Cong. 2. Sess., 9 (1950). Im vorliegenden Fall wurden die unveröffentlichten Dokumente natürlich von der Regierung der Vereinigten Staaten angefordert und ihre Bedeutung zumindest dem Rechtsbeistand der betroffenen Zeitungen klargemacht. In Gorin gegen Vereinigte Staaten, 312 US 19, 28 (1941) wurden die Worte »nationale Verteidigung« im Sinne der früheren Fassung von Paragraph 793 nach einmütiger Auffassung des Gerichts als »allgemein bekannt« angesehen – »damit verbanden sich automatisch allgemeine Vorstellungen von militärischen und Marineanlagen sowie den entsprechenden Maßnahmen zur nationalen Verteidigung«. Man hielt sie für »ausreichend präzise als Umschreibung der verbotenen Handlungen für die Öffentlichkeit«. Sie standen auch in Einklang mit den Gepflogenheiten. 312 US 28. Wie das Gericht weiterhin in Sachen Gorin formulierte, sind Informationen, »die im Zusammenhang mit der nationalen Verteidigung stehen«, offensichtlich nicht auf solche beschränkt, durch die den Vereinigten Staaten ein »schwerer und nicht wiedergutzumachender« Schaden entstehen könnte.

Damit ist klar, daß sich der Kongreß mit dem Problem des Schutzes, der Sicherheit des Landes sowie der nationalen Verteidigung vor der rechtswidrigen Enthüllung potentiell schädlicher Informationen befaßt hat. Siehe Youngstown Sheet & Tube Co. gegen Sawyer 343 US 579, 585–586 (1952), siehe ebenda 593–628 (Richter Frankfurter). Der Kongreß hat jedoch keine Verbotsmaßnahmen gegen drohende Veröffentlichungen gutgeheißen. Er begnügte sich offenbar mit den vorhandenen strafrechtlichen Vorkehrungen und ihrer abschreckenden Wirkung sowohl auf die verantwortungsvolle als auch die verantwortungslose Presse. Damit will ich natürlich nicht sagen, daß eine dieser Zeitungen bereits eine Straftat begangen hat oder daß sie eine solche begehen würde, wenn sie sämtliches derzeit in ihrem Besitz befindliches Material veröffentlichte. Diese Angelegenheit bleibt dem Urteil eines Strafgerichts vorbehalten, falls von seiten der Vereinigten Staaten Anzeige erstattet werden sollte. In diesem Fall müßte sich die Frage von Schuld oder Unschuld im Rahmen ganz anderer Verfahren und Maßstäbe entscheiden, als sie bei diesem Unterlassungsprozeß gegeben waren.

Eine Vorzensur der freien Meinungsäußerung wird durch die Verfassung so eindeutig begenzt, daß wir seit Near gegen Minnesota, 283 US 697 (1931) bis Organization for a Better Austin gegen Keefe (1971) kaum Gelegenheit hatten, uns mit Fällen zu befassen, bei denen es um eine vorherige Einschränkung von Berichten über Angelegenheiten von öffentlichem Interesse ging. Was die Bedenken gegen eine Vorzensur von Publikationen betrifft, herrschen daher unter den Mitgliedern dieses Gerichts kaum unterschiedliche Auffassungen. Doch die Beachtung dieses verfassungsmäßigen Grundsatzes vereinfacht noch nicht den Fall. Hier kollidiert die Forderung nach einer freien, unbehinderten Presse mit einem anderen Grundsatz, nämlich der Leistungsfähigkeit einer komplexen, modernen Regierung, und insbesondere der wirksamen Ausübung gewisser verfassungsmäßiger Rechte der Exekutive. Nur wer im Ersten Verfassungszusatz einen unter allen Umständen unumstößlichen Grundsatz sieht – eine Meinung, die ich zwar respektiere, aber nicht teile –, kann einen solchen Fall als »einfach« ansprechen.
Der vorliegende Fall ist noch aus einem anderen, sehr viel unmittelbareren Grund nicht »einfach«. Wir kennen die Fakten nicht. Kein Bezirksrichter kannte sämtliche Fakten. Kein Beisitzer an einem Appellationsgericht kannte alle Fakten. Auch die Angehörigen dieses Gerichts kennen nicht alle Fakten.
Warum befinden wir uns hier in einer Lage, in der eigentlich nur solche Richter voll handlungsfähig sind, denen der Erste Verfassungszusatz als eine absolute Forderung erscheint, die niemals und unter keinen Umständen eine Einschränkung zuläßt? Nach meiner Ansicht ist diese Situation dadurch entstanden, daß diese Fälle unter einem unangebrachten Zeitdruck verhandelt wurden. Richter Harlan erläutert den chronologischen Verlauf und beweist damit die Hektik, die diese Fälle beeinflußte. Ich brauche seine Ausführungen nicht zu wiederholen. Der rasche Abschluß dieser Verfahren zeigt unsere einmütige Ablehnung einer Vorzensur. Aber rasches Handeln der Gerichte bedeutet noch nicht rechtsschädliche Hast.
Darüber hinaus hängt diese frenetische Eile größtenteils von dem Vorgehen ab, das die *Times* seit dem Augenblick an den Tag legte, als sie in den Besitz der umstrittenen Dokumente gelangte. Inzwischen dürfte klargeworden sein, daß diese Eile ungerechtfertigt war und eine vernünftige und besonnene Urteilsfindung unmöglich machte. Das überstürzte Handeln dieses Gerichts, mit dem ein noch unfertiges Verfahren abgeschlossen wurde, ist kein angemessenes richterliches Verhalten gegenüber einem Fall von so großer Tragweite.
Die Zeitungen leiten ihren Anspruch vom Ersten Verfassungszusatz

ab: sie legen dieses Recht als das Recht der Öffentlichkeit auf Information aus. Unausgesprochen nimmt die *Times* damit die alleinige Treuhänderschaft für dieses Recht kraft ihres journalistischen Exklusivrechts in Anspruch. Dieses Recht wurde als absolut hingestellt. Natürlich ist das Recht aus dem Ersten Verfassungszusatz an sich noch kein Absolutum, wie Richter Holmes schon vor langer Zeit anhand der aphoristischen Frage erläuterte, wer denn in einem überfüllten Theater das Recht habe, Feuer zu rufen. Es gibt noch andere Ausnahmen, von denen Oberrichter Hughs einige im Prozeß Near gegen Minnesota beiläufig erwähnt. Zweifellos gibt es darüber hinaus weitere Ausnahmen, die zu beschreiben oder diskutieren noch niemand Gelegenheit hatte. Man könnte sich vorstellen, daß solche Ausnahmen auch in den vorliegenden Fällen verborgen liegen und zum Vorschein gekommen wären, wenn die Gerichtsverhandlungen ordnungsgemäß, unbelastet durch unrealistische Termine und hektischen Zeitdruck, geführt worden wären.

Eine wichtige Frage dieser Art sollte in einer besonnenen Atmosphäre verhandelt werden, die eine überlegte, gründliche Argumentation zuläßt, besonders da eine nach Stunden bemessene Frist allein im Hinblick darauf unbegründet erscheint, daß die *New York Times* die Veröffentlichung aus freien Stücken so lange hinausgezögert hat.

Es wird nicht bestritten, daß sich die *Times* seit drei bis vier Monaten rechtswidrig im Besitz der Dokumente befindet, sie in dieser Zeit durch ihre Experten analysieren und vermutlich straffen ließ, sowie das Material zur Veröffentlichung vorbereitete. Während dieser langen Zeit hat die *Times* vermutlich in ihrer Eigenschaft als Treuhänderin des öffentlichen »Informationsrechts« die Publikation aus Gründen zurückgehalten, die sie für angemessen hielt, und damit die Information der Öffentlichkeit hinausgezögert. Zweifellos geschah dies aus gutem Grund. Die Analyse von 7000 Seiten eines sehr anspruchsvollen Materials, das aus einem noch wesentlich umfangreicheren Volumen ausgewählt wurde, und auch das Verfassen guter Zeitungsstorys braucht Zeit.

Aber warum sollte sich die Regierung der Vereinigten Staaten, der doch diese Informationen rechtswidrig von irgend jemandem entwendet wurden, warum sollten sich Anwälte, Richter und Appellationsrichter deshalb unter einen unangemessenen Zeitdruck setzen lassen? Nach all diesen Monaten der Verzögerung ist das angebliche Recht auf Information aus irgendwelchen Gründen plötzlich zu einem Recht geworden, das augenblicklich und sofort in Anspruch genommen werden muß.

Die Zeitung konnte die Einwände der Regierung gegen die Preisgabe geheimen Materials voraussehen. Wäre es in diesem Falle unzumutbar gewesen, der Regierung Gelegenheit zur Durchsicht der ganzen Sammlung zu geben und festzustellen, ob sich nicht eine Einigung über die

Veröffentlichung erzielen ließ? Ob gestohlen oder nicht – wenn die Sicherheit nicht bedroht war, hätte man zweifellos einen Großteil des Materials freigeben können, zumal es aus einem Zeitraum stammt, der mit dem Jahr 1968 endet.

Bei einer solchen Verfahrensweise – die von großen Zeitungen in der Vergangenheit praktiziert und in Leitartikeln als Pflicht einer seriösen Presse dargestellt wurde – hätten sich zwischen Zeitungen und Regierung sicherlich die Meinungsverschiedenheiten darüber begrenzen lassen, was veröffentlicht werden kann und was nicht, wobei man den Rest notfalls in einem ordentlichen Schiedsverfahren hätte klären können. Für mich ist es schwer zu begreifen, wie eine Zeitung, die man seit langem als eine der wichtigsten Institutionen der amerikanischen Gesellschaft ansieht, sich bei der Entdeckung oder im Besitz von gestohlenem Eigentum oder von geheimen Staatsdokumenten einer ganz schlichten und einfachen Bürgerpflicht entziehen konnte. Diese Pflicht, so stelle ich mir – vielleicht naiverweise – vor, wäre es gewesen, sofort bei der zuständigen Stelle Meldung zu erstatten. Diese Pflicht gilt gleichermaßen für Taxifahrer, für Richter und für die *New York Times*. Das Vorgehen der *Times* schloß, ob mit Absicht oder nicht, jede Möglichkeit einer ordentlichen Beilegung der Frage aus. Sollte das Verhalten der Richter bis zum heutigen Zeitpunkt korrekt gewesen sein, so ist das Ergebnis ein purer Zufall.

Indem wir in Sachen *Times* vor der Urteilsverkündung auf Aktenvorlage erkannten, unterbrachen wir das Verfahren beim Bezirksgericht, bevor auf Verlangen des Appellationsgerichts für den Zweiten Gerichtsbezirk ein ordnungsgemäßes Verhandlungsprotokoll erstellt werden konnte.

Die Folge dieser wahrhaft traurigen Serie von Ereignissen ist, daß wir buchstäblich nicht wissen, worüber wir urteilen sollen. Wie ich es sehe, hat man uns gezwungen, uns ohne ausreichende Unterlagen und sicherlich ohne genügende Zeit für eine angemessene Behandlung der Fälle sowohl in den untergeordneten Instanzen als auch vor diesem Gericht mit Rechtsgütern von gewaltiger Tragweite zu befassen. So ist die Feststellung interessant, daß bei der mündlichen Verhandlung vor diesem Gericht die Vertreter der Parteien vielfach nicht imstande waren, Fragen zu wesentlichen Fakten zu beantworten. Es überrascht dabei nicht, daß sie sich damit entschuldigten, sie hätten buchstäblich »rund um die Uhr« gearbeitet und seien einfach nicht in der Lage gewesen, die Dokumente zu sichten, um die es in diesen Fällen ging und mit denen sie nicht vertraut waren. In keiner besseren Lage befindet sich dieses Gericht. Ich stimme mit Richter Harlan und Richter Blackmun überein, bin aber nicht bereit, auf den Kern der Sache einzugehen. Ich möchte das Urteil des Appellationsgerichts für den Zweiten Bezirk bestätigen und dem Bezirksgericht Gelegenheit zum Abschluß des Verfahrens geben, das durch unsere Aktenanforderung unterbrochen wurde, wobei in Sachen *Washington Post* der Status quo vorläufig bestehen bleiben soll. Ich möchte das Bezirksgericht bei der Rückverweisung ersuchen, den Sachen *Times* unter Aussetzung aller anderen Verfahren absoluten Vorrang zu gewähren, bin jedoch nicht bereit, willkürliche Termine zu setzen.

Ich möchte hinzufügen, daß ich ganz allgemein vielem von dem beipflichte, was Richter White hinsichtlich der Strafandrohungen für die Weiterleitung oder Einbehaltung von Dokumenten und Informationen im Zusammenhang mit der nationalen Verteidigung ausgeführt hat.

Wir alle wünschen uns eine Beschleunigung gerichtlicher Verfahren, aber wenn Richter so unter Druck gesetzt werden, wie es hier der Fall war, ist das Ergebnis eine Parodie auf eine ordentliche Gerichtsbarkeit.

Richter Harlan in Übereinstimmung mit dem Oberrichter und mit Richter Blackmun *Ablehnung*

Diese hier vorliegenden Fälle erinnern zwingend an die weisen Ermahnungen von Richter Holmes in Sachen Northern Securities Comp. gegen Vereinigte Staaten, 193 US 197, 400–401 (1904):

»Große Fälle wie auch schwere Fälle ergeben eine schlechte Rechtsprechung. Große Fälle werden nämlich nicht wegen ihrer echten Bedeutung für die Formung des künftigen Rechts groß genannt, sondern wegen irgendeines Zufalls von gewaltigem öffentlichem Interesse, der das Gefühl anspricht und die Urteilsfähigkeit verzerrt. Diese Tagesinteressen üben eine Art von hydraulischem Druck aus, der das, was zuvor noch klar war, zweifelhaft erscheinen läßt, und der selbst fest etablierte Rechtsgrundsätze beugt.«

Bei allem Respekt vertrete ich die Meinung, daß das Gericht in den vorliegenden Fällen beinahe verantwortungslos übereilt gehandelt hat. Sowohl das Appellationsgericht für den Zweiten Bezirk als auch das Appellationsgericht für den Gerichtsbezirk des District of Columbia verkündeten ihre Urteile am 23. Juni. Das Ersuchen der *New York Times* um Aktenanforderung und um beschleunigte Berücksichtigung der Schriftsätze sowie ihr Antrag auf vorläufige Aufhebung der ergangenen Verfügungen sind bei diesem Gericht am 24. Juni gegen 11 Uhr vormittags eingegangen. Der Antrag der Regierung der Vereinigten Staaten auf vorläufige Aufhebung des Urteils in Sachen *Post* ging ebenfalls am 24. Juni ein, und zwar etwa um 19.15 Uhr. Die Anberaumung eines Termins für die mündliche Verhandlung am 26. Juni um 11 Uhr wurde knapp vierundzwanzig Stunden vorher erlassen. Ich schloß mich diesem Vorgehen nur an, um weiteren übereilten Maßnahmen des

Gerichts vorzubeugen. Die Akten in Sachen *Post* wurden am 25. Juni kurz vor 13 Uhr bei der Kanzlei des Gerichts abgegeben, die Akten in Sachen *Times* erst zwischen 19 und 20 Uhr desselben Abends. Die Schriftsätze der Parteien gingen erst knapp zwei Stunden vor der mündlichen Verhandlung am 26. Juni ein.
Diese Hektik kam durch Berufung auf die Vorbehalte des Ersten Verfassungszusatzes gegen eine Vorzensur zustande. Die Rücksicht auf die außerordentlich bedeutsamen und schwierigen Fragen, die hier angeschnitten wurden, hätten das Gericht veranlassen müssen, derartige Termine abzulehnen. Um in diesen Fällen angemessen entscheiden zu können, hätte man sich zumindest einige der folgenden Fragen stellen müssen:

1) Ist der Justizminister berechtigt, diese Klagen im Namen der Vereinigten Staaten anzustrengen? Vergleiche In Re Debs. 158 US 564 (1895) und Youngstown Sheet & Tube Co. gegen Sawyer 343 US 479 (1952). Diese Frage berührt ebenfalls die Rechtsgültigkeit und Auslegung eines außerordentlich undurchsichtigen Gesetzes, nämlich des Spionagegesetzes, 18. US-Strafgesetzbuch, Paragraph 793 e).

2) Erlaubt es der Erste Verfassungszusatz den Bundesgerichten, die Veröffentlichung von Meldungen zu unterschlagen, die eine ernste Gefahr für die nationale Sicherheit darstellen könnten? Siehe Near gegen Minnesota 283 US 697, 716 (1931) (dictum).

3) Ist die Gefahr einer Veröffentlichung streng geheimer Dokumente an sich schon eine so ausreichende Bedrohung der nationalen Sicherheit, daß sie ein Einschreiten mit der Begründung gestattet, unabhängig vom Inhalt dieser Dokumente entstehe ein hinreichend großer Schaden allein schon aus der Offenlegung einer solchen Panne in der Geheimhaltung?

4) Würde die rechtswidrige Preisgabe eines dieser Dokumente die nationale Sicherheit ernstlich beeinträchtigen?

5) Welches Gewicht muß man der Meinung hoher Exekutivbeamter der Regierung im Hinblick auf die Fragen 3) und 4) beimessen?

6) Sind die Zeitungen berechtigt, diese Dokumente trotz der offenbar unstrittigen Tatsache zu behalten und zu verwenden, daß diese Dokumente beziehungsweise die Originale der Ablichtungen aus dem Besitz der Regierung gestohlen wurden und daß die Zeitungen sie in voller Kenntnis des rechtswidrigen Erwerbs annahmen? Siehe Liberty Lobby Inc. gegen Pearson 390 F. 2 d 489 (CADC 1968).

7) Rechtfertigt eine der nationalen Sicherheit drohende Gefahr beziehungsweise das Besitzinteresse der Regierung an diesen Dokumenten den Erlaß einer Unterlassungsverfügung unter Berücksichtigung

a) der eindeutigen Grundsätze des Ersten Verfassungszusatzes gegenüber einer Vorzensur von Veröffentlichungen,

b) der vorherrschenden Rechtsprechung, die sich bei Verletzung von Strafgesetzen gegen zivilrechtliche Verfügungen wendet und
c) des Ausmaßes, in dem das fragliche Material offenbar bereits weiterverbreitet wurde?
Das sind schwierige Fragen der Tatsachen, des Rechts und der Beurteilung. Die möglichen Folgen einer falschen Entscheidung könnten ungeheuerlich sein. Uns selbst, den nachgeordneten Gerichten und den Parteien stand bei weitem nicht genügend Zeit zur Verfügung, um diesen Fällen die Aufmerksamkeit zu schenken, die sie verdienen. Es ist ein Zeichen für die Stabilität der gerichtlichen Verfahrensweise, daß diese großen Probleme – bedeutsamere sind mir während meiner Tätigkeit als Richter kaum je begegnet – unter dem Druck entschieden wurden, den eine von Anfang an vorhandene Woge von Publicity hervorrief.
Gedrängt, zum Kern der Probleme vorzudringen, muß ich der Meinung und dem Urteil der Gerichtsmehrheit widersprechen. Wegen des ungewöhnlichen Drucks und der zeitlichen Beschränkung, unter denen ich arbeiten mußte, kann ich meine Begründung nur ganz allgemein formulieren, so sehr ich mich unter anderen Umständen auch verpflichtet gefühlt hätte, mich mit diesen Fällen, wie oben angedeutet, gründlicher auseinanderzusetzen.
Zur Bestätigung des Urteils des Appellationsgerichts für den Zweiten Bezirk in Sachen *Times* genügt als Grundlage die Feststellung, daß sich dieses Urteil auf die Erkenntnis stützte, daß die Regierung aufgrund von Zeitnot keine ausreichende Gelegenheit hatte, ihre Argumente dem Bezirksgericht vorzutragen. Diese Feststellung bedeutete zumindest keine Willkürentscheidung.
In Sachen *Post* stand der Regierung mehr Zeit zur Vorbereitung zur Verfügung. Daraus erklärt sich offenbar die Weigerung des Appellationsgerichts für den Gerichtsbezirk des District of Columbia, sein Urteil bei erneuter Verhandlung dem des Appellationsgerichts für den Zweiten Bezirk anzugleichen. Aber ich glaube, daß dieses Urteil noch aus einem anderen viel fundamentaleren Grund keinen Bestand haben kann – wodurch ein zusätzlicher Anlaß gegeben wird, das vom Appellationsgericht verworfene Urteil des Bezirksgerichts in Sachen *Times* wiederherzustellen. Mir ist klar, daß die gerichtlichen Einflußmöglichkeiten auf die Tätigkeit der Exekutive im Bereich der Außenpolitik außerordentlich begrenzt sind. Diese Überzeugung ergibt sich, wie ich glaube, aus dem in unserer Verfassung begründeten Konzept der Gewaltentrennung.
Oberrichter John Marshall, damals Angehöriger des Repräsentantenhauses, erklärte einmal in einer Parlamentsrede:
»Der Präsident ist das wichtigste Organ der Nation in ihren auswärtigen

Beziehungen und ihr einziger Repräsentant gegenüber dritten Nationen.« Annalen 6. Cong. Band 613 (1800).

Von dieser Zeit kurz nach Gründung unserer Nation bis heute ist diese umfassende Beschreibung des Ausmaßes exekutiver Macht nie ernsthaft bestritten worden. Siehe Vereinigte Staaten gegen Curtiss-Right Export Corp. 299 US 304, 319–321 (1936).

Nach meiner Überzeugung ergeben sich aus diesem verfassungsmäßigen Primat auf dem Gebiet der auswärtigen Beziehungen notwendigerweise bestimmte Forderungen. Einige davon wurden sehr prägnant von Präsident Washington aufgezählt, als er die Forderung des Repräsentantenhauses auf Kenntnisnahme der Dokumente ablehnte, die zu den Verhandlungen über den Jay-Vertrag führten:

»Es liegt in der Natur internationaler Verhandlungen, daß sie Sorgfalt erfordern und daß ihr Erfolg oftmals von der Geheimhaltung abhängt. Selbst nach Abschluß eines Vertrags kann eine lückenlose Preisgabe aller Maßnahmen, Forderungen oder Konzessionen, die aufgeworfen oder in Erwägung gezogen wurden, politisch außerordentlich unklug sein. Daraus kann sich nämlich ein verderblicher Einfluß auf künftige Verhandlungen, ein Heraufbeschwören unangenehmer Situationen oder vielleicht auch eine gefährliche Entwicklung im Verhältnis zu anderen Staaten ergeben.« J. Richardson, Messages and Papers of The Presidence, 194–195 (1899).

Doch das Recht eines Urteils über den »verderblichen Einfluß« vorzeitiger Enthüllungen liegt nicht allein bei der Exekutive. Ich bin ebenso der Ansicht, daß die Gerichtsbarkeit in Erfüllung ihrer Pflicht, die Werte des Ersten Verfassungszusatzes gegen politische Übergriffe zu schützen, die Erklärungen der Exekutive so gründlich prüfen muß, daß sie sich davon überzeugen kann, ob die fragliche Sache tatsächlich noch im Bereich der rechtmäßigen Vollmacht des Präsidenten auf dem Gebiet der Außenpolitik liegt. Verfassungsrechtliche Überlegungen verbieten »eine völlige Preisgabe der richterlichen Kontrolle«. Siehe Vereinigte Staaten gegen Reynolds 345 US 1,8 (1953). Darüber hinaus kann das Gericht mit voller Berechtigung darauf bestehen, daß die Beweisführung für die Befürchtung, Enthüllungen einer bestimmten Art könnten der nationalen Sicherheit nicht wiedergutzumachenden Schaden zufügen, vom Leiter der betroffenen Abteilung der Exekutive vorgetragen wird – hier vom Außenminister oder Verteidigungsminister –, und zwar nach gründlicher Beschäftigung mit der Materie. Diese Sicherung muß sinngemäß auch im Bereich der Wahrung von Staatsgeheimnissen eingebaut werden. Siehe Vereinigte Staaten gegen Reynolds, wie oben, 8 und N 20; Duncan gegen Cammell, Laird & Co. (1942) A.C. 624, 638 (Oberhaus).

Doch nach meiner Überzeugung darf ein Gericht von Rechts wegen nicht über diese beiden Forderungen hinausgehen und auch nicht von sich aus über den mutmaßlichen Einfluß von Enthüllungen auf die nationale Sicherheit befinden.

»Entscheidungen der Exekutive auf dem Gebiet der Außenpolitik sind naturgemäß politischer und nicht richterlicher Art. Solche Entscheidungen werden durch unsere Verfassung voll und ganz den politischen Abteilungen von Regierung, Exekutive und Legislative anvertraut. Sie sind heikel, komplex und in großem Ausmaß vorausschauend. Sie sollten nur von den Personen gefällt werden, die unmittelbar dem Volk verantwortlich sind, dessen Wohlergehen sie fördern oder gefährden. Es sind Entscheidungen einer Art, für die die Gerichtsbarkeit weder über Eignung noch über die Kenntnisse beziehungsweise Verantwortung verfügt und die nach allgemeiner Überzeugung in die Domäne politischer Macht gehören, in der Richter nichts zu suchen haben.« Chicago & Southern Airlines gegen Waterman Steamship Corp. 333 US 103, 111 (1948) (Jackson).

Es mag zwar ein gewisser Spielraum für die Gerichtsbarkeit vorhanden sein, entgegen den Feststellungen der Exekutive zu entscheiden, aber dieser Spielraum muß verständlicherweise sehr eng bemessen bleiben. Ich ersehe weder aus der Urteilsbegründung des Bezirksgerichts noch aus der des Appellationsgerichts in Sachen *Post*, daß der Beweisführung der Exekutive jene Achtung entgegengebracht wurde, die gegenüber einer Behörde geschweige denn gegenüber einer gleichgestellten verfassungsmäßigen Staatsgewalt angebracht wäre.

Aus diesem Grund möchte ich das Urteil des Appellationsgerichts für den Gerichtsbezirk des District of Columbia aufheben und die Sache zur erneuten Verhandlung an das Bezirksgericht zurückverweisen. Vor Beginn eines neuaufgenommenen Verfahrens sollte der Regierung Gelegenheit gegeben werden, den Außenminister oder den Verteidigungsminister oder beide um ihre Auffassung vom Problem der nationalen Sicherheit zu ersuchen. Die Neuverhandlung vor dem Bezirksgericht sollte sich an dieser Meinungsäußerung orientieren. Aus den oben genannten Gründen bestätige ich das Urteil des Appellationsgerichts für den Zweiten Gerichtsbezirk.

Bis zur weiteren mündlichen Verhandlung nach den Regeln eines ordentlichen Gerichtsverfahrens soll das Verbot einer Veröffentlichung bestehen bleiben. Ich kann nicht glauben, daß die Verneinung einer Vorzensur so weit geht, daß ein Gericht durch sie daran gehindert werden kann, den Status quo so lange aufrechtzuerhalten, bis es in einer Sache von so weittragender nationaler Bedeutung wie der vorliegenden verantwortlich handeln kann.

Ich schließe mich dem ablehnenden Urteil von Richter Harlan an. Ich stimme auch grundsätzlich vielem von dem zu, was Richter White an Ermahnungen im zweiten Teil seiner Begründung vorträgt.
Zum jetzigen Zeitpunkt richtet sich das Augenmerk nur auf die verhältnismäßig wenigen Dokumente, die von der Regierung als kritisch bezeichnet werden. Was die große Masse des übrigen Materials betrifft, so soll es uneingeschränkt von den Zeitungen veröffentlicht werden, sobald die Spannung und die Sensationslust abgeklungen sind – falls sie sich dann noch dazu bemüßigt fühlen.
Aber hier geht es um einige bestimmte Dokumente aus den 47 Bänden. Vor fast siebzig Jahren erklärte Richter Holmes in einem berühmt gewordenen Fall:
»Große Fälle wie auch schwere Fälle ergeben eine schlechte Rechtsprechung. Große Fälle werden nämlich nicht wegen ihrer echten Bedeutung für die Formung des künftigen Rechts groß genannt, sondern wegen irgendeines Zufalls von gewaltigem öffentlichem Interesse, der das Gefühl anspricht und die Urteilsfähigkeit verzerrt. Diese Tagesinteressen üben eine Art von hydraulichem Druck aus, der das, was zuvor noch klar war, zweifelhaft erscheinen läßt und der selbst fest etablierte Rechtsgrundsätze beugt.« Northern Securities Comp. gegen Vereinigte Staaten 193 US 197, 400–401 (1904).
Die hier vorliegenden Fälle sind, wenn schon nicht groß, so doch zumindest ungewöhnlich in ihrer Problemstellung und ihren Auswirkungen. Was Holmes bemerkte, trifft hier sicherlich zu.
Die *New York Times* verwendete in aller Heimlichkeit etwa drei Monate auf die Prüfung der 47 Aktenbände, die rechtswidrig in ihren Besitz gelangten. Als sie dann begann, Material aus diesen Bänden zu veröffentlichen, wurde ein Rechtsfall daraus. Er war von Anfang an in Tempo und Art hektisch und ist es bis heute geblieben. Nachdem die Veröffentlichung erst einmal begonnen hatte, konnte das Material offenbar nicht schnell genug publiziert werden. Von diesem Augenblick an wurde anscheinend jede Verzögerung, sei es aufgrund einer Verfügung oder aus anderen Gründen, zu einer verabscheuungswürdigen Verletzung des Ersten Verfassungszusatzes und des öffentlichen »Rechts auf sofortige Information«. Dennoch trat die Zeitung in der mündlichen Verhandlung vor uns hin und übte Kritik an der Regierung, weil diese ihren Protest erst am Montag nach Veröffentlichung der ersten Folge in der Sonntagsausgabe telegrafisch erhoben hatte.
Der Fall im District of Columbia ist ganz ähnlich gelagert.
Zwei Bundes-Bezirksgerichte, zwei US-Appellationsgerichte und dieser Gerichtshof wurden innerhalb eines Zeitraums von weniger als drei

Wochen seit Prozeßbeginn gedrängt, übereilte Entscheidungen von großer verfassungsrechtlicher Tragweite anhand unzulänglich zusammengestellter und noch dazu größtenteils auf Vermutungen beruhender Fakten zu treffen, und zwar ohne die gründliche Abwägung, die eigentlich charakteristisch für das amerikanische Gerichtswesen sein sollte. Es wurde viel über Recht geschrieben, wenig darüber gewußt, und die Fakten waren so gut wie gar nicht verdaut. Im New Yorker Fall hatten die Richter in beiden Instanzen bei Verhandlungsbeginn noch nicht einmal das Aktenmaterial geprüft. Im Fall des District of Columbia wurde kaum mehr getan, und was in dieser Hinsicht geschehen ist, erfolgte nur auf ausdrückliche Anweisung, wobei sich die *Washington Post* mit der Ausrede, sie wolle ihre Informationsquelle schützen, ursprünglich sogar weigerte, etwas darüber auszusagen, welche Art von Material sie überhaupt besaß. In dieser Hinsicht sah sich das Bezirksgericht zu Vermutungen gezwungen. Bei allem Respekt für eine gegensätzliche Meinung ist das in meinen Augen nicht der richtige Weg, einen Rechtsstreit von solchem Umfang und solcher Bedeutung zu führen. Es steht einem Bundesgericht nicht an, gezwungenermaßen und unter Druck Fragen zu entscheiden, die angeblich das Wohlergehen der Nation berühren. Natürlich wäre es gut für unser Land, wenn die Verhandlungen rasch abliefen, aber dann in der gewohnten und ordentlichen Form. Wie erklärt wurde, stammt das jüngste Material aus dem Jahre 1968. Es ist also etwa drei Jahre alt, und die *Times* selbst brauchte drei Monate zur Aufstellung ihres Schlachtplans. Sie hat somit der Öffentlichkeit dieses Material ebenfalls vorenthalten.

Der Erste Verfassungszusatz ist schließlich nichts weiter als Bestandteil einer Gesamtverfassung. Artikel 2 dieses ehrwürdigen Dokuments verleiht der Exekutive die alleinige Vollmacht für die Außenpolitik und macht sie für die Sicherheit der Nation verantwortlich.

Jede einzelne Vorschrift der Verfassung ist von Bedeutung, und ich kann mich nicht zu einem uneingeschränkten Übergewicht des Ersten Verfassungszusatzes unter Hintansetzung aller anderen Artikel verstehen.

Eine absolute Begünstigung des Ersten Zusatzes hat in diesem Gerichtshof noch niemals eine Mehrheit gefunden. Siehe beispielsweise Near gegen Minnesota, 283 US 697, 708 (1931) und Schenck gegen Vereinigte Staaten, 249 US 47, 52 (1919). Was hier unter Anlegung eines angemessenen Maßstabs gegeneinander abgewogen werden muß, ist das weitreichende Recht der Presse zu drucken und das sehr enggefaßte Recht der Regierung, dies zu verhindern. Ein Maßstab ist noch nicht vorhanden. Die hier vertretenen Parteien sind sich hinsichtlich dieses Maßstabs nicht einig. Aber selbst die Zeitungen gestehen zu, daß es Situationen gibt, in denen eine Einschränkung angebracht und ver-

fassungskonform ist. Das deutete Richter Holmes an, als er in Sachen Schenck sagte:
»Es ist eine Frage der Umstände und des Ausmaßes. Wenn sich eine Nation im Krieg befindet, bedeuten viele Dinge, die man in Friedenszeiten durchaus sagen darf, eine Behinderung ihrer Anstrengungen, und man wird diese nicht dulden, solange Männer im Kampf stehen. Kein Gericht wird erklären, sie seien durch verfassungsmäßige Rechte geschützt.« 249 US 52.
Ich möchte daher diese Fälle zurückverweisen, damit sie zwar schnell, aber nach einem Zeitplan behandelt werden, der eine ordnungsgemäße Beweisführung beider Seiten erlaubt. Wenn es nötig ist und den Vorschriften entspricht, sollen Literatur herangezogen, Schriftsätze ausgearbeitet und mündliche Vorträge und Urteilsbegründungen von höherer Qualität produziert werden, als wir sie bisher zu sehen bekamen. Mit dieser letzten Feststellung möchte ich keinen Anwalt oder Richter kritisieren. Ich kenne aus eigener Erfahrung die Qualen des Zeitdrucks bei der Ausarbeitung von Schriftsätzen. Aber diese vorliegenden Fälle, die Fragen, um die es geht, und alle damit befaßten Gerichte verdienen etwas anderes, als wir es bisher erlebt haben.
Es könnte durchaus sein, daß die Sache sich mir in einem anderen Licht darstellt und eventuell zu entgegengesetzten Folgerungen veranlaßt, wenn diese Fälle ordnungsgemäß entwickelt und so verhandelt würden, wie es sich für Rechtsanwälte schickt und wie sie Gerichten vorgetragen werden sollen – frei von Druck, Panik und Sensationsgier.
Das Gericht hat jedoch heute eine andere Entscheidung gefällt. Daher sei mir noch eine Schlußbemerkung gestattet.
Ich fordere mit Nachdruck und hoffe mit Zuversicht, daß sich diese beiden Zeitungen vollauf ihrer großen Verantwortung gegenüber den Vereinigten Staaten von Amerika bewußt sind. Richter Wilkey, der sich im District von Columbia nur nach Kenntnis der eidesstattlichen Aussagen (die Hauptakten waren von keiner der beiden Parteien zur Verfügung gestellt worden) gegen die Veröffentlichung aussprach, gelangte zu dem Schluß, daß sich einige Dokumente darunter befinden, die, wenn sie im Besitz der *Post* wären und veröffentlicht würden, »eindeutig der Nation zu großem Schaden gereichen können«. Unter »Schaden« verstand er »den Tod von Soldaten, die Zerstörung von Bündnissen, erschwerte Verhandlungen mit unseren Gegnern, das Handicap für unsere Diplomaten, zu verhandeln ...« Ich hatte zumindest Gelegenheit zu einer, wenn auch nur oberflächlichen, Durchsicht nicht nur der eidesstattlichen Aussagen, sondern auch der Unterlagen selbst. Nach dieser Überprüfung muß ich zu meinem Bedauern feststellen, daß mir Richter Wilkeys Befürchtungen nicht als unbegründet erscheinen.

Ich teile seine Besorgnis. Ich hoffe nur, daß das Unglück nicht bereits geschehen ist.
Sollte jedoch das Unglück bereits geschehen sein, und sollten diese Zeitungen nach dem heutigen Urteilsspruch mit der Veröffentlichung der bedenklichen Dokumente fortfahren, und sollte sich hieraus »der Tod von Soldaten, die Zerstörung von Bündnissen, erschwerte Verhandlungen mit unseren Gegnern, das Handicap für unsere Diplomaten, zu verhandeln« ergeben – wobei ich dieser Liste noch als weitere Faktoren die Verlängerung des Krieges und eine weitere Verzögerung bei der Befreiung amerikanischer Kriegsgefangener hinzufügen möchte –, dann wird die Nation wissen, bei wem die Verantwortung für diese traurigen Konsequenzen liegt.